Italien

VERLAG KARL BAEDEKER

Hinweise zur Benutzung

Sternchen (Asterisken) als typographisches Mittel zur Hervorhebung bedeutender Bau- und Kunstwerke, Naturschönheiten und Aussichten, aber auch guter Unterkunfts- und Gaststätten hat Karl Baedeker im Jahre 1846 eingeführt; sie werden auch in diesem Reiseführer verwendet: Besonders Beachtenswertes ist durch * einen vorangestellten 'Baedeker-Stern', einzigartige Reiseziele sind durch ** zwei Sternchen gekennzeichnet.
Zur raschen Lokalisierung der Reiseziele von A bis Z auf der beigegebenen Reisekarte sind die entsprechenden Koordinaten der Kartennetzmaschen jeweils neben der Überschrift in Rotdruck hervorgehoben: Rom **G 12**.

Farbige Streifen an den rechten Seitenrändern erleichtern das Auffinden der Großkapitel des vorliegenden Reiseführers: Die Farbe Blau steht für die Einleitung (Natur, Kultur, Geschichte), die Farbe Rot für die Reiseziele, und die Farbe Gelb markiert die praktischen Informationen.

Wenn aus der Fülle von Unterkunfts-, Gast- und Einkaufsstätten nur eine wohlüberlegte Auswahl getroffen ist, so sei damit gegen andere Häuser kein Vorurteil erweckt.

Da die Angaben eines solchen Reiseführers in der heute so schnellebigen Zeit fast ständig Veränderungen unterworfen sind, kann der Verlag weder Gewähr für die absolute Richtigkeit leisten noch die Haftung oder Verantwortung für eventuelle inhaltliche Fehler übernehmen. Auch lehrt die Erfahrung, daß sich Irrtümer kaum gänzlich vermeiden lassen.

Baedeker ist ständig bemüht, die Qualität seiner Reiseführer noch zu steigern und ihren Inhalt weiter zu vervollkommnen. Hierbei können ganz besonders die Erfahrungen und Urteile aus dem Benutzerkreis als wertvolle Hilfe gar nicht hoch genug eingeschätzt werden. Vor allem **Ihre Kritik, Berichtigungen und Verbesserungsvorschläge sind uns stets willkommen.** Sie helfen damit, die nächste Auflage noch aktueller zu gestalten. Bitte schreiben Sie in jedem Falle an die

Baedeker-Redaktion
Karl Baedeker GmbH
Marco-Polo-Zentrum
Postfach 31 62
D-73751 Ostfildern
Telefax: (07 11) 45 02-3 43; E-Mail: baedeker@mairs.de

Der Verlag dankt Ihnen im voraus bestens für Ihre Mitteilungen. Jede Einsenderin und jeder Einsender nimmt an einer jeweils zum Jahresende unter Ausschluß des Rechtsweges stattfindenden Verlosung von drei JRO-Leuchtgloben teil. Falls Sie gewonnen haben, werden Sie benachrichtigt. Ihre Zuschrift sollte also neben der Angabe des Buchtitels und der Auflage, auf welche Sie sich beziehen, auch Ihren Namen und Ihre Anschrift enthalten. Die Informationen werden selbstredend vertraulich behandelt und die persönlichen Daten nicht gespeichert.

◀ *Pisa: Dom, Baptisterium und Campanile ("Schiefer Turm")*

Vorwort

Dieser Reiseführer gehört zur neuen Baedeker-Generation. In Zusammenarbeit mit der Allianz Versicherungs-AG erscheinen bei Baedeker durchgehend farbig illustrierte Reiseführer in handlichem Format. Die Gestaltung entspricht den Gewohnheiten modernen Reisens: Nützliche Hinweise werden in der Randspalte neben den Beschreibungen herausgestellt. Diese Anordnung gestattet eine einfache und rasche Handhabung. Der vorliegende Band hat Italien – einschließlich der zugehörigen Inseln und Inselgruppen – zum Thema. Auch San Marino und der Vatikanstaat mit dem Petersdom werden ausführlich beschrieben.

Der Reiseführer gliedert sich in drei Hauptteile: Im ersten Teil wird über das Land im allgemeinen, Naturraum, Gewässer, Klima, Pflanzen und Tiere sowie Naturschutz, Bevölkerung, Staat und Verwaltung, Wirtschaft und Verkehr, Geschichte, berühmte Persönlichkeiten, Kunstgeschichte, Musik, Film und Brauchtum berichtet. Eine Sammlung von Literaturzitaten sowie ein Hinweis auf historische Reisewege leiten über zum zweiten Teil des Reiseführers, in dem zunächst einige Routenvorschläge gemacht werden, um dann die touristisch interessanten Städte, Orte, Seen und Landschaften im einzelnen zu beschreiben. Daran schließt sich ein dritter Teil an mit reichhaltigen praktischen Informationen, die dem Besucher das Zurechtfinden vor Ort wesentlich erleichtern.

Die Insel Capri liegt im Golf von Neapel

Sowohl die Reiseziele als auch die Informationen sind in sich alphabetisch geordnet. Baedeker Allianz Reiseführer zeichnen sich durch Konzentration auf das Wesentliche sowie Benutzerfreundlichkeit aus. Sie enthalten eine Vielzahl eigens entwickelter Pläne und zahlreiche farbige Abbildungen. Zu diesem Reiseführer gehört als integrierender Bestandteil eine ausführliche Reisekarte, auf der die im Text behandelten Reiseziele anhand der jeweils angegebenen Kartenkoordinaten leicht zu lokalisieren sind. Wir wünschen Ihnen mit dem Baedeker Allianz Reiseführer viel Freude und einen erlebnisreichen Aufenthalt in Italien!

Baedeker
Verlag Karl Baedeker

Inhalt

Natur, Kultur Geschichte
Seite 8–111

Zahlen und Fakten 10

Allgemeines 10 · Naturraum 11 · Gewässer 25 · Klima 29 · Pflanzen- und Tierwelt 34 · Bevölkerung 40 · Staat und Verwaltung 42 · Wirtschaft und Verkehr 43

Reiseziele von A bis Z
Seite 112–675

Routenvorschläge 114

Abruzzen/Abruzzo 120 · Agrigent/Agrigento 123 · Amalfi 127 · Ancona 130 · Aosta/Aoste 132 · Aostatal/Vallée d'Aoste/Valle d'Aosta 134 · Apennin/Appennino 139 · Apulien/Puglia 140 · Aquileja/Aquileia 143 · Arezzo 145 · Ascoli Piceno 148 · Assisi 149 · Asti 154 · Ätna/Etna 155 · Bari 157 · Barletta 161 · Basilicata/Lucania 163 · Benevent/Benevento 166 · Bergamo 167 · Bologna 173 · Bordighera 180 · Bormio 182 · Bozen/Bolzano 183 · Brescia 188 · Brindisi 193 · Brixen/Bressanone 194 · Cagliari 197 · Capri/Isola di Capri 202 · Carrara 206 · Caserta 208 · Catania 209 · Cefalù 212 · Cerveteri 213 · Cinque Terre 215 · Città di Castello 216 · Cividale del Friuli 218 · Comer See/Lago di Como/Lario 219 · Como 222 · Cortina d'Ampezzo 224 · Cortona 225 · Cremona 227 · Dolomiten/Dolomiti 230 · Elba/Isola d'Elba 234 · Emilia-Romagna 237 · Enna 238 · Faenza 239 · Fano 241 · Ferrara 242 · Florenz/Firenze 246 · Foggia 261 · Foligno 264 · Forlì 266 · Frascati 266 · Friaul/Friuli 268 · Gardasee/Lago di Garda 268 · Genua/Genova 273 · Görz/Gorizia 281 · Gubbio 282 · Herkulaneum/Ercolano 284 ·

Praktische Informationen von A bis Z
Seite 676–791

Agriturismo/Ferien auf dem Land 678 · Anreise 678 · Apotheken 682 · Ärztliche Hilfe 682 · Auskunft 683 · Autofähren 693 · Automobilclubs 696 · Badestrände 697 · Behindertenhilfe 698 · Busverkehr 699 · Camping 699 · Diplomatische und konsularische Vertretungen 700 · Einkaufen 701 · Eisenbahn 703 · Elektrizität 704 · Essen und Trinken 704 · Feiertage 720 · Ferienwohnungen 720 ·

Register 792

Verzeichnis der Karten und graphischen Darstellungen 800

Bildnachweis 802

Impressum 803

Geschichte 51

Berühmte Persönlichkeiten 64

Kunst und Kultur 77

Kunstgeschichte 77 · Film 95 · Design 98 · Musik 99 · Brauchtum 102

Italien in Zitaten 104

Historische Reisewege 110

Ischia/Isola d'Ischia 287 · Kalabrien/Calabria 291 · Kampanien/Campania 295 · Lago Maggiore 295 · L'Aquila 299 · La Spezia 302 · Latium/Lazio 305 · Lecce 313 · Ligurien/Liguria 315 · Liparische Inseln/Äolische Inseln 316 · Livigno 319 · Livorno 320 · Lodi 322 · Lombardei/Lombardia 324 · Loreto 326 · Lucca 327 · Mailand/Milano 332 · Mantua/Mantova 344 · Marken/Marche 348 · Meran/Merano 350 · Messina 355 · Modena 358 · Molise 360 · Montecassino 361 · Montecatini Terme 362 · Montepulciano 364 · Neapel/Napoli 368 · Novara 383 · Orvieto 385 · Ostia 388 · Padua/Padova 391 · Paestum 398 · Palermo 400 · Parma 407 · Pavia 411 · Perugia 414 · Pesaro 419 · Piacenza 420 · Piemont/Piemonte 422 · Pisa 424 · Pistoia 432 · Pompeji/Pompei 434 · Pontinische Inseln/Isole Ponziane 443 · Portofino 443 · Prato 445 · Rapallo 447 · Ravenna 449 · Reggio di Calabria 454 · Reggio nell'Emilia 455 · Rimini 457 · Riviera 460 · Rom/Roma 466 · Salerno 524 · San Gimignano 527 · San Marino 529 · San Remo 531 · Sardinien/Sardegna 533 · Sassari 542 · Selinunt/Selinunte 543 · Siena 545 · Sizilien/Sicilia 554 · Sorrent/Sorrento 564 · Spoleto 566 · Subiaco 569 · Südtirol/Alto Adige 570 · Sulmona 575 · Syrakus/Siracusa 576 · Taormina 582 · Tarent/Taranto 584 · Tarquinia 585 · Terni 587 · Tivoli 588 · Todi 591 · Toskana/Toscana 592 · Trani 598 · Trapani 599 · Trasimenischer See/Lago Trasimeno 601 · Tremiti-Insel/Isole Tremiti 602 · Treviso 603 · Trient/Trento 605 · Triest/Trieste 608 · Turin/Torino 614 · Udine 623 · Umbrien/Umbria 625 · Urbino 626 · Varese 628 · Venedig/Venezia 630 · Venetien/Veneto 650 · Verona 653 · Vesuv/Vesuvio 661 · Viareggio 662 · Vicenza 663 · Viterbo 667 · Volterra 671

Flugverkehr 721 · Fotografieren und Filmen 723 · Geld 723 · Hotels 724 · Jugendherbergen 746 · Karten und Wanderführer 747 · Kraftstoff 748 · Kurorte und Heilbäder 748 · Mietwagen 756 · Notrufe 756 · Öffnungszeiten 757 · Post 758 · Radio und Fernsehen 758 · Reisedokumente 758 · Reisezeit 759 · Restaurants 759 · Sicherheit 774 · Sport 776 · Sportschiffahrt 776 · Sprache 777 · Straßennetz 780 · Taxi 780 · Telefon 780 · Trinkgeld 781 · Umgangsregeln 781 Veranstaltungen 782 · Verkehrsmittel 787 · Verkehrsvorschriften 787 · Wintersport 788 · Zeit 790 · Zeitungen 790 · Zollbestimmungen 791

Baedeker Specials

Unter der steinernen Zipfelmütze 142
Il Poverello 152
Die Commedia dell'Arte 170/171
Die Villen im Veneto 396/397
Schief und krumm ... 431

Die Katastrophe des Jahres 79 438/439
Volksfest 'Palio delle Contrade' 550/551
Fast wie im richtigen Leben ... 597
Auf die Nudel gekommen 706/707
Weinwende all'italiana 716/717

Benvenuti

...das Land,
*wo die
Zitronen blüh'n*

Die Sehnsucht der Deutschen nach Italien ist uralt. Einen richtiggehenden Boom erlebte "das Land, wo die Zitronen blüh'n" im achtzehnten und neunzehnten Jahrhundert; Zeugnisse jenes Drangs nach dem sonnigen Süden sind Goethes "Italienische Reise" (1816/1817), Seumes "Spaziergang nach Syrakus" (1802), Eichendorffs "Aus dem Leben eines Taugenichts" (1822) – die Reihe ließe sich fast unendlich fortsetzen. Waren damals noch Bildungsbeflissenheit oder romantische Schwärmerei die Hauptmotive, so hat sich mit der zunehmenden Mobilität breiter Bevölkerungsschichten dieses Bild gewandelt: Man besucht nicht nur kulturelle und landschaftliche Attraktionen, sondern genießt auch das 'dolce far niente', das süße Nichtstun unter südlicher Sonne.

Der Reiz der Apenninenhalbinsel kommt freilich nicht von ungefähr; für die Entwicklung des Abendlandes war Italien jahrhundertelang ausschlaggebend. Der Reigen der Hochkulturen beginnt mit dem Auftauchen der geheimnisvollen Etrusker. Woher sie kamen, weiß man noch immer nicht genau; fest steht, daß sie zivilisatorisch die Lehrmeister der Römer gewesen sind. Diese errichteten bis zum zweiten nachchristlichen Jahrhundert ein Weltreich, aus dem unermeßliche Reichtümer in das Kernland flossen. Noch heute gehört die Hinterlassenschaft jener Jahre zu den großen Sehenswürdigkeiten.

Vorübergehend wurde es still zwischen Alpenbogen und Sizilien. Doch die Re-

Taormina
*Das Theater des antiken
Tauromenion
mit dem Ätna*

Venedig
*das italienische
Traumziel*

amici!

naissance, die um 1350 einsetzte, geriet hier wahrlich zu einer Wiedergeburt. Jetzt waren die bürgerstolzen Stadtstaaten Norditaliens Träger einer facettenreich aufbrechenden Kultur, die europaweit Einfluß erlangte. Baukunst, Bildhauerei und Malerei prägten die Gemeinwesen, deren reiche Handelsherren ein Mäzenatentum ohnegleichen entwickelten. Städte wie Venedig, Pisa oder Siena sind strahlende Glanzpunkte einer Italienreise.

Mit der Aufklärung und Romantik begann man auch in Italien das Naturerlebnis zu suchen und zu finden. So war der Boden bereitet für einen lebhaften Fremdenverkehr, der sich seit etwa 1850 zunächst an den romantischen oberitalienischen Seen und Meeresküsten entfaltete, wo man – zumal als Nordeuropäer – angenehm überwintern konnte. Und schließlich ist Italien ja auch die Heimat des römischen Fruchtbarkeits- und Weingottes Bacchus, der in jeder Provinz ein Domizil hat.

Dieser aus Kunst, Kultur und Kulinarischem gemixte Cocktail italienischer Rezeptur ist es, was noch immer die stiefelförmige Halbinsel im Mittelmeer so anziehend macht. So ungeheuer ist die Vielfalt an Sehens- und Genießenswertem, daß ein ganzes Touristenleben nicht ausreichen würde, auch nur annähernd auszuloten, welchen Reichtum uns Italien zu bieten vermag. Nicht umsonst lautet der Abschiedsgruß "Arriverderci": Auf baldiges Wiedersehen also, bella Italia!

Volterra
Relief an der Domfassade

Augustus
war einer der bedeutendsten römischen Kaiser

Siena
Die Torre del Mangia überragt den Palazzo Pubblico

**Natur, Kultur
Geschichte**

Zahlen und Fakten

Allgemeines

Lage und Ausdehnung

Italien, die mittlere der drei südeuropäischen Landmassen, ragt mit seiner vielbeschriebenen Stiefelform wie eine 1000 km lange Mole ins Mittelmeer und verbindet den Alpenbogen mit Afrika. Die Apenninenhalbinsel zählt mit Sizilien und Sardinien als Umrahmung des Tyrrhenischen Meeres noch zum westlichen Mittelmeergebiet. Aufgrund ihrer zentralen Lage im Schnittpunkt mehrerer europäischer und afrikanischer Teilräume bildet sie ein Bindeglied zwischen den verschiedenen geographischen Regionen.

Der südöstliche Stiefelabsatz nähert sich in der Straße von Otranto (dem Zugang vom Ionischen Meer ins Adriatische Meer) bis auf 73 km der Balkanhalbinsel an. In der Straße von Tunis trennen nur noch 70 km die Insel Pantelleria von Nordafrika. Die Diagonalverbindung zwischen dem Tunesischen Atlasgebirge über Sizilien und Kalabrien bis zu den Dinariden Albaniens gilt als Trennlinie zum östlichen Mittelmeer.

Die Landgrenze von etwa 1600 km Länge folgt – abgesehen vom Tessin – einer natürlichen Leitlinie, nämlich dem Hauptkamm der Alpen. Die italienischen Küsten des Adriatischen und des Ionischen Meeres sowie die des Tyrrhenischen und des Ligurischen Meeres verbinden das Land auf einer Länge von über 8600 km mit seinen mediterranen Nachbarn.

Das geschlossene italienische Staatsgebiet reicht vom nördlichsten Punkt im Ahrntal bei 47° 5′ 28″ nördlicher Breite, über beinahe elf Breitengrade und 1200 km Luftlinie, bis zum Kap Passero auf Sizilien unter 36° 38′. Der südlichste Punkt Italiens liegt auf der Insel Lampedusa und einer nördlichen Breite von 35° 29′ 24″.
Von West nach Ost erstreckt sich die diagonal im Gradnetzfeld liegende Halbinsel über zwölf Längengrade von den Cottischen Alpen bei 6° 32′ 59″ bis zum Kap Otranto am Stiefelabsatz bei 18° 31′ 18″ östlicher Länge.
Will man die Apenninenhalbinsel vom Brenner bis zur Stiefelspitze bei Reggio di Calabria mit dem Auto durchfahren, müssen insgesamt etwa 1500 km zurückgelegt werden. Zwischen der französischen Grenze bei Ventimiglia und der Stadt Triest im dinarischen Karst liegen knapp 700 km.

Fläche und Landesteile

Zum Staatsgebiet der Republik Italien (Repubblica Italiana, kurz: "Italia") von 301 302 km² gehören neben dem Festlandsanteil, der mit seinen rund 250 000 km² etwa die gleiche Fläche einnimmt wie die alten Bundesländer, die beiden großen Inseln Sizilien (25 426 km²) und Sardinien (23 813 km²).

◀ S. 8/9: San Gimignano in der Toskana zeigt eines der schönsten Ortsbilder des Landes

Hinzu kommt noch eine ganze Reihe von Inselgruppen und kleineren Inseln, nämlich im Tyrrhenischen Meer der Toskanische Archipel mit Elba, die Pontinischen Inseln, Ischia, Procida, Capri, die Liparischen und die Ägadischen Inseln, in der Straße von Tunis Pantelleria und die Pelagischen Inseln, in der Adria die Tremiti-Inseln.

Fläche und Landesteile (Fortsetzung)

Der selbständige Zwergstaat San Marino und der Vatikan werden als Enklaven von italienischem Gebiet umschlossen, sind jedoch durch Freundschaftsverträge und wirtschaftliche Verflechtungen mit Italien so eng verbunden, daß Besucher von der Staatsgrenze kaum Notiz nehmen müssen.

Naturraum

Jeder Italienreisende und speziell der Fahrradtourist erkennt schnell den bergigen Charakter des Landes. Wenn man vom norditalienischen Tiefland absieht, prägen die großen Gebirgsbögen der Alpen und Apenninen mit ihren eingelagerten Becken und schmalen Küstenschwemmländern das Landschaftsbild.

Allgemeines

Nur knapp ein Viertel des Staatsgebiets wird von der amtlichen Statistik als Ebene ausgewiesen. 40% Italiens gelten als hügelig, und 35% des Landes liegen im Bergland oberhalb von 600 bzw. 700 m Meereshöhe. Die langgestreckte, schmale Form der Apenninenhalbinsel – mit einer Breite von lediglich 125 bis 250 km – ist auch der Grund dafür, daß 80% des Landes nicht weiter als 100 km vom Meer entfernt liegen.

Dieser Reichtum an Formen und die aus dem Zusammenwirken von Gebirge, Meer und mediterraner Pflanzenwelt erwachsende Schönheit der Landschaft hat – zusammen mit der Vielfalt an Kunstschätzen – Italien zum europäischen Reiseland schlechthin werden lassen.

Relief und geologischer Bau

Die Oberflächengestalt Italiens wird bestimmt von zwei großen Gebirgszügen: Der gewaltige Halbkreis der Alpen schirmt das Land gegen Norden ab, während das in weitem Bogen schwingende Apenninensystem als Rückgrat die nach ihm benannte Halbinsel durchzieht. Zwischen diese beiden Gebirgssysteme eingebettet, erstreckt sich keilförmig das Senkungsgebiet des norditalienischen Tieflands, einer durch enorme Massen von Abtragungsschutt von erodierenden Flüssen aufgefüllten Gebirgsvortiefe. Die Molassesedimente der Poebene entstammen – wie beinahe zwei Drittel des italienischen Gesteinsuntergrunds – der jüngsten Erdepoche, dem Känozoikum, und sind wie dieser erst in den letzten sieben Millionen Jahren landfest geworden.

Großformen

'Jugendlicher Untergrund'

Die tektonische Unruhe des zwischen Europa und Asien eingezwängten Landes und die – in der Art der Gesteine begründete – Mobilität des geologischen Untergrundes führen, in Verbindung mit den mediterranen Klimabedingungen, den wenig entwickelten Böden und der flächenhaft degradierten Vegetation immer wieder zur eindrucksvollen Entfesselung von Naturgewalten.

Die bis in die Gegenwart anhaltenden Krustenbewegungen, bei denen die Apenninenhalbinsel als vorspringender Teil der afrikanischen Platte wie ein Rammbock auf den europäischen Festlandsblock trifft, in Falten gelegt wird und dann mitsamt dem zwischengelagerten 'afrikanischen Vorland' unter die Alpen abtaucht, entladen sich regelmäßig in Form von leichten Erdstößen oder gelegentlichen, katastrophalen Erdbeben.

Tektonik

Erdbeben

Da die Erdkruste an den geologischen Störungen im Hinterland des alpidischen Gebirgssystems labil ist, kommt es zu den verbreiteten, wie an einer Perlschnur linear aufgereihten, von der Toskana über Latium und weiter bis

Vulkanismus

Naturraum

Solfatara bei Pozzuoli: Aus vulkanischem Boden steigen Wasserdampf und Schwefelwasserstoff auf

Vulkanismus (Fortsetzung)

Kampanien und Sizilien zu beobachtenden vulkanischen Erscheinungen. Das Gebiet läßt sich in mehrere Vulkanprovinzen gliedern, die sich jeweils nach Alter und Art der Tätigkeit unterscheiden.
Im Bereich der Trennlinie zwischen Süd- und Zentralalpen kam es im Erdmittelalter zum Aufdringen von Magma und begleitendem Vulkanismus, von dem noch heute die Bozener Porphyre Zeugnis ablegen.
Relikte eines inzwischen weitgehend abgeklungenen tertiären Vulkanismus finden sich in den Tafelländern Nordwest-Sardiniens, am Alpenrand in den Vulkankuppen der Euganeischen Berge (Euganeen), ferner in der Toskana um den Monte Amiata.

An die Tätigkeit der frühquartären Vulkane in Latium erinnern markante Kraterseen innerhalb kreisrunder Calderen und die inzwischen vom Flußnetz zerschnittenen, bis 50 m mächtigen Tuffitdecken.
In der kampanischen Vulkanprovinz trifft man auf die noch heute aktiven, imposanten Vulkanbauten um den Golf von Neapel. Die komplexen Bauten des vulkano-tektonischen Horstes der Insel Ischia, die Aushauchungen der Solfataren in den Phlegräischen Feldern, eine Wanderung im Calderagebiet der Somma oder am Kraterrand des Vesuvs vermitteln bleibende Eindrücke von hohem geologischen und touristischen Reiz. Auch der Vulkanbau des Monte Vulture gehört zur kampanischen Vulkanregion.
Der größte tätige Vulkan des europäischen Festlands, der gewaltige Stratovulkan des Ätna, die Monti Iblei und die auf geologischen Bruchlinien aufsitzenden Liparischen Inseln – mit den beiden aktiven Vulkanen Stromboli und Vulcano – bilden die sizilianische Provinz.

Erosionsgefährdete Tonsteinregionen

Wegen der weiten Verbreitung junger Tongesteine, Flyschsedimente und Evaporite, die zur Erosion neigen, sowie der fatalen Quell- und Gleitfähigkeit dieser Gesteine bei Wasseraufnahme ist beinahe ein Fünftel Italiens latent abspülungs- bzw. rutschungsgefährdet.

Naturraum

Wenn nach längeren Niederschlägen die Aufnahmekapazität der Tone und Gipse überschritten ist, kommt es zum Quellen und zur Bildung von Gleithorizonten, an denen ganze Hangpartien abrutschen können.
Gerade im niederschlagsreichen Winterhalbjahr gehören Bergschlipfe, Bergrutsche (ital. 'frane') und Bergstürze in Italien zum alltäglichen Bild.
Nach sommerlichen Starkregen schneidet das Wasser, das auf dem ausgetrockneten Boden oberflächlich abfließt, tiefe Rinnen in die weichen Tonsteine und bildet – besonders wenn eine schützende Pflanzendecke fehlt – rasch tiefe Einkerbungen (ital. 'calanchi'). Eindrucksvolle Beispiele für die Zerrachelung ganzer Landstriche finden sich in den Pliozäntonen der Toskana – in der 'Crete Senesi' bei Siena und den 'Balze' bei Volterra.

Eine andere geologische Großgruppe sind die in Apennin und Südalpen weit verbreiteten Karbonatgesteine. Sie neigen zur Verkarstung mit unterirdischem Abfluß und gehemmter Bodenbildung. Diese Vorgänge haben Folgen für die Oberflächengestalt, sie bestimmen zusammen mit der Vegetationsdecke das Wasserangebot und damit die Möglichkeit der menschlichen Nutzung. Hochgebirge mit typischem Landschaftsbild sind die aus dem gleichnamigen Mineral aufgebauten Dolomiten sowie die mächtigen Kalkstöcke der Abruzzen. Die Probleme des Wassermangels an der Oberfläche treten in Verbindung mit dem sommertrockenen Klima auch im italienischen Anteil am Karst Sloweniens und – besonders markant – in den Kalkhochflächen der apulischen Murge auf.

Als kontinentale 'Eckpfeiler' tauchen an einigen Stellen Rümpfe uralter Landmassen auf, die sich in Gestalt und Baustil deutlich vom auflagernden, jungen (tertiären und quartären) Rest des Landes unterscheiden.
Italien hat in den westalpinen Zentralmassiven Anteil an dem ortsfesten ('autochthonen') Kern des Gebirges. Die darüberliegenden, in Decken überschobenen 'penninischen Gesteine' stammen ebenfalls aus dem

Geologischer Bau (Fortsetzung)

frane

calanchi

Karbonatgesteine

Alte Massive

Bei Volterra in der Toskana bestimmen die bizarren Erosionsformen der 'Balze' weithin das Landschaftsbild

Naturraum

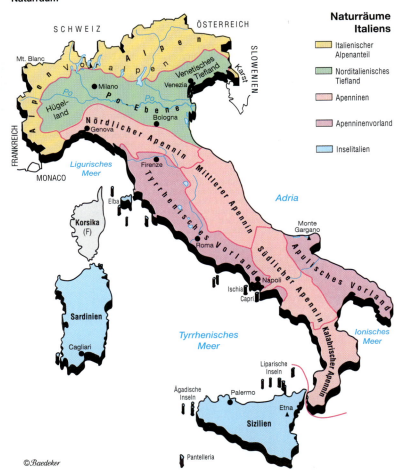

| Geologischer Bau (Fortsetzung) | Erdaltertum und lassen Ähnlichkeiten mit dem Grundgebirge des Schwarzwalds erkennen. |

Die Insel Sardinien bildet mit Westkorsika ein kontinentales Fragment der sog. Tyrrhenischen Landmasse. Nach dem Absinken des Tyrrhenischen Beckens ragen nur noch hier und in den zugehörigen kristallinen Massiven Kalabriens (Sila, Serra, Aspromonte) und Nordostsiziliens (Monti Peloritani) Relikte des alten Kontinents über den Meeresspiegel auf.

Naturräumliche Gliederung

Die Unterschiede bei Oberflächengestalt und geologischem Baustil sowie der Nord-Süd-Wandel von Klima, Wasserhaushalt und Vegetation bilden die Grundlage zur weiteren Gliederung der vielfältigen italienischen Land-

Naturraum

schaft. Italien besteht aus vier Großeinheiten: dem Alpenanteil, dem norditalienischen Tiefland, der Apenninenhalbinsel und Inselitalien.

Gliederung (Fortsetzung)

Die langgestreckten Ketten des Alpenbogens schirmen das Land gegen seine westlichen und seine nördlichen Nachbarn ab. Mit dem Anstieg zum slowenischen Karst wird im Osten der Übergang zum Dinarischen Gebirge der Balkanhalbinsel vollzogen. Die kräftige Überformung der Hochalpen während des Eiszeitalters führte zu ausgehobelten Talquerschnitten, zugeschärften Gipfelgraten ('Karlingen') und imposanten Kartreppen. Der landschaftsprägenden Kraft der jüngsten Klimaschwankungen verdanken wir also die eindrucksvolle Gebirgsgestalt und die noch vorhandene Bedeckung mit Gletschern.

Italienischer Alpenanteil

Die rasch aus dem Tiefland aufsteigenden Gebirgsstöcke der Westalpen, nämlich Meeralpen, Cottische und Grajische Alpen, bilden mit ihren Hauptgipfeln (Argentera 3297 m, Monte Viso 3841 m und Gran Paradiso 4061 m) den Grenzsaum nach Frankreich. Im oberen Aostatal wird mit der Südabdachung des 'Monte Bianco' (4810 m) in den Savoyer Alpen die größte Höhe des europäischen Kontinents berührt. Vom Talort Courmayeur führen der kleine St. Bernhard und der Montblanc-Tunnel nach Frankreich; mit dem großen St. Bernhard besteht eine wichtige Verbindung über die Walliser Alpen in die Schweiz. Die vergletscherten Gipfel dieser Region zählen zu den schönsten Reisezielen der Westalpen (Matterhorn 4478 m, Monte Rosa 4634 m). Der wichtigste Alpenübergang vom oberen Rhonetal nach Domodossola und zum Lago Maggiore führt über den Simplonpaß. Im Tessin unterbricht das Staatsgebiet der Schweiz die physische Leitlinie des Alpenhauptkamms und reicht bis in die Voralpen zum Lago Maggoire und Luganer See in den italienischen Sprachraum.

Westalpen

Die Westalpen unterscheiden sich in Baustil und Gesteinsart deutlich von den Ost- und Südalpen. In ihren Zentralmassiven (Argentera-Mercantour, Montblanc, Matterhorn-Monte Rosa) sind sehr alte kristalline Gesteine aus dem Alpensockel an die Oberfläche durchgestoßen. Im Gegensatz zu den weit transportierten Gesteinspaketen der Ostalpen sind die Zentralmassive während der gesamten Alpenüberschiebung ortsfest geblieben.

Zentralmassive

Die ebenfalls aus metamorphen Gesteinen wie Gneis oder Bündner Schiefer bestehende 'Penninische Zone' umhüllt als axiales Rückgrat die alten Massive und dominiert den gesamten italienischen Alpenbogen von den Ligurischen Alpen bis zum Rätikon. In den Ostalpen verschwinden diese Einheiten unter dem von Süden aufgetürmten Deckenstapel – lediglich im Engadin und in den Hohen Tauern erlauben 'geologische Fenster' Einblicke in den penninischen Untergrund.

Penninikum

Italiens Anteil an den Ostalpen beschränkt sich auf Südtirol. Wichtige Teillandschaften sind die Ortlergruppe (3902 m), die durch das Stilfser Joch von den Nordrätischen Alpen getrennt wird, und die Südabdachung der Rätischen Alpen mit der Berninagruppe (4049 m) und dem Veltlin. In den Gebirgsgruppen der Ötztaler, Stubaier und Zillertaler Alpen bzw. den zugehörigen Talschaften und Pässen des Vintschgaus (Reschen), Passeiertals (Timmelsjoch), Eisacktals (Brenner), Ahrn- und Pustertals bestehen Übergänge zu den Zentralalpen Österreichs. Der komplizierte Deckenbau der Ostalpen ist die Folge des ungeheuren Gebirgsdrucks, der entstand, als ein Erdkrustenstück von etwa 500 km Länge auf ein Drittel zusammengeschoben wurde.

Ostalpen

Den Übergang zu den Südalpen markiert die bedeutendste tektonische Grenze der Alpen, die sog. Insubrische Linie, welche – beginnend bei Ivrea – über Locarno ins Veltlin und weiter über den Tonalepaß Richtung Brentagruppe führt. Dort wird sie an der vom Lago d'Idro bis ins Passeiertal führenden 'Judikarienlinie' um 60 km nach Nordosten versetzt und streicht weiter über den Jaufenpaß ins Pustertal und ins Gailtal. Entlang dieser tief-

Insubrische Linie

Naturraum

Das Massiv der Dolomiten hat besonders markante Gipfel ausgeformt – wie in der Langkofelgruppe

Naturräumliche Gliederung (Fortsetzung)

reichenden kontinentalen Nahtstelle drangen Magmakörper an die Oberfläche. Die Plutonite von Biella, Adamello-Presanella und Bergell, ferner die Intrusionen bei Meran, Brixen und in der Riesenfernergruppe zeugen von den gewaltigen tektonischen Aktivitäten am Ende der alpidischen Gebirgsbildung.

Südalpen

Die westlich des Lago Maggiore beginnenden Südalpen verbreitern sich keilförmig über Bergamasker Alpen (Pizzo di Coca 3052 m), Adamello (3554 m), Lessinische Alpen (M. Pasubio 2235 m) bis zu den Dolomiten (Marmolada 3343 m). Sie sind – im Gegensatz zu den kompliziert gebauten Ostalpen – relativ einfach strukturiert.

Südliche Kalkalpen

Im Westen findet man in der Ivrea-Zone weit herausgehobene, kristalline Gesteine aus dem Erdmantel. Östlich der Judikarienlinie dominieren die horizontal gelagerten Sedimentgesteine der Südlichen Kalkalpen. Diese kaum gefalteten Gesteinstafeln sind zwar gegeneinander verstellt, jedoch nicht in Decken überschoben worden. Geprägt wird die Landschaft von den Riffablagerungen des Erdmittelalters, deren Kalkbänke und Dolomitstöcke die herrlichen Berggestalten der Dolomiten aufbauen (Schlern, Langkofel, Sella und Rosengarten). Die Karnischen Alpen (Hohe Warte 2780 m) streichen bereits in südöstlicher Richtung und bilden – unterbrochen vom Plöckenpaß – die Grenze zwischen Friaul und dem Kärntner Drautal. Mit den Julischen Alpen (Monte Canin 2585 m) biegen die Südlichen Kalkalpen vollends in Richtung des slowenischen Karst um und finden damit Anschluß zum Dinarischen Gebirge und zur Balkanhalbinsel.

Karst

Der italienische Anteil am dinarischen Karst ist flächenmäßig gering und betrifft die Region östlich des Isonzo um Görz und Triest. Die typischen 'Karst'-Erscheinungen finden sich aber auch in den westlichen Gebirgsgruppen der Südlichen Kalkalpen.

Naturraum

Voralpen

Am Südrand des Alpenbogens begrenzt eine flache Vorbergzone das Gebirge gegen das Tiefland. Ähnlich wie in den Molassebergen der Nordalpen handelt es sich um gehobene, in die Faltung mit einbezogene Gesteine der Gebirgsvortiefe (Lombardische Voralpen, Monti Lessini, Vicentiner Berge, Venezianer Alpen, Friauler Bergland). Die Voralpen sind im Piemont als schmaler, schnell zur Ebene abfallender Streifen ausgeprägt. Nach Osten nehmen Breite und Höhe dieser Bergrücken zu. Besonders in Venetien ragen sie als verkarstete Kalkmauer steil aus dem Tiefland auf.

Voralpenseen

Eingebettet in die Voralpen liegen die wegen ihrer landschaftlichen Schönheit, ihres milden Klimas und der beinahe subtropischen Vegetation vielgerühmten Voralpenseen der Lombardei: Lago Maggiore, Luganer See, Comer See, Iseosee, Idrosee und Gardasee. Hier – an der breitesten Stelle der Alpen – haben die eiszeitlichen Gletschermassen die Täler zur typischen Trogform umgeschliffen und wegen der seitlichen Einengung auch erheblich ausgeschürft. Die tiefste Stelle des Gardasees liegt um 281 m, diejenige des Comer Sees um 212 m unter dem Meeresniveau der Adria!

Moränenamphitheater

Typische Relikte der eiszeitlichen Gletschervorstöße sind halbkreisförmige Endmoränenwälle am Austritt der südlichen Alpentäler. Im Gegensatz zum nördlichen Alpenvorland reichen die Gletscher in den klimatisch begünstigten, niedrigeren Südalpen nur bis zum Gebirgsrand.
Sehr eindrucksvolle Beispiele für Moränenamphitheater finden sich am Austritt der Dora Baltea aus dem Aostatal sowie am Südende von Lago Maggiore und Comer See, ferner am Oglioaustritt beim Lago d'Iseo und bei Gemona/Friaul im Tal des Tagliamento. Schulbeispiel für eine Seebildung hinter stauenden Moränenwällen ist der Lago di Garda. Der Mincio muß sich den Weg durch mehrere, bis zu 130 m über den Seespiegel aufragende Moränenstaffeln bahnen, um die Entwässerung des Gardasees zu ermöglichen. Die Wälle, die das Aostatal abschotten, gehören mit einem relativen Höhenunterschied von bis zu 400 m zu den eindrucksvollsten Endmoränen Europas.

Norditalienisches Tiefland

Mit dem Austritt aus den Voralpen beginnt – oft mit scharfem Gefällsknick - die zweite Großlandschaft Italiens, das vom Po durchflossene norditalienische Tiefland zwischen Alpen und Apennin. Das auch 'Padania' genannte Flachland setzt sich im Norden aus Piemonteser und Lombardischer Ebene sowie dem Venetisch-Friaulischen Tiefland zusammen. In seinem Zentrum liegt die Poniederung mit dem mäandrierenden Hauptfluß Italiens und der adriatischen Delta- und Lagunenküste. Nach Süden leitet die Pianura der Emilia und der Romagna zum Apennin über. Es handelt sich um ein erst in jüngster Zeit landfest gewordenes Senkungsgebiet zwischen Alpen und Apennin, in das Schuttmassen aus beiden Gebirgen verfüllt wurden.
Trotz der auf den ersten Blick gleichförmig wirkenden Landschaft zeigen sich beim Durchqueren des Tieflands Unterschiede in der naturräumlichen Ausstattung, die eine feinere Differenzierung erforderlich machen.

Postvulkanisches Hügelland

Aufgrund ihrer Höhenerstreckung und der geologischen Verhältnisse werden die wie Fremdkörper aus der Ebene aufragenden Hügelländer der Monti Berici (444 m) und der Euganeen (603 m) als eigenständige Naturräume betrachtet. Es handelt sich bei den Hügeln um Reste eines untermeerischen Vulkanismus, dessen abgetragene Härtlingskuppen erhalten blieben. Die Häufung von Thermalbädern rund um die Colli Euganei und die Zahl der Übernachtungen – mehr als zwei Millionen pro Jahr allein in Abano Terme – spricht für die Heilkraft der geothermisch aufgeheizten Thermalwässer und Schlammbäder.

Tertiärhügelland

Geologisch mit dem Apennin verbunden sind die Bergrücken von Monferrato und Langhe. Diese Tertiärhügelländer liegen als trennende Anhöhe zwischen der Ebene des oberen Piemont und der lombardischen Poniederung. Der Po wird von den Monferratohügeln (Colline del Po, Colline d'Asti)

Naturraum

Naturräumliche Gliederung (Fortsetzung)

zu einem weiten Umfließungsbogen bis Turin gezwungen. In der vom Tanaro durchflossenen Hügelzone der Langhe – am Fuß des ligurischen Apennins – werden Höhen zwischen 700 und 845 m erreicht.

Padaniaprofil

Auf einem Querschnitt von Norden nach Süden durch die Padania erkennt man eine typische Abfolge verschiedener Niveaus. Die Unterschiede in Korngröße und Gefälle der Schotterkörper bestimmen den Grundwasserhaushalt und damit die Nutzbarkeit für menschliche Besiedlung und Landwirtschaft.

Die Schuttfächer der nördlichen Padania sind wegen der großen Erosions- und Transportkraft der alpinen Gletscher wesentlich gröber und großflächiger als die vorwiegend aus Flysch- und Tongesteinen bestehenden Schwemmkegel der kaum vergletscherten Apenninen.

Pianalti

An die Moränenamphitheater der subalpinen Zone schließen sich hochgelegene, von den Alpentälern ausgehende Schotterkörper der frühen Kaltzeiten an, die wegen ihres Alters sehr tiefgründig verwittert sind ('Pianalti').

Alta Pianura

In etwas größerer Entfernung zum Alpenrand folgen die Schwemmkegel der letzten Eiszeit ('Alta Pianura'). Diese Schotterkörper weisen ein merklich geringeres Gefälle auf und nehmen weite Flächen im Piemont bzw. in der oberlombardischen Ebene zwischen Mailand, Brescia und Verona ein. Große Teile der Venetischen Ebene bestehen ebenfalls aus solch trockenen Schotterkörpern, deren von der Verwitterung rot gefärbte Böden meist nur mit karger Brugheriaheide oder Robinienniederwald bestanden sind.

Bassa Pianura

Mit zunehmender Entfernung vom Abtragungsort laufen die Sedimentfächer in sandigen Schwemmkegelschleppen gegen die feuchte Auenniederung des Po aus. Wegen der wasserstauenden Eigenschaften dieser feinkörnigen 'Bassa Pianura' findet der Mensch hier günstigere Bedingugen für die Nutzung des Bodens als in der Alta Pianura.

Fontanilizone

Zwischen den beiden Einheiten liegt eine etwa 15 bis 30 km breite Zone, in der gehäuft Schichtquellen auftreten ('fontanili', 'risorgive'). Die Bedeutung dieses Quellenbandes für die Besiedlung bezeugen auffallende Städtereihen zwischen Mailand und Mantua sowie Padua und Pordenone. Heute haben die dichte Industrieansiedlung und eine hochentwickelte künstliche Bewässerung die Unterschiede im Wasserangebot verwischt.

Flußschwemmland

Das niedrigste Stockwerk des norditalienischen Tieflands nehmen die jungen Flußniederungen des Po und seiner Nebenflüsse ein. Im Piemont bilden die feinen Schwemmfächer am Gebirgsfuß tischebene Niederterrassen; teilweise ist Löß aufgeweht. Der feuchte, etwa 2 bis 10 km breite Schwemmlandstreifen der Poniederung beginnt in der Lombardei etwa ab Pavia. Mäanderbildung, Dammuferseen und zahlreiche Altwasserarme sind Zeugen diverser Laufverlegungen und Überschwemmungen.

Polesine

Im Polesine, der feuchten Niederung zwischen Etsch und Po, werden die parallel der Adria zuströmenden Flüsse durch mächtige Deiche in ihren stark überhöhten Flußbetten gehalten. Durch intensive Wasserbaumaßnahmen bemüht man sich seit dem 17. Jh. die häufigen Laufänderungen im Mündungsgebiet zu verhindern und den Hauptarm festzulegen. Das eigentliche Delta hat sich erst im Lauf der letzten 2500 Jahre aus einer damals durchgehenden Lidoküste vorgeschoben, wie ein gerade verlaufender etruskischer Strandwall beweist. Noch in römischer Zeit mündete der Po di Primaro – im Bereich der Valli di Comacchio – im heutigen Renobett.

Emilia und Romagna

Die südliche Padania weist wegen der geringen Breite eine weniger ausgeprägte Terrassenabstufung auf. Feinkörnige Schwemmfächer aus Tongesteinen dominieren; grober Schutt findet sich lediglich in den zahlreichen aus dem Apennin herabziehenden Torrentibetten.

Naturraum

Im Süden des norditalienischen Tieflands erheben sich aus der Ebene über ein zertaltes Hügelland die Ketten des Apenninensystems. Mit dem Aufstieg aus dem Tiefland tritt man in den dritten großen Naturraum Italiens ein, die Apenninenhalbinsel. Dieser Begriff wird häufig als Synonym für ganz Italien benutzt, umfaßt im eigentlichen Sinne aber nur den ins Mittelmeer ragenden 'Stiefel' südlich des 44. Breitengrads (Genua-Ravenna). Die Apenninen durchziehen als geschwungenes Rückgrat die Halbinsel auf ganzer Länge und trennen das Tyrrhennische vom Apulischen Vorland. Charakteristisch besonders für den nördlichen Apennin ist die nach außen gerichtete Asymmetrie im Aufbau. Einer steilen, stärker gegliederten, verkehrsgünstigen und dichtbesiedelten Westseite steht die trocken-kontinentale, eher schlecht erschlossene, flachere Ostseite mit ihrer gleichförmigen Längsküste gegenüber.

Naturräumliche Gliederung (Fortsetzung), Apenninenhalbinsel

Der Nördliche Apennin schwingt in mehreren Ketten vom Golf von Genua hinüber zur Adriaküste und schirmt das tyrrhenische Rückland gegen die Poebene im Norden ab. Der nordwestliche Teil des Mittelgebirges wird vom Colle di Cadibona (459 m) bis zum Tarotal bei Parma als Ligurischer Apennin ('Appennino Ligure') bezeichnet. Drei dicht gestaffelte Ketten mit gleichmäßigen Kammlinien in Mittelgebirgshöhen von 1200 bis 1799 m (Monte Maggiorasca) sind das Nährgebiet für eine ganze Reihe von gleichmäßig ins Tiefland ausstrahlenden, kurzen Flüssen, die die Nordseite in oft tektonisch angelegten, radialen Talkerben entwässern. Die Gesteine (Tone, Flysch) sind sehr rutschungsgefährdet, was zu einer permanenten Umgestaltung der Landschaft führt. Die dem Golf von Genua und der ligurischen Küste zugewandten Südseiten hingegen sind steil und brechen an gestaffelten Längsbrüchen zum schmalen Küstenstreifen ab.

Nördlicher Apennin

Ligurischer Apennin

Der ligurische Küstenstreifen wird durch die steilen Berghänge völlig gegen Norden abgeschirmt. Das Gunstklima der Riviera läßt ein subtropisches Pflanzenkleid entstehen und ist im Zusammenwirken mit der malerischen, grünen Steilküste und den schönen Badeorten der Grund für den ganzjährig boomenden Tourismus. Die Hafenstadt Genua trennt die nach Frankreich ziehende Riviera di Ponente von der südöstlich zum Tyrrhenischen Meer orientierten Riviera di Levante und den Cinque Terre.

Ligurischer Küstensaum

Mit dem südöstlich anschließenden Etruskischen Apennin ('Appennino Tosco-Emiliano') vollzieht sich der Wechsel des Hauptkamms zur adriatischen Seite. Das Gebirge ist stärker gegliedert und in mehrere Teilstränge aufgespalten. Die Kämme erreichen 1700 bis 2165 m (Monte Cimone), dazwischen sind immer wieder steile Einbruchskessel abgesunken. Man spricht von der toskanischen Beckenreihe mit den Talschaften von Lunigiana, Garfagnana, Mugello und Casentino. Eine Sonderstellung nehmen die Apuanischen Alpen ein, die den Küstenabschnitt der Versilia zwischen La Spezia und Viareggio vom Hinterland trennen. Es handelt sich um eine als Horst herauspräparierte, alte Struktur aus dem Apenninenuntergrund, deren umgeformte Gesteine vor allem in den berühmten Marmoren von Carrara seit dem Altertum gesuchte Baustoffe liefern.

Etruskischer Apennin

Apuanische Alpen

Die Grenze zwischen dem Nördlichen und dem Mittleren Apennin verläuft im Montefeltro auf der Linie vom Tiberursprung über die Alpe della Luna ins Metaurotal. Während der Nördliche Apennin durch Tone und Flyschgesteine aufgebaut wird, dominieren im Mittleren Apennin die Karbonatgesteine mit wuchtigen Kalkklötzen, eingesenkten Karstwannen und kargen Karsthochflächen. Im Mittleren Apennin erreicht die Apenninenhalbinsel ihre größte Breite (Orbetello–M. Conero 240 km) und die höchste Erhebung (Gran Sasso 2912 m). Die starke tektonische Beanspruchung führte zu einer Zerstückelung in einzelne Gebirgsstöcke mit zwischengeschalteten, breiten Senken.

Mittlerer Apennin

Im Umbrischen Apennin ('Appennino Umbro-Marchigiano') dominieren Kalksteinkettengebirge (Serra di Burano, Monti Sibillini). Die Gipfel er-

Umbrischer Apennin

Naturraum

Umbrischer Apennin (Fortsetzung)

reichen 1600 bis 2476 m (Monte Vettore). Dort finden sich wegen der Höhenlage vereinzelt Kare und andere Vereisungsspuren.

Intramontane Becken

Zwischen die Bergrücken sind immer wieder große Senken eingeschaltet. Wegen der Abdichtung des Beckenbodens durch eingeschwemmte Sedimente weisen diese Kessel häufig Seen oder trockengelegte Sumpfflächen auf. Die relativ guten natürlichen Bedingungen dieser intramontanen Becken begünstigt die Entwicklung lokaler Zentren der Besiedlung und Landwirtschaft (Val Tiberina, Valle Umbra, Becken von Gubbio, Castelluccio, Norcia, Cascia, Rieti oder Fucino).

Die hochgelegenen, kargen Karstwannen ('campi') und kahlen Karsthochflächen ('piani') dieser Region sind wegen der intensiven Verkarstung, der armen Böden und des oberflächlichen Wassermangels nur sporadisch als Wanderweiden für Schaf- und Ziegenherden nutzbar (Campo Imperatore u.a.).

Abruzzischer Apennin

Im südlichen Teil des zentralen Apennins teilt der Aternograben das Gebirge in zwei große Gebirgsstränge, nämlich in den tyrrhenischen Ast (Monti Sabini, Monti Simbruini, Monti Ernici und Monti della Meta) und den adriatischen Ast mit den bekannten Berggruppen der Abruzzen. Die Kalkstöcke des 'Appennino Abruzzese' ragen mit Höhen von mehr als 2000 m weit über die umgebenden Altflächen auf. Die Monti della Laga (Monte Gorzano 2458 m) und die Montagna della Maiella (Monte Amaro 2795 m) sowie vor allem der Gran Sasso (Corno Grande 2912 m) bestehen aus wuchtigen Kalkmassiven mit ausgeprägtem Hochgebirgscharakter und verbreiteten Vereisungsspuren.

Adriatischer Küstenstreifen

Der Ostabfall des Mittleren Apennins zur Adria vollzieht sich über einen schmalen, nur etwa 30 km breiten Berglandstreifen mit gehobenen Sedimenttafeln. Das Tertiärhügelland der Marken und Abruzzen begleitet mit

Blick auf die glazial überformte Montagna della Maiella (Abruzzen)

Naturraum

einer dichten Folge paralleler Flüsse in zerschnittenen Kerbtälern die schmale Ebene des adriatischen Küstenstreifens von Rimini bis zum Monte Gargano.

Adriatischer Küstenstreifen (Fortsetzung)

Südöstlich der Maiellagruppe beginnt am Oberlauf des Volturno und des Sangro der Südliche Apennin. Die Tendenz zur Zergliederung der Apenninen, die sich bereits in der Aufspaltung der Abruzzen bemerkbar machte, verstärkt sich im südlichen Teil noch mehr. Das Gebirge wird durch ein Gitternetz von tektonischen Bruchlinien in zahlreiche isolierte Schollen, einzelne Querriegel und zwischengeschaltete Kessel aufgelöst. Die Hauptwasserscheide, die im Mittleren Apennin weit adriawärts lag, wechselt mit den höchsten Ketten des Lukanischen Apennins wieder nach Westen zum Tyrrhenischen Meer.

Südlicher Apennin

Der Molise-Kampanien-Apennin ('Appennino Campano') zieht in vier Abschnitten vom Tal des Sangro bis hin zur Seleniederung im Golf von Salerno. Schroffe Kalk- und Dolomitklippen wie die Monti del Matese (Miletto 2050 m) und die Monti Picentini (Cervialto 1809 m) ragen als gehobene Bruchschollen aus einer Hülle von Flyschablagerungen und junger Beckensedimente. Die Westseiten des Gebirges tragen die größten Höhen, während sich das Relief nach Osten über mehrere Stufen langsam zum Meer abdacht. An die südlichen Kalkapenninen schließt sich adriawärts zunächst eine Berglandzone in Höhen zwischen 800 und 1300 m an (Monti del Sannio 1086 m, Monti della Daunia 1152 m). Die Rutschungsneigung der Gesteine verursacht in Molise und in der Basilicata ähnliche Erosionsprobleme wie im Nordapennin.

Kampanischer Apennin

Das kleingekammerte Bruchlinienmuster ist in Verbindung mit vulkanischen Erscheinungen auch die Ursache für einige markante Querriegel, die die kampanische Küste in große Buchten gliedern. Einer der schönsten Küstenabschnitte des Mittelmeers, nämlich die Halbinsel von Sorrent am Golf von Neapel, verdankt seine Entstehung einer derartigen Bruchscholle. Die Monti Lattari, die aus dem Meer auf Höhen von 1200 bis 1443 m aufsteigen, sind – gemeinsam mit der Insel Capri – ein quer zur Streichrichtung des Apennins liegender Block aus kreidezeitlichen Kalksteinen.

Peninsula Sorrentina

Südlich der Seleniederung und des Monte Vulture (1326 m) beginnt der Lukanische Apennin ('Appennino Lucano'). Die Kalkmassive der Monti Alburni (1742 m), des Cilento (Monte Cervati 1898 m) und der Monti della Maddalena (Serra Longa 1503 m) umschließen das Einbruchsbecken des Vallo di Diano. Mit diesen Gebirgsstöcken schiebt sich der Lukanische Apennin am Golf von Policastro unmittelbar an das Tyrrhenische Meer heran. Die höchsten Erhebungen Süditaliens – mit Ausnahme des Ätna auf Sizilien – werden in der Pollinogruppe am Beginn der kalabrischen Stiefelspitze erreicht (Pollino 2248 m, Serra Dolcedorne 2267 m).

Lukanischer Apennin

Mit einem gewaltigen Steilabfall über 1700 Höhenmeter – vom Monte Pollino und dessen südwestlichen Ausläufern (Cozzo del Pellegrino 1987 m, La Mula 1937 m) hinab in den Grabenbruch der Cratiniederung – vollzieht sich ein abrupter Wechsel von Baustil und Gestein: Der Apenninenzug in Kalabrien ('Appennino Calabrese') wird von Resten der Tyrrhenischen Masse aufgebaut. Die Massive entstammen dem Erdaltertum; sie bestehen aus gewölbten Kernen von Granit, Gneis oder Glimmerschiefer und sind von schmalen Küstenebenen und jungen Tafelländern umschlossen.

Kalabrischer Apennin

Direkt an der Westküste erhebt sich die Paolakette ('Catena Costiera') auf Höhen von 1000 bis 1500 m (Monte Cocuzzo 1541 m). Durch die Cratisenke abgetrennt, nimmt das Silagebirge den östlichen Teil der kalabrischen 'Stiefelverdickung' zwischen Cosenza, Crotone und Catanzaro ein.

Küstenkette

Das Massiv besteht aus drei Teilen: 'Sila Greca' (Monte Paleparto 1481 m) im Norden und 'Sila Piccola' (Monte Gariglione 1765 m) im Süden umhül-

Sila

21

Naturraum

Sila
(Fortsetzung)

len die zentrale 'Sila Grande', die im Monte Botte Donato eine Höhe von 1928 m erreicht.

Le Serre Aspromonte

Am Isthmus von Catanzaro nähern sich das Tyrrhenische und das Ionische Meer bis auf 28 km. Das anschließende Bergland der Serre verbindet mit Meereshöhen um 1400 m das Silagebirge mit der 'Stiefelspitze', welche sich im Aspromonte-Massiv noch einmal aus der Straße von Messina bis auf beinahe 2000 m erhebt (Montalto 1955 m).

Tyrrhenisches Vorland

Der geschwungene Verlauf der Apenninen durch die italienische Halbinsel berührt außerhalb des eigentlichen Gebirges zwei wichtige, zugehörige Landschaftsräume, nämlich das Tyrrhenische Vorland im Westen und das Apulische Vorland im Südosten.

Das Tyrrhenische Vorland an der Innenseite des Mittleren Apennin ist ein vielfach gekammertes, zerstückeltes Bergland, welches geologisch den stufenförmigen Abstieg von den Apenninen in das Einbruchsbecken des Tyrrhenischen Meeres darstellt ('Subapennin'). Wegen der starken Beanspruchung im Rücken des Faltengebirges zerbrach die Erdkruste in zahlreiche, gegeneinander verschobene Teile (Pratomagno, Chianti, Monti Pisano, Colline Metallifere). Charakteristisch für die Region sind vertikal verstellte Gesteinspakete, tektonisch angelegte, plötzlich abknickende Talfurchen sowie die flächenhaft verbreiteten vulkanischen Erscheinungen.

Küstenebenen

Wesentlich für die Verkehrserschließung und Besiedlung sind die weit ins Land eingreifenden Küstenschwemmländer. Die toskanischen Ebenen (Arnotal und Maremmen), die Ebenen Latiums sowie die kampanische Ebene um Neapel und Salerno sind durch die flächenhaften Meliorationen – vor allem der Renaissance-Stadtstaaten – zu wichtigen Zentren der Besiedlung und landwirtschaftlichen Nutzung geworden.

Hügelland

Im Hügelland der Toskana, das aus gehobenen Meeressedimenten besteht und Höhen von etwa 500 m erreicht, bestimmt über weite Strecken die Erosion der Tonsteine das Landschaftsbild.

Die vereinzelten, meist aus Kalkstein aufgebauten Gebirgsblöcke Latiums sind Relikte der Apenninenfaltung oder erhalten gebliebene Bruchschollen des tyrrhenischen Untergrunds (Monti Lepini, Monti Ausoni, Monti Aurunci).

Vulkanische Bauten

Ganz wesentlichen Anteil an der Landschaftsgestaltung des tyrrrhenischen Vorlandes haben die vulkanischen Erscheinungen (Vulkankegel, Kraterseen, Tuffitdecken), die sich entlang der toskanisch-kampanischen Störungszone aufreihen (Monte Amiata, Monti Volsini, M. Cimini, M. Sabatini, Colli Albani, Vesuv).

Apulisches Vorland

An der Außenseite des südlichen Apenninenbogens ist dem Gebirge eine flache Scholle angelagert, die geologisch bereits zum Adriabecken bzw. zum Dinarischen Gebirge der Balkanhalbinsel überleitet. In diesem Apulischen Vorland treten flache, nicht mehr in die Apenninenfaltung einbezogene Kalktafeln an die Oberfläche und bestimmen vom Stiefelsporn bis zum Absatz der Halbinsel das Landschaftsbild.

Gargano

Im Norden des Vorlandbereichs erhebt sich direkt aus der Adria ein besonders hoch gehobener Kalkblock, das Promontorio del Gargano, welches im Monte Calvo eine Höhe von 1056 m erreicht. Im Osten des kargen, hauptsächlich als Weideland genutzten Vorgebirges gibt es mehrere Forstreservate mit wertvollen, mitteleuropäisch anmutenden Hochwaldbeständen ('Foresta umbra'). Das Felsmassiv bricht im Südosten zu einer malerischen Kliffküste mit Brandungstoren und Höhlen ab.

Tavoliere

Im Süden des Gargano schließt sich am Golf von Manfredonia ein ehemals versumpftes Schwemmland an – der 'Tavoliere'. Es handelt sich bei dieser

Naturraum

intensiv agrarisch genutzten Küstenebene um einen verlandeten Meeresgolf, dessen Kalkfundament mit wasserspeichernden marinen Sanden und Tonen bedeckt ist. Im Westen bilden die gehobenen Sedimente am Apenninenfuß ein zertaltes Hügelland, die Capitanata.

Tavoliere (Fortsetzung)

Die südliche Trennlinie zum Apennin verläuft in der Bradanofurche, einer Grabenstruktur an der Gebirgsfront, die vom Monte Vulture in den Golf von Tarent streicht ('fossa premurgiana'). Aus der Senke erhebt sich mit steilem Westabbruch eine einförmige Hochfläche – 'Le Murge'. Die leicht nach Osten gekippte Karbonattafel besteht aus mächtigen Kalk- und Dolomitbänken in einem Niveau von 400 bis 686 m. Die von schütterer Vegetation und rohen Böden spärlich bedeckten Gesteine unterliegen intensiver Verkarstung und sind mit akutem Wassermangel und tief in die Landschaft einschneidenden, verkehrsbehindernden Schluchttälern ('gravine') einer der trockensten und problematischten Naturräume Italiens. Nach Südost dacht sich die Murge über die Bruchstufen und marinen Terrassen der 'Terra di Bari' zur Adria und zur niedrigen Salentinischen Halbinsel ab.

Le Murge

Inselitalien

Sizilien ist mit einer Fläche von 25 426 km^2 die größte Insel des Mittelmeeres. Schon aufgrund der Landfläche und wegen der räumlichen Nähe zur Apenninenhalbinsel sind die Verflechtungen mit dem italienischen Festland sehr eng. Auch geologisch hängt die Insel direkt mit dem Kalabrischen Apennin zusammen: Die Straße von Messina trennt als junger Grabenbruch die tyrrhenischen Massive Kalabriens von deren Fortsetzung in den nordsizilianischen Monti Peloritani (Montagna Grande 1374 m). Das Nordsizilianische Gebirge begleitet als Fortsetzung des Apenninenbogens die Küste in Mittelgebirgshöhen von 1100 bis knapp 2000 m. Die kristallinen Gesteine des Peloritanimassivs setzen an der sog. Taormina-Störung abrupt aus und machen den jungen Sand- und Tongesteinen der Monti Nebrodi Platz (Monte Soro 1847 m), die dem Gebirgszug einen ähnlichen Charakter wie dem Nordapennin verleihen.
Im Massiv der Madonie (Pizzo Carbonara 1979 m), das sich westlich anschließt, bestimmen Kalkstöcke aus der Trias und dem Jura den Gebirgscharakter. Die kahlen Hänge und kargen Karsthochflächen weisen Parallelen zum südlichen Kalkapennin auf. In Westsizilien läuft der Gebirgszug aus und zerbricht in eine Vielzahl gestaffelter Felsklötze mit unterschiedlichen Höhen (Monte Pellegrino, Monti di Gibellina u.a.).

Sizilien

Das Inselinnere besteht aus einem welligen Tertiärhügelland, dessen Schichttafeln im Quartär kräftig herausgehoben wurden (Enna, Monti Eréi).

Tertiärhügelland

Im Südosten Siziliens ist – ähnlich wie im apulischen Vorland – ein Fragment der Vorlandzone angelagert, die südostsizilianische Tafel. Es handelt sich dabei um relativ ungestörte Schollen flach lagernder Kalksandsteine.
Auf einer geologischen Verwerfung, die von Ragusa im Süden der Insel bis zur Straße von Messina zieht, kam es wegen der Krustenschwächung zum Aufdringen von Magma aus der Tiefe und in der Folge zur Ablagerung vulkanischer Gesteine. In den Monti Iblei im Südosten der Insel können solche großflächigen Basaltlavadecken bestaunt werden.

Vorland

Vulkandecken

Mit dem riesigen Stratovulkan des Ätna trägt die Insel auch den größten tätigen Vulkan Europas. Der Vulkankegel, der wie ein kreisrunder Saugnapf auf einer ergiebigen Magmenkammer aufsitzt, hat seit den letzten Ausbrüchen eine Gipfelhöhe von 3323 m. Bei einem geschätzten Volumen von 800 km^3 bedeckt er eine Fläche von 1570 km^2!

Ätna

Die Insel Sardinien (23 813 km^2) und die vorgelagerten Inseln (Sant'Antioco, San Pietro, Asinara, Maddalena, Tavolara u.a.) weisen gegenüber der jungen, unruhigen, von Erdbeben und Vulkanismus heimgesuchten Apen-

Sardinien

Naturraum

Sardinien (Fortsetzung)

ninenhalbinsel einen völlig anderen Charakter auf. Die Insel ist als Teil der korsisch-sardischen Masse ein altes und stabiles Land. Die einzige größere Beanspruchung in junger Vergangenheit war die Drehung aus dem Golfe du Lion (Rhonegraben) gegen den Uhrzeigersinn ins Tyrrhenische Meer und die daraus resultierende Bruchtektonik. Sardinien ist wegen seiner alten Gesteine auch die einzige Region Italiens mit nennenswerten Bodenschätzen.

Campidanograben

Die Insel baut sich aus zwei großen Blöcken auf, die durch eine Senkenzone getrennt werden (Campidanograben von Oristano nach Cagliari). Den Südwesten der Insel bilden Gesteine aus dem Erdaltertum mit reichen Vorkommen von Zink- und Bleierzen, die zum Beispiel bei Iglesias eine gutentwickelte Bergbauindustrie begünstigen. Die Bergrücken aus alten Kalken, Sandsteinen und Schiefern erreichen im Iglesiente Höhen zwischen 500 m und 1236 m am Monte Linas.

Nordöstliches Bergland

Das recht vielgestaltige nordöstliche Bergland besteht aus kristallinen Gesteinen wie Granit oder aus alten vulkanischen Ablagerungen von Tuff und Trachyt. Charakteristisch für die Landschaft im Gennargentumassiv (1834 m) und in der Gallura sind alte Rumpfflächen und Inselberge aus rundlich verwittertem Granit. Das Zentrum und der Norden Sardiniens bestehen aus flachen vulkanischen Tafelländern ('altopiani') oder Schichtkämmen ('catene'). Im Nordwesten der Insel – im Turritano bei Sassari – bedecken jüngere Sedimente den alten Untergrund.

Kleinere Inseln

Zu den beiden großen Inseln gesellen sich mehrere kleine Inselgruppen, von denen einige für den Tourismus durchaus von Bedeutung sind.

Toskanischer Archipel

Die bekannteste Insel des Toskanischen Archipels zwischen Korsika und der Maremmen-Küste ist zweifellos Elba. Neben dieser für ihre Mineralien

Die kleine Insel Giannutri bildet einen Teil des Toskanischen Archipels vor der Westküste Italiens

Gewässer

bekannten Hauptinsel (224 km²) existieren fünf größere und zahlreiche kleine und kleinste Inselchen, von denen jedoch insgesamt nur sieben bewohnt sind (Capraia, Giglio, Montecristo, Giannutri, Pianosa).

Naturraum, Toskanischer Archipel (Fortsetzung)

Im Tyrrhenischen Meer liegen als südlichste Ausläufer Latiums direkt vor dem Küstenpark des Circeo die Pontinischen Inseln (Ponza, Palmarola, Zannone, Ventotene, San Stefano).

Pontinische Inseln

Weltberühmt und für den Tourismus sehr gut erschlossen sind die Eilande in der Umrahmung des Golfs von Neapel. Die Insel Ischia gehört zusammen mit Procida zur kampanischen Vulkanprovinz um die Phlegräischen Felder, während die Insel Capri eine Fortsetzung der Halbinsel Sorrent und damit ein Ausläufer des Kampanischen Apennins ist.

Ischia und Capri

Die sizilianischen Nebeninseln umringen die Hauptinsel in kleinen Gruppen. Die südlichsten Ausläufer Italiens sind die in der Straße von Tunis gelegenen Pelagischen Inseln (Lampedusa, Linosa, Lampione) und das jungvulkanische Eiland Pantelleria.

Pelagische Inseln

Vor der westlichen Spitze Siziliens gruppieren sich die Ägadischen Inseln (Favignana, Marettimo, Levanzo) als Ausläufer des Nordsizilianischen Gebirges.

Ägadische Inseln

Die Inselreihe der Liparischen oder Äolischen Inseln liegt auf einer sich in Form eines Ypsilons gabelnden Dreiecksverbindung geologischer Bruchlinien und weist eine Reihe aktiver Vulkaninseln auf, von denen jede für sich wieder durch eine spezielle Art und Intensität der vulkanischen Tätigkeit gekennzeichnet ist (Vulcano, Lipari, Panarea, Stromboli, Salina, Filicudi, Alicudi und Ustica).

Liparische Inseln

Die einzigen italienischen Inseln in der Adria, die Tremiti-Inseln vor der Küste des Monte Gargano, sind – abgesehen vom saisonalen Ausflugsverkehr zu den schönen Grotten – für den Touristen ohne Bedeutung (San Domino, San Nicola, Caprara und Pianosa).

Tremiti-Inseln

Gewässer

Die natürlichen Gegebenheiten des geologischen Untergrunds, der Oberflächengestalt, des Klimas und der Nutzungsverhältnisse haben tiefgreifende Auswirkungen auf die Wasserqualität, die Abflußmenge und die räumliche Verbreitung der italienischen Gewässer. So vielfältige Problemkreise wie Trockenheit, Hochwassergefahr, Grundwasserabsenkung, Bewässerungsfeldbau, Verkarstung, wie Erosion und Küstenverschmutzung gehören zum italienischen Alltag.

Hydrographische Problematik

Die ungleichmäßige Verteilung der Niederschläge und der Oberflächengewässer verursacht eine räumliche Asymmetrie im Wasserhaushalt, die vom Menschen nie vollständig kompensiert werden kann: Den Wasserüberschußgebieten des Nordens stehen Wassermangelzonen im Süden gegenüber, in denen nur durch aufwendige Bewässerungsverfahren Land kultiviert werden kann.

Im feuchten Norditalien tragen die ganzjährigen, reichen Niederschläge und das dichte Flußnetz der Alpen regelmäßig zur Regeneration der Wasservorräte bei, während im Süden die langdauernde Sommertrockenheit mit der Anlage von Wasserspeichern und Fernleitungen überbrückt werden muß. Das höhere Wasserangebot und die Nähe zum Quellgebiet ist auch die Ursache dafür, daß sich mehr als die Hälfte aller Bewässerungsflächen Italiens im norditalienischen Tiefland befindet, auch wenn die Landwirtschaft des Südens das kostbare Naß dringender benötigte.

Bewässerung

Gewässer

Bewässerung (Fortsetzung)

Gängige Verfahren der Bewässerung sind die Besprengung mittels großer, oft beweglicher Sprinkleranlagen, die Flächenüberstauung, die vor allem in den Reisbaulandschaften der Poebene eingesetzt wird und das Rieselwiesen-Verfahren, welches in steilem Gelände gute Ergebnisse bringt.

Trinkwasserversorgung

Das für die Landwirtschaft und für die städtische Bevölkerung benötigte Trinkwasser stammt vorwiegend aus Stauseen und Reservoiren im Bergland, die in der regenreichen Periode aufgefüllt werden, um in Niedrigwasserperioden eine gleichmäßige Wasserabgabe sicherzustellen.
In den norditalienischen Schotterkörpern und im Karst werden erhebliche Mengen auch aus Quellschüttungen und Brunnen gewonnen. Die übermäßige Entnahme von Grundwasser hat in den städtischen Verdichtungsräumen vielerorts zu einer recht bedrohlichen Absenkung des Grundwasserspiegels geführt.

Acquedotto Pugliese

Bereits sehr früh wurden Anstrengungen unternommen, um dem benachteiligten Süden mit Hilfe von Fernwasserleitungen ein konstantes Trinkwasserangebot zur Verfügung zu stellen. Berühmtestes Beispiel ist der Acquedotto Pugliese, mit dem in jahrzehntelanger Bauzeit von 1906 bis 1929 und weiter bis in die fünfziger Jahre hinein eine enorme Anstrengung zur Versorgung des trockenen apulischen Vorlandes geleistet wurde. Dabei wird Wasser aus der Selequelle in Mittelitalien abgezapft und über einen 262 km langen Hauptkanal und Nebenleitungen mit insgesamt mehr als 3000 km Länge in das apulische Wassermangelgebiet transportiert. Wegen der hohen Versickerungsverluste muß aber auch hier zusätzlich noch auf Grundwasservorräte zurückgegriffen werden.

Verkarstung

Landschaftsprägend für große Teile des Kalkapennins, der Südlichen Kalkalpen und des istrischen Gebietsanteils sowie für beinahe ganz Apulien sind die flächenhaften Karsterscheinungen. Wegen der Klüftigkeit der häufig ohne Vegetationsbedeckung anstehenden Karbonatgesteine und deren Anfälligkeit für Kalklösung fehlen im Karst Oberflächengewässer. Der Niederschlag versickert rasch im Boden und wird über ein unterirdisches Kanalnetz zu manchmal sehr ergiebigen, oft aber auch nur unregelmäßig schüttenden Karstquellen geführt. Typische Erscheinungen im Karst sind Schluck- und Speilöcher, unterirdische Flußläufe (Timavo) und Höhlensysteme (Grotta gigante bei Triest, Grotta di Castellana in Apulien). Gebiete mit eigenständiger Hydrographie sind auch die kargen Hochflächen ('piani') und die vielen Kartsbecken ('campi'), die sich zwischen die Flanken des südlichen Kalkapennins erstrecken.

Flüsse

Die Flüsse Italiens spiegeln die Gestalt und geologische Jugend des Landes wieder, ferner lassen sie den Wechsel vom alpinen zum sommertrockenen, mediterranen Klima erkennen. Wegen der schmalen Form der Halbinsel und der aktiven Hebungsvorgänge finden sich – abgesehen vom norditalienischen Po und seinen Nebenflüssen – kaum größere Stromsysteme.
Die ganzjährig wasserführenden, wegen ihres großen Einzugsgebiets vom Niederschlag relativ unabhängigen Flüsse Norditaliens werden als 'Fiume' bezeichnet.
In Mittelitalien und Süditalien unterscheidet man bei den Fließgewässern 'fiumare' und 'torrenti'. Fiumare sind größere Wasserläufe mit regelmäßigem, im Sommer gelegentlich versiegendem Abfluß und breitem Schotterbett. Die Torrenti werden gekennzeichnet durch nur gelegentlichen, dann aber heftigen Abfluß, steiles Gefälle und hohe Erosionsleistung. Sie sind damit am ehesten unseren alpinen Wildbächen vergleichbar.

Po

Unter den Flüssen Italiens nimmt der Po mit einer Länge von 652 km und einem Einzugsgebiet von 75 000 km^2 eine unerreichte Sonderstellung ein.
Auf seinem Lauf vom Ursprung in den Cottischen Alpen tritt er nach 35 km ins Tiefland und weist bereits ab Turin nur noch ein schwaches Gefälle von 1,5 m auf 1 km auf. Kräftige Alpenzuflüsse (Ticino, Adda, Mincio) drängen

Gewässer

mit ihren Schotterfächern den Flußlauf weit nach Süden gegen den Apennin. Die starke Sedimentfracht des Stroms und seiner Zuflüsse verursacht eine deutliche Aufhöhung des Flußbetts und damit die charakteristische 'Umbiegung' so wichtiger Nebenflüsse wie Etsch (410 km/12 200 km^2) oder Reno (211 km/4600 km^2). Der Po strömt als typischer Dammfluß auf einem mittleren Pegelstand, der im Deltagebiet heute rund 6 m über das Niveau der umliegenden Ebene hinaufragt. Die latente Bedrohung durch Deichbrüche, die noch bis in die fünfziger Jahre langdauernde Überschwemmungen des Polesine und damit auch erhebliche wirtschaftliche Schäden verursachten, konnte durch intensive Wasserbaumaßnahmen inzwischen weitgehend entschärft werden.

Po
(Fortsetzung)

Der wichtigste Fluß der Apenninenhalbinsel, der Tiber (Tevere), durchfließt von den Quellen im Umbrischen Apennin bis zur Mündung bei Rom auf einer Länge von 405 km verschiedene Gebirgsbecken. Sein Einzugsgebiet von etwa 17 200 km^2 umfaßt einen erheblichen Teil des Mittleren Apennins und des Tyrrhenischen Vorlandes. Das durch die ehemals kräftige Ablagerung aufgeschüttete Tiberdelta zeigt in den letzten Jahrzehnten mit zurückweichender Strandlinie an, daß auch dieser Fluß durch Sperrwerke und Stauseen vom Menschen zurückgebaut wurde.

Tiber

Der nur 241 km lange Arno entwässert etwa ein Drittel der Toskana. Auch das obere Valdichiana und das Casentino gehören als ehemalige Tiberbecken seit der Flußumkehr im 18. Jh. zum Arnosystem. Gefürchtet sind die unvermittelt auftretenden Hochwasser des Flusses. Wegen der mangelnden Rückhaltefähigkeit der Tonsteine im kleinen Einzugsgebiet von 8250 km^2 schießen die Wassermassen nach heftigen Starkregen fast ohne Verzögerung talwärts. Weltweites Aufsehen erregte die Überschwemmungskatastrophe, von der am 4. November 1966 Florenz und seine Kunstschätze betroffen waren.

Arno

Der Comer See im italienischen Voralpenland ist ein seit langem geschätztes Reiseziel

Gewässer

Kleinere Flüsse Die anderen Flüsse der Apenninenhalbinsel erreichen nur bescheidene Ausmaße: Lauflänge, Einzugsgebiet und Wasserführung bleiben deutlich hinter den norditalienischen Fiume zurück. Von örtlicher Bedeutung sind Volturno, das Liri-Garigliano-System und Sele, welche die kampanische Ebene entwässern, ferner der in den Golf von Tarent mündende Bradano und der apulische Ofanto. Letzterer gilt wegen des typischen Wechsels von kurzem winterlichen Abfluß und völliger Austrocknung während der langen sommerlichen Niedrigwasserperiode als typisches Beispiel für mediterranes Abflußverhalten.

Seen Die verschiedenen Seen Italiens zeigen oft schon durch die äußere Gestalt ihre Entstehungsgeschichte an.

Alpenrandseen Die als Ferienziel beliebten Alpenrandseen verdanken ihre malerische Lage zwischen steilen Gebirgsausläufern der schürfenden Wirkung eiszeitlicher Gletscherzungen und der anschließenden Abdämmung der tiefen Zungenbecken durch Moränenwälle (Lago Maggiore, Luganer See, Lago d'Iseo, Comer See, Gardasee).

Kraterseen In den Vulkanprovinzen des tyrrhenischen Apenninvorlandes füllen kreisrunde Seen die Hohlformen ehemaliger Vulkanschlote oder Calderen (Seen von Bolsena, Bracciano, Albano oder Vico).

Binnenbecken Die eingebrochenen oder durch Karstlösung entstandenen Becken des Apenninenzuges sind oft von Schwemmlandseen erfüllt, die sich auf den in die Senken geschütteten, wasserstauenden Tonen bilden konnten (Lago Trasimeno). Nach der Verlandung solcher flachen Gewässer, die häufig von einem Schilfgürtel umgeben sind, zeugen sumpfige Niederungen noch lange von der ehemaligen Seefläche (Becken von Fucino/Avezzano).

Küstenseen An den Ausgleichsküsten der Adria halten sich im Übergangsbereich zwischen Fluß und Meer häufig Strandseen oder tote Lagunen. Die brackigen Wasserflächen werden durch schmale Nehrungen oder breite Strandwälle und Dünengürtel von der Meerwasserzufuhr abgetrennt (z.B. Valli di Comacchio bei Ravenna, Lago di Verano und Lago di Lèsina am Gargano).

Stauseen Neben die natürlichen Seen traten in historischer Zeit viele künstlich geschaffene Stauseen, die dem wachsenden Bedarf an Energie und konstanter Wasserversorgung Rechnung tragen. Inzwischen sind über 400 Rückhaltebecken zur Energiegewinnung, als Hochwasserschutz oder zur Bewässerung entstanden, ein Eingriff, der ganz erheblichen Einfluß auf die Hydrographie des Landes ausübt. Die größten italienischen Stauseen finden sich auf Sardinien (Lago Omodeo, Lago del Coghinas). Aber auch in den Abruzzen (Lago di Campotosto) und in der Basilicata (Lago di Monte Cotugno) entstanden Wasserspeicher von gewaltigem Volumen.

Küsten Durch die enge Verflechtung der Apenninenhalbinsel und Inselitaliens mit den mediterranen Nebenmeeren ergibt sich eine imposante Küstenlänge von insgesamt etwa 8600 km. Dabei entfallen auf die Apenninenhalbinsel 4300 km, auf Sizilien 1100 km, auf Sardinien 1400 km und auf die restlichen Inseln noch einmal 1800 km. Die schönen Strände Italiens sind für Millionen von Touristen seit Jahrzehnten Reiseziele ersten Ranges – ein Zustrom, der wegen der damit zusammenhängenden Belastungen nicht unproblematisch für das Ökosystem Küste geblieben ist (Verschmutzung, Flächenverbauung). Wegen des geringen Gezeiteneinflusses, der in der Adria durchschnittlich nur einen Tidenhub von 20 bis 30 cm bewirkt, fehlen hafenfreundliche Flußmündungen (Ästuare).

Ausgleichsküsten Bestimmend für die Gestaltung der Strandlinie an Flachküsten sind daher die zyklonalen Meeresströmungen, die einen erheblichen Strandversatz und die Bildung von Ausgleichsküsten mit langen Nehrungen ('lidi' und 'tomboli') und dahinter liegenden Lagunen verursachen. Auch die Entstehung von Küstenebenen und strandparallelen Dünengürteln durch Anschwemmung sowie die Verlandung mehrerer antiker Häfen (Pisa, Ravenna, Paestum) sind ein Ergebnis des Zusammenspiels von Meeresströmungen und Flußsedimentation.

Gewässer, Ausgleichsküsten (Fortsetzung)

Wenn felsige Bergländer und alte Rumpfflächen an Steilküsten ins Meer tauchen, 'ertrinken' die darin eingeschnittenen Flußtäler, es entstehen buchtenreiche Riasküsten (Gallura in Nordost-Sardinien).

Steilküsten

Die vor allem in Süditalien und Sardinien an felsigen Steilküsten deutlich bemerkbaren, treppenartig zum Meer abfallenden Küstenterrassen sind – wie die vom Meeresspiegelanstieg gefluteten Flußtäler – Zeugen für die eiszeitlichen Klimaschwankungen.
Die gigantische Terrassentreppe in Südostitalien ist dabei das bedeutendste Beispiel für eine solche Stufenabfolge im gesamten Mittelmeerraum.

Klima

Italien südlich des Apennins liegt im Bereich des Mittelmeerklimas, während der Norden des Landes vom Übergang zum mitteleuropäischen Klima bestimmt wird. Das Mittelmeerklima allgemein ist durch trockene und heiße Sommer sowie feuchte und milde Winter gekennzeichnet. Dieser jahreszeitliche Wechsel ergibt sich daraus, daß im Sommer die subtropische Hochdruck- und Trockenzone und im Winter die außertropische Westwindzone der gemäßigten Breiten, die sich mit dem Sonnenstand im Jahresgang verschieben, wetterbestimmend sind.
Die typische Ausprägung des Mittelmeerklimas, die der Reisende gewöhnlich erwartet, findet sich nur in einem schmalen Küstenstreifen, nicht dagegen im Landesinneren und im Gebirge.

Während im Frühjahr die Niederschläge zum Teil als Dauerregen fallen, kommt es sonst zu starkem, zeitlich begrenztem Regen, häufig als Schauer oder Gewitter. Trotz hoher Niederschlagsmengen kann daher die Sonnenscheindauer hoch sein.

Die Klimate der einzelnen Regionen Italiens werden im folgenden anhand von Klimadiagrammen typischer Stationen genauer beschrieben. In den Diagrammen ist der Jahresgang der Temperatur und des Niederschlages dargestellt. Die Buchstaben bezeichnen die einzelnen Monate. Die Temperaturen erscheinen als rotes Band: Die obere Grenze entspricht der durchschnittlich höchsten Tagestemperatur, die untere Grenze bezeichnet die niedrigste Nachttemperatur. Die Höhe der blauen Niederschlagssäulen gibt an, wieviel Millimeter Niederschlag durchschnitlich in dem betreffenden Monat fallen.

Klimadiagramme (Darstellung s. S. 30/31)

In das Klimadiagramm von Rom sind zusätzlich die Temperatur- und Niederschlagskurven für Kassel eingetragen. Im Vergleich zu den aus Mitteleuropa gewohnten Klimaverhältnissen werden so die Besonderheiten der einzelnen Klimazonen Italiens deutlich. Auch die klimatischen Unterschiede zwischen den Regionen lassen sich erkennen.
Zu bedenken ist jedoch, daß das tatsächliche Wetter gerade in Italien durch extreme Abweichungen von den hier dargestellten Durchschnittswerten – wie Hitzewellen oder wolkenbruchähnlicher Regen – bestimmt sein kann.

Die Dauer von Tag und Nacht schwankt in Italien nicht so stark wie in den höheren Breiten – etwa der Bundesrepublik Deutschland. Im Mittel ist der Wintertag in Italien eine Stunde länger und der Sommertag entsprechend eine Stunde kürzer als bei uns. Zwischen Norddeutschland und Süditalien wächst der Unterschied bis zu zwei Stunden an. Auch die Dämmerung ist im Süden kürzer. In den südlichen Ländern spielt sich ein großer Teil des Lebens nach Sonnenuntergang ab.

Tag und Nacht

Klima

Klima in Italien

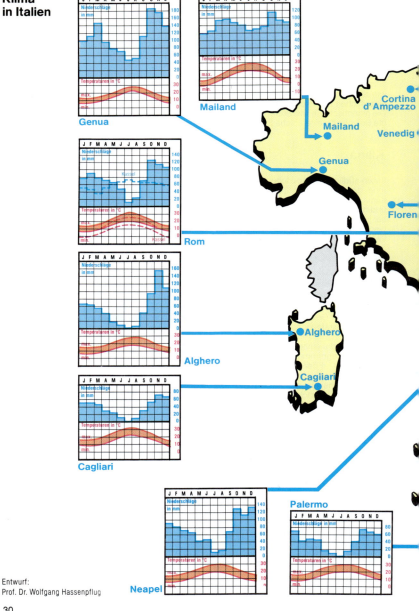

Entwurf:
Prof. Dr. Wolfgang Hassenpflug

Klima

Vierzehn regionaltypische Klimastationen

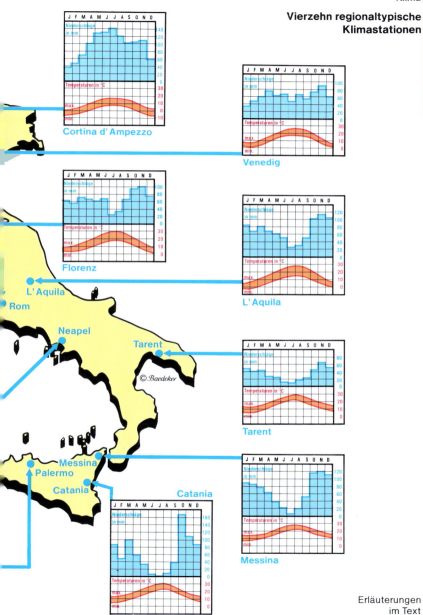

Erläuterungen im Text

Klima

Norditalien
Alpen

Der italienische Alpenanteil, im Inneren bzw. am Südrand des Gebirges gelegen, ist wärmer und wolkenärmer als der Alpennordrand. Zu unterscheiden sind :
das Klima der Höhengebiete,
das Klima der inneralpinen Täler,
das Klima der Seen an der Alpensüdseite.

Klimastation Cortina d'Ampezzo

Für die Höhengebiete gilt allgemein, daß die Temperaturen mit der Höhe abnehmen – um 0,7° C pro 100 m im Sommer und um 0,4° C im Winter. Der geringere Wert für die kalte Jahreszeit kommt dadurch zustande, daß es im Winter in der Höhe über Nebel und Wolken auch einmal wärmer als in den Tälern sein kann; man nennt das Temperaturinversion. Luftfeuchtigkeit und Niederschläge nehmen mit der Höhe zu. Im Winter fällt ein großer Teil des Niederschlags als Schnee. Die größte Menge an Niederschlägen wird jedoch im Sommer erreicht, oft gehen sie als gewittrige Schauer nieder. In Cortina d'Ampezzo fallen an 109 Tagen des Jahres 1159 mm Niederschlag. Die inneralpinen Täler wie Aostatal, Veltlin, Vinschgau oder Pustertal sind demgegenüber wärmer und trockener.
Die Oberitalienischen Seen am Alpensüdrand sind gleichsam Klimaoasen. Dort gedeihen schon viele subtropische Pflanzen – am südlichen Gardasee sogar Oliven und einige Zitruskulturen. Die im Wasser gespeicherte Wärme hält die winterlichen Temperaturen über dem Gefrierpunkt, während die hohe Luftfeuchtigkeit im Sommer immer wieder zu Schwüle führt, die jedoch durch eine kühle Brise gelindert wird. An den Seen wechseln regelmäßig nächtliche Bergwinde aus dem Gebirge heraus (bis etwa 10 Uhr vormittags) mit anschließend entgegengesetzt wehenden Talwinden (diese haben unterschiedliche lokale Bezeichnungen).
Bei Nordföhn weist der Alpensüdrand einen schmalen Saum blauen Himmels auf, während die Po-Ebene unter Nebel und Wolken liegt. Umgekehrt können Luftmassen aus dem Golf von Genua, die am südlichen Rand der Ostalpen aufsteigen und sich ausregnen (Steigungsregen), zu katastrophalen Hochwassern führen (der Jahresniederschlag im Isonzo-Gebiet übersteigt 3000 mm).

Poebene

Klimastation Mailand

Die sommerlichen Temperaturen der Poebene bleiben nur wenig hinter denen der südlicheren Landesteile zurück, dagegen liegen die Wintertemperaturen spürbar tiefer. Im Spätherbst und Winter bilden sich bei Hochdruckwetter und nächtlicher Abkühlung häufig Nebeldecken, die auch tagsüber anhalten (Mailand: über 50 Nebeltage im Jahr). Der Winter ist kalt; Extremwerte von unter –15° C sind gemessen worden, 35 bis 40 Frosttage gibt es jährlich. Die Sonnenscheindauer sinkt von November bis Januar auf unter 60 Stunden im Monat, vergleichbar den Werten von Kassel, während sie an den Oberitalienischen Seen doppelt so groß ist. Niederschlag fällt während dieser Wetterlagen nicht, der Winter ist hier die niederschlagsärmste Zeit des Jahres. Im Unterschied zu den voll mediterranen Gebieten südlich des Apennin regnet es hier auch im Sommer.

Adria

Klimastation Venedig

Der temperaturausgleichende Einfluß der Adria ist gering. In Venedig liegen die Januartemperaturen 1 bis 2° C über und die Julitemperaturen 1 bis 2° C unter jenen Mailands. Die Bora, der kalte, über das dinarische Küstengebirge bei Triest kommende Fallwind, weht insbesondere im Winter und ist abgeschwächt bis Pescara spürbar.

In Rimini liegen die Jahresdurchschnittstemperatur und die sommerliche Höchsttemperatur um 1° C höher als in Venedig. Die Niederschlagsmenge und die Zahl der Tage, an denen es regnet, sind gleich. Die Wassertemperaturen liegen an der südlichen Adria deutlich höher (April: Triest 12° C, Rimini 16° C; Mai: Triest 16° C, Rimini 18° C; Juli: Rimini 30° C; Oktober: Rimini 22° C). Über der Adria können – ohne vorheriges Warnzeichen – im Spätwinter und Frühjahr heftige Stürme auftreten.

Venedig (Fortsetzung)

Mittelitalien

Apennin

Der nördliche Apennin schirmt die wintermilde Mitte Italiens vom winterkälteren kontinentaleren Norden ab. Er bildet mit seiner südlichen Fortsetzung in der Achse der italienischen Halbinsel eine hoch und relativ küstenfern gelegene Klimazone eigener Art. Das Klimadiagramm von L'Aquila – auf gleicher Breite wie Rom in 735 m Höhe gelegen – zeigt einerseits mit niedrigen Wintertemperaturen und kühlen Sommernächten fast mitteleuropäische Züge, andererseits aber mit dem sommerlichen Niederschlagsminimum eine durchaus mediterrane Prägung; Juli und August haben je vier bis fünf Tage mit Niederschlag, insgesamt 101 Tage im Jahr. Große Teile des winterlichen Niederschlags fallen als Schnee und bleiben in den Höhen bis ins Frühjahr liegen.

Klimastation L'Aquila

Riviera

Durch den Apennin gegen kalte nördliche Winde geschützt, die von Oktober bis März vorherrschen, und nach Süden der Sonne und dem temperaturausgleichenden Meer geöffnet, hat die Riviera eine besondere klimatische Gunstlage. Nur vier Frosttage gibt es in einem Winter, erst südlich von Rom werden wieder gleich hohe Wintertemperaturen erreicht. Selbst in den regenreichsten Monaten März und Oktober/November gibt es hier nur neun bis zehn Regentage (Juli und August: drei bis vier Tage). Die täglichen Temperaturschwankungen sind gering, die Sommer werden warm, aber nicht heiß.
Die Wassertemperaturen liegen im April bei 16° C, im Juli bei 25° C und im Oktober bei 20° C.

Klimastation Genua

Toskana und Latium

Die Mitte Italiens liegt im Sommer schon so weit südlich der Hauptzugbahnen atlantischer Tiefdruckgebiete, daß es im Juli und August in Florenz an je drei und in Rom nur an je zwei Tagen regnet (Kassel: 15 bzw. 14 Tage). Typisch sind hohe Niederschlagsextreme. Fast jeder Sommer endet mit plötzlichen und heftigen Regenfällen. Für Florenz kann im November durchaus einmal mit 50 mm Niederschlag pro Stunde oder mit 120 mm in zehn Stunden gerechnet werden; verheerende Hochwasser sind häufig die Folge.
Die Sonnenscheindauer (ca. 2500 Stunden gegen 1600 in Kassel) ist von November bis Februar mit 100 bis 135 Stunden pro Monat mehr als doppelt so hoch wie in Kassel (dort ist der Tag wegen der höheren Breite allerdings eine Stunde kürzer). Die in Mittelitalien ganzjährig höheren Lufttemperaturen werden bei Sonnenschein subjektiv als noch höher empfunden.

Klimastationen Florenz und Rom

Süditalien

Wo die meisten Niederschläge und Niederschlagstage nicht mehr in Frühjahr und Herbst, sondern im Winter zu verzeichnen sind, beginnt klimatisch

Klimastationen Neapel und Tarent

Pflanzen und Tiere

Klima,
Neapel/Tarent
(Fortsetzung)

Süditalien. Die sommerliche Trockenheit nimmt generell nach Süden zu und ist an der Ostküste – in Gebirgsleelage – noch größer; in Tarent fallen an 58 Tagen im Jahr 469 mm Niederschlag. Nur schmale Küstenstreifen Kalabriens und Apuliens haben unter dem Einfluß des warmen Meeres so milde Winter (Mitteltemperaturen des Januar über 10° C), daß man von einem subtropischen Klima sprechen kann.

Der Scirocco ist eine der häufigsten Wettererscheinungen insbesondere des Winters: Mit südlichen Winden kommen warme afrikanische Luftmassen, die über dem Mittelmeer Feuchtigkeit aufgenommen haben, und bringen bis Mittelitalien bedeckten Himmel, schwüle Witterung und oft auch anhaltenden Regen.

Sizilien und Sardinien

Sizilien:
Klimastationen
Palermo, Messina
und Catania

Sardinien:
Klimastationen
Cagliari
und Alghero

Die großen Inseln Sizilien und Sardinien haben die gleiche Einteilung in Klimazonen (von der Küste ins Binnenland bzw. vom Tiefland in die Höhe), die auf dem Festland zu beobachten ist. Ein schmaler Küstenstreifen Siziliens hat subtropisches Klima mit warmen trockenen Sommern und milden regenbringenden Wintern; die nächtlichen Tiefstwerte sinken im Januar nicht unter 10° C. Landeinwärts, d.h. in meerferner und höherer Lage, gehen die Temperaturen zurück (um 0,6° C pro 100 m Höhe). Die Sommer sind im Bergland Sardiniens kühl, die Winter rauh und schneereich. In den Höhenlagen Siziliens kann der Schnee im Winter meterhoch liegen (nur selten fällt bis zur Küste Schnee), er stellt einen wichtigen Wasservorrat für den Sommer dar. Der schneebedeckte Ätna – über subtropischer Blütenpracht an der Küste – bietet im Frühjahr ein besonders eindrucksvolles Bild.

Der Scirocco bringt Sizilien wie ganz Süditalien höchste Temperaturen und Schwüle. An der Nordküste ist er nach föhnartiger Querung der Insel sehr trocken und heiß; in Palermo sind schon Temperaturen nahe 50° C, bei einer relativen Luftfeuchtigkeit von 10 %, gemessen worden.
An den Luvseiten der Gebirge, die den regenbringenden Westwinden zugewandt sind, fallen höhere Niederschläge (Alghero 676 mm im Jahr an 73 Tagen) als an den Leeseiten (Cagliari 451 mm an 60 Tagen).
Die Wassertemperaturen liegen in Taormina an der Ostseite Siziliens im Mai bei 18° C, im August bei 24° C und im Oktober bei gut 18° C.
Kleinere Inselgruppen oder Inseln – wie die Liparischen Inseln oder Capri – haben einheitlich das mediterrane Küstenklima.

Pflanzen- und Tierwelt · Naturschutz

Pflanzenwelt

Potientielle,
natürliche
Vegetation

Die gegenwärtige Vegetation Italiens ist das Ergebnis eines jahrtausendealten Konflikts zwischen dem von Klima und Boden abhängigen, natürlichen Bewuchs des Bodens und der langandauernden Einflußnahme des wirtschaftenden Menschen.
Von den natürlichen Standortbedingungen her wäre Italien ein Waldland mit vorherrschenden Eichen- und Buchenbeständen. Nord- und Mittelitalien gehören noch zur mitteleuropäischen Florenregion mit vorwiegend sommergrünen, laubabwerfenden Gehölzen, während gegen Süden, mit zunehmender Dauer der sommerlichen Trockenheit, der Anteil der mediterranen Hartlaubgewächse stark zunimmt.

'Xerophyten'

Diese, durch tiefreichendes Wurzelwerk, Verdickung der Zellwände, Verkleinerung der Blattoberfläche oder völlige Rückbildung der Blätter an das Klima angepaßten, dürreresistenten und wärmeliebenden Pflanzen des

Pflanzen und Tiere

Insbesondere für die küstennahen Bereiche Italiens sind die Piniengehölze charakteristisch

Mittelmeerraumes dominieren die Vegetation Italiens südlich der Linie vom unteren Tibertal zu den Abruzzen. Darüber hinaus finden sich viele Vertreter dieses Typs in den Gunstklimaten der tyrrhenischen und ligurischen Küsten sowie in den Wärmeinseln der Alpenrandseen.

Xerophyten (Fortsetzung)

Neben der zonalen Abfolge des Klimas von Nord nach Süd ist das Relief dafür ausschlaggebend, welche Art Vegetation in einer Region vorherrscht.

Standortfaktoren

Mit zunehmender Höhenlage eines Standorts verändert sich die Zusammensetzung seiner Pflanzenwelt in typischer Weise:

Das klassische Vegetationsprofil für Nord- und Mittelitalien wird in den Niederungen der Poebene, wo kontinentale Klimaverhältnisse anzutreffen sind, von der Stieleiche bestimmt. Die Wälder der feuchten Flußauen bestehen aus Erlen, Pappeln und Weiden.
In der 'submediterranen Stufe' – ab etwa 100 m Meeresspiegelhöhe – finden sommergrüne, laubabwerfende Eichen optimale Bedingungen vor. An den Küsten des Tyrrhenischen Meeres und am südlichen Alpenrand sind dies vor allem Flaum- und Traubeneiche, in höheren Lagen ergänzt durch Kastanien. An der der Adria zugewandten Ostseite Italiens dominieren Zerreichen- und Hainbuchenbestände.
Ab einer Höhe von etwa 900 m entwickelt sich in der 'unteren Gebirgsstufe' an den Hängen der Südalpen und Apenninen der Buchenbuschwald. In Nordost-Italien treten Schwarzkiefer und Föhre hinzu.
In der 'oberen Gebirgsstufe' (ab 1700 bis 1800 m) setzen sich mit Fichte und Lärche die montanen Nadelbäume durch; gelegentlich sind auch Zirbelkiefern (Arven) zu finden.
Die Baumgrenze liegt in den Hochalpen bei etwa 2400 m und sinkt nach Süden bis auf 2000 m ab. In der darüber beginnenden 'alpinen Stufe' dünnt die Pflanzendecke mit Zwergsträuchern und Legföhren über Gras-

Norditalien

35

Pflanzen und Tiere

Norditalien
(Fortsetzung)

fluren bis zu den Polstergesellschaften der Fels- und Schneerandvegetation zusehends aus.

Süditalien

Die vertikale Abfolge des mediterranen Florenraums in Süditalien beginnt in der 'unteren Stufe' im Küstenland mit Restbeständen von Oleaster (Wilder Ölbaum) und Johannisbrotbaum. Die anschließende 'submediterrane Stufe' trägt die typischen, immergrünen Steineichenwälder mit Unterwuchs aus Salbei-Gamander. In den höheren Lagen finden sich außerdem Bestände von Flaum-, Stiel- und Zerreichen. Im Bergland beginnt bei etwa 600 bis 1000 m die 'untere Gebirgsstufe', deren Pflanzenwelt bestimmt wird von Buchenwäldern mit eingestreuten Stechpalmen. In Kalabrien und am Ätna auf Sizilien trifft man in dieser Höhe auch auf eine seltene Schwarzkiefernart (pinus nigra laricio).
Die 'obere Gebirgsstufe' Süditaliens besteht in den Höhen oberhalb von 1500 m aus Buchen-Tannen-Gesellschaften; typisch ist der Glockenblumenbewuchs in der Krautschicht. Beispiele für solche hochgelegenen Tannenwälder finden sich in der Madonie und im Nebrodigebirge Siziliens. Dort halten sich auch Bestände einer endemischen Weißtannenart (abies nebrodensis). Einzigartig sind ferner die Panzerkiefern im Südapennin am Monte Pollino, die bis in Höhen von 2500 m hinaufreichen und die Baumgrenze ausmachen. In den Zwergstrauch- und Grasfluren der 'alpinen Stufe' ab etwa 2100 m findet man am Ätna Zwergpappeln, Ätnabirken und – an deren geographischer Südgrenze – verarmte Buchengehölze. In Hochlagen über 2900 m gedeihen oft Sonderformen wie etwa der Ätnaampfer (Rumex aetnensis).
Bei den Polsterpflanzen sind besonders die Tragant-Arten sehr verbreitet (Astralagus hamosus, astralagus sempervirens und astralagus siculus).

Sardinien

Einen biogeographischen Sonderfall bietet die Insel Sardinien, wo sehr viele endemische Arten anzutreffen sind. Die untere Stufe besteht oft aus Zwergpalmen. In den Bergländern des Inneren trifft man neben der Steineiche häufig auch die Korkeiche, deren Rinde wirtschaftlich verwertbar ist, so daß große Haine mit geschälten Bäumen kultiviert werden.
Im Gennargentu-Massiv ist der Wald der oberen Gebirgsstufe ersetzt durch einzelstehende Eichen und Baumwacholder (Juniperus oxycedrus). Die Zwergstrauchstufe besteht aus Kriechendem Wacholder. Die Hochlagen tragen mediterrane Bergsteppen.

Heutige Vegetation

Die ursprüngliche natürliche Vegetation kann man leider nur noch inselhaft in geschützten Räumen der Bergregion und in den Bannwaldrelikten ehemaliger Jagdherren oder Klöster einigermaßen ungestört antreffen. Der überwiegende Teil der Pflanzenwelt Italiens wurde durch den Menschen über mehrere Jahrtausende stark beeinflußt und irreversibel umgestaltet. Der Waldanteil beträgt heute 21% an der Landesfläche, jedoch handelt es sich dabei meist um Areale mit verarmter Sekundärvegetation.

Eingriff des Menschen

Beginnend in der römischen Kaiserzeit, wurden die natürlichen Hochwälder durch Schlagen von Holz, das als Bau- und Brennmaterial diente, zu 'Schlagwäldern' mit Niederwuchs. Nach leichter Regeneration in den Wüstungsperioden der Völkerwanderung führten die Weidewirtschaft seit der fränkisch-langobardischen Herrschaft und vor allem die mittelalterlichen Rodungsphasen von 1000 bis 1350 n.Chr. zu einem erheblichen Struktur- und Bestandswandel der Wälder.

Eingeführte Arten

Hinzu kommt die Ausbreitung vom Menschen eingeführter Arten – wie etwa der mittelamerikanischen Agave und Opuntie, der Eßkastanie, des Granatapfelbaums, der Zypresse und der Zeder, ferner der seit dem 19. Jh. aus Australien eingeführte Eukalyptusbaum und die Akazie. In den Parkanlagen blühen exotische Pflanzen wie Bougainvillea, Hibiskus oder Magnolie. Heute wird beinahe die ganze untere Vegetationsstufe entweder von Kulturland – mit Agrar-, Verkehrs- und Siedlungsflächen – oder von den Ersatzgesellschaften der Macchien und Gariden eingenommen.

Pflanzen und Tiere

Auch die aus Hartlaubgewächsen und Zwergbäumen gebildete Macchia ist weithin landschaftsprägend

Daneben wurden immer wieder große Aufforstungen durchgeführt – seit den fünfziger Jahren waren dies über 8000 km² –, bei denen spezielle Arten wie Meerstrandkiefer, Douglasie, Eukalyptus, Schwarz- und Weißpappel zum Einsatz kommen. Typische Charakterbäume des mediterranen Italiens sind die oft straßenbegleitenden Pinien (Via Appia), die in den küstenparallelen Dünengürteln des tyrrhenischen Vorlandes und bei Ravenna prächtige Wälder bilden, wie auch die Zypressen, die vielfach als Sicht- oder als Windschutz eingesetzt werden.

Aufforstungen

Die Kulturen von Zitrusfrüchten, Pistazien, Feigen-, Dattel- oder Mandelbäumen, die wogenden Kornfelder, die Haine mit Ölbäumen und die Weinberge sind aus dem Landschaftsbild Italiens nicht wegzudenken, auch wenn durch die Anlage der Pflanzungen vielerorts die natürliche Vegetation zurückgedrängt wurde.

Kulturpflanzen

Die typische Entwaldungsentwicklung führt schrittweise vom natürlichen, immergrünen Hochwald aus Steineichen durch Holzeinschlag oder Rodung zu den im ganzen Mittelmeerraum bekannten Ersatzgesellschaften, nämlich zu Macchien, Gariden und Heiden.

Entwaldung

Das italienische Wort 'Macchia' steht ursprünglich für 'dichtes Gehölz', wurde inzwischen aber zum internationalen Fachbegriff für geschlossene, eher artenarme, mannshohe Strauchgesellschaften tieferer Lagen des Mittelmeerraums. Man unterscheidet 'primäre Macchien', deren Verarmung auf den natürlichen Wechsel von Standortbedingungen – wie z.B. die Temperatur und den Wasserhaushalt – zurückgeht, und 'sekundäre Macchien', die auf menschliche Übernutzung zurückzuführen sind.

Macchien

Die Anpassung der Macchiasträucher an die örtlichen Gegebenheiten hat eine Vielzahl von verschiedenen Pflanzengemeinschaften mit mannigfalti-

Macchia-Typen

37

Pflanzen und Tiere

Macchia (Fortsetzung)
gen Übergängen entstehen lassen. Die wichtigsten Typen sind die Steineichen-Macchia, die vorwiegend auf kalkigen, feuchteren Standorten entsteht (Erdbeerbaum, Mastixstrauch, Steinlinde, Kreuzdorn, Stechwinde, Myrte u.a.), die Zistrosenmacchia als Ergebnis von Beweidung auf sauren, sandigen Böden (Zistrose- und Wacholderarten), die Wacholdermacchia der Felsregionen Sardiniens, die Oleaster-Macchia in wärmeren Tieflandslagen (Wilder Ölbaum mit Mastix, Steinlinde und Dornginster), die Wolfsmilch-Macchia an wärmeren Küsten (mit Baumwolfsmilch, Baumbeifuß, Mastix und Bocksdorn), die Zwergpalmenmacchia vorwiegend in Nordwest-Sardinien (mit Tapsia, Affodill und Spargelstrauch) sowie die Ginstermacchia in höheren Lagen, vor allem am Fuß der Apenninen (Binsen- und Dornginster). An feuchten Gewässer- und Schotterbetten gedeiht die im Frühsommer wunderschön blühende Oleandermacchia.

Gariden
Wird durch Brandrodung oder übermäßige Beweidung die Macchia noch weiter degradiert, so entstehen niedere, schüttere Buschfluren aus Kleinsträuchern, die Gariden, die oft mit Gewürzen und Kräutern durchsetzt sind. Die extrem trockenen Standortbedingungen und der ausgelaugte, kaum beschattete Boden erlauben die Ansiedelung nur weniger Arten:
Auf kalkigem Substrat bilden sich die sog. Kalkgariden mit Kermeseiche, Rosmarin, Thymian, Vielblütiger Erikaheide und Dornigem Wiesenknopf. Hinzu treten einige endemische Arten auf Sardinien, in Apulien und auf den Ägadischen Inseln. Bei humosem Oberboden spricht man von 'Kieselgariden'. Typische Zeigerpflanzen sind Italienische Strohblume, Salbeiblättrige Zistrose, Lavendel, Meerträubel und verschiedene Ginsterarten.

Heiden
An klimatisch rauheren Standorten, d.h. in nördlichen oder höhergelegenen Zonen bilden sich nach der Entwaldung Heidelandschaften. So trifft man in den höheren Regionen Süditaliens verbreitet Adlerfarn- und Stechginsterheiden. Auf sauren Böden und in mittleren Höhen treten Erdbeerbaum-Erika-Macchien auf. Die Brughiera-Heide der oberen Schotterterrassen der Padania (mit Heidekraut, Besenginster, Pfeifengras und Birkensträuchern) ist ein Ergebnis menschlichen Eingriffs in die natürlichen Stieleichen-Birkenwälder.
Die als Eiszeitrelikte geltenden Heidekrautgewächse (ital. 'bruga') fanden nach der Entwaldung optimale Standortbedingungen und verbreiteten sich in weiten Teilen der Schotterplatten bei Varese/Biella, Vercelli, Novara oder Mailand. Seitdem Heideflächen durch Industrieansiedlung oder künstliche Bewässerung nutzbar gemacht wurden, sind die norditalienischen Brughiera-Heiden wieder stark zurückgedrängt. Heute noch brachliegendes Land wird überwiegend von der Pseudoakazie bestanden, einer Pflanze, die im letzten Jahrhundert aus Nordamerika eingeführt wurde (Robinien-Niederwälder).

Krautfluren
Bei sehr starker Beweidung degeneriert die Vegetation hin zu schütteren Krautfluren, auf denen nur noch giftige oder dornige Arten wachsen, die vom Vieh nicht verbissen werden (offene Felsenfluren mit Affodill, Wacholder, Stech- und Binsenginster).

Tierwelt

Die einheimischen Wildtiere sind durch den Menschen beinahe vollständig dezimiert oder aber in besonders geschützte Rückzugsräume (Naturschutzgebiete, Nationalparks) gedrängt worden, so daß außer in abgelegenen Bergregionen der Alpen oder Süditaliens kaum noch wildlebende Tiere beobachtet werden können.

Säugetiere
In den großen Nationalparks der Alpen (Gran Paradiso, Stilfser Joch) trifft man auf Steinbock, Gemse, Murmeltier, Hermelin, Hase und Braunbär. In den Schutzgebieten der Apenninenparks (Abruzzen, Gran Sasso, Kalabrien) finden sich Spuren des sehr seltenen Apenninen-Wolfs und der

Pflanzen und Tiere

Abruzzen-Gemse. Vertreten sind dort auch Hochwild wie Hirsch und Reh, Schwarzwild wie das Wildschwein, das häufig die Speisekarte bereichert, ferner selten gewordenes Niederwild wie Kaninchen, Fuchs, Dachs, Marder oder Otter.

Säugetiere (Fortsetzung)

Bergfasan, Frankoline, Rebhuhn, Wachtel, Bekassine, Waldschnepfe, Steinhuhn, Wasserhuhn und Wildente finden in den Schutzgebieten und Nationalparks Zuflucht vor den vielen italienischen Hobbyjägern, die die großzügige Gesetzeslage und die lange Jagdperiode zu nutzen suchen.
Die Landbrücke der Apenninhalbinsel wird von zahlreichen Zugvögeln auf dem Weg in die Winterquartiere Nordafrikas als Zwischenstation genutzt. Schwalbe, Zaunkönig, Star, Pirol, Schwarzspecht und Weißstorch, Kuckuck, Wiedehopf und viele andere Wandervögel erhöhen saisonal deutlich die Vogelpopulation im ansonsten stark dezimierten Bestand Italiens.
Einheimische Arten leben gerne in den Schilfgürteln der Binnenseen (Trasimenischer See) und Lagunenküsten, in den dünner besiedelten Hochlagen sowie auf den Inseln.
Häufig vertreten sind Silbermöwe, Schwalbe, Lerche, diverse Schnäpperarten sowie die Greifvögel Mäusebussard, Wanderfalke und Turmfalke.
Seltener findet man dagegen die folgenden Vögel: Korsische Möwe, Schleiereule, Zwergohreule (Inseln), Schwarzspecht (Kalabrien), Kormoran (Circeo-Küstenpark), Krähenscharbe (Toskanischer Archipel, Sardinien), Kolkrabe, Habichtadler (Sardinien), Fischadler, Bonelli-Adler (Kalabrien) und Steinadler (Gran Paradiso).
Zu einer wahren Landplage können sich die unzähligen Tauben der italienischen Innenstädte entwickeln.

Vögel

Zum Alltagsbild der warmen Felsstandorte gehören die vielen Eidechsenarten, von denen vor allem Mauer- und Warzengecko sowie der seltene Blattfinger (Toskanische Inseln) und die Smaragdeidechse zu nennen sind.
Die Schlangen profitieren von der Dezimierung ihrer natürlichen Feinde, und so finden sich heute in ganz Italien giftige Vipern (Aspisviper) und diverse Natternarten.
Von den wenigen Spinnentieren hat es vor allem die nach der apulischen Stadt benannte Tarantel zu Berühmtheit gebracht. Ebenfalls mit Respekt sollte man den häufig unter Steinen hausenden Skorpionen begegnen.

Reptilien

Bleibende Eindrücke der Insektenwelt vermitteln – neben den mancherorts zur Plage werdenden Stechmücken – die vielen Schmetterlinge und die Zikaden, deren Männchen mit zirpendem Gesang die passende Begleitmusik zu den flirrenden Abendstimmungen Süditaliens erzeugen.

Insekten

Auch die Unterwasserfauna leidet am menschlichen Eingriff in das Ökosystem. Durch Verschmutzung und Überfischung der Küstengewässer sind die ehemals reichen Salzwasserbestände stark zurückgegangen. Dessen ungeachtet gehören Muscheln, Napf- und Seeschnecke, Seeigel, Languste und Krebs bei den Schalentieren, Tintenfisch, Polyp, Meeraal, Muräne, Seezunge, Scholle, Brasse, Barbe, Schwertfisch, Thunfisch, Brachsenmakrele, Rochen und auch Katzenhai bei den Beute- und Raubfischen zu den häufig anzutreffenden Meeresbewohnern.
Kaum noch an den Stränden des Tyrrhenischen Meeres zu sehen ist hingegen die Karettschildkröte; auch die Delphin- und Walarten, die früher am Horizont kreuzten, sind beinahe verschwunden.
Die Süßwasserseen und Flüsse liefern mit Barsch, Forelle, Schleie, Perlfisch und Aal delikate Bereicherungen der italienischen Speisekarte.

Fische

Naturschutz

Im Konfliktfeld zwischen den widerstreitenden Interessen von Tourismusindustrie, Bauspekulation, Fischerei, Jagd- und Forstwirtschaft und den Belangen des Natur- und Landschaftsschutzes herrschte in Italien über

Allgemeines

Bevölkerung

Naturschutz
(Fortsetzung)

Jahrzehnte Uneinigkeit. Inzwischen hat jedoch ein Umschwung zugunsten des Umweltgedankens eingesetzt: Über 20 000 km² Land wurden als Naturschutzgebiet ausgewiesen. Zur Bewahrung von Naturdenkmälern oder als Refugium für seltene Tiere und Pflanzen sind über 500 Schutzgebiete entstanden.

Nationalparks

Zu den 'klassischen' Reisezielen gehören die italienischen Nationalparks, von denen der Gran Paradiso bereits 1922 und der Nationalpark Stilfser Joch (um das Ortlergebiet) im Jahre 1935 gegründet wurden.
Weitere bedeutende Gebirgsparks finden sich in den Dolomiti Bellunesi, im Valgrande, um den Monte Falterona und im Casentino, in den zentralapenninen Bergstöcken der Monti Sibillini, des Gran Sasso, der Maiella und der Abruzzen sowie im Gennargentu-Massiv auf Sardinien und am Vesuv. Große Teile des Kalabrischen Apennins sind ebenfalls Nationalpark (Pollino, Sila, Serre, Aspromonte).
Küstenparks sind am Gargano, im Cilento und am Kap Circeo eingerichtet. Seit 1998 gibt es den Nationalpark Toskanischer Archipel, zu dem die Inseln Montecristo, Gorgona, Pianosa und Giannutri (komplett unter Naturschutz), Elba (zu 55 % unter Naturschutz), Capraia und Giglio (beide großenteils unter Naturschutz) zählen.

Naturparks
Meeresreservate

Neben der oberste Schutzkategorie 'Nationalpark' gibt es noch andere Einrichtungen: mehrere hundert staatliche Forstreservate, Regionalparks und Naturparks, ferner geschützes Sumpfland und Meeresreservate.

Worldwide
Fund of Nature

Auch mit dem Hinweis auf sogenannte Naturschönheiten und vom Worldwide Fund of Nature verwaltete 'Oasen' wird versucht, bei der Bevölkerung und den Besuchern ein stärkeres Bewußtsein für die Notwendigkeit des Naturschutzes zu wecken. Es bleibt zu hoffen, daß diese Bemühungen, die manchmal mehr auf gutem Willen als auf wirksamen Schutzmaßnahmen beruhen, ausreichen, die stark vom Menschen bedrohte Naturlandschaft Italiens vor weiterer Zerstörung zu bewahren.

Bevölkerung

Einwohnerzahl
Bevölkerungsdichte

Während der letzten hundert Jahre ist die Bevölkerung Italiens von 23 auf 57 Millionen Einwohner angewachsen. Die Bevöllkerungsdichte, die sich auf rund 189 Einw./km² beläuft, ist regional unterschiedlich: Die Ballungsräume um Rom und den Golf von Neapel ausgenommen, liegt sie im industrialisierten Norden – bedingt durch Zuzug aus südlichen Landesteilen – höher als im Süden, wo sich hingegen immer noch viele kinderreiche Familien finden. Dünn besiedelt sind die Alpengebiete, Umbrien, die Basilikata, Teile Kalabriens und Sardiniens. Ein- und Auswanderung halten sich heute die Waage, während die Verstädterung noch leicht zunimmt.

Religion

Die Italiener sind in der Mehrzahl römisch-katholisch, die katholische Religion ist jedoch seit 1984 nicht mehr Staatsreligion. Die Teilnahme am Religionsunterricht der öffentlichen Schulen beruht auf eigener Entscheidung. Die vielfach naive Gläubigkeit der Bevölkerung hat deutliche Auswirkungen auf die Gesellschaftsstruktur. Der Familienverband ist im allgemeinen beständiger als in vielen anderen Ländern Europas, die Stellung der Frau jedoch im Umbruch begriffen (Ehescheidung möglich).

Mentalität

Eine gesamtitalienische Mentalität gibt es nicht; dazu sind die Einflüsse aus dem gesamten Mittelmeerraum wie auch aus den im Norden benachbarten Regionen zu groß und zu vielfältig. Hinzu kommt, daß nördlich der Alpen manches Italienische sehr stark romantisierend betrachtet wird. Grundsätzlich neigen die Nord- und Mittelitaliener noch eher zu mitteleuropäischer Nüchternheit – was gewiß auch in der wirtschaftlichen Infrastruktur begründet ist –, während man weiter im Süden eher bereit ist, das

Bevölkerung

Straßenszene auf dem Corso Vittorio Emanuele in Salerno

Leben gelassener zu nehmen. Hier spielen auch Emotionen und Lebenskunst eine weit größere Rolle; dies zeigt sich nicht zuletzt in der vielfach höchst impulsiven Religiosität, die aus dem Alltag nicht wegzudenken ist.

Mentalität (Fortsetzung)

Für Kinder vom 6. bis zum 14. Lebensjahr gilt die allgemeine Schulpflicht. Auf den fünfjährigen Unterricht der Grundschule (Scuola elementare) folgt eine dreijährige Oberstufe (Scuola media). Dieser kann sich eine weitere, meist fünfjährige Ausbildungsstufe anschließen (Media superiore). Neben einigen Technischen Hochschulen gibt es eine Reihe von Universitäten. Die ältesten Universitäten sind die in Parma, Bologna (zugleich älteste Europas), Modena, Perugia, Padua, Neapel, Siena, Macerata und Rom.

Bildungswesen

Neben den Italienern im engeren Sinne leben in Italien zahlreiche Menschen, die anderen Volksgruppen angehören. Man findet sie vorzugsweise in den Randgebieten des Landes oder auf Inseln; neben dem Italienischen sprechen sie die Sprache des benachbarten Landes oder Dialekte. Die größte Gruppe bilden mit 1,5 Millionen die Bewohner Sardiniens (Sarden), bei denen außer dem festländischen Italienisch das Sardische gebräuchlich ist. Auf der Insel kann man darüber hinaus katalanisch sprechen hören, besonders in und um die Stadt Alghero (katalanisch 'L'Alguer'). Eine weitere Minderheit sind die Rätoromanen (750 000), zu denen Friauler und Ladiner zählen; das Friaulische, eine rätoromanische Mundart, wird in der Region Friaul-Julisch Venetien gesprochen. Besondere Aufmerksamkeit haben jahrelang die 300 000 Deutschsprachigen, besonders in Südtirol auf sich gezogen; Deutsch ist in Südtirol offiziell als Amtssprache anerkannt, mußte jedoch lange Zeit hinter dem Italienischen zurückstehen. Ferner leben in Südtirol Ladiner, die ihre eigene Mundart sprechen. Im Aostatal, das im Laufe seiner Geschichte mehrfach die Staatszugehörigkeit wechseln mußte, und im Piemont leben 200 000 Franco-Provenzalen, die sich des Französischen bzw. eines franco-provenzalischen Dialekts bedienen. Im Aostatal ist, laut Gesetz, die französische Sprache der italie-

Sprachgruppen

Bevölkerung

Sprachgruppen (Fortsetzung)

nischen gleichgestellt. In Triest, nahe der italienisch–slowenischen Grenze, leben mehr als 50 000 Slowenen. Daneben gibt es in Italien noch albanische (Kalabrien) und griechische (Apulien) Minderheiten. Die Bewohner der Gebiete, wo neben Italienisch noch eine andere Sprache gesprochen wird, sind auf Selbstverwaltung bedacht und haben meist für ihre Region ein Sonderstatut, besonders innere Autonomie, durchgesetzt.

Gesellschaftliche Probleme

Das Gefälle im sozialen Bereich hat in Italien vielfach zu Protesten geführt, vor allem im Süden, dem ärmeren Teil des Landes. Besonders auf Sizilien entwickelten sich die 'Mafiosi' zu Trägern einer kriminellen Subkultur. Als Erpresser übten sie Druck auf Teile der Bevölkerung aus und schreckten auch vor Mordanschlägen nicht zurück. In den letzten Jahren wurden bei landesweiten Aktionen gegen die Mafia mehr als hundert Personen festgenommen, ein Umstand der in den meisten Regionen – u.a. in Sizilien, Kampanien und Kalabrien – zum Rückgang der Kriminalität führte.

Darüber hinaus wurde das öffentliche Leben im letzten Jahrzehnt durch zahlreiche Skandale, etwa Zahlung von Bestechungsgeldern an politische Parteien, erschüttert. Oft stellte sich heraus, daß prominente Personen aus Wirtschaft und Politik in diese Vorgänge verwickelt waren.

Staat und Verwaltung

Staats- und Regierungsform

Von einem italienischen Nationalstaat kann erst gesprochen werden, nachdem die Einigungsbestrebungen der Risorgimento ('Wiedererhebung') im 19. Jh. zu einem politischen Zusammenschluß der verschiedenen Landesteile führte. Seit dem Volksentscheid vom 2. Juni 1946, der der Monarchie (Haus Savoyen) ein Ende setzte, ist Italien eine Republik (Repubblica Italiana) auf demokratisch-parlamentarischer Grundlage. Das Parlament (Parlamento) besteht aus zwei Kammern, dem Abgeordnetenhaus (Camera dei Deputati) und dem Senat (Senato della Repubblica). Dem Abgeordnetenhaus gehören 630 Mitglieder an, die alle fünf Jahre bei den Parlamentswahlen landesweit gewählt werden. Die 315 Mitglieder des Senats (davon sieben auf Lebenszeit) werden ebenfalls für fünf Jahre gewählt. 1993 fand in Italien eine Reform des Wahlrechts statt: Die neuen Bestimmungen besagen, daß die bisher ausschließlich angewandte Verhältniswahl bei der Besetzung des Senats abgeschafft ist; drei Viertel der Senatoren werden gemäß dem Mehrheitswahlrechtrecht, das restliche Viertel der Sitze wird weiterhin nach dem Verhältniswahlrecht gewählt. Das Parlament übt die Legislative (gesetzgebende Gewalt) aus und kontrolliert die Exekutive. Der Verfassungsgerichtshof (Corte Costituzionale) wacht als unabhängiges Organ über die Einhaltung der Verfassung.

Regierung und Staatsoberhaupt

Der Regierung gehören der Ministerpräsident (Presidente del Consiglio) und die Minister an, die zusammen das Kabinett (Consiglio dei Ministri) bilden. Der Staatspräsident, von einem Wahlmännerkollegium auf sieben Jahre gewählt, übt in erster Linie repräsentative Funktionen aus, jedoch fallen ihm bei der Auflösung des Parlaments und bei der Regierungsbildung besondere Rechte zu. Er ernennt den Ministerpräsidenten und auf dessen Vorschlag die übrigen Mitglieder der Regierung.

Staatswappen

Das italienische Wappen (seit 1948) zeigt einen rotgefaßten weißen Stern, der auf einem Zahnrad liegt, umrankt von Eichenlaub und einem Ölbaumzweig. Der fünfstrahlige Stern symbolisiert die Nation und die Republik. Das Spruchband unter dem Stern trägt den offiziellen Staatsnamen "Repubblica Italiana". Das Zahnrad symbolisiert die Arbeit, der Ölbaumzweig steht für die südlichen, das Eichenlaub für die nördlichen Gebiete.

Staat und Verwaltung

Die Nationalflagge in den Farben Grün, Weiß und Rot (s. S. 44) wurde im Jahre 1946, nach der Proklamation der Republik, offiziell eingeführt. In der Form – drei senkrechte Streifen - geht sie auf die französische Trikolore zurück. Dies ist historisch bedingt: Als Napoleon I. 1796 einen Feldzug gegen Savoyen unternahm und dabei erfolgreich war, kam es zur Gründung der Cisalpinen Republik, welche die Lombardei, die heutige Provinz Novara und einen großen Teil der Emilia umfaßte. Zur Lombardischen Nationalgarde wurde die Stadtmiliz Mailands erhoben, deren Uniformen die Farben Grün und Rot hatten. Bei der Erhebung zur Nationalgarde bekam die Miliz dann eine grün-weiß-rot gestreifte Standarte.

Nationalflagge

Die Republik Italien gliedert sich in 20 Regionen (Regioni) und 103 Provinzen (Province). Ein Sonderstatus ('statuto speciale') gilt für die autonomen Regionen Trentino–Südtirol, Aostatal, Friaul–Julisch Venetien, Sardinien und Sizilien. Es sind dies überwiegend Gebiete, in denen außer Italienern Angehörige anderer Volksgruppen leben und die daher zweisprachig sind (Südtirol, Aostatal) oder wo neben dem Italienischen ein eigenes Idiom gesprochen wird (Friaul–Julisch Venetien, Sardinien); s. auch S. 41. In ganz Italien gibt es insgesamt 8104 Orte und Städte (Comuni; Stand von 1995).

Verwaltungsgliederung
(s. Karte S. 44)

Die Hauptstadt des Landes ist Rom – in Mittelitalien (Latium), etwa 20 km von der Küste des Tyrrhenischen Meeres entfernt gelegen. In der Stadt haben der Staatspräsident (im Palazzo del Quirinale), die Regierung und die beiden Kammern des Parlaments ihren Sitz (der Senat im Palazzo Madama, das Abgeordnetenhaus im Palazzo Montecitorio). Die Comune di Roma wird vom Kapitol, dem Sitz des Bürgermeisters, aus verwaltet.

Hauptstadt

Italien ist Mitglied der Vereinten Nationen und verschiedener UN-Sonderorganisationen. Es zählt zu den Gründungsmitgliedern der Europäischen Gemeinschaft (heute Europäische Union, EU). Ferner gehört das Land dem Europarat an, der Organisation für Wirtschaftliche Zusammenarbeit und Entwicklung (OECD) und der Nordatlantischen Allianz (NATO).

Internationale
Mitgliedschaften

Wirtschaft und Verkehr

Wirtschaft

Italien erlebte bereits im hohen Mittelalter eine wirtschaftliche Blütezeit, als verschiedene Stadtstaaten, insbesondere Hafenstädte wie Venedig und Genua, eine Vormachtstellung im Mittelmeerraum errangen und den Handel mit Ländern Mittel- und Westeuropas steuerten. Italienische Kaufleute gründeten Handelsgesellschaften und Banken zur Abwicklung umfangreicher Auslandsgeschäfte; die doppelte Buchführung sowie zahlreiche Fachausdrücke des Bank- und Handelswesens, die bis heute gebräuchlich sind, kamen damals in Italien auf (s. Kasten S. 46).

Allgemeines

Bis ins 16. Jh. hinein war Italien in Europa führend im Bereich des Geschäfts- und Geldwesens, dann verschoben sich die wirtschaftlichen Schwerpunkte. Mit den weltweiten Entdeckungs- und Eroberungsfahrten der Engländer, Spanier, Portugiesen u.a. verlor der Mittelmeerraum an Bedeutung; und Italien geriet in eine Randlage, die durch die politische Zerrissenheit noch verstärkt wurde.

Auch nach der politischen Einigung im 19. Jh. konnte Italien erst verspätet und mit großem Abstand zu den führenden Industriestaaten Anschluß an die wirtschaftliche Entwicklung in den Ländern Mittel- und Westeuropas finden. Die Industrialisierung verlief schleppend und war auf wenige Regionen begrenzt. Ebenso wie die anderen europäischen Mittelmeerländer blieb Italien bis zum 2. Weltkrieg strukturell im wesentlichen ein Agrarland.

Entwicklung
im 19. und 20.
Jahrhundert

Staat und Verwaltung

**Italien
Repubblica
Italiana**

(I)

— Grenzen der Regionen
● Hauptstädte der Regionen

Regionen und Provinzen

**Lombardei /
Lombardia**

Bergamo (BG)
Brescia (BS)
Como (CO)
Cremona (CR)
Lecco (LC)
Lodi (LO)
Mailand / Milano (MI)
Mantua / Mantova (MN)
Pavia (PV)
Sondrio (SO)
Varese (VA)

**Trentino – Südtirol /
Trentino – Alto Adige**

Bozen / Bolzano (BZ)
Trient / Trento (TN)

Venetien / Veneto

Belluno (BL)
Padua / Padova (PD)
Rovigo (RO)
Treviso (TV)
Venedig / Venezia (VE)
Verona (VR)
Vicenza (VI)

Staat und Verwaltung

**Friaul - Julisch Venetien /
Friuli - Venezia Giulia**
Görz / Gorizia (GO)
Pordenone (PN)
Triest / Trieste (TS)
Udine (UD)

**Piemont /
Piemonte**
Alessandria (AL)
Asti (AT)
Biella (BI)
Cuneo (CN)
Novara (NO)
Turin / Torino (TO)
Verbano-Cusio-Ossola (VB)
Vercelli (VC)

Aostatal
Valle d'Aosta / Vallée d'Aoste
Aosta (AO)

**Ligurien /
Liguria**
Genua / Genova (GE)
Imperia (IM)
La Spezia (SP)
Savona (SV)

Emilia - Romagna
Bologna (BO)
Ferrara (FE)
Forli-Cesena (FO)
Modena (MO)
Parma (PR)
Piacenza (PC)
Ravenna (RA)
Reggio nell' Emilia (RE)
Rimini (RN)

**Toskana /
Toscana**
Arezzo (AR)
Florenz / Firenze (FI)
Grosseto (GR)
Livorno (LI)
Lucca (LU)
Massa - Carrara (MS)
Pisa (PI)
Pistoia (PT)
Prato (PO)
Siena (SI)

Marken / Marche
Ancona (AN)
Ascoli Piceno (AP)
Macerata (MC)
Pesaro e Urbino (PS)

**Umbrien /
Umbria**
Perugia (PG)
Terni (TR)

Latium / Lazio
Frosinone (FR)
Latina (LT)
Rieti (RI)
Rom / Roma (ROMA)
Viterbo (VT)

**Abruzzen /
Abruzzo**
Chieti (CH)
L'Aquila (AQ)
Pescara (PE)
Teramo (TE)

Molise
Campobasso (CB)
Isernia (IS)

**Kampanien /
Campania**
Avellino (AV)
Benevent /
Benevento (BN)
Caserta (CE)
Neapel / Napoli (NA)
Salerno (SA)

Apulien / Puglia
Bari (BA)
Brindisi (BR)
Foggia (FG)
Lecce (LE)
Tarent / Taranto (TA)

**Basilikata /
Basilicata**
Matera (MT)
Potenza (PZ)

**Kalabrien /
Calabria**
Catanzaro (CZ)
Cosenza (CS)
Crotone (KR)
Reggio di Calabria (RC)
Vibo Valentia (VV)

Sizilien / Sicilia
Agrigent / Agrigento (AG)
Caltanissetta (CL)
Catania (CT)
Enna (EN)
Messina (ME)
Palermo (PA)
Ragusa (RG)
Syrakus / Siracusa (SR)
Trapani (TP)

Sardinien / Sardegna
Cagliari (CA)
Nuoro (NU)
Oristano (OR)
Sassari (SS)

Wirtschaft und Verkehr

> **Begriffe des Geschäfts- und Bankwesens, die aus dem Italienischen kommen**
>
> Agio (aggio) = Aufgeld
> Bank (banca) = Kreditinstitut
> Bankrott (bancarotta; die Gläubiger pflegten insolvent gewordenen Geldwechslern die Bank, auf der die Münzen ausgelegt wurden, zu zerschlagen) = Zahlungsunfähigkeit
> Bilanz (bilancio) = Gewinn- und Verlustrechnung
> Brutto = roh, ohne Abzug
> Debitor (debitore) = Schuldner
> Disagio (disaggio) = Abschlag
> Diskont (di sconto) = Abzug bei Zahlung vor Fälligkeit
> Giro = Überweisung im bargeldlosen Zahlungsverkehr
> Indossament (indossare) = Übertragung eines Wechsels
> Inkasso (incasso) = Einziehung von Geldforderungen
> Kasse (cassa) = Kassenraum
> Kassieren (incassare) = Geld einziehen
> Konossement (conoscere) = Frachtbrief im Seegüterverkehr
> Konto (conto) = Bankkonto
> Kontokorrent (conto corrente) = Aufstellung von Soll und Haben
> Kredit (credito) = Guthaben, Vertrauenswürdigkeit, Zahlungsaufschub
> Lombard (nach den Lombarden = oberitalienische Geldwechsler) = Kredit gegen Verpfändung beweglicher Sachen
> Netto = rein, nach Abzügen; ohne Verpackung
> Saldo = verbleibender Betrag nach Verrechnung von Soll und Haben
> Storno = Rückbuchung; Korrektur einer fehlerhaften Buchung
> Tara = Verpackungsgewicht
> Tratte (tratta) = gezogener Wechsel

Wirtschaft, 19./20. Jh. (Fortsetzung)

In den Jahrzehnten nach dem 2. Weltkrieg erlebte das Land, nicht zuletzt durch beträchtliche finanzielle Mittel aus dem Marshall-Plan, ein rasantes wirtschaftliches Wachstum, das vom raschen Aufbau der Industrie und der Fremdenverkehrswirtschaft sowie von anderen Bereichen des Dienstleistungssektors getragen wurde. Mit Hilfe massiver staatlicher Förderungsmaßnahmen und einer Stimulierung privater Initiativen wurden vor allem Projekte der Schwerindustrie, des Tourismus und der Verkehrsinfrastruktur in Angriff genommen, so daß Italien einen raschen wirtschaftlichen Aufstieg erlebte. Heute gehört das Land zur Gruppe der G 7 (der 7 wirtschaftsstärksten Industieländer der Erde) und hat vor einigen Jahren mit seinem jährlichen Bruttosozialprodukt (1992: 1186,6 Mrd. US-Dollar) sogar Großbritannien überholt und sich Frankreich angenähert.

Der Wandel Italiens zum Industrie- und Dienstleistungsland wird auch dadurch deutlich, daß der Anteil der Beschäftigten in Land- und Forstwirtschaft auf ca. 8% zurückgegangen ist, die nur noch etwa 3% des Bruttoinlandsprodukts (BIP) erzeugen. Das produzierende Gewerbe (Industrie, Handwerk, Baugewerbe, Bergbau) beschäftigt knapp ein Drittel der Erwerbspersonen, die mit 32% am BIP beteiligt sind. Der größte Anteil mit ca. 65% des BIP wird heute im Dienstleistungssektor (einschließlich Fremdenverkehr) erwirtschaftet, in dem 60% der Beschäftigten arbeiten. Die Arbeitslosigkeit lag in den letzten Jahren meist bei 11–12%.

Ende der 80er Jahre geriet Italien zunehmend in eine Phase wirtschaftlicher Instabilität, die 1992/93, zusammen mit politischen Turbulenzen, in eine echte Staatskrise mündete. Seit 1994 erholt sich die Wirtschaft wieder, begünstigt durch den weltwirtschaftlichen Konjunkturaufschwung, doch sind viele Strukturprobleme keineswegs gelöst. Hierzu gehören beispielsweise die sehr hohe Staatsverschuldung und die alljährlichen Haushaltsdefizite in Höhe von rund 10% des BSP, die Überlastung der

Wirtschaft und Verkehr

sozialen Systeme, eine in weiten Bereichen ineffiziente und aufgeblähte Bürokratie, eine mit hohen Verlusten arbeitende Staatswirtschaft (staatliche Großbetriebe), deren Privatisierung jetzt in Angriff genommen wird, ferner ein im EU-Maßstab überdurchschnittlich hoher Grad an Schwarzarbeit und Steuerhinterziehung.

19./20. Jh. (Fortsetzung)

Zwei weitere, Wirtschaft und Politik gleichermaßen betreffende Probleme sind das organisierte Verbrechen und der Nord-Süd-Gegensatz, der in den letzten Jahren sogar zeitweise die staatliche Einheit Italiens in Frage stellte. Neben politischen und kulturellen Aspekten hat dieser Gegensatz eine ausgeprägt wirtschaftliche Komponente, die sich in einem eher stärker als schwächer werdenden Nord-Süd-Gefälle zwischen dem hoch industrialisierten und wohlhabenden Norden und dem "mezzogiorno" äußert, dem weitaus ärmeren, infrastrukturell wie auch industriell zurückgebliebenen Süden des Landes. In diesem Raum (etwa von der Höhe Roms nach Süden einschließlich der Inseln) leben auf 45% der Staatsfläche lediglich 35% der Einwohner, deren Lebensstandard (Volkseinkommen) nur 60% desjenigen der Norditaliener ausmacht.

Nord-Süd-Gefälle

Die historisch vorgeprägte Zweiteilung Italiens konnte trotz massiver staatlicher Finanzhilfen (Steuervorteile, Mittel für den Verkehrsausbau, die Industrialisierung, die Tourismusentwicklung, Arbeitsförderungsmaßnahmen u.a.) bisher nicht überwunden werden. Zwar besserten sich die Lebensverhältnisse im "mezzogiorno", aber der Abstand zum reicheren Norden blieb erhalten. Eine der Ursachen für die relative Rückständigkeit und die mangelnde Entwicklungsfähigkeit Süditaliens liegt auch in der starken Stellung, die hier traditionell die Mafia, die Camorra und andere Formen des organisierten Verbrechens und der Korruption haben und die jeglichen Fortschritt stark behindern.

Die italienische Landwirtschaft ist sehr vielgestaltig, entsprechend der geographischen Lage zwischen Alpenraum bzw. Mitteleuropa (Südtirol) einerseits und dem Mittelmeerraum andererseits. Dazu kommt die natürliche Ungunst vieler Regionen für die Landwirtschaft aufgrund des hohen Anteils von Berg- und Hügelland. Nur ein Viertel Italiens ist eben und entsprechend günstig zu bewirtschaften: Wegen der sommerlichen Trockenheit im mediterranen Bereich hat die bewässerte Fläche inzwischen auf 34% der Ackerfläche zugenommen. Insgesamt macht das Ackerland 54% der landwirtschaftlichen Fläche Italiens aus, 28% sind Wiesen und Weiden, 18% Dauerkulturen (Obst- und Weinanbau u.a.). Bezogen auf das gesamte Staatsfläche entfallen 56% auf landwirtschaftliche Nutzung und 21% auf Waldflächen.

Landwirtschaft

Im Alpenraum herrschen Obstkulturen und Weinbau, in den höheren Lagen Milchviehzucht und Forstwirtschaft vor. Die wichtigste Agrarregion ist die südlich anschließende Po-Ebene. Hier liefern relativ große und modern arbeitende Betriebe Weizen, Reis, Mais, Sonnenblumen, Obst und Gemüse sowie Milch- und Fleischprodukte. Der Apennin wird land- und forstwirtschaftlich wenig genutzt, abgesehen von extensiver Weidewirtschaft. Dagegen wird in den Beckenlandschaften Mittelitaliens (z.B. in Latium, Umbrien und in der Toskana) z.T. sehr intensive mediterrane Mischkultur betrieben (sog. 'cultura mista', meist Getreide, Obst, Gemüse, Wein und Oliven). In Süditalien leiden die landwirtschaftlichen Ertragsmöglichkeiten vielerorts unter starker Besitzzersplitterung (Kleinbauerntum) und veralteten Anbaumethoden. Verbreitet ist neben dem Getreide- und Gemüseanbau vor allem die Kultur von Oliven, Zitrusfrüchten und Wein.

Die Fischerei hat nur regionale Bedeutung. Gefangen werden hauptsächlich Sardellen, Sardinen, Thunfische und Schalentiere; Hauptfanggebiete sind das Adriatische Meer, das Tyrrhenische Meer und die Küstengewässer um Sizilien.

Fischerei

Der Bergbau spielt in Italien nur eine untergeordnete Rolle, da das Land arm an nutzbaren Bodenschätzen ist. Zu erwähnen sind geringe Erdöl-

Bergbau

47

Wirtschaft und Verkehr

Sonnenblumenfelder beleben das Bild in landwirtschaftlich genutzten Gegenden

Der Weinbau gehört zu den ältesten Wirtschaftszweigen des Landes

Wirtschaft und Verkehr

und etwas bedeutendere Erdgasvorkommen in der Po-Ebene und an der Adriaküste, geringe Braunkohlevorkommen, Lager von Eisen-, Mangan- und Buntmetallerzen und Quecksilber in der Toskana sowie die bekannten Marmor-Abbaugebiete um Carrara.

Bergbau (Fortsetzung)

Die Elektrizitätsversorgung des Landes basiert wegen des Mangels an eigenen Rohstoffen weitgehend auf Wärmekraftwerken auf der Grundlage von Kohle-, Erdöl- und Erdgasimporten (ca. 85% der Stromversorgung). Der Rest entfällt – nachdem in den 80er Jahren die zwei bestehenden Kernkraftwerke stillgelegt wurden – auf Wasserkraft, vor allem in den Alpen, und auf einen geringen Anteil von Geothermie (Erdwärmenutzung in vulkanischen Gebieten). Anstrengungen zur Nutzung anderer regenerativer Energiequellen (z.B. Solarenergie) stehen erst am Anfang, so daß bisher der Schadstoffausstoß durch die Wärmekraftwerke ein großes Umweltproblem darstellt.

Energiegewinnung

Die verarbeitende Industrie Italiens ist von ihrer Branchenstruktur her sehr vielseitig, wobei die wichtigsten Industriezentren in Oberitalien liegen (Agglomerationen Mailand und Turin). Fast das gesamte Alpenvorland und die Po-Ebene sind flächenhaft industrialisiert, während sich in Mittel- und vor allem Süditalien die Industrie im wesentlichen auf die größeren Städte beschränkt (z.B. Rom, Neapel, Bari). Die Betriebsgrößenstruktur der Industrie unterscheidet sich stark von der in Mitteleuropa gewohnten; neben einer Vielzahl kleiner Betriebe – häufig mit Zulieferfunktionen – dominieren wenige große Konzerne, die teilweise in Staatsbesitz sind, während die etwa in Deutschland zahlenmäßig starke Schicht mittelständischer Unternehmen weitgehend fehlt.
Die wichtigsten Industriebranchen sind (nach der Zahl der Beschäftigten) die Textil-, Bekleidungs-, Schuh- und Lederindustrie, der Maschinen- und Fahrzeugbau (einschließlich Kraftfahrzeugherstellung), die Elektro- und Elektronikindustrie, die chemische Industrie und die Kunststoffindustrie (vor allem Petrochemie), das Ernährungsgewerbe (Be- und Verarbeitung von Nahrungs- und Genußmitteln) sowie die Holz- und Papierindustrie.

Industrie

Industrieerzeugnisse sind auch die wichtigsten Exportgüter Italiens, das weltweit an 6. Stelle nach dem Exportwert steht. Den ersten Rang unter den Ausfuhrgütern nehmen Maschinen und Fahrzeuge mit etwa 36% der Exporte ein; es folgen Erzeugnisse der Textil-, Bekleidungs- und Schuhindustrie mit ca. 17% vor chemischen Erzeugnissen (8%) sowie Nahrungs- und Genußmittel mit 6%. Auch bei der Einfuhr überwiegen Maschinen, Fahrzeuge, chemische Erzeugnisse und Nahrungsmittel; daneben spielt die Einfuhr bergbaulicher Rohstoffe eine bedeutende Rolle für das an Bodenschätzen arme Land (bes. Erdöl). Der Außenhandel ist seit Jahren defizitär, d.h. der Ausfuhrwert reicht nicht aus, um die Importe zu bezahlen; für einen Ausgleich sorgen die Deviseneinnahmen durch den Tourismus. Die wichtigsten Außenhandelspartner sind mit über 60% die EU-Länder, an vorderer Stelle Deutschland und Frankreich, vor den USA und der Schweiz.

Außenhandel

Der Fremdenverkehr spielt im Bereich des hochentwickelten tertiären Sektors (Dienstleistungen – wie Banken, Versicherungen, Handel, Verkehr) eine besondere Rolle, denn Italien ist seit längerem weltweit eines der führenden Tourismusländer. Dank seiner klimatischen und landschaftlichen Vorzüge, der Vielzahl geschichtsträchtiger und kunsthistorisch bedeutender Städte und Bauwerke und nicht zuletzt seiner exzellent ausgebauten touristischen Infrastruktur gehört Italien zusammen mit Frankreich und Spanien – nach der Zahl der einreisenden Touristen gerechnet – zu den drei wichtigsten Fremdenverkehrsländern der Welt. Nach den Deviseneinnahmen aus dem internationalen Reiseverkehr stand das Land 1992 mit 21,5 Mrd. US-$ nach den Vereinigten Staaten und Frankreich ebenfalls an dritter Stelle. Die wichtigsten touristischen Ziele sind die Alpen, die Riviera und die Adriaküste mit ihren Badeorten, Naturschönheiten wie der Golf

Fremdenverkehr

Wirtschaft und Verkehr

Fremdenverkehr (Fortsetzung)

von Neapel, ferner die berühmten Städte, u.a. Rom, Florenz, Venedig und Neapel. Die führenden Herkunftsländer der Touristen (im Durchschnitt der letzten Jahre jeweils ca. 55 Mio.) sind Deutschland (fast 20%), Frankreich, die Schweiz und Österreich.

Verkehr

Allgemeines

Italien besitzt eine gute, engmaschig ausgebaute Verkehrsinfrastruktur, die der Landeserschließung, aber auch in hohem Maße dem Fremdenverkehr zugute kommt. Die Straßenlänge beträgt ca. 305 000 km, darunter 6150 km Autobahnen, die von der staatlichen Autobahngesellschaft gebaut und kostenpflichtig betrieben werden. Weitere Strecken sind vor allem im Umland der Großstädte und als Zufahrt zu wichtigen Fremdenverkehrsgebieten im Bau oder geplant. Insbesondere die Brenner-Autobahn und die 'Autostrada del Sol' trugen wesentlich zum Aufschwung des Tourismus aus Mittel- und Nordwesteuropa bei. Die Motorisierung ist weit fortgeschritten; auf 1000 Einwohner entfallen rund 450 Pkw, von denen allerdings erst 2% mit einem Katalysator ausgestattet sind. Umweltpolitisch bedenklich ist darüber hinaus der sehr hohe Anteil des LKW-Verkehrs am Gütertransport (über 85%).

Eisenbahn

Die italienischen Eisenbahnen (Staatsbahnen "Ferrovie dello Stato" und einige Privatbahnen) unterhalten ein Streckennetz von ca. 19 500 km (davon 55% elektrifiziert), dessen Bedeutung aber in den letzten Jahrzehnten laufend abgenommen hat. Auf die Bahn entfallen nur noch 12% des Gütertransportaufkommens, und auch im Personenverkehr ist ihr Anteil stark zurückgegangen, da kaum in eine Modernisierung investiert wurde. Erst seit Anfang der 90er Jahre werden wieder stärkere Anstrengungen unternommen, um durch modernere und schnellere Züge zwischen den wichtigsten Zentren den Bahnverkehr wieder attraktiv zu machen.

Flugverkehr

Der Flugverkehr wird durch die staatliche Luftfahrtgesellschaft "Alitalia" und durch einige private Gesellschaften (nationaler Verkehr) durchgeführt. Unter den internationalen Flughäfen sind Rom-Fiumicino mit 19,1 Mio. und Mailand-Linate mit 9,3 Mio. Passagieren (1992) die bedeutendsten.

Schiffahrt

Die Seeschiffahrt hat in Italien eine alte Tradition und ist relativ leistungsstark; die Handelsflotte gehört mit 791 Schiffen über 300 BRT (zusammen 7,052 BRT) zu den größten Europas. Die bedeutendsten Seehäfen sind Genua, Venedig, Livorno, Savona, Neapel und Triest. Eine größere Bedeutung hat auch die Küsten- und Fährschiffahrt, vor allem im Personen-, Güter- und Fahrzeugtransport zu den Inseln und mit Häfen Griechenlands. Die Binnenschiffahrt ist demgegenüber bedeutungslos. Als einzige Binnenwasserstraße wird der Po jetzt (mit mehreren Verbindungs- und Stichkanälen) als leistungsfähiger Transportweg ausgebaut.

Geschichte

Vor- und Frühgeschichte
(ca. 600 000 bis 400 v.Chr.)

Der von den Griechen geprägte Name 'Italia' (lat. 'vituli' = Jungstiere, Söhne des Stiergottes) bezeichnet ursprünglich nur die Südwestspitze der Halbinsel. Erst in der römischen Kaiserzeit wird dieses Wort auf das ganze Gebiet bis zu den Alpen angewandt. In den Landschaftsnamen haben sich die Namen der einst dort ansässigen Völker zum Teil bis heute erhalten. Schon während der Altsteinzeit ist Italien besiedelt.

Frühe Metallzeit in Oberitalien: Remedello-Kultur (Kupferdolche), benannt nach dem bei Brescia gelegenen Fundort.	1800–1600
Bronzezeit: Terramare-Kultur (ital. 'terramara' = Erdhügel) mit befestigten Pfahlbaudörfern im Norden Italiens.	1600–1200
Beginn der indogermanischen Wanderungen von Norden aus. Die Italiker scheiden sich in die latinische Gruppe, aus der die Römer hervorgehen, und die umbrisch-sabellische Gruppe, zu deren Hauptzweig, den Oskern, die Samniten in Kampanien gehören. Andere Oskerstämme dringen schließlich bis nach Süditalien und auf die Insel Sizilien vor.	Seit 1200
Einwanderung der illyrischen Veneter in das Gebiet von Venetien.	Seit 1000
Von den Indogermanen getragene eisenzeitliche Villanova-Kultur, benannt nach dem nahe Bologna gelegenen Fundort.	1000–500
Die vermutlich aus Kleinasien stammenden Etrusker dringen nach Etrurien (Tuscien, Toskana), nach Kampanien und in die Po-Ebene ein. Zwölfstädtebund nach ionischem Vorbild; Handel (Zentrum Felsina bei Bologna) mit Mittel- und Nordeuropa; hochentwickelter Totenkult (Nekropolen). Die Etrusker bringen griechisch-kleinasiatische Kultur sowie Technik und Verwaltung nach Italien, die von den Römern übernommen werden.	900–500
Errichtung von Seestützpunkten in Westsizilien und Sardinien durch die Phöniker (lat. 'Punii') zur Sicherung ihrer Seehandelswege im westlichen Mittelmeer.	Nach 800
Die Griechen kolonisieren Unteritalien und Sizilien (Magna Graecia): Kyme (Cumae), Neapolis (Neapel), Kroton (Crotone), Taras (Tarent), Akragas (Agrigent), Syrakus u.v.a. Mehrere durch Gegensätze der Handelsinteressen verursachte Kriege mit Karthagern und Etruskern. Entwicklung des lateinischen Alphabetes aus der griechischen Schrift.	750–550
Errichtung von Tempelbauten in der Magna Graecia (Reste dieser Anlagen gibt es u.a. in Segesta, Selinunt, Agrigent und Paestum).	600–400
Tyrannis von Gelon und Hieron I. in Syrakus, das in dieser Zeit zur beherrschenden Macht des westlichen Griechentums wird. Am Hofe Hierons leben die Dichter Aischylos und Pindar.	485–467

Geschichte

Italien unter der Herrschaft Roms
(753 v.Chr. bis 476 n.Chr.)

Rom, zunächst Stadtstaat, gewinnt gegen den Widerstand der Italiker die Herrschaft über das italienische Festland, die Inseln, schließlich über Westeuropa und den Orient. Unter den Reichsfeldherren und später unter den Caesaren gelingt es, das Römische Reich zusammenzuhalten und jahrhundertelang gegen die Angriffe der Randvölker zu verteidigen. Die Ausbreitung des Christentums und der Stadtkultur schaffen die Basis für die kulturelle und zivilisatorische Entwicklung Westeuropas.

753	Sagenhafte Gründung Roms (wohl von etrusk. 'Rumlua') durch Romulus, einen Nachkommen des Trojaners Aeneas (auf dem Palatin bereits um 900 eine Ansiedlung).
600–510	Fremdherrschaft der etruskischen Tarquinier bis zur Einführung der Republik (510).
Um 400	Einfall der Kelten in Oberitalien; 387/86 Niederlage der Römer an der Allia.
396–280	Rom unterwirft Mittelitalien und sichert die Gebiete durch Anlage von Heerstraßen und Militärkolonien. Latinisierung der Italiker.
Um 378	Wiederaufbau des durch die Gallier zerstörten Rom und Errichtung eines Mauerringes um die Sieben Hügel.
312	Baubeginn der Via Appia (Militärstraße) nach Capua, später bis Brundisium (Brindisi).
Um 300 bis 146	Ausdehnung des römischen Machtbereiches auf Oberitalien, Unteritalien und Sizilien. In den Punischen Kriegen wird Karthago besiegt und dessen beherrschende Rolle im westlichen Mittelmeer von Rom übernommen.
229–264	Durch die Unterwerfung Makedoniens, Griechenlands und Kleinasiens gewinnt Rom die Kontrolle über das östliche Mittelmeer. Ausbeutung der Provinzen, Sklavenhaltung, Beginn der Geldwirtschaft, Zunahme des hellenistischen Einflusses (Übernahme griechischen und orientalischen Kulturgutes), wachsender Luxus.
220	Bau der Via Flaminia bis Rimini; 187 Verlängerung bis Placentia (Piacenza).
133–130	Bürgerkriege, verursacht durch zunehmende Verarmung der Bauern, und Sklavenaufstände weisen auf gravierende Mißstände im Staat hin.
113	Die Römer, geführt von Cn. Papirius Carbo, unterliegen bei Noreia (Ostalpen) im Krieg gegen die Kimbern und Teutonen, die von Nordeuropa her in das Land eingedrungen sind.
58–51	Gallischer Krieg: Caesar verbietet den Helvetiern, die vom linksrheinischen Gebiet nach Süden vorstoßen, den Durchzug durch die römischen Provinzen, und erobert Gallien (Darstellung des Kriegsgeschehens in Caesars Büchern "De bello Gallico").
45 v.Chr.	Caesar wird Alleinherrscher (am 14. 3. 44 ermordet): Ende der Republik.
30 v.Chr. bis 14 n.Chr.	Augustus begründet das Kaisertum (Prinzipat) und sichert den inneren und äußeren Frieden (Pax Augusta). Erneuter kultureller Aufschwung (Vergil, Horaz, Ovid); rege Bautätigkeit in Rom. Das Weltreich wird romanisiert. Das Römische Reich erreicht seine größte Ausdehnung.
64 n.Chr.	Unter Kaiser Nero (54–68), der das Land mit harter Hand verwaltet und seine Mutter ermorden läßt, kommt es zum Brand Roms. Nero beschuldigt

Geschichte

die Christen und veranlaßt die erste Christenverfolgung, die mit grausamen Handlungen einhergeht.	64 n.Chr. (Fortsetzung)
Die beiden Städte Pompeji und Herculaneum werden bei einem gewaltigen Ausbruch des Vesuv verschüttet.	79
Araber, Germanen und Perser greifen das Römische Reich an, das in eine innenpolitische Krise geraten ist und seine Grenzen nur noch unzureichend schützen kann.	Nach 220
Letzte und größte Christenverfolgung unter Diokletian: Er will die alte Ordnung wieder herstellen, was jedoch nicht gelingt.	303
Kaiser Konstantin I. (der Große), der nach der Zersplitterung des Reiches die Alleinherrschaft erlangt, gewährt den Christen Religionsfreiheit (Mailänder Toleranzedikt).	313
Konstantin läßt Byzantion (Konstantinopel) ausbauen und erhebt es zur Hauptstadt des Römischen Reiches. Es wird das "Neue Rom".	330
Einbruch der Hunnen in Europa; Beginn der Völkerwanderung.	Um 375
Theodosius I. (der Große) wird zum Ostkaiser erhoben. Er treibt die Christianisierung voran und macht das Christentum zur Staatsreligion.	391
Theodosius stirbt. Danach Teilung des Reiches in das Weströmische Reich (Residenz in Ravenna) und das Oströmische Reich.	395
Die Westgoten unter Alarich erobern Rom.	410
Bei der Schlacht auf den Katalaunischen Feldern werden die Westgoten besiegt; die Hunnen verlassen nach Raubzügen Oberitalien.	451
Die Vandalen unter ihrem Anführer Geiserich plündern und brandschatzen Rom.	455
Romulus Augustulus, der letzte weströmische Kaiser, wird durch den hunnischen Heerführer Odoaker abgesetzt.	476

Italien im frühen Mittelalter und unter den deutschen Kaisern (493–1268)

Folgenreich für den europäischen Westen und Süden ist die germanische Völkerwanderung. Trotz der Kirchenspaltung (1045) bleibt Byzanz über seine süditalienischen Besitzungen noch in Berührung mit dem Abendland, auf das es starke Wirkung ausübt. Die Versuche der deutschen Könige und Kaiser, die Einheit Italiens wiederherzustellen, scheitern am Widerstand des Papsttums: Investiturstreit.

Theoderich der Große gründet im Auftrag Ostroms in Italien das Ostgotenreich; Residenzen sind Ravenna, Pavia und Verona.	493–526
Justinian macht Italien zur oströmischen Provinz (Exarchat).	535–553
Langobardenreich in Oberitalien (Lombardei; Hauptstadt Pavia); Tuscien, Spoleto und Benevent werden langobardische Herzogtümer.	568–774
Der Karolingerkönig Pippin besiegt die Langobarden und zwingt sie zur Anerkennung der fränkischen Oberhoheit; das Exarchat Ravenna und die Pentapolis werden dem Papst übergeben.	754–756

Geschichte

773–774	Karl der Große erobert das Langobardenreich und vereinigt es mit dem Frankenreich; die Herzogtümer (mit Ausnahme von Benevent) werden zu fränkischen Markgrafschaften.
800	Karl der Große wird in Rom zum Kaiser gekrönt.
827	Die Ungarn dringen erstmals in die Po-Ebene ein.
827–901	Die aus Tunesien kommenden Sarazenen erobern Sizilien, das 948 selbständiges Emirat mit der Hauptstadt Palermo wird und eine kulturelle Hochblüte erlebt.
887–1013	Kämpfe einheimischer und fränkischer Adliger um die langobardische Königskrone.
899	Die Ungarn plündern Oberitalien.
951	König Otto I. (der Große), wird von der langobardischen Königswitwe Adelheid zu Hilfe gerufen und gewinnt die Herrschaft in Oberitalien. Beginn der deutschen Italienpolitik.
962	Otto I., "König der Franken und Langobarden", wird in Rom zum Kaiser gekrönt.
951–1268	Die deutschen Kaiser herrschen in Italien. Es kommt zu ständigen Auseinandersetzungen mit den Päpsten, einheimischen Machthabern und Städten. Bildung zweier Parteien: der Ghibellinen (benannt nach der Stauferburg Waiblingen), Anhängern der deutschen Herrscher, und der Guelfen (Welfen), der Päpstlichen.
982	Die Araber schlagen Otto II. bei Cotrone (Unteritalien) vernichtend. Erstes Auftreten der Normannen.
1000–1200	Unteritalien und Sizilien werden von den Normannen zu einem Königreich vereinigt. Obgleich die byzantinische und arabische Herrschaft damit zu Ende geht, bleibt deren kulturelle Wirkung erhalten.
1059	Der Papst belehnt den Normannenherzog Robert Guiscard mit Unteritalien (Apulien und Kalabrien) und Sizilien.
1076–1122	Im Investiturstreit, einer Auseinandersetzung zwischen kaiserlicher Macht und Papsttum, bei der es um die Abgrenzung der beiderseitigen Einflußsphären geht, siegt die kirchliche Seite: Heinrich V. verzichtet zugunsten des Papsttums auf das Investiturrecht. – Im Jahre 1077 hatte sich Kaiser Heinrich IV., auf dem der Kirchenbann lag, in Canossa im Büßergewand vor dem Papst gedemütigt.
Um 1110	In Salerno entsteht eine bedeutende medizinische Schule.
1119	Gründung der ältesten Universität Europas in Bologna.
1130	Roger II. wird nach der Vereinigung Unteritaliens mit Sizilien in Palermo zum König gekrönt. – Blütezeit der normannisch-sarazenischen Kultur.
1154–1177	Friedrich I. Barbarossa versucht die lombardischen Städte zur Anerkennung seiner Herrschaft zu zwingen, muß aber 1176 bei Legnano eine Niederlage hinnehmen und die Vorrechte der Städte anerkennen; 1177 versöhnt er sich mit Papst Alexander III.
1186	Heinrich VI. vermählt sich mit Konstanze, der Erbin des Normannenreiches. Der Kampf zwischen Kaiser und Papst wird durch die staufische Umklammerung des Kirchenstaates verschärft.

Geschichte

Herrschaft der Staufer in Unteritalien und Sizilien.	1194–1268
Friedrich II., der 1220 in Rom zum Kaiser gekrönt wird, macht das Normannenreich zum straff organisierten absolutistischen Staat und Zentrum der Kaisermacht; Kämpfe gegen die päpstlich-lombardische Gegenpartei. Künste und Wissenschaften werden gefördert.	1212–1250
Universitätsgründung in Padua; zwei Jahre später in Neapel.	1222

Von der Entstehung der Stadtstaaten bis zum Wiener Kongreß (1250–1815)

In dem politisch zerrissenen Italien bilden sich Stadtstaaten, später auch Fürstenstaaten, die in geistiger, kultureller und wirtschaftlicher Hinsicht in Europa zu großer Bedeutung gelangen und von den benachbarten Großmächten umkämpft werden.

Aufstieg selbständiger Einzelstaaten: In den Kommunen wird die republikanische Verfassung infolge der inneren Parteikämpfe durch die Signorie (Stadtherrschaft) abgelöst; durch Unterwerfung der Nachbargemeinden entstehen größere Herrschaftsgebiete:
In Mailand kommen im 13. Jh. die Visconti an die Macht; Giangaleazzo erkauft die Herzogswürde. Nach 1450 herrschen die Sforza.
Verona wird durch das Geschlecht der Scala regiert; am Hofe lebt der aus Florenz verbannte Dichter Dante Alighieri. 1387 verlieren die Scaliger das gesamte Herrschaftsgebiet an das Mailänder Haus Visconti.
In Mantua herrschen die Gonzaga.
Venedig erringt im Kampf gegen Genua die Flottenvormacht und die beherrschende Stellung im Levantehandel. Im 13. Jh. werden auf dem Peloponnes, auf Kreta, Zypern und anderswo Stützpunkte für den Handel geschaffen; seit 1339 Ausdehnung auf das italienische Festland. Die Verfassung Venedigs ist streng aristokratisch; Wahl des Dogen auf Lebenszeit.
Piemont steht seit 1050 unter der Herrschaft der Grafen von Savoyen (ab 1416 Herzöge).
Die Adelsrepublik Genua entwickelt sich zu einer bedeutenden Handelsstadt, besitzt seit 1284 auch Sardinien, Korsika und Elba.
Ferrara wird seit 1264 von den Este regiert.
Florenz, wichtige Handelsstadt und Sitz großer Bankhäuser, besitzt seit 1282 eine demokratische Verfassung. Um 1400 gelangen die Medici zu hohem Ansehen und als Fürsten zu politischem Einfluß.

Seit 1250

Humanismus und Renaissance. Italienische Humanisten (Dante, Petrarca, Boccaccio u.a.) entdecken die antike Literatur wieder, die ihnen zum Vorbild für Dichtung und Wissenschaft wird.
Die dem Diesseits zugewandte Renaissance wirkt vor allem in der Malerei und Architektur schöpferisch, aber auch in den Wissenschaften.
Wachsender Reichtum der Städte und Höfe; prunkvolles, oft auch skrupelloses Leben der geistlichen und weltlichen Fürsten; Förderung der Künste durch Mäzenatentum (Florenz, Rom).
Seit dem Ende des 16. Jh.s breitet sich die Renaissance (ital. 'Rinascita') über Fürstenhöfe und große Handelsstädte in ganz Europa aus (ital. Maler, Bildhauer und Baumeister wie Giotto, Raffael, Michelangelo, Leonardo da Vinci u.a.).

Um 1250 bis 1600

Neapel unter der Herrschaft des Hauses Anjou.	1268–1442
'Sizilianische Vesper': Ermordung oder Vertreibung aller Franzosen in Palermo, später in ganz Sizilien. Das Herrschaftsgebiet Karls von Anjou (1265–1285) wird auf Neapel beschränkt.	1282

Geschichte

1282–1442	Sizilianische Vesper: Die Aufständischen vertreiben die Franzosen (Anjou) und bieten die Herrschaft Peter III. von Aragon an.
1310–1452	In diese Jahre fallen die letzten Italienzüge der deutschen Kaiser.
1347	Vergeblich versucht der Notar Cola di Rienzo, die römische Republik (Erneuerung des Senats u.a.) wiederzubeleben.
Um 1350	Mailand entwickelt sich zum mächtigsten Stadtstaat der Lombardei.
1378–1381	Krieg (Chioggiakrieg) zwischen Genua und Venedig um die Vormachtstellung im Mittelmeer: Sieg Venedigs, das seinen Einfluß im Orient weiter ausbaut; Genua wendet sich mehr dem Westen zu.
1442–1504	Den aragonesischen Herrschern gelingt es, Sizilien wieder mit dem Königreich Neapel zu vereinigen.
1494	In Florenz errichtet der Dominikanerprior Savonarola nach der vorübergehenden Vertreibung der Medici eine Republik; im Jahre 1498 wird er als Ketzer verbrannt.
1494–1556	Karl VIII. von Frankreich sucht in Italien die Vorherrschaft zu gewinnen, muß sich jedoch wieder aus Neapel zurückziehen.
1504–1713	Sizilien unter der Herrschaft der spanischen Habsburger; mehrfach werden Aufstände von den spanischen Vizekönigen unterdrückt.
1515	Franz I. von Frankreich erobert Mailand. Italien besteht jetzt aus einem von Frankreich beherrschten Gebiet im Norden und einer von Spanien bestimmten Region im Süden.
1521–1544	Kaiser Karl V. führt Kriege gegen den französischen König Franz I., der 1525 in der Schlacht bei Pavia gefangengenommen wird. Karl V. fordert die Herrschaft über Oberitalien. Im 'Sacco di Roma' wird Rom von den Truppen Karls V. geplündert.
1540	Karl V. übergibt seinem Sohn Philipp II. das Herzogtum Mailand, das bis 1700 bei der spanischen Krone verbleibt und zusammen mit den Besitzungen Neapel und Sizilien den Einfluß Spaniens in Italien sichert.
1569	Cosimo dei Medici, Herzog von Florenz, wird Großherzog der Toskana.
1633	Galileo Galilei wird von der römischen Inquisition gezwungen, seinem Bekenntnis zum kopernikanischen Weltbild abzuschwören.
1703–1737	Die Stadt Mantua (1703) sowie die Lombardei (1714) und die Toskana (1737) fallen an die österreichischen Habsburger.
1718	Nach dem Türkenkrieg (seit 1714) verliert Venedig seine Besitzungen in der Levante und damit seine führende Stellung im Orienthandel.
1718–1720	Victor Amadeus II., Herzog von Savoyen, bekommt Sardinien zugesprochen und erhält den Königstitel (Savoyen-Sardinien).
1719	Das 79 n. Chr. vom Vesuv verschüttete Herculaneum wird wiederentdeckt. Die Ausgrabungen beginnen 1737, im nahen Pompeji 1748.
1735–1806	Die spanischen Bourbonen herrschen in Neapel und Sizilien. Karl von Bourbon führt nach 1735 Reformen im Sinne der Aufklärung durch.
Um 1750	In Italien entsteht ein neues Nationalbewußtsein, das den Boden für die Freiheits- und Einigungsbewegung des 19. Jahrhunderts vorbereitet.

Geschichte

Genua ist dem Aufstand der Korsen nicht gewachsen und verkauft Korsika an Frankreich, welches die Insel unterwirft.	1768
Ein schweres Erdbeben erschüttert Messina (Sizilien).	1783
Italien wird in das Hegemonialsystem des revolutionären Frankreich einbezogen: Feldzug Bonapartes in Italien. Anschließend erfolgt die Besetzung der Lombardei, der Emilia und der Romagna.	1796
Als Folge des Friedens von Campo Formio (17. 10.) kommt es zur Gründung der Cisalpinischen Republik (Mailand, Modena, Ferrara, Bologna, Romagna) und der Ligurischen Republik (Genua). Als Entschädigung erhält Österreich den größten Teil der Republik Venedig.	1797
Napoleon besiegt die Österreicher bei Marengo (Rückeroberung Oberitaliens).	1800
Umwandlung der Republik Italien in das Königreich Italien, Napoleon wird König von Italien. Die Ligurische Republik wird Frankreich angegliedert. Napoleons Bruder Joseph Bonaparte wird König von Neapel; 1808 folgt ihm Napoleons Schwager Joachim Murat.	1805
Wiener Kongreß zur Neuordnung Europas unter Vorsitz des Fürsten Metternich (Österreich): Die früheren Kleinstaaten werden wiederhergestellt.	1814/1815

Die Zeit des 'Risorgimento' bis zum Ende des Ersten Weltkriegs (1815–1919)

Die Ära Napoleons hat in Italien das neuerwachte Nationalbewußtsein gestärkt; jedoch gelingt es erst Cavour, die Idee des freien Nationalstaats einer Verwirklichung näherzubringen. Die Träger der Bewegung gehören meist der großbürgerlichen Schicht des Nordens an, der es auch um die Schaffung eines einheitlichen Markts geht.

Ferdinand IV. vereinigt Neapel und Sizilien zum 'Königreich beider Sizilien'. Er nennt sich jetzt König Ferdinand I. und erlaubt eine Verfassung nach spanischem Muster.	1816
Österreichische Truppen unterdrücken mehrfach regionale Aufstände in Italien. Entstehung des Geheimbundes der 'Carbonari' (Köhler). In Marseille gründet der 1831 aus Italien ausgewiesene Advokat Giuseppe Mazzini den republikanisch orientierten Geheimbund 'La Giovine Italia' (Das junge Italien); in seinen Schriften begründet Mazzini den revolutionären Flügel des Risorgimento.	1820–1832
In Turin gründet Cavour die Zeitschrift "Il Risorgimento", nach der die gesamte Einigungsbewegung benannt wird.	1847
Revolution in Italien und auf Sizilien, an deren Spitze sich König Karl Albert von Piemont stellt. Er erklärt Österreich den Krieg und tritt damit an die Spitze der nationalen Bewegung. Nach dem Sieg des österreichischen Feldmarschalls Radetzky bei Custozza und Novara dankt Karl Albert zugunsten seines Sohnes Viktor Emanuel II. ab.	1848/1849
Mit der politischen Annäherung das Landes an Frankreich unter dem Grafen Camillo Cavour beginnt die nationale Einigung Italiens.	1859/1860
Die Verbündeten Piemont und Frankreich siegen bei Magenta und Solferino über die österreichischen Truppen: Österreich verliert die Lombardei an Napoleon III., der ferner von Piemont die Gebiete Nizza und Savoyen	1859

Geschichte

1859 (Fortsetzung)	erhält. Dafür erklärt er sein Einverständnis mit dem Anschluß von Toskana, Modena, Parma, Emilia-Romagna an Piemont.
1860	Vertreibung der Fürsten aus den Staaten Mittel- und Oberitaliens. Der Freischärlerführer Garibaldi besiegt die Bourbonen und besetzt den Kirchenstaat. Volksabstimmungen führen überall zum Anschluß an Piemont.
1861	Viktor Emanuel II. von Piemont wird "König von Italien". Die erste Hauptstadt des Königreichs Italien ist Florenz.
1866	Krieg Italiens gegen Österreich. Trotz der Niederlagen von Custozza und Lissa fällt Venetien auf dem Verhandlungswege an Italien. Mazzini erhebt für Italien Anspruch auf Istrien, Friaul und Südtirol.
1870	Rom wird von italienischen Truppen besetzt und zur Hauptstadt Italiens erhoben. Der Papst behält die Hoheit über den Kirchenstaat (Vatikan).
1878	Unter König Humbert (Umberto) I. entwickelt sich Italien zur Großmacht.
1882/1883	Es kommt zur Gründung der Sozialistischen Partei Italiens.
1887–1889	Krieg gegen Abessinien. Italien gewinnt Eritrea und einen Teil von Somaliland als Kolonien.
1900	Vertragliche Abgrenzung der italienischen und französischen Interessensphären in Nordafrika (Marokko und Tripolis).
1911/1912	Krieg gegen die Türkei; Italien annektiert die Cyrenaika, Tripolis und den Dodekanes mit Rhodos.
1912	Einführung des allgemeinen Wahlrechts in Italien.
1914–1918	Nach Ausbruch des Ersten Weltkriegs erklärt sich Italien am 3. 8. 1914 für neutral. Ein Jahr später ist das Land dann auch in den Krieg verwickelt.
1915–1917	Geheimvertrag von London: Italiens koloniale und territoriale (Südtirol) Forderungen werden von den Vertragspartnern garantiert (26. 4. 1915). Kriegserklärung Italiens an Österreich-Ungarn (1915) und an das Deutsche Reich (1916). Österreichische und deutsche Truppen verteidigen in 11 Schlachten den Isonzo und brechen in der 12. Isonzoschlacht (Okt.–Dez. 1917) bei Karfreit bis zum Piave durch.
1918	Italienische Gegenoffensive und Zusammenbruch der österreichisch-ungarischen Front bei Vittorio Veneto.
1919	Frieden von St-Germain (-en-Laye; 10 9.): Italien erhält Südtirol bis zum Brenner, Istrien (außer Fiume) und mehrere dalmatinische Inseln.

Vom Ende des Ersten Weltkriegs bis zur heutigen Zeit
(ab 1919)

Nach dem Ersten Weltkrieg sucht Italien durch seine Expansionspolitik größeren Raum zu gewinnen und die 'Krise der Demokratie' durch eine neue politische Ideologie, den Faschismus, zu überwinden. Obwohl Italien im Zweiten Weltkrieg seit 1943 auf der Seite der Alliierten gekämpft hat, muß es die Folgen der verhängnisvollen faschistischen Großmachtpolitik tragen. Nach Kriegsende ist die Republik von ideologischen Gegensätzen zerrissen, wirtschaftlich und sozial aus dem Gleichgewicht gebracht. Die Vielzahl der Parteien mit ihren Interessen- und Zweckverbänden bestimmt zudem nachhaltig die innere Entwicklung Italiens.

Geschichte

Benito Mussolini bildet Kampfverbände; wachsender Einfluß der Faschisten in Italien. Kampf gegen die Kommunisten mit offener Gewalt.	1919–1921
'Marsch auf Rom': Mussolini erhält vom Parlament diktatorische Vollmachten. Allmähliche Übernahme der Staatsgewalt durch die Faschisten.	1922
Beginn einer rigorosen Assimilationspolitik in Südtirol. Die Stadt Fiume fällt an Italien.	1923/1924
Englisch-italienisches Abkommen über Abessinien, das in wirtschaftliche Interessensphären aufgeteilt wird. Freundschaftsvertrag mit Spanien.	1926
Bekämpfung der Wirtschaftskrise durch dirigistische Maßnahmen.	1931
Freundschaftsvertrag mit der Sowjetunion.	1933
'Römische Wirtschaftsprotokolle' zwischen Italien, Österreich und Ungarn. Erstes Treffen zwischen Mussolini und Hitler in Venedig.	1934
Invasion italieniescher Truppen in Abessinien und Annexion des Landes.	1935/1936
Begründung der 'Achse Berlin-Rom' durch einen Vertrag mit dem Deutschen Reich. Italien unterstützt Franco im Spanischen Bürgerkrieg.	1936
Italien, 1919 Gründungsmitglied, tritt aus dem Völkerbund aus.	1937
Besetzung Albaniens (April). Militärbündnis mit Deutschland.	1939
Zweiter Weltkrieg. Mussolini versucht vergeblich zu vermitteln; Italien bleibt zunächst 'nicht kriegführend'.	1939–1945
Italien erklärt Frankreich und Großbritannien den Krieg (10. 6.). Italienisch-französischer Waffenstillstand in Rom (24. 6.). Dreimächtepakt mit Deutschland und Japan (27. 9.).	1940
Militärische Mißerfolge in Nordafrika; Abessinien geht verloren.	1941
Kapitulation der italienischen Streitkräfte in Nordafrika (13. 5.). Landung alliierter Verbände auf Sizilien (10. 7.). Sturz des faschistischen Systems; Mussolini wird verhaftet (24. 7.). Bildung einer neuen Regierung unter Badoglio, der mit den Alliierten einen Waffenstillstand schließt (3. 9.) und Deutschland den Krieg erklärt (13. 10.). Gegenregierung unter dem von einem deutschen Kommando befreiten Mussolini, der den Krieg gegen die Alliierten fortsetzt.	1943
Kapitulation der deutschen Streitkräfte in Italien (28. 4.); Mussolini wird von Partisanen erschossen. Die Partei 'Democrazia Cristiana' (DC) übernimmt unter de Gasperi (bis 1953) die Regierung.	1945
König Viktor Emanuel III. dankt ab. Eine Volksabstimmung verläuft zugunsten der Republik (18. 6.).	1946
Friedensvertrag von Paris: Italien tritt den Dodekanes an Griechenland ab, Istrien an Jugoslawien; Triest wird Freistaat. Verzicht auf die Kolonien.	1947
Inkrafttreten der demokratischen Verfassung. Wirtschaftliches und soziales Gefälle zwischen dem gut entwickelten Norditalien und dem unterentwickelten Süden. Nach Überwindung der Schwierigkeiten der Nachkriegszeit (Marshallplanhilfe) wirtschaftlicher Aufschwung. Italien schließt sich den Westmächten an: Gründungsmitglied der NATO (1949), der Europäischen Gemeinschaft für Kohle und Stahl (1951), der Europäischen Wirtschaftsgemeinschaft (EWG, 1957) u.a.	1948

Geschichte

1950	Teilweise Enteignung der Großgrundbesitzer aufgrund des Sila-Gesetzes.
1953	Die 'Democrazia Cristiana' verliert die absolute Mehrheit; seitdem kommt es häufig zu einem Regierungswechsel.
1954	Teilung des Freistaats Triest zwischen Italien und Jugoslawien.
Seit 1957	Sprunghafte Zunahme der Abwanderung aus dem Süden in die Industriegebiete Oberitaliens oder ins Ausland (Gastarbeiter).
1960	Die Olympischen Sommerspiele werden in Rom ausgetragen.
1963	Aldo Moro (DC) bildet erstmals eine Mitte-Links-Regierung. Eine Überwindung der latenten Staatskrise bleibt aus.
1969	Das 'Südtirol-Paket' wird gebilligt: Autonomiestatus für Südtirol (Anerkennung der Abmachungen durch Österreich im Juni 1992).
Seit 1970	Intensivierung der Kontakte zu den osteuropäischen Ländern.
1972/1973	Mitte-Links-Regierung. Innenpolitische Krise: Zahlungsbilanzdefizit, Inflation, Wirtschaftskrise.
Seit 1974	Die weltweite Energiekrise und wirtschaftliche Rezession treffen Italien besonders hart: wachsende Arbeitslosenzahl, hohe Inflation, Auslandsverschuldung usw. Das neue Wirtschaftsprogramm scheitert wegen der innenpolitischen Krise, des Parteiengegensatzes, zahlreicher Streiks und Terroranschläge, wegen Korruptionsskandalen und sich häufender Entführungen zur Erpressung von Lösegeld.
1975	Endgültige Regelung der Triest-Frage. – Starke Gewinne der Kommunistischen Partei Italiens (PCI) bei Regional-, Provinz- und Kommunalwahlen.
1976	Schweres Erdbeben in den friaulischen Provinzen Udine und Pordenone (6.5.). – Minderheitsregierung der DC, die von der PCI abhängig ist (Juni). – Ausströmen einer Giftgaswolke in Seveso bei Mailand (10. 7.).
1977	Demonstrationen von Studenten. Das Parlament verabschiedet ein Programm zur Wirtschaftssanierung, Stützung der inneren Sicherheit, Schul- und Pressepolitik sowie zur Regionalisierung (16. 7.). – Heftige politische Reaktionen nach der Flucht des ehem. SS-Führers Kappler aus dem römischen Militärgefängnis (15. 8.).
1978	Moro (Vorsitzender der DC und ehem. Ministerpräsident) wird am 13. 3. von Anhängern der 'Roten Brigaden' entführt und nach 54 Tagen ermordet aufgefunden. Verschärfung der Gesetze zur Bekämpfung des Terrorismus. Innenpolitische Krise durch den Rücktritt des Staatspräsidenten Leone (15. 6.); zum Nachfolger wird der 81jährige Sozialist Pertini gewählt (8. 7.).
1979	Bei vorgezogenen Parlamentswahlen (Juni) kann die DC ihre Position als stärkste Partei behaupten, die PCI muß Einbußen hinnehmen. Cossiga bildet ein neues Kabinett (Minderheitsregierung: DC, PLI u. a.), das 40. nach dem Zweiten Weltkrieg. Die Kommunisten gehen in die Opposition. Drastische Erhöhung der Energiepreise.
1980	Tod des Sozialisten Nenni (1. 1.). Erneute Terroranschläge auf Richter, Polizisten und Politiker. Ein Bombenanschlag im Hauptbahnhof von Bologna fordert über 80 Tote (August). Da die Sozialisten und Republikaner die Regierung nicht länger durch Stimmenthaltung stützen wollen, tritt Cossiga zurück, bildet aber eine neue Regierung aus Christdemokraten, Sozialisten und Republikanern. Wirtschaftsgipfel führender westlicher Industrieländer in Venedig (Juni.).

Geschichte

Ministerpräsident Cossiga tritt nach einer Abstimmungsniederlage im Parlament endgültig zurück (27. 9.). Der Christdemokrat Arnoldo Forlani bildet eine neue Regierung (18. 10.) aus Christdemokraten (DC), Sozialisten (PSI), Sozialdemokraten (PSDI) und Republikanern (PRI) und stellt ein Sparprogramm auf.

1980
(Fortsetzung)

Die Regierung Forlani übersteht die Vertrauensfrage.
Kurzarbeit bei Fiat. Abwertung der italienischen Lira innerhalb des Europäischen Wirtschaftssystems (23. 3.).
Ratifizierung eines Neutralitätsvertrages mit dem Inselstaat Malta durch das italienische Parlament (April).
Vor dem Petersdom wird Papst Johannes Paul II. durch zwei Schüsse eines Attentäters lebensgefährlich verletzt (13. 5.).

1981

Wichtigste Ergebnisse von Referenda zu innenpolitischen Fragen sind die Beibehaltung der liberalen Abtreibungsgesetze sowie der Anti-Terrorgesetze und der lebenslänglichen Freiheitsstrafe (17./18. 5.).
Die Affäre um die Freimaurerloge "P2" (Propaganda 2), deren Mitgliedern Devisenvergehen und Bildung quasi-militärischer Geheimorganisationen vorgeworfen wird, führt zum Rücktritt der Regierung Forlani (27. 5.).

Am 28. 6. stellt der von Staatspräsident Pertini mit der Regierungsbildung beauftragte Republikaner Giovanni Spadolini die neue Regierung Italiens vor, eine Koalitionsregierung aus DC, PSI, PRI, PSDI und PLI.
Die italienische Regierung stellt für die Stationierung amerikanischer Mittelstreckenraketen (cruise missiles) in Sizilien Stützpunkte zur Verfügung.
Entführung des US-amerikanischen Generals und stellvertretenden Chefs des NATO-Oberkommandos der Landstreitkräfte Südeuropas, James Lee Dozier, durch die 'Roten Brigaden' (17. 12.).

Befreiung von J. L. Dozier durch Antiterroreinheiten der Polizei (28. 1.).
Nachdem im Juni zwei Unternehmen das 1975 formulierte Übereinkommen zur automatischen Lohnanpassung ('scala mobile') aufgekündigt haben, kommt es zu zahlreichen Streiks. – Per Regierungsdekret werden Maßnahmen zur Sanierung des italienischen Staatshaushaltes verfügt (Ende Juli).
Spannungen zwischen den Sozialisten und den Christdemokraten führen zum Rücktritt der Regierung Spadolini (7. 8.). Bildung einer wieder um von Spadolini geführten Regierung (Ende August). Rücktritt der Regierung Spadolini (Mitte November). Amintore Fanfani, neuer Ministerpräsident Italiens (DC), stellt das 43. Kabinett der Nachkriegszeit vor, dem Vertreter aus vier Parteien (DC, PSI, PSDI, PLI) angehören (1. 12.).

1982

Unterzeichnung eines 'Sozialpakts' zur Bekämpfung der Rezession (Teilreform der scala mobile) Ende Januar.
Das Ausscheiden der Sozialisten (PSI) aus der Regierung führt zum Rücktritt von Ministerpräsident Fanfani (29. 4.); Auflösung des Parlaments durch Staatspräsident Pertini (4. 5.).
Stimmengewinn der Sozialisten bei den vorgezogenen Parlamentswahlen (26./27. 6.). Am 4. 8. wird die neue Regierung (PSI, DC, PSDI, PRI und PLI) unter dem Sozialisten Bettino Craxi als Ministerpräsident vereidigt.

1983

Aufgrund eines neuen Konkordats zwischen der Republik Italien und dem Heiligen Stuhl ist der Katholizismus nicht mehr Staatsreligion in Italien, Rom nicht länger 'Heilige Stadt' (18. 2.).

1984

Der Christdemokrat Francesco Cossiga wird als Nachfolger Sandro Pertinis zum Staatspräsidenten gewählt (24. 6.).
Rücktritt der italienischen Regierung aufgrund der Affäre 'Achille Lauro' (Entführung des Kreuzfahrtschiffes 'Achille Lauro' durch Palästinenser; anschließend Differenzen mit den Vereinigten Staaten von Amerika); Fortführung der Fünferkoalition unter Ministerpräsident Bettino Craxi (Okt.).

1985

61

Geschichte

1986	Italien unterzeichnet in Straßburg die Antiterror-Konvention des Europarats (Frühjahr). Aufgrund einer Niederlage bei der Abstimmung über den Finanzhaushalt für die Gemeinden reicht Ministerpräsident Craxi den Rücktritt ein (27. 6.). Die Entführer der 'Achille Lauro' werden zu hohen Strafen verurteilt. Am 29. Juli einigt man sich in Rom auf die Fortsetzung des Fünf-Parteien-Bündnisses unter Bettino Craxi.
1987	Rücktritt von Ministerpräsident Craxi (3. 3.); Bildung einer Übergangsregierung (April). Bei den Parlamentswahlen im Juni gewinnt die Democrazia Cristiana an Stimmen hinzu, während die Kommunistische Partei Verluste hinnehmen muß. Am 19. 7. wird Giovanni Goria (DC) zum Ministerpräsidenten gewählt; er steht an der Spitze einer Fünf-Parteien-Koalition aus Christdemokraten (DC), Sozialisten (PSI), Sozialdemokraten (PSDI), Republikanern (PRI) und Liberalen (PLI).
1988	Rücktritt von Regierungschef Goria (11. 3.). Im April wird Ciriaco De Mita (DC) Ministerpräsident; Fortführung der Fünf-Parteien-Koalition. Im Mai werden von der Regierung Autonomiebestimmungen für Südtirol verabschiedet (u.a. Vorschriften zur Anwendung der deutschen Sprache vor Gericht).
1989	Zum Beginn der sommerlichen Badesaison werden große Abschnitte der italienischen Adriaküste von einer Algenpest heimgesucht. Rücktritt des christdemokratischen Ministerpräsidenten De Mita, da die Sozialisten ihre Mitarbeit in der Fünf-Parteien-Koalition aufgekündigt haben (Mai). Am 23. 7. bildet Giulio Andreotti (DC) eine neue Regierung, der die fünf Parteien der bisherigen Koalition angehören. In Norditalien fordert die Protestbewegung 'Lega Lombarda' (Lombardische Liga) eine Lösung von der Zentralregierung in Rom; zugleich wird der Anschluß an das Europa jenseits der Alpen zum Ziel erklärt.
1990	Im November tritt Italien dem Schengener Abkommen bei, einem Zusammenschluß mehrerer westeuropäischer Staaten (u.a. Deutschland), die den Abbau aller Grenzkontrollen innerhalb Europas anstreben.
1991	Ende Februar erreicht ein Flüchtlingsstrom aus Albanien (auf dem Seeweg) die süditalienischen Hafenstädte Brindisi und Otranto; später müssen einige tausend Albaner zwangsweise in ihr Heimatland zurückkehren. Rücktritt der Regierung Andreotti aufgrund finanzpolitischer Schwierigkeiten (Ende März). Mitte April wird ein neues Kabinett Andreotti gebildet, dem die Republikaner nicht angehören (Vier-Parteien-Koalition). Im April 1991 explodiert ein Öltanker vor der ligurischen Küste und versinkt dann im Meer; bei einem weiteren Unglück, der Kollision von zwei Schiffen vor der toskanischen Küste, kommen über 140 Menschen ums Leben.
1992	Bei den Parlamentswahlen Anfang April behält die Regierungskoalition (Christdemokraten, Sozialisten, Sozialdemokraten und Liberale) in der Abgeordnetenkammer und im Senat die Mehrheit der Sitze. Die Lega Nord (Zusammenschluß der politischen Bewegungen aus den norditalienischen Regionen Lombardei, Ligurien, Piemont, Friaul-Julisch Venetien) bringt es auf fast zehn Prozent der abgegebenen Stimmen; die Christdemokraten erleiden dagegen eine schwere Niederlage. Ende April tritt Staatspräsident Cossiga von seinem Amt zurück. Am 25. Mai wird Oscar Luigi Scalfaro (DC), ein Politiker aus dem Piemont, im 16. Wahlgang zum neuen italienischen Staatspräsidenten gewählt. Giuliano Amato (PSI) übernimmt das Amt des Ministerpräsidenten (28. 6.); er bildet eine Vier-Parteien-Regierung aus Christlichen Demokraten (DC), Sozialisten (PSI), Sozialdemokraten (PSDI) und Liberalen (PLI). Abschaffung der "Scala Mobile", der automatischen Anpassung der Löhne und Gehälter an die Inflationsrate (31. 7.). Beginn der größten Verhaftungsaktion in Mafiakreisen (16. 11.).

Geschichte

Bettino Craxi, Chef der Sozialistischen Partei, stellt unter dem Druck von Korruptionsbeschuldigungen sein Amt zur Verfügung (Februar).
Gegen den früheren Ministerpräsidenten Giulio Andreotti wird wegen des Verdachts der Komplizenschaft mit der Mafia ermittelt.
Am 22. 4. erklärt Ministerpräsident Amato den Rücktritt seines Kabinetts. Sein Nachfolger wird der parteilose Carlo Azeglio Ciampi, der an der Spitze einer Übergangsregierung steht. Neben den herkömmlichen Parteien gehören dem Kabinett erstmals Vertreter der demokratischen Partei der Linken (PDS) und der Grünen an.
Bei einem Bombenanschlag im Zentrum der Stadt Florenz werden sechs Menschen getötet und die Uffizien beschädigt (Ende Mai).
Verabschiedung einer Wahlrechtsreform durch die Abgeordnetenkammer.
Am 1. November treten die Maastrichter Vereinbarungen in Kraft (EU).

1993

Mitte Januar tritt Regierungschef Ciampi tritt zurück. Staatspräsident Scalfaro löst das italienische Parlament auf.
Die bisherige Democrazia Cristiana (DC) wird aufgelöst und durch Neugründung als Nachfolgeorganisation die Partito Popolare Italiano (PPI; Italienische Volkspartei) gebildet.
Entstehung der rechtsgerichteten Alleanza Nazionale und der Alleanza Progressista, einem Zusammenschluß linker Parteien. Pakt zwischen der Lega Nord und der Bewegung Forza Italia von Silvio Berlusconi (Februar).
Aus den Parlamentswahlen im März gehen die Rechten als Sieger hervor: das Bündnis aus Forza Italia, Lega Nord und Alleanza Nazionale erreicht in der Abgeordnetenkammer die Mehrheit der Sitze. Die drei Parteien sind im "Pol der Freiheit" verbunden. Silvio Berlusconi wird Ministerpräsident.
Ende Juli wird gegen Paolo Berlusconi, den Bruder des Ministerpräsidenten und Mitarbeiter der familieneigenen Fininvest-Holding, Haftbefehl wegen Bestechung erlassen. Auch Silvio Berlusconi gerät zunehmend unter Druck und tritt am 22. 12. nach siebenmonatiger Amtszeit zurück.

1994

Mitte Januar beauftragt der italienische Staatspräsident Scalfaro den Finanzfachmann Lamberto Dini mit der Bildung einer neuen Regierung, der in erster Linie 'Fachleute' angehören sollen. Die Regierung unter Ministerpräsident Dini nimmt am 18. 1. ihre Arbeit auf. Am 24. 1. spricht die Abgeordnetenkammer mit knapper Mehrheit der neuen Regierung das Vertrauen aus; die Parteien der rechten Mitte enthielten sich der Stimme.
Aus den Regionalwahlen (15 von 20 Regionen) am 23. April geht das Lager der linken Mitte unter Führung der Linksdemokraten als Sieger hervor. Auch bei den Stichwahlen in den Provinzen und Kommunen (Anfang Mai) erhalten die Mitte-Links-Parteien die Stimmenmehrheit.
Stärkung der Position des 'Medienzars' Berlusconi durch ein Referendum, dessen Ergebnis besagt, daß die meisten Italiener keine Beschränkung des privaten Fernsehens durch den Staat wünschen.
Ende Juli konstituiert sich in Rom die CDU (Cristiani Democratici Uniti) als Nachfolgepartei für den rechten Flügel der 1994 gegründeten PPI.

1995

Rücktritt von Ministerpräsident Dini (11. 1.). Aus den Parlamentswahlen vom 21. 4. geht die Linke als Sieger hervor. Unter dem designierten Ministerpräsidenten Romano Prodi kommt es zur Bildung eines Kabinetts, in dem Minister der Mitte-Links-Allianz "Ulivo" (Ölbaum) die Mehrheit stellen.
Bei zahlreichen Veranstaltungen fordert Umberto Bossi, Chef der Lega Nord, Selbstbestimmung für Norditalien, das dann "Padanien" heißen soll.

1996

Am 26. September erschüttert ein schweres Erdbeben die Regionen Umbrien und Marche, es richtet große Schäden an; Nachbeben folgen.

1997

Am 1. April wird Italien Vollmitglied des Schengener Abkommens: Die italienischen Landesgrenzen bilden jetzt gleichzeitig die Außengrenzen der EU, während die Grenze gegen Österreich praktisch gegenstandslos wird.
Rücktritt von Ministerpräsident Prodi (Oktober); neuer Ministerpräsident wird Massimo D'Alema, Chef der "Demokratischen Partei der Linken".

1998

Berühmte Persönlichkeiten

Hinweis

Die nachstehende, namensalphabetisch geordnete Liste vereinigt historische Persönlichkeiten, die durch Geburt, Aufenthalt, Wirken oder Tod mit Italien verbunden sind und überregionale, oft sogar weltweite Bedeutung erlangt haben.
Von den zahlreichen italienischen bildenden Künstlern und Komponisten sind hier nur die wichtigsten genannt; weitere findet man in den Kapiteln 'Kunstgeschichte' und 'Musik'.

Giovanni Boccaccio (1313–21.12.1375)

Man weiß nicht genau, in welchem Ort der bedeutende Humanist und Dichter Giovanni Boccaccio geboren ist. Sowohl Florenz als auch Certaldo, wo er gestorben ist, kommen als Geburtsort des Novellisten in Frage. Ursprünglich wollte er Kaufmann werden, aber bald entdeckte er seine Vorliebe für die Geisteswissenschaften. Seine Hinwendung zur klassischen Antike läßt bereits die Grundidee der Renaissance anklingen. Auf seine Initiative geht die erste Übersetzung der Werke Homers ins Lateinische zurück. Gemeinsam mit Francesco ⟶ Petrarca bemühte er sich darum, das Interesse an Hellas und an Rom zu fördern. Boccaccio war ein großer Verehrer Dantes; zur Erläuterung von dessen "Divina Commedia" ("Göttliche Komödie") erhielt er im Jahre 1373 in Florenz einen Lehrstuhl.

Boccaccios bekanntestes Werk ist "Das Decameron" ("Il Decamerone"), eine Sammlung von hundert Novellen; die Rahmenhandlung spielt im Pestjahr 1348 auf einem florentinischen Landgut. In den einzelnen Novellen finden sich bekannte Schwankmotive wie auch tradiertes Bildungsgut. Boccaccios Sprache war von bedeutender Wirkung auf die italienische Literatur. Das Werk wurde viel nachgeahmt und übersetzt.

Italo Calvino (15.10.1923 bis 19.9.1985)

Der italienische Schriftsteller Italo Calvino wurde 1923 in Santiago de las Vegas (Kuba) geboren und wuchs in San Remo auf. Er starb 1985 in der toskanischen Stadt Siena.
Calvino, der sich im Zweiten Weltkrieg der italienischen Partisanenbewegung angeschlossen hatte, war lange Zeit Mitglied der Kommunistischen Partei Italiens. Nach dem Krieg begann er zu schreiben und – auf Vermittlung von Cesare Pavese hin – als Lektor für den Verlag Einaudi in Turin zu arbeiten; er gehörte dort zu den Herausgebern der Literaturzeitschrift "Menabo".
Der 1947 erschienene Roman "Wo Spinnen ihre Nester bauen", in dem Calvinos Erlebnisse als Partisan ihren Niederschlag finden, ist dem Neorealismus verpflichtet. Die späteren Werke tragen märchenhaft-phantastische Züge. Zu diesen zählen u.a. "Der geteilte Visconte" (1952), "Der Baron auf den Bäumen" (1957) und "Der Ritter, den es nicht gab" (1959); die drei Bücher bilden eine Trilogie ("Unsere Vorfahren"). In "Der Baron auf den Bäumen", einem Roman, der zur Zeit der Aufklärung spielt, schildert

Berühmte Persönlichkeiten

Calvino einen Mann, der als Zwölfjähriger – verärgert über ein Mittagessen – auf einen Baum klettert, niemand kann ihn bewegen, wieder herunterzukommen; er beschäftigt sich dort oben mit seiner 'hängenden Bibliothek' und betätigt sich als Schriftsteller. Ein brillantes Verwirrspiel um einen Lesenden und eine Mitleserin zieht sich als roter Faden durch "Wenn ein Reisender in einer Winternacht" (1979), ein Buch, in dem viel über Lesen, Schreiben, Zuhören und Bücher reflektiert wird.

I. Calvino (Fortsetzung)

Der in Neapel geborene Enrico Caruso ist geradezu der Inbegriff des italienischen Gesangsvirtuosen. Der Tenor erregte zunächst in seiner Heimatstadt, dann in Mailand an der Scala größtes Aufsehen, zumal er nicht nur über eine strahlende Stimme und hervorragende Gesangstechnik verfügte, sondern auch eine mimische Begabung von hohen Graden besaß. Über London kam er 1903 oder 1904 in die Vereinigten Staaten von Amerika, wo er vorwiegend an der Metropolitan Opera in New York wirkte; aufgetreten ist er an allen großen Opernhäusern seiner Zeit. Im Jahre 1913 veröffentlichte er ein bedeutendes Werk über die Technik des Gesanges ("Wie man singen soll", deutsch 1914).

Enrico Caruso (25.2.1873 bis 2.8.1921)

Sein Ruf als Meister der Liebeskunst und der frivol-kultivierten Lebensart hat den Venezianer Giacomo Casanova zu einer Legende werden lassen. Auf seinen Reisen durch ganz Europa, die er im Dienste wechselnder Herren unternahm, brach er die Herzen der Damenwelt. Casanova, der ständig in Streitereien verwickelt und oft auf der Flucht war, fand im Jahre 1785 schließlich eine Stellung als Bibliothekar beim Grafen Waldstein zu Dux in Böhmen, wo er seine Memoiren in französischer Sprache niederschrieb. Sie sind ein bedeutendes kulturhistorisches Dokument jener Zeit. Daneben verfaßte er auch einen utopischen Roman, historische, mathematische sowie literarische Schriften. Casanova, der sich zeitweise 'Chevalier de Seingalt' nannte, gilt als typischer Vertreter des venezianischen Rokoko.

Giacomo Casanova (2.4.1725 bis 4.6.1798)

Camillo Cavour (Camillo Conte Benso di Cavour) stammte aus piemontesischem Grafengeschlecht. Seine liberale Grundhaltung wurde vertieft von dem Eindruck, den der britische Konstitutionalismus auf ihn machte. Er trat seit 1847 für eine Einigung Italiens ein und war Mitherausgeber der politischen Zeitschrift "Il Risorgimento" (wörtlich "Wiedererstehung"; d.h. Erneuerung eines italienischen Nationalstaates). Liberale Reformpläne verband er mit einem Streben nach Trennung von Staat und Kirche, die er aber nicht gegen den Widerstand des Vatikans durchsetzen konnte. Die Einigung Italiens (mit Ausnahme von Venetien und Rom) bis zum Jahre 1863 ist im wesentlichen sein Werk; man nennt ihn häufig in einem Atemzug mit dem Freiheitskämpfer Giuseppe → Garibaldi.

Camillo Cavour (10.8.1810 bis 6.6.1861)

Giorgio de Chirico wurde 1888 in Volos, der Hauptstadt von Thessalien (Griechenland), als Sohn einer italienischen Familie geboren. Von 1906 bis 1909 studierte er an der Kunstakademie in München; dort beschäftigte er sich mit der Malerei von Arnold Böcklin und Max Klinger und las in den

Giorgio de Chirico (10.7.1888 bis 20.11.1978)

Berühmte Persönlichkeiten

G. de Chirico
(Fortsetzung)

Schriften Schopenhauers und Nietzsches. Der Maler wechselte häufig den Wohnsitz. Nach dem Zweiten Weltkrieg ließ er sich in Rom nieder, wo er 1978 starb.
De Chirico gilt – zusammen mit Carlo Carrà – als Begründer der 'Pittura metafisica', einer Richtung der modernen italienischen Malerei. In seinen hart und plastisch gestalteten Bildern stellt er alltägliche Gegenstände und Stadtlandschaften dar, die durch ungewöhnliche Verbindungen mit anderen Dingen – besonders Gliederpuppen – fremd und rätselhaft erscheinen. Der Leerraum seiner farblich verhaltenen Bilder ist erfüllt von metaphysischem Grauen beziehungsweise von einer unerklärlichen metaphysischen Gegenwärtigkeit. Ab 1919/20 gab der Maler die Pittura metafisica zugunsten einer akademischen Malweise wieder auf.
Zu den Hauptarbeiten des Frühwerkes, durch das de Chirico zu einem Wegbereiter der Surrealisten wurde, gehören u.a.: "Die Vergeltung der Wahrsagerin" (1913), "Geheimnis und Melancholie einer Straße" (1914), "Der große Metaphysiker" (1917), "Die beunruhigenden Musen" (1917) und "Großes metaphysisches Interieur" (1917).

Carlo Collodi
(Carlo Lorenzini;
24.11.1826 bis
26.10.1890)

Der gebürtige Florentiner Carlo Lorenzini ist unter seinem Pseudonym Carlo Collodi bekannt geworden. Den Künstlernamen wählte er nach dem Heimatort seiner Mutter, Collodi bei Pescia. Er war als Theaterkritiker tätig und begründete die politisch-satirische Zeitschrift "Il Lampione". Im Jahre 1878 wurde sein heute weltberühmtes Kinderbuch "Pinocchio" erstmals veröffentlicht. In ihm schildert Collodi die Abenteuer der geschnitzten Holzfigur, die endlich ein richtiger Junge werden will. Neu an diesem Werk ist der Realismus in der Darstellung der Charaktere und ihrer (auch negativen) Eigenschaften.

Dante Alighieri
(Mai 1265 bis
14.9.1321)

Als Sohn angesehener Patrizier erhielt Dante (Kurzform des Vornamens Durante) Alighieri eine standesgemäße Erziehung, widmete sich dem Studium der Philosophie, der klassischen Sprachen und der Poesie. Ein Schlüsselerlebnis des Neunjährigen war die Begegnung mit Beatrice, wohl einer Tochter des Patriziers Folco dei Portinari, die er nach ihrem frühen Tod in Gedichten verklärte.
In den Kämpfen der papsttreuen Guelfen gegen die kaiserlich gesinnten Ghibellinen schlug sich Dante zunächst auf die Seite der ersteren, war auch als Gesandter der Weißen Guelfen in Rom. Im Jahre 1302 wurde er wegen angeblich betrügerischer Amtsführung während seiner Mitgliedschaft im Florentiner Rat der Hundert und als Prior der Stadtverwaltung angeklagt und wegen seines Nichterscheinens vor dem Tribunal zum Tode verurteilt. Für Dante brach ein unstetes Wanderleben an, und nach dem Tode Kaiser Heinrichs VII. war für ihn jede Hoffnung, nach Florenz zurückkehren zu können, geschwunden. Er starb in Ravenna.

Dante ist der größte Dichter italienischer Zunge, sein Werk von enzyklopädischer Spannweite. Maßgebend ist sein Einfluß auf die Entwicklung der italienischen Hochsprache, die letztlich im Toskanischen wurzelt. Sein Hauptwerk, die "Divina Commedia" ("Göttliche Komödie"), schildert in 100 Gesängen gleichnishaft den Weg des Menschen durch Hölle (inferno), Fegefeuer (purgatorio) und Paradies (paradiso). Ihn leitet Vergil als Verkörperung der Vernunft und Wissenschaft, dann Beatrice als Inbegriff der Liebe und göttlichen Gnade.

Eleonora Duse
(3.10.1858 bis
21.4.1924)

Eleonora Duse, in Vigevano (bei Novara) geboren, stammte väterlicherseits aus einer Komödiantenfamilie und mußte, da ihre Mutter an Schwindsucht erkrankt war, schon mit 12 Jahren mit der Schauspieltruppe ihres

Berühmte Persönlichkeiten

Vaters als Heldin oder liebende Frau auftreten. Bereits als junges Mädchen identifizierte sie sich völlig mit ihrer Rolle und schaffte den Durchbruch als Schauspielerin bereits mit 18 Jahren in Neapel. Als Charakterdarstellerin verkörperte sie die Frauengestalten in den Dramen von Maeterlinck und Ibsen, u.a. Hedda Gabler, sowie von d'Annunzio, dem sie auch einige Jahre lang persönlich nahestand. Die beiden lernten sich 1894 in Venedig kennen, wo die Duse zwischen ihren zahlreichen Auslandstourneen immer Quartier nahm. Die Künstlerin hoffte darauf, gemeinsam mit d'Annunzio das italienische Theater reformieren zu können. George Bernhard Shaw, der die Duse in Paris sah, war von ihr begeistert und sagte: "Die Duse hat mich in dem oft wankenden

E. Duse
(Fortsetzung)

Glauben bestärkt, daß ein Schauspielkritiker tatsächlich Diener einer ... hohen Kunst ist." Von 1909 bis 1921 unterbrach die Duse ihre Bühnentätigkeit. 1924 fuhr sie zu einem Gastspiel nach Pittsburgh in den Vereinigten Staaten, wo sie am 21. April 1924 starb. Nach Überführung des Leichnams auf dem Schiff "Duilio" wurde Eleonora Duse am 13. Mai 1924 ihrem Wunsch gemäß auf einem kleinen Friedhof in Asolo beigesetzt. Während die Schauspielerin von vielen Menschen gefeiert wurde, war ihr Leben zeitweise von Angst und Depressionen überschattet.

Der Physiker Enrico Fermi war gebürtiger Römer. Er beschäftigte sich hauptsächlich mit der um 1925 von Werner Heisenberg und anderen begründeten Quantenmechanik; ihm ist die Entdeckung der Tatsache zu verdanken, daß durch Beschuß mit Neutronen Atomkerne umgewandelt und somit neue, in der Natur nicht vorkommende radioaktive Elemente künstlich erzeugt werden können. Im Jahre 1938 wurde ihm in Anerkennung seiner Forschungstätigkeit der Nobelpreis für Physik verliehen.
Im Jahre 1942 gelang es Fermi an der berühmten Universität von Chicago (USA), in einem von ihm entwickelten Uranmeiler die erste kontrollierte Kettenreaktion in der Geschichte der Naturwissenschaften auszulösen. Nach ihm sind auch der erste wirtschaftlich genutzte Brutreaktor (Detroit, USA) und der seit 1954 von der amerikanischen Atomenergiekommission jährlich vergebene Enrico-Fermi-Preis benannt.
Fermi starb in Chicago.

Enrico Fermi
(29.9.1901 bis
28.11.1954)

Enzo Ferrari, genannt 'il Commendatore', gehört zu den Männern, welche die italienische Automobilindustrie zu weltweitem Renommee gebracht haben. Seit 1943 baute er in Maranello Sport- und Rennwagen, die bis in die Gegenwart Einzelstücke oder Kleinserienprodukte geblieben sind. Vor allem im Rennsport sind die roten Boliden mit dem springenden Roß im Wappen zu legendären Fahrmaschinen geworden, die immer für einen Sieg gut sind. Mit Typen wie dem Dino (benannt nach Enzo Ferraris früh verstorbenem Sohn) hat das Werk auch die (allerdings mit einem Hauch von Exklusivität behaftete) Alltagstauglichkeit seiner Produkte bewiesen.

Enzo Ferrari
(20.2.1898 bis
14.8.1988)

Galileo Galilei kam als Sohn eines Architekten in Pisa zur Welt. Schon im Alter von 25 Jahren erhielt er in seiner Vaterstadt einen Lehrstuhl für Mathematik. Hier soll er auch Beobachtungen gemacht und Experimente durchgeführt haben, die ihn zu seinen epochemachenden Erkenntnissen führten: Der Kandelaber im Dom brachte ihn zur Erforschung der Pendelbewegung, und der Schiefe Turm diente ihm bei der Untersuchung des freien Falles. Von 1592 bis 1610 wirkte er als Professor in Padua. 1609 konstruierte er ein Fernrohr und erforschte mit ihm den Sternenhimmel. Er nahm Partei für das von Kopernikus begründete heliozentrische Weltbild, was ihn in Widerstreit zur herrschenden Meinung der Kirche brachte und

Galileo Galilei
(15.2.1564 bis
8.1.1642)

Berühmte Persönlichkeiten

G. Galilei
(Fortsetzung)

ihm einen Prozeß eintrug; im Jahre 1633 wurde Galilei zu unbefristeter Haft verurteilt, die er mit kurzer Unterbrechung in seinem Landhaus bei Florenz verbrachte. Galilei soll den Satz geprägt haben: "Und sie (die Erde) bewegt sich doch."

Luigi Galvani
(9.9.1737 bis
4.12.1798)

Luigi Galvani, aus Bologna stammend, war von Hause aus Arzt. Seine Beschäftigung mit den Naturwissenschaften brachte ihn im Verlaufe eines Experimentes zu der Entdeckung, daß in vom Körper abgetrennten Froschschenkeln Zuckungen auftreten. Er führte dies (irrtümlich) auf elektrische Entladungen im Gewebe zurück und legte so die Basis für die Elektrophysiologie, aus der sich u.a. die Elektrodiagnostik und -therapie entwickelt haben. Eine ganze Reihe von technischen Verfahren trägt noch heute den Namen des Forschers, so die Galvanoplastik, mit deren Hilfe auf elektrolytischem Wege metallische Abformungen (z.B. in der Druck- und der Schallplattentechnik) entstehen.

Giuseppe Garibaldi
(4.7.1807 bis
2.6.1882)

Der aus Nizza stammende Giuseppe Garibaldi, zunächst Marineoffizier, schloß sich 1833 Giuseppe Mazzini an, dessen Bewegung 'Giovine Italia' ('Junges Italien') das Ziel verfolgte, ein republikanisches und demokratisches Italien zu schaffen. Garibaldi wurde in die Verschwörung Mazzinis von 1834 verwickelt und mußte fliehen; von 1834 bis 1848 hielt er sich meist in Südamerika auf. In den Jahren 1848 und 1849 nahm er – als Anführer einer Legion von Freiwilligen – an den Kämpfen gegen Österreich in Oberitalien teil und leitete zuletzt die Verteidigung der im Februar 1849 ausgerufenen Römischen Republik. Die Österreicher siegten jedoch über die Piemontesen und zwangen sie zum Waffenstillstand, die Römische Republik wurde aufgelöst. Ende der fünfziger Jahre wirkte Garibaldi unter Viktor Emanuel II. erneut an Kriegszügen, die eine Einigung Italiens herbeiführen sollten, mit (Sturz der Bourbonenherrschaft in Neapel-Sizilien). Doch sein eigenmächtiger Versuch, den Kirchenstaat in das Königreich Italien einzugliedern, scheiterte (1862 und 1867).

Garibaldi verbrachte seine letzten Lebensjahre auf der Insel Caprera nördlich von Sardinien, wo er 1882 starb. Als nationaler Freiheitskämpfer war Garibaldi im 19. Jh. die volkstümlichste Persönlichkeit Italiens.

Carlo Goldoni
(25.2.1707 bis
6.2.1793)

In der Geschichte der Handelsstadt Venedig ist Carlo Goldoni der einzige bedeutende Dichter. Als Erneuerer der italienischen Komödie schuf er an Molière geschulte Rokoko-Komödien, die die alltägliche Wirklichkeit widerspiegeln. Zu seinen bekanntesten Theaterstücken gehören "Diener zweier Herren", "Die neugierigen Frauen" und "Die vier Grobiane".
Nach dem Studium der Philosophie und Rechtswissenschaft arbeitete Goldoni von 1744 bis 1748 als Advokat in Pisa. Von Jugend an mit dem Theater verbunden, schrieb er nach seiner Rückkehr nach Venedig von 1748 bis 1753 zunächst Stücke für das Teatro di Sant'Angelo, dann bis 1762 für das Teatro di San Luca.
Wegen Streitigkeiten mit 'Dichter-Konkur-

Berühmte Persönlichkeiten

renten' ging Goldoni 1762 nach Paris, wo er bis 1764 das italienische Theater leitete und dort auch eigene Stücke zur Aufführung brachte. Während der Revolutionswirren verarmt, starb er im Jahre 1793.

C. Goldoni (Fortsetzung)

Giuseppe Antonio Guarneri ist der bekannteste Sproß einer seit der Mitte des 17. Jh.s in Cremona tätigen Geigenbauerfamilie. Seine Instrumente signierte er mit dem Zeichen IHS (Iesum habemus Socium = Wir haben Jesus zum Gefährten), und daher erhielt er den Beinamen 'del Gesù'.

Giuseppe Antonio Guarneri (21.8.1698 bis 17.10.1744)

Neuere Forschungsergebnisse lassen es sicher erscheinen, daß Christoph Kolumbus (ital. Cristoforo Colombo) in Genua zur Welt gekommen ist. Sein Geburtsdatum ist nicht genau bekannt; es liegt zwischen dem 25. August und dem 31. Oktober des Jahres 1451. Im Alter von 25 Jahren kam er in die portugiesische Residenz- und Hafenstadt Lissabon, und hier untersuchte er Möglichkeiten, dem seit der Antike erwähnten Seeweg nach Indien zu folgen. Die portugiesische Krone hatte für seine Pläne kein Interesse, und so wandte er sich an die spanische Königin Isabella, die sein Projekt unterstützte. Am 3. August 1492 verließ die kleine Flotte, bestehend aus den Karavellen "Santa María", "Pinta" und "Niña", das europäische Festland und lief auf Westkurs, dem fernen Ziel Indien entgegen. Doch statt des erhofften Gewürzlandes erreichte sie die Bermudagruppe sowie Kuba und Haïti. Drei weitere Fahrten schlossen sich an, aber dem Seefahrer blieb dauerhafter Erfolg versagt. Selbst die von Kolumbus entdeckte Neue Welt wurde nicht nach ihm benannt, sondern nach einem weit weniger bedeutenden Konkurrenten: seinem Landsmann Amerigo Vespucci.

Christoph Kolumbus (1451 bis 20.5.1506)

Die italienische Renaissance hat zahlreiche vielseitige Persönlichkeiten hervorgebracht, doch nur das Genie Leonardo da Vincis vereinigt Fähigkeiten als Maler, Bildhauer, Baumeister, Naturforscher und Ingenieur. Als Künstler führte er die Renaissance auf einen Gipfel.
Leonardo da Vinci war Schüler Verrocchios und wurde bereits 1472, als Zwanzigjähriger, in die Malergilde von Florenz aufgenommen (erstes großes Werk "Anbetung der Könige", in den Uffizien). Von 1482 bis 1498 wirkte er am Hofe des Herzogs Lodovico Sforza in Mailand ("Madonna in der Felsengrotte"; "Das Abendmahl", im Refektorium des Klosters Santa Maria delle Grazie). Dann arbeitete er wieder in Florenz, danach erneut in Mailand und schließlich in Rom. 1517 folgte er einer Einladung von König Franz I. nach Frankreich.

Leonardo da Vinci (15.4.1452 bis 2.5.1519)

Seine Werke aus den letzten zwanzig Lebensjahren sind fast alle verlorengegangen oder nur als Kopien seiner Schüler erhalten. Sein wohl berühmtestes Gemälde, die "Mona Lisa", befindet sich im Louvre, Paris, ebenso "Die hl. Anna selbdritt". Für den Palazzo Vecchio in Florenz entwarf er das Wandgemälde "Die Schlacht von Anghiari"; doch ist der Karton bis auf ein Teilstück verlorengegangen, von der Malerei nichts mehr erhalten. Das originalgroße Modell für ein Bronze-Reiterdenkmal des Herzogs Francesco Sforza wurde zerstört.

Leonardo war als Festungsbaumeister tätig, widmete sich intensiv wissenschaftlichen Aufgaben, schrieb einen Aufsatz über die Anatomie des menschlichen Körpers und illustrierte ihn mit Zeichnungen, führte Flugexperimente durch, beobachtete den Vogelflug, untersuchte die Strömungsgesetze in Luft und Wasser, betrieb botanische und geologische Studien. Seine Zeichnungen, die Bewegungsstudien des menschlichen Körpers, naturwissenschaftliche Untersuchungen, Entwürfe für Bauten und technische Projekte bezeugen die Universalität dieses genialen Menschen.

Berühmte Persönlichkeiten

Niccolò Machiavelli
(3.5.1469 bis 22.6.1527)

Niccolò Machiavelli, Sohn eines Florentiner Rechtsgelehrten, ist der unbestechliche und oft mißverstandene Philosoph des menschlichen Machtstrebens. Nach der Vertreibung der Medici aus Florenz (1494) war Machiavelli Sekretär des herrschenden Rates der "Zehn", also unmittelbar an der Regierung der Republik beteiligt. Diplomatische Aufträge führten ihn häufig ins Ausland. 1512 kehrten die Medici zurück und übernahmen wieder die Macht in Florenz. Machiavelli lebte von da an zurückgezogen auf seinem Landgut, wo er sich seinen schriftstellerischen Arbeiten widmete.

Bedeutende Schriften Machiavellis sind "Gedanken über Politik und Staatsführung" ("Discorsi sopra la prima deca di Tito Livio"), in denen er an Beispielen aus der römischen Geschichte seine Ideen über die republikanische Verfassung und die Staatsgewalt darlegt, und "Der Fürst" ("Il Principe"), sein berühmtestes Werk, das 1513 beendet, jedoch erst 1532 gedruckt wurde. Er entwickelt darin die politische Lehre, die als Machiavellismus in das abendländische Denken eingegangen ist: Rechtfertigung aller Mittel bis zum Verbrechen, wenn sie dem Staat zugute kommen.

Darüber hinaus schrieb Machiavelli eine achtbändige "Geschichte der Stadt Florenz" und trat als Autor von Lustspielen hervor.

Anna Magnani
(11.4.1908 bis 26.9.1973)

Anna Magnani, Tochter einer Italienierin und eines ägyptischen Vaters, wurde in Alexandrien geboren und lebte seit ihrem fünften Lebensjahr in Rom, wo sie auch starb. Die Schauspielerin, die es zu internationalem Ruhm brachte, begann ihre Laufbahn am Theater und gab 1934 mit "Die Blinde von Sorrent" ihr Filmdebüt. 1935 heiratete sie den Regisseur Goffredo Alessandrini. Den Durchbruch brachte der Film "Rom, offene Stadt" ("Roma, città aperta"), den sie im Jahre 1945 unter der Regie von Roberto Rossellini drehte. Dieser Film, der zeigt, wie eine schwangere Frau während des Zweiten Weltkriegs ihren Mann zu retten sucht, was ihr nicht gelingt, war der erste Film im neorealistischen Stil und zog weltweit die Aufmerksamkeit auf sich. Anna Magnani verkörpert darin den Typ der 'Frau aus dem Volk' – nicht besonders hübsch und in Schwarz gekleidet – und galt seitdem als eine der führenden Charakterdarstellerinnen Italiens. Während der folgenden Jahren übernahm sie u.a. Rollen in "Amore" (1948), einem Film, dem Szenarien von Jean Cocteau und Federico Fellini zugrunde liegen, "Die goldene Karosse" (1953) und "Die tätowierte Rose" (1955), der auf einem Text von Tennessee Williams basiert und ihr wegen des überzeugenden Spiels an der Seite von Burt Lancaster den Oscar einbrachte (1955). Im Jahre 1962 trat Anna Magnani in dem Film "Mamma Roma" unter der Regie von Pier Paolo Pasolini hervor.

Guglielmo Marconi
(25.4.1874 bis 20.7.1937)

Der gebürtige Bolognese Guglielmo Marconi, der 1896 nach Großbritannien übersiedelte, gehört zu den Wegbereitern der drahtlosen Nachrichtenübermittlung. Schon 1896 gelang es ihm, Signale über eine Distanz von drei Kilometern durch den Äther zu senden; im darauffolgenden Jahr vergrößerte sich die Strecke auf das Zehnfache. Bald stellte sich auch der praktische Erfolg ein mit der Einrichtung einer Funkverbindung zwischen

Berühmte Persönlichkeiten

Großbritannien und Frankreich (1899) sowie zwischen Großbritannien und Neufundland – immerhin rund 3600 Kilometer.

G. Marconi (Fortsetzung)

Michelangelo Buonarroti, Maler, Bildhauer, Baumeister, Dichter und Forscher, hat die Kunst der Renaissance zur höchsten Vollendung gebracht. Mit 13 Jahren begann Michelangelo seine Lehre in der Werkstätte des Florentiner Malers Domenico Ghirlandaio. Neben der Neigung zur Malerei entwickelte er mehr und mehr Interesse für die Bildhauerkunst. 1489 wurde der junge Michelangelo in die Bildhauerakademie der Mediceischen Gärten aufgenommen. 1494 verließ er Florenz und arbeitete – nach einem kurzen Aufenthalt in Venedig – in Bologna. Sein nächster Wohnort war wiederum Florenz (1495/96). Dann reiste Michelangelo nach Rom und blieb dort von 1496 bis 1501. In dieser Zeit entstanden "Der trunkene Bacchus" (Museo Nazionale del Bargello, Florenz) und die "Pietà" (Petersdom, Rom).

Michelangelo Buonarroti (6.3.1475 bis 18.2.1564)

Von 1501 bis 1505 hielt sich Michelangelo wieder in Florenz auf; es entstanden der "David" (Galleria dell' Accademia, Florenz), das Rundrelief "Madonna Pitti" (Museo Nazionale del Bargello, Florenz) und das Gemälde "Die Heilige Familie" (Galleria degli Uffizi, Florenz). Zwischen 1505 und 1534 führte er ein unstetes Wanderleben zwischen Florenz, Rom und Bologna. In diesen Jahren schuf er u.a. die Deckenfresken in der Sixtinischen Kapelle des Vatikan, den "Moses" für das Grabmal des Papstes Julius II. in der römischen Kirche San Pietro in Vincoli, die "Boboli-Sklaven" (Galleria dell' Accademia, Florenz), den "Apoll" (Museo Nazionale del Bargello, Florenz) und die "Vittoria" (Palazzo Vecchio, Florenz), dazu viele Zeichnungen. Mit kurzen Unterbrechungen blieb Michelangelo von 1534 bis zu seinem Tod in Rom; während dieser Zeit entstanden das Fresko "Jüngstes Gericht" an der Altarwand der Sixtinischen Kapelle im Vatikan, ferner Projekte für die Neugestaltung des Kapitolsplatzes und die Kuppeln von Sankt Peter in Rom.

An der Schwelle zum Greisenalter setzte sich Michelangelo mehrfach mit dem Thema der Pietà auseinander; in diesen Jahren schuf er die "Pietà" des Domes in Florenz und die "Pietà Rondanini" im Castello Sforzesco, Mailand.

Alberto Moravia, eigentlich A. Pincherle, stammt aus einer bürgerlichen, aus Mähren eingewanderten Familie. Er gilt als einer der bedeutendsten Vertreter des psychologischen Realismus in Italien. Von 1959 bis 1962 war er Präsident des internationalen PEN-Clubs.

Alberto Moravia (28.11.1907 bis 26.9.1990)

In seinen Romanen und Erzählungen behandelt der Schriftsteller in erster Linie das Verhältnis der Geschlechter zueinander und die psychologische Situation innerhalb der Familie, er zeichnet Situationsbilder aus der Bourgeoisie und dem Straßenmädchenmilieu. Dabei erweist er sich als scharfer und zugleich ironisch-distanzierter Beobachter. Moravia übt schonungslose Kritik am Bürgertum, dessen sittliche Indifferenz er anprangert; die Thematik von Entfremdung und Langeweile durchzieht alle seine Arbeiten.

Bekannt sind u.a. die Romane "Die Gleichgültigen" (1929), "Gefährliches Spiel" (1935), "Agostino" (1945), "Adriana, ein römisches Mädchen" (1947), "Die Verachtung" (1954) und "Das schöne Leben" (1965) sowie die Erzählungen "Die Mädchen vom Tiber" (1954). Im Mittelpunkt des Romans "Der Konformist" (1951) steht ein Mann, der sich ein Leben lang darum bemüht, normal und durchschnittlich zu wirken.

Alberto Moravia hat neben Romanen und Erzählungen auch Dramen und Essays geschrieben sowie Reisebücher ("Eine russische Reise", 1958; "Indienreise", 1963).

Berühmte Persönlichkeiten

Niccolò Paganini
(27.10.1782 bis
27.5.1840)

Im wesentlichen war Paganini Autodidakt; trotzdem erlangte er 1805 die Stellung eines Kapellmeisters am Hofe von Lucca (Toskana). Später feierte der 'Teufelsgeiger' in ganz Europa beispiellose Triumphe; er gilt noch immer als größter Violinvirtuose der Musikgeschichte. Sein bevorzugtes Instrument war eine Violine von Giuseppe Antonio ⟶ Guarneri. Von seinen Kompositionen werden besonders die Violinkonzerte und Sonaten noch heute gespielt. Ferner schuf er Variationen über italienische Volkslieder.

Cesare Pavese
(9.9.1908 bis
27.8.1950)

Der Dichter stammte aus einer piemontesischen Bauernfamilie; sein Vater hatte sich aus beruflichen Gründen in Turin niedergelassen. Cesare Pavese studierte in Turin Literaturwissenschaft. Er befaßte sich speziell mit englischer und amerikanischer Literatur und übersetzte Werke bekannter Autoren – Herman Melville, John Dos Passos, James Joyce, Sherwood Anderson und Daniel Defoe – in die italienische Sprache.

Obwohl Pavese keiner antifaschistischen Bewegung angehörte, wurde er 1935 nach Brancaleone in Kalabrien verbannt; an diese Zeit erinnert der Roman "Die Verbannung" (1949 veröffentlicht). Im Jahre 1936 konnte er wieder nach Turin zurückkehren, wo er bei dem Verlag Einaudi arbeitete. 1950 nahm sich der Schriftsteller, der schwermütig und kontaktscheu war, kurz nach der Verleihung des Premio Strega in einem Turiner Hotel das Leben.

Pavese schrieb mit großer Sensibilität und behandelte bevorzugt das Scheitern zwischenmenschlicher Beziehungen und die Vereinsamung des Menschen. Bekannt sind u.a. die Romane "Unter Bauern" (1941), "Am Strand" (1942), "Da er noch redete, krähte der Hahn" (1949), ferner die Romantrilogie "Der schöne Sommer" ("Der schöne Sommer", "Der Teufel auf den Hügeln", "Die einsamen Frauen"; 1949) sowie der Roman "Junger Mond" (1950), der als sein Hauptwerk gilt. In diesem Roman, der die bäuerliche Welt des Piemont zum Hintergrund hat, findet man verschiedene für Paveses Dichtung typische Motive: den Mythos der Kindheit, die Naturverbundenheit und die Angst vor der Stadt.

Pavese hat ferner Gedichte verfaßt und Tagebücher geschrieben. Das Studium der Mythologie inspirierte ihn zu der Dialogdichtung "Gespräche mit Leuko" (1947), einem Gespräch der Olympier mit den Sterblichen über die Situation des Menschen.

Francesco
Petrarca
(20.7.1304 bis
18.7.1374)

An der Schwelle vom Mittelalter zur Renaissance tritt uns eine Gestalt von überragender Bedeutung entgegen: Francesco Petrarca, Dichter und Gelehrter, Freund und Erforscher der klassischen Antike und damit einer der Begründer des Humanismus. Als Sohn des Notars Petracco in Arezzo geboren, latinisierte Petrarca später seinen Namen, auch darin seine Verehrung für die Antike manifestierend. Der Beruf des Vaters bestimmte den Aufenthaltsort der Familie in Avignon, der damaligen Papstresidenz. Francesco studierte die Rechte, zuerst in Montpellier, dann in Bologna. An die päpstliche Kurie in Avignon zurückgekehrt, lernte er in der Kirche die Frau kennen, der zeitlebens seine – freilich nie erfüllte – Liebe gelten sollte und die er als Laura in seinen Werken verewigt hat.

Petrarca wurde bald berühmt und gewann als Freund des Kardinals Colonna auch an Einfluß. Er unternahm weite Reisen. Ein Schlüsselerlebnis nicht nur für ihn, sondern für das Lebensgefühl einer ganzen Epoche war seine Ersteigung des Mont Ventoux in Südfrankreich (1336), die erste Bergbesteigung um ihrer selbst willen in der Neuzeit.

Später zog sich Petrarca auf sein Landgut in der Vaucluse bei Avignon zurück und lebte seinem literarischen Schaffen, selbst dichtend und die

Berühmte Persönlichkeiten

Werke der lateinischen Schriftsteller erforschend. Im Jahre 1341 wurde er in Rom zum Dichter (poeta laureatus) gekrönt. Seit 1362 lebte er wieder in Italien (u.a. in Venedig und in Arquà bei Parma). Er war bekannt mit Giovanni → Boccaccio, den er auf seinen Reisen kennengelernt hatte.

F. Petrarca (Fortsetzung)

Luigi Pirandello, 1867 in Agrigent (Sizilien) geboren, studierte in Palermo, Rom und Bonn romanische Philologie. Im Jahre 1925 gründete er das 'Teatro d'arte'; 1934 erhielt er den Nobelpreis für Literatur.
Der Schriftsteller, der zu den bedeutendsten Dramatikern und Novellisten des 20. Jh.s zählt, verfaßte zunächst realistische Romane und Erzählungen, deren Handlung sich meist vor dem Hintergrund seiner sizilianischen Heimat vollzieht und die formal dem 'verismo' verpflichtet sind. Im Alter von mehr als 50 Jahren wandte er sich der Bühnendichtung zu und befreite das italienische Theater von den Fesseln einer – meist provinziell verengten – Tradition.
Pirandellos Hauptthema ist die ständige Umkehrbarkeit von Schein und Sein; der Mensch ist weder als natürliches noch als gesellschaftliches Wesen fixierbar und seiner eigenen Wirklichkeit nie völlig sicher. In psychologischer Hinsicht nimmt Pirandello die Lebensangst voraus, die nach dem Zweiten Weltkrieg – insbesondere in der französischen Literatur – als Grundgefühl des Menschen proklamiert wird. Die meisten Theaterstücke des Sizilianers – u.a. "Die Narrenkappe" (1917), "Heinrich IV." (1922), "Jeder nach seiner Art" (1924) – sind mehr Aufführungsskizzen als fertige Bühnenwerke.

Luigi Pirandello (28.6.1867 bis 10.12.1936)

Mit "Sechs Personen suchen einen Autor" (1921) schuf Pirandello eine bühnenwirksame Form des modernen Masken- und Spiegeltheaters: Als gerade ein Stück geprobt wird, treten sechs Personen auf, die nichts mit dem Theater zu tun haben und einen Autor suchen, der das Drama ihrer eigenen Familie schreiben soll. Auf dem Ineinanderfließen von Schein und Wirklichkeit baut sich nun das "Stück, das gemacht werden soll" auf.

Marco Polo, der aufgrund seiner abenteuerlichen Reisen den Blick der Europäer nach Osten lenkte, wurde von seinem Vater und dessen Bruder 1271 zum ersten Mal auf eine Handelsfahrt nach China mitgenommen. Sie gelangten nach einer langen Reise durch den gesamten asiatischen Raum an den Hof des Mongolenherrschers Khubilai, in dessen Auftrag Marco Polo von 1275 bis 1292 ausgedehnte Reisen durch China machte und als Berater tätig war. 1292 erhielt er die Erlaubnis, nach Europa zurückzukehren; die Rückfahrt führte per Schiff durch das Südchinesische Meer, um Vorderindien und durch den Golf von Hormus über Iran nach Venedig. Den Bericht über seine Reise, "Il Milione", diktierte er in genuesischer Haft (1298/99) einem Mitgefangenen. Das bald in

Marco Polo (1254 bis 8.1.1324)

mehrere Sprachen übersetzte Werk (deutsch: "Von Venedig nach China") hatte großen Einfluß auf die geographischen Vorstellungen des 14. und 15. Jahrhunderts.
Marco Polo starb 1324 in Venedig.

Raffael (sein eigentlicher Name lautet Raffaello Santi oder Sanzio) ist der Künstler, der die "Malerei der Hochrenaissance am reinsten, vollkommensten und umfassendsten ausgedrückt hat" (J. Jahn), vor allem in den Fresken der "Schule von Athen" und der "Disputà" im Vatikanischen Palast sowie in den Madonnenbildern (u.a. "Sixtinische Madonna", um 1513; Staatliche Kunstsammlungen, Dresden), die durch ihre Innigkeit und Frömmigkeit beeindrucken.

Raffael (Raffaello Santi; 1483 bis 6.4.1520)

Berühmte Persönlichkeiten

Raffael
(Fortsetzung)

In Urbino geboren, trat Raffael mit 17 Jahren in die Malerwerkstätte des Perugino in Perugia ein. 1504 zog er nach Florenz, wo er die Werke der älteren und 'modernen' Maler studierte. Von 1508 an lebte er in Rom; dort wurde ihm nach dem Tode Bramantes die Leitung der Bauarbeiten an der Peterskirche übertragen. Während der zwölf römischen Jahre erreichte Raffael seinen künstlerischen Höhepunkt in den Fresken der sog. Stanzen des Raffael im Vatikan (s. S. 73). Der Maler gewann die Zuneigung der römischen Gesellschaft und erhielt viele Aufträge. Als einzigem Künstler wurde ihm die Ehre zuteil, im Pantheon in Rom beigesetzt zu werden.

Antonio Stradivari
(um 1644 bis 18.12.1737)

Antonio Stradivari, ein Amati-Schüler, ist der berühmteste Vertreter der Cremoneser Geigenbaukunst. Seine meistgeschätzten Instrumente entstanden in der Zeit zwischen 1700 und 1720; es liegt ihnen eine von Stradivari neu entwickelte Form mit vollendeten Proportionen zugrunde, die auch von seinen Söhnen Francesco und Omobono übernommen wurde. Heute erzielen die schätzungsweise 550 erhaltenen Instrumente des Meisters – sofern sie überhaupt in den Handel gelangen – schwindelerregende Preise.

Tizian
(Tiziano Vecellio; um 1477 bis 27.8.1576)

Einer der umworbensten Porträtmaler Europas in der Mitte des 16. Jh.s war Tizian, eigentlich Tiziano Vecellio. Er kam wahrscheinlich um 1508 nach Venedig, wo er Schüler von Bellini und Giorgione wurde, an deren Fresken (u.a. Ca' d'Oro) er mitarbeitete. Einen ersten Höhepunkt seiner Tätigkeit bildete das monumentale Altarbild der "Assunta", der Himmelfahrt Mariens, in der Kirche Santa Maria del Frari. Doch es hielt ihn nicht in der Lagunenstadt. 1511 begab er sich an den Hof von Padua, nach 1516 zog er nach Ferrara, ab 1523 lebte er in Mantua. 1533 wurde er zum Hofmaler Kaiser Karls V. ernannt (Porträt mit Dogge im Prado, Madrid).
Ab 1543 verband ihn eine Freundschaft mit Papst Paul III. In den folgenden Jahren arbeitete er als Gast des Papstes in Rom und schuf Bilder zu Themen aus der Mythologie. 1576 starb Tizian in Venedig an der Pest.

Arturo Toscanini
(25.3.1867 bis 16.1.1957)

Arturo Toscanini, aus Parma gebürtig, begann als Cellist, ehe er 1886 in Rio de Janeiro seine erste Oper dirigierte. Dann war er abwechselnd an der Mailänder Scala und an der Metropolitan Opera in New York tätig; ab 1927 leitete er das New York Philharmonic Orchestra, zu dessen Generalmusikdirektor er 1933 aufstieg. Vor dem Zweiten Weltkrieg dirigierte er auch in Bayreuth und bei den Salzburger Festspielen; als Faschismus und Nationalsozialismus an Macht gewannen, kehrte er in die Vereinigten Staaten von Amerika zurück. Dort wurde eigens für ihn das NBC Symphony Orchestra (Sinfonieorchester der National Broadcasting Company) gegründet, das er bis 1954 leitete. Toscaninis wesentlichstes Verdienst ist sein Bemühen um absolute Werktreue, das vor allem die Musik Mozarts um eine bis dahin weitgehend unbekannte Dimension bereichert hat.

Antonio Vivaldi
(4.3.1678 bis 28.7.1741)

Antonio Vivaldi war nicht nur der bedeutendste venezianische Komponist, sondern trug mit seiner Entwicklung der Solokonzertform Wesentliches zur europäischen Musik bei. Im Jahre 1703 wurde Vivaldi zum Priester geweiht und arbeitete von diesem Zeitpunkt an (mit Unterbrechungen) bis 1740 als Violinlehrer, Dirigent und Hauskomponist am Ospedale della Pietà in Venedig. Er galt als einer der bedeutendsten Violinisten seiner Zeit. Johann Sebastian Bach hat ihn sehr geschätzt und einige Werke, die ursprünglich für die Violine komponiert waren, für die Orgel bearbeitet. Vivaldis lange Zeit verschollenes Werk, von dem heute 770 Stücke bekannt sind, wurde seit 1926 neu entdeckt.

Berühmte Persönlichkeiten

Der in Como geborene und verstorbene Alessandro Volta steht in der Tradition seines großen Vorgängers ⟶ Galilei. Er arbeitete vor allem auf dem Gebiet der Elektrizitätslehre, wo ihm eine Reihe von Erfindungen (z.B. die des Plattenkondensators) gelang, ohne die selbst unsere heutige Elektrik und Elektronik undenkbar wäre. Im Jahre 1810 wurde er geadelt; sein Name lebt in der physikalischen Einheit für die elektrische Spannung fort.

Alessandro Volta (18.2.1745 bis 5.3.1827)

Kunst und Kultur

Kunstgeschichte

Dem Besucher des Museo Preistorico im Collegio Romano (Rom) wird bewußt, daß bereits das frühgeschichtliche Italien Schnittstelle verschiedenster Kulturen war.

Vor- und Frühgeschichte

Im Neolithikum gelangte die vermutlich iberische Glockenbecherkultur nach Sizilien und Sardinien, in der Bronzezeit entstanden unter mykenisch-kretischem Einfluß erste Gebäudesiedlungen wie z.B. in Ascoli Piceno, die Kultur der Pfahlbausiedlungen ('Terramaren') drang aus Illyrien vor, und um 1000 v.Chr. entwickelte sich die Villanova-Kultur, benannt nach dem wohl wichtigsten früheisenzeitlichen Gräberfeld in der Nähe des bolognesischen Gutes Villanova.

Römische Kunst

Was für den frühgeschichtlichen Zeitraum gilt, läßt sich auch noch für die römische Zeit behaupten. Auch den römischen Kulturraum hat man sich nicht autonom zu denken, denn das römische Reich lag bereits in seinen Anfängen im Überlappungsraum zweier bedeutender Kulturen – der etruskischen und griechischen.

Vorbemerkung

Die Etrusker organisierten sich zwischen dem 8. und 5. Jh. in einer Föderation von 12 Städten: Arretium (Arezzo), Velathri (Volterra), Curtuns (Cortona), Perusia (Perugia), Clusium (Chiusi), Rusellae (Roselle), Vatluna (Vetulonia), Volsinii (Orvieto), Vulci, Tarquinii (Tarquinia), Caere (Cerveteri) und Veji (Veio). Über den mediterranen Ursprung dieses Volksstamms herrscht jedoch schon seit der Antike Unklarheit, ihre Sprache ist kaum zu dechiffrieren, ihre Kunst steht vage zwischen italischer Primitiv- und griechischer Hochkultur. Wirklich faßbar sind nur drei Kernphänomene.

Etruskischer Kulturraum

Da ist zunächst der etruskische Tempel, dokumentiert durch den archäologisch gesicherten Jupiter-Tempel auf dem Kapitol in Rom. Anders als der griechische Tempel wurde er nicht nach Art eines Monuments in die umgebende Natur gesetzt, sondern mit raumplanerischem Gefühl in die Landschaft installiert. Er ruhte auf einem Podium, orientierte sich axial auf einen Vorplatz und wies eine tieffluchtende Vorhalle (Pronaos) auf. Dieser räumliche Akzent erhärtete sich in den folgenden Jahrhunderten zu einem Markenzeichen römischer Baukunst.

Tempel

Weitere Sonderaspekte etruskischer Kultur bieten die Nekropolen. Ende des 8. Jh.s v.Chr. entwickelte sich der Typus des Kammergrabes, das als getreues Nachbild eines aristokratischen Hauses über mehrere Räume verfügt oder sogar mit großen Plätzen für Tanz und Spiel versehen ist. Erst im Laufe des 4. Jh.s weicht das Kammergrab dem großräumigen, reich bemalten Bestattungssaal (Tomba dei Rilievi in Cerveteri).

Nekropolen

◀ *Fassadendetail der Kathedrale von Ferrara*

Kunstgeschichte

Etrusker und Griechen in Italien

Megale Hellas

Magna Graecia

🔴 Etruskische Zentren

1. Arezzo (Arretium)
2. Volterra (Velathri)
3. Cortona (Curtuns)
4. Perugia (Perusia)
5. Chiusi (Camars / Clevsin / Clusium)
6. Roselle (Rusellae)
7. Vetulonia (Vatluna)
8. Orvieto (Velsna / Volsinii)
9. Vulci (Velch / Vulci)
10. Tarquinia (Tarchuna / Tarquinii)
11. Cerveteri (Caere / Chaisre / Cisra)
12. Veio (Veji)

🟢 Griechische Gründungen

13. Neapel / Napoli (Neapolis)
14. Paestum (Poseidonia)
15. Metapont / Metaponte (Metapontion)
16. Tarent / Taranto (Taras)
17. Crotone (Kroton)
18. Reggio di Calabria (Rhegion)
19. Messina (Zankle)
20. Taormina (Tauromenion)
21. Catania (Katana)
22. Syrakus / Siracusa (Syrakusai)
23. Agrigent / Agrigento (Akragas)
24. Selinunt / Selinunte (Selinus)
25. Egesta (Segesta)

Kunstgeschichte

Obwohl z. B. der 'Bronzene Krieger' im Museo Archeologico in Florenz den griechischen Einfluß augenfällig macht, erreichte die etruskische Kultur auch auf dem Gebiet der Plastik eine zumindest partielle Eigenständigkeit. Einprägsames Beispiel für den archaischen Charakter etruskischer Plastik ist die gleichfalls in Florenz befindliche 'Chimäre' sowie die Kapitolinische Wölfin (Rom, Konservatorenpalast). In beiden Figuren liegt – bezeichnend für die primitive, vorklassische Zeit – die Kraft des Ausdrucks im Typus, nicht im Einzelwesen.

Im 2. vorchristlichen Jahrhundert verlor sich die Originalität etruskischer Kunst im Sog der römischen Mischkultur. Beispielhaft hierfür ist der 'L'Arringatore' aus dem Museo Archeologico in Florenz: Inschrift und typushafte Starre sind etruskisch, Habitus und Kleidung jedoch römisch.

Plastik

Italien, erstmals von Polybios (201–120 v.Chr.) als 'Megale Hellas' (Großgriechenland) bezeichnet, war in erster Linie an den südlichen Küsten griechisch beeinflußt. Neben Münzen und Votiv-Reliefs bilden die Tempelbauten einen wesentlichen Bestandteil des überlieferten großgriechischen Kulturguts. Vorbild der ab ca. 500 v.Chr. verstärkt auftretenden kolonialen Tempelarchitektur war der Zeustempel in Olympia, ein Bau gigantischen Ausmaßes und von präzis errechneter Proportionierung. Der sog. Poseidon-Tempel in Paestum, der Hera-Tempel in Selinunt, der Concordia-Tempel und sog. Juno-Lacinia-Tempel in Agrigent sind als direkte Ableitungen dieses Gebäudes zu verstehen.

Die massive Kolonialisierung italienischer Küstenregionen ging auch an dem peripher gelegenen Rom nicht spurlos vorüber. 493 v.Chr. wurde am Fuß des Aventin ein von den griechischen Künstlern Damophilos und Gorgasos konzipierter Tempel errichtet, und in den Vatikanischen Museen findet sich ein römischer Sarkophag aus etrurischem Tuff, in dessen strenger Ornamentik das Griechische mit lehrbuchhafter Deutlichkeit zu Tage tritt (Sarkophag des Cornelius Scipio Barbatus, ca. 260 v.Chr.). Dem Fries eines griechischen Tempels vergleichbar reihen sich geriffelte, 'geschlitz-

Griechischer Kulturraum
Tempel

Etruskische Urne in Form einer Statuengruppe (4. Jh. v.Chr.)

Kunstgeschichte

Tempel (Fortsetzung)

te' Platten (Triglyphen) an unbearbeitete Platten (Metopen). Im 3. Jh. v. Chr. wird der latente hellenische Einfluß akut, denn Rom stößt im Rahmen der ersten außeritalischen Konflikte tief in den griechischen Kulturraum vor. Sizilien, Kernland der 'Megale Hellas', wird 227 v. Chr. als Provinz annektiert, und am Ende des zweiten Punischen Krieges reicht Roms Macht von Spanien bis Makedonien.

Wohnkultur

Der verstärkte griechische Einfluß manifestiert sich einprägsam im Wandel der Wohnkultur. Noch im 4. Jh. v. Chr. war das römische Haus nichts weiter als ein funktionaler Wohnraum; im 3. Jh. v. Chr. wurde es zum durchgestylten Lebensraum. Eingang (fauces), Bedientenzimmer (cella), Schlafgemach (cubiculum), Wohnzimmer (tablinum), Speisezimmer (triclinium) und Vorratskammer (apotheca) bildeten die funktionalen Einheiten des alten Gebäudetypus, und sie reihten sich konzentrisch um das Atrium, das als Rauchabzug und Wasserspeicher eine rein praktische Bedeutung hatte. In der Art eines Hinterhofes war dem Gesamtkomplex zumeist noch ein schmaler 'Hortus', ein Gemüsegarten, angeschlossen. Gerade dieses bescheidene Gemüseareal weitet sich nun im 3. Jh. v. Chr. unter griechischem Einfluß zu einem Peristyl, einem von Säulenhallen umgebenen Hofgelände mit Sommerfrische und Garten.

Basilika

Auf ein hellenistisches Konzept geht auch die Basilika zurück. Die im Grundriß erhaltene Basilika von Pompeji (120 v. Chr.) läßt das wesentliche Merkmal dieses Bautyps leicht erkennen: ein geschlossener, zu einer schmalen Seite hin geöffneter Richtungsbau, dessen Halle sich in ein Mittelschiff (Aula) und zwei Seitenschiffe gliedert. Vom griechischen Vorbild der 'Königshalle' (Basileus = König) unterscheidet sich die römische Basilika eigentlich nur in ihrer funktionalen Bestimmung als Börse, Handelszentrum und Gerichtsgebäude.

Römische Besonderheiten

In Anbetracht der engen Verwobenheit römischer Kultur mit dem hellenistischen Umraum, ist es schwer, typisch Römisches auszumachen. In der Plastik bleibt die griechische Idealskulptur über Jahrhunderte verbindlich. Sofern man die Produkte nicht aus griechischen Produktionsstätten bezog, beschränkte man sich darauf, fragmentierte griechische Plastiken neu zu kombinieren (wie beispielsweise beim sog. Lampenträger im Museo Archeologico Nazionale in Neapel), zu modifizieren oder umzudeuten. Wirkliche Originalität findet sich nur im plastischen Porträt, das in republikanischer Zeit mehr realistische, in kaiserlicher Zeit eher idealisierende Züge erhält. Im großen ganzen erweist sich die römische Kultur jedoch als synthetisierte Mischkultur. Punktuell schält sich über die Jahrhunderte in Malerei und Baukunst gleichwohl manche Eigenheit heraus.

Wölbetechnik

Eine technische Neuerung der römischen Baukunst war die Errungenschaft des opus caementicum, dem heutigen Beton verwandte Mischung aus Bruchsteinen, Steinsplittern und Mörtel. Neue Fundamentierungs- und Verschalungstechniken hielten Einzug, der Bogen- und Gewölbebau wurden revolutioniert. Gegen das Kraggewölbe, das sich aus parallel gefugten Steinen zusammensetzte, setzte sich mehr und mehr das 'echte' Gewölbe durch, eine Konstruktion keilförmig zugehauener Steine. Wohl prominentestes Indiz dieses technischen Fortschritts ist das 48 m hohe Kreuzgewölbe der Maxentiusbasilika (307–313 n. Chr.) auf dem Forum Romanum in Rom.

Inszenierung des Raums

Eine weitere Eigenheit römischer Baukunst ist der ausgeprägte Sinn für den räumlichen Effekt. Das Bestreben, den städtischen Raum nicht mit Gebäuden zu verstellen, sondern im Sinne eines räumlichen Gesamteffekts zu gliedern, dokumentiert sich in den Kaiserforen der Stadt Rom. Ihre politische Funktion als Bühnen imperialer Imagepflege wird im römischen Trajans-Forum schlagend deutlich. Seine strenge axiale Ausrichtung macht ihn zum idealen Rahmen für propagandistische Akzente: Mit einem Aufwand von 2500 Figuren gibt die Trajanssäule einen Report des

Kunstgeschichte

Das Forum Romanum war einst Zentrum einer Weltmacht

Sieges gegen die Daker, und ein Podiumtempel streicht die Göttlichkeit des 'optimus princeps' heraus.
Die Vorliebe für monumentale Rauminszenierungen findet sich ebenso im Bautyp des Amphitheaters. Ähnlich einer monumentalen Raumplastik steht das Colosseum in Rom zwischen den Erhebungen des Esquilin und Caelius. Ein regelrechtes Raumprogramm entfaltet auch die Palast- und Bäderarchitektur. So reihen sich in den Caracalla-Thermen Schwimmbad (natatio), Kaltbad (frigidarium), Warmlufthalle (tepidarium) und Heißwasserbad (caldarium) längs der Hauptachse eines in sich perfekt symmetrischen Komplexes, der von der Wandelhalle bis zur Bibliothek reichte. Raumfluchten entstehen, die den Blick des Badegastes förmlich in sich saugten. Nicht anders verhält es sich mit Hadrians Pantheon in Rom, einem Kuppelbau mit idealen Maßen. Auch dieser Bau erschließt sich nicht in der bildmäßigen Betrachtung von außen, sondern erst von innen im räumlichen Erleben.

Eine römische Eigenleistung ist nicht zuletzt die Wandmalerei. Andere Zeugnisse römischer Malkunst wie Mumienporträts, Hinterglas- und Tafelbilder sind nur in wenigen Resten erhalten. Surreal verschachtelte Scheinarchitekturen wie in der pompejanischen Casa di Pinario Ceriale und illusionistische Landschaftsausblicke wie die arkadische Gartenlandschaft im Museo Nazionale Romano zeugen einmal mehr von der römischen Vorliebe für die Sensation des Räumlichen. Entwicklungen zur dekorativen Flächenhaftigkeit hatten es schwer.

Die römische Spätantike ist zwar eine Zeit des politischen Verfalls, doch sicher nicht des kulturellen Niedergangs. In den Jahrhunderten nach Diokletian werden in Baukunst, Malerei und Plastik folgenreiche Leistungen vollbracht. Die internationale Kultur des Hellenismus verliert an Kraft, die römische Kunst gewinnt an Originalität. Als ein wichtiger Katalysator dieser Wende erweist sich im 4. Jh. die christliche Gedankenwelt. Die äußeren Aspekte des spätantiken Wandels sind vielfältig: Bischöfe werden zu Bau-

Inszenierung des Raums (Fortsetzung)

Spätantike

Kunstgeschichte

Spätantike (Fortsetzung)

herren, christliche Kirchen treten an die Stelle der Tempel, neue topographische Schwerpunkte werden gesetzt (z. B. in Ravenna), und die byzantinische Kultur beginnt, auf das Mutterland zurückzuwirken.

Ein kunstgeschichtliches Fanal des Wandels ist der Triumphbogen des Konstantin an der Via di San Gregorio in Rom. Konstantins militärische Erfolgsgeschichte wird in einer bis dato nicht gekannten Schlichtheit aufgerollt. Die Ausarbeitung der Figuren ist grob, an die Stelle des Klassisch-Individuellen tritt der schablonierte Typus. Diese Tendenz zur Abstraktion, die bereits in der severischen Sarkophagkunst ansatzweise durchbricht, verstärkt sich im 4. Jh. zu einem Trend der Versinnlichung und Vergeistigung. In dem ca. 500 entstandenen Porträtkopf einer Kaiserin (Palazzo dei Conservatori, Rom) hat sich der Akzent endgültig vom Individuellen zum Symbolischen verschoben.

Auch in der Flächenkunst macht sich die besagte Tendenz von der Natur- zur Ausdrucksform bemerkbar, sei es in den Wandmosaiken zu Christi Kindheitsgeschichte von Santa Maria Maggiore in Rom, in der gleichfalls mosaizierend gearbeiteten Erlösungssymbolik im Mausoleum der Galla Placidia in Ravenna oder sei es in den Buchmalereien, wie z. B. in den Miniaturen zur "Äneis" des Vergil.

Spätantike Basilika

In der Architektur emanzipiert sich die Basilika zu einem signifikanten Typus spätantiken Bauens. In San Giovanni in Laterano in Rom sind seine Charakteristika trotz barocker Renovierung gut zu erkennen: ein zwischen Längsschiff und Apsis geschobenes Querschiff und ein aufgestocktes Mittelschiff, das die Seitenschiffe überragt. Damit ist der Prototyp des abendländischen Kirchenbaus geboren. Auch der Zentralbau, der sowohl im Pantheon wie auch in den Badehallen der Thermen seine Wurzeln hat, gewinnt an Gewicht. Seine Domäne ist die Bestattungs- und Taufhausarchitektur. Beispielhaft hierfür: das Mausoleum der Kaiserin Helena aus dem 2. Viertel des 4. Jh.s in Rom, das ebenda zeitgleich entstandene Mausoleum der Constantina und das Orthodoxe Baptisterium in Ravenna.

Romanik

Allgemeines

Für den Baugeschichtler ist die italienische Romanik nur schwer als Romanik zu erkennen, und er fragt sich angesichts der verwirrenden lombardischen, toskanischen, römischen, venezianischen und sizilianischen Sonderstile, ob es in Italien überhaupt so etwas wie eine Romanik gab. Da kann es hilfreich sein, sich die europäische Romanik als ein Konzert verschiedenster Regionalstile vorzustellen, welche die romanischen Grundthemen je verschieden variieren: Erweiterung der Basilika um einen Chorbereich, Wölbungen statt flacher Decke, Verbrämung des Eingangsbereichs mit einer Schaufassade und zuletzt die kompositionelle Gliederung des Raumes durch die Variation von Säulen und Pfeilern (den sog. Stützenwechsel), durch Betonung der Gewölbeabschnitte (die sog. Joche) und durch regelmäßig geschichtetes Mauerwerk.

Lombardischer Einflußbereich

Im Gesamtkonzert der italienischen Romanik ist der lombardische Stil der reinste. Als besonders beispielhaft gilt Sant' Ambrogio in Mailand. Um 1100 ersetzte man die flache Decke des frühmittelalterlichen Vorgängerbaus im Mittelschiff durch eine Folge von vier Jochen, denen in jedem Seitenschiff jeweils zwei Joche angeschlossen sind. So entsteht ein Stützenwechsel dadurch, daß zwischen den zwei massigen Pfeilern eines Mittelschiffjoches noch ein kleiner Pfeiler für die zwei Joche im Seitenschiff plaziert ist. Typisch Romanisches aus der 1. Hälfte des 12. Jh.s bietet das weitere San Michele in Pavia, nämlich eine überhöhte Schaufassade, auf die sich alles Dekor konzentriert: Unterhalb des Giebels läuft eine Ziergalerie ('Zwerggalerie'), und die Fassade selbst ist vom Boden bis zum Giebel mit durchgängigen Wandpfeilern versehen. Lupenrein romanisch ist auch der

Kunstgeschichte

Kleeblattgrundriß von San Fedele in Como, der entsteht, wenn sowohl das Hauptschiff wie die Seitenschiffe mit einem runden Chorabschluß versehen sind.

In Anbetracht dieser Blüte lombardischer Baukunst erstaunt es nicht, daß der Schwerpunkt lombardischer Bildnerei sich in der Bauplastik findet. Da ist zunächst die nach ihrem Ursprungsort benannte 'Corrente (Strömung) comasca' gegen Ende des 11. Jh.s, deren dekorative, abstrahierende Arbeitsweise am Portal von San Michele in Pavia studiert werden kann. Für den zweiten ungleich lebendigeren Stil steht der Meister Wiligelmus, der 1099 die Fassadenreliefs am Dom zu Modena signierte. Er erreicht fast schon das Niveau des Benedetto Antelami (ca. 1150–1220), der seines Realismus wegen mitunter auch der frühen Gotik zugerechnet wird. Beispiele für seine Kunst sind die "Kreuzabnahme Christi" im Dom von Parma und die Prophetenstatuen im Dom von Fidenza.

Lombardischer Einflußbereich (Fortsetzung)

Die Präsenz der Antike ist so stark, daß man die toskanische Romanik auch als 'Proto-Renaissance' bezeichnet. San Miniato al Monte in Florenz (12./13. Jh.) hat zwar einen romanischen Stützenwechsel, doch die Fassade, deren weiß-grüne Marmorinkrustierung und geometrisches Dekor an einen Reliquienschrein erinnert, ist wie die Frontansicht des Doms von Pisa (begonnen 1063) durch und durch antik inspiriert. Die toskanische Plastik steht ebenfalls in der Tradition der Antike. Gleichsam eine Hommage an die antike Sarkophagplastik ist das Taufbecken von San Frediano in Lucca mit Szenen aus der Mosesgeschichte (ca. 1160).

Toskana

Die Romanik Venedigs präsentiert sich dagegen in byzantinischem Gewand. Der unter dem Dogen Domenico Contarini (1042-1072) begonnene Markusdom ist eine direkte Ableitung der 1453 von osmanischer Hand zerstörten Apostelkirche in Konstantinopel. Auch diese erhob sich über dem Grundriß eines griechischen Kreuzes zu einem Gebilde von fünf Kuppeln, deren mächtigste über der Vierung ruhte, während die vier Nebenkuppeln die Arme des Kreuzes bedeckten.

Venedig

Ein irritierendes Lokalkolorit zeigt die Romanik auch in Sizilien, das bis 827 byzantinisch, bis 1072 arabisch, dann normannisch, schließlich staufisch war. Die Capella Palatina, die Roger II. 1131 in Palermo errichtete, ist in ihrem Grundriß abendländisch (dreischiffige Basilika mit spitzbogigen Arkaden), im Dekor islamisch (sog. Stalaktitendecke), im Bildprogramm byzantinisch (Mosaik). Eine ähnliche Bewandtnis hat es mit der Architektur des Doms von Monreale (1174–1189). In Stichworten: romanischer Staffelchor, byzantinische Arkaden, doppeltürmige Fassade (normannisch), vielfarbige Spitzbogenkurvaturen am Außenbau (maurisch).

Süditalien und Sizilien

Rom ist ein staunenswerter Ausnahmefall. Hier wurde die Romanik schlichtweg ignoriert. Daß die Antike bestimmend blieb, belegen die zur romanischen Zeit, unter Paschalis II. (1099–1118) restaurierte Kirche San Clemente sowie Santa Maria in Trastevere (1140 Neubau) und Santa Maria in Cosmedin (1119 Neubau). Sensationelles leistete zunächst nur die römische Wandmalerei, die wie auch im übrigen Italien (Civate, San Pietro al Monte) einen durchgängig byzantinischen Charakter hatte. Um 1100 entstanden die Wandmalereien der Unterkirche von San Clemente und wenige Jahrzehnte später, zeitgleich mit den Arbeiten in Santa Maria in Trastevere, die Apsismosaken, in denen Frühchristliches und Byzantinisches sich gleichermaßen ausprägt.

Rom

Um die Mitte des 12. Jh.s erhielt das römische Baudekor neue Impulse von Seiten der 'Cosmaten', einer bis ins 14. Jh. hinein tätigen Künstlerfamilie mit einer Vorliebe für den Rufnamen 'Cosmas'. Ihren Erfolg verdankten sie dem zündenden Gedanken, Marmorblöcke und Säulen in feine Scheiben zu schneiden und als Fußbodenbelag neu zusammenzusetzen. Eine Meisterleistung dieser 'Salamitechnik' sind die Chorschranken und der Ambo in San Clemente sowie der Ambo in San Lorenzo fuori le mura.

Cosmaten

83

Kunstgeschichte

Gotik

Weit mehr als die Romanik war die Gotik eine internationale Strömung, die, ausgehend von der französischen Abteikirche St. Denis, in der ersten Hälfte des 13. Jh.s, dem Duecento, auch Oberitalien ergriff. Ihre Wahrzeichen: Auflösung des noch zu romanischer Zeit kompakten Mauerwerks in ein Filigran von Pfeilern, Diensten und Rippen, die Durchbrechung der Wände mit Lanzett- oder Spitzbogenfenstern und schließlich die Dominanz des Kreuzrippengewölbes.

Südhälfte Italiens

Kopf einer Jupiterstatue aus dem 13. Jahrhundert

Trotz der Internationalität des neuen Stils stößt man in Italien jedoch auf regionale Differenzen. Ganz besonders nimmt der Süden eine Sonderstellung ein. Unter Friedrich II. (1194–1250), der als König von Sizilien und in seiner Eigenschaft als Kaiser seine Herrschaft in der Tradition des römischen Imperiums begriff, brach sich ein Klassizismus Bahn, den manche schon als erste Morgenröte der Renaissanceepoche deuten. So weiß man z.B. von einem klassisch gehaltenen Triumphtor, das Friedrich II. für das Castello delle Torri in Capua errichten ließ, leider aber nur in einem kleinen Überrest erhalten ist (Jupiterkopf, Museo Provinciale Campano, Capua). Ebenfalls antikisch ist der Kopf eines Fauns im Schlußstein der sog. Sala del trono in Friedrichs Jagdschloß Castel del Monte (ca. 1240), einem oktogonalen Monumentalbau, den man als symbolische Anspielung auf die achteckige Kaiserkrone deuten kann. In der Sala del trono finden sich auch vereinzelt gotische Zitate, deren zunächst rätselhafte Herkunft sich klärt, wenn man den Blick auf die nördliche Hälfte Italiens wendet.

Nordhälfte Italiens
Architektur

Den entscheidenden Anstoß zur gotischen Wende im Norden Italiens gab die Architektur der Bettelorden. Frühes Indiz ist die Oberkirche San Francesco in Assisi (1228–1253). Mit ihrem geräumigen Langhaus und ihrer entschiedenen Schlichtheit gibt sich diese Kirche klar als Bettelordensbau zu erkennen. Zudem weist sie die zentralen Merkmale der Gotik auf: Rippengewölbe, Zergliederung der Wand durch Dienstbündel und großzügige Ausleuchtung mit Tageslicht. Eine direkte Mitwirkung französischer Meister ist denkbar. Stichhaltig nachgewiesen ist sie für Santa Maria Novella in Florenz (1246 bis ca. 1320), die in ihrem Grundriß dem Vorbild burgundischer Zisterzienserkirchen folgt (quadratischer Chor mit je zwei Seitenkapellen, ein vortretendes Querhaus, dreischiffiges basilikales Langhaus). Zu Beginn des Trecento (14. Jh.) verliert die Ordensarchitektur an Einfluß. An ihre Stelle tritt die Architektur der Dome, doch auch sie orientiert sich an der Gotik des Nordens. So ist die Fassade des 1290 begonnenen Doms von Orvieto ebenso dem Straßburger Münster verwandt wie der Kathedrale von Rouen, und der Dom von Siena entstand unter dokumentarisch verbürgter Mitarbeit französischer und deutscher Architekten. Man sieht: Die Gotik in Italien war wirklich international. Selbst der Aufschwung der kommunalen Palastarchitektur (Palazzo Vecchio in Florenz, Palazzo Pretorio in Volterra, Palazzo del Capitano del Popolo in Orvieto, Palazzo Papale in Viterbo) ist nur eine Facette im gesamteuropäischen Trend zur spätmittelalterlichen Stadtkultur. Vergleichsbeispiele für die gotischen Kommunalpaläste Italiens sind die Rathäuser in Thorn, Brügge oder Münster.

Malerei

Internationale Standards bestimmen zusehends auch die italienische Malerei. Das Vorbild Byzanz tritt in den Hintergrund. Aus der während des 4. Kreuzzugs erfolgten Eroberung Konstantinopels (1204) resultierte allerdings noch eine letzte byzantinische Welle, die das italienische Duecento

Der Palazzo Comunale in Pistoia zeugt von städtischem Selbstbewußtsein

maßgeblich prägte. Byzantinische Stilmerkmale ('maniera greca') wurden zur Mode, die östlichen Bildinhalte zum Programm. Exemplarisch ist das übernommene Motiv des toten Christus, der sich hängend, in nach links gewandter Biegung präsentiert (Giunta Pisano, Bologna, ca. 1240). Ihren Höhepunkt erreicht die 'maniera greca' in den Werken des Florentiners Cimabue (1240–1302) und des Sienesen Duccio (1255–1319), dessen Altarwerk der "Maestà" (Siena, Museo dell'Opera Metropolitana) durchaus schon in die Zukunft weist. Überwunden wird die byzantinische Tradition erst von Giotto (1266–1337): Die Figuren werden physiognomisch unterscheidbar, sie ordnen sich zu größeren Handlungszusammenhängen, ein perspektivisches Raumverständnis ist zu ahnen, der Rahmen erscheint als der Rand einer Guckkastenbühne (Arena-Kapelle, Padua und Oberkirche von San Francesco, Assisi). Zuletzt gehen in Simone Martinis 1315 entstandener "Maestà" (Siena, Palazzo Pubblico) die 'maniera greca' des Duccio, der Illusionismus Giottos und französisches Formgefühl eine neue Stilsynthese ein, die man treffend als 'internationalen Stil' bezeichnet.

Malerei (Fortsetzung)

Durch das Werk des Nicola Pisano (ca. 1225 – ca. 1280) erfolgte der Anschluß an die internationale Gotik bald auch im Bereich der Plastik. Daß er von den aktuellen Tendenzen in Architektur, Plastik und Malerei reiche Kenntnis hatte, belegt die stilistische Vielfalt seiner für die Kanzel des Baptisteriums zu Pisa gefertigten Reliefbilder: Die Verkündigung erinnert in ihrer plastischen Wucht an die Gotik Frankreichs, die Anbetung der Heiligen Drei Könige hat hingegen die klassische Perfektion spätantiker Reliefs. Forscher glauben daher, daß Nicola vor seiner ersten Erwähnung in Pisa (1258) im Bannkreis des süditalienischen Klassizismus seine Ausbildung erhielt. Sein Schüler Arnolfo di Cambio (ca. 1240 – ca. 1310) hat wahrscheinlich entsprechende Anregungen erhalten. Anders läßt sich sein nach Art eines römischen Senatorenporträts gestalteter Monarchenkopf schwerlich erklären (Museo Capitolino, Rom). Und wie sein Lehrer gab auch er sich international. In seinem Ziborium für Santa Cecilia (1293) in

Plastik

Kunstgeschichte

Plastik
(Fortsetzung)

Trastevere findet sich Cosmatisches, Gotisches, Klassisches und Byzantinisches. Gleiches ist von Nicolas Sohn Giovanni (ca. 1250–1320) zu berichten, der u. a. zwischen 1297 und 1301 die Kanzel in Sant' Andrea zu Pistoia und um 1305 eine "Maria mit dem Kind" für die Arenakapelle in Padua schuf.

Renaissance und Manierismus

Vom Handwerker zum Künstler

Spricht man von 'Renaissance', vom 'rinascimento' der Antike, so heißt das nicht, daß die Antike in mittelalterlicher Zeit vergessen war. Platons "Timaios" hatte man gekannt, und bereits das 12. Jh. hatte Aristoteles entdeckt. Jedoch – für das Mittelalter war die Antike nur ein Steinbruch für einzelne Ideen und Zitate gewesen, nun, in der Renaissance, begann man sie zu restaurieren. Eine Leitidee der Antikenbegeisterung war der Gedanke, daß – so schreibt es der Humanist Gianozzo Manetti – die 'Würde und Vortrefflichkeit des Menschen' in seiner Individualität begründet sei, nicht im göttlichen Heilsstand. Jedem Menschen wird ein individueller Wissens- und Wirkungskosmos zugestanden. Dies hatte für die Künste gravierende Folgen. Früher ein schlichter Handwerker, sah sich der Künstler nun als Humanist, der kraft seiner 'virtù', seiner Tüchtigkeit, individuell Gedachtes in individuellen Werken formuliert. Und tatsächlich gewinnen die künstlerischen Schöpfungen ein Niveau perspektivischer, naturwissenschaftlicher, malerischer, kompositorischer und inhaltlicher Berechnung, das den Begriff des Handwerks bei weitem übersteigt.

Florenz

Es gibt nicht eine Renaissance, sondern viele Renaissancen, die je nach Stadt und Landstrich ein anderes Gepräge haben. An erster Stelle steht jedoch Florenz. Kultur und Staat gingen Hand in Hand. Coluccio Salutati (1331–1406), ein glühender Verehrer Ciceros, Leonardo Bruni (1369 bis 1444), Übersetzer der "Politik" des Aristoteles, und Poggio Bracciolini (1380–1459), ein progressiver Wirtschaftswissenschaftler, waren Staatskanzler und Denker zugleich.

Malerei

Die Modernisierung der Künste setzt mit der Malerei Masaccios (1401 bis ca. 1428) ein. Sein Dreifaltigkeitsbild in Santa Maria Novella zeigt einen perspektivischen Tiefenraum, der auch die Körper der Figuren in sich schließt. Bis dahin gab es Figuren nur als Flächen in flächiger Umgebung. Zur Anwendung kommt die Errungenschaft des Raumsystems auch in Andrea del Castagnos (1423–1457) Fresko "Dreifaltigkeit mit Hieronymus" in Ss. Annunziata. Hieronymus und die zwei Marien schließen sich zu einem perspektivisch durchkalkulierten Ring zusammen. Tatsächlich ist das perspektivische Raumsystem ein Hauptproblem der frühen Florentiner Malerei: der Künstler Piero della Francesca (1410–1492) schrieb ein diesbezügliches Traktat mit dem Titel "De prospectiva pingendi", und viele seiner Kollegen nutzten das zeittypische Thema der thronenden Mutter Gottes im Kreis von Heiligen, der sog. Sacra Conversazione, um die Errungenschaften einer perspektivischen Darstellung von Mal zu Mal auf's neue durchzuspielen. Selbst im beengten Rahmen des Reliefs zeigt sich ein Interesse an räumlichen Strukturen. So ist auch jede Tafel an Lorenzo Ghibertis (1388–1475) berühmter Paradiestür des Baptisteriums des Doms gewissermaßen ein perspektivisches Experiment.
In den folgenden Jahrzehnten bringen Künstler wie Domenico Ghirlandaio (1449–1494) die Kunst der Raumkomposition zur Vollendung (Santa Maria Novella, "Leben Johannes des Täufers"), und am Ende wurden die Figuren von Jacopo da Pontormo (1494–1557) derart kunstvoll in den perspektivisch erschlossenen Tiefenraum hineinverspannt, daß selbst eine Grablegung zum Ballett gerät (Santa Felicità, Cappella Capponi). Eine solche Artistik erschien bereits den Zeitgenossen als 'manierato', und so nennt die Kunstgeschichte diese Mega-Renaissance einfach 'Manierismus'.

Inneres der Kirche San Lorenzo in Florenz ▶

Kunstgeschichte

Piero della Francesca:
"Herzogin Battista Sforza"

Raffael:
"Papst Leo X."

Plastik
: Manieristische Tendenzen zeigt auch die Plastik auf. In Kontrast zur David-Statue Donatellos (1386–1466), die bei aller Idealisierung einen natürlichen, lässigen Charakter hat, erweist sich Giambolognas (1529–1608) "Raub der Sabinerinnen" als ein steingewordener Artistenakt.

Architektur
: Die Baukunst zeigt eine ähnliche Entwicklung. Am Anfang steht Filippo Brunelleschi (1377–1446). Die Fassade seines Ospedale degli Innocenti und sein Innenraumkonzept für San Lorenzo besitzen jene klassische Würde, die für die frühe Renaissance so typisch ist. Auch Leon Battista Alberti (1404–1472), der zweite Stararchitekt des 15. Jh.s, gestaltete die Fassade des Palazzo Rucellai noch streng nach der Vorschrift des antiken Architekten Vitruv, dessen zehnbändiges Werk für den Menschen als das Maß aller Baukunst wirbt. Giorgio Vasari (1511–1574) hingegen, Kunstintendant unter Cosimo I. de Medici, zielt eindeutig auf den Schockeffekt, wenn er den Hof der 1560 begonnenen Uffizien als regelrechte Häuserschlucht konzipiert, deren endlose Kolonnaden-Folge das Auge mehr überanstrengt als beruhigt. Schock, Verfremdung und Dissonanz treten an die Stelle von Ruhe, Natürlichkeit und Harmonie.

Venedig
: Ende des 14. Jh.s erfolgt Venedigs Durchbruch als Handelsstaat und Festlandsmacht. Die Zeit nach den militärpolitischen Erfolgen gegen Genua war auch die Zeit kulturellen Glanzes, denn die Geschicke Venedigs unterstanden der Lenkung einer oligarchischen Regierung mit hohem Repräsentations- und Dokumentationsbedarf. Diese produzierte die Politik, und ein Künstler wie der staatlich anerkannte Dogenporträtist Giovanni Bellini lieferte das Design. So erlebte die Kunst einen epochalen Entwicklungsschub. Gotik und byzantinische Traditionen waren bald überwunden.

Malerei
: Galionsgestalten des Wandels sind die Brüder Gentile und Giovanni Bellini. Gentile Bellini (1429–1507), Lehrer des berühmten Carpaccio, pflegte

Kunstgeschichte

Malerei (Fortsetzung)

in seiner Kunst eine eher dokumentarische Trockenheit. Seine im Auftrag der Scuola di San Giovanni Evangelista entstandenen Panoramen zur Legende des Heiligen Kreuzes bieten viel Gewimmel, doch nur wenig Leben. Berühmter ist sein Bruder Giovanni (1430–1516). Zum einen entdeckte er für seine Heimatstadt die Ölmalerei, zum anderen entwickelte er die revolutionäre Fähigkeit, Figuren in ihrer körperlichen Erscheinung einem einheitlichen Raumsystem einzuordnen (Sacra Conversazione, San Zaccaria).

Die folgende Generation Giorgiones (1477/1478–1510) konnte sich daher ganz auf die Farbe konzentrieren. Seine "Tempesta", neben dem Porträt einer Greisin übrigens das einzige Giorgione-Gemälde in Venedig, öffnet einen tiefen landschaftlichen Raum, in dem allein der farbliche Effekt regiert. Tizian (ca. 1473–1576;→ Berühmte Persönlichkeiten), sein zeitweiliger Mitarbeiter, war nicht weniger von der neuen Farbigkeit fasziniert, doch war er auch bemüht, die Raumkunst Bellinis zu perfektionieren. In seinem berühmten Pesaro-Altar (Santa Maria Gloriosa dei Frari) bilden Gesten, Haltungen, Falten und selbst die Fahnenstangen eine perfekte räumliche Ordnung, die in ihrer Kompliziertheit die Kompositionen Bellinis bei weitem übertrifft. In der angestrengten Virtuosität kündigt sich bereits der Manierismus an. Dessen unbestrittener Hauptmeister ist allerdings Jacopo Robusti il Tintoretto (1518–1594). In seinem Gemälde "Der Hl. Markus befreit einen Sklaven" von 1548 wird die Konstruktion zum Selbstzweck. Mit den Werken Paolo Veroneses (1528–1588) verhält es sich kaum anders. Seine figurenreiche "Apotheose Venedigs" im Palazzo Ducale prunkt mit einem ganzen Heer komplex verschachtelter Komparsen, von denen jeder verschiedenen Kompositionsebenen gleichzeitig zugehört.

Architektur

Die Zeit des Manierismus auf das Manierierte zu reduzieren, wäre zu einfach. Andrea Palladio (1508–1580), Venedigs Stadtbaumeister der zweiten Hälfte des 16. Jh.s, folgte auch weiterhin der antiken Dreiheit von Maß, Zahl und Gesetz. Schon früh publizierte er "Le Antichita de Roma", eine Art Baedeker für den frühneuzeitlichen Touristen. Seine tiefe Bewunderung für die Antike belegt der zwischen 1577 und 1592 entstandene Kuppelbau der Kirche Il Redentore, eine Hommage an das Pantheon, einfach gegliedert und wie Santa Maria Maggiore mit tempelartiger Fassade.

Rom

Mit dem Wechsel des päpstlichen Stuhls nach Avignon (1304) sank das Kulturleben Roms für mehr als ein Jahrhundert auf provinzielles Niveau. Erst nach dem Konstanzer Konzil unter Papst Nikolaus V. begann Rom, den Rückstand zu Florenz und Venedig aufzuholen. Unter Papst Alexander VI. (1492–1503), Julius II. (1503–1513) und Leo X. (1513–1521) gewann es stetig an kultureller Bedeutung, erlitt dann jedoch 1527 mit der Verwüstung durch die Söldner Karls V., dem sog. Sacco di Roma, einen schweren Rückschlag. Vollkommen erholt hat sich Rom erst zu einem Zeitpunkt, da in Malerei und Baukunst bereits barocke Ideale wirksam wurden.

Architektur

Aufgrund des besagten zeitlichen Verzugs ist die Architektur der frühen Renaissance in Rom unterrepräsentiert. Der Palazzo della Cancelleria des Kardinals Riario bildet allerdings eine Ausnahme. Trotz seiner relativ späten Entstehungszeit ist er insofern noch der frühen Renaissance zuzurechnen, als hier Albertis Konzept einer Baukunst des Maßes und der Harmonie musterhaft zur Geltung kommt. Ähnlich der Frontansicht des bereits erwähnten Palazzo Rucellai in Florenz bietet auch die Fassade der Cancelleria mit ihrer durchgängigen Rustizierung und rhythmischen Pilastergliederung einen Anblick geometrischer Klarheit. In den folgenden Jahrzehnten erfahren Geschoßgliederung und plastisches Dekor eine stärkere Betonung. Der monumentale, in der Art eines römischen Theaters gestaltete Innenhof des Palazzo Farnese, an dem Michelangelo maßgeblich beteiligt war, präsentiert jede Fenstersituation als eine plastisch geschlossene Einheit. Eine totale plastische Durchgestaltung des gesamten Baukörpers verwirklichte schließlich Baldassare Peruzzi (1481–1536) mit seinem

Kunstgeschichte

Architektur (Fortsetzung)

manieristischen Palazzo Massimo alle Colonne. Die Straßenfassade ist konvex geschwungen und erhält dadurch eine Richtungsbetonung, deren Temperament Alberti als ein Purist der ersten Stunde niemals gutgeheißen hätte.

Malerei

Einen wie in Florenz und Venedig unverwechselbaren Lokalstil hat die römische Malerei der Hochrenaissance nicht zu bieten. Ihre prominentesten Vertreter wurden aus den führenden kulturellen Zentren 'importiert'. Raffael (1483–1520; → Berühmte Persönlichkeiten), nachmals ein Glanzlicht römischer Malkunst, hatte sein Debut zunächst in Perugia gegeben. In seiner frühen "Vermählung der Jungfrau Maria" (Mailand, Brera) ist er noch ganz dem religiösen Sentimentalismus seines dortigen Lehrers Perugino verpflichtet. Auch hat er noch gewisse Schwierigkeiten, menschliche Figuren überzeugend in ihre räumliche Umgebung einzubinden. In den folgenden Jahren, die er in Florenz verbrachte, konzentrierte er sich daher verstärkt auf die räumliche Dimension des menschlichen Körpers, und es entstanden eine Vielzahl von Madonnenbildern. Als er dann 1508 nach Rom gelangte, erhielt er von Julius II. den Auftrag zur malerischen Ausgestaltung der päpstlichen Gemächer, der sog. Stanzen. Das berühmte Fresko der "Schule von Athen" – in der Stanza della Segnatura – zeigt, daß Raffael seine anfänglichen raumplanerischen Schwächen überwunden hat. Der perspektivische Sog des Raumes entfaltet sich in einem tiefenräumlich konstruierten Figurenring, in dem jede Richtung der klassischen Philosophie mit einem ihrer Denker vertreten ist. Allerdings verliert sich Raffael niemals in selbstzweckhaften Raumeffekten. In Raffaels Kunst findet der Geist der Renaissance seine reinste Form – für manche ein Grund, den Beginn des Manierismus mit seinem Tode anzusetzen.

Michelangelo (1475–1564; → Berühmte Persönlichkeiten), seit 1535 Oberster Baumeister, Bildhauer und Maler des Apostolischen Palastes, war gleichfalls ein Import. Seiner Ausbildung nach war er Florentiner, ein Schüler Ghirlandaios und Donatellos. Bereits das Frühwerk "Pietà" in der Peterskirche (San Pietro in Vaticano; Abb. S. 512) verdeutlicht, daß Michelangelo – anders als Raffael – sich weit mehr für die Möglichkeiten der künstlerischen Technik interessierte als für das Mögliche der Natur. Das Falten- und Gestenarrangement ist so kunstreich komponiert, daß die Gruppe nach den Gesetzen anatomischer Balance in sich zusammenbrechen müßte, hätte Michelangelo den rechten Fuß Marias nicht noch mit einem Stein unterlegt. Da erstaunt es nicht, wenn dann der reife Michelangelo mit der Freskierung der Sixtinischen Kapelle eine wahre Glanzleistung neuzeitlicher Visualisierungstechnik vollbringt. Auf einem Gerüst, das Meter für Meter vom Eingang zum Altar geschoben wurde, malte er innerhalb von vier Jahren (1508–1512) die Schöpfungsgeschichte (Genesis), die sich zwar in Einzelbilder gliedert, aber ein überzeugendes illusionsräumliches Ganzes bildet. Raffaels Genesis ist, wie die ungleich später entstandene "Auferstehung" ein technisches Meisterwerk, das bis zur Erfindung von Film und Großleinwand für Jahrhunderte unübertroffen blieb.

Durch und durch Techniker war auch der dritte Import. Leonardo da Vinci (1452–1519; → Berühmte Persönlichkeiten), Schüler des Florentiner Andrea del Verrocchio, war in Florenz und Mailand tätig gewesen, bevor er sich 1513 für drei Jahre nach Rom begab. Von Michelangelo unterscheidet ihn allerdings der naturwissenschaftliche Ernst seines technischen Interesses. Die Malerei – so Leonardo – ist eine 'Enkelin der Natur', und letztlich dient sie der Visualisierung naturwissenschaftlicher Tatbestände. Das Muskelspiel des "Hl. Hieronymus" (Vatikanische Pinakothek) hat in der Tat die Präzision eines anatomischen Präparats.

Weitere kulturelle Zentren

Nicht zu vergessen sind jene Kunstzentren, die eher an der Peripherie der 'großen' Kunstgeschichte liegen: Mantua, Siena und Ferrara.
In Mantua herrschte seit Beginn des 14. Jh.s das Geschlecht der Gonzaga, das mit mäzenatischem Ehrgeiz 1460 selbst den schwierigen Mantegna zu seinem Dienst verpflichtete. Andrea Mantegna (1431–1506) war der Ver-

Kunstgeschichte

treter eines Stils von ausgeprägter Präzision und Schärfe, wie man ihn in Florenz, Venedig oder Rom nicht findet. Neben dem manieristischen Palazzo del Tè, den Federigo II. Gonzaga nach Plänen Giulio Romanos (1499–1546) auf einer Insel errichtete, bilden daher Mantegnas Fresken für die Camera degli Sposi des Palazzo Ducale wirklich ein eigenes Kapitel italienischer Kunstgeschichte.

Kulturelle Zentren (Fortsetzung)

Weit weniger progressiv gestaltete sich die Kunst Sienas, die in der 'Accademia' vorzüglich studiert werden kann. Die sienesische Renaissance erweist sich da als eine verschleppte Gotik, und ihr prominentester Vertreter Giovanni di Paolo (1403–1482) hielt sich lieber an byzantinische Vorbilder als an die neue Perspektiventechnik.

Ein ausgeprägter, wenn auch mehr dem Fortschritt zugewandter Lokalstil entwickelte sich im 15. Jh. gleichfalls in Ferrara, dem Sitz der Este, die bereits mit der Gründung der Universität (1391) kulturelles Engagement bewiesen hatten. Die sog. Schule von Ferrara (Francesca Cossa, Cosimo Tura, Ercole Roberti) erinnert zwar an Mantegna, ist aber mit ihrem Sinn für das flächige Dekor letztlich doch eine Schule für sich.

Barock und Rokoko

Wie die Renaissance war auch der italienische Barock alles andere als homogen. Ortsvarianten gab es in der Lombardei, in Rom, Venedig und Neapel. Der folgende Überblick wird sich jedoch auf Rom und Venedig beschränken, denn nirgends formt sich der frühe Barock deutlicher aus als in Rom, nirgends manifestieren sich Spätbarock und Rokoko exemplarischer als in Venedig.

Für das Rom des beginnenden 17. Jh.s sind in der Malerei zwei konkurrierende Strömungen zu verzeichnen. Zentralfigur der progressiven Richtung war Michelangelo Merisi (1573–1610), nach seinem Geburtsort auch

Rom
Malerei

Bernini: "Hl. Therese von Avila"

Caravaggio: "Bekehrung des hl. Paulus"

Kunstgeschichte

Rom, Malerei (Fortsetzung)

'Caravaggio' genannt. 1590 nach Rom gelangt, provozierte er das Publikum mit seiner "Berufung des hl. Matthäus" für die Cappella Contarelli und der brutal realistischen "Bekehrung des hl. Paulus" für Santa Maria del Popolo. Das für die Renaissance wichtigste Ordnungsprinzip des Raumsystems ersetzt Caravaggio durch ein raffiniertes Beleuchtungssystem. Perspektive interessiert ihn nur wenig, flächig ist die Ordnung der Figuren, Plastizität entsteht allein durch Hell-Dunkel-Kontraste. Durch begabte Nachfolger wie die Künstler Bartolomeo Manfredi (1580–1620) und Orazio Gentileschi (1563–1639) wurde der 'Caravaggismus' bald in ganz Italien zur progressivsten Stiltendenz.

Die eher traditionell orientierte Kunst der Gebrüder Agostino (1557–1602) und Annibale Carracci (1560–1609) aus Bologna wie auch ihres Vetters Lodovico Carracci (1555–1619) blieb dagegen den idealischen Konzepten der Renaissance verpflichtet. Einen repräsentativen Eindruck vermitteln Annibale Carraccis Fresken im Palazzo Farnese (1597–1604). Hier erweist sich der Carracci-Stil als ein Amalgam aus Michelangelo und Raffael, und die Komposition ist noch in erster Linie eine räumliche Ordnung, deren Dynamik allerdings die Vitalität eines Michelangelo um vieles überbietet. Nachfolger hatten auch die Carracci: Guido Reni (1575–1642), Francesco Albani (1578–1660), Carlo Cignani (1628–1719).

Bereits in der ersten Hälfte des 16. Jh.s überschneiden sich Caravaggismus und Akademismus. Die Deckenmalerei erhält dadurch neue Impulse. Die Figuren in Pietro da Cortonas (1596–1669) Deckenfresko im Gran Salone des Palazzo Barberini sind sowohl in ein Beleuchtungssystem als auch in ein Raumsystem hineingespannt. So ergibt sich eine totale Illusion, die virtuelle Wirklichkeit einer aufgerissenen Decke, die in den Himmel ragt.

Architektur

Auch die Architektur erfährt eine Steigerung ihrer Ausdrucksmittel. In Vignola (1507–1573) und Giacomo della Portas (1540–1602) Frontansicht der Jesuitenkirche 'Il Gesu', dem ersten Prototyp der barocken Sakralfassade (1568-1575), wird die bereits im Manierismus pointierte Plastizität um ein weiteres übertroffen. Das Dekor verdichtet sich zur Mitte hin, die Fassade erscheint als ein von Voluten eingefaßtes Ornament. Konventionell ist nur der Grundriß. Dieser wird erst von Gian Lorenzo Bernini (1598-1680) und Francesco Borromini (1599–1667) revolutioniert. Den Anblick von Berninis Sant' Andrea al Quirinale (1658–1670) und Borrominis San Carlo alle Quattro Fontane (1665–1667) bestimmen konkave und konvexe Wandeinheiten, die wellenartig ineinandergreifen. Die Renaissance kannte die architektonische Schönheit nur als eine Harmonie in der Ruhe, der Barock entdeckte die Ästhetik des Bewegten.

Venedig
Malerei

Dem römischen Barock hatte Venedig in der Malerei nichts Gleichwertiges entgegenzusetzen. Erst zu Beginn des 18. Jh.s übernimmt die Lagunenstadt wieder eine Führungsrolle. Sebastiano Ricci (1659–1734) und Giovanni Antonio Pellegrini (1675–1741) bleiben zwar in Thema und Komposition den Traditionen treu, doch ist ihre Malweise ungleich lockerer als die ihrer Vorgänger. Das Arrangement von Licht- und Farbeffekten wird wichtiger als die strengen Ordnungsprinzipien der Renaissancezeit. Dieser Stil der emanzipierten Farbigkeit, den die Kunstgeschichte als Rokoko bezeichnet, perfektioniert sich allerdings erst bei Tiepolo (1696–1770), seit 1756 Präsident der Akademie von Venedig. Sein in der Galleria dell'Accademia aufbewahrter Entwurf für das leider durch eine Fliegerbombe zerstörte Deckenbild in der Chiesa degli Scalzi ist eher virtuos aus dem Handgelenk arrangiert als mit geometrischer Sorgfalt konstruiert. Auf eine vergleichbare Distanz zum Gestaltungskanon der Renaissance gehen die 'Vedutisten' Antonio Canaletto (1697–1768), sein Neffe Bernardo Bellotto (1721–1780) und Francesco Guardi (1712–1793). Statt Formstrenge herrscht auf ihren Bildern Farbgefühl.

Architektur

In der Baukunst sind die Auflösungserscheinungen nicht weniger augenfällig. Spielerisch löst Giorgio Massari (1687–1766) das Mittelstück von

Kunstgeschichte

Palladios Erlöserkirche (Il Redentore) aus seinem architektonischen Zusammenhang und präsentiert es isoliert als Prunkfassade seiner Chiesa dei Gesuati. Wie im Werk des Francesco de Sanctis (1693–1731), der zur gleichen Zeit (1723–26) in Rom die Spanische Treppe schuf, weicht auch bei Massari die palladianische Strenge dem dekorativen Knalleffekt.

Architektur
(Fortsetzung)

Klassizismus und 19. Jahrhundert

In den Künsten etablieren sich Ende des 18. Jh.s. Werte bürgerlichen Ursprungs. Einfachheit und Klarheit einer bürgerlich verstandenen Antike ersetzen die komplizierten Ordnungssysteme von Barock und Rokoko. Der Maler Pietro Benvenuti (1769–1844) arrangiert die Figuren mit reliefmäßiger Schlichtheit, in Canovas (1757–1822) Plastiken artikuliert sich die 'edle Einfalt' bzw. 'stille Größe' der griechischen Klassik, und die zwischen 1776 und 1778 entstandene Mailänder Scala des Giuseppe Piermarini (1734–1808) ist im Stil des palladianischen Purismus gehalten.

Bürgerliche Werte

Für die italienische Kunst ist die bürgerliche Epoche jedoch auch ein Zeitalter der Krise. In Europa sieht sich der Künstler allgemein dem Konkurrenzdruck neuer massenmedialer Techniken ausgesetzt (Stahlstich, Lithographie, Holzstich, Fotografie), die – und dies ist nun ein speziell italienisches Problem – ausschließlich außerhalb Italiens entwickelt werden. Darüber hinaus verliert die italienische Kunstlandschaft gegenüber Paris, Berlin, München und London rapide an Gewicht. Der gesamteuropäische Historismus gebärdet sich daher vor allem in Italien als ein Nostalgismus. Symptomatisch sind in den 60er Jahren die Mailänder 'Scapigliati' ('scapigliato' = ungekämmter Bohème), deren Wortführer Tranquillo Cremona (1837–1878) sich damit begnügte, die Kunst eines Leonardo oder Correggio impressionistisch zu variieren. 'Ungekämmte' Kunst findet sich in Turin (Museo Civico), vor allem jedoch in Mailand (Galleria d'Arte Moderna), wo auch die historistische Bankhausarchitektur eindrucksvoll vertreten ist (Cassa di Risparmio von Giuseppe Balzaretti, Banca Commerciale von Luca Beltrami).

Krise der Kunst

Das 20. Jahrhundert

Bereits vor dem Ersten Weltkrieg spitzt sich die Krise der Schönen Künste zu. In der Entwicklung zukunftsweisender Stile wie Kubismus und Expressionismus bliebt das Ausland bestimmend, und der Film drängt die Malerei endgültig aus der Domäne der Historie.

Immer noch
in der Krise

Die Konkurrenz des Films erwies sich für die Bildenden Künste als fruchtbar. Einen ersten Weg in die Moderne beschrieb der Futurismus. Ausgehend von dem Kubismus Picassos, der schon 1909 Gegenstände filmschnittartig aufgesplittert hatte, forderten Giacomo Balla (1871-1958), Carlo Carrà (1881–1966), Umberto Boccioni (1882–1916), Gino Severini (1883–1966) und Luigi Russolo (1885–1945) um 1910 einen neuen, filmgemäßen 'Dynamismus' des starren Tafelbildes. Derart vermitteln futuristische Bilder und Plastiken den Eindruck einer rasenden Geschwindigkeit, in der das Gegenständliche regelrecht zu explodieren scheint. Dahinter steckt jedoch auch eine nihilistisch überzogene Fortschrittsideologie, die nahtlos übergeht in Mussolinis pompöse Visionen eines erneuerten Italiens. Nicht umsonst wird der Futurismus in den 20er Jahren zur faschistischen Staatskunst geadelt.

Futurismus

Anders als der Futurismus, der die direkte Auseinandersetzung mit der Filmästhetik suchte, zog sich die 'Pittura metafisica' in surreale Bereiche zurück. Ihre Hauptvertreter Giorgio de Chirico (1888–1978;→ Berühmte Persönlichkeiten), Giorgio Morandi (1890–1964) und der Ex-Futurist Carrà konstruierten mit geometrischer Präzision gespenstisch kahle Ansichten

Pittura
metafisica

Kunstgeschichte

Afro Basaldella: "Angelica" (1964)

Pittura metafisica (Fortsetzung)

von Plätzen und Interieurs, deren alptraumhaftes Wesen jedoch alles andere als präzise zu erfassen ist.

Abstrakte Tendenzen

Auch die erstmals 1948 auf der Biennale präsentierte abstrakte Malerei erschloß sich neues Terrain. Zu nennen sind: Giuseppe Santomaso (1907), ein italienisches Pendant zu Hans Hartung, Emilio Vedova (1919) und Afro Basaldella (1912–1976).

Concept-Art

Trotz aller Bemühungen blieb die Krise akut. Bereits 1948 sah Lucio Fontana (1899–1968) in seinem 'Manifesto bianco' die Kunst als technisches Handwerk an einem kritischen Wendepunkt. Seine geschlitzte Leinwand ist ein radikaler Schlußstrich und vor allem als Idee, als 'Concetto', interessant. Den Trend von der Handwerks- zur Ideenkunst (Concept-Art) illustriert des weiteren das Werk von Piero Manzoni (1934–1963), der zum Beleg seiner produktiven Vielseitigkeit seine Exkremente in Dosen verschweißte.

Schließlich bilden Sandro Chia (geb. 1946), Enzo Cucchi (geb. 1950) und Francesco Clemente (geb. 1952) das sog. C der aktuellen Moderne Italiens. Nostalgisch kehren sie zur gegenständlichen Ausdrucksmalerei zurück.

Architektur

Auch in der Architektur werden mit Aldo Rossis Proklamation einer 'Architettura Razionale' von 1973 konservativistische Tendenzen deutlich.

Der programmatische Titel 'Architettura Razionale' ist auch eine begriffliche Nostalgie. In den 30er Jahren bereits hatte es ein 'Movimento Italiano per l'Architettura Razionale' (MIAR) gegeben, eine Bewegung junger Architekten, welche die Tradition des bürgerlichen Historismus endgültig durchbrachen. Ähnlich wie das deutsche Bauhaus und die holländische Gruppe De Stijl hatten sie an Stelle des historistischen Potpourris aus barock- und Renaissance-Zitaten ein klares, einheitliches und vor allem zukunftstaugliches Stilkonzept gefordert. Im Unterschied zum Bauhaus,

Kunstgeschichte · Film

Aldo Rossi: Verwaltungszentrum in Perugia

dessen modernistisches Programm dem Nationalsozialismus zum Opfer fiel, war das MIAR jedoch eindeutig staatspolitisch, d.h. faschistisch, orientiert. Zu einer Beschäftigung mit diesem brisanten Kapitel italienischer Architekturgeschichte bieten sich Terragnis Parteihaus des Fascio in Como (1934), Paganos Bocconi-Universität in Mailand (1938) oder Foschinis Sant Peter und Paul in Rom (1939) an.

Rossi und seine postmodernen Schüler Rosaldo Ronicalzi und Gianni Braghieri wenden sich gegen den 'gestaltlosen' Funktionalismus der Moderne, der als ein Stil der Zukunft schon in den 20er und 30er Jahren unter Mussolini hoffähig gewesen war und auch noch in den 50er Jahren ganze Stadtviertel in Betonwüsten verwandelt hatte (Stadtviertel Tuscolano, Rom). Rossis Friedhof (1971–1983) in Modena ist daher bewußt als ein ästhetisches Objekt, als ein an Chirico erinnerndes Schreckens- und Todesmonument konzipiert, und auch sein Wohnblock Gallaratese in Mailand (1969–1973) ist vor allem eine Großplastik, erst in zweiter Linie ein Gebäude.

Architektur (Fortsetzung)

Film

Vor dem Ersten Weltkrieg entstanden in rascher Aufeinanderfolge fast ein Dutzend Verfilmungen historischer Themen, darunter Giovanni Pastrones "Der Fall Trojas" (1910), Enrico Guazzonis "Quo vadis" (1912) sowie "Die letzten Tage von Pompeji" (1913). Für den Rangwechsel zwischen Film und Bildender Kunst ist es bezeichnend, daß der Divenkult die traditionelle Künstlerverehrung ersetzt. An die Stelle des 'göttlichen' Raffael tritt nun die 'Diva' Lyda Borelli, Pina Menichelli oder Eleonora Duse.

Die Anfänge

Zwischen 1920 und 1940 stagnierte jedoch die filmästhetische Entwicklung. Faschistische Gründungen wie die 'Direzione Generale per la Cine-

Film und Faschismus

Film

Film und Faschismus (Fortsetzung)

matografia' oder der 'Centro Sperimenale di Cinematografia', eine Ausbildungsstätte für den Filmnachwuchs, engten die Kreativität der Regisseure ideologisch ein, und auch Mussolinis 1937 gegründeter Cinecittà – dem Babelsberg von Rom – war anfangs kaum Glück beschieden.

Neorealismo

Erst die Bewegung des Neorealismo sorgte für einen belebenden Neuanfang. Das Interesse der Filmkunst galt nun nicht mehr dem luxuriösen Schein des Kostümfilms, sondern nur noch dem nackten Sein der Wirklichkeit. Für den marxistisch geprägten Intellektuellen war diese Wirklichkeit vor allem eine soziale. Neorealismo bedeutete daher soviel wie Gesellschaftskritik, d.h. Auseinandersetzung mit dem Faschismus und der restaurativen Kulturpolitik des ersten italienischen Ministerpräsidenten Alcide de Gasperi. Die erste große Arbeit des Neorealismo lieferte Roberto Rosselini mit seinem Widerstandsdrama "Roma, città aperta" ("Rom, offene Stadt"; 1945). Dieser Film ist in doppelter Hinsicht realistisch: Zum einen schildert Rosselini ohne falschen Pomp die bittere Wirklichkeit des modernen, glanzlosen Heldentods, zum anderen bedient er sich eines dokumentarischen Stils der jähen Schnitte, der dem Zuschauer das Gefühl einer authentischen Reportage vermitteln soll. Rosselini vertraut ganz auf die 'Inspiration des Augenblicks', alles Dramaturgische ist ihm fremd, da ja auch die Realität niemals dramaturgisch aufbereitet ist. Auch unterscheidet Rosselini nicht zwischen 'wichtigen' und 'unwichtigen' Szenen – seine Helden sterben gleichsam nebenbei. Einen durchgehenden dramaturgischen Faden sucht man in Vittorio de Sicas Film "Ladri di biciclette" ("Die Fahrraddiebe", 1948) ebenfalls vergebens. Die Handlung fließt nicht gemächlich von Anfang bis zum Ende, vielmehr wirkt sie facettiert in lose, hart kontrastierende Szenen, auf die sich der Betrachter selbst einen Reim zu machen hat.

Der Neorealismo engagierte sich zwar für einen ehrlichen Umgang mit der Wirklichkeit, doch die Mittel waren insofern alles andere als 'ehrlich', als seine dokumentarische Unmittelbarkeit lediglich ein Kunstgriff, sein Realismus ein stilistisches Konzept war. So war es nur eine Frage der Zeit, bis sich die Filmkunst erneut zu ihrem Kunstanspruch bekannte. In "Senso" ("Sehnsucht", 1954) bemühte sich Luchino Visconti wieder demonstrativ um die Qualitäten des erzählerischen Films, der von Spannung und Dramaturgie getragen wird. "Senso" ist die Geschichte einer Contessa, die aus enttäuschter Liebe einen Deserteur verrät und seine Exekution im Triumph genießt. Zu den Kritikern des Neorealismo zählte auch Federico Fellini. Sein Interesse an gesellschaftlichen Fragen war gering. Für eine ungleich packendere Wirklichkeit hielt er die menschliche Existenz als solche, in ihren Irrungen und Rätseln. In "La Strada" (1954) sind zeitgeschichtliche Bezüge daher vorsätzlich ausgeblendet. Was zählt, ist allein die menschliche Tragödie von Zampano und Gelsomina. Die Zersplitterung der Handlung in lose sortierte Einzelszenen weist zwar durchaus noch auf den Neorealismo hin, doch ist sie derart auf die Spitze getrieben, daß weniger an die spontanen Einstellungen eines Dokumentarfilms als an Fetzen eines bösen Traums zu denken ist.

'Spaghetti-Western'

In den 60er Jahren wurde die ideelle Krise des Neorealismo überwunden. In dieser Glanzzeit des italienischen Films erlangten italienische Produktionen internationale Geltung. Selbst der klassische Western, bis dahin eine Domäne der USA, wurde von jungen Regisseuren wie Sergio Leone seiner Trivialität entkleidet und völlig neu interpretiert. Der Held der sog. Spaghetti-Western ist nun nicht mehr eine substanzlose 'law-and-order-Figur', sondern im Gegenteil ein Anarchist, der die Gesetze nur als die Regeln *seines* Spiels betrachtet. Nie war der Western wohl unamerikanischer als Leones "Per un pogno di dolari" ("Für eine Handvoll Dollar", 1964). Mit dem Autoritätsverlust des Neorealismo gewann nicht nur Sergio Leone eine neue künstlerische Freiheit. Auch Pier Paolo Pasolini nutzte nun das Medium des Films, um frei von allen programmatischen Bestimmungen seine eigene Subjektivität ins Spiel zu bringen. "Edipo Re" ("Oedipus Rex", 1967) beginnt mit Szenen aus Pasolinis lombardischer Heimat und ent-

Film

Szenenfoto aus Fellinis "La Strada" mit Giulietta Masina

wickelt sich dann mehr und mehr zu einer mythischen Ausleuchtung seines eigenen Oedipus-Komplexes. Mit Luchino Viscontis "Il Gattopardo" ("Der Leopard", 1963) ist es nicht anders. Die Folie des Filmgeschehens bilden zwar die gesellschaftlich brisanten Jahre 1860–1862, doch letztlich fixiert sich Visconti ganz auf die tragischen Erfahrungen des Individuums in einer Zeit des Wandels.

'Spaghetti-Western' (Fortsetzung)

In den 70er Jahren überwogen negative Aspekte. Die alte Garde starb binnen weniger Jahre (de Sica 1974, Pasolini 1975, Visconti 1976, Rosselini 1977), die Qualität vieler Produktionen sank auf das Niveau der Vulgärpornografie, die amerikanischen Produzenten flüchteten vor der kursschwachen Währung, und der Kinofilm, der 60 Jahre zuvor das traditionelle Bild so erfolgreich verdrängt hatte, drohte angesichts der Fernsehkonkurrenz nun selbst zur Makulatur zu werden. Eine der wenigen positiven Ausnahmen bildete Bertoluccis "Ultimo tango a Parigi" ("Der letzte Tango von Paris", 1972), eine erotisch verschlüsselte Metapher auf die Anonymität der Gegenwartsgesellschaft. Lapidar ist der Erzählstil: Ein amerikanischer Tourist verfällt in Paris einer Unbekannten, im erotischen Exzeß finden beide ein flüchtiges Glück, die Unbekannte verschwindet, er spürt sie auf, und sie erschießt ihn – ihr Kommentar: "Ich habe nicht einmal seinen Namen gekannt". Für das Befremden, das den Zuschauer bei diesem Film beschleicht, hat die italienische Filmkunst in den 70er Jahren ein besonderes Gespür. Marco Ferreris barock-schwülstiges Werk "La grande abbuffata" ("Das große Fressen", 1973), Lina Wertmüllers sarkastischer Streifen "Film d'amore et d'anarchia" ("Liebe und Anarchie", 1973) oder Valerio Zurlinis kafkaesker Film "Il deserto di tartari" ("Die Wüste der Tartaren", 1976) verunsichern den Zuschauer mit einer Realität, die unwiderruflich aus den Fugen der Vernunft geraten ist.

70er Jahre

Seit Ende der 80er Jahre schien sich der italienische Film wieder auf seine glanzvolle Tradition zu besinnen, und Hollywoods Markthoheit weckte den

80er Jahre

Film · Design

Film,
80er Jahre
(Fortsetzung)

nationalen Stolz. Lina Wertmüller und Bernardo Bertolucci ("Der letzte Kaiser", 1986, und "Little Buddha", 1993) arbeiteten nach jahrelanger Abwesenheit erneut in Italien, und das italienische Publikum erwärmte sich wieder für heimische Produktionen. Im ungleichen Konkurrenzkampf zwischen Europa und den USA drängte sich Italien in eine neue Führungsrolle. Der Regisseur Franco Zefirelli bringt dieses europäische Engagement des italienischen Films auf den Punkt: "Wir wollen keinen Krieg gegen die Amerikaner, nur das Recht auf unsere eigene Kultur".

Design

"In der Gestaltung der Interieurs sowie in der Architektur ihrer Häuser sind die Engländer unübertrefflich. Die Italiener haben, abgesehen von Marmor und Farbe, wenig Gespür ... " schrieb 1884 Edgar Alan Poe in seinem Buch "Philosophy of Furniture". Das mag im Jahre 1884 noch zutreffend gewesen sein, auch noch um die Mitte unseres Jahrhunderts lastete auf weiten Teilen der italienischen Kultur – nicht nur im Bereich des Designs – der Schatten von 20 Jahren politisch bedingter Einförmigkeit. Doch bereits in den 30er Jahren waren progressive Neuansätze zu erkennen, so bei den Einrichtungsentwürfen des Architekten Franco Albini sowie bei den Arbeiten von Marcello Nizzoli, der den Design-Prozeß des Konzerns Olivetti in den 30er, 40er und 50er Jahren wesentlich prägte.

Das Markenzeichen der Olivetti-Büromaschinen war ihre unkonventionelle Erscheinung, die eine gelungene Verbindung von Technik und Ästhetik darstellte – in einer Zeit, wo man bei anderen Büromaschinenherstellern nicht entfernt von Design sprechen konnte. Nicht ohne Grund kann man eines der berühmtesten Modelle aus der 'Olivetti-Werkstatt', die 1969 von Ettore Sottsass entworfene Reiseschreibmaschine "Valentine", heute im Museum of Modern Art in New York bewundern.

Design-Geschichte schrieb in den 50er Jahren auch die legendäre italienische "Vespa". Der meistgefahrene Motorroller der Welt wurde 1945 von dem Flugzeugkonstrukteur Corradino d'Asciano entwickelt. Die "Lambretta B" für Innocenti entwarf 1947 der Ingenieur Cesare Palavicino, während die ebenfalls sehr bekannte "Isetta" in den 50er Jahren in Mailand entstand und später von BMW weiterentwickelt wurde. Der Fiat Uno, 1983 von Giorgetto Giugiaro gestaltet, kann nahezu vollständig durch Roboter zusammengebaut werden, und seine Karosserie besteht nur aus 172 Einzelteilen. Hinter den vielbestaunten Prototypen von Ferrari, Lancia, Alfa Romeo und Fiat steht der Name der Designer-Firma Pininfarina. Auch der Peugeot 205 aus dem Jahre 1982 und der Peugeot 405 von 1987 sind aktuelle Pininfarinas.

Gerade am Beispiel der Automobilbranche wird aber auch deutlich, daß die Existenz guter Designer allein nicht genügt, sondern daß es ebenso einer mutigen und aufgeschlossenen Industrie bedarf, die mutig genug ist, neue Ideen zu fördern und sie in die Tat, sprich in Produktgestaltung, umzusetzen. Bei den italienischen Industrieunternehmen wuchs in den Nachkriegsjahrzehnten das Bewußtsein für schöne und gleichzeitig technisch ausgereifte Produkte, wie man insbesondere bei Unternehmen wie Kartell (gegründet 1949), Arflex (gegründet 1950) und Alessi, dem wohl bekanntesten italienischen Hersteller von Haushaltswaren, feststellen kann; so bietet z. B. Richard Sappers Caffèttiera wesentliche Innovationen gegenüber den herkömmlichen Modellen der Espressomaschine.

Unterstützt wurde der Siegeszug des italienischen Designs durch Zeitschriften wie "Domus", "Casabella", "Abitare" oder "Ottagone", die sich der Verbreitung der neuen Impulse verschrieben hatten. Ein Blick in die Auslagen der Zeitungskioske und Buchläden genügt, um festzustellen, daß der italienische Zeitschriftenmarkt im Bereich Design, Innenarchitektur und Mode eine Bandbreite und Qualität erreicht, wie man sie kaum in einem anderen Land findet.

Design · Musik

"Kandissi Sofa" aus dem Atelier Alessandro Mendini

Im Jahre 1981 betrat 'Memphis', eine Gruppe von Möbel-, Textil- und Keramikdesignern um Ettore Sottsass, die Bühne. Ihre frech, sinnlich und experimentell wirkenden Möbel versetzten die Branche in helle Aufregung. Der Funktionalismus war 'out', parallel zur Postmoderne in der Architektur bedienten sich nun auch die Designer historischer Formen. 'Memphis' ist in vielerlei Hinsicht ein typisch italienisches Phänomen, denn die Möbelgestaltung dieser Gruppe ist das Ergebnis einer Innovationsfreude, die weder sonderlichen Respekt vor herrschenden Stilen zeigt noch vor dem Geschmack des Kunden.

Wenn es überhaupt möglich ist, so etwas wie einen einheitlichen Nenner des italienischen Designs festzumachen, dann vielleicht vor allem das Fehlen eines definierten Stils, einer akademischen Schule und – die Lust am Experimentieren.

Design (Fortsetzung)

Musik

Von allen Ländern des Abendlandes hat die Apenninenhalbinsel die reichste gesangliche Überlieferung aus der christlichen Frühzeit. Es liegen umfangreiche Quellen früher liturgischer Musik vor (Mailand, Rom, Benevent). Ihre Neumen, eine mittelalterliche Vorform der Notenschrift, sind zwar noch unzureichend entziffert, zeigen jedoch in der engschrittigen Melodik eine nationale Besonderheit und vermutlich Einflüsse süditalienischer Volksmusik. Unterstützt wird diese frühe Kunst durch die musiktheoretischen Schriften von Augustinus ("De musica", 387–389) und Boethius ("De institutione musicae", um 500). Vater des abendländischen Kirchengesanges ist Ambrosius, der im 4. Jh. als Bischof von Mailand die noch heute in einem Teil von Norditalien geübte Ambrosianische Liturgie begründet. Von dieser leitet sich der von Papst Gregor dem Großen am Ende des 6. Jh.s eingeführte Gregorianische Gesang her.

Christliche Frühzeit

Musik

11.–13. Jahrhundert

Im 11. Jh. entwickelt Guido von Arezzo (992–1050) ein neues System der musikalischen Aufzeichnung, aus dem die heutige Notenschrift hervorging. Der Ursprung des einstimmigen liturgischen Gesanges ist mit volksmusikalischen, griechisch-römischen und jüdischen Traditionen eng verbunden. Diese Formen der Volksmusik, von der Kirche lange Zeit unterdrückt, erfahren vom 11. bis 13. Jh. in 'Laudi' und 'Ballati' neue Belebung.

Renaissance (14.–16. Jh.).

Zu Anfang des 14. Jh.s entfaltet sich in Italien die stilistisch verfeinerte Kunst der Renaissance, die auch durch die wachsende Bedeutung des Italienischen als Literatursprache (Dante, Petrarca, Boccaccio) begünstigt wird. Musikalische Formen wie 'Caccia', Ballade und Madrigal versuchen das neue Kunst- und Lebensgefühl auszudrücken: als Hauptmeister gelten Jacopo da Bologna (14. Jh.), Batilinus von Padua (um 1400) und besonders der Dichter und Organist Francesco Landino (1325–1397), der wohl bedeutendste Vertreter der florentinischen 'Ars Nova'.

Niederländische Komponisten wie Johannes Ciconia (1335–1411), Guillaume Dufay (um 1400 bis 1474) oder Heinrich Isaac (1450–1517) beherrschen im 15. Jh. und zu Beginn des 16. Jh.s das Musikleben an den italienischen Fürstenhöfen. Neben dem Madrigal als der Hauptgattung in der weltlichen Musik und neben der Motette und Messe in der geistlichen Musik treten die volkstümlichen Formen 'Frottola', 'Villanelia', 'Villota' und 'Lauda' sowie seit dem Ende des 15. Jh.s die 'Canti carnascialeschi' auf.

Im 16. Jh. beginnt sich eine Differenzierung zwischen den Musikzentren Venedig und Neapel auf der einen und Rom auf der anderen Seite abzuzeichnen. Aus der päpstlichen Kapelle in Rom geht eine römische Schule hervor, als deren berühmtester Repräsentant Giovanni Pierluigi Palestrina (1525–1594) zu nennen ist. Er führt in seinen kontrapunktisch perfekten Messen, Motetten u. a. die A-cappella-Polyphonie zu einer Vollendung, die zugleich auch ein Höhepunkt der katholischen Kirchenmusik der Renaissance ist. In Venedig wirken Andrea Gabrieli (1515–1586) und sein Neffe Giovanni Gabrieli (1557–1612). Sie schaffen Werke (Kanzonen, Sonaten), die Ausgangspunkt für eine eigenständige Orchester- und Kammermusik werden.

Aus den Bestrebungen eines Kreises von Dichtern (O. Rinuccini, 1562 bis 1621; u.a.), Musikern (E. di Cavalieri, 1550–1602; J. Peri, 1561–1633; u.a.) und gelehrten Humanisten in den Häusern der Grafen Bardi und Corsi zu Florenz ('Florentiner Camarata'), welche die antike Tragödie mit ihrer Musik erneuern wollen und eine ausgewogene Verbindung zwischen Wort und Musik suchen, entwickelt sich im 16. Jh. der instrumental im Generalbaßstil begleitete Sologesang (monodisch-homophones Prinzip). Ferner entstehen die ersten Opern, geschaffen von Jacopo Peri ("Dafne", 1594) und Giulio Caccini ("Euridice", 1600).

Barock (17./18. Jh.)

Mit dem Barock beginnt eine Epoche, die für die Musikentwicklung in ganz Europa bis ins 20. Jh. von größter Wichtigkeit ist. Claudio Monteverdi (1567–1643; "Orfeo", "Die Krönung der Poppea") führt die Oper zu einer ersten Blüte. Er verhilft ihr zu verstärkter Beachtung bei einem größeren Publikum; dies führt zur Eröffnung eines Opentheaters in Venedig (1637), des ersten in Italien. Vertreter venezianischer Opernkunst sind Francesco Cavalli (1602–1676) und Marc' Antonio Cesti (1623–1669). Auch in Rom und Neapel entstehen Opernhäuser. Die Formen des Rezitativs und der Da-capo-Arie werden herausgebildet. An den Werken der wichtigsten Repräsentanten der 'Opera seria' wie Alessandro Scarlatti (1660–1725), Leonardo Vinci (1690–1730) und Leonardo Leo (1694–1744) orientieren sich die ausländischen Opernkomponisten (Händel, Gluck und Mozart). Doch der Typus der 'Opera seria' erstarrt alsbald, da sie immer mehr zur formal virtuosen Konzertoper wird, in der die Kastratenstimme und die effektvolle Bühnenmaschinerie wichtiger erscheinen als der Inhalt und der musikdramatische Ausdruck.

Musik

Die 'Opera buffa' tritt von Neapel und Rom ihren Siegeszug in Europa an. Die Werke von Giovanni Pergolesi (1710–1736; "Die Magd als Herrin"), Giovanni Paisiello (1740-1816; "Der Barbier von Sevilla") und Domenico Cimarosa (1749–1801; "Die heimliche Ehe") werden auch heute noch aufgeführt. Neben der Oper entwickeln sich das Oratorium und die Kantate (G. Carissimi, 1605–1674; A. Stradella, 1641–1682).

Barock (Fortsetzung)

Auch in der Instrumentalmusik des 17. Jh.s kommt es zu einem ausdrucksvollen, virtuosen Stil und zu einer Vielfalt neuer Formen (Sonate, Concerto grosso, Ouverture, Suite, Solokonzert). Lange Zeit stehen Tasteninstrumente wie Orgel und Cembalo im Vordergrund. Girolamo Frescobaldi (1583–1643) schreibt zahlreiche Kompositionen für diese Instrumente (Kanzonen, Partiten, Toccaten). Ab 1650 wird, ausgehend von Arcangelo Corelli (1653–1713) und gefördert von der hochentwickelten Geigenbaukunst der Familien Amati, Stradivari und Guarneri, die italienische Violintradition begründet. Antonio Vivaldi (um 1678 bis 1741), Domenico Scarlatti (1685–1757), Guiseppe Tartini (1692–1770), Luigi Boccherini (1743–1805) und Muzio Clementi (1752–1843) tragen mit ihren streicherbetonten Werken zu einer eigenständigen Instrumentalmusik bei. Niccolò Paganini (1782–1840) führt im 19. Jh. das virtuos-artistische Violinkonzert zu höchster Vollendung und macht Konzertreisen durch Europa.

In der italienischen Musik des 19. Jh.s steht die Oper im Mittelpunkt des Schaffens. Gaetano Donizetti (1797–1848; "Der Liebestrank", "Lucia di Lammermoor", "Don Pasquale"), Vincenzo Bellini (1801–1835; "Norma", "Die Nachtwandlerin") und Gioacchino Rossini (1792–1868; "Der Barbier von Sevilla', "Wilhelm Tell", "Die Diebische Elster") sind die bekanntesten Opernkomponisten in der ersten Hälfte des 19. Jahrhunderts.

19. Jahrhundert

Giuseppe Verdi (1813–1901), dessen frühe Werke (v. a. "Nabucco") im Zusammenhang mit den nationalen Bestrebungen des 'Risorgimento' stehen, ist die überragende Künstlerpersönlichkeit in der zweiten Hälfte des 19. Jahrhunderts. Seine zwischen 1851 und 1853 komponierten Opern "Rigoletto", "Der Troubadour" und "La Traviata" machen Verdi in Italien berühmt; aber erst mit seinen Spätwerken "Don Carlos" (1867), "Aida" (1871), "Othello" (1887) und "Falstaff" (1893) erlangt er internationale Anerkennung, er gilt als einer der bedeutendsten Musikdramatiker überhaupt. In Verdis Schatten arbeiten Arrigo Boito (1842–1918; "Mefistofele") wie auch Umberto Giordano (1867–1948; "André de Chénier") und Amilcare Ponchielli (1834–1886; "La Gioconda").

Giuseppe Verdi

Die Oper "Cavalleria Rusticana" von Pietro Mascagni (1863–1945) gilt als erstes Werk des sogenannten musikalischen Naturalismus (Verismus). Zu dieser Stilrichtung gehört auch Ruggiero Leoncavallo (1858–1919), zu dessen großem Erfolg die Oper "Der Bajazzo" wurde (Uraufführung unter A. Toscanini). Leoncavallo schrieb ferner zahlreiche Operetten.

Verismus

Die Opern Giacomo Puccinis (1858–1924; u.a. "La Bohème", "Tosca", "Madame Butterfly", "Turandot") bilden einen letzten Höhepunkt des italienischen Operntheaters. In diesen Opern verbindet sich italienische Melodik mit klanglichen Neuerungen zur Schilderung einer oft poetischen Atmosphäre. "La fanciulla del West" ("Das Mädchen aus dem goldenen Westen") wird 1910 unter A. Toscanini in New York uraufgeführt.
Ermanno Wolf-Ferrari (1876–1948; "Die vier Grobiane") schließt an die Tradition der 'Opera buffa' an.

Giacomo Puccini

Im 20. Jh. gewinnt in Italien die Instrumentalmusik wieder an Bedeutung. Die Schöpfungen von Ottorino Respighi (1879–1936), besonders die sinfonischen Dichtungen zeichnen sich durch eine virtuose Orchestersprache aus. Ildebrando Pizzetti (1880–1968) und Gian Francesco Malipiero (1882–1973) sowie Alfredo Casella (1883–1947) suchen in ihren Kompositionen nach einer Synthese zwischen traditioneller und moderner Musik.

20. Jahrhundert

Musik · Brauchtum

20. Jahrhundert (Fortsetzung)

Luigi Dallapiccola (1904–1975), Bruno Maderna (1921–1973) und Luigi Nono (1924–1990) orientieren sich weitgehend an den Kompositionsprinzipien der westeuropäischen Moderne (Zwölftonmusik, Serialismus, Punktualismus). Nach 1950 entwickelt Nono einen hochexpressiven Gesangsstil; zwischen 1955 und 1962 entstehen zahlreiche Chorwerke, denen antifaschistische oder revolutionäre Texte zugrunde liegen. Die Auseinandersetzung mit der faschistischen Vergangenheit Italiens spiegelt sich auch in der Oper "La Speranza" (1970) von Franco Mannino (geb. 1924) wider. Nach 1975 vollzieht Luigi Nono in ästhetischer Hinsicht eine Neuorientierung, und 1980 beginnt er in einem Experimentalstudio mit Forschungen über Raumdynamik und Mikrointervalle. Zu Nonos Werken mit Live-Elektronik zählt u.a. "Omaggio a György Kurtág", eine Huldigung an einen zeitgenössischen ungarischen Komponisten.

Brauchtum

Volksfeste

Obwohl auch in Italien die Angleichung an den amerikanischen und nordeuropäischen Geschmack weitgehend vollzogen ist, haben sich in manchen Teilen des Landes alte Traditionen erhalten, legt man Wert auf Trachten und Volksmusik. Die Feste haben trotz aller äußeren Einflüsse meist ihre Ursprünglichkeit bewahren können, wobei der Italiener zwischen weltlichen Festen (oft heidnischen Einflusses) und religiösen Festlichkeiten unterscheidet. Einige städtische Feste mit historischem Hintergrund waren lange Zeit in Vergessenheit geraten, bis man sich vor einigen Jahren – unter dem Eindruck des sich rasch entwickelnden Fremdenverkehrs – wieder auf sie besann. In der Bevölkerung zeigte sich die Bereitschaft, die alten Traditionen wieder zu beleben und sich an den Festen zu beteiligen, sei es auch nur aus Freude am Feiern. Neben den großen weltlichen Festen wie dem Palio von Siena oder den Fahnenspielen in Arezzo finden im ganzen Land aus unterschiedlichen Anlässen kleinere Veranstaltungen statt, bei denen man oft Bräuche und Lebensgewohnheiten der einfachen Bevölkerung besonders gut beobachten kann. Es sind dies Dorffeste, Fischerfeste, Wein- oder Erntefeste.

Kirchliche Feste

Eine bedeutende Rolle spielen in Italien die kirchlichen Feste, die meist sehr viel spontaner als in Nordeuropa begangen werden und nicht selten Volksfestcharakter annehmen. Berühmt sind die zahlreichen Prozessionen zu Corpus domini, zu Mariä Himmelfahrt sowie in der Karwoche. Am Karfreitag wird das in allen Kirchen ausgestellte reich geschmückte 'Heilige Grab' (Santo Sepolcro) viel besucht. An Weihnachten gibt es in Oberitalien immer häufiger einen Weihnachtsbaum, während in den südlichen Regionen fast ausschließlich die Krippe (Presepio) als Festsymbol zu sehen ist. Die Bescherung der Kinder findet meist am Dreikönigstag (6. Januar; Epifania) statt. Der Karneval wird nur noch an wenigen Orten festlich begangen (u.a. Viareggio, San Remo), doch gibt es noch einige urwüchsige Formen, die ähnlich auch in der schwäbisch-alemannischen Fastnacht auftreten: Die Mamutones (eine Art Schellennarren) auf Sardinien, Hexen in Südtirol, Winterverbrennung in Oberitalien.

Trachten

Bei den über das ganze Jahr verteilten Festen werden oft noch die alten Trachten getragen, besonders auf dem Land. In den Abruzzen, auf Sardinien sowie in manchen Regionen Kalabriens und des Piemont trifft man ganzjährig Menschen, die eine Tracht tragen. Die Vielfalt der italienischen Trachten ist beeindruckend. Während in der Val d'Aosta dunkle strenge, an französische Vorbilder erinnernde Trachten vorherrschen, sind in Südtirol, der deutschstämmigen Bevölkerung entsprechend, Trachten österreichischen und bajuwarischen Einschlags – einschließlich Lederhosen und Tirolerhut – verbreitet. Im Zentrum und Süden Italiens ist die Verschiedenheit der Trachten und ihr Farbenreichtum oft überwältigend, wobei nicht selten jugoslawische, griechische, aber auch orientalische Einflüsse zu

Brauchtum

erkennen sind. Bei den sardischen Trachten ist auch der Schleier keine Seltenheit.

Trachten (Fortsetzung)

Aus festlichem Anlaß ertönen vielerorts die alten Weisen, die im Alltag allzu oft von gängigen Schlagern verdrängt werden. Musik ist fester Bestandteil italienischen Lebens. Das trifft besonders auf den Gesang zu. Nicht selten ertönt aus einem Hausflur, aus einem geöffneten Fenster, über einem Kanal in Venedig die Stimme eines Amateursängers. Das Klischee vom singenden Pizza-Bäcker kann durchaus noch seine wahre Entsprechung haben. Es ist gewiß kein Zufall, daß Italien das Land des Belcanto, das Land der Oper schlechthin ist. Die berühmten Canzoni napoletane (Lieder aus Neapel wie "O sole mio", "Torna a Surriento", "Tu ca' nun chiange", "Na sera e maggio") sind allerdings nur bedingt als Folklore zu bezeichnen, stellen sie doch eine seltsame, typisch italienische Mischform aus Volksmusik, Schlager und Kunstlied dar. Authentische napoletanische Volksmusik wird beispielsweise von der 'Nuova Compagnia di Canto Popolare' auf hohem Niveau gepflegt. Der Musikverlag Ricordi in Mailand ebenso wie der italienische Rundfunk (RAI) und die Accademia di Santa Cecilia (Roms Nationale Musikhochschule) haben zahlreiche Dokumente italienischer Volksmusik gesammelt und auf Band aufgenommen.

Musik im italienischen Alltag

Charakteristische, oft jahrhundertealte Instrumente werden in der italienischen Volksmusik verwendet. Neben der einfachen Rohrflöte und dem oboenartigen Piffero sind die dreirohrige 'Launedda' und einige Panflöten hervorzuheben. Verschiedene Arten von Dudelsäcken (beispielsweise die Zampogna) werden von den Hirten in den Abruzzen und auf Sardinien gespielt. Weit verbreitet sind Gitarren und Mandolinen. Beliebt ist auch die Ziehharmonika, besonders auf dem Lande, wo sie vielfach den 'Ballo liscio' begleitet.

Volksmusik

Tänze hatten in Italien zu allen Zeiten große, oft rituelle oder sakrale Bedeutung. Obwohl viele dieser Tänze die Jahrhunderte nicht überlebten, haben sich einige – wie der Ballo Tondo – bis heute halten können. Der Ballo Tondo ist ein besonders auf Sardinien beliebter Rundtanz, in etwa der katalanischen Sardana vergleichbar. Auch die kriegerisch anmutenden Danze delle Spade (Schwerttänze) haben ihre Zeit überdauert. Im Piemont tanzen die Spadonari von Venaltio (17. Mai), Giaglione (5. April) und San Giorgio Canavese besonders eindrucksvoll. Die beliebtesten Volkstänze Italiens sind aber zweifellos die neapolitanische Tarantella und der Saltarello, die die Liebe als Motiv haben und meist durch lebhaften Rhythmus begeistern.

Tänze

Italien in Zitaten

Hinweis

Die nachstehende Sammlung von ausgewählten Literaturzitaten ist chronologisch geordnet.

Giorgio Vasari
(1511–1574)

... Außerdem vollendete Michelangelo nun die fünf Ellen hohe Marmorstatue des Moses, deren Schönheit niemals durch ein neueres Werk übertroffen werden kann und der kein antikes gleichkommt (der Text bezieht sich auf den "Moses" am Grabmahl von Papst Julius II. in der Kirche San Pietro in Vincoli, Rom; Anmerkung der Redaktion). Der Prophet sitzt voll hoher Würde da, einen Arm auf die Gesetzestafel gestützt, die er in der einen Hand hält; mit der anderen greift er sich an den langen, lockigen Bart, der so vollkommen ausgeführt ist, daß die Haare, die in der Bildhauerei so schwer darzustellen sind, flaumig weich und fein und wie einzeln erscheinen; man hält es kaum für möglich, daß der Meißel in solchem Maß zum Pinsel werden konnte. Das Antlitz von hoher Schönheit ist das eines wahrhaft heiligen und ehrfurchtgebietenden Fürsten; bei seiner Betrachtung meint man, er werde nach einem Schleier verlangen, um sein Antlitz zu verhüllen – so viel Licht und Glanz strahlt es aus, so treulich ist die Herrlichkeit dargestellt, die Gott den Zügen des Propheten verliehen hatte. Überdies umgeben die Gewänder im schönsten Faltenwurf die Glieder; die Muskeln der Arme, die Knochen und Sehnen der Hände sind mit solcher Vollkommenheit ausgeführt, die Beine, die Knie, die Füße in ihrer verschiedenen Bekleidung, kurz, alle Teile sind so herrlich vollendet, daß man Moses nun mehr denn je den Liebling Gottes nennen kann, da er ihm vor allen anderen durch die Hand des großen Michelangelo den Leib zur Auferstehung hat bereiten wollen ...

Aus: "Lebensläufe der berühmtesten Maler, Bildhauer und Architekten" (1550)

Johann Gottfried
Seume
(1763–1810)

... Den Morgen darauf gingen wir durch die Jumarren, einen heillosen Weg, unter sehr schlechtem Wetter. Nie habe ich eine solche Armuth gesehen, und nie habe ich sie mir nur so entsetzlich denken können. Die Insel sieht im Innern furchtbar aus. Hier und da sind einige Stellen bebaut; aber das Ganze ist eine Wüste, die ich in Amerika kaum so schrecklich gesehen habe. Zu Mittage war im Wirthaus durchaus kein Stückchen Brot zu haben. Die Bettler kamen in den jämmerlichsten Erscheinungen, gegen welche die römischen auf der Treppe des spanischen Platzes noch Wohlhabenheit sind: sie bettelten nicht, sondern standen mit der ganzen Schau ihres Elends, nur mit Blicken flehend, in stummer Erwartung vor der Thüre. Erst küßte man das Brot, das ich gab, und dann meine Hand. Ich blickte fluchend rund um mich her über den reichen Boden, und hätte in diesem Augenblicke alle sicilischen Barone und Äbte mit den Ministern an ihrer Spitze ohne Barmherzigkeit vor die Kartätsche stellen können. Es ist heillos. Den Abend blieb ich in Fontana Fredda ...
Bis an das Bergkloster der Benediktiner ist der Aetna von dieser Seite bebaut, und ziemlich gut bebaut; weiter hinauf ist Wald und fast von lauter Eichen, die jetzt noch alle kahl standen; und nicht weit von der Geißhöhle oder dem jetzigen Hause von Paterno hört die Vegetation ganz auf. Wir fanden von dort an bis zum Gipfel hohen Schnee. Die bebaute Region giebt eine Abwechslung, die man vielleicht selten mehr auf dem Erdboden findet. Unten reifen im lieblichsten Gemisch die meisten Früchte des wär-

Italien in Zitaten

meren Erdstrichs; alle Orangengeschlechter wachsen und blühen in goldenem Glanze. Weiter hinauf gedeiht die Granate, dann der Oleander, dann der Oelbaum, dann die Feige, dann nur der Weinstock und die Kastanie, und dann nur noch die ehrwürdige Eiche. Am Fuße triffst Du alles dieses zusammen in schönen Gruppen, und zuweilen Palmen dazu ...

J.G. Seume
(Fortsetzung)

Aus: "Spaziergang nach Syrakus im Jahre 1802"

Neapel, den 2. Juni 1787
... Die Dämmerung war schon eingebrochen, und man hatte noch keine Kerzen gebracht. Wir gingen im Zimmer auf und ab, und sie, einer durch Läden verschlossenen Fensterseite sich nähernd, stieß einen Laden auf, und ich erblickte, was man in seinem Leben nur einmal sieht. Tat sie es absichtlich, um mich zu überraschen, so erreichte sie ihren Zweck vollkommen. Wir standen an einem Fenster des oberen Geschosses, der Vesuv gerade vor uns; die herabfließende Lava, deren Flamme bei längst niedergegangener Sonne schon deutlich glühte und ihren begleitenden Rauch schon zu vergolden anfing; der Berg gewaltsam tobend, über ihm eine ungeheure feststehende Dampfwolke, ihre verschiedenen Massen bei jedem Auswurf blitzartig gesondert und körperhaft erleuchtet; von da herab bis gegen das Meer ein Streif von Gluten und glühenden Dünsten; übrigens Meer und Erde, Fels und Wachstum deutlich in der Abenddämmerung, klar friedlich, in einer zauberhaften Ruhe. Dies alles mit einem Blick zu übersehen und den hinter dem Bergrücken hervortretenden Vollmond als die Erfüllung des wunderbarsten Bildes zu schauen, mußte wohl Estaunen erregen.
... Je mehr die Nacht wuchs, desto mehr schien die Gegend an Klarheit zu gewinnen; der Mond leuchtete wie eine zweite Sonne; die Säulen des Rauchs, dessen Streifen und Massen durchleuchtet, bis ins Einzelne deutlich, ja man glaubte mit halbweg bewaffnetem Auge die glühend ausgeworfenen Felsklumpen auf der Nacht des Kegelberges zu unterscheiden ...

Johann Wolfgang
von Goethe
(1749–1832)

Aus: "Italienische Reise" (1816/1817)

... Die Villa Bagnerello oder das rosenrote Gefängnis – der viel bezeichnendere Name für dieses Gebäude – hat eine der prächtigsten Lagen, die man sich nur denken kann. Die herrliche Bucht von Genua und das tiefblauen Mittelmeer erstreckt sich in nächster Nähe. Mächtige alte, verödete Häuser und Paläste finden sich allenthalben. Hohe, mit den Gipfeln in die Wolken ragende Berge, die weit hinauf bis zu den felsigen Flanken mit starken Befestigungen versehen sind, liegen unmittelbar zu meiner Linken und vor mir. Von der Hausmauer bis hinab zu einer verfallenen Kapelle, die auf den kühnen, malerischen Klippen an der Küste steht, ziehen sich grüne Weingärten; dort kann man, meist im Schatten, durch endlose Alleen aus Reben, die vermittels eines rohen Lattenwerkes über die schmalen Wege gezogen sind, den ganzen Tag umherwandeln.
...
Die verfallene Kapelle an der schönen, malerischen Küste war ehedem dem heiligen Johannes dem Täufer geweiht. Soviel ich weiß, gibt es die Legende, daß die Gebeine des heiligen Johannes, als man sie nach Genua gebracht hatte, an dieser Stelle unter verschiedenartigsten Feierlichkeiten in Empfang genommen wurden; bis zum heutigen Tage befinden sie sich in Genua. Wenn auf dem Meer ein besonders heftiger Sturm tobt, so holt man sie aus ihrem Schrein und setzt sie dem Unwetter aus, das dadurch unfehlbar sogleich besänftigt wird. Auf Grund dieser engen Verbindung der Stadt mit dem heiligen Johannes wird ein großer Teil der Bevölkerung auf den Namen Battista getauft ...

Charles Dickens
(1812–1870)

Aus: "Italienische Reise" (um 1845)

Es war einer der Tage zu Beginn des Sommers, zur Zeit, da der Golf von Neapel, umgrenzt von seinen Hügeln, von seinen weißen Häusern, von seinen mit kletternden Reben verkleideten Felsen und seinem Meer darin,

Alphonse
de Lamartine
(1790–1869)

105

Italien in Zitaten

A. de Lamartine (Fortsetzung)

blauer als der Himmel, einem Becher aus antikem Grün gleicht, den der Schaum weiß färbt und dessen Henkel und Rand Efeu und Rebe umranken; es war die Jahreszeit, da die Fischer des Posilipo, die ihre Hütten an seine Felsen hängen und ihre Netze auf den kleinen Strandflecken von feinem Sand ausbreiten, sich vertrauensvoll vom Festland entfernen und nachts zwei oder drei Meilen ins Meer hinausfahren, bis unter die Klippen von Capri, von Procida, von Ischia und inmitten des Golfs von Gaëta.
Einige von ihnen nehmen Harzfackeln mit, die sie anzünden, um den Fisch zu täuschen. Der Fisch steigt bei diesem Licht auf, weil er glaubt, es sei die Morgendämmerung. Ein Kind, auf dem Bug kauernd, senkt stumm die Fackel auf das Wasser, während der Fischer in die Tiefe blickt, seine Beute zu gewahren und mit seinem Netz zu umschlingen. Diese Feuer, rot wie die Öffnung des Hochofens, spiegeln sich in langen, bewegten Streifen über die Oberfläche des Meeres wie lange Schleppen von Licht, das die Kugel des Mondes ausstrahlt. Das Wogen der Wellen läßt sie erzittern und verlängert den Glanz von Kamm zu Kamm, so weit, daß die erste Woge sich in den Wogen spiegelt, die ihr folgen ...

Aus: "Graziella" (1848)

Ferdinand Gregorovius (1821–1891)

... In Florenz scheint die Kunst noch ein überraschend demokratisches Wesen bewahrt zu haben, sowohl was die Öffentlichkeit ihrer Werke als ihren geschichtlichen Zusammenhang mit Stadt und Volk selber betrifft. Eine große Menge von Bildsäulen ist auf Plätzen oder in Kirchen aufgestellt, und mögen sie nun von größerem oder geringerem Wert sein, ihre Beziehung auf das Volk ist lebendig, anregend und erfreulich. In der Loggia dei Lanzi lagert sich das Volk in der Morgenfrische oder in der Abendkühle unangefochten unter den Statuen, welche dort aufgestellt sind. Musik erschallt dort an den Festtagen, die Loge wird erleuchtet, Kinder tanzen ungestört um die Gruppe des Ajax und des Patroklus und unter dem Perseus des Benvenuto Cellini oder der Judith des Donatello. Mitten in dem Raume aber, welchen die Uffizien umschließen und wo in den Pfeilernischen die Porträtfiguren der großen Florentiner und Toskaner stehen, lärmt das Volksleben vom Morgen bis zum Abend. Man pflegt dort die Lotterie zu verspielen, welche viele tausend Menschen herbeilockt. Zu den Füßen der Bildsäulen Machiavellis, Dantes, Boccaccios haben sich die Straßenbuchhändler aufgestellt, und indem sie die Werke jener Männer feilbieten, möchte es scheinen, als sähe man ihre Verfasser Anteil nehmen an den modernen Menschen, die ihre hundertfach aufgelegten Schriften zu suchen kommen. So dem Volk als Eigentum hingegeben, wie diese und andere Werke der Kunst auf Straßen und Plätzen, sind auch die Denkmäler der großen Florentiner in den Kirchen ...

Aus: "Wanderjahre in Italien" (1856–1877)

Mark Twain (Samuel Langhorne Clemens; 1835–1910)

In Pisa stiegen wir zur Spitze des seltsamsten Bauwerks empor, das die Welt kennt – des Schiefen Turmes. Wie jedermann weiß, ist er etwa fünfundfünfzig Meter hoch - und ich bitte zu beachten, daß fünfundfünfzig Meter etwa die Höhe von vier übereinandergesetzten normalen dreistöckigen Gebäuden ist. Für einen Turm mit durchweg gleichem Durchmesser ist das eine recht bemerkenswerte Höhe, selbst wenn er aufrecht steht – aber dieser neigt sich um mehr als dreizehn Fuß aus der Lotrechten. Er ist siebenhundert Jahre alt, aber weder die Geschichte noch die Überlieferung sagen etwas darüber, ob er absichtlich so gebaut worden sei, wie er steht, oder ob sich eine Seite gesenkt habe. Es gibt keine Aufzeichnungen, die besagen, daß er jemals gerade gestanden habe. Er ist aus Marmor, ein luftiges und schönes Bauwerk, und jedes seiner Stockwerke ist ringsum von gekehlten Säulen umgeben, einige aus Marmor und einige aus Granit, mit korinthischen Kapitälen, die schön gewesen sein müssen, als sie neu waren. Es ist ein Glockenturm, und in seiner Spitze hängt ein altes Glockenspiel. Die runde Treppe innen ist dunkel, aber man weiß immer, auf welcher Seite des Turmes man sich befindet, weil man so, wie der Turm

Italien in Zitaten

sich hebt und senkt, ganz natürlich von einer Seite der Treppe zur anderen pendelt. Einige Steinstufen sind nur an einer Seite ausgetreten, andere nur auf der anderen Seite, andere nur in der Mitte. Wenn man vom Dach in den Turm hinabschaut, ist es, als blicke man in einen schrägen Brunnen. Ein Seil, das von der Mitte des Daches herabhängt, berührt die Mauer, ehe es die Erde erreicht. Wenn man ganz oben steht und an der hohen Seite hinabschaut, ist einem nicht so ganz wohl; aber wenn man auf der anderen Seite auf dem Bauch an den Rand kriecht und versucht, den Hals weit genug auszustrecken, um den Fuß des Turmes zu sehen, bekommt man eine Gänsehaut und ist entgegen aller Einsicht einen kurzen Augenblick lang davon überzeugt, daß der Bau umstürze. Man bewegt sich die ganze Zeit über sehr vorsichtig unter dem törichten Eindruck, daß, falls er noch nicht unstürze, das eigene unbedeutende Gewicht ihn dazu bringen werde, wenn man nicht sorgfältig darauf achte, sich 'leicht' zu machen.

Mark Twain
(Fortsetzung)

Aus: "Reise durch die Alte Welt" (1896)

Einige Gesundheitsregeln werden nicht überflüssig sein, da der Nordländer in Italien seine Lebensgewohnheiten einigermaßen modifizieren muß, ohne doch die Weise der Italiener unbedingt zur Richtschnur zu nehmen. Vor allem beachte man, daß man auch in Italien keineswegs immer laue Lüfte und einen ewig heitern Himmel antrifft, und nehme daher in seiner Kleidung genügende Rücksicht auf Witterungswechsel. Für Frühjahr, Sommer und Herbst gelte als Regel, daß man sich nicht leichter kleiden darf als man es in der gleichen Jahreszeit etwa zu einer Reise am Rhein oder in Süddeutschland thun würde. Den besten Schutz gegen Erkältungen gewährt wollenes Unterzeug. Um die im Winter sehr beträchtlichen Unterschiede zwischen der Sonnen- und Schattentemperatur, zwischen der Mittagswärme und abendlichen Kühle auszugleichen, sei man in dieser Jahreszeit stets mit einem Überzieher oder Plaid versehen. Im Gegensatz zur nordischen Gewohnheit wird man sich ihrer um Mittag oft in geschlossenen Räumen, Stuben, Galerien, Kirchen bedienen, während man sie im Freien, wo die Sonne ihren erwärmenden Einfluß ungehindert ausübt, ablegen kann. An warmen Tagen ist es zweckmäßig, zum Besuch von Galerien und Kirchen den Hinweg zu Wagen, den Heimweg zu Fuß zurückzulegen. Macht man es, wie das gewöhnlich geschieht, umgekehrt, so betritt man die kalten Räume in erhitztem Zustande und wird beim Weggange nicht wieder gehörig warm. Anderseits setze man sich im Sommer der Sonne nicht zu sehr aus, sondern bediene sich eines Schirmes. Empfindliche Augen sind dann auch durch dunkle Brillen (am besten mit rauchfarbenen konkaven Gläsern) zu schützen. Im Gasthof achte man darauf, daß das Zimmer mit einem Fußteppich versehen sei. Südliche Lage ist für den Schwächlichen unumgänglich, selbst für den Gesunden nahezu Bedürfnis. Ist Südseite nicht zu haben, so wähle man im Winter West-, im Sommer Ostseite. Sonnenlose Nordzimmer sollten vorsichtige Reisende ablehnen. Für die Nacht sehe man auf hinreichend warme Bedeckung, die Gasthofsbettdecken sind in der Regel zu dünn. Mäßigkeit in Speise und Trank ist besonders in Neapel geboten. Der nordische Appetit verringert sich zwar im Süden allmählich, aber in der ersten Zeit kann man sich durch zu reichlichen Genuß der ungewohnten Nahrung (Maccaroni, Käse, Südfrüchte u. dgl.) leicht den Magen verderben. Bedenklich sind nicht ganz frische Seefische, die der Einheimische stets zurückweist, und in Neapel auch die Austern an *S. Lucia*, wo die Nachbarschaft der Kloakenmündungen und der Austernbehälter oft Typhus veranlaßt hat. Vorsicht gegenüber dem Trinkwasser ist auf Reisen stets am Platze, obschon fast alle größeren Städte Italiens mit guten Wasserleitungen versehen sind. Das römische Wasser ist seit dem Altertum berühmt, doch ist es, namentlich die *Acqua Marcia*, ziemlich kalkhaltig und verursacht leicht Verstopfung; am besten ist das Wasser der *Trevi*. Der schlechte Ruf, den das Trinkwasser Neapels früher hatte, ist durch Eröffnung der vortrefflichen *Acqua di Serino* hinfällig geworden. In allen großen Städten giebt es gute deutsche Biere; ein den heimatlichen Verhältnissen entsprechender Genuß

Baedekers
"Italien"
(4. Auflage, 1899)

Italien in Zitaten

Baedekers "Italien" (Fortsetzung)

derselben ist aber, namentlich in Neapel, bestimmt zu widerraten. Das zuträglichste Tagesgetränk bleibt, besonders in Mittelitalien und Neapel, der rote einheimische Landwein. Zum Schluß sei ... vor allzu hastigem Reisen gewarnt. Außer Erkältungen und Diätfehlern sind Überanstrengungen die gewöhnliche Ursache der akuten Krankheiten, von denen manche Reisende in Italien befallen werden. Wer sich am Tage keine Stunde der Ruhe gönnt, in kürzester Frist alles sehen will und nur am Abend in raschem Genuß von Speise und Trank die leibliche Erholung zu finden hofft, muß auch bei kräftigster Konstitution unterliegen. Bei noch so leichter Unpäßlichkeit unterlasse man jeden weiteren Ausflug, um durch Ruhe dem Nervensystem Zeit zu lassen, die normale Leistungsfähigkeit der Organe wiederherzustellen. Gelingt dies nicht, ziehe man den Arzt zu Rate.

Hermann Hesse (1877–1962)

Niemals hat die Lagune von Venedig sich meinem Auge so glücklich entschleiert wie an einem Vormittag im Mai, den ich fast ausschließlich ihrer Betrachtung widmete...
Das Wasser der Lagune, dessen Grundfarbe ein der Rheinfärbung sehr ähnliches Hellgrün ist, hat durchaus die Lichtqualität matter Edelsteine, namentlich des Opals. Die Spiegelung ist sehr unscharf, starke Lichter dagegen erwecken auf der scheinbar stumpfen Oberfläche wahrhaft überraschende Reflexe. Man ist erstaunt, diese milchig matte Fläche so enorm lichtempfindlich zu finden. Die Sonne verlieh ihr einen gleichmäßig matten Glanz, der aber an Stellen, die von Schiffen oder Ruderschlägen erregt wurden, in blendenden, goldenen Feuern auflodderte. Aber auch die unbewegte, fast spiegelebene Lagune war unaufhörlich farbig belebt, und zwar ganz anders als das offene Meer, indem auch die lebhaftesten Farben nie die transparente Klarheit des Meerwassers annahmen, sondern alle wie durch einen gemeinsamen milchweißen Grund gedämpft und ins Zartere, Differenziertere, Flüchtigster getönt waren.
Venedig wäre nicht Venedig, wenn es im freien Meer läge; an jenem Morgen empfand ich den enormen Unterschied von Meer und Lagune. Die leuchtend frischen, jubelnden Farben des bewegten Meeres würden Venedig seinen eigensten Schmuck rauben: das Verschleierte, Traumhafte, verborgen Schillernde der Farben. Es ist kein Zufall, daß so viele Venezianer, namentlich der brillante Crivelli und später Paris Bordone, in ihren Gemälden mit besonderer Liebe und mit vollendetem Raffinement den verfeinerten koloristischen Reizen der Edelsteine, des Atlas, des Sammet und der Seide nachgingen – sie hatten auf der Lagune stündlich dieselben Farbenreize eines aparten Materials vor Augen ...

Aus: "Die Lagune" (1901)

Rainer Maria Rilke (1875–1926)

Römische Fontäne (Borghese)

Zwei Becken, eins das andre übersteigend
aus einem alten runden Marmorrand,
und aus dem oberen Wasser leis sich neigend
zum Wasser, welches unten wartend stand,

dem leise redenden entgegenschweigend
und heimlich, gleichsam in der hohlen Hand,
ihm Himmel hinter Grün und Dunkel zeigend
wie einen unbekannten Gegenstand;

sich selber ruhig in der schönen Schale
verbreitend ohne Heimweh, Kreis aus Kreis,
nur manchmal träumerisch und tropfenweis

sich niederlassend an den Moosbehängen
zum letzten Spiegel, der sein Becken leis
von unten lächeln macht mit Übergängen.

Italien in Zitaten

Wir fuhren hinauf, entlang der Bergkette, vom Gebiet der Marsica her, im Nachmittagslicht den Fucino hinter uns lassend: der sich unterm Blick, in seinem Dunst bebend, hinbreitete, kaum daß das Postauto über Celano hinausgelangt war. Wieder ging es bergauf. Kräftige, widerstandsfähige Kiefern lagen in dichten Flecken überm sonnenbeschienen Berg. Bei Ovindoli verschwand, nach vielen Kurven und Kehren, die Marsica: auf manchen Berghäusern wehten grünweißrote Fähnchen, aus einigen Kaminen stieg ein zarter Hauch gegen den weißblauen Himmel.

...

Dann begann die Straße sich hinunterzuwinden, in Schlangenlinien, legte sich um die bewaldeten Vorsprünge des Berges, hinab zum Aterno: schon brachte der Abend uns die Schatten und neue Dinge und Zeichen: der Gran Sasso schaute auf uns wie ein übermächtiger Gedanke, schraffiert vom weißen Geäder des Schnees, im schwarz-grauen Dreieck des Corno Grande ...

Inmitten einer Kehre, wo eine Gruppe von Landfrauen stand, die Krüge oder Körbe auf dem Kopf trugen, gestützt vom schwarzen Kapitell eines Schals oder Tuchs, bremste das Postauto und hielt an: es waren ihrer vier oder fünf, die vom Steig zwischen den Kastanien heruntergekommen und stumm vor uns aufgetaucht waren, magre und braune Kanephoren mit leuchtenden Augen und ein wenig eingefallen im erdfarbenen Gesicht, vom Gebären ausgezehrt: ich dachte, sie wollten mitfahren, zum Verkauf in der Stadt: statt dessen boten sie uns jedoch Erfrischungen feil, Wein und 'scamorze' (kleine köstliche Frischkäse der Abruzzen und Apuliens) zu erfrischender Rast auf der Reise, unter den alten Kastanien, zur Vesperstunde ...

Aus: "Die Abruzzen. Menschen und Land" (1935)

Carlo Emilio Gadda (1893–1973)

Apuliens Küste ist eine der schönsten, die ich kenne. Jahrhunderte anhaltender Sonneneinstrahlung haben den beim Bau der alten Häuser verwendeten Kalkstein ins Kreideweiß gebleicht. Auf eine Länge von fast hundert Kilometern zu beiden Seiten Baris zieht sich eine Kette kleiner Hafenorte und Fischerstädtchen, und in keinem dieser Orte fehlen das wuchtige, von Normannen erbaute, da und dort von den Hohenstaufen oder Angevinern renovierte Kastell und die normannische Kathedrale sowie das dichte Gehege der Gassen, von denen manche so orientalisch anmuten, daß man sich nach Marokko versetzt fühlen könnte. Doch es ist das gleißend helle Licht, das ich in Erinnerung behalten werde. Dies und natürlich die blaugrüne, unmerklich in jene Farbe übergehende Adria, die für Homer "dunkel wie Wein" gewesen ist.

Nirgendwo in Europa wird man innerhalb eines so kleinen Umkreises so viele normannische Kathedralen finden. Pedanten mögen mir die Wahl der Bezeichnung 'normannisch' anstelle von 'apulisch-romanisch' vorwerfen. Darauf ließe sich nur mit dem Hinweis auf die eindeutig normannischen Charakteristika der dunklen und feierlichen Kirchenschiffe mit ihren gerundeten Bogen, mächtigen Portalen und schlanken Arkaden und vieler anderer Einzelheiten erwidern. Welche von diesen Kirchen nun die allerschönste oder interessanteste ist, läßt sich freilich schwer bestimmen. Da sie jedoch sozusagen nur auf einen Katzensprung voneinander entfernt liegen, ist es ein leichtes, sie mehrfach aufzusuchen und miteinander zu vergleichen...

Aus: "Süditalien" (1964)

Henry Vollam Morton (1892–1979)

Historische Reisewege

Frankenstraße

Eine Welle der Märtyrer- und Heiligenverehrung führte seit dem 7. Jh. dazu, daß Pilger in großer Zahl aus Mitteleuropa und Norditalien nach Rom zogen. Diesen Pilgerstrom aufzunehmen entstand wohl unter den Langobarden – unter Einbeziehung bestehender Verkehrswege – die 'Via Sancti Petri' oder 'Strada Romea', die seit der Eingliederung Oberitaliens in das Frankenreich auch 'Frankenstraße' genannt wurde. Sie zog sich in ihrer gesamten Länge durch das Binnenland und wurde, geschützt vor den im Küstenland üblichen Piratenüberfällen, bald zu einer geschätzten Verkehrsverbindung für Kaufleute und später zur wichtigsten Heerstraße der Apenninen-Halbinsel.

Goethes Italienreise

Johann Wolfgang von Goethe (1749–1832), der berühmteste deutsche Dichter, unternahm vom September 1786 bis zum April 1788 eine für seine Zeit typische Bildungsreise durch ganz Italien. Seine in der "Italienischen Reise" niedergeschriebenen Beobachtungen und Betrachtungen, gesehen mit den Augen und durchdrungen von den Gedanken eines genialen Geistes, geben einen lebendigen Eindruck vom Aussehen der Landschaft und den kulturellen Phänomenen jener Zeit in Italien.

Seumes Spaziergang nach Syrakus

Zu den bereits klassisch zu nennenden Reiseschilderungen deutscher Sprache gehört der "Spaziergang nach Syrakus im Jahre 1802" des Johann Gottfried Seume (1763–1810), eine Reise, die den Verfasser von Grimma in Sachsen nach Syrakus auf Sizilien führte. Seine Berichte zeichnen sich durch bemerkenswerte Sachlichkeit und Nüchternheit aus. Im Bemühen, nicht nur auf die kulturellen Besonderheiten, sondern auch auf die sozialen Verhältnisse des Reiselandes einzugehen, zeigt Seume ein Gespür für Erscheinungen, die im Verlauf des 19. Jh.s und im 20. Jh. an Bedeutung gewinnen.

Goethe hat den Blick von der Villa Pamphili auf den Petersdom im Aquarell festgehalten.

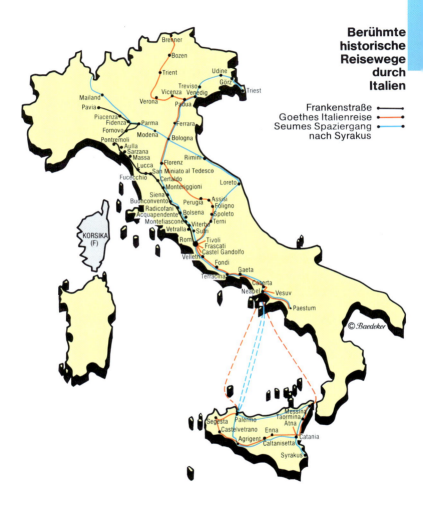

Reiseziele von A bis Z

Routenvorschläge

1. Durch Ober- und Mittelitalien nach Rom (ca. 1800 km)

Streckenverlauf

Von Domodossola, Lugano oder Chiavenna fährt man zunächst am ****Lago Maggiore**, am Luganer See oder ***Comer See** entlang, dann durch die Po-Ebene nach *****Mailand.** Weiter auf der Autobahn durch die südliche Po-Ebene zunächst bis Binasco, dann auf der Staatsstraße nahe an der berühmten Certosa di Pavia und an der alten langobardischen Hauptstadt **Pavia** vorbei wieder zur Autobahn. Auf dieser quer durch den **Apennin** und in einem Tunnel unter dem Giovi-Paß hindurch nach ***Genua**, der prächtig über dem Mittelmeer ansteigenden Hauptstadt Liguriens.

Die Fortsetzung der Fahrt führt weiter über der Riviera di Levante an der ligurischen Küste mit ihrem reichen südlichen Pflanzenwuchs hin und berührt dabei eine Reihe traditionsreicher Kurorte wie Nervi und **Rapallo** sowie das aussichtsreiche Vorgebirge von ***Portofino.** Hinter dem Kurort Sestri Levante landeinwärts und zu der Hafenstadt **La Spezia**, dem größten italienischen Marinestützpunkt.

Bald darauf führt die Strecke am Rand der durch ihre Marmorbrüche bekannten Apuanischen Alpen entlang zu dem großen Seebad **Viareggio** und weiter durch die Küstenebene nach ****Pisa** mit seinen sehenswerten Bauten. Von hier folgt man dem südlichen Apenninenrand und besucht dabei die alten toskanischen Städte ***Lucca,** ***Pistoia** und **Prato** sowie den bedeutenden Kurort ***Montecatini Terme.**

Hinter der in einem weiten Talbecken des Arno reizvoll gelegenen toskanischen Hauptstadt ***Florenz** mit ihren reichen Kunstschätzen führt die Route durch das anmutige Toskanische Hügelland bis Poggibonsi und über die türmereiche kleine Stadt ****San Gimignano** zu der ebenfalls sehenswerten mittelalterlichen Stadt ***Volterra,** von wo man über Colle Val d'Elsa und das mauerumgürtete Bergstädtchen Monteriggioni die kunstberühmte Stadt ****Siena** erreicht.

Die Fahrt führt weiterhin durch das Hügelland der südlichen ***Toskana,** in dem etwas abseits der Route das Olivetanerkloster Monte Oliveto Maggiore einen Besuch verdient, nach San Quirico, von wo man auf einer lohnenden Panoramastraße über die Bergstädtchen Pienza und **Montepulciano** nach Chiusi gelangt. Nun über die großartig auf einem Tuffsteinfelsen gelegene Domstadt ****Orvieto** zu dem in einer einstigen Vulkangegend gelegenen See von Bolsena und weiter zu der brunnenreichen Stadt **Viterbo;** dann oberhalb des kleinen Lago di Vico entlang und um den fast kreisrunden Lago di Bracciano herum. Zuletzt durch die leicht wellige Römische Campagna zur italienischen Hauptstadt ****Rom,** für deren Besuch man bei Beschränkung auf das Allerwichtigste mindestens drei Tage veranschlagen sollte (einschließlich der Abstecher über ***Ostia** nach Lido di Ostia, in die Albaner Berge sowie über****Tivoli** nach **Subiaco** und zurück über Palestrina etwa sechs Tage).

Auf dem Rückweg von Rom nach Oberitalien berührt man die malerisch gelegenen Bergstädtchen Civita Castellana und Narni. Dann über die industriereiche Stadt **Terni** in das abwechslungsreiche Umbrische Hügelland, in dem abseits der Straße die alten Städte **Spoleto, Trevi** und **Spello** reiz-

◀ *S. 112/113: An den Cinque Terre bei La Spezia liegen malerische Fischerorte*

Routenvorschläge

Routen in Italien

voll am Hang ansteigen. Einen Höhepunkt der Fahrt bildet der Besuch der durch das Wirken des hl. Franziskus berühmten Stadt ✶✶ **Assisi** und der prächtig auf einer Bergkuppe gelegenen Stadt ✶ **Perugia.**

Route 1 (Fortsetzung)

Die Fortsetzung der Route führt zu der mittelalterlichen Stadt **Gubbio**, später durch die wilde Furlo-Schlucht nach ✶ **Urbino,** der sehenswerten Geburtsstadt des großen Renaissancemalers Raffael. Bald darauf erreicht man nördlich von Pesaro die hier sandige und flache Küste der Adria, an der u.a. die Badeorte Cattolica und Riccione liegen. Von der als Seebad und wegen ihrer römischen Baudenkmäler besuchenswerten Stadt ✶ **Rimini** sollte man einen Abstecher zu der Zwergrepublik ✶ **San Marino** nicht versäumen.

Für die Weiterfahrt bieten sich zwei reizvolle Möglichkeiten: Entweder fährt man am nördlichen Apenninenrand entlang und berührt dabei die an sehenswerten Bauten reichen Städte **Forlì,** ✶ **Faenza,** ✶✶ **Bologna** und

Routenvorschläge

Vor dem Abendhimmel des toskanischen Hügellandes stehen die Silhouetten der Zypressen

Route 1 (Fortsetzung)

*Modena** und fährt dan quer durch die Po-Ebene zu der altberühmten Stadt **Verona,** dann am Ost- oder noch schöner am Westufer des in seinem nördlichen Teil fjordartigen **Gardasees** entlang nach Riva und **Trient,** von hier durch das Etschtal bis *Bozen,** der schönen Hauptstadt Südtirols, und zuletzt durch das Eisacktal zum Brenner, über den seit 1919 die italienisch-österreichische Grenze verläuft.

Oder man fährt von Rimini weiter über die Seebäder Cesenatico und Cervia, dann durch die hier besonders breite Po-Ebene zu der durch die prachtvollen Mosaiken ihrer frühchristlichen Kirchen berühmten Stadt **Ravenna** sowie zu der alten Este-Residenz *Ferrara.** Bald jenseits des Po erreicht man **Padua,** die Stadt des hl. Antonius, und gelangt weiter nach Marghera, von wo ein Damm zu der einzigartigen Lagunenstadt **Venedig** führt. Die Fortsetzung der Route erreicht bald hinter **Treviso** den Alpenrand und zieht jenseits von Vittorio Veneto großenteils im breiten Piave-Tal quer durch die Venezianischen Alpen. Vor dem traditionsreichen Wintersportort *Cortina d'Ampezzo** beginnen die überaus großartigen **Dolomiten,** die man erst hinter Toblach und dem grenznahen Ort Innichen wieder in Richtung Lienz (Glocknerstraße) verläßt.

2. Nach Mittel- und Unteritalien bis Neapel (ca. 2500 km)

Streckenverlauf

Von Domodossola fährt man zunächst wie in Route 1 beschrieben nach **Mailand.** Wer die *Riviera** noch nicht kennt, sollte auch weiter dieser Strecke folgen; andernfalls wählt man die Autostrada del Sole über die am nördlichen Apenninenrand gelegenen sehenswerten alten Städte **Piacenza,** *Parma** und *Modena** bis **Bologna,** der türmereichen Hauptstadt der Provinz Emilia, von wo man auf einer großartig angelegten Strecke quer durch den **Apennin** nach **Florenz** gelangt. Von hier fährt man weiter über **Siena** und **Orvieto** nach **Rom.**

Routenvorschläge

Route 2
(Fortsetzung)

Die Fortsetzung der Strecke in südlicher Richtung führt durch die Römische Campagna in die einst vulkanischen Albaner Berge mit ihren schönen Seen und nach **Frascati**, das durch seine prächtigen Parkanlagen berühmt ist; weiter nach Castelgandolfo, der Sommerresidenz des Papstes. Dann durchquert die Via Appia den ebenen, einst versumpften Agro Pontino. Weiter am Monte Circeo vorbei und nahe an der Küste des Tyrrhenischen Meeres hin nach Terracina an der Grenze zwischen Mittel- und Unteritalien, dann über Sperlonga zur Hafenstadt Gaeta; von hier über Formia und am Ruinenfeld von Minturnae vorbei zu den antiken Ruinen von Cumae. Dahinter am Lago di Fusaro vorüber zum aussichtsreichen Kap Miseno; von hier über Bacoli und Baia mit seinen antiken Thermen nach Pozzuoli, wo das Amphitheater und die nahe Solfatara einen Besuch lohnen. Kurz darauf erreicht man die an einem herrlichen Golf gelegene Hafenstadt ****Neapel**, von wo man einen Ausflug auf die Inseln ****Capri** und ***Ischia** machen sollte.

Bei der Weiterfahrt von Neapel besichtigt man die nahe am Meer gelegene Ruinenstadt ****Herkulaneum**, fährt auf den ****Vesuv** und folgt dann der Strecke nach ****Pompeji**. Eine prächtige Küstenstraße umzieht die Halbinsel von Sorrent, wobei sich Abstecher nach ***Sorrent** und von dem herrlich am Golf von Sorrent gelegenen Städtchen ***Amalfi** nach Ravello empfehlen. Hinter **Salerno** erreicht man über Battipaglia die großartigen Tempel von ****Paestum**, den südlichsten Punkt dieser Fahrt.

Von Paestum fährt man zurück nach Salerno und folgt dann der direkten Staatsstraße oder Autobahn über Nocera nach ****Neapel**. Weiter durch die Volturno-Ebene nach ***Caserta** mit seinem Schloß, dann über Santa Maria Capua Vetere nach Capua und San Cataldo, dem Ausgangspunkt für den Abstecher zu dem berühmten Benediktinerkloster ***Montecassino**. Die Hauptstrecke führt hinter San Cataldo über Venafro nach Isernia und weiter nach Castel di Sangro. Von hier fährt man durch den Abruzzen-Nationalpark über Opi nach Celano, dann nach ***L'Aquila** (lohnender Abstecher zum Gran Sasso d'Italia). Über Rieti sowie vorbei am Bergsee von Piediluco und den Wasserfällen von Terni nach der Provinzhauptstadt Terni; dann weiter über ***Rimini** zum Brennerpaß oder nach Innichen (vgl. Route 1).

3. Rund um die italienische Halbinsel

(ca. 4100 km)

Streckenverlauf

Im einzelnen führt die Fahrt zunächst wie in Route 1 von den westlichen Oberitalienischen Seen über ****Mailand** und ***Genua** nach ****Pisa**. Von hier fährt man zu der großen Hafenstadt **Livorno** und an der meist flachen Küste des Tyrrhenischen Meeres entlang, an der sich bis etwa Civitavecchia die einst fieberverseuchte Landschaft der Maremmen erstreckt. Man gelangt hierbei zunächst zu dem Städtchen Follonica, dann über die etwas landeinwärts gelegene Provinzhauptstadt Grosseto nach Orbetello, wo sich Abstecher zum Vorgebirge des Monte Argentario sowie zu den Ruinen der alten Etruskerstadt Cosa lohnen; dahinter zu der Hafenstadt Civitavecchia, dem Ausgangspunkt der Schiffe nach ***Sardinien**. Weiter nahe der Küste hin, mit Abstecher zu der etruskischen Nekropole von Cerveteri; später durch die Römische Campagna nach ****Rom**.

Von Rom wie auf Route 2 über ****Neapel** und **Salerno** bis ****Paestum**; dahinter durch die bergige Landschaft des südlichen **Kampanien** nach Sapri, wohin man von Paestum auch auf einer prächtigen Küstenstraße über Agropoli und Palinuro gelangt, und weiter auf herrlicher Strecke an der kalabrischen Westküste hin, die besonders in ihrem südlichen Teil äußerst reizvoll ist. Von Villa San Giovanni kann man einen Abstecher über die Meerenge von ***Messina** und weiter zu dem hoch über dem Meer im Angesicht des ****Ätna** gelegenen Kurort ****Taormina** machen.

Zurück nach Villa San Giovanni und nach **Reggio di Calabria**, von wo sich ein Abstecher zum Waldgebirge des Aspromonte lohnt; dann um die Südspitze von **Kalabrien** herum und weiter am Ionischen Meer entlang bis

Routenvorschläge

Route 3 (Fortsetzung)

Catanzaro Lido. Von hier landeinwärts nach Catanzaro und durch das waldreiche Sila-Gebirge, ehe man bei Cosenza wieder die Hauptstraße erreicht. Von hier durch das Crati-Tal und nahe an Spezzano Albanese vorbei zu der am Ionischen Meer entlangziehenden Küstenstraße. Nun wieder am Meer entlang bis Scanzano, dann landeinwärts nach Miglionico. Weiter zu der überaus malerischen Provinzhauptstadt Matera und nach Altamura, dann über das wegen seiner 'Trulli' berühmte Städtchen Alberobello zur Hafenstadt **Tarent.** Dahinter zu der wegen ihrer Barockbauten sehenswerten Stadt ***Lecce** und über Maglie zum Kap Santa Maria di Leuca, dem Südkap von ***Apulien.** Weiter über Santa Cesarea Terme nach Otranto und wieder über Maglie zurück nach Lecce und weiter zu der wichtigen Hafenstadt **Brindisi.**

Von Brindisi zieht die Route nahe an der Adria hin nach Monopoli, dann landeinwärts zu den großartigen Grotten von Castellana und über Conversano zurück zur Küste bei Polignano a Mare. Weiter an der Adria entlang über die apulische Hauptstadt ***Bari** und über **Trani** nach ***Barletta,** dann landeinwärts über Andria zu dem mächtigen Hohenstaufenschloß Castel del Monte. Die Fortsetzung der Route führt über Minervino nach **Foggia,** von wo sich eine Rundfahrt um das Vorgebirge des Monte Gargano empfiehlt.

Hinter San Severo nähert sich die Strecke wieder der adriatischen Küste, der man bis Marina di San Vito folgt. Von hier durch die ***Abruzzen** und über Scanno nach **Sulmona;** dahinter am Westfuß der Maiella-Kette hin und – ggf. mit einem Abstecher nach Chieti – bis Pescara. Nun entweder schneller an der Küste entlang oder abwechslungsreicher durch das Landesinnere über Ascoli Piceno und Macerata sowie über den Wallfahrtsort ***Loreto** zu der Hafenstadt **Ancona.** Dahinter am Meer hin über Pesaro nach ***Rimini,** von wo man wie in Route 1 entweder zum Brenner oder nach Innichen fährt.

4. Große Fahrt durch Italien mit Sizilien (ca. 5000 km)

Streckenverlauf

Man fährt zunächst wie in Route 1 von Domodossola, Lugano oder Chiavenna über ***Genua** und *****Florenz** nach *****Rom,** weiter wie in Route 2 über *****Neapel** nach *****Paestum,** dann wie in Route 3 bis Villa San Giovanni und um mit der Fähre über die Meerenge von Messina nach *****Sizilien.** Von der großen Hafenstadt *****Messina** entweder über den Colle San Rizzo oder lohnender um die Punta del Faro herum zur abwechslungsreichen sizilianischen Nordküste, der man folgt. Dabei empfehlen sich Abstecher nach Milazzo (Schiffsverbindung zu den ***Liparischen Inseln),** zur Wallfahrtskirche Madonna del Tindaro und den Resten der antiken Stadt Tyndaris sowie über Termini Imerese zu den Ruinen von Soluntum. Dahinter erreicht man die prächtig gelegene sizilianische Hauptstadt ****Palermo,** die man von Neapel auch direkt mit dem Schiff (auch Autofähre) erreichen kann, wobei man allerdings auf die Küstenstraße zwischen Messina und Palermo verzichten muß.

Hinter Palermo folgt man der Sizilien im Westen umziehenden Strecke, wobei man zunächst Monreale mit seiner prachtvollen Kathedrale berührt. Dann fährt man über Alcamo zu dem großartigen Tempel von Segesta und weiter nach **Trapani,** von wo man einen Abstecher nach Erice nicht versäumen sollte. Weiter über die an der Westspitze Siziliens gelegene weinberühmte **Marsala** und über Castelvetrano zu dem ausgedehnten Ruinenfeld von ***Selinunt.** Dahinter nahe an der sizilianischen Südküste hin bis nach ****Agrigent** mit seinen eindrucksvollen Tempelruinen. Von hier fährt man entweder durch das Landesinnere über Caltanissetta nach **Enna,** dann über Piazza Armerina mit seiner interessanten römischen Villa, oder von Agrigent weiter nahe der Südküste entlang über Gela und Ragusa nach *****Syrakus** mit den ausgedehnten Resten der antiken Stadt. Die Fortsetzung der Fahrt führt nahe der sizilianischen Ostküste nach ***Catania,** der zweitgrößten Stadt Siziliens, wo die Straße auf den

Routenvorschläge

****Ätna** mit seiner großartigen Aussicht beginnt. Vom Ätna zurück nach Catania und entweder direkt über Acireale oder um den Ätna herum nach ****Taormina,** dem größten Kurort Siziliens. Dann weiter entlang der Küste nach * **Messina.**
Von Messina wieder mit der Fähre nach Villa San Giovanni oder nach **Reggio di Calabria,** dann wie in Route 3 über Catanzaro und durch das Sila-Gebirge nach Cosenza. Dahinter weiter durch das Innere von **Kalabrien,** der **Basilicata** und dem südlichen **Kampanien** nach Battipaglia, wo man die bei Route 2 beschriebene Strecke wieder erreicht. Auf dieser über ****Neapel** nach ****Rom,** dann über ****Bologna** oder ****Venedig** zum Brenner oder nach Innichen (s. Route 1), wobei man bei Zeitmangel von Battipaglia bis Neapel auch die Autobahn, dahinter bis Bologna die großartig angelegte Autostrada del Sole benutzen kann.

Route 4 (Fortsetzung)

5. Durch das westliche Oberitalien

(ca. 1700 km)

Dieser Routenvorschlag (ohne längere Aufenthalte 7–9 Tage) erschließt den zwischen Westalpen und Ligurischem Meer gelegenen Teil Italiens. Von Chiavenna fährt man am östlichen Ufer des * **Comer Sees** entlang sowie über Lecco nach **Como;** von hier auf der Staatsstraße oder der Autobahn nach ****Mailand.** Weiter auf der Autobahn bis Chivasso, dann an der Dora Baltea hin nach Ivrea und im * **Aostatal** aufwärts nach Châtillon (Abstecher nach Breuil). Von Châtillon weiter nach **Aosta** mit Abstecher zum Großen St. Bernhard (Straßentunnel). Dann über Pré-St-Didier nach Courmayeur und Entrèves am Fuß des Montblanc, durch den ebenfalls ein Straßentunnel führt. Zurück bis Pré-St-Didier und über den Kleinen St. Bernhard nach Séez, dann im Tal der Isère aufwärts und über den Col de l'Iseran nach Lanslebourg. Von hier über den Mont Cenis nach Susa, weiter an der Dora Riparia hin nach Ulzio (Abstecher nach Bardonecchia). Von Ulzio über Cesana nach Claviere und zum Mont Genèvre; dann zurück nach Cesana und über Sestriere ins Chisone-Tal und abwärts nach Pinerolo. Von hier am Schloß Stupinigi vorbei nach * **Turin;** dann über Savigliano nach Cuneo und über den Col di Tenda (Tunnel) nach Nizza. Von dort an der * **Riviera** (Riviera di Ponente) entlang nach * **Genua** und wie bei Route 1 (in umgekehrter Richtung) beschrieben nach ****Mailand,** von wo man wiederum über Como nach Chiavenna zurückkehrt.

Streckenverlauf

6. Durch das östliche Oberitalien

(ca. 1500 km)

Auf dieser Rundfahrt (ohne längeren Aufenthalt 6–7 Tage) lernt man die zwischen Brenner, Gardasee und Venedig gelegenen Teile Oberitaliens kennen. Vom Brenner wie in Route 1 (in umgekehrter Richtung) beschrieben, im Eisacktal abwärts, dann bei Sterzing südwestlich über den Jaufenpaß und zu der altberühmten Kurstadt * **Meran.** Von hier über das Gampenjoch nach Fondo und am Molveno-See vorbei zum Ponte delle Arche. Weiter durch den Engpaß Gola de la Scaletta nach Tione, dann durch das südliche Judikarien, am Idro-See vorbei nach **Brescia** sowie über Salò und am ****Gardasee** (Gardasee-Westuferstraße) entlang nach Riva. Nun auf der Gardasee-Ostuferstraße nach Peschiera und weiter nach ****Verona.** Weiterfahrt durch die Po-Ebene, über **Mantua** und Carpi nach * **Modena;** von dort quer durch den **Apennin** über den Abetone-Paß nach * **Pistoia** und über **Prato** nach ****Florenz.** Von hier wieder nördlich sowie über ****Bologna** und * **Ferrara** nach ****Padua** und weiter zu der Lagunenstadt ****Venedig.** Zurück nach Padua und über Bassano (Abstecher zum Monte Grappa) und Levico nach **Trient.** Dann durch das Etschtal nach * **Bozen** und durch das Sarntal sowie über das Penser Joch nach Sterzing, wo man wieder auf die zum Brenner führende Staatsstraße kommt (vgl. Route 1).

Streckenverlauf

119

Reiseziele von A bis Z

Hinweis — Viele wichtige Museen in den größeren Städten Italiens sind nur vormittags (werktags ca. von 9 bis 14 Uhr, sonntags ca. von 9 bis 13 Uhr) für Besucher zugänglich; montags bleiben sie meist ganztägig geschlossen. Hinzu kommt, daß die Öffnungszeiten sich oft kurzfristig ändern.

Abruzzen / Abruzzo   J 12

Region: Abruzzen/Abruzzo
Provinzen: L'Aquila, Chieti, Pescara und Teramo
Fläche: 10 794 km^2
Einwohnerzahl: 1 200 000

Lage — Die Abruzzen sind der wildeste und höchste Teil des Apennin im östlichen Mittelitalien. Sie erstrecken sich von der Wasserscheide des Zentralapennin bis zur Küste der Adria und umfassen das Gebiet der Provinzen L'Aquila, Pescara, Chieti und Teramo. Im Norden grenzt die Region Abruzzen an die Marken, im Westen an Latium und im Südosten an das Molise.

Landschaftsbild
*Gran Sasso d'Italia — Kernstück der Abruzzen sind drei mächtige, von Nordwest nach Südost gerichtete Gebirgsketten, deren östlichste und höchste in der Gruppe des Gran Sasso d'Italia die höchsten Gipfel der Halbinsel ausbildet (Corno Grande, 2912 m). Eingebettet zwischen diesen Gebirgszügen liegt das zentrale Bergland der Abruzzen, in dem das Längstal des Aterno, die Hochmulden von L'Aquila und Sulmona wie auch das weite und fruchtbare Fuciner Becken markante Einschnitte bilden. Den nordöstlichen Teil, jenseits des Gran-Sasso-Massivs, nimmt ein von zahlreichen Flußläufen durchzogenes Hügelland ein, das sich allmählich zur Adria hin senkt. Hier an der Küste reiht sich Badeort an Badeort.

Bevölkerung und Wirtschaft — Die Bevölkerung konzentriert sich in den städtischen Zentren der Region: Das sind L'Aquila, Chieti, Lanciano, Vasto, Teramo, Pescara, Sulmona und Avezzano. Darüber hinaus ist die Besiedlung nicht sehr dicht. In den Dörfern prägen vielfach verschachtelte und übereinandergetürmte Häuser das Ortsbild. Kennzeichnend für die Abruzzen ist ein rauhes Klima, im Winter fällt viel Schnee. Mit Ausnahme weniger Gebiete, besonders im Süden und in den Niederungen, ist das Gebirge waldarm, teilweise verkarstet und wenig fruchtbar. Ackerbau kann lediglich in den Tälern und Senken, vor allem im Fuciner Becken betrieben werden; die Bergregionen erlauben Weidewirtschaft. Neben der Landwirtschaft hat der Tourismus wirtschaftliche Bedeutung. Insbesondere im Bereich des Gran Sasso (Seilbahn zum Campo Imperatore; 2130 m), der für den Wintersport erschlossen ist, spielt der Fremdenverkehr eine Rolle.

*Abruzzen-Nationalpark

Den äußersten Süden der Abruzzen nimmt der Abruzzen-Nationalpark (Parco Nazionale d'Abruzzo) mit schönen Buchenwäldern ein. Der

Abruzzen

Dicht an dicht drängen sich die Häuser in den Abruzzendörfern

Nationalpark ist durch die Anlage von Wanderwegen und Schutzhütten für den Fremdenverkehr gut erschlossen. Er erstreckt sich auf einem 40 000 ha großen Gebiet des oberen Sangro, der zahlreiche Seitentäler hat. Dem Nationalpark im engeren Sinne sind noch 60 000 ha geschützte Fläche angegliedert. Das Gebiet im Kernbereich der Schutzzone ist heute allein Tieren und Pflanzen vorbehalten: Man findet dort noch den Abruzzen-Braunbär (ursus arctos marsicanus), der als sitzender 'Teddy' das Parkemblem ziert, die Abruzzen-Gemse (rupicapra rupicapra ornata), den Apenninen-Wolf (canis lupus italicus) und den Steinadler. Auch Wildschweine, Hirsche und Luchse leben hier.

Abruzzen-Nationalpark (Fortsetzung)

Von den Pflanzen im Nationalparkgebiet, das randlich auch auf die Region Latium übergreift, sind besonders Venusschuh, Frauenschuh, Schwertlilie und Wacholder zu nennen. Bei der Blüte im Frühjahr entfalten sie eine wahre Farbenpracht.

Mittelpunkt des Parks ist der Ort Pescasseroli (1167 m) im Tal des Sangro – mit Freigehege, botanischem Garten und Museum zur Naturkunde des Nationalparks. Im Besucherzentrum des Nationalparks wird ein kleiner Dokumentarfilm gezeigt, der bei den Touristen auf viel Interesse stößt.

Pescasseroli

Rund 5 km südöstlich von Pescasseroli liegt das Dorf Opi, von wo eine lohnende Bergtour, die Besteigung des Monte Marsicano (2242 m), ausgeht.

Reiseziele in der Region Abruzzen

Im Norden der Abruzzen liegt Teramo (265 m; 51 500 Einw.), von wo ein Straßentunnel nach L'Aquila führt. Das Ortszentrum bildet die Piazza Orsini mit dem Rathaus, dem Bischofspalais und dem Dom, der ein gotisches Portal hat. Das Innere ist teils im romanischen, teils im gotischen Stil gestaltet; sehenswert ein silberner Altarvorsatz von Nicola da Guardiagrele (1433–1448) und ein großes Polyptychon (1450) von Iacobello del Fiore.

Teramo

Abruzzen

Im Abruzzen-Nationalpark haben seltene Pflanzen- und Tierarten Zuflucht gefunden

Abruzzen, Reiseziele (Fortsetzung)

Unweit südöstlich vom Dom die Reste eines römischen Amphitheaters. Westlich vor dem Dom liegt die Piazza dei Martiri della Libertà, von wo der Corso San Giorgio, die Hauptstraße der Stadt, zum Stadtgarten führt.

Chieti

Im Osten der Region liegt über dem Pescara-Tal Chieti (330 m; 55 000 Einw.), Hauptstadt der gleichnamigen Provinz und Sitz eines Erzbischofs. An der Piazza Vittorio Emanuele stehen das Rathaus (Gemäldesammlung) und der gotische Dom San Giustino mit barocker Ausstattung. Von der Rückseite des Rathauses führt der Corso Marrucino, die Hauptstraße der Stadt, in südwestlicher Richtung – vorbei an einer Gruppe von drei Tempeln (rechts abseits; 1. Jh. n.Chr.) zum Stadtgarten (Villa Comunale) mit dem Archäologischen Museum (Museo Nazionale di Antichità), das hervorragende Fundstücke aus vorgeschichtlicher und römischer Zeit besitzt. Gleich unterhalb der Strada Marrucina, die an der Ostseite des Stadthügels entlangzieht, befinden sich eine in den Felsen gehauene römische Zisternenanlage und Reste der zugehörigen Thermen.

Pescara

An der Küste der Adria und zu beiden Seiten des hier mündenden Flusses Pescara liegt die Provinzhauptstadt Pescara (6 m; 132 000 Einw.). Auf dem linken Flußufer steht an der Piazza Italia der mächtige Palazzo del Governo. Südlich kommt man jenseits des Flusses zum Tempio della Conciliazione (Versöhnungstempel), einer 1935 bis 1938 zur Erinnerung an die Lateranverträge errichteten Kirche.

Am Corso Manthonè steht das Geburtshaus von Gabriele D'Annunzio (1863–1938). Im Inneren (heute Museum) befinden sich Fotos und persönliche Gegenstände, die an den Dichter erinnern. D'Annunzio kam 1863 in Pescara zur Welt und blieb seiner Heimatstadt sein Leben lang verbunden. Er war zugleich Dichter und Dramaturg, Soldat und Flieger. Seine große Liebe galt Eleonora Duse, die über zehn Jahre lang seine Lebensgefährtin

Agrigent

war. Die Landschaft der Abruzzen hat er in seinen Romanen beschrieben. Im Museo Ittico (Via Paolucci) – nahe dem Porto Canale – wird das Skelett eines Pottwals gezeigt.

Abruzzen, Reiseziele (Fortsetzung)

Entlang der Adriaküste gibt es im Osten der Region Abruzzen zahlreiche Badeorte. Es sind von Norden nach Süden fortschreitend: Martinsicuro, Alba Adriatica, Tortoreto Lido (westlich das mittelalterliche Tortoreto Alto), Giulianova, Roseto degli Abruzzi, Pineto (westlich die kleine Stadt Atri mit einer romanisch-gotischen Kathedrale aus dem 13. Jh.), Silvi Marina, Montesilvano Marina; Francavilla al Mare, Ortona (Burgruine), San Vito Chietino (12 km südwestlich das Städtchen Lanciano mit der gotischen Kirche S. Maria Maggiore) und Fossacesia Marina, ferner Vasto mit einem Palast am Domplatz, dem Palazzo D'Avalos aus dem 18. Jahrhundert.

Badeorte an der Adria

→ dort
→ dort

L'Aquila
Sulmona

Agrigent / Agrigento (Girgenti) H 21

Region: Sizilien/Sicilia
Provinz: Agrigent/Agrigento
Höhe: 230 m ü.d.M.
Einwohnerzahl: 52 000

1 Museo Civico
2 Tempio di Demetra (San Biagio)
3 Museo Archeologico
4 Tempio di Vulcano
5 Tempio di Castore e Polluce
6 Tempio di Giove Olimpico
7 Tempio di Ercole
8 Tempio di Concordia
9 Tempio di Giunone
10 Porta Aurea
11 Tomba di Terone
12 Tempio di Esculapio

Agrigent

Lage und Allgemeines

Agrigent, Hauptstadt der gleichnamigen Provinz, liegt am mittleren Abschnitt der Südküste Siziliens in hügeligem Gelände. Die wegen ihrer großartigen Tempelruinen überaus besuchenswerte Stadt gehört zu den interessantesten Plätzen der Insel. Moderne Wohnviertel, besonders im Süden der Altstadt, stehen im Kontrast zu den antiken Bauten und haben mit ihren Hochhäusern die Stadtsilhouette von Grund auf verändert.

Geschichte

Agrigent wurde im Jahre 581 v.Chr. als Akragas von der griechischen Kolonie Gela (80 km südöstlich) aus gegründet. Prächtig über einem Bergrücken zwischen den Flüssen Akragas (San Biagio) und Hypsas (Santa Anna) gelegen, galt es nach Pindar (griech. Lyriker, 522–466 v.Chr.) als 'die schönste Stadt der Sterblichen'. Im Norden des Berges, an der Stelle der heutigen Stadt, lag einst die Akropolis; südlich davon, über dem zum Meer hin flach abfallenden Hang, dehnte sich die antike Stadt aus, von deren Ummauerung und Tempeln Überreste in großer Zahl erhalten sind. Herrscher der Stadt waren meist Tyrannen, von denen Phalaris (um 549 v.Chr.) wegen seiner Grausamkeit berüchtigt war. Durch den Handel mit Karthago zu Einfluß und Reichtum gekommen, trieben einzelne Bürger der Stadt verschwenderischen Aufwand. Unter der Führung des Empedokles (gest. um 424 v.Chr.) erlebte Akragas als freier Staat seine größte Machtentfaltung, unterlag aber schon 406 v.Chr. den Karthagern. Die Stadt wurde geplündert, die Tempel wurden angezündet. Unter Timoleone, der die Karthager im Jahre 340 v.Chr. besiegte, blühte die Stadt wieder auf. Nachdem die Stadt dann an die Römer gefallen war (210 v.Chr.), hieß sie Agrigentum und verlor an Bedeutung. Seit 827 n.Chr. im Besitz der Sarazenen, wurde sie zur Rivalin von Palermo. 1086 gründete der Normanne Roger I. in Agrigent ein Bistum, das im Mittelalter zum reichsten auf Sizilien wurde. Bis 1927 trug die Stadt ihren sarazenischen Namen Girgenti.

Der nahegelegene Hafen Porto Empedocle ist der Geburtsort des Schriftstellers Luigi Pirandello (1867–1936; → Berühmte Persönlichkeiten).

Altstadt

Dom

Am Nordwestrand der winkligen mittelalterlichen Altstadt steht über den Fundamenten eines Jupitertempels (6. Jh. v.Chr.) der Dom, der im 11. Jh. errichtet, mehrfach umgebaut und im 16./17. Jh. größtenteils erneuert wurde. Ein Erdrutsch verursachte 1966 erhebliche Schäden, die jedoch inzwischen weitgehend behoben sind. Am Ende des linken Seitenschiffs liegt die Kapelle De Marinis mit dem Grabmal des Gaspare De Marinis (1493). In einer gotischen Kapelle des rechten Seitenschiffs ein Silberschrein (1639), der die Gebeine des hl. Gerlando, des ersten Bischofs von Agrigent, enthält. Vom Campanile bietet sich eine schöne Aussicht.

Museo Diocesano

An der Freitreppe westlich vom Dom liegt das Diözesanmuseum. Dort sind u.a. Kirchengeräte, Freskomalereien (14./15. Jh.) und Reliquienschreine aus byzantinischer Zeit ausgestellt.

Museo Civico

Im Süden der Altstadt steht an der Piazza Pirandello das Museo Civico, in dem mittelalterliche und neuere Kunst wie auch Gemälde sizilianischer Meister gezeigt werden.

Rupe Atenea

Hauptstraße der Stadt ist die belebte Via Atenea. Sie führt von der Piazza del Municipio in östlicher Richtung zum Piazzale Aldo Moro im Osten der Altstadt. 1,5 km östlich von hier steht in einem Privatgarten der Athenefelsen (Rupe Atenea; 351 m), von dem sich eine umfassende Aussicht bietet.

Santo Spirito

Nördlich der Via Atenea lohnt die Kirche Santo Spirito (13. Jh.) einen Besuch. Die Fassade hat noch das ursprüngliche Spitzbogenportal. Der

Der dorische Concordia-Tempel bei Agrigent ▶

Agrigent

Santo Spirito (Fortsetzung) — Innenraum ist mit schönen Stuckarbeiten von Giacomo Serpotta aus dem 17.Jh. geschmückt. Rechts der Kirche, die zu einem Zisterzienserkloster gehörte, finden sich Reste eines Kreuzgangs, der Kapitelsaal und das Refektorium, das heute als Stadtbibliothek genutzt wird.

Passeggiata Archeologica (Archäologischer Rundgang)

Vom Piazzale Aldo Moro und der südlich anschließenden Piazza Marconi mit dem Hauptbahnhof gelangt man zu den Tempelbezirken. Der Rundgang, als 'Passeggiata Archeologica' ausgewiesen, folgt von hier aus der Via Crispi in südöstlicher Richtung.

Tempio di Demetra — Nach 1 km zweigt links ein Weg zum Friedhof ab. An der Südostecke des Friedhofs sind noch Teile der griechischen Befestigungsanlagen erhalten. Geht man vom Friedhof aus auf der steinigen altgriechischen Straße etwa 500 m in östlicher Richtung, kommt man zu dem hochgelegenen Tempel der Demeter (Tempio di Demetra), der um 470 v. Chr. errichtet und in normannischer Zeit zum Kirchlein San Biagio umgebaut wurde. Östlich unterhalb der Terrasse ein Grottenheiligtum der Demeter (um 650 v.Chr.).

Quartiere Ellenistico Romano — Von der Via Crispi biegt weiter südlich eine Straße rechts ab. Nach 500 m kommt man zu einem Teil der griechisch-römischen Stadt (4. Jh. v.Chr. bis 5. Jh. n.Chr.), wo Wandmalereien und Fußbodenmosaiken erhalten sind.

* Museo Archeologico Regionale — Von der Ausgrabungsstätte gelangt man zum Archäologischen Museum, einem der modernsten Museen Siziliens. Gezeigt werden Funde, die von prähistorischer bis in die römische Zeit reichen, u.a. antike Sarkophage, griechische und römische Vasen, Skulpturen, Architekturfragmente und archäologische Pläne der antiken Stadt Agrigent. Die klassische Zeit ist durch die Marmorstatue eines Epheben (um 490 v.Chr.) vertreten.

San Nicola — Südlich gegenüber dem Museum steht die kleine gotische Kirche San Nicola (13. Jh.), die ein schönes Portal hat. In einer Seitenkapelle befindet sich ein Marmorsarkophag (2. Jh. n.Chr.) mit Reliefdarstellungen aus der Sage um Phädra und Hippolytos sowie einer Jagdszene. Westlich der Kirche sieht man einen Tempel, das sog. Oratorium des Phalaris, und ein Theater, das aus einem Comitium (Versammlungsplatz) entstand.

Tempelbezirke

Tempio di Ercole — Die Straße erreicht 1 km hinter San Nicola die Eingänge zu den umzäunten Tempelbezirken, die im Tal der Tempel liegen: Rechts der Zeustempel, gleich links der Straße – bei der Südmauer der antiken Stadt – der sog. Heraklestempel (Tempio di Ercole; 6. Jh. v.Chr.), ein Ringhallentempel, von dessen ursprünglich 38 Säulen im Jahre 1923 acht an der Südseite wiederaufgerichtet wurden. In römischer Zeit war der Tempel dem Hercules geweiht, dessen Kultstatue die Gläubigen besonders anzog.

** Tempio di Concordia — Vom Heraklestempel führt eine Straße östlich an der Villa Aurea vorbei zum Tempel der Concordia (Tempio di Concordia), der im 5. Jh. v.Chr. im dorischen Stil errichtet wurde. Nachdem Papst Gregor der Große das Gebäude in eine christliche Kirche hatte umwandeln lassen (6. Jh.), hat man es im 18. Jh. wieder als Tempel restauriert. Mit seinen 34 vollzählig erhaltenen Säulen ist der Tempio di Concordia neben dem Theseion in Athen der besterhaltene Tempelbau des Altertums.

** Tempio di Giunone — Etwa 700 m weiter östlich steht an der südöstlichen Ecke der antiken Stadt, unweit der Straße von Agrigent nach Gela, schön über dem steilen Hang der sog. Tempel der Juno Lacinia (Tempio di Giunone; 5. Jh. v.Chr.), während der klassischen Zeit des dorischen Stils geschaffen. Von dem

Tempel stehen noch 25 Säulen aufrecht, und 9 weitere wurden zur Hälfte wiederaufgerichtet. Etwas weiter östlich befinden sich beachtliche Reste eines großen Opferaltars.

Agrigent, Tempelbezirke (Fortsetzung)

Zwischen dem Heraklestempel und dem Zeustempel öffnet sich das Hafentor, die sog. Porta Aurea, durch welche die Straße nach Porto Empedocle (10 km südwestlich) und zu dem genau südlich, bei der Mündung des Fiume San Biagio, gelegenen antiken Hafen führt.

Porta Aurea

Außerhalb des antiken Stadtbezirks – südlich der Porta Aurea – befindet sich das sog. Grab des Theron (Tomba di Terone), der Überrest eines turmartigen Grabtempels aus römischer Zeit (1. Jh. v.Chr.).

Tomba di Terone

Noch weiter südwärts gelangt man am Ufer des Flusses Akragas zu dem kleinen Tempio di Esculapio (Asklepiostempel; 5. Jh. v.Chr.), in dessen (nicht zugänglichem) Bereich Ausgrabungen im Gange sind.

Tempio di Esculapio

Nordwestlich der Porta Aurea liegt eine ungeheure Trümmermasse von Steinblöcken und Säulen, Überresten des Zeustempels (Tempio di Giove Olimpico; 5. Jh. v.Chr.), der unvollendet blieb. Mit 113 m Länge bildete er die größte Halle des griechischen Altertums (Tempel G in Selinunt 111 m; Artemision in Ephesus 109 m; Parthenon in Athen 70 m). Riesige männliche und weibliche Atlanten, von denen einer restauriert wurde ('il Gigante'; 7,75 m lang, auf dem Boden liegend), dienten wohl als Gebälkträger. Im Archäologischen Museum findet man Rekonstruktionsvorschläge, die eine Vorstellung vom originalen Zustand jenes Baus möglich machen.

Tempio di Giove Olimpico

Westlich vom Zeustempel steht der sog. Tempel des Castor und Pollux (Tempio di Castor e Polluce) oder Dioskurentempel (5. Jh. v.Chr.), von dem vier Säulen sowie ein Stück von Gebälk und Giebel wieder aufgerichtet wurden. Unweit nördlich der Altarbezirk 'Santuario delle Divinità Ctonie' (6. Jh. v.Chr.), eine Kultstätte der unterirdischen (chthonischen) Göttinnen, vor allem der Demeter und der Persephone. Er geht schon auf die Sikuler zurück und wurde im 6. und 5. Jh. von den Griechen ausgebaut. Freigelegt sind die Reste von zwölf Altären und acht kleinen Tempeln.

Tempio di Castor e Polluce

Weiter nordwestlich, jenseits der Eisenbahnlinie, befinden sich die Überreste vom sog. Vulkantempel (Tempio di Vulcano), der um 470 v.Chr. entstand. Von hier kann man die Tempelreihe gut überblicken.

Tempio di Vulcano

Umgebung von Agrigent

Rund 35 km östlich von Agrigent liegt auf einem Hügel das malerische Städtchen Naro. Sehenswert sind die Reste der zinnenbekrönten Stadtmauer (13. Jh.) und das Schloß 'Castello dei Chiaramonte', ein Kastell, das die Familie Chiaramonte im 14. Jh. auf dem höchsten Punkt an der Stelle einer Sarazenenfestung errichten ließ (Saal mit Zwillingsfenstern).

Naro

Amalfi J 14

Region: Kampanien/Campania
Provinz: Salerno
Höhe: 0–11 m ü.d.M.
Einwohnerzahl: 6000

Das Seebad Amalfi liegt an der Südküste der Halbinsel von Sorrent bzw. am nördlichen Rand des Golfs von Salerno – vor dem Ausgang einer tiefen Schlucht an den Uferfelsen. Amalfi ist einer der beliebtesten Ferienorte in Italien und wird besonders von Neapel aus viel besucht.

Lage

Amalfi

Geschichte

Der Sage nach wurde Amalfi von Konstantin dem Großen gegründet. Im Mittelalter bildete Amalfi einen Freistaat mit rund 50 000 Einwohnern, in dem selbstgewählte, später erbliche Herzöge regierten. Im Jahre 1077 wurde der Ort von Robert Guiscard dem Normannenreich einverleibt; durch seine Handelsbeziehungen mit dem Orient gewann er Ansehen und Reichtum. Als Seemacht stand Amalfi in Konkurrenz zu Pisa und Genua. Das Seerecht von Amalfi (Tabulae Amalfitanae) galt vom 13. bis zum 16. Jh. im ganzen italienischen Mittelmeergebiet.

Sehenswertes

*Hafen

An der Küste führt eine Promenade entlang, ferner gibt es dort einen Badestrand. Vom Hafen, der Marina Grande, fahren im Sommer Schiffe nach Neapel, Capri und Salerno.

Rathaus (Museum)

Die Häuser liegen eng um die Bucht. Vom Hafen gelangt man über die Piazza Flavio Gioia zum Rathaus; an der Fassade ein modernes Mosaik. Im Rathaus ist das Städtische Museum (Museo Civico) untergebracht; seine Hauptsehenswürdigkeit sind die sog. 'Tavole amalfitane', ein mittelalterlicher Text, der das Seegesetz der damaligen Zeit zum Inhalt hat. Nördlich von hier liegt die kleine Piazza del Duomo, von der rechts eine 62stufige Freitreppe zum Dom hinaufführt.

Dom

Der Dom (Duomo di Sant'Andrea), im 9. Jh. erbaut, wurde 1203 im lombardisch-normannischen Stil Siziliens umgestaltet; der Campanile entstand zwischen 1180 und 1276. Die prachtvolle Spitzbogenvorhalle wurde 1865 völlig erneuert. An der 1890 renovierten Fassade sieht man moderne Mosaiken; Beachtung verdient die um 1066 in Konstantinopel gegossene Bronzetür. Innen befinden sich am Chor antike Säulen aus Paestum. In der Krypta ruhen seit dem 13. Jh. die Gebeine des Apostels Andreas.

Amalfi liegt an der schönen Küste der sorrentinischen Halbinsel

Amalfi

Von der Vorhalle aus gelangt man links in den Kreuzgang 'Chiostro del Paradiso', der 1266–1268 im normannisch-arabischen Stil errichtet wurde und dessen Fassade sich als vollendetes Flechtwerk aus Linien und Feldern darbietet. Im Inneren werden Sarkophage, Mosaiken u.a. gezeigt. — Kreuzgang

Etwa 500 m westlich vom Dom liegt am steilen Felshang hoch über Amalfi (auch Aufzug von der Küstenstraße) das ehem. Kapuzinerkloster (heute Hotel "Cappuccini Convento"), das ebenfalls einen eindrucksvollen Kreuzgang hat; von oben schöne Aussicht. Auch in einem weiteren Kloster mit Kreuzgang aus dem 13. Jh. befindet sich ein Hotel ("Luna Convento"). — Ehem. Klöster

Umgebung von Amalfi

Sehr lohnend ist eine Motorbootfahrt (15 Min.) zu der 1 km westlich beim Capo Conca gelegenen Tropfsteinhöhle Grotta di Amalfi, auch Grotta dello Smeraldo oder Grotta Verde genannt (Gebühr). — *Grotta di Amalfi

Rund 1 km östlich an der Küstenstraße liegt – hinter dem Kap von Amalfi – am Ausgang der Schlucht des Dragone die kleine Stadt Atrani (12 m), die einst mit Amalfi und anderen Städten einem Städtebund angehörte. An der Piazza des Ortes steht die Kirche San Salvatore de' Bireto aus dem 10. Jh., die Krönungskirche der amalfitanischen Dogen. Sie hat byzantinische Bronzetüren, die 1087 in Konstantinopel gegossen wurden. — Atrani

Von Atrani führt eine Straße in Windungen und Kehren durch Orangenhaine hinauf nach Ravello (350 m), einer alten Stadt in einzigartiger Lage. Das Städtchen, das zur Zeit der Normannen gegründet wurde, zählte während seiner Blütezeit unter den Anjou im 13. Jh. etwa 36000 Einwohner. Es gab dort zahlreiche Kirchen und Klöster. Bekannte Leute erbauten ihre Wohnsitze auf dem Toro, dem höchstgelegenen Viertel der Stadt. — Ravello

Die kleine Stadt Atrani liegt südlich von Amalfi an der Küstenstraße

Ancona

Amalfi,
Ravello
(Fortsetzung)

Im Mittelpunkt des Ortes steht der romanische Dom San Pantaleone (restauriert), der 1086 begonnen und später barock umgestaltet wurde. Beachtung verdienen besonders die von Barisanus aus Trani 1179 gefertigten Bronzetüren (nach außen durch Holztüren verdeckt): Auf 42 Feldern sind dort Engel, Evangelisten und Szenen aus der Bibel dargestellt. In dem Dom sieht man eine Kanzel aus Marmor mit Mosaikgrund, die 1272 von Niccolò di Bartolomeo da Foggia geschaffen wurde. Im Chor der Bischofsstuhl. Links liegt die Cappella di Pantaleone, zu Ehren des Stadtpatrons errichtet (17. Jh.), in der nach der Überlieferung Blut des Heiligen aufbewahrt wird. Sehenswert ist auch der Kirchenschatz in der Krypta.
In der Nähe des Doms steht die Villa Rufolo, ein Bauwerk im sarazenischen Stil (11. Jh.). In der Mitte der Anlage liegt der 'Maurische Hof' mit Säulen und Resten einer Loggia. Der Garten mit seiner Aussichtsterrasse diente Richard Wagner, der sich einmal dort aufhielt, als Vorlage für 'Klingsors Zaubergarten' in der Oper "Parsifal".
Von der Kathedrale gelangt man südlich durch einen Bogengang, dann aufwärts, durch die Vorhalle der Kirche San Francesco (Kreuzgang) und an der Kirche Santa Chiara vorüber in wenigen Minuten zur Villa Cimbrone. Durch den prachtvollen Park führt eine Allee zum Belvedere Cimbrone, von wo sich eine herrliche Aussicht auf die amalfitanische Küste bietet.
Etwa 200 m nordöstlich der Kathedrale steht die Kirche San Giovanni del Toro (12. Jh.; barock umgestaltet und modernisiert). Im Inneren verdient besonders die Kanzel (um 1175) Beachtung: An ihr sind Mosaiken aus dem 14. Jh., darunter Pflanzen- und Tiermotive sowie Szenen aus der Bibel, und romanische Skulpturen zu sehen. Fresken des 14. Jh.s schmücken den Aufgang zur Kanzel, auch in der Krypta findet man Fresken.

Ancona   H 8

Region: Marken/Marche
Provinz: Ancona
Höhe: 16 m ü.d.M.
Einwohnerzahl: 101 000

Lage und
Bedeutung

Ancona, Hauptstadt der Region Marken und der Provinz Ancona, liegt an der mittelitalienischen Adriaküste – auf einem Vorgebirge um die Bucht. Heute ist Ancona ein wichtiger Verkehrsknotenpunkt (Eisenbahn; Flughafen 13 km westlich bei Falconara) und eine bedeutende Hafenstadt: Fährschiffe fahren von hier u.a. nach Zadar, Dubrovnik und Griechenland. Schiffbau, Fischerei, Zucker- und Eisenindustrie sowie die Herstellung von Musikinstrumenten sind wirtschaftlich wichtig.

Geschichte

Ancona wurde um 390 v. Chr. als Ancon Dorica (von griech. 'ankón' = Bogen) auf einem bogenartig ins Meer vorspringenden Sporn von Griechen aus Syrakus gegründet. Die Stadt, seit dem 3. Jh. v.Chr. römische Kolonie, wurde unter Caesar und Trajan befestigt und zum Flottenstützpunkt ausgebaut. Obgleich sie 774 als Schenkung Karls des Großen dem Papst überlassen und seit dem 16. Jh. endgültig Teil des Kirchenstaates wurde, konnte sie während des Mittelalters de facto ihre Unabhängigkeit bewahren. – Ancona ist seit dem Jahre 462 Sitz eines Bischofs.

Hafen

Piazza della
Repubblica

Verkehrsmittelpunkt der Stadt ist die Piazza della Repubblica. Der Platz öffnet sich westlich zum Hafen, dessen Becken von 800 bzw. 900 m Durchmesser im nördlichen Abschnitt römischen Ursprungs ist. Der Hafen war im Mittelalter Ausgangspunkt von Kreuzzügen. Am Nordende des Damms steht der Ehrenbogen Arco di Traiano, eine Arbeit aus Marmor, laut Inschrift 115 n.Chr. zu Ehren des römischen Kaisers Trajan, seiner Gattin und seiner Schwester errichtet. Auf dem Bogen stand ursprünglich die Statue des Kaisers. Unweit westlich sieht man den Arco Clementino, der im 18. Jh. zu Ehren von Papst Clemens XII. errichtet wurde.

Piazza della Repubblica (Fortsetzung)

Im Süden des Hafens befindet sich, in eine fünfseitige Bastion eingebaut, das ehemalige Seuchenlazarett; auf der anderen Seite des Hafens die Porta Pia (1789).
Nordwestlich von hier erstrecken sich die modernen Hafenanlagen.

Porta Pia

Innenstadt

Von der Piazza della Repubblica gelangt man rechts am Theater (1826) vorbei zu der langgestreckten Piazza del Plebiscito. Dort steht der Palazzo del Governo (15. Jh.) mit der Präfektur. Über eine Freitreppe erreicht man die barocke Kirche Santo Domenico, erbaut von Carlo Marchioni (18. Jh.). Im Inneren sind zwei interessante Gemälde zu sehen: die 'Kreuzigung' von Tizian (1558) und eine 'Verkündigung' von Guercino (1662).

Palazzo del Governo

Unweit westlich vom Palazzo del Governo erreicht man die Loggia dei Mercanti (Börse), einen spätgotischen Bau mit Fassade von Giorgio Orsini (15. Jh.). Die Statuen an der Fassade stellen die Tugenden dar. Neben der Kirche der ansprechende Palazzo Benincasa.

Loggia dei Mercanti

Von der Börse gelangt man zur Kirche Santa Maria della Piazza (10. Jh.), die im 13. Jh. auf den Resten zweier Kirchen des 5. und 6. Jh.s errichtet wurde. Sie hat eine Fassade mit reichgeschmücktem Portal, das Meister Filippo mit Reliefs verziert hat (1210). Innen sind Reste des Fußbodens aus dem 6. Jh. in die Wand eingelassen.

Santa Maria della Piazza

Weiter nördlich steht an der Piazza San Francesco die Kirche San Francesco delle Scale. Beachtung verdient das gotische Portal mit zahlreichen Reliefs, geschaffen von Giorgio Orsini (1454). Im Inneren beeindruckt eine 'Assunta' von Lorenzo Lotto. Nachdem die Kirche um 1860 säkularisiert worden war, hat man sie 1953 wieder zu einem Gotteshaus gemacht.

San Francesco delle Scale

Von der Piazza San Francesco führt nördlich die Via Pizzecolli zur Kirche del Gesù (18. Jh.) und zum Palazzo degli Anziani, in dem die Pinacoteca Comunale (Städtische Gemäldesammlung) untergebracht ist. Die Abteilung für ältere Malerei besitzt Bilder von Tizian, Lotto, Crivelli und anderen Meistern. In der Abteilung für moderne Kunst sind Werke zeitgenössischer italienischer Maler ausgestellt.

Pinacoteca Comunale

Unweit nördlich steht der Palazzo Ferretti (16. Jh.) mit dem Museo Nazionale delle Marche (Staatliches Museum der Marken), einer Sammlung zur Vor- und Frühgeschichte der Marken; dort werden insbesondere Funde aus Gräbern, darunter Vasen, gezeigt.

Museo Nazionale delle Marche

**Dom

Von dem Museum gelangt man entweder auf einer Treppe oder auf einer nach der Zerstörung des Hafenviertels angelegten Panoramastraße in Kehren hinauf zum Dom, der auf dem Monte Guasco an der Stelle eines Venustempels errichtet wurde. Die Kirche, ein Kuppelbau im byzantinisch-romanischen Stil (12. Jh.) hat die Form eines griechischen Kreuzes. Sie ist dem hl. Zyriakus geweiht. Die Fassade hat ein gotisches Portal, das mit Reliefs geschmückt ist. Man erreicht es durch eine Vorhalle, deren Säulen auf Löwen ruhen. Sehenswert ist ein Altar mit einer Madonna von Luigi Vanvitelli. In der Krypta, wo die Gebeine des hl. Zyriakus aufbewahrt werden, befinden sich die Überreste eines Tempels (3. Jh. v.Chr.) und einer frühchristlichen Kirche (6. Jh.).

Aosta

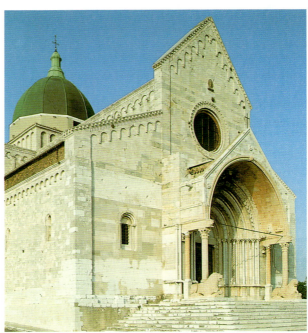

Romanische Vorhalle und Vierungskuppel des Doms von Ancona

Ancona,
Museo Diocesano

In einem Gebäude links vom Dom ist das Diözesanmuseum untergebracht. Beachtung verdient der mit Reliefs verzierte altchristliche Sarkophag des Prätorianerpräfekten Flavius Gorgonius aus dem 4. Jahrhundert.

Umgebung von Ancona

Numana

Fährt man von Ancona 15 km auf der Küstenstraße in südlicher Richtung, kommt man zur Kirche Santa Maria di Portonovo (11. Jh.) und zum Monte Conero (572 m), von wo sich eine weite Sicht bietet. Von dort führt der Weg zum malerischen Dorf Sirolo und weiter zu dem kleinen Seebad Numana.

Aosta / Aoste   B 4

Region: Aostatal/Vallée d'Aoste/Valle d'Aosta/
Provinz: Aosta
Höhe: 583 m ü.d.M.
Einwohnerzahl: 37 500

Lage

Aosta (franz. Aoste, spr. 'Ost'), Hauptstadt der italienischen Autonomen Region Aostatal, liegt rund 100 km nördlich von Turin in einer Talsenke an der Mündung des Buthier in die Dora Baltea. Es wird von einem mächtigen Gebirgskranz umschlossen, der im Norden im Grand Combin bis zu 4314 m aufragt. Die Anlage der Stadt, die bedeutende Denkmäler der

Aosta

Römerzeit sowie des Mittelalters bewahrt hat, wird noch jetzt vom Grundriß des römischen Lagers bestimmt, das als 'Augusta Praetoria' bald nach 25 v.Chr. erbaut wurde.
Heute ist Aosta ein wichtiger Verkehrsknotenpunkt an den Zufahrtsstraßen zum Montblanc-Tunnel und zum Großen St. Bernhard.

Lage
(Fortsetzung)

Bemerkenswertes in Aosta

Die innere Stadt ist noch von der guterhaltenen römischen Stadtmauer umgeben, einem Rechteck von 724 auf 572 m, mit 20 Türmen. Das Osttor, die Porta Pretoria, ursprünglich ein dreibogiges Doppeltor, dessen Basis etwa 2,5 m unter dem heutigen Niveau liegt, besitzt einen geräumigen Waffenhof. Daneben steht der Turm der ehem. mittelalterlichen Burg der Herren von Quart.

Porta Pretoria

Von hier sind es nur wenige Schritte zu der 22 m hohen Bühnenwand des römischen Theaters, das früher vierstöckig war. Im benachbarten Klostergarten sind einige Bogen des Amphitheaters zu sehen.

Teatro Romano
Anfiteatro Romano

Rund 400 m östlich der Porta Pretoria steht der Ehrenbogen des Augustus (Arco di Augusto) mit zehn korinthischen Halbsäulen.

Arco di Augusto

Unweit nordwestlich vom Augustusbogen gelangt man zu der ehem. Kollegiatskirche Saint Ours (Collegiata di S. Orso), die im 10. Jh. erbaut und Ende des 15. Jh.s spätgotisch erneuert wurde; sehenswert die Fresken aus dem 11. Jh. und das schön geschnitzte Chorgestühl (16. Jh.). Vor der Kirche steht ein stattlicher Glockenturm, um 1150 unter Verwendung römischer Quader erbaut; an der Südseite der romanische Kreuzgang (1133) mit bemerkenswerter Kapitellplastik.

Saint Ours

Reste des Teatro Romano in Aosta

Aostatal

Museo Archeologico Regionale	Nahe der Kirche befindet sich in der Via S. Orso das Archäologische Museum (Museo Archeologico Regionale). Dort sind Fundstücke aus römischer Zeit zu sehen.
Kathedrale	In der Mitte der Stadt, wo sich einst die Hauptstraßen des römischen Lagers kreuzten, erstreckt sich die Piazza Chanoux mit dem Stadthaus. Unweit nordwestlich steht die im 11. und 12. Jh. errichtete Kathedrale, die heutige Kirche stammt aus dem 15./16. Jahrhundert. Sie hat eine Renaissance-Fassade (um 1526), die 1837 einen klassizistischen Vorbau erhielt. Im Domschatz (Gebühr) das Elfenbeindiptychon des Kaisers Honorius (406). An der Westseite der Kathedrale liegen die Reste des römischen Forums.

Lac de Chamolé

Lage südlich von Aosta	Von Aosta führt eine Schwebebahn nach Les Fleurs (1360 m; auch 11 km Straße). Von dem Ort fährt eine Gondelbahn zur Conca di Pila (1800 m), von dort eine Sesselbahn zum Lac de Chamolé (2312 m).

Großer Sankt Bernhard

Lage 34 km nordwestlich	Lohnend ist eine Fahrt von Aosta auf der S.S. 27 in nordwestlicher Richtung in Windungen und Kehren im Vallée du Grand-St-Bernard aufwärts zum Großen Sankt Bernhard (2469 m; auch 5828 m langer Straßentunnel zwischen St-Rhémy und Bourg-St-Bernard auf der schweizerischen Seite); die zwischen Montblanc-Massiv und Walliser Alpen eingesenkten Paßhöhe (kleiner See); dort verläuft die italienisch-schweizerische Grenze. Auf schweizerischem Gebiet steht das vom hl. Bernhard von Aosta († 1086) gegründete Hospiz (Bernhardinerhundezucht).

Aostatal / Vallée d'Aoste / Valle d'Aosta   A–B 4

Region: Aostatal / Valle d'Aosta / Val d'Aoste
Fläche: 3262 km^2
Einwohnerzahl: 113 600

Lage	Die Autonome Region Aostatal liegt im äußersten Nordwesten Italiens im Gebiet des tief eingeschnittenen Tals der Dora Baltea mit deren reizvollen Seitentälern. Eingebettet in eine der großartigsten Gebirgsszenerien am Fuße des Montblanc-Massivs und umgeben von den höchsten Alpengipfeln, gehört das Aostatal zu den landschaftlich bevorzugten Gebieten Italiens. Die schon im Altertum als Zugang zu den Alpenübergängen des Kleinen und des Großen St. Bernhard wichtige Talschaft war in ihrer gesamten Länge durch zahlreiche Burgen und Festungswerke gesichert, von denen malerische Reste zeugen.
Geschichte und Bevölkerung	Das Aostatal, schon von den Römern stark befestigt, gehörte seit 1191 zu Savoyen, mit dem es zu Beginn des 19. Jh.s vorübergehend an Frankreich und später an Piemont kam. Obgleich 1861 Italien zugesprochen, widersetzte sich die französischsprachige Bevölkerung vor allem in der faschistischen Ära drohenden italienischen Überfremdung in Sprache und Kultur. Den separatistischen Bestrebungen im Aostatal kam Italien schließlich durch die Zubilligung des Sonderstatus als Autonome Region im Jahre 1948 entgegen.
Sprache	Im Aostatal wird ein franco-provenzalischer Dialekt gesprochen; Französisch ist als Amtssprache und im kulturellen Bereich dem Italienischen gleichgestellt.

Aostatal

Berglandschaft bei Gressoney-la-Trinité

Burg Fénis im Aostatal

Aostatal

Wirtschaft

Die herrliche Landschaft und die selbst im Sommer noch hervorragenden Schneeverhältnisse in großer Höhe sind Grundlage eines blühenden Fremdenverkehrs. Neben Weinbau in niederen Lagen, Weidewirtschaft und etwas Industrie ist er die wichtigste Erwerbsquelle der Bevölkerung.

Von Pont-Saint-Martin nach Entrèves (94 km)

Pont-Saint-Martin

Die von Turin kommende Straße Nr. 26 (auch Autobahn A 5) erreicht die Gebietsgrenze der Autonomen Region Aostatal bei Pont-Saint-Martin (345 m; römische Brücke über die Lys aus dem 1. Jh. v.Chr.) an der Einmündung der von Norden der Dora Baltea zufließenden Lys.

Abstecher: Gressoney-La-Trinité

Von Pont-Saint-Martin lohnt ein Abstecher 34 km im Valle di Gressoney aufwärts, dem tief eingeschnittenen und wiederholt aufgestauten Flußlauf der Lys folgend, über das im 13. Jh. von deutsch sprechenden Wallisern gegründete Dorf Issime (deutsch Eischime, 14 km; 960 m) und den Ferienort Gressoney-St-Jean (deutsch Unterteil; 14 km; 1385 m) nach Gressoney-La-Trinité (deutsch Oberteil; 1635 m), von wo eine Sesselbahn zur Punta Jolanda (2333 m; Bergstation 2247 m) und eine Gondelbahn zum Lago Gabiet (2367 m; Bergstation 2342 m) ausgehen.

*Monte Rosa

Gressoney-La-Trinité ist Ausgangspunkt für zahlreiche interessante Hochtouren im Gebiet des Monte Rosa, darunter besonders der Aufstieg in 6–7 Stunden (mit Führer) auf die Dufourspitze (4634 m), den höchsten Gipfel der Monte-Rosa-Gruppe. Eine Sesselbahn fährt von dem 3 km entfernten Staval auf den Colle Bettaforca.

Die Aostatal-Straße zieht hinter Pont-Saint-Martin in dem sich allmählich verengenden Tal weiter aufwärts. Jenseits von Donnaz (322 m) steht rechts auf der Höhe das mächtige Fort Bard (391 m; 11. Jh.).

Die Burg von Saint-Pierre beherbergt ein Regionalmuseum

Aostatal

10 km: Arnad (412 m) mit einer hochgelenen Burgruine (634 m); dahinter am rechten Ufer der Dora Baltea das um 1480 erbaute Schloß Issogne mit sehenswertem Inneren.

*Schloß Issogne

4 km: Verrès (391 m) mit der malerisch auf einem Felshügel gelegenen Rocca (1390).

Verrès

Von Verrès lohnt ein Abstecher 27 km nördlich in dem vom Evançon durchflossenen Valle di Challand aufwärts über den als Sommerfrische besuchten Ort Brusson (16 km; 1338 m) im unteren Talabschnitt nach Champoluc (11 km; 1570 m), den als Sommerfrische wie auch zum Wintersport besuchten Hauptort des 'Val d'Ayas' genannten oberen Teils des Tales mit Blick auf die Zwillingsberge Castor (4230 m) und Pollux (4094 m) sowie auf das Breithorn (4171 m), die südlich vom Matterhorn liegen. Eine Gondelbahn führt auf den Crest (1974 m), dann eine Sesselbahn auf 2500 m Höhe.

Abstecher: Brusson Champoluc

Die Aostatal-Straße führt hinter Verrès unterhalb der Burg Montjovet vorüber, dann durch den malerischen Engpaß von Montjovet; dahinter öffnet sich ein erster Blick auf den Montblanc.

12 km: Saint-Vincent (575 m), ein als Sommerfrische vielbesuchter Ort mit Spielkasino und Mineralquellen gegen Leber- und Magenleiden. Dahinter links auf steiler Höhe die Burg Ussel (um 1350).

Saint-Vincent

3 km: Châtillon (549 m; 4700 Einw.), ein Städtchen mit stattlicher Burg.

Châtillon

Von Châtillon empfiehlt sich ein Abstecher 27 km nördlich aufwärts im Tal Valtournenche, das von der vom Matterhorn herabkommenden Matmoire (ital. Marmore) durchflossen wird, über Antey-St-André (7 km; 1074 m), hinter dem das Matterhorn sichtbar wird, Buisson (4 km; 1128 m; Schwebebahn östlich zum Chamois, 1815 m: von dort mit Sesselbahn zum Lago di Lod, 2018 m) zunächst nach Valtournenche (7 km; 1528 m), einer als Sommerfrische und zum Wintersport vielbesuchten Gemeinde (Sesselbahn östlich auf die Alpe Chanlève, 1850 m; Schwebebahn zum Monte Molar, 2484 m/ 2244 m).

Abstecher: Valtournenche

Dann weiter durch eine Talenge, von deren Beginn ein Fußweg (10 Min.) zu dem 104 m langen und 35 m tiefen Felsschlund Gouffre des Busserailles (Wasserfall; Gebühr) abzweigt, nach Breuil bzw. Cervinia (2006 m), einem auch im Sommer vielbesuchten Wintersportzentrum (1540 m lange Bobbahn zum Lac Bleu) in großartiger Lage, im Norden überragt von der gewaltigen Felspyramide des Matterhorns (Monte Cervino; 4478 m; Aufstieg in 12 Std. mit Führer); im Westen die Mauer der Grandes Murailles (3872 m). Von Breuil führt eine Schwebebahn östlich zum Plan Maison (2557 m) und weiter nordöstlich zum Furggengrat (3488 m) bzw. östlich, direkt oder über die Station Cime Bianche (2823 m) zum Plateau Rosà (3480 m). 1 km nördlich vom Plateau Rosà liegt der Theodulpaß (3322 m), von dem sich eine großartige Aussicht – auch ins Tal von Zermatt – bietet.

Breuil (Cervinia) **Matterhorn

Hinter Châtillon gewährt die Aostatal-Straße einen freien Blick in das fruchtbare Tal und auf die Berge von Aosta; im Hintergrund der dreigipfelige Rutor. Weiterhin links oberhalb der Einmündung des Val de Clavalité oder Val de Fénis, aus dem die Schneepyramide der Tersiva hervorblickt, die mächtige Burg Fénis (1330, später erweitert) mit einem prächtigen Hof (15. Jh.) und Wandmalereien; im Inneren Fresken aus dem 15. Jahrhundert.

*Burg Fénis

12 km: Nus (529 m), ein Dorf mit einer Burgruine an der Einmündung der Vallée de St-Barthélemy. Dahinter erscheint links am Hang das Dorf St-Marcel (631 m) am Eingang des gleichnamigen Tales.
12 km: ⟶ Aosta.

Nus

Aostatal

Nus
(Fortsetzung)

Die Straße zum Montblanctunnel führt hinter Aosta weiter im Tal der Dora Baltea aufwärts.

Sarre
Val de Cogne

6 km: Sarre (631 m), ein Dorf mit einem Schloß (1710). Von hier lohnender Abstecher 28 km in die Val de Cogne südlich, an dem viertürmigen Schloß Aymavilles (16./17. Jh.; erneuert) vorüber, dann aufwärts in dem einförmigen Tal hoch über der Schlucht der brausenden Grand' Eyvie (unterhalb der Straße befindet sich bei Pont d'El ein 120 m hoher Aquädukt aus der Zeit des Augustus) nach Cogne (1534 m), dem als Sommerziel wie auch zum Wintersport vielbesuchten Hauptort des Tales (Eisenbergwerk; 6 km langer Tunnel einer Werkbahn nach Aosta). Nach Süden bietet sich ein schöner Blick auf den Gran Paradiso (4061 m), nach Nordwesten auf den Montblanc. Korblift zum Mont-Cuc (2075 m).

Cogne
*Gran-Paradiso-Nationalpark

Cogne ist Ausgangspunkt für zahlreiche Bergtouren, besonders in den die nördlichen Grajischen Alpen einnehmenden großartigen Gran-Paradiso-Nationalpark (Parco Nazionale del Gran Paradiso; 600 km^2; u.a. viele Steinböcke).

Saint-Pierre

Hinter Sarre führt die Straße alsbald unterhalb der Burgen Saint-Pierre (17. Jh.; in der Burg befindet sich das Regionalmuseum der Naturwissenschaften mit Dokumenten über Tiere und Pflanzen, die für das Aostatal typisch sind) und Sarriod de la Tour (14. Jh.) sowie der Tour Colin (13. Jh.) vorbei, später an der Einmündung der südlich zur französischen Grenze hin ziehenden Täler Val de Rhêmes und Valgrisenche vorüber und durch den wilden Engpaß Pierre Taillée (Wasserfälle); dahinter rechts am Hang das Dorf La Salle (1001 m) mit dem Château de Châtelard (1171 m; 13. Jh.); im Vorblick der gewaltig aufragende Montblanc.

22 km: Morgex (920 m).

Pré-Saint-Didier

4 km: Pré-Saint-Didier (1004 m), ein malerisch gelegenes Dorf mit arsenhaltiger Eisenquelle (36° C), an der Mündung der Thuile, die hier durch senkrechte Felsen nach dem Doratal hin durchbricht.

Abstecher:
La Thuile
Rutor

Bei Pré-Saint-Didier verläßt die S.S. 26 das Aostatal und führt zunächst 10 km südwestlich nach La Thuile (1441 m), von wo die Besteigung des vergletscherten Rutor (3486 m; in 7–8 Std. mit Führer) über die Rutorfälle (1934 m) ausgeht. Vom Ortsteil Golette (1496 m) führt eine Schwebebahn südwestlich nach Les Suches (2180 m; Berghaus) und weiter eine Sesselbahn zum Mont Chaz Dura (2581 m).

Kleiner
St. Bernhard

Von La Thuile dann in Windungen 13 km weiter, mit prächtigen Rückblicken, über die italienisch-französische Grenze bei dem kleinen Lac Verney, die bis 1947 etwa 2 km weiter südlich verlief, zur Paßhöhe des Kleinen St. Bernhard (2188 m).

Die Aostatal-Straße führt hinter Pré-Saint-Didier unterhalb des aussichtsreichen Dorfes Verrand (1263 m) vorüber.

Courmayeur

5 km: Courmayeur (1224 m), ein wichtiges Fremdenverkehrszentrum (insbesondere Wintersport) mit Mineralquellen (Eisensäuerlinge; Wasserheilanstalt) am Fuße des Montblanc-Massivs (Alpines Museum). Von hier führt eine Kette von Schwebebahnen zunächst zum Plan Chécrouit (1704 m), von dort zum Lago Chécrouit (2256 m), dann zur Cresta de Youla (2624 m) und zuletzt zur Cresta d'Arp (2755 m); ferner Schwebebahn zum Pré de Pascal (1912 m); Großseilbahnanlage zum Val Vény.

Entrèves

Von Courmayeur erreicht man nach weiteren 4 km Entrèves (1306 m), ein überaus prächtig gelegenes Dorf mit freiem Blick nordwestlich auf den Montblanc, nordöstlich auf den Dent du Géant (4014 m) und die Grandes Jorasses (4206 m); einen noch besseren Überblick hat man von der 2 km westlich gelegenen Wallfahrtskirche Notre-Dame-de-la-Guérison (1486 m; herrlicher Blick auf den nahen Brenva-Gletscher). Vom Ortsteil La Palud (1 km nordöstlich) führt eine sehr lohnende Fahrt von etwa 15 km mit drei Schwebebahnen in etwa 1½ Stunden über den Pavillon du Mont Fréty (2130 m) und das Rifugio Torino (3322 m; Aussicht) unterhalb des Col du Géant (3354 m), dann über die Punta Helbronner (3462 m; Paßkontrolle) sowie den Gros Rognon (3448 m) zur Aiguille du Midi (3842 m; Aussicht) und weiter nach Chamonix.

Aostatal, Entrèves (Fortsetzung)

Der Montblanc (ital. Monte Bianco; 4810 m), der höchste Gipfel der Alpen, über den die italienisch-französische Grenze verläuft, wurde erstmals 1786 von Jacques Balmat aus Chamonix und dem Dorfarzt Michel Paccard sowie danach 1787 von dem Genfer Naturforscher Horace-Bénédict de Saussure gemeinsam mit Balmat und 16 Trägern bestiegen. Die Besteigung (10–12 Std. mit Führer) erfolgt am besten von Les Houches aus, einem Ort, der 10 km südwestlich von Chamonix liegt.

**Montblanc

Von größter Bedeutung für den Touristenverkehr ist der 1958–1964 erbaute Montblanc-Tunnel (Galleria del Monte Bianco; Durchstich 1962; Eröffnung 16. 7. 1965). Er beginnt in 1381 m Meereshöhe bei Entrèves und endet nach einem Verlauf von 11,6 km in 1274 m oberhalb des Weilers Les Pèlerins, eines Vorortes von Chamonix. Die Fahrbahnbreite beträgt 7 m, die Gesamtbreite mit Gehweg und Prellband 8,15 m, die größte Höhe 5,98 m. Die Gesamtkosten beliefen sich auf über 500 Millionen DM. Der das ganze Jahr hindurch befahrbare Tunnel (Gebühr) verkürzt die Strecke von Italien in die Westschweiz bzw. nach Mittelfrankreich und nach Nordfrankreich während der Sperrung der Hochalpenpässe von Oktober bis Juni um mehrere hundert Kilometer.

*Montblanc-Tunnel

Apennin / Appennino   E 7 – L 16

Der Apennin, im Plural 'Apenninen' (nach dem keltischen Wort 'pen' = Berg), ital. L'Appennino, ist ein etwa 1500 km langer und 30 bis 150 km breiter Gebirgszug. Er beginnt mit dem Monferrato-Hügelland bei Turin und in Fortsetzung der Ligurischen Alpen zwischen Savona und Genua. Anschließend durchzieht das Gebirgssystem die italienische Halbinsel ('Apenninenhalbinsel') bis zur Südwestspitze Kalabriens in einem Bogen und setzt sich in den Gebirgen des nördlichen Sizilien fort.

Lage

Der Apennin, ein tertiäres Kettengebirge, fällt an seiner Außenseite gegen die Po-Ebene und die Adria hin sanft ab, während die Innenseite infolge späterer Einbrüche steiler gegen das Meer oder die Beckenlandschaften der Toskana, Umbriens und des östlichen Latium absinkt. Der im Monte Cimone (2165 m) gipfelnde Nördliche Apennin und der Mittlere Apennin zeigen mit ihren einförmigen Hängen fortlaufende Kammlinien, die von den Verkehrswegen in etwa 650 bis 1300 m Höhe gequert werden. Die Gesteine stammen vorwiegend aus der Kreide- und Tertiärzeit. Sandstein und Schiefer, Tone und Mergel nehmen weite Flächen ein. Sie bedingen sanfte Hänge und Kuppen mit wenig wechselnder Oberflächenform, neigen aber, wenn sie von Regen durchweicht sind, stark zu Bergrutschen ('frane'). Schroffere Formen zeigen die Dolomite und Kalksteine, in denen sich wildzerklüftete Karstformen entwickelt haben und die vor allem den Landschaftscharakter der Monti Sibillini (2478 m) und der wilden → Abruzzen, die im Gran Sasso d'Italia (2912 m) gipfeln, bestimmen. Der Neapolitanische Apennin und der Lukanische Apennin, die sich südlich an die Abruzzen anschließen, gehen allmählich in den Kalabrischen Apennin über. Dort treten vom Crati-Tal an Urgebirge aus Granit, Gneis und Glimmerschiefer auf, und der Apennin löst sich in einzelne Gebirgsstöcke auf: Das Sila-Gebirge (1929 m) sowie die Aspromonte (1956 m) erinnern mit ihren schönen Laub- und Nadelwäldern an deutsche Mittelgebirge.

Entstehung und Landschaftsbild

Apulien

Apennin (Fortsetzung), Klima

Das Klima im Bereich des Apennin ist abhängig von der Höhenlage und der geographischen Breite. In den Höhen ist die Witterung verhältnismäßig rauh. Die Niederschläge fallen im nördlichen Apennin überreich, doch in den tieferen Zonen herrscht die Sommerdürre des Mittelmeerraums vor. Der Apennin ist die Hauptwasserscheide Italiens. Besonders im Norden, zwischen Ligurien und der Poebene, wirkt der Apennin auch als Klimascheide: Auf der Westseite sind die Niederschläge höher.

Pflanzen und Tiere

Am Fuß des Gebirges findet man einige für das Mittelmeergebiet typische Pflanzen, darunter Edelkastanien und Obstbäume. Darüber folgt eine Zone lichten Waldes, wo unten Buchen und oben Nadelbäume vorherrschen. Doch sind die ursprünglichen Waldgebiete im Laufe der Jahrhunderte – wegen der Kultivierung weiter Flächen – stark verkleinert und an vielen Stellen durch eine immergrüne Macchia verdrängt worden. Daher gibt es im Apennin fast keine größeren wildlebenden Tiere; Wölfe stehen unter Naturschutz. In über 1800 m Höhe bedecken steinige Matten die Hänge. Die alpinen Grasfluren sind oft noch Teil alpiner Wanderweidewirtschaft.

Bevölkerung

In den mittleren und höheren Lagen des Gebirges beschränkt sich die Besiedlung auf einzelne Becken und Talschaften. Die Menschen dort betreiben meist Forst- und Weidewirtschaft (Ziegen und Schafe); doch es gibt auch dichtbesiedelte, agrarisch genutzte Becken und Randgebiete.

Verkehr

Wichtig für den Verkehr sind die zahlreichen Pässe. Autobahnen überqueren sie zwischen rund 500 und 1000 m Höhe oder führen durch Tunnels. Ein Teilstück der Autostrada del Sole verläuft über den Futapaß (903 m).

Apulien / Puglia   K 12 – N 16

Region: Apulien/Puglia
Provinzen: Bari, Brindisi, Foggia, Lecce und Tarent/Taranto
Fläche: 19 347 km^2
Einwohnerzahl: 4 000 000

Lage

Die Region Apulien, italienisch Puglia oder Puglie, liegt östlich des Apennins im Südosten Italiens. Sie erstreckt sich vom 'Sporn' (Monte Gargano) bis zum 'Stiefelabsatz', der Salentinischen Halbinsel.

Landschaftsbild

Den Norden nimmt die Ebene 'Tavoliere di Puglia' um Foggia ein, die im Osten in den Kalkrücken des Gargano-Gebirges (Monte Calvo; 1055 m) übergeht. Im mittleren Abschnitt erstreckt sich die karstige, von Grotten und Dolinen durchsetzte Kreidekalktafel der Murge (bis 680 m), die sich im Süden als teils flaches, teils hügeliges Land in der Salentinischen Halbinsel (bis 200 m) fortsetzt.

Wirtschaft

Apulien ist ein reines Landwirtschaftsgebiet: Weizen (insbesondere Hartweizen für die Teigwarenproduktion) wird auf der Tavoliere, Tabak um Lecce, Gemüse an der Küste angebaut; wichtige landwirtschaftliche Erzeugnisse sind ferner Wein- und Tafeltrauben, Mandeln, Feigen und Oliven. Die einst bedeutende Wanderweidewirtschaft beschränkt sich heute auf wenige karstige Bergregionen. Umfangreiche wasserwirtschaftliche Maßnahmen (Wasserleitung 'Acquedotto Pugliese' teils unterirdisch durch den Apennin) haben das im allgemeinen äußerst trockene, jedoch fruchtbare Gebiet landwirtschaftlich stark aufgewertet. An der Küste wird Fischfang betrieben (Umgebung von Bari); dort hat sich in jüngster Zeit auch etwas Industrie, besonders Petrochemie, angesiedelt.

Geschichte

Im Altertum war der Name Apulia auf das Gargano-Gebirge beschränkt. 272 v.Chr. von den Römern erobert, wurde das Gebiet gemeinsam mit Kalabrien zu einer Region, die ein wichtiges Glied im Handelsverkehr mit

Apulien

Der Lukanische Apennin schiebt sich am Golf von Policastro zum Tyrrhenischen Meer vor

dem Orient war. Nach dem Untergang des Römischen Weltreiches fiel Apulien unter die Herrschaft der Ostgoten, dann der Byzantiner und ab 568 teilweise auch der Langobarden. Robert Guiscard eroberte es seit 1141 für das Normannenreich und ließ es sich durch Papst Nikolaus II. zu Lehen geben. Unter Roger II. mit dem Königreich Neapel und Sizilien vereinigt, gelangte es unter den Staufern zu höchster Blüte. Friedrich II., 'das Kind von Pulle', residierte mit Vorliebe in Foggia und hinterließ als beredte Zeugen jener Zeit hervorragende Bauten und Kunstwerke, von denen das Castel del Monte beispielhaft erwähnt sei.

Geschichte (Fortsetzung)

✳✳Zona dei Trulli

Ein Besuch der Region Apulien sollte unter allen Umständen auch eine Fahrt durch die Zona dei Trulli einschließen, ein etwa 1000 km² großes Gebiet der Murge, übersät und beherrscht von Tausenden der fremdartig wirkenden sog. Trulli, kleiner, oft miteinander verbundener Steinhäuser mit kegelförmigem, durch Überkragen der Schichten (vgl. Nuragen auf Sardinien) hergestelltem Dach.

Alberobello (428 m; 10 000 Einw.) hat ein bemerkenswertes Stadtbild und in der Zona Monumentale über tausend Trulli, darunter die in Trulloform erbaute moderne Kirche Sant' Antonio und – im Norden der Stadt – den doppelstöckigen Trullo Sovrano, den größten von Alberobello.

Alberobello

Locorotondo (410 m; 13 000 Einw.), der Hauptort des Valle d'Itria, hat einen kreisförmigen Grundriß, dem es den Namen ('runder Ort') verdankt.

Locorotondo

Zwischen Locorotondo und Martina Franca erstreckt sich das Valle d'Itria, ebenfalls von Trulli übersät.

✳Valle d'Itria

Baedeker Special

Unter der steinernen Zipfelmütze

Apulien ist nicht zuletzt bekannt durch eine archaische Architekturform, die in ganz Italien nicht ihresgleichen hat. Es sind dies die Trulli – aus Feldsteinen gemauerte, meist einstöckige Häuser mit einem spitzen, kegelförmigen Dach, das in der Art eines 'unechten Gewölbes' aus konzentrischen, nach oben immer enger werdenden Steinplattenkreisen aufgeschichtet ist. Das schlichte geometrische Prinzip erlaubt eine Vielzahl von Kombinationsmöglichkeiten, so daß beispielsweise Bauerngehöfte entstehen, die von einer größeren Zahl von Dachkegeln bekrönt sind; ausgedehnte Stallungen bilden sich aus linearer Reihung mehrerer gleichartiger Einzelelemente; selbst Kirchen folgen diesem architektonischen Muster. Während die Mauern der Trulli meist weiß gekalkt sind, haben die in einem steinernen Knauf endenden Dächer die Farbe des Natursteins, von der sich oft geheimnisvolle Zeichen und Symbole abheben. Ob es sich hier um Beschwörungsformeln heidnischen Ursprungs, um religiöse Sinnbilder oder einfach um Schmuckzeichnungen handelt, ist schwer zu sagen. Eine aus Trulli bestehende Siedlung bietet ein geheimnisvoll-unwirkliches Bild.

Die Zona dei Trulli ist ein etwa tausend Quadratkilometer großes Gebiet auf der apulischen Kreidekalktafel der Murge, das über tausend dieser fremdartigen Bauten umfaßt. Am meisten besucht ist der Ort Alberobello, dessen Name auf einen einst hier stehenden großen Eichenwald zurückgeht.

In Martina Franca (431 m; 44 000 Einw.), einem Ort mit reizvollem barockem Stadtbild, sind der Palazzo Ducale (1669) und die Kollegiatskirche San Martino (18. Jh.) sehenswert.

Apulien, Martina Franca

Schließlich zählen zur Zona dei Trulli Cisternino (394 m; 12 000 Einw.) und Fasano (118 m; 37 000 Einw.). Ein sehr lohnendes Ausflugsziel ist ein rund 1 km außerhalb von Fasano gelegener Park von 80 000 m² Fläche, wo über 600 exotische Tiere (u.a. Löwen) zu sehen sind.

Cisternino Fasano

Bei Egnazia, 9 km nördlich von Fasano, liegt eine der wichtigsten apulischen Ausgrabungsstätten.

Am Südrand der Zona dei Trulli liegt – nahe dem Meer – Ostuni (218 m; 32 000 Einw.), ein malerisches Städtchen mit weißen rustikal wirkenden Häusern; auf einem Berghang steht die spätgotische Kathedrale (15. Jh.).

Ostuni

Im Norden der Zona dei Trulli und 15 km südwestlich der Hafenstadt Monopoli (9 m; 45 000 Einw.), die eine Kathedrale aus dem 18. Jh. hat, befinden sich die Grotten von Castellana (Führung); sie sind neben der Adelsberger Grotte bei Postojna in Slowenien das bedeutendste Tropfsteinhöhlensystem Europas. Die Grotten sind etwa 1,2 km lang, mit Verzweigungen weitaus länger (2 Fahrstühle).

**Grotten von Castellana Monopoli

Am schönsten ist die in ihrer Unberührtheit und mit ihrem Stalagmiten- und Stalaktitenreichtum in Europa unübertroffene Grotta Bianca (Sonderführungen). Über der Grotte ein Aussichtsturm (28 m hoch, 170 Stufen); dabei ein Museum für Höhlenkunde.

→ Barletta

Castel del Monte

→ dort

Lecce

Aquileja / Aquileia   H 4

Region: Friaul-Julisch-Venetien / Friuli – Venezia Giulia
Provinz: Udine
Höhe: 5 m ü.d.M.
Einwohnerzahl: 3400

Aquileja liegt in Oberitalien westlich oberhalb der Stelle, wo der Isonzo, aus den Alpen kommend, an der Laguna Grado ins Adriatische Meer mündet.

Lage

Aquileja, 181 v.Chr. von den Römern als Posten gegen die Kelten gegründet, zählte im Altertum zu den Großstädten Italiens. Die Stadt war der wichtigste Handelsplatz am Golf von Triest und seit dem 6. Jh. Sitz eines Patriarchen (bis 1751). Seit dem 13. Jh. verlor Aquileja an Bedeutung.

Geschichte

Sehenswertes

Das wichtigste Denkmal der großen Vergangenheit ist der Dom, eine dreischiffige Basilika mit Säulen im Inneren. Anfang des 11. Jh.s wurde der Dom über einem älteren Gotteshaus errichtet und Ende des 14. Jh.s gotisch umgestaltet. Im Innenraum verdient besonders der Mosaikfußboden der ursprünglichen Kirche Beachtung (4. Jh.), auf dem menschliche Figuren, Tiere und Pflanzen dargestellt sind, eingefaßt von geometrischen Mustern. Sehenswert sind ferner das Baptisterium, eine Renaissance-Kanzel und Freskenreste (11. Jh.) in der Apsis. Beim Haupteingang befindet sich der Zugang zur Cripta degli Scavi mit bedeutenden Fresken aus dem 12. und 13. Jahrhundert. Vom linken Seitenschiff gelangt man zu den

**Dom

Aquileja

Archäologische Zone von Aquileja

Dom (Fortsetzung)

Ausgrabungen einer altchristlichen Kultanlage unter dem Dom. Vom hohen Glockenturm (11. und 14. Jh.) bietet sich eine weite Aussicht.

Museo Paleocristiano

Vom Soldatenfriedhof hinter dem Chor des Domes führt die 700 m lange, zypressenbestandene Via Sacra nördlich zu den jüngeren Ausgrabungen des römischen Flußhafens. Unweit nordöstlich das Museo Paleocristiano (Frühchristliches Museum) mit Graburnen, Chorschranken und Fragmenten von Mosaiken; westlich das Forum Romanum (z.T. rekonstruiert).

Amphitheater

Westlich vom Dom sieht man die Überreste eines Amphitheaters, die römische Gräberstraße und ein römisches Mausoleum (rekonstruiert) sowie teilweise freigelegte Oratorien mit guterhaltenen Mosaikfußböden.

*Museo Archeologico

Südwestlich vom Dom das Museo Archeologico, wo Ausgrabungsfunde aus der Römerzeit gezeigt werden, darunter Edelstein-, Bernstein- und Glasarbeiten (auch in den Höfen; viele pyramidenförmige Aschenurnen).

Umgebung von Aquileja

Grado

Rund 11 km südlich von Aquileja liegt auf der Nehrung der Laguna di Grado das vielbesuchte Seebad Grado (9650 Einw.). Im mittleren Teil der Nehrung befindet sich das Fischerstädtchen, im nördlichen der Hafenkanal, im östlichen längs des langen Sandstrandes (heiße Sandbäder) das Hotel- und Villenviertel. Grado ist als Seebad des römischen Aquileja entstanden und hatte seine Glanzzeit nach 568, als der Patriarch von Aquileja vor den Langobarden hierher geflüchtet war. Damals entstand in der Altstadt neben malerischen Häusern im venezianischen Stil die Kirche Sant'Eufemia – mit einem Mosaikfußboden, einem Patriarchenstuhl, einer romanischen Kanzel und einem silbernen Altaraufsatz (venezianisch 1372).

Links vom Dom steht das achteckige Baptisterium (5. Jh.). In der Nähe die Kirche Santa Maria delle Grazie, ebenfalls mit Mosaikschmuck.

Aquileja, Grado (Fortsetzung)

Die Ortschaft Palmanova (5600 Einw.), rund 15 km nördlich von Aquileja, steht unter Denkmalschutz. Ihre Besonderheit bildet die städtebauliche Konzeption: Im 16. Jh. wurde sie als Festung mit sternförmigem, neuneckigem Grundriß angelegt. Festungstore, Basteien und Wassergräben sind gut erhalten. Man kann die Stadt nur durch eines der drei Tore betreten. Die Venezianer ließen Palmanova als Bollwerk gegen die Habsburger und die Türken errichten. Mehr als 2000 Menschen waren allerdings nie dazu bereit, in diesem künstlichen Gebilde zu leben. Im Historischen Museum (Museo Civico Storico; Borgo Udine 4c) wird eine interessante Ausstellung über die Geschichte der alten Stadt gezeigt.

Palmanova

Arezzo

F 9

Region: Toskana/Toscana
Provinz: Arezzo
Höhe: 296 m ü.d.M.
Einwohnerzahl: 92 000

Die Provinzhauptstadt Arezzo liegt im Nordosten der Toskana, rund 80 km südöstlich von Florenz und nahe dem linken Ufer des Arno.

Lage

Schon Umbrer und Etrusker siedelten am Abhang des Hügels, der sich über dem fruchtbaren Umland erhebt. Im Jahre 294 v.Chr. entstand an dieser Stelle die römische Militärstation Arretium. In Arezzo wurde Gaius Maecenas (um 70 v.Chr. bis 8 v.Chr.) geboren, ein Freund des Kaisers Augustus, der durch die Förderung der in seinem Palast verkehrenden Dichter zum Inbegriff des großzügigen Kunstfreundes ('Mäzen') wurde.
Aus Arezzo stammen auch der Musiker Guido Monaco (Guido von Arezzo, um 990 bis 1050), ein Benediktinermönch, der die Intervall-Notenschrift entwickelte, der Dichter Francesco Petrarca (1304–1374) sowie der Schriftsteller und Satiriker Pietro Aretino (1492–1556).

Geschichte und Kunst

Sehenswertes

Im Mittelpunkt der Stadt steht die gotische Kirche San Francesco (13. und 14. Jh.), dem hl. Franziskus von Assisi geweiht. Die größte Sehenswürdigkeit der Kirche sind die Fresken von Piero della Francesca, die zwischen 1453 und 1464 entstanden sind. Ein Zyklus in der Hauptchorkapelle zeigt Szenen aus der 'Legende vom hl. Kreuz': Es wird dargestellt, wie der Stamm wuchs, aus dessen Holz man später das Kreuz Christi anfertigte. Ferner sind bestimmte Ereignisse, wie etwa die Auffindung des Kreuzes durch Helena, die Mutter Kaiser Konstantins, im Bild festgehalten. Kunstvoll wirkt das Verkündigungsfresko von Luca Signorelli in einer Kapelle.

*San Francesco

Von San Francesco gelangt man südöstlich durch die Via Cavour, dann links auf dem Corso Italia zu der romanischen Kirche Santa Maria della Pieve (12.–14. Jh.), der ältesten und berühmtesten Kirche der Stadt. Sie hat eine romanische Fassade mit dreistöckigen Bogengängen, die pisanischen Einfluß erkennen läßt. Der Campanile, der mit seiner Höhe (59 m) und den 'hundert Löchern' das Stadtbild bestimmt, wurde 1332 vollendet. Beachtung verdient im Inneren der mehrflügelige Hochaltar von Pietro Lorenzetti (1320; "Madonna und Heilige"), in dessen Zentrum sich eine Darstellung der Madonna mit dem Kind findet; darüber eine Verkündigung.

*Santa Maria della Pieve

Hinter der Kirche liegt die malerische Piazza Grande, am ersten Sonntag des September Schauplatz des mittelalterlichen Lanzenspiels 'Giostra del

*Piazza Grande

Arezzo

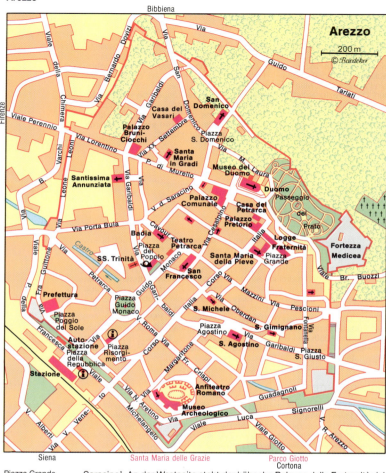

Piazza Grande (Fortsetzung)	Saracino'. An der Westseite steht der hübsche Palazzo della Fraternità dei Laici (1375–1460), an der Nordseite der um 1570 erbaute Palazzo delle Logge, errichtet nach einem Entwurf von Giorgio Vasari, mit den Logge Vasari, Bogenhallen, die sich zum Platz hin öffnen.
Palazzo Pretorio	Dem Palazzo delle Logge gegenüber steht am Corso Italia der Palazzo Pretorio (16. Jh.), geschmückt mit den Wappen der Stadtvögte aus der Zeit vom 15. bis 18. Jahrhundert. Im Inneren des stattlichen Gebäudes befindet sich die Stadtbibliothek.
Casa del Petrarca	Vom Palazzo Pretorio gelangt man an dem schönen Park Passeggio del Prato vorbei zur Via dell'Orto (Nr. 28), wo das Geburtshaus des humanistischen Dichters Francesco Petrarca (Casa del Petrarca; ⟶ Berühmte Persönlichkeiten) einen Besuch lohnt. Heute hat dort die Petrarca-Akademie ihren Sitz.

Arezzo

An der Piazza Grande stehen die Kirche Santa Maria della Pieve und der Palazzo delle Logge

Von der Casa del Petrarca aus sind es nur wenige Schritte zum Palazzo Comunale, dem Rathaus (1333) mit Wappenschmuck, und zum Dom.

Palazzo Comunale

Der Dom, ein gotischer Bau (1277 begonnen), hat eine moderne Fassade (1900–1914). Innen befindet sich hinter dem Hochaltar die Arca di San Donato, das um 1370 geschaffene marmorne Grabmal für den hl. Donatus, den Märtyrerbischof von Arezzo. Das Grab des Guido Tarlati, eines weiteren Bischofs von Arezzo († 1327), am östlichen Ende des linken Seitenschiffs, ist mit 16 Flachreliefs geschmückt. Neben dem Grab ein Fresko von Piero della Francesca, das die hl. Magdalena darstellt.

*Dom

Nördlich vom Dom steht die Kirche San Domenico (13./14. Jh.), ein im gotischen Stil errichteter Bau mit hübschem Campanile. Über dem Hochaltar befindet sich ein Tafelbild (Kruzifix) von Cimabue (1260–1265).

San Domenico

An der nahen Via Domenico die Casa di Giorgio Vasari. In dem Haus, das von dem aus Arezzo gebürtigen Maler, Baumeister und Kunstschriftsteller Giorgio Vasari (1511–1574) errichtet und mit Fresken geschmückt wurde, befinden sich ein Vasari-Archiv und zahlreiche Gemälde seiner Schüler.

Casa Museo di Giorgio Vasari

Etwa 500 m nordwestlich vom Dom, an der Via Garibaldi, erreicht man den Palazzo Bruni-Ciocchi, in dem die Sammlungen des Museo Statale d'Arte Medioevale e Moderna (Museum mittelalterlicher und moderner Kunst) untergebracht sind. Ausgestellt sind schöne Keramiken und Majoliken sowie Gemälde (Altarbild des Luca Signorelli, von 1520).

Kunstmuseum

Im Süden der Stadt liegen die Ruinen eines römischen Amphitheaters, eine Ziegelkonstruktion (1. Jh. n.Chr.), die einst 8000 Personen fassen konnte. Bei den Ruinen das Museo Archeologico, das u.a. eine Sammlung der berühmten 'Vasi aretini' (Gefäßfragmente aus rotem glasiertem Ton mit

*Archäologisches Museum

Ascoli Piceno

Arezzo, Archäol. Museum (Fortsetzung)
Reliefs) besitzt. Hervorzuheben sind auch die Terrakotten von etruskisch-römischen Bauten; ferner Urnen, Sarkophage, Mosaiken und Bronzen.

Santa Maria delle Grazie
Etwa 500 m südlich vom Museum steht die Kirche Santa Maria delle Grazie aus dem 15. Jh., die zu Ehren der Schutzmantelmadonna erbaut wurde. Die zierliche Säulenvorhalle ist ein Werk der Frührenaissance.

Ascoli Piceno H 10

Region: Marken/Marche
Provinz: Ascoli Piceno
Höhe: 154 m ü.d.M.
Einwohnerzahl: 54 000

Lage und Allgemeines
Ascoli Piceno, das antike Asculum, Hauptstadt der gleichnamigen Provinz, liegt im Süden der mittelitalienischen Küstenlandschaft Marken – an der Mündung des Castellano in den Tronto. Der Ort, auf drei Seiten von mächtigen Bergstöcken umgeben, ist ungefähr 30 km vom Adriatischen Meer entfernt.

Sehenswertes

Piazza del Popolo
Verkehrsmittelpunkt der Stadt ist die malerische Piazza del Popolo, am ersten Sonntag im August Schauplatz des mittelalterlichen Reiterturniers 'Torneo cavalleresco della Quintana', dem ein Umzug mit Musikbegleitung vorausgeht. An dem mit Steinplatten gepflasterten Platz steht der Palazzo dei Capitani del Popolo, der Ratspalast aus dem 13. Jahrhundert, in dessen Untergeschoß man 1982 während der Restaurierungsarbeiten eine archäologisch interessante Fläche freigelegt hat. Das Renaissance-Portal, über dem sich die Statue eines Papstes erhebt, wurde im 16. Jh. von Cola dell'Amatrice geschaffen.

*San Francesco
An die Nordseite der Piazza del Popolo, die hier vom Corso Mazzini, der Hauptstraße der Stadt, gekreuzt wird, grenzen die gotische Hallenkirche San Francesco (1258–1371), die ein Portal im gotisch-venezianischen Stil hat, und – an diese angebaut – die zinnengekrönte Bogenhalle Loggia dei Mercanti (Markthalle). Nördlich anschließend zwei hübsche Kreuzgänge.

Santi Vicenzo ed Anastasio
Etwa 300 m nordwestlich der Piazza del Popolo kommt man zur romanische Kirche Santi Vincenzo ed Anastasio, einem Bauwerk aus dem 11. Jh. mit 64 quadratischen Feldern an der Fassade, die wahrscheinlich einmal bemalt war. Der Campanile geht auf einen früheren Bau zurück.

Ponte Romano Augusteo
Weiter nordwestlich verläuft die Via di Solestà zum Ponte Romano Augusteo, einer römischen Brücke, die in mehr als 25 m Höhe über die Tronto-Schlucht führt. Unweit südwestlich befindet sich der Palazzetto Longobardo (12. Jh.), ein Gebäude im lombardisch-romanischen Stil. Daneben steht die Torre Ercolani, mit 40 m der höchste Geschlechterturm der Stadt.

Porta Gemina
Am Westende des Corso Mazzini, bei der Piazza di Cecco, die Porta Gemina (1. Jh. v.Chr.), ein römisches Doppeltor, durch das die Via Salaria in den Ort führte. In der Nähe liegen die Ruinen des römischen Theaters.

Palazzo Comunale (Pinakothek)
Südöstlich der Piazza del Popolo kommt man zur Piazza Arringo. Dort steht der mächtige Palazzo Comunale (Rathaus; 1683–1745), in dem die Pinacoteca Civica untergebracht ist. Zu der Sammlung gehören u.a. Bilder von Cola dell'Amatrice, Crivelli und Tizian; beachtenswert ist ein von Papst Nikolaus IV. dem Dom von Ascoli Piceno 1288 geschenktes Pluviale (ein Mantel, den ein Priester bei liturgischen Verrichtungen trägt).

Auch das archäologische Museum an der Piazza Arringo lohnt einen Besuch. Neben interessanten Funden aus dem Neolithikum, der Eisen- und Bronzezeit kann man dort römische Skulpturen sehen und Mosaikfußböden, die bei Ausgrabungen im Stadtzentrum freigelegt wurden.

<small>Ascoli Piceno, Archäologisches Museum</small>

An der östlichen Seite des Platzes steht der Dom (Duomo Sant'Emidio), ursprünglich eine frühromanische Anlage, die später mehrfach verändert wurde. Die Fassade (1539) wird Cola dell'Amatrice zugeschrieben. In der großen Kapelle des rechten Seitenschiffs verdient ein Flügelaltar von Carlo Crivelli (1473) Beachtung: Man sieht eindrucksvolle Darstellungen der Madonna sowie verschiedener Apostel und Heiliger. Um 1470 ließ sich der venezianische Künstler Crivelli in Ascoli Piceno nieder und verlieh durch sein Wirken der künstlerischen Entwicklung dieser Region neue Impulse.

<small>Dom</small>

Links neben dem Dom befindet sich das frühromanische Baptisterium, ein achteckiger Bau, der zu den schönsten Taufkirchen Italiens zählt.

<small>*Baptisterium</small>

Von der Piazza Arringo aus gelangt man östlich durch den Corso Vittorio Emanuele am Stadtgarten vorbei zu der mittelalterlichen Castellano-Brücke Ponte Maggiore. Von dort bietet sich links ein Blick auf den Monte dell'Ascensione, rechts auf den Ponte di Cecco, eine Römerbrücke.

<small>Brücken</small>

Neben dem Ponte di Cecco steht das alte Forte Malatesta (1348).

Südwestlich über der Stadt erhebt sich die Kirche des Klosters Santissima Annunziata (schöne Aussicht).
Von dem weiter westlich gelegenen Kastell 'Fortezza Pia' aus dem 16. Jh. bietet sich eine noch umfassendere Sicht.

<small>Santissima Annunziata</small>

Umgebung von Ascoli Piceno

Von Ascoli Piceno verläuft ein Weg in Windungen und Kehren südlich bergan zum Colle San Marco (694 m; Aussicht). Von hier führt eine Straße weiter südlich bergauf, am Rifugio Paci vorbei, zur Talstation (1105 m) einer Kabinenbahn auf den Monte Piselli (1676 m); von dort oben bietet sich eine herrliche Aussicht, an klaren Tagen bis zur dalmatinischen Küste.

<small>Monte Piselli</small>

Assisi

G 9

Region: Umbrien/Umbria
Provinz: Perugia
Höhe: 403–500 m ü. d. M.
Einwohnerzahl: 25 000

Die terrassenförmig am Hang des Monte Subasio gelegene Stadt gehört zu den meistbesuchten Pilgerstätten Italiens. Ganz Assisi steht sozusagen im Zeichen des italienischen Nationalheiligen Franziskus, der in der Kirche des Klosters San Francesco seine letzte Ruhestätte fand. Doch nicht nur San Francesco und die anderen Stätten der Franziskus-Verehrung, auch die stimmungsvolle, gut erhaltene Altstadt, die von der mächtigen Rocca überragt wird, machen Assisi zu einem Reiseziel ersten Ranges.

<small>Allgemeines und Bedeutung</small>

Von den Umbrern gegründet, wurde Assisi unter den Römern zum Municipium Asisium, in dem um das Jahr 50 v. Chr. der Dichter Properz das Licht der Welt erblickte. Assisi, seit dem 11. Jh. freie Kommune und im Gegensatz zum benachbarten Perugia ghibellinentreu, fiel im 14. Jh. wie viele umbrische Städte unter päpstliche Herrschaft. Im September 1997 wurde Umbrien von einem starken Erdbeben erschüttert, das auch in Assisi große Schäden anrichtete.

<small>Geschichte</small>

Assisi

Kloster San Francesco

Allgemeines

Am Nordwestende der Stadt thronen weithin sichtbar am Hügelrand auf gewaltigen Substruktionen Kloster und Kirche San Francesco. Neben dem Gotteshaus, der Grabeskirche des hl. Franziskus, kann man auch den unter Papst Sixtus IV. (1471–1484) entstandenen, zweigeschossigen Kreuzgang sowie den Kirchenschatz (Reliquiare, Tafelbilder, kostbares Kirchengerät u. a.) besichtigen.

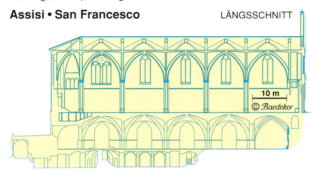

**Basilica di San Francesco

Die über dem Grab des Heiligen errichtete, 1253 geweihte Basilica di San Francesco besteht aus zwei übereinanderliegenden Kirchen. Durch eine Renaissancevorhalle und ein gotisches Portal betritt man die einschiffige, von Seitenkapellen begleitete Unterkirche, der die romanischen Gewölbe ein kryptenhaftes Aussehen verleihen. Die Wände des Langhauses sind

Assisi ist die Geburtsstadt des hl. Franziskus

Assisti

San Francesco
(Fortetzung)

oberhalb einer Sockelzone vollständig mit Malereien in Tempera bedeckt, die um 1260 entstanden und zu den eindrucksvollsten Leistungen der frühen italienischen Malerei gehören. Den Szenen aus der Leidensgeschichte Christi auf der rechten Seite des Langhauses, beginnend mit der Vorbereitung auf die Kreuzigung, werden auf der linken Seite Episoden aus dem Leben des hl. Franziskus gegenübergestellt.

Am stärksten betroffen von den Erdstößen wurde die Oberkirche, wo zwei Gewölbeabschnitte einstürzten. Die Malereien von Cimabue, darunter ein Franziskusportrait, sind unwiederbringlich verloren, ebenfalls beschädigt, aber zu restaurieren, sind die Fresken von Giotto und Cavallini. Bis die Oberkirche wieder geöffnet ist, können nur die Unterkirche und die Krypta mit dem Grab des Heiligen besichtigt werden. Eine Dokumentation mit Fotos und Erläuterungen vor dem Eingang des Klosters vermittelt einen Eindruck davon, wie die Oberkirche vor dem Erdbeben ausgesehen hat.

Südlich der Klosteranlage kommt man – jenseits der Porta San Francesco – zur alten Benediktinerkirche San Pietro aus dem 13. Jh. mit schönen Steinmetzarbeiten am Portal.

San Pietro

Stadtbesichtigung

Von der Franziskuskirche führt die von mittelalterlichen Steinhäusern und barocken Palazzi gesäumte Via San Francesco (etwas weiter oben Via di Seminario und Via Portica genannt) hinauf zur Piazza del Comune im Herzen der Altstadt. Unter der Piazza del Comune, über das Museo Civico zugänglich (Eingang an der Via Portica), liegt die sehr interessante Archäologische Zone des sog. Foro Romano, ein Platz aus römischer Zeit.

*Piazza del Comune

Dominiert wird die Piazza del Comune von dem römischen Minervatempel, hinter dessen Säulenvorhalle sich die Kirche Santa Maria della Minerva

*Minervatempel

Dom San Rufino und Santa Chiara

Baedeker Special

Il Poverello

Giovanni Battista, besser bekannt unter seinem Rufnamen Franziskus, wurde im Winter 1181/1182 als Sohn des wohlhabenden Kaufmanns Pietro di Bernardone geboren. Seine Jugendjahre in der Ghibellinenstadt Assisi waren von den ständigen Kriegen zwischen Kaiser und Papst überschattet. Als junger Mann brach er nach Apulien auf, um im Heer Gualtieris III. von Brienne zu dienen. In Spoleto, der ersten Etappe seiner langen Reise, erkrankte er und vernahm, von heftigem Fieber geschüttelt, die Stimme des Herrn, die ihn aufforderte, nach Assisi zurückzukehren. Von da an wandte er sich immer mehr den Armen und Aussätzigen zu und begann, selbst zu betteln. Den göttlichen Auftrag zur Neugestaltung der Kirche erhielt er, als ihm beim Gebet in dem halbzerfallenen Kirchlein San Damiano die Stimme des Herrn befahl: "Geh und baue mein Haus wieder auf". Franziskus nahm den Auftrag zunächst wörtlich und ging daran, die Kirche auszubessern – mit dem Geld seines Vaters. Das Zerwürfnis mit diesem blieb nicht aus. Als es deswegen zu einer Verhandlung kam, sagte er sich öffentlich von seiner Familie und seinen Standesgenossen los: Er zog seine Kleider aus und warf sie dem Vater mit den Worten vor die Füße, es gebe künftig für ihn nur noch einen Vater – den im Himmel.
Als äußeres Zeichen seines Bekenntnisses zu Armut und Demut ging der frühere Edelmann von nun an barfuß und in einem einfachen braunen Rock, der nur mit einem Strick um den Bauch zusammengeschnürt wurde. Schon bald hatte der 'kleine Arme' (il poverello) Anhänger gefunden, die meisten waren wie er junge Männer aus der städtischen Oberschicht. Für sie – angeblich sollen es wie bei den Jüngern Christi zwölf gewesen sein – verfaßte er in der armseligen Hütte von Rivotorto bei

Franziskusbildnis von Cimabue

Assisi eine Regel, die 1223 der Papst bestätigte. Als erste Mönchsgemeinschaft des Abendlandes erhoben die Franziskaner die Predigt und den Dienst an den Menschen, an den Armen und Kranken, zu ihren vordringlichsten Aufgaben. Franziskus selbst kehrte nach Missionsreisen in Südfrankreich und einem langen Aufenthalt im Heiligen Land 1220 wieder in seine Heimat zurück. Auf die quälende Frage, ob er tatsächlich auf dem richtigen Weg sei, gab ihm Gott 1224 ein Zeichen: am Berg La Verna erschien ihm Christus und brachte ihm die Wundmale bei (Stigmatisation). Zwei Jahre später, am 3. Oktober 1226, starb der erkrankte Franziskus in der Porziuncola-Kapelle in Santa Maria degli Angeli bei Assisi. Als Sterbebett diente ihm nichts als der nackte Boden.
Das Charisma dieses Mannes, der angeblich nicht nur zu den Menschen, sondern auch zu den Tieren sprechen konnte, hat bis heute seine Wirkung nicht eingebüßt – vielleicht, weil Franziskus lebte, was viele nur predigen: Nächstenliebe und Brüderlichkeit.

Assisi

verbirgt (1539 eingerichtet, 1634 barockisiert). Goethe, der 1786 die Kirche San Francesco 'mit Abneigung links liegen ließ', feierte den Minervatempel als 'das erste vollständige Denkmal der alten Zeit', das er sah. Der zinnenbekrönte Turm (1305) links neben dem Tempel gehört zum anschließenden Palazzo del Capitano del Popolo aus dem 13. Jahrhundert.

Minervatempel (Fortsetzung)

Auf der gegenüberliegenden Platzseite verdient der 1337 aus vier mittelalterlichen Häusern errichtete Palazzo dei Priori Beachtung. Er beherbergt neben der Stadtverwaltung und dem Büro der Touristinformation auch die städtische Gemäldegalerie (Pinacoteca).

Palazzo Comunale

Unweit südlich der Piazza del Comune erreicht man die tiefer gelegene Chiesa Nuova (1615). Der kleine Zentralbau wurde angeblich über dem Elternhaus des hl. Franziskus erbaut.

Chiesa Nuova

Von der Piazza del Comune steigt die Via di San Rufino zum Dom San Rufino hinauf. Das imposante, 1253 geweihte Gotteshaus beeindruckt vor allem durch seine reich gestaltete Fassade, eines der schönsten Zeugnisse romanischer Steinmetzkunst in Umbrien.

*Dom San Rufino

Südlich vom Dom steht an der gleichnamigen Piazza die gotische Kirche Santa Chiara (1265 geweiht), in der seit 1260 unter dem Hochaltar die Gebeine der 1253 verstorbenen Klara ruhen. Sie war eine enge Vertraute von Franziskus und die Gründerin des Klarissinnenordens. In der Cappella del Crocefisso an der linken Langhausseite hängt das sog. Sprechende Kreuz aus dem Kloster San Damiano (s. Umgebung), vor dem Franziskus den Auftrag zur Reform der Kirche erhielt ("Gehe hin und baue mein Haus wieder auf").

*Santa Chiara

Von der Piazza di San Rufino gelangt man durch die malerische Oberstadt zu der hoch über der Stadt gelegenen Rocca Maggiore. In der ehemaligen Stauferburg aus dem 12. Jh. verbrachte der spätere Kaiser Friedrich II. einen Teil seiner Jugendjahre. 1367 ließ der päpstliche Legat Kardinal Albornoz die zerstörte Burg wiederaufbauen und erweitern. Von oben bietet sich eine weite Rundsicht.

Rocca Maggiore

Umgebung von Assisi

Ein Ort der Ruhe ist das knapp 2 km südöstlich vom Stadtzentrum gelegene, von Olivenhainen umgebene Frauenkloster San Damiano. Die erste Äbtissin von San Damiano war die hl. Klara, die 1253 hier verstarb. Neben der Klosterkirche kann man auch den Kreuzgang mit Fresken von Eusebio di San Giorgio (1507), die Konventsgebäude und den Klostergarten besichtigen. Auf der kleinen Terrasse vor dem Kloster soll der hl. Franziskus seinen berühmten 'Sonnengesang' gedichtet haben.

Convento di San Damiano

6 km südlich von Assisi, direkt an der S.S. 75, liegt die Ortschaft Santa Maria degli Angeli. Die gleichnamige Kirche, ein mächtiger Kuppelbau in Renaissancestil, wurde ab 1569 über der sog. Porziuncola-Kapelle, die heute im Vierungsquadrat steht, und der Sterbezelle des hl. Franziskus, der sog. Cappella del Transito, errichtet. Nach dem Erdbeben von 1832 mußte das Mittelschiffsgewölbe neu eingezogen werden; die neobarocke Vorhalle ist eine Erweiterung des 20. Jahrhunderts (1928). Östlich der Sakristei liegt der kleine Garten, dessen Rosen – so die Legende – nach einer Bußübung des Heiligen ihre Dornen verloren. Daneben steht die Cappella del Roseto mit schönen Fresken zum Leben von Franziskus, geschaffen von dem umbrischen Maler Tiberio d'Assisi (1518).

*Santa Maria degli Angeli

Unbedingt zu empfehlen ist der Besuch der kleinen, abgeschiedenen Einsiedelei, die sich etwa 4 km östlich oberhalb von Assisi (man verläßt die Stadt durch die Porta Cappuccini), in einer Schlucht am Hang des Monte

*Eremo delle Carceri

153

Asti

Assisi,
Eremo delle
Carceri
(Fortsetzung)

Subasio versteckt. Franziskus und seine ersten Gefährten zogen sich hier in die Felsgrotten der Steineichenwälder zur Meditation zurück. Beim Rundgang durch das Kloster, das in seiner heutigen Form im 15. Jh. entstand, sieht man auch das Felsenbett des Heiligen.

*Monte Subasio

Vom Kloster kann man in einem etwa 1¹/₂stündigen Spaziergang zum breitgewölbten Rücken des 1290 m hohen Monte Subasio aufsteigen. Von oben bietet sich ein herrlicher Rundblick über die Valle Umbra und die Ortschaften auf der gegenüberliegenden Hügelkette. Ein Erlebnis besonderer Art ist die Fahrt auf der Panoramastraße über den Monte Subasio nach → Spoleto.

Asti   C 6

Region: Piemont/Piemonte
Provinz: Asti
Höhe: 123 m ü.d.M.
Einwohnerzahl: 74 000

Lage und
Allgemeines

Die piemontesische Stadt Asti, das römische 'Asta', liegt im Tal des Tarano – etwa 55 km östlich von Turin.
Asti, seit dem Jahre 932 Bischofssitz und im Mittelalter eine der mächtigsten Stadtrepubliken Oberitaliens, ist eingebettet in das überaus ertragreiche Weinbaugebiet des Monferrato, dessen Kalkhügel von zahlreichen Festungen gekrönt sind. Von dort kommt u.a. der bekannte Schaumwein 'Asti Spumante'; in Asti wird jedes Jahr ein Winzerfest gefeiert.

Sehenswertes

*Baptisterium
San Pietro

Am Ostende des Corso Vittorio Alfieri, der Hauptstraße der Stadt, befinden sich das romanische Baptisterium San Pietro (12. Jh.) und die zugehörige Kirche San Pietro in Consavia (1467), ausgeschmückt mit schönen Terrakotten. In dem gotischen Kreuzgang und anderen Räumen sind die Museen für Archäologie und Paläontologie untergebracht.

Chiesa di
San Secondo

Neben dem zentral gelegenen Rathaus steht die dreischiffige, romanisch-gotische Kirche Chiesa di San Secondo (13.–15. Jh.) mit einer beachtenswerten Krypta aus dem 7. Jahrhundert. Die Kirche hat drei Portale.

Palazzo Alfieri

Im westlichen Teil des Corso Alfieri steht der Palazzo Alfieri, der im 18. Jh. von dem Architekten Benedetto Alfieri erbaut wurde. Dort erblickte Vittorio Alfieri (1749–1803) das Licht der Welt, der ein bedeutender Tragödiendichter wurde. Seine Autobiographie, "Mein Leben", gehört zu den wichtigsten Selbstzeugnissen italienischer Künstler. Heute ist der Palast Sitz des Museo Alfierano und des Centro Nazionale die Studi Alfierani.

Kathedrale

In der Nähe des Palazzo Alfieri steht die romanisch-gotische Kathedrale, in den Jahren 1309–1348 an der Stelle eines älteren Baus geschaffen. Sie hat eine Backsteinfassade; am Südportal sieht man ein statuengeschmücktes Tor. Das weiträumige Innere ist mit Malereien der Barockzeit ausgestattet; in der Kuppel Fresken, die das Paradies und die Evangelisten zeigen. Der Campanile (1266) stammt von dem Vorgängerbau.

Türme

In Asti gibt es mehrere Türme alter Adelspaläste, u.a. die Torre dei Troyana und die Torre dei Comentini, beide im Westen der Stadt.

Museen

Der Palazzo Mazzetti am Corso Vittorio Alfieri beherbergt die städtische Gemäldegalerie, in der Werke zeitgenössischer Künstler ausgestellt sind. Ferner ist in dem Gebäude das 'Museo del Risorgimento' untergebracht.

> # Ätna / Etna J 20

Region: Sizilien/Sicilia
Provinz: Catania

Der Ätna (ital. Etna; 3343 m), auch 'Mongibello' (aus ital. 'monte' und arab. 'djebel', d.i. 'Berg') genannt, liegt im Osten der Insel Sizilien nahe der Küste bzw. nordwestlich von Catania. Er ist der größte noch tätige Vulkan Europas und nächst den Alpengipfeln der höchste Berg Italiens. Das Gebiet wurde zum Nationalpark erklärt. — Lage

Der Ätna gehört zu den jüngsten geologischen Bildungen Siziliens und erhebt sich als stumpfer Kegel wahrscheinlich an der Stelle einer tertiären, heute längst verlandeten Meeresbucht. Die nahezu kreisförmige Basis mißt 40 km im Durchmesser. — Entstehung

Die Höhen des Berges sind karg; das poröse Gestein läßt das Wasser rasch in die Tiefe absinken, wo es, durch wasserundurchlässige Schichten aufgehalten, in den fruchtbaren niederen Hanglagen an vielen Stellen als Quellen zutage tritt. Hier werden bis in etwa 500 m Höhe Orangen und Zitronen, bis in 1300 m Höhe Ölbäume und Weinstöcke angebaut. Darüber stehen bis in 2100 m Höhe Wald und Macchia, gelegentlich von neueren Lavaströmen durchschnitten. Die Gipfelregion reicht bis zur Schneegrenze und ist eine schwarze, matt glänzende Wüste. — Höhenstufen der Vegetation

Man weiß von mehr als einhundert Ausbrüchen des Ätna. Die über 260 Ausbruchstellen liegen in Gruppen und Reihen meist an den Flanken des Berges. Größere Aktivitäten werden in Abständen von drei bis zwölf Jahren (zuletzt 1992) festgestellt. — Ausbrüche

Am Südhang des Ätna, wo die Sonne rund 3000 Stunden im Jahr scheint, steht das Sonnenkraftwerk 'Eurhelios' (6000 m^2 Spiegelfläche). — Sonnenkraftwerk

**Besteigung des Ätna

Bei der Ortschaft Nicolosi (698 m; 3850 Einw.) im Süden des Ätna beginnt der Aufstieg zu den Nebenkratern Monti Rossi (948 m; 45 Min. bis 1 Std.; Aussicht), deren Kraterwände deutliche Vulkanschichtungen zeigen; nordwestlich am Fuße der Monti Rossi die Grotta delle Palombe (Lavahöhle). Von Nicolosi fährt man zunächst in nordwestlicher, später in nördlicher Richtung zwischen Lavaströmen hin und erreicht nach 17 km die Abzweigung (1 km links abseits) zum Grande Albergo Etna und noch 1 km weiter die Casa Cantoniera (Straßenwärterhaus) mit einer vulkanologisch-meteorologischen Station der Universität Catania; nahebei das Restaurant und Rifugio-Albergo G. Sapienza. Gegenüber vom Rifugio die Talstation einer Kabinenbahn, die heute durch erneute Lavaausbrüche bedroht ist und derzeit nur noch bis knapp über 2600 m hinauffährt. Das Observatorium (2943 m) wurde 1971 zerstört.

Der Krater des Ätna, dessen Schlund von Gasen erfüllt ist, ändert seine Gestalt durch Eruptionen ständig. Es ist nicht möglich, ganz an den Krater heranzugehen. Da am Ätna immer vulkanische Tätigkeit herrscht, gilt das Gebiet als für Besucher gefährlich; der Zugang führt durch eine zerklüftete 'Mondlandschaft'. — Krater

Südöstlich vom ehem. Observatorium beginnt das Valle del Bove ('Ochsental'), ein schwarzer wüster Kessel (5 km breit), an drei Seiten von 600 bis 1200 m hohen Felswänden umgeben.
Geübte Bergsteiger können in fünf Stunden (mit Führer!) durch das Valle del Bove nach Zafferana Etnea (600 m) hinabsteigen. — Valle del Bove

Ätna

Der Ätna ist der größte Vulkan Europas

Blick in den Krater des Ätna

Umfahrung des Ätna

Sehr lohnend ist auch die Umfahrung des Ätna von → Catania aus (144 km; auch Ätna-Rundbahn): Zunächst über Misterbianco (213 m; 15 000 Einw.; deutscher Soldatenfriedhof bei Motta Sant' Anastasia, 7 km westlich), Paternò (225 m; 46 500 Einw.), überragt von dem 1073 von Roger I. erbauten Kastell (im 14. Jh. erneuert; gut erhaltenes Inneres) nach Adrano (588 m; 34 000 Einw.), einem Städtchen in hübscher Lage auf einem Lava-Plateau (Normannenburg des 11. Jh.s mit Archäologischem Museum und Kloster Santa Lucia, 15.–17. Jh.).

Rund 9 km südwestlich von Adrano liegt malerisch auf steiler Höhe über dem Simeto-Tal – mit prächtiger Sicht auf den Ätna – das Städtchen Centuripe (730 m; 6750 Einw.), früher Centorbi, mit dem sog. Castello di Corradino (1. Jh. v.Chr.). Im Archäologischen Museum Funde von der 1233 durch Friedrich II. zerstörten, in späthellenistisch-römischer Zeit bedeutenden Sikulerstadt Centuripae (sehenswert das hellenistisch-römische Haus 'Contrada Panneria' mit Malereien aus dem 2./1. Jh. v.Chr.).

Von Adrano fährt man weiter über Bronte (760 m; 20 000 Einw.), Maletto (960 m; altes Kastell), Randazzo und Linguaglossa (600 m; 4500 Einw.) nach Fiumefreddo (62 m). Von hier gelangt man auf der Autobahn A 18 oder auf der S.S. 114 zurück nach Catania.

Bari   L 13

Region: Apulien/Puglia
Provinz: Bari
Höhe: 4 m ü.d.M.
Einwohnerzahl: 343 000

Der alte Hafen von Bari trägt wesentlich zum Kolorit der adriatischen Küstenstadt bei

Bari

Lage und Bedeutung

Bari, Hauptstadt der Region Apulien und der Provinz Bari, liegt in Süditalien – an der Küste des Adriatischen Meeres. Es ist die größte Stadt in Apulien und nach Neapel die zweitgrößte in Süditalien. Die Hafenstadt Bari, ein wichtiges Industrie- und Handelszentrum (u.a. Erdölraffinerie, chemische Industrie und Schiffbau), hat besonders für den Warenverkehr mit den Staaten des östlichen Mittelmeers (Griechenland) Bedeutung. In Bari findet alljährlich im September die Levantemesse (Fiera del Levante) statt. Bari ist auch Sitz eines Erzbischofs und einer Universität.

Gliederung des Stadtgebiets

Im Norden liegt auf einer Landspitze zwischen dem alten und dem neuen Hafen die malerische Altstadt – mit gewundenen, vielfach von Schwibbögen überspannten engen Gassen. Südlich anschließend erstreckt sich die weiträumige Neustadt mit rechtwinklig sich kreuzenden Straßen.

Geschichte

In der Antike hatte 'Barium' wenig Bedeutung. Bis zur Einnahme durch den Normannenherzog Robert Guiscard 1071 benutzten die Byzantiner die Stadt als ihren Hauptstützpunkt in Unteritalien. Seit 1324 war die Region ein fast selbständiges Fürstentum; 1558 fiel das Gebiet an die Krone von Neapel zurück. Im Mittelalter schifften sich hier Kreuzfahrer ein.

Neustadt

Der Rundgang verläuft vom Bahnhof durch die Neustadt nach Norden bis zur Altstadt und dann in südlicher Richtung zum Ausgangspunkt zurück.

Museo Archeologico Nazionale

Mittelpunkt der Neustadt ist die palmenbestandene Piazza Umberto I. An ihrer westlichen Seite steht das mächtige Gebäude der Universität, die eine reichhaltige Bibliothek besitzt (160000 Bände). Im ersten Stock der Universität ist das sehenswerte Museo Archeologico Nazionale unter-

Das von Kaiser Friedrich II. erneuerte Kastell in Bari ist noch immer ein wehrhafter Bau

gebracht: Gezeigt werden dort Ausgrabungsfunde aus ganz Apulien und verschiedene griechisch-römische Objekte.

Museo Archeologico (Fortsetzung)

Von der Nordseite des Platzes führt die Via Sparano, die vom Bahnhof im Süden kommt und die Hauptverkehrsachse der Neustadt bildet, in nördlicher Richtung an der modernen Kirche San Ferdinando vorbei zum belebten Corso Vittorio Emanuele II, der die Neustadt von der Altstadt trennt.

Piazza Garibaldi

Geht man auf dem Corso Vittorio Emanuele etwa 100 m nach links, kommt man zur Piazza Garibaldi, dem Verkehrsmittelpunkt der Stadt. Hier steht das Rathaus, das auch das Teatro Piccinni beherbergt.

Vom Ostende des Corso Vittorio Emanuele II führt der Corso Cavour, von stattlichen Bauten gesäumt, südwärts zum Bahnhofsbereich zurück.

Beim Ostende des Corso Vittorio Emanuele II beginnt darüber hinaus die prächtige Uferstraße Lungomare Nazario Sauro, die am Alten Hafen (Porto Vecchio) mit dem Molo S. Antonio und dem Molo S. Nicola entlangzieht.

*Lungomare Nazario Sauro

Folgt man dem Lungomare Nazario Sauro südwärts, so erreicht man nach 1 km den Palast der Provinzverwaltung (Palazzo della Provincia) mit der Gemäldegalerie (Pinacoteca Provinciale). Ihren Bestand bilden vorwiegend mittelalterliche Gemälde aus Bari und Umgebung, u.a. ein bemaltes Holzkruzifix. Ferner gibt es in dem Museum Bilder von Moretto da Brescia, A. Vaccaro, C. Maratta, Giovanni Bellini ('Martyrium des hl. Petrus'), Vivarini, Paolo Veronese, Tintoretto und anderen Malern.

Pinacoteca Provinciale

Altstadt

Im Zentrum der Altstadt (Città Vecchia) erhebt sich die Kathedrale San Sabino, die nach der Zerstörung des byzantinischen Vorgängerbaus durch die Normannen 1170–1178 errichtet wurde. Erhalten blieben bedeutende Reste des normannischen Ornamentschmucks. Interessant sind die Scheinemporen, Öffnungen in der Mauer, die lediglich der Auflockerung des Mauerwerks dienen. In der Sakristei befinden sich Teile einer großen Exsultet-Rolle (d.i. der Osterlobpreis der katholischen Liturgie; 11. Jh.). In der Krypta ein überreich dekoriertes byzantinisches Madonnenbild.

*San Sabino

Nördlich der Kathedrale liegt San Nicola, eine große Wallfahrtskirche, die 1087 begonnen und 1197 – nach der Fertigstellung – dem hl. Nikolaus geweiht wurde. Mit ihrer eindrucksvollen Westfassade zählt sie zu den schönsten Schöpfungen romanischen Stils in Apulien.
Im Inneren der Kirche San Nicola befindet sich über dem Hochaltar ein Tabernakel (12. Jh.); rechts davon eine Madonna mit Heiligen, ein Werk Vivarinis (1476). In der Apsis verdient das 1593 errichtete Grabmal der Bona Sforza, der Gemahlin König Sigismunds II. von Polen und letzten Herzogin von Bari († 1558) werden dort in einer Grotte die Gebeine des hl. Nikolaus aufbewahrt, die Seeleute aus Bari von Myra in Lyzien (Kleinasien) hierher gebracht haben. Der hl. Nikolaus ist der Schutzheilige der Seeleute und Gefangenen, der Schüler und Kinder (Hauptfesttag am 8. Mai).

**San Nicola

Im Westen der Altstadt erhebt sich das Kastell, ursprünglich ein byzantinisch-normannischer Bau, der 1233 von Kaiser Friedrich II. umgebaut wurde. Aus der Stauferzeit sind noch der trapezförmige Hof und zwei Türme erhalten. Im 16. Jh. hat Bona Sforza das Kastell als Palast eingerichtet, später diente es als Gefängnis und als Kaserne. Heute befindet sich in dem Gebäude ein sehenswertes Museum mit zahlreichen Abgüssen apulisch-normannischer Plastik (wechselnde Kunstausstellungen).

Kastell (Museum)

Bari

Großer Hafen
Messegelände

Vom Kastell führt der breite Corso Vittorio Veneto nahe am Großen Hafen (Gran Porto), auch Neuer Hafen genannt, entlang zum Gelände der Levantemesse (Fiera del Levante), das sich 2,5 km westlich am offenen Meer erstreckt. Die Handelsmesse wurde 1930 ins Leben gerufen.

Umgebung von Bari

Bitonto

Rund 17 km westlich von Bari liegt Bitonto (118 m; 51 000 Einw.), ein Ort mit wohlerhaltenen Stadtmauern.
In der Altstadt steht die Kathedrale, um 1200 errichtet, wohl die reinste Schöpfung des apulisch-romanischen Stils; besonders schön sind das reiche Hauptportal und die feine Säulengalerie an der Südseite. Das Innere schmücken zwei schöne Kanzeln. Unter der Kirche befindet sich eine auf 24 Säulen ruhende Krypta.
Östlich der Kathedrale steht der Palazzo Vulpano Sylos (Renaissancehof; 1500).

Von Bari nach Gravina in Puglia (55 km)

Bitetto

Rund 15 km südwestlich von Bari liegt der Ort Bitetto (139 m; 9000 Einw.) mit der Kathedrale San Michele, einem Bau der apulischen Spätromanik.

Altamura

Von hier verläuft die Strecke weiter in südwestlicher Richtung über die Hochfläche der Murge und erreicht nach 29 km Altamura (478 m; 53 000 Einw.), eine noch teilweise von Mauern umgebene Stadt. Dort steht eine eindrucksvolle, 1231 unter Friedrich II. erbaute Kathedrale (mehrfach erneuert). Beachtenswert ist das reich verzierte Portal (von 1312) an der Hauptfassade. Im Inneren gibt es eine Kanzel und einen Bischofsstuhl aus dem 16. Jh. sowie schön geschnitztes Chorgestühl (von 1543).

Das apulisch-romanische Portal der Kathedrale von Bitonto

Rund 11 km westlich von Altamura liegt malerisch über einer tiefen Felsschlucht ('gravina') die Stadt Gravina in Puglia (338 m; 37 000 Einw.). Sehenswert sind der Dom (15. Jh.; Chorgestühl), die Kirche Santa Sofia (Grabmal einer Herzogin von Gravina; 1518) und das Stadtmuseum. Vor der Stadt befindet sich in einer Schlucht die Grottenkirche San Michele mit Resten byzantinischer Malerei. Eine weitere Grottenkirche liegt hinter dem Viadukt.
Nördlich über der Straße erhebt sich die Ruine eines Stauferkastells, das Friedrich II. im Jahre 1231 errichten ließ.

Bari (Umgebung), Gravina in Puglia

Barletta L 13

Region: Apulien/Puglia
Provinz: Bari
Höhe: 15 m ü.d.M.
Einwohnerzahl: 90 000

Die lebhafte Hafenstadt Barletta, eine der bedeutendsten Städte Apuliens, liegt an der Küste des Adriatischen Meeres, nordwestlich von → Bari und südöstlich vom binnenländischen Foggia. Über dem Golf von Manfredonia ragt das Gargano-Gebirge (Promontorio del Gargano) weit ins Meer.

Lage

Sehenswertes

Den Verkehrsmittelpunkt von Barletta bildet die Stelle, an welcher der Corso Vittorio Emanuele in den Corso Garibaldi einmündet. Hier erhebt sich die Kirche San Sepolcro (Ende 13. Jh.), ein frühgotischer Bau nach burgundischem Vorbild. Im Inneren verdient besonders ein Reliquienschrein Beachtung, dessen Sockel mit Emailarbeit verziert ist.

San Sepolcro

Vor der Kirche steht die über 5 m hohe Bronzestatue eines byzantinischen Kaisers, die möglicherweise Kaiser Valentinian I. († 375) darstellt. Sie gilt als die bedeutendste erhaltene Kolossalbronze der Antike. Die Venezianer haben die Statue im 13. Jh. von Konstantinopel nach Italien gebracht und bei einem Schiffbruch am Strand von Barletta zurückgelassen.

*Bronzestatue

Bronzestatue des Kaisers Valentinian (?)

Nordöstlich der Kirche befindet sich das Stadtmuseum (Museo Civico) mit der Gemäldegalerie. Interessant ist eine Sammlung apulischer Keramiken. Eindrucksvoll sind auch die Porträts und Landschaftsbilder von Giuseppe di Nittis (1846–1884), einem Maler, der aus Barletta stammte.

Museo Civico

Barletta

＊Santa Maria Maggiore

Unweit nordöstlich vom Museum steht am Ende der engen Via del Duomo, der Fortsetzung des Corso Garibaldi, der Dom Santa Maria Maggiore. Der vordere Teil mit dem Campanile (13. Jh.) ist ein Bau im romanischen Stil, während der Rest mit dem Chor in gotischem Stil angefügt wurde (14./15. Jh.). Im Inneren befindet sich das Grabmal des Grafen Karl von Barby und Mühlingen († 1566) mit deutscher Inschrift. Beachtenswert sind ferner die Kanzel und das Altartabernakel (beide aus dem 13. Jh.).

Kastell

Hinter dem Dom steht das mächtige Kastell, das die Staufer im 13. Jh. errichten ließen und an das um 1530 vier Bastionen angefügt wurden.

Porta Marina

Im Norden der Stadt befindet sich an der Landspitze die Porta Marina (1751); östlich von hier erstreckt sich der Hafen, westlich der Badestrand.

Rundfahrt von Barletta über Castel del Monte (ca. 90 km)

Andria

Der lohnendste Ausflug führt in südlicher Richtung zum Castel del Monte. Die Straße erreicht zunächst nach 12 km die Stadt Andria, einst Lieblingssitz Kaiser Friedrichs II.; in der Krypta der Kathedrale die Grabmäler der Jolante von Jerusalem († 1228) und der Isabella von England († 1241 in Foggia), der zweiten und der dritten Gattin Friedrichs II. Die Kirche Sant' Agostino hat ein reichgeschmücktes Portal (14. Jh.).

＊＊Castel del Monte

Von Andria südwärts sind es noch 18 km zum Castel del Monte (auch Casteldelmonte, 540 m), dem großartigsten Stauferschloß Italiens, das um 1240 als Jagdschloß für Kaiser Friedrich II. – wohl nach dessen eigenen Plänen – erbaut wurde. Der mächtige, in frühgotischem Stil errichtete Kalksteinbau, ein gleichseitiges Achteck, mit schönem Innenhof und acht Türmen, enthält in jedem Stockwerk acht gleich große Säle, einst mit reicher Marmorverkleidung. Im Obergeschoß, dessen Fenster besonders

Castel del Monte war das Jagdschloß Friedrichs II.

Basilicata

schöne Umrahmungen haben, soll der Kaiser gewohnt haben. Hier wurden später jahrzehntelang seine Enkel, die Söhne Manfreds, gefangenhalten. Vom Dach hat man eine Rundsicht bis zum Monte Gargano. Der aus Quadrat und Kreis entwickelte Achsenstern wurde von einigen Kunsthistorikern als Symbol der weltlichen und geistlichen Herrschaft gedeutet, die Friedrich II. für sich beanspruchte.

Grundriß des Untergeschosses

Barletta, Castel del Monte (Fortsetzung)

Schön ist auch die Weiterfahrt von Castel del Monte 21 km westlich zu der prächtig an der höchsten Stufe der Murge ansteigenden Stadt Minervino Murge (429 m; 14 000 Einw.), wegen der weiten Aussicht auch 'Balkon Apuliens' genannt; beachtenswert sind Kastell und Dom. Vor der Stadt steht in einem Park das Gefallenendenkmal 'Faro votivo ai Caduti'; von dem Park bietet sich eine schöne Sicht auf die Stadt und ihre Umgebung.

Minervino Murge

Von Minervino Murge führt die Strecke dann weiter, 16 km nördlich, nach Canosa di Puglia (105 m; 31 000 Einw.) – an der Stelle der bedeutenden Römerstadt Canusium, von der noch Mauerreste, ein Triumphtor (westlich außerhalb) und die Ruine eines größeren Amphitheaters (beim Bahnhof) erhalten sind. In der Hauptkirche San Sabino befinden sich antike Säulen. Sehenswert ist im Chor ein von Elefanten getragener Bischofsstuhl (1078–1089) aus Marmor, im Hauptschiff eine Marmorkanzel (um 1120). Im südlichen Hof, der vom rechten Seitenschiff zugänglich ist, befindet sich die Grabkapelle des Fürsten Boemund von Tarent († 1111), der auch das Kreuzfahrerfürstentum Antiochia in Syrien beherrschte.

Canosa di Puglia

Von Canosa di Puglia gelangt man, in nordöstlicher Richtung fahrend (rund 22 km), zurück nach Barletta. Auf halbem Weg dorthin liegt links abseits die Grabungsstätte der antiken Stadt Cannae, wo Hannibal 216 v. Chr. die Römer besiegt hat (Museum); Nekropole des 9.–11. Jahrhunderts.

Cannae

Basilicata / Lucania

K–L 14

Region: Basilikata/Basilicata
Provinzen: Potenza und Matera
Fläche: 9992 km^2
Einwohnerzahl: 611 000

Die Region Basilicata, auch Lucania genannt, liegt im Süden Italiens nahe dem Golf von Tarent. Geographisch ist das Gebiet ein reich gegliedertes Berg- und Tafelland, das großenteils vom Neapolitanischen Apennin eingenommen und von Flußläufen durchgliedert wird. Im Norden wird es von der Region Apulien, im Süden von Kalabrien und im Westen von Kampanien begrenzt. Am Golf von Policastro öffnet sich das Land zum Tyrrhenischen Meer und am Golf von Tarent zum Ionischen Meer. Trotz relativ fruchtbarer Böden – sie erlauben den Anbau von Weizen, Mais, Wein, Oliven und Kastanien – leben die Bewohner der Basilicata zum Teil noch in Armut.

Lage und Allgemeines

Mit der Gründung griechischer Kolonien entlang der Küste des Ionischen Meeres, einem Vorgang, der seit dem 8./7. Jh. v.Chr. einsetzte, wurde das Gebiet hellenistisch besiedelt; später dem Römischen Reich eingegliedert. Die Region, die im Lauf der Geschichte ohne nennenswerte Bedeutung blieb, wurde 1980 von einem schweren Erdbeben erschüttert.

Geschichte

Reiseziele in der Basilicata

Potenza (819 m; 65000 Einw.), die Hauptstadt der Region Basilicata und der westlichen Provinz, liegt oberhalb des Basento auf dem Rücken zwi-

Potenza

Basilicata

Potenza
(Fortsetzung)

schen zwei Taleinschnitten. Die Stadt, 1857 durch ein Erdbeben schwer in Mitleidenschaft gezogen, wurde nach Zerstörungen im Zweiten Weltkrieg weitgehend wieder aufgebaut. Im Zentrum der Altstadt (1980 erneute Erdbebenschäden) liegt an der Hauptstraße Via Pretoria die Piazza Matteotti. Sehenswert sind der Dom mit schönen Renaissanceportalen und die romanische Kirche San Michele aus dem 11./12. Jahrhundert. Darüber hinaus ist ein Besuch des Museo Archeologico Provinciale (Viale Lazio) zu empfehlen, wo Funde aus dem antiken Lukanien und Stücke vom Tempel des Apollon Lykeios in Metapont gezeigt werden. Daneben sind Waffen und Gebrauchsgegenstände, Terrakotten und Plastiken ausgestellt.

Rionero in Vulture

Von Potenza aus kann man die Basilicata gut erkunden. Lohnend ist zunächst eine Fahrt (ca. 50 km), die nördlich über das Schloß von Lagopesole nach Rionero in Vulture (656 m; 12 500 Einw.) verläuft. Das guterhaltene Kastell von Lagopesole ließ Friedrich II. um 1242 auf einer Anhöhe (829 m) westlich des ehemaligen Sees Lagopesole errichten. Die rechteckige Anlage umschließt zwei Höfe, einen größeren und einen kleineren, die durch eine Mauer voneinander getrennt sind. Im Zentrum des größeren Hofes steht ein Brunnen mit einer großen Maske auf der linken Seite.

*Monte Vulture

Von hier führt der Weg 6 km nordwestlich auf den Monte Vulture (1362 m), einen ehemaligen Vulkan, dessen kegelförmiges Profil weithin sichtbar ist.

Monticchio

Fährt man von Rionero nach Westen, erreicht man nach 10 km die beiden Seen von Monticchio, deren Wasser das Kraterbecken eines älteren Vulkans (650 m) füllt; an dem kleineren See liegt das ehem. Kapuzinerkloster San Michele. Die Seen erstrecken sich in einer ansprechenden Landschaft mit schönem Buchenwald. Rund 7 km von hier – am Westhang des Monte Vulture – liegt das Mineralbad Monticchio Bagni (540 m).

Rapolla

Von Rionero in Vulture aus gelangt man 9 km weiter nördlich nach Rapolla (438 m; 4000 Einw.), ein Thermalbad, dessen Wasser gegen Rheuma hilft.

*Venosa

Von Rapolla führt ein Abstecher 20 km östlich nach Venosa (415 m; 12 000 Einw.), einer uralten Samniterstadt, die, seit 291 v.Chr. römische Kolonie (Venusia), der Geburtsort des Dichters Horaz ist. Bei Ausgrabungen hat man große Teile der Stadt aus der römischen Kaiserzeit freigelegt. Quader des Amphitheaters wurden im 12. Jh. zum Bau der Abtei Santissima Trinità (1046; nordöstlich außerhalb) verwendet, deren (ältere) Kirche von dem Normannenherzog Robert Guiscard († 1085) zur Familiengruft bestimmt worden war: Daran erinnern Fresken aus dem 11. Jh., das Grab der Gattin Robert Guiscards, römische Inschriften und Skulpturenreste. Am Weg zum Bahnhof befinden sich jüdische Katakomben (4./5. Jh.) mit hebräischen, lateinischen und griechischen Inschriften. In der Stadt ein Kastell (15. Jh.).

Melfi

Rund 6 km nordwestlich von Rapolla liegt auf einem Seitenkrater des Monte Vulture das Städtchen Melfi (531 m; 16 000 Einw.), Handelszentrum eines ausgedehnten Wein- und Olivenanbaugebietes. Beachtenswert die Kathedrale (12. Jh.; 1851 modernisiert); rechts anschließend der ehem. Erzbischöfliche Palast. Im sehenswerten Museo Nazionale Archeologico, das in der Normannenburg oberhalb der Stadt untergebracht ist, befindet sich der prachtvolle, aus Rapolla stammende Sarkophag einer römischen Dame (165 – 170 n.Chr.), der in Kleinasien angefertigt wurde.

Matera

Hauptstadt der östlichen Basilicata ist Matera (400 m; 55 000 Einw.), ein Ort, der sich malerisch auf den Felsen über einer tiefen Schlucht hinzieht. Die Stadt befindet sich an der Stelle einer vorgeschichtlichen Siedlung, deren Reste im Nationalmuseum zu sehen sind. Ihr Bild ist nicht einheitlich. Die tiefer gelegene Altstadt besteht aus den beiden Vierteln der 'Sassi', Sasso Barisano und Sasso Caveoso. Die Häuser sind hier großenteils in Stufen übereinander in den Kalktuff gehauen. Es herrscht ein Gewirr von kleinen Mauern, Treppen, Giebeln und Schornsteinen. 1960 wurden die

Basilicata

Von eigentümlichem Reiz sind die 'Sassi' von Matera, in den Tuff gehauene Wohnstätten

meisten Sassibewohner umgesiedelt. Die Sassi sollen instand gesetzt und zu einem lebendigen Stadtteil gestaltet werden. Heute leben dort einige hundert Menschen, darunter Hausbesetzer, die wegen der Wohnungsnot oder einer Vorliebe für die pittoreske Umgebung die Höhlen als Unterkunft gewählt haben. Die Felsarchitektur der 'Sassi di Matera' steht auf der Liste der schützenswerten Kulturgüter der UNESCO.

Matera (Fortsetzung)

Auf dem höchsten Punkt der Altstadt steht der Dom (13. Jh.). Die Fassade ist mit einer Rosette aus Stein, die das Rad des Lebens symbolisiert, und mit Statuen von Heiligen verziert. Im Inneren zeigt das Fragment eines Freskogemäldes die Madonna della Bruna, die Schutzheilige Materas. Weitere alte Kirchen sind San Giovanni Battista (13. Jh.), Johannes dem Täufer geweiht, und San Francesco d'Assisi, innen mit Stuck, Gemälden und anderen Kunstwerken ausgestattet. In dem Klosterkomplex, der an die Kirche Santa Chiara (Kirche der hl. Klara) grenzt, ist das Nationalmuseum (Museo Nazionale) untergebracht; es besitzt zahlreiche Fundstücke aus verschiedenen Epochen.

In der Gegend von Matera gibt es eine Reihe kleinerer Kirchen, die in den Tuff hineingegraben oder in Naturhöhlen hineingebaut sind. Sie deuten darauf hin, daß hier einmal Mönche, Hirtengemeinden u.a. lebten. Am Rand der Schlucht führt eine Straße, die Strada Panoramica dei Sassi, zu der Kirche Santa Maria de Idris (in Caveoso), die aus dem Fels gehauen und mit byzantinische Fresken (14.–16. Jh.) ausgeschmückt ist.

Nahe der Küste des Golfs von Tarent liegen die Reste von Metapontion, einer der bedeutendsten Städte Großgriechenlands (Magna Graecia). Die wohl zu Beginn des 7. Jh.s v.Chr. von achäischen Siedlern gegründete Stadt (lat. Metapontum; ital. Metaponto) war im 6. Jh. v.Chr. ein Stützpunkt des sittlich-religiösen Bundes der Pythagoräer, den der Mathematiker und Philosoph Pythagoras begründet hatte. Pythagoras soll hier 497 v. Chr. im Alter von 90 Jahren gestorben sein. Zentrum des antiken Megapont war

Metapont

Benevent

'Tavole Palatine', Säulen eines dorischen Tempels bei Metapont

Basilicata, Metapont (Fortsetzung)

die Agorà; auf einer Erhebung das sogenannte Theater, dessen Mauern schon in früher Zeit abgetragen wurden. Im Stadtgebiet zeichnen sich vier große Tempelanlagen ab, die vermutlich durch steigendes Grundwasser im 3. Jh. v.Chr. zum Einsturz kamen.

In der Umgebung der Stadt (nördlich außerhalb) sind die sogenannten Tavole Palatine bemerkenswert, 15 (von ehemals 36) Säulen eines dorischen Tempels, der vermutlich der Hera geweiht war; auf dem Gelände gibt es hellenistische Grabkammern. In der Nähe ein Antiquarium mit Grabungsfunden. Dazu zählen u.a. Reliefs, bemalte Terrakotten, Silbermünzen und Grabbeigaben wie Schmuck und Statuetten.

Der Bebauungsplan der fruchtbaren Ebene läßt Wege und Kanäle erkennen sowie über 300 Bauernhöfe, von denen man einige ausgegraben hat.

Benevent / Benevento J 13

Region: Kampanien/Campania
Provinz: Benevent/Benevento
Höhe: 135 m ü.d.M.
Einwohnerzahl: 62 000

Lage und Bedeutung

Benevent (ital. Benevento), die Hauptstadt der gleichnamigen Provinz, liegt in Kampanien, rund 50 km nordöstlich von Neapel. Der Ort – auf einem Hügel zwischen den Flüssen Sabato und Calore – ist Wirtschafts- und Verkehrsknotenpunkt des Beckens von Benevent.

Geschichte

Im Altertum war Benevent die Hauptstadt der Samniter. Bis zum Sieg des Pyrrhus, des Königs von Epirus, über die Römer im Jahre 275 v. Chr. hieß die Stadt 'Maleventum' (schlechter Ausgang), nach der Gründung einer römischen Militärkolonie (268 v. Chr.) 'Beneventum' (guter Ausgang). Als

Kreuzungspunkt der Via Appia und vier anderer Römerstraßen war sie eine der wichtigsten Städte Süditaliens. Unter der Herrschaft Kaiser Trajans erlebte die Stadt eine Blütezeit. Danach war sie vom 6. bis zum 11. Jh. Sitz mächtiger langobardischer Herzöge. Anschließend gehörte die Stadt bis 1860 (mit einer kurzen Unterbrechung unter Napoleon) zum Kirchenstaat und kam dann zu Italien. – Benevent ist seit 969 Sitz eines Erzbischofs.

Benevent, Geschichte (Fortsetzung)

Sehenswertes

Am Corso Garibaldi, der von Südosten nach Nordwesten verlaufenden Hauptstraße, steht die Kathedrale (11. Jh.), die mehrfach umgebaut und im 18. Jh. barockisiert wurde. Nachdem der Dom im Zweiten Weltkrieg bis auf die Fassade und den Glockenturm zerstört worden war, wurde er später wieder aufgebaut. Die Fassade (früher mit prächtigem Bronzetor) präsentiert sich im pisanisch-toskanischen Stil; am Glockenturm (1279) römische Reliefs. Sehenswert sind im linken Seitenschiff Marmorsäulen, die noch von dem ursprünglichen Bau stammen.

Kathedrale

Südwestlich der Kathedrale kommt man zu den Ruinen eines römischen Theaters (2. Jh. n.Chr.; 90 m Durchmesser), das 2000 Zuschauer fassen konnte. Heute finden dort Opernaufführungen statt.

Teatro Romano

Etwa 500 m weiter südwestlich verläuft der Ponte Leproso, teilweise noch in antikem Zustand, über den Fluß Sabato; diesem Weg folgte die Via Appia nach Benevent hinein. Sie verlief zunächst von Rom nach Capua und wurde später über Benevent und Tarrent nach Brindisi fortgesetzt. Durch den Anschluß der Schiffahrtslinie ab Brindisi war die Via Appia die wichtigste Verbindung zwischen Rom und Griechenland.

Ponte Leproso

Von der Kathedrale gelangt man östlich durch den Corso Garibaldi zum Rathaus und kurz dahinter – durch die Via Traiano – zum Triumphbogen des Trajan (Arco di Traiano), der sogenannten Porta Aurea. Das Bauwerk wurde 114 n.Chr. dem 'besten Fürsten' errichtet, als man ihn aus den Partherkriegen zurückerwartete. Der aus griechischem Marmor gearbeitete Bogen (15,50 m hoch), einer der besterhaltenen seiner Art, ist mit Skulpturen zur Verherrlichung Kaiser Trajans geschmückt.

**Arco di Traiano

Am Corso Garibaldi folgt weiter östlich die Piazza Matteotti mit der Kirche Santa Sofia, einem Rundbau aus langobardischer Zeit mit einem stattlichen Portal. Im Inneren verdienen Fresken in den Apsiden Beachtung.

Santa Sofia

An die Kirche grenzt der malerische Kreuzgang des ehemaligen Benediktinerinnenklosters an, in dem heute das besuchenswerte Museo del Sannio untergebracht ist. Es enthält eine interessante vor- und frühgeschichtliche Sammlung mit samnitischen und griechisch-römischen Funden sowie ägyptischen Statuen. Ferner gibt es in dem Museum eine umfassende Sammlung antiker Münzen; auch Gemälde, u.a. von Luca Giordano.

*Museo del Sannio

Noch weiter östlich steht an der Piazza IV Novembre das Kastell Rocca dei Rettori (14. Jh.), das lange Zeit als Gefängnis diente. Heute beherbergt das Gebäude die geschichtliche und volkskundliche Abteilung des Museo del Sannio. – Vom Stadtgarten aus bietet sich eine schöne Aussicht.

Rocca dei Rettori

Bergamo   D 4

Region: Lombardei/Lombardia
Provinz: Bergamo
Höhe: 249–365 m ü.d.M.
Einwohnerzahl: 115 000

Bergamo

Lage und Bedeutung

Bergamo, die Hauptstadt der gleichnamigen oberitalienischen Provinz, liegt nordöstlich von Mailand am Fuß der Bergamasker Alpen. Sie gliedert sich in die altertümliche Oberstadt auf einer Anhöhe, mit winkeligen Gassen und Bastionen, und die in die Po-Ebene hinauswachsende Unterstadt, deren Bild durch moderne Bauten und Industriebetriebe geprägt ist. Zwischen Unterstadt und Oberstadt vermitteln die 'Borghi' genannten Stadtteile, von denen einige auf Hügelgraten, andere in der Ebene liegen.

Geschichte

Die gallische Siedlung, 200 v.Chr. als römisches Municipium Bergomum erwähnt, erlangte erst in der Langobardenzeit größere Bedeutung. Im Jahre 1167 schloß sich Bergamo dem Lombardischen Städtebund an; 1264 kam die Stadt an Mailand und 1427 an Venedig. Seit 1814 gehörte Bergamo zu Österreich, wurde aber 1859 von Garibaldi befreit.

In Bergamo entstand im 16. Jh. die Theaterform der Commedia dell'arte, eine Art Stegreifkomödie. Einzelne Handlungen werden von immer gleich kostümierten Personen ausgeführt, etwa dem charakteristischen Harlekin (s. Baedeker Special "Die Commedia dell'arte", S. 170/171).

Unterstadt

Piazza Matteotti

Das Zentrum der Unterstadt, der Città Bassa im Voralpenland (249 m), ist die mit Denkmälern geschmückte Piazza Matteotti, an der einige Grünflächen liegen. Nach Nordwesten hin bildet die Piazza Vittorio Veneto mit dem Gefallenendenkmal Torre dei Caduti den monumentalen Abschluß.

Bergamo

An der Südseite der Piazza Matteotti stehen die beiden klassizistischen Torbauten der Porta Nuova (Blick auf die Oberstadt); dort beginnt der südwärts zum Bahnhof führende breite Viale Papa Giovanni XXIII. Zusammen mit dem Viale Vittorio Emanuele II, der von der Piazza Vittorio Veneto ausgeht und zur Oberstadt führt, bildet er die Hauptverkehrsader der Stadt.

Porta Nuova

Östlich der Piazza Matteotti sieht man an der belebten Allee Sentierone das Teatro Donizetti. Auf der Piazza Cavour erinnert ein Denkmal an den in Bergamo geborenen Opernkomponisten Gaetano Donizetti (1797–1848).

Teatro Donizetti

Am nordöstlichen Ende der 'Sentierone' genannten Promenade steht die Kirche San Bartolomeo (17. Jh.) mit einer Fassade von 1901. Im Inneren schönes Chorgestühl; hinter dem Hochaltar befindet sich das Tafelbild "Maria mit Kind und Heiligen" (1516), ein Hauptwerk von Lorenzo Lotto.

San Bartolomeo

Bei San Bartolomeo beginnt die Via Torquato Tasso, die zur Kirche Santo Spirito führt. Dort ist ebenfalls ein Gemälde der Madonna von Lotto zu sehen. Auf einem Bild von Previtali, einem Künstler aus der Gegend von Bergamo, sind Johannes der Täufer und andere Heilige dargestellt (1515).

Santo Spirito

Weiter nördlich steht in der steilen Via Pignolo die kleine Kirche San Bernardino in Pignolo; im Chor eine thronende Madonna von Lotto (1521). Oberhalb der Kirche liegen Paläste mit schönen Frührenaissance-Höfen.

San Bernardino in Pignolo

In der Via San Tommaso, einer Seitenstraße der Via Pignolo, liegt der Palast der Accademia Carrara, ein neoklassizistischer Bau. Er beherbergt eine Sammlung kostbarer Gemälde, darunter Werke von Lorenzo Lotto, Palma il Vecchio, Giovanni Battista Moroni, Vittore Carpaccio, Iacopo und Giovanni Bellini, Andrea Mantegna, Girolamo Romani Romanino, Giovanni Battista Tiepolo, Tizian, Tintoretto, Paolo Veronese, Raffael Santi, Sandro Botticelli, Luca Signorelli sowie Carlo Crivelli. Vertreten sind auch Maler aus anderen Ländern wie Albrecht Dürer, Rubens und Anton van Dyck. Eindrucksvoll sind u.a. ein Bildnis des Giuliano de' Medici, eine Porträtdarstellung von Botticelli, und die "Heilige Familie mit der hl. Katharina von Siena" von Lorenzo Lotto. Ferner Interieuers und Seestücke (Guardi). Ein Treppenweg führt von hier zur Porta Sant' Agostino.

Accademia Carrara (*Gemäldegalerie)

Oberstadt

Von der Piazza Vittorio Veneto führt der Viale Vittorio Emanuele II an der unteren Station der Standseilbahn vorbei, am Hang entlang und durch die Porta Sant' Agostino in den östlichen Teil der Oberstadt, der Città Alta (325–365 m), die wahrscheinlich wegen der strategisch günstigen Lage des Hügels am Rand der großen lombardischen Poebene entstand. Das Bild dieses Stadtteils wird von Türmen, Kirchtürmen und Kuppeln geprägt.

Porta Sant' Agostino

Von der Porta Sant' Agostino gelangt man zur malerischen Piazza Mercato delle Scarpe (Schuhmarkt), wo die Standseilbahn von der Unterstadt endet. Der Weg dorthin verläuft an der Kirche Sant' Agostino vorbei, dann links weiter und bergauf durch die Via di Porta Dipinta, vorüber an den schönen Kirchen San Michele al Pozzo Bianco und Sant' Andrea (innen eine thronende Madonna mit Heiligen von Moretto).

Piazza Mercato delle Scarpe

Von hier windet sich rechts die Via alla Rocca bergauf zur Rocca (14. Jh.), einer alten Befestigungsanlage, in der das Museo del Risorgimento e della Resistenza (Dokumente zur Geschichte Italiens) untergebracht ist. Vom Bergfried wie auch vom anschließenden Parco della Rimembranza bietet sich ein schöner Blick auf die beiden Stadtteile von Bergamo.

Rocca (Museum)

Von der Piazza Mercato delle Scarpe führt die schmale Via Gombito – mit dem Adelsturm Torre del Gombito (um 1100) – zur Piazza Vecchia, dem

*Piazza Vecchia

Baedeker Special

Die Commedia dell'arte

Wer hat nicht schon mal einen Harlekin gesehen, die närrische Person, die immer zu Streichen aufgelegt ist? Von Picasso gibt es Bilder, bei denen Motive der Commedia dell'arte neu gestaltet wurden, z.T. in melancholischer Stimmung, darunter "Zwei Harlekine" und "Pierrot mit Maske". Andere Figuren der Commedia dell'arte sind auf Radierungen des Spaniers Jacques Callot dargestellt (Zyklus 'Balli di Sfessania'); sie beruhen auf Skizzen, die Callot in Florenz gemacht hatte. Ferner lassen einige Genreszenen von Antoine Watteau den Einfluß der italienischen Commedia dell'arte erkennen, u.a. das Bild mit der Gestalt des "Gilles", das im Pariser Louvre zu sehen ist.

Der Harlekin, ital. Arlecchino, zählt zu den bekanntesten Figuren der Commedia dell'arte, einer besonderen Form der Stegreifkomödie, die zwischen 1550 und 1750 in Oberitalien von wandernden Theatertruppen aufgeführt wurde. Der Handlungsverlauf und die Szenenfolge waren im Groben festgelegt, für Improvisation bestand jedoch ein breiter Spielraum. Die einzelnen Szenen sind durch sog. lazzi, Possen und Späße, miteinander verbunden. Das Besondere daran ist, daß die Schauspieler bestimmte 'Typen' verkörperten und entsprechend kostümiert waren.

Der Name des Harlekin, des listigen Dieners, leitet sich angeblich von der Bezeichnung des Teufels als 'Hellequin' her; die Beule an Harlekins Kopf soll ein Rest der geschrumpften Hörner sein. Weiterhin gibt es Brighella, den schlauen, aus Bergamo gebürtigen Bauern, und die Kammerzofe 'Colombina', das weibliche Gegenstück zu Arlecchino und Brighella, und den Prahlhans 'Pulcinella', ein dummer und fauler Mensch, der an seiner hervorstehenden Hakennase leicht zu erkennen ist, ferner den Schurken 'Mezzettino', der sich auf das Guitarrenspiel versteht. Nicht vergessen sollte man den Zanni, der entweder den schlauen Intriganten oder den Tölpel verkörperte. Ausgangs- und Zielpunkt aller dramatischen Verwicklungen sind die Verliebten (Amorosi), an deren Schicksal das Publikum regen Anteil nahm. Vielfach waren am Intrigenspiel auch die Diener beteiligt.

Die Spieler der Commedia dell'arte trugen z.T. bei den Aufführungen Masken. Oft ist die Frage erörtert worden, ob die Commedia dell'arte sich ihre eigenen Masken schuf oder ob sie auf vom Karneval her bekannte Masken zurückgegriffen hat. Es scheint jedoch Wechselwirkungen gegeben zu haben. Über die Maske sagt ein bekannter Theatermann: "Mit der Maske sind wir an der Schwelle des Theater-Geheimnisses. .. Die Maske ist rituell."

Bei der Commedia dell'arte stand die Aktion im Vordergrund. Sie war kein 'gelehrtes' Theater, das Werte vermitteln oder belehren wollte. Es verwundert darum nicht, daß die Komödie bei den Vorstellungen den breitesten Raum einnahm. Zu den lächerlichen Figuren, die Opfer eines Streiches werden, gehören die beiden Alten: Pantalone und der Dottore. Pantalone ist vielfach die Karikatur eines venezianischen Kaufmanns, desses Tracht – rote Hose und Mantel – er trägt. Hinzu kommen eine lange Nase und ein Spitzbart. Der Dottore, der ein Rechtsgelehrter aus Bologna oder ein Arzt sein konnte, verkörperte weniger einen lokalen Typ als die Karikatur eines Gelehrten. Interesse erweckte auch der Capitano, der großsprecherische Offizier, der sich wegen seiner Heldentaten und seiner

Tapferkeit rühmt, in Wirklichkeit jedoch ein Maulheld ist und bei seinen Liebesabenteuern meist wenig Glück zeigt.

Elemente der Commedia dell'arte fanden auch Eingang in das Theaterspiel anderer europäischer Länder, besonders in Frankreich. Der Einfluß leitete sich her von italienischen Schauspielern, die bereits im 16. Jh. in Frankreich Tourneen machten und mehrfach vor Königen und Adligen auftraten. In Paris gab es eine Zeitlang neben dem "Théâtre français" das Théâtre italien", das bis 1697 bestand. Auch der französische Lustspieldichter Molière (1622–1673), der selbst eine Theatertruppe leitete, verwandte – besonders zu Beginn seiner Laufbahn – das Element der Farce in seinen Stücken; man denke nur an so einprägsamen Gestalten wie Harpagon in dem Stück "L'avare" ("Der Geizige") oder die Hauptfigur in "Le malade imaginaire" ("Der eingebildete Kranke"). Ferner hat die Commedia dell'arte in der österreichischen Literatur Spuren hinterlassen: Unter dem Einfluß der Italiener schuf Joseph Anton Stranitzky die Figur des Hanswurst (Hans Wurst). Aus Stranitzkys Hanswurst entwickelte sich dann die komische Figur des Wiener Volkstheaters. – Mit der Einführung von Gesangsrollen war der Übergang in die Opera buffa gewiesen.

Im 18. Jh. war die Commedia dell'arte in Routine erstarrt. Da sich der Geschmack allgemein geändert hatte, setzten nun Bestrebungen ein, das Theater zu reformieren. Zu den Kritikern des Stegreiftheaters gehört besonders Carlo Goldoni (→ Berühmte Persönlichkeiten), der der Commedia dell'arte vorwarf, die Stücke seien anstößig und unvernünftig. Sein Ziel war die Charakterkomödie.

Obwohl es die Commedia dell'arte im engeren Sinne nicht mehr gibt, hat sie eine gewisse Bedeutung für das Leben der Italiener und die Gegenwart im allgemeinen behalten, da sich ihre Figuren für satirische Charakteristiken geradezu anbieten. So wird beispielsweise ein erfolgloser Politiker mit Fritellino verglichen, dem Meister des leeren Geldbeutels und ewigen Verlierer. Aus Pulcinella wurde der englische "Punch", aus Pagliaccio der "Bajazzo".

In den letzten Jahrzehnten setzten sich in vielen Ländern Theaterbewegungen durch, die außerhalb des konventionellen Schauspielbetriebs angesiedelt sind. Vielfach finden die Aufführungen auf Straßen oder offenen Plätzen statt, daher der Name 'Straßentheater'. Oft sind es Darbietungen, die auf aktuelles Geschehen in Politik und Gesellschaft Bezug nehmen. Neben den Masken der Commedia dell'arte werden auch ostasiatische Traditionen, ferner afrikanische und indianische Elemente berücksichtigt. Zu diesen Theatertruppen zählen in Italien u.a. 'Luca Ronconi' und 'Dario Fo'.

◀ Pulcinella

Bergamo

Piazza Vecchia (Fortsetzung)

Mittelpunkt der Altstadt. Zwischen der Piazza Vecchia und dem nahen Domplatz stehen das frühere Gerichtsgebäude, der Palazzo della Ragione, das im 12. Jh. erbaut und im 16. Jh. größtenteils erneuert wurde, und der hohe Rathausturm. Über der offenen Säulenhalle des Palazzo Ragione sieht man einen Markuslöwen, das Symbol der venezianischen Herrschaft. Auf der Piazza Vecchia ein schöner Brunnen.
An den Platz grenzt der Palazzo Nuovo (heute Stadtbibliothek), ein Bau im Stil der Renaissance.

*Santa Maria Maggiore

Am Domplatz steht die Kirche Santa Maria Maggiore, 1137 als romanische Basilika begonnen, ein Bau mit abgestuftem Vierungsturm und malerischer Chorpartie. An den Portalen der Süd- und Nordseite sieht man Löwenskulpturen; darüber gotische Baldachine (14. Jh.). Das Innere der Kirche ist mit barocker Stuckdekoration geschmückt. Beachtung verdienen an den Wänden der Seitenschiffe und des Chorraums Wandteppiche, auf denen das Leben der Jungfrau Maria dargestellt ist. Bemerkenswert ist ferner das Chorgestühl aus der Zeit der Renaissance. In der Kirche kann man das Grab des Komponisten Gaetano Donizetti ansehen.

*Cappella Colleoni

Neben der Kirche Santa Maria Maggiore steht die Cappella Colleoni, die 1470–1476 als Grabkapelle für den Condottiere Bartolomeo Colleoni im Stil der lombardischen Frührenaissance errichtet wurde und eine Marmorfassade hat. Im Inneren befinden sich die Grabdenkmäler für Bartolomeo Colleoni und seine Tochter Medea († 1470), geschaffen von Amadeo, dem Baumeister der Kartause von Parma; über dem Grabmal des Colleoni ein Reiterstandbild des Condottiere aus vergoldetem Holz. Weiterhin findet man ein Deckenfresko von Tiepolo (1732) und kunstvolles Chorgestühl.

Battisterio

Rechts der Cappella Colleoni steht die Taufkapelle (1340), ein achteckiger Bau, der ursprünglich an der Rückseite des Hauptschiffs von Santa Maria Maggiore errichtet und 1898 aus Platzgründen hier aufgestellt wurde.

Blick auf die hochgelegene Altstadt von Bergamo

Bologna

Gegenüber der Dom Sant' Alessandro aus dem 15. Jh., dessen Kuppel und Fassade modern gestaltet sind. Innen ist er mit Gemälden von Tiepolo, Previtali und Moroni sowie schönem barocken Chorgestühl ausgestattet.

Bergamo (Fortsetzung), Dom

Von der Piazza Vecchia führt die schmale Via Colleoni nordwestwärts zur Zitadelle (Cittadella), die ein Museum für Naturkunde und Archäologie (Museo di Scienze Naturali e Museo Archeologico) beherbergt.

Archäologisches Museum

Hinter dem Museum befindet sich die Porta Sant' Alessandro. Von dort verläuft die Viale delle Mura auf dem Südwall, von dem sich eine weite Aussicht bietet, zur Porta San Giacomo, dem schönsten Tor der Stadt, und weiter zur Porta Sant' Agostino, dem Ausgangspunkt des Rundgangs durch die Oberstadt.

Viale delle Mura

Nahe der Viale delle Mura (Via Arena 9) lohnt das Donizetti-Museum (Museo Donizettiano) einen Besuch, das dem Lebenswerk Donizettis gewidmet ist. Sein Geburtshaus, die Casa Natale di G. Donizetti, liegt im Borgo Canale (Via Borgo Canale 14), einem der charakteristischen älteren Stadtteile. Alljährlich finden in Bergamo Donizetti-Musikwochen statt.

Donizetti-Museum

Umgebung von Bergamo

Der Kurort San Pellegrino Terme (358 m), 24 km nördlich der Stadt in den Bergamasker Alpen gelegen, wird wegen seiner angenehmen Lage im waldreichen Brembotal sowie wegen seines ausgeglichenen Klimas viel besucht. Bekannt ist das – besonders bei Gicht, Magen-, Harn- und Leberleiden wirksame – Mineralwasser, das aus drei Quellen (26° C) am rechten Ufer des Brembo entspringt. Den Gästen steht ein Kurhaus mit Trinkhalle zur Verfügung, ferner ein Kursaal mit Kasino. Vom Kursaal führt eine Seilbahn in etwa 10 Minuten auf den Gipfel Pellegrino Vetta (653 m).

San Pellegrino Terme

Bologna

F 6–7

Region: Emilia-Romagna
Provinz: Bologna
Höhe: 55 m ü.d.M.
Einwohnerzahl: 401 000

Bologna, die Hauptstadt der Region Emilia-Romagna und der Provinz Bologna, liegt in der oberitalienischen Ebene am nördlichen Fuß der Apen-

Lage und Bedeutung

Bologna

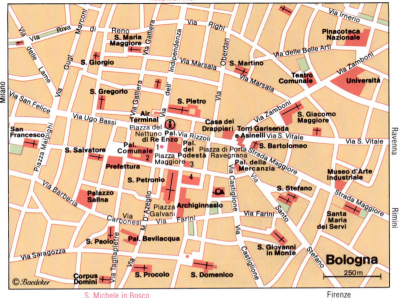

1 Neptunbrunnen   2 Morandi-Museum   3 Palazzo dei Banchi   4 Museo Civico Archeologico

Lage (Fortsetzung)
: ninen. Die Stadt ist Sitz eines Erzbischofs und einer berühmten Universität. Die langen, von Bogengängen eingefaßten Straßen mit ihren Palästen in Backsteinarchitektur, die vielen alten Kirchen, die merkwürdigen schiefen Türme und die Reste der fast 8 km langen Stadtmauer des 13. und 14. Jh.s geben der Stadt das charakteristische Gepräge.

Wirtschaft
: Die wichtigsten Industrien sind Genuß- und Nahrungsmittelindustrie, darunter die Herstellung der 'Mortadella', Schuhfabrikation, Maschinenindustrie, chemische und feinmechanische Industrie. In Bologna findet alljährlich die größte Kinder- und Jugendbuchmesse der Welt statt.
Über Italien hinaus bekannt ist die Bologneser Küche.

Geschichte
: Die Stadt, von den Etruskern Felsina genannt, wurde im Jahre 189 v.Chr. als Bononia römische Kolonie; das Zentrum zeigt noch heute die rechteckige Anlage des römischen Lagers. Von Kaiser Heinrich V. 1116 zur freien Stadt erklärt, wurde Bologna Mitglied des Lombardischen Städtebundes und beteiligte sich an den Kämpfen gegen die Hohenstaufen. Die Bologneser Rechtsschule, die schon im 5. Jh. bestanden haben soll, wurde seit dem 13. Jh. zur Universität erweitert; sie führte im 14. Jh. als erste das Studium der Anatomie des menschlichen Körpers ein und wurde von Studenten aus allen Ländern aufgesucht.
Im 14. Jh. behaupteten die Bologneser Adelsgeschlechter in ständigen Kämpfen mit den Päpsten ihre Macht, bis Papst Julius II. 1506 die Stadt dem Kirchenstaat einverleibte. 1530 fand in Bologna die Krönung Karls V. statt, die letzte Kaiserkrönung auf italienischem Boden. 1797 kam die Stadt durch Napoleon zur 'Cisalpinischen Republik', 1816 wieder zum Kirchenstaat und 1860 an das geeinte Italien. Im Zweiten Weltkrieg fanden in der Nähe von Bologna schwere Kämpfe statt. Im August 1980 forderte ein Bombenanschlag auf dem Bahnhof über 80 Tote.

Bologna

Kunst

In der Architektur ist für Bologna der Backsteinbau charakteristisch. Bedeutende Bauten entstanden erst in gotischer Zeit (Dom San Petronio). Stärker vertreten sind dann Renaissance und Barock, wobei unter den einheimischen Baumeistern Fioravante Fioravantini († nach 1430) und sein Sohn Rodolfo, gen. Aristotele († 1486), Pellegrino Tibaldi († 1597) und Sebastiano Serlio (1475–1522), einer der größten Theoretiker der Spätrenaissance, hervorragen. Serlios Schule der Theaterarchitekten und -maler erlangte durch die toskanische Familie Bibiena im 17. und 18. Jh. Weltruhm. Aus ihren Arbeiten erwuchs das moderne Bühnenwesen.

In der Malerei gewann zuerst Francesco Francia (1450–1517) einen gewissen Ruhm. Später brachte die von Lodovico Carracci (1555–1619) gegründete, von Annibale und Agostino Carracci weitergeführte Akademie eine Nachblüte der Kunst hervor, deren bedeutendste Vertreter Guido Reni (1575–1642), Domenichino (1581–1668) und Guercino (1591–1666) sind.

Stadtzentrum

*Piazza Maggiore
Piazza del Nettuno

Den Mittelpunkt von Bologna bilden zwei aneinandergrenzende Plätze: die Piazza Maggiore und die Piazza del Nettuno. Dort steht der Neptunbrunnen, die Fontana del Nettuno, ein Werk des Bildhauers Giambologna und einer der schönsten Brunnen des 16. Jahrhunderts.

San Pietro

Von der Piazza del Nettuno führt nördlich die verkehrsreiche Geschäftsstraße Via dell' Indipendenza zum Hauptbahnhof. An der Straße steht die Kathedrale San Pietro ('La Metropolitana'), mit deren Bau 910 begonnen wurde. Die Kirche hat ein barock gestaltetes Langhaus und einen Chor von Pellegrino Tibaldi (1575). Sehenswert ist der Innenraum besonders wegen der Kunstschätze, u.a. zwei Marmorlöwen vom Portal des romanischen Baus, eine "Beweinung Christi" und eine "Verkündigung" von L. Carracci.

Der Palazzo del Podestà an der Piazza Maggiore wurde mehrfach umgebaut. Heute finden dort Kunstausstellungen statt

Bologna

San Pietro (Fortsetzung)

Hinter dem Chor der Erzbischöfliche Palast. Westlich, parallel zur Via dell' Indipendenza, verläuft – von Adelspalästen gesäumt – die Via Galleria.

Palazzo Comunale

Die Westseite der Piazza del Nettuno und der Piazza Maggiore nimmt der Palazzo Comunale ein, das Rathaus, das aus mehreren Gebäudeteilen besteht. Der Bau wurde um 1290 begonnen und in den Jahren 1425–1430 großenteils erneuert. Über dem Haupteingang eine Bronzestatue von Papst Gregor XIII., der aus Bologna stammte. Im zweiten Stock befindet sich die Städtische Kunstsammlung (Collezione Comunali d'Arte).

**Morandi-Museum

Zu dem Gebäudekomplex gehört auch der Palazzo d'Accursio. In den renovierten Räumen des Obergeschosses wurde am 4. Oktober 1993 das Morandi-Museum eröffnet. Dort sind über 200 Gemälde, Aquarelle, Zeichnungen und Radierungen des Malers Giorgio Morandi (1890–1964), der aus Bologna stammte, ausgestellt. An alltäglichen Gegenständen, vor allem Krügen und Flaschen, setzte er sich mit Form und Raum, Farbe und Licht auseinander. Die Einrichtung dieses Museums wurde möglich aufgrund einer umfangreichen Schenkung aus Familienbesitz. Darüber hinaus hat man Morandis Studio mit seiner Originaleinrichtung rekonstruiert und seine umfangreiche Bibliothek hierher gebracht.

Palazzo di Re Enzo

In der Nähe des Rathauses steht der gotische Palazzo di Re Enzo, in dem von 1249 bis 1272 Enzo, der Sohn Kaiser Friedrichs II., gefangen saß.

Palazzo del Podestà

An der Nordseite der Piazza Maggiore steht der Palazzo del Podestà, 1201 errichtet und ab 1484 im Renaissancestil erneuert. Beachtenswert sind die Fassade und die Arkaden mit korinthischen Säulen im Erdgeschoß. Der Turm, die Torre dell' Arengo, stammt von 1212.

*San Petronio

Die Südseite der Piazza Maggiore beherrscht San Petronio, die dem Schutzpatron von Bologna geweihte größte Kirche der Stadt. Der Bau

Der Palazzo d'Accursio beherbergt das Morandi-Museum

Bologna

wurde 1390 im gotischen Stil begonnen, die Arbeiten jedoch erst um 1650 – nach Fertigstellung des Langhauses – abgeschlossen. An der Fassade, die unvollendet blieb, ist das Hauptportal mit Skulpturen von Jacopo della Quercia (1425–1438) besonders eindrucksvoll. Das Innere gilt als reichste Schöpfung italienischer Gotik. Von der Ausstattung sind u.a. die Pieta von Amico Aspertini (1519) und verschiedene Wandmalereien bemerkenswert.

San Petronio (Fortsetzung)

Östlich gegenüber von San Petronio, in der Via dell' Archiginnasio Nr. 2, befindet sich das Archäologische Museum (Museo Civico Archeologico). Es besitzt eine Sammlung vorgeschichtlicher und etruskischer Funde aus der Umgebung von Bologna sowie anderer Altertümer, darunter die nach Turin und nach Venedig bedeutendste ägyptische Abteilung (Saal III–V). In der griechischen Abteilung (Saal VI) ein Kopf der Athena Lemnia (Kopie nach Phidias). Beachtenswert sind ferner römische Marmorwerke, Reliefs und Kaiserporträts sowie eine umfassende Inschriftensammlung.

*Museo Civico Archeologico

Von dem Museum führt die Via dell' Archiginnasio mit dem an Geschäften reichen Laubengang Portico del Pavaglione zur Piazza Galvani. Dort sieht man das Marmorstandbild des aus Bologna gebürtigen Physiologen Luigi Galvani (1737–1798), des Entdeckers der 'Galvanischen Entladungen' (→ Berühmte Persönlichkeiten). Links das Archiginnasio (16. Jh.), bis 1803 Sitz der Universität ('Teatro Anatomico'), heute Stadtbibliothek.

Piazza Galvani

Südwestlich der Piazza Galvani steht in der Via d'Azeglio der Palazzo Bevilacqua, einer der elegantesten Paläste von Bologna. Er wurde in den Jahren 1474–1482 im Stil der Florentiner Renaissance-Paläste erbaut, hat einen prächtigen Hof und eine schöne Fassade.

*Palazzo Bevilacqua

Von der Via d'Azeglio gelangt man durch die Via Marsili zur Piazza San Domenico. Auf dem Platz stehen zwei Säulen, bekrönt von den Statuen des hl. Domenikus und der Madonna; ferner findet man dort die Gräber der Rechtsgelehrten Rolandino de' Passeggeri († 1300) und Egidio Foscherari.

Piazza San Domenico

An der Südseite des Platzes erhebt sich die Kirche San Domenico, die um 1221 begonnen wurde; die Fassade blieb unvollendet. Im barockisierten Inneren befindet sich das berühmte Grab des 1221 in Bologna verstorbenen hl. Domenikus, ein Marmorsarkophag mit Reliefs von Nicola Pisano, Arnolfo di Cambio und Fra Guglielmo (1267); den Deckel schuf Niccolò dall' Arca († 1494). Der Engel rechts sowie der hl. Petronius auf dem Deckel und der jugendliche hl. Proculus sind Jugendwerke von Michelangelo (1494). Der Chor ist mit schönem Gestühl (1541–1551) ausgestattet. Links vom Chor, zwischen der ersten und der zweiten Kapelle, das Wandgrab des Königs Enzo ('Hencius Rex', † 1272; 1731 erneuert).
In der Sakristei das Museo San Domenico.

*San Domenico

Piazza di Porta Ravegnana

Von der Piazza del Nettuno führt die Via Rizzoli östlich zur Piazza di Porta Ravegnana, deren Südseite der schöne gotische Palazzo della Mercanzia (1384), der Sitz der Handelskammer, einnimmt.

Palazzo della Mercanzia

Auf dem malerischen Platz stehen zwei 'schiefe Türme' (Geschlechtertürme) aus Backstein (Torre degli Asinelli und Torre Garisenda), die bei Familienkämpfen einst zur Verteidigung dienten und heute das Wahrzeichen der Stadt bilden. Die Torre degli Asinelli (1109 errichtet; 498 Stufen zur oberen Plattform) hängt bei 97,60 m Höhe um 1,23 m über, die Torre Garisenda (Ende des 11. Jh.s begonnen) bei 48 m Höhe um 3,22 m.

*Schiefe Türme

Von der Piazza di Porta Ravegnana führen fünf Straßen strahlenförmig zu den östlichen Stadttoren: Via Castiglione, Via Santo Stefano, Strada Maggiore, Via San Vitale und Via Zamboni.

Bologna

Via Santo Stefano
Santo Stefano

In der Via Santo Stefano die Kirchengruppe Santo Stefano, von deren acht Gebäuden vier an der Straße liegen: die Hauptkirche Chiesa del Crocifisso (urspr. romanisch, 1637 erneuert), mit einer Außenkanzel (12. Jh.) und einer Krypta (1019), ferner die Kirche Santo Sepolcro, ein achteckiger Zentralbau mit dem Grabmal des hl. Petronius, der im 5. Jh. Bischof von Bologna war, die romanische Kirche Santi Vitale e Agricola (von 1019; Fassade von 1885) und die Chiesa della Trinità (13. Jh.). Hinter Santo Sepolcro der Pilatushof (Cortile di Pilato), ein Säulenhof mit Marmorbecken; daran schließt sich ein zweigeschossiger Kreuzgang an.

Strada Maggiore
Casa Isolani

An der Strada Maggiore gleich links die Kirche San Bartolomeo (1530; innen 17. Jh.). Weiterhin rechts (Nr. 19) die Casa Isolani, ein Adelspalais (13. Jh.) mit weit vorspringendem, von Eichenholzbalken getragenem Obergeschoß. Gegenüber (Nr. 24) der Palazzo Sampieri mit vortrefflichen Fresken aus der Geschichte des Herkules, geschaffen von den Carracci und Guercino. Daneben (Nr. 26) das Haus des Komponisten Gioacchino Rossini, der von 1825 bis 1848 meist in Bologna lebte (Gedenktafel).

Kunstgewerbemuseum

An der Strada Maggiore (Nr. 44) lohnt ferner der Palazzo Davia-Bargellini (1638–1658) einen Besuch, der das Städtische Kunstgewerbemuseum beherbergt. Ausgestellt sind Möbel, eine Sammlung von Türschlössern und Türgriffen sowie ein Marionettentheater. Ferner eine Gemäldegalerie.

Santa Maria dei Servi

Schräg gegenüber steht die gotische Kirche Santa Maria dei Servi (1346 begonnen), ein Bauwerk mit schöner Vorhalle. Im Innenraum sind u.a. die 'Thronende Madonna' von Cimabue und Wandmalereien beachtenswert.

Piazza Carducci

Etwa 500 m südöstlich der Kirche liegt an der Piazza Carducci das ehem. Wohnhaus von Giosuè Carducci (1835–1907), der beherrschenden Gestalt der italienischen Literatur in der zweiten Hälfte des 19. Jahrhunderts. Carducci, der besonders als Lyriker hervortrat, erhielt 1906 den Nobelpreis. An der Stadtmauer wurde ein Ehrenmal für ihn errichtet.

Via Zamboni
San Giacomo Maggiore

In der Via Zamboni (Nr. 13) steht der Palazzo Malvezzi-De' Medici (1560), Sitz der Provinzverwaltung. Weiterhin rechts die Kirche San Giacomo Maggiore (1267; um 1500 erneuert). Beachtenswert sind das Grabmal des Rechtsgelehrten Antonio Bentivoglio († 1435) von Jacopo della Quercia und in der Cappella del Bentivoglio eine thronende Madonna von Francesco Francia. Das Oratorium Santa Cecilia hinter der Apsis der Kirche ist mit schönen Fresken von Lorenzo Costa, Francesco Francia und ihren Schülern (1504–1506) ausgeschmückt. – Ferner befindet sich in der Via Zamboni das Teatro Comunale (1756–1763), ein Opernhaus.

Universität

Schräg gegenüber dem Teatro Comunale steht der ehem. Palazzo Poggi, die Fassade und die Deckenfresken schuf Pellegrino Tibaldi (1569). Seit 1803 ist das Gebäude Sitz der Universität. Unweit nordöstlich erstreckt sich die großzügig angelegte 'Universitätsstadt'.

∗Pinakothek

Nördlich der Universität, in der Via delle Belle Arti Nr. 56, befindet sich die Pinacoteca Nazionale, die staatliche Gemäldegalerie, in der Bologneser Maler des 14. bis 18. Jh.s vertreten sind. Für die frühen Werke sind lebhafte Farben und ein goldener Hintergrund kennzeichnend. Zum Bestand der Pinakothek gehören die "Madonna mit Heiligen" von Francesco del Cossa und Raffaels "Heilige Cäcilie", Gemälde von Guido Reni, Guercino, Perugino und Carracci. Außerdem sind Werke venezianischer Meister wie Tintoretto, Palma il Giovane, Cima da Conegliano und Vivarini zu sehen.

San Martino

In der Via delle Belle Arti die gotische Kirche San Martino. In der ersten Kapelle links gibt es eine Madonna mit Heiligen von Francesco Francia, einem Maler aus Bologna, der auch in der Pinakothek vertreten ist.

Die Basilica Madonna di San Luca bei Bologna ist ein vielbesuchtes Wallfahrtsziel ▶

Bordighera

Bologna
(Fortsetzung),
*San Francesco

Im Westen der Stadt, an der Piazza Malpighi, steht die gotische Kirche San Francesco, 1236–1263 nach französischem Vorbild errichtet; Turm von 1397–1402. Innen ist ein gotischer Marmoraltar (1388) beachtenswert.

Textilmuseum

Etwa 500 m südöstlich von San Francesco, im Palazzo Salina (Via Barberia Nr. 13), befindet sich ein Textilmuseum.

Umgebung von Bologna

Messegelände

Nördlich außerhalb der Stadt liegt das Messegelände mit einem Museum für moderne Kunst.

San Michele
in Bosco

Vom südlichen Stadttor Porta San Mamolo führt der Weg zur Via Codivilla, an deren Ende das ehemalige Kloster San Michele in Bosco liegt. Vom Kloster bietet sich eine schöne Aussicht. In dem großen Chorbau, der den Mönchen als Kirche diente, sind die Orgel von 1524 mit einem Gehäuse von Raffaele da Brescia und die Fresken in der Sakristei beachtenswert.

Basilica Madonna
di San Luca

Etwa 500 m westlich der Porta Saragozza, cem südwestlichen Stadttor, beginnt ein 3,5 km langer Säulengang mit 666 Bogen, der 1674–1739 erbaut wurde. Er führt über Meloncello zum Monte della Guardia, den die Wallfahrtskirche 'Basilica Madonna di San Luca' krönt (4 km). Von dort aus bietet sich eine schöne Sicht – vom Adriatischen Meer bis zum Apennin und bei klarem Wetter bis zu den Alpen.

Bordighera   B 8

Region: Ligurien/Liguria
Provinz: Imperia
Höhe: 5 m ü.d.M.
Einwohnerzahl: 12 000

Lage und
Bedeutung

Der elegante Bade- und Luftkurort Bordighera liegt an der Riviera di Ponente nahe der italienisch-französischen Grenze, 4 km östlich von Ventimiglia und 10 km westlich von San Remo. Man nennt den Abschnitt der Riviera bei Bordighera auch 'Riviera dei Fiori' (= Blumenriviera).

In und bei Bordighera gedeihen wegen des milden Klimas Dattelpalmen (Phoenix dactylifera), ihre Früchte reifen hier jedoch nur zur Keimfähigkeit. Im Frühjahr verwendet man die Blätter bei den katholischen Palmsonntagsfeiern; die Palmkronen werden zusammengebunden, wodurch die inneren Blätter ausbleichen, die dann zu den sog. palmureli geflochten werden. Auch der Vatikan wird mit solchen Palmwedeln beliefert.

Sehenswertes

Der hübsche Ort besteht aus der malerischen Altstadt (Città Vecchia), hoch über dem Kap Sant'Ampelio (Capo Sant'Ampelio) gelegen, und den neueren, regelmäßig angelegten Stadtbezirken im Westen des Kaps. Hauptverkehrsstraße von Bordighera ist die Via Vittorio Emanuele, an der das Theater und die Chiesa di Terrasanta stehen. Von ihr führen mehrere Seitenstraßen hinauf zur Via Romana mit Villen, Gärten und Hotels, die an mit Blumen und Palmen bewachsenen Hängen verläuft.

Bicknell-Museum

In einer der Seitenstraßen (Via Regina Margherita) steht das Bicknell-Museum, das der historisch-archäologischen Erforschung Liguriens gewidmet ist. Das Museum besitzt über 50 000 Bücher, ein großes Fotoarchiv, eine Sammlung von Papierabdrücken der Felszeichnungen vom

Bicknell-Museum: Papierabdruck der Felszeichnungen vom Monte Bego

Monte Bego und die vollständige Rekonstruktion eines römischen Grabes (2. Jh. n.Chr.). Rechts vom Eingang eine Gedenktafel für Charles Bicknell.

Bicknell-Museum (Fortsetzung)

Die Via Romana endet im Westen am Rio Borghetto und im Osten bei der Spianata del Capo auf der Höhe des Vorgebirges. Von dort bietet sich eine weite Sicht: auf die Bucht von Ospedaletti im Nordosten, auf Ventimiglia, die Côte d'Azur und einige Gipfel der Seealpen im Westen. Am Fuß des Vorgebirges verläuft die Strandpromenade Lungomare Argentina.

Spianata del Capo

Von der Spianata del Capo gelangt man durch die barocke Porta del Capo (17. Jh.) in die winklige eng bebaute Altstadt, die mehrere Stadttore hat. Von der Piazza del Popolo führt die Via di Mezzo zum Westtor, der Porta Sottona; östlich liegt die Porta Maddalena. An der Piazza del Popolo steht die Pfarrkirche S. Maria Maddalena; im Inneren eine Marmorgruppe von Filippo Parodi (17. Jh). Bei der Porta Maddalena das Oratorium San Bartolomeo degli Armeni (15. Jh.). Von hier zieht die Via dei Colli oberhalb des Städtchens hin, von wo sich an vielen Stellen eine herrliche Sicht bietet.

*Altstadt

Umgebung von Bordighera

Im östlichen Vorort Arziglia, an der Mündung des Sasso-Tals, liegt der von dem deutschen Gärtner Ludwig Winter († 1912) angelegte Vallone-Garten (Privatbesitz). In Arziglia werden Palmwedel gezogen und gebunden.

Arziglia

Etwa 1,5 km östlich in Madonna della Ruota der Giardino Esotico Pallanco, der ebenfalls auf einen von Ludwig Winter gegründeten Garten zurückgeht. Hier gedeihen über 3000 Kakteen- und Sukkulentenarten (Privatbesitz; ganzjährig für Besucher zugänglich).

Botanischer Garten

Bormio

Bordighera (Fortsetzung), Sasso

Von der Via dei Colli zweigt eine Straße ab und führt nördlich über dem Sasso-Tal hin zu dem auf einer Bergkuppe gelegenen Dorf Sasso. Hier steht am Kirchplatz das Haus der Familie Rossi, aus der einige Männer von Bedeutung hervorgingen (marmorne Löwenköpfe über dem Portal).

Seborga

Rund 8 km weiter nordöstlich liegt das Dorf Seborga, einst befestigtes Bergdorf der Grafen von Ventimiglia, das später an Benediktinermönche fiel, die hier eine Münze gründeten; der Abt des Konvents nannte sich 'Fürst' und seinen Besitz 'Fürstentum'. Von Seborga aus bietet sich ein weiter Rundblick.

Bormio E 3

Region: Lombardei/Lombardia
Provinz: Sondrio
Höhe: 1225 m ü.d.M.
Einwohnerzahl: 4000

Lage

Bormio liegt im Veltlin (ital. Valtellina) am Nordwestfuß der Ortlergruppe sowie am westlichen Ende der Paßstraße über das Stilfser Joch unweit der italienisch-schweizerischen Grenze.

Bemerkenswertes

Das an der Adda gelegene Bormio (einst 'Worms' genannt), als Luftkurort, Tourenzentrum und Wintersportplatz besucht, besitzt einen hübschen altertümlichen Kern. In der Umgebung entspringen Mineralquellen, die therapeutisch genutzt werden.

Pfarrkirche

An der Piazza Cavour, im Osten des Ortskernes, steht die barocke Pfarrkirche (Chiesa Collegiata SS. Gervasio e Protasio; 17. Jh.); am Platz links die offene Loggia des Kuèrč, die einstige Gerichtshalle; dahinter die Torre Civica (Stadtturm).

Museo Civico

Nordwestlich der Pfarrkirche ist im Palazzo De Simoni (Via Buon Consiglio) das Museo Civico (Stadtmuseum; historische und volkskundliche Sammlung) zu finden.

Museo Mineralogico

Weit am nördlichen Ortsrand (Via Monte Orticara) befindet sich das Mineralogische Museum (Museo Mineralogico Naturalistico Valli di Bormio). Ganz in der Nähe des Museums (Via Sertorelli) liegt der Botanische Garten.

Santuario del Crocifisso

Unweit südlich jenseits des Flusses erreicht man im Ortsteil Combo das Santuario del Crocifisso (auch Sant'Antonio Abbate; 14. Jh.), dessen Inneres mit aus dem 15. und 16. Jh. stammenden Fresken geschmückt ist.

Sport- und Eisstadion

Westlich außerhalb befinden sich die Anlagen des Sportstadions (auf fünfeckigem Grundriß) und des Eisstadions.

Bagni di Bormio

Lage
3 km nördlich

Bagni di Bormio (1318 m), der vielbesuchte Badebezirk des Ortes, besteht aus den Bagni Vecchi (Alte Bäder) und den Bagni Nuovi (Neue Bäder).

Bagni Vecchi

Die sieben Quellen der Bagni Vecchi, schon von Plinius erwähnt, entspringen aus Dolomitfelsen über der tiefen Addaschlucht. Interesse verdienen die sogenannten 'piscine' (wörtlich = Schwimmbäder), von den Römern in die Felsen gehauene Badebecken.

Auf einer Bergterrasse liegen die Bagni Nuovi. Ihr radioaktives, schwach gipshaltiges Wasser tritt mit Temperaturen zwischen 38 und 41° C zutage; die Heilanzeigen umfassen u.a. Rheuma, Asthma und Arteriosklerose.

Bormio (Fortsetzung), Bagni Nuovi

Bormio 2000 / Bormio 3000

Am südlichen Ortsrand von Bormio befindet sich die Talstation der Schwebebahn, die nach Bormio 2000 – nahe der Baumgrenze – führt. Mit der zweiten Sektion gelangt man nach Bormio 3000, unmittelbar unterhalb der Cima Bianca (3012 m). Das umliegende Gelände bietet beste Wintersportmöglichkeiten.
Von Bormio 3000 kann man in 45 Minuten zur 3148 m hohen Vallecetta aufsteigen. Ferner stellt in diesem Gebiet eine Gondelbahn die Verbindung zum Ciuk (1620 m) her, von wo ein Sessellift nach La Rocca (2126 m) weiterführt.

Von Bormio über das Stilfser Joch (ca. 50 km)

Eine landschaftlich sehr schöne, aber kurvenreiche und teilweise recht steile Bergstraße führt von Bormio nördlich durch das Valle di Brau. Nach rund 18 km zweigt links die Straße zum Umbrail-Paß und in das schweizerische Münstertal ab.

Das Stilfser Joch (Passo dello Stelvio) ist mit 2757 m der dritthöchste Straßenpaß der Alpen, und hier verläuft die Grenze zwischen den Regionen Lombardei und Trentino–Südtirol. Südöstlich erstreckt sich der die gesamte Berggruppe des Ortler (→ Südtirol) einnehmende Stilfser-Joch-Nationalpark (Parco Nazionale dello Stelvio).
Die Paßstraße wurde schon 1826 eröffnet, und seither hat sich an der Trassenführung (Westseite 34, Ostseite 48 Serpentinen) fast nichts geändert. Jenseits der Paßhöhe (bedeutendes Sommerskigebiet) senkt sie sich zum Vinschgau, der bedeutendsten Talschaft von → Südtirol.

**Stilfser Joch

Bozen / Bolzano F 2–3

Region: Trentino–Südtirol / Trentino – Alto Adige
Provinz: Bozen/Bolzano
Höhe: 165 m ü.d.M.
Einwohnerzahl: 98 000

Bozen (ital. Bolzano), die Hauptstadt der gleichnamigen Provinz, liegt in einem Talbecken, wo der vom Brenner kommende Eisack (Isarco), nachdem er die dem Sarntal entströmende Talfer (Talvera) aufgenommen hat, in die unweit südlich der Stadt vorüberfließende Etsch (Adige) mündet. Östlich im Hintergrund ragen die → Dolomiten auf: der Schlern und die Rosengartengruppe mit den Vajolettürmen.
Die im Schnittpunkt wichtiger Fernverkehrswege sowie am Ausgangspunkt vielbefahrener Gebirgsstraßen gelegene Stadt hat einen starken lebhaften Durchgangsverkehr, wird aber auch wegen ihrer verkehrsgünstigen Lage und der reizvollen Umgebung oft als Standquartier gewählt. Bozen ist Handels-, Industrie- und Fremdenverkehrszentrum sowie geistiger Mittelpunkt der deutschsprachigen Südtiroler.

Lage und Allgemeines

Die von Talfer und Eisack umflossene Altstadt hat mit ihren stattlichen Bürgerbauten der Renaissance- und Barockzeit, den malerischen Erkern, Lichthöfen und Treppenhäusern deutschen Charakter. Jenseits der Talfer liegen gegen Gries und Quirain italienische Wohnviertel. Südlich des Eisack erstreckt sich das Bozner Industriegebiet.

Stadtbild

Bozen

Geschichte

Bozen, das römische Bauzanum, kam 680 unter langobardische, 740 unter fränkische Herrschaft und war später Sitz bayerischer Grenzgrafen. Eine Zeitlang gehörte es zum Bistum Trient, das die Stadt im 13. Jh. den Grafen von Tirol überlassen mußte. Seit 1363 habsburgisch, teilte die Stadt bis 1919 die Geschicke Tirols und kam dann an Italien. 1948 wurde aus den Provinzen Bozen und Trient die Autonome Region Trentino-Südtirol gebildet. Seit 1964 ist Bozen Sitz des Bischofs von Bozen-Brixen; der Diözese wurden auch die bis dahin zum Bistum Trient gehörenden Gemeinden der Provinz Bozen angeschlossen.

Altstadt

Waltherplatz
Pfarrkirche

Mittelpunkt des Fremdenverkehrs ist der große Waltherplatz, benannt nach dem Minnesänger Walther von der Vogelweide (um 1170 bis 1230), dessen Denkmal (1889; Heinrich Natter) auf dem Platz steht. An der Südwestecke des Waltherplatzes erhebt sich die im 14. und 15. Jh. erbaute gotische Pfarrkirche, neben dem Dom zu ⟶ Brixen die zweite Bischofs-

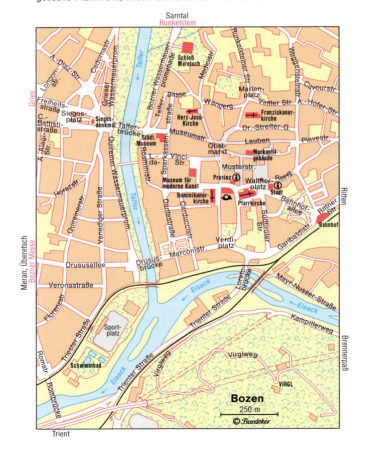

Bozen

kirche des Bistums Bozen-Brixen. Sie hat einen 65 m hohen zierlichen Turm (1504–1519) und ein lombardisches Portal. In dem beachtenswerten Inneren der dreischiffigen Hallenkirche befinden sich eine spätgotische reliefgezierte Kanzel (1513/1514) und Fresken des 14./15. Jahrhunderts.

Pfarrkirche (Fortsetzung)

Westlich vom Waltherplatz kommt man zu der gotischen Dominikanerkirche, die im 13. Jh. erbaut und 1498 in eine dreischiffige Hallenkirche umgewandelt wurde; sehenswert die Fresken vom Ende des 14. Jahrhunderts.

Dominikanerkirche

In der anstoßenden Johanneskapelle sind die Wände mit Fresken von Malern aus der Schule Giottos (1330–1350; u.a. "Triumph des Todes") bedeckt.
Im Kreuzgang des ehem. Dominikanerklosters (heute Konservatorium) sieht man ebenfalls Fresken, u.a. von Michael Pacher.

*Johanneskapelle

Nördlich vom Waltherplatz verläuft die von Bogengängen eingefaßte Laubengasse, die Bozner Hauptgeschäftsstraße (Fußgängerzone) mit Bürgerhäusern aus dem 17. Jahrhundert; Textilgeschäfte, Parfümerien und Boutiquen bestimmen das Bild. Im Gebäude Nr. 39 sind die "Südtiroler Werkstätten" zu finden, eine umfangreiche Verkaufsausstellung des Südtiroler Kunstgewerbes. Das stattliche Merkantilgebäude (1708–1727; heute Handelskammer) auf der Südseite der Straße ist das einzige Beispiel eines italienischen Palastbaues in Bozen (Prunksaal für Tagungen).

Laubengasse

Die Laubengasse mündet östlich auf den Rathausplatz mit dem 1907 in barocken Formen erbauten Rathaus, westlich auf den Obstmarkt mit einem Neptunbrunnen von 1777.

Rathaus

Unweit nördlich vom Obstmarkt steht das Franziskanerkloster. Die bunten Glasfenster der zugehörigen Kirche (urspr. 13.–15. Jh.) sind Arbeiten des

Franziskanerkloster

Der Waltherplatz mit der Pfarrkirche ist der Mittelpunkt von Bozen

Bozen

Franziskanerkloster (Fortsetzung)

20. Jh.s; anstoßend der spätromanische Kreuzgang (14. Jh.), in dem Konzerte stattfinden. In der Marienkapelle befindet sich der spätgotische Krippenaltar, ein Schnitzwerk von Hans Klocker (um 1500).
Weiter nordöstlich die spätgotische Deutschhauskirche.

Museum für moderne Kunst

Am westlichen Ende der Fußgängerzone gelangt man zur Sernesistraße. An ihr steht das Museum für moderne Kunst (Wechselausstellungen).

Städtisches Museum

Vom Obstmarkt westwärts führt die Museumstraße zum Städtischen Museum. Es besitzt archäologische Funde, Bauernstuben, Trachten, Volkskunst und Bilder einheimischer Maler.

Südtiroler Archäologiemuseum

Vom Städtischen Museum ist es nicht weit zum Südtiroler Archäologiemuseum, in dem Ur- und Frühgeschichte Südtirols dokumentiert werden. Die bekannte Gletschermumie, genannt "Ötzi", bildet den zentralen Ausstellungskomplex im Museum. Ihr Alter wird auf 5300 Jahre geschätzt.

Schloß Maretsch Schloß Klebenstein

Die am Ostufer der Talfer entlangziehende Wassermauerpromenade bietet eine schöne Aussicht auf Schlern und Rosengarten. Sie führt nordwärts zu dem fünftürmigen Schloß Maretsch (13.–16. Jh.), heute Kongreßzentrum. Am Nordende der Promenade erreicht man Schloß Klebenstein (17. Jh.).

Runkelstein

Nordöstlich von Klebenstein erhebt sich auf steilem Porphyrfelsen über der Talfer Burg Runkelstein mit sehenswerten Fresken (14.–16. Jh.).

Stadtteile westlich der Talfer

Triumphbogen

Westlich der Talfer erstreckt sich die überwiegend italienische Neustadt. Gleich westlich der Talferbrücke steht ein bombastischer italienischer Triumphbogen (1928; 'Monumento della Vittoria' = Siegesdenkmal).

Bozner Messe

Links führt die Venedigstraße zu dem etwa 1 km südlich gelegenen Sportareal und Freischwimmbad Lido (auch Hallenbad). Unweit westlich davon liegt das Gelände der Bozner Messe mit dem Messepalast.
Von dort gelangt man nördlich auf der Italienstraße zu dem mächtigen Justizpalast und weiter zum Mazziniplatz, wo die vom Triumphbogen kommende, von hohen Bogen gesäumte Freiheitsstraße mündet und weiter zu dem westlich gelegenen Hauptplatz von Gries führt.

Gries

Der seit 1925 zu Bozen eingemeindete Vorort Gries (273 m) liegt am Fuße des Guntschna-Berges und wurde früher wegen seines milden Klimas als Winterkurort besucht. Zahlreiche Villen mit gepflegten Gärten umgeben den alten Ortskern.

Benediktinerkloster

An der Ostseite des Grieser Hauptplatzes steht das Benediktinerkloster, eine ehem. Burg. Zu der Anlage gehört eine im Rokokostil erbaute Stiftskirche (1769–1778); Decken- und Altarbilder stammen von Martin Knoller.

Pfarrkirche ✻✻Pacher-Altar

Unweit nordwestlich steht die alte Grieser Pfarrkirche (15./16. Jh.). Die Hauptsehenswürdigkeit der Pfarrkirche und zugleich eines der bedeutendsten gotischen Kunstwerke in Südtirol ist der 1475 von Michael Pacher gefertigte, heute in der Erasmuskapelle aufgestellte Schnitzaltar mit der Darstellung einer Marienkrönung. Beachtenswert ferner ein romanisch-byzantinisches Kruzifix, eine Arbeit aus dem 12. Jahrhundert.

✻Guntschna-Promenade

Nördlich der alten Grieser Pfarrkirche beginnt die Guntschna-Promenade, die sich an den Hängen des Guntschna-Berges hinzieht. Die Promenade endet beim Hotel Reichrieglerhof (45 Min.), das man von Bozen mit dem

Auto vom Triumphbogen durch die Via Cadorna und den Reichrieglerweg (Via Miramonti) erreichen kann (3,5 km).

Jenseits der St.-Anton-Brücke steht das Schloß Klebenstein. Dort beginnt die St.-Oswald-Promenade, die zwischen Weinbergen bis 400 m ansteigt und sich dann an dem malerischen Weinort St. Magdalena vorbei zu dem an der Brennerstraße gelegenen Bozner Vorort Rentsch senkt (1 1/4 Std.).

Unweit nördlich der St.-Anton-Brücke führen eine Schwebebahn und eine gutausgebaute Panoramastraße nach Jenesien (San Genesio Atesino; 1087 m), einem als Höhenluftkurort besuchten Dorf, von dem sich eine herrliche Aussicht auf den Schlern und die Dolomiten bietet.

Guntschna-Promenade (Fortsetzung)

*St.-Oswald-Promenade

Jenesien

Von Bozen nach Klobenstein (17 km)

Nordöstlich über Bozen erstreckt sich der Ritten (Renon), ein ausgedehntes hügeliges Porphyrplateau zwischen Talfer und Eisack, auf das von Bozen eine 17 km lange Straße führt.

12 km: Unterinn (908 m); Abzweigung eines 5 km langen Sträßchens am Wolfsgrubensee vorbei nach Oberbozen (Soprabolzano; 1220 m), wohin man von Bozen auch mit einer Schwebebahn gelangt.

5 km: Klobenstein (Collalbo; 1190 m), ebenso wie Oberbozen als Sommerfrische besucht, mit herrlicher Aussicht auf die Dolomiten. Etwa 30 Minuten nördlich befinden sich jenseits Lengmoos in der Finsterbachschlucht interessante Erdpyramiden.

*Ritten

Unterinn

Klobenstein

Von Bozen nach Sterzing (67 km)

Die gut ausgebaute Strecke (Steigung bzw. Gefälle bis 13 %) führt von Bozen durch die Runkelsteiner und St.-Heinrich-Straße sowie am Schloß Klebenstein vorbei (links; dort Abzweigung zur Schwebebahn nach Jenesien), dann unterhalb des Schlosses Runkelstein (rechts) über die Talfer, wo links eine von Gries kommende Straße mündet.
Von dort geht es weiter, erst an der Abzweigung der rechts über eine gedeckte Holzbrücke ans linke Ufer führenden alten Straße sowie an der im Tal gelegenen alten Wasserburg Ried vorüber, dann in dem stellenweise schluchtartig verengten Sarntal bergauf, an steil aufragenden Porphyrwänden entlang und durch 24 Tunnel. Links oben sieht man die ausgedehnte Burgruine Rafenstein (692 m; 16. Jh.), rechts das Schloß Wangen; bald darauf im Vorblick der mächtige Johanneskofel, ein 230 m hoher Porphyrfels, mit dem alten Johanneskirchlein.
10 km: Gasthaus zur Post Halbweg; dahinter in dem sich verbreiternden Tal bergan.
5 km: Bundschen-Dick (Ponticino, 923 m) mit den Häusern für die Angestellten eines Elektrizitätswerks.
Weiterhin nach 1 km rechts das Gasthaus Fichte, kurz darauf links unten das kleine Bad Schörgau (Eisensäuerlinge).

4 km: Sarnthein (Sarentino; 981 m); es ist der als Sommerfrische besuchte Hauptort des Tals, in reizvoller Lage, überragt von den Burgen Reineck (13. Jh.) und Kränzelstein. Im Kirchlein St. Cyprian befinden sich übermalte Fresken (16. Jh.).
Die Straße zum Penser Joch führt von Sarnthein weiter im Sarntal aufwärts.

3 km: Astfeld (Campolasta; 1023 m), ein hübsches Dorf an einer Talgabelung: rechts das Durnholzer Tal mit dem gleichnamigen Ort an dem reizvollen Durnholzer See (1568 m; Zufahrt 12 km), links das hübsche Pen-

Sarnthein

Astfeld

Brescia

Bozen, Astfeld (Fortsetzung)	ser Tal, durch das man nun mit mäßiger Steigung weiterfährt, nach 9 km am Gasthaus Alpenrose (links), dann an einem Staubecken vorüber; hinter dem Gasthaus Edelweiß am Talhang aufwärts.
Pens	18 km: Pens (Pennes; 1459 m), der am Hang verstreut gelegene Hauptort des Tals.
	Dahinter geht es in drei Kehren am kahlen Hang stärker bergan; links das Weißhorn (2705 m).
*Penser Joch	10 km: Penser Joch (Passo di Pennes; 2211 m), von wo sich eine herrliche Aussicht bietet, besonders auf die Ötztaler und Stubaier Gipfel mit dem Zuckerhütl (3507 m).
Egg	Hinter der Paßhöhe mit 10% bergab, zunächst hoch am kahlen Hang über dem Eggertal hin; nach 8 km, unterhalb des Gasthauses Schönblick, rechts die Häusergruppe Egg (Dosso) mit einer Kapelle; hier links weiter bergab durch Wald, nun mit Blick in das Eisacktal (Sterzing, Burg Sprechenstein).
	Zuletzt mit 13% hinab ins Tal des Eisack (Isarco), wo man kurz vor der Sterzinger Pfarrkirche die Jaufenstraße erreicht.
Sterzing	17 km: Sterzing (Vipiteno; 948 m), ein altes Städtchen, das als Sommerkurort und Wintersportplatz beliebt ist. Im Multscher-Museum sind gemalte Tafeln und Schnitzfiguren zu sehen, die der Ulmer Meister geschaffen hat.

Brescia E 4

Region: Lombardei/Lombardia
Provinz: Brescia
Höhe: 149 m ü.d.M.
Einwohnerzahl: 194 000

Lage und Allgemeines

Brescia, Hauptstadt der gleichnamigen Provinz und nach Mailand die bedeutendste Stadt der Lombardei, liegt am Fuß der Brescianer Alpen – rund 25 km westlich vom Gardasee. Die Altstadt, ein von Grünanlagen umschlossenes Viereck, besitzt Reste aus der frühen römischen Kaiserzeit

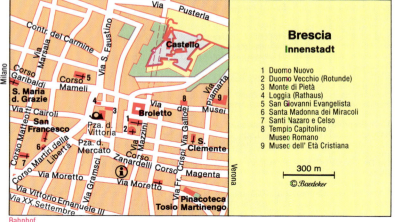

Brescia

und schöne Renaissancebauten. Nach beträchtlichen Zerstörungen im Zweiten Weltkrieg haben verschiedene Stadtteile durch Verbreiterung von Straßen und Plätzen starke Veränderungen erfahren.
Wirtschaftlich bedeutend sind Textil- und Eisenindustrie, ferner der Handel mit den landwirtschaftlichen Erzeugnissen des fruchtbaren Umlandes.

Lage (Fortsetzung)

Das alte Brixia war seit der Zeit des Kaisers Augustus als Colonia Augusta Civica römische Kolonie und durch seine Lage an der Alpenstraße von Bologna in Oberitalien über den Splügenpass zur Schweiz eine blühende Stadt. Im Mittelalter war Brescia ein Mitglied des Lombardischen Städtebundes, von 1428 bis 1797 gehörte es zur Republik Venedig und seit 1814 zu Österreich. Im Jahre 1859 kommt die Stadt dann zu Italien.
Auf künstlerischem Gebiet gewann Brescia Ansehen durch den Maler Alessandro Bonvicino, gen. 'il Moretto' (1498–1554), dessen Kolorit mit dem der Venezianer wetteifert, und durch den Italiener Girolamo Romani, gen. 'il Romanino' (um 1485 bis nach 1559). In verschiedenen Kirchen und in der Pinakothek der Stadt gibt es Bilder von ihnen, darunter "Madonna zwischen Franziskanermönchen" von Romanino in San Francesco.

Geschichte

Piazza del Duomo

An der Piazza del Duomo steht der Neue Dom aus weißem Marmor, ein Bau aus dem 17. Jh. mit einer hohen Vierungskuppel, die im Jahre 1825 von L. Cagnola geschaffen wurde. Im Inneren sind Statuen und Büsten von Heiligen sowie eine Darstellung der Opferung des Isaak beachtenswert.

Duomo Nuovo

An den Neuen Dom schließt sich südlich die Rotonda (eigentlich Duomo Vecchio, Alter Dom) an, ein mächtiger romanischer Rundbau mit einer Kuppel (11./12. Jh.). Das Innere ist ausgeschmückt mit Bildern von Moretto, darunter der hl. Lukas und der hl. Markus, und Romanino.

*Rotonda

Duomo Nuovo und Duomo Vecchio ('Rotonda')

Brescia

Rotonda
(Fortsetzung)
Sehenswert sind auch Reste eines Mosaikfußbodens aus dem 6. Jh. und der Domschatz. Unter dem Querschiff befindet sich die Krypta (Cripta di San Filastrio); die Säulen haben Kapitelle aus dem 6. und 9. Jh., die aus der Basilica di S. Maria Maggiore, einem der vier Vorgängerbauten, stammen.

Broletto
Nördlich vom Neuen Dom steht der Broletto (1187–1230), das alte Rathaus mit der Torre del Popolo, einem hohen quadratischen Turm.

∗Loggia
Westlich vom Domplatz erstreckt sich die Piazza della Vittoria, das um 1930 neu gestaltete Stadtzentrum. Hinter dem Postamt liegt die Piazza della Loggia, einer der malerischsten Plätze Oberitaliens. An seiner Westseite befindet sich die prächtige Loggia (Rathaus), 1492–1508 im Stil der Frührenaissance begonnen und 1526–1574 vollendet. Das Erdgeschoß präsentiert sich als offene Halle, die Fenster stammen von Palladio. Östlich gegenüber eine Fassade mit Uhrturm (16. Jh.). An der südlichen Seite des Platzes steht der 'Monte di Pietà', das alte Pfandhaus mit schöner Frührenaissance-Loggia (15. Jh.).

Teatro Grande
Mittelpunkt des städtischen Lebens ist der Corso Zanardelli, der südlich vom Domplatz verläuft. An seiner Nordseite steht hinter Wohnhäusern das Teatro Grande (18. Jh.) mit prächtigem Zuschauerraum und Foyer.

Castello
Vom Broletto steigt man nördlich auf Treppen hinauf zum Kastell, der alten Viscontiburg; in dem Kastell ein Museum des Risorgimento. Im Park gibt es einen Zoo und eine Sternwarte. Unter dem Kastell führt der Tunnelgang Galleria Tito Speri zu dem aufstrebenden Stadtteil Borgo Trento.

Via dei Musei und Pinacoteca Tosio Martinengo

∗Tempio
Capitolino
Vom Broletto gelangt man östlich durch die Via dei Musei, einst als Via Aemilia die Hauptstraße der römischen Stadt, zum römischen Tempio Capitolino (Ruine), 73 n. Chr. unter Vespasian errichtet. Der Tempel, ein Bau im korinthischen Stil mit einer von acht Säulen getragenen Vorhalle, ist dem Jupiter, der Juno und der Minerva geweiht. In den Räumen des Tempels eine Sammlung römischer Inschriften-Steine; ferner Bronzebüsten.

Museo Romano
Hinter dem Kapitolstempel das Museo Romano (Römisches Museum). Es besitzt Kunstwerke römischen Ursprungs, die in Brescia und Umgebung gefunden wurden, u.a. die Statue einer geflügelten Victoria aus der Erbauungszeit des Tempels und römische Bronzebüsten (2./3. Jh.).

Museo dell' Età
Cristiana
Weiter östlich, in der Via Piamarta, ist in der ehem. Kirche Santa Giulia (15. und 16. Jh.) das Museo dell' Età Cristiana (Museum christlicher Kunst) untergebracht. Gezeigt wird sakrale Kunst, u.a. Elfenbeinschnitzereien (3.–5. Jh.) und das Goldkreuz des Langobardenkönigs Desiderius (8. Jh.).

Galleria
d'Arte Moderna
Im westlichen Kreuzgang des ehem. Konvents von Santa Giulia ist die Galleria d'Arte Moderna untergebracht. Sie besitzt sehenswerte Bilder aus dem 19. Jh. – von A. Canova, Angelika Kauffmann und Bertel Thorvaldsen; ferner eine italienische Privatsammlung, die Collezione Achille Cavellini.

∗Pinacoteca Tosio
Martinengo
Etwa 500 m südöstlich vom Teatro Grande befindet sich – an der Piazza Moretto – die Pinacoteca Tosio Martinengo. Gezeigt werden Meisterwerke der Schule von Brescia, darunter Bilder von Moretto, Romanino, Savoldo und Foppa; ferner Gemälde von Lotto, Veronese, Raffael und Tintoretto.

Sehenswertes im Westen

Santa Maria
dei Miracoli
Am Corso Martiri della Libertà, im südwestlichen Teil der Stadt, steht die kleine Kirche Santa Maria dei Miracoli (restauriert) mit einer prachtvollen

Brescia

Marmorfassade und einer zierlichen Renaissance-Vorhalle (1487–1508). Das Innere beeindruckt durch seinen plastischen Schmuck.

S.M. dei Miracoli (Fortsetzung)

Südlich die Kirche Santi Nazaro e Celso (1780). Die Altarbilder stammen von Moretto, hinter dem Hochaltar eine 'Auferstehung Christi' von Tizian.

Santi Nazaro e Celso

Nördlich von hier kommt man zu einer anderen schönen Kirche, der gotischen Kirche San Francesco (1254–1265) mit reichgegliederter Fassade. Bemerkenswert sind die Bilder von Romanino und Moretto. Der gotische Kreuzgang (Grande Chiostro; 1393) zählt zu den schönsten Italiens.

San Francesco

Nordwestlich der Piazza della Vittoria befindet sich die Kirche San Giovanni Evangelista, ausgestattet mit Gemälden von Moretto und Romanino.

San Giovanni Evangelista

Weiter westlich die ehem. Klosterkirche Madonna delle Grazie. Sie hat eine prunkvolle Ausstattung und einen schönen Renaissance-Kreuzgang.

Madonna delle Grazie

Umgebung von Brescia

Von Brescia führt eine Straße in Kehren auf den Monte Maddalena (875 m) im Osten (13 km). Von oben umfassende Sicht bis zum Monte Rosa.

Monte Maddalena

Ein lohnendes Ausflugsziel bildet auch der langgestreckte Iseo-See (Lago d'Iseo) nordwestlich von Brescia, einer der lieblichsten italienischen Alpenseen mit ansprechenden Landstrichen an den Ufern. Der fischreiche Iseo-See (185 m; 62 km^2, bis 251 m tief) wurde im Altertum 'Lacus Sebinus' genannt. Das östliche Ufer des Iseo-Sees beherrscht der Monte Guglielmo (1949 m; Aufstieg von Marone in 4^1/$_2$ Std.). Hauptzufluß ist der Oglio, der bei Sarnico dem See wieder entströmt.

*Iseo-See

Im Iseo-See, einem der schönsten Alpenrandseen, liegt der Montisola mit dichten Kastanienwäldern

Brescia

Felszeichnungen bei Capo di Ponte im Valcamonica

Iseo-See (Fortsetzung)

In der Mitte des Sees liegt der steile Montisola (599 m), ein Inselberg mit Kastanienwäldern. Auf der Anhöhe die Wallfahrtskirche 'Madonna della Ceriola' (Aussicht). An der Südostspitze der Insel das Fischerdorf Peschiera Maraglio, im Südwesten Sensole und im Nordwesten Siviano. Am Südufer des Sees erstreckt sich der Hafenort Iseo (198 m); Beachtung verdienen die Pfarrkirche und die alte Skaligerburg. An der Nordspitze des Iseo-Sees liegt Lovere (208 m; 7000 Einw.). Beachtung verdienen die Renaissance-Kirche Santa Maria in Valvendra (15. Jh.) mit schöner Barockausstattung sowie die Accademia Tadini (Gemäldegalerie). Von der Seepromenade bietet sich eine schöne Aussicht.

Darfo Boario Terme

Rund 13 km nordöstlich von Lovere liegt im Valcamonica das Heilbad Darfo Boario Terme mit eisenhaltigen Quellen. Von dort führt ein Abstecher nordwestlich durch die Dezzo-Schlucht, die 'Via Mala Lombarda', nach Dezzo.

Breno

Etwa 13 km nordöstlich von Darfo Boario Terme liegt Breno (343 m; 6000 Einw.), der Hauptort des Valcamonia, von einer Burgruine überragt, mit den Kirchen San Salvatore und Sant' Antonio. Nördlich der prächtige Dolomitenstock Corna di Concarena (2549 m); nordöstlich der Pizzo Badile (2435 m), das 'Matterhorn des Valcamonica'.

*Felszeichnungen im Valcamonica

Bei Capo di Ponte im Valcamonica liegt der 'Parco Nazionale delle Incisioni Rupestri' (Nationalpark der Felszeichnungen); in diesem Gebiet findet man zahlreiche Felszeichnungen, welche die einstigen Bewohner ('Camuni') geschaffen haben, insgesamt 876 Darstellungen aus der späten Bronze- und der Eisenzeit. Die Felszeichnungen des Valcamonica wurden in die Liste der schützenswerten Kulturgüter der UNESCO aufgenommen.

Idro-See

Von Breno führt eine schmale, teilweise steile Straße 49 km südostwärts über Campolaro zum Passo di Croce Domini (1895 m), dann durch das

Valle Sanguinara und das Valle Cafforo zum Gebirgsdorf Bagolino (778 m) und weiter zur Kirche Sant' Antonio am reizvollen Idro-See (Lago d'Idro; rund 10 km lang, bis 122 m tief), im Altertum 'Lacus Eridius' genannt.

Brescia, Idro-See (Fortsetzung)

⟶ dort

Gardasee

Brindisi

M 14

Region: Apulien/Puglia
Provinz: Brindisi
Höhe: 15 m ü.d.M.
Einwohnerzahl: 95 000

Die Hafenstadt Brindisi, das römische Brundisium, liegt im Inneren einer tiefen Bucht der Ostküste Apuliens nahe dem Adriatischen Meer – rund 55 km nordöstlich von Tarent bzw. 100 km südöstlich von Bari. Brindisi, Hauptstadt der gleichnamigen Provinz und Sitz eines Erzbischofs, ist ein wichtiger Stützpunkt im Seeverkehr mit dem östlichen Mittelmeer.
Im Jahre 19 v.Chr. starb hier der römische Dichter Vergil (geb. 70 v.Chr.) bei seiner Heimkehr aus Griechenland.

Lage

Der geschützte Innenhafen (Porto Interno) teilt sich in zwei Arme: westlich der Seno di Ponente (600 m lang), mit großen Werften und einem Badestrand, östlich der Seno di Levante (450 m lang), wo selbst größte Schiffe am Kai anlegen können. Ein Zufahrtskanal von 525 m Länge verbindet beide Arme des Innenhafens mit dem Außenhafen, dem die Insel Sant' Andrea, von einem Fort (15. Jh.) gesichert, schützend vorgelagert ist.

Hafen

Sehenswertes

Verkehrsmittelpunkt von Brindisi ist die Piazza del Popolo am Corso Umberto I., der an der Piazza Crispi am Bahnhof beginnt. Südlich der Piazza del Popolo liegt die Kirche Santa Lucia, in deren Krypta Fresken mit Darstellungen der Madonna, der Verkündigung u.a. zu sehen sind.

Piazza del Popolo

Von der Piazza del Popolo gelangt man nordöstlich durch den Corso Garibaldi zur Piazza Vittorio Emanuele, die sich zum Seno di Levante öffnet. Rechts an der Piazza Vittorio Emanuele liegt der Hafenbahnhof (Stazione Marittima), von dem Fährschiffe nach Griechenland auslaufen.

Hafenbahnhof

Linker Hand führt der Viale Regina Margherita zu einer Marmorsäule (19 m hoch) mit einem Kapitell, das Büsten römischer Götter zeigt. Die Säule bezeichnete das Ende der Via Appia von Rom über Tarent nach Brindisi. Diese seit 312 v. Chr. erbaute 'Königin der Straßen' wurde unter Kaiser Trajan durch die Via Traiana ersetzt. Von einer zweiten Säule, die 1528 fast völlig zerstört wurde, blieb nur der untere Teil erhalten.

Colonna Romana

Unweit südwestlich der römischen Säule steht der Dom, ein Bau mit Fußbodenmosaiken des 12. Jh.s, der später barockisiert wurde. Daneben befindet sich an der Piazza Duomo das Archäologische Museum (Museo Archeologico Provinciale), in dem mittelalterliche Skulpturen, römische Porträtstatuen und andere Fundstücke gezeigt werden. In der Nähe des Doms ferner das ehem. Baptisterium San Giovanni al Sepolcro (11. Jh.) und der Palazzetto Balsamo (14. Jh.) mit reich verziertem Balkon.

Dom und Museum

Weiter südwestlich kommt man zur Kirche San Benedetto (um 1100), einem kompakten Bau mit gotischem Kreuzrippengewölbe; am Langhaus ein schönes byzantinisches Portal. An die Kirche schließt sich der Kreuzgang des früheren Klosters aus normannischer Zeit an; schöne Reliefs.

San Benedetto

Brixen

Brindisi (Fortsetzung), Kastell

Etwa 500 m westlich vom Dom erhebt sich über dem Hafenbecken Seno di Ponente ein Kastell (Castello Svevo), das Kaiser Friedrich II. im Jahre 1227 anlegen ließ. Der Festungsbau hat mächtige Rundtürme (15. Jh.).

Umgebung von Brindisi

Monumento al Marinaio d'Italia

Vom Viale Regina Margherita führt eine Motorbootfahrt über den Seno di Ponente zu dem 1933 für die Gefallenen der italienischen Marine errichteten Monumento al Marinaio d'Italia, einem 53 m hohen Backsteinturm in Form eines Schiffssteuers; von oben bietet sich ein schöner Blick.

*Santa Maria del Casale

Rund 3 km nordwestlich von Brindisi steht die ehem. Klosterkirche Santa Maria del Casale (Ende 13. Jh./Anfang 14. Jh.), ein lombardisch-gotisches Bauwerk. An der Fassade sind die geometrischen Muster aus mehrfarbigem Stein, im Inneren die byzantinischen Fresken bemerkenswert.

Brixen / Bressanone   F 2

Region: Trentino–Südtirol / Trentino – Alto Adige
Provinz: Bozen
Höhe: 562 m ü.d.M.
Einwohnerzahl: 16 000

Lage

Brixen (ital. Bressanone), die drittgrößte Stadt Südtirols, liegt in einer Weitung des Eisacktales an der Brennerautobahn. Hier mündet die aus dem Pustertal kommende Rienz in den Eisack.

Geschichte

Im Jahre 901 wurde Brixen auf altem Siedlungsgebiet gegründet. Um 970 verlegte Bischof Albuin den Sitz des Bistums hierher, und bis gegen 990 entstand der erste ottonische Dom. Im Jahre 1091 wurde die Stadt Zentrum des Hochstiftes Brixen; im 12. Jh. errichtete man die Stadtbefestigung und gründete etwas weiter nördlich das Kloster Neustift. 1179 erhielt der Bischof von Friedrich I. das Münz-, Markt- und Zollrecht sowie die Gerichtsbarkeit. Die Pest suchte 1348 und 1636 die Stadt heim; 1444 brannte ein großer Teil der Gebäude nieder. Der berühmte Humanist und Theologe Nikolaus von Kues (latinisiert Cusanus) war 1450–1461 Bischof von Brixen.
Mit dem Bau des barocken Domes begann man 1745; die Weihe erfolgte 1758. In den Napoleonischen Kriegen wurde die Stadt 1797 von Franzosen besetzt und nach deren Niederlage in der Schlacht von Spinges wieder geräumt.
Der Reichsdeputationshauptschluß (1803) bedeutete das Ende des geistlichen Fürstentums Brixen; von 1806 bis 1814 war die Stadt unter bayerischer Herrschaft, dann kam sie an Tirol.

Sehenswertes

*Dom

Beherrschend steht am östlichen Rande der Altstadt der barocke Dom (Mariä Himmelfahrt). Seine klare, flächige Fassade verrät lombardischen Einfluß; die von Pfeilern und Säulen getragene klassizistische Vorhalle wurde erst 1785 angefügt. Die beiden Westtürme stammen im unteren Teil noch von dem romanischen Vorgängerbau.

Das einschiffige, von einem Tonnengewölbe überspannte Innere ist beiderseits von Altarkapellen flankiert, die durch marmorverkleidete Pfeiler voneinander getrennt sind. Die Langhausdecke trägt ein riesiges Fresko (1750) von Paul Troger, der auch die Deckengemälde im Chor geschaffen hat.

Brixen

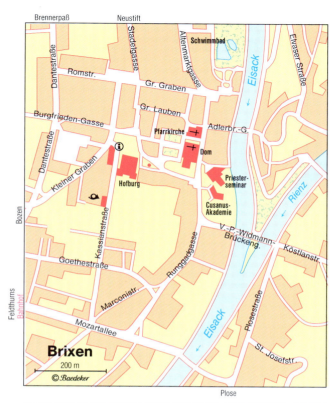

In der Vorhalle des Domes öffnet sich rechts ein Durchgang, der zum Kreuzgang führt. Dessen ursprüngliche Bausubstanz stammt aus romanischer Zeit (um 1200). Besondere Hervorhebung verdienen die prachtvollen, z.T. restaurierten Gewölbefresken. Sie stammen aus der Epoche der Gotik (1390–1510). Dargestellt sind Szenen aus dem Alten und dem Neuen Testament.
An der Ostseite des Kreuzganges öffnet sich ein Durchgang, hier der Zutritt zum Domschatz (So. unzugänglich).

**Kreuzgang

Am südlichen Rand des Komplexes von Dom und Kreuzgang befindet sich die Johanneskirche, ein aus der Zeit nach 1200 stammender romanischer Bau mit gotischem Gewölbe und Freskenschmuck (13.–15. Jh.).

Johanneskirche

Links (nördlich) neben dem Dom bemerkt man die ursprüngliche Pfarrkirche (St. Michael; um 1500), die 1757/1758 im Inneren barockisiert und von dem Troger-Schüler Josef Hauzinger mit Deckengemälden ausgestattet wurde. Im Kirchhof, an der Dommauer in einer Nische, ein figürlicher Gedenkstein für den Dichter Oswald von Wolkenstein (1377–1445).

Pfarrkirche

Südwestlich vom Dom steht die restaurierte ehem. fürstbischöfliche Hofburg. An dieser Stelle befand sich seit 1260 eine Burg, die ab 1595 dem Neubau eines Renaissanceschlosses weichen mußte. Diese Anlage war bis 1710 vollendet; die letzten Baustufen zeigen bereits barockes

**Hofburg

Brixen

Die Hofburg zu Brixen birgt ein sehenswertes Museum

Hofburg (Fortsetzung)

Gepräge. Im repräsentativen Innenhof mit seinen dreistöckigen Loggien in den Seitenflügeln stehen Terrakottafiguren (1600) des Schongauer Meisters Hans Reichle.

Diözesanmuseum

Zum Bestand des Diözesanmuseums Brixen, das seinen Sitz in der Hofburg hat, gehören Kunst des Mittelalters und der Neuzeit, Gemälde und Porzellan, ferner eine weltberühmte Krippensammlung.

Priesterseminar

Südöstlich vom Dombezirk steht das Gebäudekarree des Priesterseminars. Das Seminar ist eine Gründung von 1607; die Bauten sind barock. Im Jahre 1764 wurde in die bereits bestehende Hauptfront die Heiligkreuzkirche eingefügt; im Inneren Fresken von Franz Anton Zeiller.
An das Priesterseminar grenzen die Gebäude der 1962 eingeweihten Cusanus-Akademie.

Neustift / Novacella

Lage
3 km nördlich

Das Augustiner-Chorherrenstift Neustift ist eine Gründung von 1124, wurde aber schon fünfzig Jahre später völlig erneuert. Die Anlage besteht aus mehreren Gebäudeblocks, welche zwei Höfe umschließen. Am Eingang in den Klosterbezirk steht die romanische Michaelskapelle ('Engelsburg'), ein eigenartiger, zinnengekrönter Rundbau aus romanischer Zeit. Auf dem dahinterliegenden Hof gibt es Parkplätze; hier beginnen auch die Führungen (10, 11, 14, 15 und 16 Uhr, So. geschlossen). Durch einen Torbogen gelangt man in den eigentlichen Klosterhof, wo ein hübscher achteckiger Renaissancebrunnen mit freskengeziertem Baldachin steht.

✱✱Klosterkirche

Die dreischiffige Basilika (Unsere Liebe Frau) stammt aus der Zeit der ersten Klostererneuerung im späten 12. Jh., wurde aber in der Epoche des Barock (vor allem 1734–1737) weitgehend umgestaltet. Die Deckenfresken hat Matthias Günther geschaffen.

Im Kloster Neustift verdient der spätbarocke Bibliothekssaal mit mehrfarbigem Parkettboden, Rocailleschmuck und umlaufender zierlicher Galerie besondere Beachtung, ferner der gotische Kreuzgang mit seinen Fresken und die Pinakothek mit Tafelbildern aus Neustifter Kirchenbesitz.

Brixen, Neustift (Fortsetzung)

Cagliari

D 17

Region: Sardinien/Sardegna
Provinz: Cagliari
Höhe: 10 m ü.d.M.
Einwohnerzahl: 225 000

Cagliari, Hauptstadt der autonomen Region Sardinien und der Provinz Cagliari, liegt an der Südküste der Insel Sardinien, eingebettet in den Golfo degli Angeli. Seit jeher ist die durch ihre Lage an der Mündung des Flusses Mannu begünstigte Stadt der wichtigste Hafen Sardiniens und ein bedeu-

Lage und Allgemeines

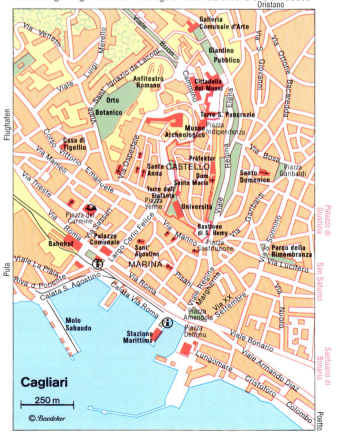

Cagliari

Cagliari wird überragt vom mittelalterlichen Borgo auf dem Castello-Hügel

Allgemeines (Fortsetzung)
tender Handelsplatz. Die von den Phöniziern gegründete und von den Römern 'Karalis' genannte Stadt lehnt sich mit ihrem ältesten Teil, dem Castello (sardisch 'su Casteddu') an eine steile Anhöhe, zu deren Füßen sich die neuen Stadtteile und Vorstädte ausbreiten. Auch die ökologisch wertvollen, aber schon stark bedrohten Feuchtgebiete im Westen und Osten (Strandseen, Lagunen und Salinen) sind bereits in die ständig wachsende Stadt integriert.

Sehenswertes

Hafen, Via Roma
Der Hafen von Cagliari ist sowohl Güterumschlagplatz als auch Passagier- und Fährhafen. Im Osten schließt sich ein kleiner Yachthafen an. Hinter dem Hafenkai verläuft die breite Via Roma – der 'Corso' von Cagliari. Ein beliebter Treffpunkt dort sind die Cafés unter den Arkaden der Palazzi aus dem 19. Jahrhundert. Am Nordwestende der Via Roma liegen der Bahnhof und der neugotische Palazzo Comunale (Rathaus).

Marina-Viertel
Die meisten Trattorien und Restaurants in Cagliari findet man im verwinkelten Stadtviertel Marina, das zwischen der Via Roma und der Einkaufsstraße Via Manno liegt. Die dortige Kirche Sant' Agostino ist die einzige Renaissancekirche Sardiniens (um 1580).

Largo Carlo Felice
Vom Rathaus an der Via Roma führt der baumbestandene, in den 1860er Jahren angelegte Largo Carlo Felice nordostwärts leicht bergan zur Piazza Yenne, in die von Nordwesten der belebte Corso Vittorio Emanuele mündet. An der Via Tigello, einer Seitenstraße des Corso Vittorio Emanuele, befinden sich die Reste von drei römischen Häusern der Kaiserzeit.

Piazza della Costituzione
Von der Piazza Yenne verläuft die Geschäftsstraße Via G. Manno, volkstümlich la Costa genannt, südöstlich zu der etwas tiefer gelegenen Piazza

della Costituzione. Von dem Platz gehen mehrere Straßen aus, u.a. die Via Garibaldi; etwas abseits dieser Straße steht die Kirche San Domenico, die einen hübschen Kreuzgang hat.

An der Piazza della Costituzione beginnt der prächtige Viale Regina Elena, eine schöne Ausblicke gewährende Promenadenstraße, die sich unter dem schroffen Ostabhang des Castello-Hügels nach Norden zieht. An ihrem Nordende liegt der Giardino Pubblico.

Von der Piazza della Costituzione führt die Marmortreppe 'Passeggiata Coperta' hinauf zur Bastione di San Remy, die zu Beginn des 20. Jh.s über den z.T. erhaltenen mittelalterlichen Bastionen entstand. Am Ende des großzügigen Treppenaufgangs erreicht man die schöne Aussichtsterrasse (Terrazza Umberto I), die den Blick auf den Hafen, den Golfo degli Angeli und weite Teile des dicht bebauten Cagliari freigibt. Nördlich oberhalb die Bastione Santa Caterina, von der sich ebenfalls eine weite Sicht bietet.

Von der letztgenannten Bastion zieht die Via dell' Università nordwestlich zur Universität (bedeutende Bibliothek) und zu der wuchtigen Torre dell' Elefante (1307), die ein bemerkenswertes Zeugnis mittelalterlicher sardischer Architektur darstellt.

Hinter den ehemaligen Befestigungsanlagen erstreckt sich das Altstadtviertel Castello. Von der St.-Remy-Bastion gelangt man durch das Tor der alten Torre dell' Aquila in die enge Via Lamarmora, die Hauptstraße der Altstadt, die sich auf der Anhöhe nach Norden zieht und durch steile Gäßchen oder dunkle Gewölbegänge und Treppen mit mehreren Parallelstraßen verbunden ist. Etwa auf halber Höhe weitete sich die Straße zur terrassenartig angelegten Piazza Palazzo, die von der Fassade des Doms und mehreren Palästen umrahmt wird.

Die im 13. Jh. erbaute Bischofskirche wurde im Laufe der Jahrhunderte mehrfach umgebaut. Aus der Gründungszeit stammen nur noch der Campanile und die Portale der Seitenschiffe, der Rest der Fassade ist neoromanisch (Anfang 20. Jh.). Im barockisierten Inneren werden einige kostbare Kunstwerke aufbewahrt. Ein Hauptwerk der pisanischen Plastik des 12. Jh.s ist die marmorne Kanzel von Guglielmo, in den Jahren 1159–1162 geschaffen. Die Löwen des Kanzelfußes stehen am Choraufgang, die anderen zwei Teile der Doppelkanzel sind auf beiden Seiten des Haupteingangs postiert.

Die Via Lamarmora mündet nördlich auf die Piazza dell' Indipendenza mit der Torre San Pancrazio (1305). An dem Platz steht das Museo Archeologico Nazionale, neben dem Archäologischen Museum in → Sassari die bedeutendste Sammlung Sardiniens. Der umfangreiche Bestand umfaßt Zeugnisse aller Kulturen auf Sardinien von der Vorgeschichte bis ins frühe Mittelalter. Schwerpunkte bilden die Funde aus vornuraghischen, nuraghischen, phönizisch-punischen und römischen Grabungsstätten. Besonders interessant ist die Sammlung nuraghischer Bronzestatuetten aus dem 9.–7. vorchristlichen Jahrhundert.

Neben dem Museum steht die Chiesa della Purissima, 1554 im Stil der katalanischen Gotik erbaut. Im Innern ein filigranes Sterngewölbe.

Nordwestlich der Piazza dell' Indipendenza kommt man zur Cittadella dei Musei (Museumszentrum), einem modernen Gebäudekomplex (1962), in den Reste der ehemaligen spanischen Zitadelle miteinbezogen wurden. Neben dem Museo Siamese S. Cardu, einer reichhaltigen Sammlung orientalischer Waffen und Gebrauchsgegenstände aus China und Thailand, lohnt vor allem die Pinacoteca Nazionale einen Besuch. Sie besitzt Werke der größten sardischen und katalanischen Maler (14. und 17. Jh.) und Gemälde der 'Schule von Stampace' (sardische Renaissance).

Cagliari

Städtische Kunstgalerie

In der Nähe des Museumszentrums befindet sich die Städtische Kunstgalerie, wo Arbeiten der wichtigsten sardischen Künstler der Moderne gezeigt werden.

*Amphitheater, Botanischer Garten

Vom Museo Archeologico Nazionale verläuft der Viale Buon Cammino durch den Vorhof der Zitadelle auf der Höhe des Hügelrückens nach Norden. Nach 500 m führt links ein Weg hinab zum römischen Amphitheater, einem im 2. Jh. n. Chr. in elliptischer Form angelegten Bau in einer Einsenkung des Felsabhangs (heute Freilichttheater). Noch gut erhalten sind die in den Felsen gehauenen Gänge, der Tiergraben und der Zuschauerraum mit ca. 20000 Sitzplätzen. Südwestlich des Amphitheaters erstreckt sich der Botanische Garten mit heimischen und exotischen Pflanzen.

San Saturno

Östlich der Innenstadt, an der Piazza San Cosimo, steht die frühchristliche Kirche San Saturno, der älteste Sakralbau Sardiniens. Das im 6. Jh. errichtete, im 11./12. Jh. erweiterte Gotteshaus ist dem hl. Saturnus geweiht, der aus Cagliari stammte und zum Schutzpatron der Stadt erwählt wurde.

Santuario di Bonario

Weiter südlich, an der Viale Bonaria, befindet sich der Klosterkomplex Bonaria mit einer mächtigen Basilika und der Wallfahrtskirche Santuario di Bonario. Dort wird das legendäre Bild 'Unserer lieben Frau von Bonario' aufbewahrt; neben der Sakristei ein kleines Museum (u. a. Votivbilder).

Umgebung von Cagliari

Dolianova

20 km nordöstlich von Cagliari kommt man nach Dolianova, wo man die zwischen 1100 und 1200 in romanischen und gotischen Formen erbaute Basilica San Pantaleone besichtigen sollte.

Uta

Das Dorf Uta, 23 km nordwestlich unweit der Straße nach Iglesias gelegen, verdient wegen der romanischen Kirche Santa Maria (1135–1145), die als die schönste Landkirche Sardiniens gilt, einen Besuch.

Poetto, Capo Carbonara

Lohnend ist eine Fahrt an die Südostküste von Sardinien. Zunächst geht es von der Innenstadt Cagliaris in südlicher Richtung zum Aussichtsberg Monte San Elia, vorbei am 500 ha großen Feuchtgebiet Stagna di Molentargius, wo man Flamingos erspähen kann. Von dort geht es weiter zum vielbesuchten Badestrand Poetto, der sich 8 km am Golfo di Quartu hinzieht. Die Straße zur äußersten Südostspitze der Insel, dem aussichtsreichen Cap Carbonara, verläuft nach ein paar Kilometern an der Küste entlang. An dieser Strecke liegen einige alte Wachtürme und Nuraghen.

Rundfahrt durch das Iglesiente (ca. 200 km)

Santa Gilla

Von Cagliari empfiehlt sich eine Rundfahrt durch das Iglesiente, das südwestliche Bergland der Insel. Die Strecke führt von Cagliari in südwestliche Richtung auf der S.S. 195 über die Nehrung, die den Stagno di Santa Gilla vom Meer trennt, und an den Salinen von Santa Gilla entlang.

*Nora

Nach 20 km sieht man bei dem Dorf Sarroch eine besonders schöne Nuraghe. Nach weiteren 7 km, bei Pula, zweigt die Straße zu den 4 km südlich auf einer schmalen Halbinsel gelegenen Resten der phönizischen, später römischen Stadt Nora ab. Zu sehen sind noch ein Forum, ein Theater, Thermen, Tempelreste, Grundmauern von Villen und Bodenmosaiken.

Teulada

Die Straße verläßt nach einiger Zeit die Küste und zieht landeinwärts weiter, erklimmt 38 km hinter Pula eine Paßhöhe (301 m ü.d.M.) und erreicht nach 14 km das hübsch gelegene Städtchen Teulada, den Hauptort des Sulcis, wie man den südlichen Teils des Iglesiente nennt. Rund 36 km hinter Teulada trifft die S.S. 195 bei San Giovanni Suergiu auf die S.S. 126.

Cagliari

*Mauerreste der phönikisch-punischen Festung
auf dem Monte Sirai*

Von San Giovanni Suergiu lohnt ein Abstecher 11 km südwestlich zu der großen vulkanischen Isola di Sant' Antioco (109 km²), mit dem als Seebad besuchten Städtchen Sant' Antioco (12 400 Einw.). Beiderseits des Kastells kann man eine gut erhaltene phönizische Nekropole (5.–3. Jh. v.Chr.) besichtigen.

*Isola di Sant' Antioco

Nordwestlich von Sant' Antioco liegt das ehemalige Fischerdorf Calasetta, das heute stark vom Tourismus geprägt ist. Einsamer ist es am schönen Capo Sperone, der vom Meer umspülten Südspitze der Isola Sant' Antioco.

Jenseits von San Giovanni Suergiu folgt die Rundfahrt durch das Iglesiente der S.S. 126 in nördlicher Richtung. Nach 6 km erreicht man die 1938 inmitten des sardischen Kohlebeckens gegründete Stadt Carbonia (32 000 Einw.). 4 km nordwestlich von Carbonia, auf dem Tafelberg Monte Sirai, wurden die Grundmauern einer großen phönizisch-punischen Festung ergraben. 11 km hinter Carbonia zweigt man linker Hand zu den Hafenorten Portoscuso und Portovesme ab. Von letzterem setzen die Fähren zur Isola di San Pietro mit dem hübschen Hauptort Carloforte (6 000 Einw.) über.

Carbonia

Rund 13 km hinter der Abzweigung nach Portoscuso und Portovesme erreicht man Iglesias (30 000 Einw.), die z.T. von mittelalterlichen Mauern umgebene alte Bergbaustadt im Herzen des Iglesiente. Sie ist Sitz einer Bergbauschule mit angeschlossenem Museum. An der quadratischen Piazza Municipio, dem städtischen Mittelpunkt von Iglesias, sind die wichtigsten Bauwerke der Stadt versammelt: die Bischofskirche Santa Chiara aus dem 13. Jh. (mit romanisch-gotischer Fassade, der Bischofspalast (18. Jh.) und der Palazzo Comunale aus dem 19. Jahrhundert. Von Iglesias gelangt man östlich auf der S.S. 130 zurück nach Cagliari (56 km).

Iglesias

Capri

Capri / Isola di Capri J 14

Region: Kampanien/Campania
Provinz: Napoli
Fläche: 10,5 km²
Einwohnerzahl: 13 000

Lage und
*Bedeutung

Die Insel Capri, eine der schönsten und meistbesuchten Inseln des Tyrrhenischen Meeres, liegt in der Verlängerung der Halbinsel von Sorrent am Südeingang des Golfs von Neapel. Schon im Altertum war sie unter dem Namen 'Caprae' ein beliebter Aufenthaltsort der Kaiser Augustus und Tiberius. Vom milden Klima und den landschaftlichen Reizen der Insel angezogen, entdeckten Maler und Dichter Capri im 19. Jh. für den Fremdenverkehr.

*Landschaftsbild

Die 6 km lange und 1 bis 2,5 km breite Insel steigt mit ihren schroffen Kalksteinwänden bis zu einer Höhe von 589 m aus dem Meer auf. Charakteristisch für das Küstenbild sind die bizarren Felsbildungen, Klippen und vor allem die zahlreichen Höhlen und Grotten, von denen die Grotta Azzurra (Blaue Grotte) Weltberühmtheit erlangte. Hoch oben auf den grünen Plateaus liegen, eingebettet in eine artenreiche Mittelmeervegetation, die beiden Inselorte Capri und Anacapri.

Schiffsverkehr

Linienverkehr mehrmals täglich (Autotransport kaum lohnend; im Sommer Verkehrsverbot). Tragflügelboote von Neapel aus. Schiffsverbindung auch mit den Orten Sorrent, Positano und Amalfi, ferner mit der Insel Ischia.

*Inselrundfahrt

Empfehlenswert ist eine Rundfahrt um die Insel (Motorboot 1½–2 Std.; Ruderboot 3–4 Std.), bei der man auch die Küstenhöhlen besuchen kann. Abgesehen von der Blauen Grotte, zu der es spezielle Bootsfahrten gibt, gelten die Grotta Bianca und die Grotta Meravigliosa (an der Ostküste unweit des Arco Naturale), die Grotta Verde am Fuß des Monte Solaro und die Grotta Rossa als die schönsten. Sehr reizvoll ist auch eine Fahrt zu den Felsen 'I Faraglioni' (s. S. 204).

Stadt Capri und Umgebung

Marina Grande

Die Linienschiffe legen am malerischen Hafenplatz Marina Grande an der Nordküste der Insel an. Von hier gelangt man am schnellsten mit der Standseilbahn (5 Min.) oder mit dem Taxi bzw. dem Kleinbus auf der aus-

Capri

Steile Felsen und azurblaues Meer – schon der römische Kaiser Tiberius erlag dem Charme der 'Ziegeninsel'

sichtsreichen Serpentinenstraße hinauf nach Capri (124 m; 7 500 Einw.), dem Hauptort der Insel.

Marina Grande (Fortsetzung)

Nur wenige Meter von der Endstation der Standseilbahn entfernt liegt die Piazza Umberto I. Der intime Platz, von den Einheimischen 'Piazzetta' (kleiner Platz) genannt, ist der belebteste Treffpunkt von Capri, der sich im Sommer in ein großes Straßencafé verwandelt. Ein paar Stufen führen von der Piazzetta hinauf zur kuppelbekrönten Pfarrkirche Santo Stefano (1685–1725), die mit ihrer Längsseite an den Platz stößt. Eine winzige Gasse trennt sie vom Palazzo Cerio rechts daneben, der in seinen ältesten Bauteilen auf das 14. Jh. zurückgeht. In den von der Piazzetta ausgehenden Straßen und Gassen, insbesondere in der Via V. Emanuele, der Via Camerelle, der Via Le Botteghe und der Via Tragara gibt es zahlreiche Restaurants, Souvenirläden, Delikatessengeschäfte und exquisite Modeboutiquen.

*Piazza Umberto I

Verläßt man die Piazza Umberto I durch die Via V. Emanuele und folgt dann der Via F. Serena und der Via Matteotti, so kommt man zu den Giardini di Augusto, einer hübschen Parkanlage mit herrlichem Meerblick. Unterhalb des Parks schlängelt sich die Via Krupp in zahlreichen Serpentinen den steilen Felsabhang hinab. Der deutsche Industrielle Alfred Krupp ermöglichte 1902 seiner Wahlheimat Capri den Bau dieser Straße, die am Hafen Marina Piccola endet.

Giardini di Augusto, Via Krupp

Südöstlich der Altstadt, oberhalb der steilen Südküste, liegt das ehemalige Kartäuserkloster Certosa di San Giacomo (1371 gegründet; 1933 restauriert). Im dortigen 'Museo Diefenbach' werden u.a. Gemälde des deutschen Malers und Wahlcapresen Karl Wilhelm Diefenbach (1851–1915) gezeigt. Sehenswert sind auch die Klosterkirche mit ihrem gotischen Portal und die beiden Kreuzgänge (Zugang zum Belvedere).

Certosa di San Giacomo

Capri

*Belvedere di Tragara,
*I Faraglioni

Vom noblen Traditionshotel Quisisana in der Via Camerelle erreicht man in etwa 15 Minuten den Belvedere di Tragara. Von hier aus genießt man einen unvergleichlich schönen Blick auf die zerklüftete Südküste Capris und die drei markanten Felsklippen 'I Faraglioni', die wenige Meter vor der Küste aus dem Wasser ragen.

*Arco Naturale, Grotta Matermània

Ein Fußweg in halber Höhe über dem Meer führt vom Belvedere di Tragara vorbei am Punto di Massullo mit der eigenwilligen Villa Malaparte zum berühmten Felsentor Arco Naturale an der Ostküste der Insel (auch direkt von der Altstadt aus in etwa 20 Min. über die Via Matermània zu erreichen).

Vom Arco Naturale gelangt man über eine steile Treppe hinab zur Grotta Matermània, eine der größten zugänglichen Küstenhöhlen von Capri. Römisches Mauerwerk und in den Fels geschlagene Nischen lassen vermuten, daß es sich um ein Quell- oder Wasserheiligtum handelte.

*Villa Jovis

Unbedingt zu empfehlen ist ein Ausflug an die Nordostspitze der Insel zum Ausgrabungsgelände der Villa von Kaiser Tiberius, nach dem römischen Gott Jupiter 'Villa Jovis' benannt. Der über gewaltigen Substruktionen um einen rechteckigen Innenhof angelegte Palastkomplex ist auch im Zustand der Ruine noch sehr beeindruckend. Zu der kaiserlichen Villa, die sich Tiberius in beherrschender Lage oberhalb der Steilküste erbauen ließ, gehörten neben den Repräsentations- und Wohnräumen auch große Zisternen, Thermen und ein auf Terrassen angelegter Park. Beim Eingang zum Palastbereich wird auf den sog. 'Salto di Tiberio' hingewiesen, einen steil zum Meer abfallenden Felsen, von dem angeblich unter Tiberius die zum Tode Verurteilten in die Tiefe gestoßen wurden. In der Nähe erkennt man die Reste eines antiken Leuchtturms.

Nach Anacapri

Scala Fenicia

Im Westteil der Insel, auf einer Hochebene oberhalb von Capri, liegt Anacapri, das erst seit 1874 mit Capri durch eine Fahrstraße verbunden ist, die sich in Kehren am felsigen Hang aufwärts windet (Autobusverbindung von Capri und Marina Grande). In früheren Zeiten war Anacapri nur über einen steilen Fußweg bzw. über eine von Marina Grande heraufkommende antike Treppe, die sog. Scala Fenicia (über 500 Stufen) zu erreichen. Die Scala Fenicia endet im Ortsteil Capodimonte 10 Gehminuten östlich vom Zentrum Anacapris. Ganz in der Nähe die Cappella di Sant' Antonio und das an einen Felsabhang gebaute, 1535 von dem Korsarenführer Kair el Din Barbarossa zerstörte Castello di Barbarossa.

*Villa San Michele

Am Hang des Capodimonte liegt weithin sichtbar die weiß getünchte Villa, die sich 1896–1910 der schwedische Arzt und Schriftsteller Axel Munthe (1857–1949) als Wohnhaus erbauen ließ. Die Haupträume der Villa San Michele mit zahlreichen Sammlungsstücken und persönlichen Gegenständen des einstigen Besitzers kann man besichtigen; ein Teil des Anwesens wird vom schwedischen Staat als Gästehaus genutzt.

*Anacapri

Anacapri weist im Gegensatz zu Capri noch einen sehr dörflichen Charakter auf. Die Häuser liegen verstreut inmitten von Weingärten auf einer Hochfläche. Besichtigen sollte man die barocke Pfarrkirche Santa Sofia, vor allem aber die Kirche San Michele Arcangelo (1719 geweiht) wegen des farbenprächtigen Majolikafußbodens aus dem Jahr 1761, auf dem die Vertreibung Adam und Evas aus dem Paradies dargestellt ist.

Belvedere di Migliara

Südwestlich vom Ort, etwa 30 Gehminuten entfernt, erreicht man den Aussichtspunkt Belvedere di Migliara an der Südküste von Capri. Nahebei die Torre della Guardia, ein Wachturm aus dem 16. Jahrhundert.

Ein absolutes 'Muß' für jeden Capri-Besucher: die Blaue Grotte ▶

Carrara

Capri
(Fortsetzung),
Monte Solaro

Von Anacapri kann man mit dem Sessellift zum Gipfel des 589 m hohen Monte Solaro (Restauraunt) hochfahren, zu Fuß dauert der Aufstieg etwa eine Stunde. An klaren Tagen bietet sich vom höchsten Berg der Insel eine großartige Aussicht bis hin zu den Abruzzen.

Villa Damecuta

An der äußersten Nordwestspitze der Insel, von Anacapri mit dem Bus oder zu Fuß (ca. 1 Std.) zu erreichen, stößt man auf die Ruinen eines weiteren kaiserzeitlichen Palastes, die Villa Damecuta. Von hier aus kann man zur Blauen Grotte absteigen.

**Blaue Grotte

Die Hauptattraktion von Capri ist die sog. Grotta Azzurra, eine etwa 54 m lange, 15 m breite und maximal 30 m hohe Karsthöhle an der Nordwestküste der Insel, die 1826 von einem capresischen Fischer und einem schlesischen Schriftsteller entdeckt wurde. Die Motorboote, die die Besucher zur Blauen Grotte bringen, starten in Marina Grande (Dauer ca. 1 1/2 Std.) und Marina Piccola. Die in vorgeschichtlicher Zeit von der anhaltenden Wucht der Brandung geschaffene Höhle ist wegen der Senkung des Landes zur Hälfte mit Wasser gefüllt. Da die Öffnung der Höhle nur knapp einen Meter aus dem Wasser herausragt, können nur kleine Boote bei ruhiger See hineinfahren. Die beste Besichtigungszeit ist der späte Vormittag, wenn die Sonne in die Grotte scheint und das tiefe Blau, dem die Grotte ihren Namen verdankt, besonders intensiv die Höhle erfüllt.

Carrara   E 7

Region: Toskana/Toscana
Provinz: Massa-Carrara
Höhe: 100 m ü.d.M.
Einwohnerzahl: 67 000

Lage und
Bedeutung

Die Stadt liegt, wenige Kilometer von der Küste des Ligurischen Meeres entfernt, in einem Talkessel der zerklüfteten Apuanischen Alpen (ital. Alpi Apuane), einer Gebirgsgruppe in der nordwestlichen Toskana, dem Apennin vorgelagert und im Monte Pisanino 1945 m hoch. Teile des Gebirges bestehen aus kristallinen Kalken, die in Marmorbrüchen abgebaut werden. Durch die rund 400 Marmorbrüche (cave di marmo) in seiner Umgebung ist Carrara weltbekannt. Sehenswert sind auch die Werkstätten der Bildhauer.

Sehenswertes

Dom

Im nördlichen Teil der Stadt steht der Dom Sant' Andrea (11.–14. Jh.). Er hat eine im romanisch-gotischen Stil gestaltete Marmorfassade, die im unteren Teil durch Halbsäulen und Rundbogen gegliedert ist; im überhöhten mittleren Bogen das Portal mit Figurenschmuck. Der obere Teil wird beherrscht von einer kunstvollen Fensterrose. Im Inneren sind eine vielfarbige Marmorkanzel, eine "Verkündigung" (14. Jh.) und andere Skulpturen aus Marmor zu sehen. Vom Campanile bietet sich eine weite Sicht.

Kunstakademie

In der Nähe des Domes, an der Hauptstraße Via Roma, hat die Accademia di Belle Arti ihren Sitz, die – im Gegensatz zur Scuola del Marmo – eine künstlerische Ausbildung vermittelt; ausgestellt sind Gemälde und Arbeiten aus Marmor. Sehenswert ist ferner die westlich vom Dom gelegene, mit Marmor reich ausgeschmückte Kirche Madonna delle Grazie.

Museo del Marmo
(Marmormuseum)

Südwestlich außerhalb der Stadt liegt das interessante Museo del Marmo (Marmormuseum). In sechs Abteilungen wird dort die Geschichte der Marmorgewinnung dokumentiert und illustriert. Ferner erhält der Besucher Informationen über den Abbau, die Bearbeitung und die Verwendung des Marmors sowohl mit künstlerischer als auch technischer Zielsetzung.

Carrara

In den berühmten Marmorbrüchen wird nicht nur der legendäre 'statuario' abgebaut

Umgebung von Carrara

Sehr lohnend ist ein Besuch der Marmorbrüche, die nordöstlich der Stadt in den Tälern von Colonnata, Fantiscritti und Ravaccione liegen, wohin gute Straßen führen. Der hier schon in römischer Zeit gebrochene Marmor erlangte besonders durch Michelangelo, der ihn als Werkstoff für viele seiner Plastiken hoch schätzte, Weltruhm. Sehr sehenswert sind die Brüche bei Piastre (4 km östlich), wo der wertvolle 'marmo statuario' steht.

*Marmorbrüche

Der Marmor wird über die nahegelegenen Mittelmeerhäfen (u.a. Marina di Carrara, Marina di Massa, Forte dei Marmi) in alle Welt exportiert.

7 km südöstlich von Carrara liegt Massa (65 m; 66 000 Einw.), Verwaltungssitz der Provinz Massa-Carrara, ebenfalls mit bedeutenden Marmorbrüchen. Die alte Stadt (Massa Vecchia) liegt am Fuß der Festung Malaspina, die neue (Massa Nuova) wurde im 16. Jh. angelegt. Bemerkenswert sind der ehem. Palazzo Ducale (heute Präfektur), ein stattlicher Barockbau (1701), und der Dom; ferner die mächtige Burg, die Rocca (15./16. Jh.) nordöstlich außerhalb (15 Min.), von der sich eine schöne Aussicht bietet. Das Seebad Marina di Massa (5 km südwestlich) hat einen langen Strand.

Massa

Noch weiter südöstlich (ca. 18 km) von Carrara liegt zwischen Hügeln die Stadt Pietrasanta (14 m; 26 000 Einw.), der Hauptort der Versilia, des Gebietes zwischen Massa und → Viareggio. Der Kampanile des Doms San Martino (13./14. Jh.) blieb unvollendet. Neben dem Dom steht das Baptisterium, in dem das Taufbecken (1509) Beachtung verdient; am Domplatz das Archäologische Museum (Museo Archeologico Versiliese). Zahlreiche gute Hotels gibt es in Marina di Pietrasanta (4 km südwestlich).

Pietrasanta

→ La Spezia, Umgebung

Sarzana

Caserta J 13

Region: Kampanien/Campania
Provinz: Caserta
Höhe: 68 m ü.d.M.
Einwohnerzahl: 69 000

Lage

Caserta, Hauptstadt der gleichnamigen Provinz, liegt im Norden der Kampanischen Ebene am Fuß der Monti Tifatini – rund 30 km nördlich von Neapel. Zur Zeit der Bourbonen, als Neapel Königreich war, hatte der Ort den Beinamen 'Versailles' von Neapel.

Sehenswertes

*Palazzo Reale

Gegenüber dem Hauptbahnhof steht das ehem. Königliche Schloß, der Palazzo Reale, seit 1752 von Luigi Vanvitelli für König Karl III. von Neapel und Sizilien als prunkvolle Residenz nach dem Vorbild des Schlosses von Versailles errichtet. Das Schloß, ein Gebäude mit überdimensionalen Ausmaßen, hat 1200 Räume und 1790 Fenster. Das Innere bietet mit seiner guterhaltenen Einrichtung ein anschauliches 'Museum' vom Leben der bourbonischen Dynastie, die 1734–1860 zeitweise das Königreich Neapel sowie Sizilien unter ihrer Herrschaft vereinte. Besonders beachtenswert sind die Staatstreppe (116 Stufen), die Palastkapelle (Cappella Palatina), die Königsgemächer, darunter der Thronsaal, geschmückt mit Medaillons und Bildern der Könige von Neapel; ferner das Theater im Erdgeschoß.
Im Zweiten Weltkrieg diente das Schloß von Caserta dem alliierten Mittelmeerkommando als Hauptquartier; und am 29. April 1945 wurde dort die Kapitulationsurkunde der deutschen Italienarmee unterzeichnet.

Die Innenräume des Palazzo Reale in Caserta sind nach dem Vorbild des Schlosses von Versailles ausgestattet

Hinter dem Schloß liegt der Schloßpark, eine Anlage mit prächtigen Springbrunnen und Wasserbecken, die mit Statuen geschmückt sind. Am schönsten ist der 'Große Wasserfall' (78 m hoch). Von der Terrasse jenseits des malerischen Englischen Gartens (45 Min. vom Schloß) – in der Nähe des Großen Wasserfalls – bietet sich eine schöne Aussicht.

Caserta (Fortsetzung), Park

Etwa 10 km nordöstlich von Caserta liegt das von Langobarden gegründete Dorf Caserta Vecchia (401 m), das zwar verfallen ist, jedoch den mittelalterlichen Charakter noch bewahrt hat. Geblieben sind das Kastell der Grafen von Caserta und eine Kathedrale (12./ 13. Jh.) im normannisch-sizilischen Stil; beachtenswert ist der Kampanile (1234).

Caserta Vecchia

Umgebung von Caserta

Von Caserta führt eine lohnende Fahrt 7 km westlich nach Santa Maria Capua Vetere (36 m; 32 000 Einw.), errichtet an der Stelle des einst von Etruskern gegründeten kampanischen Capua, einer Stadt, die als Mittelpunkt dieser fruchtbaren Gegend reich und mächtig und wegen ihres Luxus berühmt war. Nach seiner Zerstörung durch die Sarazenen im 9. Jh. wurde der Ort an die Stelle des heutigen Capua verlegt. Im nordwestlichen Teil der Stadt befindet sich das unter Augustus im 1. Jh. n.Chr. errichtete und unter Hadrian erneuerte Amphitheater (170 m lang, 140 m breit), das bis zum Bau des Kolosseums in Rom das größte Italiens war; beachtenswert sind die unter der Arena erhaltenen Unterbauten mit ihren Gängen und Tierkäfigen.

Santa Maria Capua Vetere

In der Nähe des Amphitheaters die Reste eines dreibogigen Triumphtors für Kaiser Hadrian (2. Jh. n.Chr.).

Rund 500 m südlich der Ortschaft befindet sich in einem unterirdischen Gang ein sogenanntes Mithräum (2. Jh. n.Chr.), ein dem persischen Lichtgott Mithras geweihter Raum, ausgestattet mit Gemäldeschmuck.

*Mithräum

Beachtenswert ist auch der Dom Santa Maria Maggiore, etwa 500 m weiter südöstlich, in dem sich Säulen aus dem Amphitheater befinden.

Dom

Rund 5 km nordwestlich der alten Stadt Capua Vetere liegt in einer Windung des Volturno, einem Fluß, der vom Landesinneren zum Tyrrhenischen Meer hin fließt, das Städtchen Capua (25 m; 19 000 Einw.). Es wurde im 9. Jh. nach der Zerstörung des alten Capua errichtet und war lange Zeit im Besitz normannischer Fürsten. In der Mitte der Stadt, nahe am Volturno, steht der wiederaufgebaute Dom, von dem nur der Glockenturm und der Vorhof aus dem 11. Jh. mit seinen antiken Säulen den Zweiten Weltkrieg unbeschadet überstanden haben. In der Nähe befindet sich das sehenswerte Kampanische Provinzialmuseum, nach dem Nationalmuseum in Neapel die bedeutendste archäologische Sammlung in Kampanien.

Capua

Etwa 5 km östlich von Capua liegt am Westhang des Monte Tifata (604 m) das Dorf Sant' Angelo in Formis. Sehenswert ist die gleichnamige, 1058 an der Stätte des Tempels der Diana Tifatina erbaute romanische Basilika: An der Vorhalle sind orientalische Spitzbogen, im Inneren antike Marmorsäulen und Fresken der Malerschule des Montecassino (11. Jh.) zu sehen.

Sant' Angelo in Formis

Catania K 20–21

Region: Sizilien/Sicilia
Provinz: Catania
Höhe: 10 m ü.d.M.
Einwohnerzahl: 378 000

Catania

Lage und Allgemeines

Catania, Hauptstadt der gleichnamigen Provinz, liegt in der Mitte der hier flachen Ostküste Siziliens am Südostfuß des → Ätna. Es ist nach Palermo die größte Stadt der Insel und einer der bedeutendsten Häfen Italiens, von dem die Erzeugnisse der weiten fruchtbaren 'Piana di Catania', der wichtigsten Getreidekammer der Insel, verschifft werden. Das Gesamtbild der Stadt, die nach einem verheerenden Erdbeben im Jahre 1693 fast vollständig mit langen und schnurgeraden Straßen neu aufgebaut wurde, ist großzügig modern. Von der einstigen Wohlhabenheit Catanias zeugen die stattlichen barocken Kirchen und großen Adelspaläste.

Geschichte

Katana wurde um 729 v. Chr. von griechischen Kolonisten aus Naxos gegründet und war einer der ersten Plätze auf Sizilien, an denen sich die Römer (263 v.Chr.) festsetzten. Unter ihrer Herrschaft wuchs der Ort zu einer der größten Städte der Insel heran. Im frühen Mittelalter verlor die Stadt vorübergehend ihre Bedeutung und gelangte erst im 14. Jh. unter den aragonischen Königen zu neuerlicher Blüte. Das Erdbeben von 1693, das ganz Sizilien erschütterte, suchte Catania am schwersten heim.

Sehenswertes

Dom

Mittelpunkt von Catania ist die schöne Piazza del Duomo; den Platz ziert ein Brunnen mit einem antiken Elefanten aus Lava, der einen ägyptischen Granitobelisken trägt. An der Ostseite des Platzes steht der Dom (18. Jh.); die Chorapsiden und die Ostwand des Querschiffs stammen aus dem 13. Jahrhundert. Im Inneren, am zweiten Pfeiler rechts, das Grabmal des in Catania geborenen Komponisten Vincenzo Bellini (1801–1835); rechts vor dem Chor (sehenswertes Gestühl) die Kapelle der hl. Agathe mit dem Grabmal des Vizekönigs Acuña († 1494).

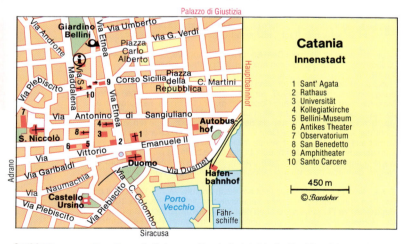

Sant' Agata

Dem Dom nördlich gegenüber befindet sich die Abtei Sant' Agata mit einer Barockkirche.

Castello Ursino
Museo Civico

Etwa 500 m südwestlich vom Domplatz erhebt sich an der Piazza Federico di Svevia das Kastell Ursino, um 1240 für Friedrich II. dicht am Meer erbaut, im 14. Jh. Residenz der aragonischen Könige, später Gefängnis und Kaserne, seit 1934 Sitz des sehenswerten Museo Civico (u.a. griechische Skulpturen des 5./4. Jh.s v.Chr.).

Catania

Der Dom von Catania ist ein stattlicher Barockbau

Rund 1,5 km weiter südwestlich liegt am Stadtrand der Stadtfriedhof, wo auch 1504 deutsche Gefallene des Zweiten Weltkrieges ruhen.
Friedhof

Von der Südwestecke des Domplatzes führt die belebte Via Garibaldi über die von 32 antiken Säulen umgebene Piazza Mazzini zur Porta Garibaldi, die 1768 als 'Porta Ferdinandea' errichtet wurde.
Via Garibaldi

Unweit nördlich der Piazza Mazzini öffnet sich an der 3 km langen Via Vittorio Emanuele die Piazza San Francesco, an der das Geburtshaus Vincenzo Bellinis (1801–1835) mit dem Bellini-Museum steht. Hier befindet sich auch das Museo Emilio Greco mit Plastiken des 1913 in Catania geborenen Künstlers.
Piazza San Francesco
Bellini-Museum

Westlich anschließend (Zugang von der Via Teatro Greco) befindet sich das jetzt größtenteils unter der Erde liegende antike Theater (Teatro Romano), dessen Fundamente aus griechischer Zeit stammen. Westlich daneben das Odeon, ein kleines guterhaltenes römisches Theater.
Teatro Romano

An der von der Piazza San Francesco ausgehenden Via dei Crociferi liegen links die Kirche San Benedetto und die Chiesa dei Gesuiti, die beide eine Barockfassade haben; rechts die Kirche San Giuliano.
Etwa 500 m westlich der Kirchen steht an der langgestreckten Piazza Dante das ehem. Benediktinerkloster San Nicola (urspr. von 1518; 1735 neu erbaut), das seit 1866 als Kaserne und Schule diente.
Die Klosterkirche, deren Fassade unvollendet blieb, ist ein mächtiger Barockbau; von der Laterne der Kuppel (62 m Innenhöhe) bietet sich eine umfassende Aussicht. Herrlicher Blick auch vom nahen Observatorium.
*San Nicola

An der Nordseite des Domplatzes beginnt die Via Etnea, die 3 km lange, von weiten Plätzen unterbrochene Hauptstraße der Stadt, in deren Hintergrund der Ätna aufragt. Gleich links sieht man das Rathaus.
Via Etnea

Cefalù

Catania (Fortsetzung), Universität	An der nördlich anschließenden Piazza dell' Università links steht das 1818 errichtete stattliche Hauptgebäude der schon 1444 gestifteten Universität. Weiterhin links die Kollegiatkirche, die eine schöne Barockfassade (1768) hat. Als nächster Platz folgt an der Via Etnea die palmenbestandene Piazza Stesicoro mit einem Bellini-Denkmal.
Anfiteatro	Auf der linken Hälfte des Platzes die Reste eines römischen Amphitheaters (vielleicht 2. Jh. n.Chr.), das unter Theoderich zum Bau der Stadtmauer teilweise abgetragen wurde und heute an der nördlichen Schmalseite freigelegt ist. Seine längere Achse mißt 126 m, die kürzere 106 m; die ungewöhnlich große Arena (70 x 50 m) steht nur der des Kolosseums in Rom (86 x 54 m) nach.
Giardino Bellini	Weiterhin befindet sich an der Via Etnea – wenige Schritte hinter der Piazza Stesicoro – links der Haupteingang zu dem öffentlichen Park Giardino Bellini (Aussichtsterrasse).
	An der Nordseite der Villa Bellini erstreckt sich der baumbestandene Viale Regina Margherita, der mit dem ihn östlich fortsetzenden Viale XX Settembre und dem bei der schönen Piazza Verga (moderner Justizpalast) beginnenden breiten Corso Italia den 6 km langen Hauptstraßenzug der nördlichen Stadtteile bildet.
*Küstenstraße	Er endet östlich bei der über dem Meer gelegenen Piazza Europa, von der eine Küstenstraße (Aussichtsterrassen) zu dem Vorort Ognina mit der kleinen Hafenbucht Porto d'Ulisse führt.
Ätna	→ dort

Cefalù J 19

Region: Sizilien/Sicilia
Provinz: Palermo
Höhe: 16 m ü.d.M.
Einwohnerzahl: 13 000

Lage	Die Hafen- und Fischerstadt Cefalù liegt an der nördlichen Küste Siziliens am Fuße eines steil ins Meer abfallenden Kalkklotzes. Der Ort ist rund 50 km von Palermo (westlich) bzw. 100 km von Messina (östlich) entfernt. Er hat viel von seinem ursprünglichen Charme bewahrt. Cefalù ist Sitz eines Bischofs.

Sehenswertes

**Dom	An dem nördlich zum Meer hin verlaufenden Corso Ruggero, der Hauptstraße der Stadt, öffnet sich beim Rathaus rechts der weite Domplatz mit dem 1131/1132 von König Roger II. begonnenen Dom, einem der bemerkenswertesten Baudenkmäler der Normannenzeit. Im Inneren des Domes (74 m lang, 29 m breit) befinden sich 15 Säulen aus Granit und eine aus Cipollin (schöne Kapitelle). In der Apsis kostbare Mosaiken, darunter das 1148 vollendete Bild Christi als Weltherrscher, ferner "Maria mit vier Erzengeln" und "Zwölf Apostel"; im rechten Seitenschiff ein schönes Taufbecken (12. Jh.). Vom linken Seitenschiff hat man Zugang zum Kreuzgang (Kapitelle).
Museo Mandralisca	Unweit westlich vom Domplatz erreicht man das kleine Museo Mandralisca, das Altertümer von den Liparischen Inseln sowie Gemälde zeigt, darunter das "Bildnis eines Unbekannten" von Antonello da Messina (1470). Ferner eine Muschelsammlung und ein Münzkabinett.

Cerveteri

Der romanische Dom von Cefalù birgt prachtvolle Mosaiken

Am Nordende des Corso Ruggero beginnt der Aufstieg (45–60 Min.) zu dem fast nur aus Versteinerungen zusammengesetzten Felsklotz La Rocca (269 m) mit den Trümmern eines mittelalterlichen Kastells und einem antiken Polygonalbau ('Tempio di Diana'; 9. Jh. v.Chr.). Von der höchsten Stelle (Reste eines Normannenschlosses) bietet sich eine herrliche Sicht.

Cefalù, La Rocca

Santuario di Gibilmanna

Südlich von Cefalù liegt das Santuario di Gibilmanna (17./18. Jh.), ein Wallfahrtsziel (Museum franziskanischer Kunst und Kultur).

Lage
15 km südlich

Cerveteri   G 11

Region: Latium/Lazio
Provinz: Roma
Höhe: 81 m ü.d.M.
Einwohnerzahl: 21 000

Die kleine Landstadt Cerveteri liegt rund 45 km nordwestlich von Rom auf einem Tuffrücken, dort, wo sich im Altertum Cisra, von den Römern 'Caere' genannt, befand. Dieser Ort war vom 8. bis 4. Jh. v.Chr. eine der wichtigsten Handelsstädte der Etrusker und ein kulturelles Zentrum. In Mittelitalien hatte das Reich der Etrusker, die Künstler und geschickte Handwerker waren, im 6. Jh. v.Chr seinen Höhepunkt.

Lage und Allgemeines

Von der ursprünglichen Stadt sind nur wenige Bauten erhalten. An der Piazza Santa Maria steht die mittelalterliche Festung Rocca, die teilweise auf Mauern aus der Etruskerzeit (4. Jh. v.Chr.) errichtet wurde.

Rocca (Festung)

Cerveteri

Museo Nazionale Cerite

Gegenüber dem alten Kastell (12. Jh.) steht der Palazzo Ruspoli (16. Jh.). Dort ist das Museo Nazionale Cerite untergebracht, wo Funde aus etruskischen Nekropolen (Totenstädten) gezeigt werden.

Die wichtigsten Stücke, darunter Urnen, Grabbeigaben wie Kleinkunst und Terrakotta-Skulpturen, Gold- und Silberschmuck, befinden sich jedoch in → Rom (Etruskisches Museum im Vatikan und Etruskisches Nationalmuseum der Villa Giulia).

*Etruskische Nekropole

*Grabstätten

Nördlich außerhalb der Stadt erstreckt sich über den Rand des Tuffhügels Banditaccia eine weitläufige etruskische Nekropole, die aus der Zeit des 7.–1. Jh.s v.Chr. stammt (Lampe mitnehmen!). Sowohl durch die Großzügigkeit der Anlage als auch durch den Reichtum der aufgefundenen Grabbeigaben wird die Bedeutung des Totenkults bei den Etruskern bezeugt.

Zu beiden Seiten einer rund 2 km langen 'Hauptstraße', die mehrere Abzweigungen hat, liegen zahlreiche Grabbauten, u.a. gewaltige Erdhügel (ital. Tumulo; bis 30 m Durchmesser) und Grabkammern, die vielfach aus dem Tuff gehauen sind und oft mehrere Räume mit kunstvoller Ausgestaltung haben (interessant sind die Durchbrüche früher Grabräuber).

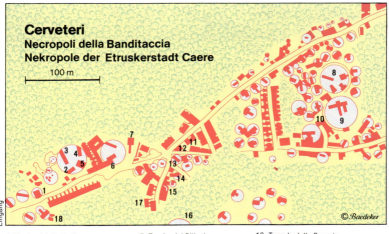

1 Tomba dei Capitelli
2 Tomba dei Letti e Sarcofagi
3 Tomba della Capanna
4 Tomba dei Dolii
5 Tomba dei Vasi Greci
6 Tomba dei 13 Cadaveri
7 Tomba dei Rilievi
8 Tumulo del Colonello
9 Tumulo Mengarelli
10 Tumulo Maroi
11 Tomba di Marce Ursus
12 Tomba della Casetta
13 Tumulo della Quercia
14 Tumulo dei 2 Ingressi
15 Tumulo della Cornice
16 Grande Tumulo della Tegola Dipinta
17 Tomba dei 6 Loculi
18 Tombe della Spianata

Die eindrucksvollsten Grabmäler sind die Tomba dei Capitelli, Tomba dei Dolii, Tomba dei Vasi Greci, Tomba dei 13 Cadaveri, Tomba dei Rilievi, Tomba della Casetta, Tomba dei Letti e Sarcofagi sowie der Tumulo della Cornice und der Tumulo Ophelia Maroi.
Von den unterirdischen Gräbern verdient besonders die Tomba dei Rilievi aus der Spätzeit Beachtung: Diese Grabstätte ist mit bemalten Reliefdarstellungen verziert, die dem Besucher einen Eindruck von der Lebensweise der Etrusker vermitteln.

Cinque Terre

D 7

Region: Ligurien/Liguria
Provinz: La Spezia
Einwohnerzahl: 7000

Der Küstenabschnitt der 'Cinque Terre' (Cinque Terre = 'Fünf Orte') erstreckt sich – zwischen La Spezia im Süden und Levanto im Norden – am 'Riviera di Levante' genannten Abschnitt des Golfes von Genua. Zu Cinque Terre gehören die Ortschaften Monterosso al Mare, Vernazza, Corniglia, Manarola und Riomaggiore. Monterosso al Mare, ein Fischerdorf aus dem Mittelalter, ist die größte von ihnen. Wegen der langjährigen Abgeschiedenheit haben die Orte der Cinque Terre ihr pittoreskes Aussehen bewahrt: Es sind kleine Dörfer mit verschachtelten bunten Häusern. Steile, mit Wein bepflanzte Hänge stürzen unvermittelt zum Meer hin ab.

Lage und Landschaftsbild

In jahrhundertelanger Arbeit haben die Menschen hier eine einzigartige Kulturlandschaft geschaffen, wo auf Terrassen ein guter Wein gedeiht. Erzeugt werden der trockene, frisch und leicht bitter schmeckende Weißwein 'Cinque Terre DOC' und der 'Sciacchetrà', ein natursüßer Wein.

Weinbau

Die Ortschaften sind heute untereinander durch eine auf halber Höhe verlaufende Straße verbunden; von ihr führen kurvenreiche Stichstraßen zu den einzelnen Orten. Auf der Strecke von Genua nach La Spezia verläuft die Eisenbahn fast ständig durch Tunnels. Der Urlauber sollte diesen reizvollen Küstenabschnitt zu Fuß erforschen. Eine Reihe von Wanderwegen verbindet Monterosso al Mare mit den anderen Orten der Cinque Terre. Als Wanderweg schlechthin gilt der Sentiero Azzurro von Monterosso nach Riomaggiore (Blauer Wanderweg; 12 km), eine gut beschilderte Strecke.

Verkehrsverbindungen; Wanderwege

Die Cinque Terre ('Fünf Orte') sind eine malerische Steilküstenlandschaft zwischen La Spezia und Levanto

Città di Castello

Orte der Cinque Terre

Monterosso al mare
Der hübsche Hauptplatz, der sich hinter der Bahnlinie öffnet, wird bestimmt von der Loggia del Podestà (14. Jh.) und dem Turm der Pfarrkirche San Giovanni Battista, der als genuesischer Wachtturm entstand.

Hoch über Monterosso, an der Straße nach Vernazza, liegt die Wallfahrtskirche Madonna di Soviore, ein lohnendes Ausflugsziel (herrlicher Blick).

Vernazza
Vernazza, sicher der hübscheste Ort, liegt hinter einer Felsklippe in einen Taleinschnitt gezwängt. Eine Piazza mit bunten Häusern und der Kirche öffnet sich zum kleinen Hafen. Auf der Seite Genuas nahm Vernazza 1182 am Kampf gegen Pisa teil. Einzelne Abschnitte der früheren genuesischen Befestigunganlage, Mauern und ein Rundturm, sind noch erhalten.

Corniglia
Corniglia, das als einziger Ort der Cinque Terre über dem Meer (193 m) liegt, hat einen ähnlichen Grundriß wie die Dörfer des ligurischen Hinterlands.

Das Sträßchen von Vernazza nach Corniglia überquert einen schmalen Bergrücken, auf dem sich der kleine Ort S. Bernardino festklammert. San Bernardino mit der gleichnamigen Wallfahrtskirche (gute Aussicht auf das ganze Gebiet) ist von Corniglia in einer Stunde zu erreichen.

Manarola
Am oberen Ortsrand von Manarola, seit 1806 Ortsteil von Riomaggiore, befindet sich die gotische Kirche Natività di Maria Vergine, deren Fassade eine prächtige Rose aus Carrara-Marmor aufweist. Gegenüber der Kirche der freistehende Campanile, ein Wachtturm aus dem 16. Jahrhundert.

Riomaggiore
Riomaggiore, als östlichster Ort von La Spezia aus leicht zu erreichen, hat sich durch den Tourismus stark ausgedehnt. Einen Teil seiner Bekanntheit verdankt Riomaggiore dem Maler Telemaco Signorini, der sich ab 1860 hier öfter aufhielt und den Ort mehrfach gemalt hat. Im Inneren der Pfarrkirche San Giovanni Battista (14. Jh.) sind eine Kanzel mit Marmorreliefs und ein Holzkruzifix beachtenswert; über dem Renaissance-Portal ein Triptychon "Maria mit Rochus und Sebastian" (15. Jh.). Im Nordwesten des Ortes auf einem Hügel Reste der Burg aus dem 15./16. Jahrhundert.

Città di Castello G 9

Region: Umbrien/Umbria
Provinz: Perugia
Höhe: 288 m ü. d. M.
Einwohnerzahl: 38 000

Allgemeines
Città di Castello liegt in der fruchtbaren Ebene des Tibers am linken Flußufer, rund 50 km nördlich von Perugia im Norden der Region Umbrien. Das rege Wirtschafts- und Handelszentrum (Tabakanbau, Druckindustrie) ist auch eine interessante Kunststadt mit bedeutenden Sammlungen.

Stadtbesichtigung

Palazzo Vitelli, Burri-Museum
An der nordöstlichen Stadtmauer steht der größte der insgesamt vier Palazzi der Familie Vitelli, die im 16. Jh. die Stadt regierten. Hinter dem Stadtpalast (1540) ein Park mit einem kleinen Lustschloß. Direkt neben dem Palazzo Vitelli der Palazzo Albizzini aus dem 15. Jh., in dem seit 1982 Werke des 1995 verstorbenen, einheimischen Künstlers Alberto Burri gezeigt werden. Burri war einer der wichtigsten Vertreter der italienischen Arte-Povera-Kunst.

Città di Castello

Blick über die Türme und Dächer von Città di Castello

Am Weg ins Altstadtzentrum liegt an der Piazza Raffaello Sanzio die gotische Kirche San Francesco (1273; Innenraum 1707 barockisiert). Sehenswert ist die 1560 von Vasari gestaltet Kapelle der Familie Vitelli.

San Franceso

Mittelpunkt der mauerumgürteten Altstadt ist die Piazza Matteotti, die vom Palazzo del Podestà (15. Jh.; Barockfassade von 1687) beherrscht wird. Durch den schmalen, stimmungsvollen Corso Cavour geht es zur tiefer gelegenen Piazza Gabriotti, wo linkerhand der Palazzo Comunale mit seiner wuchtigen Rustikaquaderung die Blicke auf sich zieht (1334–1352; gewölbte Eingangshalle).
Gegenüber der Palazzo Vescovile (Bischofspalast) und die Torre Comunale, die man besteigen kann.

*Piazza Matteotti

An den Palazzo Comunale schließt der Dom an, der im 11. Jh. erbaut und später, vor allem zwischen 1466 und 1529, im Renaissancestil erneuert wurde. Die Barockfassade (1632) blieb unvollendet. Im Innern eine sehenswerte "Verklärung Christi" des Manieristen Rosso Fiorentino (1529). Zum Kirchenschatz, der im anschließenden Dommuseum gezeigt wird, gehört u. a. ein bedeutendes Antependium aus vergoldetem Silber mit Darstellungen in Treibarbeit (um 1150). An der Westseite des Platzes sitzt man gut unter den alten Bäumen des kleinen Giardino Pubblico.

Dom

Unbedingt zu empfehlen ist der Besuch der Städtischen Gemäldesammlung, die in einem Palast der Familie Vitelli an der südlichen Stadtmauer untergebracht ist (Eingang an der Via Cannoniera). Die Hofseite des Palazzos (1521–1532) schmücken Sgrafitto-Malereien von Vasari, die Gewölbe des Treppenhauses und die einzelnen Räume sind ebenfalls im Stil des Manierismus dekoriert. Das Museum besitzt zahlreiche Altarbilder des 13.–15. Jh.s sowie bedeutende Werke der umbrischen Renaissancemalerei. Zu den Spitzenstücken gehören ein Jugendwerk von Raffael und das "Martyrium des hl. Sebastian" von Luca Signorelli.

*Pinacoteca Comunale

Cividale del Friuli H 3

Region: Friaul-Julisch Venetien / Friuli-Venezia Giulia
Provinz: Udine
Höhe: 138 m ü.d.M.
Einwohnerzahl: 11 000

Lage und Allgemeines

Cividale del Friuli, die frühere Hauptstadt von Friaul, liegt östlich von Udine am Fluß Natisone sowie am Fuß der Julischen Alpen, in einem Gebiet, wo sich italienischer, slowenischer und österreichischer Einfluß seit jeher vermischt haben. Wegen ihrer frühmittelalterlichen Bauwerke ist die Stadt, die 1976 bei einem Erdbeben Schäden erlitt, für den Besucher interessant.

Geschichte

Cividale, das römische Forum Iulii, hat der Landschaft Friuli (Friaul) den Namen gegeben. In den Jahren 569–774 war der Ort Sitz langobardischer Herzöge, seit 730 Residenz der Patriarchen von ⟶ Aquileja.
Nach der Eroberung des Langobardenreichs (774) erhob Karl der Große den Ort unter dem Namen 'Civitas Austriae' zum Sitz fränkischer Markgrafen. Berengar I., der bedeutendste von ihnen, herrschte von Cividale del Friuli aus 888–924 als König von Italien.
Auch nach Verlegung des Patriarchensitzes nach ⟶ Udine (1238) blieb die Stadt, die Zugang zu wichtigen Alpenpässen bot, noch jahrhundertelang der bedeutendste Ort Friauls. Im Jahre 1419 wurde die Stadt von den Venezianern besetzt, die 1439 den Verzicht des Patriarchen auf die weltliche Herrschaft erzwangen. Danach folgte der Niedergang der Stadt. 1752 wurde das Patriarchat durch die Erzbistümer Görz und Udine ersetzt.

Sehenswertes

Dom

Im Stadtzentrum, an der Piazza del Duomo, steht der Dom. Ursprünglich im 8. Jh. erbaut, wurde er um 1500 von Piero und Tullio Lombardi im Stil der Frührenaissance neu errichtet. An der Fassade des Doms kann man noch gotische Stilelemente erkennen. Im Inneren sind u.a. ein romanischer Altarvorsatz (um 1200) mit Silberschmiedearbeit und ein großes Kruzifix zu sehen. Beachtung verdienen ferner die Krypta und das Museo Cristiano im früheren Kapitelsaal. In dem Museum befinden sich heute die Überreste eines achteckigen Taufbeckens (8. Jh.) und der Marmor-Altar des Herzogs Ratchis (8. Jh.), auf dem Szenen aus dem Leben Christi dargestellt sind.

Rathaus

Am Domplatz stehen auch der gotische Palazzo Comunale (Rathaus) und der Palazzo Pretorio (ehem. Palazzo del Provveditore), der im 16. Jh. nach Plänen Andrea Palladios erbaut wurde.

*Museo Archeologico Nazionale

In der Nähe des Doms befindet sich das Archäologische Nationalmuseum (Museo Archeologico Nazionale). Es besitzt Fundstücke aus vorgeschichtlicher und römischer Zeit, ferner wertvolle Grabbeigaben, darunter langobardische Goldschmiedearbeiten wie Fibeln und das goldene Kreuz von Gisulfo. In ganz Friaul wurden seit den sechziger Jahren über 500 Gräber freigelegt. Von den Zeugnissen des Mittelalters ist der mit Miniaturen verzierte Psalter der hl. Elisabeth von Thüringen († 1231) zu erwähnen.

*Tempietto Longobardo

Vom Piazzale di Borgo Brossano aus erreicht man das frühere Benediktinerinnenkloster Santa Maria in Valle. Es liegt am Natisone und wurde zweimal durch Hochwasser schwer beschädigt. Zu dieser Klosteranlage gehört der Tempietto Longobardo auf einem Fels über dem Natisone, der eigentlich das Oratorium des Klosters war. Der Tempietto, eines der wenigen aus langobardischer Zeit erhaltenen Bauwerke, stand zur Zeit seiner Entstehung wahrscheinlich frei und wurde erst im Laufe des 9. Jh.s in den Klosterkomplex mit einbezogen. Der quadratische Saal ist mit Fresken aus dem 14./15. Jh. ausgemalt, Nachempfindungen der früheren Dekoration, die darauf hin deuten, daß die Kapelle Christus dem Erlöser geweiht war. Ferner ist der Saal z.T. mit eindrucksvollen Stuckreliefs ausgeschmückt.

Cividale (Fortsetzung)

Etwas weiter unterhalb steht am Flußufer die Kirche Santi Pietro e Biagio; in einer Seitenkapelle sind Reste mittelalterlicher Fresken sehenswert.

Santi Pietro e Biagio

Umgebung von Cividale del Friuli

Lohnend ist ein Ausflug von Cividale del Friuli zum Santuario di Castelmonte (618 m; Aussicht), dem berühmtesten Wallfahrtsort des Friaul. Die Fahrt verläuft auf einer ziemlich steilen Straße nach Osten (10 km).

Santuario di Castelmonte

Comer See / Lago di Como / Lario   D 3–4

Region: Lombardei/Lombardia
Provinz: Como
Höhe: 198 m ü.d.M.

Der Comer See, der 'Lacus Larius' der Römer, liegt 50 km nördlich von Mailand zwischen den Luganer und Bergamasker Alpen. Der gegabelte fjordartige See füllt das eiszeitliche Gletschertal der Adda, die ihn durchfließt. Der von seinem Nordende bis → Como 60 km lange, zwischen Menaggio und Varenna 4 km breite See bedeckt eine Fläche von 146 km^2 und ist mit 410 m maximaler Tiefe der tiefste der Oberitalienischen Seen.

Lage

Am südwestlichen Zweig, dem Ramo di Como, liegen zahlreiche Villen, umgeben von Gärten und Weinbergen. Der südöstliche ernstere Teil, der See von Lecco, dem die Adda entströmt, ist von Fremden weniger über-

*Landschaftsbild

Der Comer See zählt zu den bevorzugten Reisezielen Oberitaliens

Comer See

Landschaftsbild (Fortsetzung)
: laufen. An den steilen Uferbergen, die sich im Monte Legnone bis zu 2610 m erheben, ziehen sich Edelkastanien und Nußbäume hin, deren dunkle Färbung in lebhaftem Gegensatz zu dem matten Graugrün der Oliven steht. Die Anwohner leben von Fischerei, Wein- und Olivenanbau sowie von Eisen-, Marmor- und Textilindustrie.

Schiffsverkehr
: Auf dem Comer See besteht Schiffsverkehr (ab Belluno ganzjährig): zwischen Colico und Como, mit wechselnden Zwischenstationen an beiden Seiten des Sees; zwischen Bellano und Como; zwischen Varenna und Lecco. Im Sommer auch Tragflügelboote.

*Rundfahrt um den Comer See (250 km)

Man verläßt Como auf der nach Lugano führenden Straße.

*Villa Olmo
: 2 km: Abzweigung der S.S. 340, die nunmehr dem Westufer des Comer Sees folgt. Rechts der Straße die klassizistische Villa Olmo (1782–1797; Brandschaden 1983), in der heute Ausstellungen, Konzerte und Kongresse stattfinden; vom Park bietet sich eine schöne Aussicht.

Cernobbio
: 3 km: Cernobbio (201 m; 7500 Einw.), ein Villenort mit schönen Gärten und der palastartigen Villa d'Este (1568; jetzt Hotel). Von hier gelangt man auf windungsreichem Sträßchen 16 km aufwärts zum Monte Bisbino (1325 m; Aussicht), auf dem eine Wallfahrtskirche steht.

Lenno
: 22 km: Lenno (209 m), die südlichste Gemeinde des vom Monte Crocione (1641 m) überragten Uferstrichs der Tremezzina; lohnender Abstecher zur weit in den See vorspringenden Punta di Balbianello (auch Punta d'Avedo) mit der Villa Arconati (Ende 16. Jh.; Zufahrt nur mit Boot); von der Terrasse bietet sich eine herrliche Aussicht.

Tremezzo
: 3 km: Tremezzo (225 m), ein vielbesuchter Ort in der wärmsten Lage am See, umgeben von schönen Gärten.

*Villa Carlotta
: 0,5 km: Villa Carlotta (früher Sommariva), benannt nach Charlotte, Herzogin von Meiningen, der Mutter des früheren Besitzers (jetzt italienisches Staatseigentum). In dem 1747 erbauten Palast befinden sich u.a. Thorwaldsens berühmtes Marmorrelief des Alexanderzugs und Skulpturen von Canova. Der Park zeigt reiche südliche Vegetation (Azaleenblüte im Mai).

Cadenabbia
: 0,5 km: In Cadenabbia (201 m), als Erholungsort des ersten deutschen Bundeskanzlers, Konrad Adenauer (1876–1967), bekannt geworden, gibt es viele Villen. Von der Seepromenade bietet sich ein weiter Blick.

Menaggio
: Die westliche Uferstraße erreicht nach 4 km Menaggio (203 m; 3000 Einw.), einen der besuchtesten Orte am Comer See. Dahinter alsbald vorbei an der Felswand des Sasso Rancio.

Dongo
: 12 km: Vor dem Ort Dongo (208 m) wurden am 27. April 1945 Mussolini und seine Geliebte Clara Petacci auf der Flucht in die Schweiz von Partisanen gefangen und am folgenden Tag in Mezzegra bei Lenno erschossen.

Gravedona
: 4 km: Gravedona (201 m) mit der romanisch-lombardischen Kirche Santa Maria del Tiglio (12. Jh.).

Gera Lario
: 10 km: Gera Lario (208 m), der nördlichste Ort am Comer See.
Etwa 4 km hinter Gera Lario erreicht man die S.S. 36, die von Chiavenna kommend am östlichen Seeufer hinzieht und weiter nach Mailand führt.

Colico
: 8 km: Colico (209 m), ein von dem mächtigen Monte Legnone überragtes Städtchen.

Comer See

Bei Tremezzo am Comer See steht diese prächtige Villa

Auch die Villa d'Este zeugt vom Glanz vergangener Zeiten

Como

Comer See (Fortsetzung), Abtei von Piona	7 km: Abtei von Piona, ein altes Kluniazenserkloster; sehenswert ist die Kirche (11. Jh.; restauriert) mit Fresken nach byzantinischer Art und einem schönen romanisch-gotischen Kreuzgang (1257).
Dervio	4 km: Dervio (202 m), der Ausgangspunkt für einen Abstecher zum Monte Legnone (2610 m; 18 km Straße, dann noch 4 Std. Aufstieg).
Varenna	8 km: Varenna (220 m), ein auf einer Landzunge an der Mündung der Valle d'Esino gelegenes Dorf, mit Gärten und Schwarz-Marmor-Brüchen; von dort bietet sich eine herrliche Aussicht auf das Vorgebirge von Bellagio und auf die drei Seearme. In der Villa Monastero (Park) ist das Italienische Institut für Hydrobiologie untergebracht.
Mandello del Lario	11 km: Mandello del Lario (214 m; 10 000 Einw.), ein Städtchen auf weit vorspringendem Delta am Fuße der zackigen Grigna Meridionale; dort hat eine der größten Motorradfabriken Italiens (Moto Guzzi) ihren Sitz.
Lecco	10 km: Lecco (214 m; 55 000 Einw.), eine Industriestadt in prächtiger Lage am südöstlichen Ende des Comer Sees, dem hier die Adda entströmt. Auf dem Largo Manzoni steht ein Denkmal für den Dichter Alessandro Manzoni (1785–1873), dessen Roman "Die Verlobten" in der Gegend von Lecco spielt. Von Lecco führt eine Schwebebahn ostwärts auf die Piani d'Erna (1329 m; auch Straße), nordwärts zum Piano dei Resinelli (1276 m), von wo man in 2½ Stunden auf die Grigna Meridionale (2184 m) steigen kann. Am südwestlichen Ortsende von Lecco verläßt man die S.S. 36 und fährt unterhalb des Monte Moregallo (1276 m) teils in Tunneln hin.
Bellagio	16 km: Bellagio (229 m), ein vielbesuchter Kurort am Westfuß der Punta di Bellagio, einem der schönsten Punkte der Oberitalienischen Seen. Auf dem Vorgebirge steht die Villa Serbelloni, deren Park (Führungen) Aussicht auf die drei Arme des Sees bietet. Weiterhin folgen an der Straße der Park der Villa Melzi und der Garten der Villa Trotti.
Nesso	14 km: Nesso (275 m), ein malerischer Ort mit 20 m hohem Wasserfall, an der Mündung der Val di Nesso gelegen.
Villa Pliniana	8 km: rechts unten am See, in der Bucht von Molina, steht die 1570 erbaute Villa Pliniana; in der Nähe eine schon von Plinius d.Ä. erwähnte Quelle, die täglich ihren Wasserstand ändert.
Torno	4 km: Torno (225 m), ein prächtig auf einem Felsvorsprung gelegenes Dorf, von Villen umgeben. Am malerischen Hafen die Kirche Santa Tecla mit Fresken des 15. Jahrhunderts. 7 km: ⟶ Como.

Como   D 4

	Region: Lombardei/Lombardia Provinz: Como Höhe: 202 m ü.d.M. Einwohnerzahl: 95 000
Lage	Como, Hauptstadt der gleichnamigen Provinz, liegt umgeben von teilweise bewaldeten Felsenhöhen am Südende des ⟶ Comer Sees, etwa 50 km nördlich von Mailand. Es ist Sitz einer bedeutenden Seidenindustrie.
Geschichte	Como wurde an der Stelle einer älteren Siedlung im Jahr 195 v.Chr. von den Römern unter dem Namen 'Comum' als Grenzfeste gegen die Räter

Como

gegründet. Im Mittelalter galt das seit 1058 von Mailand unabhängige Bistum als Schlüssel zur Lombardei; es war ein wichtiger Stützpunkt deutscher Kaiser. 1451 geriet die Stadt unter die Herrschaft Mailands.

Geschichte (Fortsetzung)

Sehenswertes

Mittelpunkt des städtischen Lebens ist die Piazza Cavour am Hafen. Von hier führt die kurze Via Plinio südöstlich zum Domplatz. Dort befindet sich der Broletto (1215), einst Gerichtssaal, jetzt Festhalle.

An der Südostseite steht der ganz aus Marmor erbaute Dom (urspr. von 1396), der 1596 im Renaissancestil vollendet wurde; die Vierungskuppel stammt von 1730–1770. Zu beiden Seiten des skulpturengeschmückten Hauptportals stehen die Statuen der aus Como stammenden römischen Schriftsteller Plinius d.Ä. und d.J. (von 1498).
Südöstlich vom Dom, an der Via Vittorio Emanuele II, der Hauptstraße der Stadt, steht die romanische Kirche San Fedele (12. Jh.); gegenüber das Rathaus.

*Dom

Im südlich gelegenen Palazzo Giovio sind die Musei Civici (Städtische Museen) untergebracht; dort werden archäologische Funde und Dokumente zur Lokalgeschichte gezeigt.

Museen

Die Via Vittorio Emanuele II endet südlich an den Resten der Stadtmauer, die Como von drei Seiten umschließt. An der Südostseite der Altstadt drei wohlerhaltene Türme (12. Jh.).

Etwa 500 m südwestlich der Stadtmauer steht die zweitürmige Kirche Sant' Abbondio, eine lombardisch-romanische Basilika (11. Jh.; 1587 erneuert); im Chor Fresken des 14. Jahrhunderts.

Sant' Abbondio

Blick in den Dom von Como

Cortina d'Ampezzo

Como, Volta-Denkmal	Unweit südwestlich der Piazza Cavour liegt die Piazza Volta mit dem Standbild des aus Como stammenden Physikers Alessandro Volta (1745–1827, 1810 geadelt); sein Geburtshaus befindet sich in der Via Volta Nr. 50.
Tempio Voltiano (Museum)	An der Nordostecke des Giardino Pubblico steht, direkt am See, der klassizistische Tempio Voltiano (1927); er beherbergt das Volta-Museum, in dem u.a. das erste Volta-Element gezeigt wird.
Brunate	Von der Piazza Vittoria gelangt man auf einer Straße (auch Standseilbahn) zu dem Villenvorort Brunate (716 m), der 5 km nördlich von Como auf einer Bergterrasse liegt. Von dort bietet sich eine schöne Aussicht auf Como, die Ebene bis Mailand, die Voralpen und das Hochgebirge vom Monte Rosa bis zum Monviso.
San Maurizio	Etwa 2,5 km oberhalb von Brunate liegt der Ortsteil San Maurizio (871 m), von dem aus man eine noch freiere Sicht hat.
Monte Boletto	Von Brunate führt ein Fußweg in 2 Stunden auf den Monte Boletto (1234 m; Aussicht).
Comer See	→ dort

Cortina d'Ampezzo G 2

Region: Venetien/Veneto
Provinz: Belluno
Höhe: 1224 m ü.d.M.
Einwohnerzahl: 8000

Lage	Das weltberühmte Fremdenverkehrszentrum Cortina d'Ampezzo, der meistbesuchte Wintersportplatz Italiens, liegt am östlichen Endpunkt der Großen Dolomitenstraße (→ Dolomiten) in einem von hohen Bergen umschlossenen Talkessel. In Cortina d'Ampezzo fanden 1956 die VII. Olympischen Winterspiele statt.

Bemerkenswertes

*Pfarrkirche	Am Corso Italia, der stets belebten Hauptstraße (Fußgängerbereich), steht die stattliche Pfarrkirche (18. Jh.). Sie ist ausgeschmückt mit Decken- und Chorfresken von Franz Anton Zeiller (1774); am ersten Seitenaltar links ein Tabernakel von Andrea Brustolon (1724).
Casa de ra Regoles (Museen)	Unweit südöstlich der Kirche sind in der Casa de ra Regoles die Sammlung Mario Rimoldi (zeitgenössische Kunst) und ein Museum (Fossilien; Volkskunde) untergebracht. Zu der Kunstsammlung gehören Werke von De Chirico, De Pisis, Guttuso, Morandi u.a.
	Weiter südöstlich steht beim Friedhof die schöne Barockkirche Madonna della Difesa.
Eissportstadion	Im Norden von Cortina befindet sich das Olympia-Eissportstadion (Stadio Olimpico del Ghiaccio). Ein Gedenkstein erinnert dort an den französischen Geologen Dieudonné Dolomieu (1750–1801), nach dem die Dolomiten benannt sind.
Olympiaschanze	Südlich außerhalb, an der Straße nach Pieve di Cadore, steht rechts abseits die große Olympia-Sprungschanze (Trampolino Olimpico di Salto "Italia").

Am östlichen Endpunkt der Dolomitenstraße liegt Cortina d'Ampezzo

Bergbahnen auf der westlichen Talseite

Eine Schwebebahn ('Freccia del Cielo' = 'Himmelspfeil') stellt vom Eisstadion über den Col Drusciè (1770 m) und Ra Valles (2470 m) die Verbindung zur Tofana di Mezzo her (3244 m).
Tofana

Sessellift vom Campo Corona (1220 m) über Colfiere (1462 m) zum Col Drusciè (s. zuvor); zwei parallele Lifte von Rumerlo (1678 m) über das Rifugio Duca d'Aosta (2098 m) zur 2282 m hohen Forcella Pomedes.
Forcella Pomedes

Von der Piazza Roma (nahe der Pfarrkirche) führt eine Schwebebahn nach Pocol-Belvedere (Belvedere auf der Crepa; 1539 m); die Hotelsiedlung Pocol liegt hoch über dem Talkessel von Cortina d'Ampezzo.
Pocol-Belvedere

Bergbahnen auf der östlichen Talseite

Sessellift von Guargnè (1304 m) über den Col Tondo (1437 m) zum Rifugio Mietres (1710 m).
Rifugio Mietres

Vom Autobushof führt eine Schwebebahn über Mandres (1480 m) zum Rifugio Faloria (2123 m) und zur Capanna Tondi di Faloria.
Capanna Tondi di Faloria

Cortona   F–G 9

Region: Toskana/Toscana
Provinz: Arezzo
Höhe: 500–650 m ü.d.M.
Einwohnerzahl: 23 000

Cortona

Lage
Die Stadt Cortona liegt nahe der Ostgrenze der Toskana, nördlich des schon zur Region Umbrien gehörenden Trasimenischen Sees und 30 km südlich von Arezzo.

Geschichte
Cortona, eine der ältesten Städte Italiens, gehörte einst zum etruskischen Zwölfstädtebund, dessen Schicksal es teilte, bis es römische Kolonie wurde. Im Mittelalter kam die Stadt, in der um 1441 oder 1450 der Maler Luca Signorelli († 1523) geboren wurde, nach mancherlei Kämpfen im Jahre 1411 zu Florenz.

Altstadt

Palazzo Comunale
Mittelpunkt der von einer Mauer umgebenen Altstadt ist die Piazza della Repubblica. An der Westseite des Platzes steht der Palazzo Comunale (Rathaus; 13. Jh., umgestaltet) mit großer Freitreppe.

1 Sant' Agostino
2 San Benedetto
3 Palazzo Mancini-Sernini
4 Palazzo Comunale
5 Chiesa del Gesù (Museo Diocesano)
6 Palazzo Tommasi
7 Palazzo Casali (Museo dell' Accademia Etrusca)
8 Teatro Signorelli
9 Palazzo Vescovile
10 Palazzo Fierli
11 Palazzo del Popolo

Palazzo Pretorio (Museum)
Nordwestlich vom Rathaus erstreckt sich die Piazza Signorelli. Dort steht der Palazzo Pretorio, dessen Fassade viele Wappen alter Podestà (Stadtvögte) zieren. Im Inneren ist die 1726 gestiftete Accademia Etrusca (Etruskische Akademie) untergebracht, ferner das Museum etruskischer Altertümer; sehenswert der bronzene etruskische Radleuchter (5. Jh. v.Chr.).

Dom
Nordwestlich der Piazza Signorelli erhebt sich am aussichtsreichen Domplatz der ursprünglich romanische, 1456–1502 im Renaissancestil von Giuliano da Sangallo umgestaltete Dom.

*Museo Diocesano
Gegenüber befindet sich im ehem. Baptisterium (auch Chiesa del Gesù) das Museo Diocesano (Diözesanmuseum), das hervorragende Bilder von Fra Angelico, Luca Signorelli, Pietro Lorenzetti und anderen Künstlern sowie einen römischen Sarkophag (2. Jh. n.Chr.) besitzt.

Stadtmauer
Östlich vom Dom die Porta Colonia, von der sich ein eindrucksvoller Blick auf die im untersten Teil etruskische Stadtmauer (2600 m lang) bietet.

Etwa 1 km nordöstlich, unterhalb der Porta Colonia, kommt man zu der Kirche Santa Maria Nuova (16.Jh.), einem auf quadratischem Grundriß errichteten Renaissancebau mit hoher Kuppel.

Cortona, Santa Maria Nuova

Die Kirche San Francesco steht im östlichen Teil der Stadt. Sie wurde 1245 im gotischen Stil begonnen und im 17. Jh. umgebaut. Besondere Beachtung verdient der Reliquienschrein des Heiligen Kreuzes am Hochaltar, eine byzantinische Elfenbeinarbeit aus dem 10. Jahrhundert.

San Francesco

Von der Piazza della Repubblica führt die Via Nazionale südöstlich zu der bereits außerhalb der Stadtmauer gelegenen Piazza Garibaldi, von der sich eine schöne Aussicht bietet. Östlich von hier steht – am Nordrand des Giardino Pubblico (Volkspark) – die Kirche San Domenico (15. Jh.), ursprünglich Teil eines Dominikanerklosters, mit Gemälden von Signorelli sowie einem Flügelaltar von Lorenzo Ghiberti (14./15. Jh.).

Piazza Garibaldi
*San Domenico

Von der Piazza Garibaldi führt der Weg in vier Kehren 3 km hinab zu der am südlichen Hang des Stadtberges gelegenen Kirche Madonna del Calcinaio, einem schönen Kreuzkuppelbau von Francesco di Giorgio Martini (15. Jh.). Die Kirche wurde zu Ehren eines wundertätigen Marienbildes erbaut, das sich ursprünglich an der Wand einer Kalkgrube (calcinaio) befand und heute den Hochaltar schmückt.

*Madonna del Calcinaio

Hoch über der Stadt erhebt sich die Fortezza Medicea (Festung der Medici), der nordöstliche Eckpfeiler der Stadtmauer. Von oben bietet sich eine herrliche Rundsicht.

Fortezza Medicea

Unweit unterhalb der Festung ist der Gebäudekomplex des Santuario di Santa Margherita (Wallfahrtskirche) an den Stadtberg hingelagert. Das Grabmal der hl. Margareta von Cortona (1247–1297) entstand im Jahre 1362; ihre Reliquien ruhen in einem silbernen Schrein auf dem Hochaltar.

Santuario di Santa Margherita

Castiglion Fiorentino

Das malerische Städtchen Castiglion Fiorentino liegt an der Flanke eines Hügels. Der von einer mittelalterlichen Mauer umgebene Ort besitzt Türme aus dem 14. und 15. Jahrhundert.

Lage
12 km nordwestlich von Cortona

Cremona E 5

Region: Lombardei/Lombardia
Provinz: Cremona
Höhe: 45 m ü.d.M.
Einwohnerzahl: 74 000

Cremona, Hauptstadt der gleichnamigen Provinz, liegt in der fruchtbaren norditalienischen Tiefebene am linken Ufer des Po unweit der Adda-Mündung, rund 70 km südöstlich von Mailand, der Hauptstadt der Lombardei.

Lage

Die gallische Siedlung, seit 218 v.Chr. römische Kolonie, wurde mehrfach zerstört, so im Jahre 70 n.Chr. durch das Heer Vespasians, dann durch die Goten und die Langobarden sowie durch die Kämpfe der Ghibellinen mit den Guelfen. Die Stadt war Hauptstützpunkt Kaiser Friedrichs II.; 1334 kam sie an Mailand und blieb seitdem mit dessen Schicksal verbunden.

Geschichte

Die Stadt ist weltberühmt durch ihren Geigenbau, der seinen Höhepunkt im 16.–18. Jh. hatte. Die Geigen von Niccolò Amati, Antonio Stradivari, Guarneri del Gesù und anderen Geigenbauern sind ihres schönen Tones wegen hoch geschätzt. Heute sucht man die Musiktradition der Stadt

Geigenbau

Cremona

Geigenbau (Fortsetzung)

durch Konzerte u.a. weiterzuführen. In Cremona gibt es ein Internationales Berufsinstitut für Geigenbau und Holzhandwerk. Und im Kulturzentrum "Città di Cremona" finden Ausstellungen zum Thema 'Geigenbau' statt.

Musiktradition

Cremona ist Geburtsort des Komponisten Claudio Monteverdi (1567 bis 1643), der Opern wie "Il ritorno d'Ulisse in patria" und "Orfeo" schrieb. 1613 ernannte man ihn zum Maestro di cappella di San Marco in Venedig. Nach dem Auftreten der Pest in Venedig wurde er Priester. Heute existiert in Cremona eine nach Monteverdi benannte Musikschule.

✻Piazza del Comune

✻Torrazzo

Den Mittelpunkt der malerischen Altstadt bildet die Piazza del Comune. Dort steht der gewaltige Torrazzo (1267), das Wahrzeichen der Stadt. Von dem 111 m hohen, eindrucksvollen Glockenturm bietet sich eine weite Sicht. Im ersten Stockwerk des Torrazzo befindet sich die 'Bottega della Torre', eine Geigenbau-Werkstatt, die jeder besuchen sollte, der wissen möchte, wie der Geigenbau zu Stradivaris Zeiten bewerkstelligt wurde.

✻Dom

Der Dom, ein Bau im lombardisch-romanischen Stil (1107–1190) wurde später im Stil der Gotik vollendet. Er präsentiert sich als dreischiffiger Bau, der Chor hat drei Apsiden. Den Mittelpunkt der säulengeschmückten Hauptfassade, kunstvoll mit Skulpturen verziert, bildet die Porta Reggia. Das Innere ist mit Fresken (1506–1573) geschmückt, u.a. von Pordenone und Boccaccino. An den Wänden des Mittelschiffs sieht man Darstellungen der Kreuzigung, der Grablegung und der Auferstehung, ferner Szenen aus dem Leben Mariens. Verschiedene Pfeiler sind mit Wandteppichen behängt. An den beiden Kanzeln von Luigi Voghera (19. Jh.) schöner Reliefschmuck. Der Domschatz enthält vor allem Goldschmiedearbeiten aus dem 15. Jahrhundert.

Blick auf den lombardisch-romanischen Dom von Cremona

Vom Camposanto, dem Friedhof neben der Kirche, bietet sich ein Zugang zu den Mosaiken einer zerstörten Kirche. Neben dem Dom befindet sich auch das Baptisterium (1167) mit achteckigem Grundriß; im Inneren ein beachtenswertes Taufbecken von L. Trotti (16. Jh.).

Dom (Fortsetzung)

An der Piazza del Comune steht auch das gotische Rathaus, der 1206–1246 erbaute Palazzo Comunale; im Erdgeschoß eine offene Halle mit fünf Arkaden. Sehenswert sind vier Geigen der berühmten Cremoneser Geigenbauer. Neben dem Rathaus die ebenfalls gotische Loggia dei Militi (1292), wo früher der Kommandant der Stadtwache seinen Sitz hatte.

*Palazzo Comunale

Von dort sind es nur ein paar Schritte zur Kirche San Pietro al Po (1563 bis 1568) in der Via Cesari, deren Inneres mit Stuckornamenten und Deckenmalereien von Antonio Campi († 1591) ausgestattet ist. Im benachbarten Kloster eine Darstellung der 'Wunderbaren Brotvermehrung' (um 1550).

San Pietro al Po

Piazza Roma

Ein weiteres Zentrum des städtischen Lebens bildet die Piazza Roma, ein Platz mit Grünflächen, der nordwestlich vom Dom liegt. Auf dem Platz ein Gedenkstein für Antonio Stradivari. Von der Piazza Roma führt der Corso Mazzini zum Palazzo Fodri (15./16. Jh.), einem Renaissance-Bau mit beachtenswertem Loggienhof, der früher Leihhaus war.

Gedenkstein für Stradivari

Nordwestlich der Piazza Roma steht an der Via Ugolani Dati der stattliche Palazzo Affaitati (1561), ein wuchtiger Bau der Spätrenaissance, dessen Hallenhof und Treppenhaus im barocken Stil gehalten sind. Der Palast beherbergt das Museo Civico "Ala Ponzone". Dort werden Bildwerke der Cremoneser Malerschule des 15.–18. Jh.s gezeigt, als deren Begründer Boccaccio Boccaccino (um 1467 bis 1525) gilt, ferner archäologische Fundstücke, Keramik und Cremoneser Terrakotten. In der Altstadt sind mehrere Kirchen und Paläste mit Terrakottaschmuck versehen.

Museo Civico "Ala Ponzone"

Im Affaitati-Palast (Ecke Via Palestro / Via Ugolani Dati) ist auch das Museo Stradivariano untergebracht, in dem über 700 Arbeiten der berühmten Cremoneser Geigenbauer zu sehen sind, ferner Entwurfszeichnungen, Modelle und Arbeitsgeräte. Der bekannteste Geigenbauer von Cremona war Antonio Stradivari (1644–1737), ein Schüler von Niccolò Amati. Er hatte die Fähigkeit, die akustischen Eigenschaften von Hölzern zu erkennen. Stradivari brachte es zu großem Wohlstand, so daß damals die Redewendung 'reich wie Stradivari' entstand.

Stradivari-Museum

Umgebung von Cremona

Rund 2 km östlich von Cremona liegt die Kirche San Sigismondo, ein prächtiger Frührenaissancebau, 1463 von Bartolomeo Gadia begonnen, ausgestattet mit Fresken von Boccaccino, Bernardino und Giulio Campi sowie anderen Künstlern. San Sigismondo wurde auf Veranlassung von Bianca Maria Visconti zur Erinnerung an ihre Hochzeit mit Francesco Sforza gestiftet und gilt heute als einer der bedeutendsten Sakralbauten in der Lombardei.

San Sigismondo

Dolomiten / Dolomiti F 3 – G 2

Regionen: Trentino–Alto Adige / Trentino–Südtirol, Venetien/Veneto
Provinzen: Bozen/Bolzano, Trient/Trento und Belluno

Hinweis

Die Beschreibung der Dolomiten im Rahmen dieses Reiseführers ist bewußt knapp gehalten, da in der Reihe 'Baedeker Allianz Reiseführer' ein ausführlicher Regionalführer "Südtirol/Dolomiten" vorliegt.

Lage und Allgemeines

Die nach dem französischen Geologen Dieudonné Dolomieu (1750–1801) benannte großartige Gebirgsgruppe der Dolomiten weit im Norden Italiens ist eine der schönsten und meistbesuchten Regionen der Alpen. Das Gebiet der Dolomiten wird von den Flüssen Eisack, Etsch, Brenta, Piave und Rienz begrenzt.

✱✱Landschaftsbild

Geologie

Im geologischen Aufbau herrscht in den westlichen Dolomiten der massige Korallenriffkalk vor (Schlern), während im östlichen Teil hauptsächlich die auf diesen flach auflagernden geschichteten Kalke auftreten (z.B. Monte Cristallo bei Cortina d'Ampezzo). Eine dazwischenliegende weichere, tonige und mergelige Schicht bildet ein Band, das z.B. an der Sella besonders auffällig ist. Diese Kalke sind von den Flüssen in einzelne Stöcke zerlegt worden, die zum Teil Plateaus bilden, u.a. den Schlern und die 3342 m hohe Marmolada, den höchsten Gipfel der Dolomiten, der auch einen kleinen Gletscher trägt. Zum Teil sind zerklüftete Felsmauern entstanden – wie der Rosengarten und die Pala-Gruppe. Die Felsformen des Kalkes, der äußerst schroffe Wände bildet, sind von der Verwitterung zu scharfen Gipfeln, Pfeilern und Türmen von oft phantastischer Wildheit

Der Schlern mit Santner- und Euringerspitze

Dolomiten

gestaltet worden. Vulkanische Ergüsse haben die dunkle Lava geliefert, welche die zackige Kette zwischen Marmolada und Pordoi-Joch aufbaut. Der Fuß der Kalkwände ist von riesigen Schutthalden bedeckt (Latemar, d.h. breiter Schuttstrom). Daran schließen sich weite almenreiche Hochflächen an.

Geologie (Fortsetzung)

In den Dolomiten zeigt sich besonders schön das strahlend rote Alpenglühen (ladinisch 'Enrosadüra'), mit dem die untergehende Sonne die Gipfel übergießt, insbesondere das bei leichtem westlichen Gewölk fünf bis zehn Minuten nach Sonnenuntergang einsetzende Nachglühen in Gelb, Purpur und Violett.

Alpenglühen

Das Eisacktal mit seinen Seitentälern und das Pustertal wurden seit dem 6. Jh. von deutschsprachigen Baiern besiedelt, während von Süden her Italiener vordrangen. Die rätoromanischen, heute Ladiner genannten Bewohner zogen sich in die inneren Dolomitentäler zurück und siedeln jetzt im wesentlichen nur noch im Grödner Tal und im Gadertal. Die Ladiner sprechen eine eigene, dem Lateinischen verwandte Sprache, in der auch Zeitungen und Zeitschriften erscheinen.

Bevölkerung

Haupterwerbszweig der Bevölkerung in den Dolomiten ist neben Viehzucht und Holzwirtschaft in erster Linie der Tourismus (Alpinismus und vor allem Wintersport).
Touristisch ist das Gebiet durch die weit in das Gebirge vordringenden Täler und ein dichtes Netz von Straßen (u.a. die Dolomitenstraße) außerordentlich gut erschlossen. Neben den großen bekannten Luftkurorten und Wintersportplätzen wie → Cortina d'Ampezzo, Corvara und San Martino di Castrozza gibt es zahlreiche mittlere und kleinere Ferienorte sowie eine Reihe abgelegener, gut geführter Hotels und Berggasthäuser.
Die Kriegsstraßen aus dem Ersten Weltkrieg (von denen viele nach und nach verfallen) bieten auch Nichtbergsteigern die einzigartige Möglichkeit, Gipfel zu erreichen, von denen sich eine gute Aussicht bietet. Außerdem erschließt ein dichtes Netz von Berg- und Sesselbahnen sowie Skiliften weite Gebiete.

Tourismus

Unter der Bezeichnung 'Dolomiti Superski' wurde das Gebiet zwischen Eisacktal, Pustertal und Fleimstal zum größten Skiverbund der Alpen zusammengefaßt. Es ist eine Region der Superlative: Annähernd 500 Liftanlagen erschließen über 1000 Kilometer Skipisten, Tiefschneeabfahrten und Tourenrouten, die alle mit einem einzigen Skipaß benutzt werden können. Der gesamte Höhenunterschied, den diese Bergbahnen überwinden, liegt bei etwa 100 000 Metern.
Wohl die bekannteste Rundtour (allerdings nur bei einheitlich guten Schneeverhältnissen lückenlos und in beiden Richtungen befahrbar) ist die Sella Ronda, ein Skizirkus rund um das Massiv der Sella.

**Dolomiti Superski

**Große Dolomitenstraße

Die rund 110 km lange Dolomitenstraße (Große Dolomitenstraße) führt von → Bozen nach → Cortina d'Ampezzo.

Unweit östlich von Bozen unterquert man die Brennerautobahn und fährt in der vom Karneider Bach durchströmten Schlucht des Eggentales aufwärts. Links steht auf steilem Fels Burg Karneid (13. Jh., um 1880 erneuert; Kapelle mit Fresken) über dem gleichnamigen Dorf; im Ortsteil Kardaun das Eisack-Kraftwerk. Dahinter führt eine Straßenbrücke über den Eggentaler Wasserfall.
Später weitet sich das Tal; bei Birchabruck (Ponte Nova; 877 m) bietet sich ein schöner Blick auf Latemar (rechts) und Rosengarten (links). Die Dolomitenstraße verläßt hinter Birchabruck das Eggental und führt im Welschnofener Tal mäßig aufwärts.

Eggental Karneid

231

Dolomiten

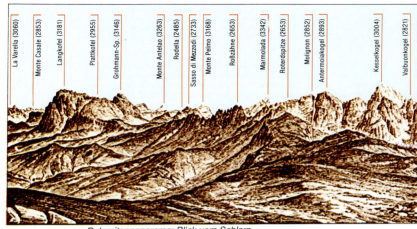

Dolomitenpanorama: Blick vom Schlern

Welschnofen / Nova Levante	Das schön am Hang gelegene Dorf Welschnofen (1182 m) wird als Sommerferienort und zum Wintersport besucht. Von der Hainzensäge (1340 m) führt ein Korblift zur Frommer Alm (1730 m) und weiter zur Kölner Hütte (Rosengartenhütte, 2337 m). Auf dem Kölner Weg erreicht man in etwa 1¼ Stunden die Paolina-Hütte (2127 m) über dem Karerpaß (s. unten).
*Karersee	Nach knapp 6 km gelangt man zu der kleinen Hotelsiedlung Karersee (Carezza al Lago; 1609 m), unweit oberhalb des Karersees (Lago di Carezza; 1530 m; Naturschutzgebiet), in dem sich die wilden Felstürme des südlich aufragenden, 2794 m hohen Latemar spiegeln. Nordöstlich erhebt sich die Rotwand (2806 m).
Karerpaß	Die Dolomitenstraße zieht über Matten weiter mäßig bergab zum Karerpaß (Passo di Costalunga, 1753 m) an der deutsch-ladinischen Sprachgrenze zwischen Latemar und Rotwand.
Vigo di Fassa	Jenseits der Paßhöhe folgt Vigo di Fassa (1382 m), ein beliebter Ferien- und Wintersportort am Hang über dem Fassatal. In der Pfarrkirche (15. Jh.) im Ortsteil San Giovanni befinden sich Fresken (16. Jh.); oberhalb ein Soldatenfriedhof.
Pozza di Fassa	Weiter in dem vom Avisio durchflossenen Fassatal aufwärts folgt der Ferienort Pozza di Fassa (1290 m) mit Korblift zum Buffaurehang (2020 m; Skilifte).
Campitello di Fassa *Rodella	Das im Sommer wie im Winter gleichermaßen besuchte Campitello di Fassa wird von den Zacken des Langkofels überragt. Ein Sessellift führt auf den Col Rodella (2387 m); 15 Minuten oberhalb die 2485 m hohe Rodella (Fernseh-Sendemast; Schutzhütte).
Canazei	An der Mündung des Val Lasties liegt Canazei, der als Tourenstützpunkt und Wintersportplatz vielbesuchte Hauptort des oberen Fassatales.
Pecol Bindelweg	Eine Schwebebahn führt nach Pecol an der Straße über das Pordoijoch; hier befindet sich ein weites Skigebiet. Ein Sessellift erreicht das in 2389 m Höhe gelegene Belvedere (Schutzhaus); vom Pordoijoch kommt der Bindelweg (Viel dal Pan), auf dem man in 2½ Stunden über das Rifugio Viel dal

Dolomiten

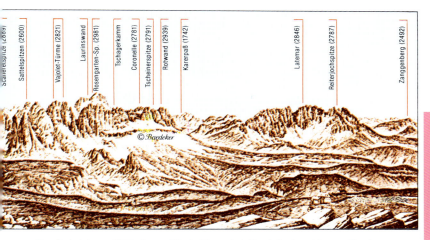

Pan (Schutzhaus, 2346 m) zum Rifugio Marmolada/Castiglioni am künstlich aufgestauten Fedaiasee (2046 m) gelangt.	Pecol (Fortsetzung)
Auf der von Canazei südlich zum Fedaiapaß führenden Straße erreicht man das Dorf Alba (Schwebebahn nach Ciampac, 2136 m, Skigebiet). Die Straße zum Paß erreicht das malerische Bergdorf Penia (1556 m) und führt oberhalb vom Pian Trevisan (1717 m) zum Fedaiasee (s. zuvor).	Alba Straße zum Fedaiapaß
Auf einer zweistündigen Bergtour über die Baita Robinson (1828 m) erreicht man das Contrinhaus (Rifugio Contrin, 2016 m). Weiter führt der Weg in 4½ Stunden über den 2704 m hohen Ombrettapaß, dann unterhalb der gewaltigen Marmolada-Südwand entlang zum Rifugio O. Falier (2080 m) und zur 1446 m hoch gelegenen Hotelsiedlung Malga Ciapela an der Ostseite der Marmolada.	Malga Ciapela
Die Strecke führt über Pecol (s. zuvor) weiter in zahlreichen Kehren bergauf zum 2239 m hohen Pordoijoch, dem höchsten Paß der Großen Dolomitenstraße. Es bietet sich ein prachtvoller Ausblick; im Osten die Ampezzaner Dolomiten mit der Tofana. Vom Pordoijoch führt eine Schwebebahn auf den 2950 m hohen Sasso Pordoi. Von hier in 1½ Stunden über das Rifugio Forcella Pordoi (2850 m) auf den 3151 m hohen Piz Boè, den höchsten Gipfel der Sella. Etwa 1,5 km östlich des Joches (Fußweg) erhebt sich links oberhalb der Dolomitenstraße das weithin sichtbare kreisrunde Ehrenmal für die deutschen Gefallenen (Ossario, 1959 eingeweiht); in der Nähe ein Friedhof für Gefallene der beiden Weltkriege.	*Pordoijoch / Sasso Pordoi
Die Dolomitenstraße zieht vom Pordoijoch kurvenreich bergab und erreicht nach knapp 10 km den hübsch am Fuße der Sellagruppe gelegenen, vor allem zum Wintersport besuchten Ort Arabba (1602 m).	Arabba
Eine Schwebebahn (im Winter parallel dazu ein Sessellift) führt zur Porta Vescovo (2510 m; Berghaus), einer Einsenkung zwischen dem Belvedere (2650 m) und der Mesola (2739 m), von der sich ein eindrucksvoller Blick über den aufgestauten Fedaiasee (s. zuvor) auf die Nordflanke der Marmolada bietet.	Porta Vescovo
Die Dolomitenstraße folgt nun dem vom Cordevole durchflossenen Buchenstein-Tal (Livinallongo), zuerst im Talboden, später hoch am Nord-	Livinallongo / Buchenstein

Elba

Dolomiten, Livinallongo (Fortsetzung)

hang hin und über eine Schlucht. Dann erreicht man Pieve di Livinallongo (Buchenstein), den Verwaltungssitz der ausgedehnten Gemeinde Livinallongo del Col di Lana.

Südöstlich unterhalb von Pieve das Sacrario di Pian di Salesi, ein italienischer Soldatenfriedhof. Die zu der Gedenkstätte führende Straße zieht weiter in südlicher Richtung nach Caprile und Alleghe am gleichnamigen See.

*Col di Lana

Nördlich über Pieve di Livinallongo ragt der 2462 m hohe Col di Lana auf, den man zu Fuß in 3 Stunden über das Rifugio Gaetani (1835 m) erreicht. Der Gipfel war in den Jahren 1915–1918 hart umkämpft: Italienische Alpini-Truppen trieben einen Stollen unter die von österreichischen Kaiserjägern gehaltene Gipfelstellung und sprengten den Gipfel am 17./18. April 1916 in die Luft (auf diesem Geschehen fußt die Handlung des Luis-Trenker-Films "Berge in Flammen"). Im Gipfelbereich eine Gedenkkapelle sowie Reste von Stellungen; von oben bietet sich ein ausgezeichneter Rundblick.

Falzarego-Paß / Passo di Falzarego

Hinter Pieve di Livinallongo wendet sich die Dolomitenstraße nach Norden und erklimmt in zahlreichen Serpentinen den 2177 m hohen Falzarego-Paß, eine breite Einsenkung, die westlich vom Sasso di Stria ('Hexenfels', 2477 m), östlich von den seltsamen Cinque Torri ('Fünf Türme', 2362 m) sowie südlich vom Nuvolau (2575 m) überragt wird. Nördlich des Passes führt eine Schwebebahn zum Kleinen Lagazuoi (2728 m; prachtvoller Panoramablick).

Valparola-Joch

Vom Falzarego-Paß führt eine Straße nordwestlich am schönen Lago di Valparola vorbei zum 2192 m hohen Valparola-Joch, nordöstlich überragt vom Lagazuoi (2803 m), dann in Kehren bergab nach Armentarola (1640 m), von hier über das reizvoll gelegene Dorf St. Kassian (San Cassiano, 1537 m) zu dem im Gadertal (Hochabteital) gelegenen Dorf Stern (ital. La Villa, ladin. La Ila, 1483 m).
Die Dolomitenstraße verläuft vom Falzarego-Paß in Windungen und Serpentinen mäßig bergab; links die gewaltige Felswand der Tofana (→ Cortina d'Ampezzo, Bergbahnen).

Cinque Torri

Gut 5 km hinter der Paßhöhe zweigt ein Weg zum Rifugio Cinque Torri (2131 m) ab; von hier Klettertour in die Felsgruppe der Cinque Torri ('Fünf Türme'; Hauptgipfel 2362 m). Etwa 15 Minuten westlich der Hütte das Rifugio Scoiattoli (2230 m; Skilift), von wo ein Sessellift abwärts zum Rifugio Bai de Dones (1900 m) an der Dolomitenstraße führt.

**Tofana

Rund 7 km hinter der Höhe des Falzarego-Passes zweigt ein 6 km langer Kriegsfahrweg zum Rifugio Cantore (2545 m), dem Ausgangspunkt für die Ersteigung der 3244 m hohen Tofana (→ Cortina d'Ampezzo, Bergbahnen), ab.
Über Pocol gelangt man nach 9 km zu dem Wintersportort → Cortina d'Ampezzo.

Elba / Isola d'Elba   E 10

Region: Toskana/Toscana
Provinz: Livorno
Fläche: 223 km^2
Bewohnerzahl: 30 000

Hinweis

Die Darstellung der Insel Elba in diesem Reiseführer ist bewußt knapp gehalten, da in der Reihe 'Baedeker Allianz Reiseführer' ein ausführlicher Inselband "Elba" vorliegt.

Elba, die größte Insel des Toskanischen Archipels, liegt 10 km südwestlich von dem Festlandshafen Piombino im Ligurischen Meer.

Lage

Die Insel, 27 km lang und bis zu 18,5 km breit, baut sich hauptsächlich aus Granit und Porphyr auf und birgt besonders in ihrem östlichen Teil hochwertige Erzvorkommen (40–80 % Metallgehalt).

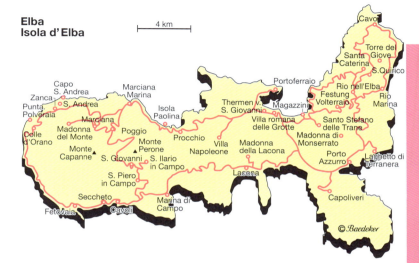

Mit dem Besitz der Eisengruben von Elba begründeten einst die Etrusker ihre Vorherrschaft in Italien, auch die Römer haben später diese Gruben ausgebeutet. Noch heute bildet die Förderung von Eisenerz neben dem Fang von Thunfisch und Sardellen sowie der Landwirtschaft (Obst, Wein) den wichtigsten Erwerbszweig der Bewohner.

Bevölkerung und Wirtschaft

Dank eines milden und ausgeglichenen Klimas, landschaftlicher Reize und günstiger Bedingungen für den Unterwassersport (an den steilfelsigen Küsten) konnte man auf Elba in den letzten Jahren ein stetiges Ansteigen der Besucherzahlen verzeichnen.

Elba gehörte seit dem 11. Jh. den Pisanern, fiel 1284 an Genua, später an Lucca und 1736 an Spanien. 1814 wurde die Insel dem entthronten Napoleon mit vollen Souveränitätsrechten überlassen; er verweilte hier vom 3. Mai 1814 bis zum 26. Februar 1815. Durch den Wiener Kongreß kam die Insel wieder zum Großherzogtum Toskana.

Geschichte

Portoferraio

Auf einer Landzunge im Westen der Einfahrt zu einer weiten Bucht der Nordküste liegt Portoferraio ('Eisenhafen'; 10 m; 11 500 Einw.), der Hauptort der Insel. An der Hauptstraße Via Garibaldi steht das Rathaus; unweit nordöstlich, in der Via Napoleone, die Kirche Misericordia, in der alljährlich am 5. Mai eine Seelenmesse für Napoleon gelesen wird (innen eine Nachbildung seines Sarges sowie ein Bronzeabguß der Totenmaske). Weiter oberhalb, auf dem höchsten Punkt der eigentlichen Stadt, liegt die Piazza

Elba

Portoferraio (Fortsetzung)

Napoleone; von dort bietet sich eine schöne Aussicht. Westlich steht das Forte Falcone (79 m), östlich – oberhalb des Leuchtturms – das Forte Stella (48 m), beide 1548 angelegt und später von Napoleon ausgebaut. An der Seeseite des Platzes befindet sich die Villa dei Molini, ehemals offizielle Residenz Napoleons; im Inneren ist Napoleons Bibliothek zu sehen.

Villa Napoleone

Etwa 6 km südwestlich von Portoferraio liegt inmitten reicher Vegetation am Abhang des bewaldeten Monte San Martino (370 m) die Villa Napoleone, einst Sommerresidenz des Kaisers (Aussichtsterrasse).

Pinacoteca Foresiana

In der Nähe des Sommersitzes befindet sich ein Haus mit der Pinacoteca Foresiana; dort werden u.a. Werke von Antonio Canova ('Galatea'), Guido Reni und Salvatore Rosa gezeigt.

Fahrt durch die Insel Elba

Procchio

Marciana Marina

Von Portoferraio gelangt man 18 km westlich über den Badeort Procchio, an der gleichnamigen weiten Bucht, zu dem ebenfalls als Seebad beliebten Dorf Marciana Marina.

Poggio Marciana

Rund 4 km weiter landeinwärts von Marciana Marina kommt man zum Fort Poggio (359 m), dann 4 km westlich zu dem inmitten schöner Kastanienwälder gelegenen, im Sommer als Erholungsort besuchten Dorf Marciana (375 m; Burgruine).

Monte Capanne

Von hier führt eine Kabinenbahn zum Monte Capanne (1019 m), dem höchsten Gipfel der Insel (Aussicht).

Monte Perone

Lohnend ist ferner ein Weg von Poggio (1 Std.) südöstlich auf den Monte Perone (630 m).

Die Ruine der Burg von Volterraio beherrscht die Insel

An der Ostküste liegt der Ort Rio Marina (2500 Einw.; bis vor wenigen Jahren bedeutender Eisenerztagebau). — Elba, Rio Marina

An einer langen Bucht erstreckt sich malerisch das im 17. Jh. von den Spaniern befestigte Fischerstädtchen Porto Azzurro (3000 Einw.). — Porto Azzurro

Einen Besuch lohnt auch das reizvolle Capoliveri, ein Bergbau- und Weinbauort auf einem Vorgebirge im Südosten der Insel. — Capoliveri

An der einsamen Südküste liegt schön am Golf di Campo das beliebte Seebad Marina di Campo. — Marina di Campo

Emilia-Romagna E–G 6–7

Region: Emilia-Romagna
Provinzen: Bologna, Ferrara, Forlì-Cesena, Modena, Parma, Piacenza, Ravenna, Reggio nell' Emilia und Rimini
Fläche: 22 124 km^2
Einwohnerzahl: 3 947 000

Die Emilia-Romagna, der südöstliche Teil der Oberitalienischen Tiefebene, umfaßt ein Gebiet, das sich südlich des Po bis zum Apennin und nach Osten zur Adriaküste erstreckt. Die außerordentliche Fruchtbarkeit des Landes wie auch die geographische Lage im Durchgangsbereich uralter Verkehrs- und Handelswege zwischen der Adria und Norditalien bzw. dem Golf von Genua waren von jeher Grundlage eines beachtlichen Wohlstands der Bürger, insbesondere in den größeren Städten. Die Emilia-Romagna gehört zu den hochentwickelten Wirtschaftsgebieten Italiens. Fleisch- und Milchwirtschaft, Tomaten- und Obstkulturen, Wein-, Zuckerrüben-, Mais- und Reisanbau bestimmen den agrarischen Bereich. Petrochemie auf der Grundlage von Erdöl- und Erdgasvorkommen der Poebene, Maschinen-, Fahrzeug- und Apparatebau, ferner Textil- und Schuhproduktion genießen internationales Ansehen. An der Adriaküste sind überdies das Fischereiwesen und der Fremdenverkehr bedeutend. — Lage und Allgemeines

Die Emilia, heute der westliche Teil der Region, leitet ihren Namen von der römischen Via Aemilia (jetzt 'Via Emilia') her, die 187 v. Chr. von dem Konsul Marcus Aemilius Lepidus zur Sicherung der nordapenninischen Provinzen als Militärstraße angelegt, von Rimini kommend am Südrand der Oberitalienischen Tiefebene verlief und über Bologna, Parma und Piacenza nach Tortona führte. Nach Eroberung Norditaliens durch die Langobarden verblieb der südöstliche Teil mit Forlì und Ravenna als Romagna unter byzantinischer Herrschaft. — Geschichte

Die Fahrt entlang der Via Emilia ist wegen der Reihe bedeutender Städte, darunter → Piacenza, → Parma, → Reggio nell' Emilia, → Modena, → Bologna und → Forlì, von großem Reiz. — Hinweis

Reiseziele in der Emilia-Romagna

Zwischen Piacenza und Parma lohnt ein Halt in Fidenza (25 000 Einw.), das im Mittelalter Borgo San Donnino hieß und 1927 wieder den römischen Namen 'Fidentia Iulia' erhielt. Sehenswert ist der Dom, der im 12. Jh. im romanischen Stil begonnen und im 13. Jh. im gotischen Stil fertiggestellt wurde. An der Fassade beachte man den hervorragend gearbeiteten plastischen Schmuck (u. a. Wunder des Titelheiligen Donninus). — Fidenza

Etwa 10 km südwestlich von Fidenza liegt die Kurstadt Salsomaggiore Terme (18 000 Einw.), wo bereits im zweiten vorchristlichen Jahrhundert — Salsomaggiore Terme

Enna

Emilia-Romagna, Salsomaggiore Terme (Fortsetzung)

Salz gewonnen wurde. Die erste Kuranstalt eröffnete im Jahre 1847. Heute ist Salsomaggiore Terme von März bis November ein vielbesuchtes Heilbad, dessen jod-, brom- und salzhaltige Quellen bei Gelenk-, Muskel- und Nervenleiden Anwendung finden. Das architektonische Schmuckstück von Salsomaggiore Terme ist die 1913–1923 im orientalischen Stil erbaute Terme Berzieri.

Tabiano Bagni

Knapp 5 km östlich von Salsomaggiore Terme liegt das bedeutende Schwefelkurbad Tabiano Bagni.

Cesena

⟶ Forlì, Umgebung

Enna J 20

Region: Sizilien/Sicilia
Provinz: Enna
Höhe: 931 m ü.d.M.
Einwohnerzahl: 30 000

Lage

Die Stadt Enna liegt malerisch auf einer hufeisenförmigen Hochfläche der Monti Erei im Zentrum der Insel Sizilien. Der Ort, vor 1926 'Castrogiovanni' genannt, wird auch als 'Belvedere' oder 'Nabel Siziliens' bezeichnet.

Bemerkenswertes

Piazza Vittorio Emanuele

Die Piazza Vittorio Emanuele, der Hauptplatz des Ortes, liegt an dessen Nordrand. Dort stehen Kirche und Kloster San Francesco (Glockenturm des 15. Jh.s), ferner gibt es an dem Platz eine Aussichtsterrasse. Von der kleineren Piazza Crispi, unweit westlich, bietet sich ein herrlicher Blick auf das Städtchen Calascibetta (3 km nordwestlich).
Von der Piazza Vittorio Emanuele gelangt man durch den südöstlichen Abschnitt der Via Roma, der Hauptgeschäftsstraße der Stadt, am Rathaus und am Theater vorüber zur Piazza Mazzini.

Dom

An der Nordseite des Platzes steht der 1307 begonnene Dom (oder Chiesa Madre), der ein malerisches Inneres hat (14. Jh.); man sieht vier Halbsäulen und acht Säulen auf teils bizarr skulptierter Basis.

Museo Alessi

Hinter dem Dom befindet sich das Museo Alessi, das neben dem Domschatz auch Funde aus griechisch-römischer Zeit sowie mittelalterliche Malerei zeigt.

Castello di Lombardia

Die Via Roma endet östlich am ausgedehnten Castello di Lombardia mit noch sechs (von urspr. 20) erhaltenen Türmen und drei Höfen. Von der Plattform der Torre Pisana hat man namentlich bei Sonnenuntergang eine großartige Aussicht: im Osten das mächtige Ätna-Massiv, im Norden die Nebrodischen Berge und das Madonie-Gebirge, im Süden der Lago di Pergusa und an klaren Tagen in der Ferne das Mittelmeer.

Der südwestliche Abschnitt der Via Roma führt von der Piazza Vittorio Emanuele an den Kirchen San Cataldo und San Tommaso vorüber zu dem links abseits auf der Höhe des Stadtgartens gelegenen achteckigen Turm eines ehem. Kastells Friedrichs II. von Aragon (um 1300; schöne Aussicht).

Von Enna nach Caltagirone (ca. 70 km)

Piazza Armerina

Lohnend ist die Fahrt von Enna in südlicher Richtung am Lago di Pergusa vorbei nach Piazza Armerina (35 km; 25 000 Einw.), einem sizilianisch auch

'Chiazza' genannten Städtchen (Bischofssitz), mit stattlicher Kathedrale und Normannenkirche Sant' Andrea (1 km nördlich) von 1096 (Fresken aus dem 12.–15. Jh.).

Enna, Piazza Armerina (Fortsetzung)

Von Piazza Armerina sollte man nicht versäumen, die 6 km südlich gelegene Ausgrabungsstätte der Villa Romana del Casale zu besuchen, das glänzende Beispiel eines römischen Landsitzes aus der späten Kaiserzeit (3./4. Jh. n. Chr.; bis um 1200 bewohnt), mit Thermen, Peristyl und einer Basilika. Besonders im Triclinium (Speisezimmer) sieht man prächtige, mit mehr als 3000 m² Fläche zu den größten und besten ihrer Art zählende Fußbodenmosaiken.

**Villa Romana del Casale

In der Umgebung von Piazza Armerina befinden sich ferner Ausgrabungen der antiken Stadt Morgantina, mit griechischem Theater, weiter Agora sowie Resten eines Heiligtums und der 10 km langen Stadtmauer.

*Morgantina

Von Piazza Armerina gelangt man weiter südwestlich nach Caltagirone (32 km), einem für seine Majoliken und Terrakotten bekannten Städtchen (568 m; 62 000 Einw.), in dem es ein sehenswertes Keramikmuseum gibt.

Caltagirone

Caltanissetta

Südwestlich von Enna liegt Caltanissetta (588 m; 65 000 Einw.), Provinzhauptstadt und bedeutendster Ort im Inneren Siziliens (Kali- und Steinsalzgruben; der Schwefelabbau wurde eingestellt). Verkehrsmittelpunkt der Altstadt ist die Piazza Garibaldi; an dieser stehen der Dom (1622 geweiht; Fresken von Borremans, 1720; Gründonnerstagsprozession) und das Rathaus. Hinter dem Rathaus der barocke Palazzo Moncada (1638). Von der Piazza Garibaldi gelangt man südlich durch den Corso Umberto I zum Viale Regina Margherita mit dem Provinzpalast und dem Stadtgarten 'Villa Amadeo'. Im östlichen Teil der Stadt die ehem. Kirche Santa Maria degli Angeli (13./14. Jh.) und die Trümmer des arabisch-normannischen Kastells Pietrarossa. Südwestlich der Piazza Garibaldi, an der Via Colajanni, liegt das Museo Civico (regionale archäologische Funde), weiter südlich die Kirche San Pio X und das Folkloremuseum. Weit im Westen der Stadt, Viale della Regione 73, ist das Museo Mineralogico zu finden.

Lage
34 km südwestlich von Enna

Auf dem die Stadt nördlich überragenden Monte San Giuliano (727 m; Aussicht) steht eine 18 m hohe Christusstatue (1900), geschaffen von E. Basile.

Monte San Giulio

Faenza

F 7

Region: Emilia–Romagna
Provinz: Ravenna
Höhe: 35 m ü.d.M.
Einwohnerzahl: 54 000

Faenza liegt zwischen Bologna und Rimini in der Po-Ebene, rund 45 km von Bologna (nordwestlich) bzw. 55 km von Rimini (südöstlich) entfernt. Faenza ist bekannt wegen der Fayence genannten Keramik-Erzeugnisse, deren kunstvolle Fertigung im 15. und 16. Jh. die höchste Blüte erlangte und seit einigen Jahren wieder bewußt gepflegt und gefördert wird.

Lage und Bedeutung

Sehenswertes

Die Stadt wurde im Zweiten Weltkrieg stark beschädigt, jedoch fast vollständig wieder aufgebaut. Noch heute ist sie von einer Mauer umgeben.

Faenza

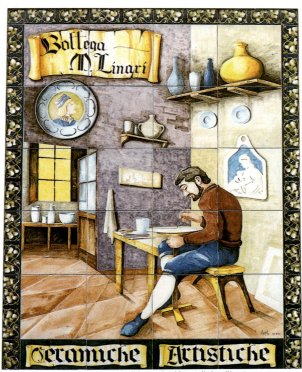

Faenza ist durch seine kunstvoll bemalte Keramik berühmt

Sehenswertes (Fortsetzung)

Hauptstraße ist der Corso Giuseppe Mazzini, der von Nordwesten nach Südosten durch das Stadtgebiet zieht. Am östlichen Ende des Corso liegen zwei langgestreckte, miteinander verbundene Plätze: die Piazza della Libertà (nördlich) und die Piazza del Popolo (südlich). An der Piazza della Libertà die Torre dell' Orologio (Uhrturm); daneben ein schöner Brunnen.

Dom

Ein markanter Bau an diesem Platz ist der Dom (Cattedrale), der 1474 bis 1513 von dem Florentiner Architekten Giuliano da Maiano im Stil der Frührenaissance errichtet wurde. Der dreischiffige Innenraum läßt toskanischen Einfluß erkennen. Links vom Hochaltar befindet sich in der Cappella di San Servino das Grabmal des hl. Savinus (Arca di San Savino), geschaffen von Benedetto da Maiano (1476). Weitere Ausstattungsstücke sind eine Madonna mit Kind und ein Marmorgrab aus der Renaissance.

Rathaus

An der Piazza del Popolo, dem historischen Mittelpunkt der Stadt, stehen das Rathaus und der Palazzo del Podestà, beide mit hohen Lauben. Der Palazzo del Podestà (1256), einstmals Haus des Stadtvogtes und Justizpalast, wird heute für verschiedene kulturelle Veranstaltungen genutzt.

Pinakothek; Museo Civico

Einen Besuch lohnen die Pinakothek, wo Gemälde alter Meister der Emilia und der Romagna gezeigt werden (Statue des hl. Hieronymus, aus Holz gefertigt von Donatello und seinen Schülern), und das Stadtmuseum (Museo Civico), beide in einem Palast an der Via Santa Maria dell' Angelo.

Die moderne Abteilung des Stadtmuseums (Fattori, Signorini, Morandi u.a.) ist in einem Gebäude am Corso Matteotti (Nr. 2) untergebracht.

Faenza, Museo Civico (Fortsetzung)

Dieser 'Palazzo' (um 1800) an der Via Tonducci präsentiert sich als eindrucksvolles Bauwerk neoklassizistischer Architektur. Die Innenräume sind mit Temperamalereien und prächtigen Stuckdekorationen verziert.

Palazzo Milzetti

Am Viale Baccarini befindet sich die interessanteste Sehenswürdigkeit von Faenza: das Keramik-Museum (Museo Internazionale delle Ceramiche). Dort kann sich der Besucher anhand zahlreicher Exponate eine Vorstellung von der Entwicklung der Keramik in der ganzen Welt verschaffen. Ausgestellt sind zeitgenössische Arbeiten italienischer und namhafter ausländischer Künstler, heimische Majoliken und Volkskunst. Darüber hinaus gibt es eine internationale Abteilung (u.a. Arbeiten von Marc Chagall und Pablo Picasso), Keramiken aus dem Fernen Osten, eine Sammlung präkolumbischer Keramik und Fundstücke aus Nordafrika. Zu dem Museum gehören eine Bibliothek mit Veröffentlichungen über Keramik und ein Photoarchiv. Alljährlich finden im Herbst Keramikausstellungen statt. Die Jahre mit einer ungeraden Jahreszahl werden Ausstellungen moderner Keramik, die Jahre mit gerader Zahl der antiken Keramik gewidmet.

*Museo Internazionale delle Ceramiche

In Faenza gibt es mindestens 60 Werkstätten, die die Tradition der von Hand ausgeführten Keramik lebendig halten. Neben den alten Motiven und Dekors steht die Suche nach neuen Farben, Formen und Gegenständen.

Fano   G–H 8

Region: Marken/Marche
Provinz: Pesaro e Urbino
Höhe: 14 m ü. d. M.
Einwohnerzahl: 53 000

Das rund 10 km südöstlich von Pesaro an der Adria gelegene Fano ist heute vor allem als Seebad bekannt, obgleich die Stadt ursprünglich nicht direkt am Meer, sondern etwas landeinwärts angesiedelt war. Seinen mittelalterlichen Stadtkern um die Piazza XX Settembre hat sich Fano trotz der Entwicklung zum Badeort bewahrt, ebenso ein paar Bauwerke, die die lange Geschichte der Siedlung dokumentieren. Gegründet wurde Fano in der Antike an der Stelle eines Fortuna-Tempels, der dem Ort auch den Namen gab: Fanum Fortunae.

Lage und Allgemeines

Sehenswertes

Mittelpunkt der von einem Mauerring und einer ehemals mächtigen Rocca aus dem 15. Jh. geschützten Stadt ist die Piazza XX Settembre, einer der wenigen weiten Plätze zwischen den schmalen Gassen der Altstadt. Dort stehen der 1299 erbaute, wuchtige Palazzo della Ragione (1677 als Theater eingerichtet). Die Torre Civica wurde nach Zerstörung im Zweiten Weltkrieg 1949 wiederaufgebaut. An der Südseite des Platzes erblickt man die hübsche Fontana della Fortuna (1593) mit der Figur der Glücksgöttin. In einem Flügel des ehemaligen Palastes der Adelsfamilie Malatesta, einem verschachtelten Gebäudekomplex an der Nordecke des Platzes, ist das städtische Museum mit einem Lapidarium, einer Münzsammlung und einer kleinen Kunstsammlung untergebracht.

Piazza XX Settembre

Nordwestlich der Piazza XX Settembre schließt sich die Piazza Mercato an. Von dieser führt die Via dell' Arco d'Augusto zu dem romanischen Dom San Fortunato, der mit 16 Wandgemälden des Barockmalers Domenichino (1612) ausgestattet ist.

Dom

Ferrara

Fano,
*Arco di Augusto,
San Michele

Etwas weiter stadtauswärts überspannt der dreitorige, noch recht gut erhaltene Ehrenbogen des Augustus aus dem ersten nachchristlichen Jahrhundert die Straße. Links stößt die Fassade der Kirche San Michele mit reich verziertem Renaissanceportal an den Augustusbogen.

Santa Maria Nuova

Südlich der Piazza XX Settembre liegt die Kirche Santa Maria Nuova, die zwei Bilder von Perugino besitzt, eine "Sacra Conversazione" (3. Altar rechts; 1497) und eine "Verkündigung" (2. Altar links).

Ferrara F 6

Region: Emilia-Romagna
Provinz: Ferrara
Höhe: 10 m ü.d.M.
Einwohnerzahl: 138 000

Lage und Bedeutung

Ferrara, Hauptstadt der gleichnamigen Provinz, liegt einige Kilometer südlich des Po in der Oberitalienischen Tiefebene. Die Entfernung zwischen Ferrara und der Küste des Adriatischen Meeres beträgt rund 50 km. Von Ferrara aus bestehen gute Straßenverbindungen nach Bologna, Ravenna, Padua und Venedig. Ferrara, Sitz eines Erzbischofs und einer Universität, war einst Residenz des italienischen Adelsgeschlechts der Este und ein Handelsplatz. Von jener Zeit zeugen noch die breiten Straßen, die gewaltige Burg und die prächtigen Renaissancepaläste. Seit kurzem steht die Altstadt von Ferrara auf der Liste des Weltkulturerbes der UNESCO.

Geschichte

Die Stadt, erstmals zur Zeit der Völkerwanderung erwähnt, kam 1332 in den Besitz der Este, eines der ältesten Fürstenhäuser Italiens (961–1598), das im 16. Jh. seine höchste Blüte erreichte. Ariost (Ludovico Ariosto,

Das im 14. Jahrhundert erbaute Castello Estense steht im Stadtzentrum

Ferrara

1474–1533), der größte italienische Dichter jener Zeit, wie auch Torquato Tasso (1544–1595) lebten an dem glänzenden Hof der Renaissancefürsten. Die Stadt fiel 1598 an den Kirchenstaat. Im Jahre 1860 wurde sie mit dem Königreich Italien vereinigt.

Geschichte (Fortsetzung)

Innere Stadt

Im Zentrum der Stadt erhebt sich malerisch das Castello Estense, eine für die Familie Este erbaute Wasserburg. Sie hat vier Türme und ist von Gräben eingefaßt. Die Anlage wurde 1385 begonnen und im 16. Jh. fertiggestellt. In den Räumen kann man, sofern sie für Publikum zugänglich sind, Fresken aus dem 16. Jh. bewundern. Das ehem. Schlafzimmer der Herzöge (Sonnenaufgangszimmer) hat eine nach mythologischen Themen dekorierte Decke, u.a. mit symbolischer Darstellung der Lebensabschnitte des Menschen. Auch die Dachgärten können besichtigt werden.

*Castello Estense

Bei dem Kastell liegt die Piazza Savonarola mit einem Denkmal des großen Sohnes der Stadt, der seine Zeitgenossen durch Bußpredigten aufzurütteln suchte. An der Piazza della Cattedrale steht der Palazzo Comunale, einst Residenzschloß der Este; er wurde im 14./15. Jh. umgebaut und erhielt 1924 bei Restaurierungsarbeiten eine neue Fassade.

Piazza Savonarola

Vom Kastell sind es nur wenige Schritte zur Kathedrale (12.–14. Jh.), die im romanisch-lombardischen Stil erbaut ist und eine stattliche Marmorfassade mit Skulpturen sowie zahlreichen Bögen und Fenstern hat. Der Innenraum ist mit Gemälden ausgeschmückt, die Meister der Ferrareser Schule geschaffen haben. Am Altar sind Bronzestatuen aus dem 15. Jh. zu sehen, der hl. Maurelius und hl. Georg; auch die Büsten der Apostel im Querschiff und das Bild 'Madonna mit Heiligen' (um 1520) sind schöne Beispiele sakraler Kunst.

*Kathedrale

Die Kathedrale von Ferrara ist eine glänzende Schöpfung der Romanik

Ferrara

Dommuseum — Über der Vorhalle der Kathedrale befindet sich das Dommuseum. Es besitzt einen Sarkophag aus dem 8. Jh., Skulpturen und Gemälde, darunter die 'Madonna del Melograno' (Madonna mit Granatapfel) von Iacopo della Quercia (1407). Interessant sind auch die Wandteppiche, auf denen man die Legenden um den hl. Georg und den hl. Maurelius sieht; sie wurden um 1550 in Ferrara von dem flämischen Künstler J. Karcher geknüpft – nach Zeichnungen von Camillo Filippi und von Garafola.

San Francesco — Etwa 500 m südöstlich der Kathedrale liegt die Kirche San Francesco, ein Backsteinbau der Frührenaissance (15. Jh.), der mit Kuppeln überwölbt ist; Fassade und Innendekoration stammen aus dem 16. Jahrhundert. Unweit östlich die 1391 gegründete Universität.

Sehenswertes im Süden

Städtisches Museum — Im Südosten der Stadt steht an der Via Scandiana der Palazzo Schifanoia, der Ende des 14. Jh.s errichtet und 1466–1493 umgebaut wurde. Ursprünglich ein Lustschloß der Este, dient er heute dem Städtischen Museum (Museo Civico) als Unterkunft. Zum Museumsbestand gehören neben Ausgrabungsfunden eine Reihe von Miniaturen und Medaillen. Sehenswert sind besonders die Fresken im Sala dei Mesi, geschaffen von Francesco Cossa und seinen Schülern (um 1470). Sie wurden beauftragt, Darstellungen der zwölf Monate zu schaffen, die jedoch nur noch teilweise erhalten sind. Auf drei übereinanderliegenden Feldern sind u.a. Szenen aus dem täglichen Leben jener Zeit dargestellt.

Archäologisches Museum — Südlich vom Palazzo Schifanoia gelangt man zum Palazzo di Ludovico il Moro (16. Jh.; unvollendet), der für den Herzog von Mailand, Ludovico il Moro, errichtet wurde. Das Innere ist mit bemerkenswerten Fresken, Beispielen früher illusionistischer Deckenmalerei (um 1500), ausgestattet. Heute ist dort das Archäologische Museum (Museo Civico d'Arte Antica) untergebracht, das Grabungsfunde aus der griechisch-etruskischen Nekropole Spina bei Comacchio (s. S. 245) zeigt. Sehr sehenswert ist auch eine Sammlung griechischer Vasen.

Biblioteca Ariostea — Südwestlich von San Francesco steht an der Via delle Scienze (Nr. 17) der Palazzo del Paradiso, der 1586–1962 Sitz der Universität war. Jetzt befindet sich in dem Gebäude die Biblioteca Comunale Ariostea. Man kann dort das Grabmal des Dichters Ariost und einige seiner Handschriften sehen.

Nördliches Stadtgebiet

Corso Ercole (Paläste) — Im Norden der Stadt stehen an der Kreuzung des eindrucksvollen Straßenzugs Corso Ercole I d'Este mit dem Corso Rosetti/Corso di Porta Mare stattliche Paläste, u.a. der Palazzo Sacrati (um 1500) mit schönem Portal.

Nationalgalerie — Südlich gegenüber der Palazzo dei Diamanti, ein hervorragendes Werk der Frührenaissance (1492–1567). Sein Name leitet sich her von den Marmorblöcken an der Fassade, die facettenartig wie Diamanten behauen sind. Der Palast beherbergt die Nationalgalerie (Pinacoteca Nazionale), die Bilder besitzt, die während des 15. und 16. Jh.s in Ferrara und in der Emilia geschaffen wurden. Dazu gehören Werke von Dosso Dossi u.a. Ferner sehenswerte Fresken, die aus Kirchen von Ferrara stammen.

Haus des Ariost — Nordwestlich von hier erreicht man in der Via Ariosto (Nr. 65) das Haus des Dichters Ariost (Casa dell' Ariosto); im 1. Stock das Sterbezimmer des Dichters. In dem Haus befindet sich heute ein Kulturzentrum.

Certosa — Am nördlichen Stadtrand steht das Kartäuserkloster (Certosa; 15. Jh.), das 1796 aufgehoben wurde, sein Gelände wird heute als Friedhof genutzt.

Ferrara

Die Valli di Comacchio bilden eine reizvolle Lagunenlandschaft

Am Corso Porta Mare steht der Palazzo Bevilacqua-Massari, in dem das Boldoni-Museum sowie Werke anderer Maler aus Ferrara untergebracht sind (Museo Boldini e dell' Ottocento Ferrarese). Von Boldini (1842–1931), der zahlreiche Porträts schuf, werden über hundert Bilder u.a. gezeigt. Interessant ist auch eine Porträtdarstellung, die Degas von Boldini geschaffen hat. In dem Palast kann man ferner die Städtische Sammlung zeitgenössischer Kunst (Civica Galleria d'Arte Moderna) besichtigen, die Gemälde von Previati, Mentessi, Funi, Melli und De Pisis besitzt. Im Erdgeschoß des Palazzo Bevilacqua gibt es darüber hinaus ein Museum für die 'Pittura metafisica', in dem die Anfänge dieser für Italien wichtigen Bewegung dokumentiert und Reproduktionen einiger Werke von Künstlern wie De Chirico, Savinio, Carrà und Morandi ausgestellt sind.

Museum im Palazzo Bevilacqua-Massari

Umgebung von Ferrara

Comacchio (21 500 Einw.), ein malerisches Städtchen, das rund 55 km südöstlich von Ferrara an einer Lagune liegt, ist der Hauptort der Landschaft Valli di Comacchio. Der Ort ruht auf 13 Inseln, zwischen denen Kanäle fließen. In der Nähe von Comacchio wurden zwei Nekropolen der griechisch-römischen Hafenstadt Spina (4./3. Jh. v.Chr.) ausgegraben.

Comacchio

Einen Besuch lohnt ferner das Benediktinerkloster Abbazia Santa Maria di Pomposa nördlich von Comacchio. Das Kloster, das im 7. Jh. gegründet und wegen einer Malariaseuche im 17. Jh. verlassen wurde, spielte im Mittelalter für das geistige Leben eine wichtige Rolle. Neben der Kirche sind noch der freskengeschmückte Kapitelsaal, das Refektorium (um 1320) und der Palazzo della Ragione (heute Sitz einer Landwirtschaftsschule) erhalten. Die Kirche, im 8./9. Jh. erbaut und im 10./11. Jh. erweitert, hat eine eindrucksvolle Vorhalle; der Glockenturm ist 48 m hoch. Im Inneren ein Mosaikfußboden und Fresken aus dem 14. Jahrhundert.

✻Abbazia Santa Maria di Pomposa

Florenz

Florenz / Firenze F 8

Region: Toskana/Toscana
Provinz: Florenz/Firenze (FI)
Höhe: 50 m ü.d.M.
Einwohnerzahl: 436 000

Hinweise

Die im Rahmen dieses Reiseführers für ganz Italien gegebene Darstellung der Stadt Florenz ist bewußt knapp gehalten, da in der Reihe 'Baedeker Allianz Reiseführer' ein ausführlicher Stadtband "Florenz" vorliegt.
Die Innenstadt von Florenz ist für Autos weitgehend gesperrt. Touristen können ihr Hotel anfahren, um Gepäck abzuladen, müssen dann aber das Auto außerhalb der Sperrzone abstellen.

Lage und Bedeutung

Florenz (italienisch Firenze), die alte Hauptstadt der Toskana mit dem Beinamen 'la bella' (= die Schöne), jetzt Hauptort der gleichnamigen italienischen Provinz und Sitz einer staatlichen Universität sowie eines Erzbischofs, liegt im nördlichen Teil der Region Toskana malerisch zu beiden Seiten des Arno, umgeben von den Vorhöhen der Apenninen.
Während im Altertum Italien seine Impulse von Rom empfing, war vom Mittelalter bis zur Neuzeit meist Florenz der Mittelpunkt der geistigen Entwicklung. Von hier ging die Schöpfung der italienischen Sprache und Literatur aus, hier erwuchs die Blüte der italienischen Kunst. Eine erstaunliche Fülle von Kunstschätzen, bedeutsame geschichtliche Erinnerungen sowie eine reizvolle Umgebung machen Florenz zu einer der besuchenswertesten Städte der Erde.

Geschichte

Das etruskische und römische Florentia tritt in der alten Geschichte wenig hervor. Zu Anfang des 13. Jh.s schwang sich die Stadt durch Kriegsglück und Gewerbefleiß (Wolle, Seide) zur angesehensten in Mittelitalien auf, doch wurden die herrschenden Adelsgeschlechter durch fortgesetzte innere Kämpfe zwischen Guelfen (Anhängern des Papstes) und Ghibellinen (Anhängern der Hohenstaufen) geschwächt. Allmählich erstarkten die Zünfte, die 1282 die Regierung an sich brachten; ihre acht Vorsteher (Priori) traten als 'Signoria' an die Spitze der Verwaltung.
Im Jahre 1434 kam die reiche Kaufmannsfamilie Medici an die Macht, deren bedeutendste Mitglieder Cosimo d.Ä. (1389–1464), der 'Vater des Vaterlandes' (Pater Patriae), und Lorenzo (1469–1492), genannt 'il Magnifico' (= der Prächtige), die Republik zu ihrer höchsten Blüte führten und zu einem glänzenden Zentrum von Kunst und Wissenschaft machten. Im Jahre 1494 wurden die Medici vertrieben; ihr Gegner, der Bußprediger Girolamo Savonarola, endete 1498 auf dem Scheiterhaufen. Die Medici wurden 1512 durch spanische Truppen zurückgeführt, jedoch schon 1527 abermals vertrieben. Bereits 1530, nach der Einnahme der Stadt durch Karl V., wurde Alessandro de' Medici als erblicher Herzog eingesetzt (1537 ermordet). Sein Nachfolger Cosimo I. wurde 1569 Großherzog von Toskana.
Nach dem Aussterben der Mediceer wurde 1737 das Land als erbliches Reichslehen an das Haus Lothringen verliehen, das mit Ausnahme der napoleonischen Zeit (1801–1814) bis 1860 herrschte. Dann schloß sich die Toskana dem neuen Italien an, und Florenz nahm als zeitweilige Hauptstadt des Königreiches (1865–1870) einen bedeutenden Aufschwung.
Bis auf die Ende 1944 vom deutschen Militär durchgeführte Sprengung der Arnobrücken, von denen die schönste, der Ponte Vecchio, glücklicherweise erhalten blieb und andere z.T. im alten Stil wiederaufgebaut wurden, überstand die Stadt den Zweiten Weltkrieg fast unversehrt. Im November 1966 entstanden – nach tagelangen Regenfällen – durch Hochwasser des Arno schwere Schäden an der historischen Bausubstanz; die Flutkatastrophe kostete zahlreiche Menschen das Leben.

Der Dom ist das eindrucksvollste historische Bauwerk von Florenz ▶

Florenz

Literatur

Auf literarischem Gebiet verbindet man mit dem Namen der Stadt Florenz vor allem Dante Alighieri (1265–1321), den Dichter der "Göttlichen Komödie" und Schöpfer der italienischen Schriftsprache, ferner Giovanni Boccaccio (1313–1375), der als Erzähler in seinem "Dekameron" das Vorbild für den italienischen Prosastil schuf. Francesco Petrarca (1304–1374), der dritte Große im Florenz des 14. Jh.s, hatte hervorragenden Anteil an der Wegbereitung des Humanismus.

Kunst

Seit dem Ende des 13. Jh.s hatte Florenz die Führung in der Entwicklung der Kunst: Hier wirkte an Santa Croce und am Dom Arnolfo di Cambio († 1302), der große Vorläufer der Renaissance-Baumeister; hier begann Giotto (1266–1337), der Vater der neueren Malerei, seine Tätigkeit. Zu seinen Schülern gehören Taddeo Gaddi († 1366) und der auch als Bildhauer bedeutende Andrea Orcagna († 1368).

Das Jahr 1402 kann als das Geburtsjahr der Renaissance bezeichnet werden (Konkurrenzarbeiten für die Nordtür des Baptisteriums), obwohl sich die neue Richtung in der Baukunst erst zwei Jahrzehnte später durchsetzt. Filippo Brunelleschi (1377–1446) verwertet seine Kenntnis der antiken Architektur für neue Ziele; ihm folgt Leon Battista Alberti (1404–1472).

Unter den Bildhauern der Florentiner Renaissance ist neben Lorenzo Ghiberti (1378–1455) und Luca della Robbia (1400–1482), deren glasierte Terrakotta-Reliefs berühmt sind, Donatello (1386–1466) der größte Meister des Jahrhunderts. Nach seinem Tode sammeln sich die Künstler um den auch als Maler bedeutenden Andrea Verrocchio (1436–1488).

In der Malerei führen Masaccio (1401–1428), Andrea del Castagno (1423–1457) und Paolo Uccello (1397–1475) den Renaissancestil ein. Die innig religiöse Richtung vertritt Fra Angelico da Fiesole (1387–1455), der auch auf Fra Filippo Lippi (1406–1469) und Benozzo Gozzoli (1420–1497) Einfluß übte. Den Höhepunkt der Florentiner Frührenaissance bezeichnen Andrea Verrocchio, die Brüder Antonio und Piero del Pollaiuolo (1429–1498, 1443 bis um 1495), Sandro Botticelli (1444–1510), Fra Filippos Sohn Filippino Lippi (um 1459 bis 1504) und Domenico Ghirlandaio (1449–1494). Von den drei großen Meistern der italienischen Kunst gewannen die beiden Toskaner Leonardo da Vinci und Michelangelo Buonarroti in Florenz ihre Ausbildung, und Raffael befreite sich hier von der Befangenheit seiner Lehrjahre; 1506 wirken die drei nebeneinander. Um die gleiche Zeit arbeiten auch Lorenzo di Credi (1459–1537), Piero di Cosimo (1462–1521), Fra Bartolommeo (1472–1517) und der reichbegabte Kolorist Andrea del Sarto (1486–1531) in Florenz; Franciabigio und Pontormo schließen sich an. Unter den Malern der Folgezeit sind Agnolo Bronzino (1503–1572), Alessandro Allori (1535–1607) und der Künstlerbiograph Giorgio Vasari (1511–1574) hervorzuheben, von den Bildhauern der auch als Goldschmied berühmte Benvenuto Cellini (1500–1571) und Giovanni Bologna (um 1524 bis 1608; eigentlich Jean Boulogne aus Douai).

✽✽Piazza della Signoria

Der alte Mittelpunkt des städtischen Lebens ist die Piazza della Signoria, einst Forum der Republik, die vom Palazzo Vecchio und der Loggia dei Lanzi beherrscht wird.

✽✽Palazzo Vecchio

Der Palazzo Vecchio (Alter Palast), das Rathaus, ein burgartiges Gebäude mit 94 m hohem Turm, wurde 1299–1314 als Palazzo dei Priori für die Signoria – angeblich nach Plänen des Arnolfo di Cambio – erbaut und im 16. Jh. auf der Rückseite erweitert.

Links vom Eingang steht eine moderne Nachbildung von Michelangelos "David" (Original in der Galleria dell' Accademia); im malerischen vorderen Hof (1454 erneuert) die Kopie von Verrocchios "Knaben mit dem Fisch" (Original im 2. Stock).

Im ersten Stock der große Saal der Fünfhundert (Salone dei Cinquecento; 1495) mit Michelangelos Marmorgruppe "Sieg der Tugend über das

Florenz

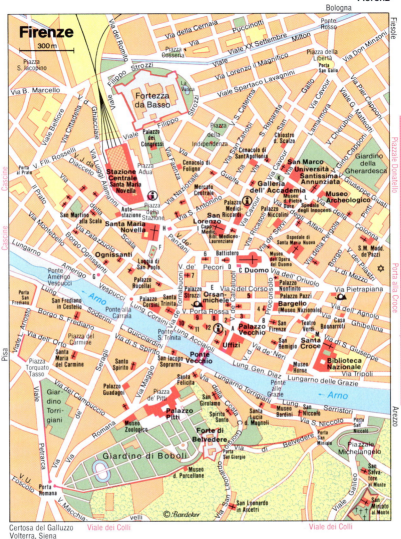

- A Piazza della Signoria
- B Piazza San Firenze
- C Piazza del Duomo
- D Piazza San Giovanni
- E Piazza della Repubblica
- F Piazza Santa Maria Novella
- G Piazza Ognissanti
- H Piazza dell' Unità Italiana
- I Piazza Madonna degli Aldobrandini
- K Piazza San Marco
- L Piazza della Santissima Annunziata
- M Piazza Santa Croce

1. Loggia dei Lanzi
2. Palazzo Fenzi
3. Palazzo Uguccione
4. Badia Fiorentina
5. Casa di Dante
6. Santa Maria Maggiore
7. San Gaetano
8. Mercato Nuovo
9. Palazzo Davanzati
10. Palazzo Spini-Ferroni
11. Santi Apostoli
12. Palazzo di Parte Guelfa

Florenz

Panorama von Florenz mit dem Dom und dem Palazzo Vecchio

Der Innenhof des Palazzo Vecchio besitzt prachtvolle Säulen

Florenz

Auf der Piazza della Signoria steht der Neptunbrunnen

Laster" (um 1520). Im ersten und zweiten Stock befinden sich ferner die Prachträume (Quartieri Monumentali).

Palazzo Vecchio (Fortsetzung)

An der Nordwestecke des Palastes sieht man den großen Neptunsbrunnen (Fontana del Nettuno; 1563–1575), vor dem eine Steinplatte die Stelle des Scheiterhaufens Savonarolas bezeichnet.

Fontana del Nettuno

Neben dem Palazzo Vecchio steht die Loggia dei Lanzi (urspr. Loggia dei Signori; 1376–1382), eine nach den deutschen Landsknechten Cosimos I. benannte, offene Halle mit weiten Kreuzgewölben für Ansprachen an die Bevölkerung. Im Inneren bedeutende Skulpturen, darunter die Marmorgruppe "Raub der Sabinerinnen" von Giovanni da Bologna (1583) sowie "Perseus mit dem Haupt der Medusa", von Benvenuto Cellini (1553).

*Loggia dei Lanzi

An der Ostseite der Piazza della Signoria steht die ehem. Handelskammer (Mercanzia; 1359); nördlich der Palazzo Uguccioni (16. Jh.); an der Westseite des Platzes der Palazzo Fenzi (1871), der den altflorentinischen Palasttypus nachahmt.

Palazzi

Von der Piazza della Signoria zieht die belebte Via de' Calzaiuoli (Straße der Strumpfwirker) nordwärts zum Domplatz.

Jenseits der Einmündung der Via de' Lamberti erhebt sich links die Kirche Orsanmichele (Or San Michele), ein 1284–1291 als Kornbörse errichteter und 1337–1404 erneuerter, mächtiger dreistöckiger Bau, dessen Außenseiten mit kunstgeschichtlich bedeutsamen Bildwerken (u.a. von Verrocchio, Ghiberti und Donatello) geschmückt sind.

*Orsanmichele

Unweit nordöstlich der Piazza della Signoria steht an der Piazza San Firenze der gewöhnlich 'Bargello' genannte festungsartige Palazzo del Podestà, der lange Zeit Sitz des Polizeihauptmanns (Bargello) und

**Museo Nazionale del Bargello

Florenz

Museo del Bargello (Fortsetzung)

Gefängnis war. Seit 1865 beherbergt das Gebäude das Museo Nazionale del Bargello, ein Museum für italienische Kultur- und Kunstgeschichte des Mittelalters und der neueren Zeit mit einer hervorragenden Sammlung Florentiner Renaissanceplastik. Der Innenhof bietet mit seinen Pfeilerhallen, der schönen Freitreppe und den wappengeschmückten Wänden das ansprechende Bild eines mittelalterlichen Burghofes.

Badia Florentina

Westlich gegenüber dem Bargello liegt die Badia Florentina, eine alte Benediktinerabtei (978 gegründet) mit zierlichem spitzem Campanile.
An der Südostseite der Piazza San Firenze befindet sich die barocke Anlage von San Firenze; die Kirche San Filippo Neri wurde 1645–1696 erbaut.

Casa di Dante (Dante-Museum)

Im Nordwesten des Bargello gelangt man in der Via Dante Alighieri zu den sog. Häusern der Alighieri (Case degli Alighieri); in einem von ihnen soll Dante 1265 geboren sein. Das Haus Nr. 4 heißt heute 'Casa di Dante' und enthält ein Dante-Museum.

**Uffizien (Palazzo und Galleria degli Uffizi)

Palazzo

Südlich vom Palazzo Vecchio und von der Loggia dei Lanzi erstreckt sich bis zum Ufer des Arno der Palazzo degli Uffizi, ein 1560–1574 von Vasari errichtetes Gebäude. Heute befindet sich dort die weltberühmte Kunstsammlung Galleria degli Uffizi (kurz 'die Uffizien' genannt). Sie wurde von

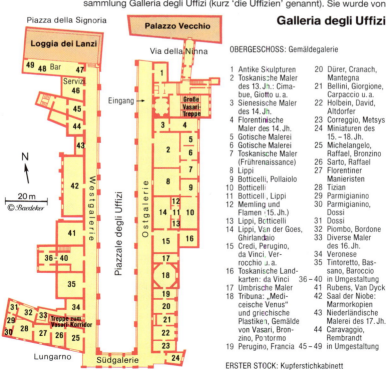

Galleria degli Uffizi

OBERGESCHOSS: Gemäldegalerie

1 Antike Skulpturen
2 Toskanische Maler des 13. Jh.: Cimabue, Giotto u. a.
3 Sienesische Maler des 14. Jh.
4 Florentinische Maler des 14. Jh.
5 Gotische Malerei
6 Gotische Malerei
7 Toskanische Maler (Frührenaissance)
8 Lippi
9 Botticelli, Pollaiolo
10 Botticelli
11 Botticelli, Lippi
12 Memling und Flamen (15. Jh.)
13 Lippi, Botticelli
14 Lippi, Van der Goes, Ghirlandaio
15 Credi, Perugino, da Vinci, Verrocchio u. a.
16 Toskanische Landkarten: da Vinci
17 Umbrische Maler
18 Tribuna: „Mediceische Venus" und griechische Plastiken, Gemälde von Vasari, Bronzino, Pontormo
19 Perugino, Francia
20 Dürer, Cranach, Mantegna
21 Bellini, Giorgione, Carpaccio u. a.
22 Holbein, David, Altdorfer
23 Correggio, Metsys
24 Miniaturen des 15.–18. Jh.
25 Michelangelo, Raffael, Bronzino
26 Sarto, Raffael
27 Florentiner Manieristen
28 Tizian
29 Parmigianino
30 Parmigianino, Dossi
31 Dossi
32 Piombo, Bordone
33 Diverse Maler des 16. Jh.
34 Veronese
35 Tintoretto, Bassano, Baroccio
36–40 in Umgestaltung
41 Rubens, Van Dyck
42 Saal der Niobe: Marmorkopien
43 Niederländische Malerei des 17. Jh.
44 Caravaggio, Rembrandt
45–49 in Umgestaltung

ERSTER STOCK: Kupferstichkabinett

Florenz

den Medici, den einstigen Herrschern von Florenz und Großherzögen der Toskana, gegründet. Im Laufe der Zeit entwickelte sie sich zur bedeutendsten Gemäldesammlung Italiens und zu einer der großartigsten der Welt – mit einem Bestand von etwa 4000 Gemälden. Man erhält dort einen nahezu vollständigen Überblick über die florentinische Malerschule; auch bedeutende Werke oberitalienischer, besonders der venezianischen Maler, ausgezeichnete Beispiele niederländischer und altdeutscher Meister sowie eine Reihe antiker Bildwerke sind hier ausgestellt. Hinzu kommen einige wertvolle alte Skulpturen sowie Teppiche, Zeichnungen, Schmuckstücke, Waffen, wissenschaftliche Instrumente und archäologische Fundstücke.

Uffizien (Fortsetzung)

Von den Uffizien führt der rund 400 m lange Vasari-Korridor (Corridoio del Vasari oder Vasariano; mit einer interessanten Selbstporträt-Galerie) über den Ponte Vecchio zum Palazzo Pitti (s. S. 258).

Vasari-Korridor

✱✱Piazza del Duomo / Piazza San Giovanni

Am Nordende der von der Piazza della Signoria ausgehenden Via de' Calzaiuoli öffnet sich nach rechts die Piazza del Duomo mit dem Dom und dem Campanile, nach links die Piazza San Giovanni mit dem Baptisterium.

Gleich rechts, an der Ecke des Domplatzes, befindet sich das Oratorium (Bethaus) der Misericordia, jener alten Bruderschaft der Barmherzigkeit, deren Mitglieder (in schwarzen Kapuzen) Arme und Kranke unterstützen und nach dem Tode bestatten.

Misericordia

Links, in der Ecke der Piazza San Giovanni, gab die Gesellschaft der Barmherzigen Brüder die schöne gotische Loggia del Bigallo in Auftrag, die 1358 vollendet wurde.

Loggia del Bigallo

Piazza del Duomo

BAPTISTERIUM
1 Porta del Paradiso
2 Nordportal
3 Südportal (Eingang)
4 Hauptaltar

DOM
A Portale Maggiore
B Porta dei Cornacchini
C Porta della Manderia
D Porta del Campanile

E Porta dei Canonici
F Santa Reparata (Krypta)
G Kuppel des Brunelleschi
H Alte Sakristei
I Neue Sakristei

Florenz

Baptisterium

In der Mitte der Piazza San Giovanni steht das Baptisterium (Battisterio San Giovanni), ein achteckiger Kuppelbau, der wohl in frühchristlicher Zeit über römischen Gebäuderesten errichtet, im 11.–13. Jh. erneuert und außen wie innen mit verschiedenfabigem Marmor verkleidet wurde.

Bronzetüren

Berühmt sind seine drei reliefgeschmückten Bronzetüren: die südliche von Andrea Pisano (1330–1336), die nördliche und die dem Dom zugewandte östliche Haupttür ('Porta del Paradiso' = 'Paradiespforte') von Lorenzo Ghiberti (1403–1424 bzw. 1425–1452). Im Inneren sind besonders bemerkenswert die großartigen Mosaiken mehrerer florentinischer Künstler des 13. Jh.s an der doppelschaligen Kuppel (Durchmesser: 25,60 m).

Dom

Der Florentiner Dom (Cattedrale di Santa Maria del Fiore; so genannt nach der Lilie, dem Wappen von Florenz) ist ein mächtiger gotischer Bau, 1296 von Arnolfo di Cambio begonnen, seit 1357 von Francesco Talenti weitergeführt und 1436 geweiht. Die große achtseitige Kuppel gilt als das Meisterwerk von Filippo Brunelleschi (1420–1434). Der außen mit verschiedenfarbigem Marmor verkleidete Bau ist 169 m lang, in den Kreuzflügeln 104 m breit; die Höhe der Kuppel beträgt 91 m, einschließlich der 1461 vollendeten Laterne 107 m. Die Kirchenfassade wurde erst 1875–1887 ausgeführt. Das weiträumige Innere wird von strengen gotischen Formen bestimmt und beeindruckt durch seine Kargheit. Lohnend ist die Besteigung der doppelschaligen Kuppel (grandioses Fresko des Jüngsten Gerichts von Vasari, 1572–1579), die Aussicht umfassender als vom Kampanile.

Santa Reparata

Eine Treppe führt hinab in die seit 1965 ausgegrabene alte Kathedrale Santa Reparata (4./5. Jh.).

Campanile

Der 82 m hohe viereckige Domglockenturm (Campanile), 1334 unter Giotto begonnen und 1384 vollendet, ist mit seiner mehrfarbigen Marmor-

Detail von den Bronzetüren des Baptisteriums

verkleidung einer der schönsten seiner Art in Italien. Die Skulpturen stammen von Donatello und seinem Gehilfen Rosso (1420) sowie von Andrea Pisano und Luca della Robbia (1437).

<small>Campanile (Fortsetzung)</small>

Gegenüber dem Chor des Domes befindet sich im Hofe des Hauses Nr. 9 links der Eingang zum Dommuseum (Museo dell' Opera del Duomo), das vorzugsweise Kunstwerke aus dem Dom und dem Baptisterium enthält.

<small>*Dommuseum</small>

Unweit südöstlich vom Domplatz stehen an der Via del Proconsolo zwei beachtenswerte Paläste, und zwar Nr. 12: der stattliche Palazzo Nonfinito ('Unvollendeter Palast'; 1592), in dem seit 1869 das Völkerkundemuseum (Museo Nazionale di Antropologia ed Etnologia) untergebracht ist, sowie Nr. 10: der Palazzo dei Pazzi von 1470.

<small>Palazzo Nonfinito Völkerkundemuseum</small>

Innere Stadt

Verkehrsmittelpunkt des Stadtzentrums ist die weite, namentlich abends belebte Piazza della Repubblica. An ihrer Südostecke führt die Via Calimala zum Mercato Nuovo (Neuer Markt), einem 1547–1551 aufgeführten offenen Hallenbau, wo heute Kunsthandwerk verkauft wird.

<small>Piazza della Repubblica</small>

An der Piazza Davanzati steht der massige Palazzo Davanzati (14. Jh.) mit dem Museo della Casa Fiorentina Antica, das ein gutes Bild des Florentiner Lebens im Mittelalter (v.a. Wohnkultur) vermittelt.

<small>Museo della Casa Fiorentina Antica</small>

Im westlichen Teil der Altstadt verläuft die belebte Via de' Tornabuoni mit stattlichen Palästen und eleganten Läden.

<small>Via de' Tornabuoni</small>

Besonders hervorzuheben ist hier der Palazzo Strozzi, das glänzendste Beispiel florentinischen Palaststils, 1489–1538 errichtet, mit sehenswertem Hof (von Cronaca). Man beachte auch die kunstvoll geschmiedeten Ecklaternen, Fackelhalter und Ringe an der Fassade. Im Palast finden wechselnde Kunstausstellungen statt.

<small>*Palazzo Strozzi</small>

Am südlichen Abschnitt der Via de' Tornabuoni steht die Kirche Santa Trinità, ursprünglich eine der ältesten gotischen Kirchen in Italien, im 13. bis 15. Jh. erneuert (Fassade 1593).

<small>Santa Trinità</small>

Südwestlich gegenüber der Kirche und am Ufer des Arno liegt der Palazzo Spini-Ferroni (1289 erbaut; 1874 restauriert), der größte der mittelalterlichen Paläste in Florenz.

<small>Palazzo Spini-Ferroni</small>

Nordwestlich hinter der Kirche Santa Trinita befindet sich zwischen der Via del Parione und dem Arno (Lungarno Corsini) der Palazzo Corsini (17. Jh.) mit einer bedeutenden privaten Kunstsammlung.

<small>Palazzo Corsini</small>

Vom Palazzo Strozzi gelangt man westwärts durch die Via della Vigna Nuova zu dem 1446–1451 errichteten Palazzo Rucellai. Im Erdgeschoß ist ein Museum zur Geschichte der Fotografie eingerichtet.

<small>Palazzo Rucellai</small>

In der Nähe des Palazzo Rucellai liegt die ehem. Kirche San Pancrazio. In dieser wurde ein Museum für Werke des Malers und Bildhauers Marino Marini (1901–1980) eingerichtet (176 Gemälde, Skulpturen und Zeichnungen, u.a. Variationen der Reiterstandbilder und der Fruchtbarkeitsgöttin Pomona.

<small>Marini-Museum</small>

*Piazza di Santa Maria Novella

Am Nordwestrand der inneren Stadt öffnet sich die große Piazza di Santa Maria Novella mit der Loggia di San Paolo (1489–1496) und zwei Obelisken, die früher das Ziel bei Wagenrennen markierten.

Florenz

*Santa Maria Novella

An der Nordseite des Platzes steht die Dominikanerkirche Santa Maria Novella, 1278–1350 in gotischem Stil erbaut, mit inkrustierter Marmorfassade und Renaissanceportal. Die Fresken im Chor gelten als das Hauptwerk des Domenico Ghirlandaio.

Kreuzgänge

Links neben der Kirche befindet sich der Eingang zum Museo di Santa Maria Novella mit dem von Paolo Uccello um 1430 in grünen Farbtönen ausgemalten Grünen Kreuzgang und dem 'Cappellone degli Spagnoli' (Spanische Kapelle) genannte ehem. Kapitelsaal.

Hauptbahnhof

Nordwestlich von Santa Maria Novella liegt die Piazza della Stazione (Bahnhofsplatz) mit der Stazione Centrale di Santa Maria Novella (1935), dem Hauptbahnhof von Florenz.

Ognissanti

Südwestlich von Santa Maria Novella steht an der sich zum Arno (Lungarno Amerigo Vespucci) öffnenden Piazza Ognissanti die Allerheiligenkirche, eine der ersten Barockkirchen der Stadt (urspr. 13. Jh.; im 16. und 17. Jh. erneuert); im Inneren Fresken von Botticelli (Hl. Augustinus) und Ghirlandaio (Hl. Hieronymus).

*San Lorenzo

Von der Piazza dell' Unità Italiana an der Ostseite der Kirche Santa Maria Novella führt die kurze Via del Melarancio zur Kirche San Lorenzo, der ältesten Kirche von Florenz, 393 durch den hl. Ambrosius geweiht, im 11. Jh. romanisch erneuert, seit 1421 von Brunelleschi und seinen Nachfolgern in der Form einer altchristlichen Säulenbasilika neu errichtet. Die Innenwand der Fassade stammt von Michelangelo.

*Alte Sakristei

Am Ende des linken Querschiffes die 1420–1428 von Brunelleschi erbaute Alte Sakristei (Sagrestia Vecchia), ein Erstlingswerk der Renaissancearchitektur mit plastischem Schmuck von Donatello.

Links an die Kirche anstoßend ein stimmungsvoller Kreuzgang mit doppelter Säulenhalle.

Biblioteca Mediceo-Laurenziana

Von der Nordwestecke des Kreuzgangs führt eine Treppe zur Biblioteca Mediceo-Laurenziana (in einem Gebäude aus dem 16. Jh.), die 1444 von Cosimo d.Ä. gestiftet wurde und einige Tausend von den Mediceern gesammelten Handschriften griechischer und lateinischer Klassiker besitzt.

*Mediceerkapellen

Hinter der Kirche San Lorenzo, an der Piazza Madonna degli Aldobrandini, ist der Eingang zu den Mediceerkapellen (Cappelle Medicee). Von der Krypta führt eine Treppe hinauf zur Fürstenkapelle (Cappella dei Principi), einem 1604–1610 errichteten, mit kostbarem Steinmosaik ausgelegten Raum für die Sarkophage der Großherzöge der Toskana.

*Neue Sakristei

Weiter links gelangt man durch einen Gang in die 1520–1524 von Michelangelo als Grabkapelle des Hauses Medici erbaute Neue Sakristei (Sagrestia Nuova), einen quadratischen, kuppelüberwölbten Raum mit den Grabdenkmälern für einen Sohn und einen Enkel Lorenzos des Prächtigen.

*Palazzo Medici-Riccardi

An der Nordostecke der Piazza San Lorenzo erhebt sich der mächtige Palazzo Medici-Riccardi, der 1444-1452 für Cosimo d.Ä. erbaut und im 17./18. Jh. erweitert wurde.

Medici-Museum

Vom Hof Zugang zur Hauskapelle mit bedeutenden Fresken von Benozzo Gozzoli (um 1460) sowie zum Medici-Museum (Museo Mediceo) mit Erinnerungen an die Familie der Medici, die den Palast bis 1537 bewohnte.

*San Marco

Museum

Von der Ostseite des Mediceerpalastes führt die Via Camillo Cavour nordöstlich zur Piazza San Marco mit der Kirche und dem ehem. Kloster

Florenz

San Marco, jetzt Museo di San Marco, das im 15. Jh. für die Dominikaner umgebaut und von Fra Angelico mit Fresken ausgeschmückt wurde.

San Marco (Fortsetzung)

Südlich von San Marco, in der Via Ricasoli Nr. 52, die Accademia di Belle Arti (Kunstakademie), deren Galleria dell' Accademia als Studiensammlung die Uffizien und die Galleria Pitti ergänzt (toskanische Malerei des 13.–16. Jh.s); besonders beachtenswert der berühmte "David" ('il Gigante'), den der junge Michelangelo 1501–1503 aus einem Riesensteinblock schuf (Kopien auf der Piazza della Signoria und dem Piazzale Michelangelo).

Kunstakademie
*Galleria dell' Accademia

*Santissima Annunziata

Von der Piazza San Marco führt die Via Cesare Battisti an der Universität vorbei zur prachtvollen Kirche Santissima Annunziata (Verkündigungskirche, von 1250; 1444–1460 umgestaltet; Vorhalle 1601 erneuert); im Vorhof sieht man Fresken von Andrea del Sarto (1505–1514), die zu den hervorragendsten Schöpfungen der florentinischen Renaissance gehören.

Das Innere der Kirche ist z.T. im Barockstil ausgestattet. Über der aus dem linken Querschiff in den Kreuzgang (Chiostro dei Morti) führenden Tür befindet sich außen ein Fresko von Andrea del Sarto ("Madonna del Sacco", 1525), als Komposition das reifste Werk des Meisters.

Südlich gegenüber der Kirche steht das 1419 von Brunelleschi begonnene Spedale degli Innocenti (Findelhaus), ein frühes Beispiel der Renaissancebaukunst; zwischen den Bogen der Säulenhalle sind farbige Medaillons von Wickelkindern (von Andrea della Robbia, um 1463) angebracht.

Findelhaus

Südöstlich der Verkündigungskirche liegt der Palazzo della Crocetta (1620) mit dem 1870 gegründeten Museo Archeologico Centrale dell' Etruria (Eingang Via della Colonna Nr. 38), einem archäologischen Museum mit guter etruskischer, griechisch-römischer und ägyptischer Sammlung.

Archäologisches Museum

*Santa Croce

Am südöstlichen Rand der Altstadt steht unweit dem Arno-Ufer die Kirche Santa Croce (Hl. Kreuz), 1295 für die Franziskaner begonnen, doch erst 1442 vollendet (Fassade von 1857–1863). In dem majestätisch weiten Inneren Grabdenkmäler berühmter Italiener, darunter die für Michelangelo, Alfieri, Machiavelli und Rossini, ferner jene von Cherubini und Galilei. Beachtung verdienen die Reste des einst ringsum laufenden Freskenschmucks (in den Chorkapellen von Giotto und seinen Schülern) sowie die prächtige Marmorkanzel von Benedetto da Maiano (1472–1476).

An der Rückseite vom Ersten Kreuzgang (Primo Chiostro) die Kapelle der Pazzi (Cappella de' Pazzi; von Brunelleschi, 1430), eines der Erstlingswerke der Renaissance; links an der Fassade Arno-Hochwassermarken (4.11.1966: 4,90 m!). Der Zweite Kreuzgang (Secondo Chiostro) ist eine der schönsten Schöpfungen der Frührenaissance.

*Pazzi-Kapelle, Kreuzgänge

In dem an den ersten Kreuzgang südlich anschließenden ehem. Refektorium befindet sich das reichhaltige Kirchenmuseum (Museo dell' Opera di Santa Croce).

Kirchenmuseum

Südlich an das Kloster Santa Croce schließt der große, 1911–1935 entstandene Gebäudekomplex der Nationalen Zentralbibliothek (Biblioteca Nazionale Centrale) an. Es ist dies die bedeutendste Bibliothek Italiens; sie verfügt über mehr als vier Millionen Titel, darunter wertvolle Handschriften, Inkunabeln, Musikwerke, Atlanten und geographische Karten.

Zentralbibliothek

Florenz

Der Ponte Vecchio ist für seine Goldschmiedewerkstätten berühmt

Casa Buonarroti (Michelangelo-Museum)
Unweit nördlich von Santa Croce erwarb Michelangelo an der Via Ghibellina (Nr. 70) ein Haus für seinen Neffen Leonardo di Buonarroti. Dessen Sohn richtete hier bereits 1620 eine Erinnerungsstätte für Michelangelo ein. Beachtung verdienen zwei Originalskulpturen: "Die Kentaurenschlacht" und "Madonna mit Kind", zwei Frühwerke des Künstlers, sowie das 1494 entstandene Holzkruzifix für Santo Spirito.

Museo Horne
Etwa 200 m westlich von der Zentralbibliothek liegt am Ende des Corso de' Tintori (Via de' Benci Nr. 6) das Museo della Fondazione Horne. Dieses Museum geht zurück auf eine Schenkung des englischen Kunstkritikers Herbert Percy Horne (1864–1916) und enthält eine wertvolle Sammlung von Gemälden, Zeichnungen, Skulpturen und Möbeln sowie von Schmuck- und Gebrauchsgegenständen aus dem 14.–16. Jahrhundert.

**Ponte Vecchio
Rund 250 m südwestlich der Piazza della Signoria führt der Ponte Vecchio (Alte Brücke), die älteste der Florentiner Arnobrücken, an der hier schmalsten Stelle des Flusses an das südliche Ufer. Die Brücke war so breit, daß man zu beiden Seiten Arkaden baute, in denen bald Wohnungen und Geschäfte (u.a. für Fleischer, die ihre Abfälle in den Fluß warfen) entstanden. Großherzog Ferdinand I. ordnete jedoch gegen Ende des 16. Jh.s an, daß hinfort nur Goldschmiede auf der Brücke Läden unterhalten dürften – eine Bestimmung, die bis heute eingehalten wird.

**Palazzo Pitti

Südwestlich des Ponte Vecchio liegt am Abhang des Boboli-Hügels der 36 m hohe, burgartige Quaderbau des Palazzo Pitti, um 1458 für Luca Pitti begonnen und im 16.–18. Jh. ausgebaut.

**Galleria Palatina
In der linken Hälfte des ersten Stockwerkes befindet sich die berühmte Pitti-Galerie (Galleria Palatina), die im 16./17. Jh. von den Mediceern angelegt

Florenz

Palazzo Pitti

PRIMO PIANO
ERSTER STOCK

1–25 GALLERIA PALATINA / PITTI   A–V APPARTAMENTI REALI

1 Sala di Venere
  Tizian, Tintoretto
2 Sala di Apollo
  Van Dyck, Rubens,
  Reni, del Sarto,
  Tizian, Tintoretto
3 Sala di Marte
  Tintoretto, Reni,
  Tizian, Rubens,
  Murillo, Veronese
4 Sala di Giove
  Raffael, Bordone,
  Rubens, del Sarto,
  Perugino, Guercino
5 Sala di Saturno
  Raffael, Perugino,
  Ghirlandaio
6 Sala dell'Iliade
  Velázquez, Raffael
7 Sala della Stufa
  Fresken von
  Rosselli, Cortona
8 Sala dell'Educa-
  zione di Giove
  Caravaggio, Allori
9 Bagno di Napoleone
10 Sala di Ulisse
  Raffael, Reni, Lippi
11 Sala di Prometeo
  Signorelli, Lippi,
  Botticelli, Reni
12 Corridoio d. Colonne
13 Sala della Giustizia
  Veronese, Tizian
14 Sala di Flora
  Canova, Bronzino
15 Sala dei Putti
  Jordaens, Rubens
16 Galleria Poccetti
  Pontormo, Rubens,
  Ribera, Dughet
17 Sala della Musica
18 Sala Castagnoli
19 Sala delle Allegorie
20 Sala delle Belle Arti
21 Salone d'Ercole
22 Sala dell'Aurora
23 Sala di Berenice
24 Sala di Psiche
25 Sala della Fama

A Vestibolo
B Sala degli Staffieri
C Galleria delle Statue
D Sala delle Nicchie
E Sala verde
F Sala del trono
G Sala celeste
H Cappella
I Sala dei pappagalli
J Sala gialla
K Camera da letto
L Gabinetto da
  toletta
M Sala da musica
  e da lavoro
N Camera da letto
O Salotto di
  ricevimento
P Sala di Bona
Q Sala della Temperanza
R Sala della Prudenza
S Sala della Giustizia
T Sala della Carità
U Sala della Speranza
V Sala da ballo

wurde und jetzt viele Hundert Gemälde umfaßt, darunter glänzende Meisterwerke von Raffael, Fra Bartolommeo, Andrea del Sarto und Tizian. Der Galerie angeschlossen sind zehn der ehem. königlichen Gemächer (Appartamenti Reali; 18./19. Jh.).

Palazzo Pitti
(Fortsetzung)

Im Erdgeschoß die Silbersammlung (Museo degli Argenti) mit Silber- und Goldschmiedearbeiten sowie anderen Kostbarkeiten aus dem Besitz der Medici, ferner ein Kutschenmuseum (Museo delle Carrozze), darunter die Kutschen des Duca di Modena, Francescos II. und des Königs Ferdinand von Neapel.

Silbersammlung

Kutschenmuseum

Im zweiten Stock befindet sich die Galerie moderner Kunst (Galleria d'Arte Moderna) mit Gemälden des 19. und 20. Jh.s meist toskanischer Künstler sowie Skulpturen aus dieser Zeit.

Galerie moderner Kunst

In der Palazzina della Meridiana befindet sich eine interessante Kostümgalerie.

Kostümgalerie

Im Süden des Palazzo Pitti erstreckt sich der Boboli-Garten (Giardino di Boboli; 45 000 m²). Der von Brunnen und Figuren gezierte Park zieht sich am Hang aufwärts und bietet von seinen Terrassen hübsche Ausblicke auf Florenz.

*Boboli-Garten

Im Palazzino del Cavaliere ist das Porzellanmuseum mit italienischen, französischen und deutschen Arbeiten untergebracht.

Porzellanmuseum

Südöstlich oberhalb des Parkes thront das 1590–1595 von Bernardo Buontalenti erbaute Forte del Belvedere (Forte di San Giorgio).

Forte del Belvedere

Florenz

Saal der Ilias im Palazzo Pitti

Santo Spirito

Nordöstlich vom Palazzo Pitti steht die Kirche Santo Spirito, eine 1436 nach Plänen von Brunelleschi begonnene und 1487 vollendete Basilika mit Glockenturm von 1543. Beachtenswert die Sakristei (1489–1492), die zahlreichen Altarbilder sowie zwei Kreuzgänge aus dem 16. Jahrhundert.

Santa Maria del Carmine

Weiter westlich erhebt sich die ehem. Karmeliter-Klosterkirche Santa Maria del Carmine, 1782 nach Brand fast völlig erneuert. Im Inneren die beachtenswerte Brancacci-Kapelle, deren berühmte Fresken aus der Apostellegende (von Masolino und Masaccio, 1424–1427) die Renaissancemalerei einleiteten.

*Viale dei Colli

Der im Süden der Stadt von der Porta Romana zur Piazza Francesco Ferrucci führende Viale dei Colli, seit 1868 angelegt und fast 6 km lang, ist eine der schönsten Promenadenstraßen Italiens und bietet herrliche Ausblicke.

**Piazzale Michelangelo

Die Straße führt in Windungen bergauf, durch eine reizvolle Landschaft zum Piazzale Michelangelo (104 m), einer großen Terrasse, von der man eine herrliche Aussicht auf die Stadt und das Arnotal hat.

San Miniato al Monte

Südlich oberhalb des Platzes liegt die Klosterkirche San Miniato al Monte, mit weithin sichtbarer inkrustierter Marmorfassade, eines der schönsten Beispiele für den toskanisch-romanischen Stil des 11./12. Jahrhunderts. In der Apsis befindet sich ein beachtenswertes Mosaik von 1297; in der Krypta Fresken von Taddeo Gaddi.

An die Kirche anschließend eine 1529 von Michelangelo angelegte Festung (jetzt Olivetanerkloster), deren Mauern seit 1839 einen Friedhof umschließen. Von der Terrasse bietet sich eine schöne Aussicht.

Römisches Theater in Fiesole

Cascine in Florenz

Knapp 2 km westlich vom Ponte Vecchio beginnt bei der Piazza Vittorio Veneto der große städtische Park Le Cascine (= Meierhöfe; urspr. die Landgüter der Medici und Lorena) entlang dem Nordufer des Arno (Schwimmbad, Rad- und Pferderennbahn).

*Fiesole

Die kleine Stadt Fiesole, das römische Faesulae, ist eine alte Etruskersiedlung, deren gewaltige Mauern teilweise erhalten sind. Im Zentrum des Ortes steht der im toskanisch-romanischen Stil gehaltene Dom (11. und 13. Jh.); dahinter ein Ausgrabungsgelände mit einem römischen Theater sowie Resten eines etruskischen und eines römischen Tempels (archäologisches Museum). Von der Terrasse der Kirche Sant' Alessandro – westlich vom Dom im Stadtpark – hat man eine gute Aussicht über die Senke von Florenz.

Lage
8 km nordöstlich von Florenz

Foggia

K 13

Region: Apulien/Puglia
Provinz: Foggia
Höhe: 74 m ü.d.M.
Einwohnerzahl: 158 000

Foggia, Hauptstadt der gleichnamigen, auch 'Capitanata' genannten Provinz, liegt im Norden der adriatischen Küstenlandschaft Apulien bzw. südlich des Vorgebirges Monte Gargano. Der Ort, einst Lieblingssitz Kaiser

Lage und Allgemeines

Foggia

Allgemeines (Fortsetzung)

Friedrichs II., ist sowohl der landschaftliche als auch der wirtschaftliche Mittelpunkt der großen Apulischen Ebene (Tavoliere di Puglia).
Bei einem Erdbeben im Jahre 1731 wurden fast alle mittelalterlichen Denkmäler der Stadt zerstört. Heute macht Foggia mit den breiten, baumbestandenen Straßenzügen und den zahlreichen, besonders nach den schweren Zerstörungen des Zweiten Weltkrieges errichteten Neubauten einen durchaus modernen Eindruck.

Bemerkenswertes

Verkehrszentrum ist die Piazza Cavour im östlichen Teil der Stadt. An diese schließt sich östlich, jenseits der Kolonnaden, der langgestreckte Stadtgarten an. Vom Cavour-Platz führt der von stattlichen Gebäuden gesäumte Viale XXIV Maggio nordöstlich zum Bahnhof.
Westlich der Piazza Cavour liegt die Piazza Umberto Giordano, von deren Westspitze der belebte Corso Vittorio Emanuele, die Hauptstraße von Foggia, in die Innenstadt führt. Er wird nach 300 m von dem ebenfalls belebten Corso Garibaldi gekreuzt, in dessen südwestlichem Abschnitt die Präfektur und das Rathaus stehen.

Kathedrale

Unweit nördlich der Präfektur kommt man zu der seit 1172 im romanischen Stil erbauten Kathedrale, die nach dem Erdbeben von 1731 barock erneuert wurde.
Weiter nördlich liegt an der Piazza Nigri das Städtische Museum (Museo Civico); dort werden Objekte aus Archäologie und Volkskunde gezeigt, ferner eine Sammlung moderner Gemälde.

*Um den Monte Gargano (ca. 230 km)

Lohnend ist eine Fahrt um das Vorgebirge Monte Gargano (Promontorio del Gargano; 1056 m), das mit mehreren Gipfeln und Kämmen als 'Sporn' des italienischen Stiefels 65 km weit ins Meer vorspringt und geologisch bereits zur dalmatinischen Kalktafel gehört.
Man verläßt Foggia auf der S.S. 89 ('Garganica') in nordöstlicher Richtung und fährt zunächst durch die große Apulische Ebene. Nach 27 km sieht man rechts der Straße die ehem. Deutschordenskomturei San Leonardo, jetzt Pachthof (Masseria), mit einer romanischen Kirche (reich skulptiertes Portal, 12. Jh.).
Wenig später kommt man an die Küste bei Lido di Siponto (5 m), dem römischen Sipontum, das im 13. Jh. aufgegeben wurde. Erhalten ist u.a. noch die 1117 geweihte Kathedrale Santa Maria Maggiore, ein Bau auf quadratischem Grundriß (interessante Unterkirche).

Manfredonia

Rund 43 km hinter Foggia erreicht man Manfredonia (5 m; 54 000 Einw.), eine von König Manfred, dem Sohn Friedrichs II. von Hohenstaufen, an Stelle der verlassenen Stadt Sipontum im 13. Jh. gegründete Hafenstadt und Sitz eines Erzbischofs. Sie wurde nach ihrer Zerstörung durch die Türken im Jahre 1620 nach gleichmäßigem Plan mit rechtwinklig sich querenden Straßen wiederaufgebaut. Beachtenswert sind der Dom, die Kirche San Domenico (13. Jh.), ein Kastell (13. Jh.) und das 'Museo Archeologico Nazionale del Gargano'. Von Manfredonia besteht mehrmals wöchentlich Schiffsverbindung zu den → Tremiti-Inseln (4–5 Std.).
Etwa 7 km hinter Manfredonia teilt sich die Route: links verläuft die kürzere Strecke über den Gebirgskamm hinweg, rechts die längere, landschaftlich reizvollere Küstenstraße.

Monte Sant' Angelo

Die Straße über das Gebirge erreicht 9 km jenseits der genannten Straßenteilung den Ort Monte Sant' Angelo (796 m; 17 000 Einw.), das Zentrum des Gargano-Gebietes. Es ist ein reizvoll gelegenes Städtchen mit schöner Burgruine (1494), das wegen seiner Wallfahrtsstätte San Michele

Arcangelo alljährlich von etwa einer Million Pilgern besucht wird. Das Heiligtum befindet sich inmitten der Stadt in einer Felsenhöhle, die nach der Legende der Erzengel Michael im Jahre 493, als er dem hl. Laurentius, dem Erzbischof von Sipontum, erschien, selbst für seinen Kult bestimmt hatte. Von der Vorhalle neben dem 1273 erbauten Glockenturm führen 86 Stufen hinab zu der an die Höhle angebauten Kirche, deren Bronzetüren (1076) mit biblischen Darstellungen – laut Inschrift – in Konstantinopel gegossen wurden. Im Inneren der Kirche ein schöner Bischofsstuhl (12. Jh.). Unweit der Kirche befindet sich das sog. Grabmal des Langobardenkönigs Rothari, ein eigenartiger Kuppelbau (um 1200), vermutlich ursprünglich ein Baptisterium. Daneben steht die Kirche Santa Maria Maggiore (1170 begonnen), die ein schönes Portal (1198) hat.

Monte Sant' Angelo (Fortsetzung)

Rund 5 km hinter Monte Sant' Angelo folgt die Abzweigung (links) der Straße nach San Giovanni Rotondo (566 m; 23 000 Einw.), einem nordöstlich vom Monte Calvo (1056 m), der höchsten Erhebung des Gebirges, überragten Städtchen. Am Westrand des Ortes steht die moderne Kirche Santa Maria delle Grazie; links daneben ein durch den seit 1918 stigmatisierten Padre Pio da Pietrelcina († 1968) bekanntes Kapuzinerkloster, zu dem alljährlich zahllose Pilger wallfahren, um Heilung zu suchen (modernes Krankenhaus angeschlossen).

San Giovanni Rotondo

Hinter der oben erwähnten Abzweigung führt die Strecke rechts in Windungen bergan, dann über die verkarstete Hochfläche des Monte Gargano sowie später durch den prächtigen Buchenwald Foresta Umbra, den einzigen größeren Wald Apuliens, hinab zur Küste, wo man 43 km hinter San Giovanni Rotondo auf die von Manfredonia kommende Küstenstraße trifft.

* Foresta Umbra

Die weitaus lohnendere, jedoch 19 km längere Küstenstraße zieht jenseits der genannten Straßenteilung hinter Manfredonia teils etwas landeinwärts, teils in landschaftlich großartigen Abschnitten über der Küste hin und erreicht nach 49 km das malerische Hafenstädtchen Vieste (43 m; 13 000 Einw.); vom Kastell, das Friedrich II. erbauen ließ, bietet sich ein herrlicher Blick über die Küste.

Vieste

Rund 5 km weiter erreicht man das auf einem senkrechten Felsen über dem Meer gelegene alte Städtchen Peschici (90 m; 4000 Einw.).

Peschici

Hinter Peschici fährt man auf kurvenreicher Straße bis Bellariva, wo die von Monte Sant' Angelo kommende Route auf die Küstenstraße trifft.

Bellariva

Rund 18 km hinter Bellariva folgt San Menaio (10 m), ein als Seebad besuchtes Dorf mit Villen, die in Pinienhainen liegen.

San Menaio

Etwa 7 km hinter San Menaio folgt der Hafenort Rodi Garganico (42 m; 4000 Einw.). Von hier kann man eine Schiffsfahrt zu den 22 Seemeilen nordwestlich gelegenen ⟶ Tremiti-Inseln machen (ca. 1½ Std.).

Rodi Garganico

Die Route verläuft bald hinter Rodi Garganico um den durch die Düne 'Isola' vom Meer abgetrennten Strandsee Lago di Varano (12 km lang, 8 km breit) herum – entweder südlich oder nördlich auf einer Küstenstraße, die über die Düne hinwegführt. Dann fährt man durch unwirtliches Bergland und erreicht entweder nach 45 km bei der Anschlußstelle Poggio Imperiale (im Westen des Strandsees Lago di Lesina) oder nach 65 km bei San Severo die Autobahn nach Foggia.

Lago di Varano

Lucera

Westlich von Foggia liegt auf einem Plateau über der weiten Apulischen Ebene die Stadt Lucera (219 m; 34 000 Einw.), das alte Luceria. Die Stadt war von Kaiser Friedrich II. als Schlüssel Apuliens zu einem Hauptstütz-

Lage
18 km westlich von Foggia

Foligno

Foggia,
Lucera
(Fortsetzung)

punkt gemacht und 1233–1245 mit 20 000 Sarazenen aus Sizilien besiedelt worden; letztere wurden jedoch im Jahre 1300 von Karl II. von Anjou fast gänzlich ausgerottet.

Beachtung verdienen die von Karl II. von Anjou nach 1300 an der Stelle der alten Sarazenenmoschee erbaute gotische Kathedrale (im Inneren ein hölzernes Kruzifix aus dem 14. Jh.) und das Museo Civico Giuseppe Fiorelli, das Münzen, Inschriften, zahlreiche Terrakotten, eine schöne Venusstatue aus der römischen Kaiserzeit (1. Jh. n.Chr.) und andere Kostbarkeiten besitzt.

Rund 1 km westlich der Stadt erhebt sich jenseits des schönen Giardino Pubblico das mächtige, 1233 von Friedrich II. errichtete Kastell (251 m; unter Karl I. von Anjou umgebaut), ein gut erhaltenes Beispiel mittelalterlicher Befestigung; von oben bietet sich eine schöne Aussicht.

Östlich von Lucera steht am Fuß eines Hügels ein römisches Amphitheater aus der Zeit des Augustus.

Troia

Etwa 17 km südlich von Lucera liegt das Städtchen Troia (439 m; 8000 Einw.). Sehenswert ist die unter toskanisch-pisanischem Einfluß erbaute romanische Kathedrale; die beiden Bronzetüren stammen von Oderisius von Benevent (12. Jh.). In Troia gibt es ferner Reste antiker Mauern.

Foligno   G 10

Region: Umbrien/Umbria
Provinz: Perugia
Höhe: 234 m ü.d.M.
Einwohnerzahl: 53 000

Lage und
Bedeutung

Am linken Ufer des Topino, rund 35 km südöstlich von Perugia, breitet sich die Handwerker- und Handelsstadt Foligno aus. Sie gilt als Wiege der Druckkunst in Italien, denn hier erschien im Jahre 1472 die erste Ausgabe der Göttlichen Komödie von Dante und zugleich das erste Druckwerk in italienischer Sprache. – Die Altstadt von Foligno wurde 1997 durch das Erdbeben in Umbrien stark in Mitleidenschaft gezogen.

Sehenswertes

Dom

Im Zentrum der Stadt liegt die Piazza della Repubblica. Dort erhebt sich – über der Grabstätte des hl. Feliciano – der Dom San Feliciano, der 1133 errichtet wurde (z.Z. geschlossen). Beachtung verdient vor allem die prächtige Südfassade mit mehrfach gestaffeltem Rundbogenportal, romanischen Fenstern und drei Rosetten. Das Innere erhielt im 18. Jh. seine klassizistische Prägung. Der Baldachin über dem Hauptaltar ist eine Nachbildung des Bronzebaldachins von Bernini für Sankt Peter in Rom.

Palazzo Trinci

Die gesamte Nordwestseite des Platzes nimmt der 1389–1407 für die Familie Trinci erbaute Palazzo ein. Der einen Hof umschließende, gewaltige Bau wurde 1944 durch Bombenangriffe schwer beschädigt und wird derzeit grundlegend restauriert. Neben anderen Einrichtungen beherbergt er eine sehenswerte Gemäldesammlung (z.Zt. geschlossen).

Palazzo
Comunale,
Palazzo Orfini

An der Südseite der Piazza della Repubblica steht der im 13. Jh. erbaute, turmüberragte Palazzo Comunale, den man an den wuchtigen Säulen seiner klassizistischen Fassade erkennt. Rechts vom Palazzo Comunale, im eleganten Palazzo Orfini mit schönem Renaissanceportal (1515), war vermutlich die erste Druckerei Italiens beheimatet.

Weitere
Kirchen

Vom Palazzo Trinci gelangt man südwestlich durch die Via A. Gramsci zur Piazza San Domenico mit zwei schönen Kirchen: Santa Maria Infraportas mit einem zierlichen Portikus ist die älteste Kirche von Foligno (im Inneren Fresken aus dem 12. Jh.), San Domenico wurde im Jahre 1251 errichtet und birgt Fresken aus dem 14. und 15. Jahrhundert. Südöstlich vom Dom liegt in einer Seitengasse das ehemalige Oratorio della Nunziatella (1494) mit dem sehenswerten Fresko "Taufe Christi" von Perugino.

Kirchen (Fortsetzung)

Umgebung von Foligno

Lohnend ist ein Ausflug zu dem 6 km östlich im Wald gelegenen Benediktinerkloster von Sassovivo. Die um 1000 gegründete Abtei besitzt einen Kreuzgang mit 128 filigranen, spiralförmig gedrehten Säulen (1229).

*Abtei von Sassovivo

10 km südwestlich von Foligno liegt im Tal des Clitunno die kleine Stadt Bevagna (4500 Einw.). Von besonderem Reiz ist der von mittelalterlichen Gebäuden umgebene Hauptplatz (Piazza Filippo Silvestri). Die beiden dortigen Kirchen San Silvestro und San Michele weisen bemerkenswerten romanischen Portalschmuck auf.

Bevagna

Wenn man von Bevagna noch 7 km auf kurvenreicher Straße bergan fährt, gelangt man zu dem von Mauern umgebenen Bergstädtchen Montefalco (473 m ü.d.M.; 5500 Einw.), das von den Italienern liebevoll 'La Ringhiera dell' Umbria', der Balkon Umbriens, genannt wird. Weinkennern ist der Ort mit den steilen Gassen und den hübschen, blumengeschmückten Steinhäusern wegen dem 'Rosso di Montefalco' ein Begriff, Kunstfreunde pilgern vor allem wegen der ehemaligen Franziskanerkirche San Francesco (1340) nach Montefalco. Den Chor dieses heute museal zugänglichen Gotteshauses schmückt ein bedeutender Freskenzyklus (Leben des hl. Franziskus), den der Renaissancemaler Benozzo Gozzoli 1450–1452 geschaffen hat. Fresken aus dem 14. Jh. gibt es in der Cappella di Santa Croce in der Kirche Santa Chiara an der Ausfallstraße nach Spoleto zu besichtigen.

*Montefalco

Rund 1,5 km südlich vor der Stadt lohnt das Kloster San Fortunato einen Besuch. Die Cappella della Rose freskierte 1512 Tiberio d'Assisi, das Lünettenfresko am Kircheneingang malte Benozzo Gozzoli.

San Fortunato

5 km nordwestlich von Foligno liegt malerisch auf einem Ausläufer des Monte Subasio der mittelalterliche Ort Spello (7800 Einw.), das römische Hispellum, von dem Teile der Stadtmauern und Tore, darunter die Porta Venere aus augusteischer Zeit, erhalten sind. Durch die Porta Consolare, die mit drei Porträtstatuen geschmückt ist, gelangt man hinauf zur Piazza Matteotti. Linkerhand erhebt sich die 1285 vollendete, im Innern barockisierte Kirche Santa Maria Maggiore. Man besichtige dort die 1501 von Pinturicchio ausgemalte Cappella Baglioni, die mit einem prächtigen Majolikafußboden aus Deruta (1566) ausgelegt ist. In der Sakramentskapelle und im Presbyterium weitere Fresken von Pinturicchio, ebenfalls in der unweit oberhalb gelegenen Kirche Sant' Andrea (13. Jh.).

*Spello

11 km südlich von Foligno, etwas abseits der S.S. 3, liegt an einem Hang das Städtchen Trevi (7300 Einw.). Blickfang an der zentralen Piazza Mazzini ist der Palazzo Comunale (14. Jh.) mit einer offenen Arkadenhalle im Erdgeschoß. Durch die Via San Francesco gelangt man zur Franziskanerkirche San Francesco (1288), in der das städtische Museum untergebracht ist; es dokumentiert die Stdtgeschichte und besitzt eine interessante Kunstsammlung. Trevi hat auch moderne Kunst zu bieten: Im Trevi Flash Art Museum, 1993 in den Räumen des Palazzo Lucarini eröffnet, sind Werke zeitgenössischer italienischer Kunst ausgestellt.
Empfehlenswert ist ein Spaziergang auf der Via Ciuffelli zum Kloster San Martino, das mit Fresken von Lo Spagna und Pier Antonio Mezzastris ausgestattet ist; von hier bietet sich ein schöner Blick über Trevi. Unterhalb der Altstadt, an der Straße zur S.S. 3, steht die Kirche Madonna della Lacrime, die wegen einer "Anbetung der Könige" von Perugino einen Besuch lohnt.

Trevi

Forlì   G 7

Region: Emilia-Romagna
Provinz: Forlì-Cesena
Höhe: 34 m ü.d.M.
Einwohnerzahl: 110 000

Lage und Geschichte

Forlì, Hauptstadt der oberitalienischen Provinz Forlì-Cesena, liegt an der Via Emilia zwischen Bologna und Rimini – rund 55 km südöstlich von Bologna bzw. 45 km nordwestlich von Rimini.

Sehenswertes

Im Zentrum der Stadt liegt, von stattlichen Palästen umgeben, die große Piazza Aurelio Saffi. An der westlichen Seite steht das Rathaus mit einer Fassade von 1826; daneben der gotische Palazzo del Podestà (1460).

San Mercuriale

An der östlichen Seite der Piazza Aurelio Saffi befindet sich die romanische Kirche San Mercuriale (12./13. Jh.), überragt von einem hohen Glockenturm. Im Bogenfeld des Portals schöne Reliefs. Im Inneren sieht man Gemälde (u.a. von Palmezzano) und Kunstwerke, ferner das Grabmal der Barbara Manfredi, eine Arbeit von Francesco di Simone Ferrucci. Rechts der Kirche der restaurierte Kreuzgang einer Benediktinerabtei (16. Jh.). Im Museum u.a. liturgisches Gerät und Gemälde. Von der Piazza Aurelio Saffi führt der Corso Garibaldi nordwestwärts zur 1841 erneuerten Kathedrale. Am Corso Garibaldi (Nr. 96) auch das Museo del Risorgimento, wo die politische Bewegung in der Romagna dokumentiert ist.

Pinakothek

Von der Piazza Saffi gelangt man südwestlich zum Corso della Repubblica mit der Städtischen Pinakothek (Pinacoteca e Musei Comunali; Nr. 72), untergebracht in einem Palast von 1172. In dem Museum werden Werke von Guercino (um 1590 bis 1666), Melozzo da Forlì (1438–1494), Beato Angelico, Morandi (20. Jh.) u.a. gezeigt; Skulpturen und Teppiche.
In der archäologischen Abteilung (Museo Archeologico) interessante Ausgrabungsfunde aus vorgeschichtlicher, etruskischer und griechischer Zeit. Darüber hinaus gibt es in dem Museum Majoliken, die in Faenza und anderen Orten entstanden sind, sowie eine Abteilung für Geschichte.

Piazza della Vittoria

Am Ende des Corso della Repubblica liegt die Piazza della Vittoria mit der hohen Marmorsäule eines Gefallenendenkmals (1932).

Zitadelle

Im Südwesten der Stadt liegt die Zitadelle Rocca di Ravaldino (1361).

Umgebung von Forlì

Cesena

Im Dreieck zwischen Ravenna, Forlì und Rimini liegt an der Via Emilia die ummauerte Stadt Cesena (40 m; 90 000 Einw.). Beachtung verdienen die berühmte Biblioteca Malatestiana (1452), die gotische Kathedrale (15. Jh.) und die auf einem Hügel errichtete Rocca Malatestiana, eine Festungsanlage aus dem 14./15. Jh., die weitgehend umgestaltet wurde.

Frascati   G 12

Region: Latium/Lazio
Provinz: Rom
Höhe: 322 m ü.d.M.
Einwohnerzahl: 20 000

Frascati

Die kleine Stadt Frascati liegt rund 20 km südöstlich von Rom am Hang der Albaner Berge. Frascati, das bedeutendste der sog. Castelli Romani, ist wegen seines gesunden Klimas ein beliebter Urlaubsort der Römer. Interessant sind die von Bäumen und Parks umgebenen Villen alter Adelsfamilien. Sie stammen überwiegend aus dem 16. und 17. Jh. und sind teils in manieristischem Stil, teils im Stil des Barock gehalten.

Lage und Bedeutung

Sehenswertes

Verkehrsmittelpunkt von Frascati ist die Piazza Roma mit der sich anschließenden Piazza Marconi. Südlich von hier liegt der schöne Park der Villa Torlonia, die im Zweiten Weltkrieg zerstört wurde. Das Wassertheater von Maderna blieb in Grundzügen erhalten.

Villa Torlonia (Park)

An der Südostseite der Piazza Marconi befindet sich auf erhöhtem Gelände die Villa Aldobrandini (auch Villa Belvedere), die 1598–1604 als eine Art Landschloß errichtet wurde. Der stattliche Bau ist umgeben von Gartenanlagen mit einer Aussichtsterrasse, Grotten, Wasserspielen und einem Wassertheater.

*Villa Aldobrandini

Unweit nördlich der Piazza Roma erstreckt sich die Piazza San Pietro, der Hauptplatz der Altstadt mit hübschem Brunnen. Dort steht die Kathedrale San Pietro (16./17. Jh.), ein über dem Grundriß eines griechischen Kreuzes errichteter Bau. Beachtung verdienen im Inneren eine Rosenkranzmadonna und ein Barockaltar mit einem Tafelbild der Madonna, ferner das Grabmal von Charles Eduard Stuart (1788) nahe dem Haupteingang.

San Pietro

Umgebung von Frascati

Rund 1 km östlich von Frascati erreicht man den Eingang zum Park der Villa Falconieri (1545–1548), einem Bauwerk von Alessandro Ruffini, das durch Francesco Borromini (Löwentor) erweitert wurde. Sehenswert sind im Inneren die Fresken. Der Zypressenteich diente Arnold Böcklin, der vielfach italienische Landschaften gemalt hat, als Anregung für ein Bildmotiv.

Villa Falconieri

Etwa 2 km östlich von Frascati steht die Villa Mondragone (1573–1575), umgeben von prachtvollen Zypressen. Sie wurde einst für den Kardinal Markus Sittikus errichtet. Im Jahre 1852 sanktionierte Papst Gregor III. dort den Gregorianischen Kalender, der nach ihm benannt ist.

Villa Mondragone

Südöstlich außerhalb der Stadt liegt ferner die eindrucksvolle Villa Rufinella (auch Villa Tuscolana), die Kardinal Rufini nach einem Entwurf von Luigi Vanvitelli erbauen ließ. Villa und Park sind nicht zugänglich.

Villa Rufinella

Von Frascati führt eine Straße in Windungen bergauf zur 5 km südöstlich gelegenen Ruinenstätte des alten Tusculum. Tusculum war Geburtsort des älteren Cato und der Lieblingsaufenthalt Ciceros. Im frühen Mittelalter von streitbaren Grafen bewohnt, wurde die Stadt 1191 unter Papst Cölestin III. zerstört. Erhalten sind die stark überwucherten Reste des Amphitheaters, des griechischen Theaters, des Forums, eines Quellhauses und eines Stücks der alten Stadtmauer.

Tusculum

In rund 15 Minuten erreicht man oberhalb der Ruinenstadt den Burgberg (670 m), von dem aus sich eine herrliche Aussicht bietet.

Sehr lohnend ist eine Fahrt von Frascati zu dem von schönen Wäldern umgebenen Städtchen Rocca di Papa (620–720 m; 9 000 Einw.), einem malerischen Felsennest 8 km südlich von Frascati. In Rocca di Papa gibt es zahlreiche Sommervillen. Der Ort liegt am Außenrand eines großen ehemaligen Vulkankraters, dem sog. Campo di Annibale.

Rocca di Papa

Friaul

Frascati
(Fortsetzung),
Monte Cavo

Vom Campo di Annibale aus gelangt man entweder zu Fuß (45 Min.) oder auf einer 6,5 km langen Straße zum Gipfel des Monte Cavo (949 m), der zweithöchsten Erhebung der Albaner Berge (Colli Albani). Von oben bietet sich eine weite Sicht auf das Gebiet von Latium. Auf dem Berg stand im Altertum ein Jupitertempel, das Bundesheiligtum der Latiner.

Friaul / Friuli G–H 3–4

Region: Friaul – Julisch-Venetien / Friuli – Venezia Giulia
Provinzen: Pordenone und Udine
Fläche: 7846 km²
Einwohnerzahl: 1 200 000

Lage und
Allgemeines

Die oberitalienische Landschaft Friaul (ital. Friuli) liegt im Strombereich des Tagliamento und des unteren Isonzo; sie erstreckt sich von den Karnischen und den Julischen Alpen bis zur Adria. Das Friaul bildet heute mit dem östlichen Teil des alten Venetien die Region Friuli – Venezia Giulia (Friaul–Julisch Venetien), die 7846 km² groß ist und rund 1 200 000 Einwohner hat.

Geschichte

Das ursprünglich von illyrischen Karern besiedelte Gebiet wurde um 150 v.Chr. von Rom unterworfen; seinen Namen trägt es nach der römischen Stadt 'Forum Iulii' (Cividale del Friuli). Die Region war später langobardisches Herzogtum und seit Karl dem Großen fränkischen Markgrafen untertan. Im Jahre 952 kam sie an Bayern, 976 an Kärnten und 1077 durch Schenkung an das Patriarchat von Aquileja. Im 15. Jh. eroberte Venedig den westlichen (größeren) Teil; der östliche (kleinere) ging als Lehen an die Grafen von Görz und im Jahre 1500 an Österreich, das 1797 auch den bis dahin venezianischen Teil erhielt. Letztgenannter kam 1866, die Grafschaft Görz 1918 an Italien, das 1947 den vorwiegend von Slowenen besiedelten östlichsten Teil an das damalige Jugoslawien abtreten mußte. Eine Reihe schwerer Erdbeben hat im Jahre 1976 die Region heimgesucht. Dabei kamen mehr als tausend Menschen ums Leben; zahlreiche Kunstdenkmäler wurden vernichtet oder schwer beschädigt, Ortschaften weitgehend zerstört.

Bevölkerung und
Wirtschaft

Von den rund 1,2 Mio. Einwohnern der Region Friaul–Julisch Venetien sind etwa 520 000 Friauler (ital. 'Friulani', friaul. 'Furlani'), die Nachfahren früh romanisierter Räter; ihre Sprache (das Friaulische oder Furlanische) ist eine rätoromanische Mundart. Die Friauler lebten jahrhundertelang von der Landwirtschaft (auch Weinbau); heute sind sie vielfach im Baugewerbe und anderen Branchen beschäftigt.

Tourismus

Im Hochgebirge hat sich durch Erschließung neuer Skigebiete der Fremdenverkehr zu einem wichtigen Erwerbszweig entwickelt. Die beliebtesten Wintersportorte sind Piancavallo, Forni di Sopra, Ravascletto, Sella Nevea und das Gebiet um Tarvis.
An der Adriaküste liegen vielbesuchte Seebäder, darunter Grado, in dessen Umgebung (Lagune) man Vogelreviere und kleine Fischerinseln findet (s. bei → Aquileja), und Lignano Sabbiardoro (breiter Badestrand).

Sehenswerte Städte sind → Aquileja, → Cividale del Friuli und → Udine.

Gardasee / Lago di Garda E 4–5

Regionen: Lombardei/Lombardia, Venetien/Veneto, Trentino – Südtirol / Trentino – Alto Adige
Provinzen: Brescia, Verona und Trient/Trento
Höhe: 65 m ü.d.M.

Gardasee

Der tiefblaue Gardasee, der 'Lacus Benacus' der Römer, mit 370 km² Fläche der größte der Oberitalienischen Seen, liegt in einem Taleinschnitt zwischen Venetien und der Lombardei sowie dem nördlichen Trentino–Südtirol. Der See ist 52 km lang, maximal 17,5 km breit und bis zu 346 m tief. Von Norden durch die Sarca als Hauptzufluß gespeist, wird er nach Süden durch den Mincio zum Po hin entwässert. — Lage

Der nördliche Teil des Sees ist fjordartig schmal; nach Süden verflachen die Ufer allmählich zu dem ausgedehnten Moränenzirkus des ehemaligen Etschgletschers. Das Ostufer wird durch den 80 km langen Kalkrücken des Monte Baldo (2200 m) vom Etschtal geschieden. Das Westufer, im nördlichen Teil von schroffen Felswänden begrenzt, verbreitert sich zwischen Gargnano und Salò zu dem lieblichen Küstenstrich der Riviera Bresciana. Die Nordspitze des Gardasees mit Riva und Torbole gehörte bis 1919 zur Donaumonarchie. — Allgemeines

Das Klima um den Gardasee ist außerordentlich mild, Schneefälle sind selten. Der See ist meist bewegt und hat besonders bei Nordsturm starken Wellengang. Bei gutem Wetter weht um die Mittagszeit im Winter und Frühjahr der sehr kalte Südwind 'Ora'. Der See ist ein beliebtes Segel- und Surfrevier. — Klima
Die Vegetation ist an den windgeschützten Uferstrecken sehr reich und teilweise schon mediterran. Bis zu 300 m Höhe gibt es Oliven; in den Gärten wachsen Palmen, Zedern, Magnolien und Agaven.

Eine Fahrt mit dem Schiff sollte wegen der Ausblicke nach beiden Seiten des Sees nicht versäumt werden: von Riva del Garda nach Desenzano del Garda, wobei unterwegs wechselnd an Orten des Westufers wie auch des Ostufers angelegt wird; ferner von Toscolano-Maderno über Garda nach Peschiera del Garda oder Desenzano. Tragflügelboote fahren von Riva nach Desenzano. — Schiffsausflug

Riva ist der Ausgangspunkt der Rundfahrt um den See

Gardasee

✱✱ Rundfahrt um den Gardasee (ca. 135 km)

Gardesana Occidentale	Der Gardasee wird von großartigen Uferstraßen umzogen. Das Westufer erschließt die berühmte 'Gardesana Occidentale'; mit ihren zahlreichen in den Felsen gehauenen Galerien und Tunneln ist sie ein Meisterwerk neuzeitlicher Straßenbaukunst. Am Ostufer verläuft die 'Gardesana Orientale'.
Riva del Garda	Die Rundfahrt um den Gardasee beginnt an dessen Nordwestspitze bei dem Städtchen Riva del Garda (70 m; 13 000 Einw.), das zur Erholung und als Kurort sowie als Kongreßzentrum viel besucht wird. An der Ostflanke der Rocchetta steht ein Wachturm aus venezianischer Zeit ('Bastione'), den man von Riva zu Fuß oder mit einer Seilbahn erreichen kann. Verkehrsmittelpunkt von Riva ist der Hafenplatz mit Bogengängen und einem mächtigen alten Uhrturm. Östlich am See liegt die kleine Piazza Carducci; nahebei die ehem. Wasserburg der Scaliger ('La Rocca'; 12. bis 15. Jh.) mit dem Museo Civico. An der Straße nach Arco steht die barock ausgestattete Kirche Inviolata (1603). Am südlichen Stadtrand befindet sich das 1925–1928 erbaute Ponale-Kraftwerk (88 000 kW), zu dem das Wasser des 585 m höher liegenden Ledro-Sees durch einen 6 km langen Druckstollen geleitet wird.
Gargnano ✱ Riviera Bresciana	Die Westuferstraße erreicht 29 km hinter Riva das stattliche, an steile Bergwand gelehnte Dorf Gargnano (98 m), wo die Riviera Bresciana beginnt. Die Villa Feltrinelli, unweit nördlich der Seepromenade, war von September 1943 bis April 1945 Sitz Mussolinis (heute ist sie Außenstelle der Mailänder Universität).
Bogliaco	2 km: Bogliaco; dort steht die Villa der Grafen Bettoni (Park).
Toscolano-Maderno	6 km: Toscolano-Maderno (70 m); im Ortsteil Maderno die romanische Kirche Sant' Andrea (12. Jh.) und der Palazzo Gonzaga (17. Jh.). Von der Seepromenade bietet sich eine schöne Aussicht.
Gardone Riviera	4 km: Gardone Riviera (70 m), ein wegen seines milden Klimas und der südlichen Vegetation vielbesuchter Kurort; sehenswert ist der Botanische Garten Dr. Hruska. Rund 1 km nördlich liegt der von schönen Gärten umgebene Ortsteil Gardone di Sopra (130 m); nahe der Kirche (Aussichtsterrasse) die Villa Vittoriale degli Italiani, der letzte Wohnsitz des Dichters Gabriele d'Annunzio (1863–1938; Erinnerungsstücke) und sein bombastisches Mausoleum (Aussicht).
Salò	3 km: Salò (75 m; 10 000 Einw.), ein reizvoll an einer engen Bucht gelegenes, vom Monte San Bartolomeo (568 m) überragtes Städtchen, die Heimat des Erfinders der Geige Gasparo da Salò (1542–1609) und nach dem 8. September 1943 Sitz der faschistischen Regierung ('Republik von Salò'). Beachtenswert ist die gotische Pfarrkirche Santa Maria Annunziata (1453).
Desenzano del Garda	21 km: Desenzano del Garda (67 m; 20 000 Einw.), an der Südwestspitze des Gardasees gelegen; dort sind ein altes Kastell und Reste einer römischen Villa (4. Jh. n.Chr.; Mosaiken) zu sehen. Von Desenzano führt die S.S. 11 am Südufer des Gardasees entlang.
Abstecher: San Martino della Battaglia	Nach 4,5 km Abzweigung rechts zu dem 5 km südöstlich gelegenen Dorf San Martino della Battaglia (110 m), wo am 24. Juni 1859 die mit den Franzosen verbündeten Piemontesen die Österreicher besiegten (Turmdenkmal; Kriegsmuseum).
Solferino	Rund 11 km weiter südlich liegt das Dorf Solferino (132 m), wo ebenfalls am 24. Juni 1859 die Franzosen unter Napoleon III. die Österreicher schlugen (Kriegsmuseum; Beinhaus); von der hochgelegenen Rocca bietet sich

Gardasee

eine umfassende Sicht. Das Elend der Verwundeten von Solferino gab dem Schweizer Henri Dunant die Idee zur Gründung des Roten Kreuzes.

Solferino (Fortsetzung)

An der S.S. 11 folgt nach 2,5 km die Abzweigung einer Straße zu der 3,5 km nördlich auf einer weit in den See vorspringenden Halbinsel gelegenen malerischen Ortschaft Sirmione, wo der römische Dichter Catull (84–54 v.Chr.) eine Villa hatte. In dem auch als Schwefelbad besuchten Ort steht eine große Scaligerburg (13. Jh.; erneuert); vom Turm bietet sich eine herrliche Aussicht.
Rund 1 km nördlich die 'Punta di Sirmione' mit einer Aussichtsterrasse, die auf Unterbauten aus der römischen Kaiserzeit ('Grotte di Catullo') errichtet ist.

*Sirmione

7 km: Peschiera del Garda (68 m; 9000 Einw.), ein stark befestigtes Städtchen an der Südostecke des Gardasees, dem hier der Mincio entströmt. Unweit östlich, in Castelnuovo del Garda, der Freizeitpark Gardaland.
Von Peschiera aus fährt man auf der östlichen Uferstraße weiter.

Peschiera del Garda

9 km: Lazise (76 m; 5000 Einw.), eine kleine Stadt mit mittelalterlichen Mauern und einer Scaligerburg (14. Jh.).

Lazise

5 km: Bardolino (68 m), ein wegen seines Weines bekannter Ort; links der Straße das romanische Kirchlein San Severo (8. und 12. Jh.), die Fresken stammen aus dem 12. und 13. Jahrhundert.

Bardolino

4 km: Garda (69 m; 3500 Einw.), ein alter Ort und der 'Garden' der deutschen Heldensage. Fußweg in 45 Minuten zur Rocca (294 m) an der Stelle der ehem. Burg, die dem See seinen Namen gab.

Garda

Etwa 4 km nordöstlich von Garda liegt bei Costermano ein deutscher Soldatenfriedhof (21 942 Gefallene aus dem Zweiten Weltkrieg).

Sirmione besitzt eine stattliche Burg aus der Zeit der Skaliger

Gardasee

*Kap San Vigilio	Rund 3 km hinter Garda folgt das aussichtsreiche Kap San Vigilio oberhalb der zypressenumsäumten Villa Guarienti (1540; unzugänglich).
Torri del Benaco	5 km: Torri del Benaco (68 m), ein Dorf mit dem mittelalterlichen Castello Scaligero (1383).
Abstecher: San Zeno di Montagna	Von Torri del Benaco führt ein lohnender Abstecher 9 km nordöstlich zu dem Erholungsort San Zeno di Montagna (583 m), hoch über dem See (Aussicht) am Südwesthang der Monte-Baldo-Kette gelegen.
Malcesine	11 km: Malcesine (90 m), ein Städtchen in großartiger Lage unter zerklüfteten Steilwänden des Monte Baldo (2200 m); am Nordende, fast senkrecht über dem See, die Scaligerburg (13./14. Jh.), in der Goethe 1786 beim Zeichnen beinahe als Spion verhaftet wurde. Eine Schwebebahn führt in 15 Minuten zur Bocca Tratto Spino (1720 m).
Torbole	14 km: Torbole (85 m), ein von Deutschen gern besuchtes Fischerdorf unter kahlen Felsen an der Nordostecke des Gardasees; am Hauptplatz eine Gedenktafel zur Erinnerung an Goethes italienische Reise. 4 km: Riva (s.S. 270).

Lago di Ledro

Lage 10 km westlich von Riva	Von Riva fährt man zuerst auf der Hauptstraße Richtung Arco und Trento. Dann biegt man links ab auf eine Straße, die über zwei Tunnel (einer davon über 3 km lang) durch den Rocchetta-Berg nach Biacese und weiter nach Molino di Ledro führt. Am Ostufer des Lago di Ledro sind die Reste einer bronzezeitlichen Pfahlbau-Siedlung zu sehen (Museum).

*Lago di Molveno

Lage 46 km nördlich Ponte delle Arche	Von Riva gelangt man auf einer landschaftlich reizvollen Straße über den Weiler Foci del Varone – in der Nähe die Cascata del Varone, ein Wasserfall in düsterer Klamm – zu dem 26 km nördlich gelegenen Straßenknoten Ponte delle Arche (401 m), von wo die S.S. 237 rechts durch die großartige Sarca-Schlucht nach Trient und links durch den wilden Engpaß Gola della Scaletta nach Tione führt. Fährt man von Ponte delle Arche weiter nordwärts, so erreicht man nach 20 km den prächtig blauen Molveno-See (821 m; 4 km lang, bis 119 m tief), der im Osten vom Monte Gazza (1990 m), im Westen von den schroffen Zacken der Brenta-Gruppe überragt wird. Am Nordende liegt der im Sommer zur Erholung besuchte Ort Molveno; von hier Sessellift nördlich zum Pradel (1342 m) und zum Palòn di Torre (1530 m).
Andalo	Rund 4 km nördlich von Molveno liegt der Ferien- und Wintersportort Andalo (1042 m), von wo sich ein weiter Blick auf die Brenta-Gruppe bietet; von hier führt eine Kabinenbahn auf die Malga Terlago (1772 m) und zum Pian del Dosson, von dort eine Sesselbahn auf die 2125 m hohe Paganella.

Arco

Lage 6 km nordöstlich von Riva del Garda	Nordöstlich von Riva liegt am rechten Ufer der Sarca das alte Städtchen Arco, das wegen seiner geschützten Lage in einer Landschaft mit südlicher Vegetation im Sommer, ferner wegen seines milden Klimas im Winter besucht wird. Am Kurpark, südlich der Marktkirche, steht ein Bronzedenkmal des in Arco geborenen Malers Giovanni Segantini (1858–1899); westlich anschließend die Kurpromenade, die hübsche Magnolienallee und die Palmenallee; zwischen beiden das Kurkasino. Auf dem zypressenbestandenen Burgfelsen (284 m) liegen die Reste der Burg Arco (Aussicht).

Genua / Genova C 7

Region: Ligurien/Liguria
Provinz: Genua/Genova
Höhe: 25 m ü.d.M.
Einwohnerzahl: 676 000

Genua, die Hauptstadt der Region Ligurien, liegt am Golf von Genua (Golfo di Genova), der nördlichen Bucht des Ligurischen Meeres. Als Groß-Genua – von Nervi im Osten bis Voltri im Westen – streckt sich die Stadt über 35 km lang an der Meeresküste hin. Sie ist der erste Hafen- und Handelsplatz Italiens und neben Marseille der bedeutendste Hafen am Mittelmeer. Darüber hinaus ist Genua Sitz eines Erzbischofs, einer Universität und zahlreicher kultureller Einrichtungen. Vom Meer aus steigt die Stadt, die ihrer Marmorpaläste wegen den Beinamen 'la Superba' trägt, in einem weiten Halbkreis am Abhang des Ligurischen Apennin empor. Straßentunnel und Brücken verbinden die Stadtteile miteinander.

Lage und Bedeutung

Das Wahrzeichen Genuas ist der Leuchtturm (Torre Lanterna) zwischen den Becken des alten Hafens. Die Altstadt, mit geräuschvollem südlich buntem Leben, besteht aus einem Gewirr enger und oft steiler Gassen. In der Mündungsebene des Bisagno sowie nördlich und westlich auf den Höhen liegen die neueren Stadtteile mit Hochhäusern, Gärten und Villen.

Stadtgebiet

Die Wirtschaftskraft Genuas basiert im wesentlichen auf dem Hafen, der seit Mitte der 50er Jahre zur Versorgung der Industrieregionen Mailand und Turin ausgebaut wurde. Darüber hinaus hat der Containerumschlag an Bedeutng gewonnen. Im Bereich des Hafens (Stadtteile Sampierdarena, Cornigliano, Multedo), der auch Ausgangspunkt der Erdölpipelines in die Schweiz und nach Ingolstadt ist, befindet sich neben petrochemischer Industrie mit Werften und Maschinenbauunternehmen der ins Meer hinausgebaute Flughafen Cristoforo Colombo. Bedeutende Wirtschaftszweige sind ferner Papier- und Textilproduktion sowie das Transportwesen.

Wirtschaft

Die alte Hauptstadt der Ligurer, erstmals 218 v. Chr. erwähnt, bildete im 10. Jh. eine selbständige Republik, die nach fast zweihundert Jahren Kriegen 1284 in der Seeschlacht von Meloria die Pisaner, ihre gefährlichsten Konkurrenten, überwand. Im 14. Jh. kämpften die Genuesen mit Venedig um den Handel im Orient, doch wurden sie 1381 bei Chioggia entscheidend geschlagen. Inzwischen hatte die Stadt im Inneren unter ständigem Parteihader zu leiden und geriet unter die Oberhoheit ausländischer Fürsten. Erst 1528 stellte der Admiral Andrea Doria (1466–1560) die Unabhängigkeit der Republik wieder her. Doch die Macht Genuas war im Sinken begriffen: 1684 beschoß die Flotte Ludwigs XIV. die Stadt, 1746 war sie monatelang durch die Österreicher besetzt. 1805 wurde die 'Ligurische Republik' Teil des napoleonischen Reiches, 1815 kam sie an das Königreich Sardinien-Piemont. 1860 ging Genua schließlich in Italien auf. Im Zweiten Weltkrieg wurde es ein Zentrum des Widerstands.

Geschichte

Unter den berühmten Genuesen sind zu nennen: der Freiheitskämpfer Giuseppe Mazzini (1805–1872), der italienische Nationalheld Giuseppe Garibaldi (1807–1882), der Sohn eines Genuesen aus Nizza, ferner der Entdecker Amerikas Christoph Kolumbus (eigentlich Cristoforo Colombo; 1451–1506) sowie der Geigenvirtuose Niccolò Paganini (1782–1840).

Berühmte Genuesen

Die in Genua zahlreicher und prächtiger als in irgendeiner anderen Stadt Italiens vorhandenen Adelspaläste geben ein Bild vom großartigen Lebensstil des 16. und 17. Jahrhunderts. Den Typ des Genueser Palastes, dessen Eigenart in der großzügigen Verteilung der Massen und der geschickten Ausnutzung des ansteigenden Baugrundes besteht, schufen der Perugianer Galeazzo Alessi (1512–1572) und seine Nachfolger.

Kunst

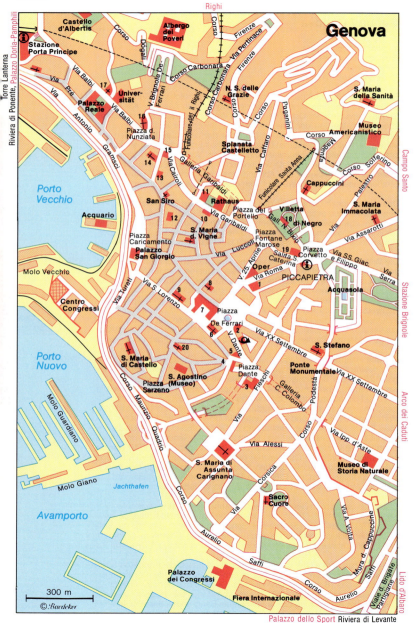

Genua

Die teilweise sehr alten Kirchen sind meist im gotischen Stil umgebaut und von pisanischen und lombardischen Bildhauern ausgeschmückt worden.

Kunst (Fortsetzung)

Innere Stadt

Bedeutendster Platz und Verkehrsmittelpunkt der Stadt ist die Piazza De Ferrari, von der mehrere Straßen ausgehen: südöstlich die Via XX Settembre, nordöstlich die Via Roma (mit Anschluß zur Via Garibaldi), nordwestlich, von der Piazza Matteotti, die zum Hafen führende Via S. Lorenzo.

Piazza De Ferrari

Der postmoderne, 63 m hohe Bühnenturm des Teatro Carlo Felice (Teatro Comunale dell'Opera di Genova) gibt dem Platz einen neuen Akzent. Das Opernhaus, das im Zweiten Weltkrieg ausbrannte, wurde 1987–1991 von Aldo Rossi unter Beibehaltung der alten Substanz neu errichtet (Führungen). Vor der Oper ein Reiterstandbild Giuseppe Garibaldis von 1893.

Teatro Carlo Felice

Rechts neben der Oper steht der im 19. Jh. von Carlo Barabino errichtete Palast der Accademia Ligustica di Belle Arti (Kunstakademie), zu der eine sehenswerte Pinakothek gehört. Ausgestellt sind vorwiegend Bilder Genueser und ligurischer Maler des 14.–19. Jahrhunderts.

*Kunstakademie

Im Uhrzeigersinn von der Kunstakademie aus: Banca dell'Agricoltura; Börse (Borsa; Banca d'Italia), neobarock; Credito Italiano; Società di Navigazione Italiana; Palazzo Ducale; Palazzo Forcheri; Palazzo de Ferrari (Banco di Roma). In der Mitte des Platzes ein Bronzebrunnen von 1936.

Weitere Bauten

An der Börse beginnt die Via XX Settembre, die von Repräsentationsbauten und lädenreichen Bogengängen gesäumte Hauptstraße der Stadt. Von der rechten Seite der Börse führt die Via Dante zur Piazza Dante, an deren Südostecke zwei Wolkenkratzer ('grattacieli') stehen.

Piazza Dante

An der Westseite der Piazza Dante befindet sich die gotische Porta Soprana (oder Porta di Sant' Andrea), das südöstliche Stadttor (1155); rechts davor das sogenannte Haus des Kolumbus (Casa di Colombo), in dem Kolumbus seine Kindheit verbracht haben soll.

Porta Soprana

Unweit südwestlich der Piazza De Ferrari liegt die Piazza Matteotti. An dem Platz steht der restaurierte Komplex des Palazzo Ducale (Dogenpalast), eine Gebäudegruppe aus dem 13. Jh., die mehrfach umgebaut wurde. Nach der Restaurierung (1992 eröffnet) wurde der Palazzo Ducale zum Kommunikationszentrum: Auf über 30000 m² Fläche finden sich Cafés und Restaurants, Ausstellungs- und Tagungsräume sowie Läden.

*Palazzo Ducale

Die Via S. Lorenzo wird oben von der Jesuitenkirche Santi Ambrogio e Andrea (auch Chiesa del Gesù) abgeschlossen, die in den Jahren 1588–1637 entstand. Das Innere ist u.a. mit Marmor, Stuck und dem Gemälde "Mariä Himmelfahrt" von Guido Reni (1616) ausgeschmückt.

Santi Ambrogio e Andrea

Durch die neben dem Dogenpalast beginnende Via Tommaso Reggio und die Salita all' Arcivescovado gelangt man zu der kleinen gotischen Kirche San Matteo (1278), wo vieles an die Adelsfamilie der Doria erinnert – an der Fassade Inschriften zu ihren Ehren, in der Krypta das Grab Andrea Dorias. Links der Kirche ein schöner frühgotischer Kreuzgang (1308–1310).

San Matteo

LEGENDE ZUM STADTPLAN GENUA:

1 Accademia Ligustica (di Belle Arti)
2 Borsa
3 Grattacieli
4 Porta Soprana
5 Casa di Colombo
6 Santi Ambrogio e Andrea
7 Palazzo Ducale (Kunstzentrum)
8 San Matteo
9 San Lorenzo (Kathedrale)
10 Palazzo Rosso
11 Palazzo Bianco
12 Palazzo Spinola
13 Casa di Mazzini
14 San Filippo Neri
15 Palazzo Balbi
16 Santissima Annunziata
17 San Carlo
18 Museo Chiossone
19 Prefettura
20 San Donato

Genua

In den Arkadengängen der Via Sottoripa

Paläste
: An dem Platz vor der Kirche, der Piazza San Matteotti, stehen mit schwarzem und weißem Marmor verkleidete Doria-Paläste.

**San Lorenzo
: Von der Piazza Matteotti führt die verkehrsreiche Via San Lorenzo zum Hafen. Am Anfang steht rechts die Kathedrale San Lorenzo, ein Bau mit beeindruckender Fassade. Er wurde ca. 1100–1160 als romanische Säulenbasilika errichtet, nach einem Brand 1307–1312 gotisch erneuert und 1557 von Galeazzo Alessi mit einer Renaissancekuppel gekrönt. Im Tympanon des Hauptportals Christus in der Mandorla und das Martyrium des hl. Lorenz. Das Innere ist mit bedeutenden Skulpturen und Gemälden ausgeschmückt. Im linken Seitenschiff verdient die große Cappella San Giovanni Battista (1450–1465), das erste Zeugnis der Renaissance in Genua, Beachtung. In den unterirdischen Gewölben der Domschatz.

*Santa Maria di Castello
: Zwischen dem 12. und dem 16. Jh. entstand auf dem Castello-Hügel ein Komplex von Kirchen und Klöstern. Zentrum ist die romanische Kirche Santa Maria (12. Jh.); im Hauptportal ein römischer Fries. Von der Sakristei ist ein dreistöckiger Kreuzgang zugänglich: Im ersten Obergeschoß sind die Loggia dell'Annunziazione mit dem Fresko "Mariä Verkündigung" und die Gewölbeausmalung hervorzuheben. Museum mit kirchlicher Kunst.

San Agostino (*Skulpturenmuseum)
: Einen Besuch lohnt auch die Kirche San Agostino, die im Zweiten Weltkrieg weitgehend zerstört und anschließend wieder hergerichtet wurde. Rechts neben der Kirche befinden sich zwei Kreuzgänge mit dem Museo di Scultura e Architettura Ligure di S. Agostino (Genueser Bildhauerkunst vom Mittelalter bis ins 18. Jh.).

**Museo Chiossone
: Vom Opernhaus gelangt man östlich durch die Via Roma, die durch mehrere Zugänge mit der Ladenpassage Galleria Mazzini verbunden ist, zur

Die Genueser Kathedrale San Lorenzo ▶

Genua

Museo Chiossone (Fortsetzung)

Piazza Corvetto und durch die Via XXV Aprile zur Piazza Fontane Marose. Auf einer Anhöhe nordöstlich oberhalb dieses Platzes liegt der Park Villetta di Negro, von wo sich eine weite Aussicht bietet. Hier befindet sich das Museo d'Arte Orientale E. Chiossone (Museum für ostasiatische Kunst), dessen Bestand vom 3. Jahrtausend v.Chr. bis zum Ende des 19. Jh.s reicht. Es enthält eine einzigartige Sammlung mit über 15000 Objekten, die auf die Sammlertätigkeit des Malers Eduardo Chiossone zurückgeht. Gezeigt werden Werke aus Japan, China und Thailand: Skulpturen, Waffen, Porzellan und Masken sowie Farbholzschnitte (u.a. von Hokusai).

Straßenzug zum Hauptbahnhof

Allgemeines

An der Westseite der Piazza delle Fontane Marose beginnt der Hauptstraßenzug Via Garibaldi–Via Cairoli–Via Balbi, im 16./17. Jh. angelegt, der zur Piazza Acquaverde beim Hauptbahnhof führt. Seitlich flankieren einige Kirchen und die bedeutendsten Paläste von Genua, deren großartige Treppen zu den Sehenswürdigkeiten der Stadt gehören, den Straßenzug.

*Via Garibaldi

In der engen, von Galeazzo Alessi entworfenen Via Garibaldi reiht sich Palast an Palast, meist mit einer sehenswerten Gemäldesammlung. In dieser Beschreibung wird lediglich auf die wichtigsten Bauten hingewiesen. Rechts steht der ehem. Palazzo Doria Tursi (Nr. 9; Rathaus), der bedeutendste und größte Palast. Er wurde in den Jahren 1565–1575 für Niccolò Grimaldi errichtet, den reichsten Genuesen und Bankier Philipps II. In dem Palast – mit Freitreppen, Loggia u.a. – werden die Geige von Niccolò Paganini und die Urne mit der Asche von Christoph Kolumbus gezeigt. Die Via Garibaldi beschließt der Palazzo Rosso (Nr. 18), ein Prachtbau der Familie Brignole-Sale (17. Jh.). In dem Gebäude befindet sich eine großartige Kunstsammlung, die besonders wegen ihrer schönen Familienbildnisse (van Dyck, Paris Bordone, Bernardo Strozzi, Veronese, Moretto, Tizian, Tintoretto, Caravaggio u.a.) Beachtung verdient. Schräg gegenüber (Nr. 11) steht der Palazzo Bianco der Familie Brignole, ein Barockbau, der ebenfalls mit bedeutenden Gemälden ausgestattet ist, darunter Werke sowohl niederländischer als auch italienischer Meister.

Via Cairoli

Über die Piazza della Meridiana gelangt man nordwestlich in die breite Via Cairoli, die als 'Strada Nuovissima' nach der Via Garibaldi angelegt wurde. Die vielbesuchte Ladenstraße mit Antiquariaten, Buchhandlungen u.a. mündet in den Largo della Zecca.

San Siro

Links abseits der Via Cairoli steht die alte Kathedrale San Siro (seit 1586 barock erneuert), deren Inneres reich mit Fresken geschmückt ist.

*Palazzo Spinola (Nationalgalerie)

Nahe der Kirche ist im Palazzo Spinola (Via S. Luca), der um 1580 erbaut und im Rokokostil umgestaltet wurde, die Nationalgalerie (Galleria Nazionale) untergebracht. Sie besitzt Werke u.a. von Antonello da Messina, Guido Reni, Anthonis van Dyck, Joos van Cleve und genuesischen Malern.

Largo della Zecca

Am Largo della Zecca beginnt der Straßentunnel 'Galleria Giuseppe Garibaldi' zur Piazza Corvetto, der sich jenseits der Piazza del Portello als 'Galleria Nino Bixio' fortsetzt. Rechts vom Largo della Zecca die Talstation der Standseilbahn zum Righi (302 m), einem der schönsten Aussichtspunkte Genuas.

Palazzo Balbi

An der Südseite des Largo della Zecca steht der Palazzo Balbi, ein Bauwerk mit sehenswertem Treppenhaus (1750).

Casa di Mazzini (Museum)

Rechts vom Balbi-Palast führt die Via Lomellini an der Barockkirche San Filippo Neri vorbei zum Geburtshaus von Giuseppe Mazzini (1805–1872), dem Gründer des 'Jungen Italien' (Giovine Italia). Dort ist das 'Museo del Risorgimento' mit Erinnerungsstücken an den italienischen Freiheitskämpfer des Risorgimento untergebracht. Mazzini wurde mehrmals verhaftet. Obwohl er politisch erfolglos blieb, trugen seine Ideen wesentlich zur Einigung der italienischen Nation bei.

Casa di Mazzini (Fortsetzung)

An den Largo della Zecca schließt sich nordwestlich die Piazza della Nunziata an. Dort steht die prächtige Kirche Santissima Annunziata (1522–1620) mit einer klassizistischen Säulenhalle von 1843. Sie ist eine der am reichsten ausgeschmückten Kirchen Genuas. Stuck, Goldverzierungen und Fresken sind auf eindrucksvolle Weise in Verbindung gesetzt.

Santissima Annunziata

Westlich der Kirche beginnt die Via Balbi, eine zu Beginn des 17. Jh.s von Bartolomeo Bianco entworfene Straße mit schönen Palästen. Gleich rechts (Nr. 1) der Palazzo Durazzo-Pallavicini (um 1620), ein Gebäude mit Rokoko-Eingangshalle und schöner Treppe von 1780. Links (Nr. 4) der Palazzo Balbi-Senarega (um 1620); vom Hof bietet sich ein Durchblick in den Orangengarten. Rechts (Nr. 5) der Palazzo dell' Università, 1634–1650 als Jesuitenkolleg begonnen, mit der großartigsten Hof- und Gartenanlage in Genua. In seiner Aula sechs Bronzefiguren (Tugenden) und sechs Bronzereliefs (Leidensgeschichte Christi) von Giovanni da Bologna (1579). Links neben der Universität steht die Kirche San Carlo mit Skulpturen von 1650. Gegenüber der Palazzo Reale (1650 begonnen), ein mächtiger Palast mit schönem Treppenhaus und reich ausgestatteten Innenräumen (Gemälde, Gobelins). Von 1822 bis 1824 war der Palast, daher sein Name, Residenz des Hauses Savoyen-Piemont. Von der schönen Gartenterrasse blickt man auf den Hafen und die Piazza Statuto (Markthalle).

* Via Balbi

Die Via Balbi mündet nordwestlich auf die Piazza Acquaverde, den Platz vor dem Hauptbahnhof (Stazione Porta Principe), auf dem ein Kolumbus-Denkmal steht. Westlich von hier liegt die Piazza del Principe. Dort befindet sich der Palazzo Doria-Pamphili (oder Palazzo del Principe), der 1522–1529 als Landhaus für den Admiral und Staatsmann Andrea Doria erbaut wurde. Die Straßenfront zeigt ein großes Portal mit lateinischer Inschrift, einen Lobpreis auf Andrea Doria. Zugänglich war bis Mitte der neunziger Jahre lediglich der Garten mit dem Neptunbrunnen und dem Tritonbrunnen. Seit einigen Jahren kann man die Admiral-Appartements besichtigen (Führungen Sa. 15.00 - 18.00 und So. 10.00 – 13.00 Uhr).

Hauptbahnhof; * Palazzo Doria-Pamphili

Südlich der Piazza del Principe liegt – jenseits der Via Adua und der Bahngleise – der Hafenbahnhof (Stazione Marittima), Ausgangspunkt für die Besichtigung des Hafens.

Hafen

Der Hafen von Genua bildet mit rund 40 000 Beschäftigten den größten Wirtschaftsfaktor der Stadt. Jährlich werden rund 40 Mio. t Güter umgeschlagen, darunter ca. 300 000 Container. Das 225 ha große Areal an Land umfaßt mit einer Kailänge von 27 km eine 450 ha große Wasserfläche.

Allgemeines

Der Hafen von Genua gliedert sich in den Binnenhafen Porto Vecchio, den ältesten Teil, und den Porto Nuovo. Ferner gibt es den früheren Kriegshafen (Darsena) und den Vorhafen (Avamporto), an den sich die neueren Hafenbecken, Bacino della Lanterna und Bacino di Sampierdarena, anschließen. Am südwestlichen Rand des Porto Vecchio steht der Turm 'Torre Lanterna' von 1543, das Wahrzeichen der Stadt. Den östlichsten Teil des Hafens bildet der Yacht- und Segelboothafen 'Porticciolo Duca degli Abruzzi' am Corso Maurizio Quadrio. Der gesamte Hafen wird zum Golf von Genua hin von den Molen 'Diga Foranea dell'Aeroporto', 'Diga di Cornigliano', 'Diga Foranea' und 'Molo Duca di Galliera' abgeschlossen.
Sehr zu empfehlen ist eine Hafenrundfahrt (etwa 2 Std.).

Hafenanlagen

Die östlichen Teile des alten Hafens, wo Stückgut und Baumwolle umgeschlagen wurden, hat man für die Kolumbus-Feiern des Jahres 1992 zu Vergnügungsanlagen sowie Ausstellungs- und Kongreßgebäuden umge-

Aquarium

Genua

Kreuzfahrtschiffe im alten Hafen von Genua

Aquarium (Fortsetzung)
staltet. 'Herausragend' ist der Grande Bigo, eine 60 m hohe Konstruktion nach dem Vorbild der Schiffsladebäume. Nördlich des Molo Vecchio liegt das Aquarium (Acquario di Genova), wo Meerestiere aller Art in Becken, deren Beschaffenheit weitgehend ihrer natürlichen Umwelt entspricht, leben. Neben Fischen, wie sie für die tropischen Meere charakteristisch sind, kann der Besucher auch Haifische, Delphine und Pinguine sehen.

Flughafen
Am westlichen Ende des Hafens der internationale Flughafen Cristoforo Colombo, für den eine Halbinsel künstlich angelegt wurde.

Panoramastraßen

*Circonvallazione a Mare
Vom Palazzo San Giorgio, der an der Piazza Caricamento steht und einmal Sitz einer Bank war, führt der Weg südwärts durch die Via F. Turati an den Lagerhäusern des Freihafens vorbei zur Piazza Cavour. Dort beginnt die 'Circonvallazione a Mare', eine Uferstraße, die als Corso Maurizio Quadrio und Corso Aurelio Saffi an dem Messe- und Ausstellungsgelände, das dem Meer abgewonnen wurde, vorbei zur Piazza della Vittoria führt.

Unweit südöstlich der Piazza Cavour liegt die romanische Kirche Santa Maria di Castello (s. S. 276); im anstoßenden Dominikanerkloster das Museo di Santa Maria di Castello (Gemälde). Weiter östlich stehen die Kirche San Donato und die ehem. Kirche Sant' Agostino (s. S. 276), beide mit schönem Glockenturm. Von hier gelangt man südlich durch die Via Eugenio Ravasco und auf einem 30 m hohen Straßenviadukt zu der weithin sichtbaren zweitürmigen Kuppelkirche Santa Maria Assunta di Carignano, die 1552 nach Galeazzo Alessis Entwurf begonnen und um 1600 vollendet wurde. In kleineren Verhältnissen stellt sie eine Ausführung der Gedanken dar, die Bramante und Michelangelo dem Bau der Peterskirche in Rom zugrunde legten. Von der Kuppel schöne Aussicht auf Stadt und Hafen.

Von der Piazza della Vittoria gelangt man südlich durch den Viale delle Brigate Partigiane zur Passeggiata a Mare, die als prächtige Uferstraße unter dem Namen Corso G. Marconi und Corso Italia am Meer entlangzieht. Nach 2 km, nahe dem Ostende der Straße, erreicht man den Lido d'Albaro, einen reizvoll gelegenen Vergnügungspark.

Genua (Fortsetzung), *Passeggiata a Mare

Von der Piazza Corvetto führt die Via Assarotti östlich aufwärts zur Piazza Manin, wo die schöne Höhenringstraße Circonvallazione a Monte beginnt. Am Corso Solferino steht das Amerika-Museum (Museo Americanistico) mit einer Sammlung von Kunstgegenständen der präkolumbischen Kulturen. Der Höhenweg führt westlich am Berghang hin, dann – jenseits der Spianata del Castelletto (79 m; zwei Aufzüge hinunter zur Stadt) – zum Corso Ugo Bassi. Nicht weit von hier steht am Corso Dogali das Castello de Albertis, das ein Völkerkundemuseum beherbergt.

Circonvallazione al Monte

Umgebung von Genua

Fährt man von der Piazza della Vittoria im Bisagno-Tal aufwärts, so kommt man zum terrassenförmig angelegten Cimitero di Staglieno (oder Campo Santo), einem der berühmtesten Friedhöfe Italiens (3 km). In den unteren Bogenhallen sieht man Grabmäler bedeutender Genuesen. Am Berghang befindet sich im Zentrum der Anlage eine pantheonartige Rotunde. Beachtung verdient das Grab von Giuseppe Mazzini (s. S. 278) am Boschetto dei Mille (Hain der Tausend; östlich vom Pantheon).

Cimitero di Staglieno

Etwa 10 km nördlich von Genua liegt auf dem Monte Figogna (817 m) die Wallfahrtskirche Madonna della Guardia (19. Jh.). Vor allem an den Marienfesttagen kommen Scharen von Pilgern hierher. Hauptfesttag ist der 29. August, der Tag (des Jahres 1940), an dem die Jungfrau Maria einem Bauern aus dem Dorf Livellato erschien.

*Madonna della Guardia

Görz / Gorizia   H 4

Region: Friaul – Julisch Venetien / Friuli – Venezia Giulia
Provinz: Gorizia
Höhe: 86 m ü.d.M.
Einwohnerzahl: 38 000

Die Provinzhauptstadt Gorizia, deutsch Görz, liegt unmittelbar an der Grenze zwischen Italien und Slowenien – am Westrand des Karstes, wo das fruchtbare Tal des Isonzo in die friulische Ebene tritt. In der Stadt leben slowenische und deutschsprachige Minderheiten. Im Umkreis des 148 m hohen Burgbergs mit dem Castello erstreckt sich die Altstadt, zum Bahnhof hin schließen sich die neueren Viertel an.

Lage und Bedeutung

Die Grafschaft Görz gehörte von 1500 bis 1918 als Kronland zu Österreich. Im Ersten Weltkrieg lag die Stadt als Brückenkopf und Schlüssel der Wege nach Österreich fast ununterbrochen in der Kampffront. Sie wurde großenteils zerstört und fiel 1918 nach den Isonzoschlachten an Italien. Die östlichen Außenbezirke von Gorizia wurden 1947 dem damaligen Jugoslawien zugesprochen; der Ort jenseits der Grenze heißt 'Nova Gorica'.

Geschichte

Sehenswertes

Am Fuß des Burgbergs liegt die Piazza della Vittoria. Dort stehen die Präfektur und die Jesuitenkirche Sant' Ignazio (17. Jh.). Durch die Via Rastello gelangt man südlich zum Dom, der im 14. Jh. entstand und 1927 erneuert wurde. Zum Domschatz gehören Geräte aus Gold und Silber (12.–14. Jh.).

Dom

Gubbio

Görz
(Fortsetzung),
Kastell

Vom Domplatz gelangt man östlich aufwärts zum Burgberg mit dem Kastell, das im Mittelalter Sitz der Grafen von Görz war. Der dreifach ummauerte Burghügel (148 m) ist die größte Sehenswürdigkeit von Görz.

Museo di Storia e d'Arte

Im nahegelegenen Museo di Storia e d'Arte werden archäologische und kunsthandwerkliche Gegenstände, altes Handwerksgerät und Dokumente zur Geschichte der Stadt Görz und des östlichen Friaul gezeigt.

Museo della Grande Guerra

Einen Besuch lohnt ferner das Museo della Grande Guerra im Borgo Castello, das besonders an die Kämpfe zwischen Italienern und Österreichern im Ersten Weltkrieg erinnert. Nicht nur auf militärische, sondern auch auf soziale Gesichtspunkte wird hingewiesen.

Palazzo Attems

Von der Jesuitenkirche führt die Via Carducci, vorbei an dem schönen Brunnen Fontana del Nettuno, zum Palazzo Attems. Der stattliche Palast wurde im 18. Jh. für Graf Attems-Petzenstein errichtet und weist mit seiner Fassade und dem markanten Mittelrisalit auf venezianischen Einfluß hin.

Stätten der Isonzoschlachten

Einige Ausflüge führen von Görz in das einstige Kampfgebiet der zwölf Isonzoschlachten (1915–1917), soweit es bei Italien verblieben ist. Bei den Kämpfen standen sich österreichische und italienische Truppen am Isonzo gegenüber. Den Abschluß bildete die zwölfte Schlacht, die mit dem Rückzug der italienischen Truppen hinter den Piave endete (November 1917).

Soldatenfriedhof von Oslavia

Etwa 3,5 km nördlich der Stadt liegt jenseits des Isonzo auf einer Höhe der Soldatenfriedhof von Oslavia, der 1938 geschaffen wurde, mit einem Ossuarium für 60 000 italienische Gefallene des Ersten Weltkriegs.

Monte San Michele

Auf der Straße nach Triest erreicht man nach 11 km die Abzweigung eines Sträßchens, das über San Martino del Carso zur Kuppe des Monte San Michele (277 m) führt, wo sich alte Stellungen und ein kleines Kriegsmuseum befinden. Von oben bietet sich eine schöne Aussicht.

Gubbio G 9

Region: Umbrien/Umbria
Provinz: Perugia
Höhe: 478–529 m ü. d. M.
Einwohnerzahl: 32 000

Lage und Allgemeines

Die alte umbrische Stadt Gubbio, das römische 'Iguvium', liegt 40 km nördlich von Perugia am Nordostrand eines fruchtbaren Beckens. Die von einem intakten Mauergürtel umgebene, äußerst malerische Altstadt ist an den steilen Hang des Monte Ingino gebaut. Bekannt ist Gubbio für seine zahlreichen Keramikwerkstätten und sein spektakuläres Stadtfest am 15. Mai, bei dem in einem Wettlauf drei zentnerschwere Holzkerzen durch die Stadt geschleppt werden (Corsa dei Ceri).

Bemerkenswertes

** Stadtbild

Die Altstadt von Gubbio bietet mit ihren Palästen, den schmalen, zum Teil überwölbten Gassen (wie beipielsweise der Via Galeotti), den steilen Treppen und vielen schlichten Steinhäusern ein sehr mittelalterliches Bild. An vielen Häusern kann man noch die sog. Totentür sehen, ein zweiter, kleinerer Eingang neben der Hauptpforte, durch den angeblich die Toten hinausgetragen wurden.

Gubbio

Die Überreste des Palazzo dei Consoli in Gubbio

Der Stadtrundgang beginnt bei der großen, im 13. Jh. begonnenen Bettelordenskirche an der Piazza Quaranta Martiri. Der polygonale Campanile stammt aus dem 15. Jh.; im Innern der Kirche ein Freskenzyklus von Ottaviano Nelli (um 1410) und zwei schöne Klosterhöfe.

San Francesco

Mittelpunkt der Stadt ist die an den Berghang gebaute, von mächtigen Substruktionen gestützte Piazza della Signoria. Sie wird beherrscht vom imposanten, durch ein Glockentürmchen bekrönten Palazzo dei Consoli (1332–1337). Sowohl dieser Palast als auch der gegenüberliegende Palazzo Pretorio gelten als Werke des Baumeisters Gattapone aus Gubbio. Im Palazzo dei Consoli ist neben dem Museo Civico auch das Archäologische Museum untergebracht, das mit den Eugubinischen Tafeln ein bedeutendes Zeugnis der umbrischen Kultur bewahrt. Es handelt sich um sieben Bronzeplatten aus dem 2. Jh. v. Chr. mit Inschriften in umbrischer, etruskischer und lateinischer Sprache, die über das politische und religiöse Leben der Umbrer berichten. Im zweiten Obergeschoß sind Tafelbilder und Fresken der städtischen Gemäldesammlung (Pinacoteca Comunale) zu sehen. Beachtung verdient u.a. ein Vesperbild aus Terrakotta (15. Jh.).

*Palazzo dei Consoli

Nördlich oberhalb der Piazza della Signoria steht der gotische Palazzo Ducale, 1471–1474 in Anlehnung an den Palast in Urbino errichtet. Sehenswert ist der schöne Ehrenhof. Herrlicher Blick über die Altstadt von der kleinen Gartenanlage mit Aussichtsterrasse. Schräg gegenüber vom herzoglichen Palast sieht man den dicht an den Abhang geschmiegten Dom (1. Hälfte 13. Jh.) mit Skulpturen des Vorgängerbaus an der Fassade. Im Innern Altarbilder des 16. Jh.s. Im ehemaligen Kanonikerhaus des Doms ist das kleine Dommuseum untergebracht.

Palazzo Ducale, Dom

Von der Piazza della Signoria führt die belebte Via dei Consoli mit vielen schönen alten Häusern und zahlreichen kleinen Keramikwerkstätten und Souvenirläden in die verwinkelte nordwestliche Altstadt. Am Largo Bar-

*Via dei Consoli, Largo Bargello

Herkulaneum

Gubbio, Largo Bargello (Fortsetzung)	gello mit dem Lieblingsbrunnen der Eugubinen, der Fontana dei Matti, beachte man den schlichten gotischen Palazzo del Bargello (Anf. 14. Jh.). Am Ende der Straße blickt man auf die Fassade von San Domenico (1278 geweiht; im Innern Fresken aus dem 15. Jh.)
Santa Maria Nuova	Über die ebenfalls sehr reizvolle Via XX Settembre kommt man in den Südosten der Stadt. Die dortige Kirche Santa Maria Nuova (14. Jh.) birgt ein bedeutendes Freskenwerk des umbrischen Malers Ottaviano Nelli ("Madonna del Belvedere", 1403). Weitere Fresken von Nelli in der Kirche Sant' Agostino, südöstlich außerhalb des Stadttores Porta Romana.
Röm. Theater, Mausoleum	Da sich die Römerstadt Gubbio in der Ebene erstreckte, liegen die römischen Bauzeugnisse, das rund 6000 Zuschauer fassende Theater und ein kleines Mausoleum, außerhalb des mittelalterlichen Zentrums.
Sant' Ubaldo	Vom Dom führt eine steile Straße zum Kloster Sant' Ubaldo (820 m) am Hang des Monte Ingino (906 m ü.d.M.; Kabinenbahn). Von dem Kloster aus erreicht man in 20 Minuten den Gipfel des Berges, von dem sich eine schöne Aussicht bietet.

Umgebung von Gubbio

Monte Cucco	Der Monte Cucco, der östlich von Gubbio aufragt (Anfahrt über die S.S. 298 und die S.S. 3), ist mit 1566 m der höchste Gipfel des umbrischmärkischen Apennins und ein beliebtes Wandergebiet in Mittelitalien. An seinem Ostabhang, auf 1390 m Höhe, öffnet sich die Grotta del Monte Cucco, eine der größten Karsthöhlen Italiens mit herrlichen Tropfsteinbildungen.

Herkulaneum / Ercolano J 14

Region: Kampanien/Campania
Provinz: Neapel/Napoli
Höhe: 44 m ü.d.M.
Einwohnerzahl: 61 000

Lage	Die Ruinenstadt Herkulaneum liegt 8 km südöstlich von Neapel nahe dem Golf von Neapel, einer Bucht des Tyrrhenischen Meeres. Obwohl Herkulaneum großenteils unter der modernen Stadt Ercolano (bis 1969 Resina) begraben ist, vermittelt es – ebenso wie → Pompeji oder → Ostia – ein anschauliches Bild vom Aussehen einer antiken Stadt.
Geschichte	Die wohl von Griechen als Herakleion gegründete, später von Oskern, Etruskern und Samniten bewohnte Stadt Herculaneum kam 89 v.Chr. in römischen Besitz. Im Jahre 63 n.Chr. erlitt sie durch Erdbeben schwere Schäden und wurde beim Ausbruch des Vesuv im Jahre 79 n.Chr. unter Asche und Bimsstein begraben. Damals dürfte die Stadt in Meeresnähe, die als ruhiger Urlaubsort geschätzt wird, etwa 6000 Einwohner gezählt haben. Bei späteren Vulkanausbrüchen wurde die Schuttdecke auf 12 bis 30 m erhöht. Dies verhinderte, daß die Stadt – im Gegensatz zu Pompeji – im Altertum ausgeplündert wurde.
Ausgrabungen	Seit 1719 begann man wahllos einzelne Schächte und Stollen in die Tiefe zu treiben, wobei großartige Funde zutage kamen, die heute zu den kostbarsten Schätzen des Nationalmuseums von Neapel gehören, darunter die Papyrusrollen einer Bibliothek sowie Bronzestatuen. Bei systematischen Ausgrabungsarbeiten wurden seit 1927 prunkvolle Villen reicher Kaufleute freigelegt, deren Inneneinrichtung und Hausrat man nach Möglichkeit an Ort und Stelle beließ.

Herkulaneum

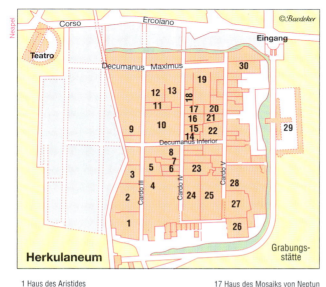

1 Haus des Aristides
2 Haus des Argus
3 Haus des Genius
4 Große Herberge
5 Haus des Skeletts
6 Haus des bronzenen Hermes
7 Haus mit dem Flechtwerk
8 Haus mit der hölzernen Scheidewand
9 Haus des Galba
10 Thermen
11 Haus der beiden Atrien
12 Heiligtum der Augustalier
13 Salon des Nero
14 Samnitisches Haus
15 Laden des Tuchhändlers
16 Haus mit den verkohlten Möbeln

17 Haus des Mosaiks von Neptun und Amphitrite
18 Haus mit dem schönen Hof
19 Haus der Zweihundertjahrfeier
20 Haus mit dem korinthischen Atrium
21 Haus mit dem Heiligtum aus Holz
22 Haus mit dem großen Portal
23 Haus mit dem Alkoven
24 Haus mit dem Mosaik-Atrium
25 Haus der Hirsche
26 Unterirdische Thermen
27 Haus mit der Gemme
28 Haus mit dem Telephos-Relief
29 Palaestra
30 Aula superiore

Im Gegensatz zu der meist einstöckigen Bauweise in Pompeji sind in Herkulaneum die Häuser großenteils zwei- oder dreistöckig; man erkennt die Verwendung von Holz für Fachwerk, Türen und Treppen. Weitere umfangreiche Grabungsarbeiten sind noch im Gange. Im November 1980 richtete ein Erdbeben schwere Schäden an.

Ausgrabungen (Fortsetzung)

Scavi d'Ercolano (Grabungsstätte)

Vom Haupteingang an der Nordostecke der Grabungsstätte Scavi d'Ercolano führt eine 400 m lange Straße zum Südende des Cardo III, der durch einen schon im 19. Jh. freigelegten Stadtteil zieht. Hier sieht man gleich links das 'Haus des Aristides', ein reiches Landhaus, dahinter links das 'Haus des Argus' mit Wandmalereien und säulenumgebenem Garten.

Gegenüber, rechts am Cardo III, steht die 'Große Herberge' (Casa dell'Albergo), ein zum Gasthaus umgebautes Patrizierhaus, das zum Meer hin

Große Herberge

Herkulaneum

Gesamtansicht der archäologischen Stätte von Herkulaneum

Detail aus der Casa del Mosaico

Terrassen hat. Weiterhin rechts das 'Haus des Skeletts', ausgestattet mit Wandmalereien und Mosaiken; links befindet sich das 'Haus des Genius', dessen Garten von Säulengängen umschlossen ist.

Herkulaneum, Große Herberge (Fortsetzung)

Den Cardo III quert etwa in der Mitte der Decumanus Inferior, an dem die neueren Ausgrabungen liegen. Jenseits, am Cardo III links, das 'Haus des Galba', ein Herrensitz mit Wasserbecken in Form eines Kreuzes.

**Neuere Ausgrabungen

Am Nordende des Cardo III befindet sich rechts das Heiligtum der Augustalier, ein dem Herkules, dem Schutzherrn der Stadt, gewidmeter Tempel auf quadratischem Grundriß, der durch eine Deckenöffnung Licht erhielt (schöne Fresken). In späterer Zeit diente der Tempel dem Kaiserkult.

*Heiligtum der Augustalier

Am Decumanus Inferior links, an der Ecke des Cardo IV, sieht man das 'Samnitische Haus', eines der ältesten vornehmen Wohnhäuser der Stadt, mit regelmäßigem Pflaster sowie Stuck- und Freskenverkleidung. Daneben – am Decumanus Inferior – das 'Haus mit dem großen Portal'.

Samnitisches Haus

Am Cardo IV folgt rechts der 'Laden des Tuchhändlers', ausgestattet mit einer hölzernen Handpresse, die wiederhergestellt wurde. Links die z. T. guterhaltenen Thermen, die Abteilungen für Männer und Frauen haben.

*Thermen

Am Cardo IV steht südlich rechts das 'Haus mit der hölzernen Scheidewand', ein Patrizierhaus vom samnitischen Typ (ohne Säulenhalle); in den Schlafräumen sind Bettstellen und eine hölzerne Truhe erhalten. Nebenan das 'Haus mit dem Flechtwerk', ein Bürgerhaus, das innen Wände aus Flechtwerk hat. Südlich anschließend das 'Haus des bronzenen Hermes'.

Haus mit der hölzernen Scheidewand

Im südlichen Abschnitt der Straße befindet sich links das 'Haus mit dem Mosaik-Atrium', ein geräumiges, reich ausgestattetes Herrenhaus.
Östlich schließt sich das 'Haus der Hirsche' an.

Haus mit dem Mosaik-Atrium
*Haus der Hirsche

Im nördlichen Abschnitt des Cardo IV steht rechts das 'Haus mit den verkohlten Möbeln', ferner das 'Haus des Mosaiks von Neptun und Amphitrite'. In der Nähe befinden sich darüber hinaus das 'Haus mit schönem Hof' und – diesem gegenüber – das 'Salon des Nero' genannte Gebäude.

Südöstlich, jenseits des Cardo V, erreicht man das 'Haus mit der Gemme', in rötlich-brauner Tönung schön ausgemalt; an dieses schließen sich südöstlich die Unterirdischen Thermen (Terme Suburbane) an.
Nordöstlich vom Haus mit der Gemme liegt zum Meer hin das 'Haus mit dem Telephos-Relief', eines der prunkvollsten Herrenhäuser der Stadt; im säulenumschlossenen Atrium ein Marmorbecken (Zugang zum Park).
Sehenswert ist ferner das 'Haus mit korinthischem Atrium' am Cardo V.

*Unterirdische Thermen

Im Osten der Stadt liegt der umfangreiche Komplex der Palaestra, einer Einrichtung für sportliche Veranstaltungen.

*Palaestra

Am Decumanus Maximus (erst teilweise freigelegt), der nördlichen Parallelstraße des Decumanus Inferior, steht das 'Haus der Zweihundertjahrfeier', wo man das älteste bekannte christliche Kreuzzeichen sehen kann. Der Name dieses Hauses geht darauf zurück, daß es 1938 – rund 200 Jahre nach dem Beginn der Grabungen – freigelegt wurde.

*Haus der Zweihundertjahrfeier

Ischia / Isola d'Ischia H 14

Region: Kampanien/Campania
Provinz: Neapel/Napoli
Fläche: 46 km²
Einwohnerzahl: 45 000

Ischia

Lage und Bedeutung	Ischia ist die größte Insel im Golf von Neapel. Wegen ihrer üppigen Vegetation, dem milden Klima und den zahlreichen heißen, schwach radioaktiven Heilquellen ist es ein beliebtes Urlaubsziel. Die durch vulkanische Tätigkeit entstandene Insel wurde von den Griechen 'Pithekussai', von den Römern 'Aenaria' genannt. Aus der mittelalterlichen Bezeichnung 'Iscla' wurde später der heutige Name Ischia.
*Landschaftsbild	Die 'Isola Verde' ('Grüne Insel') ist besonders an der Nordseite von großer Schönheit. Weinberge, Obstgärten, Pinienwälder und gelbblühender Ginster prägen das mediterrane Landschaftsbild.
Schiffsverkehr	Mehrmals täglich von und nach Neapel (auch Autofähre), ferner von und nach Capri, Procida und Pozzuoli (Tragflügelboote).

Inselrundfahrt

Stadt Ischia	Hauptort der Insel ist die am Nordostufer gelegene Stadt Ischia (17 500 Einw.), die aus den Stadtteilen Ischia Ponte und Ischia Porto besteht.
*Ischia Ponte	Das Wahrzeichen der Stadt wie der ganzen Insel ist das auf einem Felsen vor der Küste aufragende Castello d'Ischia, im 15. und 16. Jh. Sitz der aragonesischen Statthalter. Ein Steindamm verbindet die Felseninsel (Privatbesitz; Besichtigung gegen Eintritt) mit dem malerischen Ischia Ponte.
Ischia Porto	Nordwestlich von Ischia Ponte liegt das betriebsamere Ischia Porto, ein Thermal- und Seebad mit dem ältesten Hafen der Insel, der in einen ehemaligen Kratersee eingebettet ist.
Casamicciola Terme	Rund 4 km westlich von Ischia Porto, in der Mitte der Nordküste, erstreckt sich am Hang des Epomeo zwischen Gärten und Weinbergen Casamiccio-

Das Castello Aragonese überragt die Häuser von Ischia Ponte ▶

Ischia

Panorama von Ischia Porto

Casamicciola Terme (Fortsetzung) — la Terme (6500 Einw.), der traditionsreichste Kurort auf der Insel mit mehreren heißen Quellen, gepflegten Thermalanlagen und dem Parco Termale Castiglione, der sich terrassenförmig zum Meer absenkt (Badestrand). Lohnend ist ein Spaziergang auf der aussichtsreichen Via Borbonica oder ein Ausflug zum Monte Rotaro.

Lacco Ameno — Ganz im Nordwesten der Insel liegt das Seebad Lacco Ameno (4000 Einw.). Das Wahrzeichen von Lacco Ameno ist der pilzförmige Felsen ('Il Fungo'), der am Hafen aus dem Wasser ragt. Ein kleines archäologisches Museum informiert über die ehemalige griechische Kolonie, die bei Lacco Ameno ausgraben wurde. Die bekanntesten Thermalquellen sind die Thermen Santa Restituta und Regina Isabella.

Forio — Auf einem flachen Landsporn an der Westküste von Ischia breitet sich das alte Städtchen Forio (20 000 Einw.) aus. Anziehungspunkte sind hier die hübsche weißgetünchte Seefahrerkirche Madonna del Soccorso und der zinnenbekrönte Wehrturm 'Il Torrione', 1480 zum Schutz gegen Pirateneinfälle erbaut.

*Gärten des Poseidon — Nur wenige Kilometer südlich von Forio erstreckt sich der berühmte Strand von Citara (Spiaggia di Citara) mit den Gärten des Poseidon, einer besonders schönen und ausgedehnten Thermalanlage direkt hinter dem Strand.

*Sant' Angelo — Das Schmuckstück an der überwiegend steilen Südküste von Ischia ist das kleine, auf einer Landzunge zusammengedrängte Sant' Angelo (1000 Einw.), das sich mit seinen pastellfarbenen Häusern und der kleinen Hafenbucht mit den bunten Booten die Ausstrahlung eines ischitanischen Fischerdorfs bewahrt hat.

Spiaggia dei Maronti — Zwischen Sant' Angelo und Barano d'Ischia (über Serrara und Fontana zu erreichen) erstreckt sich der längste, allerdings auch meistbesuchte

Strand von Ischia, der wegen der vielen Freizeitmöglichkeiten und der heißen Quellen sehr beliebt ist.

Ischia (Fortsetzung)

Von Fontana aus lohnt sich eine Besteigung (1 Std.) des nach Norden fast senkrecht abfallenden Monte Epomeo (789 m), eines gewaltigen, seit 1302 erloschenen Vulkans in der Mitte der Insel (phantastische Rundsicht).

*Monte Epomeo

Procida / Isola di Procida

Mit einer Fläche von 3,75 km² ist Procida neben Ischia und → Capri die dritte und kleinste Insel im Golf von Neapel. Sie liegt nordöstlich von Ischia, zwischen dieser und dem italienischen Festland (Kap Miseno) und ist ebenfalls vulkanischen Ursprungs. Anfangs wurde sie von zwei aneinanderstoßenden Kratern gebildet; diese öffnen sich heute, nachdem das Meer ihre Südränder überspült hat, als zwei Buchten. Durch einen dritten, kleineren Krater entstand wahrscheinlich die Bucht von Chiaiolella im Südwesten der Insel, durch einen vierten die Nebeninsel Vivara.

Lage und Allgemeines

An der Nordostseite der Insel liegt das Städtchen Procida mit einem modernen Hafen (Sancio Cattolico) und dem alten Fischerhafen Corricella. Die weiß oder pastellfarben getünchten Häuser von Corricella mit ihren Kuppeln, Terrassen und den charakteristischen Außentreppen bieten ein überaus anmutiges Bild.

Procida (Ort)

Oberhalb von Corricella, auf einem steil abfallenden Felsen, thront die mittelalterliche, von Wehranlagen geschützte Oberstadt, Terra Murata genannt. Von hier und von der Punta dei Monaci genießt man einen herrlichen Blick über das Eiland.

*Corricella

Von der Stadt führt eine 3 km lange Straße südlich zur Bucht von Chiaiolella, wo es einen geschützten Hafen und einen schönen Strand gibt.

Chiaiolella

Westlich gegenüber der Bucht von Chiaiolella liegt die kleine Insel Vivara (109 m), die durch eine Brücke mit Procida verbunden ist. Auf Vivara, wo Olivenbäume gedeihen und wilde Kaninchen leben, wird ein Naturpark angelegt.

Vivara

Kalabrien / Calabria K–L 17–20

Region: Kalabrien/Calabria
Provinzen: Catanzaro, Cosenza, Crotone, Reggio di Calabria und Vibo Valentia
Fläche: 15 080 km²
Einwohnerzahl: 2 000 000

Die Region Kalabrien nimmt die südwestliche Halbinsel Italiens, die sogenannte Stiefelspitze zwischen Ionischem Meer und Tyrrhenischem Meer ein. Im südlichsten Teil ist dieses Gebiet lediglich durch eine schmale Wasserstraße, die Straße von Messina, von der Insel → Sizilien getrennt.

Lage

Das ganze Gebiet wird vom Kalabrischen Apennin durchzogen, aus Granit und Gneisen aufgebauten Gebirgsgruppen eines alten Rumpfgebirges: Im Norden La Sila (Botte Donato, 1930 m), im Süden der Aspromonte (Montalto, 1956 m). Beide sind durch ein breites, einst sumpfiges und malariaverseuchtes Tiefland getrennt, das vom Golf von Santa Eufemia im Westen sowie dem Golf von Squillace im Osten begrenz wird. Entlang der Westküste Nordkalabriens zieht sich, durch das fruchtbare Crati-Tal vom Sila-Gebirge getrennt, die Kalabrische Küstenkette (Catena Costiera), die steil zum Meer hin abfällt.

Landschaft und Vegetation

Kalabrien

In Kalabrien überrascht das Grün der Landschaft

Landschaft und Vegetation (Fortsetzung)

Die niedrigeren Gebirgsregionen sind von dichten Buchen- und Kiefernmischwäldern bedeckt (rund 40 % der Fläche Kalabriens), die der Landschaft einen fast mitteleuropäischen Charakter verleihen. Von jeher haben heftige Erdbeben, besonders im Gebiet um die Straße von Messina, die Region erschüttert und schwere Verwüstungen angerichtet.

Bevölkerung und Wirtschaft

Kalabrien gehört zu den wirtschaftlich am wenigsten entwickelten Gebieten Italiens. Die Bevölkerung lebt überwiegend von der Landwirtschaft. In den fruchtbaren Niederungen herrschen mediterrane Mischkulturen mit Weizen, Oliven, Agrumen, Wein und Feigen vor. In den höheren Lagen ist nur Weidewirtschaft möglich. Von den Bodenschätzen haben lediglich die Steinsalzlager bei Lungro und die Schwefelvorkommen bei Strongoli eine gewisse Bedeutung. Mehrere Stauseen im Sila-Gebirge liefern Elektrizität.

Geschichte

Das antike Kalabrien erstreckte sich über die Salentinische Halbinsel (den sog. Absatz) zwischen dem Golf von Tarent und der Adria und war von Japygern, die einem illyrischen Volksstamm angehörten, besiedelt, bis es 272 v. Chr. von Rom unterworfen wurde. Das Gebiet des heutigen Kalabrien war damals das Land der Bruttier; seit dem 8. Jh. v.Chr. bildete es einen Teil der Magna Graecia und wurde im zweiten Punischen Krieg von Rom besetzt. Nach dem Untergang des ostgotischen Reiches kam das Gebiet an Byzanz und erhielt später den Namen 'Kalabrien'. Im 9. und 10. Jh. hatte die Region wiederholt unter Sarazenenüberfällen zu leiden. 1060 von den Normannen erobert, wurde Kalabrien später dem Königreich Neapel zugeschlagen, zu dem es bis 1860 gehörte.

*Sila-Gebirge

Allgemeines

Sehr zu empfehlen ist ein Ausflug in das Sila-Gebirge, das insgesamt La Sila, im Hauptteil Sila Grande, im Süden Sila Piccola und am Nordrand Sila

Kalabrien

Greca – wegen der Albaner, die hier seit dem 15. Jh. leben und dem griechisch-orthodoxen Glauben angehören – genannt wird. Es ist ein etwa 3300 km² umfassendes, im Durchschnitt 1300 bis 1400 m hohes, im Monte Botte Donato bis zu 1930 m ansteigendes plateauartiges Gebirgsmassiv. Zum Crati-Tal stürzt es steil ab und senkt sich zum Golf von Tarent hin allmählich ab. Es gibt reiche Bestände an Kastanien, Buchen, Eichen, Schwarzkiefern und Fichten. In den Wäldern leben noch Wölfe und schwarze Eichhörnchen.

Sila-Gebirge (Fortsetzung)

Seit 1927 wurden an den Stauseen Elektrizitätswerke errichtet, u.a. am Lago Arvo und am Lago Ampollino.

Im Norden der Sila Greca liegt, wenige Kilometer vom Meer, malerisch am Hang die Stadt Rossano (275 m; 33000 Einw.), früher Hauptstadt von Kalabrien und heute Sitz eines Erzbischofs. Am südöstlichen Stadtrand steht auf einem Felsen die Kirche San Marco, ein byzantinischer Zentralbau aus der Normannenzeit mit fünf Kuppeln. Im Museo Diocesano befindet sich eine kostbare Evangelienhandschrift (6. Jh.). Von der Terrasse an der Via Garibaldi bietet sich eine schöne Sicht auf die Ebene von Kalabrien.

Rossano

Etwa 32 km nordwestlich von Rossano liegen am Unterlauf des Crati, nicht weit von der Küste, die Überreste der antiken Stadt Sybaris, die im Jahre 709 v.Chr. von Achäern gegründet wurde; schon 510 v.Chr. wurde sie von den Bewohnern der Stadt Kroton zerstört. Seit 1960 werden dort systematische Forschungs- und Grabungsarbeiten durchgeführt.

Sybaris

Im Südosten des Sila-Gebirges liegt nahe dem Lago Ampollino San Giovanni in Fiore (1049 m; 20000 Einw.). Der Ort ist das Zentrum der Sila-Region. Hier lebte Joachim von Fiore (1130/35 – 1202), ein Abt, der im Zisterzienserorden Reformen forderte; in einem Studienzentrum sollen Leben und Lehre des Joachim von Fiore jetzt näher erforscht werden.

San Giovanni in Fiore

Im Sila-Gebirge hat man drei Gebiete unter Schutz gestellt, die zusammen den 'Parco Nazionale della Calabria' bilden. Es sind die Regionen um den Ort Fossiata und den Monte Gariglione im Sila-Gebirge und ein Stück des Aspromonte. Der häufigste Baum in den Wäldern des Parks ist die 'Pinus laricio', die der Landschaft ein nordisches Aussehen verleiht. Bemerkenswert ist die Fauna: Außer dem Apenninenwolf sind der Bonelli-Adler und der seltene Schwarzspecht zu erwähnen. Gute Straßen führen die Besucher zu den verschiedenen Zonen.

Nationalpark

Reiseziele in Kalabrien

Die Hauptstadt der Region ist Catanzaro (343 m; 100 000 Einw.), auf einem Plateau in einiger Entfernung vom Meer gelegen, das nach Süden, Osten und Westen hin abfällt. Der Ort ist Sitz eines Erzbischofs. In der Stadtmitte stehen die Kathedrale und die Kirche San Domenico, auch Rosenkranzkirche genannt, die mit wertvollen Gemälden und Skulpturen ausgestattet ist, darunter der schöne Altaraufsatz der Rosenkranzmadonna (Madonna del Rosario). Ein weiter Blick bietet sich von der Via Bellavista an der Südseite der Stadt, ferner vom Stadtgarten mit der Villa Trieste im Osten.

Catanzaro

Rund 13 km südlich von Catanzaro liegt am Golf von Squillace der Badeort Catanzaro Marina. In der Nähe stehen – abgelegen zwischen Olivenbäumen – die Ruinen der Basilika Roccelletta del Vescovo di Squillace, auch Santa Maria della Roccella genannt, ein Backsteinbau ohne Dach, wahrscheinlich aus dem 11. Jahrhundert.

Catanzaro Marina

Etwa 17 km westlich der Stadt Catanzaro liegt reizvoll das wegen seiner Trachten sowie seiner Stickereien und Spitzen bekannte Städtchen Tiriolo (690 m; 5000 Einw.). Nordöstlich über dem Ort erhebt sich der Monte Tiriolo (838 m), auf dem die Trümmer eines Kastells zu sehen sind (Aussicht).

Tiriolo

Kalabrien

Paola — Etwa 34 km nordwestlich von Catanzaro liegt nahe der Küste in einer Schlucht am Gebirgshang das Städtchen Paola (94 m; 17 000 Einw.), wo 1416 der hl. Franziskus von Paola geboren wurde († 1507). Er stiftete den Bettelorden der Paulaner. Oberhalb der Stadt ein Kloster, das im 15. Jh. über einer Schlucht erbaut und im 17. Jh. erweitert wurde. In der zugehörigen Basilika werden einige Reliquien des Heiligen aufbewahrt.

Von Paola lohnt auch eine Fahrt (17 km) auf den Passo Crocetta (979 m), von wo sich eine schöne Aussicht bietet.

Tropea — Rund 70 km südwestlich von Catanzaro liegt an der Küste des Tyrrhenischen Meeres die kleine Stadt Tropea (61 m; 7000 Einw.), ein eleganter Badeort. Von den Bauten verdient vor allem die Kathedrale Beachtung.

Cosenza — Im Nordwesten Kalabriens liegt im fruchtbaren Crati-Tal Cosenza (240 m; 107 000 Einw.), einst als Cosentia Hauptstadt des Bruttierreiches, heute Provinzhauptstadt und Sitz eines Erzbischofs. In Cosentia starb im Jahre 410 n.Chr. der Westgotenkönig Alarich, dessen Leichnam und Schätze im Bett des Busento beigesetzt wurden (vgl. Graf August von Platens Ballade "Das Grab im Busento"). Im Nordwesten erstreckt sich am Abhang des Kastellhügels die ansehnliche Neustadt; in der Mündungsspitze von Crati und Busento die winkelige Altstadt. Am Corso Telesio, der gewundenen Hauptstraße, steht die 1222 geweihte, frühgotische Kathedrale, in der 1242 der Stauferkönig Heinrich VII. begraben wurde; im Querschiff links das Grabmal der Isabella von Aragon, der 1271 in Cosenza verstorbenen Gattin Philipps III. von Frankreich. Vom Stadtpark am südlichen Rand der Altstadt gelangt man nordwestlich hinauf zum Kastell, dessen dicke Mauern den häufigen Erdbeben, insbesondere den schweren von 1783 und 1905, nicht standhielten.

Empfehlenswert ist eine Fahrt von Cosenza ins Sila-Gebirge (s. S. 292).

Crotone — An der Ostküste des nördlichen Kalabrien liegt die Industrie- und Hafenstadt Crotone (43 m; 60 000 Einw.), im Altertum Krotone, eine Gründung der Achäer, die im 8. Jh. v.Chr. entstand und im 6. Jh. v.Chr. vom pythagoräischen Bund beherrscht wurde. Pythagoras gründete hier um 530 v.Chr. mehrere Philosophenschulen. Beachtenswert sind im Dom eine byzantinische Madonna und der Kirchenschatz. In der Nähe des Kastells befindet sich das Museo Archeologico Statale (Via Risorgimento), in dem vorgeschichtliche und antike Funde gezeigt werden. Wegen seiner langen Strände bildet Crotone heute ein beliebtes Urlaubsziel.

Capo Colonna — Von Crotone lohnt die Fahrt (11 km) südöstlich zum Capo Colonna, einst Kultstätte der Hera Lacinia. Die Umschiffung des Kaps durch die Römer im Jahre 282 v.Chr. löste den Pyrrhischen Krieg aus. Hannibal hatte dort im Zweiten Punischen Krieg (218–201 v.Chr.) sein Lager. Und von hier aus verließ er 203 v.Chr. den italienischen Boden, nachdem er im Tempel ein Verzeichnis seiner Taten hinterlegt hatte.

Reggio di Calabria — → dort

Locri

Ausgrabungsfeld — An der Ostküste Südkalabriens liegt das Seebad Locri (13 000 Einw.). Etwa 3 km südlich der Ortschaft kommt man zu den Ruinen einer altgriechischen Stadt, heute als Locri Epizefiri bzw. Scavi di Locri bezeichnet, deren Gesetze um 650 v.Chr. entstanden und berühmt waren. Nahe der Küstenstraße stößt man auf die Fundamente eines Tempels, der im 5. Jh. v.Chr. in ionischem Stil umgebaut wurde. Im Norden des Grabungsfeldes befinden sich Reste der Stadtmauer. Beachtenswert sind ferner ein Theater, ein Tempel, eine vorgriechische und eine griechische Nekropole.

Lago Maggiore

Kampanien / Campania H–K 13–15

Region: Kampanien/Campania
Provinzen: Avellino, Benevent/Benevento, Caserta, Neapel/Napoli und Salerno
Fläche: 13 595 km²
Einwohnerzahl: 5 608 000

Die Region Kampanien umfaßt ein Gebiet, das sich von der Kette des Neapolitanischen Apennin (Monte Cervati; 1898 m) zu der hier reich gegliederten Küste (Golf von Gaeta, Golf von Neapel, Golf von Salerno, Golf von Policastro) des Tyrrhenischen Meeres als fruchtbare und von den drei Flüssen Garigliano, Volturno und Sele bewässerte Niederung hinzieht. Lebhafter Vulkanismus (Vesuv) hat die Landschaft entscheidend geprägt. · Lage

Die außergewöhnliche Fruchtbarkeit des Landes, das milde Klima und die günstigen Bewässerungsverhältnisse haben der Landschaft schon im Altertum den Namen 'Campania felix' (= 'Glückliches Feld') eingetragen. Die Ebene ist eines der am dichtesten besiedelten Gebiete Italiens und wird intensiv bebaut (Weizen, Agrumen, Obst, Wein, Gemüse, Tabak). · Landwirtschaft

Ursprünglich war die Gegend von italischen Oskern besiedelt; seit dem 8. Jh. entstanden an der Küste die griechischen Kolonien Kyme, Dikäarchia und Neapolis (Magna Graecia). Seit dem Ende des 6. Jh.s v.Chr. wurde Kampanien von Etruskern, seit 430 v.Chr. von Samnitern beherrscht und 338 v.Chr. von den Römern unterworfen. Während der Kaiserzeit war die Landschaft Kampanien ein bevorzugter Aufenthaltsort vornehmer Römer; von der Blüte jener Zeit zeugen noch heute die Ruinenstädte → Herkulaneum und → Pompeji. Im frühen Mittelalter war Kampanien in langobardische und byzantinische Herrschaftsbereiche gespalten und kam, durch die Normannen im 12. Jh. wieder geeint, zum Königreich Sizilien bzw. zum Königreich Neapel. · Geschichte

→ dort · Neapel

→ dort · Salerno

Lago Maggiore C 3–4

Regionen: Lombardei/Lombardia und Piemont/Piemonte
Provinzen: Varese und Novara
Höhe: 194 m ü.d.M.

Der deutsch auch 'Langensee' genannte Lago Maggiore, der 'Lacus Verbanus' der Römer, liegt in Norditalien; der nördlichste Abschnitt mit der Stadt Locarno, der den kleineren Teil des Sees ausmacht, gehört zur Schweiz. Die Entfernung zwischen der Südspitze des Sees und der Stadt Novara beträgt rund 30 km. · Lage

Der Lago Maggiore ist mit 212 km² Fläche, 65 km Länge, 2–4,5 km Breite und bis 372 m Tiefe der zweitgrößte der Oberitalienischen Seen. Weniger gegliedert als der Comer See und ohne die jäh zum See abfallenden Felswände des nördlichen Gardasees, bietet der Lago Maggiore doch großartige Bilder südlicher Pracht, die den anderen Seen kaum nachstehen, sie an Lieblichkeit vielleicht übertreffen. · Allgemeines und *Landschaftsbild

Das Ostufer des italienischen Teils vom Lago Maggiore gehört zur Lombardei, das Westufer zu Piemont. Die bedeutendsten Zuflüsse sind nördlich der Ticino (Tessin) und die Maggia, westlich der Toce. Den südlichen Abfluß bildet der Ticino.

Lago Maggiore

Allgemeines
(Fortsetzung)

Die nördlichen Ufer sind von hohen, meist waldbedeckten Bergen umschlossen, die südlichen flachen sich zur Lombardischen Ebene hin ab. Das Wasser erscheint bei klarem Wetter im nördlichen Teil grün, im südlichen tiefblau.

Klima

Das Klima ist mild; von Mitternacht bis zum Morgen weht meist von Norden die Tramontana, von Mittag bis zum Abend von Süden die Inverna. Typisch für die Vegetation sind – wie am Gardasee und am Comer See – subtropische Gewächse: in dem milden Klima gedeihen Feigen, Oliven und Granatäpfel, im August blüht die Myrte. Auf den Borromäischen Inseln findet man u.a. Zitronen, Orangen, Korkeichen, Sagopalmen und Johannisbrotbäume.

Tourismus

Die meistbesuchten Teile des Sees liegen in der Gegend von Locarno sowie an der westlichen Bucht zwischen Pallanza und Stresa, in der die großartigen Borromäischen Inseln mit ihren subtropischen Parkanlagen die Hauptattraktion bilden.

Schiffsverkehr

Sehr empfehlenswert ist auch die Fahrt mit dem Schiff (ganzjähriger Verkehr): zwischen Locarno und Arona (auch Tragflügelboote), wobei abwechselnd die Orte des westlichen und des östlichen Ufers angelaufen werden; zwischen Cannobio und Stresa; zwischen Verbania und Stresa. – Autofähre.

Sehenswertes am Lago Maggiore

Verbania

Am Westufer des Lago Maggiore liegt reizvoll nahe den Borromäischen Inseln die aus den beiden Gemeinden Pallanza und Intra sowie einer Reihe von angrenzenden Ortschaften entstandene Stadt Verbania (205 m; 32 000 Einw.), die wegen ihres milden Klimas und der schönen Umgebung gern besucht wird.

Pallanza

Der Ortsteil Pallanza liegt zu beiden Seiten der Punta della Castagnola, wo sich vom Park des ehemaligen Hotels Eden Palace eine prächtige Aussicht bietet. Das Museo del Paesaggio (Regionalmuseum) zeigt Gemälde und Skulpturen aus dem 15.–20. Jahrhundert.
Unweit westlich im See die kleine Insel San Giovanni.
An der Uferstraße befinden sich der Kursaal und der Kurpark (Aussicht). Dahinter steht am See das große Grabdenkmal des Generals Cadorna (1850–1928), der im Ersten Weltkrieg Oberbefehlshaber der italienischen Armee war. Nördlich gegenüber erhebt sich die Pfarrkirche San Leonardo (16. Jh.; erneuert). Weiter westlich der Palazzo di Città (Rathaus) und die Landebrücke, von wo sich ein guter Blick auf die Borromäischen Inseln (besonders nahe die Isola Madre) und den Monte Mottarone bietet.

Madonna di Campagna

Rund 1,5 km nördlich, am Fuß des Monte Rosso (693 m), steht die Kuppelkirche Madonna di Campagna, ausgestattet mit Fresken u.a. von Lanino und den Procaccini.

**Park der Villa Taranto

Rund 1 km nördlich der Punta della Castagnola liegt auf einem Hügel der Park der Villa San Remigio (unzugänglich); unweit oberhalb das romanische Kirchlein San Remigio (11. Jh.). Nördlich anschließend der nach dem Zweiten Weltkrieg angelegte großartige Park der Villa Taranto (geöffnet April–Oktober; empfehlenswerter Führer mit Plan; Schiffsanlegestelle) mit botanischen Forschungslaboratorien und einer Fülle seltener, vor allem exotischer Pflanzen.

Intra

Nordöstlich von Pallanza liegt zwischen dem Torrente San Bernardino und dem Torrente San Giovanni der industriereiche Ortsteil Intra; sehenswert die schöne Kirche San Vittore (von Intra Autofähre über den See nach Laveno).

Lago Maggiore

Von Intra führt eine Panoramastraße 13 km nördlich zu dem als Sommerfrische besonders von Mailändern viel besuchten Dorf Premeno (840 m).

Premeno

Ferner von Intra lohnender Aufstieg nördlich (7 Std.) auf den Monte Zeda (2157 m), von dem sich eine umfassende Rundsicht bietet.

*Monte Zeda

Am Westufer des Sees liegt 13 km nordöstlich von Intra sehr reizvoll zwischen Wein-, Obst und Olivengärten die Ortschaft Cannero Riviera (226 m). Das Klima ist das mildeste am See, so daß hier selbst Zitronen- und Orangenbäume im Freien den Winter überstehen können. Der Ort hat einen schöner Strand.

Cannero Riviera

Folgt man der Küstenstraße in nördlicher Richtung, so erscheinen alsbald rechts auf Felsklippen im See die Ruinen der beiden Castelli di Cannero, die Lodovico Borromeo 1519 an der Stelle von Raubburgen errichten ließ.

*Castelli di Cannero

Etwa 7 km nördlich von Cannero liegt ebenfalls am Westufer des Lago Maggiore, auf einem Vorland in der breiten, kühlen Talspalte der Valle Cannobina der alte Ort Cannobio (214 m). Er hat malerische Gassen. Sehenswert sind der Palazzo della Ragione von 1291 und das neben der Landebrücke gelegene Santuario della Pietà, eine Renaissance-Kirche im Stil Bramantes; am Hochaltar eine Kreuztragung von Gaudenzio Ferrari (um 1525).

Cannobio

Ebenfalls am Westufer des Lago Maggiore liegt im Süden der westlichen Seebucht – auch nahe den Borromäischen Inseln – das Städtchen Stresa (210 m; 5000 Einw.), das nächst dem schweizerischen Locarno der bedeutendste Kurort am Lago Maggiore ist. Kühler und windreicher als die übrigen Seeorte, wird Stresa in der wärmeren Jahreszeit bevorzugt. Die lange Uferstraße bietet schöne Ausblicke auf den See und die Borromäischen Inseln.
Touristischer Mittelpunkt von Stresa ist die Uferpromenade, von der sich eine herrliche Sicht bietet. An der Uferpromenade liegen auch die Pfarrkirche und die meisten großen Hotels.

Stresa

Etwa 1 km südlich über dem Landungsplatz befindet sich das Collegio Rosmini (267 m), eine Erziehungsanstalt der Rosminianer; in der Kirche das Grabmal des priesterlichen Philosophen A. Rosmini (1797–1855). Rund 500 m weiter kommt man zu dem prachtvollen Park der Villa Pallavicino (im Winter geschl.), der wegen seiner reichen Vegetation und des Tiergartens einen Besuch lohnt.

*Park der Villa Pallavicino

Von Stresa aus gelangt man auf der mautpflichtigen Straße 'Borromea' (ca. 30 km; auch Schwebebahn) aufwärts über Gignese (707 m), einen Ort mit originellem Schirmmuseum, zum Gipfel des Monte Mottarone (1491 m), von wo sich eine umfassende Sicht auf die Alpenkette vom Monte Viso bis zum Ortler bietet (im Westen der Monte Rosa, besonders prächtig bei Morgenbeleuchtung).

*Monte Mottarone

Auf halbem Wege zweigt bei der Häusergruppe Alpino (768 m) ein Weg zu dem 500 m nördlich gelegenen Giardino Alpinia (807 m) ab; dort gibt es rund 2000 Pflanzenarten (prächtige Aussicht).

Giardino Alpinia

Von Stresa führt eine äußerst lohnende Bootsfahrt zu den Borromäischen Inseln. Man erreicht zuerst die Isola Bella. Die Insel verdankt ihr Aussehen dem Grafen Vitaliano Borromeo, der 1650–1671 auf den flachen Schieferfelsen – mit Pfarrkirche und einigen Häusern – fruchtbare Erde hoch aufschütten ließ und einen prächtigen Sommersitz anlegte. In dem unvollendet gebliebenen Schloß gibt es glänzende Festsäle, zahlreiche Gemälde, darunter einige gute der Lombardischen Schule des 16./17. Jh.s, und eine Galerie mit flandrischen Wandteppichen (17. Jh.). Der in italienischem Stil angelegte Garten (herrliche Aussicht) steigt in zehn Terrassen 32 m hoch

Borromäische Inseln
*Isola Bella

auf und entfaltet die volle Pracht der südlichen Pflanzenwelt: Zitronen, Orangen, Kirschlorbeer, Zedern, Magnolien, Korkeichen, Sagopalmen, Johannisbrotbäume, Kamelien, Oleander u.a.

Lago Maggiore, Isola Bella (Fortsetzung)

Rund 500 m nordwestlich der Isola Bella liegt die Isola dei Pescatori (oder Isola Superiore), mit einem malerischen Fischerdorf.

Isola dei Pescatori

Zwischen Isola dei Pescatori und Pallanza liegt die Isola Madre; sie ist wie die Isola Bella Eigentum der Familie Borromeo – mit reizvollen Anlagen englischer Art, deren Reichtum an schönen Bäumen, Sträuchern und Blütenpflanzen den der Isola Bella noch übertrifft. Oben ein unbewohntes Palais (Aussicht).

*Isola Madre

Etwa 4 km nordwestlich von Stresa liegt Baveno (205 m), ein vielbesuchter Kurort mit beachtenswerter Pfarrkirche; von der Seepromenade bietet sich ein schöner Blick auf den See mit den Borromäischen Inseln. Am Südende des Ortes die große Villa Branca des Mailänder Spirituosenfabrikanten (Magenbitter 'Fernet Branca'), umgeben von einem herrlichen Park (unzugänglich).

Baveno

Etwa 13 km südlich von Stresa liegt der Ort Meina (214 m); sehenswert die prächtige Villa Farragiana (Museum). Südlich vom Ort steht – zwischen Meina und Arona – auf einer Anhöhe der weithin sichtbare 'San Carlone', ein 23 m hohes Standbild des hl. Karl Borromäus, des um die sittliche Erneuerung des Katholizismus verdienten Kardinal-Erzbischofs von Mailand (1538–1584).

Meina

Am Ostufer, gegenüber dem Standbild, liegt Angera mit der Rocca Borromeo, einer alten Viscontiburg (Aussicht). Sie beherbergt seit 1988 das erste italienische Puppenmuseum (Museo delle Bambole).

Angera

Von Stresa bzw. von Verbania führt eine schöne Fahrt 42 bzw. 45 km nordwestlich zunächst an dem durch Ablagerungen des Toce gebildeten Lago di Mergozzo entlang und dann im Tal des Toce aufwärts nach Domodossola (272 m; 20 000 Einw.), einem Bergstädtchen mit hübschem Marktplatz. Beachtung verdient die dreischiffige Kollegiatkirche; am Portal ein Vorbau mit Fresken des 15. Jahrhunderts.

Domodossola

Etwa auf halbem Wege zweigt eine Straße ab. Sie verläuft über Piedimulera durch das im oberen Teil seit dem 13. Jh. von deutschsprachigen Wallisern besiedelte Anzasca-Tal (Goldbergwerke) nach Macugnaga (1327 m), einem Urlaubsort in prächtiger Lage unter der Ostwand des Monte Rosa.

Macugnaga

→ Novara

Orta-See

→ dort

Varese

L'Aquila

H 11

Region: Abruzzen/Abruzzo
Provinz: L'Aquila
Höhe: 615–721 m ü.d.M.
Einwohnerzahl: 69 000

L'Aquila, Hauptstadt der mittelitalienischen Region Abruzzen und der Provinz L'Aquila, liegt über dem Aterno-Tal in den → Abruzzen, deren mächtige Kalkstöcke den Ort rings umgeben. L'Aquila ist Sitz eines Erzbischofs.

Lage

Im Jahre 1240 wurde L'Aquila von dem Hohenstaufenkaiser Friedrich II. als Bollwerk gegen die aufständischen Abruzzen gegründet. Karl I. von Anjou ließ die Stadt von einer Mauer umgeben, die noch teilweise vorhanden ist.

Geschichte

◀ *Im Lago Maggiore liegen malerisch die Borromäischen Inseln*

L'Aquila

Sehenswertes

Dom
: Mittelpunkt der Stadt ist die weite Piazza del Duomo. An dem Platz steht der Dom San Massimo, der, im 13. Jh. errichtet, mehrfach durch Erdbeben zerstört und wieder aufgebaut wurde. Rechts vom Eingang befindet sich das rekonstruierte Grabmal des Kardinals Amico Agnifili (1480).

San Giuseppe
: In der Nähe die kleine Kirche San Giuseppe mit dem Grabmal der Familie Camponeschi, das Gualterio d'Alemagna zugeschrieben wird (1432).

Palazzo der Margarete von Parma
: Nördlich vom Dom erstreckt sich die Piazza del Palazzo. Hier steht der ehem. Palazzo der Margarete von Parma (1573) mit einem Glockenturm.

Fassade der Kirche San Bernardino

*San Bernardino
: Südöstlich der Piazza del Palazzo verläuft der Corso Vittorio Emanuele II, die Hauptstraße der Stadt. Von dieser gelangt man seitlich durch die Via San Bernardino zur Basilika San Bernardino. Der 1454–1472 errichtete Bau besticht durch eine Fassade aus goldgelben Steinen (1527). Der Innenraum hat den Grundriß eines lateinischen Kreuzes. Auffallend sind die Holzdecke und die Orgel, die mit einem Monogramm des hl. Bernhard und Bildern eines neapolitanischen Malers verziert ist. In einer Kapelle befindet sich das mit Skulpturen geschmückte Grabmal des Bernardino di Siena, der in L'Aquila als Prediger wirkte und 1440 dort starb.

L'Aquila

Von San Bernardino gelangt man auf einer Treppenrampe abwärts, dann geradeaus durch die Via Fortebraccio und die Porta Bazzano zu der prachtvollen Basilika Santa Maria di Collemaggio. Sie wurde um 1280 von Bruder Pietro da Morone gegründet, den man hier 1294 zum Papst (Cölestin V.) krönte. An der bemerkenswerten Fassade Rundbogenportale und Rosetten. Innen ist das Renaissance-Grabmal des Papstes (1517) sehenswert, seine Taten sind in Wandmalereien beschrieben.

*Santa Maria di Collemaggio

Im Nordosten der Stadt liegt der Parco del Castello. Von dem Park bietet sich eine weite Aussicht auf das Aterno-Tal und die Kette des Gran Sasso und der Maiella. An der östlichen Seite des Parks befindet sich das 1534 von Spaniern erbaute Kastell, eine Vierflügelanlage, in der das Museo Nazionale d'Abruzzo (Nationalmuseum der Abruzzen) untergebracht ist. Zum Besitz des Museums gehören mittelalterliche und moderne Kunst sowie Kunstgewerbe. Ausgestellt sind insbesondere Gemälde und Skulpturen aus verschiedenen Kirchen im Gebiet der Abruzzen, u.a. geschnitzte und bemalte Madonnen, ein Prozessionskreuz und schöne Fresken aus dem 13. Jahrhundert. Interessant ist ferner eine Sammlung von Majoliken.

*Museo Nazionale d'Abruzzo

Am Westfuß des Stadthügels steht – nahe dem Bahnhof und der Porta Rivera – die Fontana delle 99 Cannelle, der Brunnen der 99 Röhren (1272), mit Wänden aus rotem und weißem Marmor, an denen aus 99 verschiedenen Masken Wasser sprudelt. Diese Masken stellen Männer- und Frauenköpfe dar und bilden eine Anspielung darauf, daß L'Aquila aus 99 Stadtvierteln entstanden sein soll.

*Fontana delle 99 Cannelle

Umgebung von L'Aquila

Rund 10 km nördlich von L'Aquila liegen die Ruinen von Amiternum, einer antiken Stadt, die von Sabinern, später von Römern bewohnt wurde. Erhalten sind Teile des Theaters, des Amphitheaters und der Thermen. Zur Römerzeit entstanden dort auch bemerkenswerte Reliefs und Bildhauerarbeiten. Der moderne Ort heißt San Vittorino.

Amiternum

Die Fahrt zum Gran Sasso d'Italia (48 km nördlich) führt zunächst am Friedhof mit der Klosterkirche Madonna del Soccorso vorbei und später über das prächtig an den Südwesthängen der Gran-Sasso-Gruppe gelegene Bergdorf Assergi, dessen Kirche Santa Maria Assunta eine gotische Fensterrose hat, nach Fonte Cerreto (1105 m), der Talstation der Schwebebahn auf den Gran Sasso d' Italia (16 Min.). Von hier verläuft der Weg weiter auf einer 27 km langen Panoramastraße zur Bergstation (2130 m) am Westrand des Campo Imperatore (1600–2200 m), eines breiten Hochtals, das Ausgangspunkt für Bergtouren und ein beliebtes Wintersportgebiet ist. Nahe der Bergstation die moderne Kapelle Madonna della Neve und ein Observatorium. Vom Hotel auf dem Campo Imperatore erreicht man in 45 Minuten das Rifugio Duca degli Abruzzi auf dem Portelle-Grat (2381 m; Aussicht!). Von hier kommt man in weiteren 3½ bis 4 Stunden auf den Corno Grande (2912 m), den höchsten Gipfel des Gran Sasso d'Italia ('Großer Fels von Italien'), der die höchste Erhebung der Apenninenhalbinsel bildet und mit seinen steilen Felswänden teilweise alpin wirkt (Straßentunnel). Von oben bietet sich eine herrliche Aussicht auf ganz Mittelitalien – im Osten zur Adria, im Westen bis über die Sabiner Berge hinaus und an klaren Tagen bis zum Tyrrhenischen Meer.

*Fahrt zum Gran Sasso d'Italia

Lohnend ist auch eine Fahrt von L'Aquila nach Avezzano im Süden (62 km). Die Strecke führt zunächst in Windungen und Kehren am Nordosthang des Monte d'Orce (2206 m) bergan (Rückblick!), später durch das weite Hochtal zwischen Monte Velino (rechts) und Monte Sirente (links), wo mehrere Urlaubsorte liegen. Dahinter geht es in Kehren bergab – mit schönem Blick auf das Städtchen Celano (800 m), wo es Reste einer alten Kirche und ein Kastell (Castello Piccolomini) gibt, und das weite Fuciner Becken (Conca

Avezzano

La Spezia

L'Aquila, Avezzano (Fortsetzung)

del Fucino). Im westlichen Teil des Fuciner Beckens, eines 1875 trockengelegten Sees, liegt Avezzano (698 m; 35 000 Einw.). Die Stadt wurde 1915 durch ein Erdbeben, das 30 000 Opfer forderte, fast völlig zerstört. Nach dem Wiederaufbau wurde sie durch den Zweiten Weltkrieg in Mitleidenschaft gezogen. Heute besteht eine Aufwärtsentwicklung. Einen Besuch lohnen das Gemeindemuseum und das Museum bäuerlicher Kultur, das Gegenstände aus dem häuslichen und landwirtschaftlichen Bereich zeigt. Beachtung verdient auch das Portal am Schloß Orsini, das im Jahre 1490 von Virgilio Orsini errichtet und nach dem Erdbeben restauriert wurde.

Albe

Lohnend ist ein Abstecher nach Albe (7 km nördlich). Dort sind Reste der einst stark befestigten Stadt 'Alba Fucens' – u.a. mächtige Stadtmauern, Thermen, ein Amphitheater, eine Basilika – zu sehen, ferner eine romanische Kirche (11. Jh.), die in einen Apollotempel hineingebaut ist.

La Spezia D 7

Region: Ligurien/Liguria
Provinz: La Spezia
Höhe: 3 m ü.d.M.
Einwohnerzahl: 113 000

Lage

La Spezia, Hauptstadt der gleichnamigen Provinz, liegt zwischen Genua und Pisa am 9 km tief ins Land einschneidenden und über 7 km breiten Golf von La Spezia, einem der größten Naturhäfen des Mittelmeeres.

Bemerkenswertes

Museen

Hauptstraße der Stadt ist der Corso Cavour. Im Haus Nr. 251 befinden sich die Biblioteca Civica (etwa 80 000 Bände), die Musei Civici, in denen Objekte zur Volks- und Naturkunde gezeigt werden, ferner das Museo Archeologico Lunense, wo römische Altertümer und Funde aus der nahen Etruskerstadt Luni (s. S. 304) ausgestellt sind.

Der Corso Cavour mündet südöstlich auf die mit Orangenbäumen bepflanzte Via D. Chiodo und den Giardino Pubblico mit schönen, an Palmen und Yuccas reichen Anlagen. Nordöstlich verlaufen die durch einen Palmenstreifen getrennten Straßen Viale Mazzini und Viale Italia. Unmittelbar am Meer erstreckt sich die Passeggiata Morin, von der man einen Blick auf den Golf und die Apuanischen Alpen mit den weißschimmernden Schutthalden der Marmorbrüche von ⟶ Carrara hat.

Kathedrale

Die Via D. Chiodo führt nordöstlich zur Piazza G. Verdi und weiter zur Piazza Italia, an der das neue Rathaus steht. Über dem Platz erhebt sich auf einer Terrasse die runde Kathedrale von 1976. Unweit nordwestlich der Piazza Verdi zieht sich die Via XXVII Marzo am Hang hin; an dieser steht das Castel San Giorgio (14. Jh.).

Marinemuseum

Am südwestlichen Ende der Via D. Chiodo liegt die Piazza Chiodo. Weiter südwestlich befindet sich der Haupteingang zu dem in seinen Grundzügen von Napoleon skizzierten Arsenal. Am Eingang das interessante Marinemuseum, das in Modellen die Entwicklung der Schifffahrt von ihren Anfängen bis zur Gegenwart zeigt (u.a. Seekarten).

Museo Amedeo Lia

Einen Besuch lohnt auch das Kunstmuseum "Museo Amedeo Lia" an der Via del Prione (geöffnet: Di.–So. 10.00–18.00 Uhr).

Passo della Foce

Es lohnt sich, nördlich auf der Giro della Foce genannten Straße um die Stadt zu fahren – am Hang des Monte Castellazzo entlang zum Passo della Foce; dort bietet sich eine weite Sicht auf den Golf von La Spezia.

La Spezia

La Spezia ist zugleich Handelshafen und Marinestützpunkt

Portovenere zählt zu den beliebtesten Ausflugszielen von La Spezia

La Spezia

Umgebung von La Spezia

Riomaggiore
Portovenere

Empfehlenswert ist auch die Fahrt auf der Küstenstraße. Der Weg führt entweder 11 km westlich nach Riomaggiore, dem ersten Ort des Küstenabschnitts → Cinqueterre, oder 10 km südlich – am Westufer des Golfes entlang – nach Portovenere (10 m; 5000 Einw.), einem altertümlichen Hafenort in malerischer Lage über dem 'Bocchette', der nur 150 m breiten Meerenge zwischen dem Vorgebirge Costa dell' Olivo und der Insel Palmaria.
An der Südspitze des Vorgebirges steht das Kirchlein San Pietro (1277); von dort hat man eine reizvolle Sicht nordwestlich auf die Steilküste der Cinqueterre sowie östlich auf die Bucht von Lerici.
Oberhalb der Kirche stehen das Genuesenkastell und die Pfarrkirche San Lorenzo.

Lerici

Etwa 11 km südöstlich von La Spezia liegt die kleine Hafenstadt Lerici (10 m; 14 000 Einw.), im Mittelalter neben Portovenere der Haupthafen am Golf von La Spezia. Neben der Kirche San Rocco ein eigenartiger romanischer Glockenturm. Auf einer Landzunge steht die guterhaltene Burg (13. Jh.; jetzt Museum).

Tellaro

Fährt man von Lerici südostwärts an den hübschen Buchten vorbei über das Fischerdorf Fiascherino, so kommt man nach 4 km zu dem malerisch gelegenen Dorf Tellaro.

Sarzana
Luni

16 km östlich von La Spezia liegt die Stadt Sarzana (21 m; 20 000 Einw.), 1202 an der Stelle der alten Etruskerstadt Luni (geringe Reste 7 km südöstlich) gegründet. Zu sehen sind Teile der Stadtmauer (15. Jh.), die Cittadella und der weißmarmorne Dom, ein Muster italienischer Gotik (13. Jh.; 1474 fertiggestellt); im Inneren ein 1138 von Guillelmus gemaltes Kruzifix aus Luni, das früheste datierte Tafelbild Italiens. Nördlich vor der Stadt steht die malerische Burg Sarzanello (121 m; Aussicht).

Die spärlichen Überrreste der antiken Stadt Luni

Latium

Latium / Lazio F–H 11–13

Region: Latium/Lazio
Provinzen: Rom/Roma, Frosinone, Latina, Rieti und Viterbo
Fläche: 17 203 km²
Einwohnerzahl: 5 156 000

Die historische Landschaft und heutige Region Latium erstreckt sich über der Westflanke des mittelitalienischen Apennin von den Monti Sabini südwestlich hinab zur Küste des Tyrrhenischen Meeres – zwischen den Flußmündungen von Chiarone im Norden und Garigliano im Süden. Das Zentrum von Latium bildet die dichtbevölkerte italienische Hauptstadt Rom. | Lage

Vier vulkanische Massen des Quartär erfüllen den größten Teil der Region und bilden in alten Kratern vier große sowie mehrere kleinere Seen: Im Nordwesten die Monti Volsini (bis 639 m) mit dem Lago di Bolsena; weiter südöstlich die Monti Cimini (bis 1053 m) mit dem Lago di Vico sowie die Monti Sabatini (bis 612 m) mit dem Lago di Bracciano. Südöstlich von Rom liegen die Monti Albani (Albaner Berge; bis 948 m) mit dem Lago Albano. In den fruchtbaren vulkanischen Böden hat sich der Tiber sein weites Bett geschaffen. Entlang der Küste zieht sich der breite Schwemmlandstreifen der Maremmen, ein einst sumpfiges, malariaverseuchtes Gebiet, das heute trockengelegt ist und intensiv bebaut wird. Aufgrund der unterschiedlichen geologischen und geographischen Gegebenheiten ist Latium eine Region von außerordentlich großer landschaftlicher Vielfalt. | Naturraum

Wichtigste Wirtschaftsfaktoren sind auch heute noch Landwirtschaft und Schafzucht. Getreide, Gemüse, Zuckerrüben werden besonders in den Niederungen angebaut, Zitrusfrüchte, Oliven und Wein (bekannt ist vor allem der 'Frascati') gedeihen auf den vulkanischen Böden des Hügellandes. An der Küste kommt als Erwerbsquelle die Fischerei hinzu (wichtigster Hafen ist Civitavecchia). | Wirtschaft

In den vergangenen Jahrzehnten wurde der Ausbau moderner Industrieanlagen rasch vorangetrieben. Besonders in der Umgebung von Rom, im Sacco- und Liri-Tal sowie im Einzugsbereich der Autostrada del Sole entstanden Werke der chemisch-pharmazeutischen, der metallverarbeitenden und der Textilindustrie, ferner Fabriken für Bauteile und Bauzubehör. Wärmekraftwerke entstanden in Civitavecchia bzw. Borgo Sabotino. Der Tourismus als Wirtschaftsfaktor spielt vor allem in Rom und Umgebung eine wichtige Rolle.

Das Gebiet des heutigen Latium besiedelten im frühen Altertum Etrusker und – im Mündungsgebiet des Tibers – Latiner, deren 30 Republiken in einem Städtebund mit der Hauptstadt Alba Longa vereinigt waren. Dem Bündnis schloß sich im 6./5. Jh. v. Chr. auch das erstarkende Rom an, dessen Einfluß zunehmend stieg und das nach Verlegung des Bundesheiligtums in den Dianatempel auf dem Aventin de facto zum neuen Bundeshaupt wurde. Trotz des heftigen Widerstands der latinischen Städte (Latinerkrieg 340 – 338 v. Chr.) war am Ausgang des 3. Jh.s die römische Herrschaft über Latium besiegelt. Durch die Verwaltungsreform von Augustus kam der Norden des heutigen Latium zur Regio VII (Etrurien), der Süden zur Regio I (Latium und Kampanien). Vom 15. Jh. bis zur Einigung Italiens gehörte Latium zum Kirchenstaat. | Geschichte

Vom Lago di Bolsena bis Rom

Im Nordosten der Region, an der Grenze zu Umbrien, erstreckt sich der Lago di Bolsena, mit einer Fläche von 114 km² der fünftgrößte See Italiens. Der in die Hügel der Monti Volsini eingebettete 'Lacus Vulsiniensis', wie | *Lago di Bolsena

305

Latium

Lago di Bolsena (Fortsetzung)

man ihn im Altertum nannte, ist vulkanischen Ursprungs. Im südlichen Teil des Sees liegen die kleinen Felseninseln Bisentina und Martana. Auf der letztgenannten wurde im Jahre 535 die Gotenkönigin Amalasuntha, die einzige Tochter Theoderichs des Großen, auf Befehl ihres Mitregenten Theodahad im Bade erwürgt.

Bolsena

Am nordöstlichen Seeufer breitet sich das ruhige Städtchen Bolsena aus (348 m ü.d.M.; 4000 Einw.), das sich nur in den Sommermonaten belebt. Durch die hübschen Gassen des alten Ortszentrums steigt man hinauf zur mittelalterlichen, 1815 im Innern völlig zerstörten Burg, die ein kleines Museum beherbergt (Funde aus Unterwassergrabungen und aus der antiken Stadt Volsinii). Die Reste der antiken Siedlung Volsinii liegen noch etwas weiter stadtauswärts (Richtung Orvieto). Neueren Forschungsergebnissen zufolge handelt es sich bei dieser Stadt nicht um das 265 v. Chr. von den Römern zerstörte Volsinii. Der bedeutendste der zwölf etruskischen Stadtstaaten wird heute an der Stelle von Orvieto vermutet. Die aus der zerstörten Stadt Geflohenen gründeten am Bolsena-See die Siedlung Volsinii Novi, die Keimzelle von Bolsena. Bekannt wurde Bolsena im Mittelalter durch das Wunder, das sich hier im Jahre 1263 ereignete und zum Ausgangspunkt für die Einführung des Fronleichnamsfest wurde: Ein böhmischer Priester zweifelte an der Wandlung von Brot und Wein in das Fleisch und Blut Christi. Als er auf der Durchreise nach Rom in Bolsena eine Messe las, tropfte Blut aus der geweihten Hostie auf das Meßtuch. Das blutgetränkte Meßtuch wird seither als kostbarster Kirchenschatz im Dom zu Orvieto aufbewahrt. Santa Cristina, die Kirche, in der sich das Wunder zutrug, liegt im südlichen Teil von Bolsena. Das Gotteshaus aus dem 11. Jh. wurde später mehrfach erweitert und erhielt eine schöne Frührenaissancefassade (1492–1494). Links neben dem Kircheneingang liegt die barocke Cappella del Miracolo (1693), durch die man in die 'Grotta di Santa Cristina' mit dem Grab der Heiligen gelangt und zum Altar der hl. Cristina, an dem sich das Bolsena-Wunder ereignete.

Montefiascone

15 km südlich von Bolsena liegt etwas abseits vom See an einem Seitenkrater das Städtchen Montefiascone (590 m ü.d.M.; 12 000 Einw.), die Heimat des berühmten süßen Weißweins 'Est Est Est'. Der im Zentrum gelegene Dom Santa Margherita entstand nach Plänen des Renaissance-Architekten Michele Sanmicheli (1519 begonnen; Kuppel 2. Hälfte 17. Jh.). Von dem hochgelegenen Burgpark bietet sich ein guter Ausblick. Die im 11./12. Jh. errichtete, vollständig mit Fresken (überwiegend aus dem 14. Jh.) ausgemalte Kirche San Flaviano nordöstlich unterhalb der Stadt besteht aus einer Ober- und einer Unterkirche.

Viterbo → dort
Tarquinia → dort

Civita Castellana

Ebenfalls im nördlichen Latium, an der Via Flaminia (S. S. 3) zwischen Rom und Terni, liegt außerordentlich malerisch auf einem steil abfallenden Tuffplateau das alte Städtchen Civita Castellana (145 m ü.d.M.; 15 000 Einw.). Der Ort ging aus dem Hauptort des Faliskerlandes, 'Falerii veteres', hervor, den die Römer 241 v. Chr. zerstörten. Erst im Mittelalter kehrten die Bewohner aus dem neu gegründeten 'Falerii novi' zurück. Der Dom Santa Maria wurde im 12. Jh. erbaut und im 18. Jh. barockisiert. Beachtenswert ist die schöne Vorhalle mit ihren Mosaikarbeiten (1210) und im Kircheninnern der Cosmatenfußboden des 13. Jh.s; in der Krypta antike Säulen. In beherrschender Lage erhebt sich die Burg von Civita Castellana, 1494–1500 für Papst Alexander VI. und seinen Nachfolger Julius II. errichtet. Sie beherbergt ein kleines Archäologisches Museum mit Fundstücken aus dem antiken 'Falerii Veteres'.

Falerii novi

6 km westlich von Civita Castellana kann man noch die Reste von Falerii novi, der 241 v. Chr. von den Faliskern gegründeten Stadt, besichtigen. Eindrucksvoll ist der gut erhaltene, rund 2 km lange Mauerring mit 9 Toren

und 50 Türmen. Innerhalb der Mauern, bei der Porta di Giove (Westseite), stößt man auf die Ruine der ehemaligen Zisterzienserabtei Santa Maria di Falleri. Bei der Porta del Bove, im südöstlichen Teil der Stadt, sind noch die Reste eines Theaters, des Forums und eines Bades zu erkennen.
Falerii novi (Fortsetzung)

Im Nordosten der Region Latium, rund 80 km nordöstlich von Rom, erreicht man die Provinzhauptstadt Rieti (402 m ü.d.M.; 44 000 Einw.), auf einer fruchtbaren, von Bergen umrahmten Hochebene am rechten Ufer des Velino gelegen. An der zentralen Piazza Battisti sind die wichtigsten Sehenswürdigkeiten von Rieti vereint. An der Südseite des Platzes steht der loggiengeschmückten Palazzo del Governo aus dem 16. Jh., links davon der ursprünglich romanische, im 17. Jh. aber fast völlig veränderte Dom mit einem mächtigen Glockenturm (1252) und einer Renaissance-vorhalle (1458). Im Inneren beachte man in der vierten Kapelle links die Statue der hl. Barbara, vermutlich nach einem Entwurf Berninis entstan-den. Ältester Bauteil ist die Krypta (12. Jh.) mit antiken Säulen und Fresken aus dem 14. Jahrhundert. Hinter dem Dom liegen der mittelalterliche Bischofspalast (13. Jh.) und der mächtige Arco del Vescovado, der auf Wunsch von Papst Bonifaz VIII. 1298 erbaut wurde. Den schönsten Blick auf die Stadt hat man von dem Stadtpark neben dem Palazzo del Governo.
Rieti

Auf halber Höhe der Rieti umgebenden Bergketten liegen die vier Franzis-kanerklöster Fonte Colombo, Greccio, San Giacomo und La Foresta, die angeblich von Franz von Assisi selbst gegründet wurden und wegen ihrer Bedeutung für die Franziskus-Legende, aber auch wegen der herrlichen Landschaft einen Ausflug lohnen.
✻Franziskaner-klöster

Von Rieti führen Ausflüge in die Monti Reatini zu dem 21 km nordöstlich gelegenen Ort Terminillo (Schwebebahn, Sessellifte), der als Sommer-erholungsort und als Wintersportregion sehr geschätzt wird. Vom Monte Terminillo (2216 m ü.d.M.), dem höchsten Gipfel der Monti Reatini, hat man eine weite Sicht zum Gran Sasso und an klaren Tagen bis zur Adria bzw. zum Tyrrhenischen Meer.
Terminillo

Auch der Lago di Bracciano ist an Wochenenden ein beliebtes Ausflugsziel für die Bewohner von Rom, das nur etwa 20 km südöstlich des Sees liegt. Kleine idyllische Dörfer säumen die intakte Uferlandschaft des 58 km^2 gro-ßen Sees (164 m ü.d.M.; bis 165 m tief), der ebenso wie der Lago di Bol-sena durch Explosion und anschließenden Einsturz eines Vulkankegels entstand.
Lago di Bracciano

Der See erhielt seinen Namen nach dem Städtchen Bracciano am Süd-westufer (279 m ü.d.M.; 11 000 Einw.). Sehenswert ist das Castello Orsini-Odescalchi. Das 1470 über unregelmäßigem Grundriß erbaute und seit 1696 im Besitz der Fürsten Odescalchi befindliche Bauwerk ist reich aus-gestattet (Besichtigung im Rahmen eines geführten Rundgangs). Vom Wehrgang bietet sich ein prächtiger Blick auf den Lago di Bracciano.
Bracciano

→ dort
→ dort
→ dort
Cerveteri
Rom
Tivoli

Von Rom nach Montecassino

→ dort
Frascati

An der Strecke von Rom nach Montecassino/Cassino (und weiter nach Neapel) über die E 45 gibt es einige sehenswerte Orte zu besichtigen. 9 km nördlich der Autobahn-Abfahrt Valmontone (ca. 30 km südöstlich von Rom) liegt an der 'Via Prenestina' die Stadt Palestrina (450 m ü.d.M.; 14 000 Einw.), das antike Praeneste. Als eine der ältesten Städte Italiens war sie seit 1630 im Besitz des Adelsgeschlechtes der Barberini. In Pale-strina wurde der Komponist Giovanni Pierluigi da Palestrina geboren
Palestrina

Latium

Palestrina (Fortsetzung)

(1525–1594). Thomas Mann, der Palestrina in den 1890er Jahren zusammen mit Heinrich Mann besuchte, begann hier seinen ersten Roman "Die Buddenbrooks" zu schreiben. Fast die gesamte Fläche der Altstadt nahm der gewaltige Fortuna-Tempel ein, eine der größten Kultstätten im antiken Italien, erbaut im zweiten oder ersten vorchristlichen Jahrhundert. Die Zerstörungen des Zweiten Weltkriegs brachten die Grundmauern des Tempels wieder zum Vorschein, dessen Reste heute weitgehend freigelegt sind. Das Bauwerk stieg über vier durch Rampen miteinander verbundene Terrassen den Hang hinauf. Auf der zweiten Terrasse befinden sich die gut erhaltenen Mauerreste der in den Hang gebauten sog. Orakelgrotte, und auf der obersten Terrasse nimmt seit 1640 der Palazzo Barberini die Stelle des halbkreisförmigen Heiligtums ein. Das dort untergebrachte Archäologische Museum bewahrt als kostbarsten Schatz das berühmte Nil-Mosaik, das im Tempelbereich gefunden wurde.

Castel San Pietro Romano

Eine 3 km lange Serpentinenstraße führt hinauf zu dem 752 m hoch gelegenen Dorf Castel San Pietro Romano, das auf den Resten der antiken Akropolis von Palestrina entstanden war (Aussicht!).

Segni

Etwa 50 km hinter Rom (Ausfahrt Colleferro) erreicht man das 7 km südlich der Autobahn am Hang der Monti Lepini gelegene, vor rund zweieinhalbtausend Jahren gegründete Städtchen Segni (668 m ü.d.M.; 8000 Einw.). Die Hauptattraktion von Segni, das noch ein sehr mittelalterliches Ortsbild zeigt, ist die größtenteils erhaltene, etwa 2 km lange Stadtmauer aus riesigen Steinblöcken ('Zyklopenmauer', 6./5.Jh. v.Chr.). Am höchsten Punkt der Stadt sind noch Reste der antiken Akropolis und eines Tempels zu erkennen. Über der mittleren Cella des Tempels wurde die romanische Kirche San Pietro errichtet (im Innern Fresken des 13.–16. Jh.s).

*Anagni

11 km hinter der Ausfahrt Colleferro kommt man nach Anagni (424 m ü.d.M.; 18000 Einw.), das sich auf einem Gebirgszug der Monti Ernici oberhalb des Sacco-Tals ausbreitet. Als bevorzugter Aufenthaltsort der Päpste spielte Anagni im Mittelalter eine wichtige Rolle in der Kirchengeschichte. An der höchsten Stelle der Stadt erhebt sich der romanische Dom Santa Maria (1073–1104; im 13. Jh. erneuert). Im Innern des Gotteshauses beachte man den aus antiken Steinen einer benachbarten römischen Villa zusammengesetzten Cosmatenboden (1226). Der römische Meister Vassalletto schuf um 1260 den Osterleuchter, das Ziborium und den Bischofsstuhl. Der Freskenzyklus in der Krypta gilt als bedeutendes Zeugnis der römischen Malerei des 13. Jh.s. Im Dommuseum kann man den reich bestickten Kirchenschatz besichtigen, u.a. auch das Meßgewand von Papst Bonifaz VIII., der um 1235 in Anagni zur Welt kam. Lohnend ist ein Spaziergang durch den alten Ortskern mit vielen mittelalterlichen Gebäuden. Besondere Beachtung verdienen der im 13. Jh. erbaute Palast von Papst Bonifaz VIII. und der Palazzo Comunale (12./13. Jh.) mit einem schönen Gewölbe und fein gearbeiteten gotischen Fenstern.

Fiuggi

Etwa 15 km nordöstlich von Anagni (S.S. 155), inmitten prächtiger Kastanienwälder, liegt das Kurstädtchen Fiuggi (621–747 m ü.d.M.; 8000 Einw.). Dank seiner schönen Umgebung und der radioaktiven Thermalquellen (120° C) gehört Fiuggi zu den meistbesuchten Thermalbädern Italiens. Unterhalb der mittelalterlichen Ortschaft Fiuggi Città erstrecken sich die großzügigen Badeanlagen des modernen Kurorts Fiuggi Fonte.

Alatri

Rund 15 km hinter Fiuggi kommt man nach Alatri (502 m ü.d.M.; 23000 Einw.). Der rund 2 km lange, vermutlich im 4. Jh. v.Chr. errichtete Mauerring aus großen Steinblöcken (Zyklopenmauerwerk) ist ein bedeutendes Beispiel für eine antike Stadtbefestigung. Vollständig erhalten ist die Mauer um die einstige Akropolis auf dem höchsten Punkt der Stadt, deren Platz heute der Dom aus dem 17. Jh. einnimmt. Von den fünf Toren beeindruckt besonders die südwestliche Porta dell' Areopago mit einem 5 m langen und 1,60 m hohen Architrav.

Latium

15 km südwestlich von Alatri erreicht man das alte Städtchen Ferentino (393 m ü.d.M.; 18 000 Einw.), das auf einer langgestreckten Anhöhe über dem Sacco-Tal thront. Die Stadtmauer ist fast vollständig erhalten; ihre verschiedenen Bauphasen (vorrömisches Zyklopenmauerwerk, römische Hausteine und mittelalterliche Bruchsteine) erkennt man sehr gut an der südlichen Porta Sanguinaria. Sehenswert sind des weiteren die um 1150 erbaute Zisterzienserkirche Santa Maria Maggiore (Fassade 13. Jh.) und der romanische Dom auf dem höchsten Punkt der Stadt. Im Innern beachte man den Cosmatenfußboden und das Ziborium (um 1235).   Ferentino

10 km hinter Ferentino, an der S.S. 6, liegt die Provinzhauptstadt Frosinone (291 m ü.d.M.; 46 000 Einw.), malerisch am Hang über dem Cosa-Tal gelegen, mit Resten antiker Bauwerke.   Frosinone

Lohnend ist ein Ausflug zu der 16 km östlich von Frosinone gelegenen Zisterzienserabtei Santi Giovanni e Paolo di Casamari (1217 geweiht), nach Fossanova das hervorragendste Werk der zisterziensischen Gotik in Italien.   *Abbazia di Casamari

Das knapp 40 km hinter Frosinone, an der E 45 (Ausfahrt Pontecorvo) gelegene Dorf war die Heimat des römischen Satirendichters Juvenal (um 60–140 n.Chr.) und des Theologen und Philosophen Thomas von Aquin, der um 1225 auf der Burg Roccasecca (10 km nördlich) geboren und in → Montecassino erzogen wurde († 1274). An der 'Via Latina' westlich des heutigen Orts liegen die Reste der römischen Siedlung Aquinum. Besichtigen sollte man die romanische Kirche Santa Maria della Libera, die 1125 auf den Trümmern eines Herkulestempels erbaut wurde. Der Unterbau des Glockenturms und die Fragmente eines Frieses zuseiten des Hauptportals stammen von dem römischen Tempel.   Aquino

→ dort   Montecassino

Von Rom über Terracina nach Gaeta

Man verläßt Rom auf der S.S. 7, die die Albaner Berge im südlichen Teil durchquert und am Südufer der beiden vulkanischen Seen, dem Lago Albano und dem Lago Nemi, vorbeiführt. Der erste Abschnitt dieser Route wird beim Stichwort → Rom bei den Umgebungszielen besprochen.   Albaner Berge

Nach knapp 40 km erreicht man das an einem Ausläufer des Monte Artemisio gelegene Städtchen Velletri (332 m ü.d.M.; 25 000 Einw.). Die wenigen Sehenswürdigkeiten von Velletri sind schnell besichtigt. Einen Besuch lohnen das Museo Capitolare neben der Kathedrale (17. Jh.) sowie im Palazzo Comunale das Museo Civico mit archäologischen Funden aus der langen Stadtgeschichte.   Velletri

In Cisterna di Latina, 14 km hinter Velletri, zweigt die Landstraße in das 10 km nordöstlich an einem aussichtsreichen Vorhügel der Monti Lepini gelegene Städtchen Cori ab (384 m ü.d.M.; 10 000 Einw.). Einer Legende zufolge wurde Cori, das alte Cora, von dem Trojaner Dardanos gegründet. Vom antiken 'Cora' kann man noch hier und da die Reste der mächtigen, aus riesigen Steinblöcken zusammengefügten Stadtmauern (5. Jh. v. Chr.) bestaunen. In der mittelalterlichen Oberstadt des hübschen Ortes sollte man die Kirche Sant' Oliva besichtigen. Sie steht über einem antiken Tempel, aus dem vermutlich die antiken Säulen und Pilaster verwendet wurden. Der jüngere Teil der Kirche aus dem 15./16. Jh. ist mit originellen Fresken geschmückt. Oberhalb von Sant' Oliva, neben der modernen Kirche San Pietro, steht noch die Vorhalle des sog. Herkulestempels (Tempio di Ercole) aus dem 1. Jh. v.Chr., der vielleicht den drei kapitolinischen Gottheiten Jupiter, Juno und Minerva geweiht war. Von hier oben bietet sich eine schöne Aussicht über die Stadt zum Meer, auf die Ebene und den   Cisterna di Latina, Abstecher nach Cori

Latium

Cori
(Fortsetzung)

Monte Circeo. Unterhalb des Tempels (30 Min. Fußweg) die Reste eines den Zwillingsbrüdern Castor und Pollux geweihten Tempels.

*Ninfa

Rund 12 km östlich von Cisterna di Latina liegt die mittelalterliche Ruinenstadt Ninfa, die man nur zwischen April und Oktober, am ersten Samstag und Sonntag eines Monats, besichtigen kann. Die Gebäude, darunter auch eine turmüberragte Burg, ein Kloster und zwei Kirchen, verfallen seit dem 17. Jh., als die Stadt wegen Malaria aufgegeben wurde. Auch von außen ist das unter Naturschutz stehende Ensemble zauberhaft.

*Norba

8 km nördlich oberhalb von Ninfa, bei dem mittelalterlichen Ort Norma (417 m ü.d.M.; 4000 Einw.), sollte man die Ruinen der alten Volskerstadt Norba besichtigen, die sich auf einem aussichtsreichen Plateau ausbreitet. Innerhalb einer 2,5 km langen 'Zyklopenmauer' aus vorrömischer Zeit entstand ab dem 4. Jh. v. Chr. eine regelmäßige Stadtanlage, wie man sie von römischen Stadtgründungen kennt. Auf dem Ruinengelände erkennt man noch die Reste von Tempeln, Wohnhäusern und Straßenzügen.

Sermoneta

Der Rückweg zur S. S. 7 führt durch das mittelalterliche Städtchen Sermoneta (257 m ü.d.M.; 6500 Einw.), das knapp 10 km südlich von Norma liegt. Es wird überragt von einer gut erhaltenen Burg, die seit 1297 den Fürsten Caetani gehörte und 1500–1503 von Papst Alexander VI. Borgia für seine Tochter Lukrezia okkupiert und durch ihren Bruder Cesare Borgia befestigt wurde. Im Innern einige sehenswerte Fresken und Gemälde des 14./15. Jahrhunderts. Die Kathedrale von Sermoneta birgt eine schöne Madonnendarstellung von Benozzo Gozzoli.

Abstecher nach Anzio

Die beiden wichtigsten Seebäder an der latinischen Küste zwischen Rom und Terracina sind Anzio, das auch einen Yachthafen besitzt, und das benachbarte Nettuno. Anzio (10 m ü.d.M.; 31 000 Einw.) liegt rund 30 km südwestlich von Cisterna auf der Spitze eines kleinen Vorgebirges. Im antiken Antium wurde Kaiser Nero geboren. Einige herausragende Kunstschätze der Römerzeit, darunter auch der berühmte Apoll von Belvedere (heute in den Vatikanischen Museen), stammten aus seiner Strandnähe gelegenen Villa. Zwei Soldatenfriedhöfe erinnern an die heftigen Kämpfe bei der Landung der Alliierten am 22. Januar 1944 an der Küste von Anzio: Nördlich außerhalb von Anzio, an der S.S. 207, liegt der größte US-amerikanische Soldatenfriedhof in Italien, den englischen findet man etwas außerhalb von Nettuno. An der Ostseite der Stadt befindet sich der 1698 von Papst Innozenz XII. angelegte neue Hafen. Westlich der Mole liegt der versandete Hafen Neros, an den Resten des Hafendamms noch erkennbar. Etwa 15 km südlich von Anzio steht auf einer kleinen Insel, die durch eine Brücke mit dem Festland verbunden ist, der Torre d'Astura, einziger Überrest einer Burg, in der 1268 Konradin von Schwaben nach der Schlacht bei Tagliacozzo vergeblich Schutz suchte.

*Fossanova

Etwa 35 km hinter Cisterna di Latina (S.S.7) zweigt linkerhand die Straße in das 10 km nordöstlich gelegene Fossanova ab. Die Zisterzienser errichteten hier, am Übergang der Monti Lepini in die sumpfige Ebene, ab 1135 eine Klosteranlage, die zum Vorbild für viele Zisterzienserklöster in Italien wurde. Die 1173–1208 erbaute Kirche ist einer der frühesten gotischen Bauten in Italien.

Terracina

15 km hinter der Abzweigung nach Fossanova erreicht man die am Meer gelegene Stadt Terracina (22 m ü.d.M.; 30 000 Einw.), in römischer Zeit ein wichtiger Hafen. Auf der zentralen Piazza del Municipio in der ansteigenden Oberstadt geht man über das antike Pflaster des einstigen römischen Forums. Über dem dortigen Haupttempel erhebt sich heute der Dom San Cesareo (11./12. Jh.; Campanile 13 Jh.), dessen Vorhalle auf antiken Säulen ruht. Im barockisierten Inneren beachte man die Reste des Mosaikfußbodens, die prachtvolle Kanzel und den Osterleuchter – alle drei Cosmatenarbeiten des 13. Jahrhunderts.

Latium

Von der Piazza del Municipio führt die Strada Panoramica (3 km) hinauf zum 228 m hohen Monte Sant' Angelo, von dem sich eine grandiose Aussicht über den Golf von Terracina bietet – an klaren Tagen sieht man bis zum Vesuv. Auf einem Felsvorsprung wurde im 1. Jh. v. Chr. auf einer 60 m langen, von Substruktionsbögen gestützten Terrasse ein riesiger Tempel zu Ehren des Jupiter Anxur errichtet, von dem noch Reste zu sehen sind. Am östlichen Ausgang der Stadt sieht man den Taglio di Pisco Montano, ein bemerkenswertes Stück römischer Straßenbaukunst.

Monte Sant' Angelo

Im Westen von Terracina erstreckt sich ein langer Sandstrand bis fast nach San Felice Circeo (s. u. bei der folgenden Route).

15 km westlich von Terracina schmiegt sich der belebte Ferienort San Felice Circeo (89 m ü.d.M.; 4000 Einw.) an den Osthang des 541 m hohen Monte Circeo (s. u.). Oberhalb des Ortes liegt die sogenannte Cittadella Vecchia, eine alte Akropolis mit Polygonalmauerwerk. Eine schmale Straße schlängelt sich von hier aus zum 448 m hohen Semaforo hoch, wo man eine herrliche Aussicht genießt. Vom Semaforo lohnt der etwa einstündige Aufstieg zum Gipfel des Monte Circeo.

Abstecher nach San Felice Circeo

Von San Felice Circeo führt am Nordhang des Monte Circeo die Hauptstraße nach Sabáudia. Sie überquert in Küstennähe den Emissario Romano, einen römischen Entwässerungskanal des Lago di Sabáudia. Vor der Brücke über den Kanal, bei der mächtigen Torre Paola, führt ein Fußweg zur Grotte der Circe (nicht zugänglich).

Der ins Meer vorspringende Kalksteinrücken des Monte Circeo begrenzt die Bucht von Terracina im Westen. Es handelt sich dabei um den Rest einer Apenninscholle, die durch Anschwemmungen verlandete. Einer antiken Sage zufolge lebte auf dem Monte Circeo die homerische Zauberin Circe, die die Gefährten des Odysseus in Schweine verwandelte. In einer der zahlreichen Höhlen am Monte Circeo fand man Schädelfragmente eines Neandertalers. Das Gebiet um den Monte Circeo und der nördlich anschließende, etwa 30 km lange Küstenstreifen wurden 1934 als Nationalpark ausgewiesen, als man den größten Teil der Pontinischen Sümpfe trockenlegte und urbar machte. In Küstennähe dominiert Heideland, während in den höheren Regionen Kork- und Steineichenwälder das Bild bestimmen. An den Strandseen (Lago di Sabáudia, Lago di Caprolace, Lago dei Monaci und Lago di Fogliano) nisten seltene Vogelarten. Ausgangspunkte für Ausflüge in den Nationalpark sind Sabáudia, ein junger, gleichzeitig mit dem Nationalpark gegründeter Ort im Norden und San Felice Circeo im Süden (s. o.).

Monte Circeo (Nationalpark)

Etwa 18 km südöstlich von Terracina (S. S. 213) kommt man in das malerische, auf einem Landvorsprung gelegene Fischerdorf Sperlonga (55 m ü.d.M.; 3700 Einw.), das sich seit ein paar Jahren zu einem beliebten Ferienort entwickelt. In der Nähe von Sperlonga gibt es zahlreiche Grotten. Der römische Kaiser Tiberius besaß hier eine Villa und ließ sich eine der Grotten ausbauen.

* Sperlonga

Die reichen Grabungsfunde aus der Tiberius-Villa und der benachbarten Grotte – insgesamt rund 7000 Statuenfragmente – kann man heute im Archäologischen Museum von Sperlonga bewundern, das sich etwa 1 km außerhalb des Ortes an der Küstenstraße nach Gaeta befindet. Der Stolz des Museums sind die marmornen Statuengruppen zum Leben des Odysseus, die vermutlich im 2. Jh. v. Chr. als Kopien von griechischen Bronzeplastiken entstanden. Zwischen Museum und Meer sieht man Reste der Tiberius-Villa, ferner der Fischzucht dienende antike Wasserbecken ('aquationes'). Nahebei der Eingang zur Grotta di Tiberio, wo Kaiser Tiberius mit seinen Freunden gezecht haben soll und durch einen Steinschlag fast ums Leben gekommen wäre.

* Museo Archeologico

Ihre unvergleichliche Lage auf einem ins Meer vorspringenden Hügelzug, der den gleichnamigen Golf abschließt, macht Gaeta, 16 km südöstlich von Sperlonga gelegen, zu einer kleinen Perle an der Küste des Latiums. Das Hafenstädtchen (24 000 Einw.) bot 1861 in der Endphase des italieni-

* Gaeta

Latium

Kathedrale in Gaeta

Gaeta (Fortsetzung)

schen Unabhängigkeitskampfes dem neapolitanischen Hof eine letzte Zufluchtsstätte, die erst nach dreimonatiger Belagerung den Angriffen nicht mehr standhielt. Im ältesten Teil von Gaeta sollte man dem romanischen Dom (um 1100) einen Besuch abstatten. Normannische Schmuckformen verleihen seinem Campanile (1279) einen eigenwilligen Charakter. Am Kircheneingang beachte man die beiden romanischen Reliefs mit der Darstellung von Jonas im Bauch des Walfischs, im Innern verdient vor allem der Osterleuchter Aufmerksamkeit (13. Jh.; 48 Reliefs mit Szenen aus dem Leben Jesu und des hl. Erasmus). Über der Altstadt thront das Castello, das ins 8. Jh. zurückreicht und später von den Aragoniern und den Anjou stark erweitert wurde. Auf dem Gipfel des 171 m hohen Monte Orlando befindet sich das Mausoleo di Lucio Munazio Planco, das großartige Grabmal des Lucius Munatius Plancus († nach 22 v. Chr.), eines Parteigängers Caesars. Lohnend ist auch der Spaziergang an die Südwestspitze des Berges (2 km; Rundblick) zur Wallfahrtskirche von Montagna Spaccata. Sie steht auf einem Felsen, der sich einer Legende zufolge durch das Erdbeben beim Tode Christi spaltete. Von der Wallfahrtskirche führt eine Treppe zur schönen Grotta del Turco (Gebühr) am Meer.

Auf der Westseite der Landzunge von Gaeta lädt der schöne Strand von Serapo zum Baden ein. In der Umgebung von Gaeta gibt es an vielen Stellen Reste römischer Villen.

Formia

Wegen seiner geschützten Lage im Golf und vor allem wegen seines schönen Sandstrandes hat das rund 6 km nordöstlich gelegene Städtchen Formia (30000 Einw.) als Seebad eine lange Tradition. In Formia laufen die Schiffe nach Ischia und zu den Ponzianischen Inseln aus.
Im Westen der Stadt sieht man nahe am Meer die Ruinen der Villa Rubino, die dem römischen Schriftsteller Cicero gehörte. Cicero wurde im Jahre 43 v. Chr. bei Formia ermordet; sein Grabmal liegt nur wenig entfernt an der S.S. 7.

Im Hinterland von Formia, 9 km nordwestlich, liegt das Städtchen Itri (170 m ü.d.M.; 8000 Einw.), der Geburtsort des Banditen Fra Diavolo, der als Held von Aubers gleichnamiger Oper berühmt wurde. Über der Stadt, deren Häuser z.T. in die Substruktionen der antiken Via Appia eingebaut sind, thront eine mächtige Burgruine.

Latium, Abstecher nach Itri und Fondi

Etwa 14 km nordwestlich von Itri kommt man zu dem z.T. noch von antiken Stadtmauern umgebenen Städtchen Fondi (8 m ü.d.M.; 20000 Einw.). Am Corso Appio Claudio, der an der Stelle der alten Via Appia verläuft, stehen die Kirche Santa Maria Assunta mit einem Frührenaissance-Portal und die gotische Kirche San Pietro (Kanzel und Bischofsstuhl aus dem 13. Jh.). Am Südostrand der Stadt der Palazzo del Principe (15. Jh.), gegenüber das zinnenbekrönte Kastell (13.Jh.).

Lecce   N 15

Region: Apulien/Puglia
Provinz: Lecce
Höhe: 49 m ü.d.M.
Einwohnerzahl: 94 000

Lecce, Hauptstadt der gleichnamigen Provinz, liegt in der Mitte der Salentinischen Halbinsel ('Stiefelabsatz'), im äußersten Süden Italiens, rund 30 km südöstlich von Brindisi.
Wegen ihrer eigenartigen, von einheimischen Künstlern geschaffenen reichen Barockarchitektur, für die der gelbe Lecceser Kalkstein den Werkstoff lieferte, ist die Stadt eines der interessantesten Ziele Unteritaliens.

Lage

Bemerkenswertes

Im Zentrum der Stadt liegt die Piazza Sant' Oronzo. Auf dem Platz steht eine Säule aus der römischen Antike, die das Ende der Via Appia markierte, gekrönt von der Statue des hl. Oronzo. Westlich gegenüber der Säule befindet sich der Palazzo del Sedile, eine 1592 erbaute Loggia; daneben das Portal der 1543 gestifteten kleinen Kirche San Marco. Auf der südlichen Platzhälfte sind Reste eines römischen Amphitheaters (2. Jh. n.Chr.) freigelegt.

Piazza Sant' Oronzo

Südöstlich der Piazza Sant' Oronzo steht das 1539–1548 unter Kaiser Karl V. angelegte Kastell, das auf trapezförmigem Grundriß errichtet ist.

Kastell

Südlich vom Stadtzentrum erreicht man an der Piazza Vittorio Emanuele die Kirche Santa Chiara (18. Jh.). Noch weiter südlich kommt man zu der um 1700 erbauten Kirche San Matteo, die eine bizarr geschwungene Fassade hat.

Von der Piazza Sant' Oronzo gelangt man westlich auf dem Corso Vittorio Emanuele II, an der Theatinerkirche Sant' Irene (1639) vorbei, zum Domplatz. Um diesen gruppieren sich der Dom Sant' Oronzo (1658–1670), der einen 70 m hohen Turm hat, das Bischöfliche Palais und das Priesterseminar. Letzteres beeindruckt durch seine reichverzierte Fassade und den brunnengeschmückten Hof.

*Piazza del Duomo
Dom

Etwa 500 m südwestlich vom Domplatz sieht man die große Dominikanerkirche Santa Maria del Rosario (1691–1728).

Einige hundert Meter südlich des Domes steht an der Piazza Argento der Palazzo Argento, in dem das Provinzialmuseum untergebracht ist. Dort werden antike Vasen, Terrakotten, Statuen und Gemälde gezeigt.

Museo Provinciale

Lecce

Stattlicher Palazzo in Lecce

Santa Croce

Nördlich der Piazza Sant' Oronzo steht an der Piazza della Prefettura die schöne Barockkirche Santa Croce. Sehenswert sind besonders die phantasievolle Fassade (1548 begonnen, nach 1697 vollendet) und das Innere. Nördlich anschließend die ausgedehnte, reichgeschmückte Fassade des zugehörigen Cölestinerklosters (13 Jh.), jetzt Palazzo del Governo.

Santi Nicolò e Cataldo

Vom Palazzo del Governo gelangt man nördlich durch die Via Umberto I und nach 100 m links durch die Via Principe di Savoia zu der am westlichen Rand der Altstadt gelegenen Porta di Napoli (1548), einem Ehrenmal für Karl V. Nordwestlich von hier liegt der Campo Santo mit der Kirche Santi Nicolò e Cataldo, die 1180 von dem Normannengrafen Tankred gegründet wurde; an der Barockfassade von 1716 ein prachtvolles Portal, das arabischen Einfluß erkennen läßt.

Gallipoli

Lage
38 km südwestlich

Lohnend ist die Fahrt durch die Apulische Ebene über das Landstädtchen Galatone (59 m; 14 000 Einw.), mit Dom und der barocken Chiesa del Crocifisso (Kreuzigungskirche), nach Gallipoli (14 m; 22 000 Einw.), einer Hafenstadt in schöner Lage auf einer Felsinsel im Golf von Tarent, die durch eine Brücke mit der modernen Vorstadt auf dem Festland verbunden ist. Am östlichen Brückenende ein Brunnen von 1560, der mit antiken Reliefs geschmückt ist. Jenseits der Brücke links das Kastell (16. Jh.), von dem aus die Hauptstraße Via Antonietta De Pace westlich durch die Stadt führt. An dieser steht links die Kathedrale (1629–1696; schönes Chorgestühl), weiterhin rechts das Städtische Museum.

Santa Maria al Bagno

Zu empfehlen ist eine Fahrt von Gallipoli auf einer z.T. in den Felsen gehauenen Straße an der 'Riviera Neretina' entlang zu dem 12 km nördlich gelegenen kleinen Seebad Santa Maria al Bagno.

Von Lecce zum Kap Santa Maria di Leuca

Lohnend ist die Fahrt von Lecce zum Kap Santa Maria di Leuca: entweder direkt (ca. 65 km) über Maglie (81 m) oder – landschaftlich schöner, aber weiter – an der Küste entlang (ca. 100 km).

Bei der letztgenannten Route führt der Weg zunächst über das Seebad San Cataldo, mit Strand und Leuchtturm, nach Otranto (15 m; 5000 Einw.), einem an einer Bucht gelegenen Fischerort, der im Altertum unter dem Namen 'Hydrus' bzw.'Hydruntum' ein vielgenannter Ausgangshafen zur Überfahrt nach Apollonia in Epirus war, aber im Jahre 1480 durch die Türken zerstört wurde. Von dem Kastell, das 1495–1498 von den Aragoniern erbaut wurde, überblickt man die 75 km breite Straße von Otranto bis zu den Bergen Albaniens. In der 1080 begonnenen Kathedrale Santissima Annunziata befinden sich antike Säulen mit Kapitellen des 12. Jh.s, ein vollständig erhaltener Mosaikfußboden mit figurenreichen Monats- und Heldendarstellungen (1163–1166; in Restaurierung) sowie eine fünfschiffige Krypta. An einer hochgelegenen Seitenstraße das Kirchlein San Pietro (10./11. Jh.), beachtenswert wegen seiner byzantinischen Kuppel und den Fresken, darunter Bilder von Heiligen und Szenen aus dem Leben Jesu.

Otranto

Von Otranto fährt man weiter auf landschaftlich schöner Strecke – teils landeinwärts, teils in Windungen an der Küste hin – nach Santa Cesarea Terme (56 m), einem reizvoll über dem Meer gelegenen, vielbesuchten Badeort; dort gibt es vier in große, zum Meer hin geöffnete Felsgrotten strömende Schwefelthermen (36° C, gegen Hautkrankheiten und Rheumatismus; auch Schlammbäder).
Von hier interessante Bootsfahrt 4–5 km südlich an der buchtenreichen Felsküste entlang zu den in vorgeschichtlicher Zeit bewohnten Tropfsteinhöhlen Grotta Romanelli und Grotta Zinzulusa.

Santa Cesarea Terme

Hinter Santa Cesarea Terme weiter an der felsigen Küste entlang über den Fischerhafen Castro Marina, unterhalb des Ortes Castro (Festungen) zum Kap Santa Maria di Leuca (59 m), der Südostspitze Italiens, benannt nach den weißen Kalkfelsen (griech. ákra leuká). Auf dem Kap steht die Kirche Santa Maria de Finibus Terrae ('Hl. Maria vom Ende der Erde'); sie hat einen Altar aus Teilen des Minervatempels, der sich einst hier befand, und ein als wundertätig verehrtes Madonnenbild. Vom Leuchtturm bietet sich eine herrliche Aussicht, bei klarem Wetter bis nach Albanien.
Westlich vom Kap das kleine Seebad Leuca, unweit südwestlich die Punta Ristola.
Bootsfahrten führen an der großartigen, von zahlreichen Grotten durchsetzten Felsküste entlang.

Kap Santa Maria di Leuca
(z.T. militärisches Sperrgebiet)

Ligurien / Liguria

B–D 6–8

Region: Ligurien/Liguria
Provinzen: Genua/Genova, La Spezia, Savona und Imperia
Fläche: 5418 km²
Einwohnerzahl: 1 700 000

Ligurien, eine der zwanzig Regionen Italiens, ist ein schmaler Landstreifen, der in Form eines Bogens den Golf von Genua umfaßt, den nördlichen Teil des westlichen Mittelmeers. Das Gebiet erstreckt sich von der Abdachung der Ligurischen Alpen im Westen bis zu der des Ligurischen Apennin im Osten. Genua, die Hauptstadt der Region, liegt fast in der Mitte des Küstenbogens. Im Westen grenzt Ligurien an Frankreich und im Osten an die Toskana; das Piemont und die Emilia-Romagna bilden im Nordwesten bzw. Nordosten die Grenzen. Die Region ist in vier Provinzen aufgeteilt, die nach ihren Hauptstädten benannt sind.

Lage und Allgemeines

Ligurien

Geschichte — Das ursprünglich von Ligurern besiedelte Gebiet wurde im 2. Jh. v.Chr. romanisiert. Bis ins Mittelalter in zahlreiche langobardische und fränkische Herrschaftsbereiche aufgesplittert, kam es seit dem 12. Jh. mit dem allmählichen Erstarken der Seemacht Genua in dessen Abhängigkeit. 1805 wurde Ligurien von Napoleon annektiert, 1814 während des Wiener Kongresses Piemont zugesprochen, mit dem es an das geeinte Italien kam.

Klima — Das Gebirge, das hier zur Küste hin recht steil abfällt, bietet einen nahezu vollkommenen Schutz gegen ungünstige Witterungseinflüsse von Norden. Die weite Öffnung nach Süden hin bedingt das überaus milde sonnenreiche Klima dieser Region, besonders aber des Küstenstreifens der Riviera, die seit jeher als Ort für einen angenehmen Winteraufenthalt gilt.

Vegetation — In den Fremdenverkehrsorten wurden in der zweiten Hälfte des 19.Jh.s viele Pflanzen eingeführt, vorwiegend aus Nordafrika wie die Palmen, die zum Symbol der Riviera geworden sind, oder aus Asien wie die Magnolien. Die an der Riviera am häufigsten anzutreffenden Palmenarten sind die Kanarische Dattelpalme und die Echte Dattelpalme mit hohem, schlankem Stamm. Auf den Hügeln dominieren Olivenhaine.

Bevölkerung und Wirtschaft — Die Bevölkerung der Region konzentriert sich in den Industriegebieten um die Hafenstädte Genua, La Spezia und Savona. Die Städter arbeiten vorwiegend im Dienstleistungssektor. Die Landwirtschaft spielt in Ligurien heute eine untergeordnete Rolle. Auf mäßig ertragreichen Böden wird in den ländlichen Gebieten Gemüse und Obst angebaut. Bedeutung hat allein die Blumenzucht, überwiegend in der Provinz Imperia ('Riviera dei Fiori', Blumenriviera). Der Blumenmarkt San Remos zählt zu den bekanntesten Europas.

Reiseziele in Ligurien

Das Küstengebiet am Golf von Genua, die → Riviera, gliedert sich in Riviera di Ponente (westlich von Genua) und Riviera di Levante (östlich von Genua). In der Reihe 'Baedeker Allianz Reiseführer' ist ein Band über die "Italienische Riviera" erschienen, wobei mit diesem touristisch gängigen Begriff ganz Ligurien gemeint ist. Dort werden die Reiseziele der Region in ausführlicher Form vorgestellt.

Bordighera → dort
Cinque Terre → dort
Genua → dort
La Spezia → dort
Portofino → dort
Rapallo → dort
San Remo → dort

Liparische Inseln / Isole Lipari
Äolische Inseln / Isole Eolie

J–K 18–19

Region: Sizilien/Sicilia
Provinz: Messina
Fläche: 117 km^2
Bewohnerzahl: 13 000

Lage und Allgemeines — Die Liparischen Inseln, nach dem griechischen Gott der Winde Aiolos auch Äolische Inseln genannt, liegen 30 bis 80 km nördlich von Sizilien im Tyrrhenischen Meer. Sie bilden einen zur Provinz Messina gehörenden Archi-

Liparische Inseln

Allgemeines (Fortsetzung)

pel aus sieben größeren Inseln und zehn unbewohnten Eilanden, den Spitzen aus tiefer See aufsteigender Berge vulkanischen Ursprungs. In der Vergangenheit dienten die Inseln lange Zeit als Verbannungsort für Verbrecher. Wegen ihres überaus milden Klimas und vor allem wegen der eigenartigen Landschaft erfreuen sie sich regen Interesses als Ferienziel. Sie bieten gute Bedingungen für den Unterwassersport.

Schiffsverkehr

Linienverkehr besteht von Milazzo und Messina sowie von Palermo, ferner von Neapel nach Lipari, Vulcano, Salina, Panarea – mit Anschluß mehrmals wöchentlich nach Filicudi und Alicudi. Autofähren von Milazzo, Messina und Neapel.

Lipari

Die größte und fruchtbarste der Liparischen Inseln ist Lipari (38 km^2; 11 000 Bew.). An der südlichen Bucht der Ostküste liegt Lipari (5 m; 4500 Einw.), der Hauptort der Insel. Im Süden des Hafens steht auf einem vorspringenden Felsen das Kastell, das die Kathedrale (1654) sowie drei andere Kirchen umschließt. Bei der Kathedrale befindet sich im ehem. Bischöflichen Palast das Museo Eoliano für die auf den Inseln ausgegrabenen reichen Funde aus vorgeschichtlicher und geschichtlicher Zeit, darunter bemalte griechische Vasen und eine Isis-Statuette. Westlich der Kathedrale erkennt man in dem Ausgrabungsfeld vor der Kirche der Immacolata Bauschichten, die von der ältesten Bronzezeit (17. Jh. v.Chr.) über die Eisenzeit (11.–9. Jh. v.Chr.) und die hellenistische Epoche bis zur römischen Zeit (2. Jh. n.Chr.) reichen.

Nördlich vom Kastell liegt der Stadtteil der Fischer; südlich die Magazine der Kaufleute, wo die Ausfuhrgüter (u.a. Bimsstein, Korinthen, Malvasierwein, Kapern, Feigen) gelagert werden.

Canneto

Etwa 3 km nördlich der Stadt Lipari liegt jenseits des Monte Rosa (239 m) das Dorf Canneto (10 m), das Zentrum der Gewinnung, Bearbeitung und Ausfuhr von Bimsstein (pomice); die sehenswerten Bimssteinbrüche liegen 45 Minuten nordwestlich im Tal der Fossa Bianca.

Monte Sant' Angelo

Rund 1 1/2 Stunden westlich von Canneto erhebt sich jenseits des mächtigen erstarrten Lavastromes Forgia Vecchia der Monte Sant' Angelo (594 m); von seiner Spitze, etwa im Zentrum des Archipels, bietet sich die beste Rundsicht auf die Inselgruppe.

In einem Tal nahe der Westküste von Lipari entspringen bei Piano Conte die 62° C heißen Quellen von San Calogero (Dampfbäder).

Von Lipari führt ein lohnender Fußweg (1 1/2 Std.) zunächst 3 km südlich nach San Salvatore an der Südspitze der Insel, dann an der Westseite des Monte Guardia (369 m) entlang zurück nach Lipari.

Vulcano

Südlich der Insel Lipari erhebt sich jenseits einer 1 km breiten Meerenge (Bocche), in der die Basaltklippe Pietralunga 60 m aus den Wellen ragt, die Insel Vulcano (21 km^2; 400 Bew.), auf der man besonders gut vulkanische Erscheinungen studieren kann. Im Norden der Insel befindet sich der 183 v.Chr. aus dem Meer emporgewachsene Vulcanello (123 m), er hat drei Krater. In der Senke südlich des Berges liegen die Häfen Porto di Ponente (westlich) und Porto di Levante (östlich); vor letzterem sieht man im Meer einen merkwürdig geformten und durch den Alaunabbau ausgehöhlten Felsenrest eines alten Vulkans. Das hier stark radioaktive Meerwasser ist warm, zuweilen durch unterseeische Dampfquellen sogar siedend.

Liparische Inseln

Vulcano (Fortsetzung)

Südlich der genannten Senke liegt der Große Krater (391 m; Aufstieg von Porto di Levante in 1 Std.), von dem sich eine schöne Aussicht bietet; auf halber Höhe zahlreiche Fumarolen. Der Krater, seit den Ausbrüchen von 1880–1890 im Solfatarenzustand, hat einen Durchmesser von 200 auf 140 m und eine Tiefe von etwa 80 m.
Noch weiter südlich der Kegel Monte Aria (499 m), der höchste Berg der Insel.

Salina

Etwa 4 km nordwestlich der Insel Lipari liegt die Insel Salina (27 km^2; 2000 Bew.). Auf ihr gibt es zwei erloschene Vulkane: im Nordwesten den Monte de Porri (860 m), im Südosten den Monte Fossa delle Felci (962 m).

Filicudi und Alicudi

Filicudi

Etwa 20 km westlich von Salina liegt die Insel Filicudi (bis 775 m; 9 km^2; 150 Bew.); an ihrer Westküste befindet sich eine schöne Säulenbasaltgrotte (Grotta del Bue Marino).

Alicudi

Noch 13 km weiter westlich befindet sich die von 130 Hirten und Fischern bewohnte Insel Alicudi (663 m; 5 km^2).

Panarea

Rund 14–21 km nordöstlich der Insel Lipari liegt eine kleine Inselgruppe, die vor den vulkanischen Ausbrüchen des Jahres 126 v.Chr. vielleicht eine einzige Insel bildete. Die größte dieser Inseln ist Panarea (421 m; 3,5 km^2;

Der Krater des Stromboli wirft glühende Lava aus

250 Bew.), auf ihr gibt es heiße Quellen. Bei der Südspitze Punta Milazzese kann man die 1948 freigelegten Grundmauern von 23 Hütten eines bronzezeitlichen Dorfes (14./13. Jh. v.Chr.), des besterhaltenen seiner Art in Italien, sehen.

Lipar. Inseln, Panarea (Fortsetzung)

Etwa 4 km nordöstlich von Panarea liegt die unbewohnte kleine Felseninsel Basiluzzo (Kapernanbau).

Basiluzzo

Stromboli

Rund 14 km nordöstlich von Basiluzzo liegt die Insel Stromboli (12,5 km²; ca. 350 Bew.), die im Altertum als Sitz des Windgottes Aiolos galt. An der Nordostseite der Insel liegt der Hauptort Stromboli (20 m) mit den Ortsteilen Piscità, San Vincenzo und Ficogrande.

Wie der Krater von Vulcano gehört der Stromboli (926 m), dessen rotes Feuer nachts weithin sichtbar ist, zu den wenigen noch nicht erloschenen Vulkanen Europas (Besteigung wegen eines befürchteten Ausbruchs seit 1995 verboten). Nördlich der höchsten Spitze befindet sich der Krater, in dem in kurzen Zwischenräumen Lavablasen aufsteigen und unter donnerndem Geräusch platzen. Die in die Höhe geschleuderten Schlacken fallen wieder in den Krater zurück oder rollen unschädlich die Sciara del Fuoco, eine im Nordwesten in einem Winkel von 35° zum Meeresspiegel und noch tiefer darunter abfallende Halde, hinab. Nur alle paar Jahre fügen stärkere Ausbrüche den Kulturen Schaden zu. Wenn der oft gewaltige Dampf es zuläßt, kann man bis an den Rand des Kraters hinabsteigen und hineinsehen.

*Vulkan Stromboli

Rund 1,5 km nordöstlich vom Ort Stromboli ragt die Basaltklippe Strombolicchio 56 m senkrecht aus dem Meer auf (Felsentreppe).

Strombolicchio

Livigno

E 2

Region: Lombardei/Lombardia
Provinz: Sondrio
Politischer Status: Freizone (Zollausschlußgebiet)
Höhe: 1800–2250 m ü.d.M.
Einwohnerzahl: 4700

Das Tal von Livigno liegt im äußersten Norden der Lombardei. Es wird vom Spölbach durchzogen, der nördlich auf schweizerischem Gebiet in den Inn (rätoromanisch 'En') mündet. Die einst weltabgeschiedene Landschaft hat sich zu einem stark besuchten Feriengebiet (vor allem Wintersport) entwickelt, zu dessen Attraktivität nicht zuletzt der Status als Zollausschlußgebiet beiträgt. Livigno ist weitgehend autofrei; es gibt kostenlose Busverbindungen.

Lage

Das Hochtal ist ganzjährig durch den Munt-La-Schera-Tunnel (nachts gesperrt; Gebühr) zu erreichen, der vom schweizerischen Münstertal ausgeht (vom Vinschgau über Glurns und Taufers zu erreichen). Im Sommer auch Zufahrt vom Stilfser Joch bzw. von Tirano, durch das schweizerische Val Poschiavo und über die Forcola di Livigno (2330 m).

Zufahrt

Landschaftsbild

In Livigno stehen viele schöne alte Holzhäuser. Am nördlichen Ortsrand der Lago del Gallo (Lago di Livigno; 1806 m), ein besonders der Energieversorgung der Schweiz dienender Stausee. Beim Ponte del Gallo (räto-

Livorno

Livigno, Landschaftsbild (Fortsetzung)

romanisch 'Punt dal Gal') mündet der Tunnel zum Punt La Drossa (im großartigen Schweizerischen Nationalpark). Die weiter östlich außerhalb der Freizone gelegenen Seen Lago di San Giacomo (1946 m) und Lago di Cancano (1900 m) sind durch die Adda mit dem Lago del Gallo verbunden.

Bergbahnen

Östliche Talseite

Sessellift vom Ponte di Bondio (1822 m) zur Alpe Eira (Mottolino; 2400 m), dann Sessellift zum Monte della Neve (2785 m, Bergstation 100 m unterhalb des Gipfels); Sessellift von Rin del Ciuk (2112 m) zum 2521 m hohen Monte Sponda; Sessellift von Trepalle zur Alpe Eira (s. zuvor).

Westliche Talseite

Gondelbahn von San Rocco (1875 m) zur Baita Pel (2200 m), von hier zum Lac Salin (2761 m); Sessellift von Tagliede (1972 m) nach Costaccia (2355 m).

Livorno

Region: Toskana/Toscana
Provinz: Livorno
Höhe: 3 m ü.d.M.
Einwohnerzahl: 176 000

Lage und Allgemeines

Livorno, Hauptstadt der gleichnamigen Provinz und wichtigster Hafen der Toskana, liegt rund 20 km südlich von Pisa an der Flachküste des Tyrrhenischen Meeres. Die Stadt verdankt ihre Größe den Medici, die im 16./17. Jh. Flüchtlingen aus vielen Ländern Zuflucht gewährten.
Infolge der schweren Schäden, welche der Ort im Zweiten Weltkrieg erlitt, gibt es dort fast keine alten Kunstdenkmäler mehr.

Bemerkenswertes

Piazza Grande

Den Mittelpunkt der im Zweiten Weltkrieg vollständig zerstörten Altstadt bildet die von modernen Gebäuden umgebene langgestreckte Piazza Grande. In ihrem südlichen Teil steht der nach den ursprünglichen Plänen wiederaufgebaute Dom. In der Mitte des Platzes befindet sich der Palazzo Grande (1951), in der nordöstlichen Ecke steht das Rathaus. Von der Piazza Grande führt die Via Cairoli südwärts zu der teilweise über dem Kanal Fosso Reale angelegten Piazza Cavour, dem heutigen Verkehrszentrum der Stadt.

Via Grande
Fortezza Nuova

Hauptstraße von Livorno ist die quer über die Piazza Grande führende Via Grande. An ihrem Ostende erstreckt sich die Piazza della Repubblica mit Standbildern Ferdinands III. († 1824) und Leopolds II. († 1870), der letzten toskanischen Großherzöge. Gegenüber dem Nordende des Platzes liegt die Fortezza Nuova (Neue Festung; 1590), ein von Wassergräben umgebenes Bollwerk.

Hafen
Denkmal
Ferdinands I.
'Quattro Mori'

Der Hafen, am westlichen Ende der Altstadt, gehört zu den bedeutendsten Hafenanlagen des Mittelmeeres. Der alte Teil wird nach seinen Gründern 'Porto Mediceo' genannt. An der sich zum Hafen öffnenden Piazza Micheli steht ein Denkmal für Großherzog Ferdinand I. (1587–1609), geschaffen von Giovanni Bandini, das wegen der Bronzefiguren am Sockel (von Pietro Tacca; 1624) auch 'Monumento dei Quattro Mori' ('Denkmal der vier Mohren') heißt.

Fortezza Vecchia

Den nördlichen Abschluß des Hafenbereiches bildet die Fortezza Vecchia (Alte Festung; 1534), die von einem gedrungenen Turm überragt wird.

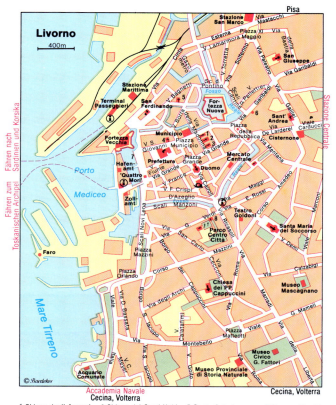

1 Chiesa degli Armeni   3 Chiesa dei Greci Uniti   5 Santa Caterina   7 Darsena Vecchia
2 Chiesa della Madonna   4 Chiesa di San Giovanni   6 Garibaldi-Monument   8 Chiesa Valdese

Am Südrand der Hafenanlagen beginnt der Viale Italia, ein an Grünanlagen und Badesträden entlang in südlicher Richtung der Küste folgender Straßenzug.

Viale Italia

An der Terrazza Mascagni ist das interessante Aquarium (Acquario Comunale) zu finden, dem eine meeresbiologische Forschungsanstalt angeschlossen ist.

Aquarium

Südöstlich der Altstadt befindet sich in einem Park das Museo d'Arte Contemporanea (Museum zeitgenössischer Kunst). Die ausgestellten Werke stammen überwiegend von italienischen Künstlern (auch Wechselausstellungen).

Museo d'Arte Contemporanea

Das Museo Civico Giovanni Fattori, seit 1994 in der Villa Mimbelli im Süden der neueren Stadt eingerichtet, ist nach dem in Livorno geborenen Impressionisten (1825–1908) benannt und besitzt insbesondere Werke der Malergruppe "Macchiaioli", die sich um die Mitte des 19. Jh.s formierte und ihr Hauptziel in der Überwindung des Akademismus sah. Daneben werden Werke der klassischen Moderne gezeigt, u.a. Bilder von Modigliani.

Museo Civico

Lodi

D 5

Region: Lombardei/Lombardia
Provinz: Lodi
Höhe: 88 m ü.d.M.
Einwohnerzahl: 42 000

Lage und Geschichte

Die Stadt liegt gut 20 km südöstlich von Mailand in der Po-Ebene. Das heutige Lodi wurde 1158 nach der Zerstörung von Lodi Vecchio durch die Mailänder am rechten Ufer der Adda von Kaiser Friedrich I. Barbarossa neu gegründet. Die Stadt, im Mittelalter die erbitterte Gegnerin Mailands, fiel 1311 unter die Herrschaft der Visconti (→ Mailand, Geschichte).

Sehenswertes

*Dom

An der Piazza della Vittoria, im Zentrum Stadt, steht der romanische Dom San Bassiano (12. Jh.), ein Bau mit schönem Säulenportal. Am Portalgewände fallen dem Besucher besonders die Figuren von Adam und Eva auf, die wahrscheinlich nach französischem Vorbild entstanden sind. In der Krypta, mit romanischen Reliefs, ruhen die Gebeine des hl. Bassianus. Erhalten sind romanische Figuren und gotische Fresken.

*Incoronata

Nordwestlich der Piazza della Vittoria steht die Kirche S. Maria Incoronata, ein Zentralbau aus den Jahren 1488–1494. Sehenswert sind vier Tafelbilder von Bergognone – mit Szenen aus der Kindheit Jesu – am zweiten Seitenaltar rechts, ferner die Orgeltribüne und das Chorgestühl (um 1700).

Museo Civico

Nahe der Piazza della Vittoria befindet sich auch das Museo Civico. Dort werden Objekte zur Archäologie gezeigt, ferner Keramik und Gemälde.

Blick in die Krypta des Doms von Lodi

Lodi

Nordöstlich vom Dom steht an der Piazza Ospedale die Kirche San Francesco, die im lombardisch-gotischen Stil (13. Jh.) erbaut ist. Die Wände und Pfeiler im Inneren sind mit Fresken geschmückt. Bei der Kirche befindet sich das Ospedale Maggiore, das, im Auftrag eines Bischofs von Lodi errichtet, einen schönen Säulenhof aus der Frührenaissance hat.

*San Francesco

Umgebung von Lodi

Rund 7 km westlich von Lodi liegt Lodi Vecchio (82 m; 5000 Einw.), das römische 'Laus Pompeia', im 12. Jh. zweimal von den Mailändern zerstört, danach zu einem Landstädtchen herabgesunken. Beachtenswert ist die Kirche San Bassiano, die im 4. Jh. vom hl. Bassiano als Apostelkirche gegründet und um 1320 im gotischen Stil erneuert wurde. Im Inneren ist die Kirche mit Fresken des 15. Jh.s ausgemalt. Teile des romanischen Vorgängerbaus (11. Jh.) sind noch erhalten, darunter die Apsis.

Lodi Vecchio

Etwa 16 km nordöstlich von Lodi liegt die betriebsame kleine Stadt Crema (79 m; 35 000 Einw.). Sehenswert sind der romanische Dom S. Maria Assunta (13. Jh.), der benachbarte Palazzo Vescovile mit Gemälden von Palma il Vecchio, Romanino u.a., ferner das Rathaus (Palazzo del Comune). Im Osten Cremas gibt es weitere interessante Bauten, darunter das ehemalige Augustinerkloster S. Agostino mit dem Museo Civico und den Palazzo Terni de Gregory.

Crema

Etwa 1 km nördlich der Stadt steht an der Straße nach Bergamo die Wallfahrtskirche Santa Maria della Croce, die eigentliche Attraktion von Crema. Sie wurde seit 1490 unter dem Einfluß Bramantes errichtet. Eindrucksvoll ist besonders die Innenausstattung: Man sieht u.a. ein Kuppelfresko und schöne Heiligendarstellungen. Der Bau der Kirche geht zurück auf eine Vision der Caterina degli Uberti, die in Todesangst zu Maria betete.

Kirche Santa Maria della Croce in Crema

Lombardei

Lombardei / Lombardia C–E 3–5

Region: Lombardei/Lombardia
Provinzen: Bergamo, Brescia, Como, Cremona, Lecco, Lodi, Mailand/Milano, Mantua/Mantova, Pavia, Sondrio und Varese
Fläche: 23 859 km²
Einwohnerzahl: 8 900 000

Lage und Allgemeines

Die Lombardei, Landschaft und politische Region in Norditalien, umfaßt ein Gebiet, das von den Hochalpen – Bernina-Massiv, Ortler sowie Adamello-Gruppe – im Norden über die Bergamasker und Brescianer Alpen zur Po-Ebene hinabreicht. Der mittlere Teil der Po-Ebene – zwischen den Flußläufen von Sesia und Mincio bis zum Apennin – gehört ebenfalls zur Lombardei. Hauptstadt dieser Region ist Mailand, eine geschäftige Metropole und Italiens 'heimliche Hauptstadt'. Im übrigen konzentriert sich die Bevölkerung in den Ballungsräumen um Brescia, Pavia und Varese.

Wirtschaft

Der südliche Teil der Lombardei, in der Ebene und im flachen voralpinen Hügelland gelegen, zählt zu den höchstentwickelten Industriezonen in Italien: Von wirtschaftlicher Bedeutung sind chemisch-pharmazeutische Industrie, Metallverarbeitung, Kraftfahrzeug-, Maschinen- und Gerätebau sowie Textil- und Lederwarenproduktion. Darüber hinaus ist die Region eines der ertragreichsten Agrargebiete des Landes. Angebaut werden Getreide sowie Reis und Mais; ferner gibt es Mischkulturen. Im Gebirge herrschen Milch- und Weidewirtschaft vor. Von den Weinsorten genießt besonders der Wein des Veltlin, der Veltliner (Valtellina), einen guten Ruf – ein kräftiger Rotwein, im Geschmack trocken bis herb. Große Bedeutung hat auch der Tourismus im Gebiet der klimatisch begünstigten Alpenseen wie Lago Maggiore, Comer See und Gardasee. Im Hochgebirge besteht vielfältige Möglichkeit zum Bergsteigen wie auch zum Skilaufen.

Chiavenna liegt malerisch an der Mera

Lombardei

Landschaft bei Tirano

Nach dem Zerfall des Weströmischen Reiches wurde die Lombardei als 'Langobardia' im 7. Jh. zum Kernland im Langobardenreich und seit 951 zum Königreich, mit dem Zentrum Pavia. Der Kampf des Lombardischen Bundes gegen die Staufer brachte im 12./13. Jh. die Spaltung der lombardischen Städte in Guelfen und Ghibellinen und damit den inneren Zerfall und die Zersplitterung des Reiches. Seit dem 14. Jh. behauptete Mailand seine Vorherrschaft im Westen, während Venedig den Osten der Lombardei an sich riß. 1535 kam Mailand an die spanische Linie der Habsburger und 1797 als Cisalpinische Republik an Frankreich. Im Wiener Kongreß wurde das Gebiet mit Venetien als lombardisch-venezianisches Königreich Österreich zugesprochen, das 1859 die Lombardei und nach 1866 auch Venetien an das Königreich Italien abtreten mußte.

Geschichte

Reiseziele in der Lombardei

Neben den größeren oberitalienischen Seen (s. S. 326) ist der Luganer See (Lago di Lugano oder Lago Ceresio, 274 m; 50 km², bis 288 m tief) ein beliebtes Reiseziel. Er gehört größtenteils zur Schweiz. Zur Besichtigung kann eine Bootsfahrt unternommen werden. Am Nordostarm des Luganer Sees liegt das Dorf Porlezza. Von dort führt eine Straße über Claino-Osteno am Südufer des Sees nach Lanzo d'Intelvi (907 m), einem Erholungsort im Valle d'Intelvi.
Von Lanzo d'Intelvi erreicht man nach 6 km den Aussichtspunkt von Sighignola, auch 'Balkon von Italien' genannt.

*Luganer See

Am Ostufer des Luganer Sees liegt auf Schweizer Staatsgebiet (im Tessin) Campione d'Italia, eine italienische Exklave mit einem Spielkasino (Roulette und Bakkara), das im Sommer viel besucht wird. Die barockisierte gotische Friedhofskapelle Madonna dei Ghirli (14. Jh.) am südlichen Ortsrand ist innen und an der Außenwand mit schönen Fresken geschmückt.

Campione d'Italia

Loreto

Weitere Reiseziele in der Lombardei	Lohnende Reiseziele in der Lombardei sind die städtischen Zentren, die über eine Vielzahl kunsthistorischer Sehenswürdigkeiten verfügen. Zu den Anziehungspunkten in Norditalien gehören ferner die großen Seen.

Bergamo	→ dort
Brescia	→ dort
Comer See	→ dort
Cremona	→ dort
Gardasee	→ dort
Lago Maggiore	→ dort
Lodi	→ dort
Mailand	→ dort
Mantua	→ dort
Pavia	→ dort
Varese	→ dort

Loreto H 9

Region: Marken/Marche
Provinz: Ancona
Höhe: 127 m ü.d.M.
Einwohnerzahl: 11 000

Lage und Bedeutung

Die kleine Stadt liegt etwa 20 km südlich von Ancona auf einem Hügel nahe der Küste des Adriatischen Meeres. Loreto ist seit dem 14. Jh. nach Rom der bedeutendste Wallfahrtsort Italiens. Nach einer Legende des 15. Jh.s wurde das Geburtshaus Marias ('Santa Casa'), das in Nazareth gestanden haben soll, von Engelshand über verschiedene Stationen nach Loreto getragen und in einem Lorbeerhain (lat. lauretium) aufgestellt, wo

Piazza della Madonna in Loreto

man dann eine Kirche errichtete. Seit 1920 ist die Madonna von Loreto die Schutzpatronin der Flieger. Die Siedlung erhielt 1586 durch Papst Sixtus V. Stadtmauern und Stadtrechte.

Loreto (Fortsetzung)

*Santuario della Santa Casa

Die bedeutende Wallfahrtskirche mit dem Santuario della Santa Casa wurde von 1468 bis ins 18. Jh. (Glockenturm) über einem Vorgängerbau errichtet. Verschiedene Baumeister waren an ihrer Entstehung beteiligt, u. a. auch Bramante und Giuliano da Sangallo, der die achteckige Kuppel entwarf (1498–1500). Eigenwillig ist die von Baccio Pontelli konzipierte Ostpartie (Querhäuser und Dreiapsidenchor), die mit ihren Laufgängen an Wehrarchitektur erinnert. An der Fassade im Stil der Spätrenaissance (1571–1587) beachte man vor allem die drei um 1600 entstandenen Bronzeportale mit Prophetenstatuen und Flachreliefs. Das Innere der Kirche wurde seit 1526 teilweise umgestaltet. Links vom Eingang steht ein schöner Taufbrunnen (1607). Bedeutend wegen ihrer kostbaren Ausstattung sind die sog. Markus-Sakristei mit dem Kuppelfresko von Melozzo da Forli (nach 1477) und die Johannes-Sakristei mit Majolikaboden, dem Marmorbecken von Benedetto da Maiano und stark restaurierten Fresken des jungen Luca Signorelli und einem Gehilfen. Die mittlere Chorkapelle schmückt ein Freskenzyklus des deutschen Malers Ludwig Seitz (1893–1908). Sie wird deshalb 'Cappella dei Tedeschi' (Kapelle der Deutschen) genannt.

Basilika

Unter der Vierungskuppel steht die Santa Casa, ein einfacher Ziegelbau mit einer kunstvollen Marmorverkleidung aus dem 16. Jh., die Bramante entworfen haben soll. Auf den Wandfeldern sind in Reliefs Szenen aus dem Leben Marias und die Überführung der Santa Casa nach Loreto dargestellt.

Santa Casa

Die zweigeschossigen Arkaden, die den Kirchenvorplatz (Piazza della Madonna) mit dem hübschen Barockbrunnen (1614) einrahmen, gehören zum Palazzo Apostolico. In diesem befindet sich eine Sammlung mit Gemälden, Wandteppichen und Majoliken aus Urbino.

Palazzo Apostolico, Museum

Lucca

E 8

Region: Toskana/Toscana
Provinz: Lucca (LU)
Höhe: 17 m ü.d.M.
Einwohnerzahl: 90 000

Die Stadt Lucca, Hauptort der gleichnamigen Provinz und Sitz eines Erzbischofs, liegt im Nordwesten der Toskana am linken Ufer des Serchio, knapp 25 km landeinwärts von Viareggio. Nördlich der Stadt steigt das Land zu den Apuanischen Alpen, im Süden zu den Pisaner Bergen an. Lucca ist die Heimat des Bildhauers Matteo Civitali (1436–1501) sowie des Komponisten Giacomo Puccini (1858–1924), dessen Geburtshaus als Museum zugänglich ist.

Lage

Das alte Luca, seit 177 v.Chr. römische Kolonie, gehörte nach dem Untergang des Römischen Reiches nacheinander den Ostgoten, Langobarden und Franken, war dann Hauptstadt der Markgrafschaft Tuscien, später im Besitz der Scaliger und von Florenz. Im Jahre 1369 erkaufte sich die Stadt von Karl IV. für 100 000 Goldgulden die Freiheit und blieb bis zum Einfall der Franzosen im Jahre 1799 selbständig. Napoleon I. vergab 1805 die Republik Lucca mit Massa-Carrara an seine Schwester Elisa Bacciocchi als Fürstentum, das 1817 als Herzogtum an das Haus Bourbon-Parma, 1847 an die Toskana gelangte.

Geschichte

Lucca

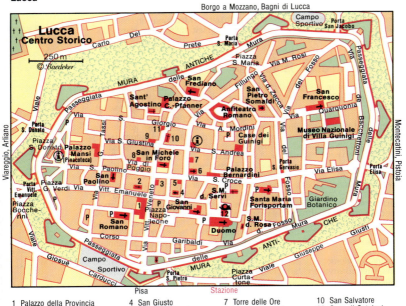

1 Palazzo della Provincia
2 Sant' Alessandro
3 Palazzo Pretorio
4 San Giusto
5 Palazzo Cenami
6 San Cristoforo
7 Torre delle Ore
8 Casa di Puccini
9 Palazzo Orsetti
10 San Salvatore
11 Casa di Catalani
12 Museo d. Cattedrale

Geschichte (Fortsetzung)

In der Geschichte der Architektur spielt Lucca bereits seit der Langobardenzeit eine hervorragende Rolle. Die im frühen Mittelalter z.T. aus antikem Material aufgeführten Kirchen sind jedoch im 12. Jh. umgestaltet worden.

Sehenswertes

Piazza Napoleone
Palazzo
della Provincia

Den Mittelpunkt des städtischen Lebens bildet die Piazza Napoleone, der unter Elisa Bacciocchi angelegte größte Platz von Lucca. An der Westseite der Piazza Napoleone steht der Palazzo della Provincia, der alte Herzogspalast, mit dessen Bau 1578 begonnen wurde (1728 fortgeführt). Der große Innenhof blieb unvollendet.

*Dom

Von der Piazza Napoleone führt die Via Duomo südöstlich zur Piazza San Martino. An diesem Platz steht der im 6. Jh. gegründete gleichnamige Dom, in seinem Hauptteil ein Bau des 12. Jh.s; das Langhaus wurde im 14. Jh. gotisch erneuert. Die mit reichem Schmuck versehene romanische Fassade (1204) öffnet sich in drei Bögen zu einer Vorhalle, die mit Reliefs – wahrscheinlich Frühwerken von Nicola Pisano – verziert ist. An der Innenseite des Kirchenportals sieht man rechts eine Darstellung des hl. Martin zu Pferd mit dem Bettler (Kopie des Werkes an den Bögen der Vorhalle). Im dreischiffigen Langhaus befinden sich Gemälde und Skulpturen, u.a. von Iacopo della Quercia und Matteo Civitali; im linken Seitenschiff der Tempietto, eine kleine achteckige Kapelle, 1482–1484 von Civitali errichtet, mit einem 'Volto Santo' genannten orientalischen Kruzifix (11./12. Jh.), das nur an einigen Festtagen im Mai und September enthüllt wird.

An die hintere Seite des Domes grenzt der Erzbischöfliche Palast, im 18. Jh. umgebaut, mit einer wertvollen Bibliothek; an seiner Rückseite die zierliche gotische Kapelle Santa Maria della Rosa (1309).

San Michele in Lucca

Unweit westlich des Domes steht die Kirche San Giovanni (12. Jh.), über deren Portal ein Relief der Madonna (1187) zu sehen ist. Der Innenraum wird von Säulenreihen in drei Schiffe geteilt; sehenswert das alte Baptisterium am Ende des linken Querschiffs.

San Giovanni

Von der Piazza Napoleone führt die belebte Via Vittorio nördlich zur Piazza San Michele, dem alten Forum der Stadt; rechts der Straße der seit 1492 im Frührenaissancestil erbaute Palazzo Pretorio. An der Nordseite des Platzes steht die Kirche San Michele in Foro (12. Jh.) mit einer hohen Fassade in der Art der Pisaner Kirchen: auf das untere Geschoß, das durch Bögen auf Halbsäulen gegliedert ist, folgen oben vier Arkadengalerien; den Giebel krönt eine Statue des Erzengels Michael, die von zwei Engeln flankiert wird.

*San Michele in Foro

Schräg gegenüber von San Michele liegt an der Via di Poggio das Geburtshaus von Giacomo Puccini (Casa Natale di Giacomo Puccini), davor ein Bronzedenkmal des Komponisten.

Puccini-Haus

Einige hundert Meter westlich des Puccini-Hauses befindet sich im Palazzo Mansi (17. Jh.) die sehenswerte Pinacoteca Nazionale (Staatliche Gemäldegalerie) mit Bildern von Veronese, Tintoretto, Borgognone, Guido Reni und Malern der toskanischen Schule.

Pinacoteca Nazionale

Östlich der Piazza San Michele steht an der Via Fillungo die romanische Kirche San Cristoforo (11./12. Jh.) sowie nördlich die Chiesa San Salvatore (oder Chiesa della Misericordia), ebenfalls aus dem 11./12. Jahrhundert.

Durch die Via Fillungo gelangt man nördlich an mehreren alten Adelstürmen vorbei zur Piazza San Frediano. An der Westseite dieses Platzes befindet sich die gleichnamige Kirche, die im 6. Jh. von dem Iren Frigidanus gegründet worden sein soll. Seit 1112 hat man sie im romanischen Stil

*San Frediano

Lucca

Die Mosaikfassade von San Frediano

San Frediano (Fortsetzung)	umgebaut; an der Fassade ein Mosaik aus dem 12. Jh., das den thronenden Christus mit den Aposteln zeigt. Im Inneren sind u.a. ein mit schönen Reliefs von Robertus geschmückter Taufbrunnen (12. Jh.) und ein Marmoraltar von Iacopo della Quercia (1422) beachtenswert. Zu der Kirche gehört ein eindrucksvoller Campanile mit durchbrochenem Bogenwerk.
Anfiteatro Romano	Unweit südöstlich der Piazza San Frediano liegt die Piazza del Mercato, die ehemalige Arena (80 m x 53,5 m) des römischen Amphitheaters (Anfiteatro Romano), auf dessen Grundmauern die Häuser des Platzes stehen. Zwei Bogenreihen von je 54 Arkaden sind an der nordöstlichen Seite noch sichtbar.
	Östlich vom Amphitheater steht die Kirche San Pietro Somaldi, eine Pfeilerbasilika vom Ende des 12. Jh.s (Fassade aus dem 13. Jh.).
	Weiter östlich die 1228 errichtete Kirche San Francesco.
Case dei Guinigi	Südlich vom Amphitheater zieht in der Via Guinigi ein mächtiger, auf der Spitze bewachsener hoher Turm den Blick auf sich. Er gehört zu dem Gebäudekomplex der Case dei Guinigi, der Stadthäuser jener Adelsfamilie, unter deren Herrschaft Lucca zu Anfang des 15. Jh.s eine Zeit des Friedens und Wohlstands erlebte.
Santa Maria Forisportam	Unweit südöstlich der Häusergruppe steht die Kirche Santa Maria Forisportam (13. Jh.); den Beinamen 'Forisportam' ('vor dem Tor') erhielt die Kirche, weil sie bei ihrer Errichtung außerhalb der Stadtmauern lag. Im Inneren u.a. ein als Taufbecken dienender frühchristlicher Sarkophag.
Porta San Gervasio	Östlich der Kirche, am Ende der Via Santa Croce, steht die alte Porta San Gervasio mit zwei mächtigen Rundtürmen, dem Überrest der zweiten Stadtmauer (13. Jh.).

Lucca

Das 'Anfiteatro Romano' in Lucca

Im Osten der Stadt liegt an der Via della Quarquonia die für Paolo Guinigi (15. Jh.) erbaute Villa. Sie beherbergt heute das Museo Nazionale (Nationalmuseum), das eine reichhaltige Kunstsammlung besitzt. Beachtenswert sind u.a. die Skulpturen aus etruskischer und römischer Zeit, Plastiken aus mittelalterlichen Kirchen Luccas, ferner Gemälde verschiedenster italienischer Meister.

*Museo Nazionale di Villa Guinigi

Von den 1504–1645 angelegten Wällen (4200 m lang), die – von alten Bäumen bestanden – um die Innenstadt führen, bieten sich reizvolle Blicke auf die turmgekrönte Stadt sowie auf die lieblichen Höhen der Umgebung (Rundgang 'Passeggio delle Mura Urbane').

*Stadtmauern

San Giuliano Terme

Südwestlich liegt hübsch am Westfuß der Pisaner Berge der Kurort San Giuliano Terme (10 m; 27 000 Einw.), wo es radioaktive Schwefelquellen gibt.

Lage
13 km südwestlich

Bagni di Lucca

Nördlich von Lucca kommt man zu den aus mehreren Gemeindeteilen bestehenden Bagni di Lucca (150 m; 9000 Einw.), den schon im 10. Jh. als 'Bäder von Corsena' besuchten salzhaltigen Schwefelthermen (37–54° C; Kurzeit Mai bis September).
Hauptort ist der Gemeindeteil Villa, ehemals Landsitz der Herzöge von Lucca, mit eigener Thermalquelle.
Der Ortsteil Bagni Caldi ist Sitz der bedeutendsten Kureinrichtungen; in einer Höhle befindet sich dort die 'Doccione' genannte, 54° C warme Quelle.

Lage
25 km nördlich

Mailand

Mailand / Milano D 4–5

Region: Lombardei/Lombardia
Provinz: Mailand/Milano
Höhe: 122 m ü.d.M.
Einwohnerzahl: 1 400 000

Lage und Bedeutung

Mailand, die lebhafte Hauptstadt der Lombardei und nächst Rom die zweitgrößte Stadt Italiens, liegt im Nordwesten der Po-Ebene – am Schnittpunkt wichtiger Verkehrswege aus den Alpen mit den Straßen im Alpenvorland. Mailand ist das Zentrum der italienischen Industrie, der

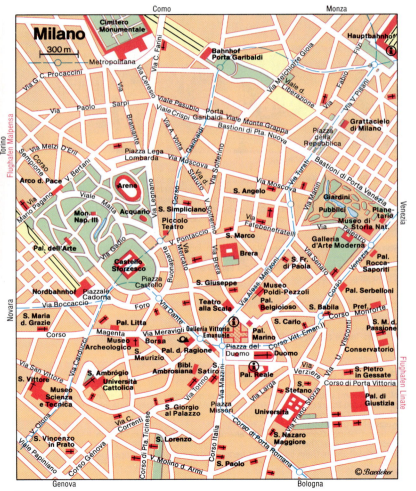

Mailand

bedeutendste Eisenbahnknotenpunkt und der erste Bank- und Börsenplatz Italiens, einer der größten Seidenmärkte Europas, ferner Sitz einer staatlichen und einer katholischen Universität sowie eines Erzbischofs. Wichtige Wirtschaftszweige sind die Textilindustrie, Automobil- und Maschinenbau, chemische Industrie und Papiererzeugung. Auch ist Mailand das Druckerei- und Verlagszentrum Italiens.

Lage (Fortsetzung)

Das Stadtbild von Mailand ist überwiegend modern. Selbst der Kern der Altstadt um den Domplatz, ein Viertel mit zum Teil noch engen Gassen, ist durch breite Straßen gegliedert, die sich strahlenförmig nach allen Seiten fortsetzen. Ein Gürtel neuerer Straßen erstreckt sich zwischen der Altstadt und dem Ring der 'Bastioni', der ehemaligen spanischen Festungsmauern von 1549. Ringsum schließen sich die ständig wachsenden Außenviertel an, darunter 'Milano 2' und 'Milano 3'. In den Jahren nach dem Zweiten Weltkrieg sind in allen Teilen der Stadt Hochhäuser und andere Großbauten entstanden.

Stadtbild

Mailand wurde um 400 v.Chr. von keltischen Siedlern gegründet und im Jahre 222 v.Chr. von den Römern erobert. Als Mediolanum war die Stadt nächst Verona die zweite Stadt Oberitaliens, später eine der Hauptstädte des Reiches der Langobarden und der Franken. Als Hauptstadt des Lombardischen Städtebundes trat Mailand den Staufern entgegen, wobei die Stadt 1162 durch Friedrich Barbarossa zerstört, aber bereits 1167 wieder aufgebaut wurde. Die inneren Fehden zwischen Adel und Volk führten 1277 zur Herrschaft der Visconti, die einen großen Teil Oberitaliens in ihren Besitz brachten; Gian Galeazzo († 1402) errang 1395 den Herzogstitel. Auf die Visconti folgte 1450 das Geschlecht des Söldnerführers Francesco Sforza, das jedoch schon 1535 erlosch. Das Herzogtum kam durch Kaiser Karl V. an Spanien und 1714 durch den Erbfolgekrieg an Österreich, in dessen Besitz die Stadt – mit Ausnahme der napoleonischen Zeit (1796–1814) – trotz wiederholter Aufstände bis 1859 blieb. 1919 gründete Mussolini in Mailand die Faschistische Partei. Nach Mussolinis Ermordung wurde sein Leichnam hier Ende April 1945 am Piazzale Loreto zur Schau gestellt.
In den neunziger Jahren wurde Mailand mehrfach zum Schauplatz von Skandalen. Im Juli 1993 explodierte in der Stadt ein Sprengsatz, ein Anschlag, der mehrere Menschenleben kostete und zu Demonstrationen und heftigen Protesten im ganzen Land führte. Der Mailänder Bürgermeister erklärte die 'politische Mafia' dafür verantwortlich. 1994 machte der 'Medienzar' Silvio Berlusconi, der in die Politik ging, von sich reden.

Geschichte

Aus altchristlicher und frühchristlicher Zeit haben sich nur in einigen Kirchen wie San Lorenzo und Sant' Ambrogio Reste der alten Architektur erhalten. Bauten des 13. Jh.s findet man hauptsächlich an der Piazza dei Mercanti. Das wichtigste Zeugnis der gotischen Periode ist der Dom.
Um 1450 brachten die Florentiner Filarete und Michelozzi den Stil der toskanischen Frührenaissance nach Mailand (Ospedale Maggiore). Mit dem Auftreten des Bramante von Urbino und des Leonardo da Vinci, der hier zwischen 1485 und 1500 seine Hauptwerke schuf, beginnt die Blütezeit der mailändischen Kunst. Die Maler der folgenden Generationen – Andrea Solario, Bramantino, Luini, Sodoma und Gaudenzio Ferrari – stehen ganz unter dem Einfluß dieser beiden. Für das Stadtbild im Zentrum sind die Baumeister der Spätrenaissance und des Barock bestimmend, vor allem Galeazzo Alessi und Pellegrino Tibaldi, ferner der Klassizist Giuseppe Piermarini und die Architekten des Mailänder Empire, Luigi Canonica und Luigi Cagnola. Im klassizistischen Stil arbeitete der Maler Andrea Appiani.

Kunst

Piazza del Duomo

Mittelpunkt des städtischen Lebens ist der Domplatz, die Piazza del Duomo (Fußgängerzone), seit 1876 von Mengoni auf der Nordseite und der Südseite von palastartigen Bauten umsäumt. Westlich vor dem Dom steht

Mailand

Der gotische Dom ist das Wahrzeichen von Mailand

ein Reiterstandbild König Viktor Emanuels II. (1896) aus Bronze. Unter dem Domplatz wurden beim Bau der Untergrundbahn die Grundmauern einer Kirche, der Basilica di Santa Tecla (4. – 7. Jh.), und ihres Baptisteriums, Battistero di San Giovanni alle Fonti (4. Jh.), freigelegt (Zugang vom Dom).

Piazza del Duomo (Fortsetzung)

An den Domplatz schließt sich nordwestlich die Piazza Mercanti an, über die man weiter nordwestlich zur Piazza Cordusio gelangt. Vom Dom zum Cordusio-Platz führt auch eine Unterpflasterstraße mit Läden.

An der Nordseite der Piazza del Duomo öffnet sich als Verbindung zur Piazza della Scala die Galleria Vittorio Emanuele II, eine überdachte Ladenstraße, in den Jahren 1865–1877 von Giuseppe Mengoni als damals großartigste Einkaufspassage Europas erbaut (195 m lang, 48 m hohe Kuppel). Von den Mailändern wird sie 'il salotto', der Salon, genannt. Neben Geschäften gibt es in der Galleria Restaurants und Bars.

*Galleria Vittorio Emanuele II

Der Mailänder Dom 'Santa Maria Nascente', eine mit hellem Marmor verkleidete Basilika, ist eine der größten und prächtigsten Kirchen der Erde. Imponierend sind die Maße: 157 m Länge, eine Fassadenbreite von 61,5 m und eine Fläche von 11 700 m². Der Dom kann etwa 40 000 Personen aufnehmen. Die Höhe der Kuppel beträgt 68 m, die Gesamthöhe einschließlich der Marienstatue 108,50 m. Das Dach schmücken 135 Fialentürmchen, und 2245 Marmorstatuen sind über die Außenseite verteilt. Der Bau, 1386 im gotischen Stil begonnen, konnte nur nach und nach fertiggestellt werden: Der Kuppelbau wurde um 1500, die schlanke Spitze der Kuppel 1765–1769, die Fassade in den Jahren 1805–1813 vollendet. Die Bronzeportale am Eingang sind neueren Datums: Die äußerste der beiden linken Türen stammt von 1840, die große Mitteltür von 1908; die Reliefs zweier Portale entstanden zwischen 1948 und 1951, das letzte im Jahre 1965.

**Dom

◀ *Die Galleria Vittorio Emanuele II ist eine berühmte Einkaufspassage*

Mailand

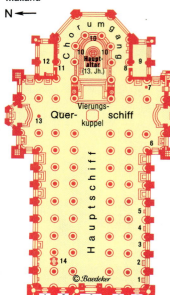

Piazza del Duomo

Mailänder Dom

THEMEN DER BRONZEPORTALE (19./20. Jh.)

A Edikt von Mailand
B Aus dem Leben des hl. Ambrosius
C Aus dem Marienleben
D Aus der Geschichte der Stadt Mailand
E Aus der Geschichte des Mailänder Domes

DETAILS IM INNEREN DES DOMES

1 Sarkophag des Erzbischofs Ariberto da Intimiano († 1045)
2 Sarkophag der Erzbischöfe Ottone Visconti († 1295) und Giovanni Visconti († 1354)
3 Verzeichnis der Mailänder Erzbischöfe
4 Sarkophag des Kaufherrn Marco Carelli (14. Jh.)
5 Grab des Gian Andrea Vimercati († 1548)
6 Grabmonument für Gian Giacomo Medici († 1555; von Leone Leoni, 1560–1563)
7 Hl. Bartholomäus (von Marco d'Agrate, 1562)
8 Portal der Südsakristei (Sockelreliefs von Hans von Fernach u. a. rhein. Meistern, 1393) Gegenüber der Zugang zur Krypta
9 Südsakristei (Domschatz)
10 Holzgeschnitzter Chorgestühl (1572–1620)
11 Portal der Südsakristei (von Giacomo da Campione und Gehilfen, 14. Jh.)
12 Nordsakristei (Reste aus der ersten Dombauphase)
13 Trivulzio-Bronzeleuchter (Nikolaus von Verdun zugeschrieben, Anfang 13. Jh.)
14 Taufstein (von Pellegrini, 16. Jh.; unter Verwendung eines Porphyrbeckens aus römischen Thermen)

Dom (Fortsetzung)	Das düstere Innere des Domes, in eindrucksvollem Gegensatz zum strahlenden und formenreichen Außenbau, macht mit seinen Pfeilern einen gewaltigen Eindruck. Die bemalten Fenster, ursprünglich aus dem 15. und 16. Jh., wurden größtenteils im 19. Jh. durch Neuschöpfungen ersetzt; die Kuppelfenster entstanden 1968. An den Außenmauern des südlichen Seitenschiffs findet man noch bemalte Fenster aus dem 15. Jahrhundert. Bei einem Rundgang kann man interessante Details entdecken. Im nördlichen Querschiff sieht man einen kostbaren, siebenarmigen Bronzeleuchter aus romanischer Zeit (um 1200), der Nikolaus von Verdun zugeschrieben wird. An der Ostwand des rechten Querschiffs eine Statue des geschundenen hl. Bartholomäus, geschaffen von Marco Agrate (1562); beachtenswert ist ferner das Wandgrab für Gian Giacomo Medici († 1555). Unter dem Chor liegt die Krypta. Von dort gelangt man in die achteckige Borromäus-Kapelle, wo der Reliquienschrein des hl. Karl Borromäus (San Carlo Borromeo), reich geschmückt mit Gold und Juwelen, steht. Carlo Borromeo (1538–1584) war ein italienischer Theologe, der zum Kardinal und Erzbischof von Mailand ernannt wurde. Er verkörperte das Bischofsideal seiner Zeit und bekämpfte den Protestantismus. In der südlichen Sakristei befindet sich der sehenswerte Domschatz mit schönen Goldschmiedearbeiten und silbernen Geräten (4.–17. Jh.). Lohnend ist ein Rundgang auf den Dachterrassen des Domes (Zugang von außen an der Westseite des nördlichen Querschiffs: 158 Stufen, Fahrstühle an der Ostseite der Querschiffe; weiter bis zur Plattform der Kuppel 73 Stufen). Von oben bietet sich eine herrliche Sicht, an klaren Tagen über die lombardische Ebene bis zu den Bergen und über die westliche Poebene.
Palazzo Reale (Museen)	An der Südseite des Domes liegt der Palazzo Reale, ein Dreiflügelbau mit klassizistischer Front, 1788 an Stelle des alten Rathauses erbaut, das seit 1310 Sitz der Visconti war. Als die Visconti dann im 14. Jh. in das Castello Sforzesco übersiedelten, verlor das Gebäude am Domplatz an Bedeutung.

Mailand

Nach der Einigung Italiens im 19. Jh. erhielt es den Namen 'Palazzo Reale' (Königspalast). Heute sind dort zwei Museen untergebracht: das Museo del Duomo (Dommuseum) mit Sammlungen zur Kunst des Doms, und das Civico Museo d'Arte Contemporanea, das Museum für zeitgenössische Kunst, in dem Werke der neueren italienischen Malerei gezeigt werden.
An der Rückseite des ehem. Fürstensitzes befindet sich die alte Kirche San Gottardo in Corte, die um 1330 erbaut wurde und einen beachtenswerten Campanile hat. Östlich anschließend der nach 1570 von Pellegrino Tibaldi umgestaltete Erzbischöfliche Palast mit einem schönen Arkadenhof.
Palazzo Reale (Fortsetzung)

Vom Domplatz führt die Via Marconi südwärts zur Piazza Diaz. In der Nähe befindet sich in einem Stadtviertel, in dem das 99 m hohe Bürohochhaus Torre Velasca (1958) auffällt, das alte Ospedale Maggiore. Es ist ein Backsteinbau von etwa 285 m Länge, der 1456 als erstes Krankenhaus der Stadt von Antonio Filarete begonnen und seit 1465 im Stil der Gotik und der Renaissance weitergeführt wurde. In dem Gebäude, das bis 1942 als Krankenhaus diente, sind die Fakultäten für Rechts- und Geisteswissenschaften der staatlichen Universität (Università Statale) untergebracht.
Rund 500 m östlich des Ospedale Maggiore erhebt sich zwischen dem breiten Corso di Porta Vittoria und der Via San Barnaba der mächtige Justizpalast (Palazzo di Giustizia), dessen Bau 1940 vollendet wurde.

*Ospedale Maggiore (Universität)

*Teatro alla Scala

Ein weiterer markanter Platz ist die Piazza della Scala nördlich vom Dom. Dort steht ein Denkmal Leonardo da Vincis (1872). An der Nordwestseite der Piazza erhebt sich das Teatro alla Scala, 1775–1778 erbaut, eines der berühmtesten Opernhäuser der Welt. Sein Name evoziert die Namen bedeutender Künstler und Interpreten, u.a. Puccini, Rossini und Toscanini.
Dem Theater angeschlossen ist das Museo Teatrale mit einer Sammlung zur Theatergeschichte und einer Bibliothek; im 'Verdi-Museum' erinnern zahlreiche Exponate an den 1901 in Mailand gestorbenen Komponisten.
Gegenüber der Scala steht der 1558–1560 von Galeazzo Alessi erbaute Palazzo Marino, heute Sitz der Stadtverwaltung. Hinter dem Palazzo Marino liegt an der Piazza San Fedele die sehenswerte Jesuitenkirche San Fedele, 1569 unter dem hl. Karl Borromäus von Pellegrini begonnen. An der Piazza Belgioioso, einem schönen Platz hinter San Fedele, steht der 1781 von Piermarini erbaute, beachtenswerte Palazzo Belgioioso.

Piazza della Scala

Museo Teatrale

An der Ecke der Via Morone (Nr. 1) befindet sich das Haus, in dem Alessandro Manzoni lebte und starb. Zu besichtigen sind das Arbeitszimmer, der Salon und das Sterbezimmer des italienischen Dichters (1814–1873).

Manzoni-Haus

Schräg gegenüber (Via Manzoni 12) ist in den vornehmen, mit Stuck verzierten Räumen eines alten Patrizierhauses das Museo Poldi-Pezzoli untergebracht. Der Bestand des Museums basiert auf der Kunststiftung von Gian Giacomo Poldi-Pezzoli. Ausgestellt sind Gemälde von Botticelli, Mantegna, Piero della Francesca, Guardi u.a., ferner flämische und persische Teppiche, Gobelins, Schmuck, Silbergerät und Waffen.

*Museo Poldi-Pezzoli

Corso Vittorio Emanuele und Corso Venezia

Von der Piazza Belgioioso gelangt man östlich durch den von modernen Häusern gesäumten Corso Matteotti zu der nach dem Zweiten Weltkrieg bedeutend erweiterten Piazza San Babila, an der neuzeitliche Großbauten und die kleine romanische Kirche San Babila stehen. Im Südwesten mündet in den Platz der vom Dom kommende Corso Vittorio Emanuele (Fußgängerzone) ein, der von eleganten Geschäfte gesäumt wird. Gleich rechts am Corso steht die Kirche San Carlo al Corso, ein Rundbau in der Art des Pantheons, geschaffen von Carlo Amati (1836–1847).

Piazza San Babila

Mailand

Corso Venezia

Die Fortsetzung des Corso Vittorio Emanuele ist der breite Corso Venezia, der von der Piazza San Babila nordostwärts verläuft. An der Einmündung der Via San Damiano sieht man den Palazzo Serbelloni (1793), kurz darauf den Palazzo Rocca-Saporiti (1812), beide in klassizistischem Stil erbaut.

Museo Civico di Storia Naturale

Schräg gegenüber dem letztgenannten Palast liegt das Museo Civico di Storia Naturale, das Naturhistorische Museum. Ausgestellt sind mineralogische, paläontologische und zoologische Exponate, darunter eine Vogelsammlung. Ferner ist in dem Gebäude ein Zentrum für Naturforschung untergebracht. Hinter dem Museum erstrecken sich die Grünanalgen der Giardini Pubblici; dort lohnt das Planetarium einen Besuch.

Porta Venezia

Der Corso Venezia mündet nordöstlich auf den Piazzale Oberdan mit den beiden kleinen Torhäuschen der Porta Venezia. Von hier führt der Corso Buenos Aires als Verlängerung des Corso Venezia nordöstlich zum Piazzale Loreto. Rund 1 km westlich von diesem Platz liegt – am Ende der breiten Via Andrea Doria – der Hauptbahnhof (Stazione Centrale) von Mailand.

Vom Hauptbahnhof zur Piazza Cavour

Stazione Centrale

Das Bahnhofsgebäude der Stazione Centrale ist ein prunkvoller Bau mit einer Verkleidung aus Marmor, der, im Jahre 1912 nach Entwürfen von Ulisse Stacchini begonnen, zu den größten Kopfbahnhöfen Europas zählt. Die Gleisanlagen haben eine imposante Überdachung aus Eisen und Glas. Im Bahnhof befindet sich das Museo delle Cere (Wachsfigurenmuseum), in dem Nachbildungen berühmter Italiener und Ausländer gezeigt werden.

Pirelli-Hochhaus

Dem Hauptbahnhof südwestlich gegenüber steht das 1955–1959 erbaute, 32stöckige Pirelli-Hochhaus, das eine Höhe von 127 m erreicht (Führung).

Piazza della Repubblica

Vom Hauptbahnhof gelangt man südwestlich durch die Via Pisani zu der ausgedehnten Piazza della Repubblica, die seit 1931 auf dem Gelände des alten Hauptbahnhofs angelegt und von modernen Großbauten gesäumt ist, darunter der 31stöckige 'Grattacielo di Milano' (114 m hoch; von 1955). Von der nordwestlichen Ecke der Piazza della Repubblica führt der breite Viale della Liberazione zum Bahnhof 'Stazione Milano-Porta Garibaldi', der etwa 1 km entfernt ist und der Entlastung des Hauptbahnhofs dient.

Piazza Cavour; Giardini Pubblici

Von der Piazza della Repubblica führt die Via Turati südlich zur verkehrsreichen Piazza Cavour. Der Platz liegt an der Südwestspitze der Parkanlage Giardini Pubblici. An der Südostseite der Piazza Cavour stehen drei Hochhäuser, u.a. das 1952 vollendete Centro Svizzero (22 Stockwerke).

Galleria d'Arte Moderna

Unweit östlich der Piazza Cavour kommt man zu der klassizistischen Villa Comunale, der ehem. Königsvilla (Villa Reale; 1790). Sie ist Sitz der Civica Galleria d'Arte Moderna, einem Museum für moderne Kunst, das Werke italienischer und europäischer Maler des 19. und 20. Jh.s zeigt, u.a. Arbeiten von Carrà, De Chirico, Modigliani und Morandi. In einem separaten Saal befindet sich das 'Museum Marino Marini' (Gemälde und Skulpturen). Von der Piazza Cavour aus gelangt man südlich durch die Via Alessandro Manzoni zur Piazza della Scala.

Palazzo di Brera

Accademia di Belle Arti

Westlich der Piazza Cavour bzw. nordwestlich der Piazza della Scala steht an der Via Brera der Palazzo di Brera. Das Gebäude, ein in den Jahren 1651–1773 erbauter Renaissancepalast, ursprünglich Jesuitenkonvent, ist seit 1776 Sitz der Accademia di Belle Arti. Im Hof steht ein Denkmal Napoleons I. von Canova (1809). Im Palazzo di Brera sind eine 1770 gestiftete Bibliothek (800 000 Bände) und eine Sternwarte untergebracht.

Mailand

Im ersten Stock befindet sich die Pinacoteca di Brera, eine der bedeutendsten Gemäldesammlungen des Landes, zu deren umfangreichem Bestand u.a. futuristische Malerei des 20. Jh.s gehört. Die Gemäldesammlung wurde ursprünglich gegründet, um Anschauungsmaterial für die Schüler der Kunstakademie bereitzustellen; Objekte aus Kirchen und Erwerbungen aus Rom bildeten den Grundstock.

**Pinacoteca di Brera

Den Hauptschatz der Pinacoteca di Brera bilden die Werke der norditalienischen Meister (Lombardei und Venedig). Da es dem Museum an Aufsichtspersonen mangelt, sind in der Regel nicht alle Säle zugänglich. Unter den Gemälden des 15. Jh.s sind besonders zwei Bilder von Andrea Mantegna ("Madonna in einem Kranz von Engelköpfen" und "Beweinung Christi") bemerkenswert. Die venezianische Malerei wird vertreten von Carlo Crivelli (u.a. "Thronende Madonna della Candeletta"), Gentile und Giovanni Bellini ("Die Predigt des hl. Markus in Alexandria", "Beweinung Christi") und Cima da Conegliano.

Aus späterer Zeit stammen die Bilder von Paolo Veronese, Tizian ("Graf Antonio Porcia" und "Hl. Hieronymus"), von Tintoretto ("Auffindung der Leiche des hl. Markus" und "Kreuzabnahme"), die Bildnisse von Lorenzo Lotto sowie von Giovanni Battista Moroni. Die lombardischen Meister um Leonardo da Vinci sind in reicher Auswahl vertreten, z.B. durch Bramantino, Sodoma, De Predis, Boltraffio und Andrea Solario. Unter den ferraresischen Bildern sind die des Ercole De' Roberti ("Madonna mit Heiligen") und des Dosso Dossi bemerkenswert. Von Correggio aus Parma stammen eine "Geburt Christi" und eine "Anbetung der Könige".

Die umbrische Schule ist durch Gentile da Fabriano ("Krönung der hl. Jungfrau mit Heiligen"), Piero della Francesca ("Madonna mit Heiligen und dem betenden Herzog Federico da Montefeltro", ferner durch Werke von Bramante (acht Fresken; "Christus an der Säule") ausgezeichnet vertreten. Von Raffael stammt die "Vermählung Mariä" ("Lo Sposalizio"), ein hervorragendes Werk und das berühmteste Stück der Brera-Galerie.

Auch von Malern des 17. und 18. Jh.s besitzt die Sammlung bedeutende Arbeiten.

Unter den Werken ausländischer Meister sind hervorzuheben: Rembrandt (Frauenbildnisse, besonders "Schwester des Malers"), van Dyck ("Prinzessin von Solms"), Rubens ("Abendmahl"), El Greco ("Hl. Franziskus").

Piazza dei Mercanti und Piazza Cordusio

Von der Piazza della Scala führt die Via Santa Margherita zu der Piazza dei Mercanti, die westlich an den Domplatz anschließt und im Mittelalter das Zentrum der Stadt bildete. In der Mitte des Platzes steht der langgestreckte Palazzo della Ragione (1228–1233), das ehem. Rathaus, dessen Erdgeschoß als Markthalle diente. An der südlichen Außenwand ist ein Reiterstandbild des Erbauers, des Podestà Oldrado da Tresseno, zu sehen. Die Nordseite des Platzes begrenzt der Palazzo dei Giureconsulti (1564), ein Gebäude mit Arkaden, das ein Uhrturm von 1272 überragt. Beachtenswert ist auch die gotische Loggia degli Osii (1316) an der Südseite des Platzes, ein Bau mit einer Marmorfassade nach toskanischer Art, von dem aus Urteile und Bestimmungen bekannt gegeben wurden.

Palazzo della Ragione

Unweit nordwestlich der Piazza dei Mercanti liegt die ovale Piazza Cordusio, von der wichtige Verkehrsstraßen ausgehen: südöstlich die von Läden gesäumte Via Orefici zum Domplatz, westlich die Via Meravigli an der Börse vorbei zur Kirche Santa Maria delle Grazie, nordwestlich die Via Dante zum Kastell; eine Unterpflasterstraße führt zum Domplatz.

Piazza Cordusio

Südlich der Piazza Cordusio liegt der 1603–1609 errichtete Palazzo dell' Ambrosiana. Dort sind eine Bibliothek und eine Gemäldesammlung, die 1618 von Kardinal Federico Borromeo begründet wurde, untergebracht. Später gingen die Sammlungen in den Besitz der Stadt Mailand über und wurden durch Stiftungen und Schenkungen erweitert. Die Biblioteca

Palazzo dell' Ambrosiana (Bibliothek und Gemäldegalerie)

Ambrosiana besitzt 700 000 Druckwerke, 35 000 Handschriften und 2000 Wiegendrucke. Zum Bestand der Pinacoteca Ambrosiana gehören Werke von Leonardo da Vinci ("Porträt eines Musikers"), Botticelli, Ghirlandaio, Raffael, Tizian (u.a. "Anbetung der Könige"), Tiepolo und Caravaggio.

Palazzo dell' Ambrosiana (Fortsetzung)

Südöstlich des Palazzo dell' Ambrosiana steht die von Bramante errichtete kleine Kirche San Satiro (15. Jh.), die einen alten Glockenturm und eine moderne Fassade hat. Im Inneren gibt es eine Besonderheit, einen Scheinchor, den Bramante mittels illusionistischer Malerei und anderer Techniken schuf. Im rechten Seitenschiff befindet sich das von Bramante erbaute Baptisterium, eine Schöpfung der lombardischen Frührenaissance. Durch eine Öffnung in der Ostwand des Querhauses gelangt man in den kleinen Kuppelbau der Cappella della Pietà (9. Jh.), die mit bemalten Ornamenten und Figuren aus Terrakotta ausgeschmückt ist.

San Satiro

Die Via Dante mündet nordwestlich auf den Largo Cairoli, der vom breiten Foro Buonaparte gekreuzt wird. Auf dem Platz steht ein Reiterstandbild Garibaldis. Durch die Via Beltrami gelangt man zur Piazza Castello.

Largo Cairoli

*Castello Sforzesco

Das Kastell, die Burg der Visconti und Sforza, wurde 1368 errichtet, 1447 geschleift und seit 1450 wieder aufgebaut. Die 70 m hohe Torre del Filarete an der Stadtseite, 1905 aufgeführt, ist eine Nachbildung des alten Torturms. Im Inneren der Festung sind die Musei del Castello Sforzesco untergebracht, darunter eine Skulpturensammlung, die frühchristliche Denkmäler und Grabfunde sowie mittelalterliche und neuere Bildwerke enthält. Beachtenswert sind die Pietà Rondanini, ein 1953 aus dem gleichnamigen Palast in Rom hierher gebrachtes Meisterwerk Michelangelos, und das unvollendet gebliebene Grabmal des Gaston de Foix von Bambaia, ferner das große Grabmal mit Reiterstatue des Barnaba Visconti († 1385), geschaffen von Bonino da Campione. Zum Bestand der Museen gehören darüber hinaus eine vorgeschichtliche Sammlung, eine Kunstgewerbesammlung, eine Keramiksammlung, Gemälde alter Meister (u.a. von Bellini, Correggio, Mantegna, Bergognone, Lotto, Tintoretto und Antonello da Messina) und musikgeschichtliche Sammlungen sowie eine Rüstkammer.

Musei del Castello Sforzesco

Der Durchgang zwischen den beiden hinteren Höfen des Kastells mündet auf einen Park, den Parco Sempione, der im 19. Jh. als Lustgarten der Herzöge von Mailand angelegt und später als Exerzierplatz genutzt wurde. In den Grünanlagen sieht man verschiedene Bauten: die Arena, ein Amphitheater in klassischem Stil, das für Sport- und Musikveranstaltungen dient; ein Aquarium; den Palazzo dell'Arte, in dem moderne Kunst ausgestellt wird; einen Aussichtsturm; schließlich den Arco della Pace, einen Triumphbogen aus weißem Marmor (19. Jh.). – Etwa 1 km westlich des Arco della Pace erstreckt sich das Ausstellungsgelände der Mailänder Mustermesse.

Parco Sempione

Im nordwestlichen Stadtgebiet liegt nahe der Porta Volta der 1866 eröffnete Cimitero Monumentale, der prunkvollste Friedhof Italiens, reich an kunstvoll ausgeführten Denkmälern aus Marmor und Stein. Hier sind u.a. Arturo Toscanini und der Dichter Alessandro Manzoni beigesetzt.

**Cimitero Monumentale*

Von der Südwestseite des Kastells gelangt man an der Stazione Ferroviaria Nord vorbei und weiter durch die Via Boccaccio sowie die Via Caradosso zu der Kirche Santa Maria delle Grazie am Corso Magenta. Die Kirche wurde um 1465 als gotischer Backsteinbau begonnen. Die Chorpartie und die mächtige sechsseitige Kuppel hat Bramante seit 1492 zum reifsten Werk der Mailänder Frührenaissance umgestaltet. Bei der Beseitigung der schweren Kriegsschäden wurden in der Kuppel alte Sgraffitti freigelegt.

**Santa Maria delle Grazie*

◀ *Das Castello Sforzesco beherbergt heute etliche Museen*

Mailand

Das weltberühmte "Letzte Abendmahl" von Leonardo da Vinci

S.M. delle Grazie (Fortsetzung)
Am Ende des linken Seitenschiffes die Barockkapelle der Madonna delle Grazie; auf dem Altar das Gnadenbild.

**Abendmahl von Leonardo da Vinci (ehem. Kloster)
Im Refektorium des an die Kirche angrenzenden ehemaligen Dominikanerklosters Santa Maria delle Grazie befindet sich eine der bekanntesten Sehenswürdigkeiten Mailands: das "Abendmahl" von Leonardo da Vinci (Cenacolo Vinciano). Das Gemälde wurde zwischen 1495 und 1497 in Tempera auf die Wand gemalt. Da die Farbe oft abgebröckelt ist, mußte das Bild in den letzten Jahrzehnten mehrfach restauriert werden, ein Vorgang, der wohl nie ganz abgeschlossen sein wird. Dargestellt ist der Augenblick, als Jesus beim Essen zu seinen Jüngern sagt, einer von ihnen werde ihn verraten. Die Bedeutung für die Entwicklung der Kunst liegt in der damals ganz neuartigen dramatischen Auffassung des Geschehens.

San Vittore al Corpo
Unweit südlich von Santa Maria delle Grazie steht in der Via San Vittore die schöne Kirche San Vittore al Corpo, ein ursprünglich altchristlicher Bau, der ab 1530 von dem Architekten Galeazzo Alessi im Stil der Spätrenaissance erneuert wurde. Bemerkenswert ist die dekorative Ausstattung.

*Museo Nazionale della Scienza e della Tecnica
In der Nähe der Kirche San Vittore al Corpo befindet sich im Gebäude eines alten Klosters das Nationalmuseum für Wissenschaft und Technik. Das 1953 eröffnete Museum zeigt ähnlich wie das Deutsche Museum in München die Geschichte der Naturwissenschaften und der Technik von den Anfängen bis hin zur Gegenwart. Beachtung verdienen die Leonardo-da-Vinci-Galerie, die physikalische Abteilung mit Apparaten von Galilei, Newton und Volta, die Abteilungen für Optik, Akustik, Telegraphie, Transport (Schiffahrt, Eisenbahn und Flugwesen), Metallurgie und Uhren. Zum Museum gehören eine Bibliothek und ein Lesesaal (Filmvorführungen).

**Sant' Ambrogio
Östlich vom Nationalmuseum liegt die 386 vom hl. Ambrosius gegründete Kirche Sant' Ambrogio, deren jetziger Bau ein Hauptwerk des romani-

schen Stils ist (12 Jh.), die Chorpartie stammt aus dem 9. Jahrhundert. Der Vorhof und die Fassade haben die Form der altchristlichen Anlage beibehalten. Im Inneren der Kirche sind beachtenswert: eine Kanzel mit spätromanischen Bildwerken, die Verkleidung (Paliotto) des Hochaltars, ein Hauptwerk der karolingischen Kunst (835 in Reims oder Mailand gefertigt). Seitlich an der Kirche befinden sich das Museo di Sant' Ambrogio und ein Kriegerdenkmal (von 1930). Südöstlich schließt sich an die Kirche die Katholische Universität 'del Sacro Cuore' (Kreuzgänge von Bramante) an.

Sant'Ambrogio (Fortsetzung)

Unweit nördlich von Sant' Ambrogio befindet sich im ehemaligen Kloster Monastero Maggiore das Archäologische Museum von Mailand. Die Sammlung enthält griechische, etruskische und römische Fundstücke. Interessant sind besonders eine Buddha-Statue und die römischen Skulpturen im Erdgeschoß, darunter das Bildnis des Maximian (3. Jh.), ein Bronzekopf und eine weibliche Statue mit Faltendrapierung.

Museo Archeologico

Sehenswertes im Süden

Unweit südöstlich von Sant' Ambrogio liegt am Corso di Porta Ticinese die Kirche San Lorenzo Maggiore, ein eindrucksvoller Zentralbau aus frühchristlicher Zeit mit einer mächtigen Renaissance-Kuppel von 1574. Im Inneren verdient die Aquilinus-Kapelle Beachtung, eine Taufkapelle, in der sich Mosaiken ('der lehrende Christus') und Fresken aus frühchristlicher Zeit (4. Jh.) erhalten haben. Davor steht ein Portikus von 16 korinthischen Säulen, der bedeutendste Überrest der römischen Stadt 'Mediolanum'.

San Lorenzo Maggiore

Rund 500 m weiter südlich steht die Kirche Sant' Eustorgio, eine dreischiffige romanische Basilika (12./13. Jh.) mit einem Glockenturm (um 1300). Die Fassade entstand 1863. Im Inneren befindet sich hinter dem Chor die Cappella Portinari, 1462–1468 als erstes Werk der Renaissance von Michelozzo erbaut und mit Fresken von Vincenzo Foppa ausgeschmückt. in dieser Kapelle steht die Arca des Petrus Martyr, das Marmorgrab des hl. Petrus Martyr, eines Dominikanermönches, der 1250 erschlagen wurde, da er die sog. Ketzer bekämpft hatte. Geschaffen wurde das Grabmal im 14. Jh. nach dem Entwurf von Giovanni di Balduccio aus Pisa.

*Sant' Eustorgio

Von Sant' Eustorgio lohnt ein Abstecher zum 1989 eröffneten Spielzeugmuseum (Museo del Giocattolo e del Bambino) an der Via Ripa Ticinese (Nr. 27). Dort werden rund 1200 Spiele und Gegenstände zum Spielen aus der Zeit von 1700 bis 1950 vorgestellt, die zum Teil aus außereuropäischen Ländern stammen und kulturgeschichtlich sehr aufschlußreich sind.

Spielzeugmuseum

Der Corso di Porta Ticinese mündet unweit nördlich von San Lorenzo auf die Piazza Carrobbio. An der Via Torino, die von hier nordwärts zum Domplatz führt, steht die Kirche San Giorgio al Palazzo mit Bildern von B. Luini.

San Giorgio al Palazzo

Umgebung von Mailand

Rund 7 km südöstlich von Mailand liegt Chiaravalle Milanese, berühmt durch seine Zisterzienserabtei. Die zugehörige Kirche ist ein Backsteinbau, der von einem hohen Kuppelturm beherrscht wird. Sie wurde 1135 von dem hl. Bernhard von Clairvaux gegründet und in den Jahren 1170–1221 erneuert. Sehenswert sind das barocke Chorgestühl von 1640, ferner ein kleiner Kreuzgang und der Friedhof. Da die Zisterziensermönche sich für einen asketischen Lebensstil entschlossen hatten, wählten sie für die Anlage von Kloster und Kirche ein eher unfreundliches Sumpfgebiet südlich der Stadt. Die Säkularisation führte um 1800 zur Aufhebung des Klosters. Nach einer Restaurierung wird es seit den fünfziger Jahren des 20. Jh.s jedoch wieder von Mönchen bewohnt.

Chiaravalle Milanese

Mantua

Mailand (Fortsetzung), Metanopoli

Südöstlich von Mailand (8 km) liegt ferner – als Ortsteil von San Donato Milanese – die seit 1940 entstandene 'Hauptstadt des Methans' oder auch 'Erdgasstadt' Metanopoli, in der die größten italienischen Petroleumgesellschaften ihren Sitz oder zumindest eine Zweigstelle haben. Dazu gehören: ENI = Ente Nazionale Idrocarburi; SNAM = Società Nazionale Metanodotti; AGIP = Azienda Generale Italiana Petroli, mit Abteilungen für Bergbau und Atomforschung; ANIC = Azienda Nazionale Idrocarburi.

Monza

Rund 15 km nordöstlich von Mailand liegt am Lambro die Industriestadt Monza (162 m; 124 000 Einw.), die in langobardischer Zeit neben Pavia Bedeutung als Krönungsstadt hatte. Seit 1126 stand die Stadt mit kurzen Unterbrechungen unter mailändischer Herrschaft. Auf der Piazza Roma steht das alte Rathaus ('Arengario') von 1293. Nahebei der Dom, der 590 gegründet und im 13./ 14. Jh. in lombardisch-gotischem Stil neu aufgeführt wurde. Er präsentiert sich als Bauwerk mit einer schönen Marmorfassade und harmonischem Inneren: In der 'Cappella di Teodolinda', benannt nach der Langobardenkönigin Theodolinde, sind Fresken und die berühmte 'Eiserne Krone' zu sehen. Diese gilt als Königskrone der Langobarden, mit der die deutschen Herrscher zu Königen von Italien gekrönt wurden. Unter dem Kreuzgang am Dom befindet sich das Museo Serpero, das 1963 für den Domschatz eingerichtet wurde: Handschriften, Kirchengeräte und Schmuckstücke sind zu besichtigen.
Im Norden von Monza liegt die Villa Reale, die um 1780 im klassizistischen Stil von Giuseppe Piermarini für Erzherzog Ferdinand von Österreich erbaut wurde; im Inneren befindet sich heute eine kleine Gemäldegalerie. Von der Villa aus gelangt man zum Haupteingang einer ausgedehnten Parkanlage, die vom Lambro durchflossen wird. In dem Park liegen die Pferderennbahn 'Mirabello' und eine bekannte Autorennstrecke. Jedes Jahr wird dort der Große Preis von Monza, ein Formel-1-Rennen, ausgetragen. Da es in dem Park auch Golf- und Poloplätze gibt, hat sich das Gebiet zu einem beliebten Wochenendziel der Mailänder entwickelt.

Lago Maggiore → dort
Varese → dort
Comer See → dort
Como → dort

Mantua / Mantova   E 5

Region: Lombardei/Lombardia
Provinz: Mantua/Mantova
Höhe: 19 m ü.d.M.
Einwohnerzahl: 53 000

Lage und Bedeutung

Mantua, ehemals Residenz der Gonzaga und heute Hauptstadt der gleichnamigen Provinz, liegt südlich des Gardasees – am Unterlauf des Mincio – in der Po-Ebene. Der Mincio bildet hier, aufgestaut, einen See mit drei Becken: 'Lago Superiore', 'Lago di Mezzo' und 'Lago Inferiore'. Mantua, von einer alten Festungsmauer umgeben, ist heute eine relativ wohlhabende Industriestadt, in der die Kunststoffherstellung eine Rolle spielt.

Geschichte und Kunst

Im Altertum war die von den Etruskern gegründete Stadt vorwiegend als Heimat des Dichters Vergil (70–19 v.Chr.) bekannt. Größere Bedeutung gewann sie erst im 12./13. Jh. durch die staufischen Kaiser.
Im Jahre 1328 kam in Mantua das guelfische Haus Gonzaga an die Macht. Die Herrscher, seit 1433 Markgrafen und seit 1530 Herzöge, machten Mantua zu einer der vornehmsten Residenzen, berühmt durch die Pflege der Künste und Wissenschaften. Markgraf Lodovico (1444–1478), der Gatte einer Hohenzollernprinzessin, berief den Florentiner Baumeister Leon Battista Alberti an seinen Hof und hatte seit 1463 den Hauptmeister

der Paduaner Malerschule, Andrea Mantegna, in seinem Dienst. Die Gemahlin Francescos II., die schöne und geistvolle Isabella d'Este (1490 bis 1539), stand in lebhaftem geistigem Austausch mit großen Männern ihrer Zeit. Auch Giulio Romano (1492–1546), ein Schüler Raffaels, fand 1524 in Mantua einen Wirkungskreis als Architekt und Maler.

Nachdem das oberitalienische Fürstengeschlecht der Gonzaga 1707 ausgestorben war, fiel Mantua an Österreich, bei dem es – abgesehen von der Zeit Napoleons I., der hier am 20. Februar 1810 Andreas Hofer erschießen ließ (Gedenkstein nördlich außerhalb) – als ein Eckpunkt des Festungsvierecks Peschiera–Verona–Legnago–Mantua bis 1866 verblieb.

Sehenswertes im Zentrum

Im Zentrum liegt die Piazza Andrea Mantegna. Dort steht die Kirche Sant' Andrea, ein Hauptwerk der Frührenaissance, 1472–1494 nach Plänen des Leon Battista Alberti begonnen. Das Querschiff und der Chor stammen von 1600, die Kuppel wurde im Jahre 1782 vollendet. Die Marmorfassade der Kirche ist in Art antiker Tempelfronten angelegt. Daneben sieht man noch den gotischen Backsteinturm von 1413. Der von einem mächtigen Tonnengewölbe überdeckte Kirchenraum ist von großartiger Wirkung. In der ersten Kapelle links das Grab Mantegnas mit einer Bronzebüste. In der letzten Kapelle rechts Fresken nach Zeichnungen von Giulio Romano.

Von der Piazza Andrea Mantegna aus führt der Corso Umberto I, die von Arkaden gesäumte Hauptgeschäftsstraße der Stadt, westlich zur Piazza Cavallotti. Von dort verläuft die Corso gleichen Namens, eine Verkehrsstraße, die über einem Kanalbett angelegt ist, zur Piazza Martiri di Belfiore.

An die Piazza Andrea Mantegna grenzt östlich die Piazza delle Erbe, der traditionelle Marktplatz, gesäumt von der mächtigen Torre dell'Orologio (Uhrturm), dem Palazzo della Ragione (13. Jh.), einst Rathaus von Mantua, und der romanischen Kirche San Lorenzo (11. Jh.; Rotonda di San Lorenzo), ein Bau mit kreisförmigem Grundriß, an den sich eine halbkreisförmige Apsis anschließt. Beachtenswert sind einige romanische Wandmalereien und Fresken aus dem 15. Jahrhundert.

Weiter nördlich erstreckt sich die Piazza Sordello, ein Platz, der einmal der politische und künstlerische Mittelpunkt der Stadt war und noch ein mittelalterliches Gepräge bewahrt hat. Man sieht zwei markante zinnenbekrönte Paläste aus der Zeit der Gotik, den Palazzo Bianchi (12./13. Jh.) und den Palazzo Bonacolsi (13. Jh.), auch Palazzo Castiglioni genannt. Daneben das Bischöfliche Palais, ein Barockbau aus dem 18. Jahrhundert.

An der Nordostseite der Piazza Sordello steht der Dom San Pietro, ursprünglich ein romanischer Bau und Gruftkirche der Markgrafen von Canossa und der Gonzaga. In den Jahren 1393–1401 wurde der Dom gotisch erneuert, seit dem Brand von 1545 im Inneren nach einem Entwurf Giulio Romanos umgebaut. Die schöne Barockfassade stammt von 1756. Hinter der Kirche ein romanischer Glockenturm.

Gegenüber dem Dom befindet sich der gewaltige Palazzo Ducale, die prunkvolle Residenz der Gonzaga und eines der großartigsten Schlösser Italiens. Der Palast beherbergt eine Reihe bedeutender Museen und Sammlungen, die in den 'Appartamento' genannten, einst von den Gonzaga bewohnten Sälen untergebracht sind. Dazu gehören die städtische Antikensammlung mit griechischen und römischen Bildwerken; das Museum des Mittelalters (Museo Medievale e Moderno) mit Skulpturen aus Mittelalter und Renaissance; darüber hinaus die Galleria, eine Gemäldesammlung in Räumen, die mit Fresken und Deckengemälden geschmückt sind.

Mantua

Geschichte und Kunst (Fortsetzung)

**Sant' Andrea

Piazza delle Erbe

Piazza Sordello

Dom

**Palazzo Ducale (Museen)

Mantua

Kunstreich ausgestattet ist das Innere des Palazzo Ducale

Palazzo Ducale (Fortsetzung)
: Das frühere 'Appartamento Verde' birgt Wandteppiche, die um 1530 in Brüssel nach Vorlagen von Raffael gewirkt wurden (u.a. mit Darstellungen aus dem Leben von Petrus und Paulus). Der 'Gang der Monate' führt zu der berühmten Spiegelgalerie. Das 'Appartamento del Paradiso' erhielt seinen Beinamen, weil sich von dort eine herrliche Sicht auf die Seen bietet. Im Erdgeschoß liegen die Gemächer, die einstmals Isabella d'Este ('Gabinetti Isabelliani') bewohnte, ausgeschmückt mit kunstvoll skulptierten Decken.

Castello San Giorgio
: An der Nordostecke des Palazzo Ducale stehen die Schloßkirche Santa Barbara, ein Bau der Hochrenaissance von 1565, und die ältere Burg, das mächtige Castello San Giorgio (1395–1406). Im ersten Stock dieser Burg liegt der Raum der Ehegatten (Camera degli Sposi) mit prachtvollen Fresken von Mantegna (1474), die das glänzende Hofleben unter Lodovico II. und seiner Gemahlin Barbara von Hohenzollern darstellen; die Eheleute sind umgeben von ihren Kindern und einer zwergenhaften Frauengestalt.

Vergil-Denkmal
: Unweit der Piazza Sordello erstreckt sich die Piazza Virgiliana mit einem Denkmal für den römischen Dichter Vergil (s. S. 344), der in der Nähe von Mantua (in Andes; heute Pietole) geboren wurde. In seinem Hauptwerk, der "Äneis", beschreibt er die Irrfahrten des aus Troja entflohenen Äneas.

Südliches Stadtgebiet

Palazzo di Giustizia
: Im südlichen Teil von Mantua, Via Carlo Poma (Nr. 11), steht der Justizpalast aus dem 16. Jh., ein Bau mit mächtiger Fassade, der auffallende Hermen (von Hermesköpfen gekrönte Pfeiler) hat.

San Sebastiano
: Vom Justizpalast gelangt man südlich zur Kirche San Sebastiano, einer der ersten Renaissance-Kirchen auf dem Grundriß eines griechischen Kreuzes. Der Bau entstand seit 1460 als Votivkirche für Ludovico II.

Mantua

Die prunkvollen Fresken im Castello San Giorgio sind ein Werk Mantegnas

Im äußersten Süden der Stadt liegt der Palazzo del Tè, der 1525–1535 von Giulio Romano als Lustschloß für die Gonzaga erbaut und unter seiner Leitung mit Fresken und Stukkaturen geschmückt wurde. Auch hier findet man sehenswerte Innenräume: Sala dei Cavalli, ein Saal, dessen Wände mit Bildern von Pferden aus fürstlichem Gestüt geschmückt sind, Sala di Psiche mit Darstellungen von Amor und Psyche und Sala di Giganti.

*Palazzo del Tè

Umgebung von Mantua

An der Straße von Mantua nach Cremona liegt – etwas abseits am Lago Superiore – die lombardisch-gotische Kirche Santa Maria degli Angeli von 1429 (3 km). Im Inneren beeindruckt das Altarbild von Mantegna.

Santa Maria degli Angeli

Rund 7 km weiter, nahe dem Westende des Lago Superiore, erreicht man die Wallfahrtskirche Santa Maria delle Grazie, die 1399 im gotischen Stil erbaut wurde. Im reich ausgestatteten Inneren sieht man ein schönes Altarbild ('Hl. Sebastian') von F. Bonsignori. Ferner befinden sich dort Holz- und Wachsfiguren berühmter Besucher des Wallfahrtsortes.

Santa Maria delle Grazie

Einen Besuch lohnt auch die kleine Stadt San Benedetto Po (18 m; 8000 Einw.) südöstlich von Mantua (20 km), die bis zum Jahre 1789 Sitz eines reichen Benediktinerklosters, der Abbazia di Polirone, war. Die ursprünglich gotische Klosterkirche San Benedetto hat Giulio Romano in einen prächtigen Renaissancebau mit achteckiger Vierungskuppel umgestaltet. Vor dem Presbyterium sieht man Fußbodenmosaiken des 12. Jahrhunderts. Die Innenausstattung der Klosterkirche stammt weitgehend aus dem 16. Jahrhundert. Hervorzuheben sind die Terrakottafiguren in Langhaus und Chor, geschaffen von Antonio Begarelli. Welche Bedeutung das Kloster einst hatte, wird durch die Konventbauten angedeutet, die sich um drei Kreuzgänge, z.T. mit Freskenresten der Renaissance, gruppieren.

San Benedetto Po

Marken

Mantua,
Museum für
die Kultur
der Poebene

In einigen Räumen des Klosters wurde 1977 das 'Museo della Cultura Popolare Padana' eingerichtet. Gezeigt werden ca. 10 000 Objekte, die die frühere Lebens- und Arbeitsweise der Menschen aus der lombardischen Provinz Mantua sowie aus den Nachbarprovinzen Modena und Reggio nell'Emilia dokumentieren. Ausgestellt sind u.a. ein Marionettentheater, Zeugnisse des geistigen und religiösen Lebens, ferner Gegenstände, die die bäuerliche Welt und das Leben der Handwerker anschaulich machen.

Marken / Marche G–H 8–10

Region: Marken/Marche
Provinzen: Ancona, Ascoli Piceno, Macerata, Pesaro e Urbino
Fläche: 9693 km^2
Einwohnerzahl: 1 424 000

Lage und
Allgemeines

Die mittelitalienische Landschaft Marken erstreckt sich zwischen dem Apennin und dem Adriatischen Meer. Sie ist teilweise gebirgig (Monte Vettore 2476 m), überwiegend aber ein fruchtbares Hügelland, das sich zu den Flußläufen von Foglia und Tronto über der östlichen Abdachung des umbrisch-märkischen Apennin zur Adriaküste hin absenkt. Der Name Marken ist bereits im 10. Jh. bezeugt. Die Hauptstadt der politischen Region Marken ist Ancona, das ebenso wie Urbino in der Vergangenheit politisch und kulturell zu den einflußreichen Städten Italiens zählte.

Wirtschaft

Im Landesinneren dominieren die Landwirtschaft (Weizen, Gerste, Mais, Obst, Gemüse, Wein) und die Viehzucht, wohingegen an der Küste Fischerei und Schiffsbau, in den Seebädern auch der Fremdenverkehr eine wichtige Rolle spielen. Eine lange Tradition hat in den Marken wie auch im benachbarten Umbrien die Majolikaerzeugung, vor allem in Pesaro und Urbino. Industrieansiedlungen, v.a. für den Maschinen- und Gerätebau, findet man ebenfalls nur in den flachen Küstengebieten.

Reiseziele in den Marken

Jesi

Im Norden der Region Marken, etwa 30 km südwestlich von ⟶ Ancona, liegt Jesi (96 m ü.d.M.; 42 000 Einw.), die Geburtsstadt von Kaiser Friedrich II. von Hohenstaufen (1194–1250). Auch Giovanni Battista Pergolesi (1710–1736), der Komponist des "Stabat mater", hat hier das Licht der Welt erblickt. In der Stadt, die von mittelalterlichen Mauern umgeben ist, sollte man vor allem den stattlichen, 1486–1498 im Stil der Frührenaissance erbauten Palazzo della Signoria besichtigen. Durch seinen loggiengerahmten Hof gelangt man ins Museum mit römischen und mittelalterlichen Objekten und in die Pinakothek, die für ihre Gemälde des Renaissancemalers Lorenzo Lotto überregional bekannt ist.

Macerata

In beherrschender Lage auf den Höhen zwischen den Tälern der Flüsse Chienti und Potenza erhebt sich die Stadt Macerata (314 m ü.d.M.; 44 000 Einw.). Es gibt dort eine kleine Universität. Den Mittelpunkt der Stadt bildet die Piazza della Libertà mit dem Palazzo Comunale aus dem 17. Jh. (im Hof ein Lapidarium), dem Palazzo del Governo, dem einstigen Sitz des päpstlichen Statthalters (16. Jh.), und der zweigeschossigen Loggia dei Mercanti, die um 1505 entstand. Sehenswert ist weiterhin der 1771–1790 erbaute Dom. An der Piazza Vittorio Veneto besichtige man die barocke Kirche San Giovanni (1621) und die Gemäldegalerie der Stadt in der Biblioteca Comunale. Ein Kuriosum ist das am Stadtrand gelegene Sferisterio, ein großes klassizistisches Stadion (1820–1829).
Außerhalb der Stadt lohnt die Wallfahrtskirche Santa Maria delle Vergini (1581) einen Besuch.

Küstenlandschaft in den Marken

Marken (Fortsetzung), Fermo

Rund 40 km südöstlich von Macerata liegt die Stadt Fermo (319 m ü.d.M; 35 000 Einw.; Sitz eines Erzbischofs), die einige interessante Baudenkmäler besitzt. Aus römischer Zeit blieben Überreste der antiken Stadtmauer (bei der Porta San Francesco), Teile eines Theaters sowie das sog. römische Bad erhalten.

Steile Gassen führen hinauf zur Piazza del Popolo mit dem mittelalterlichen, im 15. und 16. Jh. umgebauten Palazzo Comunale (kleine Gemäldesammlung) und dem Palazzo degli Studi (Bibliothek), für die 1826 aufgehobene Universität von Fermo gebaut.

Hinter der schönen Domfassade (13./14. Jh.) verbirgt sich ein Bau des ausgehenden 18. Jh.s. In der alten Vorhalle beachte man das gotische Grabmal des Giovanni Visconti († 1366) von Bonaventura da Imola; sehenswert ist auch der Kirchenschatz.

Einen Besuch lohnen auch die Kirchen San Domenico, Sant' Agostino (13. Jh.) und San Francesco (13.–15. Jh.).

⟶ dort Ancona
⟶ dort Ascoli Piceno
⟶ dort Fano
⟶ dort Loreto
⟶ dort Pesaro
⟶ dort Urbino

Marsala G 20

Region: Sizilien/Sicilia
Provinz: Trapani
Höhe: 12 m ü.d.M.
Einwohnerzahl: 80 000

Meran

Marsala, Lage
: Die Hafen- und Handelsstadt Marsala liegt an der Westküste der Insel Sizilien. Sie ist durch ihren feurigen goldgelben Dessertwein (13–16 Vol.-% Alkohol), der hier in großen Kellereien hergestellt wird, bekannt.

Stabilimenti
: Die wichtigsten 'Stabilimenti' oder 'Bagli' (Besuch möglich) liegen am Strand im Süden der Stadt: Woodhouse (beim Bahnhof), benannt nach dem englischen Firmengründer, der um 1773 die Erzeugung eines dem Sherry ähnlichen Likörweins in Marsala einführte; ferner 500 m bzw. 1 km weiter südlich Florio, die berühmteste Weinfirma der Stadt, und Ingham-Whitaker; andere bedeutende Firmen sind Rallo und Pellegrino.

Bemerkenswertes

Dom
: Verkehrsmittelpunkt der Stadt ist die Piazza della Repubblica. Dort stehen das schöne, als 'Loggia' gebaute Alte Rathaus (18. Jh.) und der Dom San Tomaso, dem hl. Thomas von Canterbury geweiht (vgl. C.F. Meyers Novelle "Der Heilige"). Das Innere ist mit beachtenswerten Bildwerken von Antonello Gagini sowie acht flämischen Gobelins (16. Jh.), die nur an Festtagen gezeigt werden, ausgestattet.
Von der Piazza della Repubblica führt die Via XI Maggio, die Hauptstraße der Stadt, nordwestwärts, an Kloster und Kirche San Pietro (16. Jh.) vorbei, zur Porta Nuova. Links befindet sich an einem Haus die Inschrift zum Gedenken an den zweiten Aufenthalt Garibaldis (1862), der am 11. Mai 1860 mit der Landung im Hafen von Marsala seinen Siegeszug gegen die Bourbonen begann. Rechts hinter der Porta Nuova liegt der Stadtgarten 'Villa Cavallotti'; von dessen Belvedere bietet sich eine schöne Aussicht.

Insula Romana
: Unter dem Belvedere sowie längs der die Via XI Maggio fortsetzenden Alleestraße Viale Vittorio Veneto sind Reste der Stadtmauern des alten Lilybaion zu sehen. Rechts abseits der Allee die Ruinen der Insula Romana, eines Wohnblocks der römischen Stadt (3. Jh. n.Chr.); in den dazugehörenden Thermen u.a. ein prachtvolles Tiermosaik. Vom Ende der Allee hat man eine gute Sicht auf Meer und Küste. Vom unweit südwestlich gelegenen Capo Boeo (oder Capo Lilibeo) blickt man noch weiter nordöstlich über den alten Hafen bis zum Monte Erice und nordwestlich auf die Ägatischen Inseln.

Museum
: In einem Museum am Kap Lilibeo sind die noch erhaltenen Teile eines punischen Schiffes ausgestellt, das 1969 bei der Insel 'Lunga dello Stagnone' gefunden worden ist.

Grotta della Sibilla
: Auf halbem Wege vom Kap zur Porta Nuova steht rechts etwas abseits die Kirche San Giovanni Battista, von der man in die sog. Grotta della Sibilla (römisches Mosaik) hinabsteigt.

Mozia

Lage
ca. 10 km nördlich
: Auf der Insel San Pantaleo liegen die Ruinen der punischen Stadt Mozia, die im 8. Jh. v.Chr. gegründet und im Jahre 397 v.Chr. zerstört wurde. Erhalten sind eine Stadtmauer mit Türmen und Toren, ein Heiligtum mit einem Altar und eine Nekropole.

Meran / Merano   F 2

Region: Trentino–Südtirol/Trentino–Alto Adige
Provinz: Bozen/Bolzano
Höhe: 324 m ü.d.M.
Einwohnerzahl: 35 000

Meran

Meran liegt in einer Talweitung, in der die Etsch (Adige) die aus dem Passeiertal kommende Passer (Passirio) aufnimmt und dann nach Süden schwenkt. Es ist der bedeutendste heilklimatische Kurort an der Südseite der Ostalpen (Hauptsaison im Frühjahr sowie im Herbst zur Traubenkur); es gibt ein Thermalbad mit radonhaltigen Quellen.

Lage und Allgemeines

Meran unterstand seit 1233 den Grafen von Tirol, ab 1310 einschließlich dem Passeiertal und dem Ultental als Burggrafenamt. Von 1317 bis 1420 war es die Hauptstadt von Tirol.

Geschichte

Sehenswertes

An der Südwestecke der Altstadt liegt unweit vom rechten Ufer der Passer der Theaterplatz, der Verkehrsmittelpunkt von Meran. Dort steht das Stadttheater, das 1899–1900 von Martin Dülfer erbaut wurde.

Theaterplatz

Von dem Platz zieht die Freiheitsstraße westlich zum Bahnhof, östlich am Kurhaus vorbei zum Sandplatz. Vom Theaterplatz führt nördlich der verkehrsreiche Rennweg, der die westliche Grenze der Altstadt bildet, über den Kornplatz zum Vinschgauer Tor.

Am Kornplatz beginnt rechts die lädenreiche, die Altstadt durchziehende altertümliche Laubengasse, deren Bogengänge südlich 'Wasserlauben', nördlich 'Berglauben' heißen. In der Mitte der Berglauben steht das Rathaus (1928–1932).

Laubengasse

Einige Schritte hinter dem Rathaus erreicht man die um 1480 erbaute Landesfürstliche Burg; im Inneren sind historische Möbel und eine Musikinstrumentensammlung zu sehen.

Landesfürstliche Burg

Meran

Das Meraner Kurhaus zeigt Tradition in neuem Glanz

Städtisches Museum
: Unweit nordwestlich der Burg befindet sich an der Galileistraße (Nr. 43) das Städtische Museum. Dort werden prähistorische und stadtgeschichtliche Funde, mittelalterliche Skulpturen und neuere Bilder gezeigt.

St. Nikolaus
: Die Laubengasse mündet östlich auf den Pfarrplatz mit der gotischen Pfarrkirche St. Nikolaus (14./15. Jh.), deren Glockenturm das Stadtbild beherrscht.
Von St. Nikolaus gelangt man südlich durch das alte Bozner Tor zum Sandplatz.

Untermais Kurzentrum Salvar
: Am linken Ufer der Passer liegt der Stadtteil Untermais (Maia Bassa), den man vom Sandplatz über die Reichsbrücke erreicht. Gleich jenseits der Brücke steht die spätgotische Spitalkirche zum Hl. Geist (15. Jh.). Unweit westlich der Kirche kommt man zum Kurzentrum Salvar (1971), zu dem ein mit radonhaltigem Thermalwasser (30–35° C) gespeistes Hallenbad, ein Freibad, eine Sauna, ein Kurmittelhaus und andere Kureinrichtungen gehören, ferner ein Restaurant und ein Kongreßzentrum.

Obermais
: Von der Spitalkirche führt die Cavour-Straße östlich hinauf zu dem vornehmen Villenort Obermais (Maia Alta). Dort findet man zahlreiche alte Edelsitze – so die Schlösser Trautmannsdorf, Rametz (Weingut), Labers (Hotel), Rundegg (Hotel), Planta (Pension) und Goyen.

Kurpromenade
: Am rechten Ufer der Passer erstrecken sich die auf dem breiten Passerdamm angelegten Kurpromenaden. Mittelpunkt des Kurlebens ist die Obere Kurpromenade mit dem Kurhaus (1907). Westlich schließt sich die Untere Kurpromenade mit der evangelischen Christuskirche (1885) an, östlich die geschützte Winterpromenade mit einer Wandelhalle.

Sommerpromenade
: Oberhalb der Reichsbrücke beginnt die am linken Ufer der Passer aufwärts ziehende Sommerpromenade, die durch den Tappeinersteg mit der Win-

Meran

terpromenade am rechten Ufer verbunden ist. Die Promenaden erstrecken sich flußaufwärts bis zum Steinernen Steg (1616) und weiter am rechten Ufer in der Gilf-Promenade bis zur Passerschlucht unter der Zenoburg.

Sommerpromenade (Fortsetzung)

Vom Steinernen Steg und von der Gilf-Promenade gelangt man zum Tappeinerweg, benannt nach dem Meraner Kurarzt Dr. Franz Tappeiner; der Weg beginnt bei dem mittelalterlichen Pulverturm. Es ist eine 4 km lange Höhenpromenade etwa 150 m über der Stadt (herrliche Ausblicke, am schönsten beim 'Pulverturm') am Abhang des Küchelberges (Monte Benedetto, 531 m). Auf diesen führt auch eine unweit der Landesfürstlichen Burg (s. S. 351) beginnende Sesselbahn (es empfiehlt sich, mit der Bahn hinaufzufahren und zu Fuß zurückzugehen).

*Tappeinerweg

Vom Küchelberg verläuft ein Fußweg (etwa 30 Min.) nach Dorf Tirol.

*Schloß Tirol

Vom Passeirer Tor führt eine 4 km lange gute Straße zunächst nordöstlich an der Gilf-Promenade entlang und an der Zenoburg (12./13. Jh.) vorbei, dann nordwestlich am Küchelberg hinauf nach Dorf Tirol (1596 m; Schwebebahn zur Hochmut, 1350 m).

Von dort gelangt man (25 Min.) oberhalb der Brunnenburg vorüber und durch das 52 m lange Knappenloch zum Schloß Tirol (647 m; 12. Jh.), das im 12. und 13. Jh. Sitz der 1253 ausgestorbenen Grafen von Tirol war und dem Land seinen Namen gab. Heute ist in dem Schloß das Landesmuseum mit einer Archäologischen Abteilung untergebracht.

Westlich vom Schloß Tirol (30 Min.) liegt Schloß Thurnstein (551 m; schöne Aussicht), etwas unterhalb die 1904 erneuerte Brunnenburg.

Schloß Thurnstein

Blick auf den Küchelberg und Meran

Meran

Schenna / Scena

*Schloß

Rund 3,5 km nördlich von Obermais thront über der Mündung des Passeiertals bei dem Dorf Schenna das gleichnamige Schloß (früher Schönna; 596 m; 14.–16. Jh.); von oben bietet sich eine schöne Aussicht. Im Inneren des Schlosses (Eintrittsgebühr) befinden sich u.a. ein Waffensaal, Renaissancemöbel, Fürstenporträts und die Wiege Andreas Hofers.

Pfarrkirche
St. Johann
(Mausoleum)

In Schenna selbst steht die burgartige Pfarrkirche (1914–1931; anstoßend die alte gotische Kirche), daneben die kleine neugotische Pfarrkirche St. Johann (1869) mit der Gruft des Erzherzogs Johann von Österreich (1782–1859) und seiner Gemahlin Anna. Der Bau gilt als bestes Werk der Neugotik in Südtirol.

Schennaberg

Rund 2 km nordöstlich von Schenna führt eine Schwebebahn auf den Schennaberg (Taser; 1460 m).

Hafling / Avelengo

Von Obermais führt eine Straße südöstlich zu dem Dorf Hafling (1298 m), das wegen seiner Pferdezucht berühmt ist.

*Meran 2000

Nordöstlich von Hafling wurde durch den Bau mehrerer Bergbahnen das ausgedehnte Skigebiet Meran 2000 erschlossen: Von dem Ortsteil Falzeben (1610 m), zu dem von Hafling eine 6 km lange Straße führt, fährt beim Gasthof Alpenrose eine Sesselbahn nordöstlich hinauf zum Pifinger Köpfl (1905 m), das man auch aus dem Naiftal (Talstation 4 km östlich von Meran) mit einer Schwebebahn erreicht. Vom Pifinger Köpfl Gondelbahn zur Kirchsteiger Alm (1938 m); von hier Sesselbahnen nordöstlich zum Kesselwand-Joch (2265 m; im Winter Skilift), südöstlich zum Mittager (2234 m).

Von Meran auf das Vigiljoch

Marling

Die Straße führt von Untermais am Rennplatz vorbei, dann über die Etsch und am Westrand des breiten Etschtals entlang. Rechts auf dem Hang liegt das Dorf Marling (Marlengo; 370 m), von dem ein 'Waalweg', ein dem auf halber Höhe verlaufenden Bewässerungskanal folgender Fußweg, nach Töll bzw. unterhalb von Schloß Lebenberg (Sa.–Do. Besichtigung) vorüber nach Oberlana führt.

Lana

Nach 8 km erreicht man Oberlana (Lana di Sopra; 299 m), den nördlichsten Teil der großen Siedlung Lana (7000 Einw.), an der Mündung des Ultentales (Stauseen), das zu einem ruhigen Aufenthalt im Sommer und Winter gern besucht wird.
Von Oberlana fährt eine Schwebebahn (7 Min.) zu der Bergstation beim Hotel Station Vigiljoch (1486 m), wo sich eine herrliche Aussicht über das Etschtal und auf die Dolomiten bietet.
Von der Bergstation gelangt man entweder mit der Sesselbahn (15 Min.) auf den Larchbühel (1824 m) oder zu Fuß auf einem Serpentinenweg (1 Std.) zum Gasthof Jocher, wenige Minuten unterhalb des alten Jocher-Kirchleins auf dem Vigiljoch (1795 m); schöner Blick auf den Vinschgau, die Ötztaler Alpen und die Texelgruppe.

Niederlana

Von Oberlana gelangt man 2 km südlich über Mitterlana (Lana di Mezzo) nach Niederlana (Lana di Sotto); in der Pfarrkirche ein reich vergoldeter gotischer Schnitzaltar (1503–1511) von dem Meraner Hans Schnatterpeck, der größte in Tirol (nur mit Führung ab 10 Uhr); beachtenswert ferner die alte romanische Kirche St. Margareten.

Messina

K 19

Region: Sizilien/Sicilia
Provinz: Messina
Höhe: 5 m ü.d.M.
Einwohnerzahl: 266 000

Die Hafenstadt Messina, Hauptort der gleichnamigen Provinz und Sitz eines Erzbischofs, liegt nahe der Nordostspitze der Insel Sizilien, die hier durch die Meerenge der Straße von Messina vom italienischen Festland getrennt ist. Die westlichen Stadtteile erstrecken sich entlang den Vorhöhen der Peloritanischen Berge. — Lage

Nach dem Erdbeben von 1908, bei dem 60 000 Menschen starben und rund 90 % der Häuser der Zerstörung anheim fielen, wurde Messina mit breiten Straßenzügen neu aufgebaut.

Messina wurde um 730 v.Chr. von griechischen Kolonisten an der Stelle einer Sikulerstadt gegründet und nach der Form des Hafens Zankle ('Sichel') genannt. Um 493 v.Chr. erhielt die Stadt nach der Besetzung durch griechische Flüchtlinge den Namen 'Messana'. Nach der Zerstörung durch die Karthager im Jahre 396 v.Chr. und dem Wiederaufbau wurde Messina 264 v.Chr. römisch. Im Jahre 843 n.Chr. eroberten Sarazenen und 1061 Normannen die Stadt. Letztere brachten ihr eine langanhaltende Blüte, die noch bis in die Zeit der spanischen Herrschaft im 17. Jh. fortdauerte. Innere Zwistigkeiten, vor allem aber der Konkurrenzkampf mit Palermo bewirkten danach den raschen Niedergang, der durch Pest (1740) und schwere Erdbeben (u.a. 1783) noch beschleunigt wurde. — Geschichte
Die verkehrsgünstige Lage an einer der wichtigsten Schiffahrtsstraßen des Mittelmeers förderte jedoch besonders in neuerer Zeit den Wiederaufstieg der Stadt.

Messina

Sehenswertes

Hafenbahnhof
Viale San Martino

Vom Hafenbahnhof an der Südseite des Hafens gelangt man westlich zum Nordende des Viale San Martino, der als Hauptstraße den südlichen Teil der Stadt durchzieht. Nach 400 m überquert er die baumbestandene Piazza Cairoli, den Verkehrsmittelpunkt der Stadt; rund 1,5 km südlich mündet der Viale San Martino auf die ausgedehnte Piazza Dante.

Camposanto

An der Westseite des Platzes liegt an einem Hang der 1865–1872 geschaffene Camposanto (oder Cimitero), einer der schönsten Friedhöfe Italiens. Auf der Anhöhe steht eine ionische Säulenhalle, das Pantheon verdienter Einwohner der Stadt; dort gibt es auch eine Abteilung für deutsche Gefallene des Zweiten Weltkriegs. Von oben bietet sich eine weite Sicht auf die Stadt und die Meerenge.

Dom

Von der Piazza Cairoli gelangt man nördlich durch den breiten Corso Garibaldi und nach 1,5 km links durch die Via I Settembre zu der weiten Piazza del Duomo, dem Mittelpunkt der ehem. Altstadt, mit dem reich geschmückten Orionbrunnen, den Michelangelos Schüler Giovanni Angelo Montorsoli 1547–1551 geschaffen hat. An der Ostseite des Platzes steht der das ganze Stadtbild beherrschende Dom. Die Kirche, ursprünglich von Roger II. im 12. Jh. errichtet, wurde 1919/1920 nach dem Vorbild des 1908 zerstörten Gotteshauses unter Verwendung der alten Architekturteile wiederaufgebaut und nach einem Brand im Jahre 1943 abermals rekonstruiert. Die Apsis des 93 m langen Innenraumes schmückt ein schönes Mosaik, die Nachbildung des aus dem 13. Jh. stammenden, 1943 zerstörten Originals. Neben der Kirche der 60 m hohe Glockenturm (1933), an dessen Hauptseite sich eine kunstvolle astronomische Uhr mit zahlreichen beweglichen Figuren befindet (der Löwe, oben, brüllt mittags um 12 Uhr; der Hahn darunter kräht). Sie ist das Werk des Straßburger Uhrmachers Ungerer.

Blick auf die Straße von Messina

Messina

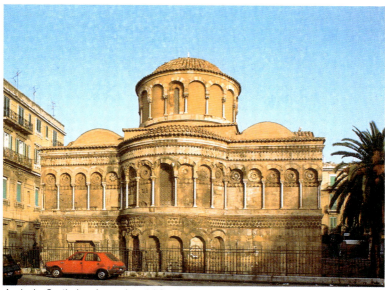

Apsis der Santissima Annunziata dei Catalani

Unweit südöstlich vom Dom liegt am Corso Garibaldi die schöne romanische Kirche Santissima Annunziata dei Catalani (12. Jh.), die von Normannen erbaut wurde. Neben der Kirche sieht man das Bronzestandbild des spanischen Helden Don Juan d'Austria (Sohn Kaiser Karls V.), unter dem Spanier und Venezianer in der Seeschlacht von Lepanto (1571) die Türken besiegten.

Santissima Annunziata dei Catalani

Nordwestlich vom Dom die runde Piazza Antonello mit dem Palazzo Municipale, dem Rathaus und der Hauptpost.

Piazza Antonello

Von der Piazza Antonello gelangt man nördlich durch den Corso Cavour – am Teatro Vittorio Emanuele vorbei – zur Villa Mazzini, einem Stadtgarten mit einem Aquarium; an der Nordseite der Palazzo del Governo (Präfektur). Unweit westlich vom Stadtgarten steht die Kirche San Francesco d'Assisi (urspr. 1254; rekonstruiert).

Villa Mazzini

Von der Nordostecke des Stadtgartens führt der Viale della Libertà nördlich, am Messegelände (Fiera di Messina) vorbei und am Meer entlang, zum Regionalmuseum (Museo Regionale), das u.a. die 1908 aus dem Stadtmuseum geborgenen Bestände sowie Plastiken und Gemälde aus fast hundert ebenfalls verwüsteten Kirchen der Stadt zeigt. Beachtung verdienen besonders in Saal IV das "Triptychon des hl. Gregor" von Antonello da Messina (1479; 1908 schwer beschädigt), dessen Mittelbild eine thronende Madonna zeigt, ferner zwei Skulpturen von G. Montorsoli (16. Jh.), die Neptun und Scylla darstellen, ein Seeungeheuer der Mythologie, das die Schiffbrüchigen verschlungen haben soll.

* Museo Regionale

Sehr lohnend ist es, die Stadt auf der westlich oberhalb unter verschiedenen Namen verlaufenden Circonvallazione a monte zu umfahren, vorbei an der Wallfahrtskirche Santuario di Montalto und an der modernen Kirche Cristo Re.

Circonvallazione a monte

Modena

Torre di Faro bei Messina

Lage
15 km nordöstlich

Von Messina verläuft die Route auf der Küstenstraße nordöstlich, zwischen Villen und Gärten, an den beiden 'Pantani' (pantano=Sumpf) genannten Salzseen (auch Laghi di Ganzirri) vorüber, zu dem 15 km entfernten Dorf Torre di Faro, das auf der Nordostspitze Siziliens, der Punta del Faro, liegt. Vom Leuchtturm bietet sich eine schöne Aussicht.

Rundfahrt

Von Torre di Faro fährt man weiter auf der Fortsetzung der Küstenstraße, die um das nördlichste Kap Siziliens herumführt, und über den Colle San Rizzo (465 m) zurück nach Messina.

Modena E 6

Region: Emilia-Romagna
Provinz: Modena
Höhe: 34 m ü.d.M.
Einwohnerzahl: 178 000

Lage und
Allgemeines

Modena, Hauptstadt der gleichnamigen Provinz, ist eine der wichtigsten Städte der Region Emilia-Romagna – nicht nur als Handels- und Industriezentrum, sondern auch durch ihre Universität. Sie liegt am südlichen Rand der Oberitalienischen Tiefebene. Das Stadtbild von Modena bestimmen breite Straßen und großzügige Plätze.

Geschichte

Die ursprünglich den keltischen Bojern gehörende Stadt war seit 183 v. Chr. unter dem Namen 'Mutina' eine römische Kolonie an der alten Via Aemilia. Im 12. und 13. Jh. Mitglied des lombardischen Städtebundes, kam die Stadt 1288 an die Familie Este aus Ferrara, die 1452 den Herzogtitel für Modena erhielt und bis 1796 die Stadtherrschaft ausübte.

Sehenswertes im Zentrum

*Dom

Das herausragende Bauwerk von Modena ist der stattliche romanische Dom, der ab 1099 als dreischiffige Basilika erbaut wurde. An seiner dem Corso Duomo zugewandten Eingangsseite beachte man nicht nur die prächtige gotische Fensterrose (13. Jh.) und die marmornen Löwen, auf denen die Stützen des Portikus ruhen, sondern auch die vier in der Höhe versetzten Reliefs zuseiten des Hauptportals bzw. über den Seitenportalen, die ein Meister namens Wiligelmus im 12. Jh. für den Dom geschaffen hatte. Sie gehören zu den frühesten romanischen Skulpturen in Italien und stellen Stationen der Menschheitsgeschichte dar. Im Innern verdienen vor allem der Lettner, der den stark erhöhten Chor abschließt (13. Jh.) und die skulpturengeschmückte Kanzel Beachtung. Unter dem Chor, fast ebenerdig mit dem Langhaus, die gewölbte Krypta. Die dortige farbige Terrakotta-Skulptur "Anbetung des Kindes" von Guido Mazzoni (nach 1480) ist ein regionaltypisches Kunstwerk.

*Torre Ghirlandina

Den Dom überragt die von einem Spitzhelm bekrönte Torre Ghirlandina (1100–1319). Mit seiner stolzen Höhe von 88 m ist der reich verzierte Campanile einer der schönsten seiner Art in Norditalien.

Dommuseum

Ebenfalls an der Nordseite des Domes befindet sich das Dommuseum (Museo Lapidario del Duomo). Bedeutendste Stücke dieses Museums sind die romanischen Metopen, Reliefs, die früher die Strebepfeiler des Domes schmückten.

Via Emilia

Die alte Via Emilia, heute eine belebte Flaniermeile mit schönen Laubengängen, durchquert nördlich des Domes die Altstadt von Modena. Biegt man vom Dom aus nach links in die Via Emilia ein, dann öffnet sich schon nach wenigen Metern rechts die Piazza Matteotti mit der Kirche San Giovanni Battista. Im Innern des schlichten Kuppelbaus (1730) gefällt links neben dem Hochaltar die schön bemalte Tongruppe "Beweinung Christi" von Guido Mazzoni (1477–1480).

San Giovanni Battista

Nach etwa 200 m folgt auf der linken Seite der Via Emilia die Barockkirche Sant' Agostino. Neben dem Eingang rechts beachte man eine weitere "Beweinung Christi", ein Frühwerk von Antonio Begarelli, dem bedeutendsten Renaissance-Bildhauer in der Emilia.

Sant' Agostino

Palazzo dei Musei

An die Kirche schließt sich der 1753 erbaute Palazzo dei Musei an, der seit 1883 die Biblioteca Estense und die Galleria Estense (s. u.) sowie weitere Sammlungen beherbergt, u. a. das Museo Lapidario mit römischen Grabsteinen und Sarkophagen sowie Skulpturen von der Antike bis in die Neuzeit, das Museo Civico del Risorgimento (Erinnerungen an die Freiheitskämpfe des 19. Jh.s), das Museo Civico (archäologische und ethnografische Sammlung) und das Museo Estense (Medaillons, Plastiken aus Terrakotta, Statuetten, Porzellan, Musikinstrumente u. a.).

Die Biblioteca Estense gehört mit ihrem reichen Bestand an kostbaren Handschriften zu den bedeutendsten Bibliotheken Italiens. Besonders herausragende Spitzenstücke wie die berühmte, mit herrlichen Miniaturmalereien illustrierte Bibel des Borso d'Este aus dem 15. Jh. kann der Besucher in einer Ausstellung bewundern.

*Biblioteca Estense

Die Herzöge d'Este legten im 15. und 16. Jh. den Grundstock für diese reichhaltige und qualitätvolle Kunstsammlung. Einen hervorragenden Ruf genießt vor allem die Gemäldegalerie mit Werken der italienischen Malerei vom 14. bis zum 18. Jahrhundert. Der Schwerpunkt der Gemäldesammlung liegt auf der Malerei des 16. Jh.s, die neben den heimischen Meistern (z. B. Nicolò dell' Abbate) auch mit berühmten Namen wie Correggio, Dosso Dossi, Tizian, Tintoretto, Guercino und Veronese aufwarten kann. Das 17. Jh. ist u. a. durch die Brüder Carracci, Guercino, Salvator Rosa und Guido Reni vertreten. Von Herzog Francesco I. d'Este besitzt die Galerie zwei berühmte Porträts: das gemalte Bildnis von Velazquez und die Porträtbüste von Gian Lorenzo Bernini.

*Galleria Estense

Nördliche Altstadt

Im Norden der Altstadt, etwa 500 m nordöstlich des Doms, erhebt sich an der Piazza Roma der mächtige Palazzo Ducale, der im Jahre 1634 nach Plänen des römischen Architekten Bartolomeo Avanzini begonnen und erst im 19. Jh. vollendet wurde (kein Zutritt, da Militärakademie). Der Bau, ein hervorragendes Beispiel der Profanarchitektur des 17. Jh.s, wirkt vor allem durch seine enormen Ausmaße. Die Statuen auf der Balustrade verkörpern Tugenden und mythologische Gestalten.

Palazzo Ducale

Nordöstlich des Palastes liegt der ehemalige Schloßgarten, heute ein öffentlicher Park mit botanischem Garten. Die dortige kleine Villa, im 17. Jh. nach dem Entwurf des Architekten Gaspare Vigarini für die Herzöge von Este erbaut, wird heute für Ausstellungen genutzt.

Giardini Pubblici

Umgebung von Modena

18 km nördlich von Modena, an der S.S. 413, liegt die hübsche Stadt Carpi (28 m ü.d.M.; 60000 Einw.), die unter der annähernd 200jährigen Herrschaft (1327–1525) der Herzogsfamilie Pio eine lange Blütezeit erlebte. An der weiten Piazza dei Martiri im Zentrum von Carpi ließen sie sich ihre Residenz bauen (14.–16. Jh.; im 19. Jh. restauriert). Im Obergeschoß des

Carpi

Molise

Modena, Carpi (Fortsetzung)

Schlosses kann man neben einigen freskengeschmückten Renaissanceräumen auch das Museo Civico (Stadtmuseum) besichtigen; im zweiten Schloßhof wurde eine kleine Gedenkstätte für die Opfer des Zweiten Weltkriegs errichtet. Die dem Schloß gegenüberliegende Platzseite wird fast in ihrer ganzen Länge von einem 210 m langen Laubengang gefaßt. An der nördlichen Schmalseite des Platzes erblickt man die barocke Fassade (1667) des Doms, der ab 1514 nach Plänen von Baldassare Peruzzi entstand. Der alte, 751 gegründete Dom, 'la Sagra', steht hinter dem Schloß und wird von einem schönen romanischen Glockenturm überragt. Im Innern des Gotteshauses sind sehenswerte Fresken des 13. bis 15. Jh.s erhalten.

*Abtei von Nonantola

Nonantola (24 m ü.d.M.; 11 000 Einw.), etwa 10 km nördlich von Modena gelegen, lohnt wegen der berühmten, im 8. Jh. gegründeten Abtei (Abbazia di Nonantola) einen Besuch. Das im Mittelalter mächtige und vor allem kulturell bedeutsame Kloster wurde mehrfach geplündert und zerstört. Die heutige Kirche, eine romanische Backsteinbasilika, entstand zu Beginn des 12. Jh.s nach einem Erdbeben. An der schlichten Fassade verdient das Portal mit seinen rahmenden Reliefs Beachtung; eindrucksvoller ist die Ostpartie des Gotteshauses mit den drei blendbogenverzierten Apsiden. Der Innenraum wurde bei der purifizierenden Restaurierung 1917 stark verändert. Sehenswert ist die große, dreischiffige Krypta, deren Gewölbe auf 64 Säulen mit reichem Kapitellschmuck ruht.
Zum Kirchenschatz gehören Handschriften mit Miniaturen und Goldschmiedearbeiten.

Molise   J–K 12–13

Region: Molise
Provinzen: Campobasso und Isernia
Fläche: 4438 km²
Einwohnerzahl: 333 000

Lage und Allgemeines

Die Region Molise, eine der ärmsten und abgeschiedensten Landschaften Italiens, liegt im östlichen Mittelitalien, im Bereich des hier Neapolitanischer Apennin (Apennino Napolitano) genannten Gebirgsabschnittes. Im Norden von der Region Abruzzen begrenzt, mit der sie durch historische und kulturelle Tradition verbunden bis 1963 die gemeinsame Verwaltungseinheit Abruzzo e Molise bildete, reicht die Molise von den karstigen Höhen der Monti del Matese (Monte Miletto, 2050 m) im Südwesten bis zum Rand der weiten Apulischen Ebene im Osten und hinab zur Adria im Nordosten. Die Bevölkerung lebt von Land- und Weidewirtschaft.

Bemerkenswertes

Campobasso

Wichtigster Ort der Region ist Campobasso (701 m; 50 000 Einw.), Hauptstadt der gleichnamigen Provinz und Sitz eines Erzbischofs. Über der Stadt steht die Ruine des Kastells Monforte (16. Jh.; Aussicht). Sehenswert ist auch die romanische Kirche San Bartolomeo. Im Palazzo Mazzarotta wurde vor kurzem das Museo Provinciale Sannitico (Samnitisches Provinzmuseum) eröffnet.

Sepino Saepinum

Südlich von Campobasso liegt nahe der Grenze nach Apulien der Ort Sepino (698 m). Etwa 3 km nördlich befinden sich die Reste der alten römischen Stadt Saepinum; dort wurden unter anderem ein Theater, eine Basilika, das Forum, die Thermen und die Stadtmauer mit vier Toren freigelegt.

Isernia

Isernia (423 m; 21 000 Einw.), die Hauptstadt der zweiten Provinz des Molise, ist Sitz eines Bischofs.

Südlich außerhalb der Stadt wurde 1979 eine große altsteinzeitliche Siedlung ('Villaggio Paleolitico Homo Aeserniensis') freigelegt, die vor rund einer Million Jahren entstanden ist. Das Gelände kann besichtigt werden; im Museo Nazionale della Pentria sind Fossilien, Werkzeug und geologische Funde ausgestellt.

Molise (Fortsetzung), Ausgrabungen

Rund 20 km nordwestlich von Isernia liegt im Volturno-Tal die Ruine des um 700 gegründeten und 880 von den Sarazenen zerstörten Klosters Abbazia di San Vincenzo; erhalten blieb die mit schönen Fresken (9. Jh.) geschmückte Krypta.

Abbazia di San Vincenzo

Bei Pietrabbondante, 30 km nordöstlich von Isernia, gibt es samnitische Ausgrabungen, darunter ein Theater und einen Tempel.

Pietrabbondante

Montecassino (Abbazia di Montecassino) H 12

Region: Latium/Lazio
Provinz: Frosinone
Höhe: 519 m ü.d.M.

Das Kloster Montecassino, im Jahre 529 von Benedikt von Nursia gegründet, gilt als die Wiege der abendländischen Mönchsorden. Es liegt oberhalb der Stadt Cassino im Süden von Latium, etwa 110 km südöstlich von Rom. Cassino entstand aus dem antiken 'Casinum'. Im Zweiten Weltkrieg hart umkämpft und völlig zerstört, wurde es etwas weiter südlich neu aufgebaut und zählt heute etwa 20000 Einwohner.

Lage und *Bedeutung

Etwa 3 km nördlich von Cassino liegt auf dem Colle Marino ein deutscher Soldatenfriedhof, auf dem 20 051 Gefallene beigesetzt sind.

Soldatenfriedhof

Eine 9 km lange Straße führt vom Westrand der Stadt Cassino in Kehren zum Kloster Montecassino hinauf. Auf dem Weg dorthin sieht man wenige Meter außerhalb der Stadt links der Straße das Grabungsgelände mit den Resten des antiken Casinum, von dem u. a. die gewaltigen Trümmer eines Amphitheaters, eines römischen Mausoleums sowie ein römisches Theater erhalten sind. Bei der nächsten Straßenkehre rechts die Ruine der 949–986 errichteten Rocca lanula (193 m).
Vor dem Kloster rechts die Zufahrt zu einem polnischen Soldatenfriedhof mit über 1000 Gräbern. Ferner befinden sich dort vorrömische Polygonalmauern aus dem 4. und 3. vorchristlichen Jahrhundert.

Grabungsgelände

*Kloster Montecassino

Auf dem Gipfel des Berges (519 m) erhebt sich das Mutterkloster des Benediktinerordens, im Jahre 529 vom hl. Benedikt von Nursia gegründet und als Hort der Wissenschaften berühmt. Im Zweiten Weltkrieg war das Bergmassiv von Montecassino von Oktober 1943 bis Mai 1944 Eckpfeiler der deutschen Front. Am 15. Februar 1944 wurde das Kloster von den Alliierten durch einen Luftangriff fast ganz zerstört, obgleich es, wie ausdrücklich bekanntgegeben, von Truppen frei war. Danach hat man es in seiner alten Form wiederaufgebaut. Vom ursprünglichen Bau stammen nur die von der Beuroner Kunstschule 1898–1913 ausgemalte Krypta und die Gräber des hl. Benedikt und seiner Zwillingsschwester, der hl. Scholastika. Die Bestände der wertvollen Bibliothek (etwa 80 000 Bände) und des Archivs sowie zahlreiche Gemälde wurden während der Kämpfe in den Vatikan überführt.

Direkt neben der Klosterkirche ist seit 1980 das Klostermuseum untergebracht, das römische und etruskische Funde, mittelalterliche Handschrif-

Klostermuseum

Auf dem Montecassino liegt eine berühmte Benediktinerabtei

Klostermuseum (Fortsetzung) ten, Zeichnungen und Stiche mit Ansichten des Klosters sowie Gemälde und Plastiken aus unterschiedlichen Epochen bewahrt.

Monte Calvario Oberhalb des Klosters ragt der von einem polnischen Kriegerdenkmal gekrönte Gipfel des Monte Calvario (593 m) empor. Von hier oben genießt man einen herrlichen Blick.

Montecatini Terme   E 8

Region: Toskana/Toscana
Provinz: Pistoia
Höhe: 27 m ü.d.M.
Einwohnerzahl: 22 000

Lage und Allgemeines Das berühmte Heilbad Montecatini Terme liegt im Nordwesten der Toskana – etwa 30 km östlich von Lucca – im fruchtbaren, während der Sommermonate heißen Nievole-Tal (Val di Nievole). Es ist der bedeutendste Kurort des Landes. Das ganze Jahr über – Hochsaison im Juli und August – wird die Stadt von Kurgästen, namentlich von Italienern besucht. Das schwefel- und natriumhaltige Wasser der schon seit dem 14. Jh. benutzten Bäder und Trinkquellen (19–25° C) dient zur Linderung von Gallen- und Leberleiden sowie von Magen- und Darmerkrankungen.

*Kurbezirk

Piazza del Popolo Ortsmittelpunkt ist die Piazza del Popolo, an der die moderne Kirche Santa Maria Assunta steht; unweit nordwestlich befindet sich der stattliche Kursaal.

Montecatini Terme

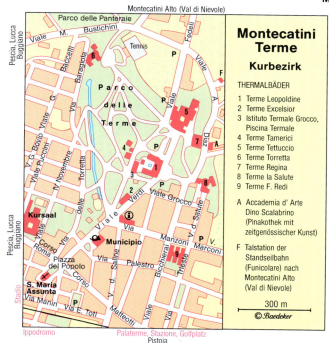

Montecatini Terme

Kurbezirk

THERMALBÄDER

1 Terme Leopoldine
2 Terme Excelsior
3 Istituto Termale Grocco, Piscina Termale
4 Terme Tamerici
5 Terme Tettuccio
6 Terme Torretta
7 Terme Regina
8 Terme la Salute
9 Terme F. Redi

A Accademia d'Arte Dino Scalabrino (Pinakothek mit zeitgenössischer Kunst)

F Talstation der Standseilbahn (Funicolare) nach Montecatini Alto (Val di Nievole)

300 m
© Baedeker

Von der Piazza del Popolo zieht der breite Viale Verdi nordostwärts zum Kurviertel. Am Rande des großen Kurparks liegen mehrere Thermalbäder: zunächst links das 1915 erbaute und 1968 erweiterte 'Stabilimento Excelsior', dann die klassizistischen 'Terme Leopoldine' (1775; 1927 umgebaut) und das 'Stabilimento Tamerici'; weiterhin am Ende der Straße das 'Stabilimento Tettuccio' (1927), ein großzügiger Bau mit schönen Kolonnaden. In unmittelbarer Nähe das 'Stabilimento Regina' an der Viale A. Diaz; gegenüber von diesem steht die Accademia d'Arte (Kunstakademie) mit einem kleinen Museum. Nordwestlich vom 'Stabilimento Tettuccio' die kleineren Häuser 'Torretta' und 'Rinfresco'. An der Nordostecke des Kurparks befindet sich die Talstation der Standseilbahn nach Montecatini Alto (s. unten).

Kurbezirk (Fortsetzung)

Rund 5 km nordöstlich und 260 m über dem Thermalbad liegt auf einem Hügel der altertümliche Ort Montecatini Val di Nievole (meist Montecatini Alto genannt), den man entweder mit der Standseilbahn von Montecatini Terme oder auf der Straße erreicht. Von dem einstigen Schloß in Montecatini Alto sind nur Reste erhalten.

Montecatini Alto (Montecatini Val di Nievole)

An der Zufahrtsstraße vom Thermalbad aus befindet sich der Eingang zur Grotta Maona, einer im 19. Jh. entdeckten Tropfsteinhöhle.

Grotta Maona

*Parco di Pinocchio

Nordwestlich von Montecatini Terme liegt bei dem Dorf Collodi der Parco di Pinocchio. Zwischen Feen- und Spielpark steht dort das 1956 errichtete Denkmal für die Märchenfigur Pinocchio, deren Abenteuer, von dem aus

Lage
14 km nordwestlich

Montepulciano

Alte Pracht im Kurbezirk von Montecatini Terme

Montecatini Terme (Fortsetzung)
Florenz stammenden und in Collodi aufgewachsenen Schriftsteller Carlo Collodi (eigentlich Carlo Lorenzini) beschrieben, in aller Welt bekannt sind.

Monte Gargano

→ Foggia

Montepulciano   F 9

Region: Toskana/Toscana
Provinz: Siena
Höhe: 605 m ü.d.M.
Einwohnerzahl: 14 000

Lage und Allgemeines
Die ummauerte kleine Stadt Montepulciano liegt im Osten der Toskana auf einer Bergkuppe, annähernd 70 km südöstlich von Siena und 20 km westlich vom bereits zur Region Umbrien gehörenden Trasimenischen See (Lago Trasimeno). Mit seinen Baudenkmälern aus der Zeit der Gotik und der Renaissance bietet Montepulciano eines der reizvollsten Stadtbilder in Mittelitalien.

Bemerkenswertes

Dom
Den Mittelpunkt des städtischen Lebens bildet die Piazza Grande. An ihrer Südseite steht der Dom, 1570 von Bartolomeo Ammanati entworfen und 1630 von Ippolito Scalza bis auf die Fassade vollendet. Im Inneren befindet

Montepulciano

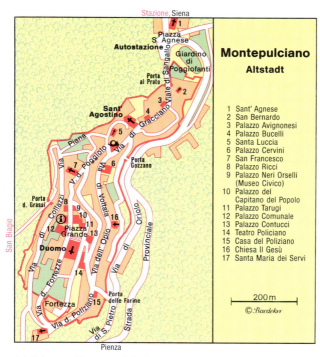

sich links vom Hauptportal die liegende Figur des Bartolomeo Aragazzi, des Sekretärs von Papst Martin V. (15. Jh.). Sie ist ein Teil des einst großartigen, 1427–1436 von Michelozzo di Bartolomeo ausgeführten Grabmals, das später zerlegt wurde. Einige Teile haben an anderer Stelle der Kirche einen Platz gefunden, viele gingen verloren. Hinter dem Hauptaltar ein schönes Triptychon von Taddeo di Bartolo ("Mariä Himmelfahrt"; 1401).

Dom (Fortsetzung)

Rechts vom Dom erhebt sich der Palazzo Comunale (Rathaus; 14. Jh.), ein wuchtiger Bau, von dessen Turm sich eine schöne Aussicht bietet.

Palazzo Comunale

Links vom Dom steht der Palazzo Contucci, 1519 von Antonio da Sangallo d.Ä. begonnen und von Peruzzi vollendet; innen sind Fresken von Andrea Pozzo (1642–1709) zu sehen.
Gegenüber dem Dom der Palazzo Tarugi, der schönste Renaissancepalast der Stadt; links daneben ein Brunnen von 1520.

Paläste

Nördlich der Piazza Grande liegt in der Via Ricci rechts der Palazzo Neri-Orselli (14. Jh.), in dem das Museo Civico (Städtisches Museum) untergebracht ist. Es enthält in erster Linie Gemälde aus Mittelalter und Renaissance, ferner einige Terrakotten von Andrea della Robbia.

Museo Civico

Unweit östlich der Piazza Grande verläuft die Via dell' Opio, die mit der sie nördlich fortsetzenden Via di Voltaia den von schönen Palästen und Kirchen gesäumten Hauptstraßenzug der Stadt bildet.

*Via dell' Opio
Via di Voltaia*

Am nördlichen Ende der Via di Voltaia steht rechts der Palazzo Cervini, erbaut von Antonio da Sangallo d.Ä. Der Palast wurde im Auftrag von Kar-

Palazzo Cervini

365

Montepulciano

San Biagio bei Montepulciano

Palazzo Cervini (Fortsetzung)
: dinal Marcello Cervini, dem späteren Papst Marcellus II., errichtet, blieb aber unvollendet.

Sant' Agostino
: Durch die Via di Gracciano erreicht man nördlich des Palazzo Cervini die Kirche Sant' Agostino, die eine von Michelozzo di Bartolomeo entworfene Renaissancefassade hat; im Inneren ein bemerkenswertes hölzernes Kruzifix (15. Jh.) und einige Gemälde, vor allem aus dem 16./17. Jahrhundert.

*San Biagio
: Gut 2 km südwestlich der Stadt erhebt sich eindrucksvoll am Ende einer langen Allee hoher Zypressen die Kirche San Biagio, ein unter dem Einfluß Bramantes stehender Zentralbau, 1518–1545 nach Plänen von Antonio da Sangallo d.Ä. als Wallfahrtskirche geschaffen. Die aus goldgelbem Travertin errichtete Kirche gilt als eines der schönsten Bauwerke der Renaissance.

Pienza

Lage
14 km westlich
: Westlich von Montepulciano liegt Pienza, benannt nach dem 1405 hier geborenen Enea Silvio Piccolomini, nachmals Papst Pius II., der den Ort mit herrlichen Bauten schmücken ließ, hauptsächlich nach Entwürfen des damals berühmtesten Florentiner Baumeisters Bernardo Gambarelli, genannt 'il Rossellino'.

*Piazza Pio II
: Die Piazza Pio II bietet mit ihren Bauten (15. Jh.) der italienischen Frührenaissance ein harmonisches Bild. An der Südseite des Platzes steht die Kathedrale. Im Inneren wertvolle Gemälde, u.a. von Matteo di Giovanni aus Siena und von Lorenzo Vecchietta, sowie schönes gotisches Chorgestühl; in der Krypta ein Taufbecken nach einem Entwurf von Rossellino. Rechts der Kathedrale der Bischöfliche Palast, südlich anstoßend das Kirchenmuseum (Tafelbilder, Chormantel Pius' II.). Nördlich gegenüber der Kathe-

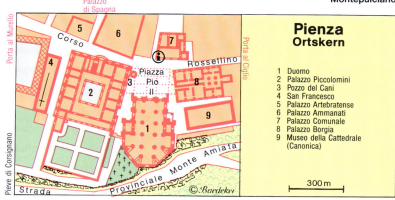

drale befinden sich der Palazzo Comunale (Rathaus) und der Palazzo Ammanati. Links vom Dom der Palazzo Piccolomini (Schauräume sowie Bibliothek und Münzkabinett; vom Dachgarten herrliche Aussicht).

Pienza (Fortsetzung)

Chiusi

Südöstlich von Montepulciano liegt über dem Chiana-Tal die mauerumgebene kleine Stadt Chiusi, das alte Chamars (Clevsin), eine der zwölf etruskischen Bundesstädte; um 500 v.Chr. war Chiusi ein gefährlicher Gegner Roms, im Mittelalter ist es durch Malaria verödet.

Lage
23 km südöstlich von Montepulciano

Blick in eines der berühmten Etruskergräber bei Chiusi

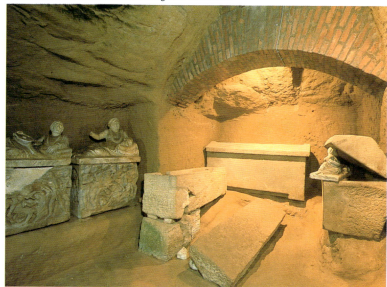

Neapel

Montepulciano,
Chiusi,
*Museo Nazionale Etrusco

Am Domplatz steht das Museo Nazionale Etrusco (Etruskisches Nationalmuseum), wo eine reiche Sammlung von Gegenständen aus den Gräbern der Umgebung gezeigt wird, u.a. Aschenurnen, Masken aus Bronzeblech oder Ton sowie Krüge.

Südlich gegenüber dem Museum erhebt sich der Dom (6. Jh.; im 12. Jh. umgebaut), eine überwiegend aus Resten antiker Bauten errichtete Basilika mit 18 alten Säulen. Bei einem Gang um die Stadt bieten sich weite Ausblicke.

*Etruskische Gräber

In der Umgebung von Chiusi liegen annähernd 400 sehenswerte etruskische Gräber. Einige von ihnen können besichtigt werden; Auskunft erteilt das Etruskische Nationalmuseum (s. oben).
An der Straße zum Lago di Chiusi liegt die Tomba della Scimmia ('Grab des Affen', nach einem Detail der Wandmalereien) aus dem frühen 5. Jh. v.Chr. Die bedeutenden Wandbilder zeigen Szenen der Totenfeier.

Neapel / Napoli   J 14

Region: Kampanien/Campania
Provinz: Neapel/Napoli
Höhe: 10 m ü.d.M.
Einwohnerzahl: 1 207 000

Lage und Allgemeines

Die süditalienische Hafenstadt Neapel, Hauptort der Region Kampanien und der Provinz Neapel, liegt am Nordrand des zum Tyrrhenischen Meer geöffneten Golfes von Neapel und zieht sich an den Hängen freundlicher Hügel hin. Neapel ist Sitz einer Universität und eines Erzbischofs.
Die Altstadt hat enge, oft treppenartige Gassen und hohe balkongezierte Häuser. Im Westen und Norden wird sie von ausgedehnten Villenvierteln gesäumt, während im Osten eine Industriezone liegt. In den Jahrzehnten nach dem Zweiten Weltkrieg hat das Stadtbild durch Anlage neuer Straßen und Neubauten, insbesondere am Hafen im Rione Santa Lucia, eine großzügige Umgestaltung erfahren. Im November 1980 erlitt die Stadt bei einem Erdbeben schwere Schäden.
Neapel besitzt zahlreiche Denkmäler einer nahezu dreitausendjährigen wechselvollen Geschichte, vor allem die im Archäologischen Nationalmuseum vereinigten einzigartigen Schätze, die man bei den Ausgrabungen der verschütteten Vesuvstädte in großer Zahl fand. Der Hafen von Neapel hat als Hauptumschlagplatz für ganz Unteritalien größte Bedeutung.

Geschichte

Neapel (von griech. 'Neapolis' = 'Neustadt') ist griechischen Ursprungs. Schon im 8. Jh. v.Chr. bestand hier die rhodische Niederlassung Parthenope, neben der im 7. Jh. v.Chr. Kolonisten aus der euböisch-ionischen Stadt Kyme (lat. Cumae) die 'Altstadt' Palaeopolis gründeten. Im 5. Jh. v.Chr. entstand, hauptsächlich durch Einwanderung von Chalkidiern aus Euböa, die 'Neustadt' Neapolis. Seit dem Bündnis mit Rom im Jahre 326 v.Chr. verschmolzen die drei Siedlungen. Neapel wurde als treuer Bundesgenosse von den Römern begünstigt, doch behielt es seine Selbständigkeit und seine griechische Eigenart bis spät in die Kaiserzeit. Die römischen Großen hielten sich gern in Neapel auf, Vergil vollendete hier seine schönsten Gedichte.
Während der Völkerwanderung geriet die Stadt 543 in die Hände der Goten, behauptete sich aber von 553 an unter der Herrschaft der Byzantiner gegen alle Angriffe. Erst 1139 wurde der neapolitanische Staat durch Roger II. dem sizilischen Königreich einverleibt. Rogers Enkel, der Hohenstaufe Friedrich II., gründete 1224 die Universität; unter Karl von Anjou (1266–1285) wurde Neapel die Hauptstadt des Königreichs. 1442 vereinigte Alfons I. von Aragonien aufs neue die Königreiche Sizilien und

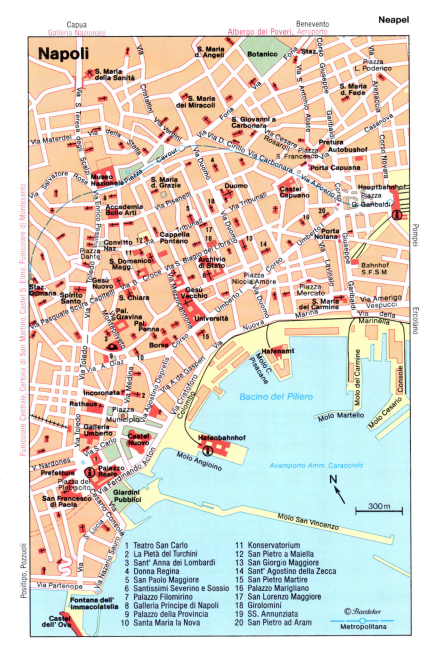

Neapel

Die Galleria Umberto ist ein Flanier- und Einkaufsparadies

Geschichte (Fortsetzung)

Neapel. 1503–1707 residierten spanische Vizekönige in Neapel. Durch den Spanischen Erbfolgekrieg kam das Land im Jahre 1713 an die Habsburger, durch den Österreichischen Erbfolgekrieg 1734 endgültig an die Bourbonen. Seit 1860 gehört Neapel zum geeinten Italien.

Südliche Altstadt

Teatro San Carlo

Den Mittelpunkt des Verkehrs bildet die Piazza Trieste e Trento; an ihrer Ostseite steht das Teatro San Carlo (1737), mit 2900 Plätzen eines der größten Theater Europas. Nördlich gegenüber die 1887–1890 erbaute Einkaufspassage Galleria Umberto.

San Francesco di Paola

Südlich anschließend an die Piazza Trieste e Trento liegt die große Piazza del Plebiscito, deren westlichen Abschluß die Kirche San Francesco di Paola bildet, ein 1817–1846 in Nachahmung des römischen Pantheons errichteter Bau.

Palazzo Reale

Die breite Ostfront der Piazza del Plebiscito nimmt der Palazzo Reale ein, das ehem. königliche Schloß, im Jahre 1600 nach Entwürfen des Baumeisters Domenico Fontana begonnen, 1837–1841 wiederhergestellt. An der 169 m langen Front befinden sich acht Marmorstatuen neapolitanischer Herrscher. Im Inneren eine Marmortreppe von 1651, ein Theater, 17 reich ausgestattete Säle, eine Sammlung religiöser Kunst sowie die wertvolle Biblioteca Nazionale (1,5 Mio. Bände, 12 000 Handschriften und 5000 Wiegendrucke).

*Castel Nuovo

Nordöstlich hinter dem Schloß erhebt sich an der Südseite der Piazza del Municipio das fünftürmige Castel Nuovo, auch Maschio Angioino genannt, einst Residenz der neapolitanischen Könige und Vizekönige, 1279–1282 von Karl I. von Anjou erbaut, im 15. Jh. unter Alfons I. von Aragonien umge-

Neapel

Castel Nuovo war einst Königsresidenz

baut, vor einigen Jahren restauriert. Den Eingang bildet ein prächtiger marmorner Triumphbogen, der um 1453–1467 zu Ehren des Einzugs Alfons' I. von Aragonien errichtet wurde. Im Hof steht die gotische Kirche Santa Barbara (oder Cappella Palatina), links davon der große Saal der Baroni. Im Museum Gemälde und Metallarbeiten aus dem 14.–20. Jahrhundert.

Castel Nuovo (Fortsetzung)

An der Westseite der mit Anlagen geschmückten Piazza del Municipio, auf der ein Reiterstandbild von Viktor Emanuel II. (1897) steht, befindet sich das 1819–1825 ursprünglich als Sitz der Ministerien erbaute stattliche Rathaus.

Rathaus

An das Rathaus grenzt die Kirche San Giacomo degli Spagnoli (1540); im Inneren der Kirche – hinter dem Hochaltar – das prunkvolle Grabmal des Vizekönigs Don Pedro de Toledo, des Stifters der Kirche.

San Giacomo degli Spagnoli

Hafen

Östlich von Schloß und Castel Nuovo erstreckt sich der stets belebte Hafen, der durch Molen in zahlreiche Becken gegliedert ist. Die östliche Verlängerung der Piazza del Municipio bildet der Molo Angioino mit dem Hafenbahnhof. Westlich vor diesem liegt der Eliporto, der Hubschrauberlandeplatz für die Verbindungen u.a. nach Capri, Ischia und zum Flughafen Capodichino (7 km nördlich). Weiter südlich – an der Calata Beverello – die Abfahrtstelle der Schiffe nach Ponza, Capri und Ischia.

Santa Lucia

Westlich der Piazza del Plebiscito erstreckt sich am Hang des Pizzofalcone und an dessen Fuß bis zum Meer der Stadtteil Santa Lucia, der südlich der

Neapel

Santa Lucia und Castel dell'Ovo

Santa Lucia (Fortsetzung)

breiten Via Santa Lucia aus modernen, parallel verlaufenden Straßenzügen besteht, nördlich aber ein malerisches Gewirr von engen Treppenstraßen bildet.

Bei der Südostecke der Piazza del Plebiscito beginnt ein den Stadtteil Santa Lucia im Osten und Süden umziehender Straßenzug, der als Via Cesario Console an den Giardini Pubblici vorüberführt, dann als Via Nazario Sauro und weiterhin als Via Partenope (mehrere Luxushotels) sowie jenseits der Piazza della Vittoria als Via Caracciolo prachtvolle Aussichten auf den Golf von Neapel bietet.

Castel dell' Ovo

Von der Via Partenope führen ein Damm und eine Brücke zu dem auf einer kleinen Felsinsel gelegenen Castel dell' Ovo, einer im 12. Jh. begonnenen, von Friedrich II. ausgebauten und im 17. Jh. erneuerten Burg. An dem Damm liegt der kleine Porto di Santa Lucia.

✻Villa Comunale

Aquarium

Zwischen der Via Caracciolo und der nördlich parallel verlaufenden Riviera di Chiaia erstreckt sich die Villa Comunale, ein 1780 angelegter, fast 1,5 km langer Park, die beliebteste Promenade der Stadt. In der Mitte des Parks liegt die Zoologische Station, eine bedeutende biologische Forschungsanstalt, die 1870 von dem deutschen Zoologen Anton Dohrn gegründet wurde. Im Mittelbau das Aquarium, das in 31 Becken einen guten Überblick über die Meerestiere des Golfes von Neapel bietet.

Villa Pignatelli

Nordwestlich vom Aquarium liegt unweit nördlich der Riviera di Chiaia in einem Park die Villa Pignatelli, einst Wohnsitz des Fürsten Diego Aragona Pignatelli Cortes; das im Stil des 18./19. Jh.s ausgestaltete Innere ist zu besichtigen und beherbergt eine Möbel- und Chinoiseriensammlung.

Via Toledo

Von der Piazza Trieste e Trento ausgehend durchzieht die Via Toledo, nach ihrem Erbauer Don Pedro de Toledo benannt, als belebte Hauptverkehrsader die Stadt von Süden nach Norden, wobei sie in ihrer Länge von 2 km leicht ansteigt. An beiden Seiten münden Straßen und Gassen ein. Links steigen sie vielfach in Treppen zum stellenweise eine schöne Aussicht bietenden Corso Vittorio Emanuele und zum Castel Sant' Elmo an; die Straßen an der rechten Seite, die sich bis zum Bahnhof und zum Hafen hinziehen, sind der Mittelpunkt des Geschäftslebens. Die nördliche Fortsetzung der Via Toledo bildet die Via Roma, die bei der Piazza Dante endet.

Via Medina und Via Monteoliveto

Von der Piazza del Municipio führt die Via Medina an der Kirche der Incoronata (14. Jh.) vorbei. Nahe dem Ende der Via Medina steht links der 32stöckige Grattacielo della Cattolica (1958). Unweit nördlich liegt die Piazza Matteotti mit dem Post- und Telegrafenamt (1936; von Vaccaro). Gleich östlich davon, an einem kleinen Platz, die Kirche Santa Maria la Nova (16. Jh.), die ein schönes Inneres hat; sehenswert zwei Renaissance-Kreuzgänge des ehemals dazugehörigen Klosters.   *Santa Maria la Nova*

Die nordwestliche Fortsetzung der Via Medina bildet die Via Monteoliveto. Am Ende der Straße steht rechts der schöne Palazzo Gravina (1513–1549), heute Sitz der Fakultät für Architektur.   *Via Monteoliveto*

Die Straße mündet in die Piazza Monteoliveto ein. Dort steht die Kirche Monteoliveto oder Sant' Anna dei Lombardi, 1411 begonnen und später im Frührenaissancestil weitergeführt; im Inneren acht Terrakottaskulpturen (15./16. Jh.) und schönes Chorgestühl (16. Jh.).   *Sant' Anna dei Lombardi*

Im majolikagezierten Kreuzgang von Santa Chiara

Neapel

Gesù Nuovo
Santa Chiara

Von der Piazza Monteoliveto gelangt man durch die Calata Trinità Maggiore zu der mit einer Mariensäule von 1748 geschmückten Piazza Gesù Nuovo. An ihre Nordseite grenzt die Jesuitenkirche Gesù Nuovo (1584). Südöstlich gegenüber steht die Kirche Santa Chiara (1310 gegründet). Im Inneren das 1343–1345 geschaffene Grabmal Roberts des Weisen (1309–1343), ferner andere gotische Grabmäler des Herrscherhauses der Anjou. Hinter dem Hochaltar der saalartige ehem. Nonnenchor der Klarissen (bis 1925); im anstoßenden Franziskanerkloster ein hübscher Kreuzgang (Chiostro delle Clarisse) mit Majolika aus Capodimonte.

Piazza San Domenico Maggiore

San Domenico Maggiore

Östlich der Jesuitenkirche liegt an der Piazza San Domenico Maggiore die Kirche San Domenico Maggiore (um 1300), die trotz zahlreicher späterer Änderungen noch immer eines der sehenswertesten Gotteshäuser Neapels ist und zahlreiche Denkmäler der Frührenaissance birgt. In der sog. 'Cappellone Crocifisso' befinden sich eine Kreuzigungstafel (13. Jh.) und eine Grablegung Christi (15. Jh.). In der Sakristei 45 Särge von Herrschern des Hauses Anjou.

*Cappella Sansevero

Unweit östlich der Kirche die als Grabkapelle der Familie Sangro im Jahre 1590 erbaute, im 18. Jh. in reichem Barock ausgeschmückte Cappella Sansevero (Museum); man sieht dort schöne Skulpturen, darunter einen 'Verschleierten Christus' von Sammartino (1753).

San Gregorio Armeno

Geht man von der Piazza San Domenico Maggiore östlich durch die Via San Biagio dei Librai, so kommt man nach 300 m zu der an der Strada San Gregorio Armeno gelegenen, 1580 vollendeten kleinen Kirche San Gregorio Armeno, einer der reichsten Barockkirchen von Neapel (mit Kreuzgang).

Palazzo Cuomo
Museum

Die Via San Biagio mündet nordöstlich auf der Via del Duomo. An dieser steht rechts der Palazzo Cuomo, ein stattlicher Frührenaissancebau (1464–1490), mit dem Museo Civico Filangieri, in dem Waffen, Majoliken, Porzellan, Email und Gemälde gezeigt werden. Nordöstlich gegenüber dem Palast die ursprünglich aus dem 5. Jh. stammende, im 17. Jh. neu erbaute Kirche San Giorgio Maggiore.

Decumano Maggiore

Die Via dei Tribunali, nördlich parallel zur Via San Biagio verlaufend, bildet zwischen der Piazza Bellini und dem Dom als 'Decumano Maggiore' (der Decumanus Maximus war die von Osten nach Westen verlaufende Hauptachse des römischen Militärlagers) den ersten Abschnitt des geplanten 'Museo Aperto' (Freilichtmuseum).

*Dom

Etwa 400 m nördlich vom Palazzo Cuomo erhebt sich an der Via del Duomo rechts der Dom, dem hl. Januarius (San Gennaro), dem Schutzpatron der Stadt, geweiht. Der Bau wurde 1294–1323 im französisch-gotischen Stil errichtet und nach dem Erdbeben von 1456 mehrfach wiederhergestellt und verändert. In der Mitte der Fassade (1877–1905) das alte Portal (von 1407). Im Inneren befindet sich – im rechten Seitenschiff – die prachtvoll ausgestattete Kapelle des hl. Januarius (1608–1637); auf ihrem Hauptaltar die Silberbüste mit dem Schädel des Heiligen, der im Jahre 305 als Bischof zu Benevent unter Diokletian den Märtyrertod erlitt. Im Tabernakel zwei Gefäße mit seinem Blut, dessen Flüssigwerden – erstmals angeblich bei der Überführung des Leichnams nach Neapel zur Zeit des Kaisers Konstantin belegt – zweimal jährlich während mehrerer aufeinanderfolgender Tage bei feierlichen Gottesdiensten (besonders am ersten Samstag im Mai in der Kirche Santa Chiara und am 19. September im

Dom) erfolgen soll. Das Grab des hl. Januarius befindet sich in der reich-geschmückten Confessio (1497–1506) unter dem Hochaltar.

Dom (Fortsetzung)

Links neben dem Dom steht der Erzbischöfliche Palast; nördlich gegenüber, am Largo Donnaregina, die Barockkirche Santa Maria Donnaregina (1649; unzugänglich). Nördlich anstoßend die gleichnamige, 1928–1934 in den ursprünglichen gotischen Formen wiederhergestellte ehem. Kirche (Zugang Vico Donnaregina 25), in der sich das Grabmal der ungarischen Königin Maria († 1323) befindet; im erhöhten Nonnenchor bedeutende Fresken von Giottos Zeitgenossen Pietro Cavallini und seiner Schule (um 1308).

Erzbischöflicher Palast

Westlich vom Dom stehen an der Via dei Tribunale die schönen Barockkirchen Girolamini ('Hieronymiten', oder San Filippo Neri; 1592–1619) mit einer kleinen Pinakothek und San Paolo Maggiore, die 1590–1603 in die Trümmer eines Tempels der frühen Kaiserzeit hineingebaut wurde (Reste an der Fassade).

Girolamini, San Paolo Maggiore

Südlich gegenüber von San Paolo Maggiore, an der Strada San Gregorio Armeno, die gotisch restaurierte Kirche San Lorenzo Maggiore (1266–1324); im Inneren das gotische Grabmal der Caterina d'Austria († 1323), mehrere Grabdenkmäler und schöne Fresken.

San Lorenzo Maggiore

Im anstoßenden Franziskanerkloster, das 1345 Petrarca beherbergte, ein sehenswerter Kreuzgang und ein freskengeschmückter Kapitelsaal.

Den östlichen Abschluß der Via dei Tribunali bildet das einst hohenstaufische, später anjousche Castel Capuano, gewöhnlich 'la Vicaria' genannt, seit 1540 Gerichtsgebäude.

Castel Capuano

Gegenüber der Nordostecke des Kastells erhebt sich die Kuppelkirche Santa Caterina a Formiello (1519–1593). Weiter östlich kommt man zur Porta Capuana, einem schönen Renaissancetor (1485; 1535 erneuert).

Santa Caterina a Formiello

Etwa 500 m nordwestlich vom Castel Capuano steht in der Strada Carbonara rechts die Kirche San Giovanni a Carbonara (1343 begonnen, im 15. Jh. erweitert und vor einigen Jahren restauriert); im Inneren das gotische Grabmal von König Ladislaus († 1414).

San Giovanni a Carbonara

Der Südosten von Neapel

Unweit südöstlich der Porta Capuana liegt an der ausgedehnten Piazza Garibaldi der Hauptbahnhof, 1960–1964 etwa 250 m östlich des alten Bahnhofsgebäudes entstanden.

Hauptbahnhof

Von hier gelangt man südlich durch den Corso Garibaldi zur Piazza G. Pepe; rechts die Kirche Santa Maria del Carmine. In dieser sieht man die Grabstätte des 16jährig enthaupteten Konradin von Hohenstaufen, eines Enkels Friedrichs II. (deutsche Aufschrift), darüber das 1847 nach einem Modell von Thorvaldsen hier errichtete Standbild Konradins.

Santa Maria del Carmine

Nordwestlich von Santa Maria del Carmine steht an der Piazza del Mercato die Kirche Santa Croce al Mercato, an der Stelle, wo Konradin am 29. Oktober 1268 auf Befehl Karls I. von Anjou hingerichtet wurde; links vom Eingang innen eine Gedenksäule aus Porphyr.

Santa Croce al Mercato

Von der Piazza Garibaldi führt der breite Corso Umberto I südwestwärts zur Universität, mit mächtigem Hauptgebäude (1908) an der Straße und dem dahinter ansteigenden ehem. Jesuitenkolleg (1605), das 1777–1908 alleiniger Sitz der Hochschule war. Unweit östlich die Kirche Santi Severino e Sossio (1494; nach 1731 erneuert).

Universität

Neapel

Piazza Giovanni Bovio

Der Corso Umberto I mündet auf die Piazza Giovanni Bovio mit der neuen Börse und einem alten Neptunbrunnen.

**Museo Archeologico Nazionale

Von der Piazza Dante führt die Via Enrico Pessina, die Fortsetzung der Via Roma, zum Museo Archeologico Nazionale (Archäologisches Nationalmuseum), einer der bedeutendsten archäologischen Sammlungen der Erde. Das Gebäude, 1585 als Kaserne begonnen, seit 1616 Universität, wurde 1790 für die königlichen Sammlungen eingerichtet. Es umfaßt den Kunstbesitz der Krone Neapel, die aus Rom und Parma stammende Farnesische Erbschaft, die Sammlungen aus den Palästen von Portici und Capodimonte sowie die Funde aus Pompeji, Herkulaneum und Cumae.

Erdgeschoß
**Marmorskulpturen

Im Erdgeschoß befindet sich hauptsächlich die Sammlung der Marmorskulpturen, darunter sind besonders hervorzuheben die 'Tyrannenmörder' Harmodios und Aristogeiton, eine Marmorkopie der von Kritios und Nesiotes 477 v.Chr. erneuerten bronzenen Statuengruppe auf dem Markt von Athen, ferner die sogenannte Hera Farnese, der Kopf einer Artemisstatue von noch strengem Stil, Orpheus und Euridike mit Hermes, ein berühmtes Relief, dessen Original in der Zeit des Phidias entstand, sowie Pallas Athene, nach einem Original ebenfalls aus der Zeit des Phidias.
In der Galleria del Toro Farnese sieht man den Ercole Farnese, eine in den Thermen des Caracalla in Rom aufgefundene, 3,17 m hohe Kolossalstatue des Herkules (nach einem Original des 4. Jh.s v.Chr.), und die Gruppe des Farnesischen Stieres, die größte aus dem Altertum erhaltene Marmorgruppe, eine Kopie nach dem rhodischen Werk des Apollonius und Tauriskos (2./3. Jh. n.Chr.).

Zwischengeschoß
*Mosaiken

Im Zwischengeschoß befindet sich die Sammlung antiker Mosaiken (meist aus Pompeji), darunter das berühmte, 6,20 m lange Mosaik der Alexanderschlacht, 1831 in Pompeji aufgefunden, die Kopie eines bedeutenden Gemäldes des 4. Jh.s v.Chr. Es schildert, wie Alexander in der Schlacht bei Issos (333 v.Chr.) mit seinen Reitern gegen den Perserkönig Darius heranstürmt und einen auf blutendem Pferd gestürzten vornehmen Perser durchbohrt, während sich der Wagen des Perserkönigs zur Flucht wendet.

Erster Stock
**Bronzeskulpturen

Im ersten Stock, im zentralen Salone dell' Atlante, der Farnesische Atlas. Von hier Zugang zu der Sammlung der Bronzeskulpturen, zum größten Teil aus Herkulaneum (an der dunklen Patina zu erkennen), zum geringeren aus Pompeji (grün oxidiert). Besonders zu beachten sind der leierspielende Apollo, ein peloponnesisches Original (5. Jh. v.Chr.), gefunden in der Casa del Citarista in Pompeji, ein tanzender Faun aus der Casa del Fauno in Pompeji sowie der sogenannte Narziß, wohl ein jugendlicher Dionysos, ein meisterhaftes Werk aus der Nachfolgezeit des Praxiteles.

**Wandgemälde

Im ersten Stock ferner die Sammlung antiker Wandgemälde, besonders aus Herkulaneum, Pompeji und Stabiae, sowie kleine Bronzen, Hausgerät, Terrakotten und ein großes Modell von Pompeji (1879) im Maßstab 1:1100. Die Besichtigung der berühmten Sammlung erotischer Darstellungen aus Pompeji ist nur nach vorheriger Anmeldung für Studienzwecke möglich.

Corso Amedeo di Savoia

Santa Maria della Sanità

Vom Nationalmuseum führen die Via Santa Teresa degli Scalzi und der Corso Amedeo di Savoia nördlich leicht bergan zu dem 2 km entfernten Park von Capodimonte. Nach 750 m gelangt man zum Ponte della Sanità (Fahrstuhl), der über das tiefer gelegene Stadtviertel Sanità hinwegführt. Rechts unterhalb die große Kuppelkirche Santa Maria della Sanità (1602–1613) mit den Katakomben San Gaudioso (5. Jh.).

Neapel

Der Corso Amedeo di Savoia endet bei dem Rondell Tondo di Capodimonte; an der Westseite der Eingang zu den Katakomben von San Gennaro (2. Jh.), die wie die römischen Katakomben aus einem Netz von Gängen und Grabkammern bestehen, in architektonischer Hinsicht aber großartiger sind und bedeutendere Malereien enthalten. Dabei die Kirche San Gennaro extra Moenia (5. Jh.; erneuert).

*Katakomben von San Gennaro

Vom Tondo di Capodimonte geht man links durch die Via Capodimonte; nach 200 m erreicht man die mächtige Wallfahrtskirche Madre del Buon Consiglio (1920–1960).

Madre del Buon Consiglio

*Park von Capodimonte

Dann führt der Weg im Bogen aufwärts zur Porta Grande, dem Haupteingang zu dem prächtigen Park von Capodimonte. Hier steht der Palazzo Reale di Capodimonte (1738–1838); von dort bietet sich eine schöne Aussicht. Im Inneren (über 100 Räume) befindet sich das Museum von Capodimonte, in dem Gemälde des 19. Jh.s (Galleria dell' Ottocento) gezeigt werden. Ferner sind Waffen, Porzellan, Möbel, Elfenbeinarbeiten und Bronzen ausgestellt.

Palazzo Reale Museo di Capodimonte

Besonders sehenswert ist die ebenfalls hier untergebrachte Nationalgalerie (Galleria Nazionale), eine der bedeutendsten Gemäldesammlungen Italiens, mit über 500 Gemälden – u.a. von Tizian (Fürstenbildnisse der Farnesischen Erbschaft), Mantegna, Caravaggio, El Greco, Bellini sowie von neapolitanischen Meistern des 17. und 18. Jahrhunderts.

**Galleria Nazionale

Vomero

Westlich über der Altstadt erstreckt sich auf einem Plateau oberhalb des Corso Vittorio Emanuele der erst seit 1885 entstandene Stadtteil Vomero, zu dem mehrere Straßen sowie drei Standseilbahnen hinaufführen. Im südlichen Teil liegt der Park Villa Floridiana mit dem Museo Nazionale della Ceramica Duca di Martina, das u.a. Emaille- und Elfenbeinarbeiten sowie Keramik und Porzellan aus aller Welt zeigt.

Villa Floridiana Museum

Am Ostrand des Vomero-Plateaus erhebt sich das Castel Sant' Elmo (224 m), 1329 angelegt, im 16. Jh. erneuert, mit gewaltigen Mauern und in die Tuffelsen gehauenen Gängen; heute wird es für Ausstellungen und Veranstaltungen genutzt.

Castel Sant' Elmo

Östlich vor dem Kastell steht das ehem. Kartäuserkloster San Martino (1325; im 17. Jh. erneuert) mit dem Museo Nazionale di San Martino. Beachtenswert ist die aufs reichste mit Marmor und Gemälden des 17./18. Jh.s ausgestattete Kirche, die Sakristei, die Schatzkammer, der Prokuratorenhof sowie der mit 60 weißen Marmorsäulen geschmückte Kreuzgang. In den Museumssälen u.a. Porzellan, Krippen (darunter die sog. Presepe di Cuciniello), eine Prachtkutsche aus der Zeit Karls III. (18. Jh.) und Objekte, die an die Geschichte Neapels und Süditaliens im 18. und 19. Jh. erinnern. Von einem 'Belvedere' genannten Raum bietet sich eine schöne Sicht auf Neapel, den Golf, den Vesuv und bis zum Apennin.

*Kartäuserkloster Museum

*Camaldoli

Den besten Überblick über Neapel und seine herrliche Umgebung erhält man von dem nordwestlich der Stadt auf der höchsten Erhebung der Phlegräischen Felder gelegenen Kamaldulenserkloster Camaldoli (458 m), das 1585 gegründet wurde; von seiner Gartenterrasse bietet sich an klaren Tagen eine der schönsten Aussichten in ganz Italien.

Lage
11 km nordwestlich

Neapel

Belvedere della Pagliarella

Etwa 500 m südlich (Fußsteig durch Buschwald in etwa 15 Min.) liegt das Belvedere della Pagliarella, von dem man ebenfalls eine schöne Aussicht hat.

*Posillipo

Lage
12 km südwestlich

Lohnend ist ein Ausflug zum Posilip (ital. Posillipo), einem mit Villen und Parkanlagen bedeckten 6 km langen Bergrücken im Südwesten der Stadt, zwischen den Golfen von Neapel und Pozzuoli, von wo man schöne Ausblicke hat. Der Name stammt von einer Villa des berüchtigten Schlemmers Vedius Pollio, die 'Pausilypon' ('sorgenfrei') hieß.

Parco delle Rimembranze

Von der in Mergellina endenden Via Caracciolo erreicht man südwestlich die Via di Posillipo. Auf dieser fährt man oberhalb des Meeres leicht bergan und nach etwa 4 km an der Einmündung der Via Boccaccio vorbei zu dem am Südwestende des Bergrückens fast senkrecht über dem Meer und der vulkanischen Felsinsel Nisida gelegenen Parco delle Rimembranze (153 m). Von der den Park umziehenden Straße bieten sich herrliche Ausblicke.

Mergellina

Auf der oben genannten Via Boccaccio gelangt man bergan zur Via Manzoni, dann nordöstlich auf der Via Petrarca leicht bergab zur Via Orazio; im oberen Teil hat man – bei der Wallfahrtskirche San Antonio – eine schöne Aussicht auf Neapel. Dahinter vollends hinab zur Vorstadt Mergellina mit malerischem Bootshafen (Porto Sannazzaro; von hier Tragflügelboote nach Capri und Ischia). Unweit nördlich liegen an den Ausgängen zweier Verkehrstunnel, die durch den Posilip führen, die Plätze Sannazzaro und Piedigrotta; an letzterem steht die Kirche Santa Maria di Piedigrotta (13. Jh.) mit anstoßendem Renaissance-Kreuzgang (vom 5. bis zum 13. September findet ein Volksfest statt; Haupttag am 7. September). Westlich der Kirche liegt gleich hinter der Eisenbahnunterführung links der Eingang zum Parco Virgiliano mit dem Grab des italienischen Dichters Giacomo Leopardi (1798–1837) und einem angenommenen Grab des römischen Dichters Vergil (70–19 v.Chr.), der am Posilip eine Villa hatte und dort begraben sein wollte; in Wahrheit handelt es sich um das Kolumbarium einer unbekannten römischen Familie.

Fuorigrotta

Westlich vom Parkeingang führt die Galleria delle quattro Giornate zu dem Vorort Fuorigrotta, mit mächtigen Wohnhochhäusern, dem 1959 erbauten Stadion von Neapel (100 000 Plätze), der Technischen Hochschule (1965) und der Mostra d' Oltremare, einem großen Ausstellungsgelände, u.a. mit zwei Theatern, einem Schwimmbad, einem Leuchtbrunnen, einem Zoologischen Garten sowie dem großen Vergnügungspark 'Edenlandia'.

Pozzuoli

Lage
27 km westlich

Empfehlenswert ist auch eine Fahrt von Neapel über den Posilip nach Pozzuoli (28 m; 71 000 Einw.), einer an einem ins Meer vorspringenden Tuffhügel gelegenen Hafenstadt. Sie wurde im 6. Jh. v.Chr. von samischen Griechen am Rande des vulkanischen Hügellandes der Phlegräischen Felder gegründet, befand sich seit 318 v.Chr. als Puteoli in römischem Besitz und war dann die bedeutendste Hafenstadt Italiens für den Verkehr mit Ägypten und dem Orient. In der auf einer Halbinsel angelegten Altstadt steht, auf den Resten eines Tempels des Augustus und eines älteren Tempels (3./2. Jh. v.Chr.) erbaut, der Dom San Procolo mit antiken Säulen an der Außenseite; im Inneren das Grab des Komponisten Giovanni Battista Pergolesi (1710–1736).

*Serapeum

Etwa 500 m nördlich am Meer das sogenannte Serapeum, eine antike Markthalle ('Macellum'), von deren Vorhalle noch einige Säulen erhalten

Neapel

sind. Südwestlich neben dem Serapeum ein Thermalbad. Nordwestlich in der Hafenbucht hat man auf dem Meeresgrund einen Tempel mit 14 Säulen und Überresten einer antiken Bildhauerwerkstatt gefunden. Oberhalb der Altstadt liegt links an der nach Neapel führenden Straße das römische Amphitheater (40 000 Plätze); es hat eine Länge von 149 m und eine Breite von 116 m. Besonders eindrucksvoll sind die unterirdischen Gänge für die Maschinerie und die wilden Tiere.

Serapeum (Fortsetzung)

Etwa 1,5 km östlich, unweit der von Neapel kommenden Straße, befindet sich der Eingang zur Solfatara, einem halberloschenen Vulkan; berichtet wird nur von einem Ausbruch, der im Jahre 1198 stattgefunden haben soll. Er bildet eine runde, von Tuffhügeln umschlossene Fläche, aus deren zahlreichen Ritzen Dämpfe und Schwefelgase aufsteigen; der Boden klingt hohl. Die Temperatur der Hauptfumarole beträgt 162° C, die der kleineren um 100° C. Auffallend ist die Vermehrung der Dämpfe, wenn man brennendes Papier oder eine Fackel in den Strahl der Fumarolen hält.

Solfatara

Fährt man von Pozzuoli weiter westlich, so erreicht man nach 6 km Baia (6000 Einw.), ein hübsch an der Westseite des Golfes von Pozzuoli gelegenes Städtchen, im Altertum als Baiae das große Luxusbad des kaiserlichen Rom; freigelegt sind eindrucksvolle Palastanlagen. Am Ortsanfang rechts in den Weinbergen der sog. Tempel des Merkur, ein großer Rundbau mit gewölbter, in der Mitte offener Decke; nahebei die Thermen des Merkur. Weiterhin rechts die Thermen der Sosandra mit dem halbkreisförmigen Nymphentheater und dem Standbild der Sosandra; westlich anschließend die Thermen der Venus, gegenüber der sog. Tempel der Venus.

Baia

Etwa 2 km südöstlich von Baia liegt an der Westseite des Golfes von Pozzuoli (links das Kastell von Baia; 16. Jh.) der Ort Bacoli (25 000 Einw.); rund 500 m östlich auf einer Landspitze die Cento Camerelle, ein antiker zweistöckiger Bau, dessen oberes Stockwerk als Wasserbehälter diente.

Bacoli

Aus der Solfatara steigen vulkanische Dämpfe auf

Neapel

Piscina Mirabilis

Etwa 500 m südlich von Bacoli liegt oberhalb des Mare Morto die Piscina Mirabilis, ein sehr gut erhaltenes, 70 m langes, 25,5 m breites antikes Wasserreservoir, dessen gewölbte Decke auf 48 starken Pfeilern ruht.

Miseno

Vom nahen Dorf Miseno kann man in 30 Minuten auf den Monte Miseno (167 m) steigen, einen aus dem Meer aufragenden auffallend gestalteten Krater (nach Vergil poetisch das 'Grab des Misenus', des Herolds des Aeneas), von dessen Höhe sich einer der schönsten Blicke über die Golfe von Neapel und Gaeta bietet.

Kap Miseno

Südlich (30 Min.) vom Kap Miseno (79 m) hat man ebenfalls einen schönen Blick auf die Stadt. In der Nähe lag die Villa des Lucullus, wo Kaiser Tiberius starb.

*Cumae

Lage
35 km westlich

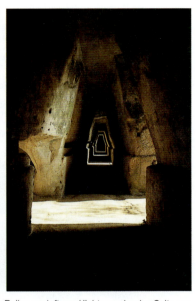

Westlich von Neapel liegen die Ruinen von Cumae (ital. Cuma, griech. Kyme), der ältesten griechischen Niederlassung in Italien, die im 9. oder 8. Jh. v.Chr. gegründet, im 9. Jh. n.Chr. von den Sarazenen verbrannt und seit 1926 ausgegraben wurde. Jenseits eines kurzen Tunnels rechts die sog. römische Krypta, ein aus der Zeit des Augustus stammender 180 m langer Tunnel, der unter der Akropolis hindurch zum Meer führt. Links gegenüber der Eingang zu der durch Vergils Schilderung (Än. VI. 43f.) bekannten Höhle der Sibylle (antro della Sibilla), die hundert Zugänge und hundert Ausgänge habe, 'aus denen der Sibylle prophetische Sprüche ertönen'. Es ist ein aus dem Stein gehauener, 131 m langer, 2,5 m breiter und 5 m hoher Gang, auf den sich nach dem Meer zu eine Reihe von luft- und lichtspendenden Seitenarmen öffnen; an seinem Ende die eigentliche Orakelhöhle, ein quadratischer Saal mit drei gewölbten Nischen. Von der Sibyllenhöhle steigt man auf einer Rampe hinan zur Akropolis. An einer Aussichtsterrasse vorbei gelangt man zu den Resten des Apollotempels und weiter zu den auf dem Gipfel gelegenen Trümmern eines Jupitertempels, der in frühchristlicher Zeit als Kirche diente. Vom Gipfel bietet sich ein herrlicher Blick auf das Meer bis Gaeta und zu den Ponza-Inseln, östlich über die Phlegräischen Felder.

Am südlichen Rand des Grabungsfeldes liegt das Amphitheater; es ist 129 m lang und 104 m breit (21 Sitzreihen).

Unweit südöstlich liegt der mit dem Meer durch zwei Kanäle verbundene Lago del Fusaro, der wegen seiner geringen Tiefe (8 m) zur Miesmuschelzucht dient.

Neapel

❋❋Von Neapel über Amalfi nach Salerno (ca. 97 km)

Außerordentlich lohnend ist die Fahrt auf der S.S. 18 (kürzer, aber weit weniger reizvoll, auf der Autobahn) von Neapel über Amalfi nach Salerno, die man wegen der landschaftlichen Schönheit nicht auslassen sollte.

Man verläßt Neapel in östlicher Richtung. Nach 10 km erreicht man die Stadt Portici (26 m; 83 000 Einw.); dort gibt es ein ehem. königliches Schloß, wo heute die landwirtschaftliche Fakultät der Universität Neapel ihren Sitz hat.

Portici

1 km: Haupteingang zu der Ruinenstadt ⟶ Herkulaneum.
3 km: Torre del Greco (51 m; 105 000 Einw.), eine in ihrer Geschichte wiederholt von Lava verschüttete oder durch Erdbeben zerstörte Stadt.

Herkulaneum
Torre del Greco

8 km: Torre Annunziata (14 m; 60 000 Einw.) mit einer im pompejanischen Stil ausgemalten Villa, dem Rest der antiken Stadt Oplontis. Von hier Auffahrt auf den ⟶ Vesuv.

Torre Annunziata

9 km: Castellammare di Stabia (5 m; 73 000 Einw.), eine am Fuß und am Hang eines Vorsprungs des Monte Sant' Angelo gelegene Hafenstadt, über den Trümmern des alten Stabiae erbaut, das 79 n.Chr. zugleich mit Pompeji unterging (neuere Ausgrabungen; Museum). Die Stadt wird wegen ihrer schwefel- und kohlensäurehaltigen Quellen von Neapel aus viel besucht. Am Rathausplatz steht der aus dem 16. Jh. stammende Dom. Im Südwesten der Stadt der Hafen mit einer großen Werft, ferner die Badehäuser. Darüber das verfallene Kastell (13. Jh.). Östlich oberhalb vom Dom, im Ortsteil Scanzano, das neue Thermalbad.

Castellammare di Stabia

Rund 30 Minuten südöstlich oberhalb von Castellammare liegt der herrliche Park der Villa Quisisana, deren Namen ('hier gesundet man') an einen

Monte Faito

Positano ist aus einer Künstlerkolonie hervorgegangen

Neapel

Monte Faito (Fortsetzung)
: alten Landsitz erinnert; am Südostende des Parks das Schloß. Von hier lohnende Auffahrt (12 km; auch Schwebebahn) südlich auf den Monte Faito (11 m; Aussicht).
Die Straße nach Amalfi nähert sich hinter Castellammare wieder dem Meer und bietet prächtige Ausblicke auf den Golf von Neapel, den Vesuv und die steile Felsküste der Halbinsel von Sorrent.

Meta
: 15 km: Meta (111 m; 7000 Einw.); dahinter gelangt man über einen in die Monti Lattari eingesenkten Paß (310 m) zu der dem Golf von Salerno zugewendeten Südseite der Halbinsel von Sorrent. Die weiterhin in den Felsen gesprengte, hoch über dem Meer entlangziehende Strecke ist bis Salerno landschaftlich eine der schönsten der Erde, deren Reiz durch die zahlreichen am Felshang klebenden Ortschaften mit ihrer orientalisierenden Bauweise noch erhöht wird. Gleich am Anfang erblickt man im Meer die kleinen 'Inseln der Sirenen', meist 'Li Galli' genannt.

Positano
: 13 km: Positano (30 m; 3000 Einw.), ein höchst malerisch an der Felswand über dem Meer ansteigendes Städtchen, dessen kubische Häuser mit Kuppeldach an die Sarazenenzeit erinnern. Weiter über der wild zerrissenen Küste hin; unten am Meer mehrere alte Wachttürme.

Amalfi
: 15 km: ⟶ Amalfi.
Hinter Amalfi führt die Strecke um das Kap von Amalfi herum, dann auf fast durchweg in die Küstenklippen gesprengten oder auf Viadukten über Schluchten geführten aussichtsreichen Straßen.

Minori
: 4 km: Minori (40 m; 3000 Einw.), einst Waffenplatz von Amalfi; in einem Patrizierhaus des 1. Jh.s n.Chr. kann man Wandbilder sehen.

Maiori
: 1 km: Maiori (15 m; 6000 Einw.), ein als Seebad besuchtes Städtchen an der Mündung des Tramonti-Tals. Unweit vom Ort, an der Küste, eine Schwefelquelle sowie mehrere Tropfsteinhöhlen, darunter die Grotta Pandona, die der Blauen Grotte von Capri ähnlich ist.

Cetara
: 10 km: Cetara (15 m), ein in tiefer Schlucht gelegenes Fischerdorf, wo sich die Sarazenen zuerst niederließen.

Salerno
: 8 km: ⟶ Salerno.

Von Neapel über Nola nach Montevergine (ca. 55 km)

Nola
: Sehr lohnend ist ferner die Fahrt zunächst 28 km östlich zu dem Städtchen Nola (34 m; 32 000 Einw.), wo im 5. Jh. der hl. Paulinus (354–431), ein gelehrter Dichter aus Bordeaux, die Kirchenglocken (lat. campana, wahrscheinlich von 'Campania') erfunden haben soll; am letzten Sonntag im Juni wird sein Fest ('Festa dei Gigli' = 'Lilienfest') mit großer Pracht gefeiert. Auf dem Domplatz eine Bronzestatue des hier im Jahre 14 n.Chr. gestorbenen Kaisers Augustus. Der über den Resten eines antiken Tempels erbaute Dom (1870 nach einem Brand erneuert) hat eine beachtenswerte Krypta. Auf der nahen Piazza steht ein Denkmal für den Philosophen Giordano Bruno, der 1548 in Nola geboren und 1600 als Häretiker in Rom verbrannt wurde.

Montevergine
: Von Nola noch etwa 20 km weiter östlich auf der Straße nach Avellino zu der Abzweigung einer Seitenstraße 5 km nördlich zu dem Wallfahrtsort Montevergine (1270 m; Schwebebahn von Mercogliano). In der Kirche des 1119 von dem hl. Wilhelm von Vercelli auf den Trümmern eines Tempels der Kybele gegründeten Klosters beachtenswerte Grabmäler. Das als wundertätig verehrte Marienbild (der Kopf byzantinisch) befindet sich jetzt im Chor der neuen Kirche (1952–1961). Wallfahrten werden an Pfingsten und am 7./8. September abgehalten.

Etwa 45 Minuten oberhalb des Klosters ragt der Gipfel des Montevergine (1493 m; großes Kreuz) auf, von dem sich eine herrliche Aussicht auf den Golf von Neapel und Salerno sowie über das weite Gebirgsland bietet.

Neapel, Montevergine (Fortsetzung)

Novara

C 5

Region: Piemont/Piemonte
Provinz: Novara
Höhe: 159 m ü.d.M.
Einwohnerzahl: 101 000

Novara, Hauptstadt der gleichnamigen oberitalienischen Provinz, liegt in der piemontesischen Ebene zwischen den Flüssen Sesia (Westen) und Ticino (Osten). Die Entfernung zwischen Novara und der östlich gelegenen Großstadt Mailand beträgt rund 40 km.

Lage und Bedeutung

Sehenswertes

Um die Innenstadt ziehen sich im Bereich der früheren Festungswerke ansehnliche Promenaden. Im Zentrum steht an der Via Fratelli Rosselli der Dom S. Maria Assunta, ein monumentales Gebäude im neoklassizistischen Stil, das im 19. Jh. anstelle einer älteren Kirche erbaut wurde. Das Relief am Hauptaltar ist eine Arbeit von Bertel Thorvaldsen; im Chor ein schönes Fußbodenmosaik. Vom rechten Seitenschiff hat man Zugang zu dem stimmungsvollen Kreuzgang. Westlich vor dem Dom befindet sich jenseits des Vorhofs das frühchristliche Baptisterium der einstigen Anlage (5 Jh.), ein achteckiger Backsteinbau, der mit Fresken ausgeschmückt ist.

Dom

Nördlich vom Dom der hübsche Hof des Broletto, umgeben von mehreren sehenswerten Palästen, darunter der Broletto (Palazzo del Comune) aus dem 13. Jh. und der Palazzo dei Paratici mit einer ansprechenden Loggia. Im Broletto ist das Städtische Museum mit Exponaten zu Malerei und Archäologie untergebracht. Von dort gelangt man zum Corso Italia, der neben dem nahen Corso Cavour die Hauptverkehrsader der Stadt bildet.

Broletto

An der Via Gaudenzio Ferrari steht die Kirche San Gaudenzio, seit 1577 nach Plänen des Architekten Pellegrino Tibaldi erbaut. Das Innere ist mit zahlreichen Kunstwerken ausgestattet, darunter Fresken, ein hölzernes Kruzifix von Gaudenzio Ferrari und ein Gemälde des hl. Gaudenzio von Pelagio Palagi (um 1830). Die weithin sichtbare Kuppel (19. Jh.) stammt von A. Antonelli, einem Baumeister aus Novara. Beachtenswert ist auch der silberne Sarkophag des hl. Gaudenzio, des Schutzheiligen von Novara. Den Campanile schuf Benedetto Alfieri (18. Jh.).

San Gaudenzio

Westlich vom Dom liegt die große Piazza Martiri della Libertà, gesäumt vom Teatro Coccia und dem Palazzo del Mercato (1840). Die südliche Seite des Platzes begrenzt das verfallende Castello Sforzesco, das Stadtkastell der einst über Novara herrschenden Mailänder Fürsten.

Piazza della Libertà

Umgebung von Novara

Lohnend ist die Fahrt 56 km nordwestlich im Sesia-Tal aufwärts nach Varallo Sesia (450 m; 8000 Einw.), einer kleinen Stadt, die in den Voralpen an der Mündung des engen Mastallone-Tals liegt. Varallo Sesia ist der Geburtsort des Malers Gaudenzio Ferrari (um 1480 bis 1546). Malerisch thront dort auf einem Felsen die Kollegiatskirche San Gaudenzio. Sehenswert ist ferner die Kirche Santa Maria delle Grazie, die mit Fresken von Gaudenzio Ferrari ausgestattet ist (1507–1513).

Varallo Sesia

Novara

Im Orta-See liegt die Isola San Giulio

Sacro Monte

Neben der Kirche beginnt ein Kreuzweg zum Sacro Monte (608 m), einem vielbesuchten Wallfahrtsort. Die 44 Kapellen, welche die Stationen des Kreuzwegs bilden, sind mit Szenen aus der biblischen Geschichte ausgeschmückt; in der 38. Kapelle eine Kreuzigung von Gaudenzio Ferrari.

Alagna Valsesia

Fährt man von Varallo im Sesia-Tal weiterhin 36 km aufwärts, so erreicht man den schön im Talabschluß gelegenen Ort Alagna Valsesia. Von hier führt eine Schwebebahn in ca. 20 Minuten über Zaroltu (1825 m) und die Bocchetta delle Pisse (2406 m) zur Punta Indren (3260 m), einem südlichen Ausläufer des Monte Rosa.

Orta-See

Rund 45 km nördlich von Novara bildet der Orta-See (lat. Cusius, 18 km^2 Fläche; bis 143 m tief) ein lohnendes Ausflugsziel, besonders in seinem südlichen Abschnitt. Auf einer Halbinsel am Südwestfuß des Monte d'Orta oder Monte di San Francesco (401 m; 20 Wallfahrtskapellen) liegt das Städtchen Orta San Giulio (293 m; 1000 Einw.). Vom Hauptplatz, an dem das Rathaus steht, bietet sich ein herrlicher Blick auf die Isola di San Giulio mit einer Kirche, die der Überlieferung nach um 390 vom hl. Julius gegründet wurde. Zu empfehlen ist die Fahrt auf den Monte Mottarone (1491 m), von dem sich eine weite Sicht bietet.

Vercelli

Rund 23 km südlich von Novara liegt in der Lomellina-Ebene – zwischen den Flüssen Tessin und Po – Vercelli (131 m; 53 000 Einw.), das römische 'Vercellae'. Heute ist Vercelli Zentrum des bedeutendsten Reisanbaugebiets in Europa. Im Norden der Stadt erhebt sich der Dom, der bis auf den Turm seit dem 16. Jh. barock erneuert wurde; in der Dombibliothek kostbare Handschriften. Südwestlich von hier steht die viertürmige Kirche Sant'Andrea (1219–1224), Teil einer Abtei und eines der ersten Bauwerke Italiens im gotischen Stil: Der Grundriß der Kirche entspricht der Form des lateinischen Kreuzes, das Kircheninnere erhält Licht sowohl durch herrliche Fensterrosen als auch durch kreisförmige Öffnungen im linken Seitenschiff. Im südlichen Teil der Stadt lohnt die Dominikanerkirche San Cristo-

foro einen Besuch, ausgestattet mit Fresken von Gaudenzio Ferrari. Freunde der Kunstgeschichte sollten das Museo 'C. Leone' (Stadtgeschichte) und das Museo 'F. Borgogna' besuchen: Die Gemäldegalerie F. Borgogna besitzt in- und ausländische Gemälde, besonders Werke von Malern der Renaissance aus Vercelli.
Südlich von Vercelli, an der Straße nach Casale, lagen die 'Raudischen Gefilde', wo 101 v.Chr. der römische Konsul Marius die Kimbern schlug.

Novara, Vercelli (Fortsetzung)

Von Novara nach Vigevano (ca. 55 km)

31 km östlich von Novara liegt Magenta (138 m; 24 000 Einw.). Dort haben am 4. Juni 1859 Franzosen und Piemontesen über die Österreicher gesiegt, die daraufhin die Lombardei räumten (San Martino, Ossarium).

Magenta

Fährt man von Magenta südwärts, erreicht man nach 9 km den Ort Abbiategrasso (120 m; 27 000 Einw.). Beachtenswert ist die Pfarrkirche Santa Maria Nuova, deren Fassade von Bramante geschaffen wurde (1497).

Abbiategrasso

Etwa 12 km südwestlich von Abbiategrasso liegt Vigevano (116 m; 66 000 Einw.). Die Piazza Ducale, der von Bramante entworfenen zentrale Platz, ist an drei Seiten von Arkaden eingefaßt, an denen man noch Reste des Frührenaissance-Dekors erkennt. Beachtenswert ist auch der Dom aus dem 16. Jh., dessen Fassade nach Plänen eines Bischofs von Vigevano entstand; zum Domschatz gehören u.a. flämische Bildtepppiche. Im Visconti-Castell (Castello Sforzesco) fand 1468 die Hochzeit von Galeazzo Sforza mit Bona von Savoyen statt. Der Schloßturm, die Torre del Castello, bildet eine Verbindung zwischen der Piazza Ducale und dem Kastell.

Vigevano

Orvieto

G 10

Region: Umbrien/Umbria
Provinz: Terni
Höhe: 325 m ü.d.M.
Einwohnerzahl: 22 000

Höchst imposant thront die alte Etruskermetropole Orvieto auf einem etwa 200 m hohen Tuffsteinblock, der wie eine Insel aus dem Paglia-Tal aufragt. Berühmt ist die Stadt nicht nur für ihr unvergleichliches Panorama, die aus dem Tuff erbaute Altstadt und den großartigen Dom, sondern auch für den 'Orvieto', einen der bekanntesten Weißweine Italiens.

Lage und Bedeutung

Stadtbesichtigung

Ausgangspunkt der Stadtbesichtigung ist der Dom, der als eines der schönsten Bauwerke der italienischen Gotik gefeiert wird. Den Anlaß zum Bau des gewaltigen Gotteshauses gab vermutlich das sogenannte Meßwunder von Bolsena: Ein böhmischer Priester zweifelte an seinem Glauben und erhielt ein Zeichen Gottes, als bei einer Messe, die er las, Blut von der Hostie auf das Meßtuch tropfte. Von der Grundsteinlegung im Jahre 1290 bis zur endgültigen Fertigstellung im 17. Jh. waren zahlreiche Baumeister und Künstler an der Dombauhütte beschäftigt, von denen vor allem der sienesische Architekt und Bildhauer Lorenzo Maitani (um 1270–1330) erwähnt werden muß. Maitani leitete den Dombau von 1310 bis 1330, führte die gotische Wölbetechnik ein und entwarf die großartige Fassade, für die der Dom in Siena als Vorbild diente. Als Meisterwerke der hochmittelalterlichen Bauplastik gelten die von Maitani und anderen Künstlern geschaffenen vier Marmorreliefs an der Sockelzone der Fassade (v.l.n.r. Schöpfungsgeschichte, alttestamentarische Szenen, Leben Christi und Jüngstes Gericht), des weiteren verdienen auch die vier in Bronze gegossenen Evangelistensymbole, im 14. Jh. in Orvieto oder Perugia

**Dom

*Fassade

Orvieto

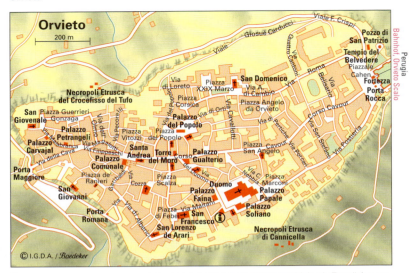

Dom (Fortsetzung)	gegossen, und die stark erneuerten, ab 1325 nach Maitanis Entwürfen entstandenen Mosaiken Beachtung. Die modernen Bronzeportale (1969) stammen von Emilio Greco. Der basilikale, nur schwach beleuchtete Innenraum mutet noch sehr romanisch an. Anziehungspunkt ist die Cappella Nuova (oder Cappella della Madonna di San Brizio) auf der rechten Langhausseite, die zu einem Teil Fra Angelico, zum größten Teil aber Luca Signorelli 1499–1502 ausmalte. Höhepunkt des grandiosen Freskenzyklus ist die expressive Darstellung des Weltgerichts.
**Cappella Nuova	
*Reliquienschrein	In der gegenüberliegenden Cappella del Corporale steht links vom Eingang der kostbare goldschmiedene Reliquienschrein (1338), der zur Aufnahme des bedeutendsten Kirchenschatzes, des blutgetränkten Meßtuchs von Bolsena, angefertigt wurde. Das Tuch wird nur am ersten Osterfeiertag und am Fronleichnamsfest öffentlich gezeigt.
Museo Archeologico Nazionale, Palazzo Soliano	Der aus Tuffstein errichtete, zweigeschossige Papstpalast, seit seiner Renovierung Sitz des Museo Archeologico Nazionale, schließt rechter Hand direkt an den Dom an. In fünf großen Sälen werden hier Ausgrabungsfunde der etruskischen Nekropolen um Orvieto gezeigt, u. a. abgelöste Wandmalereien aus Gräbern sowie eine vollständige Kriegerausrüstung. Rechts davon der Palazzo Soliano (1297–1301), in dem das Dommuseum (Museo dell' Opera del Duomo; Entwürfe, Dokumente zur Dombaugeschichte, Goldschmiedearbeiten, Skulpturen u. a.) untergebracht ist.
Palazzo Faina (Museum)	Gegenüber der Domfassade erhebt sich der schlichte Palazzo Faina. Er beherbergt das städtische archäologische Museum und eine Sammlung etruskischer und griechischer Vasen.
*Corso Cavour	Vom Dom führt die Via del Duomo nordwestlich zum Corso Cavour, der Einkaufsmeile Orvietos, die die Stadt von Osten nach Westen durchzieht. Bei der Einmündung der Domstraße in den Corso Cavour steht die Torre del Moro, ein 42 m hoher, mittelalterlicher Geschlechterturm. Schräg gegenüber der langgestreckte Palazzo Gualterio mit einem überladenen Spätrenaissanceportal (1550).

Die schöne Marmorfassade des Doms von Orvieto

Unweit nördlich der Torre del Moro liegt die Piazza del Capitano del Popolo, wo donnerstags und samstags der Markt abgehalten wird. Beherrscht wird der Platz vom wuchtigen Tuffsteinblock des Palazzo del Popolo (13. Jh.). Der einstige Sitz des 'Volkskapitäns' wurde zum Kongreßzentrum umgebaut. Von der Piazza del Popolo lohnt ein Abstecher in die nördliche Altstadt wegen der nur noch als Torso vorhandenen Dominikanerkirche San Domenico (13. Jh.; 1934 stark verkürzt). Das dortige Grabmal des Kardinals De Braye von Arnolfo di Cambio (nach 1282) wies der italienischen Grabmalskunst neue Wege.

*Palazzo del Popolo, San Domenico

Der Corso Cavour mündet westlich auf die belebte Piazza della Repubblica mit dem mittelalterlichen Palazzo Comunale, den der orvietanische Baumeister Ippolito Scalza 1573–1581 umbaute. Der zwölfeckige Campanile (11. Jh.) zur Linken des Palazzo gehört zur Kirche Sant' Andrea.

Palazzo Comunale

Besonders malerisch zeigt sich Orvieto in diesem alten Stadtteil mit engen Gassen und den typischen Tuffsteinhäusern. In der Via della Cava (Haus Nr. 27) kann man unterirdische, in den Tuff gegrabene Räume besichtigen. Von der Porta Maggiore, dem in den Fels gehauenen, ältesten Stadttor Orvietos, empfiehlt sich ein Spaziergang auf der einstigen Stadtbefestigung bis zur kleinen Kirche San Giovanni (Aussicht!).

*Westliche Altstadt, Via della Cava

Am Ostende des Stadtplateaus, bei der Zahnradstation, liegt unweit nördlich der ehemaligen Festung aus dem 14. Jh. (heute Parkanlage) der 1527–1537 von Antonio da Sangallo für Papst Clemens VII. ausgehobene Brunnen, der Orvieto im Falle einer Belagerung das Trinkwasser liefern

*Pozzo di San Patrizio

Ostia

Orvieto (Fortsetzung)
Tempio del Belvedere

sollte. In den 62 m tiefen Brunnenschacht führen zwei Schneckentreppen mit je 248 Stufen hinab.

Wenige Meter nördlich des Pozzo di San Patrizio stehen nahe am Abhang noch die Reste eines etruskischen Heiligtums, das wegen des schönen Ausblicks Tempio del Belvedere genannt wird.

Umgebung von Orvieto

Etruskische Nekropolen

Die Etrusker haben an mehreren Stellen um den Tuffelsen von Orvieto Friedhöfe angelegt, von denen man vor allem die Nekropole Crocifisso del Tufo besichtigen sollte (nordwestlich unterhalb der Stadt an der Via F. Crispi). Das Ausgrabungsgelände erinnert mit dem rechtwinkligen Straßennetz und den kleinen, gewölbten Grabhäuschen aus Tuffstein tatsächlich an eine Totenstadt (Nekropole). Die Gräber stammen überwiegend aus dem 5. und 6. vorchristlichen Jahrhundert.

Ostia G 12

Region: Latium/Lazio
Provinz: Rom/Roma
Höhe: 3 m ü.d.M.

Lage und Bedeutung

Ostia, die alte Hafenstadt von Rom, ist nach Pompeji die ausgedehnteste Ausgrabungsstätte auf italienischem Boden. Sie liegt 5 km von der Küste des Tyrrhenischen Meeres entfernt, in der Nähe des Flughafens Fiumicino.

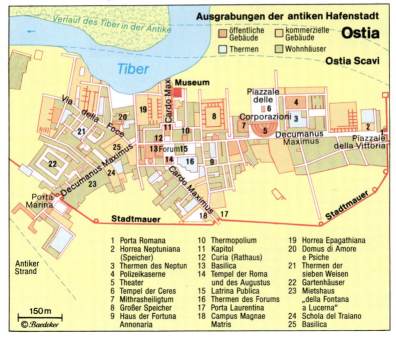

Ostia

Geschichte

Im Salzgewinnungsgebiet an der Tibermündung (lat. 'ostia') wurde im 4. Jh. v.Chr. die Stadt Ostia gegründet, die schon im 3. Jh. Hauptstützpunkt der römischen Seemacht war. Durch die wachsende Bedeutung der römischen Flotte und des Mittelmeerhandels entwickelte sich Ostia zum wichtigsten Vorort und Handelshafen der Hauptstadt (insbesondere für die Getreideeinfuhr). Während der Kaiserzeit (1./2. Jh. n.Chr.) erlebte die Stadt, die damals rund 50 000 Einwohner zählte, ihre Blütezeit. Nach dem Untergang des Römischen Reiches versank Ostia in der Bedeutungslosigkeit. Der Bau des Kanals von Fiumicino (1613) versetzte der Siedlung den Todesstoß; der Hafen versandete, und die Bewohner flüchteten vor der Malaria. Seit dem 19. Jh. wird das antike Ostia systematisch ausgegraben; auch Reste des römischen Hafens wurden freigelegt.

Ostia Antica

Der heutige Ort Ostia Antica (5000 Einw.) wird beherrscht von einem Kastell, das Kardinal Giuliano della Rovere 1483–1486 zum Schutz des Hafens errichten ließ. Die über einem unregelmäßigen Dreieck entstandene Anlage mit starken Mauern, Bastionen an der zum Fluß blickenden Seite und einem wuchtigen Bergfried ist ein typisches Beispiel für die italienische Festungsbaukunst der Renaissance. Gleichzeitig mit dem Castello wurde auch die Renaissancekirche Santa Aurea erbaut.

*Ausgrabungsgelände Ostia Scavi

Allgemeines

Ein Spaziergang durch das Grabungsgelände von Ostia vermittelt ein anschauliches Bild vom Leben in antiken Stadt. Der größte Teil der freigelegten Ruinen, die täglich außer Mo. besichtigt werden können, stammt aus dem 2.–4. nachchristlichen Jahrhundert. In der einst dicht bewohnten römischen Hafenstadt findet man noch Reste von drei- oder viergeschossigen Mietshäusern (lat. 'insulae'), wie man sie seinerzeit auch im kaiserlichen Rom baute. Im Erdgeschoß befanden sich meist Ladengeschäfte,

Das römische Theater in Ostia

Ostia

Ostia Scavi (Fortsetzung)

während sich die darüberliegenden Wohnungen in zahlreichen Fenstern zur Straße bzw. auf großzügige Innenhöfe öffneten. Sind einzelne Miethäuser mit anderen Zweckbauten zu einem Block zusammengefaßt, spricht man von einem 'caseggiato'.

Rundgang

Gleich hinter dem Eingang des Grabungsgeländes, noch vor der Porta Romana, passiert man an der alten Via Ostiensis sowie – noch schöner – an der südlichen Parallelstraße, der Via delle Tombe, ausgedehnte Gräberreihen mit z.T. umfangreichen Einzelgräbern, von denen die ältesten aus republikanischer Zeit stammen. Die Via Ostiensis führt auf die Reste der Porta Romana zu, des wichtigsten der drei ehemaligen Stadttore.

Decumanus Maximus

Hinter der Porta Romana beginnt der über 1 km lange Decumanus Maximus, die Hauptstraße des alten Ostia. Hinter dem Tor links liegt der Piazzale della Vittoria, benannt nach einem Standbild der Minerva Victoria (1. Jh. n.Chr.), rechts erkennt man die Ruinen eines Speichers (Horrea) aus dem ersten vorchristlichen Jahrhundert.

Thermen des Neptun

Weiter rechts, an der Ecke Via dei Vigili, liegen die Thermen des Neptun mit einem schönen Mosaik im Eingangssaal (Neptun mit Fischen und anderen Tieren) und Heizungsvorrichtungen in den Baderäumen an der Nordostecke. Von der Terrasse läßt sich das Ausgrabungsgelände bestens überblicken. Am Ende der Via dei Vigili steht links die Kaserne der Wächter (2. Jh. n.Chr.).

Theater, Piazzale delle Corporazioni

Am Decumanus folgt hinter den Thermen das aus der Zeit des Augustus stammende, unter Septimius Severus erweiterte Theater, das für etwa 2700 Personen Sitzplätze bot. Die Fassade zum Decumanus Maximus schmücken zwei Brunnen. Von der Höhe der Sitzstufen bietet sich ein schöner Blick über die Ausgrabungen, besonders auf den nördlich anschließenden Piazzale delle Corporazioni mit den Säulen des Ceres-Tempels in der Mitte. Der von Pinien bestandene Platz war einst das Geschäfts- und Handelszentrum von Ostia. An der Ostseite des Platzes lagen die Handelskontore (lat. 'scholae') von Schiffergilden, die den Frachtverkehr mit den überseeischen, meist afrikanischen Häfen vermittelten.

Das gut erhaltene Mithras-Heiligtum westlich neben dem Theater gehört zu der dahinterliegenden Domus des Marcus Apuleius Marcellus, einem Wohnhaus nach pompejanischem Muster mit Atrium und Peristyl.

Großer Speicher, Thermopolium

Hinter dem Theater folgen am Decumanus rechts auf einem Unterbau vier kleine Tempel (2. Jh. v.Chr.), westlich davon lag ein großer Speicher (Horrea). Dann sieht man am Decumanus rechts ein gut erhaltenes Thermopolium, eine Schenke mit gemauertem Schanktisch.

Forum, Kapitol

Wenige Meter hinter dem Thermopolium, an der Kreuzung von Decumanus Maximus und Cardo Maximus, der großen Nord-Süd-Achse von Ostia, lag das Forum, der religiöse und politische Mittelpunkt der Stadt. Seine Nordseite nimmt das mächtige Kapitol ein (2. Jh. n.Chr.), das einzige weitgehend erhaltene Bauwerk des Ausgrabungsfeldes. Der Ziegelbau, zu dem eine Freitreppe in der Breite des Gebäudes hinaufführt, war ursprünglich mit Marmorplatten verkleidet. An der Westseite des Forums entstanden unter Kaiser Trajan die Curia und ihr gegenüber die Basilica, in der Gerichtsverhandlungen abgehalten wurden. An der Südseite des Forums liegen die Trümmer des Roma- und Augustus-Tempels (1. Jh. n.Chr.) mit einer Statue der siegreichen Roma. Die ausgedehnten Thermen an der Südostseite des Forums stammen aus dem zweiten nachchristlichen Jahrhundert.

Museo Ostiense

Am Nordende des Cardo Maximus liegt das sehenswerte Museo Ostiense (Zufahrt), wo Ausgrabungsfunde aus Ostia gezeigt werden.

Horrea Epagathiana, Domus di Amore e Psiche

In einer Parallelstraße des Cardo Maximus westlich des Forums kommt man zum Horrea Epagathiana, einem beeindruckenden Speicherhaus mit hübschem Tor und zweistöckigem Arkadenhof. In derselben Gasse gegenüber blieb in dem Domus di Amore e Psiche, einem typischen Wohnhaus mit Innenhof, ein sehenswerter Marmorfußboden erhalten.

Thermen der 7 Weisen

Ganz in der Nähe, an der Via della Foce, liegen die Thermen der 7 Weisen mit einem schönen Fußbodenmosaik im zentralen Kuppelsaal, auf dem

Jäger und Tiere dargestellt sind. Neben den Thermen erkennt man die Reste eines mehrstöckigen Mietshauses, des sog. 'Hauses der Wagenlenker'.

Ostia (Fortsetzung)

Auf den Decumanus Maximus zurückgekehrt, sieht man rechter Hand zunächst die Basilica aus dem 4. Jh., die bislang einzige christliche Kirche in Ostia. Schräg gegenüber liegt die Schola di Traiano (2./3. Jh.), das Versammlungshaus der Schiffsbesitzer und Kaufleute, so benannt nach einer dort gefundenen Trajans-Statue. Zuvor standen an der Stelle dieser weitläufigen Anlage Wohnhäuser, von denen in der südöstlichen Ecke ein Peristyl mit einem Nymphäum übrig blieb.

Basilica, Schola di Traiano

Auf die Schola del Traiano folgt auf derselben Seite des Decumanus Maximus der 108 m lange Mietsblock 'della Fontana a Lucerna' mit einer Ladenstraße im Erdgeschoß. Gegenüber liegt eine Gartenstadt. Die dortigen Mietshäuser zeigen mit ihren Mosaiken und den heizbaren Baderäumen einen gehobenen Standard. Der Decumanus Maximus endet an der Porta Marina (Parkplatz).

Mietsblock, Gartenstadt

Auf dem Rückweg zum Eingang des Ausgrabungsgeländes lohnt ein Abstecher zum südlichen Stadttor, der Porta Laurentina. Dort liegt an der Stadtmauer der dreieckige 'Platz der Großen Mutter' (Campus Magnae Matris) mit den Resten des Kybele-Tempels.

Campus Magnae Matris

Lido di Ostia

Das 4 km südwestlich von Ostia Antica am Meer gelegene Seebad Lido di Ostia mit seinem 7 km langen Strand wird im Sommer vor allem von Erholungsuchenden aus dem nahen Rom besucht.

Südöstlich gelangt man an dem Parco di Castel Fusano entlang zu dem Badeplatz Lido di Castel Fusano, dem Endpunkt der von Rom kommenden Via Cristoforo Colombo, etwa 4 km von Lido di Ostia entfernt.

Lido di Castel Fusano

Padua / Padova F 5

Region: Venetien/Veneto
Provinz: Padua/Padova
Höhe: 12 m ü.d.M.
Einwohnerzahl: 215 000

Padua (ital. Padova), Hauptstadt der norditalienischen Region Venetien und der Provinz Padua, liegt 30 km westlich von Venedig am Rand der Euganeischen Berge (Colli Euganei), die vulkanischen Ursprungs sind. Durch das Stadtgebiet fließt der Bacchiglione, der sich in mehrere Arme teilt und durch Kanäle mit Brenta, Etsch und Po verbunden ist.

Lage und Allgemeines

Die engen, von Laubengängen eingefaßten Straßen der älteren Viertel, die altertümlichen Brücken über den Bacchiglione sowie die byzantinischen Kirchenkuppeln geben dem Stadtbild ein mittelalterliches Gepräge.

Das römische Patavium war zu Beginn der Kaiserzeit eine der reichsten Städte Italiens; nach der Zerstörung durch die Hunnen (452) erreichte es eine Zeit neuer Blüte. Im Jahre 1164 machte sich Padua unter den Staufern als erste norditalienische Stadt von der Reichsgewalt unabhängig. Die in den Kämpfen der Folgezeit meist guelfische Stadt kam 1318 an das Haus Carresi und 1405 in den Besitz der Republik Venedig.

Geschichte und Kunst

In Padua lebte der römische Geschichtsschreiber Titus Livius († 7 n.Chr.). Zu Beginn des 13. Jh.s wirkte hier der hl. Antonius, der 1195 in Lissabon geboren wurde und 1231 in Arcella bei Padua starb, als wortgewaltiger Bußprediger. Paduas Bedeutung im Mittelalter und in der Renaissancezeit beruht hauptsächlich auf der 1222 gestifteten, 1238 von Kaiser Friedrich II. erweiterten Universität, der ersten Pflegestätte des Humanismus, die auch auf die Künstler eine große Anziehungskraft ausübte.

Padua

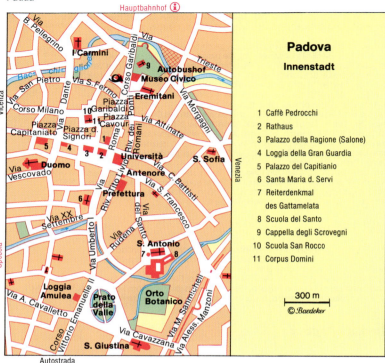

1	Caffè Pedrocchi
2	Rathaus
3	Palazzo della Ragione (Salone)
4	Loggia della Gran Guardia
5	Palazzo del Capitianio
6	Santa Maria d. Servi
7	Reiterdenkmal des Gattamelata
8	Scuola del Santo
9	Cappella degli Scrovegni
10	Scuola San Rocco
11	Corpus Domini

Geschichte und Kunst (Fortsetzung)

Viele hervorragende Kunstwerke des 14. Jh.s schufen Künstler, die von auswärts nach Padua kamen – Giotto, Giovanni Pisano oder Altichiero. Den Aufschwung im 15. Jh. brachten Florentiner Künstler, darunter Donatello, Paolo Uccello und Andrea del Castagno; ihr Einfluß war nachhaltig auf Bildhauer wie auch auf den Maler Andrea Mantegna (1431–1506).

Stadtzentrum

Piazza Cavour

Im Zentrum der Altstadt liegt die Piazza Cavour, an ihrer Südseite beginnt die belebte Via VIII Febbraio. Gleich rechts das Caffè Pedrocchi, das 1831 in klassizistischem Stil errichtet und nach dem Zweiten Weltkrieg erneuert wurde. Zur Zeit seiner Erbauung galt es als größtes Kaffeehaus Europas. In der Geschichte des Risorgimento spielte es eine bedeutende Rolle, heute ist es Treffpunkt von Professoren und Studenten.

Rathaus

Unweit südlich das Rathaus, der Palazzo Municipale mit einer Fassade von 1930 und einem älteren rückwärtigen Teil aus dem 16. Jahrhundert.

Universität

Gegenüber dem Rathaus liegt die 1222 erbaute Universität, die Studenten aus ganz Europa anzog. Im Hof sowie im Inneren des Gebäudes sieht man Wappen von Leuten, die hier studierten, darunter viele Deutsche. Neben der Aula die Lehrstühle Galileis und anderer Gelehrter, die an der Universität von Padua gewirkt haben. Beachtenswert ist auch das 'Anatomische Theater' (1594), in dem die Vorlesungen über Anatomie stattfanden.

Padua

Von der Universität führen zwei Straßen westlich zur Piazza dei Frutti und zur Piazza delle Erbe. Zwischen beiden liegt der Palazzo della Ragione mit offenen Bogengängen, auch 'Salone' genannt, da das Dach nur einen einzigen großen Saal überspannt. Im 13. Jh. als Gerichtsstätte erbaut, wird das Gebäude heute für Ausstellungen und Konferenzen genutzt. In dem langen Saal, dem Salone, befindet sich ein großes Pferd aus Holz, eine Nachbildung von Donatellos Reiterstandbild des Gattamelata; die Wände sind mit Fresken nach Motiven aus der Astrologie geschmückt.

*Palazzo della Ragione

Noch weiter westlich liegt die Piazza dei Signori. Dort steht die Loggia del Consiglio von 1283, auch 'Loggia della Gran Guardia' genannt, eine offene Halle im Stil der Frührenaissance mit geschlossenem Obergeschoß.

Loggia del Consiglio

An der Westseite des Platzes steht der Palazzo del Capitano, ehemals Sitz des venezianischen Statthalters. Der Palast hat einen stattlichen Uhrturm, ferner sieht man eine spätgotische Loggia, die in Teilen erhalten blieb.

Palazzo del Capitano

Südwestlich der Piazza dei Signori erhebt sich der Dom Santa Maria Assunta. Er wurde zur Zeit der Hochrenaissance erbaut und 1582 geweiht. Der Grundriß ist nach dem Schema einer venezianischen Kreuzkuppelkirche angelegt. Die Fassade wurde nicht vollendet. Interessante Stücke der Ausstattung sind u.a. das Bild "Krönung Mariens" von Gregorio Lazzarini und ein Renaissance-Grabmal des Bischofs Pietro Barocci († 1507). Rechts neben dem Dom der kleine Bau des Baptisteriums (13. Jh.), das mit schönen Fresken von Giusto de' Menabuoi (um 1375) ausgemalt ist.

Dom

**Kirche Sant' Antonio

Südwestlich der Universität liegt jenseits des Straßenzugs Riviera dei Ponti Romani und Riviera Tito Livio, der durch Überdeckung eines Bacchiglione-Arms geschaffen wurde, die Präfektur. Davor ein mittelalterlicher Sarkophag (1233), der als das Grab des mythischen Stadtgründers Antenor bezeichnet wird. Die Via del Santo führt südwärts zur Piazza del Santo: Dort steht die Kirche Sant' Antonio (Basilica del Santo), kurz 'il Santo' genannt, die von zahllosen Pilgern besuchte Grabkirche des hl. Antonius von Padua. Der gewaltige, im 13. und 14. Jh. als Pfeilerbasilika aufgeführte Bau, eine phantastische Mischung aus romanischen, gotischen und byzantinischen Stilformen, bietet mit seinen beiden schlanken Türmen, dem spitzen Kegeldach über der Vierung und den sieben Rundkuppeln ein malerisches Bild.

Allgemeines

Das Innere der Kirche ist mit bemerkenswerten Kunstwerken ausgestattet: Im linken Querschiff befindet sich die Cappella dell'Arca del Santo, die Grabkapelle des Heiligen mit neun Hochreliefs aus dem 16. Jh., auf denen Szenen aus dem Leben des hl. Antonius dargestellt sind, Arbeiten von J. Sansovino, T. Lombardi und anderen Künstlern. In dem mit Votivbildern verhängten Altar werden die Gebeine des Heiligen aufbewahrt. Der Hochaltar, ursprünglich ein Werk Donatellos (1446–1450), ist 1895 mit den alten Bildwerken, darunter musizierende Engel und Grablegung Christi, sowie Bronzefiguren von Donatello erneuert worden. Links daneben ein schöner Bronzeleuchter von A. Briosco (1507–1515). In einem Ausbau des Chorumgangs, der Cappella del Tesoro (auch Cappella delle Reliquie, von 1690), befinden sich kostbare Goldschmiedearbeiten und Reliquien.

Inneres

Südlich anstoßend an die Kirche vier schöne Kreuzgänge (13.–16. Jh.), von denen namentlich im ersten viele alte Grabsteine zu sehen sind.

Das Museo Antoniano birgt die Kunstsammlung der Basilika.

Museo Antoniano

Auf dem Platz vor der Grabkirche steht das mächtige Reiterdenkmal des Gattamelata. Donatello, der vielseitigste Meister der Frührenaissance-Skulptur, war von 1443 bis 1453 in Padua tätig und hat das Bronzestandbild 1447–1453 zu Ehren des Erasmo da Narni geschaffen. Dieser führte 1434–1441 den Befehl über das Heer der Republik Venedig, die gegen

**Reiterdenkmal des Gattamelata

Padua

Die dem hl. Antonius geweihte Basilica del Santo

Gattamelata-Denkmal (Fortsetzung)

Mailand kämpfte. Wegen seiner diplomatischen Geschicklichkeit wurde der Befehlshaber 'Gattamelata' ('gefleckte Katze') genannt.

Scuola del Santo

An der Südseite der Piazza del Santo befindet sich die Scuola del Santo. Im ersten Stock sind auf 17 größtenteils übermalten Fresken die Wunder des Heiligen dargestellt, drei Fresken stammen von Tizian (1511). Im Oratorio San Giorgio (14. Jh.) sind Fresken von Altichieri und Avanzo zu sehen. Südlich der Scuola del Santo liegt der Botanische Garten (Orto Botanico).

Basilica di Santa Giustina

Im Süden der Stadt liegt auch die Prato della Valle, ein ausgedehnter Platz mit Bäumen. In seiner Mitte ein Oval mit 82 Standbildern, die berühmte Bürger von Padua und Hörer der Universität darstellen. Im Südosten erhebt sich die eindrucksvolle Kirche Santa Giustina, ein Renaissancebau aus dem 16. Jahrhundert. Im Inneren ein Gemälde von Paolo Veronese ('Marter der hl. Justina') und das prächtige Chorgestühl.

Nördliche Innenstadt

Piazza dell' Insurrezione

Nördlich der Piazza Cavour liegt die verkehrsreiche Piazza Garibaldi. Von hier gelangt man westlich durch die Via Emanuele Filiberto zur Piazza dell' Insurrezione, dem Verkehrszentrum von Padua, das nach dem Zweiten Weltkrieg angelegt wurde und von modernen Großbauten gesäumt ist.

Chiesa degli Eremitani

Nordöstlich der Piazza Garibaldi kommt man zu der ehem. Kirche degli Eremitani aus dem 13. Jahrhundert. Im rechten Querschiff der Cappella Ovetari sind Reste von Mantegna-Fresken zu sehen, u.a. die 'Himmelfahrt Mariä'. Auch die Chorkapelle ist mit Fresken geschmückt.

*Cappella degli Scrovegni

Beachtenswert ist auch die Kapelle Madonna dell' Arena, die 1303–1305 als Hauskapelle eines später zerstörten Palastes erbaut und daher auch

Padua

Cappella degli Scrovegni genannt wurde. Der Raum ist ausgeschmückt mit Fresken Giottos, die Szenen aus dem Leben Mariä und Christi zeigen (1303–1306); sie gelten als sein frühestes und besterhaltenes Werk. Besonders eindrucksvoll sind in der dritten Reihe, wo die Leidensgeschichte dargestellt wird, der 'Judaskuß' und die 'Beweinung'. Am Altar eine Statue der Madonna mit Engeln, geschaffen von Giovanni Pisano.

Cappella degli Scrovegni (Fortsetzung)

Zwischen den beiden Kirchen befindet sich das Städtische Museum. Es enthält eine Münzsammlung, archäologische Sammlungen und eine Gemäldegalerie, in der die Bilder von Giotto, Bellini, Tizian, Veronese und Tintoretto sowie die flämische Malerei beachtenswert sind.

Museo Civico

Umgebung von Padua

Von Padua lohnt eine Fahrt durch die Euganeischen Berge im Südwesten, einem isoliert aus der Ebene aufragenden, im Monte Venta bis 603 m hohen Hügelland vulkanischen Ursprungs. Hier gibt es heiße Quellen und vielbesuchte Badeorte, darunter das elegante Thermalbad Abano Terme (14 m; 17 000 Einw.), das römische Aquae Patavinae (10 km). Dort lagern 87° C heiße radioaktive Quellen Schlamm vulkanischen Ursprungs ab, der, feingemahlen und mit heißem Wasser zu Brei angerührt, als 'Fango' bei Gicht und Rheuma zur Heilung dient.

Abano Terme

Von Abano Terme gelangt man westlich (4 km) zur Abbazia di Praglia, einer großen Benediktinerabtei, zu der eine Kirche im Renaissancestil gehört.

*Abbazia di Praglia

Bekannt sind auch die Quellen von Montegrotto Terme (14 km südwestlich), wo Reste römischer Thermen und eines Theaters freigelegt wurden. Etwa 6 km südlich von Montegrotto Terme erstreckt sich an der A 13 Battaglia Terme, ein weiterer Kurort in der Umgebung von Padua.

Montegrotto Terme

Battaglia Terme

Rund 30 km südwestlich von Padua liegt, vom Monte Calaone (415 m) überragt, das Städtchen Este (15 m; 18 000 Einw.), im Altertum Ateste genannt, das sich von 1050 bis 1275 im Besitz des Fürstengeschlechts der Estensi befand. Auf dem Gelände des Kastells ist im ehem. Palazzo Mocenigo das Museo Nazionale Atestino untergebracht, das vorgeschichtliche und römische Sammlungen besitzt. Ferner gibt es in Este das namentlich im Osten von einer mächtigen Mauer eingefaßte Castello Carrarese (14. Jh.), das von der Familie Este gegründet wurde und später an die Familie Carrara fiel. Beachtenswert ist darüber hinaus der Dom Santa Tecla aus dem 18. Jahrhundert. Im Chor ein Bild der hl. Thekla von Giovanni Battista Tiepolo: Darauf ist dargestellt, wie die hl. Thekla 1630 um die Befreiung der Stadt von der Pest bittet.

Este

Etwa 15 km westlich von Este erreicht man die kleine Stadt Montagnana (16 m; 10 000 Einw.), deren mittelalterliche Stadtmauer 24 zinnengekrönte Türme hat. Von der Umgehungsstraße, die um die ganze Stadt führt, ist sie am besten zu sehen. Vor der Porta Padova, an der Ostseite der Stadt, steht die Villa Pisani, die um 1560 nach Plänen Palladios erbaut wurde. Im Stadtzentrum sollte man zwei Gebäude beachten: den gotisch-romanischen Dom (15. Jh.) und den Palazzo Pretorio aus dem 16. Jh., heute Rathaus.

Montagnana

Rund 8 km nordöstlich von Montagnana liegt Arquà Petrarca, ein hübscher Ort mit einem mittelalterlichem Gepräge. Dort ist Francesco Petrarca (→ Berühmte Persönlichkeiten), einer der größten Dichter Italiens, 1374 gestorben. Das Haus, das er in seinen letzten Lebensjahren bewohnte, ist zu besichtigen. Sein Sarkophag aus Marmor befindet sich vor der Kirche.

Arquà Petrarca

Von Padua nach Venedig (30 km)

Sehr empfehlenswert ist auch eine Fahrt von Padua in östlicher Richtung unweit der kanalisierten Brenta entlang. Der Weg führt zunächst nach Stra,

Brenta-Kanal
Stra

Baedeker Special

Die Villen im Veneto

Sie sind das sinnlichste und lebendigste Erbe der Antike: die Landhäuser im Hügelland hinter Venedig und am Brentakanal, der Verbindung zu Padua. Ihr besonderer Reiz ist die Verschmelzung römischer Stilelemente mit der Architektur der Renaissance. Ihr größter Zauber: die Einbettung in Weinberge und Obsthaine – am Fuß der Dolomiten.

Auch heute noch, da das Veneto eine der wirtschaftlich erfolgreichsten Regionen Italiens ist, spürt man die aristokratische Gelassenheit, das opulente Behagen jener Zeit, als die Dogen von Venedig im Sommer hierher kamen, um sich zu erholen. Klug, wie Venezianer immer waren, finanzierten sie den Luxus aus den Erträgen einer florierenden Landwirtschaft.

Längst hat sich im Hinterland Venedigs viel Industrie angesiedelt; Mestre und Marghera sind abstoßende Beispiele dafür, wieviel Häßlichkeit damit verbunden ist. Zwischen Treviso und Vicenza wuchern Neubauten, Fabriken und Tankstellen um die Städte, deren Weichbild noch den Grundriß römischer Kastelle erkennen läßt. Die uralten Platanenalleen, die so tröstlichen Schatten werfen, werden von Jahr zu Jahr schütterer. Aber nur ein paar Kilometer weiter – in den Hügeln schwingen Rebengirlanden zwischen Maulbeerbäumen, locken üppige Sandsteingöttinnen in verwucherte Gärten mit Teichen und Grotten.

Rund 3000 venetische Villen existieren noch. Einige werden als Museen genutzt. Viele befinden sich in Privatbesitz und können am Wochenende besichtigt werden wie die Villa Barbaro in Maser, die wegen der Fresken von Paolo Veronese und der schönen Stuckarbeiten von Alessandro Vittoria berühmt ist. Die Villa, die als Wohnhaus für die Familie Barbaro bestimmt war, spiegelt die für die Landhäuser Palladios charakteristische Anordnung wider: einen Eingang mit hohen ionischen Säulen, seitlich Wirtschaftstrakte mit einer Säulenhalle. Manche Villen kann man nur von außen bewundern wie Palladios "La Rotonda" mit ihren vier Tempelfassaden. Viele vefallen, und manche werden als Werkstätten genutzt.

In einigen Villen läßt sich – keineswegs nur zu Luxuspreisen – das 'süße Leben' der Renaissancepatrizier nachempfinden: Sie sind als Hotel oder Restaurant hergerichtet, als Refugien für Genießer.

In diesen Bauten wird venezianische Geschichte wach: In den Jahren von 1389 bis 1420 gelang es Venedig verschiedene Gebiete auf dem italienischen Festland unter seine Herrschaft zu bringen, wodurch das Selbstbewußtsein der Venezianer bestärkt wurde. Zum erstenmal in ihrer Geschichte setzten sie den Fuß auf das Festland, konnten sie ihre qualvolle Abhängigkeit von Lebensmitteltransporten per Schiff sprengen. Die großen Künstler Venedigs hatten alle Hände voll zu tun, die neuen Landhäuser auszustatten. Andrea Palladio, der geniale Architekt, dem Vicenza seine Grandezza verdankt, schuf für die Venezianer Villenbauten, die an die römische Vergangenheit des Landes erinnern. Ihre maßvolle Schönheit verdanken sie der Anordnung des obersten Rats der Stadt: "Villen ja, Schlösser nicht!"

Die Villen, in denen man als Tourist wohnen kann, sind in der heißen Zeit ein angenehmer Stützpunkt für Venedig-Exkursionen. Abends, wenn ein feuchtheißer Dunst über der Lagune liegt, kehrt man in die luftige Villa auf dem

Land zurück. Für den Preis, den ein gutes Villenhotel auf dem Festland verlangt, bekommt man zudem in Venedig meist nur ein recht mittelmäßiges Zimmer.

Durchaus erschwinglich sind die Villa Revedin bei Osoppo, zu der ein gutes Fischlokal gehört, die Villa Ducale in Dolo am Brentakanal, die Villa Michelangelo in Arcugnano bei Vicenza. Luxuriös und entsprechend teuer: die Villa Cipriani in Asolo, die Villa "Al Toulà" in Ponzano Veneto bei Treviso (mit erstklassigem Restaurant). In der Villa Giustinian, die in Portobuffolé bei Treviso liegt, kann man in kleinen, erschwinglichen Zimmern oder aber in Luxussuiten wohnen und dabei die Freuden eines eleganten Restaurants und eines Weinkellers genießen. Die Villa ist von einer zinnenbekrönten Mauer und Türmen umgeben, Merkmalen mittelalterlicher Baukunst.

Die weitaus meisten Villen entstanden entlang des Brentakanals, der alten Verbindung zwischen Venedig und Padua (s. S. 398). Man kann diese reizvolle Landschaft mit dem Auto oder dem Ausflugsboot, dem Burchiello, erforschen. Rund 70 feudale Landhäuser konzentrieren sich auf wenige Kilometer Kanalufer. Dazu zählt auch die Villa "La Malcontenta", die Palladio in den Jahren 1550 bis 1560 für die Familie Foscari erbaute. An diesen Ort soll der Überlieferung nach im 14. Jh. eine Edelfrau aus dem Hause Foscari verbannt worden sein, um in der Einsamkeit für ein ausschweifendes Leben zu büßen. Auf diese Weise kam es zu dem Namen "La Malconenta" (die Unzufriedene). In der Villa Nazionale (Villa Pisani) wohnte Napoleon; Mussolini und Hitler hatten hier ihre erste Begegnung.

Viel versteckter und der Suche wert sind die Villen im Hügelland zwischen Treviso und Vicenza. Hier gedeihen zudem einige der besten Weine der Region, darunter der perlende Prosecco.

Bei Thiene liegt hoch über den Hügeln Andrea Palladios erste Villa: "Piovene Porto Godi" heißt sie nach der Gründerfamilie, deren Nachkommen die Villa noch heute besitzen. Schlicht und elegant liegt sie in einem herrlichen Garten aus dem 19. Jh. und vermittelt noch immer den größten Luxus der Venezianer: viel Platz zu haben.

Villa Nazionale bei Stra (Gartenseite)

Padua,
Brenta-Kanal
(Fortsetzung)
Villa Nazionale

einem von den Venezianern zum Sommerurlaub geschätzten Ort. Am Ortsende steht in einem Park die Villa Pisani, auch 'Villa Nazionale', aus dem 18. Jahrhundert. Das Gebäude, das über 100 Räume hat, war als Repräsentationsbau für Alvise Pisani, den damaligen Dogen von Venedig, gedacht. Die Gesamtanlage besteht aus fünf Flügeln, die sich um zwei Innenhöfe gruppieren. Die Fassade beeindruckt durch rundbogige Fenster und Halbsäulen, die das Hauptgeschoß des Mittelrisalits mit dem darüberliegenden Geschoß verbinden. Schön ausgestattet sind die Innenräume: Neben Gemälden nach mythologischen Themen, Veduten von Villen und Schlössern sowie Wand- und Deckenfresken sieht man dort schöne Empire-Möbel. Der Ballsaal (Sala del Ballo) wird durch eine Galerie in zwei Geschosse unterteilt. Eindrucksvoll ist das Deckengemälde von Tiepolo (1762) im Ballsaal: Es zeigt die Verherrlichung der Familie Pisani, deren Ruhm mit einer Posaune in allen bewohnten Erdteilen verbreitet wird.

Hinter Stra verläuft die Route ostwärts weiter an dem schiffbaren Brenta-Kanal (Naviglio di Brenta) entlang, der von Sommerhäusern und Villen mit Parks gesäumt wird. Bei der langgestreckten Ortschaft Mira überquert man den breiten Kanal Taglio di Brenta. Nach weiteren 15 km erreicht man schließlich den Piazzale Roma in → Venedig.

Paestum   K 15

Region: Kampanien/Campania
Provinz: Salerno
Höhe: 18 m ü.d.M.

Lage und
Allgemeines

Die Ruinenstätte von Paestum liegt im südlichen Teil der Region Kampanien in einer Ebene nahe dem Golf von Salerno, einer Bucht des Tyrrhenischen Meeres. Mit ihren Tempelruinen und Nekropolen ist sie das bedeutendste Monument griechischer Baukunst auf dem italienischen Festland.

Geschichte

Paestum wurde unter dem Namen 'Poseidonia' um 600 v.Chr. von Griechen aus Sybaris gegründet. Im 4. Jh. v.Chr. kam die Stadt in die Gewalt der Lucaner, im Jahre 273 v.Chr. wurde sie römische Kolonie.
Schon unter Augustus war Paestum wegen der malariaverseuchten Umgebung verrufen. Als im 9. Jh. die Sarazenen die Gegend verwüsteten, flohen die Einwohner mit der Matthäusreliquie, die nach der Überlieferung seit dem 4. Jh. hier aufbewahrt wurde, auf höher gelegenes Land und gründeten den Ort Capaccio, zu dem heute Paestum mit seinen wenigen modernen Häusern als Gemeindeteil gehört.
Der Normannenherzog Robert Guiscard beraubte die verödete Stadt ihrer Säulen und Bildwerke. Dann blieb sie lange vergessen, bis im 18. Jh. das Interesse für klassisch-griechische Kunst wiedererwachte.

Bemerkenswertes

Das Gebiet der antiken Stadt ist von einer 4,75 km langen, von vier Toren und einigen Türmen unterbrochenen großartigen Stadtmauer umgeben. Bei einem Rundgang bietet sich eine weite Sicht auf die Ruinenstätte und das Meer.

Stadtmauer

In der Mitte des Ruinenfeldes liegt an der Ostseite der Staatsstraße das Museum mit frühgeschichtlichem Gerät, bemalten Terrakotten und prachtvollen Metopen des nördlich von Paestum am Sele gelegenen Tempels der Hera sowie des sog. archaischen Schatzhauses.
Auch die in den außerhalb gelegenen Nekropolen entdeckten Grabgemälde sind hier zu sehen, ferner Statuen und Bildnisse aus griechischer Zeit.

**Museum

Unmittelbar südlich vom Museum schneidet die Staatsstraße das Amphitheater aus römischer Zeit, dessen Rundung noch erkennbar ist. Etwa 300 m weiter südlich befindet sich rechts – nahe am Südrand der antiken Stadt gelegen – der Eingang zum Ruinenfeld.

Amphitheater

**Ruinenstätte (Zona Archeologica)

Gleich gegenüber dem Eingang sieht man den großartigen Tempel der Hera (fälschlich als 'Neptuntempel' bezeichnet), ein herrliches Beispiel der formenstrengen Baukunst des 5. Jh.s v.Chr., wie sie dem griechischen Ideal des harmonischen Ausgleichs entsprach. Der Stein ist ein poröser Kalksinter, der im Laufe der Zeit einen schönen gelben Ton angenommen hat. Vor der Ostfassade befindet sich im Boden die Spitze eines älteren Ovalbaues. 10 m östlich die Reste des zum Tempel gehörenden Opferaltars.

Tempel der Hera

Dorischer Tempel im Ruinenfeld von Paestum

Palermo

Paestum (Fortsetzung), Basilica	Südlich neben dem Heratempel steht die sog. Basilica, der fälschlich so bezeichnete älteste Tempel Paestums, der nach der starken Schwellung der Säulenschäfte und der altertümlich bauchigen Form der Kapitelle vermutlich der zweiten Hälfte des 6. Jh.s v.Chr. zuzuordnen ist. An das Fundament der Ostfront stoßen wie beim Heratempel Reste eines früheren Ovaltempels; 27 m weiter östlich ein 21 m breiter Opferaltar.
Via Sacra	Unweit westlich ist ein Stück der nordsüdlich laufenden antiken Hauptstraße, der 'Via Sacra', freigelegt.
Forum	Etwa 200 m nördlich vom Heratempel kommt man zu dem freigelegten Forum (150 m lang, 57 m breit), das von einer großartigen Halle mit spätdorischen Säulen umgeben war. Nördlich vom Forum der mächtige Unterbau des Tempio Italico (273 v.Chr.) mit einer wiederaufgerichteten Säule.
*Tempel der Ceres	Noch weiter nördlich steht der sog. Tempel der Ceres (de facto der Athene geweiht); am Giebel, der ionische Einflüsse erkennen läßt, sind Spuren von Stuck und Bemalung zu erkennen.

Palermo   H 19

	Region: Sizilien/Sicilia Provinz: Palermo Höhe: 19 m ü.d.M. Einwohnerzahl: 715 000
Lage und Allgemeines	Palermo, Hauptstadt der Region Sizilien und bedeutendster Hafen der Insel, liegt an einem Golf der sizilischen Nordküste. Im Süden und Westen wird die Stadt von der künstlich bewässerten Ebene der Conca d'Oro ('goldene Schale') und einem weiten Halbkreis großartiger Berge im Hintergrund begrenzt.
	Insgesamt bietet Palermo das Bild einer modernen Stadt. Diese erhält ihr individuelles Gepräge durch die orientalisierenden Normannenbauten und durch das Barock der spanischen Zeit. Einen besonderen Reiz üben die zahlreichen schönen Gärten und palmenreichen Anlagen auf den Besucher aus.
Geschichte	Die von den Phöniziern gegründete Stadt, von den Griechen Panormos genannt, war Hauptstützpunkt der Karthager auf Sizilien, bis sie 254 v.Chr. von den Römern erobert wurde. 553 n.Chr. wurde Palermo durch den oströmischen Feldherrn Belisar den Ostgoten entrissen und blieb bis zur Einnahme durch die Sarazenen im Jahre 830 beim Byzantinischen Reich. Den Sarazenen folgten 1072 die Normannen, 1194 die Hohenstaufen und 1266 die französischen Anjou, deren Herrschaft durch den Volksaufstand von 1282, die 'Sizilianische Vesper', beendet wurde. Palermo kam dann unter aragonisch-spanische Verwaltung, im 18. Jh. an die Bourbonen und wurde am 27. Mai 1860 von Garibaldi befreit. Palermo ist Sitz eines Erzbischofs und einer Universität.

Sehenswertes

*Quattro Canti	Verkehrsmittelpunkt der Altstadt ist der 1609 angelegte Platz Quattro Canti ('vier Ecken'), auch Piazza Vigliena genannt. Er liegt an der Kreuzung der nordost–südwestlich verlaufenden 2 km langen Via Vittorio Emanuele mit der vom Hauptbahnhof zur Neustadt führenden Via Maqueda; von dieser blickt man durch die langen einheitlichen Häuserzeilen und auf die schöne Landschaft im Hintergrund. An der südlichen Ecke der Quattro Canti steht

Palermo

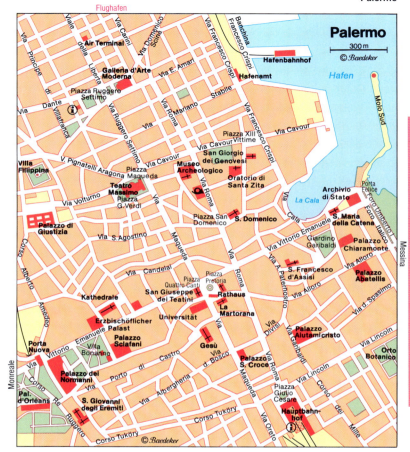

die Kirche San Giuseppe dei Teatini (1612–1645), eine mächtige Säulenbasilika mit eindrucksvoller Barockausschmückung. Südlich der Kirche liegt die Universität.

San Giuseppe dei Teatini

Noch weiter südlich kommt man zu der prunkvollen Kirche il Gesù (1564–1633), ebenfalls ein Bau im Stil des Barock.

Kirche il Gesù

Von den Quattro Canti gelangt man südwestlich durch die Via Vittorio Emanuele zur Piazza della Cattedrale. An der Nordwestseite des seit 1761 von einer gemauerten Balustrade mit 16 großen Heiligenstatuen umgebenen Platzes steht die Kathedrale, ursprünglich ein romanischer Bau, später mehrfach erweitert. Sie hat eine schön gestaltete Südfront (1300–1359), die Kuppel wurde erst im 18. Jh. fertiggestellt.

*Kathedrale

Im rechten Seitenschiff befinden sich sechs Königs- und Kaisergräber: unter tempelförmigen Baldachinen die majestätischen Porphyrsarkophage für Kaiser Friedrich II. († 1250; links) und seinen Vater Heinrich VI. († 1197; rechts); dahinter links das Grabmal für König Roger II. († 1154),

Königs- und Kaisergräber

401

Palermo

Die Kathedrale von Palermo geht auf die Romanik zurück

Kathedrale (Fortsetzung)

rechts das für seine Tochter, die Kaiserin Constanze; in einer Wandnische zur Linken das Grabmal für Wilhelm, den Sohn Friedrichs II. von Aragon, an der Wand zur Rechten das für Constanze von Aragon, die Gemahlin Kaiser Friedrichs II. In der Kapelle rechts vom Chor wird ein silberner Schrein mit der Reliquie der hl. Rosalie, der Schutzheiligen der Stadt und Patronin Siziliens, aufbewahrt. Am Ende des rechten Seitenschiffes die Sakristei mit dem reichen Kirchenschatz; Krypta.

Diözesanmuseum

Der Kathedrale südwestlich gegenüber der Erzbischöfliche Palast (Palazzo Arcivescovile; 15. Jh.), in dem das Diözesanmuseum untergebracht ist (Eingang im Hof rechts).

Palazzo dei Normanni

Jenseits der Via Vittorio Emanuele liegen die Piazza della Vittoria und der palmenreiche Park Villa Bonanno (Reste römischer Häuser). An der Westseite des Parks steht der Palazzo dei Normanni, das auf die Sarazenenzeit zurückgehende, von den normannischen Königen umgestaltete festungsartige ehem. Königliche Schloß. Vom letzten Tor links gelangt man in den von schönen Renaissancearkaden gesäumten Schloßhof.

**Cappella Palatina

Im ersten Stock befindet sich rechts die berühmte Cappella Palatina, 1132–1140 von König Roger II. erbaut und dem hl. Petrus geweiht. Mit ihrem prachtvollen Mosaikschmuck und der Vereinigung abendländischer und orientalischer Elemente (in arabischem Stil bemalte Decke) ist sie wohl die schönste Palastkapelle der Erde. An den Wänden sieht man Glasmosaiken auf Goldgrund, die Szenen aus dem Alten Testament sowie aus dem Leben Christi und der Apostel Petrus und Paulus zeigen. Neben der Kapelle der Schloßturm Santa Ninfa, dessen 15 m hoher Hauptraum im Erdgeschoß wohl als Schatzkammer der Normannenkönige diente.

Im zweiten Stock befindet sich ein Observatorium, von dessen Dach sich ebenso wie von den Balkonen der Schloßsäle (Führung) eine herrliche Aussicht auf Palermo bietet. Besonders sehenswert ist der Saal von König Roger, ausgeschmückt mit Mosaiken (um 1170; Jagdszenen).

Palermo

Nördlich anstoßend an den Palazzo dei Normanni steht im Zuge der Via Vittorio Emanuele die Porta Nuova (von 1535), deren oberes, vom Palazzo dei Normanni zugängliches Stockwerk ebenfalls eine prächtige Aussicht gewährt.

Porta Nuova

An der Südostecke der Piazza della Vittoria sieht man den Palazzo Sclafani (1330); in der Südwestecke ein Denkmal für Philipp V. (von 1856).

Palazzo Sclafani

Unweit südlich vom Palazzo dei Normanni erhebt sich als eigenartigste Kirchenruine von Palermo San Giovanni degli Eremiti (1132), mit ihren fünf überhöhten roten Kuppeln ganz von orientalischem Aussehen. Neben der Kirche die Reste einer kleinen Moschee. An die linke Ecke der Kirchenfassade ist ein malerischer Kreuzgang mit tropischen Pflanzen angefügt.

San Giovanni degli Eremiti

Westlich der Kirche liegt an der Piazza dell' Independenza die Villa d'Aumale (auch Villa d'Orléans), jetzt Verwaltungssitz der autonomen Region Sizilien; zu dem Gebäude gehört ein öffentlicher Park.

Villa d'Aumale

Piazza Pretoria

Östlich von San Giuseppe dei Teatini öffnet sich die von einem florentinischen Brunnen (1555–1575) geschmückte Piazza Pretoria. An ihrer Südseite befindet sich der Palazzo del Municipio (Rathaus), in ihrer Ostecke der Seiteneingang zur Kirche Santa Caterina (Barockausstattung). Die Fassade der Kirche zeigt zur Piazza Bellini, an der über einer Treppe die kleine Kirche Santo Cataldo steht, ein byzantinischer Kuppelbau (1161).

Palazzo del Municipio

Östlich daneben die prächtige Kirche La Martorana (1143), nach ihrem Stifter Georgios Antiochenos, dem Großadmiral des Normannenkönigs Roger I., auch Santa Maria dell' Ammiraglio genannt; sehenswert sind die

*La Martorana

Der schöne Kreuzgang von San Giovanni degli Eremiti

Palermo

Prunkvolle Bauten säumen die Piazza Pretoria

La Martorana (Fortsetzung)

byzantinischen Mosaiken und die schönen Gewölbemalereien. Der Kampanile ist im arabischen Stil gehalten.

Hafenbereich

Santa Maria della Catena

Der östliche Zweig der Via Vittorio Emanuele kreuzt etwa 200 m hinter den Quattro Canti die von Norden nach Süden durch die Altstadt gebrochene belebte Via Roma. Von der Straßenkreuzung führt der Corso an der Kirche Santa Maria della Catena (um 1500; schöne Vorhalle) vorbei zur Piazza Santo Spirito, die gegen das Meer zu von der Ruine der Porta Felice abgeschlossen wird.

Piazza Marina

Westlich von Santa Maria della Catena liegt der malerische Bootshafen la Cala, südlich die Piazza Marina, die fast ganz von dem tropisch anmutenden Garten Giardino Garibaldi eingenommen wird. Im Osten des Platzes steht der Palazzo Chiaramonte, gewöhnlich 'lo Steri' genannt, der 1307–1380 erbaut wurde und später Wohnsitz des Vizekönigs war.

*Galleria Regionale della Sicilia

Südöstlich vom Palazzo Chiaramonte liegt an der Via Alloro der Palazzo Abatellis (1495) mit Zinnenturm und gotischem Portal. Innen ist die Galleria Regionale della Sicilia untergebracht, ein Kunstmuseum, das einen vollständigen Überblick über die sizilische Malerei vom Mittelalter bis zur Neuzeit bietet. Besondere Beachtung verdient in Saal II das großartige Wandgemälde "Triumph des Todes" (15. Jh.), das Werk eines unbekannten Meisters.

*Foro Umberto I

Östlich und südöstlich von der Porta Felice erstreckt sich nahe am Meer das belebte Foro Umberto I, ein breiter Boulevard, von dem man einen herrlichen Blick auf den Golf von Palermo hat; an Sommerabenden bildet die Promenade einen beliebten Treffpunkt. Am Südende des Foro Italico liegt der schöne Park Villa Giulia (auch 'Flora'; 1777 angelegt) und westlich angrenzend der Botanische Garten mit reichem Bestand an Dattel- und Kokospalmen, Bananen-, Bambus- und Papyrusstauden.

Foro Umberto I (Fortsetzung)

Piazza Giuseppe Verdi

Von dem Platz Quattro Canti gelangt man nordwestlich durch die Via Maqueda zu der an der Grenze von Alt- und Neustadt gelegenen verkehrsreichen Piazza Giuseppe Verdi. Hier steht das 1875–1897 errichtete Teatro Massimo, mit 3200 Plätzen eines der größten Theater Italiens.

*Teatro Massimo

Vom Verdi-Platz führt die Via Ruggero Settimo durch die Neustadt zur Piazza Ruggero Settimo mit den Denkmälern für sizilische Patrioten. An der Nordostseite des Platzes im Politeama Garibaldi die Galleria d'Arte Moderna E. Restivo; dort werden Werke sizilischer Künstler gezeigt.

Galleria d'Arte Moderna E. Restivo

Vom Teatro Massimo führt die Via della Bara östlich zur Piazza dell' Olivella, gesäumt von der Chiesa dell' Olivella (1598) und dem Museo Archeologico Nazionale (Archäologisches Museum), einem der bedeutendsten Museen Italiens. Zum Bestand der Sammlungen, die in einem ehem. Kloster der Compagnia di San Filippo Neri untergebracht sind, gehören neben vorgeschichtlichen und etruskischen Fundstücken bedeutende Objekte aus dem klassischen Altertum, darunter v.a. die berühmten Reliefplatten oder Metopen von Selinunt (um 550 bis 450 v.Chr.). Beachtenswert sind ferner 56 Wasserspeier aus Himera in Form von Löwenköpfen (5. Jh.v.Chr.) und griechische Bronzen, darunter Herakles mit dem kerynitischen Hirsch, eine 1805 in Pompeji ausgegrabene Brunnengruppe und ein großer Widder aus Syrakus.

*Museo Archeologico Nazionale

Piazza San Domenico

Von der Ostseite des Archäologischen Museums gelangt man auf der Via Roma südlich an der Hauptpost (rechts) vorbei zur Piazza San Domenico mit einer 30 m hohen Marmorsäule, deren Spitze eine Madonnenstatue (1726) krönt. An der Ostseite des Platzes steht die Kirche San Domenico, die im 14. Jh. erbaut und 1636–1640 erneuert wurde. Im Inneren schöne Gemälde und zahlreiche Denkmäler bedeutender Sizilianer; in der Kapelle rechts vom Chor ein anmutiges Relief (Madonna mit Engeln) von Antonella Gagini. An die Kirche schließt sich der malerische Kreuzgang (14. und 16. Jh.) an.
Hinter San Domenico liegt in der Via Bambinai das Oratorio della Compagnia del Rosario di San Domenico (Eingang rechts daneben, Nr. 16), ausgestattet mit Stuckdekorationen von Giacomo Serpotta (1656–1732); am Hauptaltar eine Rosenkranzmadonna (1624/1625) von van Dyck.

San Domenico

Wenige Schritte nördlich vom Oratorio steht die 1369 gegründete Kirche Santa Zita; im Chor eine dreiteilige Altarwand (cona; 1517) von Antonio Gagini. Gleich hinter der Kirche befindet sich in der Via Valverde das Oratorio della Compagnia del Rosario di Santa Zita, ausgeschmückt mit Stuckarbeiten von Serpotta.

Santa Zita

Unweit nordöstlich von Santa Zita kommt man zur Kirche San Giorgio dei Genovesi (1591). Nördlich von hier erstreckt sich längs der Via Francesco Crispi der lebhafte Hafen.

San Giorgio dei Genovesi

Sehenswertes im Westen

Rund 1,5 km westlich der Porta Nuova liegt am Stadtrand der Convento dei Cappuccini (1621); in den unterirdischen Gängen befinden sich 8000

Convento dei Cappuccini

Palermo

Convento dei Cappuccini (Fortsetzung)

Mumien und Skelette von Geistlichen oder wohlhabenden Bürgern, deren Kleidung teilweise von den Nachfahren der Toten erneuert wird.

Palazzo della Zisa

Etwa 500 m nördlich vom Kapuzinerkloster steht der normannische Palazzo della Zisa, ein 1154–1166 von Wilhelm I. und seinem Sohn Wilhelm II. nach arabischen Vorbildern errichtetes Lustschloß. Im Erdgeschoß ein quadratischer, von einer Brunnenanlage durchzogener Gartensaal mit byzantinischen Mosaiken und hohem Stalaktitengewölbe.

Santa Maria di Gesù

Lage
4 km südlich
**Aussicht

Empfehlenswert ist eine Fahrt von Palermo nach Santa Maria di Gesù, einem am Hang des Monte Grifone (832 m) gelegenen ehem. Minoritenkloster, von dem man, besonders bei Morgenbeleuchtung, eine herrliche Aussicht auf Palermo und die Conca d'Oro hat.

San Martino delle Scale

Lage
13 km südwestlich

Südwestlich der Stadt liegt das ehem. Benediktinerkloster San Martino delle Scale. Der heutige Bau entstand 1770–1786, die Kirche stammt von 1590.

Spianata della Sacra Grotta

Lage
13 km nördlich

Lohnend ist auch die Fahrt zur Spianata della Sacra Grotta. Dort liegt in einer Felswand die 1625 zur Kirche umgestaltete Grotte der hl. Rosalie. Die Heilige († um 1166) war nach der Legende eine Tochter des Herzogs Sinibaldo und eine Nichte des Königs Wilhelm II., die sich schon mit 14 Jahren als Einsiedlerin hierher zurückzog. Vor der Grottenkirche erinnert links eine Gedenktafel in deutscher Sprache an den Besuch Goethes (6. 4. 1787).

*Monte Pellegrino

Von der Kirche gelangt man auf einem steilen Fußweg (30 Min.) südöstlich zum Gipfel des Monte Pellegrino (606 m; 2 Fernsehtürme), von dem sich eine umfassende Aussicht bietet.
Von der Spianata della Sacra Grotta führt eine Straße in Windungen hinab nach Mondello (8 km; s. unten).

Rundfahrt um den Monte Pellegrino (ca. 30 km)

La Favorita

Empfehlenswert ist eine Fahrt um den Monte Pellegrino. Man fährt zunächst in nördlicher Richtung, vorbei am ehem. königlichen Lustschloß La Favorita (Park, Orangerie), in dessen unmittelbarer Nähe sich das Schlößchen Palazzina Cinese mit dem sehenswerten Museo Etnografico Siciliano Pitrè (Volkskunde) befindet.

Mondello

Von hier führt der Weg – am Westfuß des Monte Pellegrino und am Südfuß des Monte Gallo (527 m) entlang – nach Mondello, dem zwischen Monte Gallo und Monte Pellegrino an der gleichnamigen Bucht gelegenen Seebad (guter Sandstrand). Von Mondello fährt man am Meer entlang zurück nach Palermo – um die Punta di Priola herum, vorbei am Cimitero Monumentale (oder Cimitero dei Rotoli), dem größten Friedhof von Palermo, schließlich durch die meernahen Vororte Arenella und Acquasanta.

Piana degli Albanesi

Lage
24 km südlich

Von Palermo fährt man durch eine besonders schöne Landschaft südlich über Altofonte nach Piana degli Albanesi, einem früher Piana dei Greci genannten Städtchens, das 1488 als Albanerkolonie gegründet, bis heute seine eigene Sprache (toskischer Dialekt) und den orientalischen Ritus der römisch-katholischen Kirche bewahrt hat. Die Stadt ist Sitz eines Bischofs für die in Italien lebenden Albaner. An Festtagen sieht man Leute in albanischen Trachten.

Palermo, Piana degli Albanesi (Fortsetzung)

Insel Ustica

Von Palermo kann man mit dem Schiff (mehrmals wöchentlich) oder mit einem Tragflügelboot (mehrmals täglich) zu der nördlich von Sizilien gelegenen, ehemals vulkanischen Insel Ustica (9 km^2; 1200 Bew.) fahren, die in der Punta Maggiore (244 m), dem Rest eines Kraterrandes, gipfelt und wegen ihrer großen landschaftlichen Schönheit immer häufiger besucht wird.

Lage
67 km nördlich

An der Ostspitze der Insel liegt Ustica (49 m; Hotels, Hafen). Südlich die nur mit dem Boot erreichbaren Felshöhlen Grotta Azzurra, die besonders schöne Grotta dell' Acqua sowie die Grotta Pastizza.

→ Sizilien

Monreale

→ Sizilien

Bagheria

Parma

E 6

Region: Emilia-Romagna
Provinz: Parma
Höhe: 52 m ü.d.M.
Einwohnerzahl: 170 000

Parma, ehemals Hauptstadt des Herzogtums Parma und heute Hauptort der gleichnamigen Provinz, liegt in der Oberitalienischen Tiefebene – am nördlichen Fuß des Apennin und am Torrente Parma, einem Nebenfluß des Po. Parma ist Sitz einer Universität. Durch das Stadtgebiet verläuft die historische Via Aemilia. Für die Innenstadt, die sich am rechten Ufer des Torrente Parma erstreckt, sind eine moderne Bebauung und einförmig gerade Straßen kennzeichnend. Jenseits des Torrente Parma liegt die Altstadt, Parma Vecchia, mit dem Palazzo Ducale und einer Parkanlage.

Lage und Bedeutung

Im Jahre 183 v.Chr. wurde Parma römische Kolonie. Im Mittelalter gewann es Bedeutung durch seine Wollweberei und seine Universität. 1341–1512 gehörte die stets guelfische Stadt zu Mailand, anschließend fiel sie an den Kirchenstaat. Im Jahre 1545 verlieh Papst Paul III. die Herzogtümer Parma und Piacenza seinem natürlichen Sohn Pier Luigi Farnese. Als dessen Geschlecht 1731 im Mannesstamm erlosch, gelangte der Kleinstaat an eine Nebenlinie der Bourbonen. Seit 1806 zu Frankreich gehörend, wurden die beiden Herzogtümer 1816 der Erzherzogin Marie Luise, der Gemahlin Napoleons I., auf Lebenszeit überlassen und nach ihrem Tod an die Bourbonen zurückgegeben. Diese mußten 1860 das Land verlassen, das nun zum Königreich Sardinien kam und wenig später zu dem neuen Italien.

Geschichte

In Parma lebte und wirkte der Maler Antonio Allegri, genannt Correggio (1489–1534), der große Meister des 'Helldunkel'. Aus dieser Stadt stammt auch Parmigianino (1503–1540), der Hauptmeister der Schule von Parma und des Manierismus, zu dessen Begründern er gehört. Parmigianino (il Parmeggianino) war ein bedeutender Porträtist und Radierer.

Die Stadt und ihr Umland werden auch ihrer Gaumenfreuden wegen geschätzt: Dazu gehören der Parmaschinken und der Parmesan, ein Hartkäse, der grob oder fein gerieben zu Nudelgerichten gereicht wird.

Parma

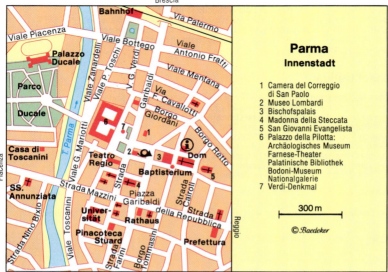

Innenstadt

Piazza Garibaldi

Mittelpunkt der Stadt ist die Piazza Garibaldi, deren Cafés einen beliebten Treffpunkt bilden. An dem Platz stehen der Palazzo del Governatore, der Palast des Statthalters (13. Jh.) mit eindrucksvoller Fassade, und der Palazzo del Comune, das Rathaus (17. Jh). Südwestlich der Piazza Garibaldi befindet sich die Universität, zu der ein interessantes Museum mit naturwissenschaftlichen Sammlungen gehört (Museo di Storia Naturale).

Pinacoteca Stuard

Von der Universität ist es nicht weit zur Pinacoteca 'Giuseppe Stuard', einer nach ihrem Stifter benannten Gemäldesammlung. Gezeigt werden u.a. Werke von Giovanni Battista Tiepolo, Canaletto und Tintoretto.

*Baptisterium

Von der Piazza Garibaldi gelangt man nördlich durch die belebte Strada Cavour, dann rechts durch die Strada al Duomo zur Piazza del Duomo, an dem das Bischöfliche Palais und das Baptisterium (Battisterio) liegen. Diese Taufkapelle, ein mächtiger achteckiger Marmorbau, wurde in den Jahren 1196–1260 von Benedetto Antelami im romanisch-gotischen Stil erbaut. Er ließ die Portale mit Reliefs schmücken, denen Motive aus der Heiligen Schrift zugrunde liegen. Im Inneren sind hervorragende Kunstwerke zu sehen, darunter zwölf Reliefs mit Monatsbildern und Fresken.

*Dom
mit Campanile

An der Ostseite der Piazza del Duomo zieht der Dom die Blicke auf sich, eine romanische Pfeilerbasilika aus dem 12. Jahrhundert. Seine breite Fassade bildet zusammen mit dem anstoßenden, 63 m hohen Campanile (13. Jh.) eine eindrucksvolle Baugruppe. Im Inneren sind besonders die Fresken der Kuppel, geschaffen von Correggio (s. S. 407), beachtenswert: Dargestellt ist die Himmelfahrt Mariä (1526–1530), ein Gemälde voll schwingender Bewegung. Im Querschiff rechts das Relief einer Kreuzabnahme von Benedetto Antelami (1178). In der Krypta des Doms findet man schöne Säulen und Reste eines frühchristlichen Bodenmosaiks.

Das Baptisterium von Parma erhebt sich auf achteckigem Grundriß ▶

Parma

San Giovanni Evangelista

Östlich hinter dem Dom steht die Klosterkirche San Giovanni Evangelista, 1510 im Renaissancestil erbaut, mit einer Barockfassade von 1607 und einem schlanken Glockenturm (1614). Im Inneren sind schöne Kuppelfresken von Correggio (1521–1523) zu sehen und Fresken seines Schülers Parmigianino.
Neben dem Kloster die 'Storica Farmacia di San Giovanni Evangelista', eine alte Apotheke mit Renaissance-Einrichtung und Keramikbehältern.

Palazzo della Pilotta

Vom Domplatz führen die Strada al Duomo und die Strada Pisacane zum Piazzale Marconi im Westen. An dem Platz erhebt sich der Palazzo della Pilotta (Pilotta-Palast), ein 1583 begonnener Backsteinbau, der jedoch niemals vollendet wurde. Da in den drei Innenhöfen früher Ball (baskisch 'Pelota') gespielt wurde, entstand der Name Palazzo della Pilota.

*Museen

Der Gebäudekomplex beherbergt einige Museen: die Galleria Nazionale (Nationalgalerie bzw. Pinakothek), das Museo Archeologico Nazionale, die Biblioteca Palatina und das Bodoni-Museum mit Werken des berühmten Druckers Giambattista Bodoni. Die Galerie, deren Räumlichkeiten vor kurzem modernisiert wurden, besitzt Gemälde von Correggio ("Madonna di San Girolamo", "Madonna della Scodella"), Parmigianino, Fra Angelico, Giulio Romano, Cima da Conegliano, Tiepolo, Canaletto, Carracci, El Greco, ferner eine Zeichnung (Kopfstudie) von Leonardo da Vinci.

Teatro Farnese

Sehenswert ist auch das Teatro Farnese (Farnese-Theater) im Obergeschoß, das um 1620 entstand. Giovanni Battista Aleotti, ein Schüler des Palladio, ließ zu diesem Zweck einen Waffensaal mit Holz auskleiden.

Verdi-Denkmal

Vor dem Palazzo della Pilotta steht ein Verdi-Denkmal. Es erinnert an den Komponisten Giuseppe Verdi, der aus dem Ort Le Roncole in der Provinz Parma stammte und mit seinen Opern weltberühmt wurde.

Lombardi-Museum

Einen Besuch lohnt ferner das Museo Glauco Lombardi, das im Palazzo di Riserva an der Piazza della Pace untergebracht ist. Die Gemälde und Kunstgegenstände stammen zumeist aus dem Besitz der Kaiserin Marie Luise, die eine Zeitlang Herzogin von Parma war. So findet man zahlreiche Arbeiten von Watteau, Fragonard und anderen französischen Malern.

Camera di San Paolo

Unweit des Piazzale Marconi befindet sich in einem ehemaligen Benediktinerinnenkloster die Camera di San Paolo. Der Raum, einst Speisesaal der Äbtissin, ist ausgestattet mit Fresken des jungen Correggio (1518 und 1519), darunter die berühmten 'Putti del Correggio'. Er wird daher auch als 'Camera del Correggio' bezeichnet.

Teatro Regio

Südlich des Piazzale Marconi kommt man zum Teatro Regio, dem Königlichen Theater (1821–1829), das mit Bellinis Oper "Zaira" eingeweiht wurde.

Madonna della Steccata

Schräg gegenüber vom Teatro Regio sieht man die schöne Kuppelkirche Madonna della Steccata, in Form eines griechischen Kreuzes 1521–1539 nach dem Muster der Peterskirche in Rom erbaut. Im Inneren sind u.a. die Fresken am Triumphbogen und die Kuppelfresken sehenswert.

Museo di Arte cinese ed Etnografico

Südlich vom Zentrum lohnt das Museo di Arte cinese, das nahe der Zitadelle liegt, einen Besuch. Ausgestellt sind Werke chinesischer Kunst. Dem Museo di Arte cinese ist ein Völkerkundemuseum angeschlossen.

Oltretorrente (Parma Vecchia)

Santissima Annunziata

Von der Piazza Garibaldi gelangt man westlich durch die Strada Mazzini und auf dem Ponte di Mezzo, der über den Torrente Parma führt, in den 'Oltretorrente' bzw. 'Parma Vecchio' genannten ältesten Teil der Stadt. Hier steht, ziemlich am Anfang der Strada Massimo d'Azeglio, die Kirche Santissima Annunziata, ein Barockbau, der 1566 begonnen wurde, mit eigenartigem Grundriß und kühn konstruierter Kuppel (17. Jh.).

In der Altstadt steht auch, im Borgo Rodolfo Tanzi (Nr. 13), das Geburtshaus des Dirigenten Arturo Toscanini (→ Berühmte Persönlichkeiten).

<small>Parma, Toscanini-Haus</small>

Weiter nördlich erstreckt sich zum Torrente Parma hin der große Parco Ducale. Am nordöstlichen Rand des Herzoglichen Parks steht der Palazzo Ducale von 1564. Der Park wurde von einem französischen Architekten angelegt und von einem französischen Bildhauer mit Statuen geschmückt.

<small>Parco Ducale</small>

Umgebung von Parma

Lohnend ist ein Ausflug zu dem Dorf Torrechiara, das 17 km südlich von Parma in den Apenninen liegt. Eindrucksvoll erhebt sich dort über dem Tal des Torrente Parma eine Burg (15. Jh.) mit doppelten Festungsmauern, Ecktürmen und einem Bergfried. im Inneren die sehenswerte Camera d'Oro (Goldsaal) mit bemalten Wandfliesen und Fresken.

<small>Torrechiara</small>

Rund 20 km nordöstlich von Parma liegt am Po der Ort Brescello, wo die Geschichten von Don Camillo und Peppone (mit Fernandel und Gino Cervi) verfilmt wurden. Der Schriftsteller Giovanni Guareschi (1908–1968) berichtet in seinen satirischen Geschichten von einem katholischen Priester und einem kommunistischen Bürgermeister, die einen Kleinkrieg um die Gunst des Volkes führen. Auf dem Hauptplatz steht eine Herkulesstatue aus der Zeit der Renaissance.

<small>Brescello</small>

Nordöstlich von Parma liegt auch – jenseits des Po an der Strecke nach Mantua – die kleine Stadt Sabbioneta (30 km). Sie wurde im 16. Jh. angelegt. Vespasiano Gonzaga (1532–1591) ließ den Ort wie den Sitz eines Renaissancefürsten gestalten. So entstanden Festungswerke, der Palazzo Ducale mit holzgeschnitzten Decken, ferner der Gartenpalast (Palazzo del Giardino), der den Rahmen für festliche Veranstaltungen bildete. In der Chiesa dell'Incoronata ist Vespasiano Gonzaga beigesetzt.

<small>Sabbioneta</small>

Pavia D 5

Region: Lombardei/Lombardia
Provinz: Pavia
Höhe: 77 m ü.d.M.
Einwohnerzahl: 77 000

Die alte lombardische Stadt Pavia, Hauptort der gleichnamigen Provinz, liegt im westlichen Teil der Oberitalienischen Tiefebene am Ticino, der nicht weit von hier in den Po mündet. Durch den Schiffahrtskanal Naviglio di Pavia ist die Stadt mit dem nördlich gelegenen Mailand verbunden.

<small>Lage</small>

Die Stadt hat in ihren Backsteinbauten das mittelalterliche Bild gut bewahrt und ist vor allem wegen ihrer schönen lombardisch-romanischen Kirchen besuchenswert. Während von den einst zahlreichen Adelstürmen nur noch wenige erhalten sind, sieht man stellenweise noch die mächtigen Wälle und Bastionen aus der spanischen Zeit. Pavia ist Sitz einer Universität.

<small>Bedeutung</small>

Die Stadt Pavia, das Ticinum der Römer, war ein Lieblingssitz Theoderichs des Großen und nach dem Fall Ravennas für kurze Zeit die Hauptstadt der Ostgoten, von 572 bis 774 Hauptstadt des Langobardenreichs. Seit dem 7. Jh. hieß die Stadt Papia. Im Mittelalter wurden in der Kirche San Michele viele Könige von Italien gekrönt, auch die beiden Kaiser Heinrich II. und Friedrich Barbarossa. Die Bürger von Pavia hielten meist treu zum Kaiser, bis Karl IV. die Stadt 1359 den Visconti überließ. Bei Pavia wurde im Jahre 1525 Franz I. von Frankreich geschlagen und gefangengenommen. Im 18. Jh. ging die Stadt an die österreichische Linie der Habsburger über.

<small>Geschichte</small>

Pavia

Innenhof der Universität von Pavia

Sehenswertes

Universität

Vom Ticino führt die Strada Nuova, die Hauptstraße von Pavia, ins Zentrum. Am nördlichen Ende liegt die Universität, eine Erweiterung der im 11. Jh. gegründeten Rechtsschule. Der jetzige Bau wurde im 14./15. Jh. begonnen und im 18. Jh. vergrößert. Die um 1770 gegründete Bibliothek besitzt etwa 370 000 Druckwerke. In den fünf Höfen Denkmäler berühmter Professoren. Bemerkenswert sind im zweiten Hof eine Statue des Naturforschers Alessandro Volta (⟶ Berühmte Persönlichkeiten) und Grabreliefs. Hinter dem ersten Hof bietet sich ein schöner Blick auf drei noch erhaltene Geschlechtertürme (Überreste von Adelsburgen) aus Backstein.

Santa Maria del Carmine

In der Via Roma steht die Kirche Santa Maria del Carmine, ein dreischiffiger, gotischer Backsteinbau mit eindrucksvoll gegliederter Fassade (1390). Das Innere ist ansprechend ausgestattet (15./16. Jh.); an den Seitenschiffen befinden sich je acht Kapellen. In der Nähe der Kirche Santa Maria del Carmine liegt an der Piazza Petrarca der Palazzo Malaspina.

Broletto

Südwestlich der Universität erstreckt sich die Piazza della Vittoria; an diesem Platz steht der Broletto aus dem 12. Jh., das alte Rathaus der Stadt. Die altitalienischen Rathäuser, die Broletti, sind meist schöne Bauten.

*Dom

In der Nähe des Broletto erhebt sich der Dom, ein Zentralbau mit Apsiden an drei Seiten. Im Jahre 1488 wurde er von Cristoforo Rocchi unter Mitwirkung von Amadeo und Bramante im Stil der Frührenaissance begonnen. Die Fassade stammt von 1898, die mächtige Kuppel beherrscht weithin das Stadtbild (z.Z. wird der Dom saniert).

Von der Innenausstattung sind ein Gemälde einer Madonna mit Rosenkranz, einer Madonna mit Kind sowie von dem Heiligen Antonius und Johannes dem Täufer hervorzuheben, ferner die Kanzel mit Reliefs aus dem Leben des San Siro. An einer Stelle kann man noch Konstruktions-

Pavia

elemente aus der jüngsten Bauphase der Kirche sehen. Am Eingang ist die Anbetung der Heiligen Drei Könige dargestellt, eine Arbeit von Daniele Crespi.

Dom (Fortsetzung)

Der Torre Civica (= Stadtturm), ein Backsteinbau aus dem 11. Jh., der früher neben dem Dom aufragte, war ursprünglich der Glockenturm einer älteren Kirche. Am Morgen des 17. März 1989 stürzte er in sich zusammen und begrub vier Menschen unter seinen Trümmern.

Ehem. Torre Civica

Vom Dom gelangt man in südlicher Richtung durch die Via dei Liguri, dann rechts durch die Via Pietro Maffi zu der romanischen Kirche San Teodoro aus dem 12. Jahrhundert. Im Inneren interessante Fresken, u.a. gleich links eine alte Ansicht von Pavia (1522) sowie eine schöne Krypta (12. Jh.).

San Teodoro

Etwa 500 m östlich von San Teodoro liegt – jenseits der Strada Nuova – die alte Krönungskirche San Michele, ein 1155 vollendeter romanisch-lombardischer Bau. Die Kirche hat eine schöne Fassade – mit reichem Ornamentschmuck und figürlichen Reliefs in bandförmigen Streifen; oben eine Giebelgalerie. Beachtenswert ist auch das Innere, u.a. mit einem Silberkreuz (10.Jh.) und Resten eines Mosaikfußbodens im Presbyterium.

∗San Michele

Die Strada Nuova endet südlich am Piazzale Ponte Ticino, der unmittelbar am Ticino liegt. Von hier gelangt man über den Ponte Coperto ('gedeckte Brücke') mit seinen schönen Bögen in den Vorort Borgo Ticino.

Ponte Coperto

∗Castello Visconteo

Im Norden von Pavia erhebt sich das Kastell der Visconti (Castello Visconteo, 1360–1365), ein quadratischer Bau mit großem Innenhof. In dem Kastell ist das Städtische Museum untergebracht; es besitzt archäologi-

Museum

Die Certosa di Pavia ist ein weitberühmter Kartäuserkonvent

Perugia

Pavia,
Castello Visconteo
(Fortsetzung)

sche Fundstücke, Skulpturen und Architekturfragmente. Ferner befindet sich dort eine Gemäldegalerie, die Pinacoteca Malaspina, die früher ihren Platz im Palazzo Malaspina hatte; zum Bestand gehören etwa 500 Bilder, u.a. Werke von Bellini, Crivelli und Correggio.

*San Pietro in
Ciel d'Oro

Vom Kastell sind es nur wenige Schritte zur Klosterkirche San Pietro in Ciel d'Oro, einem 1132 als lombardisch-romanische Basilika geweihten Bau (1875 bis 1899 wiederhergestellt). Im Hochchor befindet sich das gotische Marmorgrabmal des hl. Augustin (354–430), eine Arbeit von 1362.

**Certosa di Pavia

Kloster

Rund 10 km nördlich der Stadt liegt an der Strecke nach Mailand die Certosa di Pavia (Kartause von Pavia), nächst der Grande-Chartreuse bei Grenoble das berühmteste Kloster des Kartäuserordens, das 1396 von Gian Galeazzo Visconti gegründet, 1784 aufgehoben, aber von 1843 bis 1881 und 1968 erneut den Mönchen überlassen wurde. Die Besichtigung der Bauten, die ein Nationaldenkmal bilden, ist nur mit Erlaubnis der Aufsichtsbehörde in Mailand (soprintendenza ai monumenti di Milano) möglich.

Vor dem Kloster ein gutes Restaurant. Am Vorhof befindet sich die alte Apotheke, in der heute Likör hergestellt wird (Probierstube).

Klosterkirche

An der Ostseite des Hofes steht die Klosterkirche, 1396 gotisch begonnen, seit 1453 von Guiniforte Solari († 1481) ausgebaut. Die berühmte Marmorfassade ist eine monumentale Schauwand, eine hervorragende Arbeit der oberitalienischen Renaissance. 1491 wurde sie nach einem Modell des Giovanni Antonio Amadeo (1447–1522) begonnen und später von Benedetto Briosco fortgeführt. Man arbeitete an dem Bau bis 1550, ohne ihn zu vollenden. Den Sockel schmücken Medaillonbildnisse römischer Kaiser; oben Nischen mit Statuen.
Das dreischiffige Innere zeigt im Langhaus noch ganz gotisches Gepräge, im Querschiff, im Chor und in der Vierungskuppel z.T. schon Renaissanceformen. Altargemälde und Ausschmückung der Seitenkapellen stammen größtenteils aus dem 17. Jh., der prächtige Lettner aus der Zeit um 1600. Unter den zahlreichen Kunstwerken sind hervorzuheben: im linken Querschiff die liegenden Marmorfiguren des Lodovico il Moro (Sforza; † 1508) und seiner Gemahlin Beatrice d'Este († 1496) von Cristoforo Solari; im Chor der reiche Altar (1568) und das Gestühl (1486–1498), nach Zeichnungen von Bergognone; im Lavabo – rechts vom Chor – ein Renaissance-Brunnen (1490); im rechten Querschiff das prächtige Grabmal des Gian Galeazzo Visconti († 1402), im Jahre 1494 von Gian Cristoforo Romano und B. Briosco begonnen, aber erst 1562 von Galeazzo Alessi u.a. vollendet. In der neuen Sakristei sieht man eine Himmelfahrt Mariä von Andrea Solario und in der alten Sakristei ein Polyptychon aus Elfenbein, auf dem Szenen aus dem Alten und Neuen Testament dargestellt sind.

Kreuzgang

Ein zierliches Frührenaissance-Portal (1466) führt aus dem rechten Querschiff in den vorderen Kreuzgang (Chiostro Piccolo), mit kleinen Marmorsäulen und Tonverzierungen (1462–1472). Von der Westseite bietet sich ein schöner Blick auf die Langseite und das südliche Querschiff der Kirche. Um den hinteren (großen) Kreuzgang liegen die Häuschen der Mönche.

Perugia

Region: Umbrien/Umbria
Provinz: Perugia
Höhe: 493 m ü.d.M.
Einwohnerzahl: 150 000

Perugia

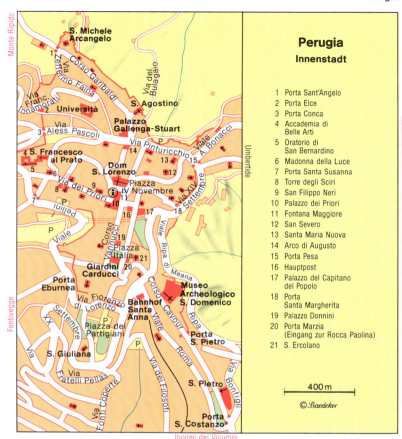

Perugia
Innenstadt

1. Porta Sant'Angelo
2. Porta Elce
3. Porta Conca
4. Accademia di Belle Arti
5. Oratorio di San Bernardino
6. Madonna della Luce
7. Porta Santa Susanna
8. Torre degli Sciri
9. San Filippo Neri
10. Palazzo dei Priori
11. Fontana Maggiore
12. San Severo
13. Santa Maria Nuova
14. Arco di Augusto
15. Porta Pesa
16. Hauptpost
17. Palazzo del Capitano del Popolo
18. Porta Santa Margherita
19. Palazzo Donnini
20. Porta Marzia (Eingang zur Rocca Paolina)
21. S. Ercolano

Perugia, Hauptstadt der gleichnamigen Provinz und der Region Umbrien auf einem Höhenrücken zwischen dem Trasimenischen See und dem Tibertal, gehört zu den erstrangigen Reisezielen in Mittelitalien. Ihre hochgelegene Altstadt ist mit zahlreichen bedeutenden Bau- und Kunstdenkmälern von der Etruskerzeit bis in die Moderne gesegnet, doch das allein ist es nicht, was Perugia so anziehend macht. Es sind auch die engen, überbauten Gassen, die kleinen und großen Plätze, die schönen Restaurants und Bars am Corso Vannucci, der eleganten Einkaufs- und Flaniermeile der Stadt, die man nicht so schnell wieder vergißt. Das Leben in Perugia prägen auch die vielen kulturellen Institutionen, Messen und Kongresse, die Universität und die Università per Stranieri (Ausländeruniversität), an der jährlich mehr als 6000 ausländische Studenten die italienische Sprache erlernen.

Lage und Allgemeines

Das antike 'Perusia' war eine der zwölf Bundesstädte der Etrusker. Im Verlauf des 3. Jh.s v.Chr. bemächtigten sich die Römer der Stadt, die sich unter Kaiser Augustus 'Augusta Perusia' nennen durfte. Im Jahr 547 wurde

Geschichte

Perugia

Geschichte (Fortsetzung)

Perusia von dem Ostgotenkönig Totila erobert, später von Byzanz zurückgewonnen. Im 13. und 14. Jh. stand die freie Stadtrepublik politisch und wirtschaftlich auf ihrem Zenit. Als Perugia sich im 16. Jh. dem Zugriff des Kirchenstaates entziehen wollte, zwang Papst Paul III. die widerspenstige Stadt im sog. Salzkrieg in die Knie. Seit 1927 ist Perugia Hauptstadt der gleichnamigen Provinz und seit 1970 Verwaltungssitz der Region Umbrien.

Sehenswertes in der Altstadt

Piazza IV Novembre, *Fontana Maggiore

Das Herz von Perugia schlägt an der Piazza IV Novembre. Der stimmungsvolle Platz mit dem Dom an der Nord- und dem Palazzo dei Priori an der Südseite wird durch die 1278 vollendete Fontana Maggiore, den großen mittelalterlichen Stadtbrunnen, akzentuiert. Das Wasser für diesen Brunnen wurde durch ein weitläufiges Netz von Rohren aus den umliegenden Hügeln in die Stadt geleitet. Mit der architektonischen Gestaltung und dem figürlichen Schmuck wird auch auf die politische Situation und das Selbstverständnis der freien Stadtrepublik Perugia Bezug genommen. Die von Nicola Pisano und seinem Sohn Giovanni geschaffenen Skulpturen und Reliefs gelten als Meisterwerke der mittelalterlichen Plastik in Italien.

Dom San Lorenzo

Die Treppen an der Nordseite der Piazza gehören zum Dom San Lorenzo, der zwischen 1345 und dem Ende des 15. Jh.s als gotische Hallenkirche erbaut wurde. Der Außenbau blieb unvollendet, wie man an der rot-weißen Marmorverkleidung im unteren Teil erkennen kann. Von der Ausstattung sei besonders auf das Altarblatt von Federico Barocci ("Kreuzigung", 1569) und das intarsienverzierte Chorgestühl (1486–1491) hingewiesen. In dem kleinen, aber gut bestückten Dommuseum (1995 bis auf weiteres geschlossen) werden Skulpturen, kostbare Meßbücher und Gemälde umbrischer Renaissancemaler aufbewahrt.

Piazza IV Novembre mit dem Palazzo dei Priori und der Fontana Maggiore

Perugia

Dom (Fortsetzung)

An der Westseite der Piazza nimmt das Erzbischöfliche Palais den Platz des 1534 abgebrannten Palazzo del Podestà ein. Rechts neben dem Palais beginnt die malerische, von Stützbögen und Gewölben überspannte Via Maestà delle Volte.

*Palazzo dei Priori

Der langgestreckte Baukomplex, 1297 fertiggestellt und im 14. und 15. Jh. zu seiner heutigen Größe um mehrere Fensterachsen erweitert, war im Mittelalter Amtssitz der zehn Prioren und nahm verschiedene Versammlungs- und Repräsentationsräume der Zünfte auf. Die Fassade zur Piazza IV Novembre mit einem spitzbogigen Portal und ausladender Freitreppe schmücken die beiden frühen, 1274 gegossenen Bronzeplastiken eines Greifen, dem Wappentier von Perugia, und eines Löwen.

Sala dei Notari

Durch das Portal an der Piazza IV Novembre kommt man in die Sala dei Notari (1. OG), dem ehemaligen Versammlungsraum der Notare, mit einer prächtigen, auf Schwibbögen ruhenden Holzdecke und Wandmalereien.

Collegio della Mercanzia, Collegio del Cambio

Im Erdgeschoß des Palazzo dei Priori, vom Corso Vannucci aus zugänglich, liegen das Collegio della Mercanzia, die mit einer herrlichen Holzvertäfelung aus dem 15. Jh. ausgestattete Zunftstube der Kaufleute, und das Collegio del Cambio, die Räume der Geldwechslergilde. Letztere sind vor allem wegen der Sala dell' Udienzia sehenswert, die Perugino und seine Werkstatt (1496–1500) mit einem humanistischen Freskenprogramm ausmalte.

**Galleria Nazionale dell' Umbria

Im dritten Obergeschoß präsentiert sich – seit 1994 in neuer Aufstellung – die hervorragend bestückte Galleria Nazionale dell' Umbria mit den wichtigsten Werken umbrischer Malerei vom 12. bis zum 16. Jahrhundert bzw. Auftragsarbeiten auswärtiger Künstler (u. a. Fra Angelico, Piero della Francesca, Perugino, Pinturicchio, Bonfigli, Caporali u. v. a.), Plastiken (u. a. von Arnolfo di Cambio, Agostino di Duccio) sowie einer kleinen Majolika-Sammlung.

*Oratorio di San Bernardino

Durch die Via dei Priori (Durchgang im Palazzo dei Priori) geht es hinab zur weitläufigen Piazza di San Francesco, vorbei an der mittelalterlichen Torre degli Sciri und an der Renaissance-Kirche Madonna della Luce beim Stadttor Porta San Luca. Die Fassade des Oratorio di San Bernardino mit antikisierenden Reliefs in verschiedenfarbigem Marmor, 1457 von dem Florentiner Bildhauer Agostino di Duccio geschaffen, ist ein Hauptwerk der Renaissance in Perugia. Im gotischen Innenraum beachte man den zum Altartisch umfunktionierten frühchristlichen Marmorsarkophag (4. Jh.).

Im ehemaligen Franziskanerkonvent rechts neben dem Oratorium ist die 1573 gegründete Akademie der Schönen Künste untergebracht.

Die mächtige Franziskanerkirche San Francesco al Prato, im 14. Jh. auf dem freien Feld (ital.: al prato) erbaut, ist wegen Einsturzgefahr nur von außen zu besichtigen.

Arco di Augusto

Die aussichtsreiche Via Alessandro Pascoli führt hinab zur Piazza Fortebraccio, die vom barocken Palazzo Galenga-Stuart (18. Jh.), heute Sitz der renommierten Ausländeruniversität, und vom Arco di Augusto beherrscht wird. Das mächtige, aus Quadersteinblöcken aufgeschichtete Tor aus dem 2. Jh. v.Chr. war ein Teil der etruskischen Stadtmauer. Unter Augustus wurde über dem zweiten (römischen) Bogen die Inschrift 'Augusta Perusia' angebracht.

Sant' Arcangelo

Auf einem Hügel nordwestlich der Piazza Fortebraccio steht in der Nähe des Stadttores Sant' Angelo die architektonisch bemerkenswerte Kirche Sant' Arcangelo, ein Rundbau aus dem 5./6. Jahrhundert. An den 16 Säulen im Innern entdeckt man antike Kapitelle und Basen.

San Severo, Pozzo Etrusco

Von der Piazza Fortebraccio führen steile Sträßchen wieder hinauf zum Dom. Lohnend ist von hier aus ein Abstecher in die nordöstliche Altstadt, wo man in verwinkelte, nicht selten überbaute Gassen und kleine Hinterhöfe eintaucht. An der Piazza Piccinino kann man den etruskischen Brunnen besichtigen, der 4,5 m unter dem heutigen Bodenniveau liegt. An der

Perugia

Der Arco di Augusto stammt aus der Etruskerzeit

Pozzo Etrusco (Fortsetzung) — östlichen Böschungsmauer der Oberstadt (Aussicht) steht die Kapelle San Severo, in der Raffael und Perugino ein Fresko ausgeführt haben. Von Raffael stammt der obere Teil des Wandbildes, Perugino ergänzte 1521 die Heiligen im unteren Bildteil.

Piazza Matteotti — Die schmale Via Volte della Pace verbindet die Piazza Piccinino mit der Piazza Matteotti, die auf großen, z.T. etruskischen Substruktionen ruht. An der Ostseite des belebten Platzes verdienen der Palazzo del Capitano del Popolo (1472–1481) und die anschließende Alte Universität (1453–1483) Aufmerksamkeit.

*Corso Vannucci — Paralell zur Piazza Matteotti verläuft der Corso Vannucci, die von Stadtpalästen gesäumte, elegante Einkaufs- und Flaniermeile von Perugia. Hier findet man neben Banken, teuren Boutiquen und Buchläden auch das traditionsreiche Café Sandri (Nr. 32). Der Corso mündet im Süden in die Piazza Italia, die an der Stelle der 1860 abgetragenen Rocca Paolina angelegt wurde und von repräsentativen Gebäuden umgeben ist. In Platzmitte ein Denkmal für Vittorio Emanuele (1890).
Hinter dem Palazzo della Provincia (1870) an der Südseite liegen die hübschen Giardini Carducci, eine begrünte Terrasse mit herrlichem Ausblick auf die Valle Umbra.

*Rocca Paolina, Porta Marzia — Unter den Arkaden des Palazzo della Provincia beginnen die Rolltreppen zu den hangabwärts gelegenen, neuen Stadtteilen von Perugia (und zu dem großen Parkdeck an der Piazza dei Partigiani). Man gelangt dabei in das mittelalterliche, heute unterirdische Stadtviertel, das für den Bau der Rocca Paolina 1543 aufgeschüttet wurde. Erst im 20. Jh. hat man die Straßenzüge wieder freigelegt, die heute für kulturelle Zwecke genutzt werden. Man verläßt das Labyrinth am unteren Ende durch die Porta Marzia, das ehemalige etruskische Stadttor, das beim Bau der Rocca Paolina um vier Meter versetzt wurde.

Der Spaziergang in die südöstliche Stadt führt vorbei an der Kirche Sant' Ercolano (1297–1326), die sich an die etruskische Stadtmauer anlehnt.

Perugia (Fortsetzung), Sant' Ercolano

Über den Corso Cavour gelangt man zur ehemaligen Bettelordenskirche San Domenico, einem gewaltigen, 1305 begonnenen und 1621–1634 von Carlo Maderna barock umgebauten Backsteinbau mit schmuckloser Fassade. Im Inneren befindet sich das Grabmal von Papst Benedikt XI. (1304). Im links anschließenden Kloster ist das Museo Archeologico Nazionale dell' Umbria untergebracht (neben prähistorischen Fundstücken vor allem etruskische und römische Objekte).

San Domenico, Museo Archeologico Nazionale

Der Corso Cavour endet bei der monumentalen Porta San Pietro, einem Stadttor aus dem 14. Jahrhundert. Seine glanzvolle, dreibogige Renaissancefassade wurde 1477 begonnen und 1480 von Agostino di Duccio vollendet.

Porta San Pietro

Außerhalb des Torbogens, im Borgo XX Giugno links, erhebt sich auf einer Anhöhe die Kirche San Pietro, deren Ursprünge in frühchristliche Zeit zurückreichen. Das später mehrfach erneuerte und umgestaltete Gotteshaus besitzt eine ungewöhnlich reiche Ausstattung mit einer Vielzahl von Gemälden aus Renaissance und Barock. Das Mittelschiff ruht auf antiken Säulen aus Marmor und Granit, darüber wird in zehn großformatigen Bildern die 'Apotheose des Benediktinerordens' (16. Jh.) geschildert. Beachtenswert ist auch das zweireihige Chorgestühl (1591 vollendet).

*San Pietro

Umgebung von Perugia

Etwa 10 km östlich außerhalb der Altstadt, kurz vor dem Ortseingang des Stadtteils Ponte San Giovanni (bei der Eisenbahnbrücke), kann man in ein etruskisches Grab aus dem 2. Jh. v.Chr. hinabsteigen, das Teil einer großen Nekropole war. Das in den Tuff gehauene, heute unterirdische Grab, in dem Mitglieder der Volumnier, einer etruskischen Adelsfamilie, in Urnen beigesetzt sind, wurde in der Form eines römischen Wohnhauses angelegt und weist eine zentrale Vorhalle und seitlich abgehende Kammern auf. Eindrucksvoll ist der Skulpturenschmuck an den Urnen.

*Grabmal der Volumnier

Knapp 15 km südlich von Perugia liegt inmitten eines bekannten Weinbaugebietes das Städtchen Torgiano (219 m ü.d.M.; 4900 Einw.). Ein Besuch des dortigen Weinmuseums, das die Winzerfamilie Lungarotti in einem alten Palazzo im Zentrum eingerichtet hat, ist dank der ansprechenden Präsentation der Exponate nicht nur für Weinkenner ein Genuß.

Torgiano

Das knapp 20 km südlich von Perugia an der E 45 gelegene Städtchen (218 m ü.d.M.; 7600 Einw.) ist zum Inbegriff für die Keramikherstellung in Umbrien geworden. Schon gleich hinter der Abfahrt von der Schnellstraße reihen sich die Keramikfabriken aneinander. Handgearbeitete Majolika, mit den traditionellen Mustern bemalt, kann man dort in einem alten Ortskern in einem der vielen Kunsthandwerksläden erwerben. Ein paar schöne alte Stücke gibt es im Museo delle Maioliche im ersten Obergeschoß des Palazzo Comunale zu sehen. Eine Kuriosität ist die kleine Kirche Madonna del Bagno, 2 km südlich außerhalb von Deruta an der E 45 (Ausfahrt Casalina), die mehr als 600 Votivtafeln aus Majolika besitzt.

Deruta

Pesaro G 8

Region: Marken/Marche
Provinz: Pesaro e Urbino
Höhe: 11 m ü.d.M.
Einwohnerzahl: 91 000

Piacenza

Pesaro, Lage und Allgemeines	Pesaro ist die Hauptstadt der Provinz Pesaro e Urbino und darüber hinaus ein vielbesuchtes Seebad an der Adria zwischen Rimini und Ancona. Der bereits in vorgeschichtlicher Zeit besiedelte Ort kam im 16. Jh. an die Adelsfamilie Della Rovere, Herzöge von Urbino, die in Pesaro residierten und die Seestadt zu einem Zentrum der Renaissancekunst und -literatur machten. Berühmt waren auch die Majolikamanufakturen der Stadt. Im Jahre 1792 wurde in Pesaro der Komponist Gioacchino Rossini geboren.

Sehenswertes

Piazza del Popolo	Mittelpunkt der Stadt ist die Piazza del Popolo, die von dem Palazzo Ducale beherrscht wird. Der Herzogspalast mit den schönen Renaissancearkaden im Erdgeschoß wurde 1450 für die Familie Sforza begonnen und im 16. Jh. für die Herzöge Della Rovere vollendet. In der Nähe der Piazza del Popolo (Via Branca; hinter dem Postgebäude) blieb von der ehemaligen Kirche San Domenico die schöne gotische Fassade aus dem 14. Jh. erhalten. An der Via Rossini, die von der Piazza del Popolo zum Meer führt, steht rechts (Nr. 34) das Geburtshaus des Komponisten Gioacchino Rossini (Casa di Rossini), das als Museum eingerichtet wurde. Von hier sind es nur wenige Schritte zum Dom (13. Jh.), der sich über einer frühchristlichen Vorgängerkirche des 5. oder 6. Jh.s erhebt (Teile des Mosaikfußbodens sind einsehbar).
Musei Civici	Im Palazzo Toschi-Mosca an der gleichnamigen Piazzetta westlich des Doms haben die Städtischen Museen ihren Sitz. Das Hauptwerk der dortigen Gemäldesammlung ist die sog. "Pala di Pesaro", ein riesiges Altarbild von Giovanni Bellini (um 1475) mit einer Marienkrönung im Zentrum. Einen Überblick über die Entwicklung der italienischen Majolika gewährt die hervorragende Keramik-Sammlung.
Villa Imperiale	Knapp 6 km nördlich von Pesaro an der Straße nach Gabicce thront an aussichtsreicher Stelle, umgeben von einem Park, die sog. Villa Imperiale, ein gewaltiger Renaissancebau, den sich ab 1486 Alessandro Sforza als Landsitz errichten ließ. Bis 1530 wurde das Bauwerk um einen zweiten Trakt erweitert. Park und Schloß sind nur im Rahmen einer Führung zugänglich.
Gradara	Das 15 km nordwestlich von Pesaro gelegene Gradara ist ein hübsches mittelalterliches Städtchen mit einer im 13. Jh. erbauten, später erweiterten Burg. Hier ereignete sich angeblich die von Dante literarisch verarbeitete Liebestragödie zwischen Francesca und Paolo, die vom Gatten Francescas, Giovanni Malatesta, überrascht und getötet wurden.

Piacenza D 5

Region: Emilia-Romagna
Provinz: Piacenza
Höhe: 61 m ü. d. M.
Einwohnerzahl: 104000

Lage und Geschichte	Piacenza, Hauptstadt der gleichnamigen Provinz, liegt in der Oberitalienischen Tiefebene rund 50 km südöstlich von Mailand nahe dem rechten Ufer des Po. Noch vor dem Bau der Via Aemilia, die in Piacenza endet, gründeten die Römer im Jahre 219 v. Chr. zur Sicherung des frequentierten Po-Übergangs die Militärkolonie 'Placentia'. Im Mittelalter war Piacenza Mitglied des Lombardischen Städtebundes. Im Jahre 1545 erhob Papst Paul III. Farnese die Stadt zusammen mit Parma zum Herzogtum und übergab dieses an seinen Sohn Pier Luigi. In dieser Zeit entstand auch die 6,5 km lange Stadtbefestigung.

Sehenswertes

Das Zentrum von Piacenza ist die Piazza dei Cavalli, benannt nach den barocken Reiterstandbildern der Herzöge Alessandro (reg. 1587–1592) und Ranuccio Farnese (reg. 1592–1622) des toskanischen Bildhauers Francesco Mocchi.

Piazza dei Cavalli

Beherrscht wird der Platz vom zinnenbekrönten Palazzo del Comune, dem ab 1280 errichteten mittelalterlichen Rathaus, auch 'il Gotico' genannt. Das Erdgeschoß besteht aus einer offenen Halle; das in Ziegelmauerwerk ausgeführte Obergeschoß gliedern große, durch eingestellte Marmorsäulen und breite Ornamentrahmungen betonte Fenster. Die ursprüngliche Freskierung ist kaum mehr zu erkennen.

*Palazzo del Comune

Das klassizistische Gebäude gegenüber dem Rathaus wurde 1781 als Gouverneurspalast erbaut und ist heute Sitz der Handelskammer. An der Südostseite des Platzes liegt etwas zurückversetzt die große gotische Backsteinkirche San Francesco (1278).

Palazzo del Governatore, San Francesco

Von der Piazza dei Cavalli führt die autofreie Via XX Settembre direkt auf die Domfassade mit ihren drei von Ädikula-Vorbauten überfangenen Portalen zu. Die dreischiffige Basilika wurde 1122 im romanischen Stil begonnen und 1233 als gotische Kirche vollendet. Der Glockenturm konnte 1333 fertiggestellt werden. Sehenswert im Innern sind die Kuppelfresken, großenteils Arbeiten von Guercino (17. Jh.), die Deckenbilder im Chor von Procaccini und Ludovico Carracci sowie die Krypta, deren Gewölbe auf 108 Säulen ruht. Links neben dem Dom steht der Bischöfliche Palast.

*Dom

Zwischen Dom und Bahnhof, Ecke Via Alberoni/Via Roma, steht die Kirche San Savino. Hinter der Barockfassade von 1721 verbirgt sich ein schöner romanischer Kirchenraum (1107 geweiht). Von der wertvollen Ausstattung sei besonders auf die Mosaikfußböden in Chor und Krypta (12. Jh.) hingewiesen.

San Savino

Südwestlich vom Domplatz liegt an der Piazza Sant' Antonino die im beginnenden 11. Jh. über einer frühchristlichen Memorialkapelle erbaute alte Bischofskirche. Sant' Antonino wurde später wiederholt erneuert und erweitert, u. a. durch die gotische Vorhalle (1350). Schräg gegenüber stößt die klassizistische Fassade des Teatro Verdi (1803/1804) an den Platz.

Sant' Antonino Teatro Verdi

Rund 300 m weiter südwestlich kommt man zu der Galleria d'Arte Moderna Ricci Oddi (Via S. Siro). Bemerkenswert ist nicht nur die qualitätvolle Sammlung italienischer Malerei des 19. Jh.s, die hier gezeigt wird, sondern auch der Museumsbau aus dem Jahre 1931.

Galleria d'Arte Moderna

Über den Corso Vittorio Emanuele kehrt man zurück zur Piazza dei Cavalli. Von dort gelangt man nordöstlich durch den belebten Corso Cavour, die Hauptstraße der Stadt, zu dem mächtigen Palazzo Farnese, der 1558 begonnen, ab 1564 von Vignola fortgesetzt und erst 1602 vollendet wurde. In dem restaurierten Gebäude befindet sich das Städtische Museum (Museo Civico). Die Sammlung umfaßt archäologische Fundstücke – darunter auch die berühmte etruskische Bronzeleber aus dem 3./2. Jh. v. Chr. –, Gemälde und Fresken, mittelalterliche Plastik, Kunstgewerbe (u. a. Keramik und Glaskunst) und vieles mehr.

Palazzo Farnese, Museo Civico

Unweit nordwestlich des Palazzo Farnese steht am nördlichen Stadtrand die 1499–1511 erbaute Renaissancekirche San Sisto. Für den Chor der Kirche malte Raffael die berühmte "Sixtinische Madonna", die 1754 nach Dresden verkauft und durch eine Kopie (um 1725) ersetzt wurde. Im linken Querschiff befindet sich das 1593 entworfene, erst später ausgeführte Grabmal von Margarethe von Österreich, Gemahlin von Ottavio Farnese und Herzogin von Parma.

San Sisto

Piemont

Piacenza (Fortsetzung), Madonna di Campagna

Am Nordwestrand des Stadtzentrums, an der Piazzale della Crociata, wo Papst Urban II. zum ersten Kreuzzug aufrief, entstand 1522–1528 nach Plänen von Alessio Tramello die Renaissancekirche Madonna di Campagna. Die Kuppel des schön proportionierten Zentralbaus schmücken Fresken von Pordenone (1528–1531).

Collegio Alberoni

Etwa 3 km südöstlich außerhalb der Altstadt, an der Straße nach Parma, befindet sich das Collegio Alberoni. Die im 18. Jh. von Kardinal Alberoni gegründete Einrichtung besitzt eine umfangreiche Bibliothek, ein Observatorium und eine Galerie mit Gemälden und Wandteppichen.

Umgebung von Piacenza

Bobbio

Im Kloster von Bobbio, 44 km südwestlich von Piacenza, liegt der irische Mönch und Missionar Columban begraben, der 615 hier verstarb. Kirche und Kloster wurden im 15. und 17. Jh. grundlegend umgebaut. Der Kirchenschatz ist im benachbarten Museo di San Colombano zu bewundern. Im Ort gibt es auch schwefel- und salzhaltige Quellen.

Castell' Arquato

Castell' Arquato, 25 km südöstlich von Piacenza, ist ein hübsches Hügelstädtchen, das sein mittelalterliches Gepräge weitgehend bewahrt hat. Die wichtigsten Gebäude findet man an der Piazza Matteotti: den Palazzo Pretorio (1293), die Reste der Burg und die romanische Kollegiatskirche (12. Jh.) mit einem sehenswerten kleinen Museum im Kreuzgang.

Piemont / Piemonte   A–C 4–7

Region: Piemont/Piemonte
Provinzen: Turin/Torino, Alessandria, Asti, Biella, Cuneo, Novara, Verbano-Cusio-Ossola und Vercelli
Fläche: 25 399 km^2
Einwohnerzahl: 4 300 000

Lage

Das Piemont, norditalienische Landschaft und Region, erstreckt sich im Westen der Po-Ebene. Hauptstadt der Region ist Turin. Das Gebiet umfaßt Teile des voralpinen Moränen- und Hügellandes, das im Süden, Westen und Norden von dem mächtigen Gebirgsbogen der Apenninen und der Alpen umschlossen wird, die hier in den Gipfeln von Montblanc, Monte Rosa, Gran Paradiso und Matterhorn ihre größten Höhen erreichen.

Wirtschaft

Der landschaftlichen Vielfalt der Region entspricht eine deutliche wirtschaftliche Gliederung. Das Hügelland um Turin, Ivrea und Biella gehört zu den bestentwickelten Industriegebieten Italiens. Voraussetzung für den Aufschwung bildeten die günstigen Verkehrsverhältnisse sowie eine ausreichende Energieversorgung: Wasserkraft aus dem Gebirge, Erdgas aus der Po-Ebene und Erdöl von Genua (Pipeline). Zu den bedeutenden Industriezweigen zählen Metallverarbeitung, Maschinen- und Automobilbau, Lederverarbeitung und Textilproduktion, die sich aus der einst berühmten Seidengewinnung entwickelte, und die Lebensmittelindustrie. Im fruchtbaren Schwemmland des Po spielt die Landwirtschaft noch immer eine Rolle: Dank moderner Produktionsmethoden führen Obst- und Ackerbau (Weizen, Mais, Reis) zu hohen Erträgen. Dies gilt auch für die Rinderzucht. Wirtschaftliche Bedeutung hat darüber hinaus der Weinbau, besonders im Hügelland des Monferrato. Im Gebiet um Alba werden weiße Trüffeln, die feinste und teuerste Art dieses Speisepilzes, gefunden.

Geschichte

Das ursprünglich von verschiedenen Völkerschaften besiedelte Gebiet 'am Fuß der Berge' wurde unter Kaiser Augustus romanisiert. Seit dem Untergang des Römischen Reiches bis ins hohe Mittelalter herrschten dort

Piemont

Langobarden und Franken. 899 von Magyaren (Massaker von Vercelli) und später von Sarazenen verwüstet, verfiel das Gebiet in zahlreiche Grafschaften, Herzogtümer und Marken, deren bedeutendste im 10. Jh. Ivrea und Turin, im 12. Jh. auch Saluzzo und Monferrato waren. Im 11. Jh. kam der wesentliche Teil des heutigen Piemont durch Erbheirat an das Haus Savoyen (frz. Piémont), wurde im 13. Jh. Grafschaft und 1416 Herzogtum Piemont. Seine Bedeutung und fortan wechselvolle Geschichte im Spannungsbereich zwischen habsburgischem und französischem Machtanspruch verdankte Piemont nicht zuletzt der verkehrsgünstigen Lage, die den Bewohnern die Kontrolle über die westlichen Alpenpässe (Großer und Kleiner St. Bernhard) sicherte. Seit 1720 im Ausgleich gegen Sizilien mit Sardinien verbunden, wurde Piemont als 'Königreich Sardinien' zur entscheidenden Kraft für die Einigung Italiens. Viktor Emanuel II. (1849–1878), der Sohn des letzten Königs von Sardinien, bestieg 1861 als erster den Thron Italiens. Bis 1865 war Turin Hauptstadt von Italien.

Geschichte (Fortsetzung)

Reiseziele im Piemont

Die attraktivsten Reiseziele des Piemont liegen zweifellos im Hochgebirge, d.h. im Gebiet der Grajischen und der Cottischen Alpen im Westen sowie der Ligurischen Alpen im Süden. Von großer landschaftlicher Schönheit ist auch der Lago Maggiore, der westlichste der italienischen Alpenseen.

Allgemeines

Neben Turin, Novara und Asti lohnt besonders Casale Monferrato (116 m; 41 000 Einw.), im östlichen Piemont zwischen Vercelli und Alessandria gelegen, einen Besuch. Vom 14. Jh. bis zum Beginn des 18. Jh.s war die Stadt Residenz der Markgrafen und späteren Herzöge des Monferrato. Im Zentrum steht die romanische Dom Sant'Evasio, das interessanteste Bauwerk der alten Stadt. Er präsentiert sich als fünfschiffige Kirche mit einer schönen Vorhalle (12. Jh.), über die sich ein mächtiges Gewölbe mit sich

Casale Monferrato

Weinbergslandschaft in Piemont

Pisa

Piemont,
Casale Monferrato
(Fortsetzung)

kreuzenden Bögen spannt. Im Inneren befinden sich Skulpturen lombardischer Meister und ein romanisches, mit Silberblech verkleidetes Holzkruzifix; beachtenswert sind auch die romanischen Fußbodenmosaiken im Chorumgang. Zwischen der Kathedrale und der Po-Brücke die spätgotische Kirche San Domenico, ausgestattet mit zahlreichen Fresken und Gemälden, u.a. "Die Schlacht von Lepanto" von Giovanni Crosio (um 1630). Westlich steht nahe dem Fluß das ehem. markgräfliche Kastell.

Cuneo

Im südlichen Piemont liegt – auf einem keilförmigen Hochplateau über der Mündung des Gesso in die Stura di Demonte – die Stadt Cuneo (535 m; 56 000 Einw.), die im Lauf ihrer Geschichte oft in kriegerische Auseinandersetzungen verwickelt wurde. Im Zentrum die große, von Arkaden gesäumte Piazza D. Galimberti. Der Platz erstreckt sich zwischen der Via Roma, welche die Hauptverkehrsader der Altstadt bildet, und dem belebten Corso Nizza in dem neueren südwestlichen Stadtteil. In der Via Roma steht die Kathedrale, ein Bau mit neoklassizistischer Fassade. Nordöstlich von hier kommt man zur Piazza Virginio mit der Loggia dei Mercanti (14. Jh.) und der ehem. Kirche San Francesco. Sie ist im spätromanischen Stil erbaut (13 Jh.) und hat einen gotischen Glockenturm (1399). In der vor einigen Jahren restaurierten Kirche und im angrenzenden Kreuzgang ist heute das Städtische Museum (Museo Civico) untergebracht. Ausgestellt sind Fundstücke aus prähistorischer und römischer Zeit, Gemälde und Dokumente zur Stadtgeschichte.

Mondovi

Rund 27 km östlich von Cuneo liegt Mondovi (22 000 Einw.), von 1560 an einige Jahre lang Sitz einer Universität.
Von der gewerbereichen Unterstadt Mondovi-Breo (395 m) führt eine Straße zur Oberstadt Mondovi-Piazza (550 m). Beachtung verdient der Dom San Donato aus dem 18. Jh. Vom 'Belvedere' (571 m) bietet sich eine weite Sicht über die Alpen.

Santuario
di Vicoforte

Etwa 6 km südöstlich von Mondovi liegt das Santuario di Vicoforte (512 m), eine eindrucksvolle Wallfahrtskirche (1596–1733) mit neoklassizistischer Fassade. Das Zentrum dieses Kuppelbaus bildet die Kapelle des Allerheiligsten. In den vier Seitenkapellen sind Angehörige des savoyischen Herrscherhauses beigesetzt, darunter Margherita di Savoia-Gonzaga.

Saluzzo

Etwa 35 km nördlich von Cuneo liegt an einem Ausläufer des Monteviso-Massivs die alte Stadt Saluzzo (342 m; 17 000 Einw.), vom 12. Jh. bis zum 16. Jh. Hauptort der gleichnamigen Grafschaft. In der unteren Stadt steht an der Piazza Garibaldi der Dom S. Maria Assunta (1491–1501); im Chor beeindruckt ein großes Kruzifix, das um 1500 entstand. In der Oberstadt (395 m) der Palazzo del Comune und der Renaissancebau 'Casa Cavassa', der als Städtisches Museum genutzt wird. Ferner gibt es dort die Kirche San Giovanni, die im französisch-gotischen Stil erbaut ist; innen Bildwerke der lombardischen Schule und das Grabmal Lodovicos II. († 1504).
Vom Kastell aus (Piazza Castello) verläuft die Via Griselda zu einer Terrasse, von der sich ein weiter Blick auf die Alpen bietet.

Asti   ⟶ dort
Lago Maggiore   ⟶ dort
Novara   ⟶ dort
Turin   ⟶ dort

Pisa   E 8

Region: Toskana/Toscana
Provinz: Pisa
Höhe: 4 m ü.d.M.
Einwohnerzahl: 103 000

Pisa

Lage

Pisa, Hauptstadt der gleichnamigen Provinz und Sitz eines Erzbischofs, liegt im nördlichen Abschnitt der toskanischen Küste am Arno. Da der Fluß im Lauf der Jahrhunderte große Sedimentmassen ablagerte, schob sich die Küstenlinie immer weiter hinaus, so daß sich die einstige Seestadt heute rund zehn Kilometer landeinwärts befindet.

Geschichte und Kunst

Pisa, ursprünglich ein etruskischer Handelsplatz und seit 180 v.Chr. römische Kolonie, entwickelte sich seit dem Beginn des 11. Jh.s – im Wettstreit mit Genua und Venedig – zu einer der ersten See- und Handelsmächte am Mittelmeer. Die Stadt beteiligte sich an der damaligen Bekämpfung des

Pisa

Geschichte und Kunst (Fortsetzung)

Islam; auf Sardinien und Sizilien sowie in Tunis wurden die Muslims besiegt. Ferner nahmen die Pisaner an den Kreuzzügen teil. Handel und Gewerbe blühten auf, eindrucksvolle Bauten entstanden.
Mit dem Bau des Domes begann im 11. Jh. eine neue Epoche der toskanischen Kunst. Auf dem Gebiet der Skulptur trat Nicola Pisano (um 1220 bis nach 1278), der große Wegbereiter der Renaissance, hervor; Nicolas Sohn Giovanni (1265–1314), sein Schüler Arnolfo di Cambio († um 1302) und Giovannis Schüler Andrea Pisano (1273–1348) verknüpften die pisanische Kunst mit der florentinischen.
Der Untergang der Hohenstaufen war ein schwerer Schlag für die ghibellinisch gesinnte Stadt. In den langen Kämpfen mit Genua erlitt die pisanische Flotte 1284 bei der Insel Meloria die entscheidende Niederlage. Parteikämpfe führten 1406 zur Besetzung der Stadt durch die Florentiner, und als am Ende des 17. Jh.s Livorno zur ersten Hafenstadt der Toskana aufstieg, verlor Pisa seine frühere Bedeutung endgültig.
Pisa ist die Geburtsstadt des genialen Mathematikers und Naturwissenschaftlers Galileo Galilei (1564–1642).

Sehenswertes

**Campo dei Miracoli (Piazza del Duomo)

Im Nordwesten der Stadt liegt der auf zwei Seiten von der zinnengekrönten alten Stadtmauer umschlossene Domplatz (Campo dei Miracoli) mit dem Dom, dem Schiefen Turm, dem Baptisterium und dem Camposanto, einer Gruppe von Gebäuden, wie sie sich in gleicher Geschlossenheit kaum anderswo wiederfindet.

*Dom

Der Dom, eine romanische Basilika aus weißem Marmor, mit einem Querhaus und einer elliptischen Kuppel über der Vierung, wurde nach dem Seesieg über die Sarazenen bei Palermo 1064–1118 erbaut und nach einem Brand 1597–1604 wiederhergestellt. Besonders prachtvoll ist die Fassade (12. Jh.), die im oberen Teil mit vier Säulengalerien übereinander geschmückt ist. Die Bronzetüren des Hauptportals (meist verschlossen) entstanden Ende des 16. Jh.s, die Tür des südlichen Querschiffes (Porta di San Ranieri) mit Reliefs, die Szenen aus dem Leben Jesu zeigen, wurde 1180 geschaffen.
Im Inneren des Domes sieht man zu beiden Seiten des Langhauses antike Säulen, die als Kriegsbeute der Pisaner hierher gekommen sind. Das Mittelschiff hat eine kassettierte und reich vergoldete Renaissance-Decke.

*Kanzel

Die Kanzel von Giovanni Pisano (1302–1311) zeigt in den großartig bewegten Figurenkompositionen der neun Brüstungsreliefs Szenen aus dem Neuen Testament und das Jüngste Gericht.
Die schöne Bronzelampe (1587) soll durch ihre Schwingungen erstmals Galileis Aufmerksamkeit auf die physikalische Gesetzmäßigkeit des Pendels gelenkt haben.
Im rechten Querschiff befindet sich die prächtige Grabkapelle des hl. Rainer, des Schutzpatrons der Stadt; links davon das Grabmal Kaiser Heinrichs VII., von Tino di Camaino (1315).
Im Chor beeindrucken das schöne Renaissancegestühl sowie Gemälde von Andrea del Sarto und Sodoma; in der Apsis Mosaiken, darunter eines von Cimabue (1302), welches das Haupt des Evangelisten Johannes darstellt.
In der Sakristei (Sagrestia dei Cappellani) wird der Domschatz aufbewahrt.

*Baptisterium

Westlich neben dem Dom steht das ebenfalls fast ganz mit Marmor verkleidete Baptisterium (Battisterio), ein 1153–1278 errichteter Rundbau, ursprünglich romanisch, im 14. Jh. mit Bauteilen im gotischen Stil versehen. In dem von einer konischen Kuppel überwölbten Inneren befinden sich ein marmornes Taufbecken von Guido Bigarelli und die berühmte Kanzel von Nicola Pisano (1260).

Der "Schiefe Turm" von Pisa wird gegenwärtig saniert ▶

Pisa

**Campanile
(Torre Pendente;
'Schiefer Turm')

Östlich neben dem Dom steht der berühmte Schiefe Turm (ital. Torre Pendente), der 1173–1350 erbaut wurde, und zwar so, daß mehrere Säulengalerien übereinander angeordnet sind. Wegen des nachgiebigen Schwemmlandbodens neigte sich der Turm: Die Abweichung von der Senkrechten beträgt derzeit etwa 5°30'nach Südosten hin; heute ist der Turm an der Nordseite 56,50 m, an der Südseite nur 54,25 m hoch. Als sich beim Bau die Grundfesten senkten, hat man vom dritten und fünften Stockwerk an nördlich eingelenkt. Der in Pisa geborene Physiker Galileo Galilei hat hier Versuche über die Gesetze des freien Falls angestellt. Seit 1990 ist es verboten, den Turm zu besteigen. In den neunziger Jahren wurden Sicherungsmaßnahmen durchgeführt, u.a. mit Stahlseilen. Das Ende der Sanierung ist für 1999 geplant.

Pisa
Campo
dei Miracoli

BATTISTERO
1 Taufbecken
2 Kanzel von
   N. Pisano

DUOMO
A Kanzel von G. Pisano
B Bronzeleuchter
   von B. Lorenzi

C Apsis
D Sagrestia del Cappellani
E Grabmal Kaiser Heinrichs VII.
F Porta di San Ranieri

*Camposanto

Am Nordrand des Domplatzes liegt der Camposanto, der berühmteste Friedhof seiner Art. Er wurde 1277–1283 von Giovanni di Simone im toskanisch-gotischen Stil als rechteckiger Hallenhof von 126 m Länge und 52 m Breite angelegt und im Jahre 1463, nachdem man – der Überlieferung nach – die Erde für die Totenstätte bereits über 200 Jahre zuvor aus Jerusalem herbeigeschafft hatte, vollendet.

*Fresken

Der Friedhof, angelegt in der Art eines Kreuzganges, ist ringsum von Wandelhallen umgeben, die sich auf den Hof in hohen rundbogigen Maßwerkfenstern öffnen. Den Boden bilden Grabsteine. Die kunstvollen Fresken an den Wänden, besonders die von Benozzo Gozzoli, wurden bei einem Brand, der am 27. Juli 1944 durch Artilleriebeschuß entstand, durch das herabfließende geschmolzene Blei des Daches größtenteils vernichtet. Einige konnte man jedoch restaurieren; sie werden hier und in zwei anstoßenden Sälen gezeigt. Die in den Wandelhallen aufgestellten etruskischen, römischen und mittelalterlichen Skulpturen sind z.T. von hohem künstlerischem Wert.

*Museo delle
Sinopie

An der Südseite der Piazza del Duomo liegt das Sinopien-Museum; unter 'Sinopie' versteht man die mit Rötelfarbe aus Sinop (Türkei) auf den Putz aufgetragene Vorzeichnung für ein Fresko. Gezeigt werden insbesondere Zeichnungen für Fresken des Camposanto.

Pisa

Campanile, Dom und Baptisterium von Pisa

Östlich der Piazza del Duomo befindet sich das Dommuseum (Museo dell' Opera del Duomo). Die Kunstwerke, die dort ausgestellt sind, stammen von den Bauten der Piazza. Besonders wertvoll ist der Domschatz.

*Museo dell' Opera del Duomo

Im Mittelpunkt des alten Pisa liegt die Piazza dei Cavalieri mit der 1565–1596 erbauten Kirche Santo Stefano dei Cavalieri, dem Palazzo dei Cavalieri und einer Marmorstatue des Großherzogs Cosimo I. (1596). Nordöstlich dieser Gebäudegruppe kommt man zur baumbestandenen Piazza Martiri della Libertà; an ihrer Nordostecke die Kirche Santa Caterina (1251 begonnen) mit pisanisch-gotischer Fassade.

Piazza dei Cavalieri

Unweit südöstlich steht die gotische Klosterkirche San Francesco (13. Jh.) mit einem Glockenturm und Fresken aus dem 14. Jahrhundert.

San Francesco

Entlang der beiden Arno-Ufer erstreckt sich der belebte Kai Lungarno. Am Lungarno Mediceo, auf dem rechten Ufer des Flusses, der Palazzo dei Medici (13. Jh.), jetzt Präfektur (Prefettura).

Lungarno Mediceo
Palazzo dei Medici

Östlich anschließend die Kirche San Matteo und das ehem. gleichnamige Benediktinerinnenkloster, in dem das Museo Nazionale (Nationalmuseum) untergebracht ist. Die Sammlung enthält vor allem Pisaner Skulpturen und Gemälde der toskanischen Schule vom 12. bis zum 15. Jahrhundert.

*Museo Nazionale di San Matteo

Am Westende des Lungarno Mediceo liegt die Piazza Garibaldi, wo die von Arkaden eingefaßte Straße Borgo Stretto mündet. Gleich rechts steht die Kirche San Michele in Borgo (schöne pisanisch-gotische Fassade, 14. Jh.).

San Michele in Borgo

Am Lungarno Pacinotti steht der gotische Backsteinbau des Palazzo Agostini (15. Jh.). Unweit nordwestlich die Universität, ein Bau von 1493 mit einem Frührenaissance-Hof.

Universität

Pisa

Domus Galilaeana — Nordwestlich der Universität steht an der Südseite des Botanischen Gartens das 'Haus des Galilei' (Domus Galilaeana), eine Gedenkstätte für den 1564 in Pisa geborenen Naturwissenschaftler und Mathematiker Galileo Galilei (Bibliothek und Studienzentrum).

Sehenswertes am linken Arno-Ufer

San Paolo a Ripa d'Arno — Auf dem linken Arno-Ufer erhebt sich am Westende des Lungarno Sonnino die Kirche San Paolo a Ripa d'Arno, eine um 1200 erbaute Basilika mit schöner Fassade.

*Santa Maria della Spina — Etwa 500 m östlich kommt man zu der Kirche Santa Maria della Spina, einem 1230 errichteten, 1323 erweiterten zierlichen Bau in französisch-gotischem Stil, der außen mit Bildwerken von Schülern des Giovanni Pisano geschmückt ist; im Inneren Statuen von Tommaso Pisano. Ihren Namen verdankt die Kirche der Tatsache, daß in ihr ein Dorn (spina) aus der Dornenkrone Christi aufbewahrt wurde, den die Pisaner aus dem Heiligen Land mitgebracht hatten.

Palazzo Gambacorti — Noch weiter östlich, beim Ponte di Mezzo, stehen der gotische Palazzo Gambacorti, heute Rathaus (Municipio), und die Logge di Banchi (1605). Unweit östlich vom Rathaus die achteckige Kirche San Sepolcro, die im 12. Jh. erbaut wurde.

*San Piero a Grado

Lage
5 km südwestlich

Die Legende berichtet, daß der Apostel Petrus auf der Fahrt nach Rom an dieser Stelle, die damals noch an der Küste lag, den Fuß an Land gesetzt habe. Er soll die 'Ecclesia ad gradus' ('Kirche an den Stufen') gegründet

Direkt am Arno steht die Kirche Santa Maria della Spina

Baedeker Special

Schief und krumm ...

Die Extravaganz beginnt bereits bei der Datierung: Laut Inschrift wurde mit dem Bau des Campanile von Pisa am 9. August 1174 begonnen. Nur hatte die Stadtrepublik damals eine ungewöhnliche Zeitrechnung, denn das Jahr begann hier nicht am 1. Januar, sondern schon zu Mariä Verkündigung (25. März) des Vorjahrs. Korrekt ist also die Jahreszahl 1173.

Daß der Baugrund der damaligen Hafenstadt stark wasserhaltig und deshalb nicht sehr stabil war, wußte der Architekt, und darum legte er nur ein flaches Fundament. Allerdings bemerkte man schon beim Bau der unteren Stockwerke, daß sich die Turmachse nach Südosten aus der Senkrechten zu neigen begann, und glich dies durch einseitiges Höhermauern aus. So wurde der Campanile nicht nur ungewollt schief, sondern zugleich gewollt krumm – er erhielt die Form einer Banane. Um dem asymmetrischen Einsinken des Fundaments entgegenzuwirken, brachte man auf der gegenüberliegenden Seite Ballast an (eine auch heute wieder in Erwägung gezogene Stabilisierungsmaßnahme) und baute behutsam weiter. Erst hundertachtzig Jahre nach der Grundsteinlegung war der knapp 55 m hohe Turm mit dem Aufsetzen der Glockenstube vollendet.

Seitdem hat sich die Neigung beständig vergrößert – in der jüngeren Vergangenheit um rund einen Millimeter jährlich, und der Turm ist schon um gute viereinhalb Meter aus dem Lot geraten. Oder anders definiert: Seine Achse weicht um gut fünf Winkelgrade von der Senkrechten ab. Und damit gibt der Schiefe Turm zahlreichen Spekulationen Nahrung, ob und wann er umfallen wird. Es soll sogar gewitzte Einheimische gegeben haben, die den Touristen, welche ihr Auto neben dem Turm geparkt hatten, eine Versicherung verkauften, die für eventuelle Umfallschäden eintreten sollte.

Die Gefahr ist keineswegs gebannt, und die Vorschläge, wie der Turm nun eigentlich zu stabilisieren oder gar aufzurichten sei, sind Legion. Immer wieder treten in bunter Reihenfolge Utopisten genauso auf den Plan wie hochspezialisierte Bauingenieure. So wurde beispielsweise vorgeschlagen, ihn an eine metallene Stützkonstruktion anzulehnen, ihn mit Stahltrossen an einem weiter entfernt in den Boden versenkten Betonfundament zu verankern oder dem Baugrund durch Entwässerung die Nachgiebigkeit zu nehmen. Doch alle bisherigen Bemühungen um Stabilisierung, auch die 1934 vorgenommene Injektion von gut 90 Tonnen Zement in den Boden, haben das Gegenteil dessen bewirkt, was eigentlich bezweckt war. Und 1990 hat man den Turm für Besucher gesperrt.
Da es allmählich höchste Zeit wurde, dem langsamen Umkippen des Campanile ein Ende zu setzen, hat man den Turm in den neunziger Jahren mit 18 stählernen Reifen umgürtet, um ihn provisorisch zu stabilisieren. Das rheinische Spezialunternehmen Deutsche Montan-Technologie entwarf den Plan, mittels computergesteuerter hydraulischer Pressen den Turm einseitig anzuheben und die entstehende keilförmige Fuge mit Beton zu verpressen: Das Fundament bleibt geneigt; der Glockenturm rückt der Vertikale wieder näher.
Der Ingenieur Fritz Leonhardt, der den Stuttgarter Fernsehturm erbaut hat, rät dagegen, den Baugrund an der Nordseite durch eine riesige Betonplatte mit stählernen Zugankern zu komprimieren und so das Bauwerk aufzurichten. Aber nur mit Maßen, denn ein gerader Schiefer Turm in Pisa wäre nicht auszudenken – das reine Sakrileg.

Pistoia

Pisa,
San Piero a Grado
(Fortsetzung)

haben. Die dreischiffige Basilika, unter der man bei Ausgrabungen Reste eines Vorgängerbaues fand, stammt wohl aus dem 11. Jh. Im Inneren sind Fresken (14. Jh.) zu sehen: Die untere Zone zeigt Papstporträts, die mittlere Szenen aus dem Leben Petri und die obere das himmlische Jerusalem.

*Certosa di Pisa

Lage
14 km östlich

Östlich von Pisa steht die Certosa di Pisa, ein 1366 gegründetes Kartäuserkloster. Im 17./18. Jh. wurde die Anlage barockisiert. Beachtung verdienen insbesondere die beiden Kreuzgänge (15. bzw. 16. Jh.) und die in reinen Barockformen errichtete Kirche.

Im Nordteil des Gebäudekomplexes ist seit kurzem das Natur- und Landeskundemuseum (Museo di Storia Naturale e del Territorio dell'Università di Pisa) eingerichtet; es zeigt Sammlungen zur Zoologie, vergleichenden Anatomie, Geologie und Paläontologie.

Pistoia   E 8

Region: Toskana/Toscana
Provinz: Pistoia
Höhe: 65 m ü.d.M.
Einwohnerzahl: 92 000

Lage

Pistoia, Hauptstadt der gleichnamigen Provinz, liegt im äußersten Norden der Toskana am Südhang der Apenninenkette, etwa 28 km nordwestlich von Florenz.

Geschichte
und Kunst

Die von den Römern Pistoria genannte Stadt war im Mittelalter Schauplatz schwerer Parteikämpfe zwischen Ghibellinen und Guelfen und kam 1295, im Jahre 1530 endgültig an Florenz. Die erhaltenen Baudenkmäler zeugen von dem mächtigen Unternehmungsgeist auch der kleineren toskanischen Städterepubliken. In den älteren Kirchen herrschen noch die Einflüsse des im 12. Jh. weit verbreiteten pisanischen Stils vor. Seit dem 14. Jh. waren jedoch fast ausschließlich florentinische Künstler hier tätig.

Sehenswertes

*Dom

Im Mittelpunkt der rechteckigen alten Stadtanlage liegt die Piazza del Duomo. An ihrer Südseite steht der Dom (Santi Zeno e Jacopo), ein romanischer Bau aus dem 12./13. Jahrhundert. Der Glockenturm, ein alter Festungsturm von 1200, erhielt später in den oberen Stockwerken drei pisanische Säulenreihen. Im Jahre 1311 wurde die von drei Portalen durchbrochene Fassade mit dem siebenbogigen Portikus abgeschlossen. In der Vorhalle des Domes befindet sich ein Tonrelief von Andrea della Robbia (Madonna mit Engeln; 1505). Im Inneren links das beachtenswerte Grabmal des Kardinals Niccolò Forteguerri († 1473), geschaffen nach einem Entwurf von Andrea Verocchio. In der Cappella del Sacramento (links vom Chor) eine Madonna von Lorenzo di Credi (1485). Rechts vom Chor – in der Cappella di San Iacopo – der Silberaltar des hl. Jakobus (13./14. Jh.), ein Werk mit über 600 kleinen Figuren; dargestellt sind Szenen aus dem Alten und dem Neuen Testament.

Palazzo dei
Vescovi

An das rechte Seitenschiff des Domes stößt der ehem. Palazzo dei Vescovi (Bischofspalast; 14. Jh.) an. In diesem ist das Museo Capitolare (Domkapitelmuseum) untergebracht; dort werden u.a. geologische Funde, Goldschmiede- und Silberarbeiten sowie moderne Kunst gezeigt.

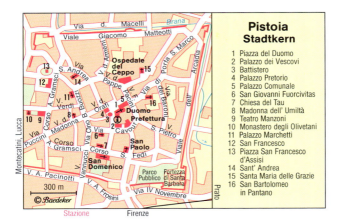

Gegenüber dem Dom erhebt sich das gotische Baptisterium aus weißem und grünem Marmor (14. Jh.), das eine Außenkanzel und eine schöne Holztür im Frührenaissancestil hat.

*Baptisterium

Neben dem Baptisterium steht der Palazzo del Podestà (oder Palazzo Pretorio; 14. Jh.) mit malerischem Arkadenhof; in den Hallen und an der Fassade sind Wappen der Podestà, der von Florenz eingesetzten Stadtvögte, angebracht.

Palazzo del Podestà

An der Nordseite des Domplatzes steht der Palazzo del Comune, ein 1294–1385 errichteter gotischer Bau mit schönem Hof. Hier ist das Museo Civico (Städtisches Museum) untergebracht; gezeigt werden Gemälde, Skulpturen und Ausgrabungsfunde.

Palazzo del Comune
Museo Civico

Wenige Schritte weiter östlich erhebt sich der Palazzo Rospigliosi (16. Jh.) mit dem Museo Clemente Rospigliosi (Tafelmalerei aus dem 17. Jh.) sowie dem Diözesanmuseum (Meßgewänder, liturgisches Gerät, Gemälde).

Palazzo Rospigliosi

Unweit östlich vom Palazzo del Comune steht die Kirche San Bartolomeo in Pantano (12. Jh.), eine Säulenbasilika in toskanisch-romanischem Stil; im sehenswerten Inneren eine Kanzel mit acht Reliefs (1250), die Szenen aus dem Leben Jesu darstellen.

San Bartolomeo in Pantano

Im Norden der Stadt steht an der Piazza dello Spedale das Ospedale del Ceppo, ein Spital aus dem 13. oder 14. Jahrhundert. An der Vorhalle ein Fries buntglasierter Tonreliefs von Giovanni della Robbia und seinen Schülern (1514–1525).

Ospedale del Ceppo

Geht man vom Hospital in westlicher Richtung, so kommt man zu der Kirche Sant' Andrea, einer Säulenbasilika des 12. Jh.s, die im pisanischen Stil gehalten ist. Die Kanzel (1298–1301), ein Hauptwerk von Giovanni Pisano, ruht auf sieben Porphyrsäulen, von denen zwei auf Löwen stehen. Giovanni Pisano schuf auch das Kruzifix aus Holz.

*Sant' Andrea

Unweit westlich von Sant' Andrea liegt an der großen Piazza San Francesco d'Assisi die Kirche San Francesco, eine gotische Klosterkirche (1294 begonnen); im Inneren der Kapitelsaal mit Fresken von toskanischen Nachfolgern Giottos (14. Jh.; 1930 restauriert). Auf den Wandgemälden (14. Jh.) der Hauptchorkapelle sind Szenen aus dem Leben des hl. Franz von Assisi dargestellt.

San Francesco

Pompeji

Pistoia,
*Madonna dell' Umiltà

Von San Francesco gelangt man durch die Via Bozzi und die Via Curtatone e Montanara, dann rechts durch die Via della Madonna südlich zur Kirche Madonna dell' Umiltà (1494–1522). Sie hat eine schöne Vorhalle und eine achteckiger Kuppel, die 1561 nach dem Muster der Florentiner Domkuppel von Vasari hinzugefügt wurde.

Sehenswertes im Süden von Pistoia

*San Giovanni Fuorcivitas

Östlich der Piazza Gavinana, des Verkehrsmittelpunkts der Stadt, steht die Kirche San Giovanni Fuorcivitas, 1160–1170 in toskanisch-romanischem Stil entstanden; im Inneren eine Kanzel von Fra Guglielmo da Pisa (um 1270) und eine Tongruppe des Luca della Robbia (Heimsuchung Mariä, um 1445).

San Domenico

Von der Kirche führt die Via Cavallotti südlich zu der 1380 erbauten Klosterkirche San Domenico; sehenswert sind die Reste der Fresken (14. Jh.) und einige Grabdenkmäler. Schräg gegenüber die Chiesa del Tau, heute Sitz der Stiftung Marino Marini (Gemälde und Plastiken).

San Paolo

Unweit östlich von hier, am breiten Corso Silvano Fedi, befindet sich die Kirche San Paolo (um 1302). Die Fassade ist im Stil der Pisaner Kirchen gestaltet.

Pompeji / Pompei   J 14

Region: Kampanien/Campania
Provinz: Neapel/Napoli
Höhe: 16 m ü.d.M.
Einwohnerzahl: 23 000

Lage

Die Ruinenstadt Pompeji liegt etwa 20 km südöstlich von Neapel am Fuß des Vesuv nahe dem Golf von Neapel, einer Bucht des Tyrrhenischen Meeres. Sie ist das großartigste Beispiel einer durch Ausgrabung wieder zugänglich gemachten altrömischen Stadt und ihrer Wohnkultur. 1997 wurde sie in die Liste des Weltkulturerbes der UNESCO aufgenommen.
Östlich vom alten Pompeji liegt die bis 1929 'Valle di Pompei' genannte neuere Siedlung, deren weithin sichtbare Kuppelkirche Madonna del Rosario jährlich von unzähligen Wallfahrern besucht wird, besonders am 8. Mai und am ersten Sonntag im Oktober.

Geschichte

Pompeji ist wahrscheinlich eine Gründung italischer Osker, wurde nach den Samniterkriegen (290 v.Chr.) römisch und war im 1. Jh. n.Chr. eine blühende Provinzhauptstadt, deren damalige Einwohnerzahl auf 20 000 geschätzt wird. Im Jahre 62 n.Chr. wurde die Stadt durch ein schweres Erdbeben großenteils zerstört. Der Wiederaufbau war noch nicht vollendet, als der Vesuvausbruch im Jahre 79 n.Chr. die ganze Stadt – wie auch die nahegelegenen Orte → Herkulaneum und Stabiae – unter einem Aschen- und Bimssteinregen 6 bis 7 m tief begrub; einem Teil der Einwohner gelang es zu entfliehen. Pompeji mußte aufgegeben werden, doch haben schon die Überlebenden viele Kostbarkeiten unter der damals noch lockeren Aschendecke ausgegraben.
Seit dem 18. Jh. sind dann etwa drei Fünftel des Stadtgebietes (Mauerumfang 3100 m) durch umfassende, seit 1860 systematisch durchgeführte Ausgrabungen freigelegt worden. Wenn auch die Gebäude in trümmerhaftem Zustand sind und Inneneinrichtungen sowie Hausrat erst bei den neueren Grabungen (seit 1911) möglichst an Ort und Stelle belassen werden, so tritt dem Besucher doch das antike Leben mit seiner Wohnkultur in

Bis zu seinem Untergang im Jahre 79 n.Chr. war Pompeji eine blühende Stadt ▶

Pompeji

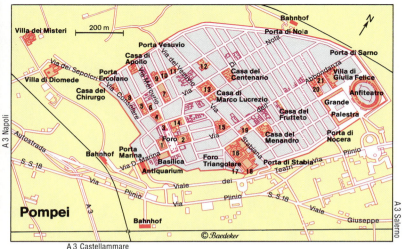

1 Tempio di Apollo
2 Edificio di Eumachia
3 Tempio di Giove
4 Terme del Foro
5 Casa di Pansa
6 Casa del Poeta tragico
7 Casa del Fauno
8 Casa di Sallustio
9 Casa del Labirinto
10 Casa dei Vettii
11 Casa degli Amorini dorati
12 Casa delle Nozze d'Argento
13 Terme centrali
14 Macellum
15 Terme Stabiane
16 Teatro Grande
17 Tempio dorico
18 Caserma dei Gladiatori
19 Casa del Citarista
20 Casa di Marcus Loretus Tiburtinus
21 Casa di Venere

Geschichte (Fortsetzung)	Luxus- und Bürgerhäusern, auf Markt und Straßen, in Bädern, Theatern und Tempeln nirgends so greifbar lebendig und oft erstaunlich modern entgegen wie hier.
Gliederung der antiken Stadt	Die antike Stadt wurde in neuerer Zeit in einzelne, durch die Hauptstraßen gegliederte Regionen (I–IX) eingeteilt, die Häuserblocks (Insulae) innerhalb der Regionen mit römischen (auf der Planskizze mit arabischen), die Hauseingänge mit arabischen Ziffern bezeichnet. Die Straßen sind mit polygonalen Lavaplatten gepflastert und von erhöhten Fußsteigen eingefaßt. An den Ecken sowie sonst mehrfach sind quer über den Straßendamm Schrittsteine angebracht, die den Fußgängern den Übergang erleichterten. Tief ausgefahrene Geleise im Pflaster zeugen von regem Wagenverkehr. An den Straßenecken befinden sich öffentliche Brunnen. Die auf die Außenseiten der Häuser gemalten plakatartigen Anzeigen beziehen sich meist auf städtische Wahlen.
Das römische Haus	In einem römischen Haus gelangte man durch einen kleinen Flur (Fauces Ostium), zu dessen Seiten oft Läden und Werkstätten (Tabernae) lagen, in die große Halle (oder Atrium), die von einem nach innen geneigten Dach überdeckt war. In der Mitte des Daches war eine viereckige Öffnung (Compluvium), darunter auf dem Boden ein Bassin für das Regenwasser (Impluvium). Rechts und links, oft auch vorn, lagen die Schlafzimmer (Cubiculae) sowie die ursprünglich für den Ahnenkult bestimmten, nach dem Atrium zu ganz offenen Alae. An der vierten Seite des Atriums öffnet sich in ganzer Breite ein großes Zimmer, das Tablinum. Jenseits dieses vorderen Teils, in dem man Besucher empfing, lag der dem Privatleben vorbehaltene Teil des Hauses. Seinen Mittelpunkt bildete ein gartenartiger Hof, der wegen seiner Einfassung durch Säulengänge 'Peristylium' genannt wurde und an den sich bisweilen noch ein Garten (Viridarium) anschloß. Am Peristyl lagen noch Speise- (Triclinium) und Gesellschafts-

Pompeji

Blick vom Merkurturm auf die antiken Reste von Pompeji

zimmer (Oecus). Küche (Culina) und Keller waren in verschiedener Weise angeordnet. Viele Häuser hatten noch ein Obergeschoß mit Balkonen.

Das römische Haus (Fortsetzung)

Interessant ist der Vergleich des pompejanischen einstöckigen Familienhauses mit dem in Pompeji noch nicht vertretenen Typus der Kaiserzeit, dem vierstöckigen Haus mit großem Hof und abgeteilten Mietwohnungen, wie es die Ausgrabungen in → Ostia zeigen.

**Ruinenstätte

Von dem nahe beim Bahnhof Pompei–Villa dei Misteri gelegenen Haupteingang (Zutritt tägl.) gelangt man nach 300 m zur Porta Marina, dem in der Südwestecke des alten Pompeji gelegenen Stadttor.

Haupteingang

Hinter dem Tor befindet sich gleich rechts das Antiquarium, das pompejanische Ausgrabungsfunde von der vorsamnitischen bis zur römischen Zeit enthält; besonders eindrucksvoll sind die Gipsabgüsse menschlicher Körper und eines Hundes.

Antiquarium

Jenseits des Antiquariums, ebenfalls rechts, die als Markt- und Gerichtshalle dienende Basilica; links der von 48 ionischen Säulen umgebene Apollotempel. Die Ostseite der Basilica und des Apollotempels grenzen an das Forum, den von Portiken umschlossenen Hauptplatz der Stadt. An seiner Nordseite auf 3 m hohem Unterbau der Jupitertempel; an der Nordostecke des Forums das Macellum, eine Verkaufshalle für Lebensmittel. Auf der Ostseite folgen weiter das Larenheiligtum, dann ein ursprünglich wohl dem Augustus geweihter Tempel des Vespasian sowie das Gebäude der Eumachia, wahrscheinlich eine Verkaufshalle für Wollstoffe. An der Südseite des Forums liegt in der Mitte von drei Sälen die Curia, der Sitzungssaal des Stadtrats.

*Forum

437

Baedeker Special

Die Katastrophe des Jahres 79

"Mehrere Tage vorher hatte man die Erde beben gefühlt, ohne diesem Umstand besondere Beachtung zu schenken, da man im Kampanien ja daran gewöhnt war. Doch in jener Nacht bebte die Erde so heftig, daß es schien, als ob alles nicht nur erzitterte, sondern einstürzen wolle.
Meine Mutter kam ins Zimmer gelaufen, aber auch ich war unterdessen aufgestanden, um sie zu wecken, falls sie noch geschlafen hätte. Wir setzten uns in den Hof des Hauses, der dasselbe vom nahen Meer trennte... Ein Freund meines Onkels, der gerade aus Spanien eingetroffen war, sah mich und meine Mutter so sitzen und mich noch dazu lesen. Er warf ihr Mangel an Gefühl und mir an Vernunft vor. Doch ich hob meine Augen trotzdem nicht vom Buch. Seit einer Stunde war es bereits Tag, doch das Licht war immer noch unsicher und wie sterbend.
Schon waren in der Umgebung Häuser eingestürzt, und da schien es uns angebracht, obgleich wir im Freien waren, aus der Stadt zu fliehen, aus Furcht, zerquetscht zu werden. Das erschrockene Volk lief uns nach; in seinem Schrecken und seiner Angst folgt es nicht seiner eigenen Überlegung, sondern der anderen, und sich stoßend und eilend drängte es die Fliehenden.
(...)
Es schien uns außerdem, als ob das Meer sich selbst aufgesaugt hätte und vom Erdboden zurückgedrängt war. Zweifellos hatte der Strand sich verbreitert, und zahlreiche Fische waren auf dem Trockenen geblieben. Auf dem gegenüberliegenden Ufer zerriß der heiße Wirbelwind die grausige schwarze Wolke in lange Feuerstreifen, die wie Blitze, ja noch großartiger anzusehen waren.
(...)

Es dauerte auch nicht mehr lange, und jene Wolke senkte sich auf die Erde und bedeckte das Meer. Sie hüllte Capri ein, so daß es nicht mehr zu sehen war, und entzog bald darauf das Vorgebirge von Misenum unserem Blick. Mit Bitten, Trostworten und Befehlen drang meine Mutter nun auf mich ein, ich möge auf irgendeine Weise zu entkommen suchen, denn ich sei noch so jung. Sie selbst sei alt und gebrechlich und würde froh sein, keine Schuld an meinem Tod zu haben. Doch ich antwortete, daß ich nur zusammen mit ihr mich retten würde. Ich nahm sie alsdann bei der Hand und zwang sie, ihre Schritte zu beschleunigen. Sie folgte mir mit Mühe und klagte, daß ich ihretwegen langsamer gehen mußte.
Schon begann es Asche zu regnen, doch war sie noch nicht dicht. Ich sah mich um und erblickte hinter meinem Rücken eine dichte Rauchwolke, die sich wie ein Strom auf der Erde ausbreitete und uns auf den Fersen war. "Laß uns zurückkehren", sagte ich, "bis wir wieder sehen können, damit wir nicht etwa unterwegs von der uns folgenden Volksmenge zertreten werden." Kaum hatten wir uns gesetzt, so war es Nacht, keine mondlose und bewölkte Nacht, sondern die Nacht eines geschlossenen Raumes ohne jedes Licht. Du hättest hören sollen, wie die Frauen schrien, die Kinder jammerten und die Männer riefen! Die einen suchten die Eltern an der Stimme zu erkennen, die anderen die Kinder. Männer und Frauen suchten einander. Der eine beweinte sein eigenes Geschick, der andere das der Seinen. Andere flehten um den Tod aus Furcht vor demselben. Viele beteten zu den Göttern, aber andere wiederum behaupteten, daß es gar keine Götter mehr gebe und der Untergang der Welt gekommen sei. Lügner, die aber selbst an die Wahrheit ihrer Worte glaubten,

erzählten, sie kämen von Misenum, das vom Feuer in Trümmer verwandelt worden sei.

Endlich begann es zu dämmern. Es schien aber nicht das Licht des werdenden Tages, sondern der Widerschein eines nahen Brandes. Doch kein Brand kam; dafür wurde es wieder dunkel, und eine neue dichte Aschenwolke hüllte uns ein. Ab und zu aufstehend schüttelten wir die Asche von uns ab, da sie uns sonst nicht nur bedeckt, sondern zerdrückt hätte. Schrecken und Furcht nahmen kein Ende, weil die Erde immer noch fortfuhr zu beben. Viele waren wahnsinnig geworden und gaben sich unheilvollen Prophezeiungen hin, indem sie dazu Witze über das eigene und fremde Unglück rissen."

Diesen überaus anschaulichen Tatsachenbericht verdanken wir dem römischen Schriftsteller Gaius Plinius Caecilius Secundus, der beim großen Ausbruch des Vesuv etwa achtzehn Jahre alt war. Was er in seinen Schriften geschildert hat, fanden die Archäologen bestätigt, die seit dem 18. Jahrhundert die von einer dicken Schicht verfestigter Asche bedeckten, seinerzeit blühenden Städte Pompeji und Herkulaneum freigelegt haben. Zutage traten Wohnhäuser, in denen oft der Hausrat noch so erhalten war, wie ihn die Flüchtenden zurückgelassen hatten. Die Leichen der in der Asche Erstickten ließen Hohlräume entstehen, die man bei den Grabungsarbeiten mit Gips ausgegossen hat. So gewann man getreue Abbilder der Vulkanopfer. Auch war vielfach die Kleidung erhalten, und manche der Umgekommenen trugen Wertsachen bei sich, die sie in der Eile der Flucht zusammengerafft hatten. Die Vulkanologen I. Friedländer und G.B. Alfano gehen in ihre 1929 erschienenen "Geschichte des Vesuv" davon aus, daß von den etwa 20 000 Einwohnern Pompejis der größte Teil der Katastrophe entkommen konnte.

Der Vesuv im 18. Jahrhundert

Pompeji

Forum Triangulare — Rechts vom Gebäude der Eumachia führt die Via dell' Abbondanza, eine der Hauptgeschäftsstraßen, zu den neuen Ausgrabungen. Auf der zweiten Straße rechts (Via dei Teatri) gelangt man zu dem durch eine schöne Eingangshalle zugänglichen baumbestandenen Forum Triangulare, das hauptsächlich für die Theaterbesucher bestimmt war. Auf der Südseite des Platzes sieht man die Reste eines griechischen Tempels, östlich gegenüber eine Gladiatorenkaserne.

*Großes Theater — An die nördliche Hälfte des Forum Triangulare stößt das in den Hang gebaute Große Theater (Teatro Grande), das etwa 5000 Zuschauer faßte. Von den obersten Sitzreihen bietet sich eine schöne Aussicht.

*Kleines Theater — Daneben befindet sich das besser erhaltene Kleine Theater (Teatro Piccolo), das älteste Beispiel eines römischen überdachten Theaters, mit ca. 1000 Plätzen, hauptsächlich für musikalische Aufführungen (um 75 v.Chr.).

Tempel — Östlich vom Kleinen Theater verläuft die Via Stabiana, der man nordwestlich folgt. Gleich links der kleine sog. Tempio di Giove Meilichio. Westlich dahinter in der Via del Tempio d'Iside der Isistempel; in die Tempelmauer eingeritzt der Name Henri Beyle, der eigentliche Name des Schriftstellers Stendhal, der sich hier auf einer Reise 1817 'verewigte'.
Auf der Ostseite der Via Stabiana folgt die Casa del Citarista, eines der größten Häuser Pompejis. Dahinter kreuzt man die Via dell' Abbondanza.

Nuovi Scavi — Auf der Via dell' Abbondanza beginnen nach etwa 100 m rechts die neuen Ausgrabungen (Nuovi Scavi), bei denen nicht nur die Gemälde an Innen- und Außenwänden sowie der Hausrat an seiner Stelle belassen wurden, sondern auch das obere Stockwerk der Häuser mit seinen Balkonen und Loggien durch eingezogene Träger vielfach gerettet werden konnte. Zahlreich sind die hier aufgepinselten Wahl- und Gelegenheitsinschriften, mit deren Hilfe der frühere Direktor der Ausgrabungen, Della Corte, ein 'Adreßbuch' mit 550 Namen zusammenstellen konnte. Das Viertel stammt aus der letzten Zeit Pompejis und war meist von Geschäftsleuten bewohnt. Beachtenswert u.a. der Laden des Eisenhändlers, ferner (rechts) die Fullonica di Stefano, eine Walkerei, mit zwei wiederhergestellten Faltpressen; südlich dahinter das Haus mit dem Kryptoportikus, wo in einem zum Keller führenden Gang ein prächtiger Gemäldefries mit 20 Episoden aus der Ilias und anderen homerischen Gedichten erhalten ist.

*Haus des Menander — Noch weiter südlich befindet sich das wohlerhaltene große Haus des Menander, das einem reichen Kaufmann gehörte und seinen Namen dem in einer Nische des prächtigen Peristyls befindlichen Bildnis des griechischen Komödiendichters Menander verdankt. Nebenan das reizvolle kleine Haus der Liebenden.
An der Via dell' Abbondanza folgt links das Thermopolium, eine Schenke mit Gefäßen, Kessel, Herd und Lampe (auf der Theke noch das Geld des letzten Gastes). Weiterhin links das sehenswerte Haus des Trebius Valens, dessen Fassade besonders viele Aufschriften trägt, noch weiter rechts das reiche Haus des Marcus Loreius Tiburtinus mit wiederhergestellter Flügeltür und interessantem Innern.

*Bild der Venus — Weiter östlich sowie südlich der Via dell' Abbondanza liegen die neuesten Ausgrabungen (1951–1959), unter denen besonders die Casa del Frutteto (Haus eines Gärtners), die Casa della Venere, mit einem großartigen Bild der Venus, sowie die Villa di Giulia Felice Beachtung verdienen.

Nekropole — Weiter südlich, außerhalb der Stadtmauer, liegt bei der Porta di Nocera eine Nekropole, wie sie alle antiken Städte außerhalb der Mauern besaßen.

Palästra — Südlich des Loreius-Tiburtinus-Hauses befindet sich die auf drei Seiten von Säulen umgebene Palästra (Seitenlänge etwa 140 m), ein Sportplatz mit einem großen Schwimmbassin.

Pompeji

Östlich schließt sich das um 80 v.Chr. begonnene mächtige Amphitheater (136 m lang, 104 m breit) an, das 12 000 Zuschauer aufnehmen konnte und das älteste erhaltene römische Amphitheater ist. — Amphitheater

An der Ecke der Via dell' Abbondanza und der Via Stabiana liegen die Stabianer Thermen (Terme Stabiane), die größten und besterhaltenen Badeanlagen von Pompeji (Eingang von der Via dell' Abbondanza): Man betritt zunächst die säulenumgebene Palästra; links ein Schwimmbecken, rechts das Männerbad, an das sich das durch Öfen von diesem getrennte Frauenbad anschließt. Das Männerbad hat ein rundes kaltes Bad (Frigidarium); zum Männer- und zum Frauenbad gehören je ein Umkleidezimmer (Apodyterium) mit Nischen für die Kleidung, ein nur lauwarm beheizter Durchgangsraum (Tepidarium) und ein Schwitzbad (Calidarium), das letztere mit Luftheizung im Fußboden und an den Wänden. — *Stabianer Thermen

Nördlich anschließend an die Stabianer Thermen das Haus des Siricus (Eingang vom Vicolo del Lupanare). Nebenan eine Bäckerei; auf der Schwelle sieht man die Inschrift 'Salve lucrum' (es lebe der Profit), im Inneren schön ausgemalte Zimmer. An der Via Stabiana weiterhin rechts das Haus des Marcus Lucretius, ebenfalls mit gut erhaltenen Malereien. — Häuser

Nach 100 m kreuzt man die Via di Nola, eine der Hauptstraßen der Stadt, nach weiteren 100 m den Straßenzug, der rechts als Vicolo delle Nozze d'Argento zum 'Silberhochzeitshaus' (schönes Atrium und Peristyl), links als Vicolo di Mercurio am Haus der Vettier vorbei zum Haus des Sallust führt.

An der Strada Stabiana, deren nördlicher Teil auch 'Via del Vesuvio' genannt wird, sieht man dann links die elegante Casa degli Amorini dorati, in deren Garten noch der alte Marmorschmuck erhalten ist. Die Via Stabiana endet nördlich bei der Porta del Vesuvio; von dem vorgelagerten Hügel bietet sich eine schöne Aussicht. — Casa degli Amorini dorati

Am Vicolo di Mercurio befindet sich das Haus der Vettier, das wegen seiner guterhaltenen ornamentalen Malereien, insbesondere der Fresken im Triclinium Beachtung verdient. Das teilweise neu aufgebaute Peristyl, mit altem Marmorschmuck versehen, ist schön bepflanzt; die Küche enthält noch das alte Kochgerät. — *Haus der Vettier

Dem Haus der Vettier südwestlich gegenüber die Casa del Labirinto, die zwei Atrien hat.

Südlich gegenüber die eine ganze Insula (= Häuserblock) einnehmende Casa del Fauno (Eingang von der Via di Nola), der stattlichste Familienpalast in Pompeji (80 m lang, 35 m breit); neben dem Impluvium eine Nachbildung der hier gefundenen Faunstatuette, die dem Haus den Namen gab; in dem Raum mit den roten Säulen fand man das berühmte Mosaik der Alexanderschlacht (heute im Museo Archeologico Nazionale zu → Neapel). — *Casa del Fauno

An der Via delle Terme, der westlichen Fortsetzung der im westlichen Teil auch 'Via della Fortuna' genannten Via di Nola, stehen die Thermen beim Forum (Terme del Foro), etwas kleiner und einfacher als die Stabianer Thermen, aber ebenfalls die ganze Insula einnehmend. — *Thermen beim Forum

Den Thermen nördlich gegenüber das reich ausgestattete 'Haus des tragischen Dichters' (Casa del Poeta tragico); auf der Schwelle im Mosaik ein Kettenhund mit der Inschrift 'Cave Canem' ('Warnung vor dem Hund!'). — Haus des tragischen Dichters

Westlich schließt sich an das 'Haus des tragischen Dichters' das Haus des Pansa (98 m lang, 38 m breit) an, eines der größten und regelmäßigsten Privathäuser Pompejis. — Haus des Pansa

Pompeji

Freskenschmuck in der Villa dei Misteri

Haus des Sallust

Nördlich neben dem 'Haus des tragischen Dichters' sieht man eine Fullonica (Tuchwalkerei); links daneben die Casa della Fontana Grande und die Casa della Fontana Piccola, beide mit hübschen Brunnen. Von letzterem gelangt man durch den Vicolo di Mercurio westlich zum Haus des Sallust, das mit schönen Malereien ausgestattet ist. Weiter in nordwestlicher Richtung durch die Via Consolare zum Herculaner Tor.

✳Gräberstraße

Von der Vorstadt außerhalb des Tores ist nur die Hauptstraße ausgegraben, die sog. Gräberstraße, landschaftlich der schönste Teil Pompejis. Die Straße ist mit ihren stattlichen Grabdenkmälern neben der alten Via Appia das eindrucksvollste Beispiel für die Bestattung an öffentlichen Wegen.

✳Villa des Diomedes

Am nordwestlichen Ende der Gräberstraße steht die Villa des Diomedes, deren Garten von einem Portikus mit 33 m Seitenlänge umgeben ist; in der Mitte des Gartens ein Wasserbecken und sechs Säulen, die einen Pavillon bildeten. In einem Kellergang (Kryptoportikus) fand man 18 Leichen von Frauen und Kindern. In der Nähe der jetzt vermauerten Gartentür lag der mutmaßliche Besitzer des Hauses, den Schlüssel in der Hand, neben ihm ein Sklave mit Geld und Wertsachen.

✳Villa dei Misteri

Etwa 200 m nordwestlich der Villa des Diomedes liegt – außerhalb des eigentlichen Ausgrabungsgeländes – die prächtige Villa dei Misteri (Zufahrt vom Haupteingang, nach 500 m am Bahnhof vorbei, dann auf 700 m langer Straße), in der die schönsten Wandgemälde aus dem Altertum in frischem Farbenglanz erhalten sind. Im großen Triclinium sieht man einen 17 m langen Bilderzyklus mit fast lebensgroßen Figuren, der aus voraugusteischer Zeit stammt (wohl nach Vorbildern aus dem 3. Jh. v.Chr.), dargestellt ist die Einführung der Ehegatten in die dionysischen Mysterien.

Portofino

Ponza-Inseln / Isole Ponziane G–H 14

Region: Latium/Lazio
Provinz: Latina
Einwohnerzahl: 4000

Die Ponza-Inseln (Pontinische Inseln) liegen vor der Küste des südlichen Latium. Sie grenzen den Golf von Gaeta (Golfo di Gaeta) vom Tyrrhenischen Meer ab. Die Inseln sind vulkanischen Ursprungs und werden gelegentlich von Erdbeben heimgesucht. Buchtenreiche Felsküsten, in Terrassen ansteigende Hänge mit der typischen Mittelmeervegetation bestimmen das weitgehend noch intakte Landschaftsbild der Inseln.

Lage und Allgemeines

Die traditionellen Erwerbszweige der Bewohner, Fischfang und Weinbau, sind rückläufig, wohingegen der Tourismus an Bedeutung gewinnt. Dies gilt vor allem für die beiden Hauptinseln Ponza und Ventotene; die anderen Inseln – Palmarola, Zannone, Gavi, La Botte und die Gefängnisinsel Santo Stefano – sind nicht bewohnt. Schon in römischer Zeit, aber auch in der Zeit des Faschismus unter Mussolini dienten die Inseln als Verbannungsort für politische Gefangene.

Schiffsverbindungen (Fähren) bestehen von Formia zu den beiden größten Inseln Ponza und Ventotene. Ferner verkehren Schiffe von Anzio nach Ponza und von Neapel über Ventotene nach Ponza. Von Anzio, Formia und Terracina fahren auch Tragflügelboote.

Anreise

Die Insel Ponza ist ein ehemaliger Kratergrat von rund 8 km Länge und maximal 2 km Breite, der am Südende im Monte della Guardia zu 284 m Höhe ansteigt. In der Bucht am Fuß des Berges liegt der quirlige Hafenort Ponza, der mit seinen pastellfarbenen Häusern und den vielen Yachten und Fischerbooten ein malerisches Bild bietet. Einsame kleine Buchten laden zum Baden ein.

Insel Ponza

Gegenüber Ponza wirkt die Insel Ventotene, die an ihrem höchsten Punkt gerade 139 m erreicht, verhältnismäßig flach. An der Nordostspitze des nur 2 km langen und nicht einmal 1 km breiten Eilands liegt der hübsche Hafenort Ventotene.

Insel Ventotene

Portofino D 7

Region: Ligurien/Liguria
Provinz: Genua/Genova
Höhe: 3 m ü.d.M.
Einwohnerzahl: 600

Das wegen seines malerischen Hafens bekannte Portofino liegt in einer Bucht an der südöstlichen Spitze der Halbinsel von Portofino (Peninsula di Portofino), die sich – etwa 20 km südöstlich von Genua – ca. 3 km weit ins Meer vorschiebt. Der Ort Portofino, der keinen Strand besitzt, ist von steil ansteigenden Abhängen mit Olivenbäume, Pinien und Zypressen umgeben. Sie bilden den Rahmen für die weit geschwungene Häuserzeile, die den Blick auf den zentralen Platz und die dahinterliegende Kirche lenkt.

Lage und
*Ortsbild

Wegen der reizvollen Landschaft und der mediterranen Pflanzenpracht erfreut sich Portofino bei den Reisenden großer Beliebtheit. Wegen der übermäßig vielen Besucher eignet sich der Ort jedoch nicht besonders gut als Urlaubsstandpunkt. Da Portofino nur über eine sehr schmale und kurvenreiche Uferstraße zu erreichen ist, sollte man, um dem Ansturm an Wochenenden und Feiertagen zu entgehen, die Morgenstunden nutzen.

Urlaubsziel

Portofino

Portofino ist ein ausgezeichneter Naturhafen

Sehenswertes

Kirche San Giorgio

Auf dem zum Meer hin steil abfallenden schmalen Landrücken südlich des Orts steht die Kirche San Giorgio, 1950 aus einem Bau von 1154 neu errichtet. In der Kirche befinden sich die Reliquien des Stadtpatrons San Giorgio, die von einheimischen Seeleuten von einem Kreuzzug hierher gebracht wurden (Fest des Schutzheiligen: erster Sonntag im April).

*Festung San Giorgio

Auf dem Vorgebirge von Portofino erhebt sich die von einem schönen, weitläufigen Park umgebene Fortezza di San Giorgio aus dem 15. Jahrhundert. Später war das Gebäude Residenz von Sir Montague Yeats Brown (britischer Konsul in Genua, der den Ort 1870 entdeckte), heute ist es in städtischem Besitz. Es beherbergt das Museo della Fortezza San Giorgio (Via della Peninsula 13). Gezeigt werden Gegenstände und Reliefs aus Schiefer (16. Jh.). Von der Plattform neben der Festung bietet sich eine weite Sicht – nordwestlich bis zu den Seealpen.

*Vorgebirge von Portofino

San Fruttuoso

Lohnend ist eine Bootsfahrt am steilen Südabsturz von Portofino hin. Nach rund 1 1/2 Stunden erreicht man das kleine Fischerdorf San Fruttuoso, malerisch in einer Felsbucht gelegen. Schon im 8. Jh. wurde an dieser Stelle ein Kloster gegründet, als die Asche des hl. Fructuosus dorthin gebracht wurde. Später entstand dort eine Benediktinerabtei, die sich zu einem der bedeutendsten Klöster in Ligurien entwickelte. 1275 kam das Kloster an die Familie der Doria. Im Jahre 1983 wurde der gesamte Klosterkomplex von der Genueser Familie Doria Pamphili dem Italienischen Umweltfonds (Fondo per l'Ambiente Italiano, FAI) überlassen, um die Anlage zu erhalten und dem Publikum zugänglich zu machen. Zum Kloster gehört eine Kirche mit achteckigem Kuppelturm und Krypta.

Von San Fruttuoso führt ein Fußweg zunächst steil bergauf (ca. 2 Std.) zum Semaforo Vecchio (610 m), dem höchsten Gipfel des Monte di Portofino; von oben bietet sich eine weite Sicht, an klaren Tagen bis Korsika. In etwa 30 Minuten erreicht man dann das Vorgebirge Portofino Vetta (425 m). Auch hier bietet sich eine herrliche Aussicht: Nordwestlich erkennt man die Küste von Camogli bis Genua; südöstlich gleitet der Blick über Rapallo, Chiavari und Sestri Levante bis zu den Inseln bei Portovenere.

<small>Portofino, San Fruttuoso (Fortsetzung)</small>

Am westlichen Steilhang des Vorgebirges von Portofino liegt das alte Hafenstädtchen Camogli. Beachtenswert sind die Pfarrkirche und das verfallene Castello Dragone. Von Camogli führt ein schöner Wanderweg in südlicher Richtung über San Rocco zur Punta Chiappa (Markierung: zwei rote Punkte; 1 1/2 Std.). Man kann auch von Camogli über Punta Chiappa und über San Fruttuoso per Schiff nach Portofino zurückkehren.

<small>Camogli</small>

Prato

F 8

Region: Toskana/Toscana
Provinz: Prato
Höhe: 61 m ü.d.M.
Einwohnerzahl: 162 000

Die toskanische Stadt Prato liegt an einer Talweitung zu beiden Seiten des Bisenzio, ungefähr auf halber Strecke zwischen Florenz und Pistoia. Die Innenstadt ist von einer alten Mauer umgeben.
Der Stadtkern von Prato ist für den Kfz-Verkehr gesperrt.

<small>Lage und Allgemeines</small>

*Dom

Im nördlichen Teil der Stadt steht an der Piazza del Duomo der dem hl. Stephanus geweihte Dom. Er wurde im 12. Jh. als toskanisch-romanischer Bau begonnen und 1317–1320 gotisch umgestaltet. Der Glockenturm (13./14. Jh.) ist im lombardischen Stil gehalten.
An der 1385–1457 errichteten Fassade fällt besonders eine mit Reliefs tanzender Kinder geschmückte Kanzel auf, die von Donatello und Michelozzo geschaffen wurde (1434–1438; Originalreliefs heute durch Kopien ersetzt). Über dem Haupteingang befindet sich ein Tonrelief von Andrea della Robbia, auf dem die Madonna mit den Heiligen Stephanus und Laurentius dargestellt ist (1489).
Die grün-weiße Marmorstreifung im Inneren des Domes folgt pisanischen Vorbildern. Sehenswert ist die Cappella del Sacro Cingolo (= Heiliger Gürtel), ausgeschmückt mit Fresken (1392–1395) von Agnolo Gaddi; Thema der Wandbilder ist die Bedeutung des Gürtels in der Heiligenlegende (Himmelfahrt Mariens). Im Chor sieht man Fresken von Filippo Lippi, welche Szenen aus dem Leben Johannes des Täufers und des hl. Stephanus darstellen. Im Hauptschiff eine Marmorkanzel mit Reliefs, geschaffen von Mino da Fiesole und Antonio Rossellino (1473).

<small>*Außenkanzel</small>

Links neben dem Dom befindet sich das Museo dell' Opera del Duomo (Dommuseum). Dort kann man Altargemälde und den Schrein für den Heiligen Gürtel sehen, ferner die Originalreliefs von der Außenkanzel des Domes.

<small>Dommuseum</small>

Innenstadt

Vom Domplatz gelangt man südlich durch die Via Mazzoni auf die Piazza del Comune, den Mittelpunkt der Stadt. An der Südwestecke des Platzes der Palazzo Pretorio (13./14. Jh.), in dem die Galleria Comunale (Städti-

<small>Palazzo Pretorio (Galleria Comunale)</small>

Prato

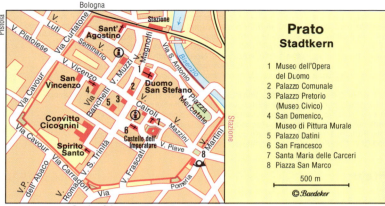

Poggio a Caiano
Artimino
Museo d'Arte Contemporanea
Luigi Pecci

Palazzo Pretorio (Fortsetzung) sches Museum) untergebracht ist. Vertreten sind Florentiner Meister des 14. und 15. Jh.s, darunter Filippo Lippi.

Palazzo Comunale Gegenüber dem Palazzo Pretorio steht der Palazzo Comunale, der durch Renovierungsarbeiten im 19. Jh. sein ursprüngliches Aussehen verloren hat.

Palazzo Datini Der Palazzo – südlich der Piazza del Comune – war Wohnsitz des Kaufmanns und Bankiers Francesco di Marco Datini (1330–1410). Nach dem

An der Domfassade befindet sich eine interessante Außenkanzel

Tode Datinis wurde die Fassade des Gebäudes mit Fresken geschmückt, die Szenen aus seinem Leben zeigten. Nur geringe Reste der Sinopien (Vorzeichnungen) sind erhalten.

Prato, Palazzo Datini (Fortsetzung)

Im Westen der Innenstadt steht an der Piazza San Domenico die gleichnamige Kirche (1283–1322); ihre Fassade blieb unvollendet. Bemerkenswert ist das reichgeschmückte Portal der linken Langhausflanke. Im Inneren ein großes gemaltes Kruzifix (um 1400).

San Domenico

Durch den Kreuzgang (15. Jh.) erreicht man das Museo di Pittura Murale (Wandmalerei-Museum). Es zeigt Fresken, Vorzeichnungen (Sinopien) aus dem 13.–17. Jh., ferner eine Dokumentation der Freskotechnik und der verschiedenen Restaurierungsverfahren.

Museo di Pittura Murale

Von der Piazza del Comune führt die Via Ricasoli südwärts zur Piazza San Francesco, an der links die im 13. Jh. erbaute Kirche San Francesco steht. Von dem hübschen Kreuzgang rechts neben der Kirche gelangt man in den Kapitelsaal, ausgestattet mit Wandgemälden aus der Schule Giottos (Niccolò di Pietro Gerini; 14. Jh.).

San Francesco

Auf dem östlich angrenzenden Platz steht links die von Giuliano da Sangallo 1484–1495 erbaute Kirche Santa Maria delle Carceri, eine Kuppelkirche über griechischem Kreuz. Im Inneren sieht man einen schönen Hochaltar von Sangallo (1515), ferner Terrakotta-Medaillons der Evangelisten, die von Andrea della Robbia stammen.

*Santa Maria delle Carceri

Südlich neben der Kirche Santa Maria delle Carceri steht das Castello dell' Imperatore. Die zinnengekrönte Burg wurde 1237–1248 unter Kaiser Friedrich II. errichtet. Zwei Türme aus dem 10. Jh. sind in den Bau einbezogen.

Castello dell' Imperatore

*Centro per l'Arte Contemporanea Luigi Pecci

Im Jahre 1988 wurde in Prato das Centro per l'Arte Contemporanea Luigi Pecci (Museum für zeitgenössische Kunst) eröffnet. Das Museum liegt südlich der Altstadt am Viale della Repubblica (Ecke Via delle Fonti di Mezzana). Finanziert wurde der Bau von der 'Associazione Luigi Pecci', die der 1988 verstorbene Industrielle Enrico Pecci begründet hat. Das Haus, dem ein Forschungszentrum angeschlossen ist, soll ein Forum sein für Malerei, Skulptur, Design, Video und andere Formen künstlerischer Gestaltung. An den Hauptbau schließt sich eine Arena mit Sitzstufen an; diese Anlage nach Art eines griechischen Amphitheaters bietet 600 bis 800 Personen Platz.

Procida

→ Ischia

Rapallo

D 7

Region: Ligurien/Liguria
Provinz: Genua/Genova
Höhe: 2 m ü.d.M.
Einwohnerzahl: 27 000

Rapallo, der größte Badeort der Riviera di Levante, liegt rund 33 km südöstlich von Genua in einer Bucht, dem 'Golfo di Tigullio'. In die Welt-

Lage und Allgemeines

Rapallo

Rapallo ist eines der traditionsreichsten Riviera-Seebäder

Allgemeines (Fortsetzung)

geschichte ging der einst exklusive Badeort durch den 1922 hier geschlossenen Vertrag zwischen Deutschland und Rußland ein (Verzicht auf Reparationen, Aufnahme diplomatischer Beziehungen).

Sehenswertes

Altstadt

Die Häuser der Altstadt säumen den innersten Winkel der Bucht. Mittelpunkt des Verkehrs ist die Piazza Cavour, an der die alte Pfarrkirche steht; die klassizistische Fassade stammt von 1857, der schiefe Glockenturm von 1753. Nördlich liegt die große Piazza delle Nazione mit dem Stadtmuseum und dem Rathaus. Der Turm der 'Comune Rapallese' von 1459 ist das Wahrzeichen der freien Gemeinde. Links gegenüber liegt das Stadtmuseum, das u.a. Klöppelspitzen aus heimischer Produktion zeigt.

Burg

Im Südosten des Hafens, jenseits des Torrente San Francesco, erhebt sich auf einer Klippe das Castello aus dem 16. Jh. (heute Raum für Ausstellungen und kulturelle Veranstaltungen). Westlich schließt sich die großzügige, von Hotels und Cafés gesäumte Promenade des Lungomare Vittorio Veneto an (Palmen); etwa in der Mitte der Landesteg für Schiffe.

Stadtpark Spitzenmuseum

Am Ostrand der Stadt liegt der Parco Comunale Casale. Hier steht die Villa Tigullio, die das Museo del Pizzo a Tombolo (Klöppelspitze) beherbergt.

Umgebung von Rapallo

Madonna di Montallegro

Rund 11 km nördlich von Rapallo liegt auf dem Kamm zwischen Meer und Fontanabuona-Tal die Wallfahrtskirche Madonna di Montallegro (612 m; auch Seilbahn), die durch ihre prunkvolle Innenausstattung besticht. Von oben bietet sich eine herrliche Sicht auf den Golf von Rapallo.

Ravenna

Von Rapallo führt eine Küstenstraße südwärts zum hübschen Urlaubsort Santa Margherita Ligure (3 km), der ehedem illustre Gäste anzog (von Petrarca über Maupassant und G. Hauptmann bis hin zu Greta Garbo und der Callas). In der Villa Lomenilli veranstaltet die Universität Genua im Sommer Sprachkurse für Ausländer. Neben verschiedenen Plätzen und Kirchen ist besonders die Villa Durazzo Centurione auf dem Hügel San Giacomo di Corte, die ab 1560 erbaut wurde, bemerkenswert; von dem großen Garten (exotische Vegetation, Wege mit schwarzweißem Kieselpflaster) sieht man über die Stadt und den Golf. Der Jachthafen von Santa Margherita Ligure verfügt über etwa 450 Anlegeplätze. Von der Mole an der Piazza Martiri della Libertà fahren Schiffe nach Rapallo, Portofino, San Fruttuoso und Camogli sowie zu den Ortsteilen von Cinqueterre ab.

Rapallo (Fortsetzung), *Santa Margherita Ligure

⟶ dort

Portofino

Ravenna   G 7

Region: Emilia-Romagna
Provinz: Ravenna (RA)
Höhe: 3 m ü.d.M.
Einwohnerzahl: 137 000

Ravenna, Hauptstadt der gleichnamigen Provinz und Sitz eines Erzbischofs, liegt im äußersten Südosten der hier von vielen Entwässerungskanälen durchzogenen Oberitalienischen Tiefebene. Ursprünglich ein Seehafen, ist die Stadt heute mit dem Adriatischen Meer durch einen 10 km langen Kanal verbunden, der von Ravenna zum Hafen Porto Corsini führt. Mit seinen bedeutenden Baudenkmälern aus dem frühen Mittelalter gehört Ravenna zu den sehenswertesten Städten Italiens. Es bietet den umfassendsten Überblick über die frühmittelalterliche Kunst.
Die Innenstadt ist für den Kfz-Verkehr gesperrt.

Lage und Allgemeines

Ravenna war zur Zeit der Etrusker und Römer eine Lagunenstadt wie Venedig. Augustus machte den Hafen Portus Classis (= Hafen der Kriegsmarine), der bereits 5 km vor der Stadt lag, zum Standort der adriatischen Flotte. Als im Jahre 402 der weströmische Kaiser Honorius seinen Hof von Mailand nach Ravenna verlegte, begann die Blütezeit der Stadt. Während die Stürme der Völkerwanderung das übrige Italien verwüsteten, entstanden hier unter Honorius und seiner Schwester Galla Placidia (425–450 Regentin) zahlreiche Bauten, Mosaiken wurden geschaffen. Seit dem Ende des Weströmischen Reiches beherrschte der von den germanischen Söldnern zum König ausgerufene Heruler Odoaker (476–493) von Ravenna aus ganz Italien. Nach dessen Ermordung brachte der in Konstantinopel erzogene Ostgotenkönig Theoderich der Große (493–526), genannt 'Dietrich von Bern', neuen Glanz nach Ravenna. Er baute mehrere Kirchen für den Kult des arianischen Glaubensbekenntnisses, dem die Ostgoten angehörten, sowie einen Königspalast. Belisar, der Feldherr Justinians (527–565), entmachtete 539 die Goten. Ravenna wurde Sitz eines oströmischen Statthalters (Exarchen) und erlebte unter der Gunst des Kaisers eine dritte Blütezeit; damals fand der byzantinischen Stil Eingang in die abendländische Kunst. 751 machten die Langobarden dem Exarchat ein Ende. 1297–1441 wurde die Stadt von der Familie Polenta beherrscht, dann gehörte sie den Venezianern, 1509–1859 zum Kirchenstaat.

Geschichte

Piazza del Popolo

Im Zentrum der Altstadt liegt die Piazza del Popolo. Dort steht der Palazzo Comunale (1681); davor zwei von den Venezianern 1483 errichtete Granit-

Palazzo Comunale

Ravenna

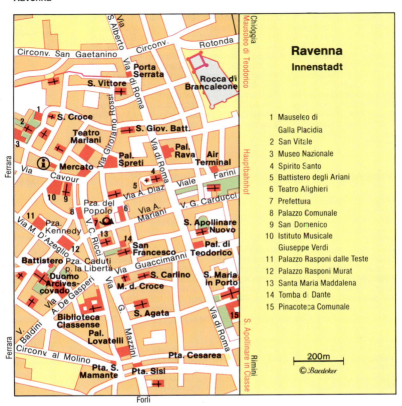

Ravenna Innenstadt

1 Mauseleo di Galla Placidia
2 San Vitale
3 Museo Nazionale
4 Spirito Santo
5 Battistero degli Ariani
6 Teatro Alighieri
7 Prefettura
8 Palazzo Comunale
9 San Domenico
10 Istituto Musicale Giuseppe Verdi
11 Palazzo Rasponi dalle Teste
12 Palazzo Rasponi Murat
13 Santa Maria Maddalena
14 Tomba di Dante
15 Pinacoteca Comunale

Palazzo Comunale (Fortsetzung)	säulen. An dem Platz befindet sich ferner der Palazzo Veneziano (15. Jh.; heute Sitz der Stadtverwaltung), ein Portikus mit acht Granitsäulen; an vier Kapitellen ist das Monogramm Theoderichs angebracht.
Dom	Unweit südwestlich der Piazza del Popolo steht der Dom Sant' Orso, der um 1740 an der Stelle der von Bischof Ursus († 396) gegründeten ältesten Kirche Ravennas errichtet wurde. Vom Originalbau sind noch der Kampanile (10. Jh.) und die Krypta erhalten. Beachtung verdient die Marmorkanzel im Mittelschiff rechts, die aus Marmortafeln mit Tierszenen (6. Jh.) zusammengesetzt ist. In der zweiten Kapelle rechts und im rechten Querschiff sieht man schöne frühchristliche Marmorsarkophage.
*Baptisterium der Orthodoxen	Nördlich neben dem Dom befindet sich das Baptisterium der Orthodoxen, ein achteckiger Backsteinbau aus dem 5. Jh. mit Marmorintarsien an den Innenwänden. Das Taufbecken stammt aus späterer Zeit. Die Mosaiken in der Kuppel gehören zu den ältesten Ravennas (z.T. restauriert), dargestellt ist die Taufe Christi im Jordan durch Johannes den Täufer.
Erzbischöflicher Palast (Museum)	Südöstlich hinter dem Dom steht der Erzbischöfliche Palast (Arcivescovado). Im ersten Stock links das Museo Arcivescovile (Erzbischöfliches Museum), mit dem sogenannten Stuhl des Erzbischofs Maximian, einer

ägyptischen Schnitzarbeit aus dem 6. Jh., verziert mit Elfenbeinreliefs, die Szenen aus dem Alten Testament und dem Neuen Testament zeigen.

Unweit östlich des Palastes liegt die moderne Piazza dei Caduti per la Libertà, von der zahlreiche Straßen ausgehen. Östlich des Platzes steht die im 5. Jh. gegründete Franziskaner-Klosterkirche San Francesco, die einen romanischen Glockenturm (10. Jh.) hat.

Nördlich neben der Kirche das Grabmal Dantes (Tomba di Dante), ein klassizistischer Bau (1780); im Inneren befindet sich der Sarkophag, der die Gebeine des 1321 in Ravenna im Alter von 56 Jahren als Verbannter gestorbenen Dichters umschließt. Das Museo Dantesco zeigt Exponate zu Dantes Leben und Werk.

✲✲San Vitale

Rund 500 m nordwestlich der Piazza del Popolo steht die Kirche San Vitale, ein außen schmuckloser achteckiger Zentralbau von 35 m Durchmesser, 526 unter Theoderich begonnen und im Jahre 547 geweiht. Das Innere ist bis auf die Kuppelfresken der Barockzeit von späteren Zufügungen befreit, es wird durch acht Pfeiler in einen Mittelraum und einen Umgang geteilt; den Hauptschmuck bilden die Mosaiken im byzantinischen Stil. Auf den Mosaiken der Chornische (6. Jh.) sind – unten links und rechts – Kaiser Justinian und seine Gemahlin Theodora mit ihrem Gefolge dargestellt: Neben dem Kaiser der Erzbischof Maximian; oben Christus auf der Weltkugel, links der hl. Vitalis, rechts der hl. Ecclesius. Der Altar ist aus durchscheinendem Alabaster.

Hinter San Vitale liegt das Mausoleum der Galla Placidia, um 440 auf dem Grundriß eines lateinischen Kreuzes erbaut, mit Tonnengewölbe und Vie-

Das Mausoleum der Galla Placidia trägt prächtigen Mosaikschmuck

Ravenna

Mausoleum der Galla Placidia (Fortsetzung)

rungskuppel. Das Innere ist mit schönen Mosaiken (5. Jh.) auf dunkelblauem Grund geschmückt: Man sieht das Kreuz, Evangelistensymbole, Apostelfiguren und über der Tür Christus als guten Hirten. Im Zentrum und in den beiden Querarmen befinden sich Marmorsarkophage, angeblich die der Galla Placidia und der beiden Kaiser Constantius III. († 421), ihres zweiten Gemahls, und ihres Sohnes Valentinian III. († 455).

Museo Nazionale

Westlich neben San Vitale steht das sehenswerte Museo Nazionale, in dem Inschriften, Skulpturen, Elfenbeinschnitzereien und andere Gegenstände von historischem Wert gezeigt werden.

*Sant' Apollinare Nuovo

An der im Osten der Stadt verlaufenden belebten Via di Roma steht die Kirche Sant' Apollinare Nuovo, eine nach 500 von Theoderich als arianische Kathedrale erbaute Basilika, die im Jahre 560 zu einer katholischen Kirche wurde; Vorhalle und Apsis stammen aus dem 16. und 18. Jahrhundert. Im Inneren befinden sich 24 byzantinische Marmorsäulen aus Konstantinopel. Im Mittelschiff sieht man herrliche Mosaiken (6. Jh.): an der linken Wand ist der römische Hafen Classis mit Schiffen dargestellt, an der rechten Wand die Stadt Ravenna mit den Kirchenbauten und dem Palast des Theoderich sowie Heiligen in byzantinischer Tracht; über den beiden Friesen sind Propheten zu erkennen; ganz oben, über den Fenstern, Szenen aus dem Neuen Testament: links Reden und Wunder Christi (ohne Bart), rechts die Leidensgeschichte (Christus mit Bart).

Unweit südlich von Sant' Apollinare sieht man an der Ecke der Via Alberoni Reste vom sog. Palast des Theoderich (7./8. Jh.); auffallend ist besonders die reichgegliederte Fassade mit einem vorspringendem Mittelbau.

Santa Maria in Porto

Weiter südlich kommt man zu der großen Renaissancekirche Santa Maria in Porto (16. Jh.), die eine Fassade von 1784 hat. In der anschließenden Loggetta Lombardesca und einem Renaissancekreuzgang ist die Pinacoteca Comunale (Gemäldegalerie) untergebracht.

Das Grabmal des Theoderich deckt ein mächtiger Monolith

Ravenna

Nordöstlich von Sant' Apollinare liegt im Bahnhofsviertel die Kirche San Giovanni Evangelista mit schönem Kampanile. Sie wurde durch Galla Placidia errichtet (nach 424) und nach dem Zweiten Weltkrieg in den ursprünglichen Formen wiederhergestellt.

San Giovanni Evangelista

Unweit westlich dieser Kirche die unter Theoderich erbaute Basilika Spirito Santo (Zugang von der Via Paolo Costa) und das einstige Baptisterium der Arianer (später Santa Maria in Cosmedin), dessen Kuppel mit stark restaurierten, die Taufe Christi darstellenden Mosaiken des 6. Jh.s geschmückt ist.

Baptisterium der Arianer

Rund 750 m östlich der die Via di Roma nördlich abschließenden Porta Serrata steht das Grabmal des Theoderich (Mausoleo di Teodorico), ein um 520 wahrscheinlich auf Anordnung von Theoderich selbst errichteter monumentaler zweistöckiger Rundbau aus Quadern istrischen Kalksteins. Die Kuppel (11 m Durchmesser) ist aus einem einzigen Kalksteinblock gehauen. Das Grabmal erinnert mehr an syrische als an römische Vorbilder. Die Verzierungen (Zangenfries u.a.) zeigen deutlich germanischen Einfluß. Das untere Geschoß ist ein tonnengewölbter Raum in Form eines griechischen Kreuzes; im oberen Geschoß ein antiker Porphyrsarkophag.

*Grabmal des Theoderich

**Sant' Apollinare in Classe

Südlich von Ravenna liegt an der Straße, die nach Rimini führt, die sehr besuchenswerte Kirche Sant' Apollinare in Classe; sie ist der einzig erhaltene Bau des antiken Hafenbereichs. Die Kirche, mit Vorhalle und rundem Kampanile, wurde um 535 vor den Toren der damaligen Siedlung begonnen, 549 geweiht, 1779 wiederhergestellt und 1904 restauriert. In dem weiträumigen Inneren sieht man 24 byzantinische Marmorsäulen; die Wände sind seit dem 18. Jh. mit Medaillonbildnissen der Bischöfe und Erz-

Lage
5 km südlich

Sant'Apollinare in Classe steht beim einstigen Römerhafen

Reggio di Calabria

Ravenna,
Sant'Apollinare
in Classe
(Fortsetzung)

bischöfe von Ravenna bemalt. In den Seitenschiffen befinden sich Sarkophage von Erzbischöfen (5.–8. Jh.); in der Krypta (12. Jh.) ein Fenster mit antikem Bronzegitter. Die Mosaiken in der Apsis und am Triumphbogen stammen aus dem 6./7. Jh. (wiederhergestellt). In der Apsiskuppel ist Christus als der 'gute Hirte' (Kreuz mit 99 Sternen) zu sehen, darunter der Kirchenpatron mit den Gläubigen (als Schafe dargestellt); über dem Triumphbogen Christus als Pantokrator, umgeben von Schafen, welche die zwölf Apostel symbolisieren.
In der Nähe der Kirche werden archäologische Grabungen durchgeführt (Zona Archeologica di Classe).

Etwa 5 km südöstlich von Sant' Apollinare liegen die Reste des einst berühmten, durch Forstung und Brände stark gelichteten Pinienwaldes Pineta di Classe. Unweit westlich 'Mirabilandia', der größte Freizeitpark Italiens (1992 eröffnet) mit über 30 Attraktionen.

Marina di Ravenna

Lage
11 km nordöstlich

Nordöstlich von Ravenna erstreckt sich am Adriatischen Meer der Badeort Marina di Ravenna (3 m).
Jenseits des Canale Candiano (Fähre) liegt Porto Corsini mit den Hafenanlagen von Ravenna.

Reggio di Calabria　　　　　　　　　　　　　　　　　　　　　　　　K 19

Region: Kalabrien/Calabria
Provinz: Reggio di Calabria
Höhe: 31 m ü.d.M.
Einwohnerzahl: 177 000

Lage und
Bedeutung

Reggio di Calabria (im Unterschied zu Reggio nell' Emilia), kurz 'Reggio Calabria' genannt, liegt im äußersten Südwesten Italiens, an der Ostseite der Meerenge von Messina. Zwischen Reggio di Calabria und Messina bestehen zahlreiche Schiffsverbindungen.
Die alte Hafenstadt, griechisch 'Rhegion' (743 v.Chr. gegründet) und römisch 'Rhegium', ist Hauptort der italienischen Region→ Kalabrien und der Provinz Reggio di Calabria, ferner Sitz eines Erzbischofs.
Nachdem Reggio di Calabria schon 1783 durch ein Erdbeben zerstört und 1908 abermals schwer betroffen worden war, hat man es neu aufgebaut; die Stadt konnte danach ihre wirtschaftliche Bedeutung wiedererlangen.
Reggio ist einer der wichtigsten Erzeugungsorte für Bergamottöl, eine Substanz, die man für die Herstellung von Parfüm braucht.

Sehenswertes

Dom und Kastell

Verkehrsmittelpunkt von Reggio di Calabria ist die Piazza Italia in der Nähe des Meeres. Dort stehen das Rathaus und die Präfektur. An der südöstlichen Seite des Platzes verläuft der Corso Garibaldi, die 2 km lange, belebte Hauptstraße der Stadt. Er führt südwestlich zum Dom, der 1908 im romanisch-byzantinischen Stil neu errichtet wurde, und zum Stadtgarten, der Villa Comunale. Vom Dom sind es nur ein paar Schritte zum Castello Aragonese, das im 15. Jh. errichtet wurde und zwei mächtige Rundtürme hat. Vom Kastell aus bietet sich eine schöne Aussicht. Die Via Reggio Campi verläuft im Osten der Stadt hangaufwärts.

*Nationalmuseum

Von der Piazza Italia führt der Corso Garibaldi in nordöstlicher Richtung, am Tempio della Vittoria mit einem Kriegerdenkmal (von 1933) vorbei, zum Nationalmuseum Museo Nazionale, der Hauptsehenswürdigkeit der Stadt.

Dort werden archäologische Funde (Arbeiten aus Großgriechenland) sowie mittelalterliche und moderne Bildwerke gezeigt.
Bekannt sind die 'Krieger von Riace', zwei Bronzestatuen, die 1972 in der Nähe von Riace im Meer gefunden wurden. Ihre Herkunft ist noch nicht bekannt. Wissenschaftler haben sich bereits mit der Herstellungstechnik beschäftigt und herausgefunden, daß der Gußkern der Figuren aus Ton angefertigt ist. Die Bronzeschicht ist trotz der Größe der Figuren nur etwa sechs bis sieben Millimeter dick. Man geht davon aus, daß die Kriegerstatuen um 460 v.Chr. (Bronze A) bzw. um 440 v.Chr. (Bronze B) geschaffen wurden. Bemerkenswert sind die 1,98 m hohen Statuen u.a. wegen ihrer harmonischen Proportionen und des guten Erhaltungszustands.

Nationalmuseum (Fortsetzung)
*Krieger von Riace

Geht man vom Nationalmuseum auf dem Viale Genoese Zerbi nach Norden, über den Torrente Annunziata, so kommt man zum Hafen (Porto); hier legen die Fährschiffe von und nach Messina an (Stazione Marittima).

Hafen

Am Nationalmuseum beginnt der Lungomare Giacomo Matteotti, eine mit Anlagen geschmückte Promenade, die sich etwa 3 km lang am Meeresufer hinzieht und einen Blick auf die Küste Siziliens bietet. Am südlichen Abschnitt der Uferstraße sieht man Reste einer griechischen Stadtmauer und römischer Thermen, deren Fußbodenmosaik teilweise erhalten ist.

*Lungomare Giacomo Matteotti

Umgebung von Reggio di Calabria

Rund 24 km nördlich von Reggio di Calabria liegt überaus reizvoll das 1908 durch ein Erdbeben zerstörte, danach wiederaufgebaute Städtchen Scilla (6000 Einw.), das alte Scylla, überragt von einem malerischen Kastell. Der Fels der 'Scylla', die schon in Homers Odyssee als ein brüllendes, alles verschlingendes Seeungeheuer (oben eine reizvolle Jungfrau, unten ein Ungetüm mit Wolfsleib und Delphinschwanz) vorkommt, wird zusammen mit der gegenüberliegenden 'Charybdis' von den Dichtern des Altertums als drohende Gefahr für die vorüberfahrenden Schiffe geschildert – wegen der Strudel, die dort durch wechselnde Gezeitenströmungen entstehen.
Rund 9 km südwestlich von Scilla liegt die kleine Stadt Villa San Giovanni (12 000 Einw.), von wo Fähren über die hier 4 km breite Straße von Messina nach Sizilien übersetzen. Eine Brücke über die Meerenge ist geplant.

Scilla

Villa San Giovanni

Von Reggio di Calabria zum Aspromonte (ca. 43 km)

Von Reggio di Calabria lohnt eine Fahrt zum Aspromonte (→ Kalabrien), einem im Altertum zur Sila gerechneten Waldgebirge. Die Erschließung des Gebiets erfolgt am besten von Gambarie di Aspromonte (1310 m), einem Ort 24 km nordöstlich von Reggio, der auch zum Wintersport besucht wird (Sesselbahn südöstlich auf den Puntone di Scirocco; 1660 m). Streckenverlauf: Von Gambarie di Aspromonte aus fährt man 3,5 km südlich auf der S.S. 183, dann auf einer mäßig steilen Bergstraße 15 km östlich durch Fichten- und Buchenwälder hinauf zum Montalto, auch Monte Cocuzza genannt (1955 m), dem höchsten Berg des Aspromonte. Auf dem Gipfel des Berges, der in einem Teil des Nationalparks (Parco Nazionale della Calabria) liegt, steht eine Christusstatue. Von oben bietet sich eine herrliche Sicht auf das Meer ringsum sowie auf Kalabrien und die Insel Sizilien.

Gambarie di Aspromonte

Reggio nell' Emilia E 6

Region: Emilia-Romagna
Provinz: Reggio nell' Emilia
Höhe: 58 m ü. d. M.
Einwohnerzahl: 130 000

Reggio nell'Emilia

Lage und Allgemeines

Reggio nell' Emilia, Hauptstadt der gleichnamigen Provinz, liegt zwischen Parma und Modena am Südrand der Oberitalienischen Tiefebene.

Die römische Siedlung wurde nach dem Erbauer der Via Emilia, Marcus Emilius Lepidus, 'Regium Lepidi' benannt. Von 1409 bis 1796 regierte die Familie d'Este die Stadt. Der berühmteste Sohn von Reggio nell' Emilia ist der Dichter Ariost, der 1474 hier das Licht der Welt erblickte († 1533).

Sehenswertes

Piazza Prampolini, Dom

Der Mittelpunkt des autofreien Stadtkerns von Reggio nell' Emilia ist die weite Piazza Prampolini mit dem Palazzo Comunale (18. Jh.) an der Süd- und dem Dom an der Ostseite. Im 16. Jh. erhielt das ins 13. Jh. zurückgehende Gotteshaus eine Renaissancefassade, die allerdings nur im unteren Teil ausgeführt wurde. Im tonnengewölbten Inneren lohnt ein Blick in die Sakristei, wo der Kirchenschatz, u. a. auch Werke des aus Reggio stammenden Goldschmieds, Architekten und Bildhauers Bartolomeo Spagni (1468–1539) und seines Enkels Prospero Spagni, aufbewahrt werden.

San Prospero

Ein überdachter Durchgang neben dem Dom führt auf die kleine, heute wieder als Marktplatz genutzte Piazza San Prospero, die vom achteckigen Campanile der Renaissancekirche San Prospero (1527) überragt wird. An der 1748 im Barockstil erneuerten Fassade wachen sechs imposante Löwen aus Marmor. Von der reichen Ausstattung sei besonders auf das Apsisfresko "Jüngstes Gericht" von Camillo Procaccini, das intarsienverzierte Chorgestühl von 1546 und auf die Kopie von Correggios stimmungsvollem Gemälde "Geburt Christi" (1528; Original in Dresden) hingewiesen.

Piazza Battisti, Teatro Municipale, Musei Civici

Nach Norden geht die Piazza Prampolini in die kleinere Piazza Battisti mit dem zinnenbekrönten Palazzo del Popolo an der Ostseite über (1281; 1931 stark restauriert). Den Platz durchschneidet die Via Emilia, die alte Hauptachse der Stadt. Nördlich der Via Emilia liegt das sehenswerte Teatro Municipale (1857), ein besonders schönes Beispiel für den historistischen Theaterbau in Italien. Besichtigen sollte man die Städtischen Museen, die östlich des Teatro Municipale in einem ehemaligen Franziskanerkloster an der Piazza Cavour untergebracht sind und beachtliche archäologische, natur- und kulturgeschichtliche Sammlungen bewahren. Möbel, Trachten, Schmuck und anderes Kunsthandwerk zeigt die Galleria Parmeggiani in einem Palazzo am Corso Cairoli.

*Madonna della Ghiara

Das interessanteste Baudenkmal von Reggio nell' Emilia ist die südwestlich der Piazza Prampoli, am breiten Corso Garibaldi gelegene Wallfahrtskirche Madonna della Ghiara, die 1597–1619 als überkuppelter Zentralbau über griechischem Kreuz errichtet wurde. Stuckdekoration, Marmoraltäre und Fresken verleihen dem Innenraum barocken Reiz.

Umgebung von Reggio nell' Emilia

San Polo d'Enza, Canossa

In der näheren Umgebung von San Polo d'Enza, etwa 20 km südwestlich von Reggio, liegen die Ruinen von vier Burgen, die einst zum Besitz der einflußreichen Markgräfin Mathilde von Tuszien (1046–1115) gehörten. Die berühmteste ist zweifelsohne Canossa, auf der 1077 König Heinrich IV. von Papst Gregor VII. die Lösung vom Kirchenbann erwirkte ('Gang nach Canossa'). Von der geschichtlich so bedeutsamen Burg selbst ist allerdings fast nichts mehr zu sehen.

Castelnovo ne' Monti

Die kleine, 702 m hoch gelegene Stadt, 44 km südwestlich von Reggio nell' Emilia, ist eine beliebte Sommerfrische. Von Castelnovo ne' Monti läßt sich der imposante Sandsteintafelberg Pietra Bismantova (1047 m) besteigen, von dessen Gipfel man eine herrliche Aussicht genießt.

Rimini

G 7

Region: Emilia-Romagna
Provinz: Rimini
Höhe: 7 m ü.d.M.
Einwohnerzahl: 130 000

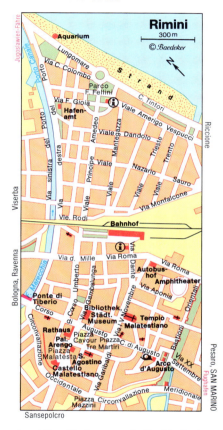

Rimini, rund 150 km südlich von Venedig gelegen, ist eines der bekanntesten und traditionsreichsten Seebäder an der italienischen Adriaküste. Am langen Sandstrand von Rimini, an dem man zu Hochsaisonzeiten nur schwerlich ein freies, geschweige denn ruhiges Plätzchen ergattern kann, scheiden sich die Urlaubsgeschmäcker – den einen ist der Rummel dort schlicht zu heftig, andere hingegen kommen gerade deshalb hierher.

Lage und Allgemeines

Italiens berühmter Filmregisseur Federico Fellini, der am 20. Januar 1920 in Rimini das Licht der Welt erblickt hatte, liebte seine Heimatstadt jedenfalls über alles: Für ihn war Rimini der Inbegriff des italienischen Seebades.

Im römischen Ariminum trafen sich in der Antike zwei wichtige Verkehrswege: die 'Via Aemilia', die von hier nach Mailand führte, und die etwas ältere 'Via Flaminia', die Rom mit der Adriaküste verband. Vom 13. Jh. an war die Stadt im Besitz der Adelsfamilie Malatesta, bevor sie sich 1528 dem Kirchenstaat anschloß. Riminis Aufstieg zur beliebten Sommerfrische begann bereits in den 30er Jahren des 19. Jahrhunderts.

Geschichte

Sehenswertes in der Altstadt

Am östlichen Eingang in die Altstadt von Rimini steht der Arco di Augusto. Der im Jahre 27 v. Chr. aus Travertin errichtete Triumphbogen wurde Kaiser Augustus geweiht, der die Via Flaminia erneuern ließ.

Arco di Augusto

Rimini

Tempio Malatestiano

Das interessanteste Bauwerk in Rimini ist der Tempio Malatestiano, eine schlichte, gotische Bettelordenskirche aus dem 13. Jh., die 1447–1460 im Frührenaissancestil zum Mausoleum der Familie Malatesta umgebaut wurde. Den Außenbau, der die Formen eines römischen Triumphbogens zitiert, aber unvollendet blieb, entwarf der Florentiner Architekt Leon Battista Alberti. Im Inneren des Gotteshauses beachte man vor allem den herrlichen plastischen Schmuck (u. a. von dem Florentiner Renaissancebildhauer Agostino di Duccio), das Fresko von Piero della Francesca, auf dem der Bauherr Sigismondo Malatesta vor dem hl. Sigismund kniend dargestellt ist, sowie in einer der Kapellen das gemalte Kruzifix aus der Schule Giottos.

Palazzo dell' Arengo, Palazzo Malatesta

Von Riminis kurzer Phase als freie Stadtrepublik kündet noch der 1204 aus Backsteinen erbaute Palazzo dell' Arengo, der mit dem nebenstehenden Palazzo del Podestà (Rathaus) die Piazza Cavour beherrscht. In den Auseinandersetzungen um die Stadtherrschaft Ende des 13. Jh.s behauptete sich die Familie Malatesta. Ihr berühmtester Sproß, Sigismondo, ließ nicht nur den Tempio Malatestiano, sondern auch das Castello an der Piazza Malatesta erbauen (15. Jh.), in dem heute das Museo delle Culture Extraeurope seinen Sitz hat. Auf diesem Platz wird zweimal wöchentlich, mittwochs und samstags, ein Markt abgehalten.

Ponte di Tiberio

Von der Piazza Cavour gelangt man nordwestlich durch den breiten Corso di Augusto zum Ponte di Tiberio, einer gut erhaltenen römischen Brücke über die Marecchia, die unter Tiberius vollendet wurde (20 n.Chr.).

Seebad

Nordöstlich der Altstadt erstreckt sich jenseits der Eisenbahnlinie bis zum Meer das moderne, dichtbebaute Seebad Rimini mit seinem rund 20 km

Uniformes Strandleben bei Rimini

langen Sandstrand. Hinter der breiten Uferpromenade reihen sich Hotels, Villen und Pensionen aneinander. Die nördlich anschließenden Stadtteile Rivabella, Viserba, Viserbella und Torre Pedrera sind ebenfalls vielbesuchte Badeorte. Rund 3 km südöstlich liegt in Richtung Riccione der Ortsteil Miramare, ebenfalls ein Seebad, mit großem Flughafen.

Seebad (Fortsetzung)

Bei Viserba, 8 km nordwestlich vom Zentrum Riminis an der S.S. 16, lohnt die Modellstadt 'Italia in Miniatura' einen Besuch. Dort sind etwa 200 Sehenswürdigkeiten Italiens nachgebildet, darunter Berge, Seen, Gebäude und berühmte Plätze wie etwa der 'Campo dei Miracoli' von Pisa.

Italia in Miniatura

Zwischen Rimini und Riccione gibt es eine weitere Attraktion, den Vergnügungspark 'Fiabilandia', mit einem vielfältigen Angebot (Show Boat, King Kong, Fort Apache, Wasserspiele, Baby Park, Eisenbahn, Theater u.a.).

Fiabilandia

Umgebung von Rimini

Rund 8 km südöstlich von Rimini liegt Riccione (12 m ü.d.M.; 32 000 Einw.), einer der meistbesuchten Urlaubsorte Italiens. In dem Seebad gibt es auch Thermalquellen. Gleich hinter dem Strand liegt auch das Delphinarium von Riccione, eine der Hauptattraktionen des Badeortes.

Riccione

4 km hinter Riccione passiert man das kleine Thermal- und Seebad Misano Adriatico. Nach weiteren 4 km ist Cattolica (10 m ü.d.M.; 16 000 Einw.) erreicht, das wie Rimini bereits um die Mitte des 19. Jh.s als Badeort entdeckt wurde. An dem etwa 2 km langen Strand sind alle notwendigen Einrichtungen vorhanden. Ein vielfältiges Sportangebot wartet auf den Urlauber: Segeln, Windsurfing, Wasserski, Minigolf, Tennis, Reiten und Bowling. Konzerte und verschiedene Feste runden das Freizeitprogramm ab.

Misano Adriatico, Cattolica

Rund 8 km südlich von Cattolica liegt auf einem Hügel im Landesinneren das Städtchen Gradara, das wegen seiner vollständig erhaltenen, turmbesetzten Stadtmauer und wegen seines Kastells einen Besuch lohnt.

Gradara

Im 14. Jh. wurde das Fischerdorf 20 km nordwestlich von Rimini zum Hafen der landeinwärts gelegenen Stadt Cesena ausgebaut. Mitten durch Cesenatico (20 000 Einw.) verläuft ein Hafenkanal, den Cesare Borgia im 16. Jh. anlegen ließ. Heute liegen hier alte Fischerboote mit bunten Segeln vor Anker, die das Museo della Marineria (Schiffsmuseum) bilden.

Cesenatico

Rund 8 km nordwestlich von Cesenatico erreicht man Cervia (24 000 Einw.), einen vornehmen Badeort mit breitem, feinsandigen Strand. Die Stadt war jahrhundertelang ein Zentrum der Salzgewinnung. In dem modernen Thermalbad gibt es Wasser, dessen Salzgehalt nach Angaben von Experten dem des Toten Meers entspricht. Die Altstadt von Cervia – mit Kathedrale und Bischofspalais – stammt aus dem 18. Jahrhundert.

Cervia

Jenseits des Kanalhafens schließt sich der Vorort Milano Marittima an, hübsch an einem Pinienwald gelegen und ebenfalls mit schönem Strand. In Milano Marittima gibt es auch Thermalbäder (Fango).

Milano Marittima

*San Leo

Eine willkommene Abwechslung zum Bade- und Strandleben an der Küste bildet ein Ausflug ins bergige Hinterland von Rimini, der sich gut mit einem Besuch von San Marino kombinieren läßt. Man verläßt Rimini auf der S.S. 258 in südwestlicher Richtung. Anfangs fährt man im breiten Tal der Marecchia aufwärts. Nach 16 km sieht man links oberhalb der Straße die hochgelegene Ortschaft Verucchio (333 m ü.d.M.; 6000 Einw.), die von einer Malatesta-Burg beherrscht wird. 7 km talaufwärts ist das Dörfchen Villa Nuova erreicht, wo man links in ein Seitental abbiegt.

Anfahrt

Riviera

Rimini,
San Leo
Ortsbild

Nach 9 km taucht plötzlich auf einem hohen, steilen Felsen das Burgstädtchen San Leo auf (583 m ü.d.M.; 3000 Einw.). Seine kühne Lage und die herrlichen Ausblicke sind schon allein einen Ausflug wert. Besichtigen kann man die Burg (Gemäldegalerie) mit einem gewaltigen Kerker, den romanisch-gotischen Dom und die Pfarrkirche aus dem 9. Jh., bei deren Bau antike Spolien verwendet wurden.

San Marino → dort

Riviera B–D 6–8

Region: Ligurien/Liguria
Provinzen: Genua/Genova, Savona, Imperia und La Spezia

Allgemeines

Als Riviera ('Gestade') bezeichnet man den schmalen Küstensaum des Mittelmeers von Marseille bis La Spezia. Die italienische Riviera, zwischen Ventimiglia und La Spezia, gehört mit ihren jähen Felsabstürzen, bewaldeten Hügeln, altertümlichen Hafenstädtchen und verfallenen Wachttürmen über dem blauen glänzenden Meer zu den schönsten Landschaften Italiens. Das Gebirge schützt sie vor rauhen Nordwinden, die Südlage führt ihr die volle Wirkung der Sonne und des warmen Meeres zu. Wegen der milden Winter und der warmen Sommer können Pflanzen des mediterranen Typs gedeihen. Zahlreiche Gäste kommen im Winter und im Frühling zur Erholung in die weltbekannten Kurorte, die im Sommer als Seebäder besucht werden.

Riviera di Levante

Die italienische Riviera wird durch den Golf von Genua in zwei Teile geschieden: Im Osten erstreckt sich die Riviera di Levante (von Genua bis La Spezia), mit mildem, aber unausgeglichenem Klima und viel Wald. Südlich von Sestri Levante haben die Orte noch enge Straßen und meist hohe Häuser, die sich in den schmalen Küstenebenen und in den engen Flußtälern zusammendrängen. Abgesehen von den Zentren des Tourismus gibt es in den Orten der östlichen Riviera nur wenige komfortable Hotels.

Riviera di Ponente

Im Westen des Golfs von Genua erstreckt sich die Riviera di Ponente (von Genua bis Ventimiglia), deren Klima das der Riviera di Levante an gleichmäßiger Milde übertrifft. In der breiten Küstenebene liegen zahlreiche Kurorte, in denen es erstklassige Hotels gibt und meist gute Badestrände.

Riviera dei Fiori

Der westliche Teil der Riviera di Ponente, zwischen dem Küstenort Alassio und der italienisch-französischen Grenze, wird wegen der in dieser Region betriebenen Blumenzucht auch 'Riviera dei Fiori' genannt.

Hinweis

In den folgenden Streckenbeschreibungen findet man knapp gefaßte Angaben über die einzelnen Städt und Orte der Küstenregion. Detaillierte Informationen sind dem Band "Italiensche Riviera" zu entnehmen, der in der Reihe 'Baedeker Allianz Reiseführer' erschienen ist und sowohl das Gebiet der Riviera di Levante als auch das der Riviera di Ponente abdeckt.

*Fahrt entlang der Riviera di Ponente (ca. 165 km)

Man verläßt → Genua vom Hauptbahnhof (Stazione Porta Principe) aus, dann verläuft die Strecke in westlicher Richtung, am alten Hafen entlang.

Cornigliano Ligure

6 km: Cornigliano Ligure (10 m), ein lebhafter Industrievorort von Genua, mit einem etwa 800 m weit ins Meer aufgeschütteten Industriegelände. Hinter dem Ort links die Zufahrt zum Flughafen Cristoforo Colombo. Auf einem hohen Bergkegel sieht man die Kirche Madonna del Gazzo.

Pegli

5 km: Pegli (6 m), ein als Erholungsort besuchter Stadtteil von Genua mit schönen Parkanlagen und Villen. Westlich vom Bahnhof steht die Villa Durazzo-Pallavicini (1837). In dem stattlichen Gebäude ist das Civico

Riviera

Museo di Archeologica Ligure, ein archäologisches Museum für Ligurien, untergebracht. Zu der Villa gehört ein Park, der am Berghang ansteigt. Er wurde zu einem Erlebnispark gestaltet, in dem Seen und Wasserfälle, Grotten, Pagoden und Tempelchen sowie Führer in historischen Gewändern zu sehen sind. In der benachbarten, ebenfalls von einem Park umgebenen Villa Doria ein sehenswertes Schiffahrtsmuseum (Civico Museo Navale). Gezeigt werden u.a. ein Porträt von Kolumbus, ein Mittelmeer-Handbuch (Portolan) und eine Genua-Vedute von Cristoforo Grassi (1597).
Pegli
(Fortsetzung)

5 km: Voltri (5 m) ist der letzte Vorort von Genua, den man passiert. Einen Besuch lohnt der Park der Villa Galliera mit der Wallfahrtskirche Madonna delle Grazie. Hinter Voltri verläßt man das Stadtgebiet von Genua.
Voltri

7 km: Arenzano (6 m), ein reizvoll gelegenes Seebad mit einer Burg. Bei der Villa La Torre ein schöner Park. Anschließend zieht die Straße landeinwärts hinter einem Vorgebirge hin und erreicht dann wieder die Küste.
Arenzano

12 km: Varazze (5 m; 15 000 Einw.), ein hübsch zwischen Orangengärten gelegenes Seebad (langer Strand), das auch als Winterkurort beliebt ist.
Varazze

4 km: Celle Ligure (44 m), ein Badeort in einer flachen Bucht mit Sandstrand, Villen und Hotels. Oberhalb des Ortes ein alter Pinienwald.
Celle Ligure

4 km: Albisola Marina (19 m), ein Seebad mit Sandstrand. Etwa 1 km nördlich liegt der andere Ortsteil, Albisola Superiore, wo die prunkvolle Villa Gavotti Beachtung verdient: Der letzte Genueser Doge, Francesco Maria della Rovere, ließ sie aus einem Bau des 15. Jh.s herrichten. In der Villa Trucco ist das Museo Manlio Trucco untergebracht, das Keramiken des Künstlers sowie Gemälde und Zeichnungen zeitgenössischer Maler zeigt.
Albisola Marina

Nach weiteren 3 km erreicht die Strecke Savona (10 m; 75 000 Einw.), Hauptstadt der gleichnamigen Provinz, am Letimbro gelegen. Die Stadt hat einen bedeutenden Hafen und eine vielseitige Industrie. Am Hafenkai steht ein nach dem Seefahrer Leone Pancaldo (1490–1538) benannter Turm. Jenseits der breiten Via Paleocapa, die vom Hafen in die Stadt führt, die Kirche San Giovanni Battista (16. und 18. Jh.), deren Inneres mit Gemälden von Savoneser Malern des 17. und 18. Jh.s ausgeschmückt ist. In der Nähe befindet sich der Dom Santa Maria Assunta (um 1600), dessen Fassade von 1881–1886 stammt; zum Domschatz gehören wertvolle Kunstwerke, z.B. die "Himmelfahrt" von Ludovico Brea (um 1500). Im Palazzo Pozzobonello ist die Pinacoteca Civica beheimatet. Die Sammlung umfaßt Savoneser Keramiken und Gemälde ligurischer Meister.
Savona

6 km: Vado Ligure (12 m; 9000 Einw.), ein Industrieort an der Vereinigung der alten 'Via Aurelia' mit der 'Via Julia Augusta'. Von hier führt die S.S. 1 (Via Aurelia) auf einem teilweise in den Fels gehauenen Streckenabschnitt um das Kap Vado mit seinem Leuchtturm. Dahinter links im Meer die Isola di Bergeggi, die von einem römischen Turm bekrönt wird.
Vado Ligure

10 km: Noli (4 m), ein reizvoll gelegener kleiner Badeort. Er kann mit einem besonders schönen Stadtbild aufwarten: mit Palazzi, Geschlechtertürmen, einer Stadtmauer, die zur Burg hin ansteigt, und der Kirche San Paragorio, einer der bedeutendsten romanischen Kirchen Liguriens. In Noli wurde Antonio da Noli (1415–1462) geboren, der Entdecker der Kapverdischen Inseln. Das ganze Jahr über finden Feste und Veranstaltungen statt, darunter das Patronatsfest Sant'Eugenio (zweiter Sonntag im Juli) und der Ruderwettkampf 'Regata dei Rioni' (zweiter Sonntag im September).
Noli

Die Strecke führt jenseits von Noli durch den Kap-Noli-Tunnel (114 m lang), dann weiter an den hohen, überhängenden Felswänden der Malpasso genannten Uferstrecke entlang und erreicht nach 9 km Finale Ligure (3 m; 14 000 Einw.), einen vielbesuchten Badeort. Sehenswert sind die hochgelegene Burg Castelfranco (um 1340), die Barockkirche San Giovanni Battista sowie eine frühchristliche Kapuzinerkirche in Bahnhofsnähe. Etwa 2 km nordwestlich liegt der noch ummauerte Ort Finalborgo. Beachtenswert ist die romanisch-barocke Pfarrkirche. Im Kloster S. Caterina (15. Jh.)
Finale Ligure

461

Riviera

Piazza Vittorio Emanuele II in Finale Ligure

Finale Ligure (Fortsetzung)
befindet sich ein Museum, das Civico Museo del Finale, in dem interessante archäologische Funde ausgestellt sind. Noch weiter nordwestlich von Finalborgo liegt Perti mit den Ruinen des Castell Gavone, dessen markanter Torre Diamante eines der bemerkenswertesten Zeugnisse ligurischer Militärarchitektur darstellt. Durch Olivenhaine führt ein Weg zu der charakteristischen Kirche N.S. di Loreto, die um 1490 nach dem Vorbild der Portinari-Kapelle in Mailand errichtet wurde. Jenseits Finale Ligure durchschneidet die Hauptstraße das Vorgebirge Caprazoppa.

Pietra Ligure
6 km: Pietra Ligure (3 m), ein Badeort (Sandstrand) mit einer mittelalterlichen Burg, die auf einem Felssporn steht. Unterhalb von ihr der Palazzo der Grafen Leale Franchelli, ein Bau aus dem 18. Jh. mit schönen, ausgemalten Sälen (Sammlungen von Porzellan und Grafiken, Bibliothek).

Loano
4 km: Loano (4 m; 13 000 Einw.), ein als Seebad besuchter Ort mit einem Doriapalast, der 1578 erbaut wurde und heute als Rathaus genutzt wird. Am Hang das ehem. Kloster Monte Carmelo. Etwa 6 km entfernt von hier die Grotta di Toirano (Besichtigung mit Führer 1½ Std.); am Vorplatz das Museo Preistorico (Museum für Vor- und Frühgeschichte). – Bei der Weiterfahrt Blick auf die Ligurischen Alpen mit dem Monte Carmo (1389 m).

Albenga
10 km: Albenga (5 m; 22 000 Einw.), eine im Kern altertümliche Stadt, liegt in der größten Küstenebene Liguriens. Die Stadtmauer, zahlreiche Adelspaläste und Türme sind noch erhalten. Beachtenswert sind auch die romanische Kathedrale San Michele (11.–14. Jh.) mit drei romanisch-gotischen Schiffen; von der Innenausstattung sind hervorzuheben ein Tafelbild von Pancalino im rechten Seitenschiff und die monumentale Orgel der Brüder Serassi aus Bergamo (19. Jh; Konzerte im August). Das Baptisterium entstand im 5. Jh. und gilt als bedeutendstes Werk frühchristlicher Kunst in Ligurien. Hinter der Kathedrale liegt die hübsche Piazzetta dei Leoni, benannt nach den drei Steinlöwen aus der Renaissance. Darüber hinaus gibt es in Albenga eine Reihe interessanter Museen: das Civico Museo

Riviera

Ingauno (im Palazzo Vecchio) mit Ausgrabungsfunden, Keramik u.a., das Diözesanmuseum und das Museo Navale Romano, ein Museum, dessen Glanzstück Teile eines römischen Schiffes bilden. An der alten Via Aurelia der Ponte Lungo, eine mittelalterliche Brücke, unter der früher der Centa hindurchfloß. Hinter Albenga im Meer die Felsinsel Gallinara (90 m), mit der Ruine einer Benediktinerabtei.

Albenga (Fortsetzung)

7 km: Alassio (5 m; 14 000 Einw.), ein eleganter Fremdenverkehrsort mit langem feinsandigen Strand, markiert das Ende der 'Blumenriviera'. Die stimmungsvolla Altstadt erstreckt sich am Meer, die modernen Stadtteile liegen an den olivenbaumbestandenen Hängen. Am Strand entlang verläuft die Passeggiata Cadorna zum Capo S. Croce (Kap für die Gefallenen). In herrlicher Lage auf dem Bergsporn die Kirche Santa Croce (11. und 12. Jh.); unterhalb sieht man die Reste einer Windmühle. – Die Fortsetzung der Straße zieht hoch über dem Meer an steilen Felswänden hin.

Alassio

6 km: Kap Mele (Leuchtturm), mit schönem Blick zurück auf Alassio. Dann geht es weiter über Marina di Andora und um das Kap Cervo herum.

Kap Mele

7 km: Cervo (66 m), ein malerisch am Berghang gelegenes Dorf. Von dort aus fährt man durch das Seebad San Bartolomeo al Mare (26 m).

Cervo

3 km: Diano Marina (4 m), ein besonders von Deutschen viel besuchtes Seebad. 2 km nordwestlich liegt das Dorf Diano Castello (135 m), von dessen Befestigungsmauern noch Reste erhalten sind. Hinter Diano Marina zieht die Straße in zahlreichen Windungen leicht bergan zum Kap Berta.

Diano Marina

6 km: Imperia (10 m; 42 000 Einw.), Hauptstadt der gleichnamigen Provinz. Die beiden Ortsteile, Oneglia (östlich) und Porto Maurizio (westlich), sind durch das breite und steinige Flußbett des Impero getrennt, der hier in das Ligurische Meer mündet. Porto Maurizio steigt an einem Vorgebirge auf. In der Altstadt von Porto Maurizio der stattliche Dom San Maurizio (1781–1832). Einen Besuch lohnen das Schiffahrtsmuseum der Ponente (Museo Navale Internazionale del Ponente Ligure), das mit seinen zahlreichen Exponaten ein lebendiges Bild der Schiffahrt in verschiedenen Zeiten vermittelt, ferner die Städtische Gemäldesammlung (Pinacoteca Civica). Empfehlenswert ist auch ein kurzes Verweilen im traditionsreichen Caffè Vittoria an der Mündung der Via Cascione in die Via Aurelia.

Imperia

18 km: Arma di Taggia (10 m), ein Badeort an der Mündung des Argentina in das Ligurische Meer, der einen schönen Strand hat. Rund 3 km talaufwärts liegt die kleine Stadt Taggia, die noch ihr mittelalterliches Gepräge bewahrt hat; in der Kirche des Dominikanerklosters altligurische Gemälde.

Arma di Taggia

8 km: ⟶ San Remo.

San Remo

6 km: Ospedaletti (30 m), ein vielbesuchter, wegen seines milden Klimas bekannter Badeort. Im 19. Jh. entstanden dort prunkvolle Villen, ferner der von Palmen gesäumte Corso Regina Margherita.

Ospedaletti

Hinter Ospedaletti fährt man auf einer landschaftlich schönen Strecke an Felswänden hin. An der Mündung des Val del Sasso liegt der von Ludwig Winter († 1912) angelegte Vallone-Garten (Privatbesitz; unzugänglich).

6 km: ⟶ Bordighera.

Bordighera

Bei der Weiterfahrt, kurz vor Ventimiglia, rechts der Eingang zu den Ruinen der römischen Stadt Albintimilium; erhalten ist ein Theater (2. Jh. n.Chr.).

Albintimilium

5 km: Ventimiglia (9 m; 27 000 Einw.), die Grenzstadt an der Mündung der Roia in das Ligurische Meer. In der Neustadt (östlich der Roia) befinden sich das Rathaus und die Giardini Pubblici mit vielen Palmen. In der Altstadt stehen auf dem Hügel westlich der Roia die romanische Kathedrale, die auf eine karolingischen Kirche des 9./10. Jh.s zurückgeht, und die Kirche San Michele (11. Jh.), von deren Vorgängerbau noch die Krypta erhalten ist. Vom Piazzale del Capo südlich der Kathedrale bietet sich eine weite Sicht, im Westen bis zum Kap Ferrat.

Ventimiglia

Von Ventimiglia lohnt sich ein Ausflug zu den Botanischen Gärten Hanbury (Giardini Botanici Hanbury; ca. 9 km westlich von Ventimiglia), die 1867 von dem Engländer Sir Thomas Hanbury (1832–1907) angeleg wurden. Für Freunde tropischer und subtropischer Pflanzen sowie historischer Gartenanlagen bilden sie eine Attraktion. Besonders interessant sind der

Riviera

Ventimiglia
(Fortsetzung)

japanische Garten und der neu angelegte 'Düftegarten'. Die Gärten stehen heute unter Obhut der Universität Genua.

Noch 1 km weiter westlich – nahe der Grenze nach Frankreich – liegen die 'Balzi Rossi', in den Fels gehauene Höhlen, die in prähistorischer Zeit bewohnt waren: Man entdeckte dort Geräte aus Stein und Knochen, Reste von Tieren und Skelette. Von Ventimiglia führt ein anderer Abstecher (7 km) durch das malerische Nervia-Tal zu dem reizvoll am Hang gelegenen Städtchen Dolceacqua (50 m), mit einer 10 m hohen Spitzbogenbrücke und der verfallenen Stammburg der genuesischen Doria. Etwa 4 km weiter erreicht man das Dorf Isolabona (Burgruine). Etwas weiter liegt in einem Seitental das Bergdorf Apricale, das sich am Hang hochzieht. Von hier aus sind es dann noch 8 km bis nach Baiardo (→ San Remo, Umgebung).

Im Hinterland der während der Hauptsaison von Touristen aus aller Welt überaus stark besuchten Riviera di Ponente liegen zahlreiche kleine Ortschaften, die wegen ihrer Lage auf Bergkegeln oder an steilen Hängen das typische Bild italienischer Siedlungsweise zeigen und durchaus einen Besuch lohnen. Charakteristische Beispiele solcher Bergstädte findet man auf der Fahrt von San Remo über Ceriana nach Baiardo (25 km), ferner von Ventimiglia über Dolceacqua nach Apricale (13 km).

*Fahrt entlang der Riviera di Levante (ca. 115 km)

Man verläßt → Genua auf dem Corso Marconi, dann führt die Strecke auf dem Corso Italia in östlicher Richtung.

Quinto al Mare

8 km: Quinto al Mare (20 m), ein Vorort von Genua, der von Orangengärten und Palmen umgeben ist. Das Aquarium der Lega Navale Italiana zeigt in mehreren Meerwasserbecken Unterwasserflora und -fauna Liguriens. Im Nordosten Quintis ragt der Monte Moro mit seinem Fort 412 m über das Meer auf. Vor allem in den frühen Morgenstunden genießt man von hier eine wunderbare Aussicht.

Blick von der Burg auf Dolceacqua

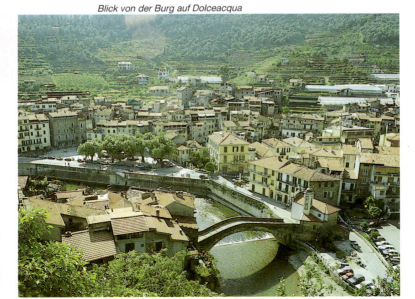

Riviera

2 km: Nervi (27 m), Stadtteil von Genua und ältester Winterkurort der östlichen Riviera (steiniger Strand), in geschützter Lage zwischen Olivenhainen, Orangen- und Zitronenpflanzungen. In Nervi gibt es eine 1,8 km lange Strandpromenade, die in den Felsen gehauen ist. Östlich des Viale delle Palme liegt der Stadtpark, wo viele exotische Pflanzen wachsen. Sehenswert ist die Civica Galleria d'Arte Moderna mit Werken ligurischer und italienischer Künstler des 19. und 20. Jh.s (u.a. Renato Guttuso, Antonietta Mafai, Giuseppe Capogrossi, Nicolò Barabino, Rubaldo Merello). Bei Sant'Ilario befindet sich in einem schönen Park ein weiteres Museum, das Museo di Villa Luxoro, mit Keramiken, Gemälden, Möbeln, Uhren, Spitzen und Stoffen sowie Krippenfiguren.

Rund 11 km hinter Nervi folgt Recco (5 m; 11 000 Einw.). Von Recco lohnt sich ein Abstecher 11 km nördlich bis Uscio (361 m), von wo eine 20 km lange Panoramastraße westlich nach Genua-Apparizione zurückführt.

4 km: Ruta (290 m), ein Villenvorort am Sattel zwischen dem Küstengebirge und dem sich 4 bis 5 km weit ins Meer vorschiebenden Vorgebirge von → Portofino, das zu den schönsten Abschnitten der Riviera gehört.

7 km: → Rapallo.

6 km: Zoagli (30 m), ein kleiner Ferienort am Golf von Tigullio; eine Panoramastraße führt von Zoagli nach Sant'Ambrogio (3 km).

6 km: Chiavari (3 m; 30 000 Einw.), ein Badeort, der an der Mündung der Entella in den Golf von Tigullio liegt. Beim Bahnhof, am Ende einer schönen Palmenallee, steht die Kathedrale, die 1613 erbaut wurde und eine Säulenvorhalle von 1841 hat. Auf der Piazza Mazzini im Zentrum wird vormittags ein Markt abgehalten. Beherrscht wird der Platz vom Justizpalast, der 1886 an der Stelle der geschleiften Zitadelle (1404) errichtet wurde; hinter der Zitadelle ein zinnenbekränzter Turm der Zitadelle von 1537.

2 km: Lavagna (5 m; 13 000 Einw.), ein weiterer Badeort, hat einen großen Jachthafen (1976). Hinter Lavagna fährt man direkt am Meer entlang.

Sestri Levante mit Monte di Portofino und Chiavari

Rom

Riviera (Fortsetzung), Sestri Levante

6 km: Sestri Levante (4 m; 20 000 Einw.), Seebad und Winterkurort, liegt zwischen zwei kleinen Buchten auf dem Vorgebirge Isola. Von der Strandpromenade an der flachen Westbucht bietet sich eine weite Sicht über den Golf von Tigullio. Vom Hafenplatz am Südende der Bucht führt ein Fahrweg bis zur Spitze des Vorgebirges, das von den Castelli Gualino gekrönt wird. Lohnend ist ein Spaziergang (1 Std.) südöstlich zum Telegrafo, der Signalstation auf dem Vorsprung des Monte Castello (265 m; Aussicht).
Die Via Aurelia umgeht hinter Sestri Levante landeinwärts den nun folgenden Steilküstenabschnitt, dessen Orte man mit der Eisenbahn, die meist durch Tunnel verläuft, erreichen kann. Zu den Ortsteilen von → Cinqueterre führen Stichstraßen, die von einer höhergelegenen Straße ausgehen.

Passo del Bracco

18 km: Passo del Bracco (615 m); auf einem Felsen steht die Antenne des Fernsehsenders Savona. Von dort sind es 2 km nach La Barraca.

Levanto

Von La Baracca führt die Route in vielen Windungen auf der S.S. 332, meist durch Nadelwald, südwärts nach Levanto (15 km), einem Urlaubsort nordwestlich von Cinque Terre. Die kleine Stadt an der Riviera di Levante liegt, von Hügeln umgeben, an einer Bucht. Zu sehen sind die Überreste einer mittelalterlichen Stadtmauer und einer Burg. Seit 1981 ist im ehem. Oratorium bei der Kirche Sant'Andrea das Museo Permanente della Cultura Materiale eingerichtet, das den Besuchern Leben und Arbeit der Bauern, Handwerker und Seeleute dieser Region nahebringen soll. Die Torre dell'Orologio (Uhrturm) ist der einzige Turm der mittelalterlichen, ursprünglich mit sieben Türmen besetzten Stadtmauer, der erhalten blieb.

Passo della Foce

35 km: Passo della Foce (241 m); von der Höhe bietet sich eine weite Sicht auf den Golf von La Spezia wie auch auf die Apuanischen Alpen.

La Spezia

6 km: → La Spezia.

Rom / Roma   G 12

Region: Latium/Lazio
Provinz: Rom/Roma
Höhe: 11–139 m ü.d.M.
Einwohnerzahl: 2 800 000

Hinweise

Die im Rahmen dieses Reiseführers für die Stadt Rom und ihr Umland gegebene Darstellung ist bewußt knapp gehalten, da in der Reihe 'Baedeker Allianz Reiseführer' ein ausführlicher Stadtband "Rom" vorliegt.

Das Jahr 2000 ist von Johannes Paul II. zum Heiligen Jahr erklärt worden. In Rom rechnet man daher mit mehreren Millionen Pilgern und Besuchern.

Stadtplan s. S. 470/471

In der Innenstadt bestehen stellenweise oder auch zu bestimmten Zeiten Einschränkungen für den Autoverkehr.

Lage und Allgemeines

Rom, die Hauptstadt der Republik Italien, der Provinz Rom und der Region Latium, liegt in Mittelitalien – etwa 20 km vom Tyrrhenischen Meer landeinwärts, in der Campagna di Roma. Durch Rom fließt der Tiber (Tevere), der nächst Po und Etsch drittgrößte Fluß Italiens. Am Stadtrand liegt die Vatikanstadt, Sitz des Papstes und der Kurie. Das historische Zentrum von Rom, die Vatikanstadt und die Kirche 'San Paolo fuori le Mura' wurden in die Liste der schützenswerten Kulturgüter der UNESCO aufgenommen.

Wirtschaft

Rom ist ein bedeutender Verkehrsknotenpunkt, ein wichtiger Börsen- und Handelsplatz (Hafen ca. 75 km nordwestlich in Civitavecchia), ferner ein internationales Zentrum der Mode und des Filmschaffens (Cinecittà). Die vorwiegend im Osten und Süden der Stadt angesiedelte Industrie umfaßt in erster Linie die Branchen Maschinenbau, graphisches Gewerbe, chemische Industrie, Telefonbau, Textilien und Nahrungsmittel.

Rom

Kulturelle Einrichtungen

Die vielfältigen in Rom beheimateten kulturellen Institutionen genießen hohen Rang und weltweites Ansehen. Aus der großen Zahl der Bildungs- und Forschungseinrichtungen, die der italienische Staat, die katholische Kirche, aber auch fremde Länder in Rom unterhalten, seien erwähnt: die beiden staatlichen Universitäten, die Jesuitenhochschule Gregoriana, die Accademia Nazionale dei Lincei, die Accademia di Santa Cecilia (Musik), die großen Bibliotheken (Nationalbibliothek, Universitätsbibliothek, Vatikanische Bibliothek), ferner die ausländischen Kulturinstitute, darunter das Goethe-Institut und die Villa Massimo, beides Einrichtungen der Bundesrepublik Deutschland. Zudem ist Rom Sitz der Organisation für Ernährung, Landwirtschaft und Forstwesen (FAO) der Vereinten Nationen.

Stadtbild

Von Norden nach Süden durchfließt der Tiber, von etwa 25 Brücken überspannt, in drei Windungen die Stadt. An seinem linken Ufer erheben sich die sieben Hügel – Capitolinus (50 m), Quirinalis (52 m), Viminalis (56 m), Esquilinus (53 m), Palatinus (51 m), Aventinus (46 m) und Caelius (50 m) –, auf denen das alte Rom erbaut wurde. Zwischen den Hügeln und dem Fluß zieht sich eine Ebene hin, der antike Campus Martius, wo sich bis in die Neuzeit die eigentliche Stadt ausbreitete. Der Pincio (50 m) nördlich vom Quirinal und die Höhen des rechten Tiberufers, der Vaticanus (60 m) und das Ianiculum (84 m), gehörten lange Zeit nicht zur Stadt; das Gebiet südlich der Tiberinsel war seit der Zeit des Kaisers Augustus dicht besiedelt (heute Trastevere). Das Rom der Kaiserzeit wird von der Aurelianischen Mauer umschlossen.

Aurelianische Mauer

Die Aurelianische Mauer (Mura Aureliane), eine 19 km lange Backsteinmauer mit Türmen und Toren, wurde von Kaiser Aurelian in den Jahren 272–278 n.Chr. rings um die Stadt errichtet, nachdem sich der Stadt seit einem halben Jahrtausend kein Feind genähert hatte. Sie ist heute noch auf langen Strecken erhalten, wenn auch seit dem 5. Jh. vielfach restauriert (z.T. begehbar). Erst in der Neuzeit ist Rom darüber hinausgewachsen.
Die Haupttore sind im Norden die Porta del Popolo, die Porta Pinciana, die Porta Salaria und die Porta Pia; im Osten die Porta San Lorenzo und die Porta Maggiore; im Süden die Porta San Giovanni, die Porta San Sebastiano und die Porta San Paolo, im Westen die Porta San Pancrazio.

Historische Bedeutung

Schon im Altertum als die Ewige Stadt (latein. 'Roma aeterna') bezeichnet, war Rom anderthalb Jahrtausende lang der kulturelle Mittelpunkt Europas und Schauplatz bedeutender geschichtlicher Ereignisse. Es war die erste Weltstadt im heutigen Sinne, der Mittelpunkt des Römischen Reiches und später der weltlichen Herrschaft der Päpste. In der Blütezeit des römischen Kaisertums am Anfang des 2. Jh.s n.Chr. zählte die Stadt über eine Million Einwohner. Hier entstand die römisch-katholische Kirche, eine der mächtigsten Religionsgemeinschaften der Welt. Und hier begründete Innozenz III. um 1200 die Machtstellung des Kirchenstaates, der bis 1870 bestand und 1929 durch den souveränen Staat der Vatikanstadt ersetzt wurde.
Nach der Verheerung Roms zur Zeit der Völkerwanderung und seinem späteren wechselvollen Schicksal betrug die Einwohnerzahl im 14. Jh. kaum noch 20 000 und zu Anfang des 16. Jh.s nur 55 000; im Jahre 1832 waren es wieder 148 000, im Jahre 1870 ca. 221 000, im Jahre 1921 rund 660 000 Einwohner. Nach dem Ersten Weltkrieg, besonders aber nach dem Zweiten Weltkrieg, setzte eine starke Bevölkerungszunahme ein, so daß die Einwohnerzahl auf nunmehr knapp drei Millionen angestiegen ist.

Geschichte und Kunst

Die antike Stadt

Die Stadt wurde nach der Sage 753 v.Chr. gegründet, muß jedoch als ein Hauptort der Latiner unweit der Tibermündung schon vorher Bedeutung gehabt haben. Palatin und Quirinal mit dem Forum dazwischen, das vom Kapitol überragt wird, bildeten den ältesten Teil der Stadt.

Rom

Geschichte und Kunst (Fortsetzung)

Nach der Zerstörung durch die Gallier (um 387 v.Chr.) begann der Aufstieg Roms zur Hauptstadt des Römischen Reiches, der sich in seinen Bauten ausdrückte. Bedeutende Tempel und Profanbauten entstanden. Im Jahre 312 wurden die erste Wasserleitung und die erste gepflasterte Landstraße angelegt (Aqua Appia und Via Appia). Es entwickelte sich der Gewölbebau aus mörtelverbundenen Steinbrocken, die große Errungenschaft der römischen Baukunst. Weitere wesentliche Veränderungen des Stadtbildes erfolgten unter Augustus (27 v.Chr. bis 14 n.Chr.), der den Campus Martius bebauen ließ und 'aus einer Ziegelstadt eine marmorne' schuf, ferner nach der großen Feuersbrunst unter Kaiser Nero (54–68), die den größten Teil Roms zerstört hatte. Im 2. Jh. n.Chr. erreichte die Stadt den Höhepunkt ihrer damaligen Entwicklung.

Rom im Mittelalter

Das mittelalterliche Rom wurde in seiner Entwicklung bestimmt durch das Christentum, das hier in die Mitte des 1. Jh.s zurückreicht und in den wiederholten Verfolgungen, besonders während des 3. Jh.s sowie zuletzt im Jahre 303 unter Diokletian, sein Durchsetzungsvermögen gegenüber den schwächer werdenden alten Mächten bewies. Im Jahre 313 gewährte Konstantin der Große dann die Freiheit der Religionsausübung. Im Jahre 408 wurde durch Gesetz des Kaisers Honorius dem heidnischen Kult die Grundlage entzogen. Die alten Tempel wurden zerstört, ihre Säulen und anderes Material zum Bau christlicher Kirchen (Basiliken) verwendet, später auch ganze Tempel dem christlichen Kult zugewiesen. Bald hatte Rom 25 Pfarrkirchen (titoli) und fünf Patriarchalkirchen, deren Priester der Papst selbst war und zu deren Gemeinde die Gesamtheit der Gläubigen zählte: San Giovanni in Laterano, San Pietro in Vaticano, San Paolo fuori le Mura, San Lorenzo fuori le Mura und Santa Maria Maggiore. Neben diesen fünf Patriarchalkirchen genossen besondere Verehrung Santa Croce in Gerusalemme und San Sebastiano über den Katakomben der Via Appia. Dies sind die von den Pilgern des ganzen Abendlandes bis zum heutigen Tag besuchten Sieben Kirchen Roms.

In politischer Hinsicht ließ jedoch die im Jahre 330 unter Konstantin dem Großen erfolgte Verlegung der kaiserlichen Residenz nach Byzanz und Mailand Rom zur Provinzstadt herabsinken. Die römische Campagna verödete, und die Malaria verbreitete sich von den Küsten landeinwärts. Die Stürme der Völkerwanderung, namentlich die beiden Plünderungen Roms durch die Goten unter Alarich und 455 durch die Wandalen unter Geiserich, brachten einen weiteren Niedergang. Nur die Tradition von den großen Kämpfen und Siegen des Christentums, die unauslöschlich mit dieser Stadt verbunden war, bewahrte Rom vor völligem Untergang.

Kirchenstaat

Mit der Wandlung des antiken Roms in das christliche wurde das Papsttum zur höchsten geistlichen Macht des Abendlandes. Besonders kraftvolle Vertreter waren die Päpste Leo der Große (440–461) und Gregor der Große (590–604). Die weltliche Macht der Päpste und ihre Herrschaft über Rom entwickelte sich im 8. Jh., nachdem durch Schenkungen des Langobardenkönigs Luitprand (727) und des Frankenkönigs Pippin (755) der Grund zum Kirchenstaat gelegt worden war. Leo III. (795–816) krönte am Weihnachtsfest des Jahres 800 Karl den Großen zum Kaiser und stellte damit das weltliche Kaiserreich wieder her, das nun ein Jahrtausend lang wenigstens den Namen des Römischen Reiches noch aufrechterhielt.

In den folgenden Jahrhunderten wurde die Stadt durch feindliche Angriffe, den Kampf zwischen Kaisertum und Papsttum sowie durch die Streitigkeiten der großen Adelsgeschlechter erschüttert. Einen tiefen Niedergang brachte das Exil der Päpste in Avignon (1309–1377), während dessen Cola di Rienzo 1347 den Versuch machte, eine Republik nach altrömischem Muster zu errichten. Die Bevölkerungszahl sank auf kaum 20 000.

Renaissance

Die ganz Italien in Wissenschaft und Kunst verjüngende Renaissance fand auch am päpstlichen Hof ihren Niederschlag und brachte der Stadt einen neuen Aufschwung. Schon im 15. Jh. wurde eine große Zahl toskanischer Architekten, Bildhauer und Maler nach Rom berufen. Doch erst die großen

Rom

Renaissancepäpste Julius II. (1503–1513) und Leo X. (1513–1521) machten die Stadt zum eigentlichen Zentrum der Hochrenaissance. Von hier aus bestimmten Bramante (1444–1514), Michelangelo (1474–1564) und Raffael (1483–1520) das ganze 16. Jh. ('Cinquecento') auf künstlerischem Gebiet. In den Jahren 1513–1515 wirkte auch Leonardo da Vinci (→ Berühmte Persönlichkeiten) in Rom. Als bekannte Baumeister dieser Zeit sind Baldassare Peruzzi (1481–1536) und Antonio da Sangallo d.J. (1483–1546) hervorzuheben.

Renaissance (Fortsetzunng)

Nach der Besetzung und der Plünderung Roms durch die Truppen Karls V. im Jahre 1527 ('Sacco di Roma'), die fast alle Künstler vertrieb, erholte sich die Stadt nur langsam. 1546 schuf Michelangelo den Palazzo Farnese, der durch seine Grundrißgestaltung für den barocken Palast- und Schloßbau hervorragende Bedeutung erlangen sollte. Mit Papst Sixtus V. (1585 bis 1590), der durch Domenico Fontana eine glänzende Bautätigkeit entfaltet, beginnt der malerisch bewegte und wuchtige Barockstil des 17. Jahrhunderts. Die Architekten dieser Periode, vor allem Lorenzo Bernini (1598–1680) aus Neapel, zugleich Bildhauer und Maler, sein kongenialer Gegenspieler Francesco Borromini (1599–1667) sowie Carlo Maderna (1556–1629) und Carlo Rainaldi (1611–1691) haben jene großartigen Kirchen und Paläste geschaffen, die mit ihrer imponierenden Raumbeherrschung und ihrer malerischen Wirkung den architektonischen Charakter der Altstadt noch heute im wesentlichen bestimmen. In der Malerei ist Caravaggio (um 1573 bis 1610) der genialste Meister des Frühbarock, das Haupt des Naturalismus. Als Vertreter der entgegengesetzten Richtung, der 'Eklektiker' von Bologna, sind vor allem Annibale Carracci (1560–1609) und seine Schüler Guido Reni (1575–1642), Domenichino (1581–1641) und Guercino (1591–1666) zu nennen. Antonio Canova (1757–1822) schuf hier die ersten Monumentalskulpturen des Klassizismus.

Im 18. und 19. Jh. ging Roms wirtschaftliche Bedeutung und künstlerische Leistung zurück. Dabei war es aber in noch höherem Maße Ziel der Künstler und kunstbegeisterten Fremden aller Nationen geworden, die hier das entscheidende Erlebnis der klassischen Kunst des Altertums in sich aufnahmen, besonders nachdem Johann Joachim Winckelmann in Rom um 1760 seine Geschichte der griechischen Kunst geschrieben hatte. Eine neue Entfaltung in Leben und Kunst brachte erst die Angliederung der Stadt an das Königreich Italien im Jahre 1870, mit der die Epoche der Landeshauptstadt und Königsresidenz, das Dritte Rom ('Terza Roma'), begann. Es entstanden neue repräsentative Bauten, meist in einer gewissen Monumentalität (Banca d'Italia, Finanzministerium, Justizpalast, Nationaldenkmal am Kapitol), denen erst im 20. Jh. ein Streben nach vereinfachtem architektonischen Aufbau gegenübertrat.

Neuere Zeit

Das 20. Jh. prägte das Aussehen des Vierten Rom ('Quarta Roma'). Ein seit 1931 durchgeführter Stadtbebauungsplan bezweckte die Auflockerung der übervölkerten Elendsviertel, die Freilegung und Restaurierung antiker Bauwerke (Marcellustheater, Trajansmarkt mit Trajanssäule, Kaiserforen und Konstantinsbogen, Augustusmausoleum, Engelsburg u.a.), den Durchbruch großer neuer Straßenzüge (u.a. Via dei Fori Imperiali, Corso del Rinascimento, Via Regina Elena, Via della Conciliazione zwischen Engelsbrücke und Petersplatz) sowie die Schaffung öffentlicher Parkanlagen und gesunder moderner Außenviertel. Unter den neueren Bauten und Anlagen sind besonders bemerkenswert: die Universitätsstadt, die 'Via del Mare' zum Lido di Ostia, die neue Ringstraße, das Gelände der Weltausstellung (EUR), der Hauptbahnhof (Stazione Termini) und die Stadtbahn (Metropolitana). Im Jahre 1960 war Rom Schauplatz der XVII. Olympischen Sommerspiele, für die außer dem Olympischen Dorf einige bedeutende Sportstätten neu geschaffen und Verbindungsstraßen, wie die 'Strada Olimpia' von der EUR zum Foro Italico, gebaut wurden. Die Ausführung des Generalbebauungsplans von 1965 ist infolge chronischer Finanzschwäche bisher nur in Ansätzen verwirklicht worden.

20. Jahrhundert

Rom — Innenstadt

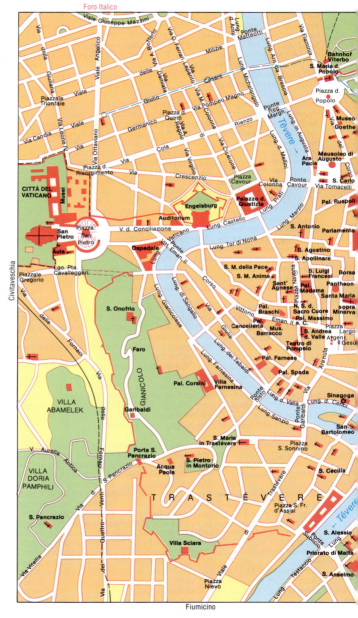

Innenstadt

Rom

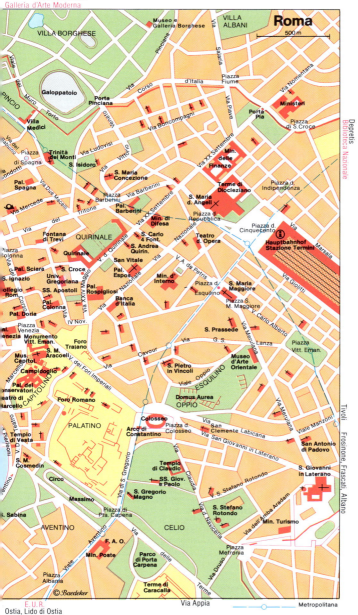

Rom

*Respektlos 'Gebiß von Rom' genannt:
Denkmal für Viktor Emanuel II.*

20. Jahrhundert (Fortsetzung)

Im März 1957 wurden die Römischen Verträge der EWG und der Europäischen Atomgemeinschaft unterzeichnet (sechs Staaten der Montanunion). 1968 schlossen sich Wirtschaftsführer und Wissenschaftler aus über 30 Ländern zum 'Club of Rome' zusammen. Der Krakauer Erzbischof Karol Woityla wurde 1978 zum Papst (Johannes Paul II.) gewählt; 1981 erlitt er bei einem Attentat schwere Verletzungen. – Im Rahmen der 'Mondiale', der Fußballweltmeisterschaft 1990, wurden zahlreiche Bauwerke der Stadt restauriert und neue Sanierungs- und Bauprojekte durchgeführt.
Im Juli 1993 sorgten in Rom und anderen italienischen Städten spektakuläre Bombenanschläge für Aufsehen. In Rom wurden Menschen verletzt und Gebäude, darunter die Lateranbasilika und die Kirche San Giorgio di Velabro, beschädigt. Zu den Bombenanschlägen, gegen die sich ein heftiger Protest erhob, bekannte sich die Gruppe 'bewaffnete Falange'.

Piazza Venezia

Am südlichen Ende der Via del Corso liegt die Piazza Venezia, der Verkehrsmittelpunkt von Rom. Der Platz öffnet sich nach fünf Seiten: zur Via del Corso, der Hauptstraße der Stadt zur Piazza del Popolo hin, zur Via del Plebiscito hin zur Peterskirche, zur Piazza in Aracoeli hin und zum Capitol, zur Via dei Fori Imperiali zu den Kaiserforen und zum Kolosseum, schließlich zur Via Battista hinauf zum Quirinalshügel.

Palazzo Venezia

Museo di Palazzo Venezia

An der Westseite des Platzes steht der Palazzo Venezia, ein um 1451 begonnener und und 1491 vollendeter Bau, der seit 1564 Sitz der venezianischen und seit 1797 der österreichisch-ungarischen Gesandtschaft

Rom

beim Vatikan war. Von 1926 bis 1943 bildete das Gebäude den Amtssitz Mussolinis; heute beherbergt es ein Museum. Beachtenswert sind die unvollendet gebliebenen Bogenhallen am Innenhof. Im Ostflügel befindet sich das Museo di Palazzo Venezia, das Sammlungen verschiedenster Art enthält. Ausgestellt sind Waffen, Stoffe, Gobelins, Gemälde und Büsten, Terrakottamodelle, Kunstgewerbe- und Druckerzeugnisse, Porzellan und Gläser aus verschiedenen Jahrhunderten, Nationen und Kulturen.

Palazzo Venezia (Fortsetzung)

✱Nationaldenkmal für Viktor Emanuel II.

An der Südseite der Piazza Venezia steht das riesige Nationaldenkmal für Viktor Emanuel II., geschaffen aus weißem Brescianer Kalkstein. Im Jahre 1885 wurde es nach dem Entwurf des Grafen Giuseppe Sacconi als Wahrzeichen des geeinten Italien begonnen und 1911 eingeweiht. Es ist das größte und prunkvollste aller italienischen Denkmäler: 135 m breit, 130 m tief, 70 m Gesamthöhe. Über der großen Freitreppe sieht man den 'Altar des Vaterlandes' (Altare della Patria), das Grabmal des Unbekannten Soldaten und das Reiterstandbild König Viktor Emanuels II. (†1878) aus vergoldeter Bronze, eingefaßt von einer monumentalen Säulenhalle, dem 'Gebiß von Rom'. Von oben bietet sich eine weite Sicht auf die Stadt.

Altare della Patria

Im östlichen Teil des Denkmals sind das Museo Centrale del Risorgimento (Dokumente, Handschriften) und das Museo Sacrario delle Bandiere e Cimeli della Marina Militare (Fahnen- und Flaggenmuseum) untergebracht.

Museen

Kapitol

Südlich hinter dem Nationaldenkmal erhebt sich das Kapitol ('Hauptberg'; ital. Campidoglio oder Monte Capitolino), der kleinste, aber geschichtlich bedeutendste unter den Hügeln Roms. Im Altertum war er das politische und religiöse Zentrum der Stadt. Auf seinem Gipfel, zu dem von Westen eine majestätische Freitreppe hinaufführt, steht an der Stelle des Tempels der Juno Moneta die Kirche Santa Maria in Aracoeli ('zum Himmelsaltar'). Im Inneren befinden sich antike Säulen, die Decke (16. Jh.) ist vergoldet. In der Sakristei ist der Santo Bambino ausgestellt, nach der Legende aus dem Holz eines Ölbaums vom Garten Gethsemane bei Jerusalem geschnitzt; zur Weihnachtszeit kommt der Bambino ins Kirchenschiff.

Santa Maria in Aracoeli

Südlich schließt sich an die Kirche das Kapitolinische Museum (Museo Capitolino) an, die städtische Sammlung antiker Skulpturen. Im oberen Stockwerk sind besonders beachtenswert in der 'Sala del Galata morente' der "Sterbende Gallier", die römische Kopie einer griechischen Bronzestatue (3. Jh. v.Chr.); in einem Nebenraum der 'Galleria' die "Kapitolinische Venus", eine römische Kopie der Aphrodite von Knidos des Praxiteles.

Museo Capitolino

Kapitolsplatz (Piazza del Campidoglio)

Das Kapitolinische Museum bildet die nördliche Seite vom Kapitolsplatz (Piazza del Campidoglio), den man über eine von Michelangelo erbaute Flachtreppe und durch die Via delle Tre Pile erreicht. Er wurde um 1547 nach Plänen Michelangelos begonnen und ist eine der schönsten Platzschöpfungen der Renaissance. Hier stand von 1538 bis 1981 das Reiterstandbild des Kaisers Marc Aurel, das durch Luftverschmutzung stark beschädigt war und bis 1990 restauriert wurde. Das Podest vor dem Rathaus schmückt jetzt eine Nachbildung der Reiterstatue, deren Farbe allerdings von der des grüngoldenen Vorbilds abweicht. Das Original steht im – überdachten – Innenhof des Palazzo dei Conservatori.

Den südöstlichen Abschluß des Platzes bildet der Senatorenpalast (Palazzo dei Senatori). Der Senatorenpalast steht auf den Resten vom

Palazzo dei Senatori

Rom

Palazzo dei Senatori (Fortsetzung)

Tabularium, das 78 v.Chr. als Staatsarchiv (latein. 'tabula' = Urkunde) erbaut wurde. Heute ist das Gebäude Amtssitz des Bürgermeisters und des Stadtrats. Die Doppelfreitreppe entwarf Michelangelo (1541–1554), er versah sie mit alten Statuen der Flußgötter Nil und Tiber. In der Mitte der beiden Rampen steht ein Brunnen mit einer Figur der Minerva. Die 1605 fertiggestellte Fassade ist ein Werk von Giacomo della Porta und Girolamo Rainaldi; im 16. Jh. kam der prächtige Glockenturm hinzu.

Palazzo dei Conservatori

An der Südwestseite des Kapitolsplatzes steht der Konservatorenpalast (Palazzo dei Conservatori), der im 16. Jh. teilweise auf dem Unterbau des Jupitertempels errichtet wurde. Er beherbergt u.a. einen Teil der Sammlungen des Kapitolinischen Museums (s. S. 473): Besonders beachtenswert sind in der 'Sala dei Trionfi di Mario' der "Dornauszieher" ('Spinario'), eine römische Kopie nach einem Original aus hellenistischter Zeit, und in der 'Sala della Lupa' die "Kapitolinische Wölfin", ein etruskisches Werk des 5. Jh.s v.Chr und das Wahrzeichen Roms. Die Gemäldesammlung im zweiten Stock (Pinacoteca Capitolina) enthält in acht Sälen u.a. Bilder von Tizian, Tintoretto, Caravaggio, Lorenzo Lotto und Veronese.

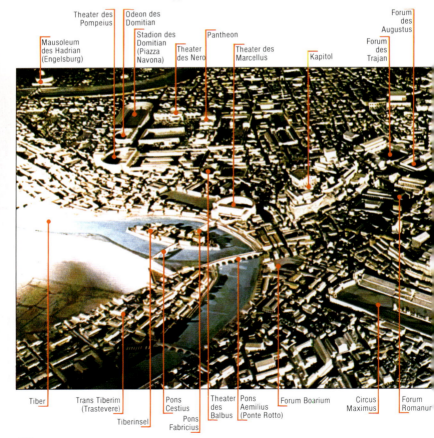

Mausoleum des Hadrian (Engelsburg) · Theater des Pompeius · Odeon des Domitian · Stadion des Domitian (Piazza Navona) · Theater des Nero · Pantheon · Theater des Marcellus · Kapitol · Forum des Augustus · Forum des Trajan

Tiber · Trans Tiberim (Trastevere) · Pons Cestius · Tiberinsel · Pons Fabricius · Theater des Balbus · Pons Aemilius (Ponte Rotto) · Forum Boarium · Circus Maximus · Forum Romanum

Rom

Im anschließenden Palazzo Caffarelli befindet sich das Museo Nuovo, das griechische Skulpturen des 5. Jh.s v.Chr., Sarkophage, Urnen und andere archäologische Stücke zeigt, die man im 20. Jh. bei Ausgrabungen gefunden hat.

Museo Nuovo

Bei der südwestlichen Ecke des Konservatorenpalastes liegt der Tarpejische Fels (Rupe Tarpea), von dem einst Menschen, die zum Tod verurteilt waren, in die Tiefe hinabgestürzt wurden.

Tarpejischer Fels

Das alte Rom

Forum Romanum (Plan s. S. 476)

Von der Via del Campidoglio, zwischen dem Konservatorenpalast und dem Senatorenpalast, öffnet sich ein prächtiger Blick über die Reste des Forum Romanum (Foro Romano) und die von Pinien und Steineichen gekrönten mächtigen Ziegelmauern des Palatins. Im Hintergrund sieht man den

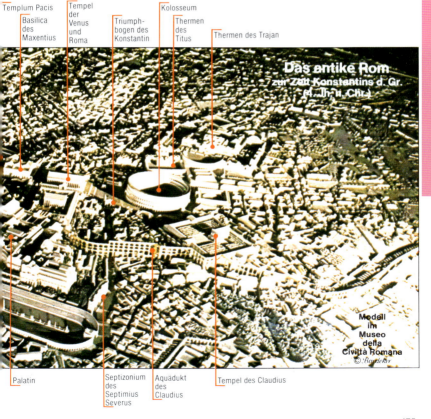

Templum Pacis — Basilica des Maxentius — Tempel der Venus und Roma — Triumphbogen des Konstantin — Kolosseum — Thermen des Titus — Thermen des Trajan

Palatin — Septizonium des Septimius Severus — Aquädukt des Claudius — Tempel des Claudius

Das antike Rom zur Zeit Konstantins d. Gr. (4. Jh. n. Chr.)

Modell im Museo della Civiltà Romana

Rom

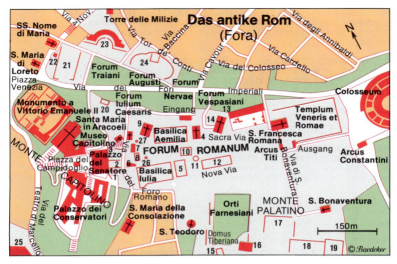

1 Portikus der zwölf Götter
  (Porticus Deorum Consentium)
2 Tempel des Vespasian
  (Templum Vespasiani)
3 Tempel der Concordia
  (Templum Concordiae)
4 Tempel der Faustina
  (Templum Divae Faustinae
  et Divi Antonini)
5 Tempel des Castor und Pollux
  (Templum Dioscurorum)
6 Tempel des Saturn
  (Templum Saturni)
7 Triumphbogen des
  Septimius Severus
  (Arcus Septimii Severi)
8 Rostra
  (Rednertribüne)
9 Curia Iulia
  (Kirche Sant' Adriano)
10 Tempel des Caesar
   (Templum Divii Iulii)
11 Tempel der Vesta
   (Aedes Vestae)
12 Haus der Vestalinnen
   (Atrium Vestae)
13 Basilika des Maxentius
   oder des Konstantin
   (Basilica Maxentii oder Constantini)
14 Kirche Santi Cosma e Damiano
15 Tempel der Kybele
   (Domus Cybelae)
16 Haus der Livia
   (Domus Liviae)
17 Palast der Flavier
   (Domus Flaviorum)
18 Palast des Augustus
   (Domus Augustiana)
19 Stadium (Hippodromus)
20 Tempel der Venus Genetrix
   (Templum Veneris
   Genetricis)
21 Basilica Ulpia
22 Säule des Trajan
   (Columna Traiani)
23 Markthalle des Trajan
   (Mercati Traiani)
24 Tempel des
   rächenden Mars
   (Templum Martis Ultoris)
25 Theater des Marcellus
   (Theatrum Marcelli)
26 Säule des Phokas
27 Lapis Niger

Forum Romanum (Fortsetzung) — Titusbogen und das Kolosseum. Dieses ganze Gebiet soll langfristig in einen 'archäologischen Park' umgewandelt werden.
Die Niederung im Südosten des Kapitols, zwischen Palatin und Esquilin, wurde schon im 6. Jh. v.Chr. durch die Cloaca Maxima zum Tiber entwässert und diente als Marktplatz sowie als Ort für Volksversammlungen und Gerichtsverhandlungen. Caesar nahm die Erweiterung des Platzes in Angriff, und Kaiser Augustus führte diese Pläne aus. Durch ihn und seine Nachfolger wurden neue Prachtbauten, Ehrenbogen, Säulen und Statuen errichtet, so daß das Forum von Marmor und vergoldetem Erz glänzte. Mit dem 6. Jh. n.Chr. begann der Verfall. Säulen und Werkstücke wurden herausgebrochen und für Kirchen oder andere Bauten verwendet. Im Jahre 1871 wurde mit der Freilegung von Forum und Palatin begonnen.

Tempel des Vespasian — Unterhalb des Tabulariums (s. Senatorenpalast), durch die Via del Foro von den übrigen Forumsausgrabungen getrennt, stehen die Reste von drei Heiligtümern: der Portikus der zwölf Götter (Portikus Deorum Consentium), ein Denkmal des sterbenden antiken Götterglaubens, der Tempel des Vespasian (81 n.Chr.), von dem drei Säulen erhalten sind, und der Concordia-Tempel, 366 v.Chr. erbaut und 7 n.Chr. von Tiberius erneuert.

Rom

Jenseits der Via del Foro liegt der umfriedete Hauptteil des Forumgeländes, von Norden bei der Via dei Fori Imperiali zugänglich. Gleich links vom Eingang der 141 n.Chr. geweihte Faustina-Tempel, von dem noch die Vorhalle mit sechs Säulen und ein Teil der Cella stehen. Der Innenraum des Tempels, den der Senat 141 n.Chr. zu Ehren der als göttlich verehrten Kaiserin Faustina, der Frau des Kaisers Antonius Pius, erbauen ließ, dient heute als Kirche (San Lorenzo in Miranda). Rechts vom Forumseingang sieht man die Reste der Basilica Aemilia, einer Säulenhalle, die 179 v.Chr. zur Entlastung des Handels auf dem eigentlichen Forum erbaut wurde.

*Faustina-Tempel

Dieser gegenüber befindet sich – jenseits der Sacra Via, die als 'Clivus Capitolinus' zum Kapitol hinaufführte – die ursprünglich von Iulius Caesar 46 v.Chr. erbaute Basilica Iulia. In der Nähe steht der Tempel für die Zwillinge Castor und Pollux, ein Bauwerk mit drei schönen korinthischen Säulen aus griechischem Marmor, das ein Wahrzeichen der Stadt Rom ist. Nordwestlich der Basilica Iulia ziehen acht Granitsäulen vom Saturntempel und der schöne Severusbogen die Aufmerksamkeit auf sich. Im Saturntempel wurde der Staatsschatz (Aerarium publicum) aufbewahrt.

*Tempel für Castor und Pollux

Der marmorne Triumphbogen des Septimius Severus wurde dem Kaiser und seinen Söhnen Caracalla und Geta 203 n.Chr. für ihre Siege über die Parther errichtet. Auf dem 23 m hohen und 25 m breiten Bogen stellen vier Marmorreliefs in bewegter Form mit weit hervortretenden Figuren Episoden aus diesen Kriegen dar; Siegesgöttinnen mit Trophäen und eine große Inschrift verkünden den Ruhm des Kaisers und seiner Söhne.

*Triumphbogen des Septimius Severus

Links vom Severusbogen begrenzte die Rostra, die einst mit eroberten Schiffsschnäbeln (latein. 'rostra') geschmückte augusteische Rednerbühne, den eigentlichen Forumsplatz. Vor der Rostra steht auf hohem Backsteinfundament die Phokas-Säule, zur Erinnerung an den Centurio Phokas, der sich in Konstantinopel um 600 zum oströmischen Kaiser krönen ließ. Rechts von der Rostra befindet sich unter einem Schutzdach der Lapis Niger, ein schwarzes Stück Marmor über einem viereckigen Pfeiler, der eine verstümmelte Inschrift in ältestem Latein trägt und schon zu Ciceros Zeit für das Grab des Romulus gehalten wurde.

Rostra

Nördlich dahinter erhebt sich das von Iulius Caesar erbaute, um 303 n.Chr. erneuerte Senatshaus, die Curia Iulia; in dieser sind heute zwei mit Reliefs geschmückte Marmorschranken aufgestellt, die Anaglypha Traiani.

Curia Iulia

Vor der Nordostecke des Castor-Tempels befindet sich der Unterbau vom Caesar-Tempel, der von Augustus im Jahre 29 v.Chr. an der Stelle errichtet wurde, wo 44 v.Chr. die Leiche des ermordeten Caesar verbrannt worden war. Südlich gegenüber erhebt sich eine der heiligen Stätten des alten Rom, der Tempel der Vesta, der jungfräulichen Göttin des häuslichen Herdes geweiht. Dahinter liegt das Atrium Vestae, das Haus der Vestalinnen; in seinem rechteckigem Hof waren drei Zisternen zum Auffangen des Regenwassers aufgestellt, da die Priesterinnen kein Leitungswasser benutzen durften.

Tempel der Vesta

Östlich gegenüber öffnen sich die drei gewaltigen Bogen der Basilica des Maxentius oder des Konstantins (Zugang von der Via dei Fori Imperiali; Beschreibung s. dort); links daneben die Kirche Santi Cosma e Damiano.

Südöstlich neben der Maxentiusbasilika lag der 135 n.Chr. von Kaiser Hadrian errichtete Tempel der Venus und Roma, in dessen Bereich jetzt die Kirche Santa Francesca Romana steht. Südlich der Kirche der Triumphbogen des Titus (Arco di Tito), der zu Ehren des Feldherrn Titus, Sohn des Kaisers Vespasian, errichtet wurde. Titus hatte im Jahre 70 n.Chr. die Stadt Jerusalem erobert. Die Darstellungen auf dem einbogigen Denkmal, das für ähnliche Bauten Vorbild wurde, nehmen dieses Ereignis auf und stellen den Triumphzug des Titus auf dem Kapitol dar; ferner sieht man die Beute aus dem Judäischen Krieg – den siebenarmigen Leuchter, den Tisch der Schaubrote und Trompeten aus dem Tempelschatz in Jerusalem.

*Triumphbogen des Titus

Rom

Palatin

Südlich über dem Forum Romanum erhebt sich der Palatin (Monte Palatino, 51 m), die Stätte der ältesten Siedlung ('Roma quadrata'). Noch im späten Altertum zeigte man hier die 'Hütte des Romulus' und die 'Höhle der Wölfin', welche die Zwillinge Romulus und Remus gesäugt haben soll. Augustus, der auf dem Palatin geboren wurde, erbaute hier seinen großen Kaiserpalast, das Palatium, das allen späteren Palästen den Namen gab. Die folgenden Kaiser vergrößerten und verschönerten seine Anlagen, die seit dem 4. Jh. den allgemeinen Verfall der Stadt teilten. Seit dem 10. Jh. nahmen Gärten, Klöster und Festungstürme die Trümmerstätte ein. Im Jahre 1871 begann man mit planmäßigen Ausgrabungen.

Orti Farnesiani — Unter den Farnesischen Gärten (Orti Farnesiani), die den nordwestlichen, höchsten Teil des Palatins einnehmen, liegen die Reste vom Tiberius-Palast verborgen. Die Terrassen an der Nordwestseite bieten prächtige Ausblicke auf das Forum Romanum, das Kapitol und die Stadt vom Lateran bis zum Ianiculum. Am anderen Ende der Anlagen führt eine Treppe hinab zum Unterbau vom Tempel der Kybele (191 v.Chr.) und zum Haus der Livia, das von der Mutter des Tiberius und späteren Gemahlin des Kaisers Augustus bewohnt wurde (Wandgemälde).

Palast der Flavier — Östlich der Farnesischen Gärten lag der Palast der Flavier, aus der Zeit des Domitian, des größten Bauherrn des Palatins (um 92 n.Chr.), im Thronsaal erteilte der Kaiser Audienzen, in der Basilika nebenan sprach er Recht, jenseits eines quadratischen Gartens öffnete sich der große Speisesaal. Südlich schließen die Unterbauten vom Augustus-Palast und das sog. Stadium an, ein rennbahnförmiger Garten.

Circo Massimo — Bei der Nordostecke des Stadiums führt eine Treppe zu den Ruinen vom Severus-Palast und zum Belvedere, einer Plattform, von der sich eine gute Aussicht bietet. Von hier erblickt man die ganze Fläche des Circus Maximus (Circo Massimo), des 'größten Circus' in Rom, der 185 000 Zuschauer fassen konnte. An seiner Südseite verläuft die Via del Circo Massimo.

*Via dei Fori Imperiali

Von der Piazza Venezia führt die von Grünanlagen gesäumte Via dei Fori Imperiali durch das Gebiet der Kaiserforen zum Kolosseum. Das starke Wachstum der spätrepublikanischen und kaiserlichen Stadt machte die Errichtung neuer Bauten für Handel und Rechtsprechung erforderlich. Caesar begann mit der Anlage eines neuen Forums. Augustus und seine Nachfolger – Trajan, Nero, Vespasian – erbauten an Stelle enger Gassen vier weitere Foren, prachtvolle Anlagen mit einem Tempel als Hauptgebäude, Säulenhallen, Gerichtssälen und reichem Schmuck an Ehrendenkmälern und Kunstschätzen. Die Reste wurden seit 1925 planmäßig freigelegt (guter Einblick von außen).

Forum des Caesar — Am Anfang der Via dei Fori Imperiali liegen rechts in den Grünanlagen die Reste des Foro di Cesare (auch Forum Julium). Es wurde zwischen 54 und 48 v.Chr. im Auftrag des Gaius Julius Caesar angelegt. Caesar wollte seinen Ruhm mehren und zugleich Bedürfnisse der römischen Bürger erfüllen, denen das alte Forum Romanum nicht mehr genügte. Von dem 170 x 75 m großen Komplex geben die Überreste nur ein unzulängliches Bild. Man sieht Überreste einer Säulenhalle und vom Unterbau des Tempels der Venus Genetrix, der mythischen Mutter der Julier.

*Forum des Trajan — Nördlich gegenüber lag das 107–118 n.Chr. aufgeführte Forum des Trajan (Foro di Traiano; Eingang bei der Markthalle des Trajan), das größte und prächtigste aller Kaiserforen. Es bestand aus vier Teilen: dem Forumsplatz (nicht ausgegraben) vor dem großen Halbrund der Markthalle des Trajan,

Das Halbrund der Markthalle des Trajan

Forum des Trajan (Fortsetzung)

der z.T. ausgegrabenen Basilica Ulpia, einem ebenfalls noch nicht freigelegten Tempel und zwei nicht mehr vorhandenen Bibliotheksgebäuden.

***Trajanssäule**

Zwischen diesen Bauten befindet sich die 38 m hohe Trajanssäule (Colonna die Traiano), ein großartiges Zeugnis römischer Bildhauerkunst. Die Säule, die in den achtziger Jahren gereinigt und restauriert wurde, ist aus Marmortrommeln zusammengesetzt. Ihr Sockel schloß eine goldene Urne mit der Asche des Kaisers ein. Auf einem 200 m langen Reliefband, das sich spiralförmig um die Säule zieht, sind Szenen aus den Kriegen gegen die Daker (101–106 n.Chr.) dargestellt: kämpfende Soldaten, schnaubende Rosse u.a. Innen führt eine Wendeltreppe 185 Stufen hinauf. Oben auf der Säule erhob sich ein großes Standbild des Kaisers Trajan, das im Mittelalter verlorenging und und von Papst Sixtus V. 1588 durch eine Statue des Apostels Petrus mit dem Schlüssel ersetzt wurde.

*Markthalle des Trajan

An der Nordostseite des Kaiserforums befindet sich die Markthalle des Trajan (Mercati di Traiano), ein Bau aus roten Ziegelsteinen, der 1926–1930 freigelegt wurde. Es handelt sich um ein 60 m weites, zweistöckiges Halbrund, das durch eine Straße von einem inneren Halbkreis mit Marmorplattenbelag getrennt war. Über diesem mit Läden bebauten Halbrund stiegen hinten mehrstöckige Gebäude auf. Die Märkte gaben Trajan die Möglichkeit, durch preiswerte Angebote die Steuerlast und durch Verteilung kaiserlicher Stiftungen soziale Spannungen zu mindern.

Forum des Augustus

Südöstlich vom Trajansforum kommt man zum Forum des Augustus (Foro di Augusto) mit dem Tempel des rächenden Mars. Als Augustus in der Schlacht bei Philippi (42 v.Chr.) über die Partei der Mörder Caesars siegte, hatte er dem Gott Mars gelobt, diesen Tempel zu errichten. Erhalten geblieben sind wenig mehr als drei Säulen. Um 1200 nutzten Johanniter-Ritter, später Malteser-Ritter die Ruinen für ihre Paläste. Heute befindet sich dort das Priorat der Malteser-Ritter.

Rom

Forum des Nerva

Noch weiter südöstlich liegt das Forum des Nerva (Foro di Nerva), von dessen südöstlicher Langmauer zwei prächtige korinthische Säulen mit Gebälk erhalten sind. Daran schließt sich das Forum des Vespasian (nicht ausgegraben) an, zu dem ein nach der Zerstörung Jerusalems errichteter Friedenstempel gehörte. Hier ist auf der Südseite der Via dei Fori Imperiali der Zugang zu der Kirche Santi Cosma e Damiano, die aus dem 6. Jh. stammt und auf dem Gelände des Forum Romanum liegt; in der Oberkirche am Triumphbogen und in der Apsis sind Mosaiken aus dem 6. Jh. zu sehen, wohl die schönsten Roms. Am Eingang der Kirche ist in einem Nebenraum eine große neapolitanische Krippe (18. Jh.) zu bewundern.

*Basilika des Maxentius

An der Via dei Fori Imperiali folgt rechts der Zugang zur mächtigen Basilika des Maxentius (Basilica di Massenzio), die von seinem Überwinder Konstantin verändert worden ist und daher auch Basilika des Konstantin genannt wird. Sie hat gewaltige Tonnengewölbe, die vielen Architekten als Vorbild dienten. Im Sommer finden in der Basilika Konzerte statt.

Santa Francesca Romana

An der Südostecke der Maxentiusbasilika erhebt sich die ursprünglich aus dem 10. Jh. stammende, später mehrfach veränderte Kirche Santa Francesca Romana, die der Schutzpatronin der Autofahrer geweiht ist. Sie besticht durch ihre schöne Barockfassade von 1615 und die Ausstattung. Im Inneren der mit Marmor, Stuck und Bildern geschmückten Basilika sind das Apsismosaik und das Madonnenbild am Hochaltar beachtenswert.

**Colosseo

Nahe am südöstlichen Ende der Via dei Fori Imperiali und des Forum Romanum liegt das Kolosseum (Colosseo), auch Flavisches Amphitheater genannt, eines der berühmtesten Bauwerke der Erde. Mit dem strengen Rhythmus seiner Proportionen hat das Kolosseum seit jeher als Symbol der Größe Roms gegolten. Von Kaiser Vespasian seit dem Jahre 72 n.Chr. dreistöckig errichtet, wurde der Bau von Titus um das vierte Geschoß erhöht und 80 n.Chr. mit hunderttägigen Kampf- und Jagdspielen eingeweiht. Der Grundriß ist eine Ellipse. Die Längsachse mißt 188 m, die Querachse 156 m; die Höhe (vom Fußboden) beträgt 57 m. Das Äußere ist aus Travertinquadern aufgeführt, im Inneren sind auch Tuff und Ziegel verwendet. Der erhaltene nordöstliche Teil zeigt nach außen vier Stockwerke: Die drei unteren haben Bogenreihen, deren Pfeiler mit Halbsäulen dorischer, ionischer und korinthischer Ordnung geschmückt sind; die geschlossene Mauer des vierten Stockwerks hat Fensteröffnungen zwischen korinthischen Pilastern.

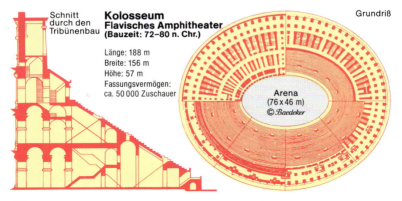

Schnitt durch den Tribünenbau

**Kolosseum
Flavisches Amphitheater**
(Bauzeit: 72–80 n. Chr.)

Länge: 188 m
Breite: 156 m
Höhe: 57 m
Fassungsvermögen:
ca. 50 000 Zuschauer

Grundriß

Arena
(76 x 46 m)
© Baedeker

Kolosseum – das flavische Amphitheater

Von vier Haupteingängen waren die der kleineren Achse dem Kaiser vorbehalten, die der Längsachse für den Einzug der Kämpfer bestimmt. Die Zuschauer gelangten durch die unteren Arkaden, die mit Nummern versehen waren, und über zweckmäßig angeordnete Treppenfluchten zu ihren Plätzen (ca. 50 000). Die vorderste Sitzreihe (Podium) war für den Kaiser, die Senatoren und die vestalischen Jungfrauen bestimmt. Die Arena, 76 m lang und 46 m breit, hatte ausgedehnte Unterbauten für mechanische Hebevorrichtungen, für Tierkäfige u.a. Den mörderischen Gladiatorenkämpfen im Kolosseum setzte Kaiser Honorius im Jahre 404 n.Chr. ein Ende, die Tierkämpfe wurden erst unter dem Gotenkönig Theoderich dem Großen eingestellt.

Schon während des Mittelalters stürzte bei Erdbeben ein Teil der Mauern ein. Die Ruinen dienten als Festung römischer Adliger und wurden später als Steinbruch benutzt, bis Papst Benedikt XIV. (1740–1758) den Bau wegen des Märtyrerbluts, das darin geflossen war, der Passion Christi weihte. Ein 1926 in der Arena aufgerichtetes Bronzekreuz erinnert daran, daß im Kolosseum in der Kaiserzeit Christen als Märtyrer gestorben sind.

Colosseo (Fortsetzung)

Südwestlich vom Kolosseum steht der Triumphbogen des Konstantin (Arcus Constantini), ein Bau aus weißem Marmor mit drei Durchgängen, vom Senat nach dem Sieg des Kaisers über Maxentius beim Pons Milvius (312 n.Chr.) errichtet, der besterhaltene Triumphbogen Roms. Für seinen architektonischen und plastischen Schmuck, der durch Luftverschmutzung gefährdet ist, wurden Teile älterer Denkmäler wiederverwendet.

*Triumphbogen des Konstantin

Via di San Gregorio

Am Konstantinsbogen beginnt die zwischen Caelius-Hügel und Palatin entlangziehende Prachtstraße Via di San Gregorio, die alte Via triumphalis. Nach 350 m führt links eine Seitenstraße zu der Kirche Santi Giovanni e

Santi Giovanni e Paolo

Rom

Blick in die Arena des Kolosseums

Triumphbogen des Kaisers Konstantin

Paolo, die um 400 gegründet und mehrfach umgebaut wurde. Sie ist mit alten Fresken ausgeschmückt.

Santi Giovanni e Paolo (Fortsetzung)

An der Via di San Gregorio folgt links die hochgelegene Kirche San Gregorio Magno, die 575 gegründet und später vollkommen erneuert wurde. Die Neugestaltung des barocken Kircheninneren führte Mitte des 18. Jh.s Francesco Ferrari durch, das Deckengemälde "Glorie der hll. Gregor und Romuald" (1727) stammt von Placido Constanzi.

San Gregorio Magno

Die Via di San Gregorio endet bei der Piazza di Porta Capena am Ostende des Circo Massimo. An der Südseite des Platzes steht der Obelisk von Axum (3./4. Jh.), der 1937 aus Äthiopien hierher gebracht wurde.

Piazza di Porta Capena

Hinter dem Obelisken erhebt sich längs des Viale Aventino das Gebäude der FAO (Food and Agriculture Organization), der UN-Organisation für Ernährung, Landwirtschaft und Forstwesen, mit der Lubin Memorial Library. Im südwestlichen Flügel Abteilungen des Postministeriums.

FAO-Gebäude

Von der Ostecke des FAO-Gebäudes führt der Viale Guido Baccelli durch den Parco di Porta Capena, eine Grünfläche mit antiken Ruinen. Die Allee endet bei den Caracalla-Thermen (Terme di Caracalla, latein. Thermae Antonianae), einer großen Badeanlage (330 m lang und breit; 109 000 m^2), die 216 n.Chr. von Kaiser Caracalla eröffnet wurde. Das eigentliche Badehaus – mit Schwitzbad (Caldarium), Schwimmbad (Frigidarium) u.a. – liegt frei inmitten des Hofes. Die einst mit Marmor und Säulenschmuck verkleideten Mauermassen bezeugen trotz des eingestürzten Daches die technische Meisterschaft im Gewölbebau und geben eine Vorstellung von dem öffentlichen Badewesen der römischen Kaiserzeit.

*Terme di Caracalla

Vom Parco di Porta Capena gelangt man südöstlich durch die Via delle Terme di Caracalla zum Piazzale Numa Pompilio. Von hier erreicht man südlich die für die Olympischen Sommerspiele von 1960 geschaffene Via Cristoforo Colombo oder südöstlich durch die Via di Porta San Sebastiano das Grab der Scipionen (Sepolcro degli Scipioni), das 312 v.Chr. angelegt wurde; die Sarkophage sind noch erhalten.
Nahebei das Kolumbarium des Pomponius Hylas oder der Freigelassenen der Octavia, der Gattin Neros, eine unterirdische Grabstätte mit guter Stuckdekoration und Malereien.

Sepolcro degli Scipioni

Die Via di Porta San Sebastiano endet bei dem sog. Drusus-Bogen (Arco di Druso), der aber eher der Zeit Trajans angehört. Unmittelbar dahinter befindet sich im Zuge der Aurelianischen Mauer (s. S. 467) die zinnengekrönte Porta San Sebastiano, die alte Porta Appia. Südlich führt die Via Appia Antica zu den Katakomben.

Arco di Druso

Lateran

Der Lateranpalast (Palazzo del Laterano) war jahrhundertelang Sitz der Päpste. Mit dem Palast verbunden ist die Lateranbasilika (San Giovanni in Laterano). Vom Kolosseum verläuft die Via di San Giovanni in Laterano südostwärts zum Lateran-Gebiet. An dieser Straße steht die Kirche San Clemente (1108), die über einem Mithrasheiligtum erbaut wurde. Sie ist typisch für eine altchristliche Basilika: dreischiffig ohne Querschiff, der Chor durch Schranken mit zwei Vorlesepulten abgegrenzt; vor dem Haupteingang ein Atrium mit dem Brunnen für die Waschung. In der alten Unterkirche sind Wandmalereien aus dem 8.–11. Jh. bemerkenswert.

*San Clemente

Vom Kolosseum aus kann man auch südlich durch die Via Claudia, dann nordöstlich durch die Via di Santo Stefano Rotondo zum Lateran gelangen. Südlich der Via di Stefano Rotondo steht auf dem Caelius-Hügel die Kirche Santo Stefano Rotondo, eine zwischen 460 und 480 ebenfalls über

Santo Stefano Rotondo

Rom

Santo Stefano Rotondo (Fortsetzung)

einem Mithrasheiligtum erbaute Rundkirche, mit 56 Säulen im Inneren und einem offenem Dachstuhl. Bei Grabungen unter der Kirche fand man einen Kasernenraum (Castra Peregrinorum) für Soldaten und ein Mithräum mit Fresken und Skulpturen (3. Jh. n.Chr.).

Obelisk

Die Via di San Giovanni mündet auf die Piazza di San Giovanni in Laterano. In der Mitte des Platzes befindet sich ein ägyptischer Obelisk (15. Jh. v.Chr.) aus rotem Granit, der 1588 hier aufgestellt wurde. Mit 32 m Höhe, das Postament nicht mit eingerechnet, ist er der größte seiner Art.

*Baptisterium

Im Südwesten des Platzes befindet sich das Baptisterium San Giovanni in Fonte, die älteste Taufkapelle Roms (432–440), die mit ihrer Architektur zum Vorbild für zahlreiche später erbaute Taufkapellen wurde.

*San Giovanni in Laterano

An der Südseite des Platzes steht die Kirche San Giovanni in Laterano, die im 4. Jh. von Konstantin dem Großen über den Mauern des Palastes der Laterani gegründet wurde, eine der fünf Patriarchalkirchen, die 'Mutter und das Haupt aller Kirchen Roms und der Erde'. Die vom 10. bis 15. Jh. vielfach umgebaute Kirche ist in ihrer heutigen barocken Gestalt mit den beiden Glockentürmen seit der Mitte des 16. Jh.s entstanden, während die mächtige spätbarocke Hauptfassade mit ihrer statuenbekrönten Attika von 1735 stammt und der neue Chor 1885 hinzugefügt wurde. Von den fünf Portalen hat das mittlere antike Bronzetüren von der Curia Iulia (Haupteingang: Via Vittorio Emanuele Filiberto; Seiteneingang: Piazza San Giovanni in Laterano 4).

San Giovanni in Laterano

1 Römische Bronzetür
2 Heilige Tür
3 Statue Konstantins d. Gr.
4 Giotto-Fresko (Bonifatius VIII.)
5 Kapelle Orsini
6 Kapelle Torlonia
7 Kapelle Massimo
8 Kapelle des hl. Johannes
9 Papstaltar
10 Grab Martins V. (Krypta)
11 Barockorgel
12 Seitenportal
13 Denkmal Leos XIII. Eingang zum Leonianischen Portikus
14 Chorkapelle
15 Sakristeien
16 Kapitelsaal
17 Kapelle des hl. Hilarius Zugang zum Kreuzgang
18 Kapelle des hl. Franz von Assisi (Denkmal von 1927)
19 Kapelle Santorio
20 Kapelle Mariä Heimgang
21 Kapelle Corsini
22 Baptisterium

Inneres

Das fünfschiffige Innere der Basilika hat im 16./17. Jh. durch Francesco Borromini seine heutige Gestalt erhalten. Die Holzdecke im Mittelschiff stammt von Daniele da Volterra (1564–1572), der Fußboden mit seinen vielfältigen Ornamenten entstand im 15. Jahrhundert. Im Mittelschiff hat Borromini antike Säulen paarweise zu Pfeilern vereinigt, in deren Nischen nach 1700 große Apostelstatuen aufgestellt wurden. In der Kirche gibt es zahlreiche Grabmäler.

Papstaltar

Vier Stufen führen zum Querschiff hinauf. Vorn in der Mitte steht der dem Papst oder seinem Vertreter vorbehaltene Papstaltar (Altare papale). Über dem Altar erhebt sich ein tabernakelähnlicher Baldachin, in dem die Häupter der Apostel Petrus und Paulus gezeigt werden. An dem Altar sollen der Tradition zufolge die ersten römischen Bischöfe die Messe gefeiert haben.

Der Chor ist mit Marmor ausgeschmückt. In der Apsis glänzen die kunstvollen Mosaiken von 1290 (restauriert). Dargestellt ist Christus inmitten von Engeln und Heiligen, u.a. Franz von Assisi und Antonius von Padua. — San Giovanni, Mosaiken

Im rechten Seitenschiff sieht man an der Rückseite des ersten Mittelschiffpfeilers ein Fresko, das Giotto zugeschrieben wird: Es zeigt, wie Bonifatius VIII. das erste Heilige Jahr (= Jubeljahr 1300) verkündet. — Fresken

Durch eine Tür neben der letzten Kapelle des linken Seitenschiffs gelangt man in den Kreuzgang, den Chiostro aus dem 13. Jahrhundert. Sehenswert sind die gewundenen und mit Mosaiken verzierten Säulen. — Kreuzgang

Nördlich anstoßend an die Lateran-Kirche steht der Lateran-Palast. Er diente seit der Zeit Konstantins des Großen bis 1309 n.Chr. den Päpsten als Wohn- und Amtssitz. Nach dem französischen Exil (Avignon) wurde im Vatikan der Apostolische Palast erbaut. Das alte Gebäude wurde seit 1586 neu aufgeführt. Heute ist es Sitz der römischen Bistumsverwaltung. — Lateran-Palast

Nordöstlich gegenüber dem Lateranpalast befindet sich in einem Gebäude aus dem 16. Jh. die Scala Santa, die heilige Treppe, über deren 28 Marmorstufen der dornengekrönte Christus im Palast des Pilatus zu Jerusalem hinaufgeführt worden sein soll; die Stufen dürfen zur Erinnerung an dieses Geschehen nur knieend erstiegen werden. Oben hinter einem Gitter die Kapelle Sancta Sanctorum (Mosaiken aus dem 13. Jh.). — Scala Santa

Unweit südlich liegt an der Südseite der Piazza di Porta San Giovanni die Porta San Giovanni (16.Jh.), vor der die Via Appia Nuova beginnt. — Porta San Giovanni

Von der Piazza di Porta San Giovanni gelangt man östlich durch den Viale Carlo Felice zur Kirche Santa Croce in Gerusalemme, einer der sieben Pilgerkirchen, vielleicht schon von der hl. Helena gegründet, 1743 erneuert. — Santa Croce in Gerusalemme

Nördlich gegenüber der Kirche befindet sich das Museo Nazionale degli Strumenti Musicali. Gezeigt werden etwa 3000 Instrumente aus aller Welt, von der Antike bis zum 18.Jh. Berühmt ist die Barberini-Harfe (17. Jh.). — Museum für Musikinstrumente

Weiter nördlich kommt man zu der mächtigen Porta Maggiore, die, ursprünglich ein Straßenübergang der Wasserleitung Aqua Claudia, von Kaiser Aurelian zu einem Tor der Stadtmauer ausgebaut wurde. — Porta Maggiore

Bereich der Stazione Termini

Nordöstlich vom Kolosseum liegen in dem sich auf dem Esquilin-Hügel erstreckenden Parco Traianeo die Reste vom Goldenen Haus des Nero (Domus Aurea di Nerone). Dies war ein mit unmäßiger Verschwendung angelegtes Palastviertel mit Repräsentationsbauten, das unvollendet blieb. Trajan benutzte die Anlage als Unterbau für seine Thermen. Die Räume enthalten Malereien, die sich Raffael für die Loggien im Vatikan zum Vorbild nahm. — Domus Aurea di Nerone

Etwa 500 m nordöstlich vom Goldenen Haus des Nero erreicht man das Museo Nazionale d'Arte Orientale. Das Museum der Orientalischen Kunst enthält in 14 Sälen, von der prähistorischen Zeit bis heute, Kunstgegenstände aus den Regionen Asiens zwischen Persien und Japan. Die Länder Afghanistan und China, Korea und Indien, Nepal und Tibet, Pakistan und Irak sind mit Goldschmuck und Bronzen, Vasen und Textilien, Skulpturen und Gemälden, Büsten und Kelchen vertreten. — Museo Nazionale d'Arte Orientale

*San Pietro in Vincoli

Nördlich vom Trajanspark steht die Kirche San Pietro in Vincoli, eine dreischiffige Basilika mit zwanzig antiken Säulen, ursprünglich im Jahre 442 — *Mosesstatue

Rom

San Pietro in Vincoli (Fortsetzung)

erbaut, um die Ketten (latein. 'vincula') des hl. Petrus aufzubewahren, im 15. Jh. erneuert und ausgebaut. Innen befindet sich im rechten Querschiff eine gewaltige Mosesstatue (1513–1516), die von Michelangelo für das Grabmal Julius' II. (unvollendet) geschaffen wurde, Sinnbild der durch einen übermächtigen Willen beherrschten Kraft. Im linken Seitenschiff sieht man am zweiten Altar Mosaiken des 7. Jh.s, daneben das Grab des deutschen Kardinals Nicolaus Cusanus (eigentlich Krebs, aus Kues an der Mosel; † 1464). Am Hochaltar befinden sich die Ketten Petri.

*Santa Maria Maggiore

Unweit nördlich von San Pietro in Vincoli führt die Via Cavour, die von der Via dei Fori Imperiali abzweigt, nordöstlich zur Piazza dell' Esquilino. An der Südseite des Platzes steht die Kirche Santa Maria Maggiore, eine der fünf Patriarchalkirchen Roms, die größte unter den etwa 80 Marienkirchen der Stadt. Sie wurde im 5. Jh. errichtet und später mehrfach umgebaut. Die Hauptfassade mit Loggia stammt von 1743. Der Glockenturm (1377) ist mit 75 m der höchste Roms. Von der Vorhalle, die mit Mosaiken (13. Jh.) geschmückt ist und fünf Portale hat, führen vier Eingänge in die Kirche, der fünfte, links, die 'Heilige Pforte', wird nur in Heiligen Jahren geöffnet.

Inneres

Das Innere der dreischiffigen Kirche Santa Maria Maggiore ist prachtvoll ausgeschmückt. Giuliano da Sangallo schuf im 15. Jh. die Kassetten an der Decke, zu deren Vergoldung das erste aus Amerika gekommene Gold verwendet wurde. An den Längswänden des Mittelschiffs, am Triumphbogen und in der Apsis sind herrliche Mosaiken zu sehen: Sie zeigen Darstellungen aus dem Alten und dem Neuen Testament und Szenen aus dem Leben Mariens. Besonders in den Mosaiken der Apsis ("Marienkrönung"), die Jacopo Torriti im 13. Jh. geschaffen hat, erreicht die römische Mosaikkunst einen ihrer Höhepunkte. Im Querschiff liegen die Cappella Sistina (rechts) und die Capella Paolina (links), beide von Altären und Grabmälern

Apsismosaik in Santa Maria Maggiore

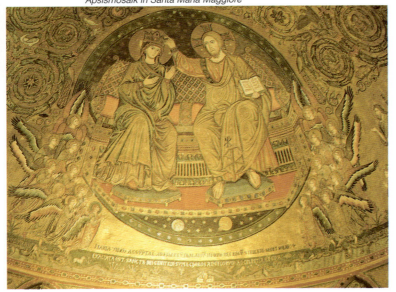

umgeben. Die unter Papst Sixtus V. 1585 erbaute Cappella Sistina, eine Sakramentskapelle mit Kuppel, ist mit manieristischen Fresken vom Ende des 16. Jh.s dekoriert; ferner gibt es dort einige Grabmäler. Die Cappella Paolina ließ Paul V. Borghese für die Angehörigen seines Hauses errichten (1611), ebenfalls als Kapelle mit Kuppel. Im Zentrum befindet sich das hochverehrte Madonnenbild "Salus Populi Romani"; der Legende nach hat es der hl. Lukas gemalt, doch es stammt aus dem 8./9. Jahrhundert. *(Santa Maria Maggiore, Fortsetzung)*

Etwa 300 m nordwestlich von Santa Maria Maggiore die Kirche Santa Pudenziana, nach der Legende die älteste Kirche der Stadt. Sie hat einen Glockenturm aus dem 12. Jahrhundert. In der Apsis Mosaiken, 'Christus und die Apostel' (401–417), die zu den schönsten in Rom gehören. *(Santa Pudenziana)*

Unweit südlich von Santa Maria Maggiore liegt etwas verborgen die Kirche Santa Prassede, die um 820 zu Ehren der hl. Praxedis erbaut und 1869 zuletzt erneuert wurde. Im Innenraum befinden sich am Triumphbogen, in der Apsis und in der Kapelle des hl. Zeno beachtenswerte Mosaiken aus dem 9. Jh., darunter Darstellungen des himmlischen Jerusalem, des Lammes aus der Offenbarung des Johannes sowie von Christus mit Heiligen. *(Santa Prassede)*

Hauptbahnhof Stazione Termini

Die Via Cavour mündet nordöstlich auf die große Piazza dei Cinquecento. An der Südostseite des Platzes liegt der Hauptbahnhof, die 1950 vollendete Stazione Termini (Stazione Centrale Roma-Termini), der mit seinen eigenwilligen Bauformen, unter reichlicher Verwendung von Glas und Stahl, bahnbrechend auf dem Gebiet des modernen Bahnhofsbaus war. *(Piazza dei Cinquecento)*

Unter der Vorhalle liegt der Zugang zur Stadtbahn (Metropolitana; unter- und oberirdisch). Die Metropolitana A fährt von der Stazione Termini zur Via Ottaviano (Nähe Vatikan) bzw. über Cinecittà zur Via Anagnina, die Metropolitana B über die Porta di San Paolo zum EUR-Viertel (Via Laurentina) bzw. nordostwärts Richtung Rebibbia.

Terme di Diocleziano

Den nördlichen Teil der Piazza dei Cinquecento und das anschließende Gebiet nehmen die um 300 n.Chr. erbauten Diokletian-Thermen (Terme di Diocleziano) ein, die mit 350 m Seitenlänge nicht weniger großartig als die Caracalla-Thermen waren. Im Auftrag von Papst Pius IV. richtete Michelangelo das Thermengebäude als Kartäuserkloster ein und verwandelte das große überwölbte Tepidarium (Laubad) 1563–1566 in die Kirche Santa Maria degli Angeli. In den Klosterbauten befindet sich seit dem Jahre 1886 das Thermen-Museum. Die große Apsis der Umfassungsmauer bildet jetzt die mit einem Springbrunnen geschmückte Piazza della Repubblica. *(Piazza della Repubblica)*

Das Thermen-Museum oder Römische Nationalmuseum (Museo Nazionale Romano o delle Terme) zeigt archäologische Objekte, die auf dem Gebiet in und bei Rom gefunden wurden. Nach den Vatikanischen Museen ist es die bedeutendste Sammlung antiker Kunstwerke in Rom. *(✻Thermen-Museum)*

Um das rechte Querschiff der Kirche Santa Maria degli Angeli sind die alten Säle der eigentlichen Thermen angeordnet, die u.a. eine der größten italienischen Sammlungen römischer Sarkophage und Mosaiken enthalten. In den neuen Sälen sind beachtenswert: die verwundete Niobe, ein griechisches Original des 5. Jh.s v.Chr., ferner das Mädchen von Anzio, ein Original aus hellenistischer Zeit, die Venus von Kyrene (4. Jh. v.Chr., ohne Kopf und Arme), ein kniender Jüngling aus Subiaco (3. Jh. v.Chr.), ein Faustkämpfer (3. Jh. v.Chr.; Bronze) und eine Kopie des Diskuswerfers von Myron (5. Jh. v.Chr.).

Rom

Die antike Badeanlage der Diokletian-Thermen

Thermenmuseum (Fortsetzung)

In dem durch Glaswände abgeschlossenen Kleinen Kreuzgang (Piccolo Chiostro) befindet sich die Sammlung Ludovisi (zeitweilig geschlossen); hervorzuheben sind der sog. Ludovisische Thron (5. Jh. v.Chr.), der Galater, der – vom Feind bedrängt – sein Weib und sich selbst tötet (römische Kopie), ein ruhender Ares (Ares Ludovisi), ferner die Iuno Ludovisi sowie der Kopf einer schlummernden Erinnye, die sog. Medusa Ludovisi. In dem Großen Kreuzgang (Grande Chiostro), der mit einem Brunnen geschmückt ist, findet man Marmorskulpturen, Sarkophage, Mosaiken und Inschriften. Ferner enthält das Museum eine Sammlung von Mosaiken, Stuckarbeiten und Fresken, Wandmalereien aus der Villa der Livia in Prima Porta (wegen des derzeitigen Umbaus ist nur ein Teil der Sammlungen zugänglich).

Palazzo Massimo alle Terme

An der Piazza dei Cinquecento entsteht gegenwärtig das Museum 'Palazzo Massimo alle Terme', das zahlreiche Werke aus dem Nationalmuseum aufnehmen soll. Ein Teil des Gebäudes ist bereits fertiggestellt; wie schnell die Arbeiten fortgesetzt werden können, hängt von der Bereitstellung der erforderlichen finanziellen Mittel ab.

Via XX Settembre

Santa Maria della Vittoria

Unweit nördlich vom Thermen-Museum führt die an den 20. September 1870 (nach dem Abzug der Franzosen rückten italienische Truppen in Rom ein) erinnernde Via XX Settembre in die nordöstlichen Stadtteile. Hier liegt nördlich von San Bernardo die Kirche Santa Maria della Vittoria, eine prunkvolle Barockkirche, geschaffen von Carlo Maderna (1990/1991 restauriert). Bei dem Sieg, den man der Hilfe Marias zuschrieb, handelt es sich um jenen, den Kaiser Ferdinand II. am Weißen Berg bei Prag im Jahre 1620 errang. Beachtenswert ist besonders die vierte Seitenkapelle links mit dem Altar der hl. Therese von Avila. Dort ist ein Hauptwerk des Hochbarock zu sehen, die "Verzückung der hl. Therese" von Bernini (1647).

Gegenüber der Kirche steht der mächtige Brunnen Acqua Felice, 1585–1587 von D. Fontana erbaut und schön mit Marmorbildwerken geschmückt; rechts an der Via XX Settembre das Finanzministerium.

Acqua Felice

Die Via XX Settembre endet bei der 1561–1565 nach Michelangelos Entwurf errichteten Porta Pia der alten Stadtmauer. Außerhalb der Porta Pia steht gleich rechts an der Via Nomentana, die die Via XX Settembre in nordöstlicher Richtung fortsetzt, das Ministerium für öffentliche Arbeiten.

Porta Pia

Città Universitaria

Nordöstlich der Stazione Termini steht die Basilika San Lorenzo fuori le Mura, eine der fünf Patriarchalkirchen Roms, von Konstantin dem Großen gegründet, im 6. und 13. Jh. durch Anbauten völlig verändert, im Zweiten Weltkrieg teilweise zerstört und später wiederhergestellt. Der Fußboden in Langhaus und Chor stammt aus dem 12./13. Jh., der Baldachin über dem Hochaltar von 1148, im Triumphbogen Mosaiken des 6. Jahrhunderts. Anschließend an die Kirche ein malerischer romanischer Kreuzgang.
Neben der Kirche der große Friedhof Campo Verano.

San Lorenzo
fuori le Mura

Westlich der Piazza San Lorenzo liegt die durch Grünflächen aufgelockerte Universitätsstadt, die 1932–1935 errichtete 'Città Universitaria', mit der Universitätsbibliothek 'Alessandrina'. Heute ist die Universität, zu der auch Museen gehören, für die Masse der Studierenden zu klein geworden.

Città
Universitaria

Weiter westlich befindet sich am Castro Pretorio die Nationalbibliothek (Biblioteca Nazionale Centrale Vittorio Emanuele II, 1971–1975; 3 Mio. Bände, 1883 Inkunabeln, 6169 Manuskripte und ca. 30 000 Autographen), mit einem zehnstöckigen Magazingebäude, dem Verwaltungsbau, einem Flachbau (Katalog- und Lesesäle) und einem niedrigen Konferenzsaal.

Nationalbibliothek

Nördlich des Universitätsgeländes liegt der große Park Villa Torlonia (darunter jüdische Katakomben), ein Beispiel romantischer Gartenbaukunst. Inmitten der Parkanlagen steht der zu Beginn des 19. Jh.s erbaute Palazzo Torlonia, der in den Jahren 1925–1944 Wohnsitz des 'Duce' Benito Mussolini war. In den Kellerräumen des Gebäudes (unzugänglich) befindet sich eine der bedeutendsten privaten Antikensammlungen (über 600 Kunstwerke).

Villa Torlonia

Etwa 2 km nördlich des Parks kommt man zu der Kirche Sant' Agnese fuori le Mura, der von Konstantin dem Großen gegründeten, mehrfach erneuerten Grabeskirche der hl. Agnes. In der Apsis Mosaiken aus dem 7. Jahrhundert. Unter der Kirche liegen Katakomben (300 n.Chr.). Neben Sant' Agnese die Rundkirche Santa Costanza, als Mausoleum für die Töchter Konstantins erbaut und mit schönen Mosaiken (4. Jh.) ausgestattet. Von Sant' Agnese führt die Via Nomentana nordostwärts zu der Vorstadt Monte Sacro, die nach dem Zweiten Weltkrieg entstanden ist.

Sant' Agnese
fuori le Mura

Quirinal und Villa Borghese

Von der Nordseite der Piazza Venezia gelangt man östlich durch die Via Cesare Battisti zu der langgestreckten Piazza Santi Apostoli. Hier erhebt sich der Palazzo Colonna, der um 1417 von Papst Martin V. Colonna begonnen und später mehrfach umgebaut wurde. In den Sälen des ersten Stockwerks befindet sich eine Gemäldegalerie (Galleria Colonna), die von Kardinal Girolamo I. Colonna gegründet wurde. Sie umfaßt vor allem Werke von Meistern des 17. und 18. Jh.s, darunter Gemälde von Pietro da Cortona, Paolo Veroneses "Porträt eines Edelmannes", das "Porträt Onofrio Panvinios" und "Narziß an der Quelle " von Tintoretto, das Anthonius van Dyck zugeschriebene "Porträt der Lucrezia Tomacelli Colonna" und

Palazzo Colonna
(Gemäldegalerie)

Rom

Palazzo Colonna (Fortsetzung)
ein Deckenfresko von Sebastiano Ricci. Hinzu kommen Bilder, die an Leistungen der Colonna-Familie erinnern: so etwa an den Sieg des Marcantonio Colonna, der als Kommandant der abendländischen Seestreitkräfte in der Schlacht bei Lepanto (1571) gegen die Türken kämpfte.

Santi Apostoli
Auf dem Gelände des Colonna-Palastes steht die Kirche Santi Apostoli, die "Kirche der Zwölf Apostel". 1990 wurden umfangreiche Restaurierungsarbeiten durchgeführt. In der Vorhalle (1475) befinden sich Werke antiker und mittelalterlicher Kunst. Am Ende des linken Seitenschiffs das Grabmal für Papst Clemens XIV., ein Meisterwerk Canovas (1789).

Torre delle Milizie
Vom Palazzo Colonna führt die Via IV Novembre südlich zur mittelalterlichen Torre delle Milizie, und weiter zur Via Magnanapoli; bei der Torre delle Milizie der Eingang zur Markthalle und zum Forum des Trajan.

Via Nazionale
Von der Torre delle Milizie zieht die Via Nazionale, eine Hauptstraße der Stadt, in nordöstlicher Richtung an der Banca d'Italia sowie am Palazzo Rospigliosi (1603; Deckengemälde von Guido Reni) und am Palazzo delle Esposizioni vorbei zur Piazza della Repubblica. Neben dem Palazzo delle Esposizioni mündet links der unter dem Quirinal verlaufende Tunnel, der eine Verbindung mit der Piazza di Spagna herstellt.

Quirinal

Piazza del Quirinale
Von der Via Magnanapoli gelangt man durch die Via XXIV Maggio, an der 1524 erbauten Kirche San Silvestro al Quirinale (links) und am westlichen Flügel des Palazzo Rospigliosi vorbei, der heute der Familie Rospigliosi-Pallavincini gehört, zur Piazza del Quirinale auf dem Hügel des Quirinal.

*Rossebändiger
Auf dem Platz steht der berühmte Dioskuren-Brunnen mit dem 14 m hohen Obelisk, der früher den Eingang des Augustus-Mausoleums schmückte, und den hohen Figuren der Rossebändiger (Dioscuri), Marmorgruppen aus der römischen Kaiserzeit und glänzende Leistungen eines nach griechischen Vorbildern arbeitenden römischen Klassizismus.

Palazzo del Quirinale
An der Ostseite des Quirinal-Platzes steht der Palazzo della Consulta (schönes Treppenhaus), der das italienische Verfassungsgericht beherbergt, und auf dem Quirinals-Hügel der weiträumige Bau des Palazzo del Quirinale. Er wurde 1574 auf Wunsch Papst Gregors VIII. als Sommerresidenz der Päpste begonnen und später mehrfach erweitert. Von 1870 bis 1946 war der Palazzo del Quirinale das Schloß der italienischen Könige. Heute hat dort der italienische Staatspräsident seinen Sitz, der aber nicht hier wohnt. Der Palast ist von einem schönen Park umgeben.

*Sant' Andrea al Quirinale
Östlich vom Quirinal-Palast steht die Kirche Sant' Andrea al Quirinale, 1658–1670 von Bernini erbaut, eine der harmonischsten Schöpfungen der römischen Barockbaukunst. Sie hat einen ovalen Grundriß.

Quattro Fontane
Noch weiter östlich, an der Einmündung der Via del Quirinale in die Via Quattro Fontane, erreicht man die Quattro Fontane, vier Brunnen mit liegenden Statuen (Tiber und Aniene, Treue und Tapferkeit). Rechts die kleine Kirche San Carlo alle Quattro Fontane, ein Barockbau von Borromini. Der italienische Baumeister ließ ein bewegtes Gewirr von konvexen und konkaven Linien entstehen, das sich an keine regelmäßige Form hält. Kurz vor Vollendung des Bauwerks starb Borromini im Jahre 1667.

Palazzo Barberini und Via Veneto

Galleria Nazionale d'Arte Antica
Im nördlichen Teil der Via Quattro Fontane steht der Palazzo Barberini, ein 1626 von Carlo Maderna begonnener großartiger Bau, den Borromini und Bernini 1633 vollendeten. Im Inneren befindet sich die Galleria Nazionale d'Arte Antica. Ihr Bestand umfaßt Werke italienischer und ausländischer

Maler des 13.–16. Jh.s, darunter Gemälde von Hans Holbein d.J. (Bildnis Heinrichs VIII.), El Greco (Taufe und Geburt Christi) und Raffael (Fornarina). Beachtenswert ist ferner im Hauptsaal ein Deckenfresko (Triumph der Familie Barberini) von Pietro da Cortona, ein Hauptwerk der barocken Monumentalmalerei (1633–1639).

Galleria Nazionale d'Arte Antica (Fortsetzung)

Nördlich anstoßend die verkehrsreiche langgestreckte Piazza Barberini mit der schönen Fontana del Tritone. Der Springbrunnen mit muschelblasendem Triton ist eine Arbeit Berninis (1640).

*Fontana del Tritone

In der Nordecke des Barberini-Platzes beginnt die bekannte Via Vittorio Veneto, kurz Via Veneto, eine Allee mit schönen Bäumen, die sich S-förmig mit zwei langen Kurven nach Norden bis zur Porta Pinciana hinaufzieht.

Via Vittorio Veneto

Im unteren Teil der Straße steht die Kapuzinerkirche Santa Maria della Concezione (1626); im Inneren beeindrucken besonders Guido Renis Altargemälde "Kampf des Erzengels Michael mit dem Satan" und Domenichinos Altarbild "Franziskus und der Engel". Unter der Kirche befinden sich fünf Totenkapellen (Cimitero dei Cappuccini), deren Wände mit den Schädeln und Knochen von etwa 4000 Kapuzinermönchen bedeckt sind.

Santa Maria della Concezione *Beinkapellen

Die Via Veneto, der zeitweise für den Autoverkehr gesperrte, gut 500 m lange Abschnitt zwischen der Via Ludovisi und der Porta Pinciana, ist heute in beiden Richtungen stark befahren. Früher einmal galt sie als 'Straße des süßen Lebens' und bildete die Kulisse für Fellinis berühmten Film "La dolce vita". Durch Geschäfte und Straßencafés soll sie wieder zu einem Anziehungspunkt für Einheimische und Besucher werden.

Via Veneto

Villa Borghese

Jenseits der Porta Pinciana erstreckt sich ein prächtiger Park, die 'Villa Borghese'. Er wurde im 17. Jh. von Kardinal Scipio Borghese angelegt, 1902 vom italienischen Staat gekauft und der Stadt Rom als Volkspark überlassen (große Tiefgarage). In den Anlagen, wo Kastanien, Steineichen und Schirmpinien wachsen, sind Zierbauten, Brunnen und Denkmäler zu sehen; im südlichen Teil eine Galopprennbahn (Galoppatoio).

Im Osten des Parks liegt das Casino Borghese, ein um 1615 errichteter zweigeschossiger Bau, der gegen Ende des 18. Jh.s mit Marmor und Fresken ausgeschmückt wurde. Im Inneren befinden sich eine Skulpturensammlung und eine Gemäldegalerie (Museo e Galleria Borghese).
Die Skulpturensammlung besitzt ein Hauptwerk Canovas: die auf einem Diwan "Ruhende Venus", wahrscheinlich ein Porträt der Fürstin Paolina Borghese, der Schwester Napoleons I. (1807). Ausgestellt sind ferner mehrere Jugendwerke Berninis, darunter "David mit der Schleuder" sowie "Apoll und Daphne", ein Meisterwerk des jungen Künstlers, das, von den Metamorphosen Ovids inspiriert, die Verwandlung Daphnes in einen Ölbaum bei der Verfolgung durch den Gott Apoll darstellt.
Im oberen Stockwerk des Casinos hat die Galleria Borghese ihren Platz, eine bedeutende Gemäldegalerie. Beachtenswert sind: Bilder von Raffael ("Die Grablegung"), Tizian ("Himmlische und irdische Liebe"), Caravaggio ("Madonna dei Palafrenieri", ursprünglich als Altargemälde geschaffen), Correggio ("Danae"), Werke römischer Barockmaler sowie Gemälde von Rubens, Lucas Cranach, Domenichino, Veronese und Andrea del Sarto.

Museo e Galleria Borghese

Im nördlichen Teil des Parkes Villa Borghese liegt der Zoologische Garten, der im Jahre 1911 von Carl Hagenbeck aus Hamburg angelegt wurde.

Zoologischer Garten

Im westlichen Teil des Parks (am Viale delle Belle Arti) lohnt die Galleria Nazionale d'Arte Moderna einen Besuch. Sie ist die größte Sammlung moderner Kunst in Italien, ihr Bestand reicht vom Anfang des 19. Jh.s bis

*Galleria Nazionale d'Arte Moderna

Rom

Park der Villa Borghese

Galleria Nazionale d'Arte Moderna (Fortsetzung)

hin zur Gegenwart. Er umfaßt Werke italienischer Neoklassizisten und Neoimpressionisten, von anderen europäischen Impressionisten und Expressionisten sowie von Malern und Bildhauern der neuesten Zeit. Beachtenswert sind ferner die Gemälde der Macchiaioli, einer Gruppe von Freilichtmalern aus der Toskana, und die Bilder von Galileo Chini, die an den österreichischen Maler Klimt erinnern. Gezeigt werden auch Plastiken von Marino Marini und Giacomo Manzù sowie Werke des Malers Giorgio de Chirico. Neben den Italienern sind u.a. vertreten Degas, Cézanne, Monet, Mondrian und van Gogh. Der Hof der Galleria Nazionale d'Arte Moderna, in dem Bourdelles "Bogenschütze" zwischen Rosen und Efeuranken zu sehen ist, lädt zu einer erholsamen Pause ein.

*Villa Giulia (Museo Nazionale Etrusco)

In der Nähe des Museums für moderne Kunst liegt die Villa Giulia. Sie wurde 1550–1555 für Papst Julius III. von Vignola erbaut und von Taddeo Zuccaro mit schönen Stukkaturen und Malereien ausgestattet. Der Palast beherbergt die staatliche Sammlung etruskischer Altertümer aus der Umgebung Roms, besonders die Grabbeigaben aus den Nekropolen im nördlichen Teil des heutigen Latium. Hervorzuheben sind u.a. die Ficoronische Ziste (Cista Ficoroni), ein Toilettenkästchen mit eingravierten Darstellungen aus der Argonautensage (3. Jh. v.Chr.), ferner der Apollo von Veji, eine bemalte Terrakottastatue (um 500 v.Chr.) und ein Terrakottasarkophag mit einem liegenden Paar aus Cerveteri (6. Jh. v.Chr.). Darüber hinaus umfaßt die Sammlung kleine und große Figuren, Gläser, Gold- und Silberschmuck.

Piazza di Spagna und Pincio

Palazzo di Spagna

Von der Piazza Barberini gelangt man auf die zur Via del Corso führende, belebte Via del Tritone. Nach 200 m geht man rechts durch die Via Due Macelli zur Piazza di Spagna am Südfuß des Pincio. Benannt ist der Platz

Rom

nach dem großen Palazzo di Spagna, wo der spanische Gesandte beim Heiligen Stuhl seit dem 17. Jh. seinen Sitz hat. Vor dem Gebäude steht die Säule der Immacolata, von Pius IX. als Denkmal des 1854 verkündeten Dogmas von der Unbefleckten Empfängnis Mariens errichtet. An der Südseite des Platzes befindet sich der Palazzo di Propaganda Fide, mit der Zentrale zur Ausbreitung des katholischen Glaubens (Kongregation für die Evangelisation der Völker). Die Mitte des Platzes nimmt der tiefliegende, von Bernini 1629 in Form einer Barke gestaltete Brunnen 'La Barcaccia' ein. Er hat den Namen und die Form eines Schiffes.

Palazzo di Spagna (Fortsetzung)

Von hier steigt die Spanische Treppe (Scalinata della Trinità dei Monti) im Wechsel von Stufen und Rampen zu der auf dem Pincio gelegenen, 1495 gestifteten Kirche Santissima Trinità dei Monti an. Die Spanische Treppe wurde 1723–1726 von Francesco de Sanctis im Stil des Barock angelegt; wegen Restaurierungsarbeiten kann bis Ende 1995 kein Besucher seinen Fuß auf die Treppe, eine der größten Touristenattraktionen Roms, setzen. Die Kirche Trinità dei Monti mit ihrer Doppelturmfassade wurde 1502 im Auftrag Ludwigs II. begonnen und 1585 durch Papst Sixtus V. geweiht. Unweit nördlich der Kirche steht die Villa Medici (16. Jh.), seit 1803 Sitz der französischen Akademie, einer Stiftung für Künstler aus Frankreich.

*Spanische Treppe

Nordwestlich und westlich der Piazza di Spagna verlaufen belebte Geschäftsstraßen, darunter die Via del Babuino, die Via Margutta und die Via Condotti mit einer Reihe eleganter Läden, Boutiquen und Cafés.

Geschäftsstraßen

Noch weiter nördlich liegt der Pincio, ein 1809–1814 geschaffener Park auf dem gleichnamigen nördlichsten Hügel der heutigen Stadt. Zu sehen sind zahlreiche Büsten und Denkmäler berühmter Italiener sowie die hohe Monumentalplastik "Große Falten im Wind" von Giacomo Manzù (1975). Von der westlichen Terrasse bietet sich eine herrliche Sicht auf Rom. Vom Osten des Parks führt eine Verbindungsbrücke zur Villa Borghese.

Pincio

Via del Corso mit Seitenstraßen

Die Via del Corso, die an der Nordseite der Piazza Venezia beginnt und nordwestlich zur Piazza del Popolo führt, ist von alters her die Hauptstraße Roms. Sie wird von barocken Adelspalästen gesäumt.

Am Anfang der Straße stehen links der Palazzo Bonaparte und der Palazzo Doria, einer der größten römischen Stadtpaläste, mit schönem Säulenhof. Im ersten Stock dieses Palastes befindet sich die Galleria Doria Pamphili, eine Gemäldesammlung, die im wesentlichen auf den Besitz der Familien Pamphili und Doria zurückgeht. Man findet dort das berühmte Gemälde des Velázquez von Papst Innozenz X., ein Bild von unerbittlicher Schärfe der Charakteristik und überwältigender Farbenpracht (1650). Beachtenswert sind darüber hinaus die Bilder von Raffael, Tizian, Tintoretto ("Bildnis eines Prälaten"), Correggio ("Die Tugend"), Caravaggio ("Magdalena" und "Ruhe auf der Flucht nach Ägypten") und Claude Lorrain.

*Galleria Doria Pamphili

Jenseits des Palazzo Doria Pamphili zweigt von dem Corso, der zum Palazzo Sciarra weiterführt, links die kurze Via Lata zur Piazza del Collegio Romano ab. Dort steht das im 16. Jh. von Bartolomeo Ammannati und Giuseppe Valeriani errichtete Collegio Romano, das bis 1870 die Hohe Schule der Jesuiten war und heute ein staatliches Gymnasium ist.

Collegio Romano

Unweit westlich vom Collegio Romano steht an einem Platz die Kirche Santa Maria sopra Minerva, wo 800 auf den Trümmern von Domitians Minervatempel erbaut und 1280 erneuert, die einzige Kirche gotischen Stils in Rom. Im Inneren sind sehenswert: vor dem Hauptaltar links Michelangelos Standbild des auferstandenen Christus mit dem Kreuz (1521), in der Cappella Caraffa (rechtes Querschiff) Fresken von Filippino Lippi

Santa Maria sopra Minerva

(1489), im Hauptaltar die Reliquien der hl. Katharina von Siena (1347 bis 1380), ferner zahlreiche Grabdenkmäler; links vom Chor die Grabplatte des Dominikaners Fra Giovanni Angelico (1387–1455).

Santa Maria sopra Minerva (Fortsetzung)

✳✳Pantheon

Nordwestlich von Santa Maria sopra Minerva erhebt sich an der Piazza della Rotonda, dem Mittelpunkt der Altstadt, das Pantheon, das besterhaltene Bauwerk der römischen Antike. Das Pantheon wurde 27 v.Chr. von Marcus Agrippa, dem Freund und Feldherrn des Augustus, als Tempel errichtet und später mehrmals erneuert, besonders in den Jahren 120–126 unter Hadrian. Den Bau, der nach Erlöschen des antiken Kultes geschlossen wurde, überließ der oströmische Kaiser damals Papst Bonifatius IV., der ihn 609 zur Kirche Sancta Maria ad Martyres weihte, vom Volk Santa Maria Rotonda genannt. An der Vorhalle befinden sich 16 antike Granitsäulen, am Eingang zwei mächtige, bronzebeschlagene Türflügel. Der gewaltige Kuppelraum der Rotunde, der nur von oben durch die 9 m weite runde Öffnung ('das Auge') Licht erhält, gilt als eine der höchsten Leistungen römischer Baukunst. Die überwältigende Wirkung des Innenraums beruht auf der vollendeten Harmonie seiner mächtigen Ausmaße: Die Höhe (43,30 m) entspricht seinem Durchmesser, die Höhe der halbkugelförmigen Kuppelrundung entspricht der Höhe der senkrecht aufsteigenden Wand. Die Götterbilder, die einst in den sieben Hauptnischen standen, und die wertvolle Ausschmückung sind im Laufe der Jahrhunderte anderswohin gebracht worden. In einer Nische befindet sich die Gruft für König Vittorio Emanuele II († 1878), in einer anderen die für König Umberto I, der 1900 in Monza ermordet wurde; links von dieser die Grabstätte Raffaels. Die unauffällige Ausstattung unterstreicht die Wirkung der Architektur. Die Harmonie des Raumes mit seinen vollendeten Proportionen, Abbild der Erde und des gewölbten Firmaments mit den Sternenbahnen, hat zu aller Zeit Künstler und Besucher beeindruckt (vortreffliche Akustik).

Vom Pantheon gelangt man östlich durch die Via del Seminario zur Barockkirche Sant' Ignazio, die in Anlehnung an die Jesuskirche 1626 bis 1650 zu Ehren des 1622 heiliggesprochenen Stifters des Jesuitenordens, Ignatius von Loyola (1491–1556), von O. Grassi erbaut wurde. Innen ein als Meisterwerk der Perspektive berühmtes Deckenfresko von Andrea Pozzo (bester Blickwinkel in der Mitte des Mittelschiffs).

Sant'Ignazio

Nördlich gegenüber der Kirche Sant' Ignazio steht die römische Börse, an deren Piazza di Pietra zugewandten Nordfassade elf korinthische Säulen zu sehen sind. Wahrscheinlich gehörten sie zu einem Tempel, der an dieser Stelle zu Ehren Kaiser Hadrians (76–138 n.Chr.) errichtet wurde.

Börse

Piazza Colonna

Östlich von Sant' Ignazio liegt an der Ostseite der Via del Corso der Palazzo Sciarra-Colonna (17. Jh.). Unweit nördlich öffnet sich an der Westseite des Corso die belebte Piazza Colonna. Der Platz ist benannt nach der Säule des Marc Aurel (Colonna di Marco Aurelio), die in der Mitte 29,5 m hoch aufragt. Nach dem Vorbild der Trajanssäule ist sie mit Reliefdarstellungen – darunter Szenen aus den Kämpfen des Kaisers Marc Aurel gegen die Markomannen und andere germanische Stämme (176 n.Chr.) – geschmückt. Die Bekrönung der Säule bildet eine Statue des Apostels Paulus, die Papst Sixtus V. aufstellen ließ.

✳Säule des Marc Aurel

An der östlichen Seite des Colonna-Platzes bzw. am Corso befindet sich die Galleria Colonna, eine doppelarmige Passage. An der Westseite des

Galleria Colonna; Palazzo Chigi

◀ *Die Spanische Treppe zählt zu den Wahrzeichen der Ewigen Stadt*

Rom

Detail von der Säule des Marc Aurel

Die berühmte Fontana di Trevi

Platzes steht der Palazzo Wedekind; die Vorhalle bilden ionische Säulen aus der etruskischen Stadt Veji (Veio). An der Nordseite steht der Palazzo Chigi, heute Sitz des italienischen Ministerpräsidenten.

Palazzo Chigi (Fortsetzung)

Westlich schließt sich an die Piazza Colonna die Piazza di Montecitorio an, auf einem durch Trümmer gebildeten Hügel. In der Mitte steht ein 26 m hoher ägyptischer Obelisk (6. Jh. v.Chr). An der Nordseite des Platzes der Palazzo Montecitorio, heute Sitz der Abgeordnetenkammer (Haus des Parlaments). Der Palast wurde 1650 von Bernini für die Familie Ludovisi begonnen, 1694 durch Carlo Fontana für die päpstlichen Gerichtshöfe, 1871 schließlich für das italienische Parlament eingerichtet.

Piazza di Montecitorio; Obelisk

Etwa 250 m östlich der Piazza Colonna erreicht man die bekannte und vielbesuchte Fontana di Trevi, den monumentalsten Barockbrunnen Roms, der an der südlichen Schmalseite des Palazzo Poli in Anlehnung an Entwürfe Berninis von N. Salvi erbaut (1735–1762) wurde: In der mittleren Nische sieht man Neptun, in den Seitennischen Gesundheit und Fruchtbarkeit, davor liegt das etwa 20 m breite Becken. Nach altem Brauch pflegt man beim Abschied von Rom eine Münze rückwärts über den Kopf in das Becken zu werfen, um sich der Wiederkehr zu versichern. Südöstlich gegenüber dem Brunnen steht die Kirche Santi Vincenzo ed Anastasio.

*Fontana di Trevi

Ferner sind es von der Fontana di Trevi nur wenige Schritte zum Museo Nazionale delle Paste Alimentari an der Piazza Scanderberg, einem Museum für Teigwaren, das über die Zubereitung der 'Pasta' informiert.

Museo Nazionale delle Paste Alimentari

An der Via del Corso folgt 350 m nördlich der Piazza Colonna links der Palazzo Ruspoli mit beachtenswertem Treppenhaus (um 1650). Rechts bietet sich ein reizvoller Blick durch die Via Condotti zur Spanischen Treppe. Links die barocke Kirche San Carlo al Corso (17. Jh.).

Palazzo Ruspoli

Mausoleo di Augusto

Unweit nordwestlich von San Carlo steht das Mausoleum des Augustus (Mausoleo di Augusto), ein monumentaler, ursprünglich 44 m hoher Rundbau (Basisdurchmesser 89 m), der von Kaiser Augustus im Jahre 28 v.Chr. als Grabstätte für sich und seine Familie errichtet wurde und auch die Aschenurnen einiger seiner Nachfolger bis hin zu Nerva (96–98) enthielt. Das Mausoleum diente seit dem 11. Jh. verschiedenen Zwecken, 1936 wurde es dann in seinen ursprünglichen Zustand zurückversetzt.

Zwischen Mausoleum und Tiber wurde 1938 an der Via di Ripetta die Ara Pacis Augustae, der Altar der Friedensgöttin, wiederaufgebaut (in einer Glashalle), der in den Jahren 13–9 v.Chr. nach der Rückkehr des Kaisers Augustus aus Spanien und Gallien auf dem Marsfeld errichtet worden war und mit einem prachtvollen Rankenornament aus Akanthus, Efeu und Lorbeer sowie Relieffriesen (Festzug der Römer) geschmückt ist.

*Ara Pacis Augustae

In der Via del Corso Nr. 17, dem Haus, das Goethe 1786–1788 bewohnte, befindet sich ein Goethe-Museum (Gemälde, Handschriften, Bücher u.a.).

Goethe-Museum

Piazza del Popolo

Die Via del Corso endet nördlich auf der ovalen Piazza del Pololo, die in ihrer heutigen Gestalt aus den Jahren 1816–1820 stammt, nördlich begrenzt von der Porta del Popolo (1565 und 1655), dem nördlichen Eingangstor des alten Rom. In der Mitte des Platzes steht ein 24 m hoher Obelisk, den Papst Sixtus V. im Jahre 1589 hier aufstellen ließ. Von Süden her münden drei Straßen ein: Via di Pipetta, Via del Corso und Via del Babuino. An der Südseite des Platzes stehen die Kuppelkirchen Santa Maria in

Porta del Popolo

Rom

Porta del Popolo (Fortsetzung)

Monte Santo (östlich) und Santa Maria dei Miracoli (westlich), beide 1662 von Rainaldi begonnen, später von Bernini und Carlo Fontana vollendet.

***Santa Maria del Popolo**

Neben der Porta del Popolo erhebt sich die Kirche Santa Maria del Popolo, 1472–1477 erbaut und um 1505–1509 von Bramante mit neuem Chor versehen. Das Innere, 1655 barock umgestaltet, enthält zahlreiche Kunstwerke, besonders Grabmäler des 15. Jahrhunderts. In der Kapelle links vom Chor sieht man zwei Gemälde von Caravaggio, die "Bekehrung des hl. Paulus" und die "Kreuzigung des hl. Petrus". An der Ostseite der Kirche Santa Maria del Popolo befindet sich ein Aufgang zum Pincio-Park.

Von der Piazza Venezia zum Tiber

***Jesuskirche**

Von der Piazza Venezia führt die kurze Via del Plebiscito westlich zur 1568–1575 erbauten Jesuskirche (Il Gesù) an der kleinen Piazza del Gesù. Dieses Gotteshaus, die Hauptkirche der Jesuiten, ist eine der reichsten und glänzendsten Kirchen Roms und das Muster aller Prachtkirchen des Ordens. Charakteristisch ist das breite Langschiff mit zu Kapellen umgewandelten Seitenschiffen. Im linken Querschiff befindet sich der um 1700 ausgeführte Altar des hl. Ignatius, darunter ruht in einem Sarkophag aus Goldbronze der Leichnam des Ignatius von Loyola (1491–1556).

Corso Vittorio Emanuele II

Largo di Torre Argentina

An der Westseite der Piazza del Gesù beginnt der verkehrsreiche Corso Vittorio Emanuele II, der Verbindungsstraße zwischen der Piazza Venezia und der Vatikanstadt. Ziemlich am Anfang des Corso öffnet sich links vor dem Teatro Argentina der Largo di Torre Argentina, ein tiefliegender Platz mit Überresten von vier Tempeln aus dem 3. Jh. v.Chr. (Templi di età repubblicana), die 1927–1930 freigelegt wurden und im Gegensatz zu den Denkmälern des Forum Romanum viel von ihrer ursprünglichen Gestalt bewahrt haben.

***Fontana delle Tartarughe**

Unweit südlich vom Largo di Torre Argentina steht an der kleinen Piazza Mattei die Fontana delle Tartarughe, der sog. Schildkrötenbrunnen, eine reizvolle Bronzegruppe, die 1585 von dem Florentiner Bildhauer Taddeo Landini geschaffen wurde. Der Brunnen heißt seit dem 17. Jh. 'Schildkrötenbrunnen', da der Rand der Brunnenschale mit Nachbildungen von Schildkröten verziert ist.

Sant' Andrea della Valle

Am Corso Vittorio Emanuele II folgt jenseits des Largo di Torre Argentina links die Kuppelkirche Sant' Andrea della Valle, 1591 von F. Grimaldi und G. della Porta begonnen, 1625 von C. Maderna vollendet, ein Bauwerk mit zweigeschossiger Travertinfassade und prunkvollem Inneren. Besonders beachtenswert sind in der Kuppel und im Gewölbe der Apsis die meisterhaften Fresken von Domenichino (1624–1628). Darüber hinaus sind in den Seitenkapellen interessante Gemälde und Statuen zu sehen.

Palazzo Massimo alle Colonne

Weiterhin am Corso rechts der Palazzo Massimo alle Colonne, einer der schönsten Renaissancebauten Roms, nach Plänen von Baldassare Peruzzi 1532–1536 errichtet und mit einer gebogenen Fassade versehen, die auf die Krümmung und Enge der alten Straße berechnet war. Der Palast gilt als Musterbeispiel manieristischer Architektur, eines Baustils, der zwischen Barock und Renaissance angesiedelt ist und auf die Auflockerung der geometrischen Formen abzielt.

Museo Barracco

Links an der Piazza di San Pantaleo befindet sich im Palast der Kleinen Farnesina (Palazzo della Piccola Farnesina; 1523) das Museo Barracco. Das Museum enthält eine kleine Sammlung von assyrischen, griechischen, etruskischen und römischen Skulpturen in Originalen und Kopien. Hervorzuheben sind ägyptische Bildwerke sowie etruskische Grabsäulen.

Nördlich gegenüber befindet sich im Palazzo Braschi (1792) das Museo di Roma, das eine Sammlung von Gemälden, Zeichnungen, Aquarellen und Stichen zur Stadtgeschichte von Rom besitzt. Ferner werden Terrakotta-Figuren, Majoliken, Teppiche und Kostüme gezeigt.

Museo di Roma

*Piazza Navona

Nördlich vom Palazzo Braschi liegt die langgestreckte belebte Piazza Navona, heute Fußgängerzone, die für das Rom des 17. Jh.s am meisten charakteristische Platzanlage. Der Grundriß (240 x 65 m) erklärt sich aus dem darunterliegenden Stadion des Kaisers Domitian. Drei Springbrunnen schmücken den Platz: Der nördliche stammt von 1878, die beiden anderen wurden um 1650 unter Leitung Berninis ausgeführt. Hervorzuheben ist der mittlere Springbrunnen mit den prachtvoll bewegten Figuren der Flüsse Donau, Ganges, Nil, Rio de la Plata und einem antiken Obelisken.

Springbrunnen

Westlich gegenüber die Kirche Sant' Agnese in Agonale, ein Zentralbau (17. Jh.) mit beachtenswerter Innenausstattung. Die Kirche ist der hl. Agnes geweiht. In der Nähe steht die Kirche Santa Maria dell'Anima, die frühere Nastionalkirche der deutschen Katholiken. Da die Pilger in Rom eine Heimstatt finden sollten, baute man früher Hospize und Kirchen für Angehörige verschiedener Nationen.

Sant' Agnese in Agonale

Unmittelbar nordwestlich von ihr steht die Kirche Santa Maria della Pace (15. Jh.). Über der ersten Kapelle rechts sind Fresken von Raffael zu sehen, die Sibyllen darstellen (1514); weitere Fresken aus dem 16. Jh. befinden sich im Kuppelraum. Der Kreuzgang wurde 1504 von Bramante errichtet.

Santa Maria della Pace

Im Jahre 1997 wurde unweit der Piazza Navona der Palazzo Altemps als archäologisches Museum eröffnet. Dieses zeigt in 33 Sälen insgesamt 160 Kunstwerke, darunter der "Ludovisi-Thron", ein griechischer Altar aus dem 5. Jh. v.Chr., auf dem die Geburt der Venus dargestellt ist.

Palazzo Altemps (Museum)

Östlich der Piazza Navona steht am Corso del Rinascimento der 1642 erbaute Palazzo Madama, seit 1871 Sitz des italienischen Senats.

Palazzo Madama

Nördlich gegenüber steht San Luigi dei Francesi, die im Jahre 1589 geweihte Nationalkirche der Franzosen, die Ludwig dem Heiligen, König der Franzosen, geweiht ist. Innen sind im linken Seitenschiff Gemälde von Caravaggio (Szenen aus dem Leben des hl. Matthäus) beachtenswert.

San Luigi dei Francesi

Unweit nördlich von San Luigi steht an einem kleinen Platz die Kirche Sant' Agostino, ein Kuppelbau aus dem 15. Jahrhundert. Am dritten Pfeiler links sind ein Fresko von Raffael ("Prophet Jesaias", 1512), in der ersten Kapelle links Caravaggios "Madonna dei Pellegrini" (1605) bemerkenswert.

Sant' Agostino

Piazza della Cancelleria

Der Corso Vittorio Emanuele II führt von der Piazza di San Pantaleo westlich zu der sich links öffnenden langgestreckten Piazza della Cancelleria. Hier steht der Palazzo della Cancelleria, d.i. die päpstliche Kanzlei, eines der bemerkenswertesten Bauwerke Roms. Der Palast wurde um 1500 in einem an der Florentiner Renaissance orientierten Stil errichtet; besonders beachtenswert ist der schöne, von Arkaden umgebene Hof.

**Palazzo della Cancelleria*

Von der Piazza della Cancelleria gelangt man südlich über den Campo dei Fiori zu der von zwei Brunnen mit antiken Becken geschmückten Piazza Farnese. An der Südwestseite des Platzes steht der Palazzo Farnese, einer der charakteristischen Paläste Roms, heute Sitz der französischen Botschaft beim Quirinal. Das Gebäude wurde 1514 für Kardinal Alexander Farnese, den späteren Papst Paul III., von Antonio da Sangallo d.J. begonnen und ab 1546 von Michelangelo weitergeführt. Im Hauptsaal des ersten Stockwerks mythologische Gewölbefresken von Annibale Carracci u.a.

**Palazzo Farnese*

Rom

Palazzo Spada
(Galleria Spada)

Südöstlich vom Palazzo Farnese kommt man zum Palazzo Spada (um 1540), dem Sitz des italienischen Staatsrats. An den zweiten Hof schließt ein von Borromini geschaffener Säulendurchgang an, der mit Anwendung eines perspektivischen Kunstgriffs den Eindruck der Tiefe erzielt. Im ersten Stock des Palastes (Zugang vom Innenhof) befindet sich die Galleria Spada, eine Gemäldegalerie. Sie umfaßt zum größten Teil die Gemäldesammlung des Kardinals Bernardino Spada (1594–1661). In Räumen, die mit Gemälden und Stuckdekoration geschmückt sind, hängen beachtenswerte Werke, darunter Bildnisse des Kardinals Spada von Guido Reni und Guercino sowie die "Heimsuchung" von Andrea del Sarto.

Chiesa Nuova

*Oratorio dei Filippini

Am Corso Vittorio Emanuele II folgt bald jenseits des Palazzo della Cancelleria rechts die Chiesa Nuova (Santa Maria in Vallicella), eine Kirche, die um 1600 für die vom hl. Filippo Neri gegründete religiöse Gemeinschaft der Oratorianer erbaut wurde. Links neben der Kirche steht das Oratorium (Wohn- und Gebetshaus), mit seiner geschwungenen Fassade ein Hauptwerk Borrominis (1637–1650). In dem Gebäude finden heute Konzerte und Vorträge statt. Der Name der 'Oratorianer' und der religiösen Musikdramen (Oratorium) geht zurück auf die geistlichen Übungen und musikalischen Aufführungen, die in den Oratorien regelmäßig veranstaltet wurden.

Tiberbrücke

Der Corso Vittorio Emanuele II endet bei der Tiberbrücke Ponte Vittorio Emanuele II (1911).

Sehenswertes im Südwesten

Will man von der Piazza Venezia zum Aventin im südlichen Stadtgebiet, so geht man südwärts – am Nationaldenkmal für Viktor Emanuel II vorbei – durch die Via di Teatro di Marcello. Linker Hand führen Treppen zu der Kirche Santa Maria in Aracoeli und zum Kapitolsplatz hinauf.

Teatro di Marcello

Anschließend kommt man zum Marcellus-Theater (Teatro di Marcello), in den Jahren 17–13 v. Chr. von Augustus erbaut, der ihm den Namen seines jung verstorbenen Neffen Marcellus gab. Die äußere Rundung des Zuschauerraums, der 13 000 bis 14 000 Personen faßte, hatte drei Bogengeschosse, von denen das dritte im Mittelalter abgetragen wurde, als man den Bau in eine Festung und Wohngebäude umwandelte. Rechts davor stehen drei Säulen vom Tempel des Apollo Sosianus.

San Nicola in Carcere

Weiterhin rechts die Kirche San Nicola in Carcere, die auf dem Gelände eines früheren Tempels steht und in deren Mauerwerk Überreste antiker Säulen an einigen Stellen erhalten sind. Wahrscheinlich wurde die Kirche nach einem Karzer, der sich eine Zeitlang in dem Tempel befand, benannt.

Piazza Bocca della Verità

*Tempel der Fortuna Virilis

Die Via di Teatro di Marcello mündet südlich auf die ausgedehnte Piazza Bocca della Verità, einen Platz auf der Ostseite der Tiberbrücke Ponte Palatino. Im nördlichen Teil des Platzes der sog. Tempel der Fortuna Virilis (Tempio di Portuno), ein Tuffbau im ionischen Stil (1. Jh. v.Chr.).
Südlich davon ein kleiner Rundtempel, der seit dem 16. Jh. irrtümlich Vestatempel genannt wird, mit neunzehn korinthischen Säulen.

*Ianus Quadrifrons

In der Ostecke des Platzes Bocca della Verità befindet sich der sog. Ianus Quadrifrons ('vierseitiger Janustempel', Arco di Giano), ein Triumphbogen mit vier Fronten, wahrscheinlich aus der Zeit des Konstantin, ferner die alte Kirche San Giorgio in Velabro, die antike Säulen enthält. Neben der Kirche die reich verzierte Ehrenpforte der Wechsler (Arco degli Argentari).

Santa Maria in Cosmedin

An der Südseite der Piazza Bocca della Verità steht die in frühchristlichem Sinne erneuerte Kirche Santa Maria in Cosmedin. Sie wurde vor dem 6. Jh. auf den Fundamenten eines Herkulestempels und einer Getreidehalle, von der die Marmorsäulen an der Eingangswand stammen, errichtet, und im 11./12. Jh. umgebaut. In der Vorhalle sieht man die 'Bocca della Verità', eine antike Marmorscheibe mit Tritonenmaske, in deren Mund, so glaubte man im Mittelalter, die Römer beim Schwören die rechte Hand gelegt haben. Auch wußte man zu berichten, daß in Zweifelsfällen bisweilen ein Beamter mit scharfer Klinge hinter der Maske gelauert habe. Im dreischiffigen Inneren sind antike Säulen, ein Mosaikfußboden (12. Jh.), zwei Marmorkanzeln und der Osterleuchter beachtenswert.

Nördlich neben dem Ponte Palatino im Tiber ein Pfeiler des alten Pons Aemilius, der häufig durch Überschwemmungen beschädigt und seit 1598 nicht wieder erneuert wurde (daher der ital. Name Ponte Rotto = 'zerstörte Brücke'). Südlich vom Ponte Palatino sieht man bei nicht zu hohem Wasserstand in einer Nische der Kaimauer den dreifachen Mündungsbogen der Cloaca Maxima (Abwässerkanal; bis ins 20. Jh. benutzt). — Pons Aemilius

Aventin

Unweit südlich der Piazza Bocca della Verità beginnt der Hügel des Monte Aventino (46 m). Hier wohnten einst einfache Leute (sog. Plebejer), später entstanden Klöster und Weingärten. In neuerer Zeit wurde der Hügel stärker bebaut und entwickelte sich zu einer guten Wohngegend.

An der Westseite des Aventin erhebt sich oberhalb des Lungotevere Aventino, der am Tiber entlangzieht, die Kirche Santa Sabina, die zwischen 423 und 435 erbaut und später mehrfach verändert wurde. Sie ist die Gründungsstätte des Dominikanerordens (1215) und bildet seit ihrer Wiederherstellung (1914–1919 und 1936–1938) ein gutes Beispiel für eine altchristliche Basilika. An der Zypressenholztür des Hauptportals schöne Reliefs, u.a. eine der frühesten bekannten Darstellungen der Kreuzigung. Im Inneren der Kirche sind antike Marmorsäulen beachtenswert, im Mittelschiff die bei einer Restaurierung wiedererrichtete 'Schola cantorum' (Chor der Sänger). Der Kreuzgang stammt aus dem 13. Jahrhundert. — *Santa Sabina

Südwestlich neben Santa Sabina die im 7. Jh. als Bonifatiuskirche erwähnte Kirche Sant' Alessio, die im 13. und 18. Jh. völlig erneuert wurde. — Sant' Alessio

Noch weiter südwestlich liegt an einem kleinen Platz der Eingang zur Villa des Malteser-Priorats (Priorato di Malta), dem Sitz des Großmeisters des 1070 gegründeten Malteserordens. Die runde Öffnung oberhalb des Schlüssellochs der Parktür gewährt einen Durchblick zur Peterskuppel, die am Ende der Hauptallee erscheint. Vom Garten bietet sich eine schöne Aussicht (Zutritt nur mit Genehmigung). In der vom Garten zugänglichen Kirche Santa Maria Aventina befinden sich Grabmäler von Ordensrittern. Südwärts schließt an das Malteserpriorat das Internationale Benediktiner-Seminar mit der im Jahre 1900 geweihten Kirche Sant' Anselmo an. — Priorato di Malta / Sant' Anselmo

Porta San Paolo

Durch die Via di Porta Lavernale und ihre Fortsetzung führt der Weg hinab zu der breiten Via della Marmorata, an deren südlichem Ende im Zuge der — Pyramide des Cestius

Rom

Pyramide des Cestius (Fortsetzung)

Aurelianischen Mauer die Porta San Paolo, die alte Porta Ostiensis, steht. Rechts daneben die Pyramide des Cestius, die um 12 v.Chr. als Grabmal des Gaius Cestius Epulonius, der Volkstribun war und Mitglied der Septemviri epulones (des für die religiösen Festbanketts verantwortlichen Siebenerrates). Die Pyramide, um 12 v.Chr. entstanden, 27 m hoch, ist aus Travertin gemauert und mit Marmor verkleidet. Im Inneren befindet sich eine ausgemalte Grabkammer.

Protestantischer Friedhof

Südwestlich hinter der Pyramide des Cestius liegt innerhalb der Stadtmauer der Protestantische Friedhof (Cimitero degli Stranieri acattolico bzw. Cimitero Protestante), der, 1825 gegründet, die Ruhestätte vieler Deutscher, Engländer, Skandinavier, Amerikaner und orthodoxer Russen wurde. Hier sind u.a. Goethes einziger Sohn August (1789–1830), der Architekt Gottfried Semper (1803–1879), ferner die Dichter Percy Bysshe Shelley (1792–1822) und John Keats (1795–1821) beigesetzt.

Monte Testaccio

Westlich vom Protestantischen Friedhof liegt der Monte Testaccio (Scherbenberg), ein 35 m über dem Tiber aufragender Hügel, der ganz aus Scherbenschutt von Transportgefäßen besteht, die mit Wein und Öl nach Rom verschifft und in der Nähe am Tiberufer ausgeladen wurden. Der Hügel enthält viele, zum Teil mit Tavernen verbundene Weinkeller. Seit einigen Jahren hat der Monte Testaccio ein doppeltes Gesicht: Neben den bescheidenen Häusern, die es schon lange dort gibt, entstanden moderne Wohnbauten und anspruchsvolle Lokale.

✳ San Paolo fuori le Mura

Rund 2 km südlich der Porta San Paolo liegt an der nach Ostia und zum Lido di Ostia führenden Via Ostiense die Kirche San Paolo fuori le Mura, eine der fünf Patriarchalkirchen (Basilicae maiores) Roms. Sie wurde im

San Paolo fuori le Mura

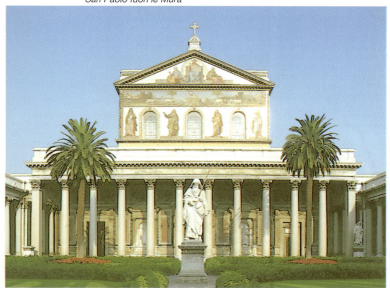

Jahre 324 von Konstantin dem Großen als Gedächtniskapelle über dem Grab des Apostels Paulus gegründet, der um 67 n.Chr. mit dem Schwert enthauptet und vor den Mauern Roms beigesetzt wurde. Seit 386 hat man die Kirche zu einer mehrschiffigen Basilika umgebaut. Als ein Brand das Gotteshaus im Juli 1823 bis auf den Chor zerstörte, wurde es bis 1854 nach dem alten Plan wiederhergestellt. Der Wiederaufbau erfolgte mit Unterstützung vieler christlicher Nationen. Das bronzene Hauptportal stammt von Antonio Maraini (1930/1931).

San Paolo fuori le Mura (Fortsetzung)

Das großartige fünfschiffige Innere von San Paolo fuori le Mura ist 120 m lang, 60 m breit und 23 m hoch. Achtzig Granitsäulen trennen die einzelnen Schiffe. Die Kirche hat eine kassettierte, z. T. vergoldete Stuckdecke und prächtigen Marmorschmuck. Über den Säulen sieht man die Portraitmedaillons aller Päpste von Petrus bis zu Johannes Paul II., am Triumphbogen ein schönes Mosaik (5. Jh.): Es zeigt Christus in einer Gloriole, Gestalten aus der Apokalypse, Evangelisten sowie die Heiligen Petrus und Paulus. Das zerstörte Mosaik der Apsis aus dem 13. Jh. wurde im 19. Jh. durch eine Kopie ersetzt. Über dem Hauptaltar befindet sich ein gotisches Tabernakel von 1285; rechts ein schöner Osterleuchter, geschaffen von Nicolò di Angelo und Pietro Vassalletto. Im rechten Seitenschiff, an der Eingangswand, die bei einem Brand beschädigte und später restaurierte Kirchentür von 1070 ('Heilige Pforte').

Inneres

Nach Süden hin schließt sich an die Kirche ein Kreuzgang an, der zu einem Benediktinerkloster gehört. Er wurde im 13. Jh. von Mosaikkünstlern der Familie Vassalletti geschaffen. Der Wechsel der Säulenformen – Säulen mit glatten oder kannelierten Schäften, seilartig gedrehte Säulen – und der bunten Steinmuster macht ihn zu einem der schönsten des Abendlandes.

*Kreuzgang

Trastevere, Ianiculum und Engelsburg

Von der dem Tiber zugewandten Rückseite des Theaters des Marcellus gelangt man auf dem Ponte Fabricio, der im Jahre 62 v.Chr. erbauten ältesten der heutigen Brücken Roms, auf die Tiberinsel (Isola Tiberina), wo die Kirche San Bartolomeo vielleicht die Stelle des antiken Äskulaptempels einnimmt. Damit verhält es sich so: Aufgrund eines Orakelspruchs brachten die Römer um 300 v.Chr. eine Schlange des Gottes Äskulap nach Rom. Als man dort ankam, entschlüpfte die Schlange vom Schiff und schwamm zu der Insel im Tiber, wo dann ein Äskulaptempel entstand.

Isola Tiberina

Der Stadtteil Trastevere

Von der Tiberinsel führt der Ponte Cestio zum dicht bevölkerten Stadtteil Trastevere auf dem rechten Tiberufer. Unter Augustus war Trastevere eine Vorstadt mit vielen Villen (Regio trans Tiberina), durch die Aurelianische Mauer wurde es dann in das eigentliche Stadtgebiet miteinbezogen und später das Viertel der freigelassenen Sklaven und Freudenmädchen, im 19. und 20. Jh. ein Arbeiterviertel mit urwüchsigem, z.T. derbem Volksleben. Um 1970 begann eine 'Sanierung' mit dem Abbruch von Altbauten und der Errichtung neuer Wohnhäuser. Heute ist Trastevere ein Viertel mit beliebten Lokalen. Besonders am Abend entfaltet sich ein lebhaftes Treiben entlang der Viale Trastevere bis hinein in die Gassen und Plätze, wo der Reisende zwischen römischer Küche, einer einfachen Trattoria, familiären Kneipen, aber auch Spitzenrestaurants wählen kann.

Etwa 300 m südlich vom Ponte Cestio steht die Kirche Santa Cecilia in Trastevere, der Legende nach an der Stelle des Hauses, in dem die um 230 n.Chr. hingerichteten Schutzpatronin der Musik wohnte. Das Gebäude wurde um 500 erstmals errichtet, später mehrfach umgebaut und mit einem weiten Vorhof versehen. Der Kampanile stammt aus dem 12. Jahr-

Santa Cecilia in Trastevere

Rom

Santa Cecilia in Trastevere (Fortsetzung)

hundert. Innen sieht man am Hochaltar ein schönes Tabernakel von 1283, in der Apsis Mosaiken aus dem 9. Jahrhundert. In der Unterkirche (Krypta) befindet sich die gut restaurierte Grabkapelle der Heiligen.

Porta Portese

Südwestlich der Kirche liegt bei der Tiberbrücke Ponte Sublicio die Porta Portese, wo am Sonntagvormittag ein Flohmarkt stattfindet.

Santa Maria in Trastevere

Etwa 500 m nordwestlich von Santa Cecilia steht die schon im 3. Jh. gegründete Kirche Santa Maria in Trastevere, eine der ältesten Kirchen Roms, die im 12. Jh. neu erbaut wurde. Sie hat eine Vorhalle von 1702. Im Inneren verdienen die antiken Säulen, die Marmorintarsien des Fußbodens, die kassettierte und teilweise vergoldete Holzdecke (1617) Beachtung. Besonders bemerkenswert sind die Mosaiken in der Apsis. Sie zeigen Christus, Maria und Heilige über einem Lämmerfries, Szenen aus dem Leben Mariens und den Tod Mariens (um 1290, von Pietro Cavallini).

Folkloremuseum

Nahe der Kirche liegt an der Piazza Sant' Egidio das Museo del Folclore e dei Poeti Romaneschi (Museum der römischen Folklore und Dichtung). Gezeigt werden Skulpturen, Skizzen und Zeugnisse römischer Dichter.

*Villa Farnesina

Etwa 500 m nördlich von Santa Maria in Trastevere liegt jenseits der Porta Settimiana am Tiber die Villa Farnesina, ein von einem Park umgebener Renaissancepalast. Er wurde 1509–1511 für den päpstlichen Bankier Agostino Chigi von B. Peruzzi erbaut. Raffael und andere Künstler haben das Gebäude mit Fresken geschmückt: In der Sala di Galatea (Saal der Galathea) sieht man das von Raffal gemalte Bild "Triumph der Nymphe Galathea" (1511), die von einem einäugigen Zyklopen geliebt wird, sich über ihn jedoch lustig macht; in der Gartenloggia Darstellungen von Amor und Psyche, nach Raffaels Entwürfen von seinen Schülern ausgeführt. Von 1580 bis 1731 war die Villa Eigentum der Familie Farnese. Heute ist sie in Staatsbesitz und beherbergt das Gabinetto Nazionale delle Stampe (Druckgraphik; Besichtigung nach Voranmeldung).

Palazzo Corsini

Westlich gegenüber der Villa steht der Palazzo Corsini, in den Jahren 1668–1689 Wohnsitz der Königin Christine von Schweden, der Tochter Gustav Adolfs, die zum katholischen Glauben übergetreten war und auf den schwedischen Thron verzichtet hatte. Sie führte Wissenschaftler und Künstler in einer Akademie, der späteren Arkadia, zusammen. Der Palast wurde im 18. Jh. für Kardinal Corsini umgebaut. Heute beherbergt er die Accademia Nazionale dei Lincei (Akademie der Wissenschaften), die über eine große Bibliothek verfügt.

Ianiculum

San Pietro in Montorio

Von der Südseite der Porta Settimiana führt die Via Garibaldi südwestlich in einer Kehre hinauf zu dem langgestreckten Höhenrücken Ianiculum (Monte Gianicolo). An seinem Anfang steht die Kirche San Pietro in Montorio, ein Renaissancebau aus dem 15. Jh., der seine Gründung der mittelalterlichen Legende verdankt, daß der Apostel Petrus hier den Kreuzestod erlitten habe. Im anstoßenden Klosterhof steht der Tempietto, ein runder Säulentempel von Bramante (1502). Von dem Platz vor der Kirche bietet sich eine schöne Aussicht.

Fontana Paolo

Die Via Garibaldi steigt weiter bergauf – bis hin zur Fontana Paolo, einem Prachtbrunnen, den Papst Paul V. 1612 für die wiederhergestellte Wasserleitung Acqua Traiana durch Giovanni Fontana und Carlo Maderna errichten ließ. Sie endet westlich bei der Porta San Pancrazio auf dem Ianiculum.

Villa Doria Pamphili

Westlich von hier liegt der Eingang zur Villa Doria Pamphili, dem größten städtischen Park in Rom, mit Pinien und weiten Grünflächen. Der Park wurde um 1650 von Alessandro Algardi für den Fürsten Camillo Pamphili,

Rom

den Neffen von Papst Innozenz X., angelegt. In der Nähe befindet sich die Villa Sciarra, ein Park mit mediterranen Pflanzen und einem Aussichtspavillon.

Villa Doria Pamphili (Fortsetzung)

✽Passeggiata del Gianicolo

Nördlich der Fontana Paolo bildet ein Gittertor den südlichen Eingang zu den Anlagen der Passeggiata del Gianicolo, die sich auf der Höhe des Ianiculum hinzieht. An dem breiten Fahrweg steht am Piazzale Garibaldi ein Reiterdenkmal des italienischen Freiheitskämpfers Giuseppe Garibaldi (1807–1882), geschaffen von Gallori; etwas weiter links ein Denkmal für seine erste Gattin Anita Garibaldi. Nahebei eine Kanone, aus der um 12 Uhr mittags ein Schuß abgefeuert wird. Weiterhin rechts ein Leuchtturm (ital. 'faro'), dessen grün-weiß-rot wechselndes Licht abends über Rom blinkt.

Piazzale Garibaldi

Von der Passeggiata del Gianicolo bietet sich eine weite Sicht auf Rom und die Campagna (besonders schön gegen Sonnenuntergang).

Am Nordende des Ianiculum-Hügels erreicht man die Kirche Sant' Onofrio, ausgeschmückt mit Fresken des 15./16. Jahrhunderts. Im anstoßenden Kloster findet man das Museo Tassiano mit Erinnerungen an den Dichter Torquato Tasso (1544–1595), der hier verstorben ist.

Sant' Onofrio

Vom linken Tiberufer führt der an das Ende des Corso Vittorio Emanuele II anschließende Ponte Vittorio Emanuele II zum rechten Ufer unweit unterhalb der Engelsburg. Etwas flußaufwärts liegt die gewaltige Engelsbrücke (Ponte Sant' Angelo), die unmittelbar auf die Engelsburg zuführt. Sie wurde 136 n.Chr. von Kaiser Hadrian erbaut und war früher der einzige Übergang zum Vatikan. 1668 wurde sie nach Berninis Entwurf von verschiedenen Meistern mit zehn kolossalen Engelsstatuen geschmückt.

Ponte Sant' Angelo

✽Engelsburg (Abb. s.S. 506)

Gegenüber der Engelsbrücke erhebt sich auf dem rechten Tiberufer die Engelsburg (Castel Sant' Angelo oder Mausoleo di Adriano), die von Kaiser Hadrian seit 130 n.Chr. als Mausoleum für sich und seine Nachfolger erbaut und von Antoninus Pius im Jahr 139 vollendet wurde.
Der Rundbau, der auf einem quadratischen Unterbau ruht, war einst mit Marmor verkleidet. In den Grabkammern (zugänglich) wurden die römischen Kaiser bis Caracalla († 217 n.Chr.) beigesetzt. Als Rom durch die Einfälle der Germanen von Norden her gefährdet war und unter Kaiser Aurelian eine neue Stadtmauer erhielt, wurde das Mausoleum des Hadrian in die Befestigungsanlagen miteinbezogen und dank seiner strategisch günstigen Lage zur stärksten Festung Roms ausgebaut. In bedrohlichen Situationen suchten die Päpste Zuflucht in der Engelsburg, so z.B. Papst Clemens VII. vor den Landsknechten Kaiser Karls V. im Jahre 1527 und Papst Pius VII. vor den Truppen Napoleons. Zeitweise wurden auch die päpstliche Schatzkammer und das Geheimarchiv dort in Sicherheit gebracht.

Von etwa 1870 bis 1901 diente die Engelsburg als Kaserne und Gefängnis, dann wurde sie restauriert und als Museum eingerichtet. Zu sehen sind eine Waffensammlung, Modelle zur Baugeschichte der Burg, mehrere Kapellen, eine Schatzkammer und eine Bibliothek. Von der oberen Terrasse hat man eine herrliche Aussicht. Ganz oben steht eine Bronzestatue des Erzengels Michael (1752), geschaffen als Erinnerung an eine Vision von Papst Gregor dem Großen, der die Engelsburg ihren Namen verdankt.
Östlich der Engelsburg liegt der Justizpalast (Palazzo di Giustizia), der 1910 von Calderini errichtet wurde. Die Via della Conciliazione ('Straße der Versöhnung') führt von der Engelsburg zum Vatikan.

Museum

Rom

Am rechten Ufer des Tiber steht die Engelsburg

Città del Vaticano (Vatikanstadt)

Stato della Città del Vaticano
: Die Vatikanstadt, italienisch Stato della Città del Vaticano (SCV; Santa Sede = Heiliger Stuhl), liegt am rechten Ufer des Tiber. Sie umfaßt das als Ersatz für den 1870 aufgehobenen Kirchenstaat geschaffene souveräne Staatsgebiet des Papstes innerhalb der Stadt Rom. Am 11. Februar 1929 schloß Mussolini mit dem Heiligen Stuhl den Lateran-Vertrag, in dem der italienische Staat die Souveränität des Papstes in internationaler Beziehung und die Vatikanstadt als sein ausschließliches Hoheitsgebiet anerkennt.

Zur Vatikanstadt gehören der Petersplatz, die Peterskirche, der Vatikan und die päpstlichen Gärten. Sie hat eine Fläche von 0,44 km^2 und rund 400 Einwohner (Übersichtskarte der Vatikanstadt s. S. 508/509).

Verwaltung
: Der Papst (seit 1978 Karol Woityla als Johannes Paul II.), das Oberhaupt der römisch-katholischen Kirche, ist Inhaber der gesetzgebenden, vollziehenden und richterlichen Gewalt. In auswärtigen Angelegenheiten wird er vom Kardinalstaatssekretär vertreten, während an der Spitze der Verwaltung (Kurie) ein nur dem Papst verantwortliches Governatorato steht.

Schweizergarde
: Die päpstliche Leibgarde besteht aus der den Wachdienst versehenden Schweizergarde: Es sind katholische Bürger der Schweiz, zwischen 19 und 25 Jahre alt und ledig. Die Mindestgröße beträgt 1,78 m; die Dienstzeit dauert zwei bis zwanzig Jahre. Die Schweizergarde umfaßt 100 Mann.

Zeitungen u.a.
: Der Vatikan hat eigene Münzhoheit (1 Vatikan. Lira = 1 ital. Lira), eine eigene Post, eigene Zeitschriften und Zeitungen (v.a. "Osservatore Romano"; es gibt auch eine gesondert redigierte deutschsprachige Wochenausgabe), eine eigene Rundfunkstation, das Radio Vaticana (Sendungen auf MW und KW in mehreren Sprachen), ferner etwa 100 Fahrzeuge (amtliches Kennzeichen SCV), einen Bahnhof und einen Hubschrauberlandeplatz.

Rom

Die Flagge des Vatikans ist senkrecht geteilt ('gespalten'), und zwar in ein gelbes und ein weißes Feld. In dem rechten, weißen Feld sieht man ein Wappen: Es ist zusammengesetzt aus den zwei gekreuzten Schlüsseln Petri unter der dreifachen päpstlichen Krone, der Tiara.

Staatsflagge

Der außervatikanische Besitz des Heiligen Stuhls genießt Exterritorialität und ist den italienischen Gesetzen nicht unterworfen. Zu diesen Besitzungen gehören die Basiliken San Giovanni in Laterano, San Paolo fuori le Mura sowie Santa Maria Maggiore, die päpstlichen Verwaltungsgebäude und der Sommerpalast in Castel Gandolfo (s. S. 524).

Besitz außerhalb des Vatikans

Das Gelände des Vatikans darf außerhalb der Peterskirche, der Museen, des Camposanto Teutonico und einiger anderer Zonen nur mit besonderer Genehmigung betreten werden. Um eine päpstliche Audienz zu bekommen oder die Erlaubnis, an einer der religiösen Zeremonien teilzunehmen, wende man sich schriftlich an den Prefetto della Casa Pontificia.

Zugang

✻✻Piazza di San Pietro

Man erreicht die Vatikanstadt über den Ponte Vittorio Emanuele II und die Via della Conciliazione. Diese mündet westlich auf den Petersplatz (Piazza di San Pietro), eine geniale Anlage von Bernini (1656–1667). Der großartige Platz (340 m lang, bis 240 m breit) vor der eindrucksvollsten Kirche der Christenheit bestimmt ihre Wirkung entscheidend mit. Das Oval wird von vierfachen halbkreisförmigen Kolonnaden mit 284 Säulen und 88 Pfeilern dorischer Ordnung eingefaßt, auf deren Balustrade 140 Heiligenstatuen stehen. In der Mitte der Platz-Ellipse steht ein zur Zeit von Kaiser Caligula (37–41 n.Chr.) in Ägypten angefertigter und nach Rom gebrachter, 25,5 m hoher Obelisk, der sich bis 1586 in einem Circus befand. Rechts und links zwei 14 m hohe Springbrunnen, die 1613 und 1675 geschaffen wurden.

Obelisk

An das ovale Platzrund schließt sich westlich der Kirchenvorplatz mit der großen Freitreppe an. An seiner Südseite befindet sich das Vatikanische Informationsbüro (Ufficio Informazioni Pellegrini e Turisti; Busfahrten zu den Vatikanischen Museen) und ein Postamt (Ufficio Postale).

Kirchenvorplatz

Südlich dahinter liegt die große Audienzhalle (Aula delle Udienze; Eingang beim Palazzo del Sant' Ufficio). Sie hat 6300 Sitzplätze, bei teilweiser oder vollständiger Entfernung der Stühle bis zu 12 000 Stehplätze.

Audienzhalle

Vor der Peterskirche befindet sich links der Arco delle Campane (Schweizerwache), der Haupteingang für Besucher der Vatikanstadt.

Arco delle Campane

✻✻San Pietro in Vaticano (Grundriß s. S. 510)

An der westlichen Seite des Petersplatzes erhebt sich – an der Stelle einer altchristlichen Basilika – die Peterskirche (San Pietro in Vaticano). Die alte Kirche wurde von Kaiser Konstantin dem Großen auf Bitten des Papstes Sylvester I. (314–336) über dem Grab des Apostels Petrus erbaut und im Jahre 326 geweiht. Es war eine fünfschiffige Basilika mit Säulenvorhof, die vielfach erweitert und mit Kapellen und Klöstern umbaut wurde. Vor ihrem Hochaltar empfing Karl der Große zu Weihnachten des Jahres 800 die römische Kaiserkrone aus den Händen Leos III., und nach ihm wurden noch viele Kaiser hier gekrönt. Wegen Baufälligkeit wurde die alte Kirche abgerissen. 1506 begann man unter Papst Julius II. nach Bramantes Entwurf den heutigen Bau zu errichten. Bramantes Plan sah einen Bau in der Form eines gleicharmigen griechischen Kreuzes mit Zentralkuppel vor.

Allgemeines

Vatikanstadt
Città del Vaticano

|—— 100 m ——|

1 Informationsbüro
2 Hauptpost (Telegramme)
3 Postämter
4 Arco delle Campane (Eingang)
5 Portone di Bronzo
  (Karten für Papstaudienzen;
  Scala Regis)
6 Ufficio Scavi
  (Karten für Petrusgrab, Nekropole)
7 Kunsthistorisches Museum (Schatzkammer)
8 Loggien
9 Stanzen
10 Selbstbedienungsrestaurant
11 Bibliothek
12 Historisches Museum (unterirdisch)
13 Camposanto Teutonico
14 Radio Vatikan (Direktion)
15 Justizpalast
16 Schule für Mosaikkunst
17 Päpstliche Druckerei
18 Osservatore Romano

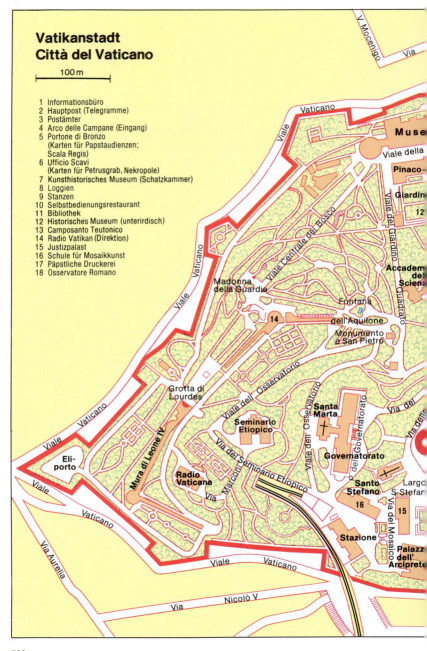

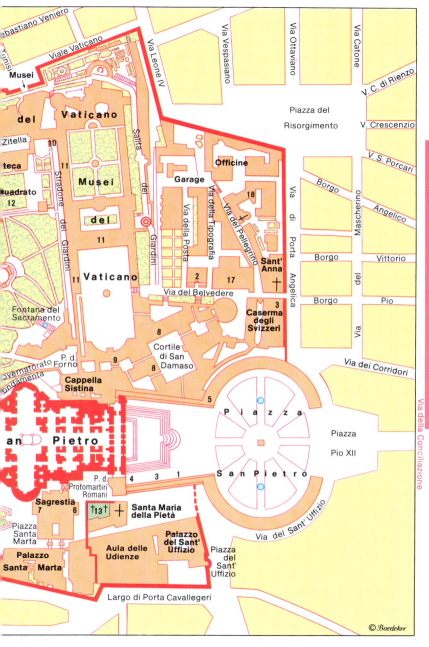

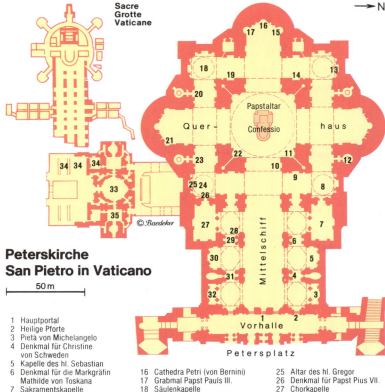

Peterskirche
San Pietro in Vaticano

1 Hauptportal
2 Heilige Pforte
3 Pietà von Michelangelo
4 Denkmal für Christine von Schweden
5 Kapelle des hl. Sebastian
6 Denkmal für die Markgräfin Mathilde von Toskana
7 Sakramentskapelle
8 Gregorianische Kapelle
9 Altar des hl. Hieronymus
10 Sitzbild des hl. Petrus
11 Eingang zu den Sacre Grotte Vaticane
12 Aufgang zur Kuppel
13 Altar des Erzengels Michael
14 Altar des hl. Petrus, die Tabitha vom Tode erweckend
15 Grabmal Papst Urbans VIII.
16 Cathedra Petri (von Bernini)
17 Grabmal Papst Pauls III.
18 Säulenkapelle
19 Altar des hl. Petrus, einen Lahmen heilend
20 Grabmal Papst Alexanders VII.
21 Altar der Kreuzigung des hl. Petrus
22 Statue des hl. Andreas
23 Grabmal Papst Pius' VIII. Eingang zur Sakristei und zum Museum
24 Klementinische Kapelle
25 Altar des hl. Gregor
26 Denkmal für Papst Pius VII.
27 Chorkapelle
28 Grabmal Papst Innozenz' VIII.
29 Grabmal Papst Pius' X.
30 Capella della Presentazione
31 Denkmal für Maria Sobieska
32 Baptisterium (Taufkapelle)
33 Sakristei
34 Kunsthistorisches Museum (Schatzkammer)
35 Sakristei der Kanoniker

Außenbau

Nach Bramantes Tod (1514) leiteten Raffael (1515–1520), Antonio da Sangallo (1520–1546) und andere Baumeister die Arbeit. Und seit 1547 wurde sie von Michelangelo fortgesetzt, auf dessen Entwurf die Errichtung der gewaltigen, 132 m hohen Kuppel beruht (1586–1593). Der Bauplan von Bramante und Michelangelo wurde jedoch 1605 zugunsten eines Grundrisses in der Form des lateinischen Kreuzes und damit eines Langhausbaues aufgegeben, der ebenso wie die 1614 vollendete Barockfassade (112 m breit, 44 m hoch) von Carlo Maderna errichtet wurde. Die Kuppel kommt infolgedessen nur in der Ferne zu der von Michelangelo beabsichtigten Wirkung. Von der Loggia über dem mittleren Eingang der Säulenfassade erteilt der Papst bei feierlichen Gelegenheiten – an Ostern oder Weihnachten – seinen Segen (Segen über Stadt und Erdkreis; 'urbi et orbi').

Rom

Die Vorhalle der Peterskirche ist 71 m lang, 13,5 m tief und 20 m hoch. Die bronzenen Türflügel des großen Hauptportals sind das Werk des Florentiner Bildhauers Antonio Filarete (1433–1445). Links die 'Pforte des Todes', mit Bronzereliefs von Giacomo Manzù (1964). Die Pforte rechts (die Sieben Sakramente) schuf F. Messina (1965). Rechts daneben die Heilige Pforte (Porta Santa), die nur in 'Heiligen Jahren' geöffnet wird (alle 25 Jahre).

San Pietro, Vorhalle

Das Innere der Peterskirche (angemessene Bekleidung!), das bei einer Länge von 186 m bis zu 60 000 Personen faßt, überwältigt durch seine immensen Ausmaße. Der Eindruck steigert sich, je mehr man sich der Wirkung der einzelnen Bauglieder wie auch der harmonischen Bauverhältnisse bewußt wird. Im Fußboden befinden sich – gleich bei der Mitteltür beginnend – Längenangaben von anderen Kathedralen der Erde (Paulskirche in London 158,10 m, Dom in Florenz 149,28 m, Kathedrale in Reims 138,69 m, Mailänder und Kölner Dom 134,94 m, ersterer in Wirklichkeit 148 m, San Petronio in Bologna 132,54 m, Kathedrale in Sevilla und Notre-Dame in Paris je 130 m u.a.). Die Länge der Peterskirche beträgt einschließlich der Vorhalle 211,50 m, die Breite 114,70 m (Querschiff 152 m), die Fläche 15 160 m² (Mailänder Dom 11 700, Paulskirche in London 7875, Hagia Sophia in Istanbul 6890, Berliner Dom 6270, Kölner Dom 6166 m²).

**Inneres

Im Mittelschiff sieht man am vierten Pfeiler rechts ein bronzenes Sitzbild des hl. Petrus (wahrscheinlich aus dem 13. Jh.), dessen rechter Fuß durch die Küsse der Gläubigen blank geworden ist. Der ungeheure Kuppelraum, der sich über dem Papstaltar und der Krypta mit dem Grab des Apostels wölbt, hat einen Durchmesser von 42 m und eine Innenhöhe von 123,4 m (Außenhöhe mit Kreuz 132,5 m; Turm des Freiburger Münsters 116 m).

Mittelschiff

Über dem Papstaltar (Altare Papale) befindet sich ein 1633 nach Berninis Entwurf gegossener, 29 m hoher Bronzebaldachin mit vier gewundenen reich vergoldeten Säulen und einem phantastischem Oberbau. Vor dem

Papstaltar

Der Petersdom ist das Zentrum einer Weltreligion

Rom

Die Pietà von Michelangelo im rechten Seitenschiff der Peterskirche

San Pietro, Papstaltar (Fortsetzung)

Altar öffnet sich, von einer Balustrade mit brennenden Lampen umgeben, die Confessio – d.h. Andachtsraum über dem Grab des hl. Petrus –, zu der eine doppelte Marmortreppe hinabführt.

***Pietà**

In der ersten Kapelle des rechten Seitenschiffs steht hinter einer Glasplatte Michelangelos Pietà, ein tiefempfundenes Werk, das der Künstler 1499 geschaffen hat.

Papstgrabmäler

Überall in der Kirche befinden sich Grabmäler von Päpsten, z.T. prunkvoll gestaltet; besonders eindrucksvoll sind die Grabmäler Urbans VIII. und Pauls III. in der Apsis sowie das von Innozenz VIII. (zweiter Pfeiler links).

*Kunsthistorisches Museum

Vom linken Seitenschiff der Peterskirche gelangt man in die Sakristei, die Räume des Kunsthistorischen Museums, auch 'Schatzkammer' genannt (Museo Storico-Artistico oder Tesoro di San Pietro). Ausgestellt sind u.a. das Kreuz von Kaiser Justinus II. († 578 n.Chr.) sowie die Sarkophage von Konsul Iunius Bassus († 359 n.Chr.) und von Papst Sixtus IV. († 1484).

*Kuppel

Vom rechten Bereich der Vorhalle geht man außen etwa 80 m an dem Dom entlang; dann kommt man zur Kasse und zum Eingang, der sich an der rechten Seite der Basilika außen befindet. Mit einem Fahrstuhl oder zu Fuß gelangt man zum Dach und weiter auf einer Treppe zur doppelwandigen Kuppel, von deren Galerien sich ein überraschender Blick in das Innere der Kirche bietet. An der Innenwand der Kuppel steht auf Goldgrund in blauen Buchstaben die Mosaikinschrift: Tu es Petrus et super hanc petram aedificabo ecclesiam meam et tibi dabo claves regni caelorum ('Du bist Petrus, und auf diesen Felsen will ich meine Kirche bauen, ... und ich will dir die Schlüssel des Himmelreichs geben'...; Matthäus 16, Vers 18/19).

Von dem Säulenumgang des Türmchens auf der Kuppel (123,5 m über dem Fußboden der Kirche) hat man eine weite Sicht und einen guten Einblick in die Vatikanischen Gärten.

Vom Kuppelraum der Peterskirche führt eine Treppe zu den Sacre Grotte Vaticane, der zwischen dem Fußboden der heutigen Kirche und dem um 3,5 m tieferen der alten Basilika gelegenen Unterkirche. Die neueren Räume unter dem Kuppelraum enthalten viele Denkmäler aus der alten Basilika, u.a. die Steinsärge für Pius XII. († 1958), Johannes XXIII. († 1963), Paul VI. († 1978) und Johannes Paul I. († 1978); in den älteren Teilen unter dem Mittelschiff zahlreiche Papstgräber und frühchristliche Sarkophage.

*Sacre Grotte Vaticane

Mit einer Sondererlaubnis ist es möglich, zum Ausgrabungsgelände (Scavi) unter der Peterskirche zu gelangen. Dort haben Archäologen die alte Gräberstadt am Vatikanischen Hügel, vermutlich auch das Grab des hl. Petrus, und Fundamente der alten Konstantinsbasilika freigelegt.

Ausgrabungen (Schriftliche Anmeldung im 'Ufficio Scavi')

*Palazzi Vaticani

Rechts von St. Peter steht auf einem Gelände von etwa 55 000 m² der Vatikanische Palast (Palazzi Vaticani), der im 6. Jh. begonnen, aber erst seit dem 14. Jh. anstelle des Laterans ständiger Wohnsitz der Päpste ist. Die päpstlichen Wohn- und Arbeitsräume liegen in den oberen Stockwerken des quadratischen Blockes rechts vom Petersplatz. Der Palast wurde vielfach erweitert und umgebaut. Im Inneren befinden sich neben anderen Sehenswürdigkeiten die Stanzen des Raffael, die Sixtinische Kapelle, die Loggien, das ehem. Gartenhaus Belvedere, die Vatikanische Bibliothek, die Vatikanischen Sammlungen mit Kunstwerken des Altertums und eine Gemäldegalerie. Im ganzen sind es etwa 1400 Säle, Kapellen und Zimmer.

Der Portone di Bronzo (Schweizerwache; Zutritt nur zur Ausgabestelle der Karten für die Papstaudienzen) am Ende der rechten Kolonnade des Petersplatzes ist der Zugang zu den päpstlichen Wohn- und Amtsräumen, die nur einen kleinen Teil der Räumlichkeiten des Palastes bilden.
Der Korridor geradeaus mündet auf die Treppe 'Scala Regia', bei deren Ausbau Bernini 1663–1666 durch fein berechnete Dekoration und Säulenstellungen die Verengung des Raumes nach oben ausgeglichen und auf beschränktem Raum eine großartige Prunktreppe geschaffen hat.
Rechts öffnet sich die Scala di Pio IX., die im 19. Jh. entstand und in den Damasushof, Cortile di San Damaso, führt.

Portone di Bronzo

Scala Regia

Der Zugang zu den päpstlichen Schauräumen, d.h. zu den Museen (Musei), der Bibliothek, den Borgiasälen, den Stanzen, der Sixtinischen Kapelle u.a. befindet sich an der Nordseite des Palastes, 800 m vom Petersplatz entfernt (vom Informationsbüro und zurück finden von Frühjahr bis Herbst regelmäßig Autobusfahrten durch die Vatikanischen Gärten statt; Abfahrt beim oberen Museumseingang). Zu Fuß geht man vom Petersplatz (Piazza di San Pietro) nördlich durch die Via di Porta Angelica zur Piazza del Risorgimento, dann westlich an der Vatikanmauer entlang und auf der Via Leone IV. um die Bastion herum in den Viale Vaticano.

Zugang zu den Schauräumen

**Musei Vaticani

Vom Eingang in die Vatikanischen Museen (Musei Vaticani), der mit Statuen Raffaels und Michelangelos geschmückt ist, gelangt man über eine Rundtreppe (mit einem Fahrstuhl in die Vorhalle (Kassen, Auskunft, Verkauf, Garderobe u.a.). Der Rundgang verläuft meist als 'Einbahnstraße' (videoelektronische Überwachung; farbige Pfeile; 7 km lang); auf halbem Weg Ausgang auch bei der Sixtinischen Kapelle (dort ist aber kein Eingang).

Von der Vorhalle erreicht man östlich (links) über das sog. Atrio dei Quattro Cancelli ('Atrium der Vier Gitter') und die Treppe 'Scala Simonetti' die vatikanische Antikensammlung. Sie ist die größte der Erde und umfaßt mehrere tausend Bildwerke. Die Anfänge der Sammlung gehen bis in die Zeit

**Antikensammlung

Rom

Vatikanische Museen
Musei Vaticani

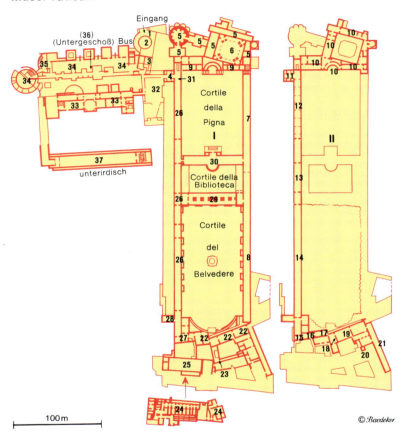

1 Fahrstuhl
2 Treppe
3 Vorhalle (Kassen, Auskunft)
4 Atrio dei Quattro Cancelli
5 Museo Pio-Clementino
6 Cortile Ottagono
7 Museo Chiaramonti
8 Galleria Lapidaria
9 Ägyptisches Museum (Museo Gregoriano Egizio)
10 Etruskisches Museum (Museo Gregoriano Etrusco)
11 Sala della Biga
12 Galleria dei Candelabri
13 Galleria degli Arazzi
14 Galleria delle Carte Geografiche
15 Kapelle Pius V.
16 Sala Sobieski
17 Sala dell' Immacolata
18 Kapelle Urban VIII.
19 Stanzen des Raffael
20 Kapelle Nikolaus V. (Beato Angelico)
21 Loggien des Raffael
22 Appartamento Borgia
23 Salette Borgia
24 Museum für moderne sakrale Kunst (Collezione d'Arte Religiosa Moderna)
25 Sixtinische Kapelle
26 Vatikanische Bibliothek
27 Museo Sacro della Biblioteca
28 Sala delle Nozze Aldobrandine
29 Salone Sistino
30 Braccio Nuovo
31 Museo Profano della Biblioteca
32 Cortile della Pinacoteca
33 Gemäldegalerie (Pinacoteca)
34 Museo Gregoriano Profano
35 Museo Pio Cristiano
36 Museo Missionario Etnologico
37 Museo Storico (Fahrzeuge, Rüstungen)

der Renaissance zurück (16. Jh.). Ein verstärkter Aufbau der Sammlung setzte dann unter Clemens XIV. (1769–1774) ein. Nach ihm und seinem Nachfolger Pius VI. führt der Hauptteil der Sammlung den Namen Museo Pio-Clementino. Pius VII. fügte das Museo Chiaramonti und den Braccio Nuovo, Gregor XVI. (1831–1846) das Ägyptische und das Etruskische Museum hinzu. Die meisten Stücke wurden in Rom und seiner Umgebung gefunden. Die große Zahl der Skulpturen hier und in den anderen römischen Museen gibt eine Vorstellung von dem ungeheuren Reichtum an Kunstschätzen, der in den öffentlichen und privaten Gebäuden der alten Hauptstadt angehäuft wurde, nachdem der Sinn der Römer für griechische Bildung erwacht war. Griechische Originale sind freilich sehr selten, aber zahlreiche Nachbildungen berühmter Kunstwerke, von griechischen und römischen Bildhauern ausgeführt, wie auch Schöpfungen der eigentlichen römischen Kunst, sind bis heute erhalten geblieben. Mögen die früher üblichen Ergänzungen und Überarbeitungen den Eindruck vielfach verfälschen, so wird doch das Bild, das man vom Kunstschaffen der Antike erhält, kaum irgendwo sonst in dem Maße wieder erreicht.

Musei Vaticani, Antikensammlung (Fortsetzung)

Man gelangt zunächst in das Museo Pio-Clementino. Hervorzuheben sind:
In der Sala a Croce Greca: die Sarkophage der hl. Helena und der Konstantia, der Mutter und der Tochter Konstantins des Großen (4. Jh. n.Chr.);
in der Sala Rotonda: die Zeusbüste aus Otricoli (4. Jh. v.Chr.);
in der Sala delle Muse: der Torso del Belvedere, ein sitzender Mann mit gewaltigen Muskeln, ein Werk des Apollonius aus Athen (1. Jh. v.Chr.), mehrere Porträt-Hermen und Musenstatuen;
in der Sala degli Animali: Tierplastiken aus weißem und farbigem Marmor;
in der Galleria delle Statue: der Apollo Sauroktonos, der Eidechsentöter aus dem 4. Jh. v.Chr. (Kopie);
in der Sala dei Busti: Büsten, u.a. eines Ehepaars (von einem Grabmal);
im Gabinetto delle Maschere (Maskenkabinett): die Venus von Knidos, eine Nachbildung der knidischen Aphrodite des Praxiteles;
im Cortile Ottagono: die berühmte Skulpturengruppe des Laokoon, eines trojanischen Priesters, der zusammen mit seinen Söhnen von zwei Schlangen getötet wurde. Die Marmorgruppe, vermutlich Anfang des 1. Jh.s n.Chr. von Hagesandros, Polydoros und Athenadoros aus Rhodos geschaffen, wurde in den Jahren 1957–1960 restauriert;
im Gabinetto dell' Apoxyomenos: der Apoxyomenos, ein Jüngling, der sich den Arm mit einem Schabeisen von Öl und Staub der Palästra reinigt, eine römische Kopie des Originals von Lysipp (4. Jh. v.Chr.).

Museo Pio-Clementino

Es folgt das Museo Chiaramonti, ein etwa 100 m langer Korridor, in dem römische Kopien antiker Bildwerke ausgestellt sind. In der anschließenden Galleria Lapidaria (Gitter) sind etwa 5000 Inschriftensteine zu sehen.

Museo Chiaramonti

Südlich angelehnt an das Museo Pio-Clementino das Ägyptische Museum (Museo Gregoriano Egizio). In zehn Sälen werden ägyptische Skulpturen (hauptsächlich Beutestücke aus der römischen Kaiserzeit), die man größtenteils in und um Rom gefunden hat, ferner Mumien, Papyri u.a. gezeigt.

Ägyptisches Museum

Im Stockwerk darüber ('Treppe des Assyrischen Reliefs' von der Sala a Croce Greca) liegt das Etruskische Museum (Museo Gregoriano Etrusco). In den Sälen dieser Abteilung sind etruskische Altertümer, die man bei Ausgrabungen gefunden hat, Schenkungen, darunter Sarkophage und Kleinkunst, und eine Sammlung griechischer Vasen ausgestellt.

Etruskisches Museum

Im Westflügel des Obergeschosses, an der zuvor genannten Treppe rechts, befindet sich die Sala della Biga ('Saal des Zweigespanns'), ein runder Kuppelsaal mit Blick auf die Vatikanischen Gärten. Beachtenswert sind das Zweigespann in der Mitte des Raumes, das einem Triumphwagen gleicht und mit Reliefs, Akanthus und Lorbeer geschmückt ist, und zwei Diskuswerfer. Einer von ihnen wurde nach einem Original von Myron (5. Jh. v.Chr.) in Marmor geschaffen, sein Kopf ist jedoch aus neuerer Zeit.

Sala della Biga

Rom

Musei Vaticani, Galleria delle Carte Geografiche

Im südlichen Korridor des Obergeschosses liegen die Galleria dei Candelabri, der Galleria degli Arazzi, in der sehenswerte Bildteppiche aus dem 16.–18. Jh. ausgestellt sind, und die Galleria delle Carte Geografiche. An die Wände sind Landkarten und Ansichten von italienischen Städten gemalt, Arbeiten, die nach den Entwürfen des Dominikanermönchs und Kosmographen Ignazio Danti aus Perugia im 16. Jh. angefertigt wurden.

Kapelle Pius V.

Ferner befindet sich im Südflügel des Obergeschosses die Kapelle Pius V. Man erreicht sie durch die Galerie und die Säle Pius V., die mit Wandteppichen – vornehmlich aus Tournai, Brüssel und Brügge – ausgestattet sind.

**Stanzen

Im Südflügel des oberen Stockwerks liegen ferner – über dem Appartamento Borgia im Untergeschoß – die Stanzen ('Zimmer'), eine Folge von drei Zimmern und einem Saal. Von Raffael, seinem Lehrer Perugino und einigen Schülern Raffaels wurden diese Räume in den Jahren 1509–1520 als Wohngemächer für Papst Julius II. ausgemalt. Die bedeutendsten Gemälde sind: in dem Raum 'Stanza dell' Incendio di Borgo' der "Brand des Borgo", ein Bild, das den Brand des Wohnviertels von St. Peter im Jahre 847 und die Löschung des Feuers durch Papst Leo IV. darstellt; in der 'Stanza della Segnatura' die "Disputà", eine Verherrlichung des christlichen Glaubens, und die "Schule von Athen", d.h. die Gemeinschaft der Wissenden (in der Mitte Plato und Aristoteles); in der 'Stanza d'Eliodoro' die "Vertreibung des Heliodor aus dem Tempel in Jerusalem" sowie die "Messe von Bolsena", wo 1263 ein Priester, der an der Verwandlung der Hostie in den Leib Christi zweifelte, durch eine blutende Hostie von der Transsubstantiation überzeugt wurde; in der 'Sala di Costantino' Fresken, die nach Raffaels Tod aufgrund seiner Zeichnungen von Giulio Romano u.a. ausgeführt wurden, darunter der "Sieg Konstantins des Großen" über seinen Mitkaiser Maxentius an der Ponte Molle (312 n.Chr.).

Kapelle Nikolaus' V.

Durch das Vorzimmer rechts neben dem Konstantinssaal gelangt man in die Kapelle Nikolaus' V., die um 1447–1450 von Fra Angelico mit Fresken aus dem Leben der hll. Laurentius und Stephanus geschmückt wurde.

*Loggien

Von einem Vorzimmer aus betritt man die Loggien, die sich zum Damasushof hin öffnen. Der westliche Flügel der Loggien wurde in den Jahren 1517–1519 von Schülern Raffaels, u.a. Giovanni da Udine, nach Raffaels Entwürfen mit Stukkaturen und mit Bildern, die Szenen aus dem Alten und dem Neuen Testament zeigen ("Raffaels Bibel"), ausgeschmückt.

*Appartamento Borgia

Von den Loggien gelangt man auf der Treppe des Borgia-Turms hinab zum Appartamento Borgia im Südteil des Grundgeschosses. Es handelt sich dabei um sechs von Papst Alexander VI. Borgia bewohnte Säle, die unter Pinturicchios Leitung 1492–1495 mit Wandgemälden geschmückt wurden. Besonders beachtenswert ist Saal 4, die 'Sala della Vita dei Santi'.

Museum für moderne sakrale Kunst

Die Säle enthalten einen Teil der Kunstwerke, die zum Bestand des Museums für moderne sakrale Kunst (Collezione d'Arte Religiosa Moderna) gehören, in dem alle Richtungen des 20.Jh.s vertreten sind. Der größere Teil ist jedoch in Räumen unter der Sixtinischen Kapelle untergebracht: Zu sehen sind u.a. Werke von Barlach, Rodin, Klee, Dix, Picasso, Chagall, Dali, Moore, Sironi, de Pisis, Carrà und De Chirico.

**Sixtinische Kapelle

Dann erreicht man die Sixtinische Kapelle (Capella Sistina), die 1474–1481 unter Sixtus IV. erbaute päpstliche Hauskapelle, in der bei der Papstwahl das Konklave gehalten wird. Ihren Ruhm verdankt die Kapelle den herrlichen Fresken an den Wänden und den Decken. Sie ist über 20 m hoch, gut 40 m lang und 13 m breit. Die Wandgemälde an den Langseiten wurden 1481–1483 von Florentiner und umbrischen Malern ausgeführt, den besten ihrer Zeit, darunter Perugino, Pinturicchio, Botticelli, Ghirlandaio, Roselli und Signorelli (1965–1974 restauriert). Dargestellt sind Szenen aus dem Alten und Neuen Testament in Gegenüberstellung (Südwand: Moses-Szenen; Nordwand: Christus-Szenen). Die Deckengemälde von Michel-

Rom

"Parnaß" in den Stanzen des Raffael

angelo (1508–1512) gehören zu den eindrucksvollsten Werken der italienischen Malerei. Es sind Darstellungen der Schöpfungsgeschichte, z.B. "Gott scheidet Licht und Finsternis", des Sündenfalls und seiner Folgen; am unteren Ende des Gewölbes sieht man die Gestalten von Propheten und Sibyllen, darunter die Delphische Sybille. Fast dreißig Jahre später, 1534–1541, malte Michelangelo an der Altarwand das Riesenfresko des Jüngsten Gerichts, mit mehr als hundert leidenschaftlich bewegten Gestalten. Ausgang zum Petersplatz möglich (Rückkehr nicht gestattet).

Sixtinische Kapelle (Fortsetzung)

Von der Sixtinischen Kapelle aus gelangt man nördlich in die Vatikanische Bibliothek, die Biblioteca Apostolica Vaticana, die um 1450 von Papst Nikolaus V. gegründet wurde. Heute besitzt sie etwa 800 000 Bücher, 80 000 Handschriften, 10 000 Inkunabeln und über 100 000 Kupferstiche bzw. Holzschnitte. In dem über 70 m langen, von Domenico Fontana erbauten Saal liegen in Vitrinen einige besonders wertvolle Beispiele der Buchkunst aus, u.a. illustrierte Evangeliare und kostbare Pergamente.

*Vatikanische Bibliothek

Am Südende der Bibliothek das Museo Sacro della Biblioteca, wo Funde aus den Katakomben, Reliquienbehälter, Elfenbeinschnitzereien, schöne Gläser, Emailarbeiten und herrliche Stoffe aller Art gezeigt werden. Eine aus Leinen gewebte Tunika (3. Jh.) dürfte am ältesten sein.

Museo Sacro della Biblioteca

In der Sala delle Nozze Aldobrandine sind antike Gemälde zu sehen, u.a. Darstellungen aus der Odysee und die Aldobrandinische Hochzeit, eines der schönsten erhaltenen Wandgemälde, vermutlich eine Kopie aus der Zeit des Augustus, nach einem griechischen Original des 4. Jh.s v.Chr.

Sala delle Nozze Aldobrandine

Im südlichen Querarm des Untergeschossers befindet sich der Salone Sistino, einst der Hauptsaal der Bibliothek. Oberhalb der Bücherschränke tragen die Wände Fresken, die z.T. an Konzilien der früheren Zeit und an Bibliotheken erinnern. In den Vitrinen sind wertvolle Stücke ausgestellt.

*Salone Sistino

Rom

Musei Vaticani, Braccio Nuovo

Dann folgt der Braccio Nuovo ('Neuer Arm'), der nördliche Querflügel, ein 70 m langer Saal mit Statuen. Hier sieht man u.a. eine bei Prima Porta gefundene Statue des Augustus, ferner eine Kolossalgruppe des Nil, von 16 spielenden Kindern umgeben, Symbolen der 16 Ellen, um die der Fluß bei Hochwasser anschwoll, und einen Doryphoros ('Speerträger').

Museo Profano della Biblioteca Apostolico

Von hier führt der Weg durch freskengeschmückte Bibliothekssäle zum Museo Profano della Biblioteca Apostolico, ein Raum mit römischer und etruskischer Kleinkunst, den man beim Atrio dei Quattro Cancelli verläßt.

**Pinacoteca Vaticana

Vom Cortile della Pinacoteca erreicht man die Gemäldegalerie (Pinacoteca Vaticana), die, in einem Bau von 1927–1932 untergebracht, in 15 Sälen einen Überblick über die italienische Malerei vom 13. bis 17. Jh. bietet:
Saal I: byzantinische und frühitalienische Bilder;
Saal II: Giotto und seine Schüler;
Saal III: Bilder von Fra Filippo Lippi, Fra Angelico, Benozzo Gozzoli;
Saal IV: Freskenteile von Melozzo da Forlì: Apostelköpfe u.a.;
Saal V und VI: L. Cranach d. Ä. ("Pietà"), Crivelli, Giotto;
Saal VII: Perugino und umbrische Maler des 15. Jh.s;
Saal VIII (Raffael gewidmet): "Madonna von Foligno" (1512; im Hintergrund die Stadt Foligno), "Verklärung Christi" (1517, das letzte Gemälde des Künstlers; restauriert), ferner Wandteppiche ('Arazzi') mit Szenen aus der Apostelgeschichte (1516–1519 in Brüssel gewebt);
Saal IX: Bilder von Meistern des 16. Jh.s (u.a. von Leonardo da Vinci);
Saal X: Bilder von Tizian (Madonna in der Glorie), Caravaggio, Guido Reni, Fra Bartolomeo und Veronese;
Saal XI: Renaissance- und Barockmeister;
Saal XII: Werke des 17. Jh.s (Barock);
Saal XIII und XIV: Bilder des 17. und 18. Jh.s (Niederländer);
Saal XV: Papstbildnisse;
Saal XVI–XVIII: zeitgenössische Malerei.

In dem nördlich parallel zur Pinakothek gelegenen Bau (1970) befinden sich darüber hinaus die Sammlungen der ehemaligen Lateran-Museen:

*Museo Gregoriano Profano

Museo Gregoriano Profano: griechische und römische Bildwerke (im Original oder als Nachbildungen) sowie Sarkophage; im zweiten Nebenraum rechts die Niobe, vielleicht ein Original einer Niobidengruppe aus der Schule des Skopas (4. Jh. v.Chr.);

Museo Pio Cristiano

Museo Pio Cristiano: altchristliche Sarkophage (meist 4./5. Jh. n.Chr.), Skulpturen und Inschriften;

Museo Missionario Etnologico

Museo Missionario Etnologico (im Untergeschoß): Es bietet einen Überblick über die Missionstätigkeit der katholischen Kirche sowie die völkerkundlichen und naturwissenschaftlichen Verhältnisse der Missionsländer.

Museo Storico Vaticano

Durch einen Gang erreicht man das südlich der Pinakothek unterirdisch gelegene Museo Storico Vaticano (Historisches Museum), das päpstliche Kutschen und Reisewagen, ferner Erinnerungsstücke an die Soldaten des früheren Kirchenstaates besitzt, darunter Rüstungen, Uniformen und Waffen.

Camposanto Teutonico

Südlich der Peterskirche liegt – nahe der Audienzhalle – der Camposanto Teutonico, der alte deutsche Friedhof, wo sich u.a. das Grab des Schriftstellers Stefan Andres (1906–1970) befindet. In der Kirche, einem Bau aus dem 15. Jh.(1973 restauriert) werden Messen in deutscher Sprache gehalten. Angeschlossen sind ein Priesterkolleg, eine Sammlung antiker Funde sowie das römische Institut der Görres-Gesellschaft mit Bibliothek.

Giardini Vaticani
Führungen: März bis Okt. Mo., Di., Fr., Sa. 10.00 Uhr

Die Vatikanischen Gärten (Giardini Vaticani) nehmen einen großen Teil der Vatikanstadt ein. Hinter der Peterskirche umschließen sie eine Reihe von Zweckbauten, mehrere Kirchen und Verwaltungsgebäude, ferner die Casina di Pio IV., den Sitz der päpstlichen Akademie der Wissenschaften.

Vom Vatikan zum Foro Italico

Der bei der Piazza del Risorgimento mit der Via Ottaviano beginnende breite Straßenzug führt nördlich zum Piazzale Maresciallo Giardino. Von hier gelangt man durch die Via di Villa Madama nordwestlich zur Villa Madama am Ostabhang des Monte Mario. Sie wurde 1516–1527 nach Entwürfen Raffaels für Kardinal Giulio de' Medici erbaut. Heute ist die Villa Repräsentationsgebäude der italienischen Regierung. Auf dem Monte Mario (139 m), dem Ausgangspunkt der italienischen Meridianmessung (Torre del 1° Meridiano d'Italia), liegt ein Park mit einem Observatorium (Osservatorio Astronomico); am Südosthang befindet sich das Gebäude der RAI (Radiotelevisione Italiana; Fernsehproduktion). Vom Gelände bei der Kirche Madonna del Rosario bietet sich eine schöne Aussicht.

Monte Mario

Von der Piazzale Maresciallo Giardino erreicht man nördlich durch den am Tiber entlangführenden Lungotevere Maresciallo Cadorna die Piazza De Bosis, von der rechts der Ponte Duca d'Aosta (1939) die Verbindung mit der Via Flaminia am anderen Tiberufer herstellt. An der westlichen Seite des Platzes befindet sich bei einem Monolith der Eingang zum Foro Italico (oder Campo della Farnesina), dem römischen Sportzentrum, das kurz vor dem Zweiten Weltkrieg begonnen und danach fertiggestellt wurde. 1960 fanden hier die Hauptwettkämpfe der XVII. Olympischen Sommerspiele statt. Neben einer Schwimmhalle und einem Schwimmstadion (Stadio del Nuoto) gehören zu der Anlage das Marmorstadion (Stadio dei Marmi), das von 60 Athletenstatuen aus Carrara-Marmor umgeben ist, und das Olympiastadion (Stadio Olimpico), wo 1990 das Finale der Fußballweltmeisterschaft stattfand. An der Nordseite des Geländes liegt das Außenministerium (Ministero degli Affari Esteri); darüber am Hang der Monti della Farnesina der französische Soldatenfriedhof.

*Foro Italico (Sportzentrum)

Östlich vom Foro Italico kommt man zum Ponte Milvio, im Volksmund auch 'Ponte Molle' genannt, der alten Tiberbrücke Pons Milvius. Ursprünglich für die Via Flaminia errichtet, wurde sie später in Stein erneuert und im 19. Jh. ausgebessert. Die vier mittleren Pfeiler sind noch alt. Am Ponte Milvio endete am 28. Oktober 312 n.Chr. die historisch bedeutsame Schlacht zwischen Kaiser Konstantin und seinem Mitkaiser Maxentius mit einem dem christlichen Gott zugeschriebenen Sieg Konstantins.

Ponte Milvio

Südlich des Tiber liegen das Stadio Flaminio (1959), zu dem ein Hallenbad gehört, der kreisförmige Palazzetto dello Sport (1957) und das 1960 erbaute Olympische Dorf, in dem heute Familien von Beamten wohnen.

Stadio Flaminio

Esposizione Universale di Roma (EUR)

Am südlichen Stadtrand von Rom, etwa 7 km von der Piazza Venezia (Richtung Lido di Ostia), erstreckt sich rechts und links der Via Cristoforo Colombo das ausgedehnte, von Grünflächen aufgelockerte Gelände der Esposizione Universale di Roma (EUR), das man mit der Metropolitana von der Stazione Termini aus erreicht. Hier entstanden für eine Weltausstellung, die für 1942 geplant war, aber wegen des Zweiten Weltkriegs nicht stattfand, zahlreiche großzügige, meist erst nach 1945 vollendete Bauten, u.a. Wirtschafts- und Verwaltungsgebäude, Museen und Wohnhäuser. Die Sportstätten wurden für die XVII. Olympischen Sommerspiele, die 1960 (vgl. Foro Italico) in Rom stattfanden, errichtet. Dazu zählen: im Norden das Sportzentrum Tre Fontane (verschiedene Anlagen); im Süden der erhöht gelegene Sportpalast (Palazzo dello Sport); die Radrennbahn Velodromo Olimpico (1960).

Im nordwestlichen Teil des Viertels, unweit der Metrostation 'Magliana', liegt der markante Palazzo della Civiltà del Lavoro, der 68 m hoch ist; südwestlich von hier steht die große Kuppelkirche Santi Pietro e Paolo.

Palazzo della Civiltà del Lavoro

Rom

Palazzo dei Congressi

Vom Palazzo della Civiltà del Lavoro geht die breite Allee Viale della Civiltà del Lavoro aus. An ihrem östlichen Ende steht der Kongreßpalast (Palazzo dei Congressi); nordöstlich liegt der große Luna-Park (u.a. ein Riesenrad).

Museum für Volkskunst

Gut 100 m westlich vom Kongreßpalast hat das Museum für Volkskunst und Volkstraditionen (Museo Nazionale delle Arti e Tradizioni Popolari) seinen Sitz. Das Museum zeigt in zehn Abteilungen italienische Volkskunst und veranschaulicht anhand von Fahnen, Trachten, Musikinstrumenten und Modellen die Bräuche in den einzelnen Regionen Italiens.

Museen für Völkerkunde und Hochmittelalter

Weiter südwärts steht an der Piazza Marconi ein Haus mit dem Museum für Vorgeschichte und Völkerkunde (Museo Nazionale Preistorico-Etnografico "Luigi Pigorini"), das Exponate zur Vorgeschicht zeigt und interessante völkerkundliche Sammlungen, u.a. schöne Stücke aus Ozeanien, Südamerika und besonders aus Afrika. In dem Gebäude ist auch das Museum des Hochmittelalters (Museo dell' Alto Medioevo) untergebracht.

*Museum für Römische Kultur

Im Osten des EUR-Viertels liegt das Museum für Römische Kultur (Museo della Civiltà Romana). In seinen verschiedenen Abteilungen will es anhand von Modellen und Rekonstruktionen die Entstehung und Bedeutung des römischen Imperiums sowie die baulichen Veränderungen in der Stadt Rom anschaulich machen. Beachtenswert ist in Saal 37 ein Modell der Stadt Rom zur Zeit Konstantins des Großen (4. Jh. n.Chr.; Abb. s. S. 474/475). Zu sehen sind u.a. Landkarten des Römischen Reichs, Abdrücke der Reliefs an der Trajanssäule und römische Kunst in wichtigen Beispielen.

Abbazia delle Tre Fontane

Nordöstlich vom Museum für Römische Kultur steht an der Stelle, wo der hl. Petrus enthauptet worden sein soll, die Abbazia delle Tre Fontane (Drei-Brunnen-Abtei), mit drei Kirchen aus dem 13. und 16. Jahrhundert.

Nekropole

Etwa 8 km südlich vom EUR-Viertel wurde im Jahre 1974 an der Staatsstraße Nr. 148 im Gebiet von Castel di Decima eine große latinische Nekropole (9.–7. Jh. v.Chr.) gefunden (u.a. Fürstengräber mit Grabbeigaben).

Umgebung von Rom

Fiumicino (Flughafen)

Rund 30 km südwestlich von Rom (Ausfahrt durch die Via Ostiense) liegt an der Küste der kleine Ort Fiumicino (15 000 Einw.), der auch als Seebad besucht wird. In der Nähe finden sich Ausgrabungen vom alten römischen Hafen Ostia. Auf der Fahrt von Rom nach Fiumicino kommt man am internationalen Flughafen 'Leonardo da Vinci' vorbei. Vom Flughafen besteht Zugverbindung zum Bahnhof Stazione Termini in Rom (Dauer 30 Min.).

Civitavecchia

An die Stelle des heute verlandeten → Ostia, das im Altertum der Hafen Roms war, ist die Hafenstadt Civitavecchia (49 000 Einw.) getreten, die rund 75 km nordwestlich von Rom liegt. Von Civitavecchia gehen heute die wichtigsten Verbindungen nach → Sardinien aus. Sehenswert ist die von Bramante begonnene und von Michelangelo fertiggestellte Befestigungsanlage am Hafen. An den Ecken besitzt die Festung runde Bastionen.

Von sich reden machte die Stadt Anfang 1995 durch etwas ganz anderes: eine 'weinende Marienstatue'. Diese Statue der Madonna, die aus dem bosnischen Wallfahrtsort Medjugorje stammt, befindet sich in der Kirche Sant Agostino in der kleinen Ortschaft Pantano bei Civitavecchia. Aus ihren Augen sollen mehrmals blutige Tränen getreten sein, ein Vorgang, den viele Gläubige als Wunder (miraculo) deuteten. Daß man das Blut inzwischen als menschliches Blut identifiziert hat, beeinträchtigt die religiöse Ergriffenheit der meisten nicht. Gerade in Zeiten, in denen Italien in einer schwierigen Situation steckt, wie es augenblicklich für die wirtschaftliche und politische Lage des Landes gilt, sind die Menschen bereit, an 'übernatürliche' Wunder zu glauben – so kommentieren Experten das

Rom

Antikes Pflaster der Via Appia

Geschehen. Bedenklich stimmt dagegen, daß sogleich Personen auftreten, die die Sache kommerziell zu nutzen suchen, etwa aus Civitavecchia ein italienisches Lourdes machen wollen.

Civitavecchia
(Fortsetzung)

✳Via Appia Antica und Katakomben

Äußerst lohnend ist eine Fahrt entlang der bei der Porta San Sebastiano beginnenden Via Appia Antica. Die 'Königin der Straßen' wurde um 312 v.Chr. von dem Zensor Appius Claudius Caecus angelegt. Sie führte über Terracina zunächst nach Capua, dann weiter über Benevent nach Brindisi. Charakteristisch sind die Reste der die Straße zu beiden Seiten begleitenden Gräberreihen, ferner z.T. gut erhaltene oder erneuerte Grabdenkmäler von reichen Römern, die zusammen mit den mehr oder weniger entfernten großartigen Bogenreihen antiker römischer Wasserleitungen, wie der Aqua Marcia und der Aqua Claudia, diesen Teil der Römischen Campagna besonders reizvoll machen.

Die Katakomben waren anfangs die gesetzlich anerkannten Begräbnisstätten der Christen und wurden von diesen mit griechischem Namen als 'Coemeteria' (Ruhestätten) bezeichnet. Bis zum Anfang des 9. Jh.s genossen die Coemeterien mit den Märtyrergräbern allgemein Verehrung; von hier wurden Gebeine als Reliquien in Kirchen überführt. Dann verfielen die Grabstätten, und sogar der alte Name wurde vergessen. Die jetzige Bezeichnung geht auf eine Grabstätte zurück, die in der Catacumba genannten Gegend bei San Sebastiano lag.

✳Katakomben

Die wissenschaftliche Erforschung der Katakomben begann Ende des 16. Jahrhunderts. Wie Forschungen ergaben, dienten die Katakomben lediglich als Begräbnisstätte und zu Totenmessen, nicht jedoch als Zufluchtsort der Christen und zu gewöhnlichen Gottesdiensten. Die Anlage ist sehr einfach: Schmale Gänge, in deren Wänden übereinander mehrere Längs-

Rom

Katakomben (Fortsetzung)

nischen zur Aufnahme der Leichen eingelassen waren. Die Ausschmückung, mit Malereien und wenigen Skulpturen, lehnt sich im Stil an die gleichzeitig vorhandene heidnische Kunst an. Dem Inhalt nach überwiegen symbolische Motive: das Opferlamm, der Fisch, bei dem das griechische Wort 'Ichthys' die griechischen Anfangsbuchstaben von 'Jesus Christus Gottes Sohn Heiland' darstellte. Eindrucksvoll sind ferner frühe Bilder des Abendmahls und der Jungfrau Maria. Die älteren Inschriften nennen nur den Namen des Toten.

Domine quo vadis

Etwa 800 m hinter der Porta San Sebastiano liegt links bei der Abzweigung der Via Ardeatina die kleine Kirche 'Domine quo vadis', so genannt, weil nach der Legende Petrus, den Märtyrertod fliehend, hier Christus begegnet sein soll und von diesem auf die Frage "Domine quo vadis?" ("Herr, wohin gehst du?") die Antwort erhielt "Venio iterum crucifigi" ("Ich komme, mich nochmals kreuzigen zu lassen"), worauf Petrus beschämt nach Rom zurückkehrte. In der Kirche eine Nachbildung der Fußspur Christi.

*Katakombe des hl. Kallixtus

Nach 1 km liegt rechts an der Via Appia (Nr. 110) bei einer Zypressengruppe der Eingang zu der Katakombe des hl. Kallixtus (Catacombe di San Callisto), der interessantesten jener altchristlichen Grabanlagen, die Rom in einem unterirdischen Gürtel umgeben. In der mehrstöckigen und weitläufigen Katakombe des hl. Kallixtus sind beachtenswert: die Papstkrypta (Cubiculum pontificium) mit den Gräbern mehrerer Päpste aus dem 3. Jh., darunter Urban I., Pontianus, Anteros, Fabianus, Lucius und Eutychianus; ferner die Grabstätte der hl. Caecilie (leer), die Grabkammer des Papstes Eusebius (309–311) und das Grab des Papstes Cornelius (251–253).

Katakombe des Praetextatus

Hinter der Katakombe des hl. Kallistus folgt am Anfang der Via Pignatelli, die von der Via Appia Antica abzweigt, die Katakombe des Praetextatus, der unter Diokletian den Märtyrertod erlitten hatte, mit der Grabkammer des Märtyrers Ianuarius (2. Jh.). Die Katakombe darf nur mit besonderer Genehmigung betreten werden.

San Sebastiano ad Catacumbas

Gut 500 m hinter der Kallistus-Katakombe steht an der Via Appia Antica (Nr. 136) rechts die Kirche San Sebastiano, eine der sieben Pilgerkirchen Roms, nach der Überlieferung im 4. Jh. als Apostelkirche erbaut, und zwar an einer Stelle, wo Petrus und Paulus eine Zeitlang gewohnt haben sollen. Dieses Anwesen wurde im 4. Jh. mit einer großen Basilika überbaut. Seit dem 8. Jh. ist der hl. Sebastian, der als Christ gemartert wurde, Schutzherr dieser Kirche. Im Inneren sieht man einen Stein mit Malen, die von den Gläubigen für Fußspuren Christi gehalten wurden; links gegenüber die Kapelle des hl. Sebastian und die Sakristei mit Sarkophagen. Im Mittelschiff befindet sich eine große Schauwand mit Reliquien. Die Holzdecke darüber ist farbig und mit Plastiken geschmückt. Von der Basilika hat man Zugang zu Grabmonumenten und Katakomben. Zum Bereich der Grabhäuser gehörte die Triclia, ein Komplex um einen Hof mit Mausoleum. An den Wänden befinden sich Grafitti, Anrufungen der Apostel Petrus und Paulus. Diese Inschriften bestätigen wohl, daß die Gebeine der beiden Apostel bei der Valerianischen Christenverfolgung im Jahre 258 vom Vatikan und von der Via Ostiense hier irgendwo in Sicherheit gebracht worden waren. Ferner gibt es eine mehrstöckige Grabkammer (1. Jh. n.Chr.) mit Gemälden, Stuckverzierungen und Inschriften. Hinter der Apsis führt eine Treppe hinab zur 'Platonia', der Gruft des Märtyrers Quirinus; links davon liegt die Zelle 'Domus Petri' mit Wandmalereien aus dem 4. Jahrhundert.

Fosse Ardeatine

An dem vor San Sebastiano westlich abzweigenden Vicolo delle Sette Chiese erreicht man die Fosse Ardeatine mit einem Mausoleum zum Gedenken an die italienischen Geiseln, die hier im März 1944 von Deutschen als Vergeltung für einen Bombenanschlag erschossen wurden.

Katakomben der Domitilla

Rund 300 m weiter befinden sich die ausgedehnten Katakomben der Domitilla mit frühchristlichen Inschriften und Wandbildern; dabei die Basilika der hl. Petronilla (4. Jh.), die im 19. Jh. restauriert wurde.

An der Fortsetzung der Via Appia Antica liegt kurz hinter San Sebastiano links hinter einem großen Tor der 311 n.Chr. erbaute Circus des Maxentius (482 m lang und 79 m breit), früher für Wagenrennen benutzt.

Circus des Maxentius

Bald darauf sieht man links das Grabmal der Caecilia Metella (Tomba di Cecilia Metella), die bekannteste Ruine der Campagna: Es ist ein mit Travertin verkleideter Rundbau von 20 m Durchmesser; oben ein Marmorfries von Blumengewinden und Stierschädeln. Im 13. Jh. wurde der Bau als Burg der Familie der Caetani mit Zinnen versehen. Jenseits des Grabmals tritt das alte Pflaster der Via Appia mehrfach zutage; die Straße zieht südöstlich auf die Albaner Berge zu; links sieht man die Bögen der antiken Wasserleitungen Aqua Marcia und Aqua Claudia. Zu beiden Seiten der Straße liegen die Reste zahlreicher beachtenswerter Gräber, u.a. zwei Grabhügel mit Blick auf die Campagna.

*Grabmal der Caecilia Metella

Etwa 2,5 km hinter dem Grabmal der Caecilia Metella liegen bei dem Gehöft Santa Maria Nuova die Ruinen einer großen Villenanlage aus der Zeit des Hadrian: die Ruinen der Villa dei Quintili (oder Roma Vecchia).

Villa dei Quintili

Nach weiteren 1,5 km kommt man schließlich zum Casale Rotondo, einer großen Grabanlage aus dem ersten nachchristlichen Jahrhundert.

Casale Rotondo

Von Rom über Frascati nach Albano (ca. 35 km)

Man verläßt Rom durch die Porta San Giovanni und die Via Appia Nuova; bald hinter dem Tor links durch die Via Tuscolana (S.S. 215).
10 km: Cinecittà, eine Filmstadt, in der viele Filme gedreht wurden.
1 km: Abzweigung (rechts) der direkten Straße (10 km) nach Grottaferrata (329 m; 52 000 Einw.), einem in den Albaner Bergen gelegenen Städtchen, mit einem burgartigen Kloster griechischer Basilianermönche und einer alten, 1754 fast ganz erneuerten Kirche; am rechten Seitenschiff sind in der Kapelle des hl. Nilus Fresken von Domenichino (1609/10) zu sehen.

Cinecittà
Grottaferrata

10 km: ⟶ Frascati.

Frascati

Bei der Weiterfahrt von Frascati nach Albano erreicht man nach 3 km den Ponte Squarciarelli, von denen Straßen rechts nach Grottaferrata (2 km), links nach Rocca di Papa und zum Monte Cavo (11 km) abzweigen. Der Weg nach Albano verläuft geradeaus.

Ponte Squarciarelli

3 km: Marino (355 m; 31 000 Einw.), ein malerisch auf einem Bergvosprung gelegenes Städtchen.

Marino

1 km: Abzweigung (links) der Via dei Laghi (17 km), die hoch über dem Albaner See hinzieht. Nach 9 km kommt man zu einer Stelle, wo Straßen zum Nemi-See (Lago di Nemi; 1,7 km^2, bis 34 m tief), einem von 200 m hohen Tuffwänden umgebenen vulkanischen Maar, und zu dem Dorf Nemi abzweigen. Im Schiffsmuseum von Nemi sind verkleinerte Nachbildungen der beiden um 1930 durch teilweise Trockenlegung des Sees geborgenen, 1944 verbrannten Prunkschiffe des Kaisers Caligula ausgestellt.

*Nemi-See
Nemi

Dann fährt man weiter – meist durch Wald – nach Velletri. In dem Ort gibt es u.a. einen Dom mit Krypta, ein Museum mit interessanten Exponaten, darunter "Maria mit Kind und Engeln" von Gentile da Fabriano und ein schönes Reliquienkreuz aus dem Mittelalter. Sehenswert ist darüber hinaus der Palazzo Ginetti mit einer Treppenanlage von Martino Longhi d.J.

Velletri

Der Albaner See (Lago Albano; 6 km^2, bis 170 m tief), über dem die früh von den Römern zerstörte Bundeshauptstadt Alba Longa lag, liegt in den Albaner Bergen (Colli Albani), einem bewaldeten Ringgebirge südöstlich von Rom, das im Maschio di Faete 956 m erreicht. Der See ist vulkanischen

*Albaner See

Salerno

Rom,
Albaner See
(Fortsetzung)

Ursprungs und hat als Abfluß einen angeblich von den Römern (4. Jh.) angelegten Stollen (Emissario; mit Führer zugänglich). Die Straße nach Albano Laziale zieht hinter der genannten Abzweigung hoch über dem Westufer des Albaner Sees entlang.

Castel Gandolfo

3 km: Castel Gandolfo (426 m; 6000 Einw.), ein schön über dem Albaner See gelegenes Städtchen, die ständige Sommerresidenz des Papstes. In der Mitte des Ortes liegt die Piazza del Plebiscito mit der Pfarrkirche San Tommaso, einem Zentralbau von Bernini (1661), und dem 1629 von Carlo Maderna erbauten päpstlichen Sommerpalast, der zusammen mit der nahen Villa Barberini 1929 in den Besitz des Vatikanstaats überging. Im Garten des Sommerpalasts befindet sich ein Audienzsaal für 8000 Personen. Von Castel Gandolfo führt eine Schwebebahn zum Albaner See.

Nach Albano gelangt man entweder zu Fuß (mit Auto beschwerlich) auf der von immergrünen Eichen eingefaßten Galleria di Sopra (3,5 km) oder mit dem Auto auf der gut 1 km kürzeren, aber einförmigeren Galleria di Sotto.

Albano Laziale

2 km: Albano Laziale (384 m; 28 000 Einw.), ein am hohen Westufer des Albaner Sees gelegenes Städtchen, seit 460 Sitz eines Bischofs und wegen seiner schönen Umgebung besonders von den Römern gern als Sommeraufenthalt gewählt. An der die Stadt unter verschiedenen Namen durchziehenden Via Appia, am südöstlichen Stadtrand rechts, steht ein würfelförmiges Grabmal aus der späten Zeit der Republik, ohne Grund 'Grab der Horatier und Curiatier' genannt. Am nordwestlichen Stadtrand, im Garten des Hauses Via Saffi Nr. 86, haben sich die Reste einer großen unterirdischen Schwimmhalle ('il Cisternone') erhalten, die für die Legionäre des Kaisers Septimius Severus angelegt wurde. Weiter nordwestlich sieht man zwischen dem Kloster San Paolo und dem Kapuzinerkloster durch ein Gittertor die Trümmer eines Amphitheaters (3. Jh. n.Chr.).

Salerno J 14

Region: Kampanien/Campania
Provinz: Salerno
Höhe: 4 m ü.d.M.
Einwohnerzahl: 156 000

Lage und
Allgemeines

Salerno, Hauptstadt der gleichnamigen Provinz, liegt etwa 50 km südöstlich von Neapel am Nordende des Golfs von Salerno, dort, wo das Gebirge der Halbinsel von Sorrent schroff zum Tyrrhenischen Meer hin abfällt. Die am Berghang ansteigende Altstadt, an der Stelle des römischen Salernum, hat noch vielfach ihr mittelalterliches Gepräge bewahrt. Im 11. Jh. hatte hier die älteste medizinische Hochschule Europas ihren Sitz; im Jahre 1812 wurde sie von Murat, dem Schwager Napoleons, aufgehoben.

Bemerkenswertes

Hafen und
Innenstadt

Der Hafen von Salerno dient in erster Linie dem Nahverkehr (Fahrten nach Capri, Amalfi und Positano). Am Meer erstreckt sich östlich des Hafens die schöne, von stattlichen modernen Gebäuden gesäumte Uferstraße Lungomare Trieste, von der sich eine weite Aussicht bietet.
Parallel zum Lungomare Trieste verläuft die Via Roma, die mit dem sie südöstlich fortsetzenden Corso Giuseppe Garibaldi den Hauptstraßenzug der Stadt bildet. Am Westende der Via Roma liegt die Piazza Amendola, die östlich vom Palazzo di Città (Rathaus), südwestlich von der Präfektur begrenzt wird. Westlich hinter der Präfektur erstreckt sich der schöne Stadtgarten (Villa Comunale), dessen Westseite das Teatro Verdi abschließt.

Salerno

Blick auf den Containerhafen von Salerno

In der Mitte der Via Roma steht der Palazzo di Provincia. Von hier gelangt man nördlich durch die Via del Duomo, auf der man nach 100 m die malerische Via dei Mercanti kreuzt, zum Dom San Matteo. Er wurde um 1080 unter Robert Guiscard erbaut und 1768 sowie nach 1945 restauriert. Eine Treppe führt zu einem Atrium mit 28 antiken Säulen aus Paestum und 14 antiken Sarkophagen. Die prachtvollen Bronzetüren wurden im Jahre 1099 in Konstantinopel gefertigt. Im Mittelschiff des Domes sieht man über der Eingangstür ein großes Mosaikbrustbild des hl. Matthäus, eine Arbeit aus normannischer Zeit, ferner zwei reich mit Cosmatenmosaik geschmückte Ambonen (Lesepulte; 12. Jh.); neben dem rechten die gleichartige Osterkerzensäule. Am Ende des linken Seitenschiffes kommt man zu dem eindrucksvollen Grab der Margareta von Anjou († 1412). Der Boden im Chor und die Chorschranken sind mit Mosaiken geschmückt. In der Kapelle rechts vom Hochaltar befindet sich das Grab des 1085 in Salerno gestorbenen Papstes Gregor VII.; in der Kapellenapsis ein Mosaik von 1260, den Erzengel Michael darstellend.

*Dom

In der reichgeschmückten Krypta werden unter dem Altar die Gebeine des Evangelisten Matthäus (früher in Paestum) aufbewahrt.

Im Dommuseum wird u.a. ein Altarvorsatz (12. Jh.) gezeigt, verziert mit Elfenbeinreliefs, die Szenen aus der Biblischen Geschichte zeigen.

Dommuseum

Unweit östlich vom Dom liegt in der Via San Benedetto das sehenswerte Provinzialmuseum. Ausgestellt sind archäologische Fundstücke, darunter ein überlebensgroßer Bronzekopf des Apollo aus dem 1. Jh. v.Chr., ferner Gemälde.

Museo Provinciale

Vom Dom gelangt man in 45 Minuten zu dem nordwestlich über der Stadt gelegenen alten langobardischen Castello di Arechi (263 m), das von dem Normannenherzog Robert Guiscard im 11. Jh. verstärkt wurde. Von oben bietet sich eine weite Sicht.

Castello di Arechi

Salerno

Cava de' Tirreni

Lage
10 km nord-
westlich

In der Nähe von Salerno liegt, reizvoll von Höhen umgeben, das von den Neapolitanern gern zum Sommeraufenthalt besuchte Städtchen Cava de' Tirreni (180 m; 50 000 Einw.). Die schlanken Rundtürme auf den Hügeln um die Stadt dienen im Oktober z.T. noch dem Fang wilder Tauben, die durch hochgeschleuderte weiße Steine in Schlagnetze gelockt werden.

*Monte
San Liberatore

Von Cava fährt man 2,5 km südöstlich nach Alessia (270 m); von hier geht es zu Fuß weiter (45 Min.) auf den Monte San Liberatore (466 m), den vielleicht besten Aussichtspunkt am Golf von Salerno.

*La Trinità
della Cava

Rund 3,5 km südwestlich von Cava liegt am Corpo di Cava das 1011 gegründete Benediktinerkloster La Trinità della Cava, dessen Gebäude vorwiegend vom Ende des 18. Jh.s stammen. In der Kirche befinden sich Marmormosaikaltäre mit den Gräbern der ersten Äbte, ferner eine Marmorkanzel aus dem 12. Jahrhundert. Sehenswert sind auch der Kapitelsaal (16. Jh.), der romanische Kreuzgang (kleines Museum), die alte Krypta, die Pinakothek und das Archiv.

Velia

Elea

Neben den antiken Ruinenstätten von → Pompeji und → Paestum lohnen auch die Ausgrabungsfelder der römischen Stadt Velia (südlich von Salerno bzw. von Paestum) einen Besuch. Von Velia, im Altertum ein beliebter Aufenthaltsort der römischen Aristokratie, sind einige Tore und Villen erhalten. 5 m unter dem Niveau der römischen Stadt stieß man auf die Reste der griechischen Stadt Elea (wertvolle Statuen; beachtenswert die Porta Rosa des 4. Jh.s v.Chr., ein Meisterwerk griechischer Architektur), die im Jahre 536 v.Chr. von den Phokäern nach ihrer Vertreibung aus Alalia (Korsika) gegründet wurde. Um 540–460 blühte hier die Eleatische Schule unter den Philosophen Xenophanes, Parmenides und Zenon. Daneben gab es eine medizinische Schule. Das wahrscheinlich 40 000 Einwohner zählende Elea, unter dem Reste aus dem 8. Jh. v.Chr. gefunden wurden, hatte Mauern von 6 km, später 7 km Umfang. Die Freilegung der antiken Stadt ist noch im Gange (Museumsbestände in verschiedenen Gebäuden).

Nördlich erhebt sich über der römischen Stadt der Burgberg. Hier wurden bei Ausgrabungen Fundamentteile eines beim Bau der mittelalterlichen Burg zerstörten Tempels des 5. Jh.s v.Chr. sowie Reste eines viereckigen Turms (4. Jh. v.Chr.), dreier kleinerer Tempel, eines Opferaltars, mehrerer Wohnhäuser (2. Jh. v.Chr.) und die Straße von der Akropolis zum Hafen freigelegt.

Avellino

Lage
30 km nördlich

Rund 30 km nördlich von Salerno liegt Avellino (348 m; 57 000 Einw.), Hauptstadt der gleichnamigen Provinz und Sitz eines Bischofs. Der Ort hat Nahrungsmittel- und Textilindustrie und ist ein Zentrum für den Handel mit landwirtschaftlichen Produkten.

Palinuro

Lage
80 km südöstlich

Zahlreiche teils sehr elegante Badeorte reihen sich besonders um den Golf von Neapel und um den Golf von Salerno. Im Süden der Küste Kampaniens liegt das Seebad Palinuro (53 m), wo es vielfältige Möglichkeiten für Wassersport gibt (Tauchzentrum). Westlich vom Ort die nur zu Wasser erreichbare Grotta Azzurra (Blaue Grotte).

Rund 2,5 km südwestlich des Ortes erreicht man das Kap Palinuro (203 m; Leuchtturm) mit eindrucksvoll zum Meer hin abfallender Südküste; auch hier mehrere nur vom Wasser aus zugängliche Grotten.

Salerno,
Kap Palinuro

✳Grotta di Pertosa

Von der Autobahn A 3 östlich von Salerno lohnt ein Abstecher über das Städtchen Auletta (280 m), am Nordfuß der Monti Alburni (1742 m) gelegen, zur Grotta di Pertosa, einem 2250 m langen Tropfsteinhöhlensystem. Die Höhlen waren seit dem Ende des Neolithikums bewohnt.

Lage
50 km östlich

✳Certosa di San Lorenzo

Ein weiterer Abstecher von der A 3 in Südkampanien führt zu der am Ortseingang von Padula (699 m; 6000 Einw.) gelegenen, 1308 gegründeten Certosa (Kartause) di San Lorenzo, deren mächtiger Bau – mit drei schönen Arkadenhöfen und großer Freitreppe von Vanvitelli – zum größten Teil aus dem 17./18. Jh. stammt.

Lage
70 km südöstlich

San Gimignano F 9

Region: Toskana/Toscana
Provinz: Siena
Höhe: 324 m ü.d.M.
Einwohnerzahl: 7500

Das Städtchen San Gimignano liegt weithin sichtbar auf einem Hügel, etwa 35 km nordwestlich von Siena bzw. 50 km südwestlich von Florenz. Es ist eines der besuchenswertesten Reiseziele in der Toskana, da es mit seinen Mauern und Geschlechtertürmen noch ein malerisches mittelalterliches Stadtbild bietet.

Lage und
Allgemeines

San Gimignano war im 13./14. Jh. eine unabhängige Stadt, geriet aber 1353 unter florentinische Herrschaft. Innenpolitisch spielten bis zu diesem Zeitpunkt die Kämpfe zwischen den guelfischen Ardinghelli und den ghibellinischen Salvucci eine Rolle. Die Rivalität führte zur Errichtung sog. 'Geschlechtertürme' (insgesamt 56), von denen heute noch 13 das Bild des mauerumgebenen Ortes prägen.

Geschichte

✳✳Stadtbild

Im Mittelpunkt von San Gimignano liegt die von hohen Geschlechtertürmen umgebene Piazza della Cisterna mit einem hübschen Brunnen. Nordwestlich schließt sich die Piazza del Duomo an. An der Südseite dieses Platzes steht der Palazzo del Popolo, 1288–1323 als Palazzo Nuovo del Podestà erbaut, mit dem höchsten Turm der Stadt, der 54 m hohen 'Torre Grossa' (= 'Dicker Turm'; Aussicht). Der Palast dient heute als Rathaus (Palazzo Comunale). Ferner beherbergt er die Pinacoteca Civica (Städtische Kunstsammlung), unter deren zahlreichen Gemälden besonders das große Fresko 'Maestà' (thronende Madonna) von Lippo Memmi (1317) beachtenswert ist.

Palazzo del
Popolo
(Pinacoteca
Civica)

An der Westseite der Piazza del Duomo steht die Collegiata Santa Maria Assunta, fälschlich auch 'Duomo' genannt (tatsächlich war San Gimignano niemals Bischofssitz, konnte daher auch keinen Dom haben). Der dreischiffige romanische Bau aus dem 12. Jh. erhebt sich über einer breiten Freitreppe. Im Jahre 1456 erweiterte ihn der Baumeister Giuliano da

✳Dom

San Gimignano
Certaldo, Pisa

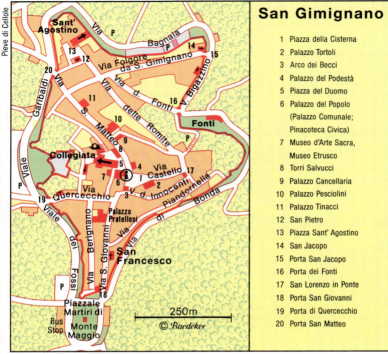

San Gimignano

1 Piazza della Cisterna
2 Palazzo Tortoli
3 Arco dei Becci
4 Palazzo del Podestà
5 Piazza del Duomo
6 Palazzo del Popolo
  (Palazzo Comunale;
  Pinacoteca Civica)
7 Museo d'Arte Sacra,
  Museo Etrusco
8 Torri Salvucci
9 Palazzo Cancellaria
10 Palazzo Pesciolini
11 Palazzo Tinacci
12 San Pietro
13 Piazza Sant' Agostino
14 San Jacopo
15 Porta San Jacopo
16 Porta dei Fonti
17 San Lorenzo in Ponte
18 Porta San Giovanni
19 Porta di Quercecchio
20 Porta San Matteo

Dom (Fortsetzung)	Maiano auf dem Grundriß eines lateinischen Kreuzes um Querschiff und Seitenkapellen. Die Fassade, im Laufe der Zeit mehrmals umgestaltet, ist nie verkleidet worden. An der Inneseite der Fassade zeigen Fresken (1456) von Benozzo Gozzoli das Martyrium des hl. Sebastian: hier auch die beiden Holzstatuen der Verkündigung (um 1421) von Iacopo della Quercia. Im rechten Seitenschiff ein monumentaler Freskenzyklus (14. Jh.) von Barna da Siena mit in drei Reihen angeordneten Darstellungen aus dem Neuen Testament. Am Ende des rechten Seitenschiffes befindet sich die in reinsten Renaissanceformen errichtete Cappella di Santa Fina (1468), ein Werk von Giuliano und Benedetto da Maiano. Die hl. Fina ist die Stadtheilige von San Gimignano. Auf dem Altar ein reliefgeschmückter Altaraufsatz; er trägt den Sarkophag, der bis 1738 die Gebeine der hl. Fina enthielt. Darüber, von zwei Engeln flankiert, die Madonna mit dem Kind. In den seitlichen Arkaden zeigen Fresken von Domenico Ghirlandaio (1475) Leben und Tod der hl. Fina.
Palazzo del Podestà	Gegenüber dem Dom befindet sich der Palazzo del Podestà (13./14. Jh.). Die 51 m hohe Torre dell' Orologio zeigt die Höhe an, die Privattürme vor der Errichtung des Palazzo del Popolo nicht überschreiten durften.
Museo d'Arte Sacra	Das Museo d'Arte Sacra (Museum religiöser Kunst) liegt neben dem Dom. Gezeigt werden Skulpturen aus dem 14./15. Jh. und liturgische Gewänder.

San Marino

Die unverwechselbare Silhouette von San Gimignano

Im gleichen Gebäude hat auch das Museo Etrusco seinen Sitz, eine kleine Sammlung von etruskischen Urnen, Vasen, Münzen und anderen Gegenständen.

San Gimignano, Museo Etrusco

Wenige Schritte westlich des Domes steht an der Stadtummauerung die großenteils verfallene Burg (Rocca), von der sich ein schöner Blick auf die Türme der Stadt und das Umland bietet.

Rocca

Am nordwestlichen Stadtrand steht die 1280–1298 erbaute Kirche Sant' Agostino. Besonders sehenswert ist der Freskenzyklus (1465) in der Chorkapelle, ein Werk von Benozzo Gozzoli. In 17 Bildern schildert der Maler die Lebensstationen des Kirchenlehrers Augustinus (354–430).

Sant' Agostino

Südlich außerhalb der Porta San Giovanni steht das Museo di Arti e Mestieri (Museum für Kunst und Handwerk) mit Exponaten und Dokumenten vom Mittelalter bis zur Gegenwart.

Museo di Arti e Mestieri

San Marino G 8

Republik San Marino/Repubblica di San Marino
Fläche: 61 km^2
Höhe: 640 m ü. d. M.
Einwohnerzahl: 22 400 (Land); 4200 (Stadt)

Die kleine Republik mit der gleichnamigen Hauptstadt erstreckt sich am Ostrand des Apennin, etwa 20 km südwestlich von Rimini. Sie grenzt im Norden an die italienische Region Emilia-Romagna und im Süden an die Marken. Mit seinen 22 400 Einwohnern auf 61 km^2 ist San Marino einer der kleinsten Staaten Europas. Die Republik gibt eigene Briefmarken und

Lage und Allgemeines

San Marino

Allgemeines (Fortsetzung)

Münzen heraus, die neben dem Fremdenverkehr eine wichtige Einnahmequelle darstellen.

Geschichte

Nach der Legende wurde San Marino im 4. Jh. von verfolgten Christen aus Dalmatien, darunter auch einem Steinmetzen namens Marinus, gegründet. In den Urkunden taucht die Stadt San Marino erstmals im Jahre 885 auf. Im 13./14. Jh. wurde San Marino unabhängig und erhielt 1263 die heute noch geltende Verfassung. Die Unabhängigkeit der kleinen Republik sicherte 1897 ein Freundschaftsvertrag mit Italien, der 1953 erneuert wurde.

Verfassung

Die gesetzgebende Gewalt liegt bei den 60 Mitgliedern des Großen Rats (Consiglio Grande e Generale), die Exekutive bei den zehn Deputierten des Staatsrates (Congresso di Stato) sowie bei den beiden Capitani Regenti, die alle sechs Monate gewählt und mit einer prunkvollen Zeremonie in ihr Amt eingeführt werden (1. April und 1. Oktober). Nationalfeiertag ist der 3. September.

San Marino (Stadt)

Flagge von San Marino

*Lage

Die Stadt San Marino ist durch die 'Strada Panorama' mit der Adriaküste verbunden und wird wegen ihres hübschen mittelalterlichen Stadtbildes und ihrer schönen Lage am Hang des burgbekrönten Monte Titano (745 m ü.d.M.) im Sommer von zahlreichen Feriengästen besucht.

Sehenswertes

An der Südwestseite der maueromgürteten Altstadt liegt die Porta San Francesco (15. Jh.), auch 'Porta del Loco' genannt. Innerhalb der Stadtmauer sieht man gleich rechts die 1361 begonnene Kirche San Francesco (Museum und Pinakothek). Nordwestlich der Kirche ein Gedenkstein, der an den Durchzug Garibaldis erinnert. Die Piazza della Libertà ist der schöne Hauptplatz der Stadt mit einer Freiheitsstatue von Stefano Galletti (1876). An der Nordwestseite des Platzes steht der 1894 im neugotischen Stil errichtete Palazzo del Governo (auch Palazzo Pubblico). In dem prunkvoll ausgestatteten Inneren lohnt der Saal des Großen Rates einen Blick. Vom Dach des Palastes bietet sich eine herrliche Aussicht.
Unweit nördlich vom Hauptplatz erhebt sich die neoklassizistische Basilica di San Marino (1836) mit reich ausgestattetem Inneren. Im Hochaltar werden die Gebeine des Titelheiligen Marinus aufbewahrt. Rechts neben der Basilika die Kapelle San Pietro, die nach der Legende die Felsenbetten des hl. Marinus und seines Gefährten San Leo enthält.

*Rocche

Südöstlich der Basilica San Marino führt ein Weg zu den auf den drei Gipfeln des Monte Titano thronenden Rocche ('Festungen'), die durch einen Wehrgang verbunden sind. Zuerst kommt man zu der aus dem 11. Jh.

Die Festungen auf dem Monte Titano

stammenden Rocca Guaita, dann zur Rocca Cesta (auch 'Fratta' genannt; 13. Jh.), die auf dem höchsten Punkt des Berges (745 m ü.d.M.) steht (Waffenmuseum); von hier oben bietet sich eine herrliche Fernsicht. Zuletzt erreicht man die Rocca Montale (13. Jh.; 1935 rekonstruiert). Am Fuße dieses Felsens erstreckt sich ein Park, an dessen östlichem Ende der moderne Palazzo dei Congressi steht.

San Marino, Rocche (Fortsetzung)

Mit der Schwebebahn (Bergstation gegenüber vom Tourismusbüro) gelangt man hinunter zum Borgo Maggiore. Dort gibt es drei Museen: das Feuerwaffenmuseum, das Museum für Philatelie und Numismatik, ferner das Garibaldi-Museum. Einmal wöchentlich findet im 'Borgo' ein Wochenmarkt statt.

Borgo Maggiore

San Remo / Sanremo B 8

Region: Ligurien/Liguria
Provinz: Imperia
Höhe: 11 m ü.d.M.
Einwohnerzahl: 56 000

San Remo, der bekannteste Urlaubsort an der Riviera, liegt in einer weiten Bucht, die im Osten vom Capo Verde und im Westen vom Capo Nero flankiert wird, nur etwa 20 km von der italienisch-französische Grenze. Das Hinterland, ein dreieckiger Talkessel mit mehreren Bächen, steigt zum Monte Bignone (1299 m) an.

*Lage und Allgemeines

Dank seiner geschützten Lage hat San Remo im Winter ein gleichmäßig mildes Klima, im Sommer herrscht lebhafter Badebetrieb. Alljährlich findet im Februar ein Schlagerfestival statt, im Juli eine Regatta nach St-Tropez.

San Remo

Sehenswertes

*Altstadt

San Remo besteht aus zwei deutlich getrennten Teilen: der Altstadt und der Neustadt. Auf einem steilen Hügel zwischen den Tälern der Wildbäche Torrente San Francesco und Torrente San Romolo stehen dicht zusammengedrängt die Häuser der Altstadt ('Città Vecchia' oder 'la Pigna'), an denen noch mittelalterliche Bauelemente zu erkennen sind (Arkaden, Spitzbogenfenster). Charakteristisch ist ein Gewirr von engen Gassen ('carrugi'), häufig von Strebebogen überspannt, die die Häuser bei Erdbeben stützen sollten.

Neustadt

Über die Piazza Eroi Sanremesi gelangt man zur Neustadt unterhalb des Stadthügels. Ihre Hauptverkehrsstraße ist der lange, von Geschäften gesäumte Corso Matteotti. Am Westende der Straße steht das Casino Municipale, mit Spielsälen, einem Theater und anderen Einrichtungen.

San Siro

Die romanisch-gotische Kathedrale San Siro wurde im 13. Jh. errichtet. Am nördlichen Seitenportal sieht man ein Relief des Osterlamms zwischen Palmen; am südlichen Seitenportal eine Madonna zwischen Heiligen. Der Glockenturm aus dem späten Mittelalter erhielt im Barock einen neuen Helm und wurde nach dem Zweiten Weltkrieg erneuert. Im Inneren u.a. ein großes Kruzifix (Hauptaltar) und ein Gemälde von San Siro (um 1550).

Parco Marsaglia

Lohnend ist ein Spaziergang am Corso Imperatrice entlang, einer mit Palmen bepflanzten Promenade im westlichen Bereich der Bucht. Dort liegen die Gärten des Parco Marsaglia mit dem Auditorium (Theater, Konzerte).

Blumenmarkt

Der Corso Garibaldi bildet die Hauptverkehrsader der östlichen Bucht. Dort liegt der große, überdachte Blumenmarkt (Mercato dei Fiori), auf dem jeden Tag am frühen Morgen die Auktionen stattfinden.

Hafen

Zwischen der Ost- und der Westbucht erstreckt sich der Hafen. Das Forte Santa Tecla stammt noch aus genuesischer Zeit. Östlich des Forts liegt der auch für Sportboote genützte alte Fischerhafen. Der moderne Jachthafen mit seiner 1 025 m langen Mole kann über 800 Boote aufnehmen.

*Villa Nobel

In dieser Villa am Corso Felice Cavalotti lebte und starb (10. 12. 1896) der schwedische Wissenschaftler, der durch die Erfindung des Dynamits berühmt wurde. Seit 1973 dient das Gebäude kulturellen und wissenschaftlichen Veranstaltungen; ferner gibt es eine kleines Nobelmuseum.

Civico Museo Archeologico

Oberhalb des Corso Felice Cavalotti gelangt man zum Palazzo Borea D'Olmo, einem eindrucksvollen Palast (15. Jh.), dessen Fassade barocke und manieristische Elemente aufweist. Im Palast ist das Archäologische Museum untergebracht. Es enthält u.a. Funde aus den paläolithischen und metallzeitlichen Siedlungen im Gebiet von San Remo.

Umgebung von San Remo

Baiardo

Zu empfehlen ist eine Fahrt nach Baiardo, einem Dorf, das rund 25 km nordwestlich von San Remo auf einer Bergkuppe liegt. Beachtenswert sind die Pfarrkirche und die Ruine einer 1887 durch Erdbeben zerstörten Kirche aus dem 16. Jahrhundert. Von einer nahen Terrasse bietet sich eine herrliche Aussicht auf das Gebirge. Von Baiardo kann man über Apricale nach Ventimiglia an der italienisch-französischen Grenze fahren.

Bussana und Bussana Vecchia

Rund 9 km nordöstlich von San Remo liegt Bussana, ein Ort, der nach dem Erdbeben von 1887 neu erbaut wurde. In Bussana Vecchia, das zugewachsen und zu einem Geisterdorf geworden war, ließen sich Anfang der 60er Jahre einige Künstler nieder. Heute leben in dem Dorf, das wieder instand gesetzt wurde, Künstler und Kunsthandwerker in großer Zahl.

Sardinien

Die mondäne Strandpromenade von San Remo

Sardinien / Sardegna C–D 13–18

Region: Sardinien/Sardegna
Provinzen: Cagliari, Nuoro, Oristano und Sassari
Fläche: 24 090 km²
Einwohnerzahl: 1 500 000

Sardinien liegt westlich vom italienischen Festland im Mittelmeer, von der Südspitze der französischen Nachbarinsel Korsika nur durch einen schmalen Wasserweg getrennt. Mit einer Ausdehnung von maximal 270 km in Nord-Süd-Richtung und 145 km von Ost nach West ist es nach Sizilien die zweitgrößte Insel des Mittelmeeres. Erst verhältnismäßig spät, Anfang der 60er Jahre, wurde Sardinien vom Tourismus entdeckt. Als Sommerreiseziel stehen vor allem die abwechslungsreichen Küstenregionen Sardiniens mit den zahllosen, zwischen steilen Felspartien versteckten Strandbuchten hoch im Kurs. Im Gegensatz zu den gut erschlossenen Küstengebieten zeigt sich Sardinien im Landesinnern noch sehr ursprünglich und unverbraucht. Hier locken vor allem die herbe Schönheit einsamer Landstriche sowie zahlreiche interessante Zeugnisse aus der langen Besiedlungsgeschichte.

Lage und Allgemeines

Man kann von verschiedenen Häfen Italiens und anderer Mittelmeerländer mit Fährschiffen nach Sardinien übersetzen. Von Deutschland aus ist der nächstgelegene und am schnellsten zu erreichende Fährhafen Genua. Regelmäßig verkehrende Schiffslinien bestehen von Civitavecchia nach Golfo Aranci, Olbia und Cagliari, von Genua nach Porto Torres, Olbia bzw. Arbatax und Cagliari, ferner von Livorno nach Porto Torres, Olbia und Cagliari sowie von Neapel nach Cagliari. Im Sommerhalbjahr werden die Flughäfen von Cagliari, Olbia und seit neuestem auch Alghero von München, Frankfurt, Genf und Zürich ohne Zwischenlandung angeflogen (Alghero

Anreise

Sardinien

Anreise (Fortsetzung)

nur von Frankfurt), im Winterhalbjahr bestehen tägliche Verbindungen mit Rom, Mailand und anderen italienischen Städten.

'Vergessene Insel'

Die Entfernung zum Festland prägte die Entwicklung Sardiniens bis heute, und trotz seiner zentralen Lage im Mittelmeer stand die Insel lange Zeit im Abseits. Die Sarden haben dadurch viel von ihrer Volkskunst, ihrem Handwerk und vor allem ihre eigenständige Sprache bewahrt. Das Sardische ist kein Dialekt des Italienischen, sondern ein romanischer Sprachzweig, der sich eigenständig neben dem festländischen Italienisch entwickelte und unter den heute gesprochenen romanischen Sprachen die größte Nähe zum Lateinischen zeigt.

Wirtschaft

Ähnlich wie der südliche Teil des festländischen Italiens, kämpft Sardinien mit Problemen der wirtschaftlichen Rückständigkeit und Unterentwicklung. In den letzten 40 Jahren hat die Insel große Anstrengungen unternommen, um diese Situation zu verändern. Im Rahmen spezieller Förderprogramme wurde Sardinien industrialisiert, wobei die petrochemische Industrie besonders im Vordergrund stand. Mit dem Einsetzen der weltweiten Ölkrise erwies sich dieser Versuch als Fehlschlag; in jüngster Zeit werden die Hoffnungen verstärkt auf den Tourismus und auf den Aufbau eines Netzes von mittleren und kleineren Industriebetrieben gesetzt. Allen Bemühungen zum Trotz hat die Region Sardinien bis heute eines der niedrigsten Pro-Kopf-Einkommen Italiens, und immer noch leben etwa 400 000 Sarden als Arbeitsemigranten im Ausland oder auf dem italienischen Festland. Bis in die 60er Jahre war die Landwirtschaft der wichtigste Erwerbszweig der Insel, der rund die Hälfte der Bevölkerung beschäftigte – heute sind es gerade noch knapp 14 % der Erwerbstätigen, die in der Landwirtschaft ihren Lebensunterhalt verdienen. In den fruchtbaren Ebenen und den trockengelegten Sumpfgebieten wird vor allem Getreide, Gemüse und Tabak angebaut, im Hügelland und in den Bergen dominiert neben dem Anbau von Wein, Oliven und Mandeln die Weidewirtschaft (Schafe und

Gigantengrab von Coddu' Ecchju

Ziegen, Rinder). Im Gebiet der Gallura liegt der wirtschaftliche Schwerpunkt bei der Korkproduktion aus der Rinde der Korkeiche. Der Bergbau auf Sardinien, der sich vor allem auf das Gebiet des Iglesiente konzentriert (Zink, Blei, Mangan und Baryt), steckt seit längerer Zeit in einer schweren Krise. An den Erzbergbau des Iglesiente knüpft der neue Industriebereich Sulcis in Portovesme an. Verhältnismäßig neu sind auch die Standorte der Papierindustrie in Tortoli und Arbatax. Der seit den 60er Jahren im Wachstum begriffene Tourismus brachte auch eine Aufwertung der kunsthandwerklichen Produkte, insbesondere der Handweberei und der Korbflechterei, mit sich.

Wirtschaft (Fortsetzung)

Von den ersten Bewohnern der Insel zeugen noch heute zahlreiche prähistorische Siedlungsreste, darunter vor allem die sog. Gigantengräber und die 'Nuraghen' genannten Rundtürme, die eine starke Ähnlichkeit mit den Talayots auf den Balearen aufweisen. Die Nuraghen dienten vermutlich als Festungen, Wachtürme und Grabstätten und stammen aus der Zeit zwischen 1800 und 500 v.Chr. Seit dem 9. Jh. v.Chr. siedelten die Phönizier und später die Karthager an der Küste Sardiniens. Die Römer annektierten die Insel im Jahre 238 v.Chr., wohl vor allem wegen der dortigen Erzvorkommen. Vom 6. bis zum 8. Jh. n.Chr.stand Sardinien unter dem Einfluß des oströmischen Reiches (Byzanz). Mit der zunehmenden Loslösung von Byzanz bildeten sich im 9. Jh. die vier Herrschafts- und Gerichtsbezirke Torres, Gallura, Arborea und Cagliari, die von Adeligen, den sog. Iudices (Richtern), regiert wurden und bis ins 13. Jh. bestanden. Pisa und Genua, im 11. Jh. zur Abwehr der Araber herbeigerufen, dehnten im 12. und 13. Jh. ihre Herrschaftsansprüche auf die Mittelmeerinsel aus. Als Lehen des Papstes wurde Sardinien im Jahre 1297 an die Krone Aragons vergeben. Unter der Herrschaft Spaniens, die bis zum Beginn des 18. Jh.s dauerte, verarmte das Land immer mehr. Durch den Frieden von Utrecht, der den Spanischen Erbfolgekrieg beendete, kam Sardinien 1713 zu Österreich, das die Insel 1718 im Tausch gegen Sizilien an die Herzöge von Savoyen abtrat. Das sardisch-piemontesische Königreich Sardinien unter der Dynastie der Savoyer bestand bis zur Einigung Italiens 1861. Seit 1948 ist die Insel eine der 20 Regionen der Republik Italien. Ebenso wie Sizilien, Aosta-Tal, Friaul-Julisch-Venetien und Trentino-Südtirol besitzt Sardinien eine eingeschränkte Autonomie, die besondere Formen der Selbstverwaltung garantiert.

Geschichte

Inselrundfahrt: Von Cagliari nach Sassari

Man verläßt Cagliari auf der S.S. 131 in nordwestlicher Richtung. Am Ortsende liegt rechts, innerhalb des Cimitero di San Michele, ein deutscher Soldatenfriedhof (424 Gräber).

20 km: 5,5 km südwestlich von Monastir, einem am Abhang vulkanischer Hügel gelegenen Dorf, erreicht man den Ort San Sperate, das der sardische Künstler Pinuccio Sciola mit seinen vielfältigen Aktivitäten in eine Art Freilichtmuseum moderner Kunst verwandelte. Als Freund und Anhänger der mexikanischen Muralisten hatte Sciola die Kunstform der Murales in den 70er Jahren nach Sardinien gebracht, wo bald in vielen Dörfern diese Protestbilder an den Hauswänden prangten. Die Strecke führt hinter Monastir durch die ebene Landschaft des Campidano.

Monastir, San Sperate

23 km: Sanluri (135 m ü.d.M.; 8000 Einw.) ist eine Kleinstadt am Ostrand der Campidano-Ebene. Das Castello aus dem 14. Jh. ist die einzige gut erhaltene Festung der Insel. In der Burg wurde ein Museum zum Risorgimento eingerichtet.

Sanluri

Von Sanluri lohnt ein Abstecher zu dem 24 km nordöstlich gelegenen Dorf Barumini, in dessen Nähe (1 km westlich, an der Straße nach Tuili) sich die bedeutendste Nuraghenfestung Sardiniens, Su Nuraxi, befindet. Die mehr als 1000 m^2 große Anlage besteht aus einer rautenförmigen Bastion mit

Abstecher nach ※※Su Nuraxi

535

Sardinien

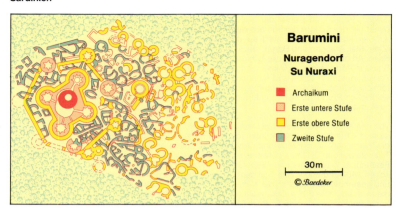

Su Nuraxi (Fortsetzung)	einem zentralen Turm und vier großen Ecktürmen sowie den Resten einer Siedlung mit knapp 400 Häusern.
Abstecher zur Costa Verde	Folgt man von Sanluri der S.S. 197 in westlicher Richtung, dann erreicht man das bewaldete Küstengebiet der Costa Verde, das wegen der schönen Sanddünenstrände als Ferienregion erschlossen wurde.
Sardara	9 km: In Sardara kann man unter der kleinen Kirche Santa Anastasia ein unterirdisches nuraghisches Brunnenheiligtum aus dem 10. Jh. v.Chr. besichtigen. Rund 3 km westlich außerhalb des Ortes sprudeln die 50° und 68° C warmen Heilquellen von Sardara, die schon seit römischer Zeit für Heilzwecke genutzt werden (Kuranstalt).
Santa Giusta	36 km: Santa Giusta, ein Dorf am Nordrand des Sumpfsees Stagno di Santa Giusta, besitzt eine der schönsten Kirchen im Stil der pisanischen Romanik (vor 1145 errichtet).
Oristano	3 km: Oristano (9 m ü.d.M.; 30 000 Einw.) ist die kleinste der vier Provinzhauptstädte Sardiniens und als regionales Handels- und Agrarzentrum auch heute noch sehr ländlich geprägt. Von den mittelalterlichen Befestigungsanlagen sind einige Türme erhalten. Sehenswert sind der im 13. Jh. begonnene, später mehrfach umgestaltete Dom und das Museum, das Fundstücke von der antiken Stadt Tharros (s. u.) zeigt. An Markttagen sieht man in Oristano noch vielfach schöne Trachten. Eine vielbesuchte Attraktion in Oristano ist die Sartiglia, ein auf das 16. Jh. zurückgehendes Pferdeturnier, das alljährlich am Faschingssonntag und am Faschingsdienstag stattfindet.
Abstecher nach **Tharros	Etwa 20 km westlich von Oristano ragt die Halbinsel Sinis in den Golf von Oristano. Dort liegen auf einem Vorgebirge die bedeutenden Ruinen der antiken Stadt Tharros, die von den Puniern gegründet wurde und auch in römischer Zeit noch besiedelt war. Auf der Fahrt dorthin kommt man an den Strandseen Stagno di Cabras und Stagno di Mistras vorbei, die zu den größten Feuchtgebieten Sardiniens zählen und Brutplätze für viele seltene Vogelarten sind.
Bauladu	16 km: Das hübsche Dorf am Nordrand der Campidano-Ebene zeigt noch typische Gassen und schöne Beispiele traditioneller bäuerlicher Architektur. Hinter Bauladu fährt man weiter im Bobolica-Tal aufwärts.
Macomer	55 km: Macomer (563 m ü.d.M.; 11 000 Einw.) erhebt sich am Südrand der Hochebene Campeda auf einer breiten Basaltstufe. Vom Ort bietet sich

Sardinien

Hauptturm von Su Nuraxi

eine weite Rundsicht. Vor der Kirche von Macomer sieht man drei in der Gegend aufgefundene römische Meilensteine. In der Umgebung des Ortes und an der Strecke von Macomer nach Sassari (S.S. 131) kann man zahlreiche, zum Teil bestens erhaltene Nuraghen bestaunen. Ein besonders eindrucksvolles Beispiel für diese frühe Wehrarchitektur ist die 3 km südlich von Torralba, an der Provinzstraße nach Bono gelegene Nurage Santu Antine, deren Mittelturm ursprünglich eine Höhe von 21 m erreichte.

Macomer (Fortsetzung)

Etwa 3 km hinter Macomer zweigt die 'S.S. 129 bis' ab, die 23 km westlich zu dem aussichtsreich gelegenen Dorf Suni und 6 km weiter zu dem alten Hafenstädtchen Bosa (10 m ü.d.M.; 8000 Einw.) führt. Nordöstlich der Stadt thront auf einem Hügel das ab 1112 erbaute Castello di Serravalle.

Abstecher nach Bosa

36 km: Bei Bonnanaro erreicht man die Abzweigung zu der 4 km südwestlich gelegenen, reich ornamentierten Kirche San Pietro di Sorres aus pisanischer Zeit (13. Jh.). Hinter Bonnanaro durchquert man die waldreiche Hügellandschaft Logudoro.

Abstecher nach San Pietro di Sorres

19 km: An der S.S. 597, 2 km nordöstlich von Codrongianos liegt in herrlicher landschaftlicher Umgebung die Abteikirche Santissima Trinità di Saccargia. Mit ihrem schwarz-weiß gestreiften Mauerwerk, dem hohen Campanile und den Fresken aus dem 13. Jh. ist sie ein besonders anmutiger Kirchenbau der pisanischen Romanik.

* Santissima Trinità di Saccargia

15 km: → Sassari.

Sassari

Von Sassari nach Olbia

Der zweite Abschnitt der Sardinienrundfahrt – von Sassari nach Olbia bzw. nach La Maddalena – folgt im wesentlichen der S.S. 127. Die kürzere, aber nicht so reizvolle Route ist die S.S. 597.

Sardinien

Osilo

14 km: Osilo (600 m ü.d.M.; 6000 Einw.) weist mit seinen Häusern aus Granitstein noch das typische Erscheinungsbild eines sardischen Dorfes auf. Von der Burgruine der Malaspina, die hoch über dem Ort aufragt, sowie von der nahen Cappella di Bonaria bietet sich eine hübsche Aussicht.

Abstecher nach Castelsardo

39 km hinter Osilo zweigt die S.S. 134 nach Castelsardo ab. Die Strecke ist landschaftlich außerordentlich schön. Man passiert den pittoresk über Schluchten gelegenen Ort Sedini. Am Ortseingang an der Hauptstraße kann man einige der originellsten Felsengräber Sardiniens bewundern. Das hübsche alte Hafenstädtchen Castelsardo (114 m ü.d.M.; 5000 Einw.) breitet sich auf einem hohen Felsmassiv über dem Golfo dell' Asinara aus. Obgleich schon sehr vom Tourismus geprägt, hat das Städtchen mit seinen zahlreichen Kunsthandwerksläden viele liebenswerte Züge. Der steile Aufstieg zur Burg auf der Spitze des Felsens wird mit einer schönen Fernsicht belohnt. Überall in der Altstadt sieht man Frauen vor den Häusern sitzen und Körbe flechten – Castelsardo ist das traditionelle Zentrum der sardischen Korbflechterei. Die Pfarrkirche bewahrt eine schöne Madonna (15. Jh.), ein Hauptwerk der spanisch-sardischen Malschule, auf.

Küstenstraße nach Santa Teresa di Gallura

Alternativ zur Hauptstrecke (S.S.127) kann man von Castelsardo auch die Küstenstraße bis zu dem bekannten Badeort Santa Teresa di Gallura nehmen. Schöne Ausblicke aufs Meer, versteckte Buchten und kleine Feriensiedlungen in der Maccia- und Felsenlandschaft machen den Reiz dieses Küstenabschnitts aus.

*Capo Testa

5 km westlich von Santa Teresa erreicht man das sehenswerte Granitvorgebirge Capo Testa.

Tempio Pausania

26 km: Tempio Pausania (566 m ü.d.M.; 13 000 Einw.), die Hauptstadt der Gallura, breitet sich auf einem niedrigen Mittelgebirgsmassiv aus, umgeben von Weinbergen, Eichen- und Kastanienwäldern. Die Korkindustrie spielt eine wichtige Rolle in der städtischen Wirtschaft. Sehr zu empfehlen

Klippenküste beim Capo Testa

Sardinien

ist ein Ausflug zum 16 km südöstlich aufragenden Monte Limbara, dessen schlanke Granitspitzen das Panorama bestimmen.

Tempio Pausania (Fortsetzung)

10 km: Auch Calangianus (518 m ü.d.M.; 6000 Einw.), ein Städtchen mit Pfarrkirche aus dem 17. Jh., ist ein Zentrum der Korkverarbeitung.

Calangianus

35 km: Olbia (15 m ü.d.M.; 33 000 Einw.), die früher 'Terranova Pausania' genannte Stadt am gleichnamigen Golf, ist heute ein überwiegend moderner Ort und ein wichtiger Verkehrsknotenpunkt (Flughafen, Fährhafen). Ein 1,5 km langer Straßen- und Eisenbahndamm verbindet die Stadt mit der kleinen Isola Bianca, wo die von Civitavecchia kommenden Schiffe anlegen. Beim Stadtbahnhof steht das bedeutendste Baudenkmal Olbias, die schlichte romanische Kirche San Simplicio (11. Jh.). Die Promeniermeile Olbias mit vielen Geschäften, Bars und Restaurants ist der Corso Umberto. Vom Hafen bieten sich schöne Blicke auf den Golf mit der vorgelagerten, mächtigen Felseninsel Tavolara.

Olbia

Nördlich von Olbia erstreckt sich längs einer großen Halbinsel der stark zerklüftete Küstenabschnitt der Costa Smeralda ('Smaragdküste'), berühmt für seine bizarren Granitfelsen und seine herrlich feinsandigen Badestrände. Zu Beginn der 60er Jahre entstand an der Costa Smeralda auf Anregung von Prinz Aga Khan eines der exklusivsten Feriengebiete des Mittelmeeres mit mondänen, oft nur vom Meer aus zugänglichen Ferienvillen im Stil der traditionellen Inselarchitektur. Schmale Stichstraßen führen von der S.S. 125, die etwas landeinwärts verläuft, hinunter zu den kleinen Badeorten.

Abstecher an die
**Costa Smeralda

Am nördlichen Ende der Costa Smeralda liegt in einer schmalen Bucht der bekannteste Ort der Costa Smeralda, Porto Cervo. Die Marina von Porto Cervo ist einer der größten und am besten ausgestatteten Yachthäfen des Mittelmeeres. Etwa 3 km nördlich von Porto Cervo, jenseits des Capo Ferro, öffnet sich die Bucht Liscia di Vacca.

*Porto Cervo

Badebucht von Solanas, westlich von Villasimius

Sardinien

Porto Cervo (Fortsetzung)
Nach weiteren 5 km kommt man in das Feriendorf Baia Sardinia (51 m ü.d.M.; 4000 Einw.), ein Ort mit zahlreichen Hotels.

Arzachena
16 km: Etwa 5 km von der Küste entfernt, an der S.S. 125, liegt Arzachena, ursprünglich ein Hirtendorf, heute die 'Hauptstadt' der Costa Smeralda. In der Umgebung sind einige interessante frühgeschichtliche Zeugnisse zu besichtigen, allen voran die 8 km südwestlich von Arzachena, an der Straße nach Luogosanto gelegene Nekropole Li Muri. Sie ist ein typisches Beispiel für die Steinkreisgräber, welche die Kultur von Arzachena kennzeichnen.

*La Maddalena
Von Palau setzen täglich Schiffe (30 Min.) zu der herb-schönen Insel La Maddalena über. Sie ist mit rund 20 km^2 die größte Insel des Archipels vor der sardischen Nordküste. Der am Meer gelegene, gleichnamige Hauptort (19 m ü.d.M.; 11 000 Einw.) besitzt eine hübsche Altstadt. Wer die Eindrücke dieser von kargen Granitfelsen geprägten Küste noch etwas intensivieren will, der sollte die Insel auf der 7 km langen Panoramastraße umfahren. Die Straße setzt sich hinter der Drehbrücke über die gut 500 m breite Meerenge Passo della Moneta auf die Nachbarinsel Caprera, der zweitgrößten Insel des Archipels, fort. Caprera ist eng mit dem italienischen Freiheitskämpfer und Politiker Garibaldi verbunden, der von 1856 bis 1882 mit Unterbrechungen auf der 'Ziegeninsel' lebte. Im Olivenhain hinter seinem Wohnhaus, das als Gedenkstätte eingerichtet wurde, liegt der Nationalheld begraben.

Von Olbia nach Cagliari

Der dritte Teil der Sardinienrundfahrt folgt mit kleineren und größeren Abstechern der gut ausgebauten, aber dennoch kurvenreichen S.S. 125.

Siniscola
57 km: Siniscola (42 m ü.d.M.; 9000 Einw.) ist ein Städtchen am Westende einer weiten Küstenebene. Von Siniscola führt eine Panoramastraße (unbefestigt) am felsigen Kamm des waldreichen Monte Albo (1127 m ü.d.M.) entlang nach Bitti. Knapp 7 km östlich bzw. nordöstlich von Siniscola, bei den beiden ehemaligen Fischerdörfern Santa Lucia und La Caletta, trifft man schöne Strände an. La Caletta besitzt auch einen kleinen Sporthafen.

Orosei
36 km: Die einstige Bedeutung des am rechten Ufer des Cedrino gelegenen Städtchens (5000 Einw.) als Hauptort der Baronia di Orosei spiegelt sich heute noch in den mittelalterlichen und barocken Bauten und den hübschen Plätzen wider. Der Küstenabschnitt bei Orosei ist durch steile Felsen, die mit kleinen, hübschen Badebuchten wechseln, bestimmt.

Abstecher nach Nuoro
Etwa 40 km landeinwärts von Orosei, über die S.S. 129 gut zu erreichen, breitet sich inmitten einer beinahe schon alpinen Berglandschaft am Hang des Monte Ortobene die Provinzhauptstadt Nuoro aus (546 m ü.d.M.; 37 000 Einw.). Am letzten Sonntag im August feiert Nuoro das vielbesuchte Erlöserfest, Sagra del Rendetore, zu dem sich Trachtengruppen aus allen Teilen Sardiniens in der Stadt treffen. Nuoro ist die Heimat der italienischen Schriftstellerin Grazia Deledda (1871–1936), die 1926 mit dem Nobelpreis für Literatur ausgezeichnet wurde (Gedenkmuseum im Geburtshaus). Das 1976 eröffnete 'Museo della vita e delle tradizioni populari sardi' verdient als interessanteste und umfangreichste volkskundliche Sammlung Sardiniens unbedingt einen Besuch. Eine herrliche Aussicht auf die Umgebung von Nuoro genießt man vom 955 m hohen Gipfel des Monte Ortobene, der östlich der Stadt aufragt.

Oliena
Gegenüber von Nuoro, an den Fuß des langgezogenen Kalksteinmassivs des Supramonte, schmiegt sich das Städtchen Oliena (388 m ü.d.M., 7500 Einw.). Wenige Kilometer von Oliena entfernt liegt im kleinen, aber sehr

Sardinien

Murales am Rathaus von Orgosolo

schönen Massiv des Supramonte von Dorgali die Quelle Su Gologone, die in einer natürlichen Spalte des Kalkgesteins entspringt.

Oliena (Fortsetzung)

Das 20 km südlich von Nuoro gelegene Dorf ist bekannt für die Murales genannten Wandbilder, die Mauern und Hauswände des Ortes schmücken. Die Murales wurden von den Bewohnern gemalt, die damit ihre politischen und sozialen Forderungen zum Ausdruck brachten.

Orgósolo

Von Nuoro empfiehlt sich die Fahrt südlich über das Dorf Mamoiada nach Fonni (1000 m ü.d.M.; 5000 Einw.), dem höchstgelegenen Ort der Insel, der wegen seiner angenehmen Lage am Nordhang des Gennargentu-Massivs als Sommerfrische, Wintersportort und Ausgangspunkt für Bergwanderungen beliebt ist. Zu Fuß oder mit der Seilbahn kann man von Fonni aus den Bruncu Spina, den mit 1829 m zweithöchsten Gipfel Sardiniens, erklimmen. Für den Aufstieg zum wenige Meter höheren Punta la Marmora (1834 m ü.d.M.) eignet sich auch der südlicher, inmitten herrlicher Kastanienwälder am steilen Hang gelegene Ort Désulo.

Fonni, *Gennargentu-Massiv

21 km: Dorgali (387 m ü.d.M.; 8000 Einw.), ein am Hang des 882 m hohen Monte Bardia gelegenes Städtchen mit berühmter Kunsthandwerks- und Weintradition, besitzt ein hübsches Ortsbild mit vielen Gebäuden aus dunklem Basalt. Einen Besuch lohnt das Museo Civico Archeologico mit zahlreichen Funden aus der Frühgeschichte Sardiniens.

Dorgali

Eine kurvenreiche Panoramastraße führt von Dorgali zur Küste (8 km), die man bei dem beliebten Badeort Cala Gonone erreicht. Versteckt zwischen den felsigen Partien liegen kleine, zum Teil nur vom Meer aus erreichbare Sandbuchten und tief einschneidende, bewaldete Schluchten. Eine Besonderheit dieses überaus reizvollen Küstenabschnitts sind die eindrucksvollen Tropfsteinhöhlen, so vor allem die Grotta Toddeittu, die Grotta del Bue Marino und die Grotta Ispinigoli, die man auch im Rahmen

Cala Gonone

Sassari

Sardinien,
Cala Gonone
(Fortsetzung)

einer Führung besichtigen kann. Sehenswert ist ferner das rund 11 km nordwestlich von Dorgali gelegene Nuraghendorf Serra Orrios.

Arbatax

61 km: Bei Tortolì (15 m ü.d.M.; 8000 Einw.), einem Städtchen am Beginn einer weiten Ebene, lohnt der kurze Abstecher auf den Landvorsprung, auf dem der kleine Hafenort Arbatax (1000 Einw.) liegt. Arbatax ist ein wichtiger Ausfuhrplatz für die landwirtschaftlichen und mineralischen Erzeugnisse der Ogliastra und neben Olbia der bedeutendste Fährhafen an der sardischen Ostküste. Berühmt sind die roten Porphyrfelsen von Arbatax, die man vom Hafen aus gut sehen kann.
Die Rundfahrt folgt hinter Tortolì der S.S. 125 durch die südöstliche Ogliastra. In Bari Sardo, 10 km südlich von Tortolì, bietet sich ein weiter Blick auf das Massiv des Gennargentu. In zahlreichen Windungen schlängelt sich die Straße durch ein rauhes, unberührtes Bergland.

Quartu Sant' Elena

121 km: Wenige Kilometer vor Cagliari kommt man durch Quartu Sant' Elena (6 m ü.d.M.; 58 000 Einw.), heute die drittgrößte Stadt Sardiniens, in deren Umgebung der berühmte Malvasia-Weißwein angebaut wird. Am Fest der hl. Helena (21. Mai) findet hier ein sehenswerter Umzug geschmückter Ochsen statt.

Cagliari

8 km: ⟶ Cagliari.

Sassari   C 14

Region: Sardinien/Sardegna
Provinz: Sassari
Höhe: 225 m ü.d.M.
Einwohnerzahl: 120 000

Lage

Sassari, Hauptstadt der gleichnamigen Provinz und zweitgrößte Stadt auf Sardinien, liegt im Nordwesten der Insel auf einem weiten Kalkplateau. Die Universitätsstadt ist heute ein wichtiges Handels- und Verwaltungszentrum. Zwei sehr bekannte Feste werden in Sassari gefeiert, die 'Cavalcata Sarda' (Reiterwettspiele und Umzug mit historischen Trachten) im Mai und die 'Festa dei Candelieri' am 14. August.

Sehenswertes

Dom San Nicola,
Palazzo Ducale

Die Umgebung des Doms bildet den ältesten Teil von Sassari. Der mächtige Sakralbau wurde im wesentlichen im 15. Jh. im Stil der katalanischen Gotik erbaut. Um 1700 erhielt er eine barocke Fassade und eine Ausstattung im Stil spanischer Barockkirchen. Ältester Bauteil ist der Campanile aus dem 13. Jh., der im 18. Jh. aufgestockt wurde. Dem Dom angeschlossen ist ein Dommuseum. Hinter dem Dom, an der Piazza del Comune, steht der Palazzo Ducale aus dem 18. Jh., der für den Herzog Asinara errichtet wurde.

Corso
Vttorio Emanuele II

Nördlich des Domplatzes stößt man auf den Corso Vittorio Emanuele II, der bereits im 13. Jh. existierte. Die belebte Promeniermeile durchquert die Altstadt von Nordwest nach Südost. Sehenswerte Gebäude am Corso sind die Barockkirche Sant' Andrea (1648) und das 1829 errichtete, klassizistische Teatro Civico.

Piazza d'Italia

An der Piazza Castello beginnt der jüngere, vorwiegend im 19. Jh. entstandene Teil der Innenstadt. Auf die Piazza Castello folgt die weitläufige Piazza d'Italia, seit 1872 der neue Mittelpunkt von Sassari mit dem Denkmal von Vittorio Emanuele II. (1899) und dem Palazzo della Provincia (1880).

Von der Piazza d'Italia führt die baumbestandene Via Roma südöstlich zu dem sehenswerten Museum mit einer kleinen Gemäldesammlung (insbesondere sardische Kunst des 14.–19. Jh.s), vor allem aber mit hervorragend präsentierten Beständen zur Archäologie und Volkskunde von Sardinien.

Sassari, ※Museo Archeologico ed Etnografico G. A. Sanna

Am westlichen Altstadtrand befindet sich an der weiten Piazza Santa Maria die 1106 gegründete Kirche Santa Maria di Betlem. Während die Fassade noch die romanische Gestaltung aus der Pisaner Zeit bewahrt hat, wurde das Innere im gotischen Stil erneuert.

Santa Maria di Betlem

An der nördlichen Peripherie des Zentrums sieht man die hübsche Fonte Rosello mit barockem Brunnenhaus von 1605.

Fonte Rosello

Umgebung von Sassari

Lohnend ist die Fahrt durch die Küstenlandschaft Nura zur Industrie- und Hafenstadt Porto Torres (10 m; 22 000 Einw.), die 19 km nordwestlich von Sassari am Golfo dell' Asinara liegt. Am östlichen Ortsrand steht die Ende des 11. Jh.s von pisanischen Baumeistern errichtete Basilika San Gavino, eines der bedeutendsten romanischen Baudenkmäler auf Sardinien. Das seitliche Doppelportal ist ein schönes Beispiel für die katalanische Gotik (15. Jh.). Das Innere ist durch Säulen und Pfeiler gegliedert. In der Krypta befinden sich mehrere römische Sarkophage (3./4. Jh.). Die Reste der römischen Kolonie kann man westlich des Bahnhofs besichtigen.

Porto Torres

Nordwestlich von Porto Torres liegt Stintino (1200 Einw.), Fischerdorf und Fremdenverkehrsort. Von hier gelangt man nach 5 km zur Punta del Falcone, dem nordwestlichen Kap von Sardinien. Nördlich davor liegen die kleine Isola Piana und die buchtenreiche Isola Asinara (52 km^2).

Stintino

Besonders zu empfehlen ist die Fahrt von Sassari zu dem rund 35 km südwestlich gelegenen Städtchen und Seebad Alghero (41 000 Einw.), dessen Bewohner noch einen katalanischen Dialekt sprechen. Wegen seiner außerordentlichen Lage auf einer kleinen Landzunge und der gut erhaltenen, von einer Festigung geschützten Altstadt wird Alghero gern besucht. Sehenswert sind hier die gotische Kathedrale (1562–1579; Portal im aragonesischen Stil), die Kirche San Francesco mit ihrem romanischen Kreuzgang und die spanischen Bastionen.

※Alghero

Rund 25 km westlich von Alghero ragen die schroffen Kalksteinfelsen von Capo Caccia ins Meer. An der Westseite des Kaps, das die weite Bucht von Porto Conte abschließt, öffnet sich die Grotta di Nettuno (Neptungrotte), eine der schönsten Tropfsteinhöhlen Sardiniens (Ausflugsboote von Alghero).

※Capo Caccia, ※Grotta di Nettuno

Selinunt / Selinunte   G 20

Region: Sizilien/Sicilia
Provinz: Trapani
Höhe: 74 m ü.d.M.

Unweit der Südwestküste Siziliens liegt zu beiden Seiten des Flusses Modione (griech. 'Selinon') und der Senke Gorgo di Cottone die Ruinenstätte Selinunt, rund 10 km südlich von Castelvetrano bzw. etwa 70 km nordwestlich von Agrigent.

Lage

Selinus wurde um 650 v.Chr. als die westlichste griechische Kolonie auf Sizilien über einem Hügel nahe am Meer gegründet und dehnte sich später

Geschichte

Selinunt

Geschichte (Fortsetzung)

auf die nördlich anschließende Hochfläche aus. Auf dem östlich gegenüberliegenden Hügel entstand seit dem 6. vorchristlichen Jahrhundert ein heiliger Bezirk. Die blühende Stadt wurde 409 v. Chr. von den Karthagern erobert und zerstört, eine seit 407 v. Chr. auf dem Westhügel neu erbaute befestigte Stadt 250 v. Chr. im Ersten Punischen Krieg wiederum von den Karthagern vernichtet.

Von der Bedeutung der antiken Stadt zeugen noch heute die eindrucksvollen weiten Trümmerfelder, vor allem die gewaltigen Reste von acht dorischen Tempeln (6./5. Jh. v.Chr.), die wahrscheinlich bei Erdbeben zwischen dem 5. und dem 8. Jh. n.Chr. einstürzten und dann allmählich vom Dünensand verweht wurden. Seit 1925 sind Wiederherstellungsarbeiten und neue Ausgrabungen im Gange; zwei Tempel wurden inzwischen wieder aufgerichtet, weitere sollen folgen.

*Ruinenstätte

*Akropolis

Auf dem westlichen Hügel steht die früher vollständig mauerumgebene, von einer Nord-Süd- und einer Ost-West-Straße durchzogene Akropolis (450 m lang, bis 350 m breit). Im südöstlichen Sektor des Bezirks befinden sich die Reste des kleinen Tempels A und das Fundament des gleichartigen Tempels O. Gleich nördlich der Ost-West-Straße der winzige Tempel B, ohne Säulenkranz; nördlich daneben sieht man, auf der Höhe des Hügels, den Tempel C, den ältesten der Akropolis, der mit seinen 1925 und 1929 wiederaufgerichteten Säulen neben dem unten genannten Tempel E das Wahrzeichen des Trümmerfeldes bildet. Nördlich daneben der etwas jüngere Tempel D.

Befestigung

Am Nordrand der Akropolis sind die Reste der altgriechischen, 407 v. Chr. erneuerten Befestigung freigelegt, ein ausgezeichnetes Beispiel der hochentwickelten griechischen Befestigungskunst. Weiterhin dehnt sich nördlich der Akropolis auf dem Plateau Manuzza die eigentliche Stadt aus, von der nur wenige Reste erhalten sind.

Demeter-Tempel

Von der Akropolis gelangt man in der Verlängerung der Ost-West-Straße westlich über den Modione, an dessen Mündung der Westhafen lag, zu dem Hügel Manicalunga. An seiner Flanke liegt der heilige Bezirk mit Überresten des Tempels, welcher der Demeter Malophoros ('Fruchtbringerin') geweiht war. An der Nordecke des Bezirkes das kleine Heiligtum des Zeus Meilichios ('des Versöhnlichen').

Westlich an den Demeter-Tempel anschließend erstreckt sich eine etwa 2 km lange Nekropole.

Selinunt, Demeter-Tempel Nekropole

Von der Akropolis führt eine 1,5 km lange Straße östlich über den Gorgo di Cotone zum östlichen Hügel. Hier liegen die Reste von drei Tempeln mit Säulenhallen, deren Größe noch in der Zerstörung eindrucksvoll ist. Der südliche Tempel E (Hera-Tempel) wurde mit seinen 38 Säulen 1959 wiederaufgerichtet. Nördlich anschließend den Tempel F und der wahrscheinlich dem Apollo geweihte Tempel G, der mit 113 m Länge neben dem Zeustempel in ⟶ Agrigent und dem Artemision in Ephesus (Kleinasien; heute Türkei) der größte aller griechischen Tempel ist.

*Tempel E

Siena

F 9

Region: Toskana/Toscana
Provinz: Siena
Höhe: 322 m ü.d.M.
Einwohnerzahl: 64 000

Siena, Hauptstadt der gleichnamigen Provinz, liegt rund 70 km südlich von Florenz im toskanischen Hügelland. Früher wurde die Erde der Gegend in Malerfarben verwendet ('Terra di Siena'). Die Stadt ist Sitz einer Universität und eines Erzbischofs. Mit ihren zahlreichen Kirchen und Palästen bietet sie eindrucksvolle Architekturensembles. Der Stadtkern ist für den privaten Kfz-Verkehr gesperrt (Zufahrt zu den Hotels möglich).

Lage und Allgemeines

Siena, im Altertum als Sena Julia unbedeutend, erhielt in der fränkischen Zeit eigene Grafen. Nach dem Tode der Markgräfin Mathilde von Tuscien (1115) wurde die Stadt unabhängig. Die Regierung lag in den Händen des ghibellinischen Adels. Dies brachte Siena in scharfen Gegensatz zu dem guelfischen Florenz, mit dem es sich fortwährend im Kampfe befand.
Nach dem Untergang der Staufer gewann 1270 Karl von Anjou Einfluß auf die Stadt und machte sie zum Mitglied des toskanisch-guelfischen Städtebundes. 1348 verursachte die Pest in Siena große Not. Zwingherren, darunter 1487 Pandolfo Petrucci, suchten die Streitigkeiten der Bürger zu beenden. 1555 wurde Siena von den Spaniern besetzt, 1559 an den Herzog Cosimo I. von Toskana abgetreten.

Geschichte

Den Höhepunkt der sienesischen Kunst bildeten das 13. und 14. Jahrhundert. Der Dom und zahlreiche Paläste sind herrliche Denkmäler gotischer Architektur. Die gute Ziegelerde der Umgebung bedingte die Bevorzugung des Backsteinbaus. Die Sieneser Malerei des 13. und 14. Jh.s (Duccio, Simone Martini, Ambrogio und Pietro Lorenzetti) übertraf mit ihrem anmutigen Stil anfangs die von Florenz. Iacopo della Quercia (1374–1438), der noch auf Michelangelo gewirkt hat, ist ein Mitbegründer der Renaissance-Skulptur.

Kunst

Sehenswertes

Im Zentrum der Stadt liegt die Piazza del Campo, der weite halbrunde Vorplatz der mächtigen Rathausfront, in seiner Geschlossenheit eine der schönsten städtebaulichen Raumschöpfungen. Am 2. Juli und besonders am 16. August findet hier das Volksfest 'Palio delle Contrade' statt, mit einem Umzug in mittelalterlichen Trachten und einem Pferderennen, dessen Preis ein Banner (lat. 'pallium') mit dem Bild der Madonna ist.

** Piazza del Campo

An der Nordseite des Platzes sieht man die marmorne Fonte Gaia ('Freudenbrunnen'), eine Nachbildung von Iacopo della Quercias Meisterwerk (1419; Originalskulpturen im Museo Civico; s. unten).

Fonte Gaia

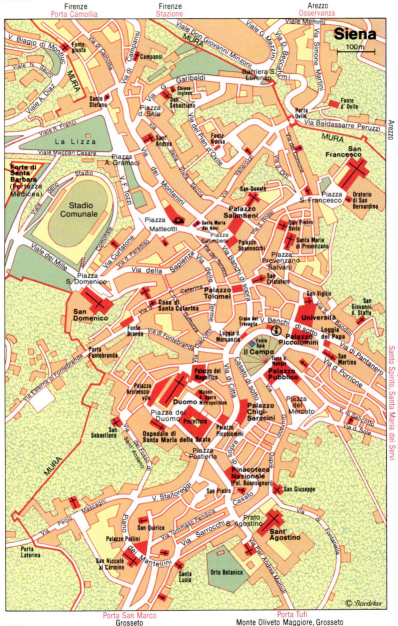

Siena

An der Südseite des Campo erhebt sich der Palazzo Pubblico, ein großartiger gotischer Bau aus Travertin und Backstein, 1297–1310 errichtet; das oberste Geschoß der niedrigeren Flügel kam erst 1680 hinzu. An der Seite befindet sich die 1338–1348 erbaute Torre del Mangia (102 m; 412 Stufen); von oben bietet sich eine schöne Aussicht. An der Turmbasis die nach der großen Pest von 1348 in Form einer Loggia – mit einem Renaissanceaufbau (1468) – errichtete Cappella di Piazza.
Das Innere des Palazzo Pubblico ist mit zahlreichen Fresken der Sieneser Schule geschmückt, die einen Einblick in die Anschauungen der Bürger des 14. und 15. Jh.s gewähren – so in der Sala della Pace 'Das gute und das schlechte Regiment' (mit einem Stadtbild von Siena, 1337–1343) von Ambrogio Lorenzetti.

Palazzo Pubblico

Im ersten und zweiten Stock ist das Museo Civico untergebracht, mit Zeichnungen, Gemälden und anderen Dokumenten zur Stadtgeschichte. Im dritten Stock eine Loggia, in der die Originalskulpturen der Fonte Gaia (s. zuvor) zu sehen sind.

Museo Civico

Von der Nordwestseite des Campo führen Treppen hinauf zur Loggia della Mercanzia, dem alten Handelsgericht (1428–1444) nahe der sogenannten Croce del Travaglio ('Kreuz der Arbeit'). Hier treffen die drei Hauptstraßen der Stadt zusammen: von Norden die Via Banchi di Sopra, von Osten die Via Banchi di Sotto, von Südwesten die Via di Città.

Loggia della Mercanzia

An der Via di Città steht der Palazzo Chigi-Saracini (14. Jh.), der Sitz der Accademia Musicale Chigiana (Musikhochschule), die u.a. Konzerte veranstaltet. In dem Gebäude sind ferner Gemälde von Botticelli, Pinturicchio, Sodoma und Spinello Aretino zu sehen (Besichtigung nur nach Voranmeldung).

Palazzo Chigi-Saracini

An der Via Banchi di Sotto steht die Universität; rechts gegenüber der Palazzo Piccolomini, einer der schönsten Frührenaissance-Paläste der Stadt, seit dem Jahre 1469 für Nanni Piccolomini, den Vater des Papstes Pius III., erbaut, heute Sitz des bedeutenden Staatsarchivs.

*Palazzo Piccolomini

An der nahen Piazza Piccolomini der zierliche Bau der Logge del Papa, 1462 von Pius II. errichtet.

Logge del Papa

Von der Via di Città führt die Via dei Pellegrini westwärts, am Palazzo del Magnifico (1508; links) vorbei, zu der kleinen Piazza San Giovanni. An ihrer Südwestseite befindet sich der Chor des hochgelegenen Domes, unter dem das Baptisterium San Giovanni eingebaut ist, das eine schöne, jedoch unvollendete gotische Fassade (1382) hat. Im Innern des Baptisteriums ein 1427–1430 von Iacopo della Quercia aufgeführter Taufbrunnen, den Donatello und andere Künstler mit Bronzereliefs geschmückt haben.

*Baptisterium San Giovanni

Von der Piazza San Giovanni gelangt man zum Erzbischöflichen Palast (Palazzo Arcivescovile); im Inneren die berühmte 'Madonna del Latte' ('Stillende Madonna'), ein Tafelbild, das Ambrogio Lorenzetti zugeschrieben wird.

Palazzo Arcivescovile

Vom Erzbischöflichen Palast sind es nur wenige Schritte zum Domplatz, der auf dem höchsten Punkt der Stadt liegt. Hier steht der Dom (Santa Maria Assunta). Er wurde Mitte des 12. Jh.s begonnen und 1264 mit dem Kuppelbau vollendet, der Chor um 1317 östlich über dem Baptisterium verlängert. Die 1339 von den Bürgern beschlossene Erweiterung, die den Dom nicht nur zum größten, sondern auch schönsten gotischen Bau Italiens gemacht hätte, geriet wegen baulicher Fehler und infolge der Pest von 1348 ins Stocken. Der jetzige Dom hat eine Gesamtlänge von 89 m und eine Breite von 24 m (im Querschiff 54 m).

**Dom (Grundriß s.S. 552)

Die Fassade, in rotem, schwarzem und weißem Marmor, wurde erst 1380 vollendet. Den reichen Skulpturenschmuck hat man 1869 großenteils

*Fassade

Siena

Blick vom Turm des Palazzo Pubblico auf die Piazza del Campo

erneuert, die Mosaiken erst 1877 eingesetzt. Der Glockenturm stammt vom Ende des 13. Jahrhunderts.

Das Innere des Domes macht mit seinen gleichmäßig wechselnden Lagen schwarzen und weißen Marmors einen zunächst ungewohnten Eindruck. Einen einzigartigen Schmuck bildet der marmorne Fußboden mit seinen schönen Graffito-Darstellungen, meist Szenen aus dem Alten Testament, gefertigt nach Zeichnungen großer Künstler (z.T. Kopien; Originale im Dommuseum).

Im Mittelschiff befinden sich oben am Kranzgesims zahlreiche Papstbüsten aus Terrakotta (15. Jh.).

Im linken Seitenschiff ist die Eingangswand vor der Dombibliothek beachtenswert, ein Meisterwerk dekorativer Plastik von Lorenzo Marrina, einem hervorragenden Bildhauer der sienesischen Hochrenaissance.

Im linken Querschiff die Cappella di San Giovanni Battista (Kapelle Johannes' des Täufers), ausgeschmückt mit Fresken von Pinturicchio; sehenswert sind ferner das Portal von Marrina und eine Bronzestatue Johannes' des Täufers, geschaffen von Donatello (1457).

Beachtung verdient auch die Kanzel aus weißem Marmor mit schönen Reliefdarstellungen aus dem Neuen Testament, geschaffen von Nicola Pisano (1266–1268).

Aus dem linken Seitenschiff gelangt man durch die zuvor erwähnte Tür in die berühmte Dombibliothek (Libreria Piccolomini), eine der schönsten und zugleich besterhaltenen Schöpfungen der Frührenaissance, ab 1492 im Auftrag des Kardinals Francesco Piccolomini (später Papst Pius III.) zu Ehren seines Verwandten Aeneas Sylvius Piccolomini (Papst Pius II.; 1458–1464) erbaut und 1502–1509 von Pinturicchio und seinen Schülern mit farbenfrohen Fresken (Darstellungen aus dem Leben des Aeneas Sylvius) ausgeschmückt.

◀ *Dom von Siena*

Dom (Fortsetzung)
Inneres

**Fußboden (Grundriß s.S. 552)

Cappella di San Giovanni Battista

*Kanzel

*Piccolomini-Bibliothek

Baedeker Special

Volksfest 'Palio delle Contrade'

Am 2. Juli jeden Jahres und besonders am 16. August ist Siena von Leben erfüllt: Dann findet auf der Piazza del Campo der sogenannte Palio delle Contrade statt, ein Pferderennen, das mit einem Volksfest verbunden ist. Als Contrade (Einzahl: Contrada) bezeichnet man die Stadtviertel von Siena, eine Einteilung, die auf die Verwaltung im Mittelalter zurückgeht. Von den 17 Contrade nehmen zehn an dem Wettkampf, der zu Ehren des hl. Jungfrau ausgetragen wird, teil. Die siegreiche Contrada erhält den "Palio", ein Banner mit dem Bild der Madonna. Über die Teilnahme der Contrade an dem Rennen entscheidet das Los.

Das eigentliche Rennen dauert nur wenige Augenblicke. Am Vormittag findet der Teil des Festes statt, der besonders schön anzusehen ist, der malerische Umzug. Die Teilnehmer sind in historische Trachten gekleidet. Begleitet von Trommelschlagen und Fahnenschwingen bewegt sich der Zug über den Domplatz zum festlich geschmückten 'Campo'. Von den Fenstern und Balkonen der umliegenden Häuser, zum Teil sogar von den Dächern aus beobachten die Menschen das Treiben. An der Spitze des historischen Umzugs reitet ein Fahnenträger, der die schwarzweiße Fahne, das Wahrzeichen Sienas, schwingt. An diesen schließen sich die Musikanten sowie die Bannerträger der Städte und Schlösser, die zu dem alten Stadtstaat Siena gehörten, an. Dann folgen die Vertreter der zehn zum Rennen zugelassenen Contrade, alle in den Farben des jeweiligen Stadtteils gekleidet. Zu jeder Gruppe gehören ein Trommelschläger, mehrere Fahnenträger, ein Hauptmann, vier Pagen, der Reiter auf dem Paradepferd und der 'Barbaresco', der das Rennpferd am Zügel hält. Auch die Contrade, die nicht am Rennen teilnehmen, sind vertreten. Beschlossen wird der Zug von einem Triumphwagen, der mit vergoldetem Zierat und Malereien geschmückt ist. Auf diesem Wagen befinden sich der Palio, das Banner, mit dem die siegreiche Contrada belohnt wird, die Glocke 'Martinella' und vier Vertreter der 'Biccherna', der mittelalterlichen Finanzbehörde.

Der Palio, das berühmteste Volksfest von Siena, geht auf die Zeit um 1310 zurück, in diesem Jahr wurde die Einführung des Palio in einer Urkunde des Allgemeinen Rates der Stadt amtlich bestätigt. Zuerst gab es nur den Palio, der am 16. August zu Ehren von Mariä Himmelfahrt ausgetragen wird. Seit der Mitte des 12. Jh.s geriet die unabhängige ghibellinische Stadt mit dem guelfischen Florenz in Konflikt. Im Jahre 1260 siegten die Sieneser bei Montaperti über die Florentiner. Danach bekam der Palio eine stärkere, auch politische Bedeutung. Auf diese Weise wollte man der Madonna huldigen und zugleich die Unabhängigkeit der Stadtgemeinde Siena hervorheben. Der andere Palio, der am 2. Juli ausgetragen wird, wurde erst 1656 offiziell anerkannt. Er findet zu Ehren der Madonna von Provenzano statt. Diese Entwicklung hatte zur Folge, daß die religiöse Zeremonie für den Palio vom 16. August im Dom von Siena, die für das Rennen am 2. Juli dagegen in der Kirche Santa Maria die Provenzano stattfindet, in der die sog. Madonna di Provenzano aufbewahrt wird – Fragmente einer Pietà aus dem Besitz des sienesischen Ghibellinen-Führers Provenzano Salvani.

Am Tag vor dem Palio (lat. Pallium = Tuch, Decke) wird ein Ausscheidungsrennen abgehalten. Für das eigentliche Rennen errichtet man auf der Piazza del

Campo hölzerne Tribünen. Jede Contrada führt ihr Pferd in eine Kirche, um es segnen zu lassen.

Am frühen Nachmittag findet dann der feierliche Einzug auf dem Campo statt. Gestartet wird das Rennen mittels einer über die Bahn gespannten Schnur. Die Reiter brauchen nicht aus Siena zu stammen, jedes der beteiligten Viertel kann irgendwo in Italien einen anheuern. Jeder Reiter muß erstklassig sein, doch nicht wie gewöhnlich ein Jockey, leicht von Gewicht, sondern kräftig und kampfeslustig. Während des Rennens sind die Reiter mit einem Ochsenziemer 'bewaffnet', von dem sie reichlich Gebrauch machen – um das Pferd des Gegners scheu zu machen und das eigene bis zum Zusammenbruch anzutreiben. Alles kommt darauf an, bei dem Wettlauf als erster am Ziel zu sein. Die Wildheit des Palio, bei dem alte Kampfinstinkte freigesetzt werden, überträgt sich auch auf die Zuschauer. Für die Bewohner Sienas hat der Palio eine kommunikative Wirkung, und er trägt zur Stärkung des Lokalpatriotismus bei. Man sagt, die Verlierer sollten am besten gleich die Flucht ergreifen, um sich vor Übergriffen zu schützen. Der Sieger des Rennens wird dagegen in seinem Quartier unter Lärm und Jubel gefeiert. Das anschließende Bankett hat entweder den Zweck, den Kummer zu ertränken oder den Sieg erneut zu feiern. Während der Palio jahrhundertelang für die Bevölkerung der Stadt eine recht kostspielige Angelegenheit war, kommt heute durch die Veranstaltung Geld herein, da sich auswärtige Gäste in großer Zahl an dem Spektakel erfreuen.

Der Schriftsteller Kasimir Edschmid hat seine Eindrücke in den folgenden Sätzen zusammengefaßt: "In den Tagen des Palio-Festes kommt bei den Einwohnern von Siena in der Tat alles zum Ausbruch, was seit Jahrhunderten an Kämpfertradition, an Ehrgeiz, an alten Zerwürfnissen, an Ehren, Niederlagen und Triumphen noch im Bewußtsein der Bevölkerung dieser stolzen Stadt vorhanden ist. Der Palio ist das Wettrennen, in dem die siebzehn Stadtviertel, die Contraden Sienas, ihre Pferde gegeneinander laufen lassen und in dem die Reiter der einzelnen Contraden, die Fantini, auf dem herrlichsten Platz der Stadt erbittert miteinander kämpfen."

Pferderennen auf dem Campo in Siena

Siena

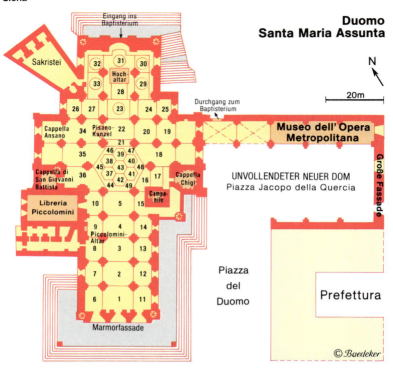

Duomo
Santa Maria Assunta

Marmorne FUSSBODENBILDER im Dom (entstanden zwischen 1369 und 1547), teils Nachbildungen, teils Kopien (Originale im Dommuseum)

- 1 Hermes Trismegistos
- 2 Stadtwappen von Siena (Mitte), Pisa, Lucca, Florenz, Arezzo, Orvieto, Rom, Perugia, Viterbo, Massa, Grosseto, Voltera und Pistola
- 3 Kaiseraltar
- 4 Glück
- 5 Glücksrad, Vier Philosophen
- 6–15 Sibylle
- 16 Sieben Menschenalter
- 17 Glaube, Hoffnung, Nächstenliebe, Religion
- 18 Iephthes besiegt die Ammoniter
- 19 Absaloms Tod
- 20 Kaiser Siegmund
- 21 Moses' Quellwunder
- 22 Tanz um das Goldene Kalb
- 23 David und Goliath
- 24 Moses
- 25 Samson besiegt die Philister
- 26, 27 Joshua
- 28 Abrahams Opfer
- 29 Klugheit
- 30 Mäßigung
- 31 Barmherzigkeit
- 32 Gerechtigkeit
- 33 Tapferkeit
- 34 Judith schlägt Holophernes den Kopf ab
- 35 Kindermord zu Bethlehem
- 36 Herodes' Sturz
- 37–49 Ahab und Elias

Dommuseum Der Südostseite des Domes gegenüber befindet sich in drei Langhausjochen des Neuen Domes das Dommuseum (Museo dell' Opera Metropolitana). Es besitzt eine Sammlung zur Geschichte des Dombaues, Gemälde Sieneser Meister, u.a. von Duccio di Buoninsegna die "Thronende Madonna mit Engeln und Heiligen" ("Maestà"), die "Geburt der Jungfrau" von Pietro Lorenzetti, ferner bestickte liturgische Gewänder (14.–18. Jh.).

Santa Maria della Scala Der Domfassade gegenüber stehen die Kirche und das Spedale di Santa Maria della Scala (13./14. Jh.), mit Fresken aus dem Hospitalbetrieb des 15. Jahrhunderts.

Vom Domplatz gelangt man durch die Via del Capitano südöstlich an der Präfektur, dem ehem. Palazzo Reale (links) und dem Palazzo del Capitano del Popolo (rechts) vorbei zu der kleinen Piazza di Postierla und weiter durch die Via di San Pietro zum Palazzo Buonsignori, einem Backsteinbau des 14. Jh.s, der heute die Pinacoteca Nazionale beherbergt. Die Gemäldegalerie bietet einen ausgezeichneten Überblick über die Sieneser Malerei vom 12. bis zum 16. Jahrhundert. Vertreten sind vor allem Guido da Siena, Duccio di Buoninsegna, Ambrogio Lorenzetti, Pietro Lorenzetti, Giovanni di Paolo, Pinturicchio und der aus der Lombardei stammende Giovanni Antonio Bazzi, genannt 'il Sodoma'.

*Pinacoteca Nazionale

Sehenswertes im Nordosten

An der Via Banchi di Sopra, die an der Loggia della Mercanzia beginnt, sieht man links einen frühgotischen Palast, den Palazzo Tolomei, weiterhin an der Piazza Salimbeni den zinnenbekrönten Palazzo Salimbeni sowie an der südlichen Ecke den Palazzo Spannocchi, einen 1470 von dem Florentiner Giuliano da Maiano begonnenen schönen Frührenaissancebau.

Paläste

Am nordöstlichen Stadtrand liegt die Kirche San Francesco (1326–1475), eine Gründung der Franziskaner; die Fassade stammt von 1913. Im linken Querschiff ein eindrucksvolles Fresko (um 1330) der Kreuzigung, geschaffen von Pietro Lorenzetti.

San Francesco

An der Stelle, wo der Franziskanermönch Bernhardin von Siena meist gepredigt hatte, wurde im 15. Jh. neben der Kirche San Francesco ein Oratorium errichtet. In dessen Obergeschoß verdienen die Fresken aus dem 16. Jh., u.a. von Sodoma, und die Deckendekoration der Frührenaissance besondere Beachtung.

Oratorio di San Bernardino

Nordwestlich vom Palazzo Tolomei hat das Museo Archeologico Nazionale (Archäologisches Nationalmuseum) seinen Sitz. Die Sammlungen umfassen vorwiegend etruskische Fundstücke aus der Umgebung der Stadt (u.a. Urnen, Bronzearbeiten) und eine beachtliche Münzsammlung.

Museo Archeologico

Im Westen der Stadt steht die Kirche San Domenico, ein burgartiger gotischer Backsteinbau (1226–1465) mit einem zinnenbekrönten Kampanile. In der nordwestlichen Querwand des Langhauses öffnet sich der Zugang zu einer überwölbten Kapelle, in der sich das älteste bekannte Bildnis der hl. Katharina von Siena (1347–1380), ein von Andrea Vanni um 1400 gemaltes Fresko, befindet.

San Domenico

Auf dem Hauptaltar im Chor ein Ziborium und zwei Leuchterengel (um 1475) von Benedetto da Maiano.

Unterhalb des Hügels von San Domenico die Fonte Branda, ein schon im Jahre 1081 erwähnter, 1246 mit einer dreibogigen Halle überbauter Brunnen.

Fonte Branda

Östlich des Brunnens liegt in der Via Santa Caterina das Heiligtum der hl. Katharina (Santuario Cateriniano). Die hl. Katharina von Siena (1347 bis 1380), Tochter des Färbers Benincasa, bewog durch ihre Beredsamkeit Papst Gregor XI., aus seinem Exil zu Avignon nach Rom zurückzukehren (1377). Von ihren Visionen ist die bekannteste die auf vielen Bildern dargestellte Hochzeit mit Christus. In dem schönen Renaissanceportal die lateinische Inschrift "Sponsae Kristi Catherinae Domus" ("Haus der Katharina, Braut Christi").

Santuario Cateriniano

Von San Domenico gelangt man entweder nordwestlich durch den Viale dei Mille, am Stadion vorbei, oder nördlich um das Stadion herum zu dem hübschen Park Passeggio della Lizza, wo man ein Garibaldi-Denkmal

Forte di Santa Barbara

Sizilien

Siena,
Forte di
Santa Barbara
(Fortsetzung)

errichtet hat (1896). An der Westecke des Parkes der Eingang zu dem 1560 von Herzog Cosimo I. erbauten ehem. Forte di Santa Barbara, einem Festungswerk, das jetzt zu Freilichtaufführungen benutzt wird.
In der ersten Bastion links ist die Enoteca Italica (Italienische Vinothek) eingerichtet, eine Ausstellung über den italienischen Weinbau.

Fontegiusta

Unweit nördlich vom Lizza-Park steht die kleine, 1484 erbaute Kirche Fontegiusta mit einem Hochaltar von Lorenzo Marrina, einer der schönsten derartigen Schöpfungen der Hochrenaissance (1519).

Santa Maria
dei Servi

Im Südosten der Altstadt steht die im 13.–15. Jh. errichtete Kirche Santa Maria dei Servi mit einem schönen Kampanile. Im Inneren befinden sich mehrere Gemälde von Künstlern der Sieneser Schule, darunter das berühmte Fresko "Kindermord zu Bethlehem" (um 1330) von Pietro Lorenzetti.

Porta Romana

Unweit südlich öffnet sich in der Stadtmauer die Porta Romana, ein massiges Stadttor von 1327.

Colle di Val d'Elsa

Lage
23 km nordwestlich von Siena

Von Siena gelangt man auf der S.S. 2 nordwestlich nach Colle di Val d'Elsa (16 000 Einw.), einem oberhalb der Elsa gelegenen Städtchen. Der Ort besteht aus der industriereichen Unterstadt Colle Bassa (137 m) und der alten Oberstadt Colle Alta (223 m); in der Oberstadt mittelalterliche Paläste und der Dom aus dem 17. Jahrhundert.
Von Colle di Val d'Elsa kann man entweder nach ⟶ Volterra (rund 27 km westlich) oder über Poggibonsi zu der interessanten Stadt ⟶ San Gimignano (etwa 20 km nordwestlich) fahren.

*Monte Oliveto Maggiore

Lage
35 km südöstlich von Siena

Einen Besuch lohnt auch das 1313 von dem Sieneser Bernardo Tolomei gegründete Kloster Monte Oliveto Maggiore (273 m). Es ist eines der berühmtesten Klöster der Olivetaner, einer Benediktiner-Kongregation. Sehenswert sind die Gesamtanlage wie auch die Fresken im Kreuzgang ("Leben des hl. Benedikt") von Luca Signorelli (1497/1498) und Sodoma (ab 1505).

Abbazia di San Galgano

Lage
33 km südwestlich von Siena

Südwestlich von Siena liegt die Abtei von San Galgano (Abbazia di San Galgano). Ihre Ruinen sind ein typisches Beispiel der Zisterziensergotik in Italien. Die Kirche, 1224–1288 erbaut, ist selbst im Zustand des Verfalls ungemein wirkungsvoll.

Sizilien / Sicilia   G–K 19–22

Region: Sizilien/Sicilia
Provinzen: Agrigent/Agrigento, Caltanissetta, Catania, Enna, Messina, Palermo, Ragusa, Syrakus/Siracusa und Trapani
Fläche: 25 708 km^2
Bewohnerzahl: 5 000 000

Hinweis

Die im Rahmen dieses Reiseführers gegebene Darstellung von Sizilien ist bewußt knapp gehalten, da in der Reihe 'Baedeker Allianz Reiseführer' ein ausführlicher Inselband "Sizilien" vorliegt.

Sizilien

Sizilien, die größte Insel des Mittelmeers, liegt südwestlich der italienischen Halbinsel. Sie bildet eine autonome Region mit der Hauptstadt Palermo.

Lage und Allgemeines

Sizilien ist fast durchweg gebirgig und von lebhaftem Vulkanismus geprägt. Gleichsam als Wahrzeichen erhebt sich weithin sichtbar über der Ostküste der mächtige, schneebedeckte Kegel des → Ätna (3343 m), des größten noch tätigen Vulkans in Europa.

Landschaftsbild

Die Bevölkerung konzentriert sich in den fruchtbaren und wasserreichen Küstenniederungen. Dort liegen die meisten größeren Städte.

Besiedlung

Eine überaus ertragreiche, in rascher Entwicklung begriffene Landwirtschaft macht Sizilien zu einer der wichtigsten Agrarregionen Italiens. Intensiver Gemüseanbau (Tomaten, Gurken, Frühkartoffeln u.a.), Baumkulturen (Zitrusfrüchte, Mandeln, Oliven) und Weinbau, besonders an der Westspitze um Marsala, herrschen in den fruchtbaren Küstenstrichen vor. Das trockene, bergige Inselinnere erlaubt nur extensiven Ackerbau (Weizen im Wechsel mit Bohnen) und etwas Weidewirtschaft (Schafe, Ziegen). Das überkommene Feudalsystem und die dadurch bedingte oft unzweckmäßige Bewirtschaftung des Landes durch Kleinpächter stehen einer noch rascheren, aufgrund der natürlichen Gegebenheiten möglich scheinenden Entfaltung im Wege.

Landwirtschaft

Von einiger Bedeutung ist neben der Landwirtschaft die Küstenfischerei auf Thunfisch, Sardellen, Tintenfisch und Schwertfisch, ferner die Salzgewinnung um Trapani.

Fischerei

Sizilien ist arm an Industrie. Allein Petrochemie (um Syrakus und Gela), Kalibergbau an Stelle des einst bedeutenden Schwefelabbaus sowie Asphalt- (um Ragusa) und Marmorgewinnung haben einiges Gewicht. Die

Industrie

Sizilianische Landschaft am Fuß des Ätna

Sizilien

Industrie (Fortsetzung)
spürbare industrielle Aufwärtsentwicklung der jüngsten Zeit hat dazu beigetragen, die Bevölkerungsabwanderung in die hochindustrialisierten Staaten Mittel- und Nordeuropas aufzuhalten.

Tourismus
Einzigartig schöne Landschaften und gute Strandpartien, vor allem an der Nord- und Ostküste, die zahlreichen großartigen Denkmäler aus der Antike, darunter die besterhaltenen griechischen Tempelanlagen überhaupt, wie auch die eigentümlichen Bauwerke der Normannenzeit haben Sizilien von jeher zu einem höchst anziehenden Reiseziel gemacht. In den letzten Jahren ist der Fremdenverkehr zu einem wichtigen Wirtschaftszweig geworden.

Schiffsverkehr
Linienverkehr (auch Autofähre) besteht von Reggio Calabria und Villa S. Giovanni nach Messina, von Genua und Livorno nach Palermo, von Neapel nach Palermo und Catania bzw. Syrakus.

Flugverkehr
Der internationale Flughafen von Sizilien liegt bei Catania; Flugplätze für den nationalen Flugdienst bei Palermo und Comiso sowie etwa 12 km südlich von Trapani.

Inselrundfahrt (ca. 930 km)

Der erste Abschnitt der Rundfahrt führt von Messina nach Palermo. Er verläuft auf einem landschaftlich besonders abwechslungsreichen Küstenstrich entlang dem Tyrrhenischen Meer teils auf der Autobahn A 20, teils auf der S.S. 113 ('Settentrionale Sicula').
Die Strecke verläßt Messina in nordwestlicher Richtung durch gartenreiche Vorstädte, überquert die waldreichen Peloritanischen Berge (1286 m) bei der Paßhöhe Colle San Rizzo (465 m; Autobahntunnel) und senkt sich zum Meer hin ab.

Die Reste der antiken Stadt Tyndaris

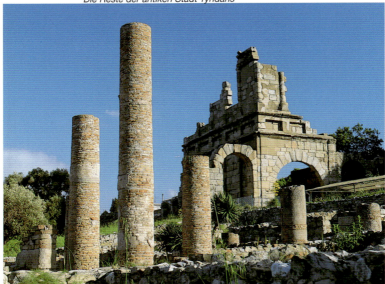

Sizilien

37 km: Anschlußstelle Milazzo/Isole Eolie. Rund 6 km nördlich liegt das 716 v.Chr. von Griechen gegründete Milazzo (30 m; 31 000 Einw.; gute Strände, Schiffsverbindung zu den → Liparischen Inseln), eine kleine Stadt mit einem Normannenkastell; 7 km weiter nördlich von hier kommt man zum Capo di Milazzo.

Milazzo

An der Landstraße folgt nach 12 km das Schwefelbad Castroreale Terme.

Castroreale Terme

Nach 3 km folgt die Abzweigung (links) der windungsreichen S.S. 185 zu dem 20 km landeinwärts gelegenen Städtchen Novara di Sicilia (675 m); von dort fährt man weiter auf der Portella Mandrazzi (1125 m) zum Kamm der Peloritanischen Berge, dann mit großartigem Blick auf den Ätna nach Francavilla di Sicilia (330 m) und von hier – nahe an der Schlucht Gola dell' Alcantara vorbei – noch 22 km bis Giardini Naxos unterhalb von → Taormina.

Abstecher: Novara di Sicilia

Rund 12 km hinter der Autobahn-Anschlußstelle Milazzo folgt an der S.S. 113 die Abzweigung einer 2 km langen Nebenstraße am Kloster Madonna del Tindari vorbei und durch das Dorf Tindari zu den Trümmern von Tyndaris, der jüngsten griechischen Kolonie auf Sizilien, 396 v.Chr. von Dionysius I. gegründet und wahrscheinlich von den Sarazenen zerstört. Zu sehen sind Reste der Stadtmauer, eines Theaters, einer römischen Basilika und Mosaikfußböden. Einen Besuch lohnt das Museum 'Antiquarium'.

Abstecher: Tyndaris

An der Autobahn folgt 29 km hinter Milazzo/Isole Eolie die Anschlußstelle für Patti (157 m; 13 000 Einw.), einen Ort mit großen Klöstern und einem Dom an der Stelle des ehem. Kastells; in seinem Inneren das Grab der Adelasia von Montferrat († 1118), der Gemahlin von König Roger I.
In Patti wurde beim Bau der Autobahn zwischen dieser und dem Bahnhof die Ruine einer spätrömischen Villa freigelegt. Die reich mit Mosaiken ausgestattete Anlage stammt aus der römischen Kaiserzeit; sie kann besichtigt werden.

Patti

9 km: Tunnel durch das ins Meer steil abfallende Capo Calavà; dahinter bietet sich ein schöner Blick auf die fruchtbare Küste mit dem weit ins Meer hinausragenden Capo d'Orlando (93 m).

Capo Calavà

24 km: Anschlußstelle für Capo d'Orlando (12 m; 11 000 Einw.), ein als Seebad besuchtes Städtchen.

Capo d'Orlando

Von Capo d'Orlando Abzweigung der S.S. 116 über Naso (497 m) und die Portella dello Zoppo (1264 m), eine auf dem Kamm der Nebrodischen Berge (1847 m) gelegene Paßhöhe, nach Randazzo (764 m; 12 000 Einw.), einem Städtchen, das mit den Häusern aus dunkler Lava noch viel von seinem mittelalterlichen Charakter bewahrt hat.
Am östlichen Ende der Via Umberto I, der Hauptstraße des Ortes, steht die Kirche Santa Maria (1217–1239; im Inneren Säulenschäfte aus schwarzer Lava). Unweit westlich gelangt man durch die malerische Via degli Archi ('Bogenstraße') zur Kirche San Nicolò (urspr. normannisch, im 16. Jh. umgestaltet, im Zweiten Weltkrieg schwer beschädigt); im Inneren eine Statue des hl. Nikolaus von A. Gagini (1523). Nordwestlich hinter der Kirche befindet sich der Palazzo Finocchiaro (1509), der eine schöne Front hat. Am Westende der Via Umberto I steht die Kirche San Martino (Glockenturm aus dem 14. Jh.; reicher Kirchenschatz); schräg gegenüber ein Turm des ehem. herzoglichen Palastes.

Abstecher: Randazzo

Hinter Capo d'Orlando fährt man weiter auf der S.S. 113 durch die fruchtbare Küstenebene Piana del Capo, später durch den Bosco di Caronia, den größten Wald (meist Busch) Siziliens.

49 km: Abzweigung der S.S. 117 südlich über Mistretta (900 m; 7000 Einw.) und den Paß Portella del Contrasto (1107 m) auf dem Kamm der

Abstecher: Nicosia

Sizilien

**Nicosia
(Fortsetzung)**

Nebrodischen Berge nach Nicosia (46 km; 720 m, 16 000 Einw.); sehenswert sind der Dom San Nicola (14. Jh.), die Kirche Santa Maria Maggiore (18. Jh.; 8 m hoher Marmoraufbau von A. Gagini, 1512) und das Kastell.

Jenseits der genannten Abzweigung folgt die Küstenstraße dem Fuße des Madonie-Gebirges (Pizzo Carbonaro, 1979 m).

Cefalù

37 km: ⟶ Cefalù.
Von Cefalù fährt man weiter auf der Autobahn.
15 km: Einmündung der von Catania über Enna kommenden Autobahn A 19; auf dieser nach 2 km die Anschlußstelle Buonfornello.

Himera

Weiter auf der S.S. 113, an der bald rechts die Trümmer der 648 v.Chr. gegründeten und 409 v.Chr. von den Karthagern zerstörten griechischen Stadt Himera (dorischer Tempel, um 480 v.Chr.; Tempel des 6. Jh.s v.Chr.; Antiquarium) sichtbar werden.

Termini Imerese

13 km: Anschlußstelle Termini Imerese (77 m; 26 000 Einw.), eine schön an einem Vorgebirge gelegene Stadt; beachtenswert sind in der Unterstadt die Thermalbäder (radioaktive Bitterwasserquellen von 42° C), in der Oberstadt der Dom und der Park Belvedere, ferner das Museo Civico (archäologische Fundstücke aus verschiedenen Epochen).

Caccamo

Rund 10 km südlich der Stadt liegt auf einem Felshang über dem Fiume San Leonardo das Städtchen Caccamo (521 m; 9000 Einw.), überragt von dem wohlerhaltenen Kastell (12. Jh.; sehenswert der 'Saal der Verschwörung').

Trabia

4 km: Anschlußstelle für Trabia (6000 Einw.), ein Städtchen links abseits am Meer, mit zinnenbekröntem Schloß.

16 km: Anschlußstelle Casteldaccia.

**Abstecher:
Santa Flavia**

Von Casteldaccia weiter auf der Küstenstraße bis Santa Flavia, wo rechts eine Straße über Porticello und Sant' Elia zum Capo Zafferano (14 km; 225 m; Leuchtturm) abzweigt.

Soluntum

Von dieser Straße führt eine 1,5 km lange Nebenstraße in Kehren hinauf zum Eingang in das auf dem südöstlichen Vorsprung des Monte Catalfano (376 m) gelegene Ruinenfeld der von Phöniziern gegründeten, später römischen Stadt Soluntum (oder Solus, ital. Solunto); auffallend sind der wiederaufgerichtete Teil des Peristyls eines 'Gymnasium' genannten Gebäudes, ferner die Reste eines Theaters; Antiquarium. Von der Höhe des Berges bietet sich ein schöner Blick auf den Golf von Palermo und an klaren Tagen bis zum Ätna.

Bagheria

Etwa 3 km hinter Trabia folgt dann an der Autobahn die Anschlußstelle für Bagheria (80 m; 42 000 Einw.), eine wegen ihrer zahlreichen Barockvillen (18. Jh.) besuchenswerte Stadt. Am Ende des Corso Butera, der Hauptstraße der Stadt, steht die Villa Butera (1658; Kartause mit Wachsfiguren in Ordenstracht). Unweit östlich die Villa Palagonia (1715), mit 'phantastisch aberwitzigen Kunstwerken', die schon Goethe geschildert hat. Noch weiter östlich kommt man zur Villa Valguarnera (1721; Aussicht von der Terrasse und vom nahen Hügel Montagnola).

Palermo

12 km: Anschlußstelle ⟶ Palermo.
Die Fahrt von Palermo nach Trapani, der nächste Abschnitt der Rundfahrt, ist möglich entweder direkt über die Autobahnabschnitte A 29 und A 29d oder auf der S.S. 187 entlang der Küste über das Hafenstädtchen Castellammare del Golfo und über Erice. Besonders lohnend aber ist eine Fahrt auf der S.S. 186 bzw. später auf der S.S. 113: Man verläßt Palermo durch die Porta Nuova und den Corso Calatafimi.

Sizilien

Monreale

8 km: Monreale (300 m; 25 000 Einw.), ein hübsch über der Conca d'Oro gelegenes Städtchen. Monreale ist Sitz eines Erzbischofs.

Links an der Hauptstraße steht die prächtige, von zwei mächtigen Türmen flankierte Kathedrale, das bedeutendste Denkmal normannischer Baukunst auf Sizilien. Die 102 m lange und 40 m breite Basilika bewahrt in ihrer prachtvollen Chorpartie, mit sich schneidenden Spitzbogen aus grauer Lava, die Form der byzantinischen Kirche. Am Hauptportal befindet sich ein schönes Bronzetor von Bonanno Pisano mit Reliefs, die Szenen aus der heiligen Schrift darstellen, und Beischriften z.T. in ältestem Italienisch (1186); am linken Seitenportal unter einer Vorhalle von 1569 ein Bronzetor von Barisanus aus Trani (1179).

*Kathedrale

Dom von Monreale 1172–1182

1 Dreibogiger Portikus (Ignazio Marabitti, 1770)
2 Westportal (Bonnano Pisano, 1186)
3 Portikus (Gian Domenico und Fazio Gagini, 1547–1559)
4 Nordportal (Barisano da Trani, 1179)
5 Ostapsiden
6 Bischofs- und Königsthron
7 Hochaltar
8,9 Normannengräber
10 Cappella del Crocifisso
11 Zugang zum Domschatz
12 Zugang zum Kirchendach
13 Eingang zum Kreuzgang
14 Eingang zum Belvedere

Im Inneren der Kathedrale stehen 18 antike Säulen mit prachtvollen Kapitellen, ferner glänzende Mosaiken (mit 6340 m² die umfangreichsten Siziliens) mit Szenen aus dem Alten Testament sowie aus dem Leben Christi und dem der Apostel. In den Sarkophagen im rechten Querschiff Wilhelm I. und Wilhelm II., Sohn und Enkel Rogers II.; daneben rückwärts die Cappella di San Benedetto (16. Jh.; Marmorreliefs); an der linken Chorkapelle die Cappella del Crocifisso (1690) mit guten Holzschnitzereien der Passionsgeschichte an den Seitentüren. Es lohnt sich, das Dach der Kathedrale zu besteigen (Aussicht).

**Mosaiken (Abb. s.S. 560)

An die Front der Kathedrale schließt sich rechts das ehem. Benediktinerkloster an, von dessen altem Bau der einzigartige Kreuzgang (Chiostro di Santa Maria Nuova) mit seinen 216 Säulen erhalten ist, der größte und schönste italienisch-romanischen Stils. Der Kreuzgang wird im Süden von der Ruine eines Flügels des alten Klostergebäudes überragt.

*Kreuzgang (Abb. s.S. 560)

Etwa 21 km hinter Monreale folgt an der S.S. 186 Partinico (175 m; 25 000 Einw.), eine Stadt, die von einem alten Turm überragt wird. Dahinter fährt man weiter auf der S.S. 113.

Partinico

20 km: Alcamo (56 m; 45 000 Einw.), eine von Arabern gegründete Stadt. An der Hauptstraße steht der Dom (17. Jh.), der einen Kampanile aus dem

Alcamo

Sizilien

Monreale besitzt herrliche Mosaiken ...

... und einen eindrucksvollen Kreuzgang

Sizilien

Alcamo (Fortsetzung)

14. Jh. hat; im Inneren Malereien von Borreman (1736/1737) sowie Skulpturen von A. Gagini und seinen Schülern. In den Kirchen Santa Chiara und Badia Nuova sind Stuckfiguren von Giacomo Serpotta zu sehen. Das Kastell stammt aus dem 14. Jahrhundert. Von Alcamo Aufstieg (2 Std.) auf den Monte Bonifato (825 m; Aussicht).

Segesta

15 km: Abzweigung einer Nebenstraße zu den rund 3 km westlich gelegenen Resten der antiken Stadt Segesta (oder Egesta, 318 m), in vorgriechischer Zeit von Elymern gegründet und eine der ältesten Städte auf Sizilien, die in ständigem Kampf mit den Griechen stand, später karthagisch, dann römisch war und schließlich von den Sarazenen zerstört wurde.

Vom Ende der Zufahrtstraße führt ein einfacher Treppenweg aufwärts zu dem westlich unterhalb der alten Stadt auf einem abgeflachten Höhenrücken in großartiger Bergeinsamkeit gelegenen, 430 v.Chr. begonnenen, aber unvollendet gebliebenen Tempel, einem der besterhaltenen Siziliens (61 m lang, 26 m breit), dessen Kranz von 36 dorischen Säulen noch Gebälk und Giebel trägt.

*Tempel

Vom Ende der Zufahrtstraße gelangt man in Windungen bergan zu der 1,5 km südöstlich auf dem Monte Barbaro (415 m) gelegenen eigentlichen Stadt, von der Reste der Befestigungsanlage sowie von Häusern (Mosaikfußböden), ferner ein in den Fels gehauenes Theater (3./2. Jh. v.Chr.) erhalten sind.

Etwa 3 km hinter der Zufahrt nach Segesta folgt Calatafimi (350 m; 8000 Einw.), im Westen vom Kastellberg überragt.

Calatafimi

1 km: Abzweigung zu dem 3 km südwestlich gelegenen, weithin sichtbaren Denkmal für Giuseppe Garibaldi ('Ossario'), das 1892 zur Erinnerung an seinen ersten Sieg über die zahlenmäßig überlegenen bourbonischen Truppen am 15. Mai 1860 errichtet wurde.

Abstecher: Garibaldi-Denkmal

1 km: Straßenteilung: rechts führt die S.S. 113 nach → Trapani (35 km), links die S.S. 188 A über Salemi (10 km; 442 m; 13 000 Einw.) – überragt von der unter Friedrich II. errichteten Burg, auf der Garibaldi 1860 seine Herrschaft über Sizilien proklamierte (Gedenksäule) – nach Castelvetrano (noch 26 km).

Trapani

Der dritte Abschnitt der Rundfahrt von Trapani nach Syrakus folgt weiter der S.S. 115. 32 km: → Marsala.

Marsala

19 km: Mazara del Vallo (8 m; 46 000 Einw.); sehenswert sind die im 11. Jh. von Graf Roger gegründete Kathedrale (im 17. und 20. Jh. umgestaltet), ferner San Nicolò Regale, eine normannische Kirche aus dem 17. Jahrhundert.

Mazara del Vallo

15 km: Campobello di Mazara (110 m; 12 000 Einw.); 3 km südwestlich die antiken Steinbrüche Rocche di Cusa bzw. Cave di Campobello, die einst das Baumaterial für Selinunt lieferten (409 v.Chr. stillgelegt).

Campobello di Mazara

8 km: Castelvetrano (190 m; 32 000 Einw.); sehenswert sind die Kirchen San Giovanni (im Chor eine Statue Johannes des Täufers von A. Gagini, 1522), San Domenico (Stuckfiguren von A. Ferraro, 1574–1580, und Marmormadonna von D. Gagini) und Chiesa Madre (16.Jh.; Renaissanceportal).
Rund 3,5 km westlich der Stadt steht die wiederhergestellte Normannenkirche Santissima Trinità della Delia (byzantinischer Zentralbau, 12. Jh.).
9 km: Abzweigung zu den Ruinen der alten griechischen Stadt → Selinunt.

Castelvetrano

Sizilien

Das Halbrund des Theaters von Segesta

Sciacca

37 km: Sciacca (auch Sciacca Terme, 60 m; 38 000 Einw.) mit dem Thermal- und Ferienzentrum Sciaccamare.
Am Westeingang der Stadt die Porta San Salvatore, rechts davor die Kirche Santa Margherita (1342, im 16. Jh. erneuert; marmornes Nordportal von 1486), links die Chiesa del Carmine. Unweit nordwestlich der Porta San Salvatore steht am Corso Vittorio Emanuele die gotische Casa Steripinto (Fassade aus facettierten Quadern); in der Nähe der Dom (in der vierten Kapelle rechts Madonna von F. Laurana; 1467). Weiter östlich liegen der Stadtgarten (Aussicht) und das Kurhaus (Terme Selinuntine; Schwefelbäder) an der Stelle der antiken Thermen. Oberhalb an der Stadtmauer der Rest des Kastells des Grafen Luna (1380).

Abstecher:
*Cava d'Ispica

7 km: Abzweigung einer Nebenstraße zu dem nördlich gelegenen malerischen Höhlental Cava d'Ispica, an dessen Wänden zahlreiche Wohn- und Grabhöhlen aus byzantinischer Zeit zu sehen sind.

*Noto

32 km: Noto (158 m; 24 000 Einw.), eine der schönsten sizilianischen Barockstädte, deren Bauten großenteils restauriert werden müssen, entstand südlich der 1693 durch ein Erdbeben zerstörten alten Stadt Noto. An dem die Stadt von Westen nach Osten als Hauptstraße durchziehenden Corso Vittorio Emanuele liegen drei monumentale Plätze: An der Piazza Ercole (amtlich Piazza XVI Maggio) stehen die barocke Kirche San Domenico (18. Jh.) und eine antike Herkulesstatue; an der folgenden Piazza del Municipio der Dom mit Barockfassade (Kuppel und Seitenschiffe 1996 eingestürzt), der Palazzo Ducezio (Rathaus) und die Kirche Santissimo Salvatore. Der östlichste Platz ist die Piazza Immacolata mit der Kirche der Immacolata (oder San Francesco) und dem Kloster Santissimo Salvatore. Nördlich steht die Chiesa del Crocifisso (Madonna von F. Laurana; 1471).

Avola

An der S.S. 115 folgt nach 9 km Avola (40 m; 31 000 Einw.); dahinter fährt man über den Cassibile, den antiken Kakyparis, an dem sich 413 v.Chr.

Sizilien

Demosthenes mit 6000 Athenern den Syrakusanern ergeben mußte. Fluß- | Avola
aufwärts, in den Steilwänden der Cava Grande, eine Sikulernekropole. | (Fortsetzung)

23 km: ⟶ Syrakus. — Syrakus

Der letzte Teil der Inselrundfahrt – von Syrakus nach Messina – folgt der S.S. 114 ('Orientale Sicula'; ab Catania auch Autobahn A 18) meist nahe am Meer hin.

Rund 14 km hinter Syrakus kommt man zu einer Straßenteilung: geradeaus führt die lohnendere alte Straße über Lentini (53 m; 31 000 Einw.), rechts die um 8 km kürzere und wesentlich schnellere neue S.S. 114. — Lentini

Auf der S.S. 114 an ausgedehnten Erdölraffinerien vorüber und nach 7 km vorbei an der Abzweigung der Straße nach Augusta (14 m; 40 000 Einw.), der größten Marinebasis Siziliens. — Augusta

63 km: ⟶ Catania. — Catania

An der Küstenstraße S.S. 114 folgt 9 km hinter Catania das von einer Burgruine auf hohem Felsen überragte Städtchen Aci Castello (15 m; 15 000 Einw.). — Aci Castello

Dahinter liegen rechts im Meer die sieben Zyklopeninseln (ital. Scogli de' Ciclopi oder Faraglioni). Sie gelten als die Felsen, die der geblendete Polyphem dem zu Schiff entfliehenden Odysseus nachschleuderte. Auf der Isola d'Aci, der größten der Inseln, befindet sich eine meeresbiologische Station. — Zyklopeninseln

7 km: Acireale (sizil. Iaci; 161 m; 50 000 Einw.). Am Eingang der Stadt liegen rechts abseits die Terme di Santa Venera (laue radioaktive jodhaltige Schwefelkochsalzquellen). Am hier beginnenden Corso Vittorio Emanuele, der Hauptstraße der Stadt, steht rechts die Kirche San Sebastiano (Barockfassade). Um den Domplatz gruppieren sich der Dom, das Rathaus und die Kirche Santi Pietro e Paolo. Vom Stadtpark im Norden der Stadt bietet sich eine schöne Aussicht. — Acireale

18 km: Mascali, ein einst weiter westlich gelegenes, 1928 durch Lava zerstörtes und später an der heutigen Stelle wiederaufgebautes Städtchen. — Mascali

15 km: ⟶ Taormina. — Taormina

48 km: ⟶ Messina. — Messina

Von der Porta San Salvatore führt ein Abstecher 7,5 km nordöstlich zu dem Kreidekalkkegel des Monte San Calogero (388 m) mit dem Santuario San Calogero (Kloster; Aussicht). Unterhalb des Klosters Grotten mit Dampfbädern (Le Stufe; 34–40° C). — Abstecher: Monte San Calogero

Von Sciacca lohnt ferner ein Abstecher (20 km nordöstlich) zu dem unter einem Burgfelsen gelegenen Städtchen Caltabellotta (849 m; 5500 Einw.), das eine Kathedrale aus der Normannenzeit hat. — Abstecher: Caltabellotta

An der S.S. 115 folgt nach 23 km die Abzweigung (rechts) einer Zufahrt zu den Resten der 6 km südwestlich am Capo Bianco gelegenen, im 1. Jh. v.Chr. zerstörten Stadt Eraclea Minoa; sehenswert sind u.a. ein Theater (3. Jh. v. Chr.) und Reste einer Stadtmauer. — Abstecher: Eraclea Minoa

41 km: Porto Empedocle, der Hafen von Agrigent. — Porto Empedocle

6 km: Hauptzufahrt nach ⟶ Agrigent, die zwischen Zeustempel und Heratempel hindurchführt und dann im Bogen bergan zieht. — Agrigent

Sorrent

Sizilien, Palma di Montechiaro
32 km: Palma di Montechiaro 165 m; 22 000 Einw.), ein Ort mit schöner Barockkirche. Dahinter rechts die Höhe des Castello di Montechiaro (286 m; 14. Jh.).

Licata
20 km: Licata (12 m; 42 000 Einw.), an der Mündung des Salso am Hang aufsteigende Hafenstadt und wichtigster Handelsplatz an der Südküste Siziliens (Schwefelexport). Im Museo Civico sind zahlreiche archäologische Fundstücke zu sehen, besonders Grabbeigaben.
Westlich oberhalb das Castel San Angelo (16. Jh.; restauriert).

Falconara
11 km: Rechts am Meer steht die Burg Falconara (15. Jh.; restauriert).

Gela
22 km: Gela (45 m; 77 000 Einw.), die früher Terranova di Sicilia genannte Hafenstadt (Erdölraffinerien; auch Badebetrieb).
Im westlichen Teil der Stadt Gela befinden sich die ausgedehnten Nekropolen der 689 v.Chr. von dorischen Kolonisten gegründeten antiken Stadt sowie in der 'Zona Archeologica di Capo Soprano' Reste altgriechischer Befestigungsanlagen (5./4. Jh. v.Chr.; etwa 200 m lange Mauer aus den ältesten bekannten, sonnengetrockneten Tonziegeln); ferner griechische Thermen (4. Jh. v.Chr.). Im Osten der Stadt hat das Museo Regionale Archeologico seinen Sitz; daran anschließend neuere Ausgrabungen (Wohnhäuser und Läden des 4. Jh.s v. Chr.). Südlich vom Museum liegt auf dem Windmühlenberg ('Akropolis') der Stadtpark mit den Resten zweier dorischer Tempel (6. und 5. Jh. v.Chr.).

Vittoria
Etwa 33 km hinter Gela folgt an der S.S. 115 Vittoria (168 m; 53 000 Einw.), der größte Weinumschlagplatz Siziliens. Am Hauptplatz stehen das klassizistische Teatro Vittorio Emanuele und die Chiesa della Madonna delle Grazie (18. Jh.).

Comiso
8 km: Comiso (209 m; 29 000 Einw.) mit den Kuppelkirchen Chiesa Madre und Chiesa della Santissima Annunziata (beide 18. Jh.), einem Kastell (14. Jh.) sowie einem Diana-Brunnen auf dem Rathausplatz.

Ragusa
17 km: Ragusa (562 m; 67 000 Einw.), die über dem steilen Talhang des Irminio ansteigende Provinzhauptstadt, mit barocker Kathedrale (18. Jh.) und schöner Barockkirche San Giorgio (18. Jh.) im östlichen Stadtteil Ibla (steile winklige Gassen). Einen Besuch lohnt das Museo Archeologico Ibleo, wo Fundstücke aus der Umgebung von Ragusa gezeigt werden. Von der südlichen Stadtumgehungsstraße bietet sich ein weiter Blick.

Modica
An der S.S. 115 folgt nach 15 km Modica (296 m; 50 000 Einw.), eine zu beiden Seiten des Modica-Tals an den Hängen sich hinaufziehende Stadt. In der Unterstadt erreicht man über eine Freitreppe die Kirche San Pietro (18. Jh.), in der Oberstadt steht die mächtige Kirche San Giorgio (18. Jh.).

Selinunt
→ dort

Sorrent / Sorrento   J 14

Region: Kampanien/Campania
Provinz: Neapel/Napoli
Höhe: 50 m ü.d.M.
Einwohnerzahl: 17 000

Lage und Allgemeines
Die kleine Stadt Sorrent, im Dialekt 'Surriento' und im Altertum 'Surrentum' genannt, liegt inmitten üppiger Zitronen- und Orangengärten auf einem etwa 50 m hohen, jäh abfallenden und vom Meer unterspülten Tuffelsen an der Südseite des Golfes von Neapel.
Sorrent ist Sitz eines Erzbischofs.

✷Stadtbild

An der Steilküste erstrecken sich die beiden Häfen Marina Grande und Marina Piccola. Von der Villa Comunale, einer Terrasse über der Marina Grande, bietet sich ein weiter Blick über den Golf von Neapel. Der Corso Italia bildet die Hauptstraße von Sorrent; an der Südseite die Kathedrale (15./18. Jh.). Es folgt – etwa in der Ortsmitte – die Piazza Tasso; dort steht eine Marmorstatue des 1544 in Sorrent geborenen Dichters Torquato Tasso († 1595). Von dem Platz führt eine Straße hinab zur Marina Piccola.

Im neueren Teil von Sorrent befindet sich das 1924 gegründete Museo Correale. Dort sind eine Totenmaske von Torquato Tasso und seltene Ausgaben seiner Werke zu sehen. Ferner werden dort Gemälde, kunstgewerbliche Gegenstände (Intarsienarbeiten), Möbel und Porzellan gezeigt; Beachtung verdienen auch die sog. Sorrentiner Basis aus augusteischer Zeit (Reliefs) und die Reste einer mittelalterlichen Chorschranke. — Museo Correale

Vor einiger Zeit wurde in der Villa Fiorentino das neue archäologische Museum eröffnet, wo Ausgrabungsfunde, u.a. aus Massalubrense (s. unten), ausgestellt sind. — Museo Archeologico

Östlich von Sorrent erstreckt sich die fruchtbare Hochebene Piano di Sorrento, im Altertum ein beliebter Wohnsitz der Großen und auch heute Ferienziel von Gästen aus aller Welt. — Piano di Sorrento

✷Von Sorrent nach Positano (ca. 30 km)

Von Sorrent führt eine schöne Fahrt zunächst 6 km in südwestlicher Richtung zu dem Städtchen Massa Lubrense (auch Massalubrense, 120 m; 11 000 Einw.), das von dem Kastell Santa Maria (224 m) überragt wird. — Massa Lubrense

Hafen und Küste im sonnigen Sorrent

Spoleto

Sorrent, Punta della Campanella	Auf einem Fußweg (2 Std.) erreicht man von diesem Ort die Punta della Campanella, die Capri gegenüberliegende äußerste Spitze der Halbinsel von Sorrent.
Sant'Agata	Hinter Massa Lubrense führt der Weg um den Monte San Nicola herum und nach weiteren 5 km bis Sant' Agata sui due Golfi (391 m), einer südöstlich unterhalb des Deserto gelegenen Sommerfrische. Rund 1 km nordwestlich steht auf einer Höhe das Kloster Deserto (455 m) mit einem Waisenhaus; vom Dach bietet sich eine herrliche Aussicht auf die Golfe von Neapel und Salerno. Von Sant' Agata verläuft die Route 13 km auf landschaftlich schöner Strecke weiter (bis Colli di San Pietro als 'Nastro Azzurro' = 'Blaues Band'), bald nahe der weithin sichtbaren Kapelle Sant' Angelo (462 m; links; Aussicht!) vorbei, zu dem malerisch auf einer Felswand über dem Meer gelegenen Städtchen Positano (s. S. 382).

Spoleto   G 10

Region: Umbrien/Umbria
Provinz: Perugia
Höhe: 305–453 m ü. d. M.
Einwohnerzahl: 38000

Lage und Allgemeines	Spoleto liegt rund 60 km südöstlich von Perugia über dem linken Ufer des Tessino, der hier aus einem engen Tal des umbrischen Apennin in die Valle Umbra tritt. Als Hauptstadt und Mittelpunkt des langobardischen Herzogtums, später als Sitz der päpstlichen Stellvertreter nahm Spoleto eine führende Rolle unter Umbriens Städten ein. Seine historische Altstadt mit dem romanischen Dom und die landschaftlich reizvolle, waldreiche Umgebung machen es heute zu einem sehenswerten Reiseziel in Mittelitalien. Alljährlich im Juni/Juli feiert Spoleto das 'Festival dei Due Mondi', das Musik- und Theaterbegeisterte aus aller Welt anzieht.

Sehenswertes in der Altstadt

Teatro Romano	An der Piazza della Libertà am unteren Rand der mittelalterlichen Oberstadt kann man in das römische Theater (1. Jh. v. Chr.) hinabsteigen, das für etwa 3000 Zuschauer Platz bot. Beim Amphitheater liegt auch der Eingang in das Archäologische Museum von Spoleto.
Sant' Ansano, Arco di Druso, Piazza del Mercato	Durch eine schmale, steile Gasse steigt man bergauf zur Barockkirche Sant' Ansano (18. Jh.), die über einem römischen Tempel errichtet wurde. Der Drusus-Bogen, im Jahre 23 n. Chr. aus großen Steinblöcken erbaut, bildete einst den Eingang zum römischen Forum, der heutigen Piazza del Mercato (Marktplatz).
Via del Palazzo dei Ducchi	Charakteristisch für die Gasse, die links neben dem barocken Wandbrunnen die Piazza del Mercato verläßt, sind die mittelalterlichen Werkstatt- und Verkaufsräume ('botteghe'), in denen heute Delikatessen- und Kunsthandwerksläden untergebracht sind.
Palazzo Comunale, Sant' Eufemia	Zwischen der Via Saffi und der Via del Munizipio liegt der Palazzo Comunale (13. Jh.; Eingang in der Via del Munizipio), der u.a. auch die auf wenige Räume beschränkte städtische Gemäldesammlung aufnimmt. Schräg gegenüber vom Palazzo Comunale blieben die Reste eines kleinen römischen Tempels bestehen ('Basilika'). An der Via Saffi, nördlich hinter dem Palazzo Comunale, versteckt sich im Hof des Erzbischöflichen Pala-

Die Piazza vor dem Dom in Spoleto ▶

Spoleto

Sant'Eufemia (Fortsetzung)

stes die hübsche romanische Kirche Sant' Eufemia (12. Jh.), deren schön gestaffelter Apsidenchor vom Domplatz aus zu sehen ist.

***Dom**

An der Ostseite des Erzbischöflichen Palastes führt eine breite Treppenrampe hinab auf den langgestreckten Domplatz, der an der 'Rückseite' von der herrlichen Fassade des Doms Santa Maria Assunta abgeschlossen wird. Die 1155 von Kaiser Friedrich I. ('Barbarossa') zerstörte Bischofskirche wurde ab 1175 neu erbaut. Die Vorhalle ist eine Ergänzung aus dem Jahr 1491. Der obere Teil der Fassade wird von einem großen Mosaik, Christus zwischen Maria und Johannes darstellend, beherrscht (1207).
Im barock umgestalteten Inneren (1638) sind die in leuchtenden Chorapsisfesken von Filippo Lippi (1467–1469) mit Szenen aus dem Leben Mariä die Hauptattraktion. Im rechten Querschiff links das Grabmal von Filippo Lippi (1412–1469).

Rocca,

Steigt man weiter die Via Saffi hinauf, dann kommt man zur baumbestandenen Piazza Campello. Von diesem Platz gelangt man über die Via della Rocca zu der im 14. Jh. als Sitz des päpstlichen Gouverneurs erbauten Burg, auf der auch – wenngleich nur für kurze Zeit – die einzige weibliche Statthalterin Lukrezia Borgia residierte. Die majestätisch über der Stadt und dem engen Tessino-Tal thronende, turmbewehrte Festung, angeblich von Gubbios Baumeister Gattapone errichtet, wird seit langem restauriert. Geplant ist die Einrichtung eines Museums in den Räumen der Rocca.

Ponte delle Torri

Zwischen dem Festungshügel und dem Monteluco (s. u.) überspannt der im 14. Jh. erbaute Ponte delle Torri die Tessino-Schlucht. Der 80 m hohe und 230 m lange Aquädukt, möglicherweise ebenfalls ein Werk des Festungsbaumeisters Gattapone aus Gubbio, ist ein beeindruckendes Zeugnis der mittelalterlichen Ingenieurskunst.

Weitere Sehenswürdigkeiten

In der Unterstadt von Spoleto kann man des weiteren noch die ehemalige Bettelordenskirche San Domenico (13. Jh.) in der Nähe der westlichen Stadtmauer sowie die kleine, freskengeschmückte Kirche SS. Giovanni e Paolo (1174) besichtigen. Am nördlichen Rand der Altstadt, in der Verlängerung der weitläufigen Piazza Garibaldi mit der romanischen Kirche San Gregorio Maggiore, wurden die Reste einer römischen Brücke über den Tessino, die sog. Ponte Sanguinario (Blutsbrücke), ausgegraben.

Außerhalb der Altstadt

San Salvatore, San Ponziano

Von der Porta Garibaldi aus überquert man den Tessino und geht hinter der Brücke etwa 100 m rechts am Fluß entlang. Dann führt eine Straße links hinauf zu der auf einer Anhöhe gelegenen Kirche San Salvatore, deren Bauzeit bis heute Fragen aufwirft (vermutlich im 4./5. Jh. errichtet und im 8. oder 9. Jh. umgebaut). Unweit südlich steht die Kirche San Ponziano (12./13. Jh.), die über dem Grab des hl. Pontianus, dem Stadtpatron von Spoleto, errichtet wurde.

*San Pietro fuori le mura

San Pietro fuori le mura, am südöstlichen Stadtrand oberhalb der S.S. 3 (Via Flaminia) gelegen, war vermutlich die älteste Bischofskirche von Spoleto (5. Jh.). Der Spaziergang dorthin lohnt wegen der außergewöhnlichen romanischen Fassadenreliefs der im 12. Jh. erneuerten Kirche. Eine weitere romanische Kirche, San Paolo inter vineas (13. Jh.; heute Altersheim), liegt im Südwesten der Altstadt.

*Monteluco

Eine kurvenreiche Straße führt an San Pietro fuori le mura vorbei auf den Gipfel des 804 m hohen, bewaldeten Hausberges von Spoleto (zu Fuß vom Ponte delle Torri etwa 1½ Stunden). Im Jahre 1218 gründete der hl. Franziskus auf dem Monteluco die Eremo delle Grazie. Von der Terrasse der einstigen Einsiedelei bietet sich ein unvergleichliches Panorama.

Von Spoleto nach Ascoli Piceno (ca. 125 km)

Lohnend ist eine Fahrt von Spoleto nach → Ascoli Piceno (Marken). Auf der S.S. 395 überquert man die bewaldete Bergkette östlich von Spoleto und erreicht nach knapp 20 km das obere Nera-Tal, die Valnerina. Man folgt diesem lieblichen Tal flußaufwärts bis Triponzo, wo man in die S.S. 320 nach Norcia (knapp 50 km) einbiegt.

Valnerina

Das auf einer fruchtbaren Hochebene vor der Kulisse schneebedeckter Berghänge gelegene Städtchen (604 m ü.d.M.; 5000 Einw.) ist ein beliebter Ausgangspunkt für Ausflüge in die Monti Sibillini, die östlich von Norcia aufragen. Im römischen Nursia wurden der hl. Benedikt und seine Schwester Scholastika geboren. Seine Standfigur ziert den Hauptplatz des erdbebengeplagten Städtchens, wo auch der turmüberragte Palazzo Comunale mit seiner mittelalterlichen Erdgeschoßhalle, die Kirche San Benedetto (um 1390) und die 'Castellina' genannte Burg aus dem 16. Jh. vereint sind. Feinschmecker kennen Norcia als Heimat zahlreicher Delikatessen, insbesondere der schwarzen Trüffeln und der geräucherten Wurstwaren.

Norcia

Hinter Norcia gelangt man östlich zum Kamm des Gebirges hinauf und nach 19 km zur Forca Canapine (1543 m ü.d.M.), einer Paßhöhe auf der Grenze zwischen Umbrien und den Marken mit herrlicher Aussicht: im Südosten der Gran Sasso d'Italia, im Nordosten die Monti Sibillini.

Forca Canapine

Dann führt der Weg in zahlreichen Windungen hinab in das prächtige Tal des Tronto und 20 km weiter nach Arquata del Tronto (777 m ü.d.M.; Burg aus dem 13. Jh.). Von hier kann man den 2476 m hohen Monte Vettore besteigen, den höchsten Gipfel der tief bis in den Sommer schneebedeckten Monti Sibillini, die auch zum Wintersport besucht werden. Auf einer Fahrstraße gelangt man zur 13,5 km nordwestlich auf 1540 m Höhe gelegenen Paßhöhe Forca della Presta; von dort geht es zu Fuß in 3½ Std. zum 2215 m hohen Rifugio Zilioli, das etwa noch 1 Gehstunde unterhalb des Gipfels liegt.

Arquata del Tronto

In dem z.T. schluchtartig verengten Tronto-Tal fährt man die S.S. 4 abwärts und erreicht nach 13 km Acquasanta Terme (411 m ü.d.M.), einen schon von den Römern besuchten Badeort (ad Aquas), mit warmen Schwefelquellen. Bald dahinter weitet sich das Tal. Nach rund 18 km ist man in → Ascoli Piceno angelangt.

Acquasanta Terme

Subiaco   H 12

Region: Latium/Lazio
Provinz: Rom/Roma
Höhe: 408 m ü.d.M.
Einwohnerzahl: 9000

Das Städtchen Subiaco liegt 70 km östlich von Rom auf einem Hügel über dem Tal des Aniene, überragt von einer Burg aus dem 11. Jahrhundert. Das alte Sublaquem entstand aus einer großen Villenanlage des Kaisers Nero. Der Ort, der noch sein mittelalterliches Aussehen bewahrt hat, ist vor allem wegen seiner Benediktinerklöster besuchenswert, die der hl. Benedikt von Nursia und seine Schwester Scholastika hier gründeten.

Lage und und Bedeutung

Etwa 2 km südöstlich vom Ortszentrum liegt an der Straße nach Jenne rechts oberhalb des Aniene das ausgedehnte Kloster Santa Scolastica, das einen schönen Campanile (1052) hat. Es wurde um 510 vom hl. Benedikt ins Leben gerufen und nach dessen Schwester benannt. Im Jahre 1052 wurden ein zweites, später gotisch erneuertes Kloster, 1235 ein drittes Kloster mit einem mosaikgeschmückten romanischen Kreuzgang hinzugefügt. Die heutigen Bauten sind modern. Die 975 gegründete Klosterkirche Santa Scolastica wurde im 18. Jh. völlig erneuert. 1464 fanden die Deutschen Arnold Pannartz und Konrad Schweinheim hier Aufnahme und druckten die wohl ältesten Bücher Italiens.

Kloster Santa Scolastica

Südtirol

Subiaco (Fortsetzung), *Kloster San Benedetto

Etwa 1,5 km weiter östlich, links oberhalb der Straße nach Jenne, schmiegt sich das im 13./14. Jh. erbaute Kloster San Benedetto an eine senkrechte Felswand. Die Klosterkirche besteht aus einem Ober- und einem Unterbau, die beide mit Fresken geschmückt sind. Die Wandmalereien in der Unterkirche, im römischen Stil gehalten, stammen aus dem 13. Jh., die der Oberkirche entstanden im 14./15. Jh. im Stil der sienesischen bzw. der umbrischen Malerei. In der an die Oberkirche anstoßenden Kapelle sieht man eine Darstellung des hl. Franziskus von Assisi, der bei seinem Besuch des Klosters (1223) den von Benedikt im Garten gehegten Dornenstrauch in einen blühenden Rosenbusch verwandelt haben soll. In der Grotte, wo der hl. Benedikt bis zu seiner Übersiedlung nach Monte Cassino im Jahr 529 als Einsiedler lebte (Sacro Speco), befindet sich ein Standbild des Heiligen von einem Schüler Berninis.

Umgebung von Subiaco

Vallepietra

Man folgt der Straße, die unterhalb des Klosters San Benedetto über dem Aniene-Tal in den 9 km entfernten Ort Jenne (834 m ü.d.M.) führt. Fährt man von dort 12 km im Simbrivio-Tal aufwärts, dann erreicht man das Dorf Vallepietra (825 m), das am Südostrand des Monte Autore in einem Bergkar liegt. Von Vallepietra kann man in ein bis eineinhalb Stunden zu dem 1337 m hoch gelegenen Santuario della Santissima Trinità aufsteigen, das an eine 300 m hohe Felswand angebaut ist. Das Innere der Kirche schmücken mittelalterliche Fresken.

Monte Autore

Mit einem Führer gelangt man von dort (2½–3 Std.) auf den Monte Autore (1853 m ü.d.M.), den zweithöchsten Gipfel der bewaldeten Monti Simbruini; von oben bietet sich ein herrlicher Rundblick.

Südtirol / Alto Adige E–H 1–3

Region: Trentino–Südtirol / Trentino – Alto Adige
Provinz: Bozen/Bolzano
Fläche: 7400 km^2
Einwohnerzahl: 422 000

Hinweis

Die im Rahmen dieses Reiseführers für Südtirol gegebene Darstellung ist bewußt knapp gehalten, da in der Reihe 'Baedeker Allianz Reiseführer' ein ausführlicher Regionalführer "Südtirol" vorliegt.

Lage

Südtirol liegt am Südrand der Alpen bzw. im Norden Italiens. Das Gebiet erstreckt sich in nordsüdlicher Richtung vom Brenner bis zur Salurner Klause; im Westen wird es vom Reschenpaß und vom Stilfser Joch, im Osten vom Pustertal und vom Kreuzbergpaß begrenzt. Die Spannweite dieses Raumes reicht von den vergletscherten Eisriesen der Zentralalpen und der Ortlergruppe (3902 m) bis zu den Ausbuchtungen des Mittelmeerklimas im Raum von Bozen (265 m) und Meran.

Politisch entspricht Südtirol der Provinz Bozen innerhalb der Autonomen Region Trentino–Südtirol.

**Landschaftsbild

Vinschgau
Eisacktal
Pustertal

Südlich vom Reschenpaß erstreckt sich das obere Etschtal, das bis Meran Vinschgau heißt (mit ca. 3000 m größte Reliefenergie der Ostalpen) und von dem das Passeiertal nördlich zum Jaufenpaß (2094 m) zieht. Bei Sterzing erreicht man das am Brenner beginnende Eisacktal, von dem weiter südlich das Pustertal abzweigt.

Südtirol

Ortlergruppe

Zwischen Veltlin, Vinschgau und dem oberen Nocetal (Sulzberg/Val di Sole und Nonsberg/Val di Non) erstreckt sich die großenteils kristalline, mit ihrem höchsten Gipfel, dem Ortler (3902 m), und der Königsspitze (3859 m) aber aus triassischen Kalken aufgebaute Ortlergruppe. In diese führen von Norden das Sulden-, Martell- und Ultental, von Westen die Valfurva und von Süden das Peio- und das Rabbital.

Adamello-Presanella-Gruppe

Südlich vom Tonalepaß (1883 m) liegt die westlich vom Oglio (Val Camonica), östlich von der Sarca begrenzte, meist aus Tonalit bestehende Adamello-Presanella-Gruppe (Cima Presanella, 3556 m; Monte Adamello, 3554 m), die das wilde Val di Genova mit seinen Wasserfällen teilt.

Brentagruppe

Den Ostrand der Ortler- und Adamello-Presanella-Gruppe bildet die nach der Talschaft Giudicarie (mittleres Sarca- und oberes Chiestal) benannte Judikarienlinie, eine der markantesten Verwerfungen der Alpen. Östlich dieser Linie ist das Land stellenweise 2000 m abgesunken, so daß hier im Gegensatz zu den kristallinen Zentralalpen im Westen triassische und jurassische Dolomite und Kalke das Gesteinsmaterial für das zu den Südalpen gehörende, eher geologisch als geographisch so benannte Etschbuchtgebirge liefern. Sein bekanntester Stock ist die aus Hauptdolomit bestehende Brentagruppe (Cima Tosa; 3173 m), die trotz der geographischen Trennung von den eigentlichen Dolomiten östlich der Etsch jenen an Großartigkeit der Gebirgsszenerien in nichts nachsteht.

Etschtal

Die östliche Parallelkette, das Etschgebirge, im nördlichen Teil oft auch Nonsberger Alpen genannt, mit dem Mendelgebirge (Monte Roèn; 2116 m) als Untergruppe, fällt mit steilen Kalkwänden zum Moränenhügelland des Überetsch (im Norden) und zu dem von jüngeren Flußablagerungen bedeckten breiten Etschtal ab.

Sarntaler Alpen Bozner Porphyrplatte

Hauptsächlich südlich vom Pustertal sowie in den nordöstlichen Sarntaler Alpen folgt eine Zone vorwiegend dunkler Quarzphyllite. An der Raschötz (2283 m) und in den südlichen Sarntaler Alpen wird diese von der ausgedehnten Bozner Porphyrplatte überlagert, die aus rötlichen harten Ergußgesteinen der Permzeit besteht.

Lagoraikette Ritten

In die südlich bis in die Gegend von Trient reichende Porphyrplatte, die in der Lagoraikette (Cima di Cece; 2772 m) bei Predazzo ihren höchsten Punkt erreicht, sind schluchtartige Täler eingeschnitten, wie das Eggental bei Bozen und das Tierser Tal. Besonders auf dem Ritten sind der an sich unfruchtbaren Porphyrplatte alte Moränen aufgelagert, aus denen durch heftige Schlagregen die berühmten Erdpyramiden mit ihren vor der Zerstörung schützenden Decksteinen herauspräpariert wurden.

Dolomiten

Die Porphyrplatte bildet zusammen mit Melaphyren und Sandsteinen der jüngeren Permzeit und weichen Schiefern, Tonen und bunten Mergeln der unteren Trias, ferner eingeschalteten Lagen von dunklen Laven und vulkanischen Tuffen den von prächtigen Almen und Nadelwäldern bedeckten Sockel der vielgestaltigen → Dolomiten.

Klima

Das Klima des Landes ist durch die Mannigfaltigkeit der Bodenformen geprägt: Es reicht vom schneereichen alpinen Klima der Gebirgstäler über mittlere europäische Werte bis zu den nach Süden geöffneten Talweitungen von Etsch und Eisack; diese sind durch die Berge vor Nordwinden geschützt und haben daher ein weitgehend mediterranes Klima – mit milden Wintern und zuweilen sehr heißen Sommern. Der Vinschgau im Westen des Landes gilt als das regenärmste Tal der Ostalpen: Er hat im Norden alpines Klima, im südlichen Teil nähert sich das Klima jedoch schon den Werten von Meran.

Bevölkerung

Gegensätze prägen das Bild der Bevölkerung, die sich aus Deutschen, Italienern und Ladinern, den Nachkommen der rätoromanischen Urbevölke-

Südtirol

Bevölkerung
(Fortsetzung)

rung, zusammensetzt. Darüber hinaus haben historische Ereignisse verschiedenster Art dieses Land geformt, das als Durchzugsgebiet an der wichtigen europäischen Nord-Süd-Linie von der Völkerwanderung bis in die unmittelbare Gegenwart vielfältige Unterdrückung und Angriffe ertragen mußte.

Die 280 000 Südtiroler besuchen deutsche Schulen, können ihr kulturelles Leben frei gestalten und haben Anspruch auf sprachliche Gleichberechtigung den 124 000 Italienern gegenüber, die vor allem in den Städten wohnen; die rund 18 000 Ladiner genießen ebenfalls Schutz hinsichtlich der Muttersprache und Kultur. Fast die gesamte Bevölkerung (98 %) bekennt sich – unabhängig von der jeweiligen Volksgruppe – zur römisch-katholischen Kirche. Die Besetzung staatlicher Stellen erfolgt nach dem ethnischen Proporz, die deutsche und die italienische Sprache sind gleichberechtigt.

Geschichte

Die Geschichte Südtirols beginnt mit den Funden aus der Jungsteinzeit im Süden und aus der Bronzezeit im alpinen Raum. Die von kelto-illyrischen, ligurischen und etruskischen Einflüssen geprägte Urbevölkerung – von den Römern zusammenfassend Räter genannt – wurde unter Augustus 15 v. Chr. dem Römischen Reich einverleibt und im Laufe eines halben Jahrtausends zumindest in der Sprache romanisiert. In dieses relativ dünn besiedelte Gebiet der Rätoromanen dringen im Laufe der Völkerwanderung Goten und Langobarden vor; doch werden erst die Bajuwaren seßhaft, besiedeln das Land ab dem Ende des 6. Jh.s und machen es zu einem rein deutschen Sprachgebiet, an dessen Rändern (Dolomitentäler, Vinschgau) sich die Rätoromanen noch lange und teilweise in Sprache und Sitte bis auf den heutigen Tag halten (Gadertal, Gröden).

Südtirol wird dann Teil des Fränkischen Reiches, kommt zu Beginn des 11. Jh.s unter die Herrschaft der reichsfürstlichen Bischöfe von Trient und Brixen, deren weltliche Vögte, voran die Grafen von Tirol, die Einigung ihrer Grafschaft betreiben, die als Land beiderseits des Brenners 1363 unter die Herrschaft der Habsburger kommt und – mit kurzer Unterbrechung zur napoleonischen Zeit (Andreas Hofers Sieg und Niederlage) – bis 1918 österreichisch bleibt. Danach wird Südtirol gegen seinen Willen italienisch, und in der Folgezeit ist es – unter dem italienischen Faschismus – Opfer einer Entnationalisierungskampagne. Nach dem Ende des Zweiten Weltkrieges erreicht es zwar nicht den erstrebten Wiederanschluß an Österreich, wohl aber eine weitgehende Autonomie.

Kleine Kunstreise

Die wechselvolle Geschichte findet in kostbaren Werken der Kunst ihren Niederschlag, in Arbeiten aus der romanischen (Vinschgau, Dom von Innichen) und der gotischen Epoche (Fresken, Flügelaltäre) sowie in bedeutenden Bauwerken aus Renaissance und Barock. Südtirol gehört überdies zu den burgenreichsten Gegenden des deutschen Sprachraumes.

Romanik

Wer den hier angedeuteten Zeugnissen der verschiedensten Stilepochen nachgehen will, sei auf die folgende kleine Kunstreise verwiesen, die man im Vinschgau beginnt, einem Teil von Südtirol, wo es besonders viele Werke im romanischen Stil gibt. Dieser uralte, bis 1816 noch zum Bistum Chur gehörende Kulturraum besitzt Dokumente aus der Zeit des frühen Christentums, so etwa die Krypta des Klosters Marienberg, die Kirche Sankt Benedikt in Mals (noch karolingisch), die zahlreichen heute leerstehenden Kirchen an der Straße und vor allem Sankt Prokulus bei Naturns, ein Kirchlein mit den ältesten Wandgemälden auf heute deutschsprachigem Boden. Des weiteren gehören hierher die Portale von Schloß Tirol mit ihren Bestiarien sowie der vollständig erhaltene romanische Dom von Innichen im Pustertal.

Bergfrühling unter dem Schlern ▶

Südtirol

Gotik

In Bozen findet man die reifsten Werke der Gotik, einmal den spätgotischen Dom und zum anderen den Marienkrönungsaltar von Michael Pacher in der alten Grieser Pfarrkirche. Ergänzt wird diese Schau durch den Besuch des Bozner Museums und des Diözesanmuseums in Brixen, die beide auch barocke Tafelbilder besitzen. Die berühmten Kreuzgänge der Franziskaner und Dominikaner in Bozen sowie jener von Neustift und vor allem der von Brixen sind zu den wichtigsten Denkmälern alpenländischer Malkunst zu rechnen.

Barock

An bedeutenden Bauten des Barock ist Südtirol eher arm, wenn man von dem schönen Gotteshaus in Toblach absieht (Pustertal). Wolfsthurn, das bemerkenswerteste Barockschloß der Region, steht im abgelegenen Seitental von Ridnaun bei Sterzing.

Brauchtum

Volkskunst und Brauchtum haben seit jeher im Leben der Südtiroler eine Rolle gespielt. In Dietenheim bei Bruneck befindet sich das Südtiroler Landesmuseum für Volkskunde, das Schausammlungen und eine Freilichtabteilung umfaßt. Schöne Beispiele der Südtiroler handwerklichen Kunst werden in den Südtiroler Werkstätten (Bozen, Lauben 38) ausgestellt und verkauft. Das Brauchtum lebt vor allem noch im Bereich der zahlreichen Musikkapellen mit ihren schmucken Trachten weiter. Getragen wird (auch an Werktagen bei der Arbeit) die schöne Bauerntracht noch im urtümlichen Sarntal, wo man in der Vorweihnachtszeit auch noch den Brauch des 'Klöckelns' übt, einen alten Fruchtbarkeitskult mit späteren, christlichen Zügen. Berühmt ist die Fronleichnamsprozession in Kastelruth, doch kann man auch in vielen anderen und kleineren Orten, vor allem in den Bergtälern, noch schöne Prozessionen sehen, die eine kennzeichnende Verbindung von echter Frömmigkeit mit Liebe zum Althergebrachten dokumentieren.

Wirtschaft

Der Straßen- und Schienenverkehr über den Brenner sowie durch das Eisack- und Etschtal bildet die wichtigste Nord-Süd-Verbindung in den Ostalpen. Das breite Etschtal zwischen Meran und der Salurner Klause ist auch die bedeutendste Wirtschaftsregion Südtirols. Hier ist das Hauptanbaugebiet von hochwertigem Obst (vor allem Äpfel und Birnen) und der weltbekannten Südtiroler Weine.

Südtiroler Wein

Das Weinbaugebiet reicht heute vom Eisacktal im Norden bis zur Salurner Klause im südlichen Etschtal und umfaßt nach Westen einen Teil des Vinschgaues, nach Osten einen Teil des Pustertales. Es gliedert sich in sechs große Weinregionen: Eisacktal, Vinschgau, Burggrafenamt (Meran), Bozner Kessel, Überetsch und Etschtal. Von der insgesamt über 6000 ha großen Rebfläche erzielt man Jahreserträge von rund 700 000 hl Wein (85 %, Rotwein, 15 % Weißwein), wovon etwa vier Fünftel exportiert werden (vor allem in die Schweiz, nach Deutschland und Österreich).

Bekannte Südtiroler Qualitätsweine sind der St. Magdalener (rubinrot; vollmundig, samtig) vom klassischen Anbaugebiet auf den Hügeln von St. Magdalena bis St. Justina und Leitach bzw. bis St. Peter, d.h. nahezu von den gesamten Berglehnen des Bozner Talkessels, der Meraner (rubinrot; kräftig, rund) aus den Weingärten um die Kurstadt Meran sowie der Kalterersee (hell- bis rubinrot; mild, harmonisch) entlang dem Mendelgebirge von Nals über St. Pauls, Girlan, Eppan, Kaltern, Tramin und Kurtatsch bis nach Margreid: ferner Spitzensorten rings um den Kalterersee sowie aus Kurtatsch, Tramin-Schneckental, Eppan, Girlan-Schreckbichl, Missian und Nals.

	Sulmona

Eine Eigentümlichkeit des Südtiroler Weinbaus ist die Pergel (Pergl); das sind Holzgerüste, über denen die Reben große Weinlauben bilden. Auf diese Weise können auf verhältnismäßig kleiner Fläche reichliche Traubenerträge erzielt werden.	Südtirol, Wein (Fortsetzung)
Zur Zeit der Weinlese ('Wimmen'; September/Oktober) pflegt man in Südtirol den uralten Brauch des Törggelen (von Torkel = Weinkelter; wiederum von latein. 'torquere' = drehen, auspressen). Hierbei wird während einer Wanderung durch die Weindörfer in Schenken oder auf Winzerhöfen der Neue Wein ('Nuier') verkostet; dazu ißt man frische Walnüsse, geröstete Eßkastanien ('Kästen') und Bauernbrot.	
Die rund 30 km lange Südtiroler Weinstraße führt auf der Westseite des Etschtales auf einem sich am Fuß des Mendelgebirges erstreckenden Hochplateau ('Überetsch') von Sigmundskron (unweit westlich von Bozen) über die Weinorte Frangart, Girlan, Eppan (mit St. Michael, St. Pauls und Missian), Kaltern, St. Josef am See (Kalterer See), Tramin, Kurtatsch, Margreid und Kurtinig (von hier auch weiter über Rovere della Luna nach Mezzocorona) nach Salurn.	Südtiroler Weinstraße
Im Bozner Raum befindet sich die stärkste Konzentration von Handel, Gewerbe und Industrie (Bozner Messe; metallurgische Werke, besonders Eisen, Aluminium und Magnesium; Maschinen- und Kraftfahrzeugbau; chemische, Textil-, Leder-, Konserven- und holzverarbeitende Fabriken). In Meran gibt es vorwiegend Werke der chemischen Industrie (u.a. Kunstdünger). Aber auch im Eisacktal (Brixen), im Pustertal (Bruneck) und im Vinschgau befinden sich zahlreiche kleinere Industrie- und Handwerksbetriebe.	Industrie
Die Wirtschaft stützt sich noch immer auf ein starkes und zähes Bauerntum. Der Getreideanbau hat gegenüber dem Anbau von Futtermitteln (Mais) und Kartoffeln an Bedeutung verloren. Wichtig ist die auf dem Waldreichtum beruhende Forstwirtschaft. Die ausgedehnten Hochalmen ermöglichen Rinderzucht (besonders Milchkühe). Geschätzt sind die Haflinger als Arbeits- und Reitpferde.	Landwirtschaft
Eine der wichtigsten Säulen der Wirtschaft ist der Tourismus, der die Schönheit der Landschaft, die guten winterlichen Schneeverhältnisse in den Hochtälern sowie die günstigen klimatischen Bedingungen als Voraussetzung hat. Die Infrastruktur dafür ist gegeben: Bergbahnen, Skilifte und ein dichtes Netz von bezeichneten Wanderwegen und Bergpfaden zu den gut geführten Hütten sowie zahlreiche Freizeiteinrichtungen sind auf die Bedürfnisse der Urlauber hin konzipiert; ferner besteht ein großes Angebot an Unterkünften.	Tourismus
→ dort → dort → dort → dort	Bozen Brixen Dolomiten Meran

Sulmona   H 11

Region: Abruzzen/Abruzzo
Provinz: L'Aquila
Höhe: 375 m ü.d.M.
Einwohnerzahl: 25 000

Sulmona liegt im östlichen Teil der Abruzzen, in einem Talbecken zwischen dem Gran-Sasso-Massiv im Nordwesten und der Maiella-Gruppe im Südosten. Unmittelbar östlich ist der Stadt der Gebirgszug der Morrone-	Lage und Allgemeines

Syrakus

Sulmona,
Allgemeines
(Fortsetzung)

Berge vorgelagert, der auf gut 2000 m ansteigt. Sulmona entstand aus der alten Stadt Sulmo und erlebte im Mittelalter seine Glanzzeit. Der Dichter Ovid (43 v.Chr. – 17 n.Chr.), der sehr an seiner 'kühlen, wasserreichen Heimat' hing, wurde dort geboren.

Sehenswertes

Dom

Im Norden der Stadt steht der Dom San Panfilo, eine Kathedrale aus dem Mittelalter mit gotischem Hauptportal. In der romanischen Krypta eine Silberbüste, die den hl. Panfilo darstellt, und ein Relief der Madonna.

Palazzo
dell'Annunziata
(Museum)

Vom Dom gelangt man durch den Viale Roosevelt und durch den Corso Ovidio, die Hauptstraße der Stadt, zum Palazzo Santa Maria Annunziata (15. Jh.), einem Gebäudekomplex aus barocker Kirche und einem Palast mit gotischem Portal und Renaissance-Bauteilen. In dem Palast befindet sich das Museo Civico, das in eine archäologische und eine mittelalterliche Abteilung gegliedert ist. Ausgestellt sind u.a. ein von Giovanni da Sulmona bemaltes Holztabernakel (15. Jh.) und Goldschmiedearbeiten.

Aquädukt

Am Corso Ovidio sieht man ferner ein freistehendes romanisches Portal, Teil der alten Kirche San Francesco della Scarpa, die durch ein Erdbeben zerstört wurde. An der gegenüberliegenden Straßenseite steht ein mit Wappen verzierter Renaissancebrunnen (1474), den ein Aquädukt speist. Von dem Bau, im 13. Jh. errichtet, blieben 21 Bögen erhalten. Interessant ist das Monument als Zeugnis mittelalterlicher Technik.

Von Sulmona nach Pescara (ca. 80 km)

Die Strecke führt von Sulmona nach Nordosten. Es gibt zwei Möglichkeiten: Man fährt im Tal des Pescara abwärts über Popoli (5000 Einw.) mit markanter Burg des Grafen Cantelmi und macht später einen Abstecher (links abseits) zur Abtei San Clemente a Casauria (Kirche, 12. Jh.), die 871 von Kaiser Ludwig II. gegründet wurde. Oder man fährt zunächst am Gebirgsstock der Maiella (Monte Amaro; 2793 m) entlang über Campo di Giove (1064 m), einem Ort, von dem ein Aufstieg zum Monte Amaro möglich ist (10–12 Std.), und über Caramanico Terme, ein Schwefelbad, von dem aus man ebenfalls zum Monte Amaro aufsteigen kann (6–9 Std.). In beiden Fällen fährt man danach im Pescara-Tal abwärts.

Von Sulmona nach Villetta Barrea (ca. 60 km)

Diese Route führt von Sulmona nach Süden. Sie verläuft durch die wilde Sagittario-Schlucht und das Felsentor La Foce nach Scanno (1050 m; 3000 Einw.), einem reizvoll gelegenen Bergdorf, und von dort aus weiter – an der Quelle Fonti di Pantano vorüber und im Sangro-Tal abwärts nach Villetta Barrea. Dieses Dorf liegt am westlichen Ende des 5 km langen Stausees Lago di Barrea (von dort Zugang zum Abruzzen-Nationalpark).

Syrakus / Siracusa   K 21

Region: Sizilien/Sicilia
Provinz: Syrakus/Siracusa
Höhe 17 m ü.d.M.
Einwohnerzahl: 118 000

Lage und
Allgemeines

Syrakus, Hauptstadt der gleichnamigen Provinz, liegt zum Teil auf einer der Ostküste Siziliens vorgelagerten Insel. Diese ist durch einen schmalen

Syrakus

Siracusa

1. Catacombe di Vigna Cassia
2. Villa Landolina
3. Cappella del Sepolcro
4. Gefallenendenkmal
5. San Giovanni Battista
6. Santa Maria dei Miracoli
7. San Tommaso
8. Chiesa del Collegio
9. Palazzo Montalto
10. San Francesco
11. Palazzo Beneventano
12. Acquario Tropicale

500 m
© Baedeker

Kanal vom sizilischen Festland, wo sich die Neustadt und die bedeutendsten Reste der antiken Stadt erstrecken, getrennt. Die westlich in das Land einspringende Meeresbucht Porto Grande ist einer der besten und größten Naturhäfen Italiens. Die Lage und die großartige Landschaft sowie die Denkmäler, die an eine glanzvolle Vergangenheit erinnern, machen Syrakus zu einem der sehenswertesten Reiseziele auf Sizilien.

Allgemeines (Fortsetzung)

Syrakus – griechisch Syrakusa, lateinisch Syracusae – wurde in der zweiten Hälfte des 8. Jh.s v.Chr. von Korinth aus auf der Insel Orthygia gegründet und gelangte schnell zu hoher Blüte. Die Stadt stand vom 5. Jh. v.Chr. an meist unter der Herrschaft von Tyrannen, die ersten waren Gelon (485–478) und Hieron I. (478–467). Am Hofe des letzteren lebten Griechenlands größte Dichter, darunter Aischylos und Pindar. Im Jahre 415 v.Chr.

Geschichte

Syrakus

Geschichte (Fortsetzung)

wurde Syrakus in den Entscheidungskampf zwischen Athen und Sparta hineingezogen, doch die athenische Expedition gegen die Stadt (415) endete 413 mit der völligen Vernichtung von Heer und Flotte der Athener. Im Kampf mit Karthago wuchs Syrakus unter Dionysos I. (406–367) und seinen Nachfolgern zur mächtigsten griechischen Stadt an, deren Gesamtumfang nach Strabo 180 Stadien (33 km) maß und die bis zu 500 000 Einwohner zählte.

Im Ersten Punischen Krieg stand Syrakus auf Seiten der Römer, fiel aber dann von ihnen ab. Daher wurde die Stadt 212 v. Chr. von Römern eingenommen. Seither teilte Syrakus das Schicksal der Insel Sizilien, ohne jemals seine alte Bedeutung wiedererlangt zu haben. Im Jahre 1963 wurde die Stadt von einem schweren Erdbeben heimgesucht.

Syrakus ist Sitz eines Erzbischofs.

Altstadt

Die auf einer Insel gelegene Altstadt hat enge gewundene Straßen; die Häuser und Paläste sind vielfach mit hübschen Balkonen geschmückt.

Piazza Archimede

Mittelpunkt der Inselstadt ist die von alten Palästen umgebene Piazza Archimede. An ihrer Westseite steht die Banca d'Italia mit einem Hof aus dem 15. Jh.; unweit nordöstlich der Palazzo Montalto (1397), der schöne gotische Fenster hat.

Apollotempel

Nördlich führt die Via Dione zu einem 1933 völlig freigelegten und z.T. wiederaufgerichteten Apollotempel (6. Jh. v.Chr.), der auch der Artemis (röm. Diana) geweiht war und der älteste dorische Tempel Siziliens ist.

Piazza del Duomo
*Dom

Südwestlich von der Piazza Archimede liegt die langgestreckte Piazza del Duomo. An diesem Platz stehen der Palazzo del Senato (17. Jh.), heute

Die barocke Fassade des Doms

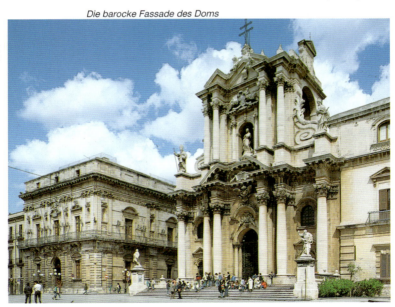

Rathaus, und südlich anschließend der Dom. Dieser wurde im 7. Jh. in einen dorischen Athene-Tempel (5. Jh. v.Chr.) hineingebaut, im 17. Jh. vergrößert und 1728–1757 mit einer schönen Barockfassade versehen. Im Inneren sind ein normannisches Marmortaufbecken (13. Jh.) und ein Antonello da Messina zugeschriebenes Bildnis des hl. Zosimus sehenswert.

Dom
(Fortsetzung)

Von der südlichen Ecke des Domplatzes führt die Via Picherale zu der halbkreisförmig gefaßten und mit Papyrusstauden gezierten Quelle der Arethusa (Fonte Aretusa). Die Sage von der Nymphe Arethusa, die der Flußgott Alpheios von Olympia bis hierher verfolgt haben soll, beruht auf der Vorstellung, daß der peloponnesische Fluß unter dem Meer weiterfließe und hier wieder hervortrete.

Fonte Aretusa

Nördlich der Quelle erstreckt sich das Foro Italico, eine prächtige Strandpromenade, von der aus man eine schöne Sicht auf den Hafen und auf den Ätna hat. Am Südende des Foro liegt in einem kleinen Park der Eingang zum Acquario Tropicale, wo seltene Fische aus tropischen Meeren gezeigt werden.

*Foro Italico
Acquario Tropicale

Am Nordende des Foro kommt man zur Porta Marina, geschmückt mit spanisch-sarazenischen Ornamenten (15. Jh.), und zur Kirche Santa Maria dei Miracoli (1501).

Porta Marina

Unweit östlich der Arethusaquelle steht am Südende der von der Piazza Archimede kommenden Via Roma der Palazzo Bellomo (15. Jh.), in dem die Galleria Regionale untergebracht ist. Zum Bestand der Galerie gehören Kunstwerke aus Mittelalter und Renaissance, ferner eine Gemäldesammlung mit der berühmten "Verkündigung" von Antonello da Messina (1474).

Palazzo Bellomo,
Galleria Regionale

Die Südspitze der Inselstadt nimmt die um 1239 erbaute Stauferburg Castello Maniace ein, die ein schönes Portal hat. Von der Südbastion bietet sich eine weite Sicht.

Castello Maniace

Neustadt

Am Nordende der Inselstadt liegt unweit westlich vom Dianatempel die Piazza Pancali. Von hier erreicht man über den Kanal Darsena die auf dem Festland gelegene Neustadt mit dem Bahnhof (Stazione Centrale) und den eindrucksvollen Resten der antiken Stadt. Westlich der Brücke führt der Corso Umberto I, die Hauptstraße der Neustadt, zum großen Foro Siracusano, auf dem noch Reste der antiken Agora zu erkennen sind. Unweit westlich vom Forum die Überreste des einst von Säulen umgebenen Ginnasio Romano.

Foro Siracusano

*Parco Archeologico della Neapoli

Etwa 1 km nordwestlich vom Foro Siracusano liegt – im Bereich des römischen Stadtteils 'Neapolis' – der Parco Archeologico della Neapoli (Eintrittsgebühr). Dort steht ein römisches Amphitheater, das wahrscheinlich im 3. Jh. n.Chr. erbaut wurde; es ist 140 m lang und 119 m breit. Etwa 100 m westlich dieser Anlage erreicht man den Altar Hierons II., einen 198 m langen und 22,50 m breiten, ursprünglich in zwei Stufen 10,50 m aufragenden Riesenaltar, auf dem angeblich jedes Jahr 450 Stiere geopfert wurden.

Anfiteatro

Dem Altar gegenüber liegt der Eingang zur Latomia del Paradiso, einem 30 bis 40 m tief in den Fels gearbeiteten antiken Steinbruch, der wie die anderen Latomie im Altertum ein berüchtigtes Gefängnis für die zu Zwangsarbeit Verurteilten, aber auch für Kriegsgefangene war; heute ist er von üppigem Pflanzenwuchs bedeckt.

*Latomia
del Paradiso

Syrakus

*Ohr des Dionysios

Gleich innerhalb des Eingangsbogens gelangt man links an der Gartenmauer entlang zum sogenannten Ohr des Dionysios, einer S-förmig in den Felsen gehauenen, oben spitz zulaufenden Höhle von 65 m Tiefe, 23 m Höhe und 5 bis 11 m Breite, in der sich der Schall ungewöhnlich stark und ohne hallendes Echo steigert. Den Namen führt sie seit dem 16. Jh. nach der Annahme, der Tyrann Dionys habe hier die leisesten geheimen Gespräche seiner Staatsgefangenen belauscht. Weiter rechts unter der Westwand die offene Grotta dei Cordari, nach den Seilern benannt, die hier ihr Handwerk betrieben.

Latomia di Santa Venera

Ebenfalls lohnend ist der Besuch der östlich anschließenden Latomia di Santa Venera. Von dort gelangt man über einen Felsenpfad zu den Necropoli Grotticelli, einem Gräberfeld mit griechischen (5./4. Jh.), hellenistischen, römischen und byzantinischen Gräbern.

**Teatro Greco

Unmittelbar westlich der Latomia del Paradiso liegt das Griechische Theater (5. Jh. v.Chr.) mit einem halbkreisförmig in den Fels gehauenen Zuschauerraum, dem größten der griechischen Welt (Durchmesser 138,50 m; Athen: 100 m). Unter dem Zuschauerraum führten zwei Tunnel zur Orchestra (Durchmesser wie in Athen 24 m). In diesem Theater hat einst der Dichter Aischylos († 456 v.Chr.) die Aufführung seiner 'Perser' geleitet (um 472 v.Chr.). Auch heute werden hier wieder alle zwei Jahre (gerade Jahreszahlen) im Frühsommer klassische Stücke aufgeführt. Von der Höhe bietet sich gegen Sonnenuntergang eine herrliche Sicht auf Stadt, Hafen und Meer.

Nymphaeum

Am oberen Rand des Theaters öffnet sich in der Felswand das Nymphaeum, eine Grotte, in die eine antike Wasserleitung mündete.

Via dei Sepolcri

Nach links führt die Via dei Sepolcri, eine in den Felsen geschnittene Gräberstraße, gesäumt von zahlreichen Hohlwegen und Grabkammern spätrömischer Zeit, im Bogen etwa 150 m bergan.

San Giovanni alle Catacombe

Etwa 500 m nordöstlich vom Amphitheater liegt rechts abseits der nach Catania führenden S.S. 114 die kleine Kirche San Giovanni alle Catacombe, der Westteil der frühmittelalterlichen Kathedrale; von ihr sind nur die Westwand der heutigen Kirche – mit einem weithin auffallenden Radfenster – und die Vorhalle (15. Jh.) erhalten.

*Katakomben

Aus der Kirche führt eine Treppe hinab in die kreuzförmige Krypta des hl. Marcian (4. Jh.; Freskenreste) und zu den anschließenden Katakomben (Catacombe di San Giovanni), die zu den großartigsten Anlagen ihrer Art gehören und an Geräumigkeit die römischen weit übertreffen.

*Latomia dei Cappuccini

Von den Katakomben gelangt man nordöstlich durch die Via Augusto von Platen (Eingang zu den Katakomben von Vigna Cassia), anschließend 500 m östlich durch die Via Bassa Acradina und am Alten Friedhof vorbei zur Latomia dei Cappuccini, die bei einem Kapuzinerkloster liegt. Die Latomia ist einer der ehem. Steinbrüche; im Jahre 414 v.Chr. hat dieser Ort wohl als Gefangenenlager für 7000 Athener gedient.

**Museo Nuovo Archeologico

Unweit südöstlich von San Giovanni alle Catacombe liegt die Villa Landolina; im Garten das Grab des deutschen Dichters August Graf von Platen (1796–1835). Im Garten der Villa steht das Museo Nuovo Archeologico, eines der bedeutendsten archäologischen Museen Italiens. Dort sind zahlreiche Objekte meist sizilianischer Herkunft zu sehen – von vorgeschichtlicher bis frühchristlicher Zeit. Besonders beachtenswert der Sarkophag des Valerius und der Adelphia (4. Jh. n.Chr.) aus den Katakomben von San Giovanni, verziert mit Reliefdarstellungen aus dem Alten und dem Neuen Testament, ferner die sog. Venus Landolina (Venere Anadiomene) mit einem Delphin zur Seite (Kopie aus dem 2. Jh. n.Chr., die nach einem hellenistischen Werk geschaffen wurde).

Das griechische Theater im Archäologischen Park

Westlich vom Archäologischen Museum steht das Papyrus-Museum, das über die Verwendung des Papyrus im Altertum informiert.

Papyrus-Museum

Südlich vom Museo Nazionale ragt das 1994 von Papst Johannes Paul II. geweihte Santuario della Madonna delle Lacrime auf. An dieser Stelle soll im Jahr 1953 eine Madonnenstatuette mehrere Male geweint haben.

Santuario della Madonna delle Lacrime

*Fort Euryelos

Nordwestlich vom Foro Siracusano erhebt sich an der Westecke des hochgelegenen antiken Epipolae das 402 bis 397 v.Chr. an der Vereinigung der Nord- und Südwand der Hochebene errichtete Fort Euryelos (Castello Eurialo), eines der besterhaltenen antiken Festungswerke (Aussicht).

Lage
8 km nordwestlich

Fonte Ciane

Lohnend ist eine Bootsfahrt (3–4 Std. hin und zurück) vom Hafen von Syrakus auf dem Flüßchen Ciane aufwärts (links auf einem Hügel zwei Säulen des Olympieions, eines Zeustempels des 6. Jh.s v.Chr.) und zwischen hohen Papyrusstauden hindurch zur Quelle Kyane (Fonte Ciane oder 'Testa della Pisma'), der 'kornblumenblauen' Quelle, in welche die gleichnamige Nymphe verwandelt wurde, weil sie sich dem Pluto, der die Proserpina zur Unterwelt hinabführte, entgegenwarf.

Von Syrakus zur Necropoli Pantalica (ca. 70 km)

Einen Besuch lohnt auch Palazzolo Acreide (33 km westlich), die 664 v.Chr. von Syrakus aus gegründete Stadt Akrai (lat. Placeolum, arab.

Palazzolo Acreide

Taormina

Im Hafen von Syrakus

Syrakus, Palazzo Acreide (Fortsetzung)

el Akrát). Von der einst den nahen Hügel Acremonte bedeckenden antiken Stadt sind innerhalb der 'Cinta archeologica' das spätgriechische Theater (600 Plätze), westlich daneben das Buleuterion (Ratssaal), südöstlich die Latomien (Schluchten) mit griechischen bis frühchristlichen Gräbern und die sog. Templi Ferali (Totentempel), zwei Grabkammern, erhalten.

Weihreliefs

In einiger Entfernung (15 Min.) sind im Tal 'Contrada dei Santicelli', nahe dem großen Totenfeld Acrocoro della Torre, in Felsnischen die erst im 19. Jh. verstümmelten Weihreliefs der sogenannten Santoni zu sehen. Dargestellt ist meist eine sitzende Göttin (vermutlich Kybele), daneben auch Hermes. Jenseits des Tales der Monte Pineta mit vielen kleinen Grabkammern.

*Necropoli di Pantalica

Fährt man von Palazzolo Acreide in nordöstlicher Richtung (34 km über Ferla), so gelangt man zur in die Felswände des Anapo-Tals gehauenen Necropoli di Pantalica, der Totenstätte der auf dem Plateau nördlich darüber gelegenen Sikulerstadt (13.–8. Jh. v.Chr.); im Mittelalter diente sie teilweise als Wohnhöhle. Die in den Gräbern gefundenen Schmuckstücke befinden sich im Museo Regionale von Syrakus.

Taormina   K 20

Region: Sizilien/Sicilia
Provinz: Messina
Höhe: 204 m ü.d.M.
Einwohnerzahl: 10 000

*Lage

Die Stadt Taormina, im Altertum 'Tauromenion', liegt an der Ostküste Siziliens auf einer Terrasse hoch über dem Ionischen Meer. Sie wird überragt

Taormina

von den Trümmern eines Kastells und dem Bergstädtchen Castelmola; im Hintergrund erhebt sich der imposante Kegel des Ätna. Taormina ist einer der landschaftlich schönsten Punkte Siziliens.

Lage (Fortsetzung)

Sehenswertes

Den Mittelpunkt des nördlichen Stadtteils bildet die Piazza Vittorio Emanuele. Die von der Küste in aussichtsreichen Windungen und Kehren nach Taormina hinaufführende Via L. Pirandello endet nördlich dieses Platzes bei der Porta Messina; unweit nordöstlich die Kirche San Pancrazio, die Cella eines griechischen Tempels. An der Piazza Vittorio Emanuele stehen der gotische Palazzo Corvaia (15. Jh., mit schöner Fassade) und die kleine Kirche Santa Caterina. Bei dieser sieht man die Reste eines römischen Odeons, das in der Regierungszeit des Augustus entstand. In der Nähe der Piazza Vittorio Emanuele befindet sich ferner ein Kongreßzentrum (Palazzo dei Congressi).

Piazza Vittorio Emanuele

Von der Piazza Vittorio Emanuele führt die Via del Teatro Greco südöstlich zum Griechischen Theater, das im 2. Jh. n.Chr. römisch umgestaltet wurde. Mit einem oberen Durchmesser von 109 m ist es nach dem Theater von Syrakus das größte auf Sizilien. Besonders gerühmt wird die Akustik (internationale Sommerfestspiele). Von der Höhe des Theaters bietet sich eine weite Sicht auf die steile Ostküste Siziliens mit dem Kegel des Ätna, der den größten Teil des Jahres über schneebedeckt ist, und auf die kalabrische Küste.

*Teatro Greco

Von der Piazza Vittorio Emanuele führt der Corso Umberto, die von schönen alten Häusern eingefaßte Hauptstraße der Stadt, südwestwärts zur Piazza IX Aprile (Aussicht), an der die Kirche San Giuseppe und die ehem. Kirche Sant' Agostino stehen.

Piazza IX Aprile

Das antike Theater vor der Kulisse des Ätna

Tarent

Taormina (Fortsetzung), Dom	Von dort geht man am Palazzo Ciampoli (rechts) vorbei zum Domplatz, den ein hübscher Brunnen (12. Jh.) schmückt. In dem kleinen Dom (13. bis 16. Jh.) befinden sich beachtenswerte Flügelaltäre sowie rechts vom Hauptaltar eine Madonna (15. Jh.).
San Domenico	Nördlich vom Domplatz sieht man am Hang die gotische Badia Vecchia (14. Jh.). Südlich vom Dom das prächtige, am Terrassenrand gelegene ehem. Dominikanerkloster (jetzt Hotel San Domenico Palace; Kreuzgang); vom Turm der 1943 zerstörten Kirche bietet sich eine herrliche Aussicht.
Palazzo Duca di Santo Stefano	Westlich vom Domplatz gelangt man durch die Porta Catania (oder Porta del Tocco) zum Palazzo Duca di Santo Stefano (1330), der gotische, arabische und byzantinische Stilelemente zeigt. In dem Palast sind moderne Skulpturen (u.a. von G. Mazzullo) ausgestellt.
Villa Comunale	Unterhalb vom ehem. Dominikanerkloster führt die prächtige Ausblicke bietende Via Roma östlich zum Stadtgarten (Villa Comunale). Dann geht man weiter auf der Via Bagnoli Croce zum Belvedere (großartige Aussicht), von dem man auf der Via Luigi Pirandello, unterhalb vom Griechischen Theater, wieder zur Porta Messina gelangt.
Castello di Taormina	Ein schöner Ausflug beginnt im Westen der Stadt bei der Badia Vecchia. Der Weg führt in Windungen bergauf zu der 2 km oberhalb – rechts abseits der Straße – gelegenen Kapelle Madonna della Rocca. Von dort kann man in wenigen Minuten zum Castello di Taormina auf dem Monte Tauro (398 m) hinaufsteigen.
Castelmola	Lohnend ist auch die Weiterfahrt (3 km) zu dem auf steiler Bergkuppe gelegenen Felsennest Castelmola (529 m), das von seinen verschiedenen Aussichtsterrassen, besonders aber vom höchsten Punkt bei der Burgruine, eine weite Rundsicht bietet. Von Castelmola kann man in etwa zwei bis drei Stunden den Monte Venere (884 m) besteigen; von oben prachtvolle Aussicht.
Ätna	⟶ dort

Tarent / Taranto M 14–15

Region: Apulien/Puglia
Provinz: Tarent/Taranto
Höhe: 15 m ü.d.M.
Einwohnerzahl: 245 000

Lage und Allgemeines	Tarent, Hauptstadt der gleichnamigen apulischen Provinz und Sitz eines Erzbischofs, liegt an der Südküste Italiens, um die 'Mare Grande' genannte Nordbucht des Golfs von Tarent. Auf einer flachen Felseninsel zwischen dem Mare Grande und dem nordöstlich weit ins Land einspringenden Mare Piccolo erstreckt sich die Altstadt; südöstlich liegt auf einer Halbinsel die Neustadt (große Werften). Von der Altstadt führt eine Brücke zu der nordwestlichen industriereichen Vorstadt, dem Borgo (bedeutendes Stahlwerk), die ihrerseits durch eine Drehbrücke mit der Neustadt verbunden ist. Die Hafenstadt, in der Industrie und Handel eine große Rolle spielen, ist neben La Spezia die wichtigste Marinebasis des Landes. Berühmt sind Tarenter Honig und Obst; auch der Fischfang sowie die Austern- und Muschelzucht haben Bedeutung.
Geschichte	Taras, lateinisch Tarentum, wurde 708 v. Chr. von spartanischen Auswanderern gegründet. Im 4. Jh. v.Chr. war es die mächtigste Stadt der 'Magna Graecia'. Zur Zeit des Augustus hatte Tarent noch immer eine überwie-

gend griechische Bevölkerung, wurde dann aber romanisiert. Im Jahre 494 n. Chr. kam die Stadt unter ostgotische, 540 unter byzantinische Herrschaft. Im Jahre 927 von den Sarazenen zerstört, wurde sie 967 wiederaufgebaut und 1063 von Robert Guiscard dem unteritalienischen Normannenreich einverleibt. Seitdem teilte Tarent das Schicksal des Königreichs Neapel.

Tarent, Geschichte (Fortsetzung)

Città Vecchia (Altstadt)

Etwa in der Mitte der von vier parallelen Längsstraßen durchzogenen winkligen Altstadt (Città Vecchia), wo schon die antike Akropolis stand, erhebt sich der Dom San Cataldo, der im 11. Jh. erbaut und bis auf Kuppel und Glockenturm im 18. Jh. erneuert wurde. Die Kuppel weist auf byzantinischen Einfluß hin. Im Inneren verdienen Säulen mit antiken und frühmittelalterlichen Kapitellen Beachtung. Rechts neben dem Chor die reich ausgestattete Barockkapelle des hl. Cataldo mit dem Grab des Stadtpatrons. In der Krypta byzantinische Fresken.

Dom

In der Südostecke der Altstadt befindet sich das Kastell (Castello Aragonese; 15./16. Jh.).

Kastell

Città Nuova (Neustadt)

Von der Altstadt gelangt man auf einer Drehbrücke (Ponte Girevole) über den Canale Navigabile, an dem man wie kaum sonst am Mittelmeer Ebbe und Flut beobachten kann, zur Neustadt (Città Nuova) mit breiten parallelen Straßen. 100 m hinter der Brücke liegt der palmenbestandene Platz Villa Garibaldi; an seiner Ostseite der mächtige Palazzo degli Uffici (1896).

An der Nordseite des Platzes steht das Archäologische Nationalmuseum (Museo Archeologico Nazionale), eines der bedeutendsten Museen Unteritaliens. Beachtenswert sind die frühgeschichtliche Sammlung und die Vasensammlung (Vasen mit kunstvollen Darstellungen, u.a. Szenen aus der Mythologie), ferner der alte Schmuck und die Münzsammlung.

*Nationalmuseum

Unweit südlich erstreckt sich am Mare Grande die Palmenallee Lungomare Vittorio Emanuele III, gesäumt von modernen Gebäuden, darunter die Präfektur und die Hauptpost.

Lungomare Vittorio Emanuele III

Nördlich vom Nationalmuseum liegt am Mare Piccolo das Institut für Meereskunde (Istituto Talassografico) mit dem Museo Oceanografico. Östlich schließt sich der schöne Stadtgarten (Villa Comunale Peripato) an.

Institut für Meereskunde

Tarquinia

F 11

Region: Latium/Lazio
Provinz: Viterbo
Höhe: 133 m ü.d.M.
Einwohnerzahl: 13 000

Die Kleinstadt Tarquinia, etwa 90 km nördlich von Rom gelegen, erhebt sich auf einem Felsplateau über dem Tal des Marta-Flusses, 5 km vom Tyrrhenischen Meer entfernt. Die Hauptattraktion von Tarquinia sind die etruskischen Gräber mit den einzigartigen Wandmalereien in der naheliegenden Nekropole. Das etruskische Tarquinia, dessen Reste man 3 km östlich der heutigen Stadt sieht, gehörte zu den zwölf bedeutendsten Etruskerstädten. Es wurde im 13. Jh. von den Sarazenen verwüstet und 1307 von den Bewohnern des nahen Corneto zerstört.

Lage und Bedeutung

Tarquinia

Sehenswertes

Palazzo Vitelleschi, *Museo Nazionale Tarquiniese

Hauptplatz von Tarquinia ist die im Westen der Stadt gelegene Piazza Cavour. Der dortige Palazzo Vitelleschi (1436–1439), ein teils im Stil der Gotik, teils im Stil der Renaissance gehaltener Palast mit schönem Säulenhof, beherbergt das hochinteressante Nationalmuseum mit bedeutenden Zeugnissen der etruskischen Kunst und Kultur, so vor allem Sarkophage, Goldschmuck, Glas, Elfenbeinschnitzereien, etruskische und griechische Keramik und Münzen. Die Spitzenstücke des Museums sind die Terrakottaplastik von zwei geflügelten Pferden (4./3. Jh. v. Chr.) und die abgelösten Fresken aus sechs Grabkammern, darunter auch die herrlichen Wandgemälde aus der Tomba del Triclinio (480–450 v. Chr.)

Dom, Santa Maria di Castello

Hinter dem Palazzo Vitelleschi liegt der im 19. Jh. restaurierte Dom, der im Chor schöne Fresken von Antonio da Viterbo (16. Jh.) aufweist. Folgt man der Via Mazzini, die am Dom vorbeiführt, stadtauswärts, dann erreicht man am Stadttor Porta Castello die Kirche Santa Maria di Castello (1121 begonnen). Die dreischiffige Basilika ist außen und innen mit Cosmatenarbeiten geschmückt.

Palazzo dei Priori

Malerisch wirken die Viertel im Norden der Stadt, die ihr mittelalterliches Gepräge – mit Kirchen, Türmen und alten Häusern – bewahrt haben. Sie gruppieren sich um den Palazzo dei Priori (11. Jh.; im 18. Jh. umgebaut) und die Kirche San Pancrazio (13. Jh.).

**Etruskische Nekropole

Etwa 1 km südöstlich des heutigen Tarquinia betritt man die auf dem Monterozzi-Hügel angelegte Gräberstadt, eine der größten und am besten erhaltenen etruskischen Nekropolen in Italien. Vom 7. bis 1. vorchristlichen Jahrhundert wurde hier bestattet; seit dem 19. Jh. werden immer wieder neue Gräber freigelegt. Das Besondere an der Nekropole von Tarquinia

**Wandmalereien

sind die Wandmalereien im Inneren der Grabkammern, die es zwar in anderen etruskischen Grabstädten auch gibt (z. B. in Orvieto), nirgends aber in so großer Zahl und von so hoher künstlerischer Qualität. Die Wandgemälde sind mit Erd- und Pflanzenfarben auf die mit Kalk vorbereiteten Wände aufgetragen worden. Die formale Anlehnung an die griechische Kunst wird in allen Stilphasen der Ausmalung sichtbar. Ausgelassene Festmahle, Tänze und Spiele, Episoden aus der griechischen Mythologie, aber auch Abschiedsszenen, Jagdszenen, wilde Tiere und Dämonen sind häufig wiederkehrende Themen.

Umgebung von Tarquinia

Tuscania

Ebenfalls eine etruskische Gründung ist das Landstädtchen Tuscania, 25 km nordöstlich von Tarquinia an der Straße nach → Viterbo gelegen (166 m ü.d.M.; 8000 Einw.). Im Altertum hieß es 'Tuscana', später wurde es bis 1911 'Toscanella' genannt. Der Ort ist von einer mittelalterlichen Mauer mit Türmen umgeben und besitzt trotz zahlreicher Erneuerungen nach dem Erdbeben 1971 noch einige alte Bauwerke sowie zwei schöne Kirchen.

*San Pietro

Weithin sichtbar ist die romanische Kirche San Pietro (11./12. Jh.) auf einer Anhöhe östlich der Stadt an der Straße nach Viterbo. An der reich geschmückten Fassade zieht die fein gearbeitete Fensterrose, die von seitlichen Reliefs gerahmt wird, die Blicke auf sich. Der Innenraum beeindruckt durch die Einheitlichkeit von Architektur und Ausstattung (überwiegend 12. Jh.). Man achte besonders auf den Fußboden mit Cosmatenschmuck, die Freskenreste am Triumphbogen und die neunschiffige Krypta.

Südlich unterhalb von San Pietro, im Tal, liegt die zeitlich und stilistisch benachbarte, 1050–1206 erbaute Kirche Santa Maria Maggiore mit einem interessanten Portal. Der als Säulenbasilika mit weiten Arkaden und offenem Dachstuhl angelegte Innenraum ist vorromanisch. Von der Ausmalung der Kirche vermittelt vor allem das große Weltgerichtsfresko über dem Triumphbogen (14. Jh.) noch einen Eindruck. Eine nähere Betrachtung lohnen auch die Säulenkapitelle mit ihrem reichen plastischen Schmuck.

Tarquinia (Fortsetzung), *Santa Maria Maggiore

Nördlich von Tuscania kommt man zu der sehenswerten Renaissancekirche Santa Maria del Riposo (1495). In dem Kloster nebenan ist ein kleines archäologisches Museum eingerichtet. In der Umgebung von Tuscania wurden in den letzten Jahren mehrere etruskische Nekropolen entdeckt.

Santa Maria del Riposo

Etwa 30 km nordwestlich von Tarquinia liegt Vulci, von dessen einstiger Bedeutung als etruskisches Zentrum allerdings kaum noch etwas zu sehen ist. Besichtigen kann man das kleine Museum in der Abbadia bei der Ponte dell' Abbadia sowie die spärlichen Reste des römischen Vulci.

Vulci

Von 1979 bis 1987 baute die französische Künstlerin Niki de Saint Phalle bei dem Ort Capalbio, etwa 40 km nordwestlich von Tarquinia in der Toskana gelegen, den 'Giardino dei Tarocchi'. Die riesigen bunten Beton-Skuplturen sind den Symbolen der Tarot-Karten nachgebildet.

Capalbio

Terni
G 10

Region: Umbrien/Umbria
Provinz: Terni
Höhe: 130 m ü.d.M.
Einwohnerzahl: 110 000

Die Industriemetropole Terni, Hauptstadt der gleichnamigen Provinz im Süden von Umbrien, besticht vor allem durch ihre Lage in einer fruchtbaren Ebene vor dem Hintergrund einer amphitheaterartig ansteigenden Bergkulisse. Durch die schweren Zerstörungen im Zweiten Weltkrieg hat Terni sein historisches Stadtbild weitgehend eingebüßt und zeigt heute ein sehr modernes Gesicht.

Allgemeines

Sehenswertes

Das Herz von Terni bilden die beiden nahe beieinanderliegenden Plätze, die Piazza della Rebubblica mit dem Palazzo Comunale und die Piazza Europa mit dem mächtigen, trutzigen Palazzo Spada (16. Jh.), ein Alterswerk des berühmten Festungsbaumeisters Antonio da Sangallo. Nur wenig südöstlich hinter dem Palazzo Spada, am Corso Colomba, lohnt die hübsche frühchristliche Kirche San Salvatore eine Besichtigung. Eine besonders schöne Altstadtgasse ist die Via Roma, die die Piazza Europa südlich verläßt. Im Südwesten der Altstadt erhebt sich am Domplatz der 1653 barock umgestaltete Dom (romanische Krypta). Unweit südlich vom Dom sieht man die Außenmauer eines römischen Amphitheaters (1. Jh. n. Chr.). Hinter dem Dom und dem Amphitheater erstreckt sich der Stadtgarten. Einen Besuch verdienen auch die städtische Gemäldesammlung im Palazzo Fabrizi (Ecke Via Frattini/Via Cavour) mit einigen bedeutenden Werken der umbrischen Renaissancemalerei (u.a. von Benozzo Gozzoli, Niccolò Alunno, Lo Spagna und Domenico Alfani) und die Kirche San Francesco im Norden der Altstadt wegen der Ausmalung der Cappella Paradisi, für die Motive aus der "Göttlichen Komödie" von Dante als Anregung dienten. Gute Einkaufsmöglichkeiten gibt es am belebten Corso Tacito, der zwischen der Altstadt und dem modernen, überwiegend in den 30er Jahren des 20. Jhs. gestalteten Zentrum um die Piazza Tacito liegt.

Stadtzentrum

Tivoli

Umgebung von Terni

*Cascata delle Marmore

7 km südöstlich von Terni erreicht man über die S.S. 79 oder die S.S. 209 den in herrlicher Berglandschaft gelegenen Wasserfall von Marmore. Das Naturschauspiel wurde von einem römischen Konsul geschaffen, der 271 v. Chr. die Gewässer des Flusses Velino staute und in das Bett der Nera leitete, um die weitere Versumpfung des Gebietes zu verhindern. Die Wassermassen des Velino stürzen in drei Absätzen 165 m in die Tiefe, unter der Woche wird das Wasser in die nahen Elektrizitätswerke umgeleitet. Den gesamten Wasserfall sieht man am besten von unten (S.S. 209), verschiedene Aussichtspunkte bieten einen schönen Blick auf die Kaskaden.

*Lago di Piediluco

Folgt man weiter der S.S. 79, dann kommt man nach insgesamt 14 km zu dem schönen Bergsee von Piediluco (Bootsfahrten möglich, zum Baden ungeeignet). Am nördlichen Ufer liegt, von einer Burgruine überragt, der an Wochenenden gut besuchte, ansonsten eher ruhige Ort Piediluco.

*Valnerina

Landschaftlich außerordentlich reizvoll ist die Valnerina, ein schmales, von bewaldeten Bergrücken umschlossenes Tal, das wenige Kilometer nordöstlich von Terni beginnt (S.S. 209). Olivenhaine, Mohnwiesen, Steineichenwälder, kleine Dörfer und burgruinenbekrönte Felskegel bestimmen die Szenerie. In Ferentillo (18 km) kann man das kuriose Mumienmuseum besichtigen. 2 km hinter Ferentillo sollte man unbedingt die alte, höchst idyllisch gelegene Abtei San Pietro in Valle besuchen, die mit einem romanischen Freskenzyklus (12. Jh.) geschmückt ist.

San Gemini, Carsulae

Das beschauliche Kurstädtchen San Gemini (4000 Einw.), 12 km nordwestlich von Terni, ist bekannt für seine Mineralquellen. 2 km nördlich außerhalb der Stadt kann man noch die Ruinen der einstigen Römerstadt Carsulae, einer wichtigen Station an der alten Via Flaminia, besichtigen.

*Narni

13 km südwestlich von Terni liegt burgartig auf hohen Felsen am linken Ufer der Nera, die hier in enger Schlucht dem Talbecken von Terni entströmt, das mittelalterliche Städtchen Narni (21 000 Einw.). Im Zentrum steht der romanische Dom mit einem zierlichen Säulenportikus von 1497 und einer sehenswerten Ausstattung. An der Piazza dei Priori mit einem mittelalterlichen Stadtbrunnen (1303) künden noch die hohe Arkadenhalle der Loggia dei Priori und ein Glockenturm aus dem 13. Jh. (rechts) sowie gegenüber der Palazzo del Podestà (Stadtverwaltung und provisorische Pinakothek) von der Zeit der freien Stadtrepublik. Nur wenige Meter vom Platz entfernt, an der Via Mazzini, steht die hübsche kleine Kirche Santa Maria in Pensole (1175), die außergewöhnlich schön gearbeitete Portale aufweist. Unterhalb der Stadt, neben einer modernen Brücke, sieht man noch die Trümmer des Ponte di Augusto, einer gewaltigen, unter Kaiser Augustus (1. Jh. n. Chr.) erbauten Brücke.

Amelia

11 km nordwestlich von Terni (S.S. 205) erreicht man das alte Städtchen Amelia (11 000 Einw.). Sehenswert sind hier die Reste der Stadtmauer aus umbrischer Zeit, die wegen der enormen Größe ihrer Steine auch als Zyklopenmauer bezeichnet wird. Auf der Spitze des Stadthügels thront der weithin sichtbare, barock umgestaltete Dom. Vom Domvorplatz genießt man einen herrlichen Blick auf das sanft-hügelige, noch sehr agrarisch geprägte Hinterland von Amelia.

Tivoli G 12

Region: Latium/Lazio
Provinz: Rom/Roma
Höhe: 225 m ü.d.M.
Einwohnerzahl: 52 000

Tivoli

Die Stadt Tivoli, das alte 'Tibur', liegt etwa 30 km östlich von Rom in den Sabiner Bergen – auf einer vom Monte Gennaro (1271 m) nach Süden streichenden Kalkkette, die der Fluß Aniene durchbricht. Zur Zeit der römischen Kaiser und in der Renaissance war der Ort ein beliebter Sommersitz: So hielten sich u.a. Kaiser Augustus und Maecenas gerne hier auf.

Lage und Geschichte

Sehenswertes

*Villa d'Este

Im Südwesten von Tivoli erstreckt sich bei der Porta Santa Croce der Platz Largo Garibaldi. Etwas weiter nördlich liegt an der Piazza Trento der Eingang zur Villa d'Este (im Sommer 'Ton und Licht'), einer der schönsten Renaissance-Schöpfungen ihrer Art. Der Palast wurde 1550 im Auftrag des Kardinals Ippolito d'Este von dem Architekten Pirro Ligorio auf dem Gelände eines Benediktinerklosters erbaut. Bis zum Beginn des Ersten Weltkriegs war er im Besitz des Herzogs Franz Ferdinand von Österreich-Este, der 1914 in Sarajevo ermordet wurde. Vom Erdgeschoß des Palastes bietet sich ein schöner Blick auf die römische Campagna. Das gleiche gilt für den Park, dessen Gelände sich in Terrassen absenkt. Er präsentiert sich als Ensemble von Brunnen, mit Statuen und eindrucksvollen Wasserspielen. Besonders hervorzuheben ist die Fontana dell'Organo, deren Wasserspiele in früherer Zeit eine Orgel, die im oberen Teil der Fontäne eingebaut war, erklingen ließen. Ferner gibt es einen Brunnen, der einstmals Vogelstimmen erzeugte. In dem Park stehen hohe Zypressen.

Im Norden dieser durch Wasserläufe und Grünflächen geprägten Stadt erhebt sich der Dom San Lorenzo, der, ursprünglich romanisch, 1635 umgebaut wurde. Beachtenswert sind in den Seitenkapellen die Gruppe der Kreuzabnahme, die im 13. Jh. entstand, und das Triptychon (12. Jh.), ein Bildwerk, das den Erlöser zwischen Maria und Johannes zeigt.

Dom

Vom Dom San Lorenzo gelangt man östlich durch die Via San Valerio zur Piazza Rivarola, dann durch die Via della Sibilla zum Tempel der Vesta (Tempio di Vesta), der im Garten eines Gasthauses auf einem Felsen steht. Es ist ein Rundbau mit korinthischen Säulen, der im 2. Jh. v.Chr. errichtet wurde. Daneben der sog. Tempel der Sibylle (Tempio di Sibilla).

*Tempel der Vesta

Östlich der Piazza Rivarola führt der Ponte Gregoriano über das tief ins Gestein eingeschnittene Bett des Aniene. Hinter der Brücke links der Haupteingang zum Park der Villa Gregoriana. Diese wurde am Ufer des Aniene erbaut, den man in den Jahren 1826–1835 – nach wiederholten

*Villa Gregoriana

Tivoli

Villa d'Este …

… und Hadriansvilla

Überschwemmungen – in zwei Felsstollen von 270 m und 300 m Länge, den 'Traforo Gregoriano', durch den Westabhang des Monte Catillo umgeleitet hat. Im Park der Villa Gregoriana fällt das Wasser aus den Stollen in imposanten, zusammen 160 m hohen Wasserfällen herab. Am Ende des Doppelstollens befindet sich die Grande Cascate (108 m hoch), auf die sich von der oberen und der mittleren Terrasse schöne Ausblicke bieten. Im Park der Villa Gregoriana liegen ferner die Sirenengrotte sowie jenseits einer Galerie die Neptunsgrotte, durch die ehemals der Hauptarm des Aniene verlief.

Tivoli,
Villa Gregoriana
(Fortsetzung)

Vom Eingang der Villa Gregoriana führt die Via Quintilio Varo an der Außenseite des Parks, dann am Abhang des rechten Aniene-Ufers entlang und an einem 1955 errichteten Marienbogen vorbei zur Via delle Cascatelle, die besonders von der Terrasse Belvedere sowie bei der Kirche Sant' Antonio prächtige Blicke auf die Wasserfälle und die Stadt bietet.

*Via delle
Cascatelle

**Villa des Hadrian

Rund 6 km südwestlich von Tivoli liegt abseits der Via Tiburtina die Villa des Hadrian (Villa Adriana), eine prachtvolle Anlage. Sie entstand in den letzten Lebensjahren des weitgereisten Kaisers Hadrian († 138), der auf diesem Gelände die Erinnerung an bedeutende Stätten in Griechenland und Ägypten festhalten wollte. Neben den Wohnhäusern wurden Tempel und andere Bauten errichtet. Den Hauptreiz des Anwesens bildet seine landschaftliche Schönheit. Beim Parkplatz ein Modell der Anlage.

Im Jahre 1870 kam das Areal in den Besitz des italienischen Staates. Von diesem Zeitpunkt an wurde das z.T. verschüttete Anwesen freigelegt. Dabei fand man eine Reihe bedeutender Kunstwerke, die heute größtenteils in römischen Museen zu bewundern sind. Der kaiserliche Palast liegt im nördlichen Teil des Parks und grenzt an einen Bibliothekshof, an dem seitlich einige Räume mit Mosaiken von Interesse sind. In dem Park stößt man ferner auf einen Säulenhof, verschiedene Thermen, ein Nymphäum (Brunnentempel) und ein Museum. Im Alter zog sich der Kaiser gerne in die 'Wasservilla' zurück, das von einem Kanal umgebene Teatro Marittimo.

Todi

G 10

Region: Umbrien/Umbria
Provinz: Perugia
Höhe: 410 m ü.d.M.
Einwohnerzahl: 17 000

Eine amerikanische Studie aus dem Jahr 1990 erklärte Todi zur Stadt mit der weltweit größten Lebensqualität – seitdem ist man aufmerksam geworden auf das umbrische Städtchen, das etwa 40 km südlich von Perugia auf einem steilen Bergrücken über dem Tibertal sitzt und von außen den Anschein eines mittelalterlichen Borgo erweckt. Was hier mit einer Auszeichnung bedacht wurde, läßt sich vielleicht am ehesten erahnen, wenn man die Stadt bei einem Spaziergang durch die hübschen Altstadtgassen oder bei einem Cappuccino auf dem berühmten Domplatz auf sich wirken läßt. Mit zwei bedeutenden Kirchen und seinen stolzen Kommunalpalästen bietet Todi auch dem Kunstfreund interessante Sehenswürdigkeiten.

Allgemeines

Stadtbesichtigung

Den Mittelpunkt der Stadt bildet die von mittelalterlichen Palästen umgebene Piazza del Popolo. An der Nordseite erhebt sich der spätromanische

*Piazza
del Popolo

Toskana

Todi,
Piazza
del Popolo
(Fortsetzung)

Dom (12.–16. Jh.), zu dem eine Freitreppe hinaufführt. Er hat ein schönes Renaissance-Chorgestühl (um 1530). Die Südseite des Platzes nimmt der im 13./14. Jh. erbaute, turmüberragte Palazzo dei Priori ein. An der Ostseite der Piazza sind der Palazzo del Popolo (ab 1213 errichtet) und der gotische Palazzo del Capitano, den man an seinen eleganten Drillingsfenstern erkennt, durch eine gemeinsame Freitreppe zu einem mächtigen Gebäudekomplex verbunden (Lapidarium und Gemäldegalerie; z.Zt. geschlossen). Von der östlich anschließenden Piazza Garibaldi mit dem Denkmal des Freiheitskämpfers bietet sich ein schöner Ausblick.

*Altstadtgassen

Zwischen der Piazza del Popolo und der Kirche San Fortunato, die den zweiten Stadthügel von Todi einnimmt, kann man durch malerische Altstadtgassen schlendern. Vom Corso Cavour zweigt die Treppengasse Via del Vecchio Mercato ab und führt auf einen aussichtsreichen Panoramaweg an der Ostseite der Altstadt. An der Piazza del Mercato Vecchio entdeckt man vier monumentale, aus Travertinblöcken geschlagene Nischen (1. Jh. n. Chr.), vermutlich Reste von römischen Substruktionen.

San Fortunato

Unweit südlich der Piazza del Popolo erhebt sich an der Piazza della Repubblica über einer in zwei Absätzen ansteigenden Freitreppe die große Franziskanerkirche, die dem Stadtpatron von Todi, San Fortunato, geweiht ist. Die Fassade der 1292–1463 erbauten Hallenkirche mit einem reich geschmückten Mittelportal aus der Zeit um 1320 wurde nicht vollendet. Im Innern sieht man in der vierten Kapelle rechts ein besonders schönes Madonnenfresko von Masolino da Panicale (1432), im Chor ein prächtiges Gestühl. In der Krypta sind der hl. Fortunatus und der Dichter Jacopone da Todi (1230–1306), Verfasser der Passionshymne 'Stabat mater dolorosa', beigesetzt.

Westlich oberhalb der Kirche wurde an der Stelle einer Burg der Stadtpark angelegt. Von hier oben genießt man den besten Blick auf die imposante Wallfahrtskirche Santa Maria della Consolazione (s. u.).

*Santa Maria
della Consolazione

Auf einer Terrasse südwestlich außerhalb der Stadtmauer steht die Wallfahrtskirche Santa Maria della Consolazione, ein Zentralbau zum kleeblattförmigem Grundriß, der in einer hohen Tambourkuppel kulminiert. Im schlichten, ganz in Weiß gehaltenen Inneren Apostelstatuen von Ippolito Scalza aus Orvieto (16. Jh.). Außer Cola di Matteuccio da Caprarola (Bauleiter 1508–1512) sollen so namhafte Architekten wie Antonio da Sangallo und Baldassare Peruzzi an der Planung beteiligt gewesen sein.

Toskana / Toscana   E–F 7-10

Region: Toskana/Toskana
Provinzen: Florenz/Firenze, Arezzo, Grosseto, Livorno, Lucca, Massa–Carrara, Pisa, Pistoia, Prato und Siena
Fläche: 22 992 km^2
Einwohnerzahl: 3 580 600

Hinweis

Die im Rahmen dieses Reiseführers für die Toskana gegebene Darstellung ist bewußt knapp gehalten, da in der Reihe 'Baedeker Allianz Reiseführer' ein ausführlicher Regionalführer "Toskana" vorliegt.

Lage und
**Landschaftsbild

Die Toskana ist eine Landschaft in Mittelitalien. Sie umfaßt ein Gebiet, das sich vom Kamm des Toskanischen oder Etruskischen Apennin über das Toskanische Hügelland bis hin zum einst sumpfigen, heute urbar gemachten Küstenstreifen der Maremmen am Tyrrhenischen Meer erstreckt; darüber hinaus gehören die Insel Elba und mehrere kleinere Eilande zur Toskana. Kennzeichnend für das Toskanische Hügelland sind Weinberge und Zypressen.

Toskana

Geschichte

Das heutige Gebiet der Toskana deckt sich ungefähr mit dem des antiken Etrurien, das hier seit dem 9.–5. Jh. v.Chr. als teils loser, teils fester Verband zahlreicher Stadtstaaten (Zwölf-Städte-Bund) bestand und dessen Macht und Einfluß bis zur Poebene und nach Kampanien reichten. Da sich die schriftlichen Zeugnisse der Etrusker auf Grab-, Weih- oder Eigentumsinschriften beschränkten, ist aus ihnen kaum etwas über jene große Kultur zu erfahren, deren Herkunft bis heute im Dunkeln liegt. Um so beredter sind die zahlreichen, meist in den wie Wohnungen eingerichteten Gräbern aufgefundenen Gerätschaften und künstlerisch meisterhaft gestalteten plastischen Darstellungen, die ganz überwiegend Szenen aus dem täglichen Leben zeigen und vom einzigartig hohen Stand des Handwerks, insbesondere der Goldschmiedekunst zeugen.

Sehr charakteristisch war die Anlage der Städte als gut gesicherte Wehrburgen in exponierter, schwer zugänglicher Höhenlage, bevorzugt auf isoliert stehenden Felsplateaus, mit guter Übersicht über die Umgebung. Außerhalb der Städte lagen die ausgedehnten Nekropolen. Wie die gewaltigen Rundgräber jener Zeit beweisen, war den Etruskern das Bauprinzip der falschen Kuppel und des Tonnengewölbes bekannt. Als seefahrendes Volk standen sie in Handelsaustausch mit den Völkern des Mittelmeerraumes, galten aber auch, wie griechischen Berichten zu entnehmen ist, als gefürchtete Seeräuber.

Mit dem beginnenden 4. Jh. v.Chr. war der Verfall des schon im 5. Jh. v.Chr. geschwächten Reiches nicht mehr aufzuhalten; immer größere Teile wurden von Rom unterworfen, das sich um 300 v.Chr. endgültig des ganzen Gebiets bemächtigen konnte.

Nach dem Untergang Roms folgten Ostgoten, Byzantiner, Langobarden und Franken als Herren; seit dem 11. Jh. war das Gebiet Teil der Markgrafschaft Tuscien. Mit dem 13. Jh. gelang es dem erstarkenden Florenz, seine Vormacht vor den rivalisierenden Städten der Region – insbesondere vor Siena und Pisa – zu festigen und nach deren Unterwerfung im 15. Jh. seine Stellung als geistiges und politisches Zentrum des unter dem Mediceer Cosimo I. begründeten Großherzogtums Toskana zu behaupten.

In der Folgezeit litt das Land unter den Auswirkungen des Spanischen Erbfolgekrieges, unter Seuchen und unmäßigen Steuerlasten. Durch den Wiener Frieden von 1735 fiel die Toskana an Franz Stephan von Lothringen, den Gemahl der Kaiserin Maria Theresia. Am 1. Oktober 1800 kam sie als Königreich Etrurien an Herzog Ludwig von Parma, wurde 1807 dem französischen Kaiserreich zugeschlagen und von Napoleons Schwester Elisa Baciocchi regiert, die den Titel 'Herzogin von Toskana' annahm. Der ihr folgende Ferdinand II. wie auch dessen Sohn Leopold II. von Österreich standen im heftigen Widerstreit mit nationalen, antiösterreichischen Kräften, die ihnen nach und nach allen Rückhalt zu entziehen vermochten. 1859 zog sich Leopold unter Protest zurück. Nach einem Volksentscheid wurde das Gebiet 1860 in aller Form vom Königreich Sardinien-Piemont, dem Kernland des späteren vereinigten Königreiches Italien, annektiert.

Gewerbe und Industrie

Die Bewohner der Toskana leben vorwiegend im Einzugsgebiet der gewerbereichen Ballungszentren des Arno-Tales, zwischen Florenz und Livorno sowie im nördlichen Küstengebiet bis Carrara. In diesem Raum konzentriert sich eine Vielzahl meist kleiner und mittlerer Handwerksbetriebe mit einer bemerkenswert vielseitigen Produktion. An erster Stelle steht der Abbau von Erzen (Eisen, Quecksilber) und Marmor; bedeutend sind ferner der Geräte-, Maschinen- und Schiffsbau, die Pharmaindustrie, Glas- und Kristallerzeugung, Möbeltischlerei, Schuh- und Textilerzeugung sowie das Kunstgewerbe.

Weinbau

Im Berg- und Hügelland dominiert die Landwirtschaft mit den zugehörigen Veredlungs- und Verarbeitungsbetrieben, allen voran der Weinbau. Die Toskana ist die Heimat des berühmten dunkelroten samtigherben Chianti-Weins. Wichtig sind ferner der Anbau von Getreide und Oliven sowie im Arno-Tal und entlang der Küste Gartenbau und Blumenzucht.

Toskana

Pinien und Zypressen – die Charakterpflanzen der Toskana

Toskana

Tourismus

Ein nennenswerter Wirtschaftsfaktor ist außerdem der Tourismus, besonders in den Kunstmetropolen Florenz, Siena und Pisa sowie in den zahlreichen Thermalbädern (Montecatini Terme, Bagni di Lucca u.a.) und den Badeorten entlang der Küste.

Populonia

An der Strecke lohnt ein Abstecher von der Industrie- und Hafenstadt Piombino (19 m; 40 000 Einw.) zu dem 14 km nördlich, an der Nordseite der ehemaligen Insel hoch über dem Meer gelegenen Dorf Populonia (179 m), der altetruskischen Hafenstadt Pupluna. Dort haben sich Reste der Stadtmauer erhalten. Von der Burg (14. Jh.) bietet sich ein weiter Blick über das Meer. Unterhalb des Ortes liegt eine etruskische Nekropole. Im Etruskischen Museum (Museo Etrusco) von Populonia sind zahlreiche Grabbeigaben aus der Totenstadt zu sehen.

Grosseto

Grosseto (12 m; 70 000 Einw.), Hauptstadt der gleichnamigen Provinz, ist das Wirtschaftszentrum des Küstenstriches der Maremmen. Der Ort entstand im Mittelalter aus einem kleinen Kastell, das die Via Aurelia, die alte Römerstraße von Pisa nach Rom, bewachen sollte.

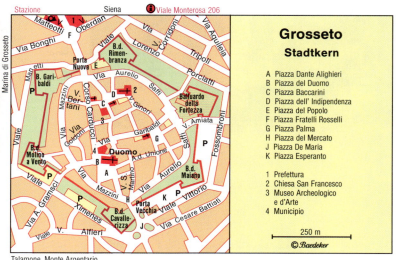

Talamone, Monte Argentario

Hauptplatz der von einer Mauer mit sechs Bastionen umgebenen Altstadt ist die Piazza Dante. An ihrer Nordseite stehen das Rathaus (Municipio) und der 1294 begonnene Dom, dessen Fassade 1840–1845 erneuert wurde. Im linken Querschiff eine "Himmelfahrt Mariä" von Matteo di Giovanni (15. Jh). Sehenswert ist das Museo d'Arte Sacra e d'Arte della Maremma unweit nördlich vom Dom. Gezeigt werden dort Fundstücke aus prähistorischer und vor allem aus etruskischer und römischer Zeit; zum Bestand des Museums gehört ferner eine Sammlung sakraler Kunst.

Baedeker Special

Fast wie im richtigen Leben ...

Voller Geheimnisse ist auch heute noch die etruskische Kultur, die vom 8. bis zum 4. vorchristlichen Jahrhundert namentlich in der Toskana (= Land der Tuscier) blühte. Ob sich das Volk der Etrusker aus der mittelitalischen Urbevölkerung entwickelt hat oder aus Kleinasien eingewandert ist, darüber streiten sich die Gelehrten seit langem. Jede Spekulation scheint erlaubt, denn schriftliche Zeugnisse gibt es – außer kurzen, formelhaften Weih- und Grabinschriften – fast nicht, und das Wenige hat sich bislang allen Entschlüsselungsversuchen entzogen. Auch von den Profanbauten der Wohnsiedlungen und von den Tempeln sind nur geringe Reste erhalten geblieben, so daß keine direkten Zeugnisse vom täglichen Leben des von den Römern 'Tusci' genannten Volks, das sich selbst 'Rasenna' nannte, erhalten geblieben sind.

Es gibt aber Quellen, die überreich widerspiegeln, was etruskische Lebensqualität war. Es sind dies die vielfältigen Relikte ihres differenzierten Totenkults, der ein heiter-idealisierendes Abbild des Diesseits bildete. Dem Verstorbenen wurde auf die Reise ins Jenseits mitgegeben, was ihm im Leben lieb und wert gewesen war: kunstvolle Keramik, Bronze- und Edelmetallgegenstände und vieles andere – schließlich sollte er an nichts Mangel leiden.

Die Nekropolen gleichen richtiggehenden Gemeinwesen mit Häusern, Straßen und Plätzen. Teils bestehen sie aus runden Grabhügeln oder aufgemauerten Gräbern, teils aus Reihen von wohnungsartigen Kammern, die in den weichen Tuffstein gehauen worden sind. Und in den Wandgemälden, mit denen viele der Kammern ausgeschmückt sind, finden sich Darstellungen von Tanz, Festen oder Jagdausflügen, die in ihrer dynamischen Bewegtheit eine Lebensfreude ausstrahlen, wie sie anderen Totenkulten fremd ist. Die besten Beispiele dieser Kunst finden sich in den Gräbern von Tarquinia.

Häufig wurden die sterblichen Überreste in Sarkophagen oder Urnen aus Terrakotta beigesetzt, deren Deckel eine liegende Figur des Verblichenen zeigt. Interessant ist hier, daß Behältnis und Deckel als Serienprodukt mit Hilfe vorgefertigter Model entstanden sind und nur der porträtähnliche Kopf als individuell geformtes Einzelstück aufgesetzt wurde.

Etruskische Aschenciste

Trani

Toskana (Fortsetzung), *Rusellae

Rund 6 km nordöstlich von Grosseto liegen die Schwefelquellen Bagno Roselle (25 m). In der Nähe befinden sich die Ruinen der etruskischen Stadt Rusellae (184 m), einer der zwölf Städte des etruskischen Bundes. Erhalten blieben Reste der Stadtmauern und einige etruskische Häuser, ferner ein Amphitheater aus römischer Zeit.

*Vetulonia

Gut 20 km nordwestlich von Grosseto liegt an erhöhter Stelle Vetulonia (344 m), heute ein Teil der Gemeinde Castiglione della Pescaia. Der Ort war unter dem Namen 'Vatluna' Mitglied des etruskischen Städtebundes. Im Nordosten und im Westen der früheren Stadt liegen die Nekropolen der Etrusker. Der größte Teil der Grabfunde gehört heute zu den Beständen der Museen von Grosseto und → Florenz.

Abbadia San Salvatore

Etwa 60 km südöstlich von Siena liegt das alte Städtchen Abbadia San Salvatore (812 m; 8000 Einw.). Die Abbazia di San Salvatore ('Abtei des Heiligen Erlösers'), die der kleinen Stadt den Namen gegeben hat, ist eines der ältesten Klöster der Toskana. Erhalten blieb jedoch nur die Kirche; in der eindrucksvollen Krypta sieht man Säulen mit z.T. reichverzierten Kapitellen.

*Monte Amiata

Lohnend ist die Fahrt (14 km) von Abbadia San Salvatore auf den Monte Amiata (1738 m), einen erloschenen, kraterlosen Vulkan, der auch zum Wintersport besucht wird; auf der Höhe stehen eine Schutzhütte und ein 22 m hohes Eisenkreuz. Vom Gipfel des Berges bietet sich eine herrliche Aussicht.

Sehr schön ist auch eine Rundfahrt von Abbadia San Salvatore um den Monte Amiata (65 km).

Strada del Vino / Weinstraße

Im Jahr 1993 wurde die Strada del Vino eröffnet. Es handelt sich um eine Route, die von Cecina durch das Landesinnere nach Piombino führt und die renommierten Winzerorte dieses Landstrichs miteinander verbindet.

Trani L 13

Region: Apulien/Puglia
Provinz: Bari
Höhe: 7 m ü.d.M.
Einwohnerzahl: 46 000

Lage

Die kleine Hafenstadt Trani, im Altertum 'Turenum', liegt zwischen Bari (30 km südöstlich) und Barletta (gut 10 km nordwestlich) am Adriatischen Meer. Trani ist Sitz eines Erzbischofs.

Bemerkenswertes

*Kathedrale

Nordwestlich der Hafeneinfahrt steht am Meer die Kathedrale (1150 bis 1250), eine der schönsten romanischen Kirchen Apuliens, die normannischen Einfluß erkennen läßt. An ihrer Westseite befindet sich ein romanisches Portal mit Reliefs (13. Jh.) und einer prächtigen Bronzetür (1180), geschaffen von dem Erzgießer Barisano da Trani. In den 32 Feldern sind Jesus, Maria, Apostel und Heilige dargestellt. Der Kampanile (rekonstruiert) ist nur lose mit dem Langhaus verbunden.

Das eindrucksvolle Innere der Kathedrale, die als einzige apulische Kirche Doppelsäulen besitzt, wurde 1952–1955 in seiner ursprünglichen romanischen Form wiederhergestellt. Von den Seitenschiffen hat man Zugang zu der um 1100 begonnenen Krypta des hl. Nicolaus Peregrinus († 1094), die mit herrlichen Kapitellen geschmückt ist. Von dort gelangt man in die Unterkirche, die Chiesa di Santa Maria della Scala (7. Jh.), unter der sich das Hypogäum des hl. Leucio befindet, ein rechteckiger, von einem Umgang umgebener Raum. Der hl. Leucio (7. Jh.) war der erste Bischof von Brindisi.

Trani, Kathedrale (Fortsetzung)

Westlich vom Dom steht das in den Jahren 1233–1249 von Friedrich II. erbaute Kastell.

Stauferkastell

An der Westseite der Hafenbucht steht der gotische Palast des Simone Caccetta (15. Jh.). Unweit südlich von hier erreicht man die Allerheiligenkirche (Ognissanti), ehemals Templerhospiz, mit einer tiefen Vorhalle; über dem Portal sieht man romanische Reliefs (Verkündigung und Lebensbaum).

Ognissanti

Östlich vom Hafen liegt der Stadtgarten (Villa Comunale). Beachtung verdienen drei Meilensteine der römischen Via Traiana, die von Benevent über Canosa, Ruvo, Bari und Egnatia nach Brindisi führte. Vom westlichen Ende des Gartens bietet sich ein schöner Blick auf den Hafen und die Kathedrale.

Villa Comunale

Molfetta

In Molfetta (65 000 Einw.) steht am Hafen der Duomo Vecchio (7./8. Jh.), ein Bau im vorromanischen Stil, der als die bedeutendste Kuppelkirche Apuliens gilt.

Lage
15 km südöstlich

Ruvo di Puglia

Südöstlich von Trani liegt das Städtchen Ruvo di Puglia (260 m; 25 000 Einw.), das einen normannischen Dom (12./13. Jh.; Portal) hat. Im Palazzo Iatta befindet sich eine bedeutende Sammlung hier gefundener antiker Vasen (6.–3. Jh. v.Chr.).

Lage
22 km südöstlich
von Trani

Trapani   G 19

Region: Sizilien/Sicilia
Provinz: Trapani
Höhe: 3 m ü.d.M.
Einwohnerzahl: 73 000

Trapani, Hauptstadt der gleichnamigen Provinz, liegt auf einer sichelförmigen Halbinsel an der Nordwestküste von Sizilien. Im Altertum war der Ort als 'Drepanon' (= Sichel) der Hafen für das nordöstlich landeinwärts gelegene Eryx (Erice; s. unten); noch heute hat Trapani für die Ausfuhr von Salz, Wein und Thunfisch Bedeutung.

Lage und Allgemeines

Bemerkenswertes

Hauptstraße der Altstadt von Trapani ist der Corso Vittorio Emanuele. Am westlichen Abschnitt stehen die Kathedrale San Lorenzo (17. Jh.) und die Chiesa del Collegio (1636), die im 18. Jh. mit Marmor und Stuckplastik ausgeschmückt wurde. Am Ostende des Corso das Alte Rathaus (17. Jh.;

Altstadt

Trapani

Altstadt (Fortsetzung)

jetzt Behördensitz) mit einer prächtigen Barockfassade. Unweit südöstlich kommt man zu der ehem. Kirche Sant' Agostino, einem Gebäude mit schönem Radfenster, einst Sitz der Templer, heute Konzert- und Vortragssaal. Weiter östlich die Kirche Santa Maria del Gesù (15. Jh.).
Vom Alten Rathaus führt die Via Torrearsa zum Hafen, den eine schöne Uferpromenade säumt. Am nördlichen Ende der Halbinsel steht auf einer Landzunge die Torre di Ligny; der Turm beherbergt ein Museum für Vor- und Frühgeschichte. Im Nordosten von Trapani liegt der Stadtgarten Villa Margherita, gegenüber die verkehrsreiche Piazza Vittorio Emanuele.

Santuario dell' Annunziata

Von der Piazza Vittorio Emanuele führt die breite Via Fardella östlich zum Stadtteil Borgo Annunziata mit dem Santuario dell' Annunziata (ehem. Kloster, 1315–1332; 1760 weitgehend erneuert). In der Kapelle der Madonna di Trapani steht die von Schmuck bedeckte, als wundertätig verehrte Madonnenstatue (14. Jh.; Lichterprozession am 16. August).

Museo Regionale Pepoli

In dem alten Klostergebäude, das einen schönen Kreuzgang hat, befindet sich das Museo Regionale Pepoli. Dort werden Gemälde – u.a. ein Bild von Tizian, auf dem der hl. Franz von Assisi mit den Wundmalen dargestellt ist – und Skulpturen, kunsthandwerkliche Gegenstände (Korallenarbeiten) sowie prähistorische und antike Fundstücke gezeigt.

Erice

*Lage
15 km nordöstlich von Trapani*

Von Trapani aus empfiehlt sich eine Fahrt (auch Seilschwebebahn) in nordöstlicher Richtung. Die Straße führt in Windungen und Kehren (Aussicht) bergan nach Erice (751 m; 27 000 Einw.), einem schön auf dem einzeln stehenden gleichnamigen Berg gelegenen Städtchen, dem antiken Eryx (bis 1934 Monte San Giuliano). Der Eryx stand im Altertum besonders bei den Seefahrern in hohem Ansehen als der Berg der Venus Erycina, auf dem die Elymer eine mauerumgürtete Stadt erbaut hatten (geringe Reste). Neben der Porta Trapani, dem Westeingang der Stadt, steht die Chiesa Matrice (1865 restauriert), von der nur die Westhalle (15. Jh.) und der Glockenturm (1312) alt sind; im Inneren, in der dritten Kapelle rechts, eine schöne Madonnenstatue, geschaffen von Francesco Laurana (1469). An der Piazza Umberto I befindet sich das Rathaus (Bibliothek, Museum). Am Ostende des Städtchens liegt der Stadtgarten mit einigen mittelalterlichen Türmen sowie dem an der Stelle des antiken Venustempels errichteten Castello di Venere (12./13. Jh.); im Inneren Reste des Tempio di Venere. Von dort bietet sich ein herrlicher Blick über Land und Meer: im Südwesten auf Trapani und die Ägadischen Inseln, gelegentlich auch bis zum afrikanischen Cap Bon (175 km), im Süden oft bis zur Insel Pantelleria und im Osten zuweilen bis zum 210 km entfernten Gipfel des Ätna.

Ägadische Inseln

Lohnend ist von Trapani eine Fahrt mit dem Schiff (täglich) oder mit dem Tragflügelboot (mehrmals täglich) zu den der sizilianischen Küste westlich vorgelagerten Ägadischen Inseln (auch Ägatische Inseln, ital. Isole Egadi). Die Schiffe berühren die Inseln Favignana (314 m; 19,75 km^2), die größte des Archipels, Levanzo (278 m; 7 km^2) und Marettimo (686 m; 12,25 km^2). Die küstennahen Meeresbereiche stehen z.T. unter Naturschutz.

*Gibellina

*Lage
55 km südöstlich von Trapani*

Anstelle der 1968 von einem Erdbeben weitgehend zerstörten Ortschaft Gibellina entstand rund 20 km östlich die Siedlung Gibellina Nuova, deren Bauten nach Entwürfen von bekannten italienischen Architekten errichtet

Trasimenischer See / Lago Trasimeno G 9

wurden. An den Häusern und im Freien sind zahlreiche Plastiken zu sehen, z.T. von ausländischen Künstlern geschaffen. Das zerstörte Gibellina (Gedenkstätte) wurde mit einer Betonschicht bedeckt, in welcher Gräben den Verlauf der einstigen Straßen nachzeichnen.

Trapani, Gibellina (Fortsetzung)

Region: Umbrien
Provinz: Perugia
Fläche: 128 km²

Der Trasimenische See liegt in einer weiten, fruchtbaren Niederung rund 20 km westlich von Perugia. Mit einer Fläche von 128 km² und einer rund 50 km langen Uferlinie ist er der viertgrößte See ganz Italiens. Der maximal nur 6 m tiefe, fischreiche Trasimeno wird wegen der guten Wassersportmöglichkeiten und der landschaftlich reizvollen Umgebung als Urlaubsziel sehr geschätzt. Rund um den See gibt es ein großes Angebot an Campingplätzen, Ferienwohnungen sowie Sport- und Freizeiteinrichtungen.

Allgemeines

Am Trasimenischen See, in der Nähe der heutigen Ortschaft Tuoro sul Trasimeno, erlitten im Jahre 217 v.Chr. die römischen Truppen unter Gaius Flaminius eine schwere Niederlage gegen das Heer des karthagischen Feldherrn Hannibal, der die Alpen überquerte und auf Rom zumarschierte.

Schlacht am Trasimeno

Sehenswertes am Trasimenischen See

Am Nordufer des Sees liegt auf einem burgbekrönten Vorgebirge der hübsche Bade- und Hafenort Passignano sul Trasimeno (289 m ü.d.M.; 4700

Passignano sul Trasimeno

Der Trasimenische See ist ein beschauliches Binnengewässer

Tremiti-Inseln

Castiglione del Lago am Trasimenischen See

Passignano sul Trasimeno (Fortsetzung)	Einw.). Treffpunkt und Flanierbereich in Passignano ist die Uferstraße mit der Strandpromenade.
*Castiglione del Lago	Über dem Westufer thront auf einer in den See vorspringenden Anhöhe das alte Städtchen Castiglione del Lago (304 m ü.d.M.; 13000 Einw.). Sehenswert sind die großeBurg mit dem 39 m hohen Bergfried und der Palazzo della Corgna, dessen Räume im 16. Jh. ausgemalt wurden.
Isola Maggiore	Von Passignano, Tuoro und Castiglione kann man zur Isola Maggiore übersetzen. Auf der Insel gibt es eine winzige alte Fischersiedlung, zwei Kirchen und das romantische Castello Guglielmi von 1855 zu besichtigen.

Tremiti-Inseln / Isole Tremiti K 11

Region: Apulien/Puglia
Provinz: Foggia
Fläche: 3,06 km^2
Bewohnerzahl: 350

Lage und Landschaft

Die Tremiti-Inseln (ital. Isole Tremiti) liegen gut 20 km nördlich vor der Nordküste des Vorgebirges Monte Gargano im Adriatischen Meer.
Schiffsverkehr besteht von Manfredonia (bzw. Rodi Garganico), Termoli und Ortona nach San Nicola; von dort Schiffe nach San Domino.

Bemerkenswertes

Isola San Domino

Die westlichste und landschaftlich reizvollste der drei größeren Tremiti-Inseln ist die von Pinienwald überzogene Isola San Domino (bis 116 m;

2 km^2). Sie diente bis 1943 als Verbannungsort und wird heute zunehmend dem Fremdenverkehr erschlossen. Über der Ostküste liegt San Domino, der Hauptort. Besuchenswert sind die nur vom Meer aus zugänglichen Grotten, besonders die Grotta delle Viole und die Grotta del Bue Marino, beide mit schönem Lichtspiel. — Tremiti-Inseln (Fortsetzung)

Nordöstlich von San Domino erreicht man die kleinere Isola San Nicola (bis 75 m; 0,5 km^2) mit San Nicola, dem mauerumgebenen Hauptort der Inselgruppe. Beachtenswert ist das Kastell (im 15. Jh. umgestaltet). Auf der Anhöhe steht die Kirche Santa Maria (1045), der Rest einer Abtei des 9. Jh.s, mit schönem Renaissanceportal und Teilen des romanischen Mosaikbodens (11./12. Jh.). — Isola San Nicola

Nördlich zwischen San Domino und San Nicola liegen das Eiland Il Cretaccio und mehrere Klippen. — Il Cretaccio

Die Isola Caprara, auch Isola Capraia (bis 53 m; 0,5 km^2), die fast unbewohnt ist, liegt von den drei größeren Tremiti-Inseln am weitesten nordöstlich. — Isola Caprara

Treviso   G 4

Region: Venetien / Veneto
Provinz: Treviso
Höhe: 15 m ü.d.M.
Einwohnerzahl: 83 000

Die Hauptstadt der gleichnamigen Provinz liegt in der venezianischen Ebene, gut 20 km nördlich von Venedig. Treviso, das 'Tarvisium' der Römer, war der Mittelpunkt eines langobardischen Herzogtums und im späten Mittelalter Sitz einer Kolonie deutscher Kaufleute. Von 1339 bis 1797 gehörte Treviso zu Venedig und danach mit Unterbrechungen bis 1866 zu Österreich. Wirtschaftliche Bedeutung haben Textil- und Nahrungsmittelindustrie, ferner Glasinstrumente- und Keramikherstellung. — Lage und Allgemeines

Treviso ist von einem Mauerring mit reich dekorierten Toren (frühes 16. Jh.) und Kanälen umschlossen; letztere durchziehen auch die Innenstadt mit ihren engen, zum Teil von Bogengängen gesäumten Straßen. — Stadtmauer

Sehenswertes

Im Mittelpunkt der Stadt liegt die Piazza dei Signori, der malerische Hauptplatz, der an drei Seiten von Palästen mit offenen Arkaden umgeben ist. Der kunstgeschichtlich interessanteste Palast ist der Palazzo dei Trecento (13. Jh.), einst Sitz des Großen Rats der Stadt, der 300 Mitglieder hatte. Der Palazzo del Podestà, den ein venezianischer Kommandant erbauen ließ, wird überragt von der hohen Torre del Comune (Stadtturm). Im Palazzo Pretorio, einem Renaissance-Palast, hat die Präfektur ihren Sitz. Erhalten ist auch der 'Monte de Pietà', das ehem. Leihhaus. — Piazza dei Signori

Von der Piazza dei Signori führt die Via Calmaggiore, die von stattlichen Häusern gesäumte Hauptstraße der Stadt, nordwestlich zum Domplatz. Der Dom San Pietro, ein Bauwerk mit sieben Kuppeln, wurde im 15./16. Jh. an der Stelle einer romanischen Kirche errichtet. Die Krypta stammt aus dem 11./12. Jahrhundert. Die Fassade (19. Jh.) zeigt eine neoklassizistische Prägung. Innen sind Gemälde von Tizian, u.a. die "Verkündigung" (1517), und Paris Bordone, ferner Fresken von Pordenone (1520) zu sehen. Die Sakramentskapelle (Cappella del Sacramento) ist mit Skulpturen von Pietro und Tullio Lombardo sowie von L. Bregno ausgeschmückt. — *Dom

Treviso

Fischmarkt in Treviso

Dom (Fortsetzung)

Links neben dem Dom steht das romanische Baptisterium (11./12. Jh.), mit schönen Fresken aus dem 13. Jh. und einem sehenswerten Taufbecken.

Museo Civico Luigi Bailo

Vom Dom gelangt man nordwestlich durch die Via Canova, an der das Museo Delle Arti e Tradizioni Populari liegt, und die Via Cavour zum Museo Civico Luigi Bailo. Zu besichtigen sind eine archäologische Abteilung und eine Gemäldegalerie. Diese besitzt Fresken sowie Bilder von Bellini, Lotto, Tizian und anderen Malern. Hervorzuheben sind besonders die Fresken von Tommaso da Modena und Girolamo da Treviso. Ferner besitzt das Museum Arbeiten, die Treviser Künstler des 20. Jh.s geschaffen haben.

San Nicolò

Im südwestlichen Stadtgebiet liegt an der Via San Nicolò die gotische Dominikanerkirche San Nicolò, ein romanisch-gotischer Backsteinbau aus dem 13./14. Jahrhundert. Im Inneren Rundpfeiler, die z.T. mit Fresken von Tommaso da Modena geschmückt sind, und ein auffallendes Holzgewölbe. Beachtenswert sind auch die "Thronende Madonna" von Savoldo (1521) am Hochaltar und das Grabmal des Senators Agostino Onigo († 1490), das Pietro und Tullio Lombardo geschaffen haben.
Im Kapitelsaal (Sala del Capitolo) des benachbarten Dominikanerklosters befinden sich weitere Bildnisse von Tommaso da Modena (1352).

San Francesco

Im Norden der Stadt lohnt die Kirche San Francesco, Viale San Antonio da Padova, einen Besuch. Dort ist ein Sohn Dantes, Pietro Alighieri († 1364), beigesetzt. Darüber hinaus erinnert ein Grabstein an die Tochter des Dichters Petrarca, die 1384 in Treviso gestorben ist. Von der Innenausstattung verdienen die Fresken und eine Skulptur des hl. Sebastian Beachtung.

Porta San Tommaso

Von San Francesco sind es nur ein paar Schritte zur Porta San Tommaso, einem Stadttor von 1518, das mit istrischem Marmor verkleidet und mit Wappen geschmückt ist. Bei diesem Tor beginnt die nördliche Wallpromenade, von der herab sich eine schöne Aussicht auf die Alpen bietet.

Trient / Trento F 3

Region: Trentino – Alto Adige/Trentino–Südtirol
Provinz: Trient/Trento
Höhe: 193 m ü.d.M.
Einwohnerzahl: 100 000

Trient (ital. Trento), die Hauptstadt der gleichnamigen Provinz und der Region Trentino–Alto Adige, liegt am linken Ufer der Etsch (Adige) in einer von Bergen umgebenen Talaue. Die Stadt gehört zum südlichen Teil des Tiroler Gebietes, das 1919 von Österreich an Italien abgetreten wurde.

Lage und Allgemeines

Die alte Stadt, das Tridentum der Römer, schon früh bedeutend durch ihre beherrschende Lage an der Einmündung der Straße aus dem Val Sugana, des von Venedig kommenden Handelsweges, in die Brennerstraße, war 1027–1803 Sitz eines reichsunmittelbaren Fürstbischofs. Von dem Tridentiner Konzil (1545–1563) ging die Gegenreformation aus.

Geschichte

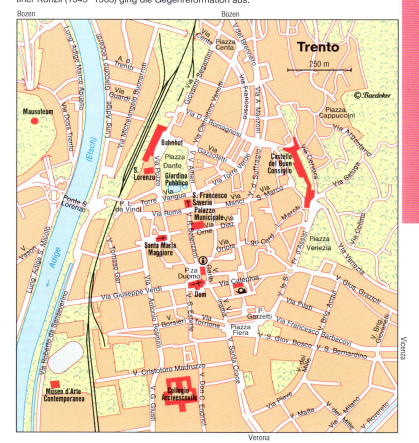

Trient

Geschichte (Fortsetzung)

Von 1814 bis 1918 gehörte Trient zur österreichisch-ungarischen Doppelmonarchie, seit dem Frieden von Saint-Germain zu Italien. Im Jahre 1948 ('Gruber-De-Gasperi-Abkommen') wurde aus der Provinz Trient und der Provinz Bozen, die das deutschsprachige Südtirol umfaßt, die autonome Region Trentino – Alto Adige (Trentino–Südtirol) gebildet.

Sehenswertes

*Dom

Im Zentrum der Stadt liegt die Piazza del Duomo, der Domplatz mit dem hübschen Neptunbrunnen (1768). An der Südseite des Platzes steht der aus dem 11./12. Jh. stammende Dom. Er wurde seit Anfang des 13. Jh.s als lombardisch-romanische Pfeilerbasilika ausgestattet, die Vierungskuppel 1887–1889 völlig erneuert. Die Kirche war 1545–1563 Hauptsitz des Tridentiner Konzils. Im Inneren Fresken (13.–15. Jh.) sowie zahlreiche Bischofsgräber (meist 14./15. Jh.). Unter dem Dom sind noch Reste einer frühchristlichen Kirche (6. Jh.) erhalten, darunter ein schönes Fußbodenmosaik.

Diözesanmuseum

An der Ostseite des Platzes befindet sich der Palazzo Pretorio, der einen Uhrturm (Torre Grande) hat. Der Palast beherbergt das Diözesanmuseum; sehenswert sind der Domschatz und flämische Wandteppiche aus dem 16. Jahrhundert.

Santa Maria Maggiore

Nordwestlich vom Dom steht die Kirche Santa Maria Maggiore, ein 1520–1523 errichteter Renaissancebau; im Chor eine prächtige Orgelbrüstung (1534) und ein Gemälde von 1563, auf dem Mitglieder des Tridentiner Konzils, dessen Sitzungen z.T. hier stattfanden, dargestellt sind.

Palazzo Municipale

Vom Domplatz gelangt man nördlich in die breite Via Belenzani, die schönste Straße der Stadt, gesäumt von stattlichen Palästen, an denen Reste

Trient war bis 1918 habsburgisch

Trient

von Fassadenmalerei zu erkennen sind. Nahe dem nördlichen Ende der Straße steht rechts der Palazzo Municipale (16. Jh.); gegenüber die Casa Geremia (15. Jh.).

Palazzo Municipale (Fortsetzung)

Am Ende der Via Belenzani beginnt die Via Manci, die Hauptstraße der Stadt, ebenfalls mit beachtlichen Palästen und der schönen Barockkirche San Francesco Saverio (Franz Xaver). Weiter nördlich liegt beim Bahnhof der Giardino Pubblico, in dem ein Dante-Denkmal (1896) und ein Denkmal für den österreichischen Ingenieur Alois Negrelli (1799–1858), einen Vorkämpfer für den Bau des Suezkanals, stehen. An der Westseite des Parks die romanische Kirche San Lorenzo (12. Jh.; restauriert).

Giardino Pubblico

Am Nordostrand der Stadt erhebt sich das Castello del Buonconsiglio, die ehem. Residenz der Fürstbischöfe, 1811–1918 Kaserne, heute Museum. Das um den ältesten Teil, den mächtigen Rundturm, im 13. Jh. errichtete Castelvecchio wurde seit 1475 in gotisch-venezianischen Formen verändert, 1528–1535 durch den Magno Palazzo, einen prächtigen Renaissancebau mit Arkadenhöfen und Fresken von Romanino und Dosso Dossi, seit 1686 dann durch einen Zwischenbau vergrößert. Das Kastell beherbergt das Museo Provinciale d'Arte; zu seinem Bestand gehören archäologische und ethnologische Sammlungen, alte Möbel, die Monatsbilder im Adlerturm, geschaffen von einem anonymen Maler des 15. Jh.s, sowie Skulpturen. Ferner ist dort das Museo del Risorgimento untergebracht, mit historischen Dokumenten, besonders solchen, die an die 1916 von den Österreichern wegen Hochverrats hingerichteten Irredentisten (d.h. Kämpfer für den Anschluß des Trentino an Italien) Cesare Battisti, Chiesa und Filzi erinnern.

Castello del Buonconsiglio (Museen)

Am rechten Etschufer steht auf dem Doss Trento (307 m) ein weithin sichtbares Mausoleum für Cesare Battisti (1875–1916); von oben bietet sich eine schöne Aussicht auf Trient und in das Etschtal.

Battisti-Mausoleum

Das wehrhafte Castello del Buonconsiglio

Von Trient zum Monte Bondone

Von Trient lohnt eine Fahrt zum Monte Bondone. Die Route führt zunächst 3 km nordwestlich auf der Straße nach Riva, dann links ab und südwestlich in zahlreichen Windungen über das Dorf Sardagna (571 m; hierher vom Etsch-Ufer auch Schwebebahn) sowie über Candriai (1025 m) zu der Hotelkolonie Vaneze (1300 m), die schön am Hang des Monte Bondone liegt, der sowohl im Sommer als auch zum Wintersport viel besucht wird. Bei der Ortschaft Viotto di Monte Bondone liegt der sehenswerte botanische Alpengarten (Giardino Botanico Alpino) mit endemischen und exotischen Gebirgspflanzen.

Der Monte Bondone erreicht im Cornet eine Höhe von 2180 m. Auf den Monte Palon, den am nächsten bei Trient sich erhebenden Gipfel, gelangt man entweder zu Fuß (2 Std.) oder mit zwei Sesselbahnen (über Vason, 1650 m).

Am Nordhang des Monte Bondone gibt es weitere Sesselbahnen (u.a. zum Montesel, 1739 m).

Von Trient zur Paganella

Lohnend ist auch eine Fahrt von Trient zur Paganella. Die Strecke führt zunächst rund 18 km nordwestlich bis Fai della Paganella (1030 m), dann gelangt man von Santel mit einem Doppelsessellift auf die Paganella (2125 m). Von oben bietet sich eine schöne Aussicht, besonders auf die nahe Brentagruppe.

Rovereto

Lage
25 km südlich von Trient

Südlich von Trient liegt die Stadt Rovereto (204 m; 33 000 Einw.). Im Zentrum die Piazza Rosmini; unweit nördlich steht der stattliche Renaissancepalast der Sparkasse (1902–1905 im alten Stil erneuert) mit einem Arkadenhof. In der Nähe befindet sich das Museo Civico (geologische Sammlung). Das hochgelegene Kastell (14./15. Jh.) beherbergt ein Museum mit Gegenständen, die an den Ersten Weltkrieg erinnern. Südlich der Altstadt steht der weithin sichtbare Rundbau des Sacrario di Castel Dante (306 m; Aussicht), in dem über 20 000 Gefallene des Ersten Weltkriegs – Italiener, Tschechoslowaken und Österreicher – beigesetzt sind. Oberhalb die zum Gedenken an die Gefallenen aller Nationen 1965 neu gegossene Riesenglocke (22,6 t), die um 21.30 Uhr bzw. 20.30 Uhr geläutet wird.

Triest / Trieste   H 4

Region: Friuli – Venezia Giulia
Provinz: Triest/Trieste
Höhe: 54 m ü.d.M.
Einwohnerzahl: 231 000

Lage und Bedeutung

Die italienische Hafenstadt Triest, Hauptstadt der Region Friaul – Julisch Venetien, liegt am nordöstlichen Rand des Adriatischen Meeres – am Golf von Triest, der hier vom Steilabfall eines Karstplateaus umrahmt wird. Triest ist ein wichtiger Hafen an der Adria. Seine Kapazität ist nach Beseitigung aller im Zweiten Weltkrieg entstandenen Schäden stark gewachsen. Als Umschlagplatz für Waren aus Mitteleuropa und aus dem Donauraum (besonders aus Österreich) hat der Hafen mit seinen Kaianlagen große Bedeutung. Von Triest aus führt eine Erdölpipeline nach Österreich und Bayern. Alljährlich findet in der Stadt eine internationale Mustermesse statt.

Triest

Triest, das Tergeste der Römer, war von 1382 bis 1919 österreichisch. Im Jahre 1719 wurde die Stadt von Kaiser Karl VI. zum Freihafen erklärt. Seit dem Ende des 18. Jh.s brachte Triest dann, nachdem künstliche Hafenanlagen geschaffen worden waren, den Handel mit dem Nahen Osten an sich, den Venedig über 500 Jahre lang beherrscht hatte. Als Österreichs einziger größerer Hafen entwickelte sich Triest besonders seit dem Bau der Semmeringbahn (1854) und des Hafengebietes im Norden der Stadt (1867–1883) zum ersten Handelsplatz an der Adria. Nach dem Ersten Weltkrieg wurde die zum größten Teil von Italienern bewohnte Stadt Italien zugesprochen und verlor so ihr Hinterland. Der Rückgang des Güterumschlags wurde durch den Ausbau der Industrie ausgeglichen. Im Jahre 1945 fiel Triest in die Hand von Tito-Partisanen und wurde damit zum Streitobjekt zwischen Italien und Jugoslawien. Bei dem Friedensvertrag mit Italien (1947) wurde das an Triest angrenzende, überwiegend slawisch besiedelte Gebiet an Jugoslawien abgetreten, die Stadt selbst als Freistaat den Vereinten Nationen unterstellt. Zone A (Triest und Vororte) stand unter britischer und amerikanischer Verwaltung. Die heute kroatischen und slowenischen Gebiete in Istrien gehörten zur jugoslawischen Zone B. Auf Grund eines Abkommens von 1954 wurde Zone A wieder unter italienische Verwaltung gestellt. Die meisten Italiener der Zone B verließen Istrien, wohingegen es in Triest eine slowenische Minderheit gibt. Seit 1962 ist Triest die Hauptstadt der Region Friaul-Julisch Venetien.

Geschichte

Innenstadt

An der Westseite der Stadt liegt der Hafen, der ohne natürliche Ankerbucht den vom Karst herabwehenden heftigen Nordostwinden (Bora) ausgesetzt ist. Im Norden erstreckt sich der Punto Franco Vecchio, der alte Freihafen, mit vier Molen und einem langen Wellenbrecher. Im Süden befinden sich – nördlich der Stazione Campo Marzio – der Punto Franco Nuovo, der neue Freihafen und die Industriezone, zu der einige große Werften gehören.

Hafen

Triest

Der stattliche Palazzo del Municipio

Im Alten Hafen von Triest

Triest

Ein markanter Platz des älteren Stadtgebiets ist die zum alten Hafen hin geöffnete Piazza dell' Unità d'Italia. Dort stehen der Palazzo del Governo (1904) und – südlich gegenüber – der mächtige Palast des Lloyd Triestino, der 1836 als Österreichischer Lloyd gegründeten Schiffahrtsgesellschaft. An der östlichen Seite das Rathaus (Palazzo del Municipio) von 1876.

Piazza dell' Unità d'Italia

In der Nähe des Rathauses steht an der Piazza della Borsa die Alte Börse (Borsa Vecchia). Das klassizistische Gebäude, heute Sitz der Handelskammer, wurde 1806 von dem Architekten A. Mollari errichtet. Die Neue Börse entstand 1929 durch Umbau eines früheren Jugenstilgebäudes.

Alte Börse

Von der Piazza dell' Unità d'Italia gelangt man nordöstlich auf der Straße, die am Hafen entlangführt, zum Teatro Verdi, das in Anlehnung an die Mailänder Scala errichtet und 1801 mit der Oper "Ginevra di Scozia" von Simon Mayr eingeweiht wurde. Gegenüber dem Theater ragt der Molo Audace ins Wasser hinein: Von dort bietet sich eine herrliche Aussicht auf Stadt und Hafen. An der Hafenstraße folgt die griechische Kirche San Nicolò dei Greci und weiter nördlich der Segelboothafen Canal Grande.

Teatro Verdi

Von der Alten Börse führt der Corso Italia, die von modernen Bauten gesäumte Hauptverkehrsstraße, östlich zur belebten Piazza Goldoni. Der Platz ist durch einen Tunnel, der unter dem Kastellberg verläuft, und einen zweiten Tunnel mit den südlichen Industrievororten verbunden.

Corso Italia

Südöstlich vom Rathaus verläuft die breite Via del Teatro Romano, an deren Ostende sich der Grattacielo ('Wolkenkratzer') erhebt. Daneben das Teatro Romano (Römisches Theater; 2. Jh. n.Chr.), das 1938 freigelegt wurde. In dem Theater wurden Schauspiele von Plautus und griechische Tragödien aufgeführt, in späterer Zeit fanden hier auch Gladiatorenkämpfe statt. Der Zuschauerraum schmiegt sich z.T. an den Hang des Hügels an.

Teatro Romano

Kastellberg

Vom Römischen Theater steigt man südwestlich hinauf zum Kastellberg. Auf halbem Weg rechts die kleine romanische Kirche San Silvestro. Gegenüber steht die Jesuitenkirche Santa Maria Maggiore, ein Bau aus dem 17. Jh. mit barocker Ausstattung. Die Fassade erinnert an die der Laterankirche in Rom. In der Nähe der Kirchen befindet sich der sog. Arco di Riccardo, ein Torbogen, der wohl aus dem 1. Jh. v.Chr stammt.

Santa Maria Maggiore

Vom Arco di Riccardo aus sind es nur ein paar Schritte zum Civico Museo di Storia ed Arte, dem Kunsthistorischen Musueum in der Via Cattedrale (Nr. 15). Das Museum besitzt Funde aus dem Altertum, u.a. griechische Vasen, Skulpturen und Grabinschriften aus Römerzeit und Mittelalter.

Museo di Storia ed Arte

Im Orto Lapidario, der dem Museum angeschlossen ist, befindet sich das um 1830 errichtete Grabmal des deutschen Altertumsforschers Johann Joachim Winckelmann. Er wurde 1717 in Stendal geboren und fiel 1768 in Triest einem Raubmord zum Opfer. Winckelmann machte Reisen nach Neapel, Paestum, Herkulaneum und Pompeji. Eine Zeitlang hielt er sich in Rom auf. Mit seiner "Geschichte der Kunst des Alterthums" (1764) wurde er zum Begründer der wissenschaftlichen Archäologie.

Orto Lapidario

Am Ende der Via Cattedrale erhebt sich die Cattedrale di San Giusto, eine Kathedrale, die im 14. Jh. an der Stelle eines augusteischen Tempels durch Vereinigung zweier älterer Kirchen und eines Baptisteriums entstanden ist: Rechts San Giusto, links Santa Maria, deren nebeneinanderliegende Seitenschiffe zum Mittelschiff wurden. Am Portal und am Glockenturm sind antike Fragmente zu sehen. Die Apsiden der Seitenschiffe sind mit beachtenswerten Mosaiken aus dem 7. und 12. Jh. geschmückt. In der linken Apsis zeigt ein eindrucksvolles Mosaik die thronenden Gottesmutter. Neben der Kathedrale steht eine Säule (1560). Dahinter sieht man die

*Cattedrale di San Giusto

Triest

Kathedrale
(Fortsetzung)

Reste einer römischen Gerichtshalle und des sog. Tempio Capitolino aus dem 1. Jh., ferner ein großes italienisches Gefallenendenkmal (1934).

*Castello di San Giusto (Museum)

Auf der Höhe des Kastellbergs steht das Kastell, eine Anlage aus dem 15.–17. Jahrhundert. Im sehenswerten Schloßmuseum (Civico Museo del Castello di S. Giusto) werden Waffen, Möbel, Gemälde und Wandteppiche gezeigt. Vom Kastell sowie vom Parco delle Rimembranze am Hang des Kastellbergs bietet sich eine schöne Sicht auf die Stadt und das Meer.

Südliches Stadtgebiet

Piazza Venezia

Südlich der Piazza dell' Unità d'Italia liegt am Kai rechts der Hafenbahnhof. Ferner befindet sich dort die Pescheria (Fischhalle) mit dem Aquarium (Aquario Marino). Dahinter öffnet sich rechts die Piazza Venezia.

Civico
Museo Revoltella

An dem Platz befindet sich das Civico Museo Revoltella, ein Kunstmuseum, das nach aufwendigen Renovierungs- und Erweiterungsarbeiten erst kürzlich wieder für Besucher geöffnet wurde. Das Museum, eines der bedeutendsten italienischen Museen für moderne Kunst, wurde 1872 nach dem Tod des Baron Pasquale Revoltella in dessen Villa eingerichtet, wie er es testamentarisch verfügt hatte. Zum Besitz des Museums gehören über tausend Gemälde, einige hundert Skulpturen, ferner Zeichnungen und Drucke. Von den bekannten italienischen Künstlern sind u.a. vertreten: Canova, Fattori, Induno, De Nittis, Nono, De Chirico, Savino, Sironi, Morandi, Martini, Pomodoro, Manzù, Guttuso, Fontana und Burri. Von den julischen und regionalen Künstlern findet man u.a. Werke von Dell'Acqua, Scomparini, Rietti, Sambo, Nathan, Bolaffio, Marussig und Mascherini. Die Ausstellung verteilt sich auf sechs Stockwerke und etwa 40 Säle.

Museo di
Storia Naturale

Vom Museo Civico Revoltella ist es nicht weit zur Piazza Hortis. An diesem Platz liegt das interessante Museo di Storia Naturale, ein Naturkundemuseum mit Sammlungen aus allen Erdteilen, und die Stadtbibliothek.

Museo Sartorio

In der Nähe befindet sich ferner das Civico Museo Sartorio. Dort werden Gegenstände gezeigt, die Ende des 19. Jh.s zur Ausstattung der Triestiner Villen gehörten: Miniaturen, Möbel, Keramik, Porzellan und Bilder. Zur Zeit können nur die möblierten Wohnräume im ersten Stock besichtigt werden.

Museo del Mare

Südlich vom Hafen kommt man zum Civico Museo del Mare (Schiffahrtsmuseum), wo Schiffsmodelle und Seekarten, Schiffsdokumente und Navigationsinstrumente sowie Geräte für den Fischfang ausgestellt sind.

Nördliches Stadtgebiet

Sant' Antonio

Am östlichen Ende des Canal Grande erhebt sich die Kirche Sant' Antonio, die 1849 im klassizistischen Stil erbaut wurde und die größte Kirche der Stadt ist. Rechts davor die serbisch-orthodoxe Kirche San Spiridione.

Civico Museo
del Risorgimento

Östlich von San Antonio führt die Via G. Carducci, die in der Nähe des Kastellbergs beginnt, nordwestlich zur Piazza Oberdan, dem Mittelpunkt der neueren Stadtteile. An diesem Platz befindet sich das Civico Museo del Risorgimento (Risorgimento-Museum), das historische Objekte aus der Zeit der ersten Aufstände im Jahre 1848 bis zum Ersten Weltkrieg zeigt. Dem Museum angeschlossen ist eine Gedenkstätte für Giuglielmo Oberdan, der Mitglied war in einer italienischen Bewegung gegen die Habsburger Monarchie: Für die Mitglieder dieser Bewegung war Triest 'terra irredenta', unerlöstes Gebiet. Nachdem Oberdan 1882 ein Bombenattentat auf Kaiser Franz Joseph unternommen hatte, mußte er am Galgen sterben. Von der Piazza Oberdan kann man mit der Straßenbahn nordwärts zur Piazza Scorcola fahren, wo die Talstation einer elektrischen Zahnradbahn (Il Trenino) nach Villa Opicina liegt. Ferner gelangt man von der Piazza

Oberdan aus auf der Via Fabio Severo, vorbei am mächtigen Justizpalast, zu der 1950 eröffneten Universität (Università Nuova), die Sitz der naturwissenschaftlichen und rechtswissenschaftlichen Fakultäten ist.

Museo del Risorgimento (Fortsetzung)

Umgebung von Triest

Von der Piazza Oberdan führt eine Straße, von der Piazza Scorcola eine Standseilbahn (s. oben) hinauf nach Villa Opicina (348 m), einem Villenvorot von Triest (9 km). Von dem Obelisken bei der Station Villa Opicina bietet sich eine schöne Aussicht auf Triest und das Meer. Von dem Obelisken führt ein Fußweg nordwestlich in 10 bzw. 45 Minuten zu den Aussichtspunkten Villa Opicina (397 m) und Vedetta d'Italia (335 m).

Villa Opicina

Etwa 3 km nördlich von Villa Opicina liegt in Sgonico die Grotta Gigante, eine Tropfsteinhöhle im Karst. Es heißt, die Höhle sie die größte Tropfsteinhöhle der Welt: Sie ist rund 100 m hoch und etwa 130 m lang. Bei einer Führung können Besucher die unterirdische Welt kennenlernen und die mächtigen Tropfsteingebilde bewundern. Die Höhle, früher durch Kerzen beleuchtet, ist heute mit elektrischem Licht ausgestattet. Wer mehr über die Grotte und ihre Entstehung erfahren möchte, kann sich im benachbarten Museum, dem Museo die Speleologia, informieren lassen.

Grotta Gigante

Von Triest nach Montefalcone (ca. 20 km)

Etwa 2,5 km nordwestlich von Triest erhebt sich oberhalb von Barcola der Siegesleuchtturm, 1927 erbaut, von dem sich eine schöne Aussicht bietet.

Siegesleuchtturm

Rund 3,5 km weiter nordwestlich liegt Schloß Miramare, das 1855–1860 für Erzherzog Maximilian von Österreich, den späteren Kaiser von Mexiko,

*Schloß Miramare

Die prunkvolle Residenz Miramare

Turin

Triest,
Miramare
(Fortsetzung)

auf einem Felsvorsprung über dem Meer erbaut wurde. 1857 heiratete Maximilian die Prinzessin Charlotte von Sachsen, eine Liebhaberin von Musik und Malerei. Beeindruckend ist die Bibliothek, in der der Erzherzog viel Zeit verbrachte. Das Schloß ist umgeben von einem großen Park, der nach dem Muster zeitgenössischer englischer Gärten angelegt wurde – mit einem See, Grotten und Statuen. Von der Schloßterrasse und vom Park bietet sich eine herrliche Aussicht auf das Meer.

Duino

An der Küste des Golfes von Triest folgt nach 7 km der kleine Bade- und Hafenort Duino. In der Nähe einer alten Siedlung an einem zum Meer hin abfallenden Hang liegt hier malerisch auf einem Felsvorsprung die Ruine des Castel Vecchio (herrliche Aussicht). Am stärksten zieht das Neue Schloß (Castel Nuovo), das 1916 zerstört und später wieder aufgebaut wurde, die Blicke auf sich: ein zinnenbekrönter, festungsartiger Bau mit einem uralten Turm aus der Römerzeit. Bis zum Beginn des Ersten Weltkriegs war das Schloß im Besitz der Fürsten von Thurn und Taxis. In den Jahren 1911 und 1912 nahm Fürstin Maria, Gattin des Fürsten Alexander von Thurn und Taxis, Rainer Maria Rilke als Mäzenatin in ihr Schloß auf. Hier arbeitete er an seinen berühmten "Duineser Elegien".

Sentiero Rilke

Von Duino führt die Rilke-Promenade an der Küste der 'Riviera Triestina' entlang nach Sistiana im Süden, ein Weg, der jahrelang unbenutzbar war und kürzlich wieder instand gesetzt wurde. – In der Nähe des Schlosses befindet sich das Internationale Zentrum für Theoretische Physik.

San Giovanni
al Timavo

Hinter Duino kommt man zu dem Dorf San Giovanni al Timavo. Sehenswert ist die gotische Kirche San Giovanni in Tuba (15. Jh.), in der noch Reste des Mosaikfußbodens der alten Basilika (5./6. Jh.) vorhanden sind. Bei San Giovanni tritt der Timavo, nachdem er in den Grotten von St. Kanzian versickert und anschließend 40 km unter der Erde verlaufen ist, wieder an die Oberfläche, um kurz darauf ins Adriatische Meer zu münden.

Monfalcone

Dann folgt, 7 km hinter Duino, Monfalcone (6 m; 30 000 Einw.), eine Hafen- und Industriestadt an den Ausläufern des Karstes. In dem Ort gibt es ein Höhlenkundemuseum. Von Monfalcone erreicht man auf der S.S. 305 den Soldatenfriedhof von Redipuglia am Hang des Monte Sei Busi (118 m). Dort liegen die Gräber von 100 000 Gefallenen aus dem Ersten Weltkrieg.

Turin / Torino   B 5

Region: Piemont/Piemonte
Provinz: Turin/Torino
Höhe: 230 m ü.d.M.
Einwohnerzahl: 1 035 000

Lage und
Allgemeines

Turin, Hauptstadt der oberitalienischen Region Piemont und der Provinz Turin, liegt im Westen der Po-Ebene an der Mündung der Dora Riparia in den Po. Westlich wird die Ebene von dem weiten Bogen der Cottischen und Grajischen Alpen begrenzt, während im Osten die Colli Torinesi an das rechte Ufer des Po herantreten.

Stadtbild

Die regelmäßige Stadtanlage stammt aus römischer Zeit. Das heutige Aussehen der Stadt ist hauptsächlich durch die Architekten der Barockzeit bestimmt, unter denen Guarino Guarini (1624–1683) aus Modena und der Sizilianer Filippo Juvarra (1678–1736) die bedeutendsten waren. Die langen geraden Straßen sind vielfach von Bogengängen eingefaßt.
Turin ist Sitz eines Erzbischofs.

Geschichte

Das alte Taurasia, Hauptort der keltisch-ligurischen Tauriner, wurde unter Augustus römische Kolonie und erhielt den Namen Augusta Taurinorum.

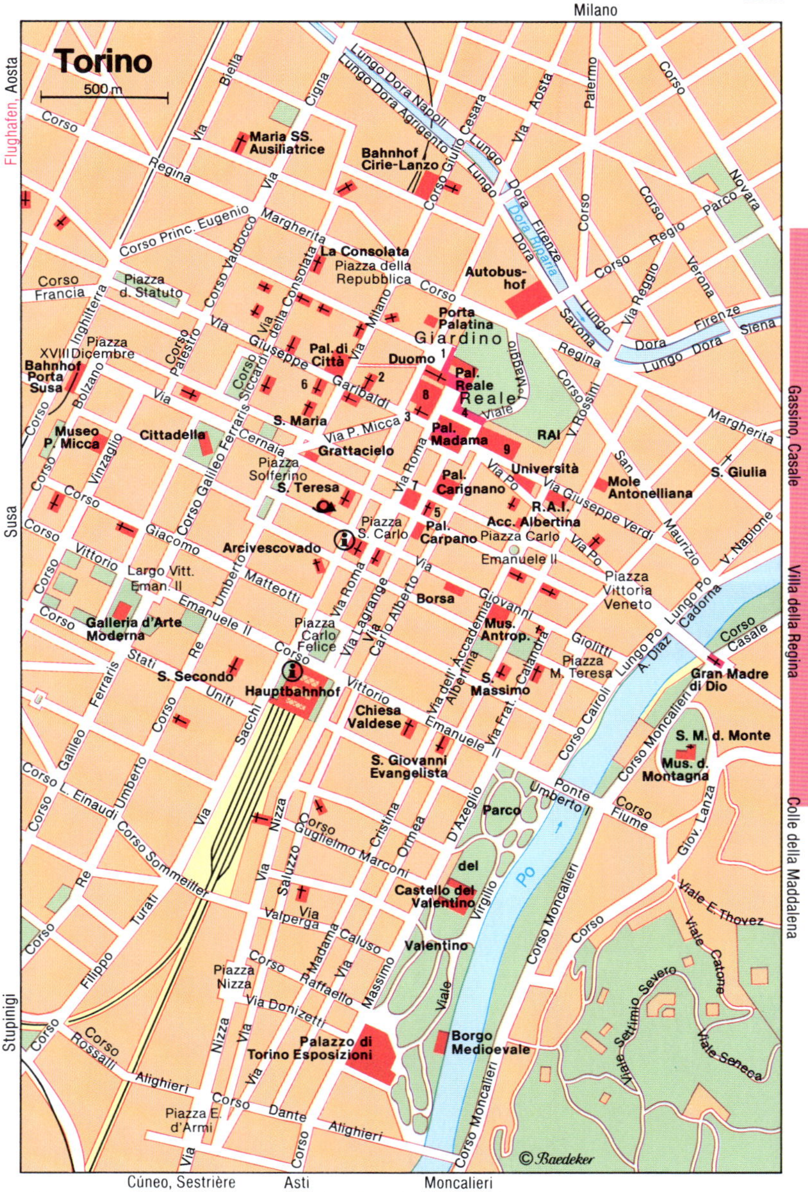

Turin

1 Teatro Romano
2 Corpus Domini
3 San Lorenzo
4 Prefettura
5 San Filippo Neri
6 Santissimo Martiri
7 Museo Egizio e Galleria Sabauda
8 Palazzo Chiablese
9 Teatro Regio

615

Turin

Geschichte (Fortsetzung)

Seit der Frankenzeit war die Stadt Sitz eines Markgrafen, begann sich aber erst zu entfalten, nachdem sie 1418 wieder an die Hauptlinie der savoyischen Grafen gekommen war. Im Spanischen Erbfolgekrieg wurde Turin von den Franzosen belagert, jedoch vom Prinzen Eugen von Savoyen und dem Fürsten Leopold von Anhalt-Dessau 1706 befreit. Seit 1720 Hauptstadt des Königreiches Sardinien-Piemont, wurde Turin nach der französischen Okkupation (1798–1814) Mittelpunkt der italienischen Einheitsbestrebungen und war 1861–1865 Hauptstadt des Königreichs Italien.

Wirtschaft

Die vielseitige Industrie umfaßt eine Reihe bedeutender Großbetriebe, so die Automobilfabriken der Fiat-Gruppe, ferner Motorenwerke, eine Waggonfabrik, eine Elektrizitätsgesellschaft, Kunstseidefabriken (Snia, Viscosa), Woll- und Baumwollspinnereien. Bekannt sind auch der Turiner Wermut (Martini & Rossi, Cinzano), ferner Schokolade und Süßigkeiten.
Im Wirtschaftsleben der Stadt spielt auch das Industriedesign eine Rolle; die Unternehmen Pininfarina und Italdesign/Giorgio Giugiaro haben als Formgestalter für die Autoindustrie weltweiten Ruf.

Piazza Castello

*Palazzo Madama

Zentrum der älteren Stadtteile ist die Piazza Castello. In der Mitte des Platzes steht der mächtige Palazzo Madama, ein auf den Resten des römischen Osttores im 13. Jh. errichtetes Kastell, im 15. Jh. erweitert und im Jahre 1721 von Filippo Juvarra durch die stattliche Westfassade (ein vorzügliches Beispiel des piemontesischen Barock) und die prächtige Doppeltreppe ergänzt.

Museo Civico d'Arte Antica

In dem Palast ist das Museo Civico d'Arte Antica (Erdgeschoß und 2. Stock), das städtische Museum für alte Kunst, untergebracht. Es besitzt bedeutende Sammlungen: Stein- und Holzplastik, Glasmalereien, Tafelbil-

Panorama der piemontesischen Metropole Turin

der, das berühmte Stundenbuch des Herzogs von Berry mit niederländischen Miniaturen (um 1400), ferner Kunstgewerbe. Im 1. Stock die Prunkräume, die im 18. Jh. reich ausgestattet wurden.

Museo Civico d'Arte Antica (Fortsetzung)

Nördlich der Piazza Castello erstreckt sich der Schloßhof. Gleich links sieht man die Barockkirche San Lorenzo, einen Bau von Guarini (1668–1680) mit einer eigenartigen kühnen Kuppel. Das ehem. königliche Schloß (Palazzo Reale) ist ein 1646–1658 errichteter Backsteinbau. Im Inneren das Appartamento di Madama Felicità und 26 glänzend ausgeschmückte Prunkräume (Reali Appartamenti). Im rechten Seitenflügel befindet sich die Präfektur mit dem Zugang (erste Tür links) zur ehem. Königlichen Rüstkammer (Armeria Reale), einer der bedeutendsten Waffensammlungen Europas, in der viele vollständige Rüstungen und Rüstungsteile aus dem 15.–19. Jh. gezeigt werden, darunter der Feldharnisch des Prinzen Eugen.

Hinter dem Palazzo Reale liegen die Königlichen Gärten (Giardini Reali); am Rande der Grünanlagen steht (Eingang vom Corso Regina Margherita) das Museo di Antichità, das archäologische Fundstücke von der Vor- und Frühgeschichte bis zur römischen Spätzeit besitzt.

Museo di Antichità

Dem Schloß nordwestlich gegenüber steht die Kathedrale San Giovanni Battista (1492–1498); der Glockenturm wurde 1720 vollendet. Hinter dem Hochaltar die Cappella della Santa Sindone, ein 1668–1694 nach Plänen von Guarino Guarini errichteter hoher Rundbau.

Kathedrale

Über dem Altar wird in einer Urne die 'Santa Sindone' (Santo Sudario) aufbewahrt, ein Linnentuch, in das nach der Legende der Leichnam Christi eingehüllt gewesen sein soll; bei einer wissenschaftlichen Untersuchung wurde jedoch festgestellt, daß es sich um ein Leinentuch aus dem Mittelalter handelt. Das Original wird nur bei ganz seltenen Gelegenheiten gezeigt; im linken Seitenschiff des Doms ist aber eine Reproduktion im Maßstab 1:1 ausgestellt.

* 'Turiner Grabtuch'

Neben der Kathedrale liegen die Reste eines römischen Theaters (1. Jh. n.Chr.).

An der Südseite des Domplatzes der Palazzo Chiablese, der ein Filmmuseum (Museo Nazionale del Cinema) beherbergt.

Filmmuseum

Nordwestlich der Kathedrale steht die Porta Palatina (1. Jh. n.Chr.), das nördliche römische Stadttor, das zwei Backsteintürme hat.

Porta Palatina

Unweit südlich der Piazza Castello steht der Palazzo Carignano, 1679–1685 von Guarini erbaut, 1848–1859 Sitz des sardischen und 1861–1864 des italienischen Parlaments; am 14. März 1861 wurde hier das Königreich Italien ausgerufen. Das Gebäude beherbergt heute das Museo Nazionale del Risorgimento Italiano, das bedeutendste seiner Art. Gezeigt werden Gegenstände und Dokumente aus der Zeit der italienischen Einigungsbewegung, ferner aus dem Ersten und dem Zweiten Weltkrieg.

Museo Nazionale del Risorgimento Italiano

Die Via P. Micca führt von der Piazza Castello südwestwärts zur Piazza Solferino. Von dem Platz verläuft die Via Cernaia westlich zu der 1857 niedergelegten Zitadelle, in deren ehem. Eingangstor man ein Artilleriemuseum (z.Zt. geschlossen) eingerichtet hat; dort werden Waffen aus verschiedenen Epochen gezeigt.

Zitadelle Artilleriemuseum

Am Nordwestende der Via Cernaia befinden sich das 18stöckige Hochhaus der RAI (ital. Radio und Fernsehen, 1967; Studios auch an der Via Rossini) und die Stazione di Porta Susa.

Nördlich der Piazza Solferino erreicht man die Kirche Santi Martiri, einen prunkvollen Barockbau von Pellegrini (1577).

Santi Martiri

Turin

Palazzo di Città

Die Kirche grenzt nördlich an die enge Via Garibaldi, einen Teil der römischen Hauptstraße ('Decumanus'). Rechts der Palazzo di Città, das 1658–1665 von Francesco Lanfranchi erbaute Rathaus.

Santuario della Consolata

Rund 500 m weiter nordwestlich steht an der Via della Consolata die Kirche Santuario della Consolata. Seit dem 4. Jh. wurde hier ein Marienbild verehrt. Die jetzige barocke Wallfahrtskirche ist von G. Guarini (1624–1683) errichtet und 1903/1904 umgebaut worden. Im Inneren der Kirche befinden sich Marmorstatuen, u.a. diejenige der österreichischen Kaiserin Maria Theresia. Neben dem Heiligtum steht ein schöner romanischer Glockenturm (11. Jh.).

Accademia delle Scienze

Südwestlich gegenüber dem Palazzo Carignano erhebt sich der Palazzo dell' Accademia delle Scienze, im Jahre 1679 von Guarini als Jesuitenkonvikt erbaut und 1758 der Akademie der Wissenschaften überlassen.

** Ägyptisches Museum

In dem Palast ist das Ägyptische Museum (Museo Egizio) untergebracht, eine der bedeutendsten ägyptischen Sammlungen. Gezeigt werden u.a. Königsstatuen des Neuen Reiches, darunter Ramses II., ein Königspapyrus und zwei Grabkammern aus Theben, ferner etliche Tier- und Menschenmumien.

* Galleria Sabauda

Ferner beherbergt der Palast die Gemäldesammlung Galleria Sabauda. Diese besitzt Bilder der Piemontesen Macrino d'Alba und Defendente Ferrari, der Lombarden Gaudenzio Ferrari und Sodoma, der Venezianer Mantegna ("Madonna mit Heiligen"), Paolo Veronese, Tintoretto, Tiepolo und Canaletto, der Emilianer Guido Reni und Guercino, der Toskaner Beato Angelico (u. a."Engel in Anbetung"), Lorenzo di Credi, Piero Pollaiuolo ("Tobias mit dem Erzengel Raffael"), ferner zahlreiche niederländische Werke, u.a. von Jan van Eyck, Rogier van der Weyden, Hans Memling, Bildnisse von van Dyck und ein Jugendwerk Rembrandts ("Schlafender Greis"). Ein Saal enthält die Sammlung Gualino, zu der Bilder von Botticelli und Veronese gehören.

San Filippo Neri

Östlich neben der Akademie der Wissenschaften steht in der Via Maria Vittoria die seit 1675 erbaute Kirche San Filippo Neri (1714 von Juvarra erneuert; die Vorhalle entstand 1835), die eine beachtenswerte Innenausstattung hat.

Denkmal Cavours

Von der Kirche führt die Via Maria Vittoria südöstlich zur Piazza Carlo Emanuele II. Dort stehen das 1873 errichtete Marmordenkmal für Camillo Cavour (1810–1861), den in Turin geborenen Begründer der italienischen Einheit, und die 1718 von Juvarra entworfene Kirche Santa Croce.

Via Roma

Hauptverkehrsstraße der Innenstadt ist die von der Piazza Castello zum Hauptbahnhof führende monumentale Via Roma mit einheitlichen modernen Steinfassaden und Bogengängen. Gleich rechts die 1934 erbaute 'Torre', ein 87 m hohes Geschäftshaus.

Piazza San Carlo

Im mittleren Teil der Straße erstreckt sich die Piazza San Carlo, eine 1638 entworfene geschlossene Platzanlage. An der Südseite die Kirche Santa Cristina (östlich; 1637) mit einer Fassade von Juvarra (1718), ferner San Carlo (1619) mit nachempfundener Barockfassade (1836). In der Mitte des Platzes ein wirkungsvolles Reiterbild des Herzogs Emanuel Philibert (1838).

Hauptbahnhof

Am Südende der Via Roma liegt die Piazza Carlo Felice, an die der Hauptbahnhof (Stazione di Porta Nuova) grenzt.

Galleria d'Arte Moderna

Hier kreuzt man den 3,5 km langen Corso Vittorio Emanuele II, in dessen westlichem Teil sich am Schnittpunkt mit dem breiten Corso Galileo Ferraris ein weithin sichtbares, 38 m hohes Denkmal für Viktor Emanuel II. (1899) erhebt. Unweit südlich vom Denkmal, Via Magenta 31, rechts die Galleria d'Arte Moderna (1942), eine der bedeutendsten Sammlungen moderner Kunst Italiens. Die italienische Malerei ist vertreten durch Modigliani,

De Chirico, Carrà, De Pisis und Guttuso, die ausländische durch Renoir, Utrillo, Paul Klee, Max Ernst, Chagall u.a.

Galleria d'Arte Moderna (Fortsetzung)

Von der Piazza Castello führt die von Bogengängen eingefaßte Via Po südöstlich nahe an dem Gebäude der Accademia Albertina di Belle Arti (Gemäldesammlung) vorbei zur Piazza Vittorio Veneto, einem um 1830 in klassizistischem Stil angelegten Platz am Po. Unweit nördlich der Via Po – an der Via Montebello – erhebt sich die mächtige Mole Antonelliana, 1863 von Alessandro Antonelli als Synagoge begonnen und 1878–1890 turmartig ausgebaut (167 m; Fahrstuhl bis 85 m); von oben bietet sich eine herrliche Aussicht.

Mole Antonelliana

Sehenswertes am rechten Po-Ufer

Von der Piazza Vittorio Veneto gelangt man über den Ponte Vittorio Emanuele I auf das rechte Po-Ufer. Dort steht die Kirche Gran Madre di Dio, eine 1818–1831 nach dem Vorbild des römischen Pantheons erbaute Dankeskirche zur Erinnerung an die Rückkehr von Viktor Emanuel I. (1814).

Gran Madre di Dio

Von der Kirche Gran Madre di Dio führt der Weg südlich durch den Corso Moncalieri, dann links durch die Via Maresciallo Giardino hinab zum Monte dei Cappuccini, einem 45 m über dem Fluß aufsteigenden bewaldeten Hügel. Oben ein 1583 gegründetes Kapuzinerkloster, die Kirche Santa Maria del Monte und das sehenswerte Museo Nazionale della Montagna Duca degli Abruzzi, mit Karten, Fotos, Reliefs und Modellen der Alpen. Von dem Hügel hat man eine schöne Aussicht auf Turin und die Alpenkette.

Monte dei Cappuccini

Unweit südwestlich des Monte dei Cappuccini befindet sich der Ponte Umberto I. Gleich hinter der Brücke beginnt am linken Ufer des Po der weitläufige Parco del Valentino mit dem 1630–1660 erbauten Renaissanceschloß Castello del Valentino. Dieses wurde aufwendig ausgestattet und bildete viele Jahre lang den Mittelpunkt des Turiner Gesellschaftslebens. Innen befinden sich ein Festsaal mit Stukkaturen und Fresken der Künstlerfamilie Binchi aus Lugano. Im Park lohnt ein Spaziergang durch den botanischen Garten. Eindrucksvoll wirkt ein Reiterdenkmal im südlichen Teil der Anlage, das 1902 entstand und den Herzog Amadeus von Aosta, 1870–1873 König von Spanien, darstellt.

*Parco del Valentino

Südöstlich vom Park kommt man zu dem am Po gelegenen Borgo und Castello Medioevale, der besuchenswerten Nachbildung (1884) einer mittelalterlichen Ortschaft und Burg.

Borgo und Castello Medioevale

Am Südende des Parkes der 1948–1952 erbaute Palazzo di Torino Esposizioni, in dem alljährlich die vielbesuchte Automobil- bzw. Industriefahrzeug-Ausstellung stattfindet.

Palazzo di Torino Esposizioni

Noch weiter südlich, Corso dell' Unità d'Italia 40, befindet sich das 1960 eröffnete Automobilmuseum (Museo dell' Automobile Carlo Biscaretti di Ruffia), das eine umfassende Übersicht über die Entwicklung des Automobils bietet (zahlreiche Originalfahrzeuge).

*Automobilmuseum

Im südlichen Teil der Stadt liegt jenseits der großen Piazza d'Armi das 1933 erbaute Stadio Comunale mit dem Marathonturm, zwei Freibädern und einem Hallenschwimmbad.

Stadio Comunale

Weiter südlich befindet sich im Vorort Lingotto der ehemalige Stammsitz der Fiat-Werke; diese Produktionsstätte wurde 1982 stillgelegt. Das Gebäude soll als Zeugnis früher Industriearchitektur erhalten bleiben. Inzwischen ist dort ein Dienstleistungszentrum entstanden. 1997 hat die Unternehmensleitung der Fiat-Werke ihren Sitz wieder in das Stammhaus in Lingotto verlegt. Es gibt dort einen Raum für Pressekonferenzen u.a.

Lingotto

Turin

Die barocke Basilica di Superga

In die Colli Torinesi

Basilica di Superga

Lohnend ist die Fahrt zur Basilica di Superga. Der Weg führt zunächst 10 km nordöstlich am Po entlang zu dem Vorort Sassi (218 m; von hier auch Zahnradbahn in 16 Min.), dann in Windungen hinauf zu der auf dem zweithöchsten Gipfel der Colli Torinesi gelegenen Basilica di Superga (672 m), einem weithin sichtbaren Zentralbau mit 75 m hoher Kuppel zwischen zwei 60 m hohen Glockentürmen, die als Hauptwerk des Barockmeisters F. Juvarra 1717–1731 zum Gedächtnis an den Sieg des Prinzen Eugen über die Franzosen (1706) errichtet wurde und 1730–1849 als Gruftkirche des savoyischen Königshauses (Sarkophage in der Unterkirche) diente. Von der Terrasse vor der Kirche bietet sich bei klarem Wetter eine schöne Aussicht auf die Alpen; vom Vorplatz auch Blick auf Turin.

Faro della Vittoria

Sehr schön ist auch die Fahrt (10 km) auf den Colle della Maddalena (715 m), den höchsten Gipfel der Colli Torinesi, bekrönt vom Faro della Vittoria, einem Leuchtturm in Gestalt einer 18,50 m hohen fackeltragenden Bronzestatue der Siegesgöttin (auf 8 m hohem Sockel), geschaffen von E. Rubino (1928). Von oben bietet sich eine umfassende Aussicht.

Von Turin über Sestriere zum Montgenèvre
(ca. 115 km)

Turin ist Ausgangspunkt für interessante Fahrten ins nahe Gebirge. Besonders empfehlenswert die Strecke über Sestriere zum Montgenèvre. Man verläßt Turin bei den Fiat-Werken von Mirafiori und folgt der S.S. 23.

Schloß Stupinigi

11 km: Schloß Stupinigi (244 m), 1729–1733 von Filippo Juvarra als Rokokoanlage errichtet, heute Museo d'Arte e dell' Ammobiliamento (Kunst- und Möbelmuseum), umgeben von einem großen Park.

27 km: Pinerolo (376 m; 36 000 Einw.), eine schön gelegene Stadt mit alter Kathedrale (11. Jh.). In der Kirche San Maurizio eine Fürstengruft des Hauses Savoyen; dahinter bietet sich bei der Kirche Madonna delle Grazie eine schöne Aussicht auf den Monviso (3841 m).

Pinerolo

Von Pinerolo führt ein Abstecher 15 km südwestlich zu dem im Tal des Pellice gelegenen, als Sommererholungsort gern besuchten Städtchen Torre Pellice (516 m), dem Hauptsitz der evangelischen Waldenser, die zur Zeit der Albigenserkriege (1209–1229) aus Frankreich in die piemontesischen Täler am Ostabhang der Cottischen Alpen flüchteten und sich trotz vieler blutiger Verfolgungen hier behaupteten (heute leben etwa 25 000 meist französisch sprechende Waldenser im Pellice-Tal sowie im unteren Chisone-Tal).

Torre Pellice

Die Straße zum Montgenèvre führt hinter Pinerolo in dem zum Hauptkamm der Cottischen Alpen ziehenden Chisone-Tal aufwärts.

18 km: Perosa Argentina (614 m; 5000 Einw.), ein größtenteils von Waldensern bewohntes Industriestädtchen. Dahinter führt der Weg durch eine Schlucht; vor Fenestrelle rechts auf der Höhe das große Sanatorium Agnelli (1700 m; Straße 6,5 km; ferner Schwebebahn).

Perosa Argentina

16 km: Fenestrelle (1154 m), ein Dorf mit großartigen, zum Fort San Carlo (18. Jh.) hinaufziehenden Festungsanlagen, die durch eine Treppe (4000 Stufen) miteinander verbunden sind.

Fenestrelle

22 km: Sestriere (2033 m), auf dem Sattel zwischen dem Chisone-Tal und dem Tal der Dora Riparia gelegen, einer der bedeutendsten Wintersportplätze Europas, jedoch auch im Sommer besucht. Schwebebahnen u.a. nordwestlich zum Monte Fraitève (2690 m), südöstlich zum Monte Sises (2658 m; Bergstation 2597 m), östlich zum Monte Banchetta (2552 m); ferner Sesselbahn, viele Skilifte.
Die Fortsetzung der Straße zum Montgenèvre führt hinter Sestriere hinab in das Tal der Dora Riparia.

Sestriere

11 km: Cesana Torinese (1354 m), wo die von Turin über Susa kommende Straße einmündet; Sesselbahn südlich über Sagna Longa (2002 m) zum Colle Bercia (Monti della Luna; 2203 m). Hinter Cesana weiter bergauf.

Cesana Torinese

6 km: Claviere bzw. Clavières (1760 m), ein besonders zum Wintersport vielbesuchter Kurort; Sesselbahn nach La Cloche (1960 m).

Claviere

Die Straße erreicht kurz hinter Claviere die italienisch-französische Grenze.

2 km: Col de Montgenèvre (1854 m; Wintersport; Sesselbahnen auf 2600 m), einst ein wichtiger Alpenpaß, der als kürzeste Verbindung zwischen dem Po-Tal und Südfrankreich u. a. wiederholt von Caesar, im Mittelalter von Kaiser Barbarossa überschritten wurde.

Col de Montgenèvre

Von Turin über Susa zum Col de Montgenèvre
(ca. 95 km)

Man verläßt Turin auf der S.S. 25 in westlicher Richtung. Nach 13 km erreicht man Rivoli (390 m; 50 00 Einw.), eine zwischen Moränenhügeln gelegene altertümliche Stadt, früher Lieblingssitz des Hauses Savoyen, mit einem 1712 von Juvarra entworfenen, aber nur zu einem Drittel vollendeten Schloß (419 m).
Bald hinter Rivoli erreicht man die Cottischen Alpen und fährt in dem von der Dora Riparia durchflossenen Susa-Tal aufwärts. Am Taleingang links auf der Höhe die Abtei Sacra di San Michele (962 m; 11.–13. Jh.).

Rivoli

Turin

Susa	40 km: Susa (503 m; 700 Einw.), ein zwischen hohen Bergen gelegenes altes Städtchen, das die Paßstraßen über den Montgenèvre und den Mont Cenis beherrschte. Am Westrand der malerischen Altstadt – rechts der Dora Riparia – steht ein marmorner Ehrenbogen (13,50 m hoch), der im Jahre 8 v.Chr. von dem Präfekten Cottius, nach dem die Cottischen Alpen benannt sind, zu Ehren von Kaiser Augustus errichtet wurde; unweit nordöstlich die Kathedrale San Giusto (11.–13. Jh.) mit einem schönen Glokkenturm. In Susa teilt sich die Straße: links zum Col de Montgenèvre, geradeaus zum Mont Cenis. Zu diesem fährt man von Susa auf der 1803–1810 von Napoleon I. angelegten Straße (S.S. 25) in zahlreichen Windungen und Kehren bergauf.
Passo del Paradiso	10 km: italienisches Zollamt Molaretto. 9 km: Passo del Paradiso, wo seit 1947 die italienisch-französische Grenze verläuft. 4 km: Links der großartig gelegene Lac du Mont Cenis (1913 m).
Mont-Cenis-Paß	4 km: Mont-Cenis-Paß (Col du Mont Cenis; 2084 m) an der alten italienisch-französischen Grenze. Die Straße zum Montgenèvre (S.S. 24) führt hinter Susa durch eine von der Dora Riparia gebildete Schlucht.
Exilles	12 km: Exilles (links), ein malerisches Dorf, beherrscht von einer mächtigen Sperrfeste (17. Jh.; schöne Aussicht).
Oulx Sauze d'Oulx	11 km: Oulx (1100 m), an der Abzweigung einer Straße, die 5 km östlich zu dem Wintersportort Sauze d'Oulx (1510 m) führt; von hier Sesselbahn u.a. südlich nach Sportinia (2170 m).
Bardonecchia	14 km nordwestlich von Sauze d'Oulx das als Sommererholungsort wie auch zum Wintersport vielbesuchte Dorf Bardonecchia (1312 m; 3000 Einw.) nahe dem Eingang der 1861–1870 als erstem Alpentunnel erbauten, zu dem französischen Ort Modane führenden 'Galleria del Fréjus' (Mont-Cenis-Eisenbahntunnel; 13 636 m lang; auch 12 290 m langer Straßentunnel); von Bardonecchia Sesselbahn u.a. über die Granges Hyppolites (1520 m; umsteigen) auf den Colomion (2054 m).
Cesana Torinese	11 km: Cesana Torinese, wo die von Turin über Sestriere heraufführende Straße mündet. 8 km: Col de Montgenèvre (1854 m).

Von Turin zum Santuario d'Oropa (ca. 100 km)

Biella	Etwa 86 km nordöstlich von Turin liegt an den Vorbergen der Alpen – am Cervo – die industriereiche Stadt Biella (420 m; 52 000 Einw.). In der unteren Stadt stehen der Dom (urspr. von 1402, 1772 erneuert, Fassade von 1825), ein frühromanisches Baptisterium (9./10. Jh.) und das Rathaus; im südwestlichen Teil der Unterstadt die schöne Renaissancekirche San Sebastiano (1504; Fassade von 1882). Westlich über der unteren Stadt (Standseilbahn) die malerische Oberstadt ('Piazzo'), von der sich schöne Ausblicke bieten.
Santuario della Madonna d'Oropa	Von Biella führt eine Straße (S.S. 144; Ausblicke) 13 km nördlich nahe dem kleinen Bad Oropa Bagni (1060 m) vorbei zu dem großartigen Santuario della Madonna d'Oropa (1180 m), der nach der Legende 369 durch den hl. Eusebius gegründeten meistbesuchten Wallfahrtsstätte des Piemont. Von hier Schwebebahn zum Rifugio Mucrone (1820 m), unweit des Lago del Mucrone, und weiter zum Monte Mucrone (2335 m; Bergstation 2189 m); vom Rifugio Mucrone Kabinenbahn zum Monte Camino (2391 m; Schutzhaus) mit herrlicher Aussicht auf den Monte Rosa und das Matterhorn.

Von Turin durch das Monferrato (ca. 155 km)

Die Strecke führt über Alba (34 km; 172 m; 31 000 Einw.), das beachtenswerte Kirchen und mittelalterliche Türme (im gotischen Dom ein schönes Chorgestühl von 1512) hat, dann durch das rebenreiche Hügelland der Langhe, wo im Herbst den begehrten weißen Trüffeln nachgespürt wird, und später im Tal der Bormida, am Rande des Ligurischen Apennin hin nach Savona an der Riviera dei Fiori (→ Riviera).

Alba

Von Turin über Acqui Terme nach Genua (ca. 185 km)

Schön ist auch die Fahrt von Turin über Acqui Terme nach Genua. Man verläßt Turin auf der S.S. 29 in Richtung Alessandria über Poirino (249 m).

56 km: → Asti.

Asti

9 km: Piano d'Isola (130 m). Dahinter verläßt man das Tanaro-Tal und durchquert ein dichtbesiedeltes Hügelland (Weinbau).

Piano d'Isola

20 km: Nizza Monferrato (138 m; 10 000 Einw.), ein Weinstädtchen am Belbo. Dann über eine Höhe und in das breite Tal der Bormida.

Nizza Monferrato

19 km: Acqui Terme (164 m; 22 000 Einw.), eine als Heilbad besuchte Weinhandelsstadt am linken Ufer der Bormida, mit 1067 geweihter Kathedrale und der Kirche San Pietro (um 1015). Die salzigen Schwefelquellen sind besonders bei rheumatischen Leiden wirksam. Die heißeste Quelle (la Bollente; 75° C) tritt bei den 'Nuove Terme' in der Stadt zutage. Von hier gelangt man auf dem Corso Bagni über die Bormida (gleich jenseits der Brücke rechts Reste einer antiken Wasserleitung) und an einem 6500 m^2 großen Thermalschwimmbad vorbei zu den 'Antiche Terme'.
Die Strecke führt hinter Acqui ein kurzes Stück im Bormida-Tal entlang, dann in den Ligurischen Apennin; zuletzt über eine Höhe, dahinter im Tal der Orba abwärts.

Acqui Terme

24 km: Ovada (186 m), eine Stadt an der Einmündung der Stura in die Orba.

Ovada

17 km: Campo Ligure (342 m; 4000 Einw.), ein zur Erholung im Sommer besuchtes Städtchen in malerischer Lage, überragt von einem Turm, dem Rest einer Burg aus dem 13. Jahrhundert. Sehenswert ist ein Museum, das über die in dieser Gegend heimische Filigranarbeit informiert.

Campo Ligure

8 km: Passo del Turchino (532 m; kurzer Tunnel). Von hier fährt man in dem freundlichen Tal der Leiro abwärts.

Passo del Turchino

28 km: → Genua.

Genua

Udine

H 3

Region: Friaul – Julisch Venetien / Friuli – Venezia Giulia
Provinz: Udine
Höhe: 114 m ü.d.M.
Einwohnerzahl: 100 000

Udine, Hauptstadt der gleichnamigen Provinz, liegt im östlichen Teil der Oberitalienischen Tiefebene an den Geröllfeldern des Tagliamento. Die Stadt ist rund 40 km von der Küste des Adriatischen Meers entfernt und etwa 20 km von der Grenze zwischen Italien und Slowenien. Udine ist Sitz einer Universität und eines Erzbischofs. Ferner bildet Udine das wirtschaftliche Zentrum der Friulaner Ebene und gilt als beliebte Einkaufsstadt.

Lage und Allgemeines

Udine

Geschichte

Udine, das alte Utina, war 1238–1752 Sitz der Patriarchen von ⟶ Aquileja, denen Kaiser Otto II. das Kastell schon 983 geschenkt hatte. Im Jahre 1420 kam die Stadt an Venedig. Von der alten Stadtmauer sind noch zwei Tore, die Porta Aquileia und die Porta Villalta, erhalten.

Sehenswertes

Piazza della Libertà

Das Zentrum der Stadt, an deren alten Adelspalästen schöne Fassadenmalereien zu sehen sind, bildet die Piazza della Libertà am Fuß des Burghügels. An diesem Platz steht der Palazzo del Comune, heute 'Loggia del Lionello' genannt, ein Palast mit offener Bogenhalle, der 1448–1456 im Stil des Dogenpalasts zu Venedig errichtet und im 19. Jh. baulich verändert wurde. Sehenswert ist auch die Loggia di San Giovanni (1553): Auf schlanken Säulen ruhende Bogen umschließen einen Triumphbogen, der den Eingang zur St.-Johann-Kapelle bildet, heute Gefallenengedenkstätte; im Inneren eine Siegessäule von Raimondo d'Aronco. Der zugehörige Uhrturm erinnert an den von Venedig. Auf der Südseite der Piazza della Libertà erhebt sich auf einer hohen Säule der Markuslöwe; auf der Nordseite sieht man eine Statue der Friedensgöttin – zur Erinnerung an den Frieden von Campoformio (1797), der zwischen Frankreich und Österreich geschlossen wurde und zur Folge hatte, daß Venedig an Österreich kam. Der Palazzo d'Aronco an der Piazza del Libertà dient heute als Rathaus.

Kastell (Museen)

Auf dem Burghügel nördlich der Piazza della Libertà steht das Castello (16. Jh.), das 1976 bei einem Erdbeben starke Schäden erlitt, nach und nach aber wieder restauriert wurde. Im Ehrensaal, in der Mitte des Hauptgeschosses, versammelte sich früher das Parlament des Landes Friaul. Heute sind in dem Kastell die Galleria d'Arte Antica (Sammlung älterer Malerei), das Museo Archeologico und andere Sammlungen untergebracht. Das Kunstmuseums besitzt Gemälde von Carpaccio, Giovanni

Die Loggia del Lionello in Udine

Battista Tiepolo, Bicci di Lorenzo, Ghirlandaio und Caravaggio. Vom Wachtturm des Castello bietet sich eine schöne Sicht auf die Alpen.

Udine, Kastell (Fortsetzung)

Südöstlich der Piazza della Libertà erhebt sich an der Piazza del Duomo der Dom Santa Maria Annunziata, ein um 1240 begonnener gotischer Bau, der vielfach umgestaltet wurde. Den Glockenturm über dem achteckigen Baptisterium hat der Baumeister Cristoforo aus Mailand geschaffen. Über dem Hauptportal eine Lünette, deren Reliefs die Kreuzigung Christi darstellen. Das Innere ist mit Bildern, Stuckarbeiten und Fresken ausgeschmückt. Das Altarbild "Heilige Dreifaltigkeit" und vieles andere stammt von Giovanni Battista Tiepolo. Im Museo del Duomo gibt es Freskn zu sehen, ferner Sarkophage und Reliquien.
Hinter dem Dom steht das kleine Oratorio della Purità, ausgestattet mit Freskomalerei von Giovanni Battista Tiepolo und seinem Sohn Giovanni Domenico Tiepolo, darunter das Deckengemälde "Himmelfahrt Mariens". Andere Bilder zeigen Szenen aus dem Alten und dem Neuen Testament.

Dom

Nördlich vom Dom kommt man zum Erzbischöflichen Palast (15. Jh.) mit schönen Fresken von Giovanni Battista Tiepolo und Giovanni da Udine.

Im westlichen Teil der Stadt liegt der Piazzale XXVI Luglio. In der Mitte des Platzes sieht man eine Skulptur, die 1969 entstand als Denkmal für die Widerstandsbewegung, deren Mitglieder im Zweiten Weltkrieg den Faschismus bekämpften. Ferner steht dort der Tempio Ossario dei Caduti d'Italia, ein Kuppelbau von 1931, in dem die Überreste von etwa 22 000 italienischen Gefallenen des Ersten Weltkriegs ruhen.

Tempio Ossario dei Caduti

Zu empfehlen ist besonders ein Besuch im Museum für moderne Kunst, einem Gebäude am nordwestlichen Stadtrand von Udine (Piazzale Paolo Diacono). Um die Jahrhundertwende wurde das Museum begründet, das im Laufe die Zeit eine ansehnliche Sammlung zeitgenössischer Kunst aufbaute. Die entscheidende Entwicklung des Museums wurde durch eine Schenkung ermöglicht: 1983 erhielt die Stadt aufgrund einer testamentarischen Verfügung die Privatsammlung "Maria Luisa e Sante Astaldi". Heute umfaßt der Museumsbestand Werke bekannter italienischer Künstler wie Severini, Santomaso, Sironi, Guttuso, Fontana, Morandi und De Chirico wie auch Arbeiten von Malern aus dem Friaul. Darüber hinaus kann man Werke amerikanischer Künstler wie De Kooning, Lichtenstein, Segal und Judd bewundern. Insgesamt vermittelt das Museum einen guten Überblick über die Kunst von der Jahrhundertwende bis in die jüngste Zeit.

Galleria d'Arte Moderna

Umbrien/Umbria G 8–9

Region: Umbrien/Umbria
Provinzen: Perugia und Terni
Fläche: 8456 km^2
Einwohnerzahl: 825 000

Die mittelitalienische Region Umbrien, die sich aus den beiden Provinzen Perugia und Terni zusammensetzt, erstreckt sich beiderseits des Tibers, dessen Flußtal die Gebirgsausläufer des Apennin säumen. Im Westen wird Umbrien von der Toskana, im Osten von den Marken und im Süden vom Latium begrenzt. Die Hauptstadt der Region ist Perugia.

Lage und Allgemeines

Die weiträumige Landschaft mit ihren gut zugänglichen Bergzügen und fruchtbaren Senken ist seit alters her ein ertragreiches Landwirtschaftsgebiet (Getreide, Oliven, Wein, Zuckerrüben, Tabak, Gartenbau; Schaf- und Schweinezucht). Umbrien zählt zu den wenigen Regionen Italiens, in denen Trüffeln gedeihen. Allein um die Städte Terni, Narni und Foligno, wo die Energieversorgung durch größere Wasserkraftwerke gesichert ist, fin-

Wirtschaft

Urbino

Blick auf die umbrische Stadt Todi

Umbrien, Wirtschaft (Fortsetzung)

den sich nennenswerte Industrieansiedlungen (Chemie, Metallverarbeitung, Druckindustrie). Perugia ist ein Zentrum der Textilerzeugung. Neben dem traditionsreichen Kunstgewerbe, insbesondere der Majolika, entwickelt sich der Tourismus zu einem wichtigen Wirtschaftszweig.

Geschichte

Das Kernland der Umbrer kam 295 v. Chr. an Rom und wurde unter Kaiser Augustus Region des Römischen Reiches. Seit dem 2. Jh. n. Chr. gehörte Umbrien zu Etrurien. Nach dem Untergang des Römischen Reiches und den Kriegen gegen die Goten wurde es Teil des Herzogtums Spoleto bzw. des Kirchenstaates. Durch erbitterte Rivalitätskämpfe der Städte politisch zerrissen, verarmte die Region im Mittelalter, bis im 16. Jh. die Kirche ihren Anspruch auf dieses Gebiet im Herzen Italiens zu festigen vermochte.
Im September 1997 erschütterte ein schweres Erdbeben die Region Umbrien, durch das zahlreiche historische Bauten beschädigt wurden.

Reiseziele

Umbrien bietet mehrere interessante Reiseziele. Neben der Regionshauptstadt → Perugia, der Wallfahrtsstätte → Assisi und der Etruskerstadt → Orvieto gibt es eine Reihe hübscher, geschichtsträchtiger Städte wie etwa → Spoleto, → Città di Castello, → Todi oder auch Montefalco (→ Foligno, Umgebung). Landschaftlich reizvoll sind der → Trasimenische See im Westen der Region und der vom Apennin gestreifte Südosten Umbriens, der von → Terni aus leicht erreicht werden kann.

Urbino G 8

Region: Marken/Marche
Provinz: Pesaro e Urbino
Höhe: 485 m ü. d. M.
Einwohnerzahl: 15 500

Urbino

Urbino liegt im Norden der mittelitalienischen Region Marken, rund 35 km westlich von Pesaro und etwa 70 km südlich von Rimini. Das historische Städtchen erhebt sich stolz auf zwei Anhöhen inmitten einer anmutigen Hügellandschaft. Von 1213 an regierte in Urbino die Adelsfamilie Montefeltro, die im 15. Jh. den Herzogstitel erhielt. Herzog Federigo di Montefeltro (1444–1482) holte zahlreiche Künstler und Gelehrte an seinen Hof und machte Urbino zu einem Zentrum des Humanismus in Italien. Im 15. Jh. wirkten in Urbino die Maler Paolo Uccello, Piero della Francesca, Melozzo da Forlì und Giovanni Santi, der Vater des berühmten Raffael, der 1483 in Urbino das Licht der Welt erblickte. Ein Freund und Zeitgenosse von Raffael, Baldasar Castiglione, verfaßte am Hof von Federigo mit dem "Buch vom Hofmann" ("Il Libro del Cortegiano") ein Standardwerk der Renaissanceliteratur, in dem der Autor ein Idealbild des humanistisch gebildeten Renaissancemenschen entwirft.

Lage und Allgemeines

Sehenswertes

Das beherrschende Bauwerk im Stadtbild von Urbino ist der für Herzog Federigo entstandene Palast, der zu den 'großen' Profanbauten der Renaissance in Italien gehört. Federführender Architekt des gewaltigen, um mehrere Höfe gruppierten Gebäudekomplexes war in den ersten Jahren (1468–1472) der lange dauernden Bauarbeiten der aus Dalmatien stammende Luciano Laurana. Höhepunkte des Besichtigungsrundgangs sind der monumentale Treppenaufgang, der elegante Cortile d'Onore (Ehrenhof) mit seinen ausgewogenen Proportionen, der Thronsaal und das Arbeitszimmer des Herzogs ('studiolo'), dessen intarsiengeschmückte Holzvertäfelung Ausblicke auf Ideallandschaften suggeriert.

In den Räumen der herzoglichen Residenz ist auch die Nationalgalerie der Provinz Marken untergebracht, die einige Spitzenwerke der Renaissancemalerei in ihrem Besitz hat. Dazu gehören vor allem die Predella von Paolo

**Palazzo Ducale, Galleria Nazionale delle Marche

Der einstige Herzogspalast von Urbino

Varese

Urbino,
Palazzo Ducale
(Fortsetzung)

Uccello mit dem "Hostienwunder", Joos van Gents "Apostelkommunion" (1473/1474), die "Geißelung Christi" und die "Madonna di Senigallia" von Piero della Francesca sowie das berühmte, unter dem Titel "Die Stumme" bekannte Frauenbildnis von Raffael. Wenige Schritte südlich des Herzogspalastes steht die 1671 gegründete Universität.

San Domenico

Gegenüber dem Herzogspalast stößt die Dominikanerkirche San Domenico (14. Jh.) an den Platz. An der schlichten Backsteinfassade gefällt das schöne Renaissanceportal mit Maso di Bartolomeo (um 1450).

Dom

An die Nordseite des Palazzo Ducale schließt direkt der Dom an. Der ursprüngliche, etwa gleichzeitig mit dem Palazzo entstandene Bau wurde bei einem Erdbeben 1787 schwer beschädigt und 1789–1801 im Stil des Klassizismus neu aufgebaut. Das Innere schmücken vor allem Gemälde des 17. und 18. Jh.s, darunter auch Werke des in Urbino ansässigen Barockmalers Federico Barocci (um 1535–1612).

Dommuseum

Durch das rechte Seitenschiff erreicht man das Museo del Duomo 'Albani'. Gezeigt werden dort abgelöste Fresken, Keramik, Kirchengerät und Meßgewänder sowie Gemälde (14.–17. Jh.).

Oratorio della Grotta

Einen Blick lohnt auch das unter dem Dom im Stil einer Grotte angelegte Oratorio della Grotta (Eingang an der linken Flanke des Doms) mit dem Grab von Frederico Ubaldo, dem Sohn des letzten Herzogs von Urbino.

San Francesco,
Geburtshaus
von Raffael

Der städtische Mittelpunkt von Urbino ist die Piazza della Repubblica, die nördlich unterhalb von Herzogspalast und Dom liegt. An der Einmündung der ansteigenden Via Raffaello in den Platz befindet sich rechter Hand die Bettelordenskirche San Francesco (14. Jh.) mit Vorhalle und stattlichem Campanile. Folgt man der Via Raffaello, dann kommt wenige Meter weiter auf der linken Seite das museal zugängliche Geburtshaus von Raffael (Nr. 57; Gedenktafel), in dem dieser seine ersten zehn Lebensjahre verbrachte.

Raffael-Denkmal

Die Via Raffaello endet an der weiten, parkartigen Piazzale Roma, wo ein Denkmal (1897) an den berühmtesten Sohn der Stadt erinnert. Von der anschließenden Bastion Pian del Monte bietet sich eine weite Aussicht bis San Marino.

Oratorio di
San Giuseppe

Am Ende der schmalen Via Barocci, die die Piazza della Repubblica in südwestlicher Richtung verläßt, gibt es noch zwei sehenswerte Kirchen zu besichtigen, das Oratorio di San Giuseppe (16. Jh.) wegen der lebensgroßen Krippe von Federico Brandini (16. Jh.) und das direkt daneben liegende Oratorio di San Giovanni (14. Jh.; neogotische Fassade) wegen der herrlichen Fresken von Lorenzo und Iacopo Salimbeni (1416 vollendet).

Umgebung von Urbino

*Gola di Furlo

Landschaftlich außerordentlich beeindruckend ist die von hohen Steilwänden gefaßte Furlo-Schlucht (Gola di Furlo), die rund 25 km südöstlich von Urbino, zwischen Calmazzo und Acqualagna verläuft. An der engsten Stelle der Schlucht befindet sich die Galleria del Furlo, ein 37 m langer und 6 m hoher, laut Inschrift im Jahre 76 n. Chr. von Kaiser Vespasian angelegter Tunnel für die Via Flaminia. Daneben die ältere Galleria piccola del Furlo aus dem dritten vorchristlichen Jahrhundert.

Varese C 4

Region: Lombardei/Lombardia
Provinz: Varese (VA)
Höhe: 383 m ü.d.M.
Einwohnerzahl: 88 000

Varese

Die romantische Furlo-Schlucht bei Urbino

Varese, die Hauptstadt der gleichnamigen oberitalienischen Provinz, liegt auf Hügeln am Südrand der Alpen nahe dem Lago di Varese, überragt vom Monte Campo dei Fiori. Die Stadt – ein Zentrum der Schuhfabrikation – ist rund 20 km von Como (im Osten) und etwa 50 km von der lombardischen Metropole Mailand (im Südosten) entfernt.
Lage

Stadtbild

Verkehrsmittelpunkt von Varese ist die Piazza Monte Grappa mit monumentalen modernen Bauten und einem Turm. Von hier führt der Corso Matteotti, die von Bogengängen gesäumte Hauptstraße der Stadt, zur Piazza del Podestà. Unweit östlich steht die Hauptkirche San Vittore, in ihrer jetzigen Gestalt nach einem Entwurf von Pellegrini (1580–1615) geschaffen; sie hat eine klassizistische Fassade (1795) und einen 72 m hohen Turm (1617–1773).
Dahinter ein 1185–1187 erbautes Baptisterium.

In der Via Luigi Sacco – unweit westlich der Piazza Monte Grappa – befindet sich links der Palazzo Ducale (oder Palazzo Estense), 1766–1773 für Herzog Franz III. von Este erbaut und bis 1780 dessen Sommerresidenz (jetzt Rathaus).
Palazzo Ducale

Hinter dem Palast liegen die Giardini Pubblici (ehemals Schloßgarten), eine prächtige Anlage in altitalienischem Stil. Im südlichen Teil des Parkes gelangt man zur Villa Mirabello, welche die Städtischen Museen beherbergt. Hervorzuheben sind das Museo del Risorgimento, wo Dokumente über Garibaldi und die Bewegung zur Einigung Italiens gezeigt werden, und das Museo Archeologico, das eine vorgeschichtliche Sammlung und Funde vom Vareser See sowie aus der Provinz Varese besitzt (u.a. Pfahlbauten aus dem Lago di Varese).
Städtische Museen

Venedig

Varese,
Colle dei Campigli

Etwa 1,5 km westlich vom Palazzo Ducale kommt man zum Colle dei Campigli (453 m) mit dem Kursaal und dem Grand Hôtel Palace. Von oben bietet sich eine herrliche Aussicht auf den Lago di Varese und auf die Westalpen mit dem Monte Rosa.

Lago di Varese

Villa Cagnola

Unweit westlich der Stadt erstreckt sich der Lago di Varese. Nahe dem Ostende des Sees – oberhalb des Dorfes Gazzada – steht die von den Grafen Cagnola dem Vatikan vermachte Villa Cagnola, die mit kostbaren Möbeln und Gobelins ausgestattet ist. Von dem großen Park hat man einen schönen Blick auf den See und die Alpenkette.

Sacro Monte

Lage
8 km westlich

Von Varese verläuft eine Straße nordwestwärts nach Sant' Ambrogio Olona und von dort weiter zum Sacro Monte (880 m), auf dem eine Wallfahrtskirche steht (Aussicht!).

Campo dei Fiori

Lage
10 km nordwestlich

Eine andere lohnende Fahrt führt von Sant' Ambrogio Olona hinauf zum aussichtsreichen Campo dei Fiori (1032 m).
Von dort gelangt man zu Fuß in gut 20 Minuten zum Gipfel des Monte Tre Croci (1083 m), von wo sich eine überwältigende Sicht über sechs Seen, die lombardische Ebene und einen Teil der Alpenkette bietet.

Langobardenlager Sibrium

Lage
9 km südlich

Südlich von Varese liegen – unweit der Ortschaft Castelseprio – im Wald die Überreste des Langobardenlagers Sibrium; ein Kastell wurde wiederhergestellt. In der Nähe die aus dem 7. oder 8. Jh. stammende Kirche 'Santa Maria Foris Portas', in deren Innerem man 1944 Fresken (7. bzw. 8./9. Jh.) freigelegt hat.

Castiglione Olona

Lage
10 km südlich
von Varese

Westlich der S.S. 233 nach Mailand liegt das altertümliche Dorf Castiglione Olona (307 m). Sehenswert sind in der gotischen Kollegiatkirche die Fresken toskanischer Meister, darunter die Darstellung der Mariengeschichte (1428) des Giotto-Schülers Masolino da Panicale; im Baptisterium ein Freskenzyklus (1435), der die Geschichte Johannes' des Täufers zum Thema hat, ebenfalls von Masolino. Beachtung verdient auch die Chiesa di Villa (1430–1441); im Inneren das Grabmal des Grafen Guido Castiglioni.

Venedig/Venezia   G 5

Region: Venetien/Veneto
Provinz: Venedig/Venezia
Höhe: 1 m ü.d.M.
Einwohnerzahl: 306 000

Hinweis

Die im Rahmen dieses Reiseführers gegebene Darstellung der Stadt Venedig ist bewußt knapp gehalten, da in der Reihe 'Baedekers Allianz-Reiseführer' ein ausführlicher Stadtband "Venedig" vorliegt.

Venedig

Lage und Bedeutung

Venedig liegt im innersten Winkel des Adriatischen Meeres, in der Lagune von Venedig (Laguna Veneta). Dieses 55 km lange und bis zu 12 km breite Brackwassermeer ist durch vorgelagerte Nehrungen von der Adria getrennt, die die Lagunenstadt vor Überschwemmungen bewahren. Ein Eisenbahn- und Straßendamm verbindet Venedig mit dem 4 km entfernten Festland. Venedig ist die Hauptstadt der Region Venetien und der Provinz Venedig, Sitz einer Universität und verschiedener Hochschulen, bedeutender Bibliotheken, Archive und Museen. Seit 1932 wird in Venedig alle zwei Jahre die 'Internationale Biennale für zeitgenössische Kunst', eine der wichtigsten Kunstausstellungen Europas, veranstaltet.

**Stadtbild

Das über Jahrhunderte gewachsene Stadtbild von Venedig, von der UNESCO in die Liste des Weltkulturerbes aufgenommen, ist ebenso einzigartig wie der morbide Charme der Lagunenstadt, in der Glanz und Verfall so dicht beieinanderliegen wie kaum an einem anderen Ort Italiens. Die stolzen Paläste am Canal Grande und der Markusplatz mit seinen Prachtbauten lassen die einstige Bedeutung Venedigs als Seemacht, Handelsstadt und Kunstmetropole noch bestens erahnen. Gebaut ist die Stadt auf 118 kleine Inseln, die durch schmale Kanäle, 'Canale' oder 'Rio' genannt, voneinander getrennt sind und durch rund 400 Brücken wieder zusammengehalten werden. Die kleinen Straßen und Gassen auf den einzelnen 'Inseln' werden 'Calle' oder 'Salizza' genannt, mit der 'Piazza' ist grundsätzlich die Piazza San Marco gemeint, alle anderen Plätze in Venedig heißen entweder 'Campo' oder 'Campiello'. Zum Mythos der Stadt gehört auch ihre Bedrohung durch das Wasser, auf dem sie erbaut ist. Die Häuser stehen auf Pfahlrosten, die durch die Industrieabwässer zernagt werden; die Abgase in der Luft zerfressen das Mauerwerk der Gebäude. Eine noch größere Gefährdung für die Lagunenstadt stellen die in den vergangenen Jahrzehnten beschleunigte Landsenkung und die häufigen Überschwemmungen dar. Ein breit angelegtes System von mobilen Deichen und Sperrwerken an den Eingängen der Lagune soll die Stadt künftig vor weiteren Flutwellen schützen.

Innerstädtischer Verkehr

Die wichtigsten Verkehrsmittel in Venedig sind die Linienboote, die im Stadtkern, vor allem auf dem Canal Grande, verkehren, und die Nachbarinseln San Michele, Murano, Torcello sowie die Isola della Giudecca, die Isola di S. Giorgio Maggiore, den Lido di Venezia und die Punta Sabbioni anfahren. Vom Piazzale Roma bis zum Markusplatz benötigt man durch den Canal Grande mit rund 15 Anlegestellen etwa 25 Minuten, nur 10 Minuten dauert es durch den Rio Nuovo. Viele interessante Stätten in Venedig, z. B. die Friedhofsinsel S. Michele oder das Arsenale, lernt man bei einer Fahrt rund um die Stadt mit der Linie 5 kennen. Das traditionelle Gefährt der Venezianer, die Gondel, wird heute fast nur noch für touristische Zwecke verwendet.

Wirtschaft

Tourismus, Kunsthandwerk, Handel und Dienstleistungen sind die wichtigsten Branchen im engeren Stadtbereich, während sich die Industrieansiedlung im wesentlichen auf die am Festland gelegenen Stadtteile Mestre und Marghera beschränkt (Schiffsbau, Metallverarbeitung, Petrochemie u. a.). Der Hafen von Venedig ist mit einem Jahresgüterumschlag von etwa 24 Mio. Tonnen einer der bedeutendsten Italiens. Bei Mestre liegt der Industriehafen Porto di Marghera, südwestlich des Piazzale Roma (Venedig) der Bacino della Stazione Marittima, ebenfalls ein Hafen für Frachtschiffe.

Geschichte

Das Gebiet von Venedig wurde im Altertum von illyrischen Venetern besiedelt, die im 3. Jh. v.Chr. mit Rom ein Schutzbündnis eingingen und bald romanisiert wurden. Im Jahre 451 flüchteten die Bewohner der Küste auf die Laguneninseln und schlossen sich 697 unter einem 'Dogen' (von lat. 'dux' = Führer) zum Venetischen Seebund zusammen. Im Jahre 811 wurde Rivus Altus (Rialto), das heutige Venedig, Sitz der Regierung. Seit 829, dem Jahr der Überführung der Gebeine des Evangelisten Markus aus Alexan-

Venedig

Venedig

dria nach Venedig, ist dieser Heilige der Schutzpatron der Republik, die seither auch sein Symbol, den Löwen, im Wappen führt. Der junge Staat gelangte im Mittelalter zu hoher Blüte dank seiner Mittlerstellung zwischen dem Abendland und Byzanz. Die Venezianer besetzten die Ostküste der Adria, eroberten 1204 Konstantinopel und ließen sich an den Küsten Griechenlands und Kleinasiens nieder. Auch im künstlerischen Bereich stand Venedig unter dem Einfluß von Byzanz, wie die Architektur der Basilica di San Marco, aber auch zahlreiche byzantinisch inspirierte Palastfassaden erkennen lassen. Nach dem Seesieg bei Chioggia über die große Rivalin Genua 1380 beherrschte Venedig das ganze östliche Mittelmeer und dehnte seine Eroberungen auf dem italienischen Festland bis nach Verona, Bergamo und Brescia aus ('Terra ferma'). Am Ausgang des 15. Jh.s verlor Venedig politisch und wirtschaftlich an Bedeutung durch das Vordringen der Türken, die Entdeckung neuer Seewege nach Indien und den Rückgang des Levantehandels. Im 16. Jh. wurde die Republik in die Kriege zwischen Österreich–Spanien und Frankreich verwickelt. Die Kämpfe gegen die Türken endeten 1718 mit dem Verlust aller orientalischen Besitzungen. 1797 machten die Franzosen der Selbständigkeit Venedigs ein Ende. Im Frieden von Campoformio kam die Stadt zeitweilig, ab 1815 für mehrere Jahrzehnte zu Österreich; 1866 schloß sich Venedig dem neuen Königreich Italien an. Am 4. November 1966 erlebte Venedig die bislang schwerste Hochwasserkatastrophe, bei der der Markusplatz 140 cm unter Wasser stand.

Geschichte (Fortsetzung)

**Canal Grande

Der Canal Grande ('Großer Kanal'), die Hauptverkehrsader Venedigs, durchschneidet die Stadt in zwei großen Windungen von Nordwesten nach Südosten, vom Hauptbahnhof bis zum Markusplatz. Er ist knapp 3,8 km lang, zwischen 30 und 70 m breit und maximal 5 m tief. Eine Fahrt auf dem Canal Grande vermittelt ein anschauliches Bild von der Entwicklung des venezianischen Stadtpalastes vom 13. bis ins 18. Jahrhundert und vom Reichtum und Glanz des alten Venedig. Die Pfähle ('pali') vor den Treppeneingängen der Paläste dienen zum Schutz der anlegenden Gondeln und tragen die Farben der Besitzer.

Allgemeines

Auf der linken Seite, in unmittelbarer Bahnhofsnähe, steht die 1683–1705 im Stil des Spätbarock erbaute Kirche Santa Maria degli Scalzi (Scalzi = Barfüßer), das einstige Gotteshaus der Barfüßer.

Chiesa degli Scalzi

Eines der ältesten Gebäude Venedigs und ein typisches Beispiel für den venezianisch-byzantinischen Palast ist der Palazzo Fondaco dei Turchi, der 1861–1869 im ursprünglichen Stil des 13. Jh.s erneuert wurde. Der Name des Palastes, der heute das Museo di Storia Naturale (Naturgeschichtliche Museum) aufnimmt, rührt von seiner zeitweiligen Bestimmung als Warenumschlagplatz der türkischen Kaufleute her.

Fondaco dei Turchi

Schräg gegenüber vom Fondaco dei Turchi sieht man einen der schönsten Renaissancepaläste Venedigs, um 1509 vollendet, heute im Winter Sitz des städtischen Casinos. Im Palazzo Vendramin-Calergi starb 1883 der Komponist Richard Wagner.

***Palazzo Vendramin-Calergi*

LEGENDE ZUM STADTPLAN VENEDIG

1 Fondaco dei Turchi
2 Palazzo Belloni Battagià
3 Cà Pésaro
4 Palazzo Corner della Regina
5 Palazzo Valmarana
6 Fabbriche Nuove
7 Fabbriche Vecchie
8 Ponte di Rialto
9 Palazzo Grimani
10 Palazzo Papadopoli
11 Palazzo Cappello
12 Palazzo Corner-Spinelli
13 Palazzi Mocenigo
14 Palazzo Contarini delle Figure
15 San Samuele
16 Palazzo Malipiero
17 Santo Stefano
18 Procuratie Vecchie
19 Procuratie Nuove
20 Biblioteca Marciana und ehem. Zecca
21 Ala Napoleonica
22 Collezione Guggenheim
23 Palazzo da Mula
24 Accademia di Belle Arti
25 Palazzo Contarini degli Scrigni
26 Scuola Grande di San Rocco
27 Archivio di Stato

633

Venedig

Ca' Pesaro

Bei der Vaporetto-Station S. Stae, auf der rechten Kanalseite, erstrahlt die Fassade des glanzvollen Barockpalastes Ca' Pesaro, 1710 von Antonio Gaspari vollendet. Er beherbergt die Galleria d'Arte Moderna und das Museo d'Arte Orientale (Museum für Ostasiatische Kunst).

Palazzo Corner della Regina

Die stilistische Ähnlichkeit dieses Palazzo zur benachbarten Ca' Pesaro ist kein Zufall, entstand er doch wenige Jahre später als Pendant zu dem berühmten Barockpalast (heute städtisches Leihhaus).

Ca' d'Oro

Obgleich die einstige Fassadenvergoldung heute fehlt, ist das 'Goldene Haus' (1. Hälfte 15. Jh.) mit seinen grazilen Maßwerkfenstern der schönste gotische Palast Venedigs. Die dort untergebrachte Galleria Franchetti bewahrt Skulpturen, Bronzen, Bilder von Tizian, Tintoretto, Mantegna, Signorelli, van Dyck und anderen Künstlern.

Fondaco dei Tedeschi

Die Handelsniederlassung der deutschen Kaufleute, links neben der Rialto-Brücke, bestand bereits seit dem 13. Jh.; das heutige Gebäude wurde nach einem Brand 1506 neu aufgebaut (heute Hauptpost).

Ponte di Rialto

Venedigs bekannteste Brücke erbaute 1588–1592 Antonio da Ponte. Der überdachte, 48 m weit gespannte Marmorbogen führt als zweizeilige Ladenstraße über den Canal Grande.

Palazzo Loredan

Der Palazzo Loredan (13. Jh.; heute Sitz der Stadtverwaltung) verkörpert den frühen venezianischen Palasttypus mit offener Bogenhalle im Erdgeschoß und Rundbogenarkaden im Obergeschoß. Auch der benachbarte Palazzo Frasetti stammt aus dem 13. Jahrhundert.

Palazzo Grimani

Michele Sanmicheli entwarf den 1575 vollendeten, wuchtigen Palazzo, der mit seiner rythmisch durchgegliederten Fassade als ein besonders markantes Beispiel für den Palastbau der Hochrenaissance gilt (heute Sitz des Appellationsgerichts).

Palazzo Cornèr-Spinelli
Palazzo Pisani-Moretta

Bei der Haltestelle Sant' Angelo steht der 1490–1510 erbaute Palast, ein Hauptwerk des Frührenaissance-Architekten Mauro Codussi.
Schräg gegenüber gefällt der hübsche gotische Palazzo Pisani-Moretta, der die typischen Maßwerkfenster in den Obergeschossen aufweist.

Palazzi Mocenigo

Kurz vor der letzten Schleife des Kanals liegen linker Hand vier Paläste, die alle der Familie Mocenigo gehörten. Der erste stammt aus dem 17. Jh., der langgestreckte Doppelpalast aus dem 18. Jh. und der abschließende Palazzo aus dem 16. Jahrhundert.

Palazzo Contarini delle Figure

Auf die Mocenigo-Palazzi folgt der Palazzo Contarini delle Figure, ein schlichter Renaissancebau (1504–1546), der seinen Namen von den Ornamenten zwischen den Fenstern erhielt.

Palazzo Balbi

Der schmucke Palast schräg gegenüber der Mocenigo-Palazzi, an der Einmündung des Rio di Ca' Foscari, repräsentiert den manieristischen Palastbau in Venedig (1582–1590).

Ca' Foscari

Zwischen der Ca' Foscari und dem anschließenden Palazzo Giustinian fließt der Rio Ca' Foscari. Die beiden Häuser bilden zusammen einen großen Palastkomplex. Der Doge Francesco Foscari ließ sich das Gebäude ab 1452 zu einem prächtigen gotischen Palazzo umbauen (heute Universität).

Palazzo Grassi

Zu den jüngsten Palästen am Canal Grande gehört der um 1770 unter dem Einfluß des beginnenden Klassizismus fertiggestellte Palazzo Grassi, der – ungewöhnlich für venezianische Paläste – um einen quadratischen Hof errichtet wurde und heute Ausstellungszwecken dient. Einen Blick lohnt

Venedigs 'Hauptstraße' ist der Canal Grande ▶

Venedig

Palazzo Grassi (Fortsetzung)

auch die kleine Kirche S. Samuele mit ihrem hübschen Campanile am gleichnamigen Campo.

***Ca' Rezzonico**

Auf der gegenüberliegenden Kanalseite sieht man die Ca' Rezzonico, 1649 von Venedigs Barockbaumeister Baldassare Longhena begonnen und erst 1745 vollendet. Thematisch passend das hier eingerichtete Museo del Settecento Veneziano mit Exponaten aus dem venezianischen Alltag des 18. Jahrhunderts.

Palazzo Cavalli-Franchetti

Kurz hinter der Ponte dell' Academia (1932) liegt linker Hand der gotische Palazzo, dessen reiches Maßwerk 1890 erneuert und ergänzt wurde.

Palazzo Contarini dal Zaffo

Der Übergang von der Gotik zur Renaissance vollzieht sich an der Fassade des um 1490 erbauten Palazzo Contarini dal Zaffo. Die durch Balkone zusammengefaßten Säulenarkaden in den oberen Geschossen sind noch der gotischen Bauweise verpflichtet, während die Einzelformen dem neuen Stilempfinden folgen.

Ca' Venier dei Leoni/ Guggenheim Collection

Den 1749 begonnenen und unvollendet gebliebenen Palast erwarb 1951 die New Yorker Kunstsammlerin Peggy Guggenheim, die ihn später der Stadt Venedig vermachte. Die von ihr zusammengetragene Sammlung moderner Kunst, in der von Kandinsky über Klee, Léger und Picasso bis zu Rothko und Pollock die bekanntesten Vertreter der verschiedenen Strömungen des 20. Jh.s vertreten sind, gehört heute zu den erstklassigen Museen Venedigs.

***Palazzo Corner**

Direkt gegenüber der Ca' Venier dei Leoni liegt der ab 1537 von Sansovino erbaute Palazzo Corner, einer der prächtigsten Renaissancepaläste in Venedig (auch bekannt als Cà Grande).

Palazzo Contarini-Fasan

Der gotische Palazzo Contarini-Fasan (15. Jh.), nach der Legende das 'Haus der Desdemona', hat nur die Breite eines Zimmers. Seine Fassade schmücken hübsche Balkone mit maßwerkdurchbrochenen Brüstungen.

***Santa Maria della Salute**

Die weithin sichtbare Kuppel kurz vor der Mündung des Canal Grande in den Bacino di San Marco gehört zur Barockkirche Santa Maria della Salute, 1631–1681 zur Erinnerung an die Pest von 1630 nach Plänen Baldassare Longhenas erbaut. Im Inneren herrliche Altarbilder aus verschiedenen säkularisierten Kirchen der Stadt, u.a. von Tizian und Tintoretto.

Dogana di Mare

Auf dem Vorsprung zwischen dem Canal Grande und dem Giudecca-Kanal sitzt die 1676–1682 als Hauptzollamt erbaute Dogana del Mare.

**Piazza San Marco

'Salon Venedigs'

Von der Riva degli Schiavoni gelangt man am Dogenpalast vorbei und über die Piazzetta auf den Markusplatz, von den Einheimischen auch kurz 'la Piazza' genannt. Als eine der schönsten Platzanlagen der Welt vermittelt er den vollendeten Eindruck von der einstigen Größe Venedigs. Noch heute dient er als 'Festsaal' der Stadt (Konzerte). Der 175 m lange und 56–82 m breite Platz ist mit Trachyt- und Marmorplatten belegt und auf drei Seiten von den Bogengängen der Prokuratien umsäumt. Zur Wirkung des Platzes gehören auch die zahllosen Tauben (colombi, piccioni).

Procuratie (Prokurazien)

Die Nord- und Südseite des Platzes begrenzen die ehemaligen Amtsgebäude der Prokuratoren, der höchsten Verwaltungsbeamten der Republik. Die Procuratie Vecchie an der Nordseite entstand an der Stelle eines ersten, schon 1204 vorhandenen Gebäudes zwischen 1480 und 1517. Der Bau ist ein sehr schönes Beispiel der venezianischen Frührenaissance. Seine Fassade wird im Erd- und Obergeschoß durch Arkaden aufgelockert. Die Procuratie Nuove an der Südseite der Piazza San Marco, 1584

Venedig

Nahe der Mündung des Canal Grande steht Santa Maria della Salute

von Vincenzo Scamozzi begonnen und bis 1640 von Baldassare Longhena vollendet, führt die Renaissancearchitektur der Biblioteca Marciana (s. u.) fort. Zwischen 1805 und 1814 residierte Napoleon I. in dem Gebäude, wenn er Venedig in seiner Eigenschaft als 'König von Italien' einen Besuch abstattete. Im Obergeschoß der Neuen Prokurazie ist heute das Archäologische Museum (Museo Archeologico; Eingang Piazzetta Nr. 17) untergebracht. Hinter den Arkaden der Erdgeschosse liegen exquisite Geschäfte und zwei berühmte Kaffeehäuser: das Caffé Quadri im Ergeschoß der Alten Prokurazie und das Caffé Florian schräg gegenüber in den Neuen Prokurazie. Letzteres besteht seit 1720 und ist somit das älteste Kaffeehaus Italiens.

Procurazien (Fortsetzung)

Museo Archeologico, Caffé Quadri, ✳Caffé Florian

An die Alten Prokurazien stößt östlich der 1496–1499 erbaute Uhrturm (Torre dell' Orologio), an dessen oberstem Geschoß das Relief des Markuslöwen prangt. Oben auf der Plattform stehen zwei bronzene Mohren (1497), die jede volle Stunde gegen die Glocke schlagen. Unter dem Uhrturm befindet sich der Durchgang zur Mercerie (s. u.).

Uhrturm

Die westliche Schmalseite des Markusplatzes zwischen der Alten und der neuen Prokurazie ließ Napoleon im Jahre 1810 durch einen Verbindungsbau schließen, der den Namen 'Ala Napoleonica' erhielt. Das dort untergebrachte Museo Correr ist der Geschichte und Kultur gewidmet und besitzt eine sehenswerte Gemäldesammlung, u. a. mit bedeutenden Werken des venezianischen Malers Giovanni Bellini.

Ala Napoleonica/ ✳Museo Correr

Am Übergang von der Piazza in die Piazzetta ragt der knapp 97 m hohe Campanile in den Himmel, von dessen Glockenstube man einen herrlichen Blick über die Stadt genießt (Fahrstuhl). Der im 12. Jh. errichtete, im 15. Jh. um den spitzen Helm erhöhte Turm mußte 1905–1912 neu aufgebaut werden, nachdem der alte 1902 eingestürzt war. Bei der kleinen Arkadenhalle (Loggetta) am Fuß des Campanile handelt es sich um ein Werk von Sanso-

✳Campanile di San Marco

Venedig

vino (1540). Die schöne Bronzetür der Loggetta stammt aus dem 18. Jahrhundert.

Zwischen Markusplatz und dem Canale di San Marco liegt die kleinere Piazzetta, die von der Markusbibliothek und dem Dogenpalast eingefaßt wird. Der Platz entstand durch die Aufschüttung eines Hafenbeckens. Ganz vorne am Ufer stehen die beiden monolithischen Granitsäulen, angeblich aus Syrien oder Konstantinopel, mit den Figuren des hl. Theodor (2. Jh. n.Chr.; Kopie), dem alten Schutzpatron Venedigs, und dem geflügelten Löwen des hl. Markus.

Campanile di San Marco (Fortsetzung)

Piazzetta di San Marco

Die Libreria Marciana an der Westseite der Piazzetta gilt als Hauptwerk von Jacopo Sansovino und überdies als bedeutendes Baudenkmal der Renaissance. In den Schauräumen der Biblioteca Marciana werden vor allem kostbare Handschriften gezeigt (Besichtigung nach Voranmeldung). Das Deckengemälde im Vestibül malte Tizian (1560). Den Ehrensaal schmücken ebenfalls Deckenbilder, die z.T. von Veronese stammen. An den Wänden Philosophenporträts, darunter Arbeiten von Tintoretto. Die eigentliche Bibliothek ist heute im ehemaligen, ebenfalls von Sansovino entworfenen Gebäude der Münze (Zecca; 1545) untergebracht, deren Fassade sich der Lagune zuwendet.

Biblioteca Marciana (Markusbibliothek)

**Basilica di San Marco

Als Grabeskirche des Evangelisten Markus, Staatskirche und Kirche des Dogen kommt der Basilica di San Marco eine herausragende Bedeutung zu, die sich in ihrer ungewöhnlichen Architektur und ihrer unglaublich reichen Ausstattung manifestiert. Als im Jahre 828/829 die Gebeine des Evangelisten nach Venedig überbracht wurden, entstand das erste Gotteshaus an dieser Stelle. Die nach einem Brand im Jahre 976 errichtete zweite Kirche ersetzte man 1043–1071 durch eine byzantinisch, insbesondere durch die Apostelkirche in Konstantinopel (6. Jh.) beeinflußte Kuppelkirche, die sich über dem Grundriß eines griechischen Kreuzes erhebt. Wesentliche Veränderungen erfuhr die Basilica vor allem nach der Eroberung von Konstantinopel 1204, u.a. wurden die Kuppeln erhöht, die nördliche Vorhalle erbaut und die Kirche innen vollständig mit Mosaiken ausgekleidet. Der Portalzone der Hauptfassade wurden die doppelreihigen antiken Säulen vorgeblendet und die Tympana ebenfalls mit Mosaiken gefüllt. Auf der Galerie stehen seither die vier 1,60 m hohen, antiken Bronzepferde, Siegestrophäen des 4. Kreuzzuges (heute durch Kopien ersetzt; Originale im Museo Marciano). Der figürliche Schmuck in der oberen Fassadenzone ist im wesentlichen eine Zutat des 14.–16. Jahrhunderts.

Bedeutung und Baugeschichte

Der Raumeindruck der im Halbdunkel liegenden Markusbasilika wird wesentlich bestimmt durch die goldgrundigen Mosaiken (4240 m^2), die die gesamte Gewölbezone bedecken. Die Mosaikbilder in der Vorhalle aus dem 13. Jh. erzählen Szenen aus dem Alten Testament, beginnend mit der Genesis in der Kuppel ganz rechts. Die im 12./13. Jh. entstandenen Zyklen im Langhaus mit den Darstellungen von Pfingstwunder, Passion und Himmelfahrt Christi im Zentrum wurden seit dem 15. Jh. an vielen Stellen restauriert und erneuert.

Inneres
**Mosaiken

Zu den kostbarsten Ausstattungsstücken gehört neben der um 1400 geschaffenen Ikonostase die Pala d'Oro, ein monumentaler, vergoldeter Altaraufsatz hinter dem Hochaltar, mit der Schauseite der Apsis zugewandt. Das reich mit Emaileinlagen und Edelsteinen verzierte Meisterwerk setzt sich aus Teilen zusammen, die zwischen dem 10. und 14. Jh. teils in Konstantinopel, teils in Venedig gefertigt wurden.
Gegenüber der Pala d' Oro sieht man die bedeutende Bronzetür (1546 bis 1572) von Jacopo Sansovino, die in die Sakristei führt.

*Pala d'Oro

◀ *Der Campanile von San Marco ist Venedigs Wahrzeichen schlechthin*

Venedig

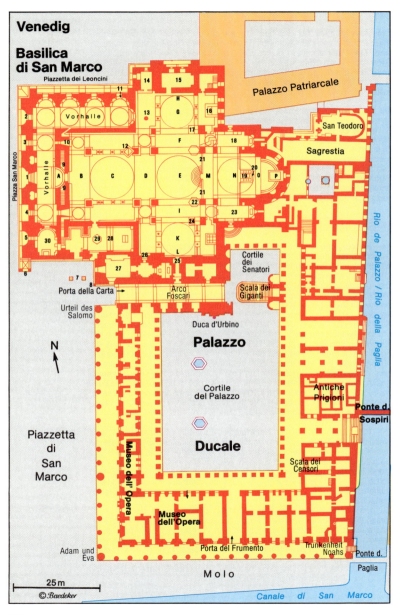

Venedig

Goldgrundiges Mosaik in der Markuskirche

Im rechten Querschiff befindet sich die sehenswerte Schatzkammer (Tesoro), gefüllt mit kostbaren Kunstschätzen, die die Venezianer nach der Eroberung Konstantinopels (1204) nach Venedig brachten. — Schatzkammer

An das rechte Seitenschiff schließt sich das Baptisterium mit einem Taufbecken von Sansovino (1545) und Dogengrabmälern an. — Baptisterium

In der Cappella Zen, die ursprünglich zur Piazzetta geöffnet war, ist das schöne Grabmal des Kardinals Giambattista Zeno († 1501) mit der Liegefigur des Verstorbenen beachtenswert. — Cappella Zen

Über die Treppen links und rechts vom Hauptportal erreicht man das Museo Marciano in den ehemaligen Emporen. Dort werden u. a. Wandteppiche (15. Jh.), Skulpturen (12. Jh.), Kirchenornat und Gemälde sowie die — Museo Marciano

LEGENDE ZUR MARKUSKIRCHE

- 1 Hauptportal
- 2-5 Portalnischen
- 6 Pietra del Bando
- 7 Pilastri Acritani
- 8 Skulptur der Tetrarchen
- 9 Aufgänge zum Museo Marciano
- 10 Porta di San Pietro
- 11 Porta dei Fiori
- 12 Kapitell des Gekreuzigten (Capitello del Crocifisso)
- 13 Romanisches Weihwasserbecken mit Engeln (12.Jh.)
- 14 Cappella della Madonna dei Mascoli
- 15 Cappella di Sant' Isidoro
- 16 Cappella della Madonna Nicopeia
- 17 Altare di San Pietro
- 18 Cappella di San Pietro
- 19 Hochaltar
- 20 Pala d'Oro
- 21 Ikonostase (1393-1404)
- 22 Reliquienschrein
- 23 Cappella di San Clemente
- 24 Altare di San Giacomo
- 25 Verbindung zum Dogenpalast
- 26 Eingang zur Schatzkammer
- 27 Schatzkammer (Tesoro), mit Goldschmiedearbeiten u. a.
- 28 Baptisterium
- 29 Taufbecken von 1546
- 30 Cappella Zen, für den Kardinal G. B. Zeno († 1501)

MOSAIKEN

- A Bogen des Paradieses
- B Bogen der Apokalypse
- C Pfingstszenen
- D Passionsszenen
- E Himmelfahrt Christi
- F Heiliger Michael mit Schwert
- G Heiliger Johannes
- H Stammbaum der Maria
- I Fußwaschungen Versuchung in der Wüste
- K Heiliger Leonhard
- L Vier Wunder Jesu
- M St. Peter, Auferstehung u. a.
- N Christus mit Maria und Propheten
- O Heiliges Lamm
- P Christus auf dem Thron, mit Heiligen

Venedig

Der Dogenpalast ist Venedigs bekanntester Profanbau

Museo Marciano (Fortsetzung)

Originale der Bronzepferde gezeigt. Von der Terrasse genießt man einen schönen Blick auf die Piazza San Marco.

✻✻Palazzo Ducale

Baugeschichte

Die Ostseite der Piazzetta nimmt der Dogenpalast ein, der schon um 814 Sitz der Dogen gewesen sein soll. Der älteste Teil des heutigen Gebäudes ist der Südflügel (am Molo; 1309–1340). Der Westflügel an der Piazzetta wurde 1424–1438 hinzugefügt. Mit der 1438–1442 erbauten Porta della Carta wurde ein prunkvoller Haupteingang geschaffen. Nach einem Brand 1483 entstand in langjähriger Bauzeit der Ostflügel am Rio di Palazzo. Die Innenausstattung des Dogenpalastes geht im wesentlichen auf das 16. Jh. zurück.

Äußeres

Die spätgotische Fassade zeigt den ungewöhnlichen Aufbau eines geschlossenen Obergeschosses und eines fast völlig durchbrochenen Unterbaus. Das Erdgeschoß öffnet sich in spitzbogigen Arkaden, darüber sitzt eine Loggia mit enger Säulenstellung und filigranen Maßwerköffnungen. Der zinnenbekrönte Oberbau, in den einige große Fenster einschneiden, wird durch das Rautenmuster in farbigem Marmor belebt. Durch die Porta della Carta gelangt man in den Cortile dei Senatori, der durch einen Wechsel von Stilelementen der Spätgotik und der Frührenaissance überrascht.

Inneres

Die Scala dei Giganti (nach 1483), eine prächtige Marmortreppe mit den Kolossalstatuen von Mars und Neptun (Sansovino), führt ins Innere des Dogenpalastes. Im Erdgeschoß des Süd- und Westflügels befindet sich das Museo dell' Opera, das gegen Kopien ausgetauschte Originalstücke des einstigen Bauschmucks bewahrt. Die nach den Bränden von 1574 und 1577 neu ausgeschmückten Prachträume, glänzende Beispiele der venezianischen Spätrenaissance- und Barockkunst, liegen im zweiten und dritten Obergeschoß.

Venedig

Die Repräsentationsräume im zweiten Obergeschoß erreicht man über die Scala d'Oro, eine 1530–1559 erbaute Prunktreppe, die ihrem vergoldeten Gewölbeschmuck den Namen verdankt.

Scala d' Oro

Im zweiten Stock ist besonders die Sala del Maggior Consiglio besuchenswert, die mit 54 m Länge und 25 m Breite fast den gesamten Südflügel einnimmt. Ihre Ausmalung mit Szenen aus der Geschichte Venedigs dient der Verherrlichung der Lagunenstadt. Höhepunkt der Ausmalung sind das Deckengemälde mit allegorischen und historischen Darstellungen, u. a. mit der "Apotheose Venedigs" von Paolo Veronese, und das von Jacopo Tintoretto geschaffene "Paradies" (1588/1590) an der Eingangswand, mit 24,60 m Breite und 7,5 m Höhe eines der größten Ölgemälde der Welt. Vom Balkon bietet sich eine herrliche Aussicht auf die Lagune, die Inseln San Giorgio Maggiore und Giudecca sowie den Lido. Im Ostflügel des zweiten Stockes liegen die vom Brand im Jahr 1483 verschonten Dogengemächer sowie eine Gemäldesammlung aus dem Besitz der Dogen.

2. Obergeschoß, *Sala del Maggior Consiglio

Im dritten Stockwerk befinden sich die repräsentativen Staatsräume. Sehenswert sind die Sala del Senato, der Sitzungssaal des Senats, mit späten Deckenbildern von Jacopo Tintoretto und Dogenbildnissen von Jacopo Palma d. J., die Sala d'Armi, ein Waffenmuseum in den Räumen der ehemaligen Rüstkammer der Republik, die Sala del Consiglio, ebenfalls mit berühmten Deckengemälden, und die Sala del Collegio, an deren Ausstattung verschiedene Künstler mitgewirkt haben (Deckengemälde von Veronese).

3. Obergeschoß, Sala del Senato

Vom ersten Stock des Dogenpalastes gelangt man zu dem Prigione, den dunklen Kellerräumen mit Folterkammer und Hinrichtungsplatz, aus denen Casanova seine legendäre Flucht gelang.

Prigione

Vom Dogenpalast führt der Molo östlich zum Ponte della Paglia, der 'Strohbrücke', von der man einen schönen Blick auf die um das Jahr 1595 erbaute Seufzerbrücke hat. Ihr Name erinnert an die Seufzer der zur Hinrichtungsstätte geführten Verbrecher, sie verbindet den Dogenpalast mit dem 1571–1597 errichteten Prigione (Gefängnis).

Ponte dei Sospiri

Sehenswertes im Stadtteil Castello

Geht man vom Ponte della Paglia weiter geradeaus, so kommt man auf die belebte Riva degli Schiavoni, eine 500 m lange Promenadenstraße mit zahlreichen Souvenirbuden und mehreren Anlegestellen der Stadt- und Lagunenschiffe. An der Mündung des Rio del Vin richtete um die Mitte des 19. Jh.s Guiseppe Dal Niel im alten Palazzo Dandolo ein Nobelhotel ein, in dem neben anderen prominenten Gästen Charles Dickens, Marcel Proust und George Sand abstiegen. Das Hotel Danieli gehört bis heute zu den ersten Adressen in Venedig. Am südöstlichen Ende der Uferpromenade liegen die Grünanlagen mit den Ausstellungshallen der 'Biennale Internationale d'Arte', der alle zwei Jahre stattfindenden wichtigen europäischen Kunstausstellung.

Riva degli Schiavoni

Ganz in der Nähe der Uferpromenade, die man hinter der Einmündung des Rio del Vin verläßt, liegt die Kirche San Zaccaria, die in ihrer heutigen Form 1460–1500 entstand und den Übergang von der Gotik zur Renaissance widerspiegelt. Im Innern beachte man vor allem am zweiten Altar links das Gemälde "Thronende Madonna" von Giovanni Bellini (1505).

San Zaccaria

Nordwestlich von San Zaccaria kommt man zum Palazzo Querini-Stampalia. Im zweiten Stock befindet sich die Pinacoteca Querini-Stampalia, eine Gemäldesammlung mit Bildern venezianischer Maler aus dem 14.–18. Jahrhundert. Mit Werken vertreten sind unter anderen: Donato Veneziani, Palma d. J., Giovanni Bellini, Lorenzo di Credi, Palma d. Ä., Pietro Longhi, Alessandro Longhi und Tiepolo.

Palazzo Querini-Stampalia

Nur wenige Meter weiter nördlich, jenseits des schmalen Kanals, steht man vor der Kirche Santa Maria Formosa, die einige sehenswerte Altarbil-

S. Maria Formosa

Venedig

S. Maria Formosa (Fortsetzung)

der, u. a. eine "Hl. Barbara" von Palma Vecchio, besitzt. Der weite Campo di Santa Maria Formosa wird von schönen Palästen aus Gotik und Renaissance gefaßt.

*Santi Giovanni e Paolo

Die im 14./15. Jh. errichtete ehem. Dominikanerkirche Santi Giovanni e Paolo, deren langer Name von den Einheimischen zu 'Zanipolo' verkürzt wird, ist neben der Franziskanerkirche I Frari die bedeutendste Bettelordenskirche in Venedig mit einer reichen Ausstattung und zahlreichen Dogengrabmälern. Besondere Aufmerksamkeit gebührt dem monumentalen, triumphbogenartigen Wandgrab für den Dogen Andrea Vendramin. Bei der um 1480 entstandenen neunteiligen Altartafel im rechten Seitenschiff handelt es sich um ein bedeutendes Werk der Frührenaissance.

Scuola Grande di San Marco

An die Kirche schließt sich links die Scuola Grande di San Marco an (heute Ospedale Civile), das 1485–1495 im Stil einer frühen Renaissance erbaute Bruderschaftshaus einer 1260 gegründeten Wohlfahrtsvereinigung.

*Monumento di Colleoni

Rechts neben der Kirche zieht das Reiterstandbild des berühmten Söldnerführers Bartolomeo Colleoni († 1475) die Blicke auf sich. Das großartige Reiterdenkmal wurde 1481–1488 von dem Florentiner Andrea del Verrocchio modelliert und 1496 von Alessandro Leopardi gegossen. Die Gestalt von Colleoni verkörpert den Idealtypus des stolzen und machtbewußten Condottiere.

*Santa Maria dei Miracoli

Unweit westlich vom Campo Santi Giovanni e Paolo steht die Kirche Santa Maria dei Miracoli, ein außen und innen mit Marmor verkleideter Bau der Frührenaissance von Pietro und Tullio Lombardo (1481–1489). Die Kirche wurde zur Verehrung eines wundertätigen Marienbildes errichtet.

San Salvatore

Ein interessanter Kirchenbau der venezianischen Renaissance ist die 1506–1534 von Giorgio Spavento und Tullio Lombardo entworfene Chiesa San Salvatore in der Nähe der Rialto-Brücke. Hinter der barocken Fassade (17. Jh.) verbirgt sich eine große Kreuzkuppelkirche mit einer ebenfalls qualitätvollen Ausstattung (u. a. das von Sansovino konzipierte Grabmal des Dogen Venier, 1554–1556).

Merceria dell' Orologico

Von der Chiesa San Salvator gelangt man durch die enge Merceria di San Salvator, die später Merceria dell' Orologico heißt, zum Markusplatz. Sie ist die wichtigste Einkaufsmeile von Venedig mit zahlreichen Modeboutiquen und anderen Geschäften.

Sehenswertes im Stadtteil San Marco

*Teatro La Fenice

Von der Südwestecke des Markusplatzes gelangt man durch die Geschäftsstraße Salizzada San Moisè mit der gleichnamigen Barockkirche und durch die Via 22 Marzo auf den Campo S. Maria Zobenigo. Wenig nördlich liegt das 1790–1792 erbaute Teatro La Fenice, eines der berühmtesten Opernhäuser der Welt. Ende Januar 1996 wurde es bei einem Brand fast vollständig zerstört. Nach dem Willen der Regierung soll das Haus wieder aufgebaut werden. Die UNESCO hat zu Spenden aufgerufen.

Campo Santo Stefano

Der weitläufige Campo Santo Stefano, der nach Süden in den Campo San Vidal übergeht, ist wohl der meistbesuchte Platz in Venedig. Stattliche Paläste wie der breitgelagerte Palazzo Loredan an der Westseite, der 1536 grundlegend erneuert und 1618 um einen Nordflügel mit Marmorfassade erweitert wurde, prägen das Bild des Platzes. Etwas zurückversetzt sind die beiden Paläste an der Ostseite, der ab 1615 errichtete Palazzo Pisani und der Palazzo Morosini aus dem 14. Jh. (im 17. Jh. erneuert). Im Norden stößt die Flanke einer ehemaligen Augustinerchorherrenkirche – Santo Stefano (14. Jh.) – an die Piazza. Der im 15. Jh. verlängerte Chor des spätgotischen Backsteinbaus ragt über den Rio del Santissimo hinaus.

Venedig

Nördlich von Santo Stefano, am Campo San Benedetto, lebte im ehemaligen Palazzo der Kaufmannsfamilie Pesaro ab 1889 der spanische Modedesigner Mariano Fortuny, der für seine raffinierten Plisseekleider aus hauchdünner Seide berühmt wurde. Mit seinen selbstentworfenen, von Renaissancemotiven inspirierten Stoffen dekorierte er auch seine Wohn- und Arbeitsräume, die man heute besichtigen kann. Auf der Giudecca gründete Fortuny eine Fabrik, die heute noch nach seinen Vorlagen Stoffe produziert.

Museo Fortuny/ Palazzo Pesaro

✱✱Galleria dell'Accademia

An keinem anderen Ort in Venedig läßt sich die Entwicklung der venezianischen Malerei von ihren Anfängen bis zum 18. Jh. so hervorragend und lückenlos nachvollziehen wie in der weltberühmten Galleria dell' Accademia, die aus der Gemäldesammlung der 1750 gegründeten Kunstakademie hervorging. Seit 1807 ist die Galerie an ihrem heutigen Standort in den Gebäuden des Klosters Santa Maria della Carità, direkt am Canal Grande in der Verlängerung der Ponte dell' Accademia, untergebracht (Schiffsanlegestelle 'Accademia').

Bedeutung

Die auf drei zusammenhängende Gebäude verteilte Ausstellung beginnt bei der spätgotischen Tafelmalerei des 14. und 15. Jh.s, die mit ihren flächigen, goldunterlegten Darstellungen noch starke byzantinische Einflüsse erkennen läßt (Saal 1). Von ihrem wichtigsten Vertreter, Paolo Veneziano, wird das großformatige, mehrteilige Altarbild mit einer Marienkrönung im Zentrum gezeigt. Mit Giovanni Bellinis "Sacra Conversazione" aus dem Jahr 1487 (Saal 2), in der die Figuren in einen perspektivisch wiedergegebenen Raum gestellt werden, ist der Übergang zur Renaissance vollzogen. Die Entwicklung der Frührenaissance in anderen italienischen Kunstzentren wird in Saal 4 durch Werke von Piero della Francesca, Andrea Mantegna, Hans Memling u. a. veranschaulicht. Saal 5 ist den beiden wichtigsten Vertretern der venezianischen Frührenaissance, Giovanni Bellini und Giorgione ("Das Gewitter", 1507) gewidmet. Die Säle 6 bis 9 zeigen einen Querschnitt durch die venezianische Malerei des 16. Jh.s, u. a. vertreten durch Paris Bordone ("Der Doge empfängt von einem Fischer den Ring des Markus"), den als Porträtisten berühmt gewordenen Lorenzo Lotto, Jacopo Palma d. Ä. ("Madonna mit Heiligen") und Girolamo Romanino ("Pieta"). Es folgen die beiden großen Säle 10 und 11 mit den herausragenden Werken der venezianischen Hoch- und Spätrenaissance. Die hier versammelten Gemälde, insbesondere Jacopo Tintorettos furioser Zyklus zur Legende des Evangelisten Markus, Paolo Veroneses wandfüllendes, rund 5 x 13 m großes "Gastmahl im Hause des Zöllners Levi" (1573) und die "Pietà" von Tizian, das letzte Werk des großen venezianischen Künstlers, markieren Höhepunkte der europäischen Malerei. Im rückwärtigen Raumteil hängen Gemälde von Giovanni Battista Tiepolo ("Auffindung des Kreuzes"), dem großen Erneuerer der venezianischen Malkunst im 18. Jahrhundert. Da die Lagunenstadt im 17. Jh. keine überragenden Künstler hervorbrachte, ist die klassische Zeit der Barockmalerei durch Arbeiten nicht-venezianischer Maler wie Pietro da Cortona, Johann Liss, Luca Giordano u. a. repräsentiert. Tiepolo, dem Hauptvertreter der Rokokomalerei in Venedig, begegnet man erneut in Raum 16. Das hohe Niveau der Veduten- und Genremalerei im Venedig des 18. Jh.s verdeutlichen die in Raum 16a und 17 ausgestellten Werke von Piazzetta, Pietro Longhi, Canaletto und Francesco Guardi. Ein weiteres Glanzlicht der Galleria erwartet den Besucher im Saal 20 mit dem Gemäldezyklus "Wunder der Hl. Kreuzreliquie", an dem Gentile Bellini, der Bruder von Giovanni Bellini, und Vittore Carpaccio mitgearbeitet haben. Das Hauptwerk von Carpaccio, der ebenfalls hochbedeutende Zyklus zur Ursula-Legende (1490–1500), wird in Saal 21 gezeigt. Der in Saal 24 befindliche "Tempelgang Mariä" (1534–1538) von Venedigs berühmtestem Maler Tizian bildet den schönen Schlußakkord des Rundgangs.

Rundgang

Venedig

Sehenswertes im Stadtteil S. Polo

**I Frari

Von der Station 'Accademia' fährt man mit dem Motorschiff nördlich zur Station San Tomà. Von hier gelangt man nordwestlich zu der ehem. Franziskanerkirche I Frari (oder Santa Maria Gloriosa dei Frari), einer spätgotischen Backsteinbasilika (1340–1450) mit hohem Glockenturm, nach der Markuskirche die größte und schönste Kirche Venedigs und – wie Santi Giovanni e Paolo – die Begräbnisstätte berühmter Venezianer.

Ausstattung

Die große Bettelordenskirche birgt eine Vielzahl bedeutender Kunstwerke. Im Langhaus stehen sich in den beiden Seitenschiffen das Grabmal Tizians, 1838–1854 von Schülern Canovas geschaffen, und das Grabmal von Canova, das seine Schüler nach seinen Entwürfen angefertigt hatten, gegenüber. Zwei Joche weiter sieht man im rechten Seitenschiff die schöne Spätrenaissance-Skulptur des hl. Hieronymus von Alessandro Vittoria und gegenüber Tizians berühmtes 'Pesaro-Madonna' (1519–1526), so benannt nach dem Stifter des Altarblattes, den links unten im Bild knieenden Jacopo Pesaro. Hinter der mächtigen Chorschranke, ein Werk von Bartolomeo Bon und Pietro Lombardo (1468–1475), fällt der Blick zuerst auf Tizians epochales Frühwerk, die 1516–1518 entstandene "Assunta" in der Hauptchorapsis. An den Seitenwänden des Chores beachte man die beiden monumentalen Grabmäler für die Dogen Francesco Foscari (rechts) und Nicolò Tron. Der Florentiner Bildhauer Donatello schuf die Holzplastik Johannes des Täufers in der Kapelle rechts neben dem Chor. Giovanni Bellinis "Thronende Madonna mit Heiligen" (1488) findet sich in der Grabkapelle der Familie Pesaro.

*Scuola Grande di San Rocco

Hinter dem hochaufragenden Chor der Frari-Kirche erstreckt sich der Campo San Rocco, der von den Bauten der Bruderschaft San Rocco umschlossen wird. Der repräsentative Renaissancebau an seiner Südwestseite, 1524–1560 nach Plänen von Bartolomeo Bon erbaut, wendet sich mit einer reich gegliederten Marmorfassade dem Platz zu. Dahinter verbirgt sich ein bedeutender Kunstschatz Venedigs, denn die von Tintoretto 1564–1581 geschaffenen Gemälde für die Säle der Scuola sind noch vollständig am Ort ihrer ursprünglichen Bestimmung. Den Saal im Erdgeschoß schmücken acht großformatige Bilder des Meisters mit Szenen aus dem Leben Marias. Für den großen Saal im Obergeschoß malte Tintoretto, der der Scuola angehörte, einen weiteren Zyklus von Wand- und Deckengemälden zum Leben Christi. Die frühesten Werke Tintorettos für die Scuola San Rocco hängen in der sog. Sala dell' Albergo (1564–1567).

Venedig

Die Nordseite des Platzes nimmt die Kirche San Rocco ein. Ihre Bestimmung war die Aufnahme der 1485 von Venedig erworbenen Reliquien des hl. Rochus, von dem man sich den Schutz vor der Pest erhoffte. Von der ersten Kirche steht nur noch der Chor. Der im 18. Jh. entstandene Neubau ist vor allem wegen der dortigen Gemälde von Tintoretto sehenswert.

San Rocco

Über den Campo San Stin erreicht man die Scuola di San Giovanni Evangelista, die einen Vorhof von Pietro Lombardo (1481) und ein Treppenhaus von Mauro Coducci († 1504) hat.

Scuola di San Giovanni Evangelista

Isola della Giudecca

Im Süden von Venedig, durch den 300 m breiten Canale della Giudecca vom Stadtteil Dorsoduro getrennt, liegt die langgestreckte Insel La Giudecca. Einen Besuch lohnt die Insel wegen der weithin sichtbaren, kuppelbekrönten Kirche Il Redentore, die 1577–1592 zur Einlösung eines Gelübdes erbaut wurde, das die Signoria während der Pestepedemie 1576/1577 geleistet hatte. Den Entwurf für die Kirche lieferte der vielbeschäftigte Architekt und Stadtbaumeister von Venedig, Andrea Palladio. Im Inneren sind die Marmorreliefs von Giuseppe Mazza und Bronzestatuen von Girolamo Campagna am Hochaltar beachtenswert.

Il Redentore

Östlich von La Giudecca liegt die kleine Insel San Giorgio Maggiore. Die gleichnamige Benediktinerklosterkirche, ein 1565 von Palladio begonnener, 1610 vollendeter Kuppelbau, ist ein wichtiger Blickfang im Stadtbild Venedigs. Hinter der giebelbekrönten Fassade aus weißem Marmor liegt ein durch wuchtige Pfeiler gegliederter Kirchenraum von monumentaler Wirkung. Die Spitzenstücke der Ausstattung sind die beiden großen Spätwerke Tintorettos. Von dem 60 m hohen Campanile (Zugang vom Chor; Fahrstuhl) bietet sich eine herrliche Aussicht.

*San Giorgio Maggiore

In den ehem. Klostergebäuden (schönes Treppenhaus von Longhena; zwei Kreuzgänge) befindet sich seit 1951 die Fondazione Giorgio Cini, eine Stiftung, welche die Restaurierung verfallener oder vom Verfall bedrohter Gebäude finanziert. Ferner wurden dort ein Internationales Kunst- und Kulturzentrum mit 30 Hörsälen, ein Schauspielhaus und ein Freilichttheater eingerichtet.

Fondazione Giorgio Cini

Venedig

Umgebung von Venedig

*Lido di Venezia

Von der Riva degli Schiavoni gelangt man mit dem Motorschiff in 15 Minuten zum Lido, dem nördlichen Teil der Venedig vorgelagerten Nehrung Malamocco. Das um die Jahrhundertwende in Mode gekommene, für seinen feinen Sandstrand geschätzte Seebad Lido di Venezia entwickelte sich in den 50er und 60er Jahren zum prominentesten Strand Italiens mit vielen Hotels, Pensionen und Sommerhäusern.

Vom Schiffslandeplatz Santa Maria Elisabetta führt der von schönen Jugendstilvillen und Gärten gesäumte Gran Viale Santa Maria Elisabetta quer über die Nehrung zum Piazzale Bucintoro, hinter dem sich der lange Strand ausbreitet. Rechter Hand beginnt die Promenadenstraße Lungomare Guglielmo Marconi mit dem berühmten Strandabschnitt zwischen dem Hotel Des Bains und dem Palazzo del Cinema. In der Luxusherberge stieg die Hauptfigur aus Thomas Manns Novelle "Der Tod in Venedig" ab und auch Viscontis nicht weniger berühmte Verfilmung wurde am Handlungsort der literarischen Vorlage gedreht. Cineasten kennen den Lido vor allem als Stätte des Internationalen Filmfestivals, das 1932 ins Leben gerufen wurde. 5 Jahre nach der Gründung der Festspiele, 1937, weihte man dem Kulturereignis einen eigenen Tempel, den Palazzo del Cinema. Bis dahin hatte man das Festival im benachbarten Grand Hotel Excelsior, einem orientalisch anmutenden Prachtbau aus der zweiten Hälfte des 19. Jh.s, abgehalten.

Ganz im Süden des Lido liegt das kleine Dorf Alberoni mit einem Golfplatz und Reitmöglichkeiten.

Lido di Iesolo

Vom Lido besteht eine Schiffsverbindung (auch Autofähre) zu der nördlich anschließenden Nehrung mit dem großen Seebad Lido di Iesolo (etwa 20 km vom Ankunftshafen Punta Sabbioni entfernt), das mit Rimini, Riccione und dem Lido von Venedig zu den meistbesuchten Badeplätzen an der Adria gehört.

Murano

Mehrere Schiffslinien (Abfahrt bei den Fondamenta Nuove, an der Kirche I Gesuiti) verbinden Venedig mit der Insel Murano und dem gleichnamigen Städtchen (8000 Einw.), das seit Ende des 13. Jh.s Hauptsitz der venezianischen Glasindustrie ist. Von der Schiffsstation Colonna sind es nur wenige Minuten zu der Kirche San Pietro Martire (15. Jh.; 1511 erneuert). Im rechten Seitenschiff der Kirche trifft man auf ein 1488 entstandenes, bedeutendes Werk des venezianischen Frührenaissancemalers Giovanni Bellini. Jenseits des Hauptkanals steht der spätromanische Dom Santi Maria e Donato

Venedig

In Torcello steht die romanische Kirche S. Maria Assunta

aus dem 12. Jh. mit Säulen aus griechischem Marmor, einem eindrucksvollen romanischen Mosaikfußboden und einem Apsismosaik aus der Erbauungszeit der Kirche. Im benachbarten Rathaus ist das Museo d'Arte Vetrario untergebracht, wo historische Gläser aus Murano gezeigt werden.

Murano
(Fortsetzung)

Lohnend ist ferner eine Fahrt mit der Schiffslinie 12 (Abfahrt ebenfalls an den Fondamenta Nuove) über den Fischerort Burano, Zentrum der venezianischen Spitzenindustrie, zu der 8 km nordöstlich gelegenen Laguneninsel Torcello. In der winzigen, früher als Bischofssitz und Handelszentrum bedeutenden Stadt sollte man die mit herrlichen Mosaiken (11.–13. Jh.) ausgestattete Kathedrale Santa Maria Assunta (7.–11. Jh.) besichtigen. Vom Glockenturm bietet sich eine weite Sicht. Nahe der Kirche Santa Fosca (11. Jh.; Chor 12. Jh.) befindet sich im Palazzo del Consigli (14. Jh.) das Museo dell' Estuario, ein Museum mit Malerei, Plastik und Kunsthandwerk aus mehreren Jahrhunderten.

*Torcello

Etwa 40 km südlich von Venedig, am Südende der Lagune, liegt die interessante Inselstadt Chioggia (50 000 Einw.), ehemals Zentrum der venezianischen Salzproduktion, 1379 durch die Genuesen zerstört und jetzt ein bedeutender Fischereihafen. Das Stadtbild von Chioggia mit seinen Kanälen und den alten, teilweise vom Verfall bedrohten Palästen ist dem von Venedig ähnlich. Am Corso del Popolo, der Hauptstraße von Chioggia, stehen die von Baldassar Longhena erneuerte Kathedrale mit ihrem 64 m hohen Campanile (14. Jh.), die kleine gotische Kirche San Martino (1392) und ein gotischer Getreidespeicher. Eine 800 m lange Brücke verbindet die Altstadt von Chioggia mit dem vielbesuchten Seebad Sottomarina.

*Chioggia

Rund 20 km südöstlich von Chioggia erreicht man die bereits im Po-Delta gelegene Insel Albarella, ein Urlaubsgebiet mit vielfältigen touristischen Einrichtungen, darunter ein Tennis- und ein Reitzentrum, ein Golfplatz und ein Jachthafen.

Albarella

Venetien / Veneto E–G 3–5

Region: Venetien/Veneto
Provinzen: Venedig/Venezia, Belluno, Padua/Padova, Rovigo, Treviso, Verona und Vicenza
Fläche: 18 365 km²
Einwohnerzahl: 4 400 000

Lage

Die Landschaft Venetien, das Gebiet der ehemaligen Republik Venedig, erstreckt sich im Nordosten der Oberitalienischen Tiefebene, vom Unterlauf des Po – nördlich des Flusses – bis zu den Südlichen Kalkalpen, westlich begrenzt vom Gardasee und vom Flußlauf des Mincio, östlich vom Adriatischen Meer, das hier eine lagunenreiche Küste bildet.

Historische Entwicklung

Politisch zerfällt das Gebiet der historischen Landschaft Venetien heute in drei Zonen: Im äußersten Osten – an der Grenze nach Slowenien – liegt die Region Friuli–Venezia Giulia (Friaul–Julisch Venetien; → Friaul), im Norden die Region Trentino–Alto Adige (Trentino–Südtirol; → Südtirol). Zwischen diesen erstreckt sich, nach Süden zum Po und zur Adria gerichtet, die Region Veneto, einst 'Venezia Euganea' genannt, das Kernland des früheren Venetien. Das Gebiet verbreitert sich nach Süden hin und grenzt dort an die Lombardei sowie an die Emilia-Romagna. Hauptstadt der Region Veneto ist Venedig, auf Inseln in der gleichnamigen Lagune gelegen.

Bevölkerung und Wirtschaft

Landschaftliche wie auch wirtschaftliche Vielfalt kennzeichnen die Region Veneto. Die Bevölkerung konzentriert sich in den städtischen Ballungsräumen der Poebene. Dort gibt es eine hochentwickelte Landwirtschaft: Angebaut werden Getreide, besonders Mais und Reis, Wein sowie Obst und Gemüse; ferner betreibt man Rinderzucht. Die landwirtschaftlichen Produkte werden zu Nahrungsmitteln und Konserven verarbeitet.

Außerdem haben im Veneto verschiedene Industrieunternehmen ihren Sitz, die Textilien und Baumaterialien herstellen, Metall verarbeiten und im Bereich der Petrochemie tätig sind. Den Betrieben kommt die reichliche Versorgung mit Energie durch Wasserkraft aus den Alpen und Erdgas aus der Poebene zugute. Bekannt ist das Kunsthandwerk aus der Region, darunter die Glasbläserei, die besonders im Raum um Venedig Spitzenerzeugnisse hervorbringt. Hinzu kommt als Wirtschaftsfaktor der Tourismus.

Reiseziele im Veneto

Hinweis

Eine Besonderheit des Veneto sind die Villen, vielfach nach Plänen von Andrea Palladio erbaut (s. Baedeker Special "Die Villen im Veneto", S. 396/397).

Belluno

Neben den bekannten Reisezielen wie Venedig und Padua gibt es im Veneto eine Reihe kleinerer Orte, die einen Besuch lohnen. Im nördlichen Teil Venetiens liegt am Piave die Provinzhauptstadt Belluno (389 m; 36 000 Einw.), die auf vorrömische Zeit zurückgeht. Am Domplatz, der Piazza del Duomo, steht der Dom Santa Maria Assunta, der 1873 nach einem Erdbeben weitgehend erneuert wurde. Im rechten Seitenschiff zwei schöne Altarbilder (16. Jh). Von dem 68 m hohen Glockenturm bietet sich eine weite Sicht. Sehenswert sind ferner der Palazzo dei Rettori (heute Präfektur), ein Frührenaissancebau, und Santo Stefano, eine gotische Kirche, an die ein Kreuzgang grenzt. Im Museo Civico sind prähistorische Funde, Münzen, alte Brunnenfiguren aus Belluno und Gemälde ausgestellt. Von der mittelalterlichen Stadtmauer haben sich noch einige Reste erhalten.

Rund 12 km südöstlich von Belluno liegt das Wintersportgebiet Nevegal (mehrere Lifte; Sesselbahn zum Rifugio Cadore, 1600 m; Alpengarten).

Veneto

Bassano del Grappa an der Brenta

Prächtiger Park in Portogruaro

Veneto

Agordo

Von Belluno führt eine Fahrt 30 km nordwestlich durch den vom Cordevole durchflossenen Engpaß Canal d'Agordo nach Agordo (611 m; 4000 Einw.), einem von hohen Bergen umrahmten Städtchen. An der Piazza steht der malerische Palazzo Crotta aus dem 17./18. Jahrhundert.

Alleghe

Fährt man von Agordo nach Norden, kommt man nach 18 km zum Südufer des Alleghe-Sees (966 m). Am Ostufer des Sees liegt das als Tourenstützpunkt geschätzte Dorf Alleghe. Von hier gelangt man auf einem Saumpfad östlich (3 Std.) zum Lago Coldai (2146 m) und über den Coldai-Paß (2190 m) zum Rifugio Coldai (2150 m), in großartiger Lage am Nordhang des Monte Civetta (3218 m), den man von hier ersteigen kann (6 Std.; Führer!).

Caprile; Marmolada

Von dem 3 km nordwestlich gelegenen Dorf Caprile (1023 m) führt ein Abstecher (3 km bzw. 7 km) im Pettorina-Tal aufwärts zu den Dörfern Rocca Pietore (1143 m) und Sottoguda (1252 m). Von hier aus sind es dann auf der alten Straße noch 7 km durch die Klamm Serrai di Sottoguda zur Malga Ciapela (1428 m; Schwebebahn über die Forcella Serauta, 2950 m, zur Punta Rocca in 3270 m Höhe) und zum Pian de Lobbia (1841 m); ferner 2 km weiter zum Fedaia-Paß (2047 m), dann 3 km am Stausee Lago di Fedaia entlang zum Rifugio Marmolada; eine Sesselbahn führt von dort zum Marmolada-Gletscher, eine Straße nach Canazei.

Longarone

Etwa 18 km nordöstlich von Belluno liegt an der Mündung des Zoldo-Tals die Ortschaft Longarone (468 m). Sie wurde am 9. Oktober 1963 zusammen mit vier Nachbarorten von einer durch Erdrutsch ausgelösten Flutwelle, die sich aus dem Lago di Vajont ergoß, zerstört; Wiederaufbau am westlichen Hang. Bei dem Unglück kamen 2000 Menschen ums Leben.

Vajont-Schlucht

Von Longarone führt ein Abstecher östlich in Kehren und Tunneln bergauf durch die wilde Vajont-Schlucht (Felsgalerien) zu dem ehemaligen Stausee Lago di Vajont mit 265 m hoher Staumauer. Dann verläuft die Route über den Passo di San Osvaldo (827 m) zu dem Erholungsort Cimolais (652 m).

Pieve di Cadore

Fährt man von Longarone im Piave-Tal aufwärts, so kommt man nach etwa 25 km zu der Gemeinde Pieve di Cadore (878 m). Sie ist der Hauptort des oberen Piavegebiets. Wegen seiner prächtigen Lage hoch über dem zu einem See aufgestauten Piave wird Pieve di Cadore zum Wintersport viel besucht. Auf dem Hauptplatz steht ein Denkmal von Tizian, der hier geboren wurde. Sein Geburtshaus befindet sich am Brunnenplatz (Museum). In der Pfarrkirche ein Gemälde 'Madonna und Heilige' von Tizian.

Bassano del Grappa

Im Westen der Region Veneto liegt Bassano del Grappa (122 m; 39 000 Einw.), an der Stelle, wo die Brenta die Ebene erreicht. Eine alte gedeckte Holzbrücke, der Ponte degli Alpini, führt über den Fluß. Die Brücke, die als Wahrzeichen von Bassano del Grappa gilt, wurde um 1570 nach Plänen von Palladio erneuert. Bekannt wurde der Ort als Heimat der Malerfamilie da Ponte. Deren Hauptvertreter ist Jacopo da Ponte (1517/1518 – 1592), genannt Jacopo Bassano, der Bilder in kräftigen Farben und mit kühner Lichtwirkung schuf. Im Museo Civico sind Bilder von ihm ausgestellt.

Museo della Grappa

Die Stadt am Fuß des Monte Grappa gilt als Hauptstadt der italienischen Tresterschnäpse. In einem alten Patrizierhaus am Ponte Vecchio hat man das Museo della Grappa eingerichtet, ein Schnapsmuseum (mit Verkaufsraum), in dem die Geschichte der Destillation dargestellt wird – von den venezianischen Grappabrennern bis zum heutigen Destillierverfahren.

Asolo

Einen Abstecher lohnt Asolo, etwas nördlich von Bassano del Grappa am Hang eines Hügels gelegen. Bekannte Persönlichkeiten, u.a. Eleonora Duse und der Dichter Robert Browning, haben sich hier aufgehalten.

Rovigo

Im Süden der Region Veneto liegt am Naviglio Adigetto in der Ebene die Provinzhauptstadt Rovigo (7 m; 53 000 Einw.), die in früherer Zeit dem Bischof von Adria unterstand. Im Zentrum der Stadt die langgestreckte Piazza Vittorio Emanuele: Dort steht eine hohe Säule, auf der der Markuslöwe thront. An dem Platz liegen das Rathaus mit einem Glockenturm und die Pinacoteca dei Concordi, eine Gemäldegalerie mit Bildern der venezianischen Schule. In der Nähe der Dom Santo Stefano, von dessen Innenausstattung besonders ein Osterleuchter (16. Jh.) hervorzuheben ist.

Nördlich des Doms sieht man zwei Türme, Überreste des früheren Kastells. Zur Aufbewahrung eines wundertätigen Marienbildes wurde um 1600 im Osten der Stadt die Wallfahrtskirche "La Rotonda" erbaut.

Veneto, Rovigo (Fortsetzung)

Im Nordosten der Region Venetien liegt – nahe der Straße von Venedig nach Triest – Portogruaro (5 m; 25 000 Einw.). Sehenswert sind die schönen alten Laubenhäuser, das gotische Rathaus und der romanische Kampanile am Dom. Im Museo Nazionale Concordiese werden Fundstücke aus römischer Zeit und aus frühchristlichen Gräbern gezeigt. Die Funde stammen aus dem 2 km flußabwärts gelegenen Ort Concordia Sagittaria, der alten römischen Militärstation 'Concordia', wo u.a. eine Römerbrücke und ein frühmittelalterliches Baptisterium erhalten sind.

Portogruaro

Ca. 30 km nordwestlich von Portogruaro liegt, bereits auf dem Gebiet der Region Friuli–Venezia Giulia, die Stadt Pordenone (124 m; 50 000 Einw.). Die Stadt gehörte eine Zeitlang zu Österreich und kam 1508 an Venedig. Pordenone ist die Heimat des Malers Giovanni Antonio de' Sacchis (1484–1539), genannt il Pordenone. In der Pinacoteca Civica und im Dom sind Gemälde von ihm zu sehen; im Dom u.a. die "Madonna della Misericordia". Das Rathaus entstand zwischen 1291 und 1365. Der Palazzo Amalteo, unweit nördlich, beherbergt ein naturkundliches Museum.

Pordenone

→ dort	Cortina d'Amp.
→ dort	Dolomiten
→ dort	Gardasee
→ dort	Padua
→ dort	Venedig
→ dort	Verona
→ dort	Vicenza

Verona F 5

Region: Venetien/Veneto
Provinz: Verona
Höhe: 59 m ü.d.M.
Einwohnerzahl: 255 000

Verona, die Hauptstadt der gleichnamigen Provinz, liegt an den Vorhöhen der Lessinischen Alpen, dort, wo die Etsch (Adige), aus den Alpen kommend, in die Oberitalienische Tiefebene eintritt. Das Hauptgebiet der Stadt liegt auf einer von der Etsch umflossenen Halbinsel, von der zehn Brücken zu den Stadtteilen am linken Ufer führen. Die Stadt, reich an Kunstdenkmälern, ist rund 80 km von Venedig und dem Adriatischen Meer entfernt. Bedeutung hat der Handel mit den Erzeugnissen aus dem Umland, wo mit Hilfe künstlicher Bewässerung Obst und Gemüse angebaut werden.

Lage und Bedeutung

Verona, das den Namen der frühgeschichtlichen Siedlung bewahrt hat, erlangte unter den Römern (seit 89 v.Chr.) große Bedeutung, wie das Amphitheater und andere Baudenkmäler bezeugen. Im 6. Jh. machte der Ostgotenkönig Theoderich († 526), der 'Dietrich von Bern' der deutschen Heldensage, die Stadt neben Pavia und Ravenna zum Königssitz. Später herrschte hier Pippin (777–810), der zweite Sohn Karls des Großen, als König des fränkischen Unterkönigreichs Italien. Im Mittelalter wählten die deutschen Kaiser, Sachsen und Hohenstaufen, die Stadt am Ende der Brennerstraße als Stützpunkt ihrer Herrschaft über Oberitalien. Im Jahre 1164 gründete Verona mit anderen Städten des östlichen Oberitalien den Veroneser Bund, ein Militärbündnis, das sich 1167 zum Lombardenbund erweiterte. Damals gelangte Verona durch seinen Handel zu großer Bedeutung und konnte seinen Herrschaftsbereich erweitern. Seit der Mitte des 13. Jh.s herrschte das Fürstengeschlecht Della Scala (ital. 'Scaligeri'

Geschichte

Verona

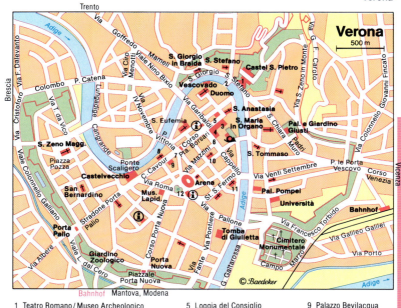

1 Teatro Romano / Museo Archeologico
2 Ponte della Pietra
3 Arche Scaligere
4 Palazzo della Regione
5 Loggia del Consiglio
6 Piazza delle Erbe
7 Porta dei Borsari
8 San Lorenzo
9 Palazzo Bevilacqua
10 Santa Maria della Scala
11 San Fermo Maggiore
12 Rathaus

=Skaliger), das die Stadt zum Höhepunkt ihrer Macht führte. 1387 fiel Verona an die Mailänder Visconti, 1405 kam es an die Republik Venedig. 1797 wurde Verona mit Venetien österreichisch und bildete seit 1814 mit Peschiera, Mantua und Legnago ein Festungsviereck. Als Österreich Venetien an Italien verlor, wurde die Stadt im Jahre 1866 dem Königreich Italien eingegliedert.

Geschichte (Fortsetzung)

Verona war aufgrund seiner strategisch wichtigen Lage seit jeher durch Mauern befestigt. Die Römer legten zunächst Mauern im Bereich der Etsch-Schleife an. In die Mauern, die während des Mittelalters entstanden, wurden auch die Vorstädte mit einbezogen. Die Venezianer ließen später auf den Hügeln um die Stadt Bollwerke errichten. Sammicheli (s. unten), der seit 1530 die Stadtmauer mit ihren Bastionen anlegte, suchte die Festungsbauten durch Verwendung klassischer Architekturformen zu verschönern. Er schuf u.a. die Porta Palio. In der österreichischen Zeit wurde Verona als Festung ausgebaut. Der Verlauf der Stadtmauern ist heute im Weichbild der Stadt noch teilweise zu erkennen.

Stadtbefestigung

In den zahlreichen Kirchen Veronas haben sich hervorragende Werke der romanischen Kunst erhalten. Auch während der Renaissance entstand in der Stadt Bedeutendes, vor allem auf dem Gebiet der Baukunst. Als Baumeister traten der Dominikanermönch Fra' Giocondo (um 1433 bis 1515) und Michele Sammicheli (1484–1559) hervor, der prachtvolle Paläste schuf, u.a. den Palazzo Bevilacqua und den Palazzo Pompeji, der das Naturhistorische Museum beherbergt.

Kunst

◀ *Fassade des Doms von Verona*

Verona

Blick auf Verona und die Etsch

✴Altstadt

Piazza delle Erbe

Den Mittelpunkt der Altstadt bildet die langgestreckte Piazza delle Erbe in der Nähe des antiken Forums der Römerstadt, einer der malerischsten Plätze Italiens, auf dem wochentags ein Blumen-, Obst- und Gemüsemarkt stattfindet. Auf dem Platz steht das 'Capitello', ein auf Säulen ruhender Baldachin (16. Jh.), einst Wahlstätte der Signori und Podestà. Weiter nördlich sieht man den Marktbrunnen mit der 'Madonna Verona', einer Marmorstatue. Die Marmorsäule am Nordende des Platzes trägt den Markuslöwen, das Wahrzeichen der venezianischen Herrschaft. Den Platz umgeben alte Häuser und Paläste, darunter die Casa Mazzanti, die mit Renaissance-Fresken geschmückt ist. An der Nordseite des Platzes steht der barocke Palazzo Maffei (1668); in der Nähe die Torre del Gardello. Die Casa dei Mercanti, Ecke Via Pellicciai, wurde 1878 nach dem alten Vorbild von 1301 neu errichtet. Gegenüber steht der aus Steinen und Ziegeln errichtete Stadtturm, die Torre del Lamberti, mit der mittelalterlichen Sturmglocke 'El Rengo'; von oben bietet sich eine weite Sicht.

✴Piazza dei Signori

Die Straße links vom Stadtturm mündet östlich auf einen von Palästen umschlossene Platz, die Piazza dei Signori, deren Name an die Skaliger erinnert. Der von Palästen gesäumte Platz gilt als der 'Salon' der Stadt. In der Mitte der Piazza ein Dante-Denkmal, das 1865 entstand. Bei den neuesten Grabungen fand man Mosaiken, römischen Straßenbelag und die Fundamente einiger öffentlicher Gebäude der antiken Römerstadt.

Palazzo della Ragione

An der Südseite der Piazza dei Signori steht der Palazzo della Ragione (Ragione = Recht) aus dem 12. Jahrhundert. Das Gebäude, auch Palazzo del Comune genannt, da er auch Sitz der Kommune war, hat eine Renaissancefassade; im Hof eine gotische Freitreppe und der Eingang zum Stadtturm (s. oben). Ferner befinden sich an der Piazza dei Signori der Palazzo dei Tribunali, einst 'Palazzo del Capitano', der um 1530 durch den

Verona

Piazza dei Signori

Umbau eines Skaligerschlosses entstand, in dem eine Zeitlang der venezianische Statthalter residierte. Der Palast hat ein Renaissance-Portal von Michele Sammicheli. An der östlichen Seite des Platzes der zinnenbekrönte Palazzo del Governo (Präfektur), ebenfalls ein Skaligerschloß, das im 16. Jh. umgebaut wurde und ein Portal von Sammicheli hat.

Palazzo della Ragione (Fortsetzung)

An der Nordseite der Piazza dei Signori steht die Loggia del Consiglio, eines der schönsten Bauwerke der Renaissance im venezianischen Stil (1486–1493), Fra Giocondo zugeschrieben. Bekrönt wird das Gebäude von Statuen berühmter Veroneser des Altertums.

*Loggia del Consiglio

Der Durchgang zwischen Präfektur und Tribunal führt zu der Kirche Santa Maria Antica (12. Jh.), die einen romanischen Kampanile hat. Neben der Kirche befinden sich die eindrucksvollen gotischen Skaliger-Grabmäler (Arche Scaligere). Die im Ornament des kunstvollen Gitterwerks vielfach wiederholte Leiter (scala) haben die Skaliger im Wappen. Über dem Portal der Kirche Santa Maria Antica befinden sich der Sarkophag des Cangrande († 1329) und die Nachbildung seiner Reiterstatue (Original im Museum des Castelvecchio); links das Wandgrab Giovannis († 1359) und der Sarkophag Mastinos I. († 1277). Innerhalb eines Gitters die Sarkophage und Statuen Mastinos II. († 1351) und des Cansignorio († 1375).

*Skaliger-Grabmäler

Nördlich der Grabmäler erhebt sich – am Ende des Corso Sant' Anastasia – an der Etsch die gotische Dominikanerkirche Sant' Anastasia von 1290, ein Gotteshaus, das zu Ehren des Petrus von Verona, der ein großer Prediger war, errichtet, jedoch erst 1481 vollendet wurde. Bedeutend ist die Ausstattung der Kirche: Neben reichgeschmückten Altären aus dem 15.–18. Jh. findet man Fresken, darunter eine Darstellung des hl. Georg von Pisanello, ein originelles Weihwasserbecken und Grabmäler. An einer Wand der Hauptchorkapelle ist das 'Jüngste Gericht' dargestellt, ein Fresko, das im 14. Jh. entstand, aber erst 1942 entdeckt wurde.

Sant' Anastasia

Verona

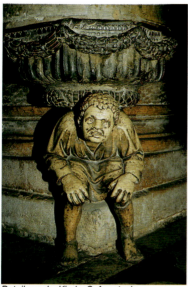
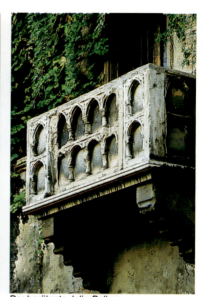

Detail aus der Kirche S. Anastasio *Der berühmte Julia-Balkon*

Galleria d'Arte Moderna

In unmittelbarer Nachbarschaft von Sant' Anastasia liegt die Galleria d'Arte Moderna, die im Palazzo Forti eingerichtet wurde. Die Galerie zeigt Werke aus ihren Beständen und veranstaltet Wechselausstellungen.

Dom

Von hier gelangt man nordwestlich zum Dom, einer romanischen Basilika aus dem 12. Jh., die ein Langhaus aus gotischer Zeit hat (15. Jh.). Daneben steht ein klassizistischer Glockenturm. An dem prächtigen Hauptportal des Doms sieht man zwei Paladine Karls des Großen (Roland und Olivier) und Gewändestatuen (um 1139 bis 1153). Im Inneren der Kirche befindet sich am ersten Altar links die "Himmelfahrt Mariä" von Tizian (um 1525); am Ende des rechten Seitenschiffes das gotische Grabmal der hl. Agathe (von 1353). Beachtenswert sind auch die Pfeiler aus rotem Marmor und die marmorne Chorschranke. Links vom Dom ein romanischer Kreuzgang (1123), wo sich ein frühchristlicher Mosaikfußboden erhalten hat.

Ponte Garibaldi

Vom Dom gelangt man zum Ponte Garibaldi, der in Verlängerung der Via Garibaldi zum Gebiet am linken Ufer der Etsch führt (s. unten).

Porta dei Borsari

Vom Ponte Garibaldi führt der Lungadige Panvinio, von dem sich eine schöne Sicht bietet, am rechten Etschufer aufwärts. Linker Hand fällt der Blick auf die Kirche Sant'Eufemia, eine der Veroneser Bettelordenskirchen des 13. Jahrhunderts. Von dort sind es nur wenige Schritte zum Corso Porta Borsari, der bei der Piazza Erbe beginnt. Am westlichen Ende des Corso steht die Porta dei Borsari, ein römisches Stadttor mit dreigeschossiger Schaufront, das ursprünglich eine zweite Schauseite hatte.

Vom Corso Cavour zum Amphitheater

Castelvecchio (Museum)

Von der Porta dei Borsari verläuft nach Südwesten hin der Corso Cavour, einst die Hauptstraße Veronas, gesäumt von stattlichen Palästen. Links

Verona

(Nr. 19) der prächtige Palazzo Bevilacqua von Sammicheli (1530); gegenüber die um 1110 erbaute romanische Kirche San Lorenzo. Am Ende des Corso Cavour liegt an der Etsch das Castelvecchio, die um 1355 erbaute Skaligerburg. Von der Plattform des Hauptturms, der 1375 vollendet wurde, bietet sich eine weite Sicht. In den Räumen der Burg befindet sich das Civico Museo d'Arte. Zum Bestand des interessanten Kunstmuseums gehören Werke der Veroneser Malerei, Skulpturen und kunstgewerbliche Sammlungen. Man sieht Gemälde von Carlo Crivelli, Mantegna, Bellini u.a. Die Veroneser Schule der Renaissance (15./16. Jh.) ist durch Morone, Girolamo dai Libri, Liberale da Verona und Veronese vertreten.

Castelvecchio (Fortsetzung)

Vom Schloß führt die großartige Brücke Ponte Scaligero zum anderen Ufer der Etsch. Sie stammt aus dem 14. Jh. und wurde um 1950 erneuert.

Ponte Scaligero

Südlich vom Corso Cavour, durch mehrere Straßen mit ihm verbunden, liegt die ausgedehnte Piazza Bra. An der Nordseite des Platzes, unweit der Einmündung der Via Mazzini, steht der Palazzo Malfatti von Sammicheli; gegenüber ein Reiterstandbild Viktor Emanuels II. (1883).

Piazza Bra

An der Ostseite des Platzes erstreckt sich das römische Amphitheater (Arena), im 1. Jh. n.Chr. aufgeführt, eines der größten derartigen Bauwerke für Gladiatoren- und Tierkämpfe, in der deutschen Sage als das 'Haus Dietrichs von Bern' bekannt. Von der Außenmauer sind nur vier Arkaden der Nordseite erhalten. Das Innere besteht aus einer ellipsenförmigen Fläche mit 44 Stufenreihen und bietet Raum für 22 000 Zuschauer. Von den obersten Stufen hat man eine schöne Aussicht. Im Juli und August finden in der 'Arena di Verona' Opernfestspiele statt. Besonders Verdi-Opern wie "Rigoletto" und "Aida", aber auch Opern wie "Carmen" von Georges Bizet und "Turandot" von Giacomo Puccini kommen zur Aufführung.

**Amphitheater (Arena)

Die Südseite der Piazza Bra begrenzt der Palazzo Municipale, das 1836–1838 errichtete Rathaus (halbkreisförmiger Erweiterungsbau nach 1945). Daneben steht das langgestreckte Gebäude der Gran Guardia, der alten Hauptwache von 1614; anstoßend die Portoni della Bra, ein Tor mit einem Turm. Hinter diesem befinden sich das Museo Lapidario Maffeiano (Lapidarium) und das Teatro Filarmonico (Opernaufführungen).

Palazzo Municipale

Von der Piazza delle Erbe führen die Via Cappello und anschließend die Via Leoni – mit der römischen Porta Leona (Löwentor) – südöstlich zur Kirche San Fermo Maggiore. Der Außenbau läßt sowohl Elemente der Romanik als auch der Gotik erkennen. Diese Gliederung wiederholt sich im Inneren: San Fermo Maggiore hat eine romanische Unterkirche (11./12. Jh.) und eine gotische Oberkirche (13./14. Jh.), die durch Treppen verbunden sind. Beachtung verdienen u.a. das Holzkruzifix (14. Jh.) in der Unterkirche und

*San Fermo Maggiore

Die Arena von Verona dient heute als Freilichtbühne

Verona

San Fermo Maggiore (Fortsetzung)
das Grabmal des Nicolò Rangoni di Brenzone in der Oberkirche. Gleich hinter der Kirche die Etschbrücke Ponte delle Navi.

Casa di Giulietta
An der Via Cappello steht die sog. Casa di Giulietta, das Wohnhaus der Giulietta Capuletti, ein Bau aus dem 13. Jh. mit dem berühmten Balkon.

Tomba di Giulietta
Im südlichen Teil der Stadt wird in einem Kreuzgang ein alter Trog gezeigt, der der Sarg der Giulietta Capuletti, der Geliebten des Romeo Montecchi, sein soll (Tomba di Giulietta).

Vom Corso di Porta Nuova zur Basilika San Zeno

Porta Nuova
Durch die Portoni della Bra gelangt man auf den breiten Corso di Porta Nuova und weiter zum von Sammicheli erbauten Stadttor Porta Nuova. Dahinter liegt die Stazione di Porta Nuova, der Hauptbahnhof von Verona.

Porta Palio
Von der Porta Nuova führt der Innenwall, eine Zone mit Bäumen und Grünflächen, nordwestlich am Zoo vorbei zu der prächtigen Porta Palio, einem Stadttor von Sammicheli (16. Jh.), das einst auch Goethe bewundert hat.

San Bernardino
Von der Porta Palio verläuft der Weg östlich durch den breiten Stradone di Porta Palio, dann links durch die Via Aurelio Saffi zu der ehemaligen Franziskanerkirche San Bernardino (15. Jh.), einer Anlage mit großem Arkadenhof, in dem Grabplatten und Freskenreste zu sehen sind. In der Cappella Pellegrini kann man eine schöne Renaissance-Dekoration bewundern.

*San Zeno Maggiore
Nördlich von San Bernardino kommt man zu der großen Basilika San Zeno Maggiore (11./12. Jh.), einem der schönsten romanischen Bauwerke in Norditalien. Die Kirche hat eine eindrucksvolle Schauseite, umrahmt von dem schlanken romanischen Glockenturm (1045–1178) und dem zinnengekrönten Wehrturm (14. Jh.) einer ehemaligen Benediktinerabtei. Auf den herrlichen Bronzetüren des Portals sind Szenen aus dem Alten und dem Neuen Testament sowie verschiedene Episoden aus dem Leben des hl. Zeno dargestellt. Im Bogenfeld des Portals eine Statue des hl. Zeno, des Schutzheiligen der Stadt. Im Inneren, das ein eigenartiges Holzgewölbe hat, befinden sich schöne romanische Kapitelle, an den Seitenschiffen Fresken (13.–15. Jh.), in der Krypta eine Marmorstatue des hl. Zeno, der Bischof von Verona war († 380) und dessen Reliquien in der Krypta in einem Schrein aufbewahrt werden. Auf dem Hochaltar eine herrliches Triptychon von Andrea Mantegna, das die Madonna auf dem Thron mit Heiligen und Engeln darstellt (15. Jh.). An das nördliche Seitenschiff schließt sich ein schöner Kreuzgang mit kleinen Bögen und Zwillingssäulen an.

Sehenswertes am linken Etschufer

Giardino Giusti
Jenseits der Brücke Ponte delle Navi gelangt man nordöstlich durch den Interrato dell' Acqua Morta, dann rechts durch die Via Carducci zum Palazzo Giusti, der 1580 erbaut wurde. Er liegt am Giardino Giusti, einem Garten mit schönen alten Zypressen, von denen bereits Goethe beeindruckt war: "Die Zweige brachte ich aus dem Garten Giusti, der eine trefflichte Lage und ungeheuere Zypressen hat, die alle pfriemenartig in die Luft stehen ...". Von der Terrasse bietet sich eine herrliche Aussicht.

Santa Maria in Organo
Weiter nördlich steht die Kirche Santa Maria in Organo, die in der Lombardenzeit begonnen und um 1480 im Renaissancestil umgebaut wurde. Die Fassade nach Entwürfen von Sammicheli (1592) blieb unvollendet. Im Chor schönes Gestühl, eine Arbeit von Fra Giovanni da Verona (1519).

Teatro Romano
Jenseits der Brücke Ponte della Pietra befindet sich am Hang unter dem Castel San Pietro das Römische Theater aus der Zeit des Augustus, das 1904–1939 freigelegt wurde; zu sehen sind u.a. Reste des Bühnenhauses.

In der Nähe des Theaters ist im ehemaligen Convento di San Girolamo das Archäologische Museum (Museo Archeologico) untergebracht, das interessante Fundstücke aus vorgeschichtlicher und römischer Zeit besitzt.

Verona, Museo Archeologico

Unweit nordwestlich vom Römischen Theater erreicht man die romanische Kirche Santo Stefano, einen sehr alten Bau, der auf das 5.–8. Jh. zurückgeht. Im Chorbereich gibt es zwei Umgänge; im Chor ein Bischofsstuhl aus der Zeit um das Jahr 1000. An der Fassade sieht man alte Inschriften.

Santo Stefano

Noch weiter westlich erreicht man schließlich die Kirche San Giorgio in Braida (16. Jh.), die eine schöne Kuppel hat. Die Altarbilder wurden von Meistern der Veroneser und Brescianer Schule geschaffen; am Hochaltar das "Martyrium des hl. Georg", ein Werk von Veronese. Beachtung verdient ferner eine Madonna von Girolamo dai Libri in einer Seitenkapelle.

*San Giorgio in Braida

Umgebung von Verona

In der Umgebung von Verona gibt es eine Reihe schöner Villen, besonders im Norden und Westen der Stadt, dem Gebiet zum Gardasee hin. Erwähnung verdient z.B. die Villa Sarego Boccoli bei Pedemonte, die Palladio nach dem Vorbild antiker Häuser entworfen hat. Sie wurde nicht vollendet.

Hinweis

Rund 16 km südwestlich von Verona liegt am Tione die Stadt Villafranca di Verona (54 m; 25 000 Einw.) mit einer verfallenen Burg, die zum 'Serraglio' gehörte, den bis Valeggio sul Mincio (9 km westlich) reichenden Grenzbefestigungen Veronas. Im Jahre 1859 wurde in Villafranca ein Waffenstillstand zwischen Frankreich und Österreich geschlossen. In Valeggio sul Mincio lohnt der gepflegte Gartenpark Sigurtà einen Besuch.

Villafranca di Verona

Rund 15 km östlich von Verona liegt der Ort Soave (40 m; 6000 Einw.), der durch seinen Wein berühmt ist. Die kleine, von einer zinnenbekrönten Mauer mit Türmen umgebenene Stadt weist stattliche Paläste auf.

*Soave

→ dort

Gardasee

Von Verona nach Giazza (45 km)

Von Verona führt eine lohnende Fahrt nördlich in das karstartige Hochland der ansprechenden Lessinischen Alpen (Monti Lessini) nach Giazza, deutsch Glietzen (758 m), der einzigen noch deutschsprachigen Gemeinde der 'Tredici Comuni' (= 13 Gemeinden), deren Bewohner von bayerischen und Tiroler Kolonisten abstammen. Neben italienischen Beschriftungen findet man auch solche in einer altertümlichen bayerischen Mundart, die von einigen Sprachforschern im 19. Jh. als 'zimbrisch' bezeichnet wurde.

Vesuv / Vesuvio J 14

Region: Kampanien/Campania
Provinz: Neapel/Napoli

Der Vesuv liegt, isoliert aus der Ebene aufragend, am Golf von Neapel etwa 15 km südöstlich der Hauptstadt Kampaniens. Seit dem 17. Jh. ist er der einzige zeitweise noch tätige Vulkan auf dem europäischen Festland.

Lage

Die Höhe des Berges schwankt, da jeder stärkere Ausbruch die Gestalt des Gipfels verändert (z.Zt. 1281 m). Der Krater hat jetzt einen Durchmesser von maximal 600 m und eine Tiefe von 216 m. Vor 1944, dem Jahr des letzten großen Ausbruches, betrug der Kraterumfang noch 3400 m.

Natürliche Beschaffenheit

Viareggio

Vesuv
(Fortsetzung)

Nordöstlich vom Hauptkrater und von diesem durch das tiefe Tal Atrio del Cavallo getrennt, erhebt sich als Rest der Caldera eines älteren Vulkans von einst 4 km Durchmesser der Monte Somma (1132 m).

Vulkanausbrüche

Der im Quartär zunächst als Insel entstandene Vulkan galt im Altertum als erloschen, bis am 24. August des Jahres 79 n. Chr. ein gewaltiger Ausbruch erfolgte, der → Pompeji, → Herkulaneum, Stabiae und einige kleinere Orte vernichtete.
In der Folgezeit zählte man bis zum Jahre 1139 fünfzehn Ausbrüche, dann wuchs auf dem fast ruhenden Berg bis an den Krater heran Buschwald. Im Jahre 1631 setzte mit einem furchtbaren Ausbruch eine erneute Tätigkeit des Vulkans ein. Der letzte Ausbruch erfolgte im März 1944, wo u.a. die Standseilbahn von Ercolano (damals Resina) auf den Vesuv zerstört wurde. Seither befindet sich der Vesuv, wie es nach größeren Ausbrüchen in den folgenden Jahren immer ist, abgesehen von einigen Fumarolen, in Ruhe.
Der Aschenkegel und die jüngsten Laven sind nahezu vegetationslos; dagegen wachsen auf der fruchtbaren älteren verwitterten Lava in mittlerer Höhe Eichen und Kastanien; in Lagen unter 500 m ü.d.M. findet man Obstkulturen und Weinpflanzungen (Lacrime Christi).

**Besuch des Vesuv

Zum Besuch des Vesuvs verläßt man die von Neapel nach Salerno führende Autobahn bei der Anschlußstelle Ercolano und folgt dann der 'Strada del Vesuvio' in zahlreichen Windungen zwischen Lava aufwärts. Nach 7 km kommt man zum Albergo Eremo an der Abzweigung einer kurzen Seitenstraße zu dem 1845 gegründeten Observatorium (Museum).
Die Straße erreicht nach weiteren 3 km eine Gabelung: halblinks führt eine etwa 3 km lange Straße auf der Nordseite des Vesuvs aufwärts zum Colle Margherita, dann geht man noch 20 Minuten bis zum Kraterrand; geradeaus erreicht man nach etwa 1,5 km die ehemalige Talstation (753 m) einer Sesselbahn, die zu einer Bergstation in 1158 m Höhe führte (z.Zt. außer Betrieb). Oben lohnt ein Rundgang um den Krater (1 Std.); man hat eine prächtige Aussicht.

Eine andere Straße (gebührenpflichtig) führt von Torre Annunziata, einem Ort im Südwesten des Vulkans, zunächst 2 km nordöstlich nach Boscotrecase, dann 10 km nordwestlich, am Restaurant Nuova Casa Bianca vorbei, in zahlreichen Kehren am Südosthang des Vesuvs aufwärts. Die Zone um den Krater ist vor einiger Zeit zum Naturschutzgebiet erklärt worden.

Viareggio   E 8

Region: Toskana/Toscana
Provinz: Lucca
Höhe: 2 m ü.d.M.
Einwohnerzahl: 58 000

Lage

Das Seebad Viareggio liegt am Golf von Genua, rund 55 km südöstlich von La Spezia und etwa 25 km westlich von Lucca.

Bemerkenswertes

Dank seines langen, feinsandigen Strandes gehört Viareggio zu den bedeutendsten Badeorten der italienischen Westküste. Das Stadtbild wird von einem Netz gerader, sich rechtwinklig kreuzender Straßen bestimmt.

Vom Tourismus am stärksten geprägt ist das Stadtgebiet, das sich von der Durchgangsstraße zum Strand hin erstreckt. Die Strandpromenade ist gesäumt von zahlreichen Bauten aus Jugendstil und Art Déco.

Im nördlichen Stadtbereich liegt die Pineta del Ponente, ein großer Park mit Schirmpinien. Weiter südlich zieht der Burlamacca-Kanal zu den Anlagen des Jachthafens.

Reizvoll ist ein Spaziergang auf der Mole, die sich etliche hundert Meter ins Meer hinausschiebt.

Viareggio ist eine Hochburg des Karnevals. Tausende von maskierten Personen nehmen an den farbenprächtigen Umzügen teil, bei denen bunte Festwagen auf der breiten Küstenpromenade entlangziehen.

Viareggio, Bemerkenswertes (Fortsetzung)

Pineta del Ponente

Mole

*Karneval

Karneval in Viareggio

Torre del Lago Puccini

Östlich von Viareggio liegt nahe dem Lago Massaciuccoli der Ort Torre del Lago Puccini. In der Villa Puccini hat der Komponist Giacomo Puccini (1858–1924) lange Zeit gelebt. In der Villa, die man besichtigen kann, sind Puccini und seine Gattin († 1930) in einer Kapelle beigesetzt.

Lage
6 km südlich

Im Freilichttheater finden im Sommer Aufführungen von Puccini-Opern statt.

Vicenza   F 4

Region: Venetien/Veneto
Provinz: Vicenza
Höhe: 40 m ü.d.M.
Einwohnerzahl: 107 000

Vicenza, Hauptstadt der gleichnamigen Provinz, liegt nordwestlich von Padua am Rand der fruchtbaren Po-Ebene – zu beiden Seiten des Flusses Bacchiglione. Die Stadt ist eingebettet zwischen die Ausläufer der Voralpen im Norden und die Monti Berici, eine Hügelkette vulkanischen Ursprungs, im Süden. Darüber hinaus hat die Stadt, die auf der Liste erhaltenswerter Kulturdenkmäler des UNESCO steht, manche Annehmlichkeit zu bieten: In Vicenza werden unvergleichlich schöne Goldschmiedearbeiten hergestellt. Und der Besucher sollte sich den schmackhaften 'Baccalà', ein Fischgericht nach Vicentiner Art, nicht entgehen lassen.

Lage und Allgemeines

Vicenza

Geschichte

Das antike Vicetia (Vicentia) wurde 49 n.Chr. römisches Municipium. Im frühen Mittelalter war es Sitz eines langobardischen Herzogs, dann eines fränkischen Grafen, später ein Teil der Mark Verona. Im 12. Jh. übernahmen die Bischöfe die Herrschaft, doch trat Vicenza im Kampf gegen Kaiser Friedrich I. Barbarossa als freie Kommune auf. Nach mehrfachem Besitzwechsel im 14. Jh. unterstellte sich die Stadt im Jahr 1404 schließlich der Republik Venedig.

Kunst

In der Altstadt gibt es zahlreiche sehenswerte Paläste aus dem 15.–18. Jahrhundert. Eine Reihe davon hat Andrea Palladio (1508–1580), der letzte große Meister der Hochrenaissance, geschaffen. Palladio wurde in Padua geboren und lebte viele Jahre lang in Vicenza, wo er auch gestorben ist. Andrea Palladio besuchte Rom und war zeitweise in Venedig tätig. Seinen großartigen, an antiken Formen orientierten Stil nahmen sich viele Baumeister Europas zum Vorbild. Besonders für die Villenarchitektur des Veneto setzte er einen Maßstab. Die bedeutendsten Nachfolger Palladios waren Vincenzo Scamozzi (1552–1616) und Ottone Calderari (1730–1803). In der Vicentiner Malerschule des 15. Jh.s tritt Bartolomeo Montagna (um 1450 bis 1523) hervor, der in der Gemäldegalerie und mehreren Kirchen der Stadt mit Werken vertreten ist.

Sehenswertes

*Piazza dei Signori

Im Zentrum der Altstadt liegt die monumentale Piazza dei Signori. Bereits das römische Forum befand sich in diesem Bereich, hier schlug zu allen Zeiten der Puls des öffentlichen und privaten Lebens. Noch heute wird dort Markt gehalten. An dem Platz sieht man zwei Säulen aus venezianischer Zeit, eine davon mit einem Markuslöwen, und den 82 m hohen Torre di Piazza, der ursprünglich ein Geschlechterturm war und später Zwillingsfenster und eine Glockenstube erhielt.

Loggia del Capitaniato

In der Nordwestecke des Platzes steht die Loggia del Capitaniato, 1571 von Palladio begonnen und ehem. Sitz des venezianischen Statthalters. Die Räume des Gebäudes, das heute zum Rathaus gehört, werden für offizielle Empfänge benutzt. Rechts der Palazzo del Monte di Pietà, ein Palast, der früher Pfandhaus war; seine Trakte umrahmen die barocke Fassade der Kirche San Vicenzo (1617), die Loggien von ihrem Vorgängerbau hat.

Vicenza

Das Museum in der Basilica Palladiana erinnert an den genialen Baumeister Andrea Palladio

An der Südostecke des Platzes steht die Basilica Palladiana (1549–1614), das Hauptwerk Palladios. Die Außenfront dieses Gebäudes bilden zweigeschossige offene Bogenhallen, die mit ihren Säulen ein höchst eindrucksvolles Ensemble darstellen. Die Basilika entstand als Fortführung eines Vorgängerbaus, des 'Palazzo della Ragione', der als Versammlungsstätte für den Großen Rat diente. In Anlehnung an antike Bauten schlug Palladio, der den Baustil 'der Alten' verehrte, die Bezeichnung 'Basilica' vor; mit Basilika ist also in diesem Fall nicht eine Kirche gemeint. Im oberen Geschoß liegt ein 52 m langer Saal, der ein Tonnengewölbe hat. Vor der westlichen Schmalseite der Basilika sieht man ein Standbild Palladios (1859). In der Basilika befindet sich heute das Museo Palladiano: Dort werden Modelle, Entwürfe und andere Arbeiten von Andrea Palladio gezeigt.

**Basilica Palladiana (Museum)

Von der Basilica Palladiana aus gelangt man südwestlich durch die Via Garibaldi zur Piazza del Duomo. Dort erhebt sich der Dom, ein gotischer Bau, dessen Fassade in weißem und rotem Marmor (15. Jh.) gehalten ist; beachtenswerte Ausstattung. Unter dem Dom liegen die Grundmauern von drei älteren Kirchen. An der südwestlichen Seite des Domplatzes befindet sich das Bischöfliche Palais mit einer klassizistischen Fassade von 1819; im Hof eine Frührenaissancehalle von Bernardino da Milano (1494).

Dom

Nordwestlich der Piazza dei Signori verläuft der Corso Andrea Palladio, die von Palästen gesäumte Hauptstraße der Stadt. Im mittleren Abschnitt steht der 1592–1662 nach Plänen von Vincenzo Scamozzi erbaute schöne Palazzo del Comune (Rathaus), ehem. Palazzo Trissino, benannt nach der Familie des Grafen Ginagiorgo Trissino, der Palladio maßgeblich gefördert hat. Ein weiterer wichtiger Bau am Corso ist der gotische Palazzo Da Schio, genannt 'Cà d'Oro', der nach dem Vorbild venezianischer Paläste errichtet wurde. Seine Gesimse und Kapitele sind mit Blattgold verkleidet.

Corso Andrea Palladio

Vicenza

Santo Stefano

In der Nähe des Palazzo Da Schio kommt man zur Kirche Santo Stefano (18. Jh.), die sich an römischen Vorbildern orientiert. Sehenswert sind die Malereien von Tiepolo am Tabernakel des Hauptaltars und im linken Querschiff die "Thronende Madonna" von Palma il Vecchio.

Santa Corona

Von Santo Stefano führt eine Straße zur gotischen Kirche Santa Corona (13. Jh.) im Nordosten, die der Dornenkrone Christi geweiht ist. Die Kirche ist mit ansehnlichen Kunstwerken ausgestattet. Bemerkenswert sind u.a. am vierten Altar links, den Gianbattista Garzadori gestiftet hat, die "Taufe Christi" von Giovanni Bellini (um 1501), ferner am dritten Altar rechts die "Anbetung der Könige", ein Altarbild von Paolo Veronese (1573).

Museo Civico

Am nordöstlichen Ende des Corso Andrea Palladio lohnt das Museo Civico einen Besuch, untergebracht im Palazzo Chiericati (1551 – 1557), der von Palladio erbaut wurde und zu seinen besten Werken zählt. Im Erdgeschoß befinden sich archäologische Sammlungen. Im ersten Stock gibt es eine Gemäldegalerie, in der Werke der Vicentiner Malerschule, u.a. Bartolomeo Montagna und Giovanni Buonconsiglio, ausgestellt sind, ferner venezianische Meister wie Carpaccio, Veronese, Tintoretto und Tiepolo.

*Teatro Olimpico

Gegenüber dem Museum liegt das Teatro Olimpico, das letzte von Andrea Palladio begonnene Bauwerk (1580). Das Gebäude, das im Jahre 1584 von Vincenzo Scamozzi vollendet wurde und dessen Errichtung auf die Anregung der "Accademia degli Olimpici" zurückging, stellt eine der Renaissance entsprechende Erneuerung des antiken Theaters dar: Der Zuschauerraum steigt stufenweise in einem Halboval an. Die Rückwand der Bühne, eine Art 'Schauwand', die die Kulisse bildet, bietet durch drei Tore Durchblicke auf perspektivisch sich verjüngende Straßen.

San Lorenzo

Vom mittleren Teil des Corso Andrea Palladio führt der Corso A. Fogazzaro nach Nordwesten. An diesem Corso steht der Palazzo Valmarana-Braga

Das Teatro Olimpico ist Palladios letztes Werk

(Nr. 16), ein Werk Andrea Palladios. An dem Palast vorbei gelangt man zur Kirche San Lorenzo, einem romanisch-gotischen Backsteinbau (um 1300) mit dreischiffiger Basilika als Langhaus. Das reichgeschmückte Portal präsentiert sich als 'lombardische Tafelfassade', d.h., es ist höher als das Langhaus. Im Inneren der Kirche verdient ein Fresko des Malers Bartolomeo Montagna Beachtung, die "Enthauptung des hl. Paulus" (um 1500).

Vicenza, San Lorenzo (Fortsetzung)

Am südwestlichen Ende des Corso Andrea Palladio stehen einige stattliche Paläste, darunter der Palazzo Bonin, der wahrscheinlich nach Plänen Palladios konzipiert und anschließend von Vincenzo Scamozzi ausgeführt wurde. Interessant wirken die Halbsäulenordnungen an der Hauptfassade.

Palazzo Bonin

Der Corso mündet südwestlich auf die Piazza del Castello, mit der Porta Castello. Links an der Schmalseite des Platzes liegt der Palazzo Porto-Breganze, der unvollendet blieb. Er wurde wohl nach Palladios Entwurf von Vincenzo Scamozzi um 1600 ausgeführt und ist mit den für Palladios Spätwerke typischen Kolossalsäulen versehen.

Porta Castello

Im äußersten Südwesten von Vicenza steht die Chiesa dei Santi Felice e Fortunato, die ursprünglich weit vor den Toren der Stadt entstand. Im 10.–12. Jh. erhielt sie durch Umbau ihr heutiges Aussehen. Interessant sind die Fußbodenmosaiken aus dem 4. und 5. Jh., die noch von dem ursprünglichen Bau stammen. In der Krypta eine Stele für die Märtyrer Felix und Fortunatus. Zu der Kirche gehört ein Kampanile aus dem 10. und 12. Jh., der im 14. Jh. unter den Skaligern als Wachtturm diente.

Chiesa dei Santi Felice e Fortunato

Umgebung von Vicenza

Von der Villa Roi am südlichen Stadtrand führt ein Bogengang, der Portici di Monte Berico (1746), hinauf zur Wallfahrtskirche Basilica di Monte Berico (2 km). Der Weg ist von Kapellen gesäumt. Die Kirche wurde nach dem Vorbild der Rotonda (s. unten) von dem Bolognesen C. Borella als Zentralbau (1668) ausgeführt. In der Kapelle rechts vom Hochaltar ist eine "Beweinung Christi" von Bartolomeo Montagna (1500) beachtenswert, im Refektorium das "Gastmahl des hl. Gregorius Magnus", ein Gemälde, das von Paolo Veronese stammt. Von dem Platz vor der Kirche bietet sich ein herrlicher Rundblick über die Stadt und die Voralpen.

Basilica di Monte Berico

An der Biegung der Portici zweigt östlich eine Fahrstraße ab. Von dieser verläuft nach zwei Minuten rechts ein Fußweg zu Villa Valmarana "ai Nani", die mit Fresken von Giovanni Battista Tiepolo (1757) ausgemalt ist, die u.a. Szenen aus dem Karnevalstreiben von Venedig zeigen. An der Villa vorbei führt der Weg in zehn Minuten zur Villa Capra bzw. Villa Valmarana, genannt 'la Rotonda', einem Kuppelbau mit quadratischem Grundriß, der 1550 von Palladio begonnen und 1606 von Scamozzi vollendet wurde; im Inneren schöne Kamine (2 km südöstlich von Vicenza; Auffahrt zur Villa Valmarana "ai Nani" bzw. zur Rotonda auch von der Strada della Riviera Berica, die am Ostrand des Monte Berico entlangzieht).

∗La Rotonda

Viterbo G 11

Region: Latium/Lazio
Provinz: Viterbo
Höhe: 327 m ü.d.M.
Einwohnerzahl: 58 000

Viterbo, Hauptstadt der gleichnamigen Provinz, liegt am Fuße der Monti Cimini, etwa 80 km nordwestlich von Rom, nicht allzu weit entfernt von den beiden Seen Lago di Bolsena (Norden) und Lago di Bracciano (Süden). Der

Lage und Allgemeines

Viterbo

Allgemeines (Fortsetzung) — Ort ist von einer guterhaltenen Mauer aus dem Mittelalter umgeben. Von einigen italienischen Schriftstellern wurde Viterbo als 'Stadt der schönen Frauen und zierlichen Brunnen' bezeichnet.

Geschichte — Nördlich von Viterbo liegen Thermalquellen, die bereits in etruskischer und römischer Zeit genutzt wurden. Der damals recht unbedeutende Ort fiel im 8. Jh. durch die 'Pippinsche Schenkung' an den Papst. Ende des 11. Jh.s errang er kommunale Selbständigkeit, 1192 wurde er Bischofssitz. Seit 1146 war Viterbo mehrfach Zufluchtsort der Päpste, von 1257 bis 1281 ihre ständige Residenz. Später sank es zu einer Landstadt herab.

Sehenswertes

Rathaus — Mittelpunkt der Stadt ist die Piazza del Plebiscito. Dort steht der 1247 begonnene Palazzo dei Priori, heute Rathaus. Die Vorhalle stammt aus dem 15. Jahrhundert. Im Hof, von dem sich eine schöne Sicht auf den westlichen Teil der Stadt bietet, ein zierlicher Brunnen (17. Jh.).

Piazza della Morte — Von der Piazza del Plebiscito gelangt man südlich durch die Via di San Lorenzo über die kleine Piazza del Gesù mit der Kirche San Silvestro zur Piazza della Morte, deren Bild ein Brunnen, die Fontana a Fuso, bestimmt.

*Piazza San Lorenzo — Am Palazzo Farnese vorbei führt die Via San Lorenzo zur Piazza San Lorenzo, die die Stelle der etruskischen Akropolis einnimmt. An diesem Platz steht die Kathedrale San Lorenzo (12. Jh.), eine romanische Basilika mit schönem gotischen Glockenturm; die Fassade wurde später erneuert.

*Palazzo dei Papi — Neben der Kathedrale erhebt sich der eindrucksvolle, 1266 vollendete Papstpalast (Palazzo dei Papi), ein Bau mit gotischer Loggia, der seit dem 15. Jh. Bischofssitz war. Er zählt zu den interessantesten Gebäuden der

Fassade des päpstlichen Palastes in Viterbo

mittelalterlichen Architektur in Latium. Innen befindet sich eine Halle, in der im 13. Jh. wiederholt das Konklave zur Papstwahl zusammentrat.

Palazzo dei Papi (Fortsetzung)

Südöstlich der Piazza della Morte liegt das malerische Stadtviertel San Pellegrino (Quartiere S. Pellegrino), in dessen Straßen und Gassen mittelalterlicher Häuser, Türme und Treppen erhalten sind, namentlich an der Piazza San Pellegrino, die von den Case degli Alessandri umgeben wird.

*San Pellegrino

Von der Piazza del Plebiscito führt die belebte Via Cavour südöstlich zur Piazza Fontana Grande mit der Fontana Grande, dem größten und wohl auch schönsten Brunnen der Stadt. Er wurde 1206 von Bertoldo und Pietro di Giovanni begonnen und 1279 fertiggestellt, sein Becken hat die Form eines griechischen Kreuzes.

*Fontana Grande

Von der Piazza Fontana Grande führt der Weg östlich durch die Via Garibaldi zur barocken Porta Romana, einem der sieben Tore der Stadtmauer. Links vom Tor die Kirche San Sisto, ein lombardischer Bau des 9. Jh.s, dessen Apsis im 12. Jh. wirkungsvoll erhöht wurde. Schöne Kapitelle.

San Sisto

Von der Porta Romana gelangt man an der Stadtmauer entlang zur ehem. Klosterkirche Santa Maria della Verità, die im 12. Jh. erbaut und nach 1945 erneuert wurde. Die Cappella Mazzatosta ist mit schönen Fresken von Lorenzo da Viterbo ausgeschmückt. Zu der Anlage gehört ein gotischer Kreuzgang. In den ehem. Klosterräumen befindet sich das Museo Civico. Dort werden etruskische Sarkophage und archäologische Fundstücke aus der Umgebung von Viterbo gezeigt. In der Gemäldeabteilung sind Bilder, auch einheimischer Maler, und Terrakotten ausgestellt.

Santa Maria della Verità (Museo Civico)

Im Nordosten von Viterbo liegt an der Stadtmauer die Kirche Santa Rosa, die nach 1840 neu erbaut wurde. Dort ruht die Mumie der hl. Rosa († 1261). Seit 1664 wird am Vorabend des 3. September das Bild der Heiligen auf einem 30 m hohen Turm von der Porta Romana zur Kirche getragen.

Santa Rosa

Nordwestlich von Santa Rosa steht an der Piazza San Francesco die gotische Kirche San Francesco. Im Inneren sieht man mehrere Grabmäler, u.a. im linken Querschiff rechts das Grabmal des Papstes Clemens IV. († 1268) und im rechten Querschiff links das von Papst Hadrian V. († 1276).

San Francesco

An die Piazza San Francesco schließt sich westlich ein ausgedehnter Platz, die Piazza della Rocca, an. Dort steht der Vignola zugeschriebene Brunnen 'Fontana della Rocca'. An der Westseite des Platzes die Reste der im Zweiten Weltkrieg stark zerstörten Burg 'Rocca'. Heute ist die Burg Sitz des Museo Archeologico Nazionale. Westlich der Rocca erstreckt sich – jenseits der Porta Fiorentina (1768) – der schöne Giardino Pubblico.

Rocca (Museum)

Rund 3 km nordöstlich von Viterbo steht in dem Vorort La Quercia die Wallfahrtskirche Santa Maria della Quercia, ein schöner Renaissancebau, der 1470–1525 errichtet wurde und dessen Inneres Beachtung verdient. Zum anstoßenden Dominikanerkloster gehören zwei Kreuzgänge mit Brunnen.

La Quercia

Umgebung von Viterbo

An der Straße, die von Viterbo aus nach Osten führt, liegt Bagnaia (5 km). Beachtenswert ist die Villa Lante aus dem 15. und 16. Jh., errichtet nach Plänen von Vignola, einst Sommeraufenthalt der herzoglichen Familie Lante. Im Park gibt es schöne Brunnen und Wasserkünste.

Bagnaia

Rund 9 km nördlich von Viterbo liegt Ferento, ursprünglich eine etruskische Siedlung, deren Bewohner sich im 3. Jh. v.Chr. mit den Römern verbündeten ('Ferentum'). Erhalten haben sich die Ruinen des römischen Theaters, das man instandgesetzt hat und für Theateraufführungen nutzt.

Ferento

Viterbo

Im 'Park der Monster' von Bomarzo

Bagni di Viterbo
Etwa 5 km westlich von Viterbo kommt man zu dem kleinen Thermalbad Bagni di Viterbo (258 m). Rund 1 km nordöstlich von hier liegt auf einem Hügel aus Travertinablagerungen die Schwefelquelle Bullicame ('Sprudel'; 298 m), ein durch Gasblasen in Wallung gehaltener klarblauer Teich (55° C), der von einer niedrigen Mauer umgeben ist. Die Quelle, schon von Dante im 'Inferno' erwähnt, wird noch heute für Bäder genutzt. Von dem Hügel aus bietet sich ein schöner Blick auf Viterbo und auf die Monti Cimini.

Bomarzo
Sehr interessant ist ein Besuch des malerisch auf hohem Felsen über dem Tibertal gelegenen Städtchens Bomarzo (23 km nordöstlich). Das einstige Schloß der Fürsten Orsini (16. Jh.) wird heute z.T. als Rathaus genutzt. Von der Kirchenterrasse bietet sich eine herrliche Aussicht auf das Tibertal.

*Parco dei Mostri
Am Berghang liegt der Parco dei Mostri ('Park der Ungeheuer') oder Sacro Bosco (Heiliger Wald), die eigentliche Attraktion von Bomarzo. In diesem Park, der in Terrassen angelegt ist, kann man zwischen Bäumen und Büschen zahlreiche Skulpturen sehen – Ungeheur, allegorische Figuren und Fabelwesen, die im Zeitalter des Manierismus (16. Jh.) in Stein gehauen worden sind. Mitten im Park findet sich auch das sog. Schiefe Haus, eine architektonische Besonderheit mit allegorischem Sinn: Fürst Vicino Orsini, der Initiator des Ganzen, ließ das Haus nach dem Tod seiner Gattin Giulia Farnese zu ihrem Gedenken errichten. Jede Ehe, sollte das schräge Bauwerk besagen, braucht ein gewisses Maß an Offenheit und Treue.

Caprarola
Ein weiteres Ausflugsziel von Viterbo ist Caprarola, rund 25 km südöstlich der Stadt gelegen. Hier beeindruckt den Besucher die Villa Farnese, die um 1570 für Kardinal Alessandro Farnese erbaut wurde: ein fünfeckiges Gebäude mit rundem Innenhof. Die elegante Wendeltreppe im Inneren wurde von Vignola entworfen und von Antonio Tempesta mit Szenen im Freien geschmückt. In der Villa sind einige Säle in einem manieristischen Stil ausgemalt, der für das Ende der Renaissance in Italien typisch ist.

Volterra   E 9

Region: Toskana/Toscana
Provinz: Pisa
Höhe: 555 m ü.d.M.
Einwohnerzahl: 14 000

Volterra liegt knapp 50 km von der Küste der Maremmen landeinwärts und 65 km südöstlich von Pisa im toskanischen Hügelland. Berühmt ist die örtliche Alabasterindustrie, in der etwa ein Drittel der Bevölkerung Beschäftigung findet; reiches Verkaufsangebot. — Lage und Allgemeines

Im Altertum gehörte Volterra unter dem Namen 'Velathri' zu den zwölf Bundesstädten Etruriens, seit dem 3. Jh. v.Chr. war es als 'Volaterrae' römisches Municipium. Im Mittelalter wurde der Ort Freistaat, 1361 kam er unter die Oberhoheit von Florenz. — Geschichte

Sehenswertes

Mittelpunkt der Stadt ist die von mittelalterlichen Palästen umgebene Piazza dei Priori. An ihrer Westseite steht der stattliche Palazzo dei Priori (1208–1254), heute Rathaus. An der Fassade sieht man Wappen aus der Renaissance und zwei Plastiken von Löwen. Im ersten Stock die freskengeschmückte Sala del Consiglio, der Ratssaal. — *Piazza dei Priori

Gegenüber dem Rathaus der Palazzo Pretorio (13. Jh.); in den Bau ist der Torre del Podestà einbezogen. — Palazzo Pretorio

Westlich hinter dem Rathaus erhebt sich der 1120 geweihte, 1254 im Pisaner Stil erweiterte Dom. Im Inneren beachtenswerte Kunstwerke, darunter die Kanzel und das Fresko der Heiligen Drei Könige von Benozzo Gozzoli. — *Dom

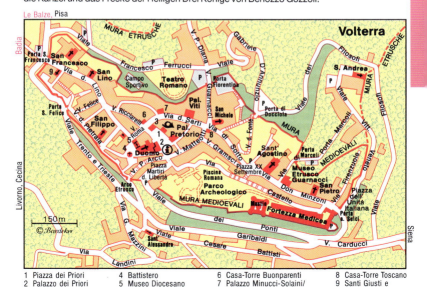

1 Piazza dei Priori
2 Palazzo dei Priori
3 Bischofspalast
4 Battistero
5 Museo Diocesano d'Arte Sacra
6 Casa-Torre Buonparenti
7 Palazzo Minucci-Solaini/Museo Civico
8 Casa-Torre Toscano
9 Santi Giusti e Clemente

Volterra

Dom und Campanile von Volterra

Baptisterium	Gegenüber steht das Baptisterium San Giovanni, ein achteckiger Zentralbau von 1283; im Inneren befindet sich ein Taufbrunnen von A. Sansovino (1502).
Museo Diocesano d'Arte Sacra	Vom Dom sind es nur wenige Schritte zum Museo Diocesano d'Arte Sacra (Diözesanmuseum), das liturgisches Gerät, kostbare Meßgewänder u.a. enthält.
Arco Etrusco	Unweit südlich vom Dom öffnet sich der Arco Etrusco (oder Porta dell' Arco), ein Stadttor im antiken Mauerring mit Pfosten aus dem 4./3. Jh. v.Chr. Eine Gedenktafel erinnert daran, daß das Tor im Zweiten Weltkrieg vor der Sprengung durch deutsche Truppen bewahrt wurde.
Palazzo Minucci-Solaini Pinacoteca e Museo Civico	In der Nähe der Piazza dei Priori steht der Palazzo Minucci-Solaini, in dem die Pinacoteca (Gemäldesammlung) untergebracht ist; dort werden Werke von Ghirlandaio, Signorelli und anderen Malern gezeigt. Ferner befindet sich dort das Stadtmuseum (Museo Civico).
Casa-Torre Buonparenti	Westlich vom Museum, an der Kreuzung der Via Roma und der Via Ricciarelli, stößt man auf die Casa-Torre Buonparenti, einen im 13. Jh. errichteten Wohnturm.
*Museo Etrusco Guarnacci	Im östlichen Teil der Altstadt steht an der Via Don Minzoni (Nr. 15) das Museo Etrusco Guarnacci, das reiche etruskische Funde aus der Stadt selbst und ihrer Umgebung besitzt. Besonders beachtenswert sind über 600 meist aus Alabaster gefertigte Graburnen (6.–1. Jh. v.Chr.), die auf dem Deckel eine merkwürdig verkürzte Gestalt des Toten zeigen.
Zitadelle	Südöstlich vom Museum erhebt sich die Zitadelle (Fortezza Medicea; heute Strafanstalt), ein mächtiger Bau im Stil der Renaissance. Die Rocca Vecchia (Alte Burg) im Osten wurde im 14. Jh. errichtet, die Rocca Nuova

Volterra

Die alte Festung (Rocca Vecchia)

Die Porta dell'Arco stammt noch aus der Etruskerzeit

Volterra

Vor den Toren von Volterra liegt ein römisches Theater

Zitadelle (Fortsetzung)

(Neue Burg) im Westen stammt aus dem 15. Jahrhundert. Der mittlere Rundturm der Neuen Burg wird 'Maschio' ('Männchen') genannt, der Turm der alten Burg heißt 'Femmina' ('Weibchen').

Parco Archeologico

Am westlichen Fuß der Festung erstreckt sich der Archäologische Park. Dort wurden im Jahre 1926 Reste der antiken Akropolis, u.a. Fundamente von zwei Tempeln aus dem 2. Jh. v.Chr. und eine Zisterne, freigelegt.

Mura Etrusche

Von der Piazza dei Priori gelangt man nordwestlich durch die Via Ricciarelli, an den Kirchen San Lino und San Francesco vorbei, zur Porta San Francesco; unweit nördlich Reste der etruskischen Stadtmauern (Mura Etrusche).

Teatro Romano

Von der Porta San Francesco führt die Via Volterrana, nach 100 m rechts der Viale Francesco Ferrucci an der Stadtmauer entlang zu dem nördlich unterhalb der Stadtmitte gelegenen, im 1. Jh. n.Chr. erbauten römischen Theater (Teatro Romano), dessen Reste seit 1951 freigelegt wurden. Unter anderem sind Teile des Bühnenhauses erhalten geblieben.

San Girolamo

Rund 1 km nordöstlich der Stadt steht die wegen ihrer Tonaltäre aus der Werkstatt der Robbia und der Gemälde besuchenswerte Klosterkirche San Girolamo (15. Jh.).

*Balze

Lage nordwestlich

Höchst eindrucksvoll sind die unmittelbar nordwestlich der Stadt gelegenen Balze, eine unwirtliche, nahezu vegetationslose Landschaft, deren Hügel von Erosionsrinnen zerteilt sind. Der ständig fortschreitenden Verwitterung sind schon etruskische Nekropolen, ein Abschnitt der antiken Mauer sowie eine mittelalterliche Kirche zum Opfer gefallen.

Volterra

Die Balze bei Volterra sind eine Erosionslandschaft

Massa Marittima

Die Fahrt führt von Volterra zunächst südwestlich bis Saline di Volterra (10 km), dessen Gradierwerke die ganze Toskana mit Salz versorgen, dann südlich durch das erzreiche kahle Hügelland der Colline Metallifere (Poggio di Montieri, 1051 m) und über das Städtchen Pomarance (25 km; 367 m; 8000 Einw.) nach Larderello (10 km; 390 m), einem etwas abseits der Hauptstraße am Monte Cerboli (691 m) gelegenen Dorf. Die vulkanischen Dampfquellen ('soffioni'), die ihren Gehalt an Borsäure und anderen Substanzen in unterirdischen Wasseransammlungen ('lagoni') abgeben und deren Dampfsäulen weithin sichtbar sind, dienen zum Antrieb für ein Dampfkraftwerk.

Lage
85 km südlich

Hinter Larderello verläuft die Strecke weiter an uralten Bergwerken (Kupferkies und silberhaltiger Bleiglanz) vorbei bis Massa Marittima (34 km; 380 m; 10 000 Einw.), einem Hauptort der Maremmen. Den Mittelpunkt der Stadt bildet die schöne Piazza Garibaldi, an der die wichtigsten Gebäude stehen. Im Dom San Cerbone (11.–13. Jh.), einem romanisch-gotischen Bau im Pisaner Stil, ist ein Taufbecken von Giroldo da Como (1267) sehenswert, ferner in der Krypta der Reliquienschrein des hl. Cerbone, geschaffen von Goro di Gregorio da Siena (1324). Im romanischen Palazzo Comunale (13. Jh.) ein fünfteiliges Altarbild von Ambrogio Lorenzetti (um 1330). Im Palazzo Pretorio (13. Jh.) befinden sich das Museo Archeologico, das zahlreiche Fundstücke aus etruskischen Gräbern besitzt, darüber hinaus die Pinacoteca ("Maestà" von A. Lorenzetti). Beachtung verdient auch die mächtige Ruine der Fortezza dei Senesi (14. Jh.) in der 'Città Nuova'.

Massa Marittima

Praktische Informationen von A bis Z

Agriturismo / Ferien auf dem Land

Allgemeines

Der italienische Begriff 'Agriturismo' läßt sich am besten mit 'Ferien auf dem Land' übersetzen. Die Palette des Angebotes reicht vom einfachen Bauernhof bis zum luxuriösen Herrenhaus; dementsprechend variieren auch die Übernachtungspreise.

Urlaub auf dem Bauernhof in Südtirol

Eine Übersicht der Bauernhöfe in Südtirol kann man sowohl beim Landesverkehrsamt in Bozen (⟶ Auskunft) als auch bei nachfolgender Anschrift anfordern:
Südtiroler Bauernbund "Urlaub auf dem Bauernhof", Brennerstr. 7c
I-39100 Bozen, Tel. (0471) 999308

Ferien auf dem Bergbauernhof

Der Katalog "Ferien am Bauernhof in den Bergen" informiert über Bergbauernhöfe (ab 1000 m ü.d.M. hoch gelegen) in verschiedenen Alpenregionen, darunter in den Südtiroler Alpen; er ist gegen Gebühr bei der "Zentrale für den Landurlaub" in Bonn, Tel. (0228) 963020, erhältlich.

Weitere Informationen

Weitere Informationen sind u.a. erhältlich bei der ENIT (⟶ Auskunft) oder bei folgender Anschrift:
Agriturist, Corso Vittorio Emanuele II 101
I-00186 Roma, Tel. (06) 6852342

Andenken

⟶ Einkaufen

Anreise

Mit dem Auto

Hinweis

Zwischen Juni und September müssen Autofahrer mit zähflüssigem Reiseverkehr auf den Autobahnen in südlicher Richtung rechnen. Vor allem die ersten Tage im August sollten als Anreisetage gemieden werden, da sie zu den Hauptreisetagen der Italiener zählen.
Weitere Auskünfte (auch Staukalender) sind u.a. erhältlich beim ADAC, bei der italienischen Autobahngesellschaft (Autostrada Spa) oder beim italienischen Automobilclub ACI (⟶ Automobilclubs).

◀ S. 676/677: Urlaubsoase auf Ischia

Anreise

Die von Autofahrern meistbefahrene Verbindung von Deutschland nach Italien ist die folgende Strecke:
Autobahn München – Rosenheim – Kufstein – Innsbruck – Brenner (A 8 bzw. A 93).

Einreisemöglichkeit von Deutschland

Eine vor allem für die Anreise aus dem südwestdeutschen Raum sinnvolle Alternative ist die folgende Strecke:
Ulm – Kempten – Oy-Mittelberg (bis hier Autobahn A 7) und weiter über Pfronten (Grenzübergang) nach Reutte in Tirol.

Danach überquert man den Fernpaß, hinter dessen Südrampe man entweder nach Innsbruck und zur Brennerautobahn fährt oder aber die Strecke über den Reschenpaß (Grenzübergang) nach Meran und weiter nach Bozen, Verona, Modena und Bologna, von hier aus die Autobahn A 1 Florenz – Richtung Rom nimmt.
Die Adriaküste erreicht man am besten über die A 14 Bologna – Rimini.

Die Benutzung der österreichischen Autobahnen ist seit dem 1. 1. 1997 gebührenpflichtig. Autofahrer müssen eine Vignette erwerben, die 1 Jahr, 2 Monate oder 10 Tage gültig ist (erhältlich bei den Automobilclubs).

Autobahngebühren in Österreich

Die österreichische Brenner-Autobahn ist ab den Anschlußstellen Innsbruck-Ost bzw. Innsbruck-West gebührenpflichtig. Die Mautgebühren werden jedoch nur im Abschnitt zwischen Innsbruck-Süd und Brennersee erhoben. Mautkarten für die Strecke Innsbruck – Brenner sind beim ADAC im Vorverkauf erhältlich.

Brenner-Autobahn Mautgebühren

Auch Wohnmobile, Campingbusse oder Busse, die für Campingzwecke umgebaut wurden, gelten als Pkw; in der deutschen Zulassung muß der Vermerk 'Sonder-Kfz Wohnmobil' stehen.

Die Bundesstraße von Innsbruck zum Brenner ist gebührenfrei.

Aus dem westlichen Österreich kommend, gelangt man am besten über den ganzjährig befahrbaren Reschenpaß nach Italien. Für Reisende aus dem östlichen Österreich empfiehlt sich für die Anfahrt nach Mittel- oder Süditalien die Strecke Graz, Klagenfurt, Villach, Tarvisio, Udine, Venedig, Padua, Bologna und von dort über die A1 Florenz – Rom.

Weitere Einreisemöglichkeiten von Österreich

Aus dem mittleren Österreich wählt man am besten die Fahrt über Lienz, wo man die E66 erreicht, die bei Winnebach die österreichische Staatsgrenze überquert. Ab hier gelangt man über Bruneck, Brixen, Bozen und Verona nach Modena; weiter auf der A1 Florenz – Rom.

Die wichtigsten Nord-Süd-Verbindungen der Schweiz sind großzügig ausgebaut, während kleinere Paßstraßen z. T. recht schmal sind. Viele Alpenübergänge sind im Winter gesperrt. Auskunft über die Öffnungszeiten der Alpenpässe erteilen der ADAC, der Automobilclub der Schweiz (ACS) und der Touringclub der Schweiz (TCS).

Anreisemöglichkeiten aus der Schweiz

Seit dem Jahr 1985 sind die Autobahnen und autobahnähnlichen Straßen in der Schweiz – zu erkennen an der weißgrünen Beschilderung – gebührenpflichtig.
Die als Beleg erforderliche Autobahnvignette ist in Deutschland beim ADAC und bei den Postämtern sowie an den Grenzübergängen zur Schweiz bzw. an Tankstellen erhältlich.

Autobahnvignette

Die wichtigsten Straßen, auf denen man von der Schweiz nach Italien gelangt, führen über den Großen St. Bernhard, den Simplonpaß, den St. Gotthard und den Malojapaß. Mehrere Alpenpässe werden von Straßentunnels oder Eisenbahntunnels unterquert. Wer den Straßentunnel des Großen St. Bernhard durchfährt, muß eine Mautgebühr entrichten, für die

Alpenübergänge in der Schweiz

Anreise

Anreise
(Fortsetzung)

Fahrt durch den St.-Gotthard-Tunnel gilt die Autobahnvignette. Beide Tunnels können das ganze Jahr durch befahren werden.
Bei den Eisenbahntunnels (u. a. Lötschbergtunnel/Simplonpaß) besteht die Möglichkeit, Kraftfahrzeuge und Gespanne mit der Eisenbahn befördern zu lassen.

Grenzübergänge
Schweiz–Italien

An der schweizerisch-italienischen Grenze sind folgende Grenzübergänge rund um die Uhr geöffnet:
Großer St. Bernhard (Tunnel): Straße Lausanne – Aosta
 (Paßstraße in der Regel von November bis Juni gesperrt)
Simplon-Tunnel: Straße Brig – Iselle
Chiasso: Straße Lugano – Como
Castasegna/Chiavenna (Maloja-Paß): Straße St. Moritz – Mailand

Straßengebühren
in Italien

Die Benutzung der italienischen Autobahnen ist gebührenpflichtig. Die Gebühr richtet sich nach Hubraum und Achsenabstand; für Wohnmobile und Pkw mit Wohnwagen wird fast das Doppelte des Pkw-Tarifes berechnet. Die Gebührenabschnitte müssen aufbewahrt werden, da sie beim Verlassen der Autobahn wieder eingezogen werden. Die Autobahngebühr kann man entweder bar oder mit der Viacard, einer speziellen Kreditkarte, bezahlen. Die Viacard gibt es im Wert von 50000 und 100000 Lire. Man erhält sie im Ausland bei den Automobilclubs sowie an den Grenzübergängen in ACI-Büros.

Ohne Auto
auf Ischia und
Procida

Zwischen Ostern und Ende September besteht auf der Insel Ischia Fahrverbot für Autotouristen. Auf die ebenfalls Neapel vorgelagerte Nachbarinsel Procida dürfen Autourlauber zwar per Fähre übersetzen, dann aber nur noch bis zum gebuchten Hotel fahren.

Mit der Eisenbahn

Direktverbindungen bestehen von allen wichtigen Städten Deutschlands, Österreichs und der Schweiz zu den größeren Städten auf dem italienischen Festland. Die Strecke vom Festland nach Sizilien, Sardinien oder anderen Inseln muß auf einer Fähre (→ Autofähren) zurückgelegt werden.

Der Bahnreiseveranstalter Ameropa setzt im Sommer Urlaubs-Express-Sonderzüge u. a. auch nach Italien ein (Prospekt: Ameropa-Urlaubszüge); die TUI-Tochter hitBahn (Prospekt: hitBahn-Liegewagen, Schlafwagen und Autoreiseverbindungen) bringt ihre Kunden im Sommer mit Transferbussen im Anschluß an eine Urlaubs-Express-Sonderzugfahrt zu Ferienzielen, die mit der Eisenbahn nicht zu erreichen sind (z. B. Insel Elba).
Informationen und Buchungen in den Reisezentren der Deutschen Bahn oder in Reisebüros.

Venice Simplon
Orient Expreß

Der Venice Simplon Orient Expreß fährt u. a. ab Düsseldorf nach Venedig. Weitere Informationen erteilt Venice Simplon Orient Express, Oststr. 122, D-40210 Düsseldorf, Tel. (02 11) 36 08 95/96.

Günstige
Angebote

Über günstige Angebote im internationalen Reiseverkehr informieren in Deutschland die Deutsche Bahn AG und CIT (Spezialreiseveranstalter für Italien; Anschrift → Eisenbahn), in Österreich die ÖBB und in der Schweiz die SBB. Weitere Informationen → Eisenbahn.
Interrail-Tickets (für junge Leute bis 26 Jahre) sind ein günstiges Angebot der Deutschen Bahn AG und gelten auch in Italien.

Autoreisezüge

Die Anreise mit einem Autoreisezug bietet einige Vorteile gegenüber einer Anreise mit dem Auto, vor allem erreicht man ausgeruht sein Urlaubsziel. Von verschiedenen Städten Deutschlands (Hamburg, Hannover, Köln-Deutz und Neu Isenburg/Frankfurt am Main) verkehren im Sommerhalbjahr Autoreisezüge nach Italien, so z. B. nach Bozen, Verona, Alessandria,

Anreise

Livorno und Bologna. Von München fährt im Sommerhalbjahr ein Autoreisezug nach Rimini. Weitere Informationen enthält der Prospekt "Autoreisezüge" der Deutschen Bahn AG.
Autoreisezüge verkehren auch zwischen Wien und Venedig bzw. Rimini sowie zwischen dem schweizerischen Bahnhof Zürich-Altstetten und der Stadt Neapel.

Autoreisezüge (Fortsetzung)

Detaillierte Auskünfte sind u. a. erhältlich an allen Fahrkartenausgaben, bei den Auslandsvertretungen der Italienischen Staatsbahnen (FS), beim CIT-Reisebüro in Köln (⟶ Eisenbahn) sowie in Reisebüros.

⟶ dort

Autofähren

Mit dem Autobus

Viele Veranstalter bieten Autobusreisen nach Italien an: Städte- und Rundreisen, Bade- bzw. Urlaubs- oder Studienreisen. Meist handelt es sich dabei um Gruppenreisen.
Die europäischen Eisenbahnlinien unterhalten ein Fernbusnetz. Die Fernbuslinien führen durch touristisch interessante Gebiete. Auskünfte erteilen die Büros der ENIT (⟶ Auskunft) und die Deutsche Bahn AG.
Touring-Busse verkehren zwischen vielen deutschen Städten und Abano Terme/Montegrotto sowie zwischen verschiedenen deutschen Städten und Neapel und Apulien. Ferner fahren diese Busse nach Messina und Palermo in Sizilien sowie nach Sardinien. In Vorbereitung sind Verbindungen an die Italienische Riviera sowie an die Adria. Auskunft: Deutsche Touring GmbH, Am Römerhof 17, D-60486 Frankfurt am Main 90, Tel. 069/790 30.

Weitere Informationen erteilen die Reisebüros, spezielle Auskünfte die Gütegemeinschaft Buskomfort (gbk), Dornierstr. 3, D-71034 Böblingen, Tel. (07 031) 6 23 02.

Mit dem Flugzeug

Die meisten größeren Städte in Italien kann man aus Deutschland, Österreich und der Schweiz direkt oder mit Zwischenlandung erreichen. Einige Strecken werden nur im Sommer direkt angeflogen.
Die Deutsche Lufthansa fliegt nonstop ab Frankfurt am Main nach Bologna, Catania, Genua, Mailand, Neapel, Pisa, Rom, Turin, Venedig und Verona; im Sommer bestehen auch von anderen deutschen Flughäfen Lufthansa-Flugverbindungen nach Italien, z.B. ab Köln/Bonn mehrmals wöchentlich nach Rom und Venedig.
Direktverbindungen mit der Alitalia (⟶ Flugverkehr) bestehen von Deutschland ab Berlin nach Mailand, von Düsseldorf, Frankfurt am Main und München nach Mailand und Rom; von Hamburg, Köln-Bonn und Stuttgart nach Mailand.
Eurowings bietet im Sommer Flüge von Nürnberg, Berlin, Düsseldorf und Hannover nach Olbia auf Sardinien an.
Die Deutsche BA fliegt von Stuttgart nach Venedig (Auskunft zum Nulltarif Tel. 01 30/25 80).

Linienflüge

Aus Österreich bestehen tägliche Nonstop-Flüge mit Alitalia bzw. Austrian Airlines von Wien nach Bologna, Mailand, Rom, Turin und Venedig; außerdem tägliche Flüge mit einer Unterbrechung nach Florenz.
Aus der Schweiz fliegt Alitalia nonstop von Zürich nach Mailand und Rom; es bestehen ferner Direktverbindungen mit Swissair ab Genf nach Rom, ab Zürich nach Genua, Mailand, Rom und Turin, mit Crossair ab Genf nach Genua; Crossair fliegt auch mehrmals wöchentlich von Bern, Genf und Zürich nach Florenz und Venedig, jeweils mit einem Stop in Lugano.

Apotheken

Anreise, Linienflüge (Fortsetzung)	Außerdem bestehen Flugverbindungen mit Meridiana (⟶ Flugverkehr) ganzjährig ab Frankfurt am Main nach Florenz. Während des Sommerhalbjahres werden zusätzlich Nonstopflüge ab Frankfurt am Main und München sowie ab Genf und Zürich nach Olbia auf Sardinien sowie von Frankfurt am Main auch Flüge nach Cagliari und Alghero angeboten.
Charterflüge	In den Hauptreisezeiten fliegen darüber hinaus Chartermaschinen zu den wichtigsten italienischen Flughäfen. Charterflüge mit Interot Airways existieren im Sommerhalbjahr beispielsweise von Augsburg und Friedrichshafen nach Alghero (Sardinien) sowie von Augsburg nach Tortoli (Sardinien), ferner von Augsburg und Friedrichshafen nach Neapel (Transfer nach Ischia und Capri ist inklusive).

Mit dem Schiff

Verschiedene Seereiseveranstalter (z. B. Transocean Tours, Mare Reisen) bieten Kreuzfahrten nach Italien an. Auskünfte erteilen die Reisebüros.

Apotheken

Allgemeines	In den Ortsprospekten der Fremdenverkehrsstellen (⟶ Auskunft) stehen im allgemeinen unter der Rubrik "Notizie utili" (Nützliche Adressen) auch die Anschriften und Telefonnummern der am Ort befindlichen Apotheken (farmacie).
Öffnungszeiten	Die Apotheken haben in der Regel Mo.–Fr. 9.00–13.00 Uhr und 16.00–20.00 Uhr geöffnet. Sie schließen wechselweise mittwochs oder samstags.
Apothekennotdienst	Die außerhalb der üblichen Öffnungszeiten diensttuende Apotheke (farmacia di turno) wird an der Tür jeder Apotheke und in der Zeitung genannt. Der Fernsprechauftragsdienst erteilt an Sonn- und Feiertagen Auskünfte über den Notdienst der Apotheken und Ärzte. In Großstädten gibt es auch Apotheken, die Tag und Nacht geöffnet haben.

Sprachhilfe	Geben Sie mir bitte Mi può dare
	  ein Fieberthermometer un termometro
	  ein Heftpflaster un cerotto
	  ein Medikament gegen ... una medicina per...
	    ... Bauchschmerzen ... mal di pancia
	    ... Durchfall ... diarrea
	    ... Fieber ... febbre
	    ... Grippe ... influenza
	    ... Halsschmerzen ... mal di gola
	    ... Husten ... tosse
	    ... Kopfschmerzen ... mal di testa
	    ... Magenschmerzen ... mal di stomaco
	    ... Sonnenbrand ... scottatura solare
	    ... Verstopfung ... costipazione
	    ... Zahnschmerzen ... mal di denti

Ärztliche Hilfe

Notarzt	Tel. 113
Allgemeines	Sowohl auf dem italienischen Festland als auch auf den Inseln ist die ärztliche Versorgung in Krankenhäusern grundsätzlich gewährleistet.

Versicherte deutscher Krankenkassen haben im Falle einer Erkrankung in Italien Anspruch auf eine Behandlung durch die Vertragsärzte und -krankenhäuser der staatlichen italienischen Krankenversicherung. Voraussetzung ist, daß man sich vor Reiseantritt bei der zuständigen Krankenkasse eine Anspruchsbescheinigung (Vordruck E 111) besorgt. Gegen Vorlage des ausgefüllten und unterschriebenen Formulars E 111 erhält man ein Gutscheinheft mit Krankenscheinen, mit denen man sich von den Vertragsärzten behandeln lassen kann. Im allgemeinen muß ein Teil der Kosten für ärztliche Behandlung selbst bezahlt werden (Quittungen zur Vorlage bei den deutschen Krankenkassen aufbewahren).

Ärztliche Hilfe (Fortsetzung)

Österreichische Reisende verfahren analog (Formular SE 100-07). Schweizer müssen ihre Krankheitskosten selbst bezahlen; Privatversicherte legen ihrer Krankenversicherung zur Kostenerstattung die Arztrechnung vor.

Wer eine Selbstbeteiligung bei Medikamenten und ärztlicher Behandlung ausschließen möchte, sollte eine private Reise-Krankenversicherung abschließen. Diese übernimmt auch die Kosten für einen eventuellen Rücktransport im Krankheitsfall.

Private Reiseversicherung

Auskunft

Die zentrale Auskunftsstelle für den Tourismus in Italien ist die

ENIT

Ente Nazionale Italiano per il Turismo (ENIT),
Via Marghera 2, I-00185 Roma,
Tel. (06) 497 11, Fax 4463379 und 4469907
Auskunftsbüro: Via Marghera 2/6, Tel. (06) 4971222 und 4971282

Büros der ENIT befinden sich an den wichtigsten Grenzübergängen Italiens sowie an den Flughäfen von Rom, Mailand und Neapel.

Auskunftstellen außerhalb Italiens

Staatliches Italienisches Fremdenverkehrsamt (ENIT),
Karl-Liebknecht-Str. 34, D-10178 Berlin,
Tel. (030) 23146917, Fax 23146921
Kaiserstr. 65, D-60329 Frankfurt am Main,
Tel. (069) 237434, Fax 232894
Goethestr. 20, D-80336 München,
Tel. (089) 531317, Fax 534527

Deutschland

Prospektbestellung: (gebührenpflichtig)
Tel. (01907) 99090.

ENIT,
Kärntner Ring 4, A-1010 Wien,
Tel. (01) 5054 3740, Fax 5050248

Österreich

ENIT,
Uraniastr. 32, CH-8001 Zürich,
Tel. (01) 2113633, Fax 2113885

Schweiz

Auskunftsstellen in Italien

Innerhalb Italiens werden Auskünfte erteilt durch die Fremdenverkehrsverbände der Regionen (Einzahl: Assessorato Regionale al Turismo), durch die Fremdenverkehrsverbände der Provinzen (Einzahl: Ente Provinciale

Allgemeines

Auskunft

Auskunft in Italien (Fortsetzung)

per il Turismo; EPT) und die lokalen Fremdenverkehrsämter (Einzahl: Azienda Autonoma di Soggiorno, Cura e Turismo, bzw. Azienda Autonoma Soggiorno e Turismo; AA bzw. AAST). In kleinen Orten heißen die Verkehrsvereine 'Pro Loco'.
Zunehmend findet man auch die folgenden Bezeichnungen bzw. Abkürzungen: In den größeren Städten existieren Ämter zur Fremdenverkehrsförderung, die Aziende di Promozione Turistica (APT). Informationen für Touristen erteilen auch die Büros für Auskunft und Touristenempfang, die Uffici Assistenza Turistica bzw. die Uffici di Informazioni e Accoglienza Turistica (IAT).

Abbadia San Salvatore
APT dell'Amiata, Via Mentana 97, I-53021 Abbadia San Salvatore, Tel. (0577) 778608, Fax 779013

Abruzzen
Assessorato Regionale al Turismo, Viale G. Bovio 425, I-65100 Pescara, Tel. (085) 7671

Agrigent
EPT, Via Atenea 123, I-92100 Agrigento, Tel. (0922) 20454, Fax 20246

Alessandria
APT, Via Savona 26, I-15100 Alessandria, Tel. (0131) 251021, Fax 253656

Amalfi
AA, Corso delle Repubbliche Marinare 19/21, I-84011 Amalfi, Tel. (089) 871107, Fax 872619

Amelia
APT dell'Amerino, Via Orvieto 1, I-05022 Amelia, Tel. (0744) 981453, Fax 981566

Ancona
APT, Via Thaon de Revel 4, I-60124 Ancona, Tel. (071) 33249, Fax 31966
IAT, Stazione Centrale FS (Hauptbahnhof), Tel. 41703

Aosta
AA, Piazza Chanoux 8, I-11100 Aosta, Tel. (0165) 236627, Fax 34657

Aostatal
Assessorato Regionale del Turismo della Valle d' Aosta, Piazza Narbonne, 3, I-11100 Aosta, Tel. (0165) 272717

Apulien
Assessorato Regionale al Turismo, Corso Italia 15, I-70123 Bari, Tel. (080) 540111

Aquileja
EPT Udine, Piazza I Maggio 7, I-33100 Udine, Tel. (0432) 295972, Fax 504743

Arezzo
APT, Piazza Risorgimento 116, I-52100 Arezzo, Tel. (0575) 23952
IAT, Piazza della Repubblica 28, Tel. 377678, Fax 28042

Ascoli Piceno
APT, Piazza del Popolo 1, I-63100 Ascoli Piceno, Tel. (0736) 253045, Fax 252391

Assisi
APT, Piazza del Comune 12, I-06081 Assisi, Tel. (075) 812540, Fax 813727

Asti
APT, Piazza Alfieri 34, I-14100 Asti, Tel. (0141) 530357, Fax 538200

Ätna
EPT Catania, Largo Paisiello 5, I-95124 Catania, Tel. (095) 310888, Fax 316407
Auskunftsbüros: Bahnhof FS, Tel. 531802
Flughafen, Tel. 341900

Avellino
EPT, Piazza della Libertà, I-83100 Avellino, Tel. (0825) 74732, Fax 74757

Bari
EPT, Piazza Aldo Moro 32/a, I-70122 Bari, Tel. (080) 5242244
AA Bari, Corso Vittorio Emanuele 68, Tel. 5219951

	Auskunft
AA, Via Ferdinando d'Aragona, I-70051 Barletta, Tel. (0883) 331331	**Barletta**
Assessorato Regionale al Turismo, Via Anzio 44, I-85100 Potenza, Tel. (0971) 332406	**Basilicata**
APT delle Prealpi e Dolomiti Bellunesi, Via Rodolfo Psaro 21, I-32100 Belluno, Tel. (0437) 940083, Fax 940073 Auskunftsbüro: Piazza dei Martiri 27/e, Tel. 941746, Fax 941756	**Belluno**
EPT, Via Giustiniani 34, I-82100 Benevento, Tel. (0824) 25424, Fax 312309	**Benevent**
Provincia di Bergamo, Assessorato al Turismo, Via Fratelli Calvi 10, I-24100 Bergamo, Tel. (035) 220300, Fax 223512 APT Bergamo, Viale V. Emanuele 20, I- 24100 Bergamo, Tel. (035) 210204, Fax 230184 Auskunftsbüro: Viale Papa Giovanni XXIII 106, Tel. 242226, Fax 242994	**Bergamo**
Assessorato al Turismo, Piazza Maggiore 6, I-40100 Bologna, Tel. (051) 239660, Fax 231454 und 251947 IAT, Stazione FS (Bahnhof), Tel. 246541 IAT, Aeroporto G. Marconi (Flughafen), Borgo Panigale, Tel. 381732	**Bologna**
APT, Via Roberto 1 (Palazzo del Parco), I-18012 Bordighera, Tel. (0184) 262323, Fax 264455	**Bordighera**
APT, Via Roma 131/B, I-23032 Bormio, Tel. (0342) 903300, Fax 904696	**Bormio**
Verkehrsamt, Waltherplatz 8, I-39100 Bozen/Bolzano, Tel. (0471) 970660, Fax 980128	**Bozen**
Provincia di Brescia, Assessorato Turismo, Via Musei 32, I-25100 Brescia, Tel. (030) 3749929/37/68, Fax 3749935 APT, Corso Zanardelli 34, I-25100 Brescia, Tel. (030) 45052, Fax 43418	**Brescia**
EPT, Piazza Dionisi, I-72100 Brindisi, Tel. (0831) 521944, Fax 521944	**Brindisi**
Tourismusverein, Bahnhofstr. 9, I-39042 Bressanone/Brixen, Tel. (0472) 836401, Fax 836067	**Brixen**
AA, Piazza Matteotti 9, I-09123 Cagliari, Tel. (070) 669255	**Cagliari**
Azienda Autonoma Provinciale per l'Incremento Turistico, Corso Vittorio Emanuele 109, I-93100 Caltanissetta, Tel. (0934) 584499 Auskunftsbüro: Viale Conte Testasecca 20, Tel. 21089, Fax 21239	**Caltanissetta**
EPT, Piazza della Vittoria 14, I-86100 Campobasso, Tel. (0874) 415662	**Campobasso**
AA, Via Orlando 19/a, I-80071 Anacapri, Tel. (081) 8371524	**Capri**
APT, Piazza 2 Giugno 14, I-54033 Carrara, Tel. (0585) 632218	**Carrara**
APT della Valnerina-Cascia, Via G. Da Chiavano 2, I-06043 Cascia, Tel. (0743) 71401, Fax 76630 Auskunftsbüro: Piazza Garibaldi 1, Tel. 71147	**Cascia**
EPT, Corso Trieste 39, I-81100 Caserta, Tel. (0823) 321137	**Caserta**
AA, Via Condotti 6, I-03043 Cassino, Tel. (0776) 21292	**Cassino**

Auskunft

Castiglione del Lago	APT del Trasimeno, Piazza Mazzini 10, I-06061 Castiglione del Lago, Tel. (075) 9652484, Fax 9652763
Catania	EPT, Largo Paisiello 5, I-95100 Catania, Tel. (095) 310888, Fax 316407; Auskunftsbüro am Bahnhof, Tel. 531802
Catanzaro	APT, Via Spasari, I-88100 Catanzaro, Tel. (0961) 743901, Fax 727973
Cefalù	AA, Corso Ruggero 77, I-90015 Cefalù, Tel. (0921) 21050, Fax 22386
Cerveteri	Comune di Cerveteri, Via Angelucci, I-00052 Cerveteri, Tel. (06) 9903002
Chianciano Terme	APT, Via G. Sabatini 7, I-53042 Chianciano Terme, Tel. (0578) 63538/9, Fax 64623 Auskunftsbüros: Piazza Italia 67, Tel. 63167, und Piazza Gramsci, Tel. 31222, Fax 63277
Chieti	EPT, Via B. Spaventa 29 (Palazzo Inail), I-66100 Chieti, Tel. (0871) 65231, Fax 65232
Cinque Terre	Pro Loco Monterosso al Mare, Via Fegina, I-19016 Monterosso al Mare, Tel. und Fax (0187) 817506
Città di Castello	APT dell'Alta Valle del Tevere, Via San Antonio 1, I-06012 Città di Castello, Tel. (075) 8554817, Fax 8552100 Auskunftsbüro: Palazzo del Podestà, Tel. 8554922
Cividale del Friuli	APT, Largo Boiani 4, I-33043 Cividale del Friuli, Tel. und Fax (0432) 731398
Como	EPT, Piazza Cavour 17, I-22100 Como, Tel. (031) 274064, Fax 301051
Cortina d'Ampezzo	APT, Piazzetta San Francesco 8, I-32043 Cortina d'Ampezzo, Tel. (0436) 3231, Fax 3235; Auskunftsbüro: Piazza Roma 1, Tel. 2711
Cortona	IAT, Via Nazionale 72, I-52044 Cortona, Tel. (0575) 630352/3
Cosenza	APT Cosenza e Provincia, Corso Mazzini 92, I-87100 Cosenza, Tel. (0984) 27271, Fax 27304 IAT, Piazza Rossi 70, Tel. 390595
Cremona	APT del Cremonese, Piazza del Comune 5, I-26100 Cremona, Tel. (0372) 23233, Fax 21722
Cuneo	APT delle Valle di Cuneo, Corso Nizza 17, I-12100 Cuneo, Tel. (0171) 693258, Fax 695440
Elba	Ente per la Valorizzazione dell' Isola d' Elba, Calata Italia 26, I-57037 Portoferraio, Tel. (0565) 914671, Fax 916350
Emilia-Romagna	Assessorato Regionale al Turismo, Viale Aldo Moro 38, I-40127 Bologna, Tel. (051) 233385
Enna	EPT, Via Roma 413, I-94100 Enna, Tel. (0935) 500544, Fax 500720 AA Enna, Piazza Napoleone, I-94100 Enna, Tel. (0935) 26119
Faenza	Municipio di Faenza, I-48018 Faenza, Tel. (0546) 22091 IAT, Piazza del Popolo 1, Tel. 25231
Fano	AA, Viale C. Battisti 10, I-61032 Fano, Tel. (0721) 803534, Fax 824292

Auskunft

Amministrazione Provinciale di Ferrara, AA Ferrara, Corso Ercole I d'Este 16, I-44100 Ferrara, Tel. (0532) 299308 Auskunftsbüros: Piazza Municipale 19, Tel. (0532) 209370, Fax 210844 Corso Giovecca 21, Tel. 209370, Fax 212266 Via J.F. Kennedy 2, Tel. 765728, Fax 760225	**Ferrara**
AA, Via Gorizia 4, I-03014 Fiuggi, Tel. (0775) 55446, Fax 55766 Auskunftsbüro: Piazza Frascara 4, Tel. 55019	**Fiuggi**
APT, Via Manzoni 16, I-50121 Firenze, Tel. (055) 23320, Fax 2346286 APT, Provincia, Comune di Firenze, Via Cavour 1r, Tel. 290832, Fax 2760383	**Florenz**
EPT, Via Senatore Emilio Perrone 17, I-71100 Foggia, Tel. (0881) 290832	**Foggia**
APT del Folignate – Nocera Umbra, Piazza Garibaldi 12, I-06034 Foligno, Tel. (0742) 350493, Fax 340545 Auskunftsbüro: Porta Romana 126, Tel. 354459	**Foligno**
EPT, Corso della Repubblica 23, I-47100 Forlì, Tel. (0543) 25532, Fax 25026	**Forlì**
AA Del Tuscolo, Piazza G. Marconi 1, I-00044 Frascati, Tel. (06) 9420331, Fax 9422498	**Frascati**
Assessorato Regionale al Turismo, Via San Francesco d'Assisi 37, I-34133 Trieste, Tel. (040) 3771111 APT di Trieste, Via San Nicolò 20, I-34121 Trieste, Tel. (040) 369881, Fax 369981	**Friaul – Julisch Venetien**
EPT, Piazzale De Mattheis, im Hochhaus Edera, 9. Stock, I-03100 Frosinone, Tel. (0775) 872525/6, Fax 270229	**Frosinone**
AA Riva, Palazzo dei Congressi, Parco Lido, I-38066 Riva, Tel. (0464) 554444, Fax 520308	**Gardasee**
APT, Via Roma 11/4, I-16121 Genova, Tel. (010) 541541, Fax 581408 Weitere Auskunftsbüros an den Bahnhöfen und am Flughafen	**Genua**
EPT, Via Diaz 17, I-34170 Gorizia, Tel. (0481) 533870	**Görz**
APT, Viale Monterosa 206, I-58100 Grosseto, Tel. (0564) 454510, Fax 454606	**Grosseto**
APT, Piazza Oderisi 6, I-06024 Gubbio, Tel. (075) 9220693, Fax 9273409	**Gubbio**
APT, Viale Matteotti 54/A, I-18100 Imperia, Tel. (0183) 294947, Fax 294950 IAT, Viale Matteotti 22, I-18100, Tel. (0183) 667377	**Imperia**
AA, Via Jasolino, I-80070 Porto d'Ischia, Tel. (081) 991146	**Ischia**
EPT, Via Farinacci 11, I-86170 Isernia, Tel. (0865) 3992	**Isernia**
Assessorato Regionale al Turismo, Vico III Raffaelli, I-88100 Catanzaro, Tel. (0961) 8511	**Kalabrien**
Assessorato per il Turismo, Via Santa Lucia 81, I-80132 Napoli, Tel. (081) 7961111 und 7962040	**Kampanien**
APT del Lago Maggiore, Via Principe Tomaso 70/72, I-28049 Stresa, Tel. (0323) 30150, Fax 32561	**Lago Maggiore**

Auskunft

Lago Maggiore (Fortsetzung)	IAT di Verbania, Corso Zanitello 8, I-28048 Verbania, Tel. und Fax (0323) 503249
L'Aquila	EPT, Piazza Santa Maria di Paganica 5, I-67100 L'Aquila, Tel. (0862) 410808, Fax 65242 AA L'Aquila, Via XX Settembre 8, I-67100 L'Aquila, Tel. (0862) 22306, Fax 27486
La Spezia	APT, Viale Mazzini 47, I-19100 La Spezia, Tel. (0187) 770900, Fax 770908
Latina	EPT, Via Duca del Mare 19, I-04100 Latina, Tel. (0773) 498711, Fax 661266
Latium	Assessorato Regionale al Turismo, Via Rosa Raimondi Garibaldi 7, I-00145 Roma, Tel. (06) 51681
Lecce	AA della Regione Puglia/EPT Lecce, Via Monte San Michele 20, I-73100 Lecce, Tel. (0832) 54117 Auskunftsbüro: Piazza San Oronzo, Sedile, Tel. 46458, Fax 314814
Ligurien	Servizio Promozione Turistica della Regione Liguria, Via Fieschi 15, I-16121 Genova, Tel. (010) 5485445
Liparische Inseln	EPT Lipari, Corso Vittorio Emanuele 202-204-231, I-98055 Lipari, Tel. (090) 9880095, Fax 9811190
Livigno	APT, Via Dala Gesa 65, I-23030 Livigno, Tel. (0342) 996379, Fax 996881
Livorno	APT, Piazza Cavour 6, I-57125 Livorno, Tel. (0586) 898111, 899798, Fax 896173
Lodi	Pro Loco, Piazza Broletto 4, I-20075 Lodi, Tel. (0371) 421391, Fax 421313
Lombardei	Assessorato Regionale al Turismo, Via Fabio Filzi 22, I-20124 Milano, Tel. (02) 67651
Loreto	AA, Via G. Solari 3, I-60025 Loreto, Tel. (071) 977139, Fax 970276
Lucca	APT, Piazza Guidiccioni 2, I-55100 Lucca, Tel. (0583) 491205, Fax 490766 Auskunftsbüro: Vecchia Porta San Donato – Piazzale Verdi, Tel. 419689
Macerata	EPT, Via Garibaldi 87, I-62100 Macerata, Tel. (0733) 234807, Fax 230449
Mailand	EPT, Via Marconi 1, I-20123 Milano, Tel. (02) 809662, Fax 72022432; Informationsbüro am Hauptbahnhof, Tel. 6690532
Mantua	APT, Piazza Andrea Mantegna 6, I-46100 Mantova, Tel. (0376) 328253, Fax 363292
Marken	Assessorato Regionale al Turismo, Vico Gentile da Fabriano, I-60100 Ancona, Tel. (071) 8061
Marsala	AA, Via Garibaldi 45, I-91025 Marsala, Tel. (0923) 714097
Massa Carrara	APT, Viale Vespucci 24, I-54100 Marina di Massa, Tel. (0585) 240046, Fax 869015 Auskunftsbüro: Via San Leonardo 500, Tel. 240053
Matera	APT Matera – Metaponto, Via De Viti De Marco 9, I-75100 Matera, Tel. (0835) 331983, Fax 333452

Auskunft

Kurverwaltung/Cura e Turismo, Freiheitsstraße/Corso della Libertà 45, I-39012 Meran/Merano, Tel. (0473) 23 52 23, Fax 23 55 24	**Meran**
Azienda Autonoma Provinciale per l'Incremento Turistico di Messina, Via Calabria Is. 301 bis, I-98100 Messina, Tel. (090) 67 53 56–8 und 67 42 36, Fax 60 10 05 AA Messina, Piazza Cairoli 45, I-98100 Messina, Tel. (090) 2 93 52 92, Fax 69 74 80	**Messina**
EPT, Via Scudari 30, I-41100 Modena, Tel. (059) 22 24 82, Fax 21 45 91	**Modena**
Regione Molise, Assessorato Cultura, Turismo, Sport, Campobasso, Via Mazzini 94, I-86100 Campobasso, Tel. (0874) 42 91	**Molise**
AA, Via Condotti 7, I-03043 Montecassino, Tel. (0776) 2 12 92	**Montecassino**
AA, Viale Verdi 66/a, I-51016 Montecatini Terme, Tel. (0572) 77 22 44, Fax 7 01 09	**Montecatini Terme**
Comune di Montepulciano, Via de Voltaia nel Corso, I-53045 Montepulciano, Tel. (0578) 75 73 40	**Montepulciano**
EPT, Piazza dei Martiri 58, I-80121 Napoli, Tel. (081) 40 53 11, Fax 40 19 61 A.A.S.T., Piazza del Plebiscito (Palazzo Reale), I-80132 Napoli, Tel. (081) 41 87 44, Fax 41 86 19	**Neapel**
APT, Via Dominioni 4, I-28100 Novara, Tel. (0321) 62 33 98, Fax 39 32 91	**Novara**
EPT, Piazza d'Italia 19, I-08100 Nuoro, Tel. (0784) 3 00 38, Fax 3 34 32	**Nuoro**
EPT, Via Cagliari, I-09170 Oristano, Tel. (0783) 7 41 91, 30 25 18	**Oristano**
APT, Via A. Costanzi 75, I-05019 Orvieto Scalo, Tel. (0763) 30 15 07/8, Fax 30 14 87 Auskunftsbüro: Piazza del Duomo 24, I-05018 Orvieto, Tel. (0763) 4 17 72, Fax 4 44 33	**Orvieto**
Comune Lido di Ostia, I-00100 Lido di Ostia, Tel. (06) 5 60 24 12	**Ostia**
EPT, Stazione FS (Bahnhof), I-35131 Padova, Tel. (049) 8 75 20 77 AA Padua, Museo Eremitani 18, I-35131 Padova, Tel. (049) 28 75 11 53	**Padua**
AA, Via Magna Grecia 151/156, I-84063 Paestum, Tel. (0828) 81 10 16, Fax 72 23 22	**Paestum**
EPT/Azienda Autonoma Provinciale per L'Incremento Turistico di Palermo, Piazza Castelnuovo 35, I-90141 Palermo, Tel. (091) 58 61 22, Fax 33 18 54 und 58 27 88 Informationsbüro: Piazza Castelnuovo 34, Tel. 58 38 47	**Palermo**
Amministrazione Provinciale di Parma, Assessorato Turismo, Via Mazzini 43, I-43100 Parma, Tel. 21 07 89–91 und 21 07 61, Fax 28 10 64 IAT, Piazza Duomo 5, Tel. 23 47 35	**Parma**
APT/IAT, Via Fabio Filzi 2, I-27100 Pavia, Tel. (0382) 2 21 56, Fax 3 22 21	**Pavia**
APT, Via Mazzini 21, I-01600 Perugia, Tel. (075) 5 72 53 41, Fax 57 36 828 Auskunftsbüro: Piazza Matteotti 34, I-06100 Perugia, Tel. (075) 57 23 327	**Perugia**
EPT, Piazzale della Libertà, I-61100 Pesaro, Tel. (0721) 6 93 41, Fax 3 04 62	**Pesaro**

Auskunft

Pescara	EPT, Via Nicola Fabrizi 171, I-65100 Pescara, Tel. (085) 42 11 7 07, Fax 29 82 46
Piacenza	EPT, Piazzetta dei Mercanti 10, I-29100 Piacenza, Tel. (05 23) 2 93 24
Piemont	Assessorato al Turismo, Via Magenta 12, I-10128 Torino, Tel. (0 11) 4 32 11
Pienza	Pro Loco, Via delle Case Nuove 4, I-53026 Pienza, Tel. (05 78) 7 4 80 72
Pisa	APT, Via Benedetto Croce 24–26, I-56125 Pisa, Tel. (050) 4 00 96 und 4 02 02, Fax 4 09 03 Centro Servizi Turistici (Touristenzentrum), Piazza del Duomo, Tel. (050) 56 04 64
Pistoia	APT Abetone – Pistoia – Montagna Pistoiese, Via Marconi 16, I-51028 San Marcello Pistoiese, Tel. (05 73) 6 30 1 45, Fax 6 22 11 20 Auskunftsbüro: Piazza del Duomo (Palazzo dei Vescovi), I-51100 Pistoia, Tel. (05 73) 2 1 62 2, Fax 3 43 27
Pompeji	AA, Via Sacra 1, I-80045 Pompei, Tel. (081) 8 5 07 2 55, Fax 8 63 24 01 Informationsbüro im Auditorium am Südrand des Grabungsfeldes.
Ponza-Inseln	EPT Latina, Via Duca del Mare 19, I-04100 Latina, Tel. (07 73) 4 9 87 11
Pordenone	AA, Corso V. Emanuele 38, I-33170 Pordenone, Tel. (04 34) 52 19 12, Fax 52 38 14
Portofino	IAT, Via Roma 35, I-16034 Portofino, Tel. (01 85) 26 90 24
Potenza	Assessorato Regionale al Turismo, Ufficio Turismo (Auskunftsbüro), Via Anzio, I-85100 Potenza, Tel. (09 71) 33 26 01, Fax 33 26 30
Prato	AA, Via Cairoli 48, I-50047 Prato, Tel. (05 74) 2 41 12
Procida	AA, Via Roma 92, I-80079 Procida, Tel. (081) 8 96 95 94
Ragusa	EPT, Via Capitano Bocchieri 33, I-97100 Ragusa, Tel. (09 32) 62 14 21, Fax 62 22 88
Rapallo	IAT, Via A. Diaz 9, I-16035 Rapallo, Tel. (01 85) 5 45 73, Fax 6 30 51
Ravenna	AA, Via Salara 8/12, I-48100 Ravenna, Tel. (05 44) 48 24 21, Fax 3 50 94
Reggio Calabria	APT, Via D. Tripepi 72, I-89125 Reggio Calabria, Tel. (09 65) 9 84 96
Reggio nell' Emilia	EPT, Piazza Prampolini 5/c, I-42100 Reggio nell' Emilia, Tel. (05 22) 45 11 52, Fax 43 19 54
Rieti	EPT, Via Cintia 87, I-02100 Rieti, Tel. (07 46) 20 11 46, Fax 27 04 46 Auskunftsbüro: Piazza Vittorio Emanuele 17, Tel. 20 32 20
Rimini	AA, Piazzale Indipendenza 3, I-47037 Rimini, Tel. (05 41) 5 11 01, Fax 2 65 66
Rom	EPT, Via Parigi 11, I-00100 Roma, Tel. der Verwaltung: (06) 4 68 991 Auskunftsstellen: Via Parigi 5, Tel. 48 89 92 00, Fax 48 19 3 16 Hauptbahnhof Stazione Termini, Tel. 4 87 12 70 und 4 82 40 87 Flughafen Fiumicino, Tel. 65 01 02 55 und 65 95 44 71
Rovigo	EPT, Via Dunant 10, I-45100 Rovigo, Tel. (04 25) 36 14 81, Fax 3 04 16 Auskunftsbüro: Piazza Vittorio Emanuele 3, Tel. 42 24 00

Auskunft

EPT, Piazza Ferrovia Vittorio Emanuele, I-84100 Salerno, Tel. (089) 231432 AA Salerno, Via Roma 258, Tel. 224744	Salerno
APT, Piazza del Duomo, I-53037 San Gimignano, Tel. (0577) 940008	San Gimignano
Ufficio di Stato per il Turismo, Palazzo del Turismo, Contrada Omagnano 20, I-47031 San Marino, Tel. (0378) 882400	San Marino
APT, Palazzo Riviera, Corso Nuvoloni 1, I-18038 San Remo, Tel. (0184) 571571, Fax 507649	San Remo
APT Tigullio, Via XXV April 4, I-16038 Santa Margherita Ligure, Tel. (0185) 287486, Fax 290222	Santa Margherita Ligure
Assessorato Regionale al Turismo, Viale Trieste 105, I-09100 Cagliari, Tel. (070) 6062280 ESIT, Via Mameli 97, Tel. 656811 und 660719	Sardinien
EPT, Viale Caprera 36, I-07100 Sassari, Tel. (079) 299579, Fax 299415 Auskunftsbüro: Viale Umberto 72, Tel. 233534, Fax 237585	Sassari
APT, Via Paleocapa 9, I-17100 Savona, Tel. (019) 820522, Fax 827805	Savona
EPT Trapani, Piazzetta Saturno, I-91100 Trapani, Tel. (0923) 29000 Auskunftsbüro: Via Sorba 15 (Villa Aula), Tel. 27077, Fax 29430	Selinunt
APT, Via di Città 43, I-53100 Siena, Tel. (0577) 42209, Fax 281041 Auskunftsbüro: Piazza del Campo 56, I-53100 Siena, Tel. (0577) 280551	Siena
Assessorato Regionale al Turismo, Via Emanuele Notarbartolo 9, I-90141 Palermo, Tel. (091) 6961111	Sizilien
APT Valtellina, Via Cesare Battisti 12, I-23100 Sondrio, Tel. (0342) 512500, Fax 212590	Sondrio
AA Sorrento e Sant'Agnello, Via Luigi De Maio 35, I-80067 Sorrento, Tel. (081) 8074033, Fax 8773397	Sorrent
APT, Piazza della Libertà 7, I-06049 Spoleto, Tel. (0743) 49890, Fax 46241	Spoleto
AA, Via Cadorna 59, I-00028 Subiaco, Tel. (0774) 822013	Subiaco
STW Südtirol Tourismus Werbung, Pfarrplatz/Piazza Parrocchia 11, I-39100 Bozen/Bolzano, Tel. (0471) 993808, Fax 993899	Südtirol
AA, Via Roma 21, I-67039 Sulmona, Tel. (0864) 53276	Sulmona
APT, Via San Sebastiano 43/45, I-96100 Siracusa, Tel. (0931) 67710, Fax 67803 AAT, Via Maestranza 33, Tel. (0931) 464255, Fax 60204 Auskunftsbüro: Largo Paradiso, Tel. 60510	Syrakus
AAST, Palazzo Corvaja, I-98039 Taormina, Tel. (0942) 23243, Fax 24941	Taormina
EPT, Corso Umberto 121, I-74100 Taranto, Tel. und Fax (099) 4532397 Auskunftsbüro: Corso Umberto 113, Tel. 4532392	Tarent
AA, Piazza Cavour 1, I-01016 Tarquinia, Tel. (0766) 856384, Fax 846479	Tarquinia
EPT, Via del Castello 10, I-64100 Teramo, Tel. (0861) 51222, Fax 244357	Teramo

Auskunft

Terni	APT del Terano, Viale Cesare Battisti 5, I-05100 Terni, Tel. (0744) 423047, Fax 427259; Auskunftsbüro: Viale Cesare Battisti 7/A, Tel. 423048/9
Tivoli	AA, Largo Garibaldi, I-00019 Tivoli, Tel. (0774) 21249, Fax 331294
Todi	APT del Tuderte, Piazza Umberto I 6, I-06059 Todi, Tel. (075) 8942686, Fax 8942406 Auskunftsbüro: Via Ciuffelli 8, Tel. 8943867, Fax 8944311
Toskana	Regione Toscana, Dipartimento Attività Produttive, Turismo, Via di Novoli 26, I-50127 Firenze, Tel. (055) 4383604
Trani	AA, Piazza della Repubblica, I-70059 Trani, Tel. (0883) 43295
Trapani	APT, Villa Aula – Circolo dei Forestieri, Via Vito Sorba 15, I-91100 Trapani, Tel. (0923) 27077, Fax 29430 Auskunftsbüro: Piazzetta Saturno, Tel. 29000
Tremiti-Inseln	Ufficio Turistico, Municipio (Rathaus), I-71040 San Nicola di Tremiti, Tel. (0882) 663009
Treviso	Amministrazione Provinciale Treviso, Ufficio per il Turismo, Viale C. Battisti 42, I-31100 Treviso, Tel. (0422) 656118 APT, Palazzo Scotti, Via Toniolo 41, Tel. 540600
Trient	APT di Trento, Via Alfieri 4, I-38100 Trento, Tel. (0461) 983880, Fax 984508
Triest	APT, Via San Nicolò 20, I-34121 Trieste, Tel. (040) 369881, Fax 369981 Auskunftsbüro: Hauptbahnhof, Viale Miramare, Tel. (040) 420182
Turin	APT, Corso Ferrucci 122/128, I-10141 Torino, Tel. (011) 3352440, Fax 3859785 IAT, Via Roma 226, Tel. 535901, Fax 530070 IAT, Hauptbahnhof, Porta Nuova, Tel. 531327
Udine	APT, Piazza 1° Maggio 7, I-33100 Udine, Tel. (0432) 295972, Fax 504743
Umbrien	Regione dell'Umbria, Ufficio Promozione Turistica, Corso Vannucci 30, I-06100 Perugia, Tel. (075) 5041, Fax 5042483
Urbino	AA, Via Puccinotti 35, I-61029 Urbino, Tel. (0722) 2613, Fax 2441
Varese	APT del Varesotto, Viale Ippodromo 9, I-21100 Varese, Tel. (0332) 284624, Fax 238093 IAT Varese, Via Carrobio 2, Tel. 283604
Venedig	EPT, San Marco Ascensione 71/c, I-30124 Venezia, Tel. (041) 226356 Informationsbüro am Hauptbahnhof Santa Lucia, Tel. 719078
Venetien	Assessorato Regionale al Turismo, Palazzo Balbi Dorsoduro 3901, I-30123 Venezia; Dipartimento per il Turismo, Palazzo Sceriman · Cannaregio 168, I-30121 Venezia, Tel. (041) 792644
Ventigmiglia	IAT, Via Cavour 61, I-18039 Ventimiglia, Tel. (0184) 351183
Vercelli	APT, Viale Garibaldi 90, I-13100 Vercelli, Tel. (0161) 64631, Fax 64632
Verona	EPT, Piazza Erbe 42, I-37121 Verona, Tel. (045) 8030086 Auskunftsbüro: Via Leoncino 61 (Lato Municipio), Tel. 592828

APT Versilia, Piazza Mazzini (Palazzo delle Muse), I-55049 Viareggio, Tel. (0584) 48881–3, Fax 47406 IAT, Viale Carducci 10, Tel. 962233, Fax 47336	Auskunft, **Viareggio**
EPT, Piazza Matteotti, I-36100 Vicenza, Tel. und Fax (0444) 320854	**Vicenza**
Tourist Information AAST, Piazza Kennedy, I-71019 Vieste, Tel. (0884) 708806	**Vieste**
EPT, Piazzale dei Caduti 16, I-01100 Viterbo, Tel. (0761) 346363, Fax 326206 IAT, Piazza dei Caduti 14, Tel. 304795	**Viterbo**
Associazione Pro Volterra, Via G. Turazza 2, I-56048 Volterra, Tel. (0588) 86150	**Volterra**

Autofähren

Wegen der maximal zulässigen Fahrzeugabmessungen auf den einzelnen Fährschiffen erkundige man sich bei dem vermittelnden Reisebüro bzw. der zuständigen Reederei (Adressen s. S. 695).

Hinweis für Caravan- und Wohnmobilfahrer

VERBINDUNG Häfen	REEDEREI Turnus	VERTRETUNG für Buchungen
Italienisches Festland – Elba		
Piombino – Portoferraio	Navarma mehrmals täglich (ganzjährig)	Seetours
Piombino – Portoferraio	Elba Ferries 3–4 x täglich (1.4.–1.10.)	Corsica & Elba & Sardinia Ferries
Italienisches Festland – Sardinien		
Civitavecchia – Arbatax	Tirrenia 2 x wöchentlich (ganzjährig)	Armando Farina
Civitavecchia – Cagliari	Tirrenia täglich (ganzjährig)	Armando Farina
Civitavecchia – Olbia	Tirrenia Normale Fahrzeit: 7 1/2 Std. 1 x täglich (ganzjährig)	Armando Farina
Civitavecchia – Olbia	Tirrenia Schnellfähre: Überfahrt: 3 Std. bis 4x täglich (Saison)	Armando Farina
Genua – Arbatax	Tirrenia 2 x wöchentlich (ganzjährig)	Armando Farina
Genua – Cagliari	Tirrenia 2 x wöchentlich (1.6.–30.9.)	Armando Farina
Genua – Olbia	Tirrenia täglich (1.6.–30.9.), 3 x wöchentlich	Armando Farina

Autofähren

Autofähren (Fortsetzung)

VERBINDUNG Häfen	REEDEREI Turnus	VERTRETUNG für Buchungen
Genua – Porto Torres	Nebensaison Tirrenia täglich (ganzjährig)	Armando Farina
Genua – Porto Torres	Grandi Navi Velocci täglich (12.7.–12.9.)	Seetours
La Spezia – Olbia	Tirrenia täglich (19.6.–16.9.) 5 x wöchentlich (1.6.–18.6.)	Armando Farina
Livorno – Cagliari	Linea dei Golfi samstags (ganzjährig)	Linea dei Golfi, Piombino, Tel. (0039565) 222300
Livorno – Golfo Aranci	Sardinia Ferries 5–6 x wöchentlich (7.4.–7.6.) 1–2 x täglich (8.6.–19.9.) 1 x täglich (19.9.–1.10.)	Corsica & Elba & Sardinia Ferries
Livorno – Olbia	Linea dei Golfi mehrmals wöchentlich (ganzjährig)	Linea dei Golfi Tel. s. zuvor
Livorno – Olbia	Sardegna Lines mehrmals wöchentlich (30.3.–14.6. und 18.9.–8.11.) 1–2 x täglich (15.6.–17.9.)	Seetours
Neapel – Cagliari	Tirrenia 1 x wöchentlich (1.1.–15.6. und 14.9.–31.12.) 2 x wöchentlich (22.6.–9.9.)	Armando Farina
Piombino – Olbia	Linea dei Golfi mehrmals wöchentlich (ganzjährig)	Linea dei Golfi Tel. s. zuvor

Italienisches Festland – Insel Ponza

Ánzio – Ponza	täglich (15.6.–15.9.)	Caremar, Ánzio, Tel. (06) 9830804
Terracino – Ponza	täglich	Anxur Tours, Terracino, Tel. (0773) 723978
Fórmia – Ponza	täglich	Caremar, Fórmia, Tel. (0771) 22710

Italienisches Festland – Inseln Ischia, Procida, Capri, Lipari

Neapel – Ischia	täglich	Caremar, Neapel, Tel. (081) 5513882
Neapel – Procida	täglich	Caremar s. o.
Neapel – Capri	täglich	Caremar s. o.

Autofähren

VERBINDUNG	REEDEREI	VERTRETUNG	
Häfen	Turnus	für Buchungen	Autofähren (Fortsetzung)

Neapel – Lípari (Liparische Inseln)	mehrm. wöchentlich (Saison)	Siremar, Neapel, Tel. (081) 5512112	

Italienisches Festland – Sizilien

Genua – Palermo	Tirrenia 3 x wöchentlich (1.1.–30.6. und 1.10.–31.12.) 4 x wöchentlich (1.7.–30.9.)	Armando Farina
Genua – Palermo	Grandi Navi Velocci 5 x wöchentlich (2.1.–30.6. und 2.10.–29.12.) 3 x wöchentlich (3.7.–14.8. und 12.8.–29.9.)	Seetours
Livorno – Palermo	Grandi Traghetti 5 x wöchentlich (1.1.–30.6.) 3–5 x wöchentlich (1.7.–14.8.) 3x wöchentlich (15.8.–31.12.)	Seetours
Neapel – Palermo	Tirrenia täglich (ganzjährig)	Armando Farina
Otranto – Catania	EuroMalta Expreß mittwochs (ganzjährig)	Neptunia

Sizilien – Sardinien

Palermo – Cagliari	Tirrenia 1 x wöchentlich (ganzjährig)	Armando Farina
Syrakus – Otranto	EuroMalta Expreß freitags (ganzjährig)	Neptunia
Trapani – Cagliari	Tirrenia 1 x wöchentlich (ganzjährig)	Armando Farina

Über weitere Fährverbindungen, z.B. vom italienischen Festland nach Korsika oder von Sardinien nach Korsika (mit Moby Lines), vom italienischen Festland auf die toskanischen Inseln (z.B. Isola Gorgona, Isola Capraia, Isola d'Elba, Isola Pianosa und Isola del Giglio mit Toremar), vom italienischen Festland oder von Sizilien über Malta nach Tunesien, nach Griechenland, nach Ägypten und in die Türkei) informieren die unter ⟶ Auskunft erwähnten Büros der ENIT sowie die nachfolgend aufgeführten Auskunftsstellen.

Autofährverkehr besteht im übrigen auf einigen Binnenseen, so z.B. auf dem Lago Maggiore, dem Comer See und auf dem Gardasee.

Information und Buchungen für Autofähren

Gerd Achilles Verlag, Schreberstr. 19
D-22453 Hamburg, Tel. (040) 5576320, Fax (040) 5576 3217

Allgemeine Auskünfte

Automobilclubs

Autofähren (Fortsetzung)	Der Gerd Achilles Verlag veröffentlicht die Broschüre "Fähren in Europa", in der FährVerbindungen innerhalb der nordeuropäischen Gewässer sowie im Mittelmeer aufgeführt sind. Die Broschüre kostet DM 20 und kann beim Verlag angefordert werden (Verrechnungsscheck beifügen).
Generalvertretungen für Deutschland	Tirrenia: Armando Farina, Lyoner Straße 15 D-60528 Frankfurt am Main, Tel. (069) 6668491/93 Navarma, Grandi Traghetti, Grandi Navi Velocci und Moby Lines: Seetours International, Seilerstr. 23 D-60313 Frankfurt am Main, Tel. (069) 1333-0; Tel. Grandi Traghetti und Grandi Navi Velocci (069) 1333-295; Tel. Moby Lines (069) 1333-260 Mit dem Angebot "Insel-Springen" können die Inseln Korsika und Sardinien kombiniert werden. Elba Ferries: Corsica & Elba & Sardinia Ferries, Georgenstr. 38 D-80799 München, Tel. (089) 337383 (zuständig auch für Österreich und die Schweiz) Linea dei Golfi (Sardinien): Neptunia Schiffahrtsgesellschaft, Schmiedewegerl 1 D-81241 München, Tel. (089) 8960 7340
Generalvertretungen für Österreich	Navarma und Moby Lines: Cosmos Internationales Reise- und Touristenbüro, Kärntner Ring 15 A-1010 Wien, Tel. (01) 51533-0 Grandi Traghetti: Dr. Degener Reisen, Linzer Gasse 4 A-5024 Salzburg, Tel. (0662) 889110
Generalvertretungen für die Schweiz	Tirrenia: Aviamare, Oerlikoner Strasse 47 CH-8057 Zürich, Tel. (01) 3117650 Navarma, Moby Lines und Grandi Traghetti: Consulich, Beckenhofstr. 26 CH-8035 Zürich, Tel. (01) 3635255
Hinweis	Büros und Buchungsstellen der lokalen Reedereien befinden sich in den jeweiligen Hafenorten.

Automobilclubs

ADAC	Auskunftsbüro in Rom: Via Magenta 5, Tel. (06) 4454730 Ganzjährige deutschsprachige Notrufstation des ADAC in Rom: Tel. (06) 4440404
Automobile Club d'Italia (ACI)	Hauptverwaltung: Via Marsala 8 I-00185 Roma (Rom), Tel. (06) 49981
Touring-Club Italiano (TCI)	Hauptverwaltung: Corso Italia 10 I-20122 Milano (Mailand), Tel. (02) 85261 ACI und TCI haben in allen größeren Städten und an den großen Grenzübergängen Geschäftsstellen.

Badestrände

Italien ist u. a. wegen seiner herrlichen langen, meist flach abfallenden Sandstrände für viele Reisende, insbesondere für Familien mit Kindern, das Urlaubsziel par excellence.
Viele Badestrände sind nicht frei zugänglich, sondern von privaten Badeanstalten oder Hotels belegt, die gegen Gebühr Umkleidekabinen, Liegestühle, Sonnenschirme u. ä. stellen und den Strand sauber halten. Die wenigen freien Strände werden von den Gemeinden nur unregelmäßig gereinigt.
Nacktbaden ist in Italien nicht erlaubt.

Allgemeines

Strand- und Wasserqualität werden an vielen Stellen ständig durch die örtlichen Gesundheitsbehörden in Zusammenarbeit mit dem ADAC kontrolliert. Über die aktuelle Badewasserqualität können sich ADAC-Mitglieder von Anfang Juni bis Ende August unter Tel. (01805) 101112 informieren; spezielle Fragen zu Meßmethoden oder ökologischen Zusammenhängen beantwortet der ADAC-Badeservice unter Tel. (089) 7676-4884.
Grundsätzlich sollte man nicht in der Nähe größerer Städte (z. B. Genua, Rom, Neapel) und im Bereich von Häfen baden, da hier die Wasserverschmutzung groß ist.

Wasserqualität

Ausgewählte Baderegionen und Inseln

Die feinsandigen Badestrände der Adriaküste von Triest bis Cattolica zählen zu den beliebtesten italienischen Badezielen. Besonders bekannt sind Lignano Sabbiadoro mit dem acht Kilometer langen 'Goldstrand', die 'Strände der Dogen' im 100 km langen Küstenbogen im Veneto mit den Badeorten Bibione, Caorle, Eraclea, Jesolo und dem Lido von Venedig. Zahlreiche Seebäder reihen sich an der Adriaküste der Emilia Romagna, auch 'Riviera Adriatica' genannt, aneinander: Cesenatico, Igea Marina, Rimini, Riccione, Cattolica und viele mehr. Diese Region gilt als der 'längste Strand Europas' und als 'Florida des Alten Kontinents.'

Adriaküste

Das Angebot an Badestränden an der Italienischen Riviera, d. h. in der Küstenregion von Ligurien, reicht von landschaftlich reizvollen Felsenküsten mit kleinen Badebuchten im Osten bis hin zu langen Sandstränden im Westen. San Remo mit malerischer Altstadt, schönem Yachthafen und zwei Strandbädern sowie Alassio, an einer weitläufigen Bucht mit einem rund 4 km langen, feinsandigen, flach ins Meer abfallenden Sandstrand, sind äußerst attraktive Urlaubsorte, in denen u. a. auch nahezu alle gängigen Sportarten angeboten werden. Die kleine, am Meer gelegene Stadt Levanto ist Ausgangspunkt für den Küstenstreifen Cinque Terre, der sich durch seine einzigartige Landschaft mit kleinen Badebuchten und wildromantischen Klippen auszeichnet.

Italienische Riviera

Die toskanische Mittelmeerküste verfügt ebenfalls über eine große Anzahl an feinsandigen, flach abfallenden, kilometerlangen Badestränden. Einer der berühmtesten Badeorte ist Marina di Massa. Felsige Küstenabschnitte gibt es bei Piombino und Populonia sowie am Monte Argentario.

Toskanische Mittelmeerküste

Auch Elba wird von Badeurlaubern sehr geschätzt. Den wohl breitesten Sandstrand Elbas findet man im Seebad Marina di Campo, im südwestlichen Inselteil; der Kiesstrand Le Ghiale erstreckt sich in Portoferraio, im Norden der Insel.

Elba

Sardinien besitzt an vielen Stellen herrliche Sandstrände. Der berühmteste Küstenabschnitt ist die im Nordosten der Insel gelegene Costa Smeralda mit vielen kleinen Buchten, die teilweise nur vom Wasser aus zugänglich sind. Die Costa Rei im Südosten der Insel verfügt über einen 8 km langen

Sardinien

Behindertenhilfe

Badestrände, Sardinien (Fortsetzung)	Sandstrand. Schöne Sandstrände hinter Dünen, Macchiasträuchern und Eukalyptusbäumen erstrecken sich auch bei Alghero, an der Nordwestküste Sardiniens. Bekannt sind ferner die langen Sandstrände an der Costa del Sud, südwestlich von Cagliari.
Sizilien	Siziliens Küste ist nur bedingt zum Baden geeignet. Schöne felsenreiche Strände befinden sich an der Nordküste der Insel bei Scopello und dem angrenzenden Naturpark Zingaro sowie zwischen Cefalù und Tíndari (Sandstrand). An der Südküste zwischen Sciacca und Eraclea Minoa sowie östlich von Marinella di Selinunte bis zur Mündung des Bélice-Flusses erstrecken sich weitere Sandstrände. Viel frequentiert ist der feine Kieselstrand von Mazzarò, in der Nähe von Taormina.
Apulien	Als Badeziel immer beliebter wird der Gargano in Apulien, die in die Adria hineinragende Felsnase im Südosten Italiens. Auch im Nordosten bei Peschici und Vieste finden sich prächtige Sandstrände; an der Südküste dominieren Fels und Kies. Die Baia Scialmarino, an deren Ufer ein 3 km langer Sandstrand verläuft, zählt zu Süditaliens besten Windsurfrevieren.
Kalabrien	Im Süden Kalabriens, an der italienischen Stiefelspitze, liegen weiße Sandstrände am Ionischen Meer.
Oberitalienische Seen	Auch die Oberitalienischen Seen werden gern von Wassersportlern aufgesucht. Zu diesen Seen zählen der Lago Maggiore (der nördl. Teil gehört zur Schweiz), der Luganer See (sein größter Abschnitt gehört zur Schweiz), der Comer See, der Iseo-See und der Garda-See.
Mittelitalienische Seen	Auch Mittelitalien verfügt über Badeseen mit schönen Stränden. Im Herzen Italiens, in der Region Umbrien, liegt der Trasimenische See (Lago di Trasimeno), ein relativ flaches, an vielen Stellen von Schilf gerahmtes Gewässer, das sich im Sommer schnell aufwärmt und deshalb von Badegästen und Wassersportlern gleichermaßen geschätzt wird. Der bei Orvieto im Nordteil der Provinz Latium sich ausdehnende Bolsena-See (Lago di Bolsena) ist ebenfalls ein lohnendes Ziel für Wassersportler.

Behindertenhilfe

Anreise	Über Bahn- und Flugreisen (behindertengerechte Einrichtungen, Vergünstigungen) informieren die örtlichen Reisebüros. Der Bundesverband Selbsthilfe Körperbehinderter (BSK) organisiert Gruppenreisen und vermittelt u. a. Reisehelfer: BSK-Reisedienst, Altkrautheimerstr. 17 D-74238 Krautheim/Jagst, Tel. (06294) 68110
Unterkünfte	Über behindertengerechte Unterkünfte informieren Hotelverzeichnisse der örtlichen Fremdenverkehrsämter (→ Auskunft). Behindertengerechte Unterkünfte enthält ferner der Hotel- und Reiseratgeber für Rollstuhlfahrer/Behinderte "Handicapped Reisen Ausland", erhältlich beim FMG-Verlag, Postfach 1547 D-53005 Bonn, Tel. (0228) 616133
Weitere Kontaktadressen In Deutschland	Bundesarbeitsgemeinschaft der Clubs Behinderter und ihrer Freunde Eupener Str. 5 D-55131 Mainz, Tel. (06131) 225514
In Österreich	Verband aller Körperbehinderten Österreichs, Lützowgasse 24–28 A-1014 Wien, Tel. (01) 9113225 und 9145562

Schweizerischer Invalidenverband
Postfach
CH-4600 Olten, Tel. (062) 321262

Behindertenhilfe
(Fortsetzung),
In der Schweiz

Mobility International Schweiz, Hard 4
CH-8408 Winterthur, Tel. (052) 2226825

Botschaften

⟶ Diplomatische und konsularische Vertretungen

Busverkehr

Der Autobus ist in Italien nach wie vor das wichtigste öffentliche Verkehrsmittel. Die Autobuslinien werden von privaten Unternehmern und den Italienischen Staatsbahnen betrieben. Die Autobusverbindungen kann man deshalb u.a. dem italienischen Eisenbahnkursbuch entnehmen.

Informationen erteilen die Büros der ENIT (⟶ Auskunft) und der Italienischen Staatsbahnen (⟶ Eisenbahn).

Auskunft

Eine Besonderheit ist der Disco-Busdienst "Blue Line" (poppig bemalte Omnibusse), der in Rimini ('Europas Vergnügungshauptstadt') zwischen 23.00 Uhr und 5.00 Uhr zwischen den Diskotheken bzw. Tanzlokalen eingesetzt ist.

Disco-
Busdienst

Camping

Italien verfügt über eine große Auswahl an Campingplätzen, die je nach Komfort in unterschiedliche Kategorien (1 Stern bis 4 Sterne) klassifiziert sind. Die meisten Plätze liegen in Südtirol, im Aostatal und an den Oberitalienischen Seen, ferner an den Küsten der Adrai, des Tyrrhenischen und Ligurischen Meeres. Campingplätze an den Küsten sind in der Regel teurer als andere und nicht selten schon großenteils von Dauercampern belegt. Insbesondere in der Hochsaison (von Mitte Juli bis Mitte September) empfiehlt sich deshalb eine rechtzeitige Voranmeldung.

Allgemeines

Campingplatzverzeichnisse werden von der ENIT (⟶ Auskunft) sowie vom italienischen Camping-Verband (s.u.) herausgegeben. Eine umfangreiche Auswahl an geprüften Campingplätzen und detaillierten Angaben zur Ausstattung bieten der jährlich neu erscheinende ADAC Camping-Führer (Band 1: Südeuropa) und der DCC Campingführer Europa.

Informationen sind erhältlich in ENIT-Büros (⟶ Auskunft) oder beim italienischen Campingverband:

Auskunft

Federazione Italiana del Campeggio e del Caravanning
Via Vittorio Emanuele II
I-50041 Calenzano (Firenze)
Tel. (055) 882391

Wildes Zelten auf freiem Gelände ist verboten. Auf privatem Grund ist die Zustimmung des Grundstückseigentümers einzuholen.

Wildes Zelten

Wer mit Wohnmobil oder Wohnwagen reist, kann sich eine Nacht auf Straßen, Park- oder Rastplätzen aufhalten, wenn dies durch örtliche oder

Caravaning

| Caravaning (Fortsetzung) | regionale Verbote nicht untersagt ist. Aus Sicherheitsgründen sollte man jedoch einen offiziellen Campingplatz aufsuchen. |

Devisen

→ Geld

Diplomatische und konsularische Vertretungen

Vertretungen der Italienischen Republik

Deutschland	Karl-Finkelnburg-Str. 51 D-53173 Bonn, Tel. (02 28) 8 2 20
	Generalkonsulate in Berlin, Frankfurt am Main, Hamburg, Hannover, Köln, München, Stuttgart und Leipzig.
Österreich	Rennweg 27 A-1030 Wien, Tel. (01) 7 21 51 21-0
Schweiz	Elfenstr. 14 CH-3000 Bern, Tel. (031) 3 52 41 51

Vertretungen in Italien

Bundesrepublik Deutschland	Botschaft: Via Po 25/C I-00198 Roma (Rom), Tel. (06) 88 47 41
	Rechts- und Konsularreferat in Rom: Via Siacci 2/C, Tel. (06) 88 47 41
	Generalkonsulate: Via San Vincenzo 4/28, I-16100 Genova (Genua), Tel. (0 10) 5 76 74 11
	Via Solferino 40, I-20121 Milano (Mailand), Tel. (02) 6 55 44 34
	Via Crispi 69, I-80121 Napoli (Neapel), Tel. (0 81) 7 61 33 93
	Via Emerico Amari 124, I-90139 Palermo, Tel. (091) 58 33 77
Republik Österreich	Botschaft: Via Pergolesi 3 I-00198 Roma (Rom), Tel. (06) 8 55 82 41–44
	Konsularabteilung: Via Liegi 32 I-00198 Roma (Rom), Tel. (06) 8 55 28 80 und 8 55 20 66
	Generalkonsulate: Via Tranquillo Cremona 27/1 I-20145 Milano (Mailand), Tel. (02) 4 81 29 37

Via Fabio Filzi 1
I-34132 Trieste (Triest), Tel. (040) 631688 und 631797

Österreich,
Generalkonsulate
(Fortsetzung)

Konsulat (ohne Sichtvermerksbefugnis): Corso Umberto I 275
I-80138 Napoli (Neapel), Tel. (081) 287724

Botschaft: Via Barnaba Oriani 61
I-00197 Roma (Rom), Tel. (06) 8083641–45

Schweizerische
Eidgenossenschaft

Generalkonsulate:
Piazza Brignole 3/6
I-16122 Genova (Genua), Tel. (010) 565620

Via Palestro 2
I-20121 Milano (Mailand), Tel. (02) 7600 9284

Konsulate:
Via Pergolesi 1
I-80122 Napoli (Neapel), Tel. (081) 7614390 und (081) 7614533

Dorsoduro 810
Campo S. Agnese
I-30123 Venezia (Venedig), Tel. (041) 5225996 und 5203944

Einkaufen

In Italien sind manche Artikel preisgünstiger als beispielsweise in Deutschland, so z. B. verzierte Terrakottatöpfe, Marmorplatten, edle Espressomaschinen oder Einrichtungsgegenstände wie Freischwingerstühle. Man erkundige sich am besten bereits im Heimatland, was die Gegenstände kosten, wo der Hersteller in Italien seinen Sitz hat und wie hoch möglicherweise der Zoll ist.

Hinweis

In Italien fährt man dann vorzugsweise direkt zu dem entsprechenden Werk oder läßt sich die Anschriften der Geschäfte geben, die die gewünschten Artikel verkaufen.

Außer in Geschäften kann man Kleidung, Haushaltswaren und Lebensmittel auf den bunten Wochenmärkten (mercato settimanale) erstehen, die eine wichtige Institution des öffentlichen Lebens darstellen.

Wochenmärkte

Für ihre Antiquitätenmärkte sind u. a. bekannt: Arezzo (1. Sa. und So. eines Monats), Lucca (3. Sa. und So. eines Monats), Mailand (letzter So. eines Monats), Modena (letzter Sa. und So. eines Monats), Ravenna (3. Sa. und So. eines Monats), Sarzana (im August), Taggia (letztes Wochenende im Monat) und Turin (2. So. eines Monats).

Antiquitätenmärkte

Weltbekannt sind in Mailand die Geschäfte in der Via Montenapoleone und der Via Spiga sowie in der überdachten Ladenpassage Galleria Vittorio Emanuele II, die Via Condotti und die Via del Corso in Rom, die Läden des Ponte Vecchio in Florenz sowie die Via Toledo in Neapel.

Berühmte
Einkaufsstraßen

Noch heute kann man in Italien beachtenswerte Erzeugnisse des traditionsreichen Handwerks und Kunstgewerbes in erstaunlicher Vielfalt finden. In Südtirol werden die schönen Grödner Holzschnitzereien hergestellt sowie Trachtenmoden, -schmuck und -puppen angeboten. Im Piemont gibt es ebenfalls Holzschnitzereien, aber auch Gold- und Silberarbeiten, Brokate und Spitzenarbeiten sowie elegante Kleidungsstücke. In Ligurien sind Damaste und Klöppelspitzen sowie Gegenstände aus Olivenholz erhältlich. Die Lombardei ist für Schuhe, Möbel, Seidenwaren, Porzellan und Keramik bekannt, Cremona für seinen Geigenbau. Venetien ist berühmt für Glas- und Kristallwaren, Spitzen sowie Kleidungsstücke aus

Kunsthandwerk

Einkaufen

Buntes Markttreiben in Neapel

Keramik gehört zu den beliebtesten Souvenirs aus Italien

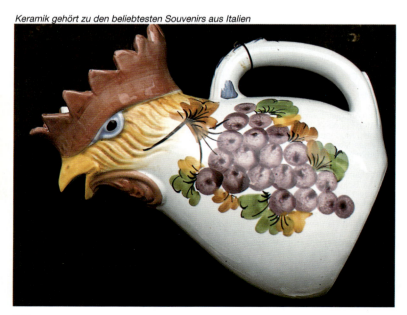

einem berühmten Atelier, Silber- und Goldschmiedearbeiten. Aus der Toskana kommen Alabastergegenstände, Holzarbeiten und farbige Keramik, Goldschmiedearbeiten, Leder- und Strohwaren sowie Stoffe bzw. feine Wäsche. In den Marken werden Gegenstände aus Stroh und Weidenruten, Keramik, Teppiche sowie Musikinstrumente hergestellt. In Umbrien findet man Glasmalereien und Majoliken. Der Süden ist bekannt für Eisen- und Kupferschmiedearbeiten, Korallenschmuck (v.a. Sardinien und Kampanien), Porzellan und Kleinmöbel wie auch für Keramik und Terrakotten, Stoffe, Stickereien und Teppiche.

Einkaufen, Kunsthandwerk (Fortsetzung)

Beliebt sind auch kulinarische Mitbringsel, z.B. Süßigkeiten wie Panettone oder kandierte Früchte; ferner Weine und Spirituosen, Olivenöl, Pasta oder fertige Salsa (→ Essen und Trinken).

Kulinarisches

Beim Kauf wertvoller Gegenstände empfiehlt es sich, eine quittierte Rechnung (ricevuta fiscale) zu verlangen und aufzubewahren, denn diese muß bei einer Kontrolle durch die Steuerfahndung vorgewiesen werden.

Hinweis

Der Mehrwertsteuersatz ist in Italien z.T. sehr hoch und liegt für viele Waren erheblich über dem deutschen. Bei höheren Rechnungsbeträgen sollte man sich bei der Ausreise vom italienischen Zoll – gegen Vorlage der Rechnung – die Ausfuhr des jeweiligen Gegenstandes bestätigen lassen. Diesen Beleg sendet man danach an das jeweilige Unternehmen in Italien, das daraufhin den entsprechenden Mehrwertsteuersatz erstatten sollte.

Erstattung der Mehrwertsteuer

Eisenbahn

Das italienische Eisenbahnnetz umfaßt eine Strecke von insgesamt mehr als 16 000 km Länge. Der überwiegende Teil der Verbindungen wird von den Italienischen Staatsbahnen (Ferrovie Italiane dello Stato, FS) unterhalten; ergänzend verkehren einige Privatbahnen (Fahrpläne im Kursbuch der FS). Bei den Zügen der Italienischen Staatsbahnen gibt es zwei Klassen (erste und zweite).

Allgemeines

Erster Ansprechpartner für Informationen zur italienischen Eisenbahn ist die FS, die in jedem Bahnhof ein Informationsbüro Bahnhof unterhält. Sie sind von 7.00/8.00 Uhr bis 20.00 Uhr, zum Teil sogar bis 22.30 Uhr geöffnet. Die Auskunftsstellen sind auch bei Verlust der Fahrkarte behilflich.
In Italien gibt es eine zentrale Telefonnummerfür die Zugauskunft (Tel. 14 78/8 80 88). Sie kann zu einem vergünstigten Tarif von allen italienischen Orten täglich zwischen 7.00 und 21.00 Uhr angewählt werden.
Auskünfte zum Thema Bahnreisen erhält man in Deutschland am zuverlässigsten vom Spezialreiseveranstalter für Italien:
CIT (Compagnia Italiana Turismo) Reisebüro GmbH, Komödienstr. 49
D-50667 Köln, Tel. (02 21) 20 70 90

Auskunftsstellen

Die FS unterhält auch Vertretungen im Ausland:
Ferrovie Italiane dello Stato (FS)
Rheinstraße 4 I
D-55116 Mainz
Tel. (0 61 31) 20 49 50

FS, Mariahilferstraße 84
A-1070 Wien, Tel. (01) 93 53 11

FS, Effingerstrasse 8
CH-3011 Bern, Tel. (031) 3 81 41 61

Internationale Fahrkarten sind ab dem Ausstellungsdatum zwei Monate lang gültig, wobei der Reisende die Zugfahrt beliebig oft unterbrechen

Fahrkarten

Elektrizität

Eisenbahn, Fahrkarten (Fortsetzung)
: kann. Für die in Italien gelösten Fahrkarten gilt: Bei Entfernungen bis zu 50 km gilt das Ticket einen Tag, bei größeren Entfernungen drei Tage. Rückfahrkarten werden in Italien nur für Entfernungen bis zu 250 km ausgestellt.

Preisvergünstigungen
: Touristennetzkarten, gültig an 8, 15, 21 oder 30 Tagen, ermächtigen zu beliebigen Fahrten auf allen Eisenbahnstrecken der Italienischen Staatsbahnen auf dem Festland, Sizilien und Sardinien. Das Kilometerheft, zwei Monate gültig, bringt gegenüber dem Normalpreis eine Ermäßigung von 10% und berechtigt dazu, 3000 km auf den Eisenbahnstrecken der FS auf dem Festland, Sardinien und Sizilien zu fahren.
Jugendliche unter 26 Jahren reisen günstiger mit der 'Carta Verde', Senioren über 60 Jahre erhalten mit der Carta d'Argento Vergünstigungen. Ermäßigte Preise gibt es auch für Gruppen. Kinder, die das vierte Lebensjahr noch nicht vollendet haben, reisen, sofern sie keinen Sitzplatz beanspruchen und in Begleitung Erwachsener sind, kostenlos. Kinder von 4 bis 11 Jahren zahlen die Hälfte des Fahrpreises.

Zugarten
: Außer den zuschlagspflichtigen EuroCity(EC)- und InterCity(IC)- Zügen verkehren in Italien Expreßzüge (espressi), die nur an den größeren Bahnhöfen halten, sowie Lokalzüge (locali), die an jeder Station anhalten. Auf der Strecke Turin – Mailand – Rom fährt der Hochgeschwindigkeitszug Pendolino. Auf längeren Strecken werden Schlaf- und Liegewagen eingesetzt. An bestimmten Tagen und in besonderen Waggons können Fahrräder transportiert werden. Autoreisezüge verkehren nur auf bestimmten Strecken. Rechtzeitige Vorausbuchung ist erforderlich.

Zugverbindung zwischen Hauptbahnhof und Flughafen Rom
: Klimatisierte Erste-Klasse-Züge verkehren im Stundentakt ohne Zwischenhalt zwischen dem Hauptbahnhof der italienischen Hauptstadt und dem Flughafen Fiumicino (sowie in umgekehrter Richtung); Dauer: 30 Minuten. Einchecken ist für Passagiere mit Handgepäck bereits im Wartesaal des Hauptbahnhofes möglich.

Treno + Auto
: Treno + Auto (Zug + Auto) bedeutet, daß man an den Bahnhöfen Autos mieten kann.

Elektrizität

Das Stromnetz führt in der Regel 220 Volt, teilweise aber auch noch 110 oder 125 Volt Wechselspannung. Im allgemeinen ist wegen der verschiedenen Steckdosenbauarten ein Adapter nötig, der im Fachhandel und in ADAC-Geschäftsstellen erhältlich ist. Europanorm-Gerätestecker sind meist nur dann verwendbar, wenn sie dünne Kontaktstifte besitzen.

Essen und Trinken

Allgemeines
: Italiens Gastronomie wird im allgemeinen zusammen mit der französischen als führend in Europa bezeichnet. Die Vielseitigkeit der italienischen Küche und die Kunst der Zubereitung sind beeindruckend.

Eßgewohnheiten
: In manchen Punkten unterscheiden sich die italienischen Eßgewohnheiten grundsätzlich von den deutschen. Italiener hegen große Abneigung gegen ein ausgiebiges Frühstück (gelegentlich trifft man die Einheimischen an einer Espressobar, um einen Espresso und/oder ein Croissant zu sich zu nehmen). Die Hotels haben sich aber meist nordeuropäischem Brauch angepaßt und bieten neben Kaffee, Brot, Butter und Konfitüre auf Wunsch auch Ei, Wurst oder Käse an; in den Hotels gehobener Kategorien kann der Gast unter den verschiedenen Speisen des Frühstücksbuffets wählen.

Essen und Trinken

Reichhaltig ist das Angebot an Delikatessen

Das Mittagessen wird in den → Restaurants gewöhnlich ab 12 Uhr serviert (in Rom und in den südlicheren Regionen wesentlich später). Es besteht meist aus mehreren Gängen. Spaghetti und andere Nudelgerichte (im Norden auch Reisgerichte) sind lediglich ein Ersatz für die Suppe (daher auch die Bezeichnung Primo = erster Gang), keinesfalls ein Hauptgang. Ihnen vorangestellt wird oft ein Antipasto, ein Vorspeisenteller. Nach den Nudeln folgt der Secondo (also der zweite Gang) auf Fleisch- oder Fisch-Basis. Anschließend wird oft noch etwas Käse und danach Obst oder Kuchen gegessen. Der Espresso (starker, schwarzer Kaffee) schließt jedes Mittagessen ab. Manche bestellen ihn 'corretto' ('korrigiert' mit Grappa oder Cognac). Der Cappuccino (Kaffee mit schaumiger, warmer Milch) wird morgens und nachmittags getrunken.
Das Abendessen wird selten vor 19 Uhr (20 Uhr gilt vielfach als 'normale' Zeit) serviert. Der Italiener liebt ein ausgiebiges Abendessen (d. h. ein volles Menü) im Kreis der Familie.

Eßgewohnheiten (Fortsetzung)

Ein detailliertes Wörterverzeichnis mit Begriffen aus der Gastronomie enthält der Restaurantführer "Italien bittet zu Tisch" (→ Restaurants).

Gastronomisches Wörterverzeichnis

Speisen (Speisekarte: lista, carta)

Neben den Nudelgerichten, die in unzähligen Varianten und mit den verschiedensten Saucen auf der Speisekarte stehen, sind die Fischgerichte empfehlenswert. Ungewohnt ist manchem Deutschen die reichliche Verwendung von Olivenöl. Die Pizza ist ursprünglich ein Hefeteig mit etwas Tomate und Kräutern, also eine einfache, aber wohlschmeckende Brotvariante. Die vielfältigen Zubereitungsarten – mit Käse, Salami, Schinken, Pilzen, Artischockenherzen u.a. – haben sich erst mit wachsendem Wohlstand, besonders in Norditalien, und unter dem Einfluß des Tourismus entwickelt.

Italienische Küche

Baedeker Special

Auf die Nudel gekommen

Die Italiener könnten beleidigt sein: Die Nudel, ihre angeblich nationale Erfindung, soll Gerüchten zufolge nicht am Herd einer italienischen Mama, sondern im fernen China zum ersten Mal gekocht worden sein. Einer von Marco Polos Matrosen, Spaghetti mit Namen, habe sie dort entdeckt und 1295 auf dem Rücken von Elefanten nach Italien gebracht.

Man mag diese Variante der Nudelerfindung glauben oder nicht, das historische Problem liegt jedenfalls nicht darin, wer es zuerst geschafft hat, ein paar feuchte Teigfetzen, heißen sie nun Knödel, Gnocchi oder Spätzle, in kochendes Wasser zu werfen. Und es wird auch niemand bestreiten, daß die Italiener die Herstellung von Teigwaren in einer Art und Weise verfeinerten und kultivierten wie keine andere Nation der Welt. Weitaus entscheidender für die Entwicklung der Pasta war die Entdeckung, daß Teigwaren nicht mehr nach wenigen Tagen verderben, wenn man sie in der Sonne trocknet. Weizenkörner lassen sich zwar gut aufbewahren, sind aber insofern unpraktisch, als ihre Verwandlung in ein bekömmliches Gericht sehr zeit- und arbeitsaufwendig ist. Grieß, Mehl und Teig sind verderblich und früher kaum, heute nur unter besonderen Bedingungen für beschränkte Zeit haltbar. Erst die getrocknete Pasta erlaubt die problemlose Aufbewahrung des fertigen Lebensmittels, ermöglichte die industrielle Herstellung und seine enorme Verbreitung als Volksnahrungsmittel.

Für die Qualität der italienischen Pasta sorgt die einheitliche Formel der Zutaten: Hartweizengrieß und Wasser und sonst gar nichts. Nur für die sonntäglichen Eiernudeln kommen statt des Wassers frische Hühnereier in den Grieß. Die in Italien angebotene getrocknete Pasta darf laut Gesetz ausschließlich aus Hartweizengrieß und Wasser hergestellt werden. Der Hartweizen für italienische Pasta stammt überwiegend aus Apulien, Sizilien und Kanada, und die italienischen Mühlen bieten Hartweizengrieß in jeder gewünschten Qualität und Preisklasse an (400 bis 1000 Lire das Kilo). Der teuerste Hartweizen ist der kanadische, er hat einen hohen Eiweißgehalt und eine intensiv gelbe Farbe. In der Regel verwenden die großen Pastafirmen Mischungen verschiedener Provenienzen.

Die Kriterien, nach denen die Pastaindustrie ihre Grießmischungen einkauft und zusammenstellt, beschränken sich auf einige bestimmte Analysenwerte: Aschegehalt (möglichst tief), Proteinwert (möglichst hoch) und Gelbfärbung (möglichst intensiv). Wie beim Wein gibt es neben den analytischen Qualitätsmerkmalen jedoch auch beim Weizen große geschmackliche Unterschiede. Um diese aber in der Pasta zur Geltung bringen zu können, müßte man kontinuierlich, bereits von der Saat weg, auf das Produkt Einfluß nehmen.

Der von der Mühle angelieferte Weizengrieß ist anfällig für Insekten- und Schimmelbefall und muß innerhalb von wenigen Tagen verarbeitet werden. In Knetmaschinen wird er mit Wasser vermischt, bis der Teig einen Feuchtigkeitsgehalt von 30 Prozent erreicht. Die Temperatur des zugegebenen Wassers spielt eine entscheidende Rolle für den späteren Charakter der Pasta, sie variiert von Hersteller zu Hersteller und von einer Pastaform zur anderen und kann zwischen 10 °C und 55 °C liegen. Die Masse wird so lange bearbeitet, bis sie homogen ist und dann an die Formplatten gepreßt. Ja nach Pastamodell wird der Teig entweder durch feine Öffnungen gedrückt und von rotierenden Messern auf Länge geschnitten (z. B. Spaghetti, Penne oder Makkaroni) oder aus einer Pastafolie geschnitten bzw. gestanzt (Tagliatelle, Lasagne). Entscheidend für die spätere Pasta ist das Material, mit dem die Formöffnungen beschichtet sind, durch die der Teig gepreßt wird. In traditionellen Betrieben sind sie ganz aus Bronze und erzeugen eine rustikale Pasta mit rauher Oberfläche, während sie bei industriellen Anlagen meist mit Teflon beschichtet sind und eine glatte Pasta ergeben.

Der Wassergehalt der fertig geformten Pasta beträgt um die 30 Prozent. Um ihn auf das gesetzliche Maximum von 12,5 Prozent zu reduzieren, müssen Makkaroni und Konsorten umgehend getrocknet werden. Früher geschah dies durch Auslegen der Pasta in der Sonne bzw. in trockenen Räumen – eine langwierige Angelegenheit, die bis zu drei Wochen dauern konnte. Während Kleinbetriebe die frische Pasta noch heute in Trocknungskästen auf Brettern auslegen oder an Stangen aufhängen und ihr so bei 30 bis 50 °C das Wasser entziehen, erledigen die computergesteuerten Trocknungsanlagen der Industriebetriebe das in rasanten zwei bis fünf Stunden – mit Temperaturen zwischen 85 und 110 °C. Das kommt dann allerdings eher einem Backen als einem Trocknen gleich und prägt den Geschmack der Teigwaren nachhaltig. Pastafabrikanten, denen der Eigengeschmack des Hartweizens etwas mehr wert ist, lassen ihren Spaghetti 36 Stunden Zeit und überschreiten Temperaturen von 60 bis 70 °C nicht.

Die heute allgemein übliche industrielle Pastafabrikation bei hohen Temperaturen hat aber auch Vorteile: So zum Beispiel werden die Nudeln kochfester und intensiver in der Gelbfärbung. Des weiteren werden durch die Hitze gewisse unerwünschte Enzyme zerstört und eventuelle geschmackliche Störungen beseitigt. Demgegenüber steht, daß qualitative Unzulänglichkeiten der Ausgangsmaterialien ebenso verwischt durch Herkunft und Sorte des Weizens werden wie die feinen Unterschiede, die bedingt sind. Dafür ist wirklich schlechte Pasta, nicht zuletzt dank der hochentwickelten Technologie, selten geworden, und die Produkte der berühmten Markenhersteller garantieren für eine konstante und gute Standardqualität. Noch vor zehn Jahren zählte man in Italien 238 industrielle Pastahersteller, davon sind bis heute nur etwa 170 übriggeblieben. Der Preiskampf und die Monopolisierungstendenzen in diesem Sektor sind nicht weniger hart als in anderen Branchen der Lebensmittelindustrie.

Zu den 'Großen' im Geschäft mit der Nudel gehören heute neben Barilla und Buitoni vor allem Voiello, Agnesi, De Cecco, Corticella und Delvedere . Das in Parma beheimatete Unternehmen Barilla ist in Italien mit 35 Prozent unangefochtener Marktführer. Weit abgeschlagen mit nur sechs Prozent rangiert Nestlé (Buitoni und Pezullo) auf Platz 2, gefolgt von De Cecco mit fünf Prozent.

Die Konzentrationsbewegungen in der Pastaherstellung hat der Nachfrage nach den italienischen Teigwaren offenbar keinen Abbruch getan. Pasta deckt heute etwa ein Fünftel des Kalorienbedarfs der italienischen Bevölkerung, und der Pro-Kopf-Konsum ist seit ein paar Jahren vor allem in Norditalien wieder im Steigen begriffen; im Durchschnitt liegt er derzeit bei rund 24 kg pro Person und Jahr, in anderen europäischen Ländern im Schnitt zwischen vier und sechs Kilogramm.

Daß die Pasta den Italienern bis heute nicht verleidet ist, liegt nicht zuletzt an der Vielfalt der angebotenen Pastaformen, an der beinahe unbegrenzten Zubereitungsmöglichkeiten und – last but not least – an der Kochkunst der italienischen Hausfrauen. Kurz: Italien ohne Pasta wäre eine kulinarisch öde, traurige Halbinsel. Interessiert es da noch, ob die dünne Nudel, die wir unter dem Namen Spaghetti kennen, nun in China oder in Italien erfunden wurde ?

© *Merum – Unabhängige Fachzeitschrift mit reinem Wein aus Italien, 1/1995*
Merumpress, Basel.

Essen und Trinken

Tischgerät	Gedeck, Besteck: coperto; Löffel: cucchiaio; kleiner Löffel: cucchiaino; Messer: coltello; Gabel: forchetta; Teller: piatto; Glas: bicchiere; Tasse: tazza; Serviette: tovagliolo; Korkenzieher: cavatappi.
Mahlzeiten	Frühstück: prima colazione; Mittagessen: pranzo; Abendessen: cena.
Vorspeisen	Vorspeisen (antipasti): Sardellen (sardelle), Sardinen (sarde), Oliven (olive), Artischocken (carciofi), Pilze (funghi), Radieschen (ravanelli), Wurst (salame), Schinken (prosciutto), Eier (uove), Salate aus Meeresfrüchten (frutti di mare) u. a.
Suppen	Brodo: Brühe; consomé: Kraftbrühe; minestra: Suppe mit Einlage; minestrone: dicke Gemüsesuppe; stracciatella: Kraftbrühe mit Eierstich; zuppa (di ...): -Suppe.
Teigwaren	Teigwaren (farinacei), Nudeln (pasta): Agnolotti: Teigklöße mit Fleischfüllung; bucatini: dicke Spaghetti; cannelloni: große Röhrennudeln; capellini: Fadennudeln; cappeletti: gefüllte Nudelhütchen; fettucine: Bandnudeln; gnocchi: Klößchen, Nockerln; lasagne: breite Bandnudeln (oft grün), Nudelfleck; maccheroni: Makkaroni; pansotti: Teigtaschen mit Käse- und Spinatfüllung; pasta asciutta: Pastasciutta; ravioli: Ravioli; rigatoni: kurze Makkaroni; spaghetti: Spaghetti; vermicelli: Fadennudeln.
Risotto	Risotto: Reisgericht; riso: Reis.
Polenta	Polenta: Maisbrei (erkaltet fest).
Eier	Eier (uova): alla coque, al guscio: weich gekocht; sode: hart gekocht; al piatto, al tegame: Spiegeleier; frittata: Omelette.
Brot	Brot (pane): panini: Brötchen; grissini: kleine Gebäckstangen.
Fisch und andere Meerestiere	Fisch (pesce) und andere Meerestiere (frutti di mare) gibt es in reicher Auswahl: Acciughe: Sardellen, Anchovis; anguilla: Aal; aragosta: Languste, Hummer; aringa: Hering; baccalà: Stockfisch; calamari: Tintenfische; carpa, carpone: Karpfen; cefalo: Meeräsche; cernia: Sägebarsch; cozze: Miesmuscheln; datteri: Dattelmuscheln; dentice: Zahnbrasse; fritto misto mare: Fisch und andere Meerestiere in Teig gebacken; gamberetti: Krabben; gàmbero: Krebs; gàmbero di mare: Hummer; gamberoni: Garnelen; granchi: Krebse; luccio: Hecht; merluzzo: Seehecht; moscardini: kleine Moschuskraken; mùscoli: Miesmuscheln; nasello: Schellfisch; orata: Goldbrasse; òstriche: Austern; pescatrice: Seeteufel; pesce persico: Barsch; pesce spada: Schwertfisch; pesce ragno: Seebarsch; polpo: Polyp, Krake; razza: Rochen; riccio marino: Seeigel; rombo: Steinbutt; salmone: Lachs, Salm; sarde: Sprotten; sardine: Sardinen; scampi: Schlankhummernschwänze; sògliola: Seezunge; sgombro: Makrele; spigola: Lippfisch; storione: Stör; tonno: Thunfisch; triglia: Seebarbe; trota: Forelle; vongole: kleine, helle Muscheln; zuppa di pesce: Fischsuppe.
Schnecken	Schnecken: lumache.
Fleisch (carne)	Tiere: Abbacchio: Milchlamm; agnello: Lamm; bue: Ochse; capretto: Zicklein; coniglio: Kaninchen; maiale: Schwein; manzo: Rind; montone: Hammel; porchetto, porcello: Ferkel; vitello: Kalb; vitellone: junges Rind, Färse. Fleischteile: Animelle: Bries; cervello: Hirn; bistecca: Steak; coda: Schwanz; coscia: Schlegel; cuore: Herz; costoletta, costata: Kotelett; fègato: Leber; filetto: Filet; lingua: Zunge; lombata: Lendenstück; ossobuco: Kalbshaxenscheibe; paillard: Kalbsfilet; petto: Brust; piccata: Kalbfleischscheibe;

Essen und Trinken

piede, piedino: Fuß; polmone: Lunge; rognoni: Nieren; scaloppa: Schnitzel; spezzatino: Kalbsgulasch; testa, testina: Kopf; trippa: Kutteln; zampone: Schweinsfuß.
Zubereitungsarten:
Arrosto: Braten, gebraten; bollito: gekocht; bollito misto: gemischtes Siedfleisch; cibrero: Ragout; ben cotto: gut durchgebraten, weichgekocht; ai ferri: auf dem Rost gebraten; al girarrosto: am Spieß gebraten; alla griglia: vom Grill; all'inglese: wenig gebraten; lesso: gekocht; pasticcio: Pastete; polpette: Fleischklößchen; al sangue: wenig gebraten (innen blutig); stracotto, stufato, stufatino: gedünstet, geschmort.

Fleisch (Fortsetzung)

Wurst: salame; salsiccia: Würstchen.

Wurst

Schinken: prosciutto; crudo (roher), cotto (gekochter); coppa: luftgetrockneter Schweinehals; pancetta: Schweinebauch.

Schinken

Aufschnitt: affettato.

Aufschnitt

Wild (selvaggina): camoscio: Gemse; capriolo: Reh; cervo: Hirsch; cinghiale: Wildschwein; fagiano: Fasan; faraona: Perlhuhn; lepre: Hase; pernice, starna: Rebhuhn; piccione: Taube; tordo: Drossel.

Wild

Geflügel (pollame):
Ànitra: Ente; gallinaccio, dindo, tacchino: Truthahn; oca: Gans; pollo: Huhn.

Geflügel

Gemüse (verdure, legumi) und Beilagen (contorno, guarnizione):
Asparagi: Spargel, barbaforte: Meerrettich; bròcoli: grüner Blumenkohl; carciofi: Artischocken; cardoni: Kardonen (Cardy); cavolfiore: weißer Blumenkohl; càvolo: Kohl; cavolini di Bruxelles: Rosenkohl; cipolle: Zwiebeln; crudezze: Rohkost; fagioli: Bohnenkerne; fagiolini: grüne Bohnen; fave: dicke oder Saubohnen; finocchio: Fenchel; funghi: Pilze; lenticchie: Linsen; melanzane: Auberginen; patate: Kartoffeln; peperoni: Paprikaschoten; piselli: Erbsen; pomo(i)dori: Tomaten; ràfano: Rettich; ravanelli: Radieschen; sèdano: Sellerie; spinaci: Blattspinat; zucchini: kleine Kürbisgurken. Salat: insalata (di...).

Gemüse und Beilagen

Salsa al burro: Buttersauce; salsa alle noci: Sauce aus geriebenen Nüssen und Sahne; salsa bolognese: Tomatensauce mit Fleisch; salsa napoletana: einfache Tomatensauce; salsa verde: Petersiliensauce mit Öl, Ei, Gewürzen und Kapern; maionese: Mayonnaise; pesto alla genovese: grüne Basilikumsauce mit Pinienkernen, Parmesan und Knoblauch.

Saucen

Aceto: Essig, aglio: Knoblauch; burro: Butter; mostarda: kandierte Früchte in Senfsauce; olio: Öl; pepe: Pfeffer; sale: Salz; sènape: Senf; sugo: Saft, Jus.

Zutaten

Nachtisch (dessert, dolce):
Bavarese: Cremespeise; budino: Pudding; cassata: Halbgefrorenes; frittata: Eierkuchen; gelato: Eis; macedonia: Fruchtsalat; panettone: Hefekuchen: torta: Torte; zabaglione: Weinschaumspeise.

Nachtisch

Obst (frutta):
Anguria, cocomero: Wassermelone; arancia: Apfelsine; ciliege: Kirschen; fichi: Feigen; fràgole: Erdbeeren; frutta secca: getrocknete Früchte, 'Studentenfutter'; lamponi: Himbeeren; limone: Zitrone; màndorle: Mandeln; mela: Apfel; melone: Melone; nèspole: Mispeln; noci: Nüsse; pera: Birne; pesca: Pfirsich; pistacchi: Pistazien; pompelmo: Pampelmuse; popone: Melone; prugne: Pflaumen; uva: Weintraube; uve secche: Rosinen.

Obst

Käse (formaggio):
Bel Paese (weich), Brancolino (Ziege), Gorgonzola (Edelpilz), Mozzarella

Käse

Essen und Trinken

Käse (Fortsetzung)
(frisch), Parmigiano (Parmesan), Provolone (pikant), Pecorino (Schaf), Ricotta (Quark), Romano (Schaf), Stracchino (Pilz ohne Blauschimmel).

Ausgewählte Speisen der regionalen Küche

Abruzzen
Gnumerieddi/Torcinelli: im Backofen oder am Spieß gebratene Rouladen aus feingeschnittenen und mit Salz, Pfeffer, Knoblauch und Pfefferschoten gewürzten Schafs- oder Ziegeninnereien sowie den Gedärmen des Tieres
Guazzetto di Pesce: Fischsuppe aus Pescara, die mit Marmorbrassen oder Kabeljau, Scampi und Heuschreckenkrebsen gekocht und mit Knoblauch und Essig gewürzt wird

Typische Speisen sind ferner Maccheroni alla Chitarra (Chitarra = von Hand gefertigte 'Gitarren': Es handelt sich um rechteckige Holzrahmen mit vielen feinen Metallsaiten, auf denen die Nudeln hauchdünn geschnitten und dann sofort ins kochende Wasser gegeben werden), die Pizzelle und Lammgerichte. Für viele Spezialitäten gibt es gastronomische Feste (sagre), so z. B. das Lammfest (sagra dell'agnello) in Palena, das Artischokkenfest (sagra del carciofo) in Cupello, das Spanferkelfest (sagra della Porchetta) in Ari u. v. a. In Chieti werden u. a. gern Hasenbraten auf Chietiner Art, Polenta alla Spianatora (Maisbrei) und Turcenelle (Teigwaren mit scharfer Tomatensauce) gegessen. Wichtigstes Gewürz in der abruzzesischen Küche sind die pulverisierten (Teufelchen genannten) Pfefferschötchen oder auch die länglichen Pfefferschoten aus der Ebene von Piazzano

Aostatal
Carbonada/Carbonata: geschmortes Rindfleisch mit Zwiebeln und Rotwein
Seupa alla Valpellinenze: Suppe aus aufgeschnittenem Brot mit Schichten von Schinken, Fontina-Käse, geschmortem Wirsing und Bratensaft dazwischen; mit Fleischbrühe übergossen und in den Backofen geschoben
Die Küche ist außerdem für ihre Polenta und Gerichte aus Gemsenfleisch bekannt

Apulien
Ciceri e Tria: Kichererbsensuppe mit Tagliatelle (Bandnudeln)
Panzerotti: Mit Käse und Wurst oder mit Gemüse gefüllte dünne Teigtaschen, die in heißem Fett ausgebacken werden
Pittule/Pettole: Hefeteigkrapfen, gefüllt mit Sardinen, Oliven oder einer anderen Mischung, ausgebacken in Olivenöl
Troccoli: dicke Tagliatelle (Bandnudeln) aus Hartweizengrieß und Eiern
Die Küche ist ferner für die Recchietelle (eine besondere Nudelart) sowie die Fischsuppe bekannt

Basilikata
Strascinati: flache, große, ohrförmige Nudeln aus Hartweizenmehl und Wasser
Die Küche ist außerdem für ihre Gemüsegerichte und die Würste aus Garaguso berühmt

Emilia-Romagna
Garganelli: Eiernudeln, deren Teig mit geriebenem Parmesankäse ausgerollt, in kleine Vierecke zerschnitten, um ein Stöcken gerollt und über einen Kamm gezogen wird, dazu reicht man Ragout
In der Emilia:
Cotoletta alla Bolognese: panierte und in Butter gebackene Fleischscheibe aus dem Kalbsschlegel; anschließend mit rohem Schinken und dünnen Scheiben Grana-Käse bedeckt und im Backofen überbacken
Friggione: Schmorgericht aus Zwiebeln, Tomaten, Paprika und Öl, mit Essig verfeinert
Pisarei e Fasoi: Klößchen aus Mehl, Semmelbröseln und Wasser mit einer Sauce aus Borlotti-Bohnen, die mit Speck, Zwiebeln und Tomaten gekocht wurden
Zu den weiteren Spezialitäten zählen Süßwasseraale aus Comacchio, Tortellini, Lasagne und Wurstwaren

Essen und Trinken

Cjalzons: dicke Ravioli, zwar mit örtlich unterschiedlicher Füllung, doch immer mit dem salzig-süßem Geschmack; darüber kommen Butter, Zucker und Zimt. Frico: in Butter oder Schmalz knusprig gebackener Montasio-Käse Jota: Bohnensuppe Zu den Gaumenfreuden zählen ferner Brodetto (Fischsuppe), Luganiche (Wurstsorte) sowie der San-Daniele-Schinken	Friaul–Julisch Venetien
Spezialitäten dieser Region sind die auf vielerlei Art zubereiteten Auberginen (melanzane) sowie das Nudelgericht Pasta incasata	Kalabrien
Babà: Kuchen aus Mehl, Eiern, Butter und Hefe, nach dem Backen in noch heißem Zustand mit Rumsirup getränkt Calzone Napoletano: ein mit Mozzarella, Ricotta (Frischkäse), Salami, Schinken und geriebenem Käse belegter und mit Basilikum und Schweineschmalz verfeinerter Brotfladen, der zu einer Tasche geschlossen und im Holzofen ausgebacken wird Genovese: Rinderschmorbraten, der mit reichlich Zwiebeln und Tomaten gekocht wird Impepata di Cozze: Geöffnete Miesmuscheln, gewürzt mit Pfeffer, gehackter Petersilie und Zitrone Polpetti in Cassuola: Gericht aus Tintenfischen Zuppa di Soffritto: In Stücke geschnittene Eingeweide vom Schwein, die geröstet und dann in einer Sauce aus Tomaten und Pfefferschoten gekocht und mit Brotscheiben serviert werden Beliebte Gerichte sind ferner die Maccheroni, Muschelsuppe, neapolitanische Pizza sowie Sfogliatelle (ein Gebäck)	Kampanien
Bucatini all'amatriciana: dicke Spaghetti mit einem Sud aus gepökelter, speckähnlicher Schweinebacke, Tomaten und Pfefferschoten, serviert mit geriebenem pikantem Schafskäse Bucatini alla Gricia: Nudeln mit gerösteter Schweinebacke und scharfen Pfefferschoten, serviert mit geriebenem Schafskäse Padellotto: Eingeweide von Kalb oder Rind, die in Schmalz gebraten und mit Weißwein gekocht werden Pajata: In Stücke geschnittener erster Teil des Darms vom Milchkalb. Stücke werden zu einem kleinen Kranz gebunden und geschmort. Dazu werden Rigatoni (Makkaroni) serviert Pesce all'Acqua Pazza: Meerbrasse oder Seebarsch, gekocht in einem Sud aus Wasser, Olivenöl, kleingeschnittenen Tomaten, Knoblauch, Pfefferschoten und Petersilie Zu den typischen Spezialitäten zählen außerdem Spaghetti alla Carbonara (= nach Köhlerart) sowie Lammbraten	Latium
Buridda: Seeaal, Tintenfisch oder in Stücke geschnittener Stockfisch werden in einem Sud aus Tomaten, Zwiebeln, Knoblauch, Petersilie, Sardinen und getrockneten Pilzen zu einer Suppe gekocht; hinzu kommen gewürfelte Kartoffeln, grüne entkernte Oliven und Pinienkerne. Cappon magro (repräsentativstes Gericht der ligurischen Küche): Salat auf Fischbasis, dessen Zutaten schichtweise zu einer Pyramide gehäuft werden. Die unterste Schicht besteht aus mit Knoblauch zerstampftem Zwieback, dann folgen Fisch mit festem Fleisch, gekochtes Gemüse in Würfeln, harte Eier, Artischocken, Thunfisch, Garnelen, Kapern, Oliven. Das Ganze wird mit salsa verde (Kräutersauce) oder Pesto (Würzpaste) überzogen und mit einer Languste gekrönt Cima alla Genovese: Kalbsbrust gefüllt mit Bries, Hirn, Mark, Fleischwürfeln, Pistazien und Parmesan, mit geschlagenem Ei legiert und mit Knoblauch und Majoran gewürzt. Die Kalbsbrust, zu einer Tasche geformt, wird gekocht und in Scheiben geschnitten serviert Ciuppin: Fischsuppe bzw. -ragout aus verschiedenen Fischsorten und einem Sud aus Öl, Zwiebeln, Knoblauch, Möhren, Petersilie, Sellerie, Sardellen, Tomaten und Weißwein	Ligurien

Essen und Trinken

Ligurien (Fortsetzung)	Mescciúa: ein typisches sog. 'Arme-Leute'-Gericht aus ganzen Getreidekörnern, Kichererbsen und weißen Bohnen, mit Öl und Pfeffer gewürzt Troffiette: nudelähnliche Teigwaren mit grünen Bohnen, Kartoffeln und Pesto (Würzpaste) Eine Spezialität sind Trenette al Pesto (flache Spaghetti mit Würzpaste)
Lombardei	Casonsei/Casoncelli: Ravioli, gefüllt mit einer Mischung aus Brot, Wurst und Käse oder Gemüse Cassoeula: Eintopf aus Wirsing, Karotten, Sellerie und bestimmten Teilen des Schweins Rustin Negàa: in Butter geröstetes und mit Rosmarin gewürztes Kalbfleisch, das in Weißwein gekocht wird Rustisciada: Schmorgericht aus Würstchen und Schweinefleisch, das mit Butter, Zwiebeln und Tomatensauce zubereitet wird; dazu wird Polenta (Maisbrei) serviert Sciatt: In Öl gebackene Buchweizenpfannkuchen mit Grappa und geschmolzenem Käse, mit Gemüse serviert Beliebte Speisen sind ferner Risotto (Reisgericht), Ossobucco (Haxe) und Zuppa Pavese (Fleischbrühe mit Käse)
Marken	Vincisgassi: Lasagne mit mehreren Lagen aus Fleischragout, Geflügelleber, Béchamelsauce und Parmesan Zu den typischen Gerichten zählen ferner Brodetto (Fischsuppe), Porchetta (Schwein am Spieß), Tournedos alla Rossini, Salami aus Fabriano
Molise	In der Provinz Molise sind die hausgemachten Maccheroni alla chitarra (durch Drähte gepreßte Nudeln), Polenta sowie die Cavatelli (Röhrennudeln) beliebt
Piemont	Batsoà: Gekochte Schweinsfüße ohne Knochen, die danach in geschlagenem Ei und Semmelbröseln gewälzt und anschließend in Butter gebacken werden Weitere Köstlichkeiten sind Wild, Trüffel und Fondue
Sardinien	Culorzones/Culingionis: Ravioli mit Quark- oder Käsefüllung Malloreddus: mit Safran gewürzte kleine Klöße aus Grieß und Mehl, die mit einer Sauce aus Tomaten und Würstchen oder geriebenem Schafskäse, der im Wasserbad geschmolzen wurde, serviert werden Porceddu: auf dem offenen Feuer gegrilltes Spanferkel Sebadas/Seadas: mit Ziegenkäse gefüllte, in Öl ausgebackene und mit warmem Honig bestrichene Ravioli Auch Hummer zählt zu den kulinarischen Gaumenfreuden
Sizilien	Arancini di riso: Reisbällchen gefüllt mit Fleisch und Erbsen Caponata: Gekochte Auberginen, gefüllt mit Kapern, Kürbis, Tomaten und Oliven; oder als Eintopf frittierte Auberginestückchen, Sellerie, Tomaten, Zwiebeln, Oliven und Kapern (durch die Beifügung von Essig und Zucker süßsaurer Geschmack) Cassata siciliana: Kuchen mit kandierten Früchten, frischem Quark, Marzipan und Biskuit Falso magro alla Siciliana: Kalbfleisch, gefüllt mit einer Paste aus zerkleinerter Mortadella (Wurstsorte), Käse, Eiern und Hackfleisch, zunächst angebraten und anschließend geschmort Girelli: Kalbskroquetten, gefüllt mit Parmesan und Schinken Involtini di pesce spada: Rouladen aus Schwertfischscheiben, gefüllt mit Käse, Zwiebeln, Schwertfischfleisch, Semmelbröseln und Kapern Pasta con le Sarde: dicke Spaghetti mit Sardinen, Rosinen, Pinienkernen, wildem Fenchel und Safran, manchmal noch mit darübergestreuten gehackten Mandeln serviert Pesce spada alla ghiotta: in dicke Scheiben geschnittener, in Olivenöl frittierter Schwertfisch mit einer Mischung aus Tomatensauce, Sellerie, Kapern, schwarzen Oliven und mit etwas Rotweinessig gewürzt

Essen und Trinken

Salmoriglio: Würzsauce für den gegrillten Schwertfisch, bestehend aus Öl, heißem Wasser, Zitronensaft, Petersilie, Knoblauch und Oregano
Sfincioni: gebackener Käse mit Öl, Pfeffer und Tomaten
Spaghetti alla Norma (nach der Oper des Komponisten Vincenzo Bellini benannt): Spaghetti mit frischen Tomaten und frittierten Auberginen
Beliebt sind ferner u. a. Nudeln mit Sardellen, Schwertfisch sowie die sizilianischen Süßigkeiten

Sizilien (Fortsetzung)

Aquacotta (Spezialität der Maremmen): Gemüse- oder Pilzsuppe mit selbstgebackenem Brot
Baccalà alla Livornese: frittierter Klippfisch mit würziger Sauce
Cacciucco: Pikant gewürzte Fischsuppe aus Livorno
Faggioli all'Uccelletto: Gericht aus weißen Bohnen, gewürzt mit Tomatensauce
Garmugia (Spezialität in Lucca und Umgebung): Frühlingssuppe mit Saubohnen, Erbsen, Artischockenstückchen, Spargelspitzen und Perlzwiebeln in einer mit Rinderhack und Speckwürfeln angereicherten Brühe.
Pici/Pinci: dicke, handgerollte Spaghetti (unregelmäßige Form) mit Fleisch-, Tomaten- oder Pilzsauce
Ribollita: Suppe mit weißen Bohnen, Schwarzkohl oder Wirsing, verschiedenem Gemüse und Brot
Rosticciana (in Arezzo und Siena 'costoleccio' genannt): gepfefferte, über Holzfeuer gegrillte Schweinerippchen
Scottiglia: Schmorgericht aus gemischtem Fleisch, das auf mit dem Fleischsaft übergossenen Brotscheiben angerichtet wird
Tegamaccio (Spezialität aus der Region um Chiusi): Suppe aus Süßwasserfischen mit Rotwein und Tomatensauce, verfeinert mit Zwiebeln und Knoblauch
Testaroli: dünne Crèpes werden in rautenförmige Stücke geschnitten, in Wasser gekocht und mit Pesto (Würzpaste) und Schafskäse serviert
Torta d'Erbi: Salzige Torte aus Mangold- und Borretschblättern, Lauch, Ricotta (Frischkäse) und Schafskäse zwischen zwei dünnen Schichten Teig
Zuppa Frantoiana: Suppe aus Schwarzkohl, Wiesenkräutern und Gemüse; alles zusammen gießt man über mit Knoblauch eingeriebene und mit Olivenöl getränkte Brotscheiben
Typisch für das Gebiet sind auch das Bistecca (Steak) alla Fiorentina sowie der Panforte (Kuchen)

Toskana

Trentino: Beliebte Gerichte des Trentino sind Hase nach Trienter Art und Fische aus den Bergseen
Zahlreich sind die Spezialitäten Südtirols, z. B.
Bauernschöpsernes: Eintopf aus Hammelfleisch (Schöpsenfleisch), Rotwein, Kartoffeln, gewürzt mit Knoblauch, Salbei und Rosmarin sowie dem Aroma von Lorbeer
G(e)röstl: Stückchen gekochten Fleisches, Kartoffeln und Ei zusammen in Butter gebraten (ähnlich wie Bauernfrühstück)
Polenta: eine Spezialität aus Maisgrieß
Schlutzkrapfen: Teigwaren ähnlich den schwäbischen Maultaschen, gefüllt mit Spinat und mit Parmesan angerichtet
Speckknödel: durch Speck, Zwiebeln und Kräuter verfeinerte Semmelknödel, die in der Suppe oder als Beilage serviert werden; seltener erhält man dunkle, aus Schwarzplentenmehl (Buchweizenmehl) zubereitete Knödel
Südtiroler Weinsuppe: Fleischbrühe, die mit Eigelb, Sahne und Weißwein zu einer cremigen Masse geschlagen und mit in Butter gerösteten Brotwürfeln und einer Prise Zimt bestreut serviert wird
Stocktirtl: mit Quark und Mohn gefüllte Teigblätter, die übereinandergeschichtet und mit Honigwasser übergossen werden
Topfenpalatschinken: Pfannkuchen mit einer Füllung aus Butter, Zucker und Eigelb vermischter Ricotta (Frischkäse); die geschlossenen Pfannkuchen werden mit einer Mischung aus geschlagenen Eiern, Milch und Zucker übergossen und im Ofen überbacken

Trentino– Südtirol

Essen und Trinken

Umbrien
Cicerchiata: Mandelgebäck aus kandierten Früchten und Honig
Ciriole/Strangozzi: Tagliatelle (Bandnudeln) aus Vollkornmehl und Wasser, die u. a. gern mit Pilz- oder Trüffelsoße (salsa al tartufo) serviert werden
Coratella d'agnello: knusprig gebratene Lamminnereien
Minestra di farro: Dinkelsuppe
Porchetta: scharf gewürztes, kaltes Spanferkel mit wildem Fenchel, Knoblauch und Pfeffer
Torta al testo: mit Schinken und Wurst gefüllte Fladenbrote aus Wasser, Mehl, Schweinegrieben und Schafskäse

Venetien
Baccala mantecato: getrockneter Stockfisch mit Milch und Sahne gekocht und zu einer Crememasse verrührt
Brodetto di pesce: venezianische Fischsuppe aus Fischen mit Zwiebeln, Tomatensaft, Weißwein, Petersilie, Lorbeerblatt und Öl
Fegato alla veneziana: Kalbsleber auf venezianische Art mit Zwiebelringen, in Öl gedünstet
Risi e bisi: venezianisches Nationalgericht, bestehend aus Reis mit frischen Erbsen, Speckwürfeln und Schinken
Risi e luganega: Reissuppe mit Schweinswürstchen
Risotto de peoci o de cape: Reis mit Muscheln, Krabben, Garnelen etc.
Sardelle in Saôr: gebackene Sardinen in einer Sauce aus Essig und getrockneten Zwiebeln in Öl; manchmal werden sie auch mit Rosinen und Pinienkernen serviert
Sogliola alla casseruola: Seezungenfilet im Topf mit Champignons gedünstet

Getränke

Allgemeines
Standardgetränke zu allen Mahlzeiten sind Wein (vino) und Mineralwasser (acqua minerale). Überall gibt es auch Bier (birra), in der Regel sowohl das leichte italienische als auch ausländisches (birra estera), neben deutschem sehr oft dänisches oder holländisches. Gängige Erfrischungsgetränke sind Orangeade (aranciata), Limonade (limonata) und diverse Fruchtsäfte (succo di ...).
Der Tischwein (vino da pasto) wird offen serviert – entweder in einer Karaffe zu 1 Liter (un litro), 0,5 Liter (un mezzo litro) oder 0,25 Liter (un quarto litro) oder im Glas (un bicchiere). Die älteren Jahrgänge und Wein hoher Qualität werden wie üblich in verkorkten Flaschen mit Etikett gereicht.

Weinbauregionen und die wichtigsten DOC-Weine

1 Piemont, Aostatal, Ligurien

Barolo und *Barbaresco* (Traubensorte Nebbiolo): mächtige und gleichzeitig elegante Rotweine (Barolo kraftvoller und Barbaresco eleganter), nicht sehr instensive Farbe, tanninreich, alkoholstark, ausgestattet mit harmonischer Säure.
Barbera d'Asti und *Barbera d'Alba* (Traubensorte Barbera): intensives Rubinrot, charakteristisch hohe Säure, kaum Tannin, süffig, ursprünglich typischer Tischwein, heute jedoch oft barrique-Ausbau (=Lagerwein).
Asti und *Moscato d'Asti* (Traubensorte Moscato): süß, ausgeprägte Muskatellerfrucht, schäumend der Asti (mehr Alkohol, weniger Süße) und prikkelnd der Moscato (weniger Alkohol, mehr Süße).
Gattinara und *Ghemme* (Traubensorte Nebbiolo): kraftvolle, kernige Rotweine aus Nordpiemont.
Gavi (Traubensorte Cortese): duftender, fruchtiger, voller, trockener Weißwein mit kräftiger Säure.
Dolcetto aus verschiedenen piemontesischen Ursprungsgebieten (Traubensorte Dolcetto): purpurfarbener, fruchtiger, nicht allzu schwerer Rotwein, 'Italiens Beaujolais'.

Essen und Trinken

Weinbauregionen in Italien

2 Lombardei

Franciacorta (verschiedene, auch französische Traubensorten): verschiedene Weiß- und Rotweine, von denen nur die Schaumweine (Spumante) hervorragend sind (traditionelle Flaschengärung).
Oltrepò Pavese (verschiedene, auch französische Traubensorten): beachtlich sind einige Blauburgunder/Pinot Nero und Schaumweine /Spumante mit traditioneller Flaschengärung.
Veltliner/Valtellina (Traubensorte Nebbiolo): fruchtig-kerniger Rotwein.

3 Südtirol, Trentino

St. Magdalener (Traubensorte Vernatsch): leichter, heller, süffiger Rotwein.
Lagrein (Traubensorte Lagrein): intensiv rubinfarbener, kerniger, interessanter, roter Lagerwein mit typisch bitterem Abgang.

Baedeker Special

Weinwende all' italiana

Ja, ja der Chiantiwein ... Italiens Weine standen bis vor wenigen Jahren noch für Urlaubserinnerungen, für unbekümmertes Trinkvergnügen, für Sonne und mediterrane Gastfreundschaft. Urlaubsweine, Pizzaweine, Gartenpartyweine. Viel mehr wurde von ihnen nicht erwartet. Man griff zum 'Nostrano', dem 'Unsrigen', und genoß in ebenso vollen wie unkritischen Zügen die Wein gewordene Italienstimmung. Ob der rote Saft nun Chianti, Dolcetto oder Valpolicella hieß, war nebensächlich, er schmeckte ja, war kräftig und kostete nicht viel. Im 'Urlaubsspektakel' spielte er ohnehin nur eine austauschbare Statistenrolle.

Noch gegen Ende der 70er Jahre erzeugte Italien weit über 8 Mrd. l Wein. Aber nur die wenigsten schmeckten auch dann noch, wenn die Erinnerung an Zypressen und Olivenbäume, an weiße Strände und alte Gemäuer, an die Gastfreundschaft von Giovanni und Maria verblaßt war.
Zu Beginn der 80er Jahre setzte dann in der Toskana, im Piemont und im Friaul eine Entwicklung ein, die der bisherigen Außenseitergruppe der Weine mit gehobener Qualität und ebensolchen Preisen einen enormen Auftrieb verschaffte. Der Grund für diese Entwicklung lag beim Weinkonsum der Italiener selbst, der plötzlich rapide zurückging. Von den traditionellen 100 bis 120 l sackte der jährliche Pro-Kopf-Verbrauch in den 80er Jahren auf kärgliche 55 l ab, die italienische Weinwirtschaft geriet in eine schwere Absatzkrise. Aus einem 'Weinmanko' von 2 Mrd. l kurz nach dem Zweiten Weltkrieg wurde dreißig Jahre später ein Weinüberschuß in derselben Größenordnung, und noch 1984 vernichtete Italien ganze 2,5 Mrd. l Wein durch Destillation. Es war die verzweifelte Suche nach neuen Absatzmärkten, die die Italiener die 'großen Weine' entdecken und ihre Weine von Jahr zu Jahr besser werden ließ. Da die Nachfrage nach simplem Vino für den Alltag immer schwächer wurde, begannen sie in einem Sektor aktiv zu werden, der bis dahin fest in französischer Hand war. Aus einem alten, staubigen Weinmonument namens Barolo entwickelte sich in wenigen Jahren ein moderner, hochpreisiger Rotwein und ein absolutes 'Muß' für die Weinhandlungen im In- und Ausland.
Abrupt aus einem hundertjährigen Dornröschenschlaf gerissen wurde der Brunello di Montalcino, ursprünglich nur in geringen Mengen von drei, vier Produzenten erzeugt, dann von der Presse eifrig auf den Weinolymp hochgejubelt und mittlerweile in stattlichen Mengen von weit über 100 Winzern angeboten.

Zu einem der renommiertesten Weine Italiens emanzipierte sich der einst preisgünstige, spritzige Toskaner aus der Bastflasche, der Chianti Classico. Seiner respektablen Produktion von etwa 30 Mio. Flaschen sind immerhin 7000 Hektar Weinanbaufläche gewidmet. Der Chianti Classico ist eines der auffälligsten Beispiele der jüngsten italienischen Weingeschichte, die gekennzeichnet ist von einer 'wundersamen Läuterung' banaler Weinsorten.

Wundersam an der italienischen 'Weinrevolution' ist jedoch nicht die Tatsache der rapiden Qualitätsverbesserung an sich, sondern die kurze Zeitspanne, die dafür und für die Schaffung eines für Italien gänzlich neuen Wein-Images vor allem im Ausland benötigt wurde: Seit Beginn der 'Revolution' sind keine 15 Jahre vergangen. Abgesehen von der erstaunlichen unternehmerischen Elastizität der Italiener birgt die

Wende 'all'italiana' wenig Geheimnisse: drastisch reduzierte Hektarerträge, massive Investitionen in den Weinkellern und ein (manchmal) fast etwas übertrieben kompromißloser Einsatz modernster ökologischer Kenntnisse. Kein Land in Europa ist reicher gesegnet mit Lagen, die sich bestens für den Anbau von Qualitätsweinen eignen, als Italien. Von den südlichen Inseln mit afrikanischem Klima bis hoch in die rauhen Alpentäler im Norden wird in Italien Weinbau betrieben: Insgesamt eine Million Hektar Weinberge werden von ebensovielen Winzern bearbeitet. Weitaus erstaunlicher noch als der Reichtum des Weinlandes Italien an verschiedenartigsten Lagen ist die große Auswahl einheimischer Traubensorten.

Die schillernde Vielfalt der italienischen Weinwelt, durch den typisch italienischen Individualismus der Winzer noch potenziert, ist gleichzeitig auch eines ihrer größten Probleme. 270 kontrollierte Ursprungsbezeichnungen (DOC und DOCG) wurden bisher anerkannt, aber damit nicht genug : Diese Ursprungsbezeichnungen sind oft nur Sammelgefäße für Gruppen von verschiedensten Weintypen. Rein theoretisch müßte man sich die Namen von 1144 Weinsorten einprägen, um über die offizielle italienische Weinwelt umfassend im Bild zu sein.

Man könnte meinen, daß sich die italienischen Erzeuger mit dieser schon recht verwirrend hohen Zahl an Bezeichnungen begnügen sollten, aber nein: Es gibt kaum einen Winzer, der seine Eitelkeit genügend im Griff hätte und diese Liste nicht noch zusätzlich um eine oder mehrere Weinkreationen, meist im Vino-da-Tavola-Status, verlängert. Mehr als 40000 Weinabfüller mit mindestens 200000 Weinetiketten gibt es in Italien – das Chaos für den durchschnittlichen Weintrinker ist damit perfekt. Und es besteht wenig Chance, sich ohne Vorkenntnisse auf die Schnelle zu orientieren und beim Weinkauf vor Ort einen Fehlgriff auszuschließen.

Im Zweifelsfall halte man sich an bekannte Namen und an die Faustregel:

"Ein teurer Wein muß nicht unbedingt, ein billiger kann nicht gut sein!"

Eine gewisse Garantie für Qualität bietet die kontrollierte Ursprungsbezeichnung (DOC und DOCG). Weine dieser Kategorien müssen – laut italienischem Weingesetz – vor der Abfüllung einer analytischen und geschmacklichen Prüfung unterzogen werden. Ohne Kontrollen dürfen hingegen Tafelweine angeboten werden, für ihre Qualität haftet allein der Name des Erzeugers.

Vom gesetzlichen Standpunkt her sind die Vini da Tavola (Tafelweine) die unterste Qualitätskategorie. Um sich jedoch in den frühen 80er Jahren vom schlechten Image der DOC-Weine abheben zu können, begannen zahlreiche Erzeuger, ihre besten Weine als Vini da Tavola auf den Markt zu bringen. Die hochpreisigen Super-Vino da Tavola befreiten die Produzenten von gesetzlichen Einschränkungen und erlaubten ihnen, ihre wildesten Weinphantasien auszuleben. Oft sind diese Vini da Tavola konzentrierte, in Barriques ausgebaute Sortenverschnitte mit französischen Traubensorten. Das 1992 in Kraft getretene neue Weingesetz mit seiner differenzierteren, den unterschiedlichen Qualitäten Rechnung tragenden Betrachtungsweise hat der Vino-da-Tavola-Mode den größten Wind aus den Segeln genommen und vermag einer weiteren Eskalation des kreativen Chaos' einen effizienten Riegel vorzuschieben.

Doch die italienische 'Weinrevolution' ist noch längst nicht abgeschlossen. Der Erfolg der Avantgardisten wirkt ansteckend und animiert so manchen Winzer ebenfalls zu Eigenschöpfungen. Der Weinkenner hat sich dadurch schon an die Tatsache gewöhnt, in Italien fast täglich neue Weinentdeckungen machen zu können.
Zugegebenermaßen ist es für Uneingeweihte nicht einfach, sich in diesem Durcheinander zurechtzufinden, doch andererseits sorgt die bewegte italienische Weinszene auch dafür, daß es selbst altgedienten Italienfans so bald in diesem Land nicht langweilig wird!

Essen und Trinken

Wein,
Südtirol
(Fortsetzung)

Südtiroler (verschiedene, auch französische Traubensorten): Rot- und Weißweine, letztere oft von überraschender Güte.
Teroldego Rotaliano (Teroldego): kraftvoller, ausgewogener Rotwein aus den Kiesböden der Rotaliano-Ebene bei Mezzolombardo.
Trento (Traubensorte Chardonnay, Blauburgunder, Weißburgunder): erstklassige Schaumweine/Spumante mit traditioneller Flaschengärung.

4 Veneto

Valpolicella und *Bardolino* (Traubensorte Corvina, Rondinella, Molinara: leichte, angenehme Rotweine.
Amarone (Traubensorte wie Valpolicella): kräftiger, voller, hochgradiger, trockener Rotwein aus angetrockneten Valpolicella-Trauben.
Recioto: wie Amarone, aber mit Restsüße.
Soave (Traubensorte Garganega und Trebbbiano): beliebter, leichter Weißwein.
Prosecco di Valdobbiadone e Conegliano (Traubensorte Prosecco): aromatischer, leichter, immer leicht süßer, weißer Schaumwein.

5 Friaul

Collio, Colli Orientali, Isonzo, Grave (verschiedene, auch französische Traubensorten): körperreiche, zum Teil großartige Weiß- und oftmals etwas kantige Rotweine.

6 Emilia-Romagna

Lambrusco di Sorbara, L. Grasparossa, L. Salamino und *L. Reggiano* (Traubensorte Lambrusco): hellrote bis dunkelrote, fruchtige Perlweine, können einmalig sein, oftmals banal-süßlich, die besten sind DOC und trocken.
Sangiovese di Romagna (Traubensorte Sangiovese): kerniger, meist mit hartem Tannin ausgestatteter Rotwein.

7 Toskana

Chianti Classico (Traubensorte vorwiegend Sangiovese): eleganter fruchtiger Rotwein mit ausgeprägter Säure; teuer und oft beeindruckend: Riserva.
Chianti, Chianti Rufina, C. Colli Fiorentini, C. Colli Senesi (Traubensorte vorwiegend Sangiovese): uneinheitlich, manchmal kräftig und lagerfähig, (C. Rufina und C. Colli Fiornetini), manchmal leicht und unkompliziert (Chianti und C. Colli Senesi).
Brunello di Montalcino (Traubensorte Sangiovese): dunkler, starker, stolzer, lagerfähiger, teurer Rotwein.
Vino Nobile di Montepulciano (Traubensorte vorwiegend Sangiovese): dunkler, kräftiger, voller Rotwein.
Carmignano (Traubensorte Sangiovese und Cabernet): geschmeidiger, lagerfähiger Rotwein.
Vernaccia di San Gimignano (Traubensorte Vernaccia): feiner, duftiger Weißwein.

8 Umbrien, Latium

Orvieto (Traubensorte vorwiegend Trebbiano): hell- bis goldgelber, trockener bis lieblicher, oft ziemlich neutraler Weißwein.
Frascati (Traubensorte Malvasia und Trebbiano): heute meist trockener, spritziger und neutraler Weißwein; seltener lieblich.

9 Marken, Abruzzen

Verdicchio dei Castelli de Jesi und *V. di Matelica* (Traubensorte Verdicchio): vollmundige, fruchtige, geschmeidige Weißweine mit tiefer Säure.
Rosso Conero (Traubensorte Montepulciano): dunkler, kräftiger, voller Rotwein.
Montepulciano d'Abruzzo (Traubensorte Montepulciano): dunkler, wuchtiger Rotwein von manchmal beeindruckendem Format.

Essen und Trinken

10 Kampanien, Apulien, Kalabrien, Basilikata

Wein (Fortsetzung)

Kampanien verfügt über ein erstaunliches Weißwein-Potential; hervorragend können sein:
Greco di Tufo (Traubensorte Greco), Fiano di Avellino (Traubensorte Fiano) und diverse Weißweine aus der Falanghina-Traube.
Taurasi (Traubensorte Aglianico): großer, kräftiger, ausgewogener Rotwein.
Salice Salentino, Copertino, Brindisi (Traubensorte Negroamaro): warme, alkoholreiche, weiche Rotweine mit eher tiefer Säure.
Cirò (Gaglioppo): dunkler, starker Rotwein von manchmal beeindruckender Größe.
Aglianico dei Vulture (Traubensorte Aglianico): großer, nobel strukturierter, lagerfähiger Rotwein.

11 Sardinien

Vermentino di Gallura (Traubensorte Vermentino): starker, vollduftiger Weißwein.
Cannonau (Traubensorte Cannonau): kraftvoller, warmer Rotwein.

12 Sizilien

Marsala (diverse weiße und rote Traubensorten): verschiedene Sorten Dessert- und Aperitifweine, von trocken bis süß, von sehr alt bis jung, manchmal gespritet.

Rebsorten in Italien

Die wichtigsten roten Rebsorten sind Nebbiolo (Piemont und Veltlin), Barbera (ganz Italien), Dolcetto (Piemont), Teroldego, Corvina (Veneto), Sangiovese (Romagna, Marken, Umbrien, Toskana), Aglianico (Apulien, Kampanien und Basilikata), Gaglioppo (Kalabrien) und Negroamaro (Apulien). Andere originelle und zum Teil wertvolle rote Sorten wie Tazzelenghe, Refosco, Bonarda, Primitivo oder Nero d'Avola sind bei den Winzern weniger beliebt und werden langsam aber sicher in die Raritätenecke gedrängt. Immer häufiger werden dafür fremde Rebsorten angebaut: cabernet, Merlot, Syrah und Pinot Noir breiten sich in ganz Italien aus. Oft sind diese Weine von beachtlichem Format. Immer aber lassen sie das 'italienische Element' vermissen, die fröhliche Einmaligkeit der italienischen Weine.

Rotweine

Von den weißen Rebsorten sollte man sich vor allem Cortese (Piemont), Moscato (Piemont), prosecco (Veneto), Vernaccia (Toskana), Verdicchio (Marken), Greco, Fiano, Biancolella und Falanghina (Kampanaien) merken. Die Trebbiano-Traube ist die meistangebaute Sorte Italiens und Basissorte für den berühmten Orvieto aus Umbrien sowie eine große Zahl unbedeutender Weißweine. Auch die Welt der weißen Weine wird zunehmend von nicht-italienischen Sorten bevölkert: Chardonnay, Sauvignon, Weißburgunder (Pinot Blanco) und Ruländer (Pinot Grigio) erfreuen sich steigender Beliebtheit. In Friaul und Südtirol stellen sie sogar die Hauptsorten dar.

Weißweine

Die Sprache des Weinetiketts

Die Vielzahl der Weinsorten in Italien erschwert die Orientierung. Nur selten vermag der in der Pizzeria oder Trattoria offen ausgeschenkte Wein gehobenes Trinkvergnügen zu vermitteln. Weniger romantisch, dafür eine Nummer sicherer ist der Griff zur etikettierten Flasche. Die aufmerksame Lektüre des Etiketts lohnt sich, denn das italienische Gesetz klassifiziert Weine in verschiedene Kategorien und schreibt bei einigen von ihnen strenge Kontrollen vor.

Allgemeines

Tafelweine ohne Herkunftsangabe, die weder chemischen noch geschmacklichen Prüfungen unterstehen. Ihr Ursprung ist nicht kontrolliert.

Vino di Tavola

Feiertage

Vino da Tavola con indicazione geografica	Tafelweine mit Herkunftsangabe. Sie unterstehen weder chemischen noch geschmacklichen Prüfungen; ihr Ursprung ist nicht kontrolliert.
DOC	Denominazione di Origine Controllata: Weine mit kontrolliertem Ursprung stammen aus einem genau definierten Produktionsgebiet, unterliegen Produktionsvorschriften und müssen vor der Vermarktung zur analytischen und geschmacklichen Prüfung eingereicht werden.
DOCG	Denominazione di Origine Controllata e Garantita: Zusätzlich zu den Bestimmungen für DOC gibt es für DOCG-Weine eine zweite Prüfung im Laufe des Ausbaus. Am Flaschenhals garantiert ein numerierter staatlicher Kontrollstreifen für die Richtigkeit der Ursprungsbezeichnung.
VSQ	Vino Spumante di Qualità: Spumante (Schaumwein) ohne Ursprungsbezeichnung.
VSQPRD	Vino Spumante di Qualità prodotta in Regioni determinate: Spumante (Schaumwein) mit kontrollierter Ursprungsbezeichnung. Er unterliegt den Bestimmungen der DOC-Weine.

Feiertage

Gesetzliche Feiertage

1. Januar (Neujahr: Capo d'anno)
6. Januar (Hl. Drei Könige: Epifania)
Ostermontag (Pasqua)
25. April (Tag der Befreiung 1945: Festa nazionale)
1. Mai (Tag der Arbeit: Festa del primo maggio)
15. August (Mariä Himmelfahrt: Assunzione, Familienfeiertag, Höhepunkt der inneritalienischen Ferienreisezeit)
1. November (Allerheiligen: Ognissanti)
8. Dezember (Mariä Empfängnis: Immacolata Concezione)
25. und 26. Dezember (Weihnachten: Natale)

Patronatsfeste

In vielen Orten Italiens werden die Tage des oder der Schutzheiligen feierlich begangen. In den bedeutenderen Städten des Landes finden an folgenden Tagen Patronatsfeste statt:

25. April: San Marco (Venedig)
24. Juni: San Giovanni (Florenz, Genua und Turin)
29. Juni: San Pietro (Rom)
11. Juli: Santa Rosalia (Palermo)
19. September: San Gennaro (Neapel)
4. Oktober: San Petronio (Bologna)
7. Dezember: Sant'Ambrogio (Mailand)

Ferien auf dem Land

→ Agriturismo

Ferienwohnungen

Informationen über Ferienwohnungen, Bungalows und Villen, die in verschiedenen Landesteilen Italiens vermietet werden, erteilen die Reisebüros und die unter → Auskunft genannten Fremdenverkehrsämter. Nachfolgend die Anschriften einiger Anbieter:

Flugverkehr

Reiseagentur Klos
Wellingsbütteler Landstraße 116
D-22337 Hamburg
Tel. (040) 50 04 90 73
(Ferienwohnungen jeder Kategorie in der
Toskana, in Umbrien, Venedig,
Rom, Sizilien, Apulien und Kalabrien)

Ferienwohnungen
(Fortsetzung)

Cultura, Gesellschaft für Italienreisen mbH,
Kaiserdamm 95
D-14057 Berlin
Tel. (030) 30 82 04 08
(Ferienwohungen und -häuser in der Toskana,
in Umbrien sowie auf Elba)

Inter Chalet Ferienhaus-Gesellschaft mbH,
Kaiser-Joseph-Str. 263
D-79098 Freiburg im Breisgau, Tel. (0761) 21 00 77

Interhome, Hoeschplatz 5
D-52349 Düren, Tel. (02421) 12 20

Orizzonti, Via G. Agnesi 3
I-20135 Milano, Tel. (00 39 02) 58 39 63 60

Voyages Sud-Soleil GmbH – Urlaub im Ferienhaus
Günterstalstr. 17
D-79102 Freiburg im Breisgau, Tel. (0761) 7 08 70-0.

Flugverkehr

Italien ist durch eine Reihe von Flughäfen mit dem internationalen Liniennetz verbunden. Weltweite Bedeutung hat insbesondere der Flughafen Rom/Fiumicino (Leonardo da Vinci). Zugverbindung zwischen Flughafen Fiumicino und Hauptbahnhof von Rom ⟶ Eisenbahn

Flughäfen

Die staatliche Fluggesellschaft Alitalia befliegt sowohl internationale Routen als auch Inlandsstrecken. Vertretungen bzw. Buchungsstellen gibt es an allen italienischen und an den wichtigsten ausländischen Flughäfen. Weitere Informationen ⟶ Anreise.

Alitalia

Die italienische Fluggesellschaft Meridiana (Anschrift nachfolgend) fliegt die Flughäfen auf Sardinien an (auch von Deutschland aus; ⟶ Anreise).

Meridiana

Der Lufthansa-Partner Air Dolomiti (Anschrift nachfolgend) befliegt ebenfalls Strecken innerhalb Italiens (auch von Deutschland aus; ⟶ Anreise).

Air Dolomiti

Kinder unter 2 Jahren, die von einem Erwachsenen begleitet werden, erhalten 10 % Ermäßigung. Für Kinder von 2 bis 12 Jahren beläuft sich die Ermäßigung auf 50 %, für junge Leute zwischen 12 und 22 Jahren auf 25 % des Flugpreises. Für Wochenendflüge gibt es auch für Erwachsene ermäßigte Tarife (Flieg- und Spartarife).

Ermäßigungen

Alitalia
Via Bissolati 11
I-00187 Roma (Rom), Tel. (06) 65621
Information in Deutschland:
Frankfurt Airport Center
D-60549 Frankfurt am Main
Tel. (069) 6 95 05-201

Fluggesellschaften

Flugverkehr

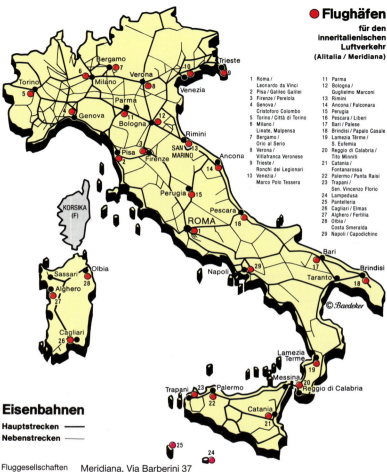

● **Flughäfen**
**für den
inneritalienischen
Luftverkehr**
(Alitalia / Meridiana)

1 Roma / Leonardo da Vinci
2 Pisa / Galileo Galilei
3 Firenze / Perelola
4 Genova / Cristoforo Colombo
5 Torino / Città di Torino
6 Milano / Linate, Malpensa
7 Bergamo / Orio al Serio
8 Verona / Villafranca Veronese
9 Trieste / Ronchi dei Legionari
10 Venezia / Marco Polo Tessera
11 Parma
12 Bologna / Guglielmo Marconi
13 Rimini
14 Ancona / Falconara
15 Perugia
16 Pescara / Liberi
17 Bari / Palese
18 Brindisi / Papalo Casale
19 Lamezia Terme / S. Eufemia
20 Reggio di Calabria / Tito Minniti
21 Catania / Fontanarossa
22 Palermo / Punta Raisi
23 Trapani / Sen. Vincenzo Florio
24 Lampedusa
25 Pantelleria
26 Cagliari / Elmas
27 Alghero / Fertilia
28 Olbia / Costa Smeralda
29 Napoli / Capodichino

Eisenbahnen

Hauptstrecken ———
Nebenstrecken ———

Fluggesellschaften (Fortsetzung)

Meridiana, Via Barberini 37
I-00187 Roma (Rom), Tel. (06) 47 80 42 22 und 47 80 41
Information in Deutschland: Steinweg 5
D-60313 Frankfurt am Main, Tel. (069) 92 00 45-0

Air Dolomiti (Lufthansa-Partner), am Flughafen Trieste (Triest)
I-34077 Ronchi dei Legionari (GO), Tel. (0481) 47 44 81 (Zentrale);
Auskünfte: Tel. (0481) 47 77 45
Information in Deutschland: Maximiliansplatz 12/a
D-80333 München, Tel. (089) 29 09 41 41

Deutsche Lufthansa, Stadtbüro: Via di San Basilio 41
I-00187 Roma (Rom), Tel. (06) 4 66 01
Information in Deutschland: Lufthansa Call Center, Am Hauptbahnhof 2
D-60329 Frankfurt am Main, Tel. (069) 25 52 55

Flugverkehr

Austrian Airlines
Via Barberini 68
I-00187 Roma (Rom)
Tel. (06) 48 83303
Information in Österreich: Kärntner Ring 18
A-1010 Wien, Tel. (01) 5 05 57 57-0

Swissair
Via Po 10
I-00198 Roma (Rom)
Tel. (06) 8 47 05 55
Information in der Schweiz:
Flughafen Zürich-Kloten,
Tel. (01) 2 58 34 34

Fluggesellschaften
(Fortsetzung)

Fotografieren und Filmen

Filmmaterial ist in Italien recht teuer; daher sollte man ausreichend Vorrat mitnehmen. Da es an den Küsten mitunter sehr dunstig ist, empfiehlt sich für Landschaftsaufnahmen ein Polarisationsfilter.

Filme
Polifilter

Geld

Die Währungseinheit ist die italienische Lira (Lit; Mehrzahl Lire). Es gibt Banknoten zu 1000, 2000, 5000, 10000, 20000, 50000 und 100000 Lit; gebräuchlich sind Münzen zu 20, 50, 100, 200 und 500 Lit.

Währung

1 000 Lit = 1,07 DM	1 DM = 935 Lit
1 000 Lit = 7,38 öS	1 öS = 136 Lit
1 000 Lit = 0,86 sfr	1 sfr = 1 170 Lit

Wechselkurse
(schwankend)

Schon seit Jahren wird im italienischen Parlament über eine Währungsreform beraten. Vorgesehen ist die Einführung einer 'neuen Lira' (Lira Nuova), eine neue Lira soll 1000 alten Lire entsprechen. Ob und wann der Gesetzentwurf verabschiedet werden kann, ist nach wie vor ungewiß. Sollte er verwirklicht werden, bleibt für mindestens zwei Jahre neben der neuen auch die alte Lira im Umlauf.

Lira Nuova

Die Mitnahme von eurocheques (ec) und Reiseschecks unterliegt keinen Beschränkungen. eurocheques können bis zu einem Betrag von 300000 Lit ausgestellt werden; pro Scheck wird eine Gebühr fällig. Durch die ec-Geldautomaten ('Bancomat'), die es in den meisten italienischen Städten gibt, wird der Devisenumtausch noch einfacher. Geldwechsel ist an manchen Orten nur vormittags möglich.

eurocheques
Geldautomaten

In vielen Kaufhäusern und Geschäften sowie an Tankstellen kann man inzwischen auch in Italien mit der eurocheque-Karte bezahlen.

Bei Verlust von eurocheques oder Scheckkarte verständige man sofort den rund um die Uhr erreichbaren Zentralen Annahmedienst für Verlustmeldungen von eurocheque-Karten in Frankfurt am Main.
Tel. aus Italien:
0049/69/74 09 87.

Verlust von
eurocheques/
Scheckkarte

Reiseschecks bieten Sicherheit bei Verlust und Diebstahl; DM-Reiseschecks empfehlen sich, falls im Land hohe Geldentwertung ist; Währungs-Reiseschecks lauten auf die fremde Währung, in Italien also auf italienische Lire.

Reiseschecks

Hotels

Geld, Kreditkarten

Banken, größere Hotels, Restaurants der gehobenen Kategorien, Autovermieter und viele Einzelhandelsgeschäfte akzeptieren die meisten internationalen Kreditkarten.

Bankenöffnungszeiten

Die Banken sind in Italien in der Regel Mo. – Fr. 8.00/8.30 – 13.30 Uhr und 14.30/15.00 – 16.00 Uhr geöffnet. An Tagen vor Feiertagen (prefestivi) schließen sie bereits am späten Vormittag.

Geldwechsel

Bargeldumtausch in Italien ist günstiger als in Deutschland. Für die ersten Ausgaben in Italien sollte man aber etwas Bargeld in Landeswährung mit sich führen. Neben den Banken bieten auch größere Hotels, Bahnhöfe, Flughäfen und Agenturen an den Grenzen die Möglichkeit, Geld umzutauschen. Darüber hinaus gibt es private Wechselbüros in Reisebüros. Ein Vergleich der Bearbeitungsgebühren ist empfehlenswert. Die Wechselquittungen (ricevute) sollte man – wie alle anderen Belege – aufbewahren.

Postbank Sparbuch

In Italien kann man als Postsparer gegen Vorlage des Personalausweises oder Reisepasses und der blauen Ausweiskarte bei allen italienischen Postämtern mit Gelddiensten (Schalter: Change, Exchange, Wechsel, Cambio) vom blauen Postbank Sparbuch Geldbeträge abheben. Es wird pro Tag höchstens bis zu einem Betrag von 1000 DM, innerhalb eines Monats höchstens bis 2000 DM, und zwar nur an den im Postbank Sparbuch eingetragenen Sparer, ausbezahlt.

Hotels (Auswahl)

Die Hotels der gehobenen Kategorien besitzen in den großen Städten und Urlaubszentren normalerweise den üblichen internationalen Komfort. In abgelegenen Gebieten wird man aber häufig nur eine einfache Unterkunft finden. In größeren Städten sowie in Kurorten und Seebädern gibt es zahlreiche Pensionen.

Kategorien

Die Hotels ('alberghi', Einzahl 'albergo') sind amtlich in fünf Kategorien eingeteilt: categoria di lusso, di prima, di seconda, di terza und di quarta categoria. Die Skala reicht vom Luxushotel (5 Sterne) bis zur Unterkunft für bescheidene Ansprüche (1 Stern).

In diesem Band sind die Luxushotels durch ein 'L' und einen roten Stern vor dem Namen gekennzeichnet. Bei den anderen Hotels sind die Kategorien mit römischen Ziffern angegeben. Im einzelnen gelten folgende Entsprechungen:

✳✳✳✳✳	L
✳✳✳✳	I
✳✳✳	II
✳✳	III
✳	IV

Preise

Die Hotelpreise variieren je nach der Jahreszeit erheblich, auch sind sie in Großstädten und bekannten Urlaubszentren wesentlich höher als im Hinterland.

Hinweise

Hotelverzeichnisse der einzelnen Orte kann man im Heimatland bei den Büros der ENIT (⟶ Auskunft), in Italien bei den jeweiligen Auskunftsbüros anfordern.

Abkürzungen

In der nachstehenden Hotelliste wurden folgende Abkürzungen verwendet:
B. = Bettenzahl   Hb. = Hallenbad
Z. = Zimmerzahl   Sb. = Schwimmbad

Hotels

Die Telefonvorwahlnummer, auch bei Ortsgesprächen erforderlich, findet sich unter dem in der Marginalie stehenden Ortsnamen in Klammern.

Abkürzungen (Fortsetzung)

Terme Bristol Buja, Via Monteortone 2, Tel. 866 93 90, Fax 66 79 10, I, 236 B., Sb.
Terme La Residence, Via Monte Ceva 8, Tel. 86 68 333, Fax 86 68 396, I, 177 B., Sb.
President, Via Montirone 31, Tel. 86 68 2 88, Fax 66 79 09, I, 182 B., Sb.
Grand Hôtel Trieste e Victoria, Via Pietro d'Abano 1, Tel. 866 91 01, Fax 8 66 91 01, I, 160 B., Sb.
Metropole, Via Valerio Flacco 99, Tel. 86 00 777, Fax 86 00 935, I, 160 B., Hb., Sb.
Quisisana, Viale delle Terme 67, Tel. 86 00 099, Fax 86 00 039, I, 158 B., Sb.
Ritz, Via Monteortone 19, Tel. 8 66 99 90, Fax 66 75 49, I, 219 B., Sb.
Terme Mioni Pezzato, Via Marzia 34, Tel. 86 68 377, Fax 86 69 383, I, 264 B., Sb.
Harry's Hotel Terme, Via Marzia 50, Tel. 66 70 11, Fax 86 68 500, II, 91 B., Sb.
Terme Hotel Smeraldo, Via Flavio Busonera 174, Tel. 86 69 555, Fax 8 66 97 52, II, 108 B., Sb.

Abano Terme (049)

Giardino, Via 1° Maggio 63, II, Tel. 77 81 06, 73 B.
Kappa Due, Via del Laghetto 15, Tel. 77 86 09, Fax 77 63 37, II, 24 B.

Abbadia San Salvatore (0577)

Antiche Terme, Viale Donati, Tel. 32 21 01, Fax 32 49 09, I, 137 B.
Nuove Terme, Piazza Italia 1, Tel. 32 21 06, Fax 32 49 09, II, 133 B., Sb.

Acqui Terme (0144)

Villa Athena (Villa aus dem 18. Jh. in schöner Lage gegenüber dem Concordia Tempel; Zimmer mit wenig Komfort), Via dei Templi, Tel. 5 96 2 88, Fax 40 21 80, II, 40 Z., Sb.

Agrigent (0922)

✳Spiaggia Grand Hôtel, Via Roma 78, Tel. 64 34 03, Fax 64 02 79, L, 169 B., Sb.
Diana Grand Hôtel, Via Garibaldi 110, Tel. 64 27 01, Fax 64 03 04, I, 142 B., Hb.
Lido, Via IV Novembre 9, Tel. 64 31 41, Fax 66 01 98, II, 91 B.
Nuovo Suisse, Via Mazzini 119, Tel. 64 01 92, Fax 66 02 67, II, 87 B.
Arcobaleno, Via Massabò 6, Tel. und Fax 64 25 89, III, 25 B.

Alassio (0182)

Dei Trulli (typ. Trulli-Anlage: kreisrunde weiße Gebäude mit Kegeldach), Via Cadore 32, Tel. 9 32 35 55, Fax 9 32 35 60, I, 54 B., Sb.

Alberobello (080)

Villa Las Tronas (maurisch inspiriertes Lustschlößchen italienischer Könige auf einer kleinen Felseninsel mit Strand), Lungomare Valencia 1, Tel. 98 18 18, Fax 98 10 44, I, 55 B., Sb.
Carlos V, Lungomare Valencia 24, Tel. 97 95 01, Fax 98 02 98, I, 220 B., Sb.
Calabona, Calabona, Tel. 97 57 28, Fax 98 10 46, II, 222 B., Sb.
El Faro (am Capo Cacchia, 13 km nordwestlich außerhalb, im mediterranen Stil, alle Zimmer mit Balkon und ✳Meerblick), Tel. 94 20 10, Fax 94 20 30, I, 207 B., Sb.

Alghero (079)

Santa Caterina (antikes Mobiliar, schöne Terrasse, Garten; Lift zum Meer), Via Statale Amalfitana, Tel. 87 10 10, Fax 87 13 54, I, 68 Z., Sb.
Cappuccini Convento (Kloster aus dem 12. Jh.; ✳Meerblick; Lift), Tel. 87 18 77, Fax 87 18 86, I, 54 Z.
Luna Convento (ehem. Kloster aus dem 13. Jh.; Frühstücksraum im byzantinischen Kreuzgang; Aufenthaltsort von Wagner und Ibsen), Tel. 87 10 02, Fax 87 13 33, I, 45 Z., Sb.
Dei Cavalieri (Blick auf den Golf), Tel. 83 13 33, Fax 83 13 54, II, 60 Z.

Amalfi (089)

Grand Hôtel Passetto, Via Thaon de Revel 1, Tel. 3 13 07, Fax 3 28 56, I, 74 B., Hb.

Ancona (071)

725

Hotels

Ancona
(Fortsetzung)
Grand Hôtel Palace, Lungomare Vanvitelli 24, Tel. 201813, Fax 2074832, I, 68 B.
Fortuna, Piazza Fratelli Rosselli 15, Tel. 42663, Fax 42662, II, 99 B.

Aosta
(0165)
Europe, Via Ribitel 8, Tel. 236363, Fax 40566, I, 131 B.
Hostellerie du Cheval Blanc, Via Clavalité 20, Tel. 239140, Fax 239150, I, 127 B., Sb.
Valle d'Aosta, Corso Ivrea 146, Tel. 41845, Fax 236660, I, 208 B.
Ambassador, Via Duca degli Abruzzi 2, Tel. 42230, Fax 236851, II, 82 B.
Turin, Via Torino 14, Tel. 44593, Fax 361377, II, 90 B.

Arezzo
(0575)
Etrusco, Via Fleming 39, Tel. 984067, Fax 382131, I, 160 B.
Minerva, Via Fiorentina 6, Tel. 370390, Fax 302415, II, 262 B.
Continentale, Piazza Guido Monaco 7, Tel. 20251, Fax 350485, II, 137 B.

Ascoli Piceno
(0736)
Gioli, Viale De Gasperi 14, Tel. und Fax 255550, I, 77 B.
Marche, Viale Kennedy 34, Tel. 45575, Fax 342812, I, 60 B.

Assisi
(075)
Subasio (an der Basilika des Hl. Franz von Assisi; *Blick von der Terrasse), Via Frate Elia 2, Tel. 812206, Fax 816691, I, 115 B.
Fontebella, Via Fontebella 25, Tel. 812883, Fax 812941, I, 74 B.
Giotto, Via Fontebella 41, Tel. 812209, Fax 816479, I, 110 B.
Le Silve, Via Armenzano 82, in Armenzano, Tel. 8019000, Fax 8019005, I, 26 B., Sb.
Dei Priori, Corso Mazzini 15, Tel. 812237, Fax 816804, II, 62 B.
La Terrazza, Via Fratelli Cononichetti, Tel. 812368, Fax 816142, II, 40 B.
San Francesco, Via San Francesco 48, Tel. 812281, Fax 816237, II, 78 B.
Umbra (im Zentrum, aber ruhig gelegen), Via degli Archi 6, Tel. 812240, Fax 813653, II, 48 B.

Asti
(0141)
Salera, Via Monsignor Marello 19, Tel. 410169, Fax 410372, I, 100 B.
Aleramo, Via E. Filiberto 13, Tel. 595661, Fax 5945661, I, 75 B.
Lis, Via Fratelli Rosselli 10, Tel. 595051, Fax 353845, I, 49 B.
Rainero, Via Cavour 85, Tel. 353866, Fax 353866, II, 85 B.
Auf einem Hügel außerhalb der Stadt (SS 10, 4 km): Hasta (Landhausstil), Valle Benedetta 25, Tel. 213312, Fax 219580, I, 26 Z.

Bagni di Lucca
(0583)
Bernabo, Bagni Caldi Ponte a Serraglio, Tel. 805215, II, 10 B.
Bridge, Piazza di Ponte a Serraglio 5/A, Tel. und Fax 805324, II, 20 B.

Bardonecchia
(0122)
Des Geneys-Splendid, Viale Einaudi 21, Tel. 99001, Fax 999295, I, 57 Z.
Park Hotel Rosa Serenella, Viale della Vittoria 37, Tel. 902087, Fax 999848, II, 33 Z.

Bari
(080)
Palace, Via Lombardi 13, Tel. 5216551, Fax 5211499, I, 200 Z.
Villa Romanazzi-Carducci (in schönem Park), Via Capruzzi 326, I, Tel. 5227400, Fax 5560297, 193 B., Sb.
Grand Hôtel Ambasciatori, Via Omodeo 51, Tel. 5010077, Fax 5021678, I, 177 Z., Sb.

Barletta
(0883)
Itaca, Viale Regina Elena 30, Tel. 37741, Fax 37786, I, 27 Z., Sb.
Artù, Piazza Castello 67, Tel. 332121, Fax 332214, II, 32 Z.

Bellagio
(031)
*Grand Hôtel Villa Serbelloni (prunkvoller Palast in einem Park am See; im Sommer Restaurant auf der Terrasse), Tel. 950216, Fax 951529, L, 93 Z., Sb.
Belvedere (*Seeblick), Tel. 950410, Fax 950102, I, 50 B., Sb.
Du Lac (* Seeblick; Dachterrasse), Tel. 950320, Fax 951624, I, 48 Z.

Bellaria – Igea Marina
(0541)
In Bellaria:
Elizabeth, Via Rovereto 11, Tel. 344119, Fax 345680, I, 82 B., Sb.

Hotels

Ermitage, Via Ala 11, Tel. 347633, Fax 343883, I, 100 B., Sb.
Miramare, Lungomare C. Colombo 37, Tel. 344131, Fax 347316, 96 B., Sb.
In Igea Marina:
Agostini, Viale Pinzon 68, Tel. 331510, Fax 330085, II, 94 B.
Arizona, Viale Pinzon 216, Tel. 331043, II, 176 B.

Bellaria
(Fortsetzung)

Villa Carpenada, Via Mier 158, Tel. 948343, Fax 948345, I, 40 B.
Mirella, Via Don Minzoni 6, Tel. 941860, Fax 942126, II, 25 B.

Belluno
(0437)

Grand Hôtel Italiano, Viale Principe di Napoli 137, Tel. 24111, Fax 217 58, II, 71 Z.

Benevent
(0824)

Cappello d'Oro e del Moro, Viale Papa Giovanni XXIII 12, Tel. 232503, Fax 242946, I, 238 B.
Excelsior San Marco, Piazza della Repubblica 6, Tel. 366111, Fax 223201, I, 297 B.
Pantheon, Via Borgo Palazzo 154, Tel. 308111, Fax 308308, I, 172 B.
Starhotel Cristallo Palace, Via Betty Ambiveri 35, Tel. 311211, Fax 312031, I, 164 B.
Il Gourmet (komfortable Zimmer, gute Küche), Via S. Vigilio 1, Tel. und Fax 256110, II, 19 B.

Bergamo
(035)

Grand Hôtel Baglioni, Via Indipendenza 8, Tel. 225445, Fax 234840, I, 240 B.
Royal Hotel Carlton, Via Montebello 8, Tel. 249361, Fax 249724, I, 462 B.
Corona d'Oro (gute Lage im historischen Zentrum), Via Oberdan 12, Tel. 236456, Fax 262679, I, 62 B.
Grand Hôtel Elite, Via Aurelio Saffi 36, Tel. 6491432, Fax 6492426, I, 268 B.
Tre Vecchi, Via Indipendenza 47, Tel. 231991, Fax 224143, I, 191 B.
Dei Commercianti (neben der Kathedrale, in der Fußgängerzone), Via de Pignattari 11, Tel. 233052, Fax 224733, II, 35 Z.
Maxim, Via Ferrirese 152, Tel. 323235, Fax 320535, II, 65 B.

Bologna
(051)

Columbus Hotel sul Lago, Viale Colesanti 27, Tel. 798878, Fax 798172, II, 78 B.

Bolsena
(0761)

Grand Hôtel Cap Ampelio, Via Virgilio 5, Tel. 264333, Fax 264244, I, 160 B., Sb.
Grand Hôtel del Mare, Portico della Punta 34, Tel. 262201, Fax 262394, I, 216 B., Sb.
Centrohotel, Piazza Eroi Libertà 10, Tel. und Fax 265265, II, 67 B.
Villa Elisa, Via Romana 70, Tel. 261313, Fax 261942, II, 65 B., Sb.

Bordighera
(0184)

Baita dei Pini, Via Don Peccedi 15, Tel. 904346, Fax 904700, I, 90 B.
Palace, Via Milano 54, Tel. 903131, Fax 903366, I, 154 B., Hb.
Posta, Via Roma 66, Tel. 904753, Fax 904484, I, 95 B., Hb.
Astoria, Via Roma 73, Tel. 910900, Fax 905253, II, 80 B.
Olimpia, Via Funivia 39, Tel. und Fax 901510, III, 53 B.

Bormio
(0342)

Parkhotel Laurin (alter Palazzo im Zentrum; Parkrestaurant, Restaurant Belle Epoque und Laurin Bar), Laurinstr. 4, Tel. 311000, Fax 970953, I, 184 B., Sb.
Mondschein, Piavestr. 15, Tel. 975642, Fax 975577, I, 130 B.
Stiegl (mit Gartenrestaurant), Brennerstr. 11, Tel. 976222, Fax 976222, I, 100 B., Sb.
Reichrieglerhof, Reichrieglerweg 9, Tel. 285742, Fax 266345, II, 18 B., Sb.
Magdalenerhof, Rentscher Str. 48/A, Tel. 978267, Fax 981076, II, 45 B.
Parkhotel Werth, Pfarrhofstr. 19, Tel. 250103, Fax 251514, II, 50 B.
Pircher, Meraner Str. 52, Tel. 917513, Fax 202433, II, 44 B.

Bozen
(0471)

Hotels

Brescia
(030)
*Vittoria, Via X Giornate 20, Tel. 280061, Fax 280065, L, 103 B.
Ambasciatori, Via Crocefissa di Rosa 90/92, Tel. 399114, Fax 381883, I, 101 B.
Alabarda, Via Labirinto 6, Tel. 3541377, Fax 3541300, II, 41 B.

Brindisi
(0831)
Majestic, Corso Umberto I 151, Tel. 222941, Fax 524071, I, 68 Z.
Mediterraneo, Viale Aldo Moro 70, Tel. 82811, Fax 87858, II, 65 Z.

Brixen
(0472)
Dominik, Unterdrittelgasse 13, Tel. 830144, Fax 836554, I, 45 B., Hb.
*Elephant (traditionsreiches, stilvolles Haus; im Jahre 1550 Herberge für den Begleitzug des Elefanten, den der König von Portugal Kaiser Ferdinand von Habsburg als Geschenk überbringen ließ), Weißlahnstr. 4, Tel. 832750, Fax 836579, I, 72 B., Sb.
Temlhof, Elvaser Str. 76, Tel. 836658, Fax 835539, II, 100 B., Hb., Sb.
Goldene Krone, Stadelgasse 4, Tel. 83 51 54, Fax 3 50 14, II, 62 B.
Senoner-Unterdrittel, Rienzdamm 22, Tel. 832525, Fax 832436, II, 41 B.

Cagliari
(070)
Mediterraneo, Lungomare C. Colombo 46, Tel. 301271, Fax 301274, I, 284 B.
Panorama, Viale Armando Diaz 231, Tel. 307691, Fax 305413, I, 227 B., Sb.
Calamosca sul Mare, Viale Calamosca 50, Tel. 371628, Fax 370346, II, 115 B.
Italia, Via Sardegna 31, Tel. 660410, Fax 650240, II, 175 B.

Caltanissetta
(0934)
San Michele, Via Fasci Siciliani, Tel. 553750, Fax 598791, I, 122 Z., Sb.
Plaza, Via Berengario Gaetani 5, Tel. und Fax 583877, II, 21 Z.

Campobasso
(0874)
Roxy, Piazza Savoia 7, Tel. und Fax 411541, II, 153 B.
Skanderbeg, Tel. 413341, II, 136 B.

Capri
(081)
In Anacapri: *Europa Palace (mit Beauty Farm; Terrasse), Via Capodimonte 2, Tel. 8373800, Fax 8373191, L, 90 Z., Sb.
In Capri: *Grand Hôtel Quisisana (vornehmstes Hotel auf Capri), Via Camerelle 2, Tel. 8370788, Fax 8376080, L, 135 Z., Sb.
Punta Tragara (entworfen von Le Corbusier; schöne Lage hoch über dem Meer; geschmackvolle Einrichtung; Garten mit trop. Pflanzen), Via Tragara 57, Tel. 8370844, Fax 8377790, I, 10 Z., Sb.
Luna, Viale Matteotti 3, Tel. 8370433, Fax 8377459, I, 50 Z., Sb.
Villa Brunella (schöne Terrasse), Via Tragara 24, Tel. 8370122, Fax 8370430, II, Sb.
Villa Sarah (in den Weingärten), Via Tiberio 3a, Tel. 8377817, 20 Z.

Caserta
(0823)
Jolly, Viale Vittorio Veneto 9, Tel. 325222, Fax 354522, I, 103 Z.
Europa, Via Roma 29, Tel. 325400, Fax 245805, II, 58 Z.

Cassino
(0776)
Forum Palace, Via Casilina, km 136,5, Tel. 301211, Fax 302116, I, 191 B., Sb.
Rocca, Via Sferracavalli 105, Tel. 311213, Fax 25427, II, 55 B., Sb.

Castel Gandolfo
(06)
Castelvecchio, Via Pio XI, Tel. 9360308, Fax 9360579, II, 40 B.
Culla del Lago, Tel. 9360047, Fax 9360425, II, 57 B.

Castellammare di Stabia (081)
La Medusa, Via Passeggiata Archeologica 5, Tel. 8723383, Fax 8717009, I, 54 Z., Sb.
Stabia (Dachgartenrestaurant mit Blick auf Meer und Küste), Corso V. Emanuele 101, Tel. 8722577, Fax 8722577, I, 92 Z.

Castelsardo
(079)
Hotel Villaggio Pedraladda, Via Zirulia 50, Tel. 470383, Fax 470499, II, 240 B., Sb.
Riviera, Lungomare Anglona 1, Tel. 470143, Fax 470270, II, 58 B.

Hotels

Duca della Corgna, Via B. Buozzi 143, Tel. 95 32 38, Fax 9 65 24 46, II, 25 B. Miralago, Piazza Mazzini 6, Tel. 95 11 57, Fax 95 19 24, II, 38 B.	**Castiglione del Lago** (075)
Excelsior, Piazza Verga 39, Tel. 53 70 71, Fax 53 70 15, I, 167 Z.	**Catania** (095)
Guglielmo, Via A. Tedeschi 1, Tel. 74 19 22, Fax 72 21 81, I, 72 B. Grand Hôtel, Piazza Matteotti, Tel. 70 12 56, Fax 74 16 21, II, 158 B.	**Catanzaro** (0961)
Caravelle, Via Padova 6, Tel. 96 24 16, 96 24 17, I, 70 B., Sb. Waldorf Palace, Via Gran Bretagna 10, Tel. 95 12 10, Fax 95 49 32, I, 228 B. Belsoggiorno, Viale Carducci 88, Tel. 96 31 33, Fax 96 31 33, II, 68 B. Europa Monetti, Via Curiel 39, Tel. 95 41 59, Fax 85 81 76, II, 105 B., Sb. Ines, Via del Prete 107, Tel. 95 47 75, Fax 95 47 75, II, 68 B., Sb. Ambassador, Via Forlì 8, Tel. 95 34 20, III, 76 B., Sb.	**Cattolica** (0541)

Carlton Riviera (elegantes Ambiente), in Capo Plaia, Tel. 2 00 04,
  Fax 2 02 64, II, 281 B., Sb.
In Caldura: Kalura (viele Sportmöglichkeiten), Tel. 2 13 54,
  Fax 2 31 22, II, 117 B., Sb.
In Mazzaforno: Baia del Capitano (nettes kleines Hotel inmitten von Olivenhainen; elegante Atmosphäre; breites Sportangebot), Tel. 2 00 05,
  Fax 2 01 63, II, 64 B., Sb.
	Cefalù (0921)

Riviera, Via Colla 55, Tel. 99 05 41, I, 104 B. San Michele, Via Monte Tabor 26, Tel. 99 00 17, I, 98 B., Sb.	**Celle Ligure** (019)
✻Grand Hôtel Villa d'Este (✻Eingangshalle mit antikem Mobiliar, herrlicher Park, Terrasse; nahebei Tennis, Golf, Reitmöglichkeiten), Tel. 3481 Fax 34 88 44, L, 151 Z., Sb., Hb. Regina Olga, Tel. 5 10 171, Fax 34 06 04, I, 80 Z., Sb. Miralago, Tel. 5 10 125, Fax 2 48 126, II, 42 B.	**Cernobbio** (031)

Grand Hôtel Cervia, Lungomare Grazia Deledda 9, Tel. 97 05 00,
  Fax 97 20 86, I, 92 B.
Beau Rivage, Lungomare Grazia Deledda 116, Tel. 97 10 10, Fax 97 17 46,
  II, 72 B., Sb.
Conchiglia, Lungomare Grazia Deledda 46, Tel. 97 04 36,
  Fax 7 13 70, II, 100 B., Sb.
	Cervia (0544)

Britannia, Viale Carducci 129, Tel. 67 25 00, Fax 8 17 99, I, 83 B., Sb. Pino, Via A. Garibaldi 7, Tel. 8 06 45, Fax 8 47 88, I, 111 B. Miramare, Viale Carducci 2, Tel. 8 00 06, Fax 7 47 85, II, 57 B., Sb. Torino, Viale Carducci 55, Tel. 8 00 44, Fax 67 25 10, II, 87 B., Sb.	**Cesenatico** (0547)
Alexander Palme, Viale B. Buozzi 76, Tel. 6 40 10, Fax 6 40 10, I, 95 B., Sb. Ambasciatori, Viale della Libertà 512, Tel. und Fax 6 43 71, I, 177 B., Sb. Grand Hôtel Excelsior, Viale S. Agnese 6, Tel. 6 43 51, I, 144 B., Sb. Michelangelo, Via delle Piane 146, Tel. 6 40 04, Fax 6 40 80, I, 122 B., Sb. Bosco, Via C. Marchesi 83, Tel. 6 43 07, II, 87 B., Sb. Carlton Èlite, Viale U. Foscolo 21, Tel. und Fax 6 43 95, II, 84 B., Sb. Cristallo, Viale Lombardia 35, Tel. 6 40 51, Fax 6 40 52, II, 172 B., Sb.	**Chianciano Terme** (0578)
Dangio', Strada Solferino 20, in Tricalle, Tel. 34 73 56, Fax 34 69 84, I, 62 B. Abruzzo, Via Asinio Herio 26, Tel. 42 01 41, Fax 42 04 2, II, 113 B.	**Chieti** (0871)
Grande Italia, Piazza Vigo 1, Tel. 40 05 15, Fax 40 01 85, II, 93 B. Bristol, Lungomare Adriatico 46, Tel. 5 54 03 89, Fax 5 54 18 13, I, 120 B. Ritz, Lungomare Adriatico 48, Tel. 49 17 00, Fax 49 39 00, I, 150 B., Sb. Pineta, Via Lungomare Adriatico 16, Tel. 40 13 88, Fax 40 18 29, II, 149 Z.	**Chioggia** (041)
In Querce al Pino, 6 km außerhalb: Ismaele, Tel. 27 40 77, Fax 27 40 69, II, 84 B., Sb.	**Chiusi** (0578)

Hotels

Città di Castello (075)
Tiferno, Piazza Raffaello Sanzio 13, Tel. 855 03 31, Fax 852 11 96, I, 74 B.
Delle Terme, Via Fontecchio 4, Tel. 855 94 40, Fax 855 72 36, II, 201 B., Sb.

Cividale del Friuli (0432)
Roma (familiäre Atmosphäre), Piazza A. Picco 3, Tel 73 18 71, Fax 70 10 33, II, 91 B.
Locanda al Castello (in einem ehem. Jesuitenkloster; rustikal, Gartenlokal), Via del Castello 18, Tel. 73 32 42, Fax 70 09 01, 20 B.

Civitavecchia (0766)
Sunbay Park mit Dépendance Sunbay, Tel. und Fax 2 28 01, I, 164 B., Sb.

Como (031)
Barchetta Excelsior, Piazza Cavour 1, Tel. 32 21, Fax 30 26 22, I, 175 B.
Como, Via Mentana 28, Tel. 26 61 73, Fax 26 60 20, I, 149 B.
Firenze, Piazza Volta 16, Tel. 30 03 33, Fax 30 01 01, II, 81 B.

Cortina d' Ampezzo (0436)
*Miramonti Majestic Grand Hôtel, Via Pezziè 103, Tel. 42 01, Fax 86 70 19, L, 198 B., Sb.
Cortina, Corso Italia 93, Tel. 42 21, Fax 86 07 60, I, 78 B.
De la Poste, Piazza Roma 14, Tel. 42 71, Fax 86 84 35, I, 134 B.
Parc Hotel Victoria, Corso Italia 1, Tel. 32 46, Fax 47 34, I, 71 B.
Menardi (ehem. Postkutschenstation), Via Majon 110, Tel. 24 00, Fax 86 21 83, II, 87 B.
Trieste, Via Majon 28, Tel. 22 45, Fax 86 81 73, II, 52 B.
In Pocol: Sport Hotel Tofana, Tel. 32 81, Fax 86 80 74, II, 125 B.

Cortona (0575)
San Michele (Palast aus dem 15. Jh.), Via Guelfa 15, Tel. 60 43 48, Fax 63 01 47, I, 66 B.

Cosenza (0984)
Royal, Via Molinella 24, Tel. 41 21 61, Fax 41 21 65, I, 84 B.
Centrale, Via Del Tigrai 3, Tel. 7 36 81, Fax 7 57 50, II, 83 B.

Costa Smeralda (0789)
*Cala Di Volpe (mondänes Hotel im Inselstil mit Türmen, Terrassen, Arkaden und Wegen; Hafen), Tel. 9 60 83, Fax 9 64 42, L, 263 B., Sb.
*Pitrizza (aus Natursteinen der Gegend erbaut), Liszia di Vacca, Tel. 9 15 00, Fax 9 16 29, L, 102 B., Sb.
In Porto Cervo: *Romazzino (Zimmer mit eigener Terrasse), Tel. 9 60 20, Fax 9 62 58, L, 186 B., Sb.
Le Ginestre (mehrere kleine Villen in einem Park), Tel. 9 20 30, Fax 9 40 87, I, 156 B., Sb.
Valdiola, Tel. 9 62 15, Fax 9 66 52, II, 66 B., Sb.

Courmayeur (0165)
Les Jumeaux, Strada Regionale 35, mit Dépendance, Strada delle Volpi 17B, Tel. 84 67 96, Fax 84 41 22, 201 B.
Palace Bron (*Panoramablick von der Terrasse), Plan Gorret 41, Tel. 84 67 42, Fax 84 40 15, I, 52 B.
Pavillon, Strada Regionale 62, Tel. 84 61 20, Fax 84 61 22, I, 104 B., Sb.
Cresta et Duc, Via Circonvallazione 7, Tel. 84 25 85, Fax 84 25 91, II, 77 B.

Cremona (0372)
Continental (am Rande der Innenstadt gelegenes Mittelklassehotel im Stil der 50er Jahre mit exzellentem Restaurant), Piazza Libertà 26, Tel. und Fax 43 41 41, I, 114 B.

Cuneo (0171)
Principe, Piazza Duccio Galimberti 5, Tel. 69 33 55, Fax 6 75 62, I, 74 B.
Royal Superga, Via Pascal 3, Tel. 69 32 23, Fax 69 91 01, II, 60 B.

Darfo Boario Terme (0364)
Rizzi, Viale Carducci 5/11, Tel. 53 16 17, Fax 53 61 35, I, 76 B.
Mina, Corso Italia 56, Tel. 53 10 98, Fax 53 63 27, II, 71 B.

Desenzano del Garda (030)
Residence Oliveto, Via Tito Malaguti 4/6, Tel. 99 19 19, Fax 99 11 2 24, I, 117 B., Hb., Sb.
Piccola Vela, Viale Dal Molin 36, II, Tel. und Fax 99 14 6 66, 80 B., Sb.
Piroscafo, Via Porto Vecchio 11, Tel. 9 14 11 28, Fax 9 91 25 86, II, Tel. 9 14 11 28, 62 B.

Hotels

Bellevue e Méditerranée, Via Generale Ardoino 2/4, Tel. und Fax 402693, I, 130 B., Sb. Diana Majestic, Via Oleandri 15, Tel. 495445, I, 156 B., Sb. Gabriella, Via dei Gerani 9, Tel. 403131, Fax 405055, II, 88 B., Sb. Golfo e Palme, Viale Torino 12, Tel. 495096, Fax 494304, II, 77 B.	**Diano Marina** (0183)
Grande Albergo Sicilia, Piazza Colaianni 7, Tel. 500850, Fax 500488, II, 70 Z.	**Enna** (0935)
Cavallino, Via Forlivese 185, I, Tel. 634411, Fax 634440, 160 B. Vittoria, Corso Garibaldi 23, Tel. 21508, Fax 29136, I, 79 B.	**Faenza** (0546)
Elisabeth Due, Piazzale Amendola 2, Tel. 823146, Fax 823147, II, 32 Z. Corallo, Via Leonardo da Vinci 3, Tel. 804200, Fax 803637, II, 22 Z.	**Fano** (0721)
*Duchessa Isabelle (Palast aus dem 15. Jh.; Salons mit Kassettendecken), Via Palestro 68/70, Tel. 202121, Fax 202638, L, 56 B. Ripagrande, Via Ripagrande 21, Tel. 765250, Fax 764377, I, 97 B. Touring, Viale Cavour 11, Tel. 206200, Fax 212000, II, 84 B.	**Ferrarra** (0532)
Boncardo, Corso Europa 4, Tel. 601751, Fax 680419, I, 90 B. Grand Hôtel Moroni, Via San Pietro 38, Tel. 692222, Fax 680330, I, 173 B. Astoria, Via Calvisio 92, Tel. 601635/6, Fax 601480, II, 108 B. Internazionale, Via Concezione 3, Tel. 692054, Fax 692053, II, 62 B. Park Hotel Castello, Via Caviglia 26, Tel. 691320, Fax 692775, II, 33 B.	**Finale Ligure** (019)
In Fiuggi Fonte: *Grand Hôtel Palazzo della Fonte, Via dei Villini 7, Tel. 5081, Fax 506752, L, 303 B., Sb. Vallombrosa, Via Valle del Silenzio 1/2, Tel. 55531, Fax 506646, I, 147 B. Villa Igea, Corso Nuova Italia 32, Tel. 55435, Fax 55438, I, 50 B., Sb. Fiuggi Terme, Via Prenestina 9, Tel. 55212, Fax 506566, II, 103 B., Sb. Mondial Park, Via Sant'Emiliano 82, Tel. 55848, Fax 506671, II, 64 B., Sb.	**Fiuggi** (0775)
*Excelsior (direkt am Arno gelegen), Piazza Ognissanti 3, Tel. 264201, Fax 210278, L, 312 B. *Grand Hotel, Piazza Ognissanti 1, Tel. 288781, Fax 217400, L, 202 B. *Regency (Villa eines florentinischen Adligen mit Zimmern im engl. Stil), Piazza M. d'Azeglio 3, Tel. 245247, Fax 2342937, L, 66 B. *Villa Cora (1865 von Baron Oppenheim im neoklassizistischen Stil erbaut, in einem Garten gelegen; Speisesaal einst arabischer Salon), Viale Machiavelli 18, Tel. 2298451, Fax 229086, L, 92 B., Sb. *Villa Medici (im Zentrum), Via il Prato 42, Tel. 2381331, Fax 2381336, L, 198 B., Sb. Baglioni (Dachgartenrestaurant mit *Blick), Piazza Unità Italiana 6, Tel. 23580, Fax 2358895, I, 357 B. Brunelleschi (erbaut von Italo Gamberini; in Domnähe; kleines Privatmuseum), Piazza Santa Elisabetta 3, Tel. 562068, Fax 219653, I, 166 B. Plaza & Lucchesi (am Arno gelegen, 10 Min. Fußweg ins Zentrum), Lungarno della Zecca Vecchia 38, Tel. 264141, Fax 2480921, I, 172 B. Kraft (nahe Stadttheater; *Blick vom Dachgartenrestaurant), Via Solferino 2, Tel. 284273, Fax 2398267, I, 102 B., Sb. Mona Lisa (alter Palast in schönem Garten; elegantes Ambiente), Borgo Pinti 27, Tel. 2479751, Fax 2479755, I, 43 B. Montebello Splendid (elegante, im Zentrum der Stadt gelegene Villa aus dem 14. Jh.), Via Montebello 60, Tel. 2398051, Fax 211867, I, 80 B. Torre di Bellosguardo (ruhig gelegener Palast aus dem 12. Jh.; *Blick auf die Stadt), Via Roti Michelozzi 2, Tel. 2298145, Fax 229008, I, 30 B., Sb. Villa Belvedere (*Blick auf Florenz), Via Castelli 3, Tel. 222501, Fax 223163, I, 50 B., Sb., Tennis Villa Carlotta (Patriziervilla nahe dem Palazzo Pitti und der Gärten von Boboli), Via Michele di Lando 3, Tel. 2336134, Fax 2336147, I, 46 B. Auto Park Hotel, Via Valdegola 1, Tel. 431771, Fax 4221557, II, 198 B.	**Florenz** (055)

Hotels

Florenz (Fortsetzung)
Hermitage (*Blick von der Terrasse auf den Ponte Vecchio, Palazzo Pitti, Domkuppel u. a.), Vicolo Marzio 1, Tel. 287216, Fax 212208, II, 15 B.
Villa Le Rondini, Via Bolognese Vecchia, Tel. 400081, Fax 268212, II, 57 B., Sb.
Ariston, Via Fiesolana 40, Tel. 2476693, Fax 2476980, III, 46 B.
In Candeli: *Villa la Massa (Gebäude aus dem 16. Jh., vorzügliches Restaurant), Via La Massa 6, Tel. 651 0101, Fax 651 0109, L, 74 B., Sb.
In Fiesole: *Villa San Michele (ehem. Franziskanerkloster aus dem 15. Jh.; prächtig ausgestattete Zimmer, herrliche Gartenanlage und schöne Umgebung), Via Doccia 4, Tel. 59451, Fax 598734, L, 54 B., Sb.

Foggia (0881)
Cicolella, Viale XXIV Maggio 60, Tel. 688890, Fax 678984, I, 93 Z.
White House, Via Monte Sabotino 24, Tel. 621644, Fax 621646, I, 37 Z.
President, Viale degli Aviatori 130, Tel. 618010, Fax 617930, II, 129 Z.

Foligno (0742)
Poledrini, Viale Mezzetti 3, Tel. und Fax 341041, II, 89 B.
Umbria, Via Villa Fiorita, Via del Lago 9, in Colfiorito, Tel. 681326, Fax 681327, II, 60 B., Sb.

Forli (0543)
Michelangelo, Via Buonarotti 4/6, Tel. 400233, Fax 400615, I, 20 Z.
Masini, Corso Garibaldi 28, Tel. 28072, Fax 21915, II, 42 Z.

Frascati (06)
Villa Tuscolana, Via del Tuscolo, Tel. 9417450, Fax 9424747, II, 154 B.
Flora, Viale Vittorio Veneto 8–10, Tel. 9416110, Fax 9420198, II, 60 B.

Frosinone (0775)
Cesari, Via L. Refice 331, Tel. 291581, Fax 293322, I, 107 B.
Astor, Via Casilina Nord 20, Tel. 270131, Fax 270135, II, 84 B.

Gabbice Mare (0541)
Alexander, Via Panoramica 35, Tel. 954166, Fax 960144, I, 82 B., Sb.
Capo Est, Via Panoramica 123, Tel. 953333, Fax 952735, I, 170 B., Sb.
Grand Hôtel Michelacci, Piazza Giardini Unità d'Italia, Tel. 954361, Fax 954544, I, 96 B., Sb.
Venus, Via Panoramica 29, Tel. 960667, Fax 952220, I, 75 B., Sb.

Gaeta (0771)
Aenea's Landing, Via Flacca, km 23,6, Tel. 741713, Fax 741356, II, 30 B.
Il Ninfeo, Via Flacca, km 22, Tel. 742291, Fax 740736, II, 94 B., Sb.
Serapo, in Serapo, II, Tel. 741403, Fax 741507, 249 B., Sb.

Garda (045)
Eurotel, Via Marconi 18, Tel. 6270333, Fax 7256640, I, 207 B., Sb.
Park Hotel Oasi, Via della Pace, Tel. 7256690, Fax 7256705, I, 244 B., Sb.
Sport Hotel Olimpo, Tel. 7256444, Fax 7256797, I, 148 B., Sb.
Flora, Via Madrina 4, Tel. 7255348, II, 104 B., Sb.
Imperial, Via Pascoli 4, Tel. 7255382, Fax 7256311, II, 81 B., Sb.

Gardone Riviera (0365)
Fasano Grand Hôtel, Corso Zanardelli 160, Tel. 290220, Fax 290221, I, 136 B., Sb.
Grand Hôtel, Corso Zanardelli 72, Tel. 20261, Fax 22695, I, 303 B., Sb.
Villa Principe, Corso Zanardelli 160, Tel. 290220, Fax 290221, I, 24 B., Sb.
Villa Fiordaliso, Via Zanardelli 132, Tel. 20158, Fax 290011, II, 14 B.

Genua (010)
Bristol-Palace, Via XX Settembre 35, Tel. 592541, Fax 561756, I, 235 B.
Savoja Majestic, Via Arsenale di Terra 5, Tel. 2461632, Fax 261883, I, 195 B.
Starhotel President, Piazza delle Americhe 6, Tel. 5727, Fax 5531820, I, 384 B.
Alexander, Via Bersaglieri d'Italia 19, Tel. 261371, Fax 265257, II, 54 B.
Crespi, Via A. Doria 10, Tel. 261723, Fax 261724, II, 82 B.
Helvetia, Piazza Della Nunziata 1, Tel. 205839, Fax 2470627, II, 45 B.
Nuovo Astoria, Piazza Brignole 4, Tel. 873316, Fax 8317326, II, 123 B.
Assarotti, Via Assarotti 40 C, Tel. 885822, Fax 8391207, III, 35 B.
Bel Soggiorno, Via XX Settembre 19/2, Tel. 542880, Fax 581418, III, 30 B.

Hotels

Palace, Corso Italia 63, Tel. 82166, Fax 31658, II, 70 Z.	**Görz** (0481)
Grand Hôtel Astoria, largo San Grisogono 2, Tel. 83550, Fax 83355, I, 118 Z., Sb. Abbazia, Via Colombo 12, Tel. 80038, Fax 81722, I, 50 Z., Sb.	**Grado** (0431)
Bastiani Grand Hôtel, Piazza Gioberti 64, Tel. 20047, Fax 29321, I, 92 B. Leon d'Oro, Via San Martino 46, Tel. 22128, Fax 22578, III, 53 B.	**Grosseto** (0564)
Park Hotel Ai Cappuccini, Via Tifernate, Tel. 9234, Fax 9220323, I, 189 B. Sporting, Via del Botagnone, Tel. 9220753, Fax 9220555, I, 104 B. San Marco, Via Perugina 5, Tel. 9220234, Fax 9273716, II, 111 B.	**Gubbio** (075)
Puntaquattroventi, Via Marittima 59, Tel. 7773041, Fax 7773757, II, 37 Z.	**Herkulaneum** (081)
Centro, Piazza Unità Nazionale 4, Tel. 273771, Fax 273772, II, 36 B. Corallo, Corso Garibaldi 29, Tel. und Fax 666264, II, 77 B. Croce di Malta, Via Scarincio 148, Tel. 667020/1, Fax 63687, II, 73 B.	**Imperia** (0183)
Stefania Terme, Casamicciola Terme, Tel. 994130, Fax 994295, IV, 30 Z. Grand Hôtel Excelsior, Via Emanuele Gianturco 19, Ischia Porto, Tel. 991020, Fax 984100, I, 72 Z., Hb., Sb. Grand Hôtel Punta Molino Terme, Lungomare Cristoforo Colombo 25, Tel. 991544, I, 82 Z., Hb. Sb. Bristol Hotel Terme, Via Venanzio Marone 10, Tel. 992181, Fax 993201, II, 61 Z., Sb.	**Ischia** (081)
Grand Hôtel Europa, an der S.S. 17, Ausfahrt Isernia Nord, Tel. 411450, Fax 413243, I, 80 B. Sayonara, Via G. Berta 131, Tel. 50992, II, 41 B.	**Isernia** (0865)
*La Posta Vecchia (ehem. Poststation; von dem amerikanischen Öl-Milliardär Jean Paul Getty zu einem Luxushotel umgebaut, mit Suiten im Renaissancestil sowie herrlicher Terrasse über der Brandung) in Palo Laziale, rund 35 km nordwestlich von Rom, Tel. 9949501, Fax 9949507, L, 24 B., Hb.	**Ladispoli** (06)
Splendid, Piazza Badaro 4, Tel. 690325, Fax 690894, 81 B., I, 81 B., Sb. Mediterraneo, Via Andrea Doria 18, Tel. 690240, Fax 499739, II, 65 B.	**Laigueglia** (0182)
Grand Hôtel del Parco, Corso Federico II 74, Tel. 413248, Fax 65938, I, 64 B. Duca degli Abruzzi (mit Panoramarestaurant), Viale Giovanni XXIII 19, Tel. 28341, Fax 61588, II, 230 B. Le Cannelle, Via Trancredi da Pentima, Tel. 411194, Fax 412450, II, 274 B., Sb.	**L'Aquila** (0862)
Ghironi, Via Tino 62, Tel. 504141, Fax 524724, I, 92 B. Firenze, Via Paleocapa 7, Tel. 713210, Fax 33512, II, 110 B. Genova, Via Fratelli Rosselli 84, Tel., 732972, Fax 732923, II, 44 B.	**La Spezia** (0187)
Admiral, Via dei Devoto 89, Tel. 306072, II, 51 B., Sb. Tigullio, Via Matteotti 3, Tel. 392965, Fax 390277, II, 72 B.	**Lavagna** (0185)
President, Via Salandra 6, Tel. 311881, Fax 372283, I, 281 B. Tiziano, Superstrada Lecce–Brindisi, Tel. und Fax 4718, I, 351 B.	**Lecce** (0832)
Don Abbondio, Piazza Era 10, Tel. 362563, Fax 366315, II, 35 B. Giordano, Lungo Lago Cadorna 20, Tel. 367160, II, 26 B.	**Lecco** (0341)
Carla, Via Martiri della Libertà 28, Tel. 808275, Fax 808261, II, 69 B. Stella d'Italia, Corso Italia 26, Tel. 808109, Fax 809044, II, 74 B.	**Levanto** (0187)

Hotels

Lido Adriano
(0544)
Grand Hôtel Adriano/Club Hotel Adriano (Hotelkomplex direkt am Strand; Gartenrestaurant, einheimische und internationale Küche), Viale Petrarca 402, Tel. 495446, Fax 495164, Sb. und andere Einrichtungen für Sport

Lido di Jesolo
(0421)
Amalfi, Via Verde 73, I, Tel. 971631, Fax 370246, 145 B., Sb.
Beau Rivage Pineta, Piazza Europa 6, Tel. 961074, Fax 961075, I, 110 B.
Park Hotel Brasilia, Via Levantina II, Tel. 380851, Fax 92244, I, 67 B., Sb.
Alexander, Piazza Nember 20/21, Tel. 971714, Fax 370699, II, 148 B., Sb.
Dainese, Viale Oriente 140, Tel. 961023, Fax 961335, III, 56 B., Sb.

Lido di Ostia
(06)
Satellite Palace, Via delle Antille 49, Tel. 5693841, Fax 5695994, I, 519 B.
La Riva, Tel. 5622231, Fax 5621667, II, 24 B.

Lido di Savio
(0544)
Palace Lido (gepflegtes modernes Hotel in ruhiger Lage am Meer; Mini-Club für Kinder, breites Sportangebot), Via Marradi 12, Tel. 940223, Fax 949298, II, 140 B., Sb.
Asiago Beach (modernes Hotel in ruhiger Lage direkt am Strand; große Terrasse zum Meer; Panoramasicht vom Speisesaal), Viale Romagna 217, Tel. 949187, Fax 949110, II, 72 B., breites Sportangebot, Sb.
Tropicana (modernes Hotel in ruhiger Lage direkt am Strand; Garten), Viale Adriatico 32, Tel. 949195, II, 78 B., Sb.
Bahamas (modernes Hotel in ruhiger Lage, wenige Meter vom Meer entfernt), Via Cesena 8, Tel. und Fax 949190, II, 69 B.
Hotel Club Bikini (Sportanlagen im Hotel oder der Umgebung; Schönheitspflege), Via Casola 2, Tel. 949286, Fax 949239, II, 160 B., Sb.
Delle Rose (modernes Hotel in ruhiger Lage am Meer; nahebei Tennis-, Reit- und Golfmöglichkeiten; Wasservergnügungspark Mirabilandia), Viale Marradi 1, Tel. 949020, Fax 939709, III, 76 B.

Lignano Sabbiadoro
(0431)
Atlantic, Lungomare Trieste 160, I, Tel. 71101, Fax 71103, 112 B., Sb.
Bristol, Lungomare Trieste 132, Tel. 73131, Fax 720220, I, 107 B.
Conca Verde, Via Carinzia 28, Tel. 71765, Fax 720380, II, 105 B.
Touristendorf: Los Nidos, Tel. 71508 und 70077, Fax 720450, I, 600 Bungalows

Liparische Inseln
(090)
Auf Lipari: Meligunis (geräumige Zimmer, Terrasse mit Meerblick), Via Marte 7, Tel. 9812426, Fax 9880149, I, 64 B.
Carasco (*Meerblick; Panoramaterrasse), Porto delle Genti, Tel. 9811605, Fax 9811828, I, 163 B., Sb.
Gattopardo Park (Villa aus dem 18. Jh., umgeben von Bungalows inmitten einer schönen Gartenanlage), Viale Diana, Tel. 9811035, Fax 9880207, II, 99 B.

Livigno
(0342)
Intermonti, Via Gerus 17, I, Tel. 970003, Fax 970231, 346 B., Sb.
Golf Hotel Parè, Via Gerus 1/3, Tel. 970263, Fax 997435, I, 79 B., Sb.
Bucaneve, Via S.S. 301 6, Tel. 996201, Fax 997588, II, 72 B., Sb.

Livorno
(0586)
Palazzo, Viale Italia 195, Tel. 805371, Fax 803206, I, 207 B.
Granduca, Piazza Micheli 16, Tel. 891024, Fax 891153, II, 102 B.

Loano
(019)
Garden Lido, Lungomare N. Sauro 9, Tel. 669666, Fax 668552, I, 160 B., Sb.
Villa Beatrice, Via S. Erasmo 6, Tel. 668244, Fax 668245, II, 54 B., Sb.

Lodi
(0371)
Lodi, Tel. 35678, I, 178 B.
Ascot, Tel. 410461, Fax 410464, II, 124 B.

Loreto
(071)
Orlando da Nino, Via Villa Costantina 89, Tel. und Fax 978501, IV, 20 Z.

Lucca
(0583)
*Principessa Elisa (Dépendance), Strada Statale del Brennero N. 1952, Tel. 379737, Fax 379019, L, 19 B., Sb.

Hotels

Napoleon, Viale Europa 536, Tel. 31 65 16, Fax 41 83 98, I, 92 B.
Celide, Viale Giusti 25, Tel. 95 41 06, Fax 95 43 04, II, 93 B.

Lucca
(Fortsetzung)

*Four Seasons, Via Gesù 8, Tel. 7 70 88, Fax 77 08 50 00, L, 201 B.
*Palace, Piazza della Repubblica 20, Tel. 63 36, Fax 65 44 85, L, 321 B.
*Duca di Milano, Piazza della Repubblica 13, Tel. 62 84, Fax 6 55 59 66, L, 110 B.
Grand Hôtel et de Milan, Via Manzoni 29, Tel. 72 31 41, Fax 86 46 08 61, L, 189 B.
De la Ville (nahe Dom, Scala und Galleria Vittorio Emanuele; Zi. alle mit Bad), Via Hoepli 6, Tel. 8 67 651, Fax 86 66 09, I, 198 B.
Diana Majestic (einst wurde hier die erste italienische Badeanstalt für Frauen, das Dianabad, eröffnet; Art-Déco-Stilelemente, komfortable Zimmer), Viale Piave 42, Tel. 29 51 34 04, Fax 20 10 72, I, 151 B.
Excelsior Gallia (Gebäude aus den 30er Jahren gegenüber dem Bahnhof, geschmackvolle Einrichtung; sehr gute Küche), Piazza Duca D'Aosta 9, Tel. 67 85, Fax 66 71 32 39, I, 397 B.
Hilton International, Via Galvani 12, Tel. 6 98 31, Fax 66 71 06 18, I, 461 B.
Ramada Grand Hotel Milano (an der Mailänder Messe, 4 km vom Stadtzentrum, Shuttle Service zum Flughafen), Via Washington 66, Tel. 48 00 89 81, Fax 48 00 89 91, I, 412 Z., 11 Suiten
Spadari al Duomo, Via Spadari 11, Tel. 72 00 23 71, Fax 86 11 84, I, 85 B.
Casa Svizzera, Via San Raffaele 3, Tel. 8 69 22 46, Fax 72 00 46 90, II, 79 B.
Europeo, Via Canonica 38, Tel. 33 14 751, Fax 33 10 54 10, II, 55 B.
Marconi, Via F. Filzi 3, Tel. 66 98 55 61, Fax 6 69 07 38, II, 98 B.
Pasteur, Via Guinizelli 22, Tel. 2 87 00 31, Fax 26 11 02 85, II, 186 B.

Mailand
(02)

Pietra di Luna, Tel. 8 77 500, Fax 8 77 483, I, 96 Z., Sb.
Panorama (*Terrasse), Tel. 8 77 202, Fax 8 77 998, II, 76 Z., Sb.

Maiori
(089)

Park Hotel Querceto (im Sommer Service auf der Terrasse), in Campiano 17/19, Tel. 7 40 03 44, Fax 7 40 08 48, I, 40 B.
Villa Smeralda, Via Panoramica 23, Tel. 7 40 02 30, Fax 6 57 01 61, III, 42 B.

Malcesine
(045)

San Lorenzo (in der Fußgängerzone; antike Möbel, geräumige Zimmer), Piazza Concordia 14, Tel. 22 05 00, Fax 32 71 94, I, 71 B.
Dante, Via Corrado 54, Tel. 32 64 25, Fax 22 11 41, II, 68 B.

Mantua
(0376)

Park Hotel Ravenna, Viale delle Nazioni 181, Tel. 53 17 43, Fax 53 04 30, I, 289 B., Sb.
Bermuda, Viale della Pace 363, Tel. 53 05 60, Fax 53 16 43, II, 30 B.

Marina di Ravenna

Cap 3000, Via Trapani 161, Tel. 9 89 055, Fax 9 89 634, II, 86 B., Sb.
Villa Favorita, Via Favorita 27, Tel. 9 89 100, Fax 9 80 264, III, 87 B., Sb.

Marsala
(0923)

Delfino (*Blick auf das Meer und auf die Insel Capri), Tel. 8 78 92 61, Fax 8 08 90 74, I, 67 Z., Sb.
Maria (*Blick auf das Meer; Panoramaterrasse), Tel. 8 78 91 63, Fax 8 78 94 11, II, 34 Z., Sb.

Massa Lubrense
(081)

Il Sole (im Zentrum), Via della Libertà 43, Tel. 90 19 71, Fax 90 19 59, II, 95 B.

Massa Marittima

De Nicola, Via Nazionale 158, Tel. 38 51 11, Fax 38 51 13, II, 151 B.

Matera
(0835)

Grand Hôtel Victoria, Tel. 3 20 03, Fax 3 29 92, I, 104 B., Sb.
Bellavista, Tel. 3 21 36, Fax 3 17 93, II, 88 B., Sb.

Menaggio
(0344)

Palace, Cavourstr. 2/4, Tel. 21 13 00, Fax 23 41 81, I, 200 B., Sb.
Parc Hotel Mignon (mit Dépendance), Grabmayrstr. 5, Tel. 23 03 53, Fax 23 06 44, I, 80 B., Sb.
Kur-Hotel Schloß Rundegg, Schennastr. 2, Tel. 23 41 00, Fax 23 72 00, I, 58 B., Sb.

Meran
(0473)

Hotels

Meran
(Fortsetzung)

Castel Freiberg (mittelalterliches Schloß in ruhiger Hügellage, elegante Zimmer; Freiberg, Labers-Str. 13, Tel. 244196, Fax 244488, I, 66 B., Hb., Sb.
Aurora, Passerpromenade 38, Tel. 211800, Fax 211113, I, 53 B.
Bavaria, Kirchsteig 15, Tel. 236375, Fax 236371, I, 84 B.
Villa Tivoli, Giuseppe-Verdi-Str. 72, Tel. 46282, Fax 46849, I, 41 B.
Isabella, Piavestr. 58, Tel. 234700, Fax 211360, II, 48 B.
Schloß Labers (inmitten von Weinbergen, behagliche Zimmer; im Sommer Service im Freien), Labers 25, Tel. 234484, Fax 234146, II, 53 B., Sb.
Zima, Winkelweg 83, Tel. 230408, Fax 236469, II, 42 B., Sb.

Messina
(090)

Royal Palace, Via T. Cannizzaro 224, Tel. 6503, Fax 2921075, I, 174 B.
Paradis, Via Consolare Pompea 441, Tel. 310682, Fax 312043, II, 164 B.

Milano Marittima
(0544)

Acapulco, VI Traversa 19, Tel. 992396, Fax 993833, I, 90 B., Sb.
Aurelia, Viale II Giugno 34, Tel. 975451, Fax 972773, I, 181 B., Sb.
Bellevue Beach, XIX Traversa 9/10, Tel. 994233, Fax 994336, I, 124 B.
Deanna Golf Hotel, Viale Matteotti 131, Tel. 991365, Fax 994251, I, 136 B.
Mare e Pineta, Viale Dante 40, Tel. 992262, Fax 992739, I, 368 B., Sb.
Imperiale (modernes Hotel am Strand), Piazzale Torino 1, Tel. 992282, Fax 992283, II, Sb.

Modena
(059)

Canalgrande (Hotel im neoklassizistischen Stil, komfortable Zimmer, *Garten), Corso Canal Grande 6, Tel. 217160, Fax 221674, I, 79 Z.
Central Park, Viale Vittorio Veneto 10, Tel. 225858, Fax 225141, I, 48 Z.
Donatello, Via Giardini 402, Tel. 344550, Fax 342803, II, 74 Z.
Eden, Via Emilia Ovest 666, Tel. 335660, Fax 820108, II, 51 Z.

Montecatini Terme
(0572)

*Grand Hôtel Bellavista-Palace & Golf, Viale Fedeli 2, Tel. 78122, Fax 73352, L, 199 B., Sb.
*Grand Hotel La Pace (*Palast mit behaglichen Zimmern und großem Park; Health Center u.a. mit Bädern und Massagen), Via della Torretta 1/A, Tel. 75801, Fax 78451, L, 278 B., Sb., Tennis
Ambasciatori Grand Hôtel Cristallo, Viale IV Novembre 12, Tel. 73301, Fax 911876, I, 120 B., Sb.
Belvedere, Viale Fedeli 10, Tel. 70251, Fax 70252, II, 180 B., Hb.
Cappelli – Croce di Savoia, Viale Bicchierai 139, Tel. 71151, Fax 70153, II, 102 B., Sb.
Brasile, Viale Bicchierai 53, Tel. 70362, III, 57 B.

Montegrotto Terme
(049)

Augustus Terme, Viale Stazione 150, Tel. 793200, Fax 72242, I, 180 B.
Caesar Terme, Via Aureliana, Tel. 793655, Fax 8910616, I, 235 B., Sb.
International Hotel Bertha, Largo Traiano 1, Tel. 8911700, Fax 8911771, I, 195 B., Sb.
Bellavista, Via dei Colli 5, Tel. 793333, Fax 793772, II, 108 B., Sb.
Olimpia Terme, Viale Stazione 25, Tel. 793499, Fax 8911100, II, 157 B.
Terme delle Nazioni, Via Mezzavia 20, Tel. 793322, Fax 793484, II, 159 B.
Terme Vulcania, Viale Stazione 6, Tel. 793299, Fax 793451, III, 110 B., Sb.

Montepulciano
(0578)

Granducato, Via delle Lettere 62, Tel. 758597, Fax 758610, II, 25 B.
Panoramic, Via di Villa Bianca 8, Tel. 798398, Fax 799205, II, 46 B.

Monterosso al Mare
(0187)

Palme, Via IV Novembre 18, Tel. 829037, Fax 829081, I, 96 B.
Cinque Terre, Via IV Novembre 21, Tel. 817543, Fax 818380, II, 87 B.

Neapel
(081)

*Excelsior (traditionelles Grand Hôtel am Meer; Restaurants und Bars), Via Partenope 48, Tel. 7640111, Fax L, 252 B.
*Vesuvio (am Meer; Caruso starb hier), Via Partenope 45, Tel. 7640044, Fax 5890380, I, 292 B.
Jolly Ambassador's (zentrale Lage; Panoramarestaurant mit *Blick auf die Stadt, den Golf von Neapel und den Vesuv), Via Medina 70, Tel. 416000, Fax 5518010, I, 501 B.

Hotels

Majestic (günstige Lage im eleganten Einkaufsviertel), Largo Vasto a Chiaia 68, Tel. und Fax 41 65 00, I, 213 B.
Parkers's (Dachgartenrestaurant mit Blick), Corso Vittorio Emanuele 135, Tel. 76 12 4 74, Fax 66 35 27, I, 73 Z.
Royal (*Blick auf das Castel dell'Ovo), Via Partenope 38, Tel. 76 448 00, I, 492 B., Sb.
Santa Lucia (Blick auf den Golf von Neapel und das Castel dell'Ovo), Via Partenope 46, Tel. 76 40 666, Fax 76 485 80I, 219 B.
Belvedere (*Blick auf die Stadt und den Golf), Via Tito Angelini 51, Tel. 57 88 169, Fax 57 854 17, II, 27 Z.

Neapel
(Fortsetzung)

Astor, Viale delle Palme 16, Tel. 37 28 3 25, Fax 37 28 4 86, I, 83 B.
Esperia, Via Al Cismon 1, Tel. 37 26 0 71, Fax 32 17 77, II, 35 B.

Nervi
(010)

Capo Noli, Via Aurelia 52, Tel. 74 87 51/2, Fax 74 87 53, II, 103 B.
Monique, Via Al Collegio 12, Tel. 74 82 68, 74 82 69, II, 59 B.

Noli
(019)

Italia, Via Solaroli 10, Tel. 39 93 16, Fax 39 93 10, I, 111 B.
La Rotonda, Bordo Massimo d'Azeglio 4/6, Tel. 39 92 46, Fax 62 36 95, I, 43 B.
Parmigiano, Via dei Cattaneo 4, Tel. 62 32 31, II, 72 B.

Novara
(0321)

Grazia Deledda, Via Lamarmora 175, Tel. 3 12 57, Fax 3 40 17, I, 108 B.
Sandalia, Via Einaudi, Tel. 3 83 53, Fax 3 83 53, II, 94 B.

Nuoro
(0784)

President, Via Principe Umberto 9, Tel. 2 75 01, Fax 2 15 51, I, 60 B.
Royal, Viale Aldo Moro, Tel. 5 02 53, Fax 5 02 15, II, 129 B., Sb.

Olbia
(0789)

Mistral, Via Martiri di Belfiore, Tel. 30 24 45, Fax 30 25 12, I, 252 B., Sb.
Ca.Ma., Via Vittorio Veneto 119, Tel. 7 43 74, Fax 7 43 75, II, 90 B.

Oristano
(0783)

Aquila Bianca, Via Garibaldi 13, Tel. und Fax 4 12 46, I, 71 B.
La Badia (schönes Hotel in einem ehem. roman.-lombardischen Kloster in einem großen Park; rustikales Ambiente), La Badia 8, Orvieto Scalo, Tel. 9 03 59, Fax 9 27 96, I, 49 B., Sb., Tennis
Primavera, Strada dell'Arcone 2/6, Tel. und Fax 4 17 81, II, 14 B.

Orvieto
(0763)

Le Rocce del Capo, Lungomare Colombo 203, Tel. 68 97 33, II, 43 B., Sb.

Ospedaletti
(0184)

Donatello, Via del Santo 102/104, Tel. 8 75 06 34, Fax 8 75 08 29, I, 94 B.
Le Padovanelle, Via Chilesotti 2, Tel. 62 56 22, Fax 62 53 20, I, 80 B., Sb.
Leon Bianco (eines der ältesten Hotels der Stadt; Terrasse mit *Blick), Piazzetta Pedrocchi 12, Tel. 8 75 08 14, Fax 8 75 61 84, II, 42 B.
Majestic Toscanelli (Hotel mit modernem Komfort im Herzen der Stadt; gute Küche), Piazzetta dell'Arco 2, Tel. 6 63 24 4, Fax 8 76 00 25, II, 70 B.

Padua
(049)

Le Palme, Tel. 85 10 25, Fax 85 15 07, I, 50 Z., Sb.
Schuhmann, Tek, 85 11 51, Fax 85 11 83, I, 36 Z.
Villa Rita, in der archäologischen Zone, Tel. 8 11 0 81, IV, 12 Z.

Paestum
(0828)

*Villa Igiea Grand Hôtel (hervorragender Komfort und bester Service; Bar, Veranda, Garten), Via Belmonte 43, Tel. 54 37 44, Fax 54 76 54, L, 218 B.
Astoria Palace, Via Montepellegrino 62, Tel. 63 71 8 20, Fax 63 72 178, I, 625 B.
Jolly Hotel del Foro Italico, Foro Italico 22, Tel. 6 16 50 90, Fax 6 16 14 41, I, 469 B., Sb.
Cristal Palace, Via Roma 477, Tel. 6 11 25 80/1, Fax 6 11 25 89, II, 155 B.
Sole Grande Albergo, Corso Vittorio Emanuele 291, Tel. 5 81 811, Fax 6 11 01 83, II, 257 B.

Palermo
(091)

King's Residence (*Blick auf das Meer bzw. die Küste), Tel. 93 13 24, Fax 93 14 18, I, 36 Z., Sb.

Palinuro
(0974)

Hotels

Parma
(0521)
Grand Hôtel Baglioni, Viale Piacenza 14 (Parco Ducale), Tel. 292929, Fax 292828, I, 332 B.
Verdi, Via Pasini 18 (Parco Ducale), Tel. 293539/49, Fax 293559, I, 31 B.
Park Hotel Toscanini, Viale A. Toscanini 4 (im Zentrum), Tel. 289141, Fax 283143, I, 72 B.
Daniel, Via Gramsci 16, Tel. 995147/8, II, 56 B.
Principe, Via Emilia Est 46, Tel. 493847, Fax 242106, II, 57 B.

Passignano sul Trasimeno
(075)
Lido, Via Roma 1, Tel. 827219, Fax 827251 und 827182, II, 100 B.
Villa Paradiso, Via Fratelli Rosselli 5, Tel. 829191, Fax 827229, II, 212 B.

Pavia
(0382)
Ariston, Via A. Scopoli 10, Tel. 34334, Fax 25667, II, 75 B.
Moderno, Viale Vittorio Emanuele 41, Tel. 303401, Fax 25225, I, 92 B.
Rosengarten (mit Dependance), Piazzale Policlinico 21, Tel. 526312, Fax 525186, II, 134 B.

Perugia
(075)
❋Brufani (vornehmstes und ältestes Hotel von Perugia), Piazza Italia 12, Tel. 5732541, Fax 5720210, L, 47 B.
Locanda della Posta (ehem. Palast im Herzen des historischen Zentrums), Corso Vannucci 97, Tel. 5728925, Fax 5722413, I, 67 B.
Giò Arte e Vini, Via R. D'Andreotto, Tel. und Fax 5731100, I, 184 B., Sb.
Grifone, Via S. Pellico 1, Tel. 5837616, Fax 5837619, I, 80 B.
La Rosetta, Piazza Italia 19, Tel. und Fax 5720841, I, 162 B.
Perugia Plaza, Via Palermo 88, Tel. 34643, Fax 30863, I, 208 B., Sb.
Palace Hotel Bellavista, Piazza Italia 12, Tel. 5720741, Fax 5729092, II, 131 B.

Pesaro
(0721)
Vittoria, Piazzale della Libertà 2, Tel. 34343, Fax 65204, I, 27 Z., Sb.
Bristol, Piazzale della Libertà 7, Tel. 30355, Fax 33893, I, 27 Z.
Spiaggia (modernes Hotel, gepflegte Atmosphäre), Viale Trieste 76, Tel. 32516, Fax 35419, II, 74 Z., Sb.
Atlantic, Viale Trieste 365, Tel. 370333, Fax 370373, II, 49 Z.
Nettuno, Viale Trieste 367, Tel. und Fax 400440, II, 65 Z., Sb.

Pescara
(085)
Carlton, Viale della Riviera 35, Tel. 373125, Fax 421392, I, 101 B.
Esplanade, Piazza 1° Maggio 46, Tel. 292141, Fax 33540, I, 280 B.

Peschiera del Garda
(045)
La Fortuna, Via Venezia 26, Tel. 7550111, Fax 7550111, I, 84 B.
Residence Puccini, Via Puccini 2, Tel. 7553933, Fax 7553397, II, 64 B.
Garden, Via Stazione 18, Fax 7553759, III, 22 Z.

Piacenza
(0523)
Grande Albergo Roma, Via Cittadella 14, Tel. 323201, Fax 330548, I, 90 Z.
Florida, Via Colombo 29, Tel. 592600, Fax 592672, II, 50 Z.

Pietra Ligure
(019)
Paco (relativ ruhig gelegenes Haus am Hang), Via Crispi 63, Tel. 615715, Fax 615716, I, 84 B., Sb.
Royal (gut geführtes Hotel; Terrasse), Via Bado 129, Tel. 616192, Fax 616195, I, 174 B.
Minerva, Via Torino 7, Tel. 612111, Fax 617544, II, 164 B., Sb.

Piombino
(0565)
Centrale, Piazza Verdi 2, Tel. 220188, Fax 220220, I, 66 B.
Collodi, Via Collodi 7, Tel. 224272, Fax 224382, II, 46 B.

Pisa
(050)
Cavalieri (Backsteinbau im Stadtzentrum, gegenüber dem Bahnhof); Piazza della Stazione 2, Tel. 43290, Fax 502242, I, 143 B.
D'Azeglio, Piazza Vittorio Emanuele 18b, I, Tel. 500310, Fax 28017, 46 B.
Grand Hôtel Duomo, Via S. Maria 94, Tel. 561894, Fax 560418, I, 167 B.
Terminus e Plaza, Via Colombo 45, Tel. und Fax 500303, II, 91 B.
Villa Primavera, Via Bonanno 43, Tel. 23537 Fax 27020, III, 21 B.

Pistoia
(0573)
Milano, Viale Pacinotti 10, Tel. 975700, Fax 32657, II, 94 B.

Hotels

Rosario, Via Roma 10, Tel. 850 69 77, I, 183 B. Villa Laura, Via della Salle 13, Tel. 86 31024, Fax 85 04893, II, 38 B. Villa dei Misteri, im nordwestlichen Stadtgebiet, Tel. 86 13593, III, 80 B., Sb.	**Pompeji** (081)
Villa Ottoboni, Piazzetta Ottoboni 2, Tel. 20 8891, Fax 20 8148, I, 93 Z. Palace Hotel Moderno, Viale Martelli 1, Tel. 2 82 15, Fax 52 0315, II, 107 Z.	**Pordenone** (0434)
4,5 km südwestlich außerhalb, auf der Panoramastraße: *Il Pellicano (berühmte Gästeliste), Tel. 83 3801, Fax 83 3418, L, 32 Z., Sb.	**Porto Ercole** (0564)
Airone (neben den Thermalanlagen von San Giovanni gelegen), in San Giovanni, Tel. 92 9111, I, 200 B., 2 Sb., Tennis, Bootsanlegeplätze Le Picchiaie Residence (*Blick auf den Golf von Portoferraio), in Monte Orello, I, 200 B., 2 Sb., Tennis, Golf und Reitschule in der Nähe	**Portoferraio** (0565)
Splendido (einst im Besitz des Grafen Spinola; heute luxuriöses Hotel), Viale Baratta 13, Tel. 26 9551, Fax 26 9614, I, 119 B., Sb., Tennisplätze Piccolo, Via Provinciale 31, Tel. 26 9015, Fax 26 9621, I, 46 B.	**Portofino** (0185)
Grande Albergo, Corso 18 Agosto, Tel. und Fax 41 0220, I, 108 B. Tourist, Via Vescovado 4, Tel. 2 5955, Fax 2 1437, II, 131 B.	**Potenza** (0971)
Art Hotel Museo, Viale Repubblica, Tel. 57 87, Fax 57 8880, I, 110 Z., Sb. Flora, Via Cairoli 31, Tel. 3 3521, Fax 60 6591, II, 31 Z.	**Prato** (0574)
Mediterraneo Palace, Via Roma 189, Tel. 62 1944, I, 91 Z. Montreal, Via S. Giuseppe 6, Tel. und Fax 62 1133, II, 54 Z.	**Ragusa** (0932)
Astoria, Via Gramsci 4, Tel. 27 3533, Fax 27 4093, I, 34 B. Eurotel, Via Aurelia Ponente 22, Tel. 6 0981, Fax 5 0635, I, 106 B., Sb. Rosabianca, Lungomare V. Veneto 42, Tel. 50 390, Fax 6 5035, I, 27 B. Vittoria, Via San Filippo Neri 11, Tel. 23 1030, Fax 6 6250, II, 59 B.	**Rapallo** (0185)
Bisanzio (im historischen Zentrum; ruhigere Zimmer zum Garten), Via Salara 30, Tel. 21 7111, Fax 32 539, I, 63 B. Argentario (im Zentrum; angenehme Atmosphäre), Via di Roma 45, Tel. 3 5555, Fax 3 5147, II, 54 B. Astoria, Circ. Rotonda 26 – 28, Tel. 45 3960, Fax 45 5419, II, 29 B. Centrale Byron, Via IV Novembre 14, Tel. 3 3479, II, 88 B.	**Ravenna** (0544)
Excelsior, Via Vittorio Veneto 66, Tel. 8 1221, Fax 89 3084, I, 84 Z. Ascioti, Via San Francesco da Paola 18, Tel. 89 7041, Fax 2 6063, I, 50 Z.	**Reggio Calabria** (0965)
Grand Hôtel Astoria, Viale L. Nobili 2, I, Tel. 43 5245, I, 112 B. Posta (im Herzen der Altstadt; Einrichtung im Rokoko-Stil), Piazza C. Battisti 4, Tel. 43 2944, Fax 45 2602, I, 34 Z.	**Reggio nell' Emilia** (0522)
*Grand Hôtel des Bains, Viale Gramsci 56, Tel. 60 1650, Fax 60 6350, L, 126 B., Sb. Atlantic, Lungomare della Libertà 15, Tel. 60 1155, Fax 60 6402, I, 121 B. Corallo, Viale Gramsci 113, Tel. 60 0807, Fax 60 6400, I, 155 B., Sb. Lungomare, Lungomare della Libertà 7, Tel. 69 2880, Fax 69 2354, I, 116 B., Sb. Ambassador, Via N. Bixio 18, Tel. 60 0861, Fax 60 0751, II, 66 B., Sb. Arizona, Via d'Annunzio 22, Tel. 64 4422, Fax 64 4108, II, 105 B., Sb.	**Riccione** (0541)
Miramonti, Piazza Oberdan 7, Tel. 20 1333, Fax 20 5790, I, 52 B. Cavour, Piazza Cavour 10, Tel. 48 5252, Fax 48 4072, II, 70 B.	**Rieti** (0746)
*Grand Hotel, Piazzale Indipendenza 2, Tel. 5 6000, Fax 56 6866, L, 230 B. Imperiale, Viale Vespucci 16, Tel. 5 2255, Fax 2 8806, I, 120 B., Sb.	**Rimini** (0541)

Hotels

Rimini
(Fortsetzung)

Milton (gehobenes Niveau, gelungenes Design; hoteleigene Fahrräder), Viale Capellini 1, Tel. 54600, Fax 54698, I, 75 Z., Sb.
Parco dei Principi, Viale Regina Elena 98, Tel. 380055, Fax 388455, I, 124 B., Sb.
Residenza Grand Hotel Dépendance, Parco Indipendenza, Tel. 56000, Fax 56866, I, 86 B., Sb.
Brown, Via Pola 29, Tel. 55495, Fax 710011, II, 52 B., Sb.
Corallo, Viale Vespucci 46, Tel. 390732, Fax 391808, II, 148 B., Sb.
Villa Adriatica, Viale Vespucci 3, Tel. 54599, Fax 26962, II, 146 B.
Atlas, Viale Regina Elena 74, Tel. 380561, III, 122 B., Sb.

Riva del Garda
(0464)

Du Lac et du Parc (beim kleinen Hafen), Viale Rovereto 44, Tel. 551500, Fax 555200, I, 457 B., Hb., Sb.
Grand Hôtel Riva (mit Dachgartenrestaurant), Piazza Garibaldi 10, Tel. 521800, Fax 552293, I, 167 B.
International Hotel Liberty, Viale Carducci 3/5, Tel. 553581, Fax 551144, I, 126 B., Hb.
Astoria, Viale Trento 9, Tel. 552658, II, 179 B., Sb.
Luise, Viale Rovereto 9, Tel. 552796, Fax 554250, II, 117 B., Sb.

Rom
(06)

In Rom gibt es mehr als 200 Hotels jeder Preiskategorie. Eine Vorausbuchung kann man u.a. über die H.R.–Hotel Reservation, eine Dienstleistungsinitiative der römischen Hoteliers, vornhemen, Tel. (06) 6991000.

In Hauptbahnhofnähe

*Le Grand Hôtel et de Rome (gehört zur Gruppe der Cigahotels), Via Vittorio Emanuele Orlando 3, L, Tel. 4709, Fax 4747307, 328 B.
Atlantico, Via Cavour 23, Tel. und Fax 485951, I, 145 B.
Genova, Via Cavour 33, Tel. 476951, Fax 487580, I, 175 B.
Massimo D'Azeglio, Via Cavour 18, Tel. 4880646, Fax 4827386, I, 312 B.
Mediterraneo, Via Cavour 15, Tel. 4884051, Fax 4744105, I, 466 B.
Napoleon (nahe Santa Maria Maggiore), Piazza Vittorio Emanuele 105, Tel. 4467264, Fax 4467282, I, 141 B.
Palatino, Via Cavour 213, Tel. 4814927, Fax 4740726, I, 380 B.
Quirinale (Hotel und Restaurant mit Terrasse, Bar; Garten), Via Nazionale 7, Tel. 4707, Fax 4820099, I, 340 B.
Aretusa, Via Gaeta 14, Tel. 4440011, Fax 4441377, II, 101 B.
Diana, Via Principe Amedeo 4, Tel. 4827541, Fax 486998, II, 322 B.
Globus, Viale Ippocrate 119, Tel. 4457001, Fax 4941062, II, 174 B.
Medici, Via Flavia 96, Tel. 4827319, Fax 4740767, II, 136 B.
Milani, Via Magenta 12, Tel. 4457051, Fax 4462317, II, 150 B.
San Marco, Via Villafranca 1, Tel. 490437, Fax 4958303, II, 138 B.
San Remo, Via M. D'Azeglio 36, Tel. 4881741, Fax 4817669, II, 113 B.
Siracusa, Via Marsala 50, Tel. 4460396, Fax 4441377, II, 197 B.
Tirreno, Via San Martino ai Monti 18, Tel. 4880778, Fax 4884095, II, 77 B.
Torino, Via Principe Amedeo 8, Tel. 4814741, Fax 4882247, II, 177 B.

Zwischen Quirinal und Villa Borghese

*Bernini Bristol, Piazza Barberini 23, Tel. 4883051, Fax 4882426, L, 222 B.
*Excelsior, Via Vittorio Veneto 125, Tel. 4708, Fax 4826205, L, 616 B.
*Hassler-Villa Medici (bei der Spanischen Treppe; *Dachgartenrestaurant mit herrlicher Aussicht auf das alte Rom; Pianobar), Piazza Trinità de' Monti 6, Tel. 6782651, Fax 6789991, L, 190 B.
Flora, Via Vittorio Veneto 191, Tel. 489929, Fax 4820359, I, 264 B.
Imperiale, Via Vittorio Veneto 24, Tel. 4826351, Fax 4835343, I, 169 B.
Parco dei Principi (gegenüber der Villa Borghese), Via G. Frescobaldi 5, Tel. 8841071, Fax 8845104, I, 366 B., Sb.
Savoia, Via Ludovisi 15, Tel. 4744141, Fax 4746812, I, 230 B.
Victoria (nahe der Via Veneto; Dachgarten), Via Campania 41, Tel. 473931, Fax 4871890, I, 160 B.

In der Altstadt

Colonna Palace (elegante Frühstücksräume; Dachterrasse), Piazza Montecitorio 12, Tel. 6781341, Fax 6794496, I, 165 B.

Hotels

D'Inghilterra (beherbergte u. a. einst Liszt und Mendelssohn), Via Bocca de Leone 14, Tel. 69981, Fax 69922243, I, 185 B. Forum (ehem. Palast; gegenüber dem Forum Romanum, Dachgarten), Via Tor de' Conti 25, Tel. 6792446, Fax 6786479, I, 151 B. Raphael (kleines Hotel nahe Piazza Navona; *Panoramablick von der Terrasse), Largo Febo 2, Tel. 682831, Fax 6878993, I, 132 B. Sole al Pantheon (gegenüber dem Pantheon; Jean-Paul Sartre gehörte einst zu den Stammgästen), Via del Pantheon 63, I, 52 B. Piccolo, Via dei Chiavari 32, Tel. 68802560, III, 25 B.	Rom, Altstadt (Fortsetzung)
*Lord Byron (nahe Villa Borghese; mit vorzüglichem Restaurant Relais Le Jardin), Via G. De Notaris 5, Fax 3220404, L, 73 B. *Aldrovandi, Via U. Aldrovandi 15, Tel. 3223993, Fax 3221435, I, 212 B. Borromini, Via Lisbona 7, Tel. 8841321, Fax 8417550, I, 147 B. Ritz, Via Chellini 41, Tel. 803751, Fax 8072916, I, 265 B.	Im Norden der Stadt
Porta Maggiore, Piazza Porta Maggiore 25, Tel. 7027927, Fax 7027936, II, 378 B. San Giusto, Piazza Bologna 58, Tel. 44244598, Fax 44244583, II, 123 B.	Im Osten der Stadt
Sheraton Roma, Viale del Pattinaggio, Tel. 5453, Fax 5940689, I, 1067 B. EUR Motel, Via Pontina 416, Tel. 5074152, Fax 5070541, II, 38 B. Piccadilly, Via Magna Grecia 122, bei der Porta S. Giovanni, Tel. 70474858, Fax 70476686, II, 91 B.	Im Süden der Stadt
*Cavalieri Hilton (in *Parkanlage auf dem Monte Mario gelegen, Blick vom Dachgartenrestaurant La Pergola; Health Club mit Fitnesscenter und türkischem Dampfbad), Via Cadlolo 101, Tel. 35091, Fax 35092241, L, 837 B., Sb. Giulio Cesare (einst Residenz der Gräfin Solari; elegant), Via degli Scipione 287, Tel. 3210751, Fax 3211736, I, 145 B. Holiday Inn EUR, Viale Castello della Magliana 65, Tel. 65581, Fax 6557005, I, 538 B., Sb. Jolly-Leonardo da Vinci (im ruhigen Stadtteil Prati, unweit Vatikan und Piazza del Popolo), Via dei Gracchi 324, Tel. 32499, Fax 3610138, I, 501 B. Imperator, Via Aurelia 619, Tel. 66418041, Fax 66415373, II, 79 B. Marc'Aurelio, Via Gregorio XI 141, Tel. 6637630, Fax 6525269, II, 220 B. Olympic, Via Properzio 2/a, Tel. 6895550, Fax 68408255, II, 100 B.	Auf dem rechten Tiberufer
Golf Hotel (diskrete Eleganz; Fitness Center Albarelax; Pianobar), Insel Albarella, Tel. 3321, Fax 330628, I, 22 Z., Hb., Golf, Reiten, Tennis	**Rosolina** (0426)
Flora, Via Abetone 94, Tel. 438333, II, 66 B. Leon d'Oro, Via Tacchi 2, Tel. 437333, II, 64 B.	**Rovereto** (0464)
Villa Regina Margherita, Viale Regina Margherita 6, Tel. 365040, Fax 31301, I, 43 B.	**Rovigo** (0425)
Jolly, Lungomare Trieste 1, Tel. 225222, Fax 237571, I, 104 Z., Sb. Plaza, Piazza Ferrovia 42, Tel. 224477, Fax 237311, II, 42 Z.	**Salerno** (089)
Grand Hotel et de Milan, Via Dante 1, Tel. 572241, Fax 573884, I, 188 B. Excelsior, Viale Berenini 3, Tel. 575641, Fax 573888, I, 84 B. Grand Hôtel Porro, Viale Porro 10, Tel. 578221, Fax 577878, I, 151 B., Sb. Regina, Largo Roma 3, Tel. 571611, Fax 576941, I, 149 B. Ritz, Via Milite Ignoto 5, Tel. 577744, Fax 574410, II, 54 B.	**Salsomaggiore Terme** (0524)
Golf Hotel Castello Formentini (Romantik Hotel; Zimmer mit Antiquitäten aus Familienbesitz möbliert; Frühstücksterrasse mit Blick über den Garten; Restaurant im Burgkeller mit offener Feuerstelle), Via Oslavia 2, Tel. 884051, Fax 884052, I, Sb., Golfplatz, Tennis.	**San Floriano del Collio** ((0481)

Hotels

San Gimignano
(0577)

Relais Santa Chiara, Via Matteotti 15, in Santa Chiara, Tel. 940701, Fax 942096, I, 65 B.
Villa San Paolo (*Blick auf die Türme von San Gimignano und die Umgebung), Strada per Certaldo, in Casini, Tel. 955100, Fax 955113, I, 25 B.
Bel Soggiorno (schönes, im Zentrum gelegenes Gebäude aus dem 13. Jh.), Via San Giovanni 91, Tel. und Fax 940375, II, 44 B.
L'Antico Pozzo (Gebäude aus dem 15. Jh.; stilvolles Ambiente), Via San Matteo 87, Tel. 942014, Fax 942117, II, 32 B.
La Cisterna (ehem. Kloster), Piazza della Cisterna 24, Tel. 940328, Fax 942080, II, 92 B.

San Marino
(00378)

Grand Hôtel San Marino, Viale Antonio Onofri 31, Tel. 992400, Fax 992951, I, 56 Z.
Titano (Terrassenrestaurant mit *Blick), Contrada del Collegio 21, Tel. 991006, Fax 991375, I, 46 Z.

San Pellegrino Terme
(0345)

Terme, Tel. 21125, Fax 23497, I, 87 B.
Bigio, Tel. 21058, Fax 23463, II, 96 B.

San Remo
(0184)

*Royal (großzügige Zimmer, subtropische Pflanzen im Park), Corso Imperatrice 80, Tel. 5391, Fax 661445, L, 295 B., Sb.
Astoria West End, Corso Matuzia 8, Tel. 667701, Fax 656 16, I, 224 B., Sb.
Grand Hôtel Londra, Corso Matuzia 2, Tel. 668000, Fax 668073, I, 284 B.
Miramare Continental Palace (mit Dépendance Miramare), Corso Matuzia 9, Tel. 667601, Fax 667655, I, 109 B., Sb.
Ariston Montecarlo, Corso Mazzini 507, Tel. 513655, Fax 510702, II, 86 B.
Bobby Executive, Corso Marconi 208, Tel. 60255, Fax 60296, II, 164 B.

San Vincenzo
(0565)

Park Hotel I Lecci (modernes Hotel mit Restaurant La Campigiana, internationale Küche und Spezialitäten der Maremma; Park), Via della Principessa 116, Tel. 704111, Fax 703224, I, 148 B., Sb., viele weitere Sportmöglichkeiten

Sàssari
(079)

Grazia Deledda, Viale Dante 47, Tel. 271235, Fax 280884, I, 206 B.
Leonardo da Vinci, Via Roma 79, Tel. und Fax 280744, II, 214 B.
Marini Due, Via Pietro Nenni 2, Tel. 277282, Fax 280300, II, 98 B.

Savona
(019)

Mare, Via Nizza 89, Tel. 264065, Fax 263277, II, 78 B.
Motel Agip, Via Nizza 62, Tel. 861961, II, 120 B.

Sciacca
(0925)

Grande Albergo Terme, Lungomare Nuove Terme, Tel. 23133, Fax 21746, II, 72 Z., Sb.

Sestriere
(0122)

Grand Hôtel Principi di Piemonte (komfortable Zimmer, luxuriöse Suiten; Boutiquen, Diskothek), Via Sauze, Tel. 7941, Fax 70270, I, 174 B.
Grand Hôtel Sestriere, Via Assietta 1, Tel. 76476, Fax 76700, I, 194 B.
Miramonti, Via Cesana 3, Tel. 755333, Fax 755375, II, 60 B.

Sestri Levante
(0185)

*Grand Hôtel dei Castelli, Via alla Penisola, Tel. 487220, Fax 44767, L, 55 B.
Due Mari, Vico del Coro 18, Tel. 42695, Fax 42698, II, 48 B.
Helvetia, Via Cappuccini 43, Tel. 41175, Fax 47216, II, 45 B.

Siena
(0577)

Certosa di Maggiano (Kartause aus dem 14. Jh.; Möblierung mit Antiquitäten), Via di Certosa 82, Tel. 288180, Fax 288189, I, 35 B., Sb.
Garden (Dépendance), Via Custoza 2, Tel. 47056, Fax 46050, 145 B., Sb.
Park (ehem. Schloß; *Blick auf das Altstadtzentrum von Siena sowie das toskanische Umland), Via Marciano 18, Tel. 44803, I, 137 B., Sb.
Villa Patrizia (Patriziervilla in schönem Park), Via Fiorentina 58, Tel. 50431, I, 64 B., Sb.
Garden, Via Custoza 2, Tel. 47056, Fax 46050, II, 107 B., Sb.

Hotels

*Villa Cortine Palace (neoklassizistische Villa, Palmen im Park), Via Grotte 12, Tel. 9905890, Fax 916390, L, 100 B., Sb.
*Grand Hôtel Terme, Viale Marconi 7, Tel. 916261, Fax 916568, I, 113 B.
Du Lac (mit Dépendance), Via XXV Aprile 58/60, Tel. 919047, Fax 9196472, II, 65 B., Sb.

Sirmione
(030)

Della Posta, Piazza Garibaldi 19, Tel. 510404, Fax 510210, I, 64 B.

Sondrio
(0342)

Locanda del Lupo (Gasthaus, errichtet im 18. Jh. von den Prinzen zu Meli Lupi; Möbel und Gemälde der italienischen Schule des 17. Jh.s; italienische Küche und Spezialitäten von Parma), Via Garibaldi 64, Tel. 690444, Fax 69350, 45 Z.

Soragna
(0524)

Excelsior Grand Hôtel Vittoria (auf einem Felsen über dem Golf von Neapel; Wintergarten, Terrasse mit *Meerblick, Garten; große Zimmer), Piazza Tasso 34, Tel. 8071044, Fax 8771206, I, 137 B., Sb.
Sorrento Palace, Via S. Antonio, Tel. 8784141, Fax 8782933, I, 786 B., Sb.
Grand Hôtel Cesare Augusto, Via degli Aranci 108, Tel. 8782700, Fax 8071029, I, 240 B., Sb.
Ambasciatori, Via Califano 18, Tel. 8782025, Fax 8071021, I, 198 B., Sb.
Imperial Hotel Tramontano, Via Vittorio Veneto 1, I, 195 B., Sb.
Tirrenia, Via Capo 1, Tel. 8781336, Fax 8772100, II, 115 B.
Desirée, Via Capo 31/bis, Tel. und Fax 8781563, III, 37 B.

Sorrent
(081)

Ritz, Lungomare Adriatico 48, Tel. 491700, Fax 493900, I, 150 B., Sb.
Bristol, Lungomare Adriatico 46, Tel. 5540389, Fax 5541813, I, 120 B.
Park, Via Lungomare Adriatico Sud, Tel. 490740, Fax 400111, II, 82 B.

Sottomarina
(041)

In Fiorelle:
La Playa, Tel. 549496–8, Fax 54106, II, 76 B., Sb.
Parkhotel Fiorelle (ruhige Lage, *Garten; Küche mit Produkten aus eigenem Gemüsegarten), Via Fiorelle 12, Tel. 54092, Fax 549246, II, 49 B.

Sperlonga
(0771)

Albornoz Palace, Viale G. Matteotti, Tel. 221221, Fax 221600, I, 192 B.
Dei Duchi, Viale Matteotti 4, Tel. 44541, Fax 44543, I, 97 B.
Gattapone (geschmackvoll eingerichtete Zimmer, *Panoramablick), Via del Ponte 6, Tel. 223347, Fax 223348, I, 16 B.
Motel Agip, an der S.S. Flaminia, km 127, Tel. 49368, Fax 29293, II, 112 B.

Spoleto
(0743)

Royal, Lungomare Kennedy 125, Tel. 745074, Fax 745075, I, 188 B., Sb.
Delle Palme, Via Aurelia 39, Tel. und Fax 745161, II, 63 B.
La Torre, Via Alla Torre 23, Tel. 745390, Fax 746487, II, 38 B.
Riviera, Via Berninzoni 18, Tel. 745320, Fax 747782, II, 85 B.

Spotorno
(019)

*Des Iles Borromées, Lungolago Umberto I 67, Tel. 30431, Fax 32405, L, 304 B.
La Palma, Lungolago Umberto I 33, Tel. 32401, Fax 32404, I, 237 B., Sb.
Regina Palace, Corso Umberto I, Tel. 933777, Fax 933776, I, 307 B., Sb.
Du Parc, Via Gignous 1, Tel. 30335, Fax 33596, II, 39 B.
Verbano (hübsches, kleines Hotel mit Terrasse, einst Aufenthaltsort von Toscanini), auf der Isola dei Pescatori, Via Ugo Ara 2, Tel. 30408, Fax 33129, II, 24 B.

Stresa
(0323)

Roma, Via F. Petrarca 38, Tel. 85239, Fax 822288, III, 56 B.

Subiaco
(0774)

Armando's, Via Montenero 15, Tel. 210783, II, 35 B.
Europa Park, Tel. 251260, Fax 251317, II, 210 B.

Sulmona
(0864)

Palace, Viale Scala Greca 201, Tel. 491566, Fax 756612, I, 262 B.
Fontane Bianche, Via Mazzarò 1, Tel. 790611, Fax 790571, II, 308 B., Sb.
Relax, Viale Epidpoli 159, Tel. 740122, Fax 740933, II, 80 B., Sb.

Syrakus
(0931)

Hotels

Taormina
(0942)
∗San Domenico Palace (ehem. Kloster aus dem 15. Jh. zu Ehren des Hl. San Domenico, am Rande der Altstadt), Piazza San Domenico 5, Tel. 23701, Fax 625506, L, 177 B.
Excelsior Palace (auf den Grundmauern eines alten Palazzos errichtet, ∗Blick auf den Ätna; mit Stilmöbeln eingerichtet; Restaurant bietet sizilianische und internationale Spezialitäten), Via Toselli 8, Tel. 23975, Fax 23978, I, 166 B., Sb. in herrlichem Garten mit altem Baumbestand
Grand Hôtel Miramare (gepflegtes, elegantes, ruhig, am Hang gelegenes Hotel mit ∗Blick auf die Bucht von Mazzaro), Via Guardiola Vecchia 27, Tel. 23401, Fax 23978, 128 B., Sb.
Villa Fiorita, Via L. Pirandello 39, Tel. 24122, Fax 625967, II, 48 B., Sb.
Ipanema, Via Nazionale, Tel. 24720, Fax 625821, I, 98 B., Sb.
Villa Esperia, Via Nazionale 244, Tel. 23377, Fax 21105, II, 77 B., Sb.

Tarent
(099)
Delfino, Viale Virgilio 66, Tel. und Fax 3205,
I, 288 B., Sb.
Mar Grande Park, Viale Virgilio 90, Tel. 7351713, Fax 369494, II, 155 B.

Tarquinia
(0766)
Tarconte, Via Tuscia 19, Tel. 856141, Fax 856585, II, 100 B.
Grand Hôtel Helios, Via Porto Clementino, Tel. 886156–8, Fax 88295, I, 190 B., Sb.
Velca Mare, Via degli Argonauti 1, Tel. und Fax 88024, II, 40 B.

Tempio Pausania
(079)
Delle Sorgenti, Via delle Fonti 6, Tel. 671516, Fax 632164, II, 53 B.
Petit Hotel, Piazza A. de Gasperi 9/11, Tel. 631134, Fax 631176, II, 81 B.

Teramo
(0861)
Sporting, Via De Gasperi 41, Tel. 414723, I, 105 B.
Abruzzi, Viale Mazzini 18, Tel. 241043, Fax 242704, II, 79 B.

Terni
(0744)
Garden, Via Bramante 4/6, Tel. 300041, I, Fax 300414, 206 B., Sb.
Allegretti, Strada dello Staino 7/b, Tel. 426747, Fax 401246, II, 99 B.

Terracina
(0773)
Il Guscio, Via Bad Homburg 16, Tel. 730236, II, 51 B., Sb.
River, Via Pontina, km 106, Tel. 730681, Fax 763838, II, 186 B., Sb.

Tivoli
(0774)
Torre Sant'Angelo, Via Quintilio Varo, Tel. 322533, I, 74 B.
Il Padovano, Via Tiburtina 170, III, Tel. 530807, 32 B.
Grand Hôtel Duca d'Este, Via Tiburtina Valeria 330, Tel. 3883, Fax 3885101, I, 359 B., Sb.

Todi
(075)
Bramante (in einem ehem. Nonnenkloster aus dem 14. Jh.), Via Orvietana 48, Tel. 8894 8381, Fax 8948074, I, 85 B., Sb.
Villa Luisa, Via A. Cortesi 147, Tel. 8948571, Fax 8948472, II, 75 B.

Torbole
(0464)
Clubhotel La Vela, Tel. 505940, Fax 505968, I, 70 B., Sb.
Caravel, Tel. 505724, Fax 505935, II, 114 B., Sb.

Tortolì
(0782)
Victoria, Via Mons. Virgilio, Tel. 623457, Fax 624116, II, 110 B.

Toscolano-Maderno
(0365)
Maderno, Tel. 641070, Fax 644277, II, 33 Z., Sb.
Milano, Tel. 540595, Fax 641223, II, 38 Z.

Trani
(0883)
Royal, Via De Robertis 29, Tel. 588777, Fax 582224, II, 42 Z.
Trani, Corso Imbriani 137, Tel. 588010, Fax 587625, III, 50 Z.

Trapani
(0923)
Crystal, Via S. Giovanni Bosco 17, Tel. 20000, Fax 25555, I, 151 B.
Cavallino Bianco, Lungomare Dante Alighieri, Tel. 21549, Fax 873002, III, 75 B.

Tremiti-Inseln
(0882)
Isola San Domino: Kyrie, Tel. 663241, Fax 663415, I, 64 Z., Sb.
Gabbiano, Tel. 663410, Fax 663428, II, 40 Z.

Hotels

Cà del Galletto, Via Santa Bona Vecchia 30, Tel. 432550, Fax 432510, I, 95 B.
Carlton, Largo Porta Altinia 15, Tel. 411661, Fax 411520, II, 149 B.
Treviso
((0422)

Vicolo Grand Hôtel Trento, Via Alfieri 1/3, Tel. 981010, Fax 980038, I, 153 B.
America, Via Torre Verde 50, Tel. 983010, Fax 230603, II, 80 B.
Everest, Corso degli Alpini 16, Tel. 825300, Fax 824527, II, 221 B.
Trient
(0461)

Adriatico Palace, in Grignano, Tel. 224241, I, 174 B.
Duchi d'Aosta (schönes großes, im Zentrum gelegenes Hotel mit modernem Komfort; ausgezeichnete Küche), Piazza Unità d'Italia 2, Tel. 7351, Fax 366092, I, 104 B.
Abbazia, Via della Geppa 20, Tel. 369464, Fax 369769, II, 35 B.
Colombia, Via della Geppa 18, Tel. 369191, Fax 369644, II, 59 B.
Triest
(040)

City, Via F. Juvarra 25, Tel. 540546, Fax 548188, I, 73 B.
Concord, Via Lagrange 47, Tel. 5176756, Fax 5176305, I, 243 B.
Jolly Hotel Principi di Piemonte, Via Piero Gobetti 15, Tel. 5629693, Fax 5620270, I, 206 B.
Turin Palace, Via Sacchi 8, Tel. 5625511, Fax 5612187, I, 227 B.
Villa Sassi (ruhig gelegen in einem *Park; exzellente Küche), Via Traforo del Pino 47, Tel. 8980556, Fax 8980095, I, 35 B.
Astoria, Via XX Settembre 4, Tel. 5620653, 5625866, II, 104 B.
Giotto, Via Giotto 27, Tel. 6637172, Fax 6637173, II, 80 B.
Turin
(011)

Ambassador Palace, Via Carducci 46, Tel. 503777, Fax 503711, I, 87 Z.
La' di Moret, Viale Tricesimo 276, Tel. 545096, II, 46 Z., Sb.
President, Via Duino 8, Tel. 509905, Fax 507287, II, 67 Z.
Udine
(0432)

Bonconte, Via della Mura 28, Tel. 2463, Fax 4782, I, 23 Z.
Urbino
(0722)

Cristallo, Via Cilea 4, Tel. 97264, Fax 96392, I, 83 B.
Savoy, Via Marconi 4, Tel. 934626, I, 90 B.
Bianca Maria, Via Genova 2, Tel. 931023, II, 36 B., Sb.
Varazze
((019)

Royal Victoria, Tel. 830102, Fax 830722, I, 43 Z.
Du Lac, Tel. 830238, Fax 831081, II, 18 Z.
Varenna
(0341)

Palace (*Park), Via L. Manara 11, Tel. 312600, Fax 312870, I, 189 B., Sb., Billardraum, Tennis
City (gegenüber vom Bahnhof), Via Medaglie d'Oro 35, Tel. 281304, Fax 232882, I, 83 B.
Varese
(0332)

*Danieli (ehem. Dogenpalast aus dem 15. Jh.), an der Uferpromenade, nahe dem Markusplatz; *Blick vom Restaurant Terrazza Danieli), Castello 4196, Tel. 5226480, Fax 5200208, L, 423 B., Sb.
*Gritti Palace Ciga Hotel (Palast aus dem 15. Jh., Terrasse am Canal Grande; Veranstaltung von Kochkursen, z. B. Mediterrane Küche, Vegetarische Küche), San Marco 2467, Tel. 794611, Fax 5200942, L, 163 B.
Bauer Grünwald & Grand Hôtel (Terrasse zum Canal Grande), San Marco 1459, Campo San Moisè, Tel. 5207022, Fax 5207557, I, 411 B.
Cipriani (mit dem Vaporetto in fünf Minuten vom Markusplatz erreichbar; *Restaurants, Terrassenbars und Gärten), Isola della Giudecca 10, Tel. 5207744, Fax 5203930, I, 189 B., Sb., Tennis
Metropole (Fächersammlung, antikes Mobiliar), Riva degli Schivoni 4149,
Saturnia e International (Palais aus dem 14. Jh. unweit des Markusplatzes), Via SSII Marzo 2398, Tel. 5208377, Fax 5208377, I, 184 B.
Accademia Villa Maravege (ruhiggelegenes Garnihotel nahe Canal Grande und Gemäldegalerie Accademia in einem Palais aus dem 17. Jh. mit schönem Garten), Fondamenta Bollani 1058, Dorsoduro, Tel. 5210188, Fax 5239152, II, 46 B.
Venedig
(041)

Jugendherbergen

Hotels, Venedig (Fortsetzung)	Am Lido: *Excelsior (hochmondänes Strandhotel im Stil eines maurischen Palastes), Lungomare G. Marconi 41, Tel. 5260201, Fax 5267276, L, 408 B., Sb., Tennis Belvedere, Piazzale Santa Maria Elisabetta 4, Tel. 5260115, Fax 5261486, II, 57 B.
Ventimiglia (0184)	La Riserva, in Castel D'Appio, Tel. 229533, Fax 229712, II, 42 B., Sb. Al Mare, Vico Pescatori 7, Tel. 299025, III, 45 B.
Verbania (0323)	In Intra: Ancora, Corso Mameli 65, Tel. 53767, Fax In Pallanza: Europalace Residence, Viale delle Magnolie 16, Tel. 556441, Fax 556442, I, 88 B. Majestic (*Lage direkt am See mit eigenem Badestrand), Via Vittorio Veneto 32, Tel. 504305, Fax 556379, I, 212 B., Hb. Belvedere, Viale Magnoli 6, Tel. 503202, Fax 504466, II, 83 B.
Vercelli (0161)	Il Giardinetto, Via Sereno 3, Tel. 61558, Fax 62570, II, 16 B.
Verona (045)	*Gabbia d'Oro (ein in der Fußgängerzone gelegener Palast aus dem 14. Jh.; *Altstadtblick von der Dachterrasse), Corso Porta Borsari 4/A, Tel. 8003060, Fax 590293, L, 54 B. Due Torri Hotel Baglioni, Piazza Sant'Anastasia 4, Tel. 595044, Fax 8004130, I, 158 B. San Marco, Via Longhena 42, Tel. 569011, Fax 572299, I, 91 B. Giulietta e Romeo, Via Tre Marchetti 3, Tel. 8003554, Fax 8010862, II, 56 B.
Viareggio ((0584)	Astor, Viale Carducci 54, Tel. 50301, Fax 55181, I, 114 B., Sb. Excelsior, Viale Carducci 88, Tel. 50726, Fax 50729, I, 154 B. Grand Hôtel & Royal, Viale Carducci 44, Tel. 45151, Fax 31438, II, 202 B. Bonelli, Via Regia 96, Tel. 962182, Fax 961264, III, 37 B.
Vicenza (0444)	Forte Agip, Via Scaligeri 64, Tel. 564711, I, 258 B. Viest, Strada Pelosa 241, Tel. 582677, I, 122 B. Continental, Viale Trissino 89, Tel. 505476, II, 69 B.
Vieste (0884)	*Pizzomunno Vieste Palace (Schönheitsfarm, Pianobar, Garten), Tel. 708741, Fax 707325, L, 183 Z., Sb.
Viterbo (0761)	Balletti Park (mit Dépendance), Via Umbria 2/a, Tel. 3771, Fax 379496, I, 80 B., Sb. Leon d'Oro, Via della Cava 36, Tel. 344444-7, Fax 344447, II, 58 B. Antico Angelo, Via Orologio Vecchio 1, Tel. 226767, III, 51 B.
Volterra (0588)	San Lino, Via San Lino 26, Tel. 85250, Fax 80620, I, 82 B., Sb. Villa Nencini (außerhalb der Befestigungsanlagen, *Aussicht; komfortablere Zimmer im Anbau), Borgo S. Stefano 55, Tel. 86386, II, 27 B., Sb.

Jugendherbergen

Besonders für jüngere Touristen bieten die Jugendherbergen (Ostelli per la Gioventù) preisgünstige Übernachtungsmöglichkeiten. Voraussetzung für die Benutzung von Jugendherbergen ist ein Jugendherbergsausweis des Heimatlandes. Falls möglich, sollte man schon von Deutschland aus die Übernachtungsplätze buchen; andernfalls kann es sein, daß man pro Jugendherberge nur drei Nächte bleiben darf. Unbedingt erforderlich ist eine Vorausbuchung grundsätzlich für Gruppen ab fünf Personen sowie während der Hauptreisezeit.
Eigene Schlafsäcke dürfen in den Jugendherbergen nicht benützt werden; die Gebühr für einen Leihschlafsack ist im Übernachtungspreis enthalten.

Karten

Associazione Italiana Alberghi
per la Gioventù (AIG)
Via Cavour 44
I-00184 Roma (Rom)
Tel. (06) 487 11 52

Jugendherbergen, Auskunft

Deutsches Jugendherbergswerk
Bismarckstraße 8
D-32756 Detmold
Tel. (05231) 7401–0

Österreichischer Jugendherbergsverband
Gonzagagasse 22
A-1010 Wien
Tel. (01) 5335353-0

Schweizer Jugendherbergen (SJH)
Schaffhauserstrasse 14
CH-8042 Zürich
Tel. (01) 3601414

Über Jugendherbergen informiert ferner das von der International Youth Hostel Federation (9 Guessens Road, Welwyn Garden City, Hertfordshire, AL8 6QW) herausgegebene Handbuch "Hostelling International, Budget Accommodation – Europe and the Mediterranean" (Band 1).

Jugendherbergsführer

Karten (Land-, Straßen- und Reisekarten) und **Wanderführer**

Es ist ratsam, neben der zu diesem Reiseführer gehörenden Übersichtskarte zusätzlich Kartenmaterial mitzuführen. Nachstehend eine Auswahl.	**Karten**
ADAC Karten Regionen Italien: Gardasee/Venetien, Südtirol (Brenner, Gardasee, Ortler, Dolomiten), Italienische Adria, Italienische Riviera, Oberitalienische Seen	1:150 000
Touring Club Italiano (TCI): Atlante Stradale d'Italia 1 (Nord: Oberitalien bis Florenz), 2 (Centro mit Sardinien), 3 (Süd mit Sizilien) Generalkarte Italien: 1: Oberitalienische Seen, Mailand, Turin; 2: Brenner, Verona, Parma; 3: Brenner, Venedig, Triest; 4: Mailand, Turin, Italienische Riviera; 5: Toskana; 6: Adria, Umbrien, Marken; 7: Rom, Latium, Abruzzen; 8: Neapel, Campania, Gargano; 9: Sardinien; 10: Sizilien; 11: Kalabrien, Cosenza, Reggio d.C.; 12: Bari, Apulien, Basilicata.	1:200 000
ADAC Länderkarte Norditalien (vom Brenner bis Rom) und ADAC Länderkarte Italien (Zweier-Set)	1:500 000
Shell EuroKarte Italien	1:600 000
Hallwag: Italien, Nord (mit Distoguide); Süd (mit Distoguide)	1:650 000
Hallwag Straßenkarte Italien (mit Distoguide und Transitplänen)	1:1 000 000
Im Deutschen Wanderverlag, Dr. Mair & Schnabel & Co., sind in der Reihe "Wandern in Europa" die folgenden Wanderbücher, die nach Italien bzw. zu Zielen innerhalb Italiens führen, erschienen: Europäischer Fernwanderweg 1: Flensburg – Genua Europäischer Fernwanderweg 5: Bodensee – Adria sowie Trentino I·Ost und Trentino II·West	**Wanderführer**

Kraftstoff

Konsulate

→ Diplomatische und konsularische Vertretungen

Kraftstoff

Allgemeines

Die Benzinpreise liegen in Italien etwas über dem europäischen Durchschnitt. Kreditkarten werden als Zahlungsmittel – außer an einigen Autobahntankstellen – nicht akzeptiert.

Bleifreies Benzin ('benzina senza piombo' auch 'benzina verde'; 95 Oktan) ist überall zu bekommen; erhältlich sind ferner verbleibtes Benzin (97 Oktan) sowie Diesel und Gas.

Das Mitführen von Reservekraftstoff sowie das Auffüllen von Kanistern an Tankstellen ist in Italien aus Sicherheitsgründen verboten!

Öffnungszeiten der Tankstellen

Autobahntankstellen sind rund um die Uhr, alle übrigen Tankstellen unter der Woche von 7.00 bis 12.00 und von 13.30 bis 22.00 bzw. von 15.00 bis 19.30 Uhr und samstagvormittags geöffnet. Auch in größeren Orten sind an Sonn- und Feiertagen die meisten Tankstellen geschlossen. SB-Tanksäulen akzeptieren nur Banknoten in Höhe von 10 000 und 50 000 Lit.

Kurorte und Heilbäder (Auswahl)

Aostatal

Pré-Saint-Didier (Aosta); Höhe: 1004 m ü.d.M.
Leicht radioaktive, arsen- und eisenhaltige Quelle (36° C).
Heilbehandlung: Trinkkuren, Thermalbäder, Inhalation

Saint-Vincent (Aosta); Höhe: 575 m ü.d.M.
Alkalische jod- wie auch bromnatriumbicarbonat- und schwefelhaltige Quelle.
Heilbehandlung: Trinkkuren, Inhalation

Piemont

Acqui Terme (Alessandria); Höhe: 156 m ü.d.M.
Jodsalzhaltiges, heißes Schwefelwasser (75° C) sowie kalte, kochsalzhaltige Quelle.
Heilbehandlung: Massagen bzw. Wassermassagen, Schlammbäder und -packungen, Wärmebehandlung, Inhalation

Agliano (Asti); Höhe: 263 m ü.d.M.
Heilbehandlung: Trinkkuren

Bagni di Vinadio (Cuneo); Höhe: 1305 m ü.d.M.
Heilbehandlung: Massagen, auch Wassermassagen, Schlammbäder und -packungen, Inhalation; Trinkkuren

Castagneto Po (Torino); Höhe: 473 m ü.d.M.
Heilbehandlung: Trinkkuren

Crodo (Novara); Höhe: 505 m ü.d.M.
Kalkhaltige Schwefelquellen.
Heilbehandlung: Trinkkuren

Garessio (Cuneo); Höhe: 621 m ü.d.M.
Oligomineralwasser.
Heilbehandlung: Trinkkuren

Kurorte

Monte Valenza (Alessandria); Höhe: 161 m ü.d.M.
Heilbehandlung: Trinkkuren

Kurorte (Fortsetzung)

Terme di Lurisia (Cuneo); Höhe: 660 m ü.d.M. Radioaktive Quellen.
Heilbehandlung: Massagen, Schlammbäder und -packungen, Inhalation, Wärmebehandlung

Terme di Valdieri (Cuneo); Höhe: 1368 m
Schwefelhaltige Jod-Brom-Quellen (69° C).
Heilbehandlung: Massagen, auch Wassermassagen, Schlammbäder und -packungen, Höhlenkuren, Schönheitskuren, Inhalation; Trink- und Badekuren

Angolo Terme (Brescia); Höhe: 433 m ü.d.M.
Heilbehandlung: Massagen, auch Wassermassagen, Schlammbäder, Inhalation; Trinkkuren

Lombardei

Bagni del Másino (Sondrio); Höhe: 1172 m ü.d.M.
Heilbehandlung: Bäder, Inhalation; Trinkkuren

Bagni di Bormio (Sondrio); Höhe: 1318 m ü.d.M.
Heilbehandlung: Schönheitsbehandlungen, Massagen, auch Wassermassagen, Schlammbäder und -packungen, Inhalation; Trink- und Badekuren

Boario Terme (Brescia); Höhe: 221 m ü.d.M.
Alkalische kochsalz-, kalk- und schwefelhaltige Quelle sowie kolloidale Wässer mit katalysierender und hypotonischer Wirkung.
Heilbehandlung: Thermalbäder, Moorschlammbäder, Inhalation; Trinkkuren

Rivanazzano (Pavia); Höhe: 153 m ü.d.M.
Heilbehandlung: Massage, Schlammbäder und -packungen, Inhalation

Salice Terme (Pavia); Höhe: 173 m ü.d.M.
Jodsalzhaltige Quelle und Schwefelwässer.
Heilbehandlung: Massage, auch Wassermassage, Schlammbäder und -packungen, Trink- und Badekuren, Inhalation, Wärmebehandlung

San Colombano al Lambro (Mailand); Höhe: 80 m ü.d.M.
Heilbehandlung: Trinkkuren

San Pellegrino Terme (Bergamo); Höhe: 400 m ü.d.M.
Alkalische natriumbicarbonat- und schwefelhaltige Quelle (26° C).
Heilbehandlung: Massage, auch Wassermassage, Trink- und Badekuren, Inhalation, Wärmebehandlung

Sirmione (Brescia); Höhe: 68 m ü.d.M.
Radioaktive, schwefelhaltige, hyperthermale Quelle (69° C).
Heilbehandlung: Massage, auch Wassermassage, Schlammbäder und -packungen, Badekuren, Inhalation, Wärmebehandlung

Tartavalle Terme (Como); Höhe: 418 m ü.d.M.
Heilbehandlung: Trinkkuren

Terme di Miradolo (Pavia); Höhe: 78 m ü.d.M.
Schwefel-, salz- und magnesiumhaltige Quellen.
Heilbehandlung: Schönheitsbehandlung, Massage, auch Wassermassage, Schlammbäder und -packungen, Trink- und Badekuren, Inhalation

Trescore Balneario (Bergamo); Höhe: 271 m ü.d.M.
Heilbehandlung: Massage, Schlammbäder und -packungen, Inhalation, Wärmebehandlung

Kurorte

Südtirol-Trentino

Bagni di Rabbi (Trento); 1195 m ü.d.M.
Heilbehandlung: Trinkkuren

Campo Tures/Sand in Taufers (Bolzano/Bozen); 874 m ü.d.M.
Heilbehandlung: Bade- und Trinkkuren

Comano Terme (Trento); 395 m ü.d.M.
Heilbehandlung: Schönheitsbehandlungen, Massagen, auch Wassermassagen, Bade- und Trinkkuren, Inhalation, Wärmebehandlung

Levico Terme (Trento); Höhe: 506 m ü.d.M.
Eisen- und arsenhaltige Quelle.
Heilbehandlung: Massagen, auch Wassermassagen, Schlammbäder und -packungen, Inhalation, Bade- und Trinkkuren

Merano/Meran (Bolzano/Bozen); 325 m ü.d.M.
Heilbehandlung: Thermal- und Moorschlammbäder, Massagen, auch Wassermassagen, Inhalation, Trink- und andere Kuren

Pejo Terme (Trento); 1393 m ü.d.M. Heilbehandlung: Trinkkuren

Sesto/Sexten (Bolzano/Bozen); 1310 m ü.d.M.
Heilbehandlung: Bade- und Trinkkuren

Terme di Brennero/Brennerbad (Bolzano/Bozen); 1309 m ü.d.M.
Heilbehandlung: Bade- und Trinkkuren, Wärmebehandlung

Vetriolo Terme (Trento); Höhe: 1500 m ü.d.M.
Eisen- und arsenhaltige Quellen.
Heilbehandlung: Schönheitsbehandlungen, Massagen, auch Wassermassagen, Schlammbäder, Bade- und Trinkkuren

Vigolo Baselga (Trento); Höhe: 491 m ü.d.M.
Heilbehandlung: Heubäder

Venetien

Abano Terme (Padova); Höhe: 14 m ü.d.M.
Radioaktive salz-, jod- und bromhaltige Wässer.
Heilbehandlung: Schönheitsbehandlung, Massagen, auch Wassermassagen, Schlammbäder und -packungen (Thermalhöhlen), Inhalation, Wärmebehandlung, Heilbäder

Battaglia Terme (Padova); Höhe: 11 m ü.d.M.
Heilbehandlung: Schönheitsbehandlung, Massagen, auch Wassermassagen, Heil- und Schlammbäder, Schlammpackungen (Thermalhöhlen), Inhalation, Wärmebehandlung

Galzignano Terme (Padova); Höhe: 22 m ü.d.M.
Heilbehandlung: Schönheitsbehandlung, Massagen, auch Wassermassagen, Heil- und Schlammbäder, Schlammpackungen (Thermalhöhlen), Inhalation, Wärmebehandlung

Lido di Jesolo (Venezia); Höhe: 2 m ü.d.M.
Heilbehandlung: Heil- bzw. Sandbäder, Wärmebehandlung

Lido di Venezia (Venezia); Höhe: 1 m ü.d.M.
Heilbehandlung: Heil- bzw. Sandbäder, Wärmebehandlung

Montegrotto Terme (Padova); Höhe: 11 m ü.d.M.
Radioaktive salz-, jod- und bromhaltige Wässer
Heilbehandlung: Schönheitsbehandlung, Massagen, auch Wassermassagen, Schlamm- und Heilbäder (Thermalhöhlen), Schlammpackungen, Inhalation, Wärmebehandlung

Kurorte

Recoaro Terme (Vicenza); Höhe: 445 m ü.d.M.
Eisenhaltige Bicarbonat-Quellen.
Heilbehandlung: Schlammbäder und -packungen, Heilbäder und Trinkkuren, Inhalation, Wärmebehandlung

Venetien (Fortsetzung)

Arta Terme (Udine); Höhe: 442 m ü.d.M.
Kalk- und schwefelhaltige Quelle.
Heilbehandlung: Schlammbäder und -packungen, Heilbäder, Massagen, Inhalation, Wärmebehandlung, Trinkkuren

Friaul – Julisch-Venetien

Grado (Gorizia); Höhe: 2 m ü.d.M.
Heilbehandlung: Seewasserkuren, Massagen, auch Unterwassermassage, Inhalation, Wärmebehandlung; Sandbäder gegen Rheuma und Gelenkerkrankungen

Lignano Sabbiadoro (Udine); Höhe: 2 m ü.d.M.
Heilbehandlung: Wassermassagen, Heilbäder, Inhalation

Acquasanta (Genua); Höhe: 165 m ü.d.M.
Schwefelhaltiges Wasser; natürliche Mineralwässer
Heilbehandlung: Inhalationstherapie sowie Bäder- und Trinkkuren

Ligurien

Pigna (Imperia); Höhe: 280 m ü.d.M.
Schwefelhaltiges, hypothermales Wasser
Heilbehandlung: Thermalbäder, Inhalationstherapie

Bagno di Romagna (Forlì); Höhe: 492 m ü.d.M.
Heilbehandlung: Schönheitsbehandlung, Massage, auch Wassermassage, Schlammbäder und -packungen, Inhalation

Emilia Romagna

Bobbio (Piacenza); Höhe: 272 m ü.d.M.
Heilbehandlung: Bade- und Trinkkuren, Wassermassage, Inhalation

Brisighella (Ravenna); Höhe: 115 m ü.d.M.
Schwefel- und Jodsalzwässer.
Heilbehandlung: Bade- und Trinkkuren, Inhalation, Wärmebehandlung

Castel San Pietro Terme (Bologna); Höhe: 75 m ü.d.M.
Jodsalzwasser und schwefelhaltiges Wasser.
Heilbehandlung: Massage, auch Wassermassage, Schlammbäder und -packungen, Inhalation, Wärmebehandlung

Castrocaro Terme (Forlì); Höhe: 68 m ü.d.M.
Jodsalz- und lithiumhaltige Wässer sowie kochsalzhaltige Magnesiumwässer.
Heilbehandlung: Schönheitsbehandlung, Massage, auch Wassermassage, Schlammbäder und -packungen, Trink- und Badekuren, Inhalation

Cervia (Ravenna); Höhe: 3 m ü.d.M.
Heilbehandlung: Schönheitsbehandlung, Massage, auch Wassermassage, Schlammbäder und -packungen, Badekuren, Inhalation

Fratta Terme (Forlì); Höhe: 49 m ü.d.M.
Heilbehandlung: Massage, Bade- und Trinkkuren, Inhalation

Monticelli Terme (Parma); Höhe: 95 m ü.d.M.
Jodsalzwasser, Heilschlamm.
Heilbehandlung: Massage, auch Wassermassage, Schlammbäder und -packungen, Inhalation

Poretta Terme (Bologna); 349 m ü.d.M.
Jodsalz- und Schwefelwässer.

Kurorte

Emilia Romagna (Fortsetzung)

Heilbehandlung: Massage, Schlammbäder und -packungen, Bade- und Trinkkuren, Inhalation, Wärmebehandlung

Riccione (Forlì); Höhe: 12 m ü.d.M.
Schwefelhaltige Wässer mit leichter Radioaktivität.
Heilbehandlung: Massage, auch Wassermassage, Schlammbäder und -packungen, Bade- und Trinkkuren, Inhalation

Rimini (Forlì); Höhe: 5 m ü.d.M.
Heilbehandlung: Massagen, Bade- und Trinkkuren

Riolo Terme (Ravenna); Höhe: 98 m ü.d.M.
Eisen- und kochsalzhaltige Schwefelwässer.
Heilbehandlung: Schlammbäder und -packungen, Bade- und Trinkkuren, Inhalation

Salsomaggiore Terme (Parma); Höhe: 157 m ü.d.M.
Kochsalz-Jod-Brom-Quellen.
Heilbehandlung: Massage, Schlammbäder und -packungen, Wärmebehandlung, Inhalation

Tabiano Bagni (Parma); Höhe: 164 m ü.d.M.
Heilbehandlung: Schönheitsbehandlung, Inhalation, Bade- und Trinkkuren, Wärmebehandlung

Toskana

Bagni di Lucca (Lucca); Höhe: 150 m ü.d.M.
Kalk-, sulfathaltige Quellen unterschiedlicher Temperatur und Radioaktivität (54° C).
Heilbehandlung: Massage, Schlammbäder, Inhalation, Trinkkuren

Bagni San Filippo (Siena); Höhe: 600 m ü.d.M.
Heilbehandlung: Schönheitsbehandlung, Massage, auch Wassermassage

Chianciano Terme (Siena); Höhe: 475 m ü.d.M.
Alkalisches, schwefelhaltiges Wasser.
Heilbehandlung: Schlamm- und Heilbäder, Trinkkuren

Monsummano Terme (Pistoia); Höhe: 20 m ü.d.M.
Alkalisches schwefelsalziges Thermalwasser (34° C).
Heilbehandlung: Massagen, Schlammbehandlungen, Heilbäder, Inhalation, Trinkkuren

Montecatini Terme (Pistoia); Höhe: 29 m ü.d.M.
Radioaktive chlorsulfat-alkalihaltige sowie chlorbromjod- und schwefelhaltige Quellen.
Heilbehandlung: Schönheitsbehandlung, Massage, auch Wassermassage, Schlammbehandlungen, Bäder, Inhalation, Wärmebehandlung, Trinkkuren

San Carlo Terme (Massa Carrara); Höhe: 300 m ü.d.M.
Heilbehandlung: Trinkkuren

San Casciano dei Bagni (Siena); Höhe: 582 m ü.d.M.
Heilbehandlung: Schlammbehandlungen, Bäder

San Giuliano Terme (Pisa); Höhe: 6 m ü.d.M.
Erdige bicarbonat- und sulfathaltige Quelle (41° C).
Heilbehandlung: Massage, Schlamm- und Heilbäder, Inhalation

Terme di Caldana (Grosseto); Höhe: 27 m ü.d.M.
Heilbehandlung: Schönheitsbehandlung, Massage, Schlamm- und Heilbäder, Inhalation

Kurorte

Terme di Montepulciano (Siena); Höhe: 480 m ü.d.M. — Toskana (Fortsetzung)
Heilbehandlung: Schönheitsbehandlung, Massage, Heilbäder, Inhalation

Terme di Petriolo (Grosseto); Höhe: 161 m ü.d.M.
Heilbehandlung: Schönheitsbehandlung, Massage, auch Wassermassage, Schlamm- und Heilbäder, Wärmebehandlung, Inhalation, Trinkkuren

Terme di Saturnia (Grosseto); Höhe: 294 m ü.d.M.
Schwefelquellen
Heilbehandlung: Schönheitsbehandlung, Massage, auch Wassermassage, Schlamm- und Heilbäder, Wärmebehandlung, Inhalation, Trinkkuren

Terme San Giovanni (Insel Elba; Livorno); Höhe: 2 m ü.d.M.
Heilbehandlung: Schönheitsbehandlung, Massage, auch Wassermassage, Schlamm- und Heilbäder, Inhalation

Acquasanta Terme (Ascoli Piceno); Höhe: 411 m ü.d.M. — Marken
Schwefelhaltige Quelle (38,6° C).
Heilbehandlung: Schönheitsbehandlung, Massage, auch Wassermassage, Heil- und Schlammbäder, Schlammpackungen (Thermalgrotte), Inhalation

Sarnano (Macerata); Höhe: 599 m ü.d.M.
Heilbehandlung: Inhalation, Trinkkuren

Tolentino (Macerata); Höhe: 228 m ü.d.M.
Schwefel- und bromjodhaltige Quelle.
Heilbehandlung: Massage, Schlammbäder und -packungen, Inhalation, Trinkkuren

Acquasparta (Terni): Terme (und Fonte) di Amerino — Umbrien
Höhe: 320 m ü.d.M.
Bicarbonat- und kalkhaltige Quellen.
Heilbehandlung: Trinkkuren

San Gemini (Terni); Höhe: 337 m ü.d.M.
Kalkhaltiges Bicarbonat-Mineralwasser.
Heilbehandlung: Trinkkuren

Terme di Fontecchio (Perugia); Höhe: 335 m ü.d.M.
Halbmineralwasser auf Bicarbonat-Alkali-Schwefel-Basis.
Heilbehandlung: Schönheitsbehandlung, Massage, auch Wassermassage, Schlammbäder und -packungen, Wärmebehandlung, Inhalation, Trinkkuren

Terme San Faustino in Massa Martana (Perugia); Höhe: 293 m ü.d.M.
Erdhaltige alkalische Bikarbonat-Wasser.

Bagni di Tivoli (Roma); Höhe: 70 m ü.d.M. — Latium
Alkalisches jod- und schwefelsalzhaltiges Wasser; Hyperthermalwasser.
Heilbehandlung: Massage, auch Wassermassage, Schlammbäder und -packungen, Heilbäder, Inhalation, Trinkkuren

Bagni di Viterbo (Viterbo); 258 m ü.d.M.
Heilbehandlung: Massage, auch Wassermassage, Schlammbäder und -packungen, Thermalhöhlen, Inhalation

Ferentino (Frosinone); Höhe: 395 m ü.d.M.
Schwefelhaltige Wässer.
Heilbehandlung: Schönheitsbehandlung, Massage, auch Wassermassage, Schlammbäder und -packungen, Inhalation

Kurorte

Latium (Fortsetzung)

Fiuggi (Frosinone); Höhe: 621 m ü.d.M.
Oligomineralwässer.
Heilbehandlung: Trinkkuren

Terme di Cotilia (Rieti); Höhe: 410 m ü.d.M.
Schwefelhaltige Quelle.
Heilbehandlung: Bäder, Trinkkuren

Terme di Suio (Latina); Höhe: 20 m ü.d.M.
Heilbehandlung: Schönheitsbehandlung, Massage, auch Wassermassage, Schlammbäder und -packungen, Heilbäder, Wärmebehandlung, Inhalation, Trinkkuren

Abruzzen

Caramanico Terme (Pescara); Höhe: 650 m ü.d.M.
Schwefel-, brom-, jodhaltige Quelle sowie Oligomineralwasser.
Heilbehandlung: Massage, Schlammbäder, Inhalation

Kampanien

Agnano (Napoli); Höhe: 12 m ü.d.M.
Alkalisches jod- und schwefelsalzhaltiges Wasser.
Heilbehandlung: Massage, Schlammpackungen, Heil- und Schlammbäder, Inhalation, Schönheitsbehandlung, Thermalhöhlen

Barano d'Ischia (Insel Ischia; Napoli); Höhe: 210 m ü.d.M.
Radioaktive Quellen, chloridhaltige Sodawässer sowie chlor-, brom- und jodhaltige Quellwässer (75° C); Schlammbäder.
Heilbehandlung: Schlammbäder und -packungen, Inhalation, Trinkkuren

Casamicciola Terme (Insel Ischia; Napoli); Höhe: 43 m ü.d.M.
Heilbehandlung: Massage, auch Wassermassage, Schlammbäder und -packungen, Heilbäder, Inhalation

Castellammare di Stabia (Napoli); Höhe: 6 m ü.d.M.
Schwefel- und eisenhaltige Quellen.
Heilbehandlung: Schönheitsbehandlung, Massage, auch Wassermassage, Schlammbäder und -packungen, Inhalation, Wärmebehandlung, Trinkkuren

Contursi Terme (Salerno); Höhe: 250 m ü.d.M.
Heilbehandlung: Massage, auch Wassermassage, Schlammbäder und -packungen, Heil- bäder, Inhalation, Trinkkuren

Lacco Ameno (Insel Ischia; Neapel); Höhe: 2 m ü.d.M.
Heilbehandlung: Massage, auch Wassermassage, Schönheitsbehandlung, Schlammbäder und -packungen, Wärmebehandlung, Inhalation

Montesano sulla Marcellana (Salerno); Höhe: 850 m ü.d.M.
Oligomineralwasser.
Heilbehandlung: Massage, Heilbäder, Sauna, Inhalation, Trinkkuren

Telese (Benevento); Höhe: 55 m ü.d.M.
Schwefelhaltige, erdige Quelle.
Heilbehandlung: Schönheitsbehandlung, Massage, Heilbäder, Wärmebehandlung, Inhalation, Trinkkuren

Apulien

Margherita di Savoia (Foggia); Höhe: 1 m ü.d.M.
Heilbehandlung: Massage, Schlammbäder und -packungen, Bäder, Inhalation

Santa Cesarea Terme (Lecce); Höhe: 56 m ü.d.M.
Schwefel-, jod- und lithiumhaltige Wässer.
Heilbehandlung: Massage, auch Wassermassage, Schlammbäder und -packungen, Heilbäder, Inhalation

Kurorte

Torre Canne (Brindisi); Höhe: 4 m ü.d.M.
Brom- und jodhaltige Quellen.
Heilbehandlung: Schönheitsbehandlung, Massage, Wassermassage, Schlammbäder und -packungen, Inhalation, Wärmebehandlung, Trinkkuren

Apulien
(Fortsetzung)

Rapolla (Potenza); Höhe: 439 m ü.d.M.
Heilbehandlung: Schlammbäder und -packungen, Massotherapie, ferner Inhalation und Trinkkuren

Basilicata

Antonimina Terme (Reggio di Calabria); Höhe: 95 m ü.d.M.
Sulfat- und chloridhaltige Quelle.
Heilbehandlung: Schlammbäder und -packungen, Heilbäder, Inhalation

Kalabrien

Cassano allo Ionio (Cosenza); Höhe: 250 m ü.d.M.
Heilbehandlung: Massage, auch Wassermassage, Schlammbäder und -packungen, Inhalation, Trink- und Badekuren

Galatro (Reggio di Calabria); Höhe: 158 m ü.d.M.
Heilbehandlung: Trink- und Badekuren, Inhalation

Spezzano Albanese Terme (Cosenza); Höhe: 74 m ü.d.M.
Salzige, brom- und jodhaltige Wässer.
Heilbehandlung: Thermalbäder, Trinkkuren, Inhalation

Terme Caronte (Catanzaro); Höhe: 245 m ü.d.M.
Heilbehandlung: Schönheitsbehandlung, Massage, auch Wassermassage, Schlammbäder und -packungen, Inhalation

Terme Luigiane (Cosenza); Höhe: 172 m ü.d.M.
Schwefel-, brom-, jodhaltige Quellen (45° C).
Heilbehandlung: Schönheitsbehandlung, Massage, auch Wassermassage, Schlammbäder und -packungen, Wärmebehandlung, Inhalation

Acireale (Catania); Höhe: 161 m ü.d.M.
Radioaktives und kochsalzhaltiges Schwefelwasser.
Heilbehandlung: Heilbäder, Schlammbehandlung, Massage, Inhalation

Sizilien

Ali Terme (Messina); Höhe:9 m ü.d.M.
Schwefel-, brom-, jodhaltige Quellen.
Heilbehandlung: Thermal- und Moorschlammbäder, Inhalation, Massotherapie

Castroreale Terme (Messina); Höhe: 24 m ü.d.M.
Natriumbicarbonathaltiges Schwefelwasser.
Heilbehandlung: Bäder, Schlammbehandlung, Massage, Inhalation

Sciacca (Agrigento); Höhe: 60 m ü.d.M.
Thermales Schwefelwasser (56° C).
Heilbehandlung: Heilbäder, Trinkkuren, Inhalation, Massage

Terme Segestane (Trapani); 200 m ü.d.M.
Heilbehandlung: Heilbäder und Schlammbehandlungen

Termini Imerese (Palermo); 77 m ü.d.M.
Heilbehandlung: Bäder, Schlammbehandlung und Wassermassage

Fordongianus (Oristano); Höhe: 35 m ü.d.M.
Heilbehandlung: Bäder

Sardinien

Terme Aurora (Sassari); Höhe: 254 m ü.d.M.
Hyperthermale, salz- und schwefelhaltige Quellen.

Mietwagen

Heilbäder, Sardinien (Fortsetzung)

Heilbehandlung: Schlammbehandlung, Bäder, Wassermassage, Wärmebehandlung, Inhalation

Terme di Casteldoria (Sassari); Höhe: 228 m ü.d.M.
Hyperthermale, brom- und jodhaltige Quellen (75° C).
Heilbehandlung: Bäder, Schlammbehandlung

Terme di Sàrdara (Cagliari); Höhe: 107 m ü.d.M.
Bicarbonat-Soda-Quellen (60° C).
Heilbehandlung: Thermalbäder, Moorschlammbäder, Inhalation, ferner Trinkkuren

Mietwagen

Um in Italien ein Auto zu mieten, muß man mindestens 21 Jahre alt sein (Hertz: 23 Jahre), einen nationalen Führerschein und ein Jahr Fahrpraxis haben. Bei den internationalen Autovermietern kann man von Deutschland, Österreich oder der Schweiz aus buchen. In den größeren Städten stehen die Autovermieter im Telefonbuch unter dem Stichwort "noleggio".

Avis — Reservierung in Deutschland: Tel. (01 80) 5 55 77

europcar — Reservierung in Deutschland: Tel. (01 80) 5 22 11 22

Hertz — Reservierung in Deutschland: Tel. (061 96) 93 39 00

Sixt — Reservierung in Deutschland: Tel. (01 80) 5 25 25 25

Notrufe

Allgemeines

Für Notfälle sollte man immer einige Münzen, Telefonmarken (gettoni) oder eine Magnetkarte für Telefonzellen (→ Post und Telekommunikation) bei sich haben.

Die für den jeweiligen Ort gültigen Notrufnummern sind auch auf den ersten Seiten des Telefonbuches (elenco telefonico) angegeben.

Polizeinotruf und Unfallrettung

Tel. 1 12
(soccorso pubblico di emergenza)

Feuerwehr — Tel. 1 15 (vigili del fuoco)

Pannenhilfe — Tel. 1 16 (soccorso stradale Automobile Club d'Italia; ACI)

Ärztliche Hilfe — → dort

Deutschsprachige Notrufstation

Der ADAC unterhält in Mailand eine deutschsprachige Notrufstation unter Tel. (02) 66 10 11 06. Sie ist Mai–Oktober Mo.–Sa. 9.00–17.00, So. 9.00–13.00 Uhr, November–April Mo.–Fr. 9.00–17.00 Uhr geöffnet.

Notrufdienste In Deutschland

ACE-Euro-Notruf
Kranken- und Fahrzeugrückholdienst
Telefon aus Italien: 00 49/18 02/34 35 36

ADAC-Notrufzentrale München
Telefon aus Italien:
00 49/89/22 22 22
(rund um die Uhr besetzt)

Beratung nach Unfällen: Tel. 0049/89/767676; zwischen 8.00 und 20.00 Uhr (Hauptreisezeit: 7.00–23.00 Uhr) besetzt; Krankenrücktransport

DRK-Flugdienst Bonn
Telefon aus Italien: 0049/228/230023

Deutsche Rettungsflugwacht Stuttgart
Telefon aus Italien: 0049/711/701070 (Alarmzentrale)

ÖAMTC-Notrufzentrale Wien
Tel. aus Italien: (0043/1) 9821304 (ÖAMTC-Euronotruf)

Schweizerische Rettungsflugwacht Zürich
Tel. aus Italien: (0041/1) 3831111

Alarmzentrale TCS Schweiz Genf
Tel. aus Italien: (0041/22) 7358000

→ Radio und Fernsehen

Öffnungszeiten

Notrufe, ADAC (Fortsetzung)

In Österreich

In der Schweiz

Reiserufe im Radio

Öffnungszeiten

Generell ist die Angabe von Öffnungszeiten in Italien problematisch, da sie – insbesondere bei Geschäften, kleinen Museen und Kirchen – oft nicht streng eingehalten bzw. kurzfristig geändert werden. Es kann also durchaus vorkommen, daß ein Museum, eine Galerie o.ä. geschlossen ist, obwohl es nach den offiziellen Zeiten geöffnet sein müßte.

Lebensmittelgeschäfte: 8.30–13.00 und 15.00–19.30 Uhr (in Süditalien 7.30–13.30 und 17.30–20.00 Uhr).
Andere Geschäfte: Mo.–Sa. 8.30/9.00/9.30/10.00–12.30/13.00 und 15.30/16.00/16.30–19.00/19.30 Uhr.
Der Samstag gilt normalerweise als Arbeitstag, an dem die Geschäfte bis 19.30 Uhr geöffnet sind.

Geschäfte in Fremdenverkehrsorten und große Warenhäuser können auch über Mittag durchgehend geöffnet sein. Sonntags und einmal pro Woche ist halbtags geschlossen.

In vielen Fremdenverkehrsorten haben die Geschäfte während der Saison weit über die sonst üblichen Zeiten hinaus geöffnet, sowohl abends als auch an Sonn- und Feiertagen (vormittags). Die wöchentlichen Ruhetage sind in den einzelnen Gemeinden und je nach Jahreszeit unterschiedlich geregelt. Außer sonntags kann auch am Samstagnachmittag, am Montagvormittag oder Mittwochnachmittag geschlossen sein.

Sommer: Mo.–Fr. 9.00–12.30 und 15.30–19.30 Uhr. Sie schließen wechselweise mittwochs oder samstags. Am Sonntag sind sie ebenfalls geschlossen.

→ Geld

Nur wenige, besonders bedeutende Kirchen sind den ganzen Tag über zu besichtigen. In den meisten Fällen sind sie nur zu Gottesdienstzeiten und einige Zeit davor und danach offen. Mit entsprechender Zurückhaltung kann man das Innere auch während des Gottesdienstes betrachten.

Museen haben in der Regel Di.–Sa. 8.00–13.00/14.00, sonntags 9.00–13.00, z.T. auch 17.00–20.00 Uhr geöffnet. Freilichtmuseen u.ä. sind von 9.00 Uhr bis eine Stunde vor Sonnenuntergang zugänglich.

Allgemeines

Einzelhandel

Apotheken

Banken

Kirchen

Museen

Post

Öffnungszeiten, Restaurants | Die meisten Restaurants sind von 12.00 bis 15.00 und von 19.00 bis 23.00 Uhr, im Sommer oft bis Mitternacht und länger geöffnet. Ein Ruhetag in der Woche ist die Regel.

Post

Postämter — Die Postämter sind nur für den reinen Post- und Postbankdienst zuständig; telefonieren kann man hier nicht (→ Telefon).

Öffnungszeiten — Die Postämter haben Mo.–Fr. 8.30–14.00, Sa. 8.30–12.00 Uhr geöffnet. Die Hauptpostämter in den größeren Städten sind von 8.30 bis 18.00 Uhr geöffnet; Postämter auf den Flughäfen sowie die Telegrammaufnahme der Hauptpostämter sind rund um die Uhr besetzt.

Porto — Eine Ansichtskarte innerhalb Italiens, nach Deutschland, Österreich und in die Schweiz kostet 700 Lit. Porto. Einen Brief bis 20 g muß man innerhalb Italiens, nach Deutschland und Österreich mit 750 Lit., in die Schweiz mit 850 Lit. frankieren.

Briefkästen — Die Briefkästen in Italien sind rot.

Briefmarken — Außer bei Postämtern kann man Briefmarken (francobolli) auch in Tabakgeschäften kaufen. Man erkennt diese Geschäfte an dem Schild mit einem 'T' über der Tür.

Radio und Fernsehen

RAI Sendungen in deutscher Sprache — Die staatliche italienische Rundfunk- und Fernsehanstalt RAI (Radio Televisione Italiana) strahlt im Radio nachts stündlich Sendungen in deutscher Sprache aus. Rundfunksendungen in deutscher Sprache strahlt auch die Rundfunkanstalt Südtirol (RAS) bzw. der Sender Bozen aus.
Straßenzustands- und Verkehrsmeldungen werden jede halbe Stunde im italienischen Rundfunk in allen drei Programmen in der Nachrichtensendung "Onda Verde Europa" auf französisch, englisch und deutsch durchgegeben.

Deutsche Welle — Auf Wunsch erhält man von der Deutschen Welle kostenlos das aktuelle Programm mit genauen Sendezeiten und gültigen Frequenzangaben. Deutsche Welle, Hörerpost, Postfach 100444, D-50588 Köln.

Radio Österreich International — Radio Österreich International sendet täglich um UTC 7.30, 9.30 (außer So.), 13.30 und 19.30 Uhr Nachrichten und andere Informationen in österreichischer Sprache.
UTC bzw. Weltzeit + 2 Std. = MESZ (Mitteleuropäische Sommerzeit).

Reiserufe im Radio — Der ADAC vermittelt in dringenden Notfällen über die ADAC-Zentrale, Tel. (089) 7676-2653, kostenlose Suchmeldungen im italienischen Rundfunk und in italienischen Tageszeitungen.

Fernsehen — Neben dem staatlichen italienischen Fernsehen RAI mit dem Regionalprogramm RAI-Tre gibt es zahlreiche private Sender.

Reisedokumente

Personalpapiere — Seit dem 1. Januar 1993 entfallen Paßkontrollen für EU-Bürger (also auch für deutsche und österreichische Staatsbürger). Da dennoch Stichproben

Restaurants

gemacht werden und Ausweispflicht auf Flughäfen und in Schiffshäfen zunächst weiterhin besteht, sollten Besucher aus Deutschland, Österreich und der Schweiz zur Einreise nach Italien den Personalausweis oder Reisepaß unbedingt mitnehmen. Kinder unter 16 Jahre müssen einen Kinderausweis besitzen oder im Elternpaß eingetragen sein.
Reisedokumente (Fortsetzung)

Der Führerschein und der Kfz-Schein des Heimatlandes werden anerkannt und sind mitzuführen. Die Internationale Grüne Versicherungskarte sollte ebenfalls mitgenommen werden, da sie bei Verkehrskontrollen oder Unfällen verlangt wird (wer keine dabei hat, muß an der Grenze eine relativ teure Versicherung abschließen). Kraftfahrzeuge müssen das ovale Nationalitätskennzeichen tragen, sofern sie kein Eurokennzeichen haben.
Fahrzeugpapiere

Wer Haustiere (Hund, Katze) nach Italien mitnehmen will, benötigt für sie ein amtstierärztliches Gesundheitszeugnis (gültig für 30 Tage ab dem Tag der Ausstellung) sowie ein mindestens 20 Tage und höchstens 11 Monate altes Tollwut-Impfzeugnis.
Größere Hunde müssen einen Maulkorb tragen und an der Leine geführt werden.
Haustiere

Reisezeit

Das Frühjahr und der Herbst sind die besten Zeiten für Individualreisende. Zwischen Ende März bis Mitte Juni sowie ab Mitte September bis Mitte November werden die für ihre Kunstschätze berühmten Städte vorzugsweise von Bildungsreisenden frequentiert.
Von Anfang März bis in den Frühsommer blüht die Macchia auf der (später kargen) Insel Sardinien und bildet ein Meer von Blüten; die Luft duftet nach Myrte, Thymian, Rosmarin und vielen anderen Kräutern.
Frühjahr und Herbst

Im Herbst kann in Norditalien aufkommender Nebel den Luft- und Straßenverkehr stark beeinträchtigen.
Gegen Ende September kann der Scirocco, ein feuchtwarmer Südostwind, besonders an der Küste und in der Toskana unangenehm sein.

Im Hochsommer werden in erster Linie die Seebäder und die Ferienorte im Gebirge besucht. Im Süden des Landes – vor allem in den Städten – kann es bisweilen unerträglich heiß werden. Während des sog. Ferragosto (Mitte August; ⟶ Feiertage und Feste) sind zahlreiche Museen und andere Einrichtungen in den Großstädten geschlossen (weitere Informationen ⟶ Öffnungszeiten).
Sommer

Während der Wintersaison werden die Skigebiete der italienischen Alpen besucht (⟶ Wintersport).
Winter

Restaurants (Auswahl)

Wegen der respektablen Preise für "Essen à la carte" sei das (meist sehr gute) "Menu turistico" empfohlen, außerdem lohnen neben den aufwendigen "Ristorante" die bescheideneren (aber qualitativ meist vorzüglichen) Lokale mit den Bezeichnungen "Tavola calda" oder "Rosticceria" bzw. "Fiaschetteria" einen Besuch. Mit "Trattoria" bezeichnet man ein Gasthaus; die Einrichtung ist oft rustikal bzw. dem Stil der Region entsprechend, in der "Osteria" sind auch Gäste willkommen, die lediglich ein Getränk zu sich nehmen möchten. In der "Enoteca" wird Wein ausgeschenkt. In Bars kosten Getränke den am Tresen stehenden Gast weniger als jenen, der am Tisch sitzt und sich bedienen läßt. Öffnungszeiten von Bars, Cafés und Restaurants ⟶ Öffnungszeiten
Allgemeines

Restaurants

In den großen Städten gibt es stilvolle Kaffeehäuser

Hinweis	Jedes Restaurant muß dem Gast eine quittierte Verzehrrechnung ausstellen, die im Umkreis (50 m) des Lokales auf Verlangen der Steuerfahndung vorzuweisen ist (widrigenfalls Geldstrafe!).
Rauchverbot	In vielen Restaurants (Speisesälen), Cafés und Bars (vor allem in jenen, die über keine Klimaanlage verfügen) besteht Rauchverbot.
Service Gedeck	Die Rechnungsposten 'servizio' und 'pane e coperto' (Brot und Gedeck) tauchen nicht mehr überall auf; es gibt alle Varianten von Lokalen, die auf beides verzichten, bis zu solchen, die beides verlangen. Service kann mit 10 bis 15 Prozent zu Buche schlagen, das Gedeck mit 1 000 bis 5 000 Lire.
Restaurantführer	Von den vielen detaillierten Restaurantführern, die im Buchhandel erhältlich sind, sei die deutsche Ausgabe des "Guida Ristoranti d'Italia del Gambero Rosso", nämlich "Italien bittet zu Tisch", erwähnt, der im Hallwag Verlag (Bern und Stuttgart) erschienen ist.
Restaurantliste Reservierung	Nachfolgend aufgelistet finden sich einige ausgewählte Restaurants. Für die meisten Lokale empfiehlt sich telefonische Reservierung (die Telefonvorwahlnummern stehen in der Marginalienzeile unter dem Ortsnamen in Klammern).
Abbadia San Salvatore (0577)	Il Dottore – Pizzeria, Via 1° Maggio 23, Tel. (0577) 77 64 10 Il Gatto e la Volpe, Via della Pace, Tel. 77 87 51 In I Prati: I Prati, Tel. 77 75 11
Acireale (095)	La Brocca d'u Cinc'oru (unweit des Domes; gediegene Trattoria, traditionelle Küche), Corso Savoia 49/a, Tel. 60 71 96
Acqui Terme (0144)	Carlo Parisio (Fleisch- und Fischgerichte), Via Mazzini 14, Tel. 5 66 50 Il Ciarlocco, Via Don Bosco 1, Tel. 5 77 20

Restaurants

Le Caprice, Strada Panoramica dei Templi 51, Tel. 2 64 69	**Agrigent** (09 22)
Palma (ligurische und provenzalische Küche), Via Cavour 5, Tel. 64 03 14	**Alassio** (01 82)
Osteria dell'Arco (familiäre Atmosphäre; traditionelle Küche), Piazza Savona 5, Tel. 36 39 74	**Alba** (01 73)
Minisport da Luciano (Spez. Meeresfrüchte), Viale Italia 35, Tel. 53 4 58	**Albenga** (01 82)
Il Poeta Contadino (traditionelle und kreative Küche), Via Indipendenza 21, Tel. 72 19 17	**Alberobello** (0 80)
Caval Marì (✼Lage an der Strandpromenade, Fisch- und Fleischgerichte), Lungomare Dante, Tel. 98 15 70 La Lepanto (regionale Küche, Fisch und Meeresfrüchte), Via Carlo Albero 135, Tel. 97 91 16	**Alghero** (0 79)
La Caravella, Tel. 87 10 29 La Taverna del Doge, Tel. 87 23 03	**Amalfi** (0 89)
Passetto (elegant, tadellose Küche), Piazzale IV Novembre, Tel. 3 32 14 La Moretta (in der Altstadt, rustikal, klassische Küche), Piazza del Plebiscito 52, Tel. 20 23 17 In Portonovo: Fortino Napoleonico (✼Lage, gepflegtes Ambiente, kreative Küche), Tel. 80 11 24	**Ancona** (0 71)
Pierino (u. a. Fischgerichte), Via C. Battisti 3, Tel. 9 84 56 83	**Anzio** (06)
Acquarium (Spez. Meeresfrüchte), Via Parigi 33, Tel. 36 38 59	**Aosta** (01 65)
La Lanterna (Trentiner Küche), 2,5 km nördlich außerhalb, Prabi 30, Tel. 51 70 13	**Arco** (04 64)
Lazzaro e Gabriella, Tel. 9 12 42 59	**Arenzano** (0 10)
Buca di San Francesco (Palast aus dem 14. Jh., stilvolles Ambiente, toskan. Küche), Piazza di San Francesco 1, Tel. 2 32 71	**Arezzo** (05 75)
Grazia Deledda (rustikales Ambiente), an der Straße nach Baia Sardinia, Tel. 9 89 88 Casablanca (elegantes Ambiente, ✼Meerblick von der Veranda), in Baia Sardinia, Tel. 9 90 06	**Arzachena** (07 89)
Gallo d'Oro, Corso Vittorio Emanuele 13, Tel. 25 35 20	**Ascoli Piceno** (07 36)
Buca di San Francesco (Restaurant in einem Palazzo aus dem 14. Jh.; im Sommer auch Gartenlokal, traditionelle Küche), Via Brizi 1, Tel. 81 22 04 San Francesco (lokale Küche), Via San Francesco 52, Tel. 81 23 29 Medio Evo (sehr komfortabel, lokale Küche), Via Arco dei Priori 4/b, Tel. 81 30 68	**Assisi** (75)
Gener Neuv (✼Blick auf Garten und Flußufer, piemontesische Küche), Lungotanaro Pescatori 4, Tel. 55 72 70 L'Angolo del Beato (familiäre Atmosphäre in einem mittelalterlichen Haus in der Altstadt, regionale Küche), Via Gattuari 8, Tel. 53 16 68 Il Cenacolo, Viale Pilone 59, Tel. 53 11 10 La Greppia (Trattoria), Corso Alba 140, Tel. 59 32 62 In Castiglione: Da Aldo (regionale Küche), Via San Defendente 22, Tel. 20 60 08	**Asti** (01 41)
Antica Torre (familiäres Ambiente, traditionelle Küche, Hausmannskost), Via Torino 8, Tel. 63 51 70	**Barbaresco** (01 73)

Restaurants

Bari
(080)

La Pignata (regionale Küche), Corso Vittorio Emanuele 173, Tel. 5232481

Baschi
(0744)

An der SS nach Todi, in Civitella del Lago: *Vissani (hinter dem unscheinbaren Lokal am Lago di Corbara verbirgt sich das Restaurant von Umbriens Meisterkoch Gianfranco Vissani, der vom Gault Millau-Führer für Italien einmal zum 'Koch des Jahres' gekürt wurde. Kochkunst auf höchstem Niveau, aber auch astronomische Preise charakterisieren dieses Spitzenlokal), Tel. 950396

Belluno
(0437)

Delle Alpi, Via Jacopo Tasso 15, Tel. 940302
Al Borgo (in schönem Park, angenehmes Ambiente), Via Anconetta 8, Tel. 926755

Bergamo
(035)

Da Vittorio (hervorragende Küche; Fischspezialitäten), Viale Papa Giovanni XXIII 21, Tel. 218060
La Nicchia (schönes, kleines Restaurant, gelobte Küche und Weinkarte), Piazza Mercato del Fieno (Altstadt), Tel. 220114
Lio Pellegrini (u.a. toskanische Gerichte), Via San Tomaso 47, Tel. 247813
Taverna Colleoni dell'Angelo (Stammkundschaft; v.a. Fisch), Piazza Vecchia 7, Tel. 232596

Bologna
(051)

I Carracci (vornehmes Restaurant), Via Manzoni 2, Tel. 222049
Dante (vornehmes Restaurant), Via Nosadella 37/a, Tel. 330604
Franco Rossi (elegantes Lokal, Bologneser Küche, Fischgerichte), Via Goito 3, Tel. 238818
Il Pescatore (Meeresfrüchte), Via Marco Emilio Lepido 193, Tel. 400358
Panoramica, Via San Mamolo 31, Tel. 580337
Pappagallo (vornehmes Restaurant, Fotos mit Autogrammen von Arturo Toscanini, Alfred Hitchcock u.v.a.; Bologneser Küche), Piazza Mercanzia 3/c, Tel. 232807
Torre de' Galluzzi (barocke Einrichtung; Bologneser Küche und vegetarische Küche), Corte de' Galluzzi 5/a, Tel. 267638
Rosteria Luciano (Bologneser Küche; Beilagen je nach Jahreszeit), Via Nazario Sauro 19, Tel. 231249
Le Maschere (Fischspezialitäten), Via Zappoli 5, Tel. 261035
Caffè Zamboni (viele einheimische Gäste), Via Zamboni 6, Tel. 231835

Bordighera
(0184)

Carletto, Via Vittorio Emanuele 339, Tel. 261725
Chez Louis, Corso Italia 30, 261602
La Via Romana (stilvolles Ambiente; hervorragende ligurische Küche), Via Romana 57, Tel. 266681

Bormio
(0342)

Taulà (in einem Heuschober aus dem 17. Jh., traditionelle Küche), Via Dante 6, Tel. 901424

Bozen
(0471)

Da Abramo (Feinschmeckerküche, Fischgerichte), Grieser Platz 16, Tel. 280141
Chez Frederic (regionale italienische und französ. Küche), Armando-Diaz-Str. 12, Tel. 271011
Rastbichler (regionale italienische Küche), Cadornastr. 1, Tel. 261131
Zur Kaiserkron' (Feinschmeckerküche; Service auch im Freien), Mustergasse 1, Tel. 970770
Bierlokal: Accademia della Birra, Kapuzinergasse 6/8
Cafés: Aida, Pfarrplatz 3, Tel. 970155
Vienna (auch Bistro; kalte und warme Gerichte, eigene Konditorei, Eisspezialitäten), Waltherplatz 1, Tel. 974900

Brescia
(030)

La Sosta, Via San Martino della Battaglia 20, Tel. 295603
Olimpo – il Torricino, Via Fura 131, Tel. 347565
In Mompiano: Castello Malvezzi (kreative Mittelmeerküche in einem Bauwerk aus dem Jahre 1480; auch Gartenlokal), Via Colle San Giuseppe 1, Tel. 2004224

Restaurants

In Sant'Eufemia: La Piazzetta (erlesene Fischgerichte), Via Indipendenza 87/c, Tel. 362668	Brescia (Fortsetzung)
Fink (Tiroler und internat. Küche; Caféteria im Erdgeschoß), Via Portici Minori 4, Tel. 835420	Brixen (0472)
Ai Pescatori (schöne Trattoria; gute regionale Küche, Fisch), Via Galuppi 371, Tel. 730650	Burano (041)
In Samboseto, 8 km östlich: Palazzo Calvi (elegantes Ambiente in einem Palast aus dem 17. Jh., einst Wohnsitz der adligen Parmesaner-Bologneser Familie Calvi; parmesanische Küche, Spezialitäten Anolini: mit Fleisch gefüllte Teigwaren), Tel. 90211, Fax 90213.	Busseto (0524)
Dal Corsaro (regionale Küche), Viale Regina Margherita 28, Tel. 664318 Saint Remy (in ehem. Kellern eines Palazzo aus dem 17. Jh.; Spezialitäten Meeresfrüchte), Via Torino 16, Tel. 657377	Cagliari (070)
In Fiumara, 10 km südöstlich: Bontempo, Tel. 961188	Capo d'Orlando (0941)
Quisi (im Hotel Quisisana; internationale Küche), Via Camerelle 2, Tel. 837 0788 La Capannina (traditionelle Küche, Fischgerichte), Via Le Botteghe 14, Tel. 8376990 Da Luigi ai Faraglioni (ℵLage; u.a. Fischgerichte), Strada dei Faraglioni, Tel. 8370591	Capri (081)
La Torre (piemontesische Küche), Via Caroglio 3, Tel. 70295	Casale Monferrato (0142)
La Guardiola (rustikal, im Sommer Terrassenlokal; Fischgerichte), Piazza Bastione 4, Tel. 470428	Castelsardo (079)
La Siciliana (traditionelle Küche, u.a. Fischgerichte), Viale Marco Polo 52/ a, Tel. 376400	Catania (095)
La Lampara di Mario (traditionelle Küche, Fischgerichte), Piazzale Darsena 3, Tel. 963296 Protti, Via Emilia Romagna 185, Tel. 954457	Cattolica (0541)
Ostaria del Duomo (im Sommer Service im Freien), Via Seminario 5, Tel. 21838	Cefalù (0921)
Mosè, Via Colla 30, Tel. 991560	Celle Ligure (019)
La Buca (Terrasse zum Hafen; Fischgerichte), Corso Garibaldi 41, Tel. 82474 Bistrot Claridge (hervorragende romagnolische Küche), Viale dei Mille 55, Tel. 82055 Pino, Via Anita Garibaldi 7, Tel. 80576 Teresina, Viale Trento, Tel. 81108	Cesenático (0547)
Luchin (echte Osteria mit Schanktisch, langen Tischen und Holzstühlen; ligurische Küche), Via Brighenti 53, Tel. 301063	Chiavari ((0185)
Venturini, Via De Lollis 10, Tel. 330653 Nino (Trattoria im Altstadtzentrum; Hausmannskost), Via Principe di Piemonte 7, Tel. 65396	Chieti (0871)
Amici Miei (im Altstadtzentrum), Via del Monte 2, Tel. 8559904 Il Bersaglio (Spezialitäten: Pilze, Wild, Trüffel), Via V. E. Orlando 14, Tel. 8555534	Città di Castello ((075)

Restaurants

Cividale del Friuli
(0432)

Locanda Al Castello (ehem. Jesuitenkloster in einer Grünanlage auf einer Anhöhe; friulische und italienische Küche), Via del Castello 18, Tel. 733242

Como
(031)

Il Loggiato dei Serviti, Via Tolomeo Gallio 5, Tel. 264234
Imbarcadero (angenehme Atmosphäre, trad. Küche), Via Cavour 20, Tel. 277341
Sant'Anna 1907 (gemütlich, internationale Küche), Via Turati 1/3, Tel. 505266

Cortina d'Ampezzo (0436)

Meloncino Bellavista (*Aussicht; regionale Küche), in Gilardon 17/a (Richtung Pocol), Tel. 861043
Tivoli (*Panoramablick von der Terrasse; traditionelle und kreative Küche), Via Lacedel 34 (Richtung Pocol), Tel. 866400

Cosenza
(0984)

In Rende, 11 km außerhalb von Cosenza: Il Pozzo dei Desideri, Via Antonio Gramsci, Tel. (0984) 443618
Il Setaccio (ländliche Küche in einem ehem. Stall, regionale Weine), Corso da Santa Rosa 62, Tel. 837211

Cremona
(0372)

Aquila Nera (beim Dom; Balkendecke, antikes Mobiliar), Via Sicardo 3, Tel. 25646
Ceresole (elegant), Via Ceresole 4, Tel. 30990
Il Ceppo, Via Casalmaggiore 222, Tel. 496363
La Locanda (Luxusrestaurant mit Cremoneser Spezialitäten in einem kleinen Saal mit Kreuzgewölbe), Via Pallavicino 4, Tel. 457834
La Sosta (dekoriert mit Objekten aus der Musik- und Theaterwelt, daher Treffpunkt nach Theaterbesuchen; u.a. Cremoneser Spezialitäten), Via Sicardo 9, Tel. 456656
Mellini (kleines Restaurant mit zweckmäßiger Einrichtung und exzellenter Küche), Via Bissolati 105, Tel. 30535

Crotone
(0962)

La Sosta, Via Corrado Alvaro, Tel. 23831

Cuneo
(0171)

Della Chiocciola (Osteria im Untergeschoß; darüber Restaurant mit Kassettendecke, piemontesische Küche), Via Fossano 1, Tel. 66277
Le Plait d'Etain (französ. Küche), Corso Giolitti 18/a, Tel. 681918
Tre Citroni (gepflegt), Via Bonelli 2, Tel. 602048

Desenzano del Garda
(030)

Cavallino (eine der besten Küchen in der Provinz Brescia; im Sommer auch Service im Freien), Via Gherla 30, Ecke Via Murachette, Tel. 9120217
Esplanade (elegantes Lokal, im Sommer Service im Freien, *Blick; Meeresgerichte), Via Lario 10, Tel. 9143361

Faenza
(0763)

Le Volte (nahe Pinakothek und Teatro Masini), Corso Mazzini 54, Tel. 661600
In San Biagio, 9 km südöstlich auf der Via Mons: San Biagio Vecchio, Tel. 642057

Fano
(0721)

Il Ristorantino–da Giulio (Fischspezialitäten), Viale Adriatico 100, Tel. 805680

Ferrara
(0532)

Centrale, Via Boccaleone 8, Tel. 206735
La Provvidenza, Corso Ercole I d'Este 92, Tel. 205187
Quel Fantastico Giovedì (infolge der Qualität der Speisen und der angemessenen Preise ist das Lokal meist überfüllt, so daß Vorbestellung ratsam ist), Via Castelnuovo 9, Tel. 760570

Finale Ligure
(019)

Harmony, Corso Europa 67, Tel. 601728

Florenz
(055)

*Enoteca Pinchiorri (bestes Restaurant Italiens), Via Ghibellina 87, Tel. 242777

Restaurants

Sabatini (Restaurant mit großer Tradition), Via de'Panzani 9/a, Tel. 211559
Harry's Bar, Lungarno Vespucci 22r, Tel. 2396700
Don Chisciotte, Via Cosima Ridolfi 4r, Tel. 475430
Al Lume di Candela, Via delle Terme 23r, Tel. 294566
Cantinetta Antinori (toskanische Spezialitäten), Piazza Antinori 3, Tel. 292234
La Posta, Via de' Lamberti 20r, Tel. 212701
La Vecchia Cucina, Viale Edmondo De Amicis 1r, Tel. 660143
Cibreo, Via dei Macci 118, Tel. 2341100
Del Carmine, Piazza del Carmine 18, Tel. 218601
Il Latini (typische Trattoria), Via dei Palchetti 6, Tel. 210916
Da Burde (Gasthaus mit toskanischer Küche), Via Pistoiese 6r, Tel. 317206
Café, Bar: Bar Pasticceria Gilli (historisches Café im Herzen von Florenz; Spezialitäten: hausgemachte Torten, Schokolade, kunstvolle Eisbecher, Kaffee und Liköre), Piazza della Repubblica 39/R, Tel. 2396310.

Florenz
(Fortsetzung)

Il Ventaglio (u. a. Meeresfrüchte), Via Postiglione 6, Tel. 661500

Foggia
(0881)

Villa Roncalli (elegante Villa im Grünen; ausgezeichnete einfache Gerichte), Viale Roma 25, Tel. 391091

Foligno
(0742)

Vicolo di'Mblo (bodenständige Gerichte, Fisch), Corso Italia 126, Tel. 502385

Fondi
(0771)

La Barca (gehobene Küche, Fisch und Meeresfrüchte), Viale Italico 3 (Zentrum), Tel. 89323
Lorenzo (gehobene Küche), Viale Carducci 61 (Zentrum), Tel. 84030

Forte dei Marmi
(0584)

Cacciani (im Sommer Service auf der herrlichen Terrasse; römische Spezialitäten, Lamm, Meeresfrüchte), Via A. Diaz 13, Tel. 9420378
Zarazà (traditionelle römische Spezialitäten, Lamm, Kutteln), Viale Regina Margherita 21, Tel. 9422053

Frascati
(06)

La Palombella, Via Maria 234, Tel. 872163
Stella (im Stadtzentrum; Fleisch- und Fischgerichte, hausgemachte Kuchen), Via Garibaldi 90, Tel. 250085

Frosinone
(0775)

Zürich, Piazza 19 Maggio 15, Tel. 460053

Gaeta
(0771)

Villa Fiordaliso (Luxusrestaurant in schöner Jugendstilvilla in einem kleinen Park; auch Terrassenlokal), Via Zanardello 132, Tel. 20158

Gardone
(0365)

Gran Gotto (elegant; ligurische Küche), Viale Brigata Bisagno 69 R, Tel. 564344
Vittorio al Mare e la Sua Cambusetta (Restaurant-Pizzeria; ligurische Küche), Belvedere Edoardo Firpo 1, Tel. 3760141
Zeffirino (rustikal; Genueser bzw. ligurische, italien. und internat. Küche), Via XX Settembre 20, Tel. 591990
Il Cucciolo (toskanische Spezialitäten), Viale Sauli 33, Tel. 561321
Saint Cyr (elegantes, modernes Restaurant; piemontesische, ligurische und internationale Küche), Piazza Marsala 4 R, Tel. 886897

Genua
(010)

Al Balaro, Calle Zanini 3, Tel. 80150
All'Androna (im Sommer auch Service im Freien; internationale Küche, Fisch und Meeresfrüchte), Calle Porta Piccola 4, Tel. 80950

Grado
(0431)

Buca San Lorenzo, Viale Manetti 1, Tel. 25142

Grosseto
(0564)

Im historischen Zentrum:
Alla Fornace di Mastro Giorgio (in einem mittelalterlichen Palazzo, sehr gediegen; u. a. Fisch und regionale Küche), Via Mastro Giorgio 2, Tel. 9275740

Gubbio
(075)

Restaurants

Gubbio (Fortsetzung)

Fabiani (auch Gartenlokal), Piazza 40 Martiri 26/B, Tel. 9274639
Taverna del Lupo (sehr komfortables Speisen unter mittelalterlichen Gewölben; u. a. umbrische Spezialitäten), Via G. Ansidei 21, Tel. 9274368

Imola (0542)

*San Domenico (ideale Verbindung von hervorragender Küche und höchstem Komfort), Via Sacchi 1, Tel. 29000

Imperia (0183)

In Porto Maurizio: Lanterna Blu da Tonino (elegantes Restaurant an der Strandpromenade; mediterrane Küche, Fisch), Via Scarincio 32, Tel. 63859

Isernia (0865)

La Tequila, Via San Lazzaro 85, Tel. 412345
Taverna Maresca (rustikal; Spezialitäten aus der Zigeunerküche), Corso Marcelli 186, Tel. 3976

Jesolo (0421)

La Vecchia Marina (elegantes Ambiente; Fischspezialitäten), Lido di Jesolo, via Roma Destra 120/b, Tel. 370645

L'Aquila (0862)

Ernesto (bestes Restaurant der Stadt; u. a. Pilzgerichte, Trüffel), Piazza Palazzo, Tel. 21094
Tre Marie, Via Tre Marie 3, Tel. 413191

La Spezia (0187)

La Pettegola (u. a. Spezialitäten aus dem Meer), Canaletto, Via del Popolo 39, Tel. 514041
Parodi–Peyton Place (u. a. Spezialitäten aus dem Meer), Viale Amendola 212, Tel. 715777

Latina (0773)

Am Strand von Latina, in Foce Verde:
Il Tarantino, Tel. 273253
La Risacca, Tel. 273223

Lavagna (0185)

Il Gabbiano (*Panoramasicht vom Terrassenlokal), Via San Benedetto 26, Tel. 390228

Lecco (0341)

Al Porticciolo 84 (Spezialitäten aus dem Meer), Via Valsecchi 5/7, Tel. 498103

Lipari (090)

E Pulera (typ. Inselküche), Via Diana, Tel. 9811158
Filippino (Spezialität: Fischsuppe), Piazza Municipio, Tel. 9811002

Livorno (0586)

Da Rosina (Spezialitäten aus dem Meer), Via Roma 251, Tel. 800200
Gennarino, Via Santa Fortunata 11, Tel. 888093

Lucca (0583)

Antica Locanda dell'Angelo (schönes Lokal im Zentrum von Lucca, umfangreiche Speisekarte und toskanische Küche), Via Pescheria 21, Tel. 47711
La Buca di Sant'Antonio (traditionelle, lokale Küche), Via della Cervia 3, Tel. 55881
Antico Caffè delle Mura, Via Vittorio Emanuele 2, Tel. 47962
In Ponte a Moriano: La Mora (bodenständige Lucca-Küche), Via Sesto di Moriano, Tel. 406402

Macerata (0733)

Da Secondo (viele prominente Gäste; auch Terrassenlokal; Voranmeldung unbedingt empfohlen), Via Pescheria Vecchia 28, Tel. 260912

Mailand (02)

*Savini (historisches Restaurant mit großer Tradition), Galleria Vittorio Emanuele II, Tel. 7200 3433
*Giannino (Restaurant mit großer Tradition; Wintergarten), Via Amatore Sciesa 8, Tel. 5519 0196
Aimo e Nadia (italienische und französische Küche), Via Montecuccoli 6, Tel. 416886

Restaurants

Sadler Osteria di Porta Cicca (gepflegtes elegantes Ambiente; traditionelle Küche), Ripa di Porta Ticinese 51, Tel. 58 10 44 51
La Scaletta (u. a. Fischspezialitäten und köstliche Desserts), Piazzale Stazione di Porta Genova, Tel. 58 10 02 90
St. Andrews, Via Sant'Andrea 23, Tel. 76 02 31 32
Peck, Via Victor Hugo 4, Tel. 87 67 74
Royal Dynasty (orientalische Küche), Via Bocchetto 15/a, Tel. 86 45 09 05
Alfredo – Gran San Bernardo (Mailänder Küche), Via Borghese 14, Tel. 33 19 00 0
Biffi Scala, Piazza della Scala, Tel. 86 66 51
Boeucc, Piazza Belgioioso 2, Tel. 76 02 02 24
Nino Arnaldo, beim Hauptbahnhof, Via Poerio 3, Tel. 76 00 59 81
Santini, Corso Venezia 3, Tel. 78 20 10
Suntory (japan. Küche), Via Verdi 6, Tel. 86 93 02 2
Yar (russ. Küche), Via Mercalli 22, Tel. 58 30 96 03
Joia (vegetarische Küche), beim Hauptbahnhof, Via Panfilo Castaldi 18, Tel. 29 52 21 24
Bagutta (Künstlertreff), Via Bagutta 14, Tel. 76 00 27 67
Kota Radja (chines. Küche), Piazzale Baracca 6, Tel. 46 88 50
Antica Trattoria San Bernardo, Via San Bernardo 36, im Ortsteil Chiaravalle, Tel. 57 40 98 31

Mailand
(Fortsetzung)

Aquila Nigra (stilvolles Ambiente, heimische Küche), Vicolo Bonacolsi 4, Tel. 32 71 80
San Gervasio (elegantes Restaurant, für Mantua typische Küche), Via San Gervasio 13, Tel. 32 38 73
Campana, Vic. Santa Maria – Cittadella, Tel. 39 18 85
Rigoletto, Strada Cipata 10, Tel. 37 11 67

Mantua
(0376)

Delfino, am Mittelmeer, Tel. 99 81 88

Marsala
(0923)

Francolino – Casino del Diavolo (Matera-Küche, typ. Teigwaren aus der Basilikata), Via La Martella 48, Tel. 26 19 86

Matera
(0835)

Andrea (eines der besten Restaurants in Südtirol, traditionelle sowie internationale Küche), Via Galilei 44, Tel. 23 74 00
Sissi (kleines Restaurant mit überregionaler Küche), Via Plankestein 5, Tel. 23 10 62
Terlaner Weinstube, Via Portici 231, Tel. 23 55 71

Meran
(0473)

Giardino d'Inverno – Nino Libro (u. a. Meeresfrüchte), Viale Boccetta, is. 381, Tel. 36 24 13
Pippo Nunnari (klassisch-elegantes Lokal), Via Ugo Bassi is. 157, Tel. 29 38 58 4
Agostino, Via Maddalena 70, Tel. 71 83 96

Messina
(090)

Marco Polo, Via Forte Marghera 67, Tel. 98 98 55
Dall'Amelia (venezianische Spezialitäten, Fischgerichte), Via Miranese 113, Tel. 91 39 55

Mestre
(041)

Borso d'Este, Piazza Roma 5, Tel. 21 41 14
Fini (elegantes Lokal; regionale bzw. italienische Küche), Rua Frati Minori 54, Tel. 22 33 14
Modena Due (Panoramarestaurant), Via Scaglia 17, Tel. 34 28 06

Modena
(059)

Gourmet, Viale Amendola 6, Tel. 77 10 12
San Francisco, Corso Roma 112, Tel. 7 96 32

Montecatini Terme (0572)

Da Mario, Viale delle Terme 4, Tel. 79 40 90

Montegrotto Terme (049)

Miki, Tel. 8 17 54 6

Monterosso al Mare (0187)

Restaurants

Neapel
(081)

La Sacrestia (elegantes Ambiente; *Blick vom Terrassengarten), Via Orazio 116, Tel. 761 1051
La Cantinella (in der Altstadt, *Blick von der Veranda; neapolitanische Spezialitäten und italien. Küche), Via N. Sauro 23, Tel. 7648684
'A fenestella (Terrassenlokal am Meer), Via Marechiaro 23, Tel. 7690020
Don Salvatore (Restaurant und Pizzeria), Via Mergellina 5, Tel. 681817
Dante e Beatrice (exzellente Fischvorspeisen), Piazza Dante 44/45, Tel. 5499438

Nervi
(010)

Dai Pescatori, Via Casotti 6/r, Tel. 3726168
La Ruota, Via Oberdan 215 r, Tel. 3726027

Noli
(019)

Italia, Corso Italia 23, Tel. 748926
Ines (Spezialitäten aus dem Meer), Via Vignolo 1, Tel. 748086

Novara
(0321)

Moroni, Via Solaroli 6, Tel. 629278

Nuoro
(0784)

L'Ambasciata, Via Dessanay, Tel. 202745

Olbia
(0789)

Leone e Anna, Via Barcellona 90, Tel. 26333
Gallura (regionale Küche, Meeresgerichte), Corso Umberto I 145, Tel. 24648

Oristano
(0783)

Il Faro (elegant; Meeresgerichte, traditionelle italienische Küche), Via Bellini 25, Tel. 70002
La Forchetta d'Oro, Via Giovanni XXIII 8, Tel. 302731

Orvieto
(0763)

Giglio d'Oro, Piazza Duomo 8, Tel. 41903
La Volpe e l'Uva (rustikal; traditionelle Küche), Via Ripa Corsica 1, Tel. 41612
Le Grotte del Funaro (Restaurant, Pizzeria und Pianobar in Tuffsteingrotten), Tel. 43276

Padua
(049)

Antico Brolo (regionale Küche), Corso Milano 22, Tel. 656088
Belle Parti – Toulà (regionale Küche), Via Belle Parti 11, Tel. 8751822
San Clemente (*Jagdhäuschen aus dem 16. Jh.), Corso Vittorio Emanuele II 142, Tel. 8803180

Palermo
(091)

Charleston (Treffpunkt der Einheimischen, regionale Küche), Piazzale Ungheria 30, Tel. 321366
L'Approdo Ristorante Renato (*Blick auf das Meer; sizilianische Küche), Via Messina Marine 224, Tel. 6302881
Gourmand's, Via della Libertà 37/e, Tel. 323431
La Scuderia, Viale del Fante 9, Tel. 520323
Friend's Bar, Via Brunelleschi 138, Tel. 201066

Parma
(0521)

Angiol d'Oro (gegenüber dem Domplatz, auch Terrassenlokal; Parmesaner Küche), Vicolo Scutellari 1, Tel. 282632
Parizzi, Strada della Repubblica 71, Tel. 285952
Santa Croce, Via Pasini 20, Tel. 293529
Croce di Malta, Borgo Palmia 8, Tel. 235643
Il Cortile, Borgo Paglia 3, Tel. 285779

Pavia
(0382)

Vecchia Pavia (kleines Restaurant in Domnähe; italien. Küche), Via Cardinal Riboldi 2, Tel. 304132
Al Cassinino (elegantes Speiselokal, internat. Küche, umfangreiche Weinkarte), Via C. Conca 1, Tel. 422097
Della Madonna (klassische regionale Küche), Via dei Liguri 28, Tel. 302833

Perugia
(075)

Osteria del Bartolo (umfangreiche Speisenkarte), Via Bartolo 30, Tel. 5731561

Restaurants

La Taverna (umbrische Küche), Via delle Streghe 8, Tel. 572 41 28 Ricciotto 1888, Piazza Dante 19, Tel. 5721956 Da Giancarlo (umbrische Küche), Via dei Priori 36, Tel. 5724314. Dal Mi'Cocco (peruginische Küche, besonders gut Pasta und Risotto; Studentenlokal), Corso Garibaldi 12, Tel. 5732511. Café: Sandri (Perugias älteste, holzgetäfelte Konditorei mit umbrischen Spezialitäten), Corso Vannucci 32, Tel. 572 4112.	Perugia (Fortsetzung)
Lo Scudiero, Via Baldassini 2, Tel. 641 07 Da Teresa, Viale Trieste 180, Tel. 30096 Da Carlo (Spezialitäten aus dem Meer; Wintergarten), Viale Zara 54, Tel. 65355 Il Castiglione (schattiges Gartenlokal), Viale Trento 148, Tel. 64934	**Pesaro** (0721)
Guerino, Viale della Riviera 4, Tel. 4212065 La Regina del Porto, Via Paolucci 65, Tel. 389141	**Pescara** (085)
Antica Osteria del Teatro (internationale und regionale Küche), Via Verdi 16, Tel. 323777	**Piacenza** (0523)
Sergio (bestes Restaurant von Pisa), Lungarno Pacinotti 1, Tel. 580580 Ristoro dei Vecchi Macelli (gemütliches Lokal; Fisch und Wildspezialitäten, Meeresfrüchte), Via Volturno 49, Tel. 20424 La Mescita (vielseitige Küche), Via Cavalca 2, Tel. 544294 Schiaccianoci, Via Vespucci 108, Tel. 21024	**Pisa** (050)
S. Jacopo (toskan. Spezialitäten und Fisch), Via Crispi 15, Tel. 27786 Manzoni (Fischgerichte), Corso Gramsci 112, Tel. 28101 Lo Storno (typ. pistoiesische Trattoria), Via del Lastrone 8, Tel. 26193	**Pistoia** (0573)
Il Principe, Piazza Bartolo Longo 8, Tel. 8505566	**Pompeji** (081)
Noncello, Viale Marconi 34, Tel. 523014	**Pordenone** (0434)
La Ferrigna, Piazza Repubblica 22, Tel. 914129	**Portoferraio** (0565)
Il Pitosforo (*Aussicht; Fischgerichte), Molo Umberto I 9, Tel. 269218 Puny (*Aussicht), Piazza Martiri Olivetta 7, Tel. 269037	**Portofino** (0185)
Chico a San Michele (elegantes Restaurant im Stadtzentrum), Via Rosica 22, Tel. 37592	**Potenza** (0971)
Il Piraña (Fischgerichte), Via Valentini 110/Ecke Via Valentini, Tel. 25746 Villa Santa Cristina, Via Poggio Secco 58, Tel. 595951	**Prato** (0574)
Il Barocco, Via Orfanatrofio 29, Tel. 652397 An der Straße nach Marina di Ragusa, 5 km südwestlich: Villa Fortugno (histor. vornehmes Gebäude), Tel. 667134 In Marina di Ragusa: Alberto (Spezialitäten aus dem Meer), am Meer, Doria 48, Tel. 239023	**Ragusa** (0932)
Monique, am Meer, Lungomare Vittorio Veneto 5, Tel. 50541 Hostaria Vecchia Rapallo, Via Cairoli 20, Tel. 50053 In San Massimo: U Giancu (auch Gartenlokal), Via San Massimo 78, Tel. 260505 In Savagna: Roccabruna (schöne Veranda), Via Sotto la Croce 6, Tel. 261400	**Rapallo** (0185)
Al Gallo (elegant, auch Gartenlokal; u.a. Fisch), Via Maggiore 87, Tel. 213775 Capannetti, Vicolo Capannetti 2, Tel. 66681 Tre Spade, Via Faentina 136, Tel. 500522	**Ravenna** (0544)

Restaurants

Ravenna
(Fortsetzung)

Bella Venezia, Via 4 Novembre 16, Tel. 21 27 46
Bierhaus (Pub), Via Maroncelli 6, Tel. 3 00 98
Weinlokale: Ca'de Ven, Via C. Ricci 24, Tel. 301 63
Enoteca Bastione, Via Bastione 29,
  Tel. 21 81 47

Reggio Calabria
(0965)

Baylik (Spezialitäten aus dem Meer), Via Leone 1, Tel. 4 86 24
Bonaccorso, Via Nino Bixio 5, Tel. 89 60 48
Rodrigo (schlichte, aber schmackhafte Küche), Via XXIV Maggio 25,
  Tel. 2 01 70

Rieti
(07 46)

Bistrot (kleines Lokal mit bürgerlicher Küche), Piazza San Rufo 25,
  Tel. 49 87 98
Checco al Calice d'Oro, Via Marchetti 10, Tel. 20 42 71

Rimini
(05 41)

Piero e Gilberto Ristorante Europa (gute italienische Küche), Via Roma 51,
  Tel. 2 87 61
Lo Squero (Fischspezialitäten), Lungomare Tintori 7, Tel. 2 76 76

Riva del Garda
(04 64)

Vecchia Riva (im Sommer auch Service im Freien; u.a. Fischgerichte), Via
  Bastione 3, Tel. 55 50 61
Al Volt, Via Fiume 73, Tel. 55 25 70
La Rocca, Piazza Cesare Battisti, Tel. 55 22 17

Rom
(06)

Im Westen (Vatikanstadt, Gianicolo u.a.):
*Antica Enoteca Capranica, Piazza Capranica 100, Tel. 69 94 09 92
El Toulà (elegantes Restaurant), Via della Lupa 29, Tel. 687 34 98
*Les Etoiles, Via dei Bastioni 1, Tel. 689 34 34
Il Drappo (sardische Küche), Vicolo del Malpasso 9, Tel. 687 73 65
*Ranieri, Via Mario de'Fiori 26, Tel. 678 65 05
Hostaria Costanza (im Gemäuer des Pompejus-Theaters sitzt man romantisch unter Weinlauben im Freien; Spezialitäten: Fisch und Innereien),
  Piazza Paradiso 63/65, Tel. 6 86 17 17 und 68 80 10 02

Im Osten (Via Vittorio Veneto, Kolosseum u.a.):
Sans Souci (elegantes Lokal), Via Sicilia 20/24, Tel. 4 82 18 14
*Harry's Bar, Via Vittorio Veneto 150, Tel. 47 45 8 32
Il Pavone (Restaurant im Art-Déco-Stil), Via Palestro 19/B, Tel. 44 65 4 33
Coriolano (elegantes Lokal), Via Ancona 14, Tel. 44 24 98 63
Charly's Saucière (französ.-schweizer. Küche), Via di San Giovanni in Laterano, Tel. 70 49 55 6 66

Im Süden (Via Appia Nuova, Caracalla-Thermen u.a.):
Checchino dal 1887 (histor. Lokal; römische Küche, eines der besten
  Restaurants Roms), Via Monte Testaccio 30, Tel. 57 46 3 18

Trastevere:
*Alberto Ciarla (zählt zu den besten Fischrestaurants Roms), Piazza
  San Cosimato 40, Tel. 58 18 6 68
Taverna Trilussa (römische Spezialitäten), Via del Politeama, Tel. 58 18 9 18
Da Lucia (von Römern und ausländischen Gästen geschätzte Osteria mit
  römischer Küche), Vicolo del Mattonato 2/b, Tel. 58 03 6 01

In San Lorenzo:
Pommidoro (Treffpunkt u.a. von Studenten, Künstlern und Schriftstellern;
  traditionelle Gerichte, Grillspezialitäten, Fisch), Piazza dei Sanniti 44,
  Tel. 4 45 26 92

Cafés:
*Greco, Via Condotti 86, Tel. 6 78 25 54
Morganti, Via Tor Cervara 236, Tel. 22 94 9 90
Tomeucci, Viale Europa 52–56, Tel. 59 23 0 91

Restaurants

Eine der beliebtesten Eisdielen (Bar, Pasticceria, Gelateria) ist Giolitti, Via Uffici del Vicario 40, Tel. 699 12 43	Rom (Fortsetzung)
Al Borgo (elegantes Ambiente, ausgezeichnete Küche), Via Garibaldi 13, Tel. 43 63 00 Mozart 1769 (stilvolles Ambiente), Via Portici 36/38, Tel. 43 07 27	**Rovereto** (0464)
Alla Campagnola, Tel. 2 21 53 Lepanto, Tel. 2 04 28	**Salò** (0365)
Al Tartufo, Viale Marconi 30, Tel. 57 36 96	**Salsomaggiore Terme** (0524)
Righi la Taverna, Piazza della Libertà 10, Tel. 99 11 96 La Fratta, Via Salita alla Rocca 14, Tel. 99 15 94	**San Marino** (00378)
Da Giannino, Corso Trento e Trieste 23, Tel. 50 40 14 Paolo e Barbara (raffinierte Küche), Via Roma 47, Tel. 53 16 53 Il Bagatto (gegenüber dem Teatro Ariston, Fischspezialitäten), Via Matteotti 145, Tel. 53 19 25 Vela d'Oro, Via Gaudio 9, Tel. 50 43 02	**San Remo** (0184)
Don Alfonso 1890 (sorrentinische Spezialitäten), Piazza Sant'Agata, Tel. 8 78 00 26	**Sant'Agata sui due Golfi** (081)
*Gambero Rosso (eines der besten Restaurants Italiens am Hafen von San Vincenzo; Fischspezialitäten, Braten u. v. a.), Piazza della Vittoria 13, Tel. 70 10 21	**San Vincenzo** (0565)
Castello, Piazza Castello 6/7, Tel. 23 20 41 Trattoria del Giamaranto di Gianni e Amedeo, Via Alghero 69, Tel. 27 45 98	**Sassari** (070)
Last Tango, Via La Glesia 5/a, Tel. 7 63 37	**Sestriere** (0122)
Angiolina, Viale Rimembranza 49, Tel. 4 11 98 El Pescador, am Hafen, Tel. 4 28 88 Santi's, Viale Rimembranza 46, Tel. 48 50 19 In Riva Trigoso: Fiammanghilla dei Fieschi (*Blick von der Villa; Genueser Spezialitäten, Nouvelle Cuisine, ligurische Produkte), Via Pestella 6, Tel. 48 10 41	**Sestri Levante** (0185)
Al Marsili (histor. Gebäude), Via del Castoro 3, Tel. 4 71 54 Bottega Nova, Via Chiantigiana 29, Tel. 28 42 30 Al Mangia, Piazza del Campo 42, Tel. 28 11 21 Il Biondo, Via del Rustichetto 10, Tel. 28 07 39	**Siena** (0577)
Caruso (an den Wänden Bilder von dem Tenor Enrico Caruso; regionale Küche, Meeresfrüchte), Via Sant'Antonio 12, Tel. 80 73 156 L'Antica Trattoria, Via Padre R. Giuliani 33, Tel. 80 710 82 Il Glicine, Via Sant'Antonio 2, Tel. 87 72 519 La Lanterna Mare, Via Marina Grande 180, Tel. 80 730 33 Roxy Pub Cafè, Via degli Aranci 73, Tel. 87 823 92	**Sorrent** (081)
Emiliano (elegant), Lungolago Italia, Tel. 3 13 96 Piemontese (elegantes Lokal, u. a. Fischspezialitäten), Via Mazzini 25, Tel. 3 02 35	**Stresa** (0323)
Pub dell'Arco, Via V. Veneto, Tel. 8 35 38	**Subiaco** ((0774)
Ionico – A Rutta e Ciauli (*Aussicht; sizilianische Küche), Riviera Dionisio il Grande 194, Tel. 6 55 40 Il Teatro (in der archäolog. Zone), Viale G. Agnello 8, Tel. 2 13 21	**Syrakus** (0931)

Restaurants

Taormina
(0942)
La Giara (Restaurant und Pianobar), Via La Floresta 1, Tel. 23360
Al Castello Da Ciccio (*Aussicht), Via Madonna della Rocca 9/a, Tel. 28158
La Griglia (traditionelle Küche, Fisch), Corso Umberto 54, Tel. 23980
In Mazzarò: Il Pescatore (gegenüber der Isola Bella, *Blick, Fischgerichte), Via Nazionale 107, Tel. 23460

Tarent
(099)
Monsieur Mimmo, Viale Virgilio 101, Tel. 372691
Al Gambero, Vico del Ponte 4, Tel. 4711190

Terni
(0744)
Alfio, Via Galileo Galilei 4, Tel. 420120

Tivoli
(0774)
Cinque Statue (angenehmes Ambiente, auch Gartenlokal, reichhaltiges Vorspeisenangebot), Largo Sant'Angelo 1, Tel. 20366

Torre Pellice
(0121)
Flipot, Corso Gramsci 17, Tel. 91236

Trapani
(0923
P e G, Via Spalti 1, Tel. 547701
Da Peppe, Via Spalti 54, Tel. 28246
Del Corso, Corso Italia 51, Tel. 23475

Treviso
(0422)
All'Antica Torre (Fisch), Via Inferiore 55, Tel. 53694
Beccherie, Piazza Ancillotto 10, Tel. 56601

Trient
(0461)
Chiesa (u.a. Trentiner Spezialitäten), Parco San Marco, Via Marchetti 9, Tel. 238766
All'Antico Orso Grigio (französ. Küche und deftige Gerichte), Via Orti 19, Tel. 984000
A Le Due Spade, Via Don Rizzi 1, Tel. 234343

Triest
(040)
Antica Trattoria Suban (im Sommer Bedienung im Laubengang), Via Comici 2, Tel. 54368
L'Ambasciata d'Abruzzo (Spezialitäten aus den Abruzzen), Via Furlani 6, Tel. 395050
Caffè San Marco (Art-déco-Kaffeehaus-Ambiente, mehrere Ebenen; u.a. Treffpunkt von Intellektuellen), Via Cesare Battisti, Tel. 371373 und 371173

Turin
(011)
Villa Sassi – El Toulà (historisches Gebäude in einem großen Park; piemontesische und internat. Küche), Strada al Traforo del Pino 47, Tel. 8980556
Vecchia Lanterna (regionale und internat. Küche), Corso Re Umberto 21, Tel. 537047
Cambio (historisches Gebäude mit großer Tradition; piemontesische und internationale Küche), Piazza Carignano 2, Tel. 544690
Due Lampioni (piemontesische und internat. Küche), Via Carlo Alberto 45, Tel. 8179380
Tiffany (piemontesische und internat. Küche), Piazza Solferino 16, Tel. 535948
In Mirafiori: Al Gatto Nero (toskanische Küche und Fisch), Corso Filippo Turati 14, Tel. 590414
Il Porticciolo (nationale Küche, Fischgerichte), Via Barletta 58, Tel. 321601

Udine
(0432)
Astoria Italia (u.a. Fischgerichte), Piazza XX Settembre 24, Tel. 505091
Antica Maddalena (u.a. Fisch), Via Pellicceria 4, Tel. 25111
Alla Ghiacchiaia (regionale Küche), Vicolo Portello 2, Tel. 508937
Al Vitello d'Oro (u.a. Fischgerichte), Via Valvason 4, Tel. 508982

Varese
(0332)
Lago Maggiore (klassische und phantasiereiche Zubereitung der Gerichte, exzellente Weine), Via Carrobbio 19, Tel. 231183
Medusa (Restaurant und Pizzeria), Via Giusti 7, Tel. 261380

Restaurants

Caffé Quadri (elegant), Piazza San Marco 120, Tel. 5289299
Antico Martini (elegantes Lokal; internationale und venezianische Küche), Campo San Fantin 1983, Tel. 5224121
Harry's Bar (zweistöckiges Lokal, weltberühmt durch Hemingway; Künstler wie Picasso und Braque beglichen ihre Rechnungen mit Bildern; einst Treffpunkt u.a. von Schriftstellern wie Patricia Highsmith und Somerset Maugham; Schauspielern, u.a Humphrey Bogart, Richard Burton, Orson Welles; auch heute noch illustres Publikum), Calle Vallaresso 1323, Tel. 5289299
La Caravella (internationale und venezianische Küche), Calle Larga XXII Marzo 2397, Tel. 5208901
Taverne La Fenice, Campiello de la Fenice, Tel. 5223856
Do Forni, Calle dei Specchieri 457/468, Tel. 5237729
Harry's Dolci (internationale und venezianische Küche), Giudecca 773, Tel. 5224844
Da Fiore (venezianische Küche, u.a. Fischspezialitäten), Calle del Scaleter 2202/A, San Polo, Tel. 721308
Al Covo (Weinrestaurant; kleine Gerichte, große Weinkarte), Campiello della Pescaria 3968, Castello, Tel. 5223812
Da Ivo (hinter dem Teatro La Fenice gelegen; regionale Küche), Ramo dei Fuseri 1809, San Marco, Tel. 5285004
Corte Sconta (regionale Küche; im Sommer auch Gartenlokal), Calle del Pestrin 3886, Castello, Tel. 5227024
Poste Vecchie (im Sommer Service im Hof unter Weinranken; u.a. Fischspezialitäten), Calle de le Poste Vecchie 1608, San Polo, Tel. 721822
Vino Vino (umfangreiche Weinkarte, kleine Gerichte), Calle del Cafetier 2007, San Marco, Tel. 5237027
Cantina dei Do Mori (sog. bàcaro=Weinschenke mit preisgünstigen Gerichten, nahe dem Fischmarkt), Calle dei Do Mori 429, San Polo, Tel. 5225401
Do Spade (Casanova kehrte bereits in dieser Weinschenke ein; u.a. tramezzini=belegte Weißbrotscheiben), Sottoportego de la Do Spade 860, San Polo, Tel. 5210574

Venedig
(041)

Marco Polo, Passeggiata Felice Cavallotti, Tel. 352678
Nanni, Via Milite Ignoto 3/d, Tel. 33230
8 km außerhalb, an der Grenze: Balzi Rossi, Ponte San Ludovico, Tel. 38132

Ventimiglia
(0184)

Il Paiolo (bäuerliche Einrichtung, Hausmannskost), Viale Garibaldi 74, Tel. 250577

Vercelli
(0161)

Il Desco (schönstes Lokal der Stadt, hervorragende italienische Küche, gute Weine), Via Dietro San Sebastiano 3/5, Tel. 595358
12 Apostoli, Corticella San Marco 3, Tel. 596999
Arche (Spezialitäten aus dem Meer), Via Arche Scaligere 6, Tel. 8007415
Baracca (Spezialitäten aus dem Meer), Via Legnago 120, Tel. 500013
Re Teodorico (auch Terrassenlokal), Piazzale Castel San Pietro 1, Tel. 8349990

Verona
(045)

L'Oca Bianca, Via Coppino 409, Tel. 388477
Il Patriarco, Viale Carducci 79, Tel. 53126
Tito del Molo, Lungomolo Corrado del Greco 3, Tel. 962016
Da Romano, Via Mazzini 120, Tel. 31382
Montecatini, Viale Manin 8, Tel. 962129

Viareggio
(0584)

Cinzia e Valerio (Spezialitäten aus dem Meer), Piazzetta Porta Padova 65/67, Tel. 505213
Storione (Spezialitäten aus dem Meer), Via Pasubio 62/64, Tel. 566506
Tre Visi, Contrà Porti 6, Tel. 324868
Il Tinello, Corso Padova 181, Tel. 500325

Vicenza
(0444)

Sicherheit

Restaurants, **Viterbo** (0761)	Aquila Nera, Via delle Fortezze, Tel. 344220 Il Richiasto (auch Gartenlokal), Via della Marrocca, Tel. 223609 Porta Romana, Via della Bontà 12, Tel. 307118
Volterra (0588)	Il Sacco Fiorentino (toskanische Küche; Trüffel), Piazza XX Settembre 18, Tel. 86473 Osteria dei Poeti, Via Matteotti 55, Tel. 86029

Shopping

→ Einkaufen

Sicherheit

Verkehrsunfall in Italien: Was tun?

Sofort-
maßnahmen

Sie können am Steuer noch so vorsichtig sein – es kann trotzdem einmal etwas passieren. Auch wenn der Ärger groß ist: Bitte bewahren Sie Ruhe und bleiben Sie höflich. Behalten Sie einen klaren Kopf und treffen Sie nacheinander folgende Maßnahmen:

Absichern

1. Sichern Sie die Unfallstelle ab. Das heißt: Warnblinkanlage einschalten, Blinklampe und Warndreieck in ausreichendem Abstand aufstellen.

Verletzte

2. Kümmern Sie sich um Verletzte. Hinweise für Erste Hilfe finden Sie in der Broschüre "Sofortmaßnahmen am Unfallort" in Ihrer Autoapotheke. Sorgen Sie nötigenfalls für einen Krankenwagen.

Polizei

3. Die "Polizia stradale" oder die "Carabinieri" – die Beamten der italienischen Polizei – nehmen normalerweise nur Unfälle mit Personenschäden oder sehr erheblichen Sachschäden auf. Bei leichteren Unfällen ist es deshalb besonders wichtig, Zeugen benennen zu können.

Notizen

4. Notieren Sie Namen und Anschrift anderer Unfallbeteiligter, außerdem Kennzeichen und Fabrikat der anderen Fahrzeuge sowie Namen und Nummern der Haftpflichtversicherungen. Halten Sie unbedingt die Angaben der Plakette auf der Windschutzscheibe Ihres Unfallgegners fest: Versicherungsgesellschaft, Versicherungsnummer und Versicherungsdauer. Wichtig sind auch Ort und Zeit des Unfalles sowie ggf. die Anschrift der eingeschalteten Polizeidienststelle.

Beweismittel

5. Sichern Sie Beweismittel: Schreiben Sie Namen und Adressen von – wenn es geht, unbeteiligten – Zeugen auf; machen Sie Skizzen von der Situation am Unfallort. Besser noch, Sie haben eine kleine Kamera im Handschuhfach für Fotos aus verschiedenen Richtungen.

Dolmetscher/
Rechtsanwalt

6. Sie haben das Recht, Ihre Aussagen nur in Anwesenheit eines Dolmetschers oder eines Anwaltes zu machen. Bei schweren Unfällen empfiehlt es sich immer, einen Rechtsanwalt einzuschalten.

Europäischer
Unfallbericht

7. Bitte verwenden Sie möglichst den (bei Ihrem Versicherungsfachmann erhältlichen) Europäischen Unfallbericht und lassen Sie ihn vom Unfallgegner gegenzeichnen.
Unterschreiben Sie kein Schuldanerkenntnis und vor allem kein Schriftstück, dessen Sprache Sie nicht verstehen!

Schadenersatz

Nach einem Unfall soll die Schadenbearbeitung möglichst reibungslos klappen. Beachten Sie deshalb folgende Hinweise:

Sicherheit

1. Wenn an Sie Ansprüche gestellt werden, melden Sie den Schaden Ihrer eigenen Kraftfahrzeug-Haftpflichtversicherung. — Ansprüche an Sie

Außerdem können Sie sich an die italienische Versicherungsgesellschaft wenden, die in Ihrer Grünen Versicherungskarte angegeben ist.

2. Machen Sie Ihre eigenen Ersatzansprüche gegen den Schadenstifter und gegen seine Haftpflichtversicherung selbst geltend: Die Grüne Karte hilft hier nicht! — Eigene Ersatzansprüche
Für die Kostenübernahme bei aktiver Geltendmachung eigener Schadenersatzansprüche ist eine Rechtsschutzversicherung zuständig.

3. Sind Sie mit jemandem mit deutschem Fahrzeugkennzeichen in einem Verkehrsunfall verwickelt, so können Sie sich direkt an die deutsche Versicherung des Schadenstifters wenden. — Deutscher Unfallgegner

4. Bei schweren Unfällen empfiehlt es sich immer, einen Rechtsanwalt einzuschalten. Wenn Sie zu einer Strafverhandlung geladen werden, informieren Sie bitte unverzüglich Ihre eigene Haftpflichtversicherung. — Abwicklung
Im Strafverfahren kann auf Antrag der Gegenseite über Schadenersatzansprüche entschieden werden.

Haben Sie eine Rechtsschutzversicherung, nennt Ihnen Ihre Gesellschaft auch italienische Rechtsanwälte, die deutsch sprechen und deren Bezahlung dann von der Versicherung geregelt wird. — Rechtsanwalt
Allianz Versicherte finden alle notwendigen Angaben und Adressen in der Broschüre "Mit dem Auto ins Ausland".

5. In Italien werden die Mietwagenkosten und auch Nutzungsausfall nur für die Dauer der notwendigen Reperaturarbeiten, nicht für Wartezeiten, ersetzt. Nur bei neuwertigen Fahrzeugen wird eine Wertminderung erstattet. — Ersatzleistungen

Wenn Sie einen Totalschaden an Ihrem Fahrzeug haben, muß die zuständige Zollbehörde benachrichtigt werden.

6. Mit ALLIANZmobil sind Sie gegen eine Reihe von Kosten versichert, die Ihnen durch einen Unfall entstehen können, z.B. für Bergen und Abschleppen Ihres Fahrzeugs, für Übernachtungen, Bahnfahrt, Rückflug oder Mietwagen, für Krankenrücktransport, Rückbegleitung von Kindern, Fahrzeugrückholung oder -rücktransport, ggf. für Verschrottung und Verzollung. — ALLIANZmobil (Auto-Schutzbrief)

Melden Sie Schäden so schnell wie möglich der Versicherung! — Schadenmeldung

Sommerzeit

→ Zeit

Souvenirs

→ Einkaufen

Speisen

→ Essen und Trinken
→ Restaurants

Sport

Zuschauersport Aktivsport	Die Italiener sind eine sportbegeisterte Nation; demzufolge gibt es u.a. zahlreiche hervorragende Sportstätten – wie Fußball-, Leichtathletik- und Eislaufstadien, Tennishallen, Tennis- und Golfplätze sowie Reit- und Rennbahnen. Viele dieser Einrichtungen stehen nicht nur den Zuschauern offen, sondern werden auch von den Aktivsportlern genutzt und bieten dem Touristen viele Möglichkeiten, seinem Hobby auch im Urlaub nachzugehen. In einer Reihe von Touristenzentren findet man außerdem gelegentlich auch Rollschuhbahnen, Basketballplätze, Bocciabahnen, Minigolfanlagen u..a. Infolge seiner langen Küsten ist Italien ein hervorragendes Ziel für alle Wassersportler (→ Badestrände, → Sportschiffahrt). Auch Wanderer und Radwanderer (→ Wandern) sowie Wintersportler (→ Wintersport) kommen auf ihre Kosten.
Sportveranstaltungen	Zahlreiche bedeutende Sportveranstaltungen während des Jahres – wie Autorennen und Radrennen (→ Veranstaltungen) – sorgen für einen abwechslungsreichen Urlaub. Weitere Informationen erteilen die ENIT-Büros und Fremdenverkehrsstellen vor Ort (→ Auskunft) sowie die → Automobilclubs.
Organisierte Sportreisen	Auf Sportreisen spezialisierte Reiseveranstalter, z.B. Sport-Scheck Reisen in München, Tel. (089) 21661253, bieten u.a. organisierten Sporturlaub in Italien an, darunter geführte Radtouren, Training in Tenniscamps, Wandern und Trekking. Spezialarrangements für Golfer auf mehreren Golf-Parcours in der Emilia Romagna bietet beispielsweise das Touristenbüro in Milano Marittima (Ufficio Turismo, Viale Romagna 107, I-48016, Tel. 0555/993435).

Sportschiffahrt

Wassersportfahrzeuge	Ein Bürger aus einem Mitgliedsstaat der Europäischen Union kann sein Fahrzeug für den Wassersport, sofern es im Heimatland registriert ist und die Mehrwertsteuer entrichet wurde, ohne Zoll zu zahlen in ein anderes EU-Land, also auch nach Italien, unbefristet mitführen (auch stationieren). An der Binnengrenze zwischen Italien und einem anderen Land der Europäischen Union entfallen im allgemeinen die Grenz- oder Zollkontrollen. Wer auf dem Seeweg nach Italien einreist, muß in einem Hafen einklarieren. Weitere Information → Reisedokumente und → Zollbestimmungen. Voraussetzung für die Benutzung von Booten mit Motoren über 3 ital. Steuer-PS (etwa entsprechend einem Hubraum von über 98 cm^3 bei Zweitaktmotoren) ist das Bestehen einer Haftpflichtversicherung (hohe Strafen bei Nichtbeachtung!). Für die in Italien geltende Zulassungs- und Kennzeichnungspflicht ist der vom DMYV, dem ADAC oder dem DSV herausgegebene Internationale Bootsschein ausreichend. Ausländische Bootsführerscheine werden für entsprechende italienische Gewässer (Binnen- bzw. Küstengewässer) anerkannt.
Auskunft	Auskünfte erteilen außer dem Allgemeinen Deutschen Automobil-Club (ADAC) die Federazione Italiana Motonautica (Italienischer Motoryacht-Verband), Via Piranesi 44/b I-20137 Milano (Mailand), Tel. (02) 7610502 und die Federazione Italiana Vela (Italienischer Segler-Verband), Viale Brigata Bisagno r. II, Int. 17 I-16129 Genova (Genua), Tel. (010) 565083

Hafenlisten sind sowohl in ENIT-Büros (⟶ Auskunft) als auch beim ADAC erhältlich. Weitere Auskünfte erteilt der

Sport, Hafenlisten

Mare Club d'Italia, Via A. Bargoni 8
I-00153 Roma (Rom), Tel. (06) 5897084

Zwischen 24.00 und 6.00 Uhr ist der Canal Grande in Venedig für Privatboote gesperrt; tagsüber liegt die Höchstgeschwindigkeit für Privatboote bei 7 km/h.

Bootsverkehr in Venedig

Sprache

Das Italienische hat sich aus dem Lateinischen entwickelt und steht diesem von allen romanischen Sprachen am nächsten. Nicht zuletzt infolge der früheren politischen Zerrissenheit des Landes entstanden zahlreiche Mundarten, unter denen sich im Verlauf des 13. und 14. Jh.s das Toskanische durchsetzte und bis heute die gültige Schriftsprache blieb.

Die Betonung liegt meist auf der vorletzten Silbe. Wird der Endvokal betont, trägt dieser stets einen Akzent (perchè, città). Bei Betonung auf der drittletzten Silbe steht in der offiziellen Rechtschreibung (außer in Zweifelsfällen) kein Akzent. Vielfach wird er jedoch als Aussprachehilfe hinzugesetzt (chilòmetro, sènapa).

Aussprache

É bzw. ó bedeuten den geschlossenen, è bzw. ò den offenen Laut. Diphtonge werden getrennt gesprochen: causa wie 'ka-usa', sei wie 'ßä-i'. C oder cc wird vor e und i wie 'tsch', g oder gg vor e und i wie 'dsch' gesprochen; c und g vor den übrigen Vokalen sowie ch und gh wie 'k' und 'g'; gn und gl zwischen Vokalen wie 'nj' und 'lj'. H ist stumm, r ein Zungenlaut; qu wird wie 'kw' gesprochen. Das s ist am Wortanfang vor einem Vokal stimmlos, vor b, d, g, l, m, n und v sowie zwischen zwei Vokalen jedoch stimmhaft; sc vor e und i spricht man wie 'sch'; z wie 'ds'.

Grundzahlen

0	zero	31	trentuno
1	uno, una, un, un'	32	trentadue
		38	trentotto
2	due	40	quaranta
3	tre	50	cinquanta
4	quattro	60	sessanta
5	cinque	70	settanta
6	sei	80	ottanta
7	sette	90	novanta
8	otto	100	cento
9	nove	101	cento uno
10	dieci	153	centocinquantatre
11	undici	200	duecento
12	dodici	300	trecento
13	tredici	400	quattrocento
14	quattordici	500	cinquecento
15	quindici	600	seicento
16	sedici	700	settecento
17	diciasette	800	ottocento
18	diciotto	900	novecento
19	diciannove	1 000	mille
20	venti	2 000	duemila
21	ventuno	3 000	tremila
22	ventidue	5 000	cinquemila
23	ventitre	10 000	diecimila
28	ventotto	100 000	centomila
30	trenta	1 Mio.	un milione

Sprache

Ordnungszahlen
1.	primo (prima)	8.	ottavo
2.	secondo	9.	nono
3.	terzo	10.	decimo
4.	quarto	20.	ventesimo/vigesimo
5.	quinto	100.	centesimo
6.	sesto	1 000.	millesimo
7.	settimo	1 000 000.	milionesimo

Bruchzahlen

$1/2$ un mezzo (mezza)
$1/3$ un terzo
$1/4$ un quarto
$1/10$ un decimo

Wichtige Redewendungen

Guten Morgen, guten Tag!	Buon giorno!
Guten Abend!	Buona sera!
Auf Wiedersehen!	Arrivederci!
Ja, nein!	Si, no!
Entschuldigen Sie!	Scusi!
Bitte (um Gefälligkeit)!	Per favore!
Bitte (nach Dank oder Entschuldigung)!	Prego!
Danke (sehr)!	(Tante, Molte, Mille) grazie!
Gestatten Sie, bitte!	Con permesso!
Sprechen Sie deutsch?	Parla tedesco?
Ein wenig, nicht viel	Un poco, non molto
Ich verstehe nicht	Non capisco
Wie heißt auf italienisch?	Come si dice in italiano?
Wie heißt diese Kirche?	Come si chiama questa chiesa?
Der Dom	Il duomo
Der Platz	La piazza
Der Palast (das Gebäude)	Il palazzo
Das Theater	Il teatro
Wo ist die Straße X?	Dov'è la via X?
die Straße (Autobahn) nach...?	la strada (l'autostrada) per...?
Links, rechts	A sinistra, a destra
Immer geradeaus	sempre diritto
Oben, unten	Sopra, sotto
Wann ist geöffnet?	Quando è aperto?
Wie weit?	Quanto è distante?
Heute	Oggi
Gestern	Ieri
Vorgestern	L'altro ieri
Morgen	Domani
Sind Zimmer frei?	Ci sono camere libere?
Ich möchte gern...	Vorrei avere...
ein Einzelzimmer mit Dusche	una camera singola con doccia
ein Doppelzimmer mit Bad	una camera doppia con bagno
mit Vollpension	con pensione completa
Was kostet es?	Qual'è il prezzo? Quanto costa?
Alles inbegriffen	Tutto compreso
Das ist zu teuer	È troppo caro
Kellner, zahlen!	Cameriere, il conto!
Wo ist die Toilette?	Dove si trovano i gabinetti?
Wecken Sie mich um sechs!	Può svegliarmi alle sei!
Wo gibt es	Dove sta
einen Arzt?	un medico?
einen Zahnarzt?	un dentista?
ein Krankenhaus	un ospedale

Sprache

eine Apotheke	una farmacia	Redewendungen (Fortsetzung)
Erste Hilfe	Pronto soccorso	

Abfahrt	Partenza	Für den Bahnreisenden
Ankunft	Arrivo	
Aufenthalt	Sosta	
Auskunft	Informazione	
Bahnhof	Stazione	
Bahnsteig	Marciapiede	
Einsteigen!	In carrozza!	
Fahrkarte	Biglietto	
Fahrpreis	Prezzo, importo	
Gepäck	Bagagli	
Gepäcknetz	Rete portabagagli	
Gepäckträger	Portabagagli, facchino	

Gleis — Binario
Haltestelle — Fermata
Koffer — Valigia
Nichtraucher — Vietato fumare
Raucher — Fumatori
Schaffner — Conduttore
Schalter — Sportello
Speisewagen — Vagone-ristorante
Umsteigen — Cambiare treno
Wartesaal — Sala d'aspetto
Zugführer — Capotreno
Zuschlag — Supplemento

Adresse	Indirizzo	Auf der Post
Brief	Lettera	
Briefkasten	Buca delle lettere	
Briefmarken	Francobolli	
Briefträger	Postino	
Eilboten	Espresso	
Einschreibebrief	Raccomandata	
Luftpost	Posta aerea	
Postkarte	Cartolina	
Postlagernd	Fermo posta	
Telefon	Telefono	
Telegramm	Telegramma	

Montag	lunedì	Wochentage
Dienstag	martedì	
Mittwoch	mercoledì	
Donnerstag	giovedì	
Freitag	venerdì	
Samstag	sábato	
Sonntag	domenica	
Tag	giorno	
Wochentag	giorno feriale	
Feiertag	giorno festivo	
Woche	settimana	

Januar	gennaio	Monate
Februar	febbraio	
März	marzo	
April	aprile	
Mai	maggio	
Juni	giugno	
Juli	luglio	
August	agosto	

Straßennetz

Sprache, Monate (Fortsetzung)

September	settembre
Oktober	ottobre
November	novembre
Dezember	dicembre

Straßennetz

Das italienische Straßennetz ist sehr dicht und gut ausgebaut. Es besteht u. a. aus Autobahnen (autostrade) und Schnellstraßen (vier- oder mehrspurig; strade a quattro o più corsie), Staatsstraßen (strade statale), Hauptverbindungsstraßen (Sing. strada da grande comunicazione), Regionalstraßen (strade d'importanza regionale) und Nebenstraßen (strade secondaria/strada d'interesse locali).

Einige Autobahnstrecken und Regionalstraßen sind auch als Europastraßen (Sing. strada europea) ausgewiesen.

Autobahnen

Praktisch alle größeren Städte sind durch Autobahnen (autostrade; Bezeichnung: A + Nummer) verbunden und meist gebührenpflichtig (pedaggio; Gebühren → Anreise mit dem Auto). Für den Tourismus besonders wichtig sind die Strecken von Varese oder Como über Mailand, Genua und Pisa nach Livorno oder Florenz.
Ab Genua in südwestlicher Richtung verbindet die A 10 Genua mit Ventimiglia; viel befahren ist auch die Strecke von Mailand über Parma, Bologna und Florenz nach Rom (weiter nach Neapel) bzw. von Bologna nach Ravenna oder über Rimini, Ancona, Pescara, Foggia und Bari nach Tarent (Adria-Autobahn). Die Strecke vom Brenner (italienisch-österreichische Grenze) über Bozen, Trient und Verona mündet bei Modena in die Autobahn Mailand – Bologna ein. Bedeutung hat auch die Querverbindung von Mailand über Verona, Padua und Venedig nach Triest.

Staatsstraßen

Gleichfalls als Fernverbindungen wichtig und meist auch vorzüglich ausgebaut sind die Staatsstraßen (strade statali; sie waren einst bezeichnet durch SS + Nummer, heute meist nur S + Nummer oder lediglich Nummer ohne S). Sie tragen vielfach besondere Namen (z. B. Via Aurelia, Via Emilia), die bei der Bevölkerung oft bekannter sind als die amtlichen Nummern.

Taxi

Allgemeines

Taxis sind in den Städten bzw. Fremdenverkehrszentren in ausreichender Zahl vorhanden. Sie können für eine Fahrt bzw. auch für größere Ausflüge gemietet werden.

Standplätze

Taxis stehen u. a. an Bahnhöfen, Flughäfen und Busbahnhöfen, vor größeren Hotels und Theaterhäusern sowie an sehenswerten Stätten.

Taxivorbestellung

Taxivorbestellung ist an den Schaltern von Hotelrezeptionen möglich. Wartezeiten bis zum Eintreffen des Taxis sind einzukalkulieren.

Trinkgeld

→ dort

Telefon

Hinweis

Beim Telefonieren in Italien muß seit 1998 auch bei Ortsgesprächen die jeweilige Vorwahl, bei Telefongesprächen aus dem Ausland – anders als bisher – die "0" der Ortsnetzkennziffer mitgewählt werden.

Umgangsregeln

Direktwahl nach Deutschland, Österreich und in die Schweiz ist nur aus öffentlichen Fernsprechern mit orangerotem Telefonhörersymbol möglich. Die öffentlichen Fernsprecher funktionieren sowohl mit Telefonmünzen (gettoni, Wert 200 Lire) als auch mit 100-, 200- und 500-Lire-Stücken. Die meisten öffentlichen Fernsprecher sind für die magnetische Telefonkarte (carta telefonica) eingerichtet, die in Autobahnrestaurants, Bars, an Zeitungskiosken oder in Tabakgeschäften sowie bei der Telecom Italia (s. nachfolgenden Text) für 5000, 10000 und 15000 Lire erhältlich sind.
 — Öffentliche Fernsprecher

Auch in den ADAC-Geschäftsstellen und -Vertretungen werden Telefonkarten für Italien (im Wert von 10000 Lire) verkauft, auf denen die wichtigsten Notrufnummern aufgedruckt sind: 112 Polizeinotruf und Unfallrettung, 115 Feuerwehr und 116 Pannenhilfe (⟶ Notrufe).

Auch in den meisten Bars gibt es Telefonautomaten (angezeigt durch die runde gelbe Wählscheibe über dem Eingang).

Von den Fernsprechämtern der Staatlichen Italienischen Monopol-Telefongesellschaft Telecom Italia SpA können auch Ferngespräche gegen Barzahlung geführt werden.
 — Telecom Italia SpA

Das italienische Telefontarifsystem ist sehr differenziert; am günstigsten telefoniert man zwischen 22.00 und 8.00 Uhr.
 — Tarife

Vorwahl von Deutschland, Österreich und der Schweiz nach Italien: 0039
 — Ländervorwahlen

Vorwahl von Italien nach Deutschland: 0049
Vorwahl von Italien nach Österreich: 0043
Vorwahl von Italien in die Schweiz: 0041

Über den Service 'Deutschland Direkt' der Deutschen Telekom AG lassen sich von Italien aus R-Gespräche abwickeln. Unter Tel. 1720049 ist die Frankfurter Vermittlungszentrale rund um die Uhr gebührenfrei zu erreichen, die den Anruf an den gewünschten Gesprächspartner in Deutschland weitergibt. Die Vermittlungsgebühren sind recht hoch; die Gebührenabrechnung erfolgt – nach erklärtem Einverständnis des Angerufenen – über dessen Telefonkonto. Ist man im Besitz der 'Telekarte', kann man mit den Gebühren das eigene Telefonkonto belasten.
 — Deutschland-Direkt-Dienst

Trinkgeld

Als Regel kann gelten: Trinkgeld (mancia) gibt man bei ähnlichen Gelegenheiten und in vergleichbarer Höhe wie in Deutschland. Es soll eine Anerkennung für besondere Dienste sein; unverlangte Leistungen braucht man nicht zu honorieren.
Taxifahrer erhalten den auf volle Tausend Lire aufgerundeten Betrag.

Uhrzeit

⟶ Zeit

Umgangsregeln

Wie in vielen südlichen Ländern wird auch in Italien Wert auf korrekte Kleidung gelegt, wenngleich mit der Zunahme des Tourismus eine gewisse Lockerung eingetreten ist. FKK ⟶ Badestrände.
 — Kleidung

Veranstaltungen

Kleidung, Empfehlung

Zur Einstimmung und Reisevorbereitung empfiehlt sich die Lektüre des Sympathie-Magazins "Italien verstehen", herausgegeben vom Studienkreis für Tourismus und Entwicklung, Kapellenweg 3, D-82541 Ammerland/Starnberger See, Tel. (08177) 1783.

Unterkunft

⟶ Agriturismo · Ferien auf dem Land
⟶ Camping
⟶ Ferienwohnungen
⟶ Hotels
⟶ Jugendherbergen

Veranstaltungen

Allgemeines

In Italien haben viele Feste ihre Ursprünglichkeit bewahrt. Oft werden bei diesen Anlässen noch alte Trachten getragen, Volkstänze vorgeführt und alte Handwerkstraditionen wiederbelebt. Die kirchlichen Feste, darunter die Prozessionen in der Karwoche (Settimana Santa) und an Fronleichnam, spiegeln nicht nur religiöse Bräuche wider, sondern nehmen oft Volksfestcharakter an.
Große Bedeutung haben auch die Kirchweihfeste und die Tage des oder der Schutzheiligen (Patronatsfeste), die fast in jedem größeren Ort gefeiert werden.
Einige größere italienische Städte mit bedeutenden Museen veranstalten gelegentlich Kulturwochen bzw. 'Porte Aperte' (Tag der offenen Tür), bei denen freier Eintritt in die Museen gewährt wird.

Verdis "Aida" im Amphitheater von Verona

Veranstaltungen

Karten für kulturelle Veranstaltungen in Italien kann man vorbestellen bei:
Art Cities in Europe, Raitenaugasse 5
D-78462 Konstanz, Tel. (07531) 90730

Kartenvorverkauf in Deutschland für kulturelle Veranstaltungen

Es empfiehlt sich, vor Reiseantritt die aktuellen Veranstaltungstermine bei ENIT (→ Auskunft) zu erfragen oder sich vor Ort die Termine nochmals bestätigen zu lassen.

Termine

Ausgewählte Veranstaltungen

San Remo: Festival de la Canzone Italiana (Italienisches Schlagerfestival). — **Februar**

Viareggio, San Remo, Pisa, Turin und einige Orte an der Riviera: Karneval.
Venedig: Carnevale Veneziana, der berühmte Venezianische Karneval. — **Februar/März**

Mailand – San Remo: Radrennen 'Milano – San Remo' — **März**

In vielen Orten: Festa di San Giuseppe am 19. März (St.-Josephs-Tag; in Siena mit einem Straßenfest und Markttreiben rund um die Kirche des Hl. Josef).

In vielen Orten, besonders prächtig in Rom und Florenz: Palmweihe mit Prozessionen. — **Palmsonntag**

In vielen Orten: Fußwaschungen (in Rom in Verbindung mit einer vom Papst gelesenen Messe in der Basilika San Giovanni in Laterano). — **Gründonnerstag**

In vielen Orten: Karfreitagsprozessionen (in Rom entlang des knapp einen Kilometer langen Kreuzweges um das Koloseum; Träger des rund 1 1/2 m hohen Holzkreuzes waren 1995 außer dem Heiligen Vater erstmals auch Frauen aus Italien und der Schweiz).
Tarent: Prozession der Mysterien.
In vielen Orten auf Sizilien: Mysterienspiele und Karfreitagsprozessionen, die in Trapani und Caltanisetta 22 Stunden dauern. — **Karfreitag**

In vielen Orten: Entzündung des Heiligen Feuers. — **Karsamstag**

Rom: Der Papst spricht von der Loggia der Peterskirche den Segen "Urbi et Orbi" ('Der Stadt und der ganzen Welt').
In vielen Orten auf Sizilien: Osterprozessionen.
Cesenatico: Vele di Pasqua (Oster-Regatta für Katamarane)
Florenz: Scoppio del Carro ('Wagenverbrennung' zwischen Dom und Baptisterium; Umzug in historischen Kostümen). — **Ostern**

Volterrra: Primavera Musicale Volterrana (Konzerte mit klassischer Musik) — **März bis Juni**

San Marino: Ceremonia d'investitura dei Capitani Reggenti (Amtseinführung der sog. Regenten; wird seit 1244 zweimal jährlich, am 1. April und am 1. Oktober, mit einer feierlichen Zeremonie begangen). — **1. April**

Bozen: Festa tradizionale dei fiori (Blumenmarkt; findet schon seit über hundert Jahren satt). — **Ende April bis Anfang Mai**

Verona: Festival di Primavera.

Cesenatico: A maggio Cesenatico più buona (Gastronomische Wochen in den besten Restaurants).
Cocullo: Processione dei Serpari (die mit Schlangen bedeckte Statue des hl. Domenico wird in einer Prozession von Schlangenbändigern, den serpari, durch den Ort getragen).
Sassari: Cavalcata Sarda (Ritterspiele, Umzüge in historischen Kostümen). — **Mai**

Veranstaltungen

Mai (Fortsetzung)	Assisi: Calendimaggio (dreitägiges, farbenprächtiges Volksfest Anfang Mai mit historischem Festumzug, Theateraufführungen, Konzerten, Wettspielen zwischen den einzelnen Stadtvierteln).
1. Maisonntag	Neapel: Feier zu Ehren des Stadtheiligen San Gennaro
2. Maisonntag	Camogli: Patronatsfest San Rocco mit Sagra del Pesce (Fischfest)
15. Mai	Gubbio: Corsa dei Ceri (vielbesuchtes Volksfest, benannt nach dem sog. Kerzenlauf, bei dem zentnerschwere Holzkerzen in einem Wettlauf durch die steile Altstadt hinauf zur Kirche des Stadtheiligen Ubaldus geschleppt werden).
Mitte Mai	Brescia-Rom: Mille Miglia (berühmtes Oldtimerrennen auf einer landschaftlich reizvollen Strecke von Brescia über Florenz nach Rom). Bozen: Mostra Assaggio Vini im Schloß Maretsch (bis Ende Mai).
Mitte Mai bis Anfang Juni	Florenz: Maggio Musicale Fiorentino (Konzert-, Opern-, Musiktheater-, Ballettaufführungen sowie Filmvorführungen).
Letzter Sonntag im Mai	Gubbio: Palio della balestra (Armbrustschießen mit historischen Waffen auf der Piazza della Signoria sowie Umzug in historischen Kostümen).
Ende Mai	Ferrara: Palio di Ferrara (historisches Wettrennen um den 'Palio', das Stadtbanner von Ferrara).
Mai/Juni	Cremona: Festival di Cremona (Konzerte mit klassischer Musik im Teatro Ponchielli)
Pfingstmontag	Loreto Aprutino: Tradizione del bue di San Zopito (ein festlich geschmückter Ochse wird mit einem Engelkind durch den Ort geführt)
Juni	Campobasso: Sagra dei Misteri (Kirchweihfest) Scarperia/Mugello: Motomondiale (Motorrad-Rennen). In vielen Orten: Infiorita (Volksfest an Fronleichnam, bei dem die Straßen und Plätze mit Blumenteppichen geschmückt werden). Pisa: Festa di San Rainieri (Fest zu Ehren des Hl. Rainieri mit historischer Regatta auf dem Arno, bei der die Bewohner der Stadtteile in Kostümen aus dem 16. Jh. mit Ruderbooten zum Wettkampf gegeneinander antreten). Florenz: Calcio storico in costume (Fußballspiel in historischen Kostümen auf der Piazza della Signoria).
Mitte Juni bis Ende Juli	Ravenna: Ravenna Festival (Konzert-, Opern- und Ballettaufführungen).
29. Juni	Syrakus: Festa di San Paolo (Fest zu Ehren des Schutzheiligen Sankt Paulus).
Ende Juni/ Anfang Juli	Spoleto: Festival dei Due Mondi (internationales Kulturfestival mit Musik-, Theater- und Ballettaufführungen, Filmvorstellungen, Ausstellungen).
Juni–Okt.	Venedig: Biennale d'Arte di Venezia (eine der wichtigsten internationalen Ausstellungen für zeitgenössische Kunst, 1895 begründet.
Juli	Bozen: Bolzano Danza (Ballettsommer Bozen). Perugia: Umbria Jazz (zehntägiges Jazzfestival mit großen Musikern des modernen Jazz). Piombino: Historischer Umzug, Bogenschützenturnier, Fischerfest (Fische werden in einer Pfanne mit einem Durchmesser von 3 m gebacken). Ravello: Festival Musicale di Ravello (Musikfestival in den Gärten der Villa Rufolo). Turin: Teatro Regio (Ballettaufführungen).

Veranstaltungen

Abglanz historischer Größe im Brauchtum

Siena: Palio delle Contrade (weltberühmter Umzug in historischen Kostümen und Pferdewettrennen um das Stadtbanner, den Palio, auf der Piazza del Campo (siehe dazu das Baedeker Special S. 550/551).	2. Juli und 16. August
Venedig: Festa del Redentore ('Erlöserfest' zur Erinnerung an das Ende der Pest im Jahre 1576 mit einem Schiffskorso von San Marco bis zur Erlöserkirche auf der Insel Giudecca).	15. und 16. Juli
Fiuggi: Internationales Folklorefestival. Levanto: Festa del mare ('Fest des Meeres' mit Bootsprozession, Feuerwerk und nächtlicher Kostümparade zu Ehren von San Giacomo, dem Schutzpatron der Fischer).	Ende Juli
Torre del Lago: Festival Puccini (Opernfestival mit Werken von Puccini). Forte dei Marmi: Concerti Musica Jazz (Jazzkonzerte). Rosignano Marittimo: Kulturfestival im Castello Pasquini.	Juli/August
Verona: Opernfestspiele im Amphitheater. Volterra: Estate Musica (Musiksommer; Konzerte mit klassischer Musik, Jazz u. a.)	Juli – Sept.
Fiuggi: Festival klassischer Musik. Pescara: Festa Sant'Andrea (Prozession auf dem Meer). Villafranca in Lunigiana: Mostra mercato medioevale (traditioneller Kunsthandwerkermarkt).	August
Ascoli Piceno: Giostra della Quintana (Umzug in historischen Kostümen und anschließendes Lanzenwettspiel zu Pferde). La Spezia: Fest am Meer mit Regatta 'Palio del Golfo' (Folklore).	1. Sonntag im August
In vielen Orten: Assunzione (Prozessionen zu Mariä Himmelfahrt).	15. August

Veranstaltungen

Mitte bis Ende August	Pesaro: Rossini Opera Festival (Musikfestival mit Opern von Rossini).
Ende August	Marina di Massa: Spettacolo pirotecnico di fine estate (Feuerwerk zum Sommerende). Ravenna: Ravenna Jazz (Ältestes Jazz-Festival Italiens). San Daniele del Friuli: Aria di Festa (vier Tage währendes Fest zu Ehren des berühmten Schinkens von San Daniele und des Weins von Friaul).
Ende August bis Anfang September	Bozen: Giro Cicloturistico delle Dolomiti (Dolomiten-Radrundfahrt). Marina di Carrara: September-Fest 'Tutta in fiera' (Bier, gastronomische Spezialitäten)
August/Sept.	Venedig: Internationales Filmfestival von Venedig (neben dem Filmfestival in Cannes und der Berlinale das wichtigste europäische Forum für den Kinofilm). Stresa: Settimane musicali (Musikwochen; Dauer: etwa vier Wochen).
August bis Okt.	Cefalù: Cefalù incontri (Schauspiel, Konzerte, Filmvorführungen).
September	San Vincenzo: Bierfest und Konzerte auf der Piazza. Trient: Autunno Trentino (Trienter Herbst). Viterbo: Trasporto della Macchina di Santa Rosa (Überführung des Leichnams der Stadtheiligen Santa Rosa; ein über 30 m langer und 4 t schwerer Turm aus Eisen und Pappmaché wird im Laufschritt durch die steilen Gassen transportiert).
1. Sonntag im September	Venedig: Regatta Storica (farbenprächtige Gondel-Regatta auf dem Canal Grande; besonders schön die mittelalterlichen Kostüme der Teilnehmer und die nach alten Vorbildern gestalteten Gondeln).
2. Sonntag im September	Foligno: Quintana (Eröffnung der Feierlichkeiten am Vorabend des Reiterwettkampfes durch einen Fackelzug, bei dem die Darsteller Kostüme aus der Renaissancezeit tragen; Höhepunkt des Festes ist das Turnier, bei dem die Reiter Ringe aufspießen müssen).
2. Hälfte September	Perugia und andernorts: Sagra Musicale Umbra (Musikfestival in Umbrien, das zu den hochgeschätzten kulturellen Veranstaltungen der Region gehört).
19. September	Neapel: Feier zu Ehren des Stadtheiligen San Gennaro.
Anfang Okt.	Asti: Palio degli Asini (Esel-Wettrennen zwischen den Stadtteilen von Asti). San Remo: Rallye San Remo (vom Automobilclub San Remo organisiert; findet in jedem Jahr statt).
Mitte Okt.	Casola Valsenio: Festa dei frutti dimenticati (1984 initiiertes Fest zur Rückbesinnung auf traditionelle, heutzutage meist weniger bekannte Früchte wie Granatäpfel, Mispeln u. a.). Meran: Traubenfest mit Weinausstellungen und Trachtenumzüge mit volkstümlicher Musik sowie Konzerten auf der Kurpromenade.
24. November bis 23. Dezember	Bozen: Mercatino di Natale (Christkindlmarkt).
Dezember	In vielen Städten Italiens: Krippenspiele.
13. Dezember	Siena: Festa di Santa Lucia (Fest zu Ehren der hl. Lucia in der gleichnamigen Kirche; außerhalb findet eine Keramik- und Terrakotta-Messe statt).
25. Dezember	Rom: "Urbi et Orbi" (Segen des Papstes in zahlreichen Sprachen).
31. Dezember	Bozen: Corsa Internazionale di San Silvestro (Internationaler Sylvesterlauf durch die Altstadt).

Verkehrsmittel

In den Städten sind vor allem Linienbusse, z.T. O-Busse, Straßenbahnen und Taxis im Einsatz; U-Bahnen verkehren in den Großstädten Rom, Mailand, Neapel und Genua. Weitere Informationen → Busverkehr, → Eisenbahn, → Flugverkehr, → Mietwagen, → Taxi.

Verkehrsvorschriften

Die allgemeinen Verkehrsvorschriften in Italien entsprechen im wesentlichen denen anderer europäischer Länder; die Verkehrszeichen entsprechen den internationalen Normen. Im folgenden werden einige Besonderheiten erläutert.

Deviazione	= Umleitung	Verkehrsschilder
Rallentare	= langsam fahren	
Sbarrato	= gesperrt	
Senso unico	= Einbahnstraße	
Tenere la destra	= rechts fahren	
Tutti direzioni	= alle Richtungen	
Zona tutelata INIZIO	= Beginn der Parkverbotszone	

Die Farbfolge ist anders als gewohnt: Nach Rot folgt unmittelbar Grün, danach Grün-Gelb. Eine weitere italienische Spezialität ist an großen Kreuzungen eine große Ampel, die immer auf Rot steht, kombiniert mit kleineren Richtungspfeilen; letztere sind maßgeblich. — Verkehrsampeln

Auf Autobahnen dürfen ausschließlich die Fahrzeuge der italienischen Pannenhilfe abschleppen. Privatfahrzeugen ist das Abschleppen nicht erlaubt. — Abschleppverbot

Innerhalb geschlossener Ortschaften: 50 km/h
Außerhalb geschlossener Ortschaften:
Pkws 90 km/h, auf Schnellstraßen (zwei Fahrstreifen in jeder Richtung; Fahrbahn baulich getrennt) 110 km/h, auf Autobahnen 130 km/h.
Pkws mit Anhänger außerorts und auf Schnellstraßen 70 km/h, auf Autobahnen 80 km/h.
Wohnmobile über 3,5 t außerorts 80 km/h, auf Autobahnen 100 km/h.
Motorräder bis 149 ccm sind auf Autobahnen verboten, Motorräder bis 349 ccm 110 km/h, ab 350 ccm 130 km/h. Nicht zugelassen sind Motorrad-Anhänger.
Bei Nebel bzw. Sichtverhältnissen unter 100 m darf Tempo 50 nicht überschritten werden.
Bei Geschwindigkeitsüberschreitungen bzw. bei Verstößen gegen die Straßenverkehrsordnung werden hohe Bußgelder erhoben. — Geschwindigkeitsbegrenzungen

Anhänger (einschließlich Deichsel) mit einer Achse: 6,50 m, Gespanne: 14 m; Anhänger (einschließlich Deichsel) mit zwei Achsen (Tandemachse) und Wohnmobile: 8 m, Gespanne 15,50 m. — Höchstlängen

Es besteht Gurtpflicht.
Kinder bis vier Jahre dürfen nur in Kindersitzen befördert werden. — **Verkehrsbestimmungen** Gurtpflicht

Vorfahrt haben die Fahrzeuge auf den Hauptverkehrsstraßen, sofern diese durch ein auf die Spitze gestelltes weißes oder gelbes Quadrat mit roter bzw. schwarz-weißer Umrahmung beschildert sind. Sonst gilt grundsätzlich (auch im Kreisverkehr) die Regelung 'rechts vor links'. Auf schmalen Bergstraßen hat das bergauf fahrende Fahrzeug Vorfahrt. Schienenfahrzeuge sind immer vorfahrtsberechtigt. — Vorfahrt

Wintersport

Hupen Im Zweifelsfall kann außerhalb geschlossener Ortschaften vor dem Überholen gehupt werden, desgleichen vor Kreuzungen, Abzweigungen, unübersichtlichen Kurven und anderen gefährlichen Stellen. Bei Dunkelheit ist die Lichthupe zu verwenden. Hupverbot besteht entsprechend den Verkehrszeichen bzw. entsprechend der Aufschrift 'zona di silenzio' in größeren Ortschaften.

Beleuchtung Auf gut beleuchteten Straßen darf nur mit Standlicht, in Tunnels und Galerien muß jedoch mit Abblendlicht gefahren werden.

Alkohol Fahren unter Alkoholeinfluß ist grundsätzlich verboten.

Totalschaden Bei Totalschaden ist unverzüglich die italienische Zollbehörde zu unterrichten, da sonst u. U. für das Schadensfahrzeug Einfuhrzoll bezahlt werden muß.

Parken In vielen kleineren und mittelgroßen Städten Italiens sind die Ortszentren mittlerweile verkehrsberuhigt oder für auswärtige Fahrzeuge gesperrt. In diesen Fällen gibt es fast immer ausgewiesene Parkplätze am Rand der Innenstadt, wo man den Wagen lassen kann – die beste Lösung in Anbetracht der knappen Parkmöglichkeiten innerhalb der Ortschaften. Bewachte Parkplätze sind meist auch gebührenpflichtig.
Parkverbotsschilder (Zona tutelata INIZIO = Beginn der Parkverbotszone) sollte man beachten, besonders wenn ein Abschleppwagen abgebildet ist. Parken an gelb gekennzeichneten (z. B. für Taxi und Busse reservierten) Parkflächen sowie entlang von schwarz-gelb markierten Randsteinen ist ebenfalls verboten.

Kraftstoff → dort

Unfälle → Notrufe

Wanderführer

→ Karten (Land-, Straßen- und Reisenkarten) und Wanderführer

Wein

→ Essen und Trinken

Wintersport

Allgemeines Italien bietet Wintersportlern eine große Zahl von Skipisten aller Schwierigkeitsgrade, mehrere tausend Kilometer gespurte Loipen, Rodel- und Eisbahnen sowie jede Menge Aufstiegshilfen – vom Baby-Schlepplift bis zur Großkabinen-Gletscherbahn. Die Mehrzahl der Wintersportorte verfügt über Skischulen und Sportgeräteverleih. Für Gletschertouren bzw. Hochgebirgsdurchquerungen sollte man sich einer Alpinschule anschließen. Vielerorts werden auch Snowboard-Kurse angeboten; ideale Voraussetzungen für Snowboarder finden sich im Schnalstal. Für Familien sind u. a. die mittelschweren Pisten des Ski-Center Latemar, zwischen Südtirol und dem Trentino gelegen, ideal.
Die Kleinen finden in Ski-Kindergärten Betreuung.

Alpen Die Wintersportgebiete des italienischen Alpenraumes haben international einen guten Ruf.

Wintersport in Italien

In den Westalpen ist vor allem das Aostatal zu nennen; das Gebiet, auch von Turin aus bequem zu erreichen, zieht sich südöstlich vom Montblanc-Massiv hin. Besonders bekannt sind Courmayeur und Breuil-Cervinia.
Östlich des Comer Sees (Lago di Como) bzw. nördlich von Bergamo liegt ein weiteres geschätztes Gebiet; schneesicher ist Livigno am Westfuß der Ortlergruppe.
Vielerorts werden Wintersport-Wettbewerbe veranstaltet; nähere Auskünfte erteilen die örtlichen Verkehrsämter (→ Auskunft); Hinweise enthält auch der ADAC Ski Atlas Alpen (s. nachfolgenden Text).

Alpen (Fortsetzung)

Schneeberichte für Italien, Informationen über die aktuelle Wintersportsituation, Schneehöhen, Länge der gespurten Loipen u. v. a.:
Tel. (089) 76 76-25 58
(ab Mitte Dezember bis Ostern)

ADAC-Schneetelefon

Zeit

Skipässe
Fast jeder Wintersportort bietet für die lokalen Aufstiegshilfen Abonnements ('Skipässe') für Tage, Wochen oder die gesamte Saison an, oft zusammen mit Skiliften und Bergbahnen benachbarter Orte oder Täler.

Dolomiti Superski
Besonders vielseitig und großzügig ausgebaut ist das in Südtirol sich ausdehnende Gebiet 'Dolomiti Superski' (1995: Feiern zum 20jährigen Bestehen), zu dem so traditionsreiche Wintersportorte wie Cortina d'Ampezzo, San Martino di Castrozza, ferner die Seiser Alm, das Grödner Tal, Fassatal und Eggental gehören; neu hinzugekommenes Gebiet ist Civetta am Fuß der Marmolada. Der markanteste Berg ist die 3342 m hohe Marmolada (ital. Marmolata, ladinisch Marmoleda), die auch zum Sommerskilauf besucht wird. Die Abfahrtspisten sind in diesem Gebiet dank gut koordinierter Aufstiegshilfen leicht zu erreichen.

Der Skipaß "Dolomiti Superski" gilt, ausgenommen die Marmolada, in den gesamten Dolomiten und in einigen angrenzenden Gebieten auf über 400 Anlagen und erschließt mehr als 1000 km Skipisten. Der Skipaß gilt nicht für Busverbindungen in den Tälern.

Sella ronda
Wohl die bekannteste Rundtour (allerdings nur bei einheitlich guten Schneeverhältnissen lückenlos in beiden Richtungen befahrbar) ist die Sella Ronda, ein Skizirkus rund um das Massiv der Sella.

Apennin
Der Bergzug des Apennin wird im Bereich westlich von Bologna, bei Ancona sowie nördlich und südlich von Pescara zum Wintersport aufgesucht. Hier sind die Italiener beinahe völlig unter sich.

Informationen
Informationen sowie Auskunft über Wintersportveranstaltungen erteilt die
Federazione Italiana Sport Invernali (FISI)
Via Piranesi 44, I-20137 Milano (Mailand)
Tel. (02) 71 95 18

Zeit

MEZ
Sommerzeit
In Italien gilt die Mitteleuropäische Zeit (MEZ), für die Monate von März bis Oktober die Mitteleuropäische Sommerzeit (MESZ = MEZ + 1 Std.). Es besteht also kein Zeitunterschied zu Deutschland.

Hinweis
Die Sommerzeit gilt in den meisten europäischen Ländern, darunter die Schweiz, Österreich, Italien, Frankreich, Spanien sowie Großbritannien und Irland.

Zeitungen

Italienische
Zeitungen
Wichtige überregionale Zeitungen sind "La Repubblica", "Corriere della Sera" und "La Stampa", die lediglich an Kiosken (nicht wie in Deutschland zusätzlich auch in Geschäften und an Tankstellen) verkauft werden.

Italienische
Fachpublikationen
Neben einer großen Anzahl an Fachpublikationen, die über den Tourismus in Italien informieren, sei auf die Zeitschrift "Qui Touring", das offizielle Organ des Touring Clubs Italiano (T.C.I.; Sitz: Mailand; s. auch ⟶ Automobilclubs), hingewiesen; außerordentlich nützlich zum Nachschlagen von Telefonnummern ist die "Pagine Gialle turismo" (Gelbe Seiten für Touristen; mehrsprachig), die in zahlreichen Fremdenverkehrseinrichtungen ausliegen und eingesehen werden können.

Deutsche
Zeitungen
Deutsche Zeitungen (und Zeitschriften) findet man in den größeren Städten und in den Touristenorten.

Zollbestimmungen

EU-Binnenmarkt

Innerhalb der Europäischen Union, seit dem 1. Januar 1995 auch mit Österreich, ist der Warenverkehr für private Zwecke weitgehend zollfrei. Zur Abgrenzung zwischen privater und gewerblicher Verwendung gelten folgende Höchstmengen: 800 Zigaretten, 400 Zigarillos, 200 Zigarren, 1 kg Rauchtabak; 10 l Spirituosen, 20 l Zwischenerzeugnisse, 90 l Wein (davon max. 60 l Schaumwein) und 110 l Bier. Bei Stichprobenkontrollen ist glaubhaft zu machen, daß die Waren tatsächlich nur für den eigenen privaten Gebrauch bestimmt sind.

Mobiltelefone dürfen mitgeführt werden; ihre Benutzung ist allerdings nur im D1- und D2-Netz möglich und erlaubt.

Für CB-Funkgeräte ist Rückfrage beim ADAC erforderlich.

Werden bei der Einreise nach Italien größere Bargeldbeträge mitgeführt, so empfiehlt sich Deklarierung (→ Geld).

Einreise nach Italien aus Nicht-EU-Ländern

Für Reisende aus Nicht-EU-Ländern (u.a. Schweizer Staatsbürger) liegen die Freimengengrenzen für Personen über 17 Jahre bei 200 Zigaretten oder 100 Zigarillos oder 50 Zigarren oder 250 g Rauchtabak, ferner bei 2 l Wein und 2 l Schaumwein oder 1 l Spirituosen mit mehr als 22 Vol.-% Alkoholgehalt oder 2 l Spirituosen mit weniger als 22 Vol.-% Alkoholgehalt.

Wiedereinreise in die Schweiz

Abgabenfrei für Personen ab 17 Jahre sind 200 Zigaretten oder 50 Zigarren oder 250 g Rauchtabak, an alkoholischen Getränken 2 l mit bis zu 15 Vol.-% Alkoholgehalt und 1 l mit mehr als 15 Vol.-% Alkoholgehalt; ferner Geschenke im Werte bis 100 sfr, für Personen unter 17 Jahre bis 50 sfr. Nähere Auskünfte erteilt die Eidgenössische Oberzolldirektion, Monbijoustraße 40, CH-3000 Bern, Tel. (031) 3226511.

Register

Abano Terme 395
Abbadia San Salvatore 598
Abbazia di Casamari 309
Abbazia di Praglia 395
Abbazia di San Galgano 554
Abbazia di San Vincenzo 361
Abbazia Santa Maria di Pomposa 245
Abbiategrasso 385
Abruzzen 13, 120
Abruzzen-Nationalpark 120
Abruzzo 120
ACI 696
Aci Castello 563
Acireale 563
Acquasanta Terme 569
Acquedotto Pugliese 26, 140
Acqui Terme 623
ADAC 696
Adamello-Presanella-Gruppe 571
Adda 219
Ägadische Inseln 25, 600
Agordo 652
Agrigent 123
Agrigento 123
Agriturismo 678
Alassio 463
Alatri 308
Albaner Berge 268, 305, 309
Albaner See 523
Albano Laziale 524
Albarella 649
Albe 302
Albenga 462
Alberobello 141
Alberti, Leon Battista 88
Albintimilium 463
Albisola Marina 461
Alcamo 559
Alessia 526
Alghero 543
Alicudi 318
Alleghe 652
Allgemeines 10
Alpen 11, 15
Altamura 160
Alto Adige 570
Amalfi 127
Amelia 588
Amiternum 301
Anacapri 204
Anagni 308
Ancona 130
Andalo 272

Andria 162
Angera 299
Anreise 678
Anzio 310
Äolische Inseln 316
Aosta 132
Aostatal 134
Aoste 132
Apennin 11, 19, 139
Apennino 139
Apotheken 682
Apulien 140
Aquileja 143
Aquino 309
Arabba 233
Arbatax 542
Arco 272
Arenzano 461
Arezzo 145
Arma di Taggia 463
Arquata del Tronto 569
Arzachena 540
Ascoli Piceno 148
Asolo 652
Aspromonte 139, 291
Assisi 149
Assisi, Franz von 152
Astfeld 187
Asti 154
Aterno 120
Ätna 12, 155
Atrani 129
Augusta 563
Auletta 527
Auskunft 683
Autobahnen 780
Autofähren 693
Automobilclubs 696
Autoreisezüge 680
Avelengo 354
Avellino 526
Avezzano 301, 302
Avola 562

Bacoli 379
Badestrände 697
Bagnaia 669
Bagni di Lucca 331
Bagni di Viterbo 670
Baia 379
Baiardo 532
Baia Sardinia 540
Balze 674
Balzi Rossi 464
Bancomat 723
Bardolino 271
Bardonecchia 622
Bari 157
Bari Sardo 542

Barletta 161
Barock 91
Barumini 535
Basilicata 163
Basiluzzo 319
Bassano del Grappa 652
Battaglia Terme 395
Bauladu 536
Baveno 299
Behindertenhilfe 698
Bellagio 222
Bellini, Gentile 88
Belluno 650
Benevent 166
Benevento 166
Benzingutscheine 748
Bergamasker Alpen 168
Bergamo 167
Bergbau 47
Bernini, Gian Lorenzo 92
Berühmte Persönlichkeiten 64
Bevagna 265
Bevölkerung 40
Bewässerung 25
Biella 622
Bitonto 160
Bitti 540
Blaue Grotte 206
Bobbio 422
Boccaccio, Giovanni 64
Bologna 173
Bolsena 306
Bolzano 183
Bomarzo 670
Bonnanaro 537
Bordighera 180
Bormio 182
Borromäische Inseln 297
Borromini, Francesco 92
Bosa 537
Bosco di Caronia 557
Botschaften 700
Bozen 183
Bracciano 307
Brauchtum 102
Breno 192
Brentagruppe 571
Brenta-Kanal 395, 397, 398
Brescello 411
Brescia 188
Bressanone 194
Breuil 137
Brindisi 193
Brixen 194
Bruncu Spina 541
Brunelleschi, Filippo 88

Register

Bussana 532
Bussana Vecchia 532
Busverkehr 699

Caccamo 558
Cadenabbia 220
Cagliari 197
Calabria 291
Cala Gonone 541
Calangianus 539
Caltabellotta 563
Caltagirone 239
Caltanissetta 239
Calvino, Italo 64
Camaldoli 377
Camogli 445
Campagna di Roma 466
Campania 295
Campidano 535
Camping 699
Campione d'Italia 325
Campitello di Fassa 232
Campobasso 360
Campobello di Mazara 561
Campo dei Fiori 630
Campo di Giove 576
Campo Imperatore 301
Campolasta 187
Campo Ligure 623
Canaletto, Antonio 92
Canazei 232
Candriai 608
Cannae 163
Canneto 317
Cannobio 297
Canosa di Puglia 163
Canossa 456
Canova, Antonio 93
Capalbio 587
Cap Carbonara 200
Capitanata 261
Capo Caccia 543
Capo Calavà 557
Capo Colonna 294
Capo d'Orlando 557
Capoliveri 237
Capo Testa 538
Capo Zafferano 558
Caprara 603
Caprarola 670
Caprera 540
Capri 202
Caprile 652
Capua 209
Caramanico Terme 576
Caravaning 699
Carbonia 201
Carpi 359
Carrà, Carlo 93
Carracci, Annibale 92
Carrara 206
Carsulae 588

Caruso, Enrico 65
Casale Monferrato 423
Casamari 309
Casamicciola Terme 288
Casanova, Giacomo 65
Cascata delle Marmore 588
Caserta 208
Casteldaccia 558
Castel del Monte 162
Castel Gandolfo 524
Castellammare del Golfo 558
Castellammare di Stabia 381
Castellana 143
Castell'Arquato 422
Castelnovo ne' Monti 456
Castelsardo 538
Castelvetrano 561
Castiglione del Lago 602
Castiglione Olona 630
Castiglion Fiorentino 227
Castroreale Terme 557
Catalafimi 561
Catania 209
Catanzaro 293
Cattolica 459
Cava de' Tirreni 526
Cava d'Ispica 562
Cavour, Camillo 65
Cefalú 212
Cernobbio 220
Certosa di Pavia 414
Certosa di Pisa 432
Certosa di San Lorenzo 527
Cerveteri 213
Cervia 459
Cervinia 137
Cervo 463
Cesana Torinese 621, 622
Cesena 266
Cesenatico 459
Champoluc 137
Châtillon 137
Chia, Sandro 94
Chieti 122
Chioggia 649
Chirico, Giorgio de 65, 93
Chiusi 367
Cimabue 85
Cinecittà 523
Cinque Terre 215
Cisterna di Latina 309
Cisternio 143
Città del Vaticano 506
Città di Castello 216
Cividale del Friuli 218
Cività Castellana 306
Claviere 621
Clemente, Francesco 94
Codrongianos 537
Cogna 138

Col di Lana 234
Colico 220
Collalbo 187
Colle di Val d'Elsa 554
Colle San Rizzo 556
Colline Metallifere 675
Colli Torinesi 620
Collodi, Carlo 66
Comacchio 245
Comer See 219
Comiso 564
Commedia dell'Arte 170
Como 222
Conca d'Oro 400
Cori 309
Corniglia 216
Cornigliano Ligure 460
Cortina d'Ampezzo 224
Cortona 225
Cosenza 294
Cosmaten 83
Costa Smeralda 539
Costa Verde 536
Cottische Alpen 423
Courmayeur 138
Crati-Tal 291
Crema 323
Cremona 227
Crotone 294
Cucchi, Enzo 94
Cumae 380
Cuneo 424

Dante Alighieri 66
Darlo Boario Terme 192
Deruta 419
Desenzano del Garda 270
de Sica, Vittorio 96
Design 98
Désulo 541
Deutsche Welle 758
Devisenbestimmungen 723
Diano Marina 463
Diplomatische Vertretungen 700
Dolianova 200
Dolomiten 13, 230, 571
Dolomitenstraße 231
Dolomiti 230
Dolomiti Superski 231
Domodossola 299
Donatello 88
Dongo 220
Donizetti, Gaetano 101
Dora Riparia 621
Dorf Tirol 353
Dorgali 541
Duino 614
Duse, Eleonora 66

Register

Einkaufen 701
Eisacktal 570
Eisenbahn 703
Elba 234
Elea 526
Elektrizität 704
Emilia-Romagna 237
Energiegewinnung 49
ENIT 683
Enna 238
Entrèves 138
Eraclea Minoa 563
Ercolano 284
Erice 600
Eryx 600
Essen und Trinken 704
Este 395
Etna 155
Etrusker 77
Etschtal 571
Euganeische Berge 395
Eurocheque 723
Exilles 622

Faenza 239
Fahrzeugpapiere 759
Fai della Paganella 608
Falconara 564
Falerii novi 306
Falzarego-Paß 234
Fano 241
Feiertage 720
Fenestrelle 621
Fénis, Burg 137
Ferenino 309
Ferentillo 588
Ferento 669
Ferien auf dem Land 678
Ferienwohnungen 720
Fermi, Enrico 67
Fermo 349
Fernsehen 758
Ferrara 242
Ferrari, Enzo 67
Feuerwehr 756
Fidenza 237
Fiesole 261
Filicudi 318
Film 95
Filmen 723
Finale Ligure 461
Firenze 246
Fischerei 47
Fiuggi 308
Florenz 246
Flugverkehr 721
Flüsse 26
Foggia 261
Foligno 264
Fondi 313
Fonni 541
Fontana, Lucio 94

Fonte Ciane 581
Forca Canapine 569
Forio 290
Forlì 266
Formia 312
Fort Euryelos 581
Fossanova 310
Fotografieren 723
Francavilla di Sicilia 557
Frascati 266
Fremdenverkehr 49
Friaul 268
Friuli 268
Frosinone 309
Fuciner Becken 120, 301
Futurismus 93

Gaeta 311
Galatone 314
Galilei, Galileo 67
Gallipoli 314
Galvani, Luigi 68
Gambarie di Aspromonte 455
Garda 271
Gardasee 268
Gardesana Occidentale 270
Gardesana Orientale 270
Gardone Riviera 270
Garibaldi, Giuseppe 68
Gela 564
Geld 723
Geldwechsel 724
Gennargentu 541
Genova 273
Genua 273
Gera Lario 220
Geschichte 51
Geschwindigkeitsbeschränkungen 787
Getränke 714
Gewässer 25
Ghirlandaio, Domenico 86
Giardini Naxos 557
Giazza 661
Gibellina 600
Gibilmanna 213
Giorgione 89
Girgenti 123
Gola dell'Alcantara 557
Gola di Furlo 628
Goldoni, Carlo 68
Golf von Policastro 163
Gorizia 281
Görz 281
Gotik 84
Grabmal der Volumnier 419
Gradara 459
Grado 144
Grajische Alpen 423
Gran Paradiso 138

Gran Sasso d'Italia 120, 139, 301
Gravedona 220
Gravina in Puglia 161
Grenzübergänge 679
Gressoney-la-Trinité 136
Gressoney-St-Jean 136
Griechen 79
Große Dolomitenstraße 231
Großer Sankt Bernhard 134
Grosseto 596
Grotta Azzurra 206
Grotta Bianca 143
Grotta d'Amalfi 129
Grotta del Bue Marino 541
Grotta di Nettuno 543
Grotta di Pertosa 527
Grottaferrata 523
Grotta Gigante 613
Grotta Ispinigoli 541
Grotta Toddeittu 541
Guardi, Francesco 92
Guarneri, Giuseppe Antonio 69
Gubbio 282

Hafling 354
Haustiere 759
Heilbäder 748
Herakleion 284
Herkulaneum 284
Himera 558
Historische Reisewege 110
Hotels 724

Idro-See 193
Iglesias 201
Iglesiente 200
Il Cretaccio 603
Imperia 463
Industrie 49
Innichen 572
Ischia 287
Iseo-See 191
Isernia 360
Isola Bella 297
Isola d'Aci 563
Isola dei Pescatori 299
Isola d'Elba 234
Isola di Capri 202
Isola di Sant'Antioco 201
Isola Madre 299
Isola Maggiore 602
Isole Eolie 316
Isole Lipari 316
Isole Ponziane 443
Isole Tremiti 602
Isonzo 268, 281
Isonzoschlachten 282
Italienische Küche 705
Itri 313

Register

Jacopo da Pontormo 86
Jesi 348
Jugendherbergen 746

Kalabrien 291
Kampanien 295
Kap Palinuro 527
Karerpaß 232
Karersee 232
Karst 16
Karten 747
Klassizismus 93
Kleiner St. Bernhard 138
Klima 29
Klobenstein 187
Kolumbus, Christoph 69
Konsularische Vertretungen 700
Kraftstoff 748
Kreditkarten 724
Kroton 294
Kunstgeschichte 77
Kunsthandwerk 701
Kurorte 748
Küsten 28

La Caletta 540
Lacco Ameno 290
Lac de Chamolé 134
La Cloche 621
Lage 10
Lago Albano 305, 523
Lago di Barrea 576
Lago di Bolsena 305
Lago di Bracciano 305
Lago di Carezza 232
Lago di Como 219
Lago di Garda 268
Lago di Ledro 272
Lago di Molveno 272
Lago di Vico 305
Lago Maggiore 295
Lago Trasimeno 601
La Maddalena 540
Lana 354
Ländervorwahlen 781
Landesteile 10
Landkarten 747
Landwirtschaft 47
Langhe 623
Lanzo d'Intelvi 325
L'Aquila 299
Larderello 675
Lario 219
La Rotonda 667
La Spezia 302
Latium 305
Lavagna 465
Lazio 305
Lazise 271
Lecce 313
Lecco 222

Lenno 220
Lentini 563
Lerici 304
Levanto 466
Licata 564
Lido di Castel Fusano 391
Lido di Iesolo 648
Lido di Ostia 391
Lido di Venezia 648
Liguria 315
Ligurien 315
Lipari 317
Liparische Inseln 25, 316
Liscia di Vacca 539
Livigno 319
Livorno 320
Loano 462
Locorotondo 141
Locri 294
Lodi 322
Lodi Vecchio 323
Logudoro 537
Lombardei 324
Lombardia 324
Longarone 652
Loreto 326
Lovere 192
Lucania 163
Lucca 327
Lucera 263
Luni 304

Macchia 37
Macerata 348
Machiavelli, Niccolò 70
Macomer 536
Macugnaga 299
Madonie-Gebirge 558
Madonna della Guardia 281
Madonna di Campagna 296
Madonna di Montallegro 448
Madonna d'Oropa 622
Magenta 385
Maggia 295
Magnani, Anna 70
Mailand 332
Maiori 382
Malcesine 272
Mals 572
Manarola 216
Mandello del Lario 222
Manfredonia 262
Manierismus 86
Mantova 344
Mantua 344
Manzoni, Piero 94
Marche 348
Marconi, Guglielmo 70
Marco Polo 73
Marienberg 572
Marina di Campo 237

Marina di Ravenna 454
Marino 523
Marken 348
Marlengo 354
Marling 354
Marmolada 652
Marsala 349
Martina Franca 143
Mascali 563
Massa 207
Massa Lubrense 565
Massa Marittima 675
Massari, Giorgio 92
Matera 164
Matterhorn 137
Mazara del Vallo 561
Megale Hellas 79
Mehrwertsteuer 703
Meina 299
Melfi 164
Menaggio 220
Meran 350
Merano 350
Merisi, Michelangelo 91
Messina 355
Meta 382
Metapont 1655
Michelangelo Buonarroti 71
Mietwagen 756
Milano 332
Milano Marittima 459
Milazzo 557
Minervino Murge 163
Minori 382
Miramare 613
Mistretta 557
Mittelmeerklima 29
Modena 358
Modica 564
Molaretto 622
Molfetta 599
Molise 360
Monastir 535
Mon Cenis 622
Mondello 406
Mondovi 424
Monfalcone 614
Monferrato 623
Monopoli 143
Monreale 559
Montagnana 395
Montalto 291
Montblanc 139
Montblanc-Tunnel 139
Monte Albo 540
Monte Amaro 576
Monte Amiata 598
Monte Autore 570
Monte Baldo 269
Monte Banchetta 621
Monte Bardia 541
Monte Berico 667

795

Register

Monte Bondone 608
Monte Bonifato 561
Monte Calvario 362
Monte Capanne 236
Montecassino 361
Montecatini Terme 362
Monte Cavo 268
Monte Cimone 139
Monte Circeo 311
Monte Cucco 284
Monte Epomeo 291
Monte Faito 381
Montefalco 265
Montefiascone 306
Monte Fraitève 621
Monte Gargano 14, 261, 263
Montegrotto Terme 395
Monte Guglielmo 191
Monte Limbara 539
Monte Maddalena 191
Monte Mottarone 297
Monte Oliveto Maggiore 554
Monte Ortobene 540
Monte Pellegrino 406
Monte Piselli 149
Montepulcioano 364
Monte Rosa 136
Monterosso a Mare 216
Monte San Calogero 563
Monte San Liberatore 526
Monte Sant'Angelo 262, 311, 317
Monte Sises 621
Monte Subasio 149, 154
Monte Terminillo 307
Monte Titano 530
Monteverdi, Claudio 100
Montevergine 382
Monte Vulture 164
Monte Zeda 297
Montgenèvre 621
Monti Albani 305
Monti Alburni 527
Monticchio 164
Monti Cimini 305
Monti Lessini 661
Monti Reatini 307
Monti Sabatini 305
Monti Sibillini 139, 569
Montisola 191
Monti Volsini 305
Morandi, Giorgio 93
Moravia, Alberto 71
Morgantina 239
Mozia 350
Murano 648
Musik 99

Napoli 368
Narni 588
Naro 127
Naso 557
Nationalflagge 42
Nationalparks 40
Naturns 572
Naturraum 11
Naturschutz 39
Neapel 368
Nekropolen 77
Nemi 523
Neorealismo 96
Nervi 465
Nesso 222
Neustift 196
Nicosia 558
Ninfa 310
Nizza Monferrato 623
Nola 382
Noli 461
Nonantola 360
Nora 200
Norba 310
Norcia 569
Nord-Süd-Gefälle 47
Norma 310
Notarzt 682
Noto 562
Notrufe 756
Novacella 196
Novara 383
Novara di Sicilia 557
Nuoro 540
Nuraghen 200

Öffnungszeiten 757
Olbia 539
Oliena 540
Orgosolo 541
Oristano 536
Oropa Bagni 622
Orosei 540
Orta-See 384
Ortlergruppe 571
Orvieto 385
Osilo 538
Ospedaletti 463
Ostia 388
Ostia Antica 389
Ostuni 143
Otranto 315
Oulx 622
Ovada 623

Padova 391
Padua 391
Padula 527
Paestum 398
Paganella 608
Paganini, Niccolò 72
Palazzolo Acreide 581

Palermo 400
Palestrina 307
Palestrina, Giovanni Pierluigi 100
Palinuro 526
Palladio, Andrea 89
Pallanza 296
Palma di Montechiaro 564
Palmanova 145
Panarea 318
Pannanhilfe 756
Pantalica 582
Paola 294
Parco di Pinocchio 363
Parco Nazionale della Calabria 293
Parma 407
Particino 559
Passignano sul Trasimeno 601
Passo del Bracco 466
Passo della Foce 466
Passo del Turchino 623
Passo di Costalunga 232
Patti 557
Pavese, Cesare 72
Pavia 411
Pellegrini, Antonio 92
Peloritanische Berge 556
Pennes 188
Pens 188
Penser Joch 188
Perosa Argentina 621
Personalpapiere 758
Perugia 414
Pesaro 419
Pescara 122
Pescasseroli 121
Peschiera del Garda 271
Petrarca, Francesco 72
Pflanzenwelt 34
Piacenza 420
Piana degli Albanesi 406
Piano d'Isola 623
Piazza Armerina 238
Piediluco 588
Piemont 422
Piemonte 422
Pienza 366
Piermarini, Giuseppe 93
Piero della Francesca 86
Pietrabbondante 361
Pietra Ligure 462
Pietrasanta 207
Pieve di Cadore 652
Pieve di Livinallongo 234
Pinerolo 621
Pirandello, Luigi 73
Pisa 424
Pisano, Nicola 85
Pistoia 432
Pittura metafisica 93

Register

Pizzo Carbonaro 558
Poebene 11
Poetto 200
Policastro 163
Polizei 756
Pomarance 675
Pompei 434
Pompeji 434
Pontinische Inseln 25, 443
Pont-Saint-Martin 136
Ponza 443
Ponza-Inseln 443
Popoli 576
Populonia 596
Pordenone 653
Pordoijoch 233
Portella del Contrasto 557
Portici 381
Porto Azzurro 237
Porto Cervo 539
Porto di Levante 317
Porto di Ponente 317
Porto Empedocle 124, 563
Portoferraio 235
Portofino 443
Portogruaro 653
Porto Torres 543
Portovenere 304
Posillippo 378
Positano 382
Post 758
Postbank 724
Potenza 163
Pozza di Fassa 232
Pozzuoli 378
Praktische Informationen 678
Prato 445
Pré-Saint-Didier 138
Procchio 236
Procida 291
Puccini, Giacomo 101
Puglia 140
Punta del Falcone 543
Punta del Faro 358
Punta della Campanella 566
Punta la Marmora 541
Pustertal 570

Quartu Sant'Elena 542
Quinto al Mare 464

Radio 758
Radio Österreich 758
Raffael 73, 90
Ragusa 564
Randazzo 557
Rapallo 447
Rapolla 164
Ravello 129
Ravenna 449

Recco 465
Redewendungen 778
Reggio di Calabria 454
Reggio nell'Emilia 455
Regionalküche 710
Regionen 44
Reisedokumente 758
Reisekarten 747
Reise-Krankenversicherung 683
Reiserufe im Radio 758
Reiseschecks 723
Reisezeit 759
Reiseziele 120
Renaissance 86
Reni, Guido 92
Renon 187
Respighi, Ottorino 101
Restaurants 759
Ricci, Sebsastiano 92
Riccione 459
Rieti 307
Rimini 457
Riomaggiore 216, 304
Rio Marina 237
Rionero in Vulture 164
Ritten 187, 571
Riva del Garda 270
Riviera 460
Riviera Bresciana 270
Riviera dei Fiori 460
Riviera di Levante 460, 464
Riviera di Ponente 460
Rivoli 621
Rocca di Papa 267
Rokoko 91
Rom 466
Roma 466
Romanik 82
Rossano 293
Rosselini, Roberto 96
Rossi, Aldo 94
Routenvorschläge 114
Rovereto 608
Rovigo 652
Russellae 598
Rutor 138
Ruvo di Puglia 599

Sabbioneta 411
Sacro Monte 384, 630
Sagittario-Schlucht 576
Saint-Vincent 137
Salemi 561
Salentinische Halbinsel 140
Salerno 524
Salina 318
Salò 270
Salsomaggiore Terme 237
Saluzzo 424
San Benedetto Po 347
San Calogero 563

San Clemente a Casauria 576
San Damiano 153
San Domino 602
San Felice Circeo 311
San Fruttuoso 444
San Gemini 588
San Gimignano 527
San Giovanni al Timavo 614
San Giovanni in Fiore 293
San Giovanni Rotondo 263
San Giuliano Terme 331
San Leo 460
Sanluri 535
San Marino 11, 529
San Martino delle Scale 406
San Michele in Bosco 180
San Nicola 603
San Pellegrino Terme 173
San Pietro in Valle 588
San Remo 531
San Sperate 535
Santa Cesarea Terme 315
Santa Flavia 558
Sant'Agata sui due Golfi 566
Santa Gila 200
Santa Margherita Ligure 449
Santa Maria al Bagno 314
Santa Maria Capua Vetere 209
Santa Maria degli Angeli 153
Santa Maria di Gesù 406
Santa Maria di Leuca 315
Sant'Antioco 201
Santa Teresa di Gallura 538
Santuario di Gibilmanna 213
Santuario di Vicoforte 424
Sardagna 608
Sardara 536
Sardegna 533
Sardinien 23, 533
Sarentino 187
Sarntaler Alpen 571
Sarnthein 187
Sarzana 304
Sassari 542
Sassovivo 265
Sauze d'Oulx 622
Savona 461
Scanno 576
Scarlatti, Alessandro 100
Scena 354
Schenna 354
Sciacca 562
Sciaccamare 562
Scilla 455
Seborga 182
Sedini 538

Register

Seen 28
Segesta 561
Segni 308
Selinunt 543
Selinunte 543
Sepino 360
Serra Orrios 542
Sestriere 621
Sestri Levante 466
Sibrium 630
Sicherheit 774
Sicilia 554
Siena 545
Sila-Gebirge 139, 292
Siniscola 540
Siracusa 576
Sirmione 271
Sizilien 23, 554
Soave 661
Solfatara 379
Solferino 270
Solunto 558
Soluntum 558
Sorrent 564
Sorrento 564
Speisekarte 705
Spello 265
Sperlonga 311
Spianata della Sacra Grotta 406
Spoleto 566
Sport 776
Sportschiffahrt 776
Sprache 777
Sprachgruppen 41
Staatsstraßen 780
Staatswappen 42
Staat und Verwaltung 42
Stagno di Cabras 536
Stagno di Mistras 536
Stagno di Santa Gila 200
Stagno di Santa Giusta 536
St. Bernhard, Großer 134
St. Bernhard, Kleiner 138
Sterzing 188
Stilfser Joch 183
Stintino 543
Stra 395
Strada del Vino (Toskana) 598
Stradivari, Antonio 74
Straßengebühren 680
Straßenkarten 747
Straßennetz 780
Stresa 297
Stromboli 12, 319
Stupinigi 620
Subiaco 569
Südtirol 570
Südtiroler Weinstraße 575
Sulmona 575
Suni 537

Su Nuraxi 535
Superga 620
Susa 622
Sybaris 293
Syrakus 576

Tabiano Bagni 238
Tagliamento 268
Tankstellen 748
Taormina 582
Taranto 584
Tarent 584
Tarquinia 585
Tavolara 539
Tavole Palatine 166
Tavoliere di Puglia 140
Taxi 780
TCI 696
Telefon 780
Tellaro 304
Tempio Pausania 538
Teramo 121
Termini Imerese 558
Terminillo 307
Terni 587
Terracina 310
Teulada 200
Tharsos 536
Ticino 295
Tiepolo, Giovanni Battista 92
Tierwelt 38
Tindari 557
Tintoretto 89
Tiriolo 293
Tivoli 588
Tizian 74
Tizian 89
Toblach 574
Toce 295
Todi 591
Tofana 234
Torbole 272
Torcello 649
Torgiano 419
Torino 614
Torre Annunziata 381
Torrechiara 411
Torre del Greco 381
Torre del Lago Puccini 663
Torre di Faro 358
Torre Pellice 621
Tortoli 542
Toscana 592
Toscanini, Arturo 74
Toscolano-Maderno 270
Toskana 592
Toskanischer Archipel 24
Trabia 558
Trani 598
Trapani 599
Trasimenischer See 601

Tremezzo 220
Tremiti-Inseln 25, 602
Trento 605
Trevi 265
Treviso 603
Trient 605
Triest 608
Trieste 608
Trinkgeld 781
Troia 264
Tropea 294
Trulli 141
Turin 614
Tuscania 586
Tusculum 267
Tyndaris 557

Udine 623
Umbria 625
Umbrien 625
Umgangsregeln 781
Urbino 626
Urlaub auf dem Bauernhof 678
Ustica 407
Uta 200

Vado Ligure 461
Vajont-Schlucht 652
Valcamonica 192
Val de Cogne 138
Valle d'Aosta 134
Valle d'Itria 141
Vallée d'Aosta 134
Vallepietra 570
Valli di Comacchio 245
Valnerina 569, 588
Valparola-Joch 234
Valtournenche 137
Vaneze 608
Varallo Sesia 383
Varenna 222
Varese 628
Vasari, Giorgio 88
Vatikan 11
Vatikanstadt 506
Velia 526
Velletri 309, 523
Venedig 630
Venetien 650
Veneto 650
Venezia 630
Venosa 164
Ventimiglia 463
Ventotene 443
Veranstaltungen 782
Verbania 296
Vercelli 384
Verdi, Giuseppe 101
Verkehr 50
Verkehrsmittel 787
Verkehrsvorschriften 787

Register

Vernazza 216
Verona 653
Veronese, Paolo 89
Verrès 137
Verwaltungsgliederung 43
Vesuv 661
Vesuvio 661
Vetulonia 598
Viareggio 662
Vicenza 663
Vicoforte 424
Vigevano 385
Vigiljoch 354
Vigo di Fassa 232
Villafranca di Verona 661
Villa Napoleone 236
Villa Opicina 613

Villa Romana del Casale 239
Villa San Michele 204
Vinci, Leonardo da 69, 90
Vinschgau 570
Viotto di Monte Bondone 608
Vipiteno 188
Visconti, Luchino 96
Viterbo 667
Vittoria 564
Vivaldi, Antonio 74, 101
Volta, Alessandro 75
Volterra 671
Voltri 461
Voralpenseen 17
Vulcano 12, 317

Vulci 587
Vulkanismus 11

Währung 723
Wanderführer 747
Wassersport 776
Wechselkurse 723
Wein 714
Weinbau 47
Wintersport 788
Wirtschaft 43

Zeit 790
Zeitungen 790
Zitate 104
Zoagli 465
Zollbestimmungen 791
Zona dei Trulli 141
Zyklopeninseln 563

Verzeichnis der Karten, Pläne und graphischen Darstellungen

Lage Italiens in Europa 10
Naturräume Italiens 14
Klima Italiens mit 14 Diagrammen 30/31
Staatswappen 42
Verwaltungsgliederung und Flagge 44
Kunstgeschichte: Etrusker und Griechen in Italien 78
Berühmte historische Reisewege durch Italien 111
Routenvorschläge 115
Agrigent: Stadtplan 123
Arezzo: Stadtplan 146
Assisi: San Francesco (Aufriß) 150
Barletta, Umgebung: Castel del Monte (Grundriß) 163
Bergamo: Stadtplan 168
Bologna: Stadtplan 174
Bozen: Stadtplan 184
Brescia: Stadtplan 188
Brixen: Stadtplan 195
Cagliari: Stadtplan 197
Capri: Übersichtskarte 202
Catania: Stadtplan 210
Cerveteri: Plan der Nekropole 214
Cortona: Stadtplan 226
Dolomiten: Gebirgspanorama 232/233
Elba: Übersichtskarte 235
Florenz: Stadtplan 1249
   Uffizien (Grundriß) 252
   Piazza del Duomo (Übersichtsplan) 253
   Palazzo Pitti (Grundriß) 259
Genua: Stadtplan 274
Herkulaneum: Plan der Grabungsstätte 285
Ischia: Übersichtskarte 288
Livorno: Stadtplan 321
Lucca: Stadtplan 328
Mailand: Stadtplan 332
   Dom (Grundriß) 336
Meran: Stadtplan 351
Messina: Stadtplan 355
Montecatini Terme: Stadtplan 363
Montepulciano: Stadtplan 365
   Montepulciano, Umgebung: Pienza (Ortsplan) 367
Neapel: Stadtplan 369
Orvieto: Stadtplan 386
Ostia: Plan des Ausgrabungsgeländes 388
Padua: Stadtplan 392
   Padua, Umgebung: Zwischen Padua und Venedig 398
Palermo: Stadtplan 401
Parma: Stadtplan 408
Perugia: Stadtplan 415
Pisa: Stadtplan 425
   Campo dei Miracoli (Übersichtsplan) 428
Pistoia: Stadtplan 433
Pompeji: Plan des Ausgrabungsgeländes 436
Prato: Stadtplan 446
Ravenna: Stadtplan 450
Rimini: Stadtplan 457
Rom: Stadtplan 470/471
   Das antike Rom zur Zeit Konstantins d. Gr. 474/475
   Das antike Rom (Fora) 476
   Kolosseum (Schnitt und Grundriß) 480

Kartenverzeichnis

Rom (Fortsetzung)
   San Giovanni in Laterano (Grundriß) 484
   Flagge des Vatikanstaats 507
   Plan der Vatikanstadt 508/509
   Peterskirche: Grundriß 510
   Vatikanische Museen: Grundrisse 514
San Gimignano: Stadtplan 528
San Marino: Flagge 530
   Stadtplan 530
Sardinien: Barumini (Plan des Nuragendorfs Su Nuraxi) 536
Selinunt: Ausgrabungsgebiet 544
Siena: Stadtplan 546
   Dom (Grundriß) 552
Sizilien: Dom von Monreale (Grundriß) 559
Syrakus: Stadtplan 577
Tivoli: Stadtplan 589
Toskana: Grosseto (Stadtplan) 596
Trient: Stadtplan 605
Triest: Stadtplan 609
Turin: Stadtplan 615
Venedig: Stadtplan 632
   Markusdom: Grundriß 640
   Lido von Venedig (Übersichtskarte) 646/647
Verona: Stadtplan 655
Vicenza: Stadtplan 664
Volterra: Stadtplan 671
Auskunft: Signet von ENIT 683
Essen und Trinken: Weinbauregionen in Italien 715
Flugverkehr: Flughäfen in Italien (und Eisenbahnstrecken) 722
Wintersport: Wintersportgebiete in Italien 789
Touristische Höhepunkte in Italien: hintere Umschlaginnenseite

Bildnachweis

Abend: S. 462, 464
Agostini: S. 24, 205, 236, 276, 280, 465
Anthony: S. 675
APT Chianciano Terme: S. 367
APT Lucca: S. 329, 331
APT Trentino: S. 269, 607
Archiv für Kunst und Geschichte: S. 67, 70 (unten), 79, 81, 87, 88 (2×), 91 (2×), 97
Atelier Mendini: S. 99
Baedeker-Archiv: S. 84, 152, 229, 342, 517, 597
Bohnacker: S. 3, 16, 27, 35, 112/113, 128, 142, 156 (oben), 158, 166, 203, 215, 271, 303 (unten), 444, 448, 602, 651 (unten)
Borowski: S. 258, 260
Focus: S. 551
Fuchs-Hauffen: S. 353
Galleria d'Arte Moderna, Udine: S. 94
Gärtner: S. 581
Griesinger: S. 482 (oben)
Hackenberg: S. 41, 129, 162, 286 (2×), 289, 290, 326, 370, 381 437, 442, 525, 676/677, 702 (oben)
HB-Verlag Hamburg: S. 48 (unten), 165, 181, 254, 261, 334, 409, 453, 486, 492, 512, 521, 560 (unten), 578, 590 (unten), 604, 638, 648, 649, 651 (oben), 666, 668, 702 (unten)
Historia-Photo: S. 64, 65 (2×), 66, 68 (2×), 69, 70 (oben), 71, 72, 73, 74
IFA: S. 1, 125, 132, 147, 156 (unten), 175, 176, 250 (2×), 251, 300, 312, 364, 366, 371, 372, 394, 404, 413, 427, 429, 446, 529, 565, 582, 583, 594/595, 620, 656, 672, 673 (oben), 674
Jung: S. 418, 626
Lade: S. 6, 7 (oben), 8/9, 116, 207, 213, 228, 330, 384, 397, 423, 430, 472, 496 (unten), 501, 506, 511, 549, 642, 654, 658 (rechts), 659, 673 (unten)
Messina: S. 20, 349, 601, 629
Nahm: S. 110, 171, 185, 196, 225, 230, 352, 439, 573
Neumeister: S. 211
Regione Autonoma Valle d'Aosta: S. 133, 135 (oben), 136
Regione Liguria: S. 277, 304
Regione Lombarda: S. 172, 191, 192, 219, 323, 347
Reincke: S. 481, 482 (unten), 494, 502
Roli: S. 318
Schleicher: S. 122
Schliebitz: S. 362
Smettan: 198, 201, 534, 537, 539, 541
Stetter: S. 706/707, 716/717
Strasser: S. 85, 95
Strobel: S. 12, 13, 37, 141, 150, 151, 157, 283, 567, 627, 657
Tanasi: S. 357
Thomas: S. 6/7, 48 (oben), 76, 121, 135 (unten), 144, 160, 161, 173, 179, 189, 208, 217, 221 (unten), 223, 240, 242, 245, 247, 292, 303 (oben), 314, 322, 324, 325, 335, 346, 356, 373, 379, 380, 399, 402, 412, 416, 435, 451, 452, 458, 488, 496 (oben), 502, 531, 533, 538, 548, 556, 560 (oben), 562, 590 (oben), 606, 610 (2×), 613, 624, 635, 637, 641, 658 (links), 665, 670, 705, 760, 782, 785
Zefa: S. 7 (unten, 2×), 221 (oben), 243, 298, 341, 387, 389, 403, 479, 555, 616, 663

Impressum

Ausstattung:
297 Abbildungen (Bildnachweis s. zuvor)
89 Karten und graphische Darstellungen (Kartenverzeichnis s. zuvor), 1 große Reisekarte

Textbeiträge:
Rosemarie Arnold, Walter R. Arnold, Eva Bakos (Die Villen im Veneto), Monika I. Baumgarten, Vera Beck (Praktische Informationen von A bis Z), Gisela Bockamp (Die Commedia dell'arte, Volksfest 'Palio delle Contrade'), Prof. Dr. Wolfgang Hassenpflug (Klima), Reinhard Komar (Design), Andreas März (Auf die Nudel gekommen, Weinwende all'italiana), Peter M. Nahm (Unter der steinernen Zipfelmütze, Schief und krumm ..., Die Katastrophe des Jahres 79, Fast wie im richtigen Leben ...), Reinhard Paesler (Wirtschaft und Verkehr), Manfred Strobel (Naturraum, Gewässer, Pflanzen- und Tierwelt · Naturschutz), Moritz Wullen (Kunstgeschichte, Film), Andrea Wurth (Il Poverello)

Bearbeitung: Baedeker-Redaktion (Gisela Bockamp, Peter M. Nahm, Andrea Wurth)

Kartographie: Waldemar Aniol, Speichersdorf; Christoph Gallus, Hohberg; Ingenieurbüro für Kartographie Harms, Erlenbach bei Kandel/Pfalz; Franz Huber, München; Franz Kaiser, Sindelfingen; Archiv für Flaggenkunde Ralf Stelter, Hattingen; Mairs Geographischer Verlag, Ostfildern (Reisekarte)

Gesamtleitung: Rainer Eisenschmid, Baedeker Ostfildern

10. Auflage 1999

Urheberschaft: Karl Baedeker GmbH, Ostfildern
Nutzungsrecht: Mairs Geographischer Verlag GmbH & Co., Ostfildern

Der Name *Baedeker* ist als Warenzeichen geschützt.
Alle Rechte im In- und Ausland sind vorbehalten.
Jegliche – auch auszugsweise – Verwertung, Wiedergabe, Vervielfältigung, Übersetzung, Adaption, Mikroverfilmung, Einspeicherung oder Verarbeitung in EDV-Systemen ausnahmslos aller Teile dieses Werkes bedarf der ausdrücklichen Genehmigung durch den Verlag Karl Baedeker GmbH.

Druck: Mairs Graphische Betriebe GmbH & Co. KG, Ostfildern
Printed in Germany
ISBN 3-87504-508-4   **Gedruckt auf 100% chlorfreiem Papier**

Verlagsprogramm

Städte in aller Welt

- Amsterdam
- Athen
- Bangkok
- Barcelona
- Berlin
- Brüssel
- Budapest
- Dresden
- Florenz
- Frankfurt/M.
- Hamburg
- Hongkong
- Istanbul
- Köln
- Kopenhagen
- Lissabon
- London
- Madrid
- Moskau
- München
- New York
- Paris
- Prag
- Reutlingen · Tübingen
- Rom
- San Francisco
- St. Petersburg
- Singapur
- Stuttgart
- Venedig
- Weimar
- Wien

Reiseländer · Großräume

- Ägypten
- Australien
- Baltikum
- Belgien
- Brasilien
- China
- Dänemark
- Deutschland
- Dominikanische Republik
- Finnland
- Frankreich
- Griechenland
- Großbritannien
- Indien
- Irland
- Israel
- Italien
- Japan
- Jordanien
- Kanada
- Kanada · West
- Karibik
- Kenia
- Kuba
- Luxemburg
- Marokko
- Mexiko
- Namibia
- Nepal
- Neuseeland
- Niederlande
- Norwegen
- Österreich
- Polen
- Portugal
- Schweden
- Schweiz
- Skandinavien
- Spanien
- Sri Lanka
- Südafrika
- Syrien
- Thailand
- Tschechien
- Tunesien
- Türkei
- Ungarn
- USA
- Vietnam

Regionen · Inseln · Flüsse

- Algarve
- Andalusien
- Bali
- Bodensee
- Bretagne
- Burgund
- Costa Brava
- Elba
- Elsaß/Vogesen
- Florida
- Franken
- Französische Atlantikküste
- Fuerteventura
- Gardasee
- Gran Canaria
- Griechische Inseln
- Harz
- Hawaii
- Ibiza
- Ischia · Capri · Procida
- Istrien · Dalmatinische Küste
- Italienische Riviera
- Kalifornien
- Korfu · Ionische Inseln
- Korsika
- Kreta
- Kykladen
- La Palma
- Lanzarote
- Loire
- Lombardei · Mailand · Oberital. Seen
- Madeira
- Mallorca
- Malta
- Mecklenburg-Vorpommern
- Oberbayern
- Provence · Côte d'Azur
- Rhodos
- Rügen
- Sachsen
- Salzburger Land
- Sardinien
- Schleswig-Holstein
- Schottland
- Schwäbische Alb
- Schwarzwald
- Seychellen
- Sizilien
- Südtirol
- Sylt
- Teneriffa
- Tessin
- Toskana
- Türkische Küsten
- Umbrien
- USA · Südstaaten
- USA · Südwesten
- Zypern

Städte in Deutschland und der Schweiz

- Augsburg
- Bamberg
- Basel
- Berlin
- Bonn
- Bremen
- Freiburg
- Hannover
- Heidelberg
- Konstanz
- Leipzig
- Lübeck
- Mainz
- Mannheim
- Nürnberg
- Regensburg
- Trier
- Wiesbaden